中方县志

ZHONG FANG XIAN ZHI

《中方县志》编纂委员会 编

方志出版社

图书在版编目(CIP)数据

中方县志 /《中方县志》编纂委员会 编. -- 北京 : 方志出版社，2018.11
ISBN 978-7-5144-3394-4

Ⅰ. ①中… Ⅱ. ①中… Ⅲ. ①中方县－地方志 Ⅳ.
①K296.44
中国版本图书馆 CIP 数据核字(2018)第 261380 号

中方县志

编　　者:《中方县志》编纂委员会
责任编辑: 黄　彦

出 版 者: 方志出版社
　地址　北京市朝阳区潘家园东里 9 号（国家方志馆 4 层）
　邮编　100021
　网 址　http://ww.fzph.org
发　　行:方志出版社图书经销中心
　电话（010） 67110500
发　　行:方志出版社图书经销中心
经　　销:各地新华书店
印　　刷:怀化鸿格彩色印务有限责任公司

开　　本:889X1194　1/16
印　　张:44.5
字　　数:1285 千字
版　　次:2018 年 11 月第 1 版　2018 年 11 月第 1 次印刷

1SBN 978-7-5144-3394-4　定价: 398.00 元

中华人民共和国国务院

国函〔1997〕105号

国务院关于同意湖南省撤销怀化地区设立地级怀化市及洪江市与黔阳县合并设立新的县级洪江市的批复

湖南省人民政府：

你省《关于撤销怀化地区设立地级怀化市的请示》（湘政〔1997〕4号）和《关于撤销洪江市和黔阳县合并设立洪江市并定市人民政府驻地于黔城镇的请示》（湘政〔1997〕5号）收悉。现批复如下：

一、同意撤销怀化地区和县级怀化市，设立地级怀化市，市人民政府驻新设立的鹤城区迎丰中路。

二、怀化市新设鹤城区和中方县。

鹤城区：辖原县级怀化市的迎丰、城中、城北、红星、坨院5个街道和盈口、杨村、鸭嘴岩、石门、黄金坳、芦坪、贺家田、凉亭坳8个乡。区人民政府驻府星路。

中方县：辖原县级怀化市的泸阳、花桥、中方、牌楼、铜湾5个镇和泸亭坳、桐木、下坪、聂家村、龙场、铜鼎、丁家、新路河、袁家、新建、蒋家、石宝、接龙、铁坡、活水、锦溪16个乡及蒿吉坪瑶族乡。县人民政府驻中方镇。

三、同意撤销洪江市和黔阳县，合并设立新的洪江市（县级），以原洪江市和黔阳县的行政区域为新的洪江市的行政区域。洪江市人民政府驻黔城镇。

四、怀化市辖原怀化地区的沅陵县、辰溪县、溆浦县、会同县、麻阳苗族自治县、新晃侗族自治县、芷江侗族自治县、靖州苗族侗族自治县、通道侗族自治县和新设立的中方县、鹤城区。新设立的洪江市由省直辖。

怀化市、洪江市的各类机构均应按照“精简、效能”的原则设置，所需经费和人员编制，由你省自行解决。

中华人民共和国国务院

一九九七年十一月二十九日

— 2 —

2002年8月28日，中方生态城县城开工庆典

2005年12月30日，中方县行政中心落成典礼

2008年5月30日，中方县生态县城一隅

县财政局办公大楼

县国家税务局办公大楼

县民政局办公大楼

县建设局办公大楼

县人民法院办公大楼

维也纳森林高档住宅小区

溆水家园住宅小区

桃花源住宅小区

华团南湖花园住宅小区

金大地广场

九孔桥

武陵大道

焦柳线中方段

高铁中方段

沪昆高速公路中方段

邵怀高速公路中方段

怀黔公路中方段

下坪乡桥上村水稻高产创建示范区

铁坡金银花

铜鼎镇油菜高产创建示范区

石宝乡油茶

牌楼柑橘

桐木刺葡萄

牌楼礼品西瓜

活水金秋梨

中华鲟养殖基地

铜湾库区网箱养鱼

新建良种黄牛

铜鼎白鹅

花桥大山农业规模化养殖场

工 业
GONG YE

中方工业园

湖南金大地材料股份有限公司

怀化大康九鼎饲料有限公司

众力创业园

怀化海大饲料有限公司

中方县众建创业园

怀化亚信电子有限公司

湖南金珠米业有限公司

怀化市宇隆水电发展有限公司

怀化市百草园印务有限公司

湖南湘投铜湾水利水电开发有限责任公司

怀化恒裕实业有限公司

湖南中铁五新钢模有限责任公司

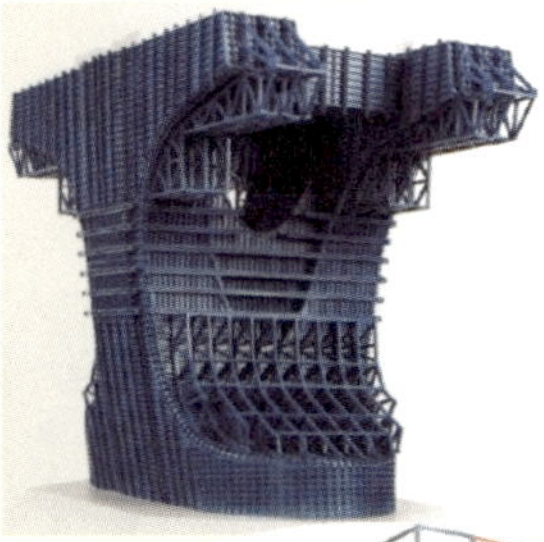

桥梁墩身模板

节段梁模板

湖南兴龙玻璃有限公司

县第一中学

县幼儿园

县中兴学校

怀化华美外国语学校

荆坪戏台

荆坪傩戏

双管锁呐

铜湾霸王鞭

蒿吉坪瑶鼓

铜湾龙舟赛

打山棋

2008年中方县首届生态文化节

2009年蒿吉坪瑶族乡成立20周年庆典

2013年中方县首届房地产交易展示会

2012年建党91周年文艺汇演

2013年中国·怀化（中方）首届刺葡萄节

中方镇竹站村白岩寺院

瑶民山歌对唱

2010年第六届中小学运动会团体操比赛

2013年中方县“蒲海”山地自行车邀请赛

2013年中方县一中啦啦操队参加世界体操锦标赛

卫　生

WEI SHENG

2011年县人民医院住院楼

中方红十字国际医院

2011年同乐社区免费义诊

牌楼镇卫生院住院楼

泸阳镇新店坪村部

转星调试

水井

农网改造

桐木镇大松坡泥水溪农村公路改造

中方镇便民服务中心

农家书屋

远程教育

村级档案室

桐木葡海

桐木大松坡百年老藤

五龙溪水库

铁坡梯田

风景名胜

FENG JING MING SHENG

黄溪古村

康龙云烟

康龙瀑布

黄溪瀑布

下坪仙人谷

荆坪古村

荆坪潘氏祠堂

荆坪古井

荆坪石鱼

铁坡镇江坪古村

新路河镇老街

接龙镇桥头村卧龙杨氏祠

铁坡镇两利村龙溪杨氏宗祠

新路河镇鱼龙桥村石宝杨氏祠

花桥无名烈士纪念碑

张昆烈士纪念碑

铜湾事变纪念塔

孝义坊

荆坪村潘贞周墓

中方斗笠

“湘珍珠”牌葡萄

“千年华汉”牌雪笋茶

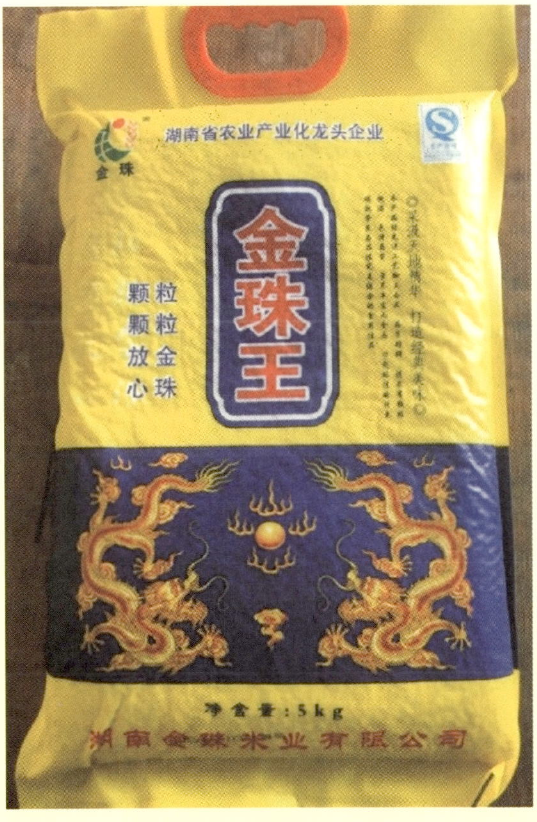

五溪米业“金珠王”大米

花桥豆腐

湘珍珠刺葡萄干红

荣誉
RONG YU

全国平安建设
先进县(市、区)
2005-2008
中央社会治安综合治理委员会

全国平安建设
先进县(市、区、旗)
2009-2012
中央综治委

全国社会主义新农村建设
档案工作示范县
国家档案局 民政部 农业部
二〇一三年十二月

省级文明卫生单位
湖南省爱国卫生运动委员会

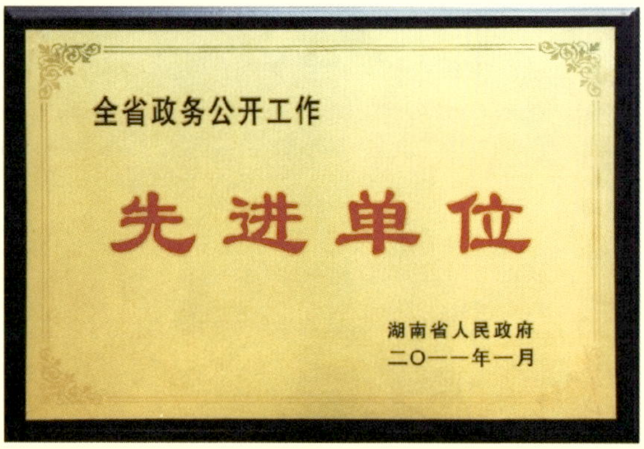
全省政务公开工作
先进单位
湖南省人民政府
二〇一一年一月

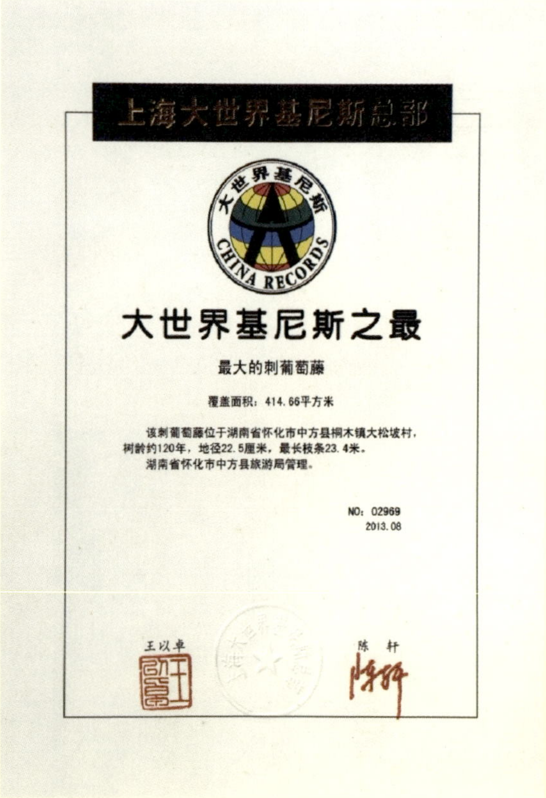
上海大世界基尼斯总部
大世界基尼斯
CHINA RECORDS
大世界基尼斯之最
最大的刺葡萄藤
覆盖面积：414.66平方米
该刺葡萄藤位于湖南省怀化市中方县桐木镇大松坡村，树龄约120年，地径22.5厘米，最长枝条23.4米。湖南省怀化市中方县旅游局管理。
NO：02969
2013.08
王以卓
陈轩

证书
中方县中方镇荆坪村
被评为"全国文明村镇"，特发此证予以表彰。
中央精神文明建设指导委员会
2011年12月

《中方县志》编纂委员会

2005.03—2006.06

顾　问：谌贻章　向宽书　田友兴　潘柳成

主　任：黄黔元

副主任：陈同炳　欧阳宏理　杨世奇

委　员：袁　强　张化忠　宋峥嵘　李　雁　刘安常　莫若怀　赖　刚　王　进　李来安
吴国华　江　波　梁高动　舒　杨　张晓明

2006.06—2011.06

顾　问：易　轶　周圣余　赵应云　向宽书　刘　湘　田友兴　潘存福　符　珉

主　任：黄黔元　胡佳武　姜耀文

副主任：陈同炳　陈　军　杨世奇

委　员：蔡教明　殷南蛟　赵　忠　刘安常　向　华　莫若怀　蔡长佳　赖　刚　李来安
米理长　尹秀常　吴国华　彭　静　陈长元　曾军芳　梁高动　谌业贵　周怀志
舒　杨　伍竞轩　张晓明

2011.06—2016.09

顾　问：赵应云　张　霞　姜耀文　刘　湘　殷南蛟　谭平景　张征远

主　任：姜耀文　张家铣

副主任：陈　军　向　华　潘存金　杨世奇　周怀志

委　员：陈宝林　贺庆玲　黄政安　刘正杰　赵　忠　李　霞　夏益民　向　华　蔡长佳
张应铁　尹秀常　刘志宏　曾军芳　彭　静　杨思俏　彭良清　陈长元　谌业贵
周怀志　覃正奇　伍竞轩　张晓明　舒晓娟

2016.09—2018.11

顾　问：姜耀文　殷南蛟　陈红利　谭平景　周正宇

主　任：张家铣

副主任：潘存金　周怀志　尹秀常

委　员：梁　芊　袁文明　蒋正平　蔡长佳　曾军芳　彭　静　田　华　杨春梅　杨万年
陈长元　刘小豆　伍竞轩　张德山　刘秋香　舒晓娟

序

“郡邑之有志，犹国之有史。”首部《中方县志》历时十四载磨砺，终于编纂成书，意义深远而重大，堪谓盛事，可喜可贺。

盛世修志，资政惠民。中方正式建县二十个春秋，是迄今为止全省最年轻的县，是谓“青春中方”，然中方县城历史悠久，文化底蕴深厚，是㵲水文化发源地，在这里，孕育了众多彪炳汗青的英杰人物，积淀了丰富的文化遗存和名胜古迹。建县伊始，一穷二白，百业待举，历届县委、县政府励精图治、艰苦创业，县城建设从无到有、财政收入从小到大、经济实力从弱到强，人民生活更加殷实，城乡环境更加优美，发展活力更加强劲，社会建设更加和谐。坚持发展为要、脱贫为大，攻下了贫困的山头，摘下了贫困县的帽子，跨入了“中国十佳脱贫攻坚与精准扶贫示范县”“湖南省全面小康推进工作优秀县”行列；坚持综治创新、平安创建，成功蝉联“全国平安建设先进县”三连冠，获全国综治工作最高奖“长安杯”；坚持生态立县、品牌引路，先后荣获“全国生态示范县”“全省可持续发展实验区”“㵲水中方国家湿地公园”“省级卫生园林文明县城”等金字招牌。中方首部县志，不仅充分展示了年轻中方经济发展、社会进步的业绩，同时客观直书现实生活中不尽如人意的诸多问题，无愧于信史之称，为各级各部门掌握县情，提供了依据；为关心中方建设的各界人士，提供了资料；为全县人民进行革命传统、理想信念教育，提供了教材。

通览全志，内容厚实。首编《中方县志》（1998–2013年）以马列主义、毛泽东思想、邓小平理论和科学发展观、习近平新时代中国特色社会主义思想为指导，运用历史唯物主义和辩证唯物主义观点，遵循存真求实和详今略古的原则，理历史沿革之脉络，叙山川地理之特征，横陈百业，纵贯古今，钩玄辑要，广采博引，多方考证，去伪存真，探索规律，辨析事因，对“青春中方”所取得的辉煌业绩，都作了较为详尽的记载，具有鲜明的时代特色和地方特色。全书观点正确，体例完备，主次有序，资料翔实，简洁晓畅，图文并茂，体现了思想性、科学性和资料性的有机结合，具有较高的史料价值和学术价值，为我们留下了宝贵的精神财富。编史修志，合力功成。纂修地方志是一项浩繁的社会工程，是艰苦的创造性劳动。为做好工作，县委、县政府成立编纂委员会，充实工作班子，划拨专项经费，督导工作进度。中央、省、市直相关单位和县直各部门，确定专人，整理资料，鼎力相助。全体修志人员毕其心血，倾其心智，广征博采，熔铸百科，勤奋笔耕，终成鸿著。省、市地方志编委会领导和专家，对编撰全程给予关心指导。在此，表示诚挚的感谢！

以志为鉴，继往开来。中方县有着值得追忆的昨天，也创造了引以自豪的今天，更有着令人向往的明天。生长在这片热土上的29万中方人民，将承先辈壮志，尚拼搏精神，聚集体智慧，尽民众之力，施发展大计，绘小康蓝图。人尽其才，物尽其用，货畅其流，跨越发展，再创辉煌。

中共中方县委书记　姜耀文

中方县人民政府县长　张家铣

2018年8月15日

凡　例

宗旨　以马克思列宁主义、毛泽东思想、邓小平理论、“三个代表”重要思想、科学发展观和习近平新时代中国特色社会主义思想为指导，运用辩证唯物主义和历史唯物主义的观点和方法，以丰富翔实的资料，实事求是地记述断限内中方县自然、政治、经济、文化和社会发展变化，突出地方特色和时代特点，力求思想性、资料性和科学性的统一，起到“资政、存史、育人”作用。

断限　记述上限起于中方县建制的1998年，下限止于2013年，对重要事物记述适当上溯或下延。

体裁　篇目设置采用中篇结构体式，以志为主，述、记、志、传、图、表、录并用。志首除安排图照、序言、目录外，设有总述和大事记，分别从横向和纵向记述本县总情。志中按事物性质设篇分章，共设19篇91章373节，篇首设无题小序，扼要综述，提挈下文。志末辍附录、后记。

文体　各类专志以类系事，横排竖写，叙而不论。文体除引用古籍外，一律采用语体文，力求严谨、简洁、规范。

人物　遵循“以本籍为主，生不立传”志书通则，将已故有重大贡献的名人及少数有警世作用的反面人物以卒年为序列入传记。把中方籍县（团）以上干部、副高级以上技术职称、专家学者、县外中方籍知名人士、省（部）级以上表彰的劳动模范、先进工作者以授誉时间为序列入名表。革命烈士按牺牲时间列入英名录。

数据　断限内的统计数据，以中方县统计局正式公布的数据为准。统计局缺失的，采用主管部门提供的数据。

计量　原则上使用国家法定计量单位，个别情况下使用习惯计量单位。如面积保留“亩”的计量单位。

资料　本志资料来源于中方县档案馆、县统计局、供稿单位及文献、报刊、著述和知情人士的回忆录，对其材料，经鉴别考证后载入，一般不注明出处。

目　　录

第一篇　政区环境

第二篇 人口与计划生育

第三篇 中共地方组织

第四篇　人民代表大会

第五篇　人民政府

第六篇 政治协商 社会团体

第七篇 法治 军事

第八篇 农 业

第九篇　工　业

第十篇 城乡建设与环境保护

第十一篇　交通　邮政　通信

第十二篇 商贸 服务业

第十三篇　财税 金融 保险

第十四篇　综合经济管理

第十五篇　文　化

第十六篇　教育　科技

第十七篇　文物　旅游

第十八篇　卫生　体育

第十九篇　社会风土

人 物

附 录

总　述

（一）

中方县位于湖南省西部，怀化市中部。地处雪峰山和武陵山之间。武陵山支脉凉山巍峨挺拔，由南向北贯穿中部，将境域分为两部分：东半部为雪峰支脉，多为中低山，一般海拔500～800米。西半部一般海拔300～500米，多为低山、丘陵。最高点是蒿吉坪瑶族乡的抗乐山，海拔1248米。最低点是铜鼎镇的赤岩湾村，海拔137米，相对高差1111米。县境地处北纬26° 59′ ～27° 29′ ，东经109° 32′ ～110° 31′ 。东接溆浦县，南邻洪江市，西界芷江县和鹤城区，北连辰溪县。东西相距102千米，南北相距55千米。

中方县属亚热带季风气候区，气候温和，雨量充沛，光照充足，四季分明，严寒、酷暑期短，无霜期较长。年平均日照时数为1401小时，年降水量为1415毫米，年平均气温17℃，最高气温40℃，最低气温零下5.4℃。自然资源丰富，有木本植物1000余种，盛产茯苓、苦木、杜仲、山苦瓜等10余种名贵中药材，森林覆盖率66%，活立木蓄积量278万立方米，是湖南省35个重点林区县之一。有极具开发潜质的陶泥、花岗岩、煤、磷、黄金、锰、高岭土等30余种金属和非金属矿藏。境内溪河纵横交错，沅水、㵲水两条河流蜿蜒其间，沅水纳支流109条，流域面积1805.9平方千米，㵲水纳支流14条，流域面积117.5平方千米，河网密度为0.34千米/平方千米，年平均经流量15.25亿立方米，可供利用地下水能资源1.72亿立方米。

中方县境域开发历史悠久。据考古发现，在中方镇荆坪村等地有1万年前的旧石器时代遗址三处。在新建镇高坎垅发掘出玉钺和稻谷碳化物，证实4000年前就有先民休养生息，从事原始农业、渔业和手工生产。先秦时期属黔中郡，汉时为无阳、辰阳、镡成三县辖地，无阳县治设中方镇荆坪踉天。三国时期，刘备派马良率军深入五溪招抚溪峒以抗吴，今铜湾镇尚存诸葛城遗址。唐代为龙标、辰溪、潭阳县地，宋、元、明、清因之。民国32年(1943年)，国民政府将芷江、辰溪、黔阳三县边陲之地划出，新置怀化县，县治设怀化驿(今泸阳）应虎铺。1949年10月1日，怀化解放，成立怀化县人民政府，县治迁榆树湾飞山庙。1970年，国家实施“三线”建设战略，修建湘黔、枝柳铁路交会于怀化县城，城镇建设步伐加快，人口激增。1978年12月，怀化镇从怀化县析出，隶属怀化行署。1979年4月，撤消怀化镇，新置怀化市，保留怀化县。1983年3月，撤消怀化县，实行市县合并。

1997年11月，经国务院批准，撤消怀化地区，成立地级怀化市，原县级怀化市分设为中方县和鹤城区。1998年2月，中方县正式建县，县治设中方镇铜锣坡。“中方”称谓源于中方镇荆坪古村。荆坪古村有着几千年历史文化，早在汉代以前就是一个繁华的城池。荆坪古村上至泸阳、下至黔城、东至安江、西至芷江均为30千米，政府在此设一驿站，名为“中方驿”，意谓最中间的地方。“中方”一名就此而来。2013年，中方县辖中方、牌楼、桐木、泸阳、花桥、铜湾、铜鼎、新建、铁坡、新路河、接龙11个镇，炉亭坳、下坪、聂家村、龙场、袁家、蒋家、丁家、石宝、锦溪、活水10个乡及蒿吉坪瑶族乡，214个行政村，17个居民社区委员会，总面积1515.45平方千米（含黄岩乡53.8平方千米），总人口28.64万人。

县治中方镇位于㵲水下游，距怀化市区10千米，距沪昆高铁怀化站5千米，抵芷江飞机场30千米，离省会长沙447千米。沪昆、枝柳铁路，沪昆高铁，怀邵衡铁路，209、320国道，223、312省道穿境而过，沪昆、包茂高速呈“十字形”在城区交会。美丽的㵲水河由北往南从中穿过，把县城分为河东、河西两大板块。1998年前，该镇建成区是一个人口不到2000人，地域不足1平方千米的小集镇。自设治后，县委、县政府带领全县人民，经过15年的艰辛开发建设，在一片荒芜土地上，建成行政办公区、商业区、住宅区、休闲旅游区、工业区、现代物流区，城区面积扩至12平方千米，常住人口增至4.71万人。“座座楼宇鳞次栉比，行行街树葱郁挺拔”。一座环境优美、产业配套、文化浓郁、社会和谐、生活舒适的生态宜居新城屹立世人面前，成为全县政治、经济、文化、信息中心。

（二）

中方县地处湘西边陲，从公元6世纪初至民国31年（1942），一直没有设过县治，均分属芷江、辰溪、黔阳所辖。境内山高林密，沟壑纵横，交通闭塞，匪患成灾。民国32年（1943）1月，国民政府为强化地方统治，将芷江、辰溪、黔阳三县边陲之地17个乡的地域划出，成立怀化县，县治设泸阳应虎铺陈汉章家。农村经济极端衰弱，以土地为主的生产资料，大部分集中在少数地主富农手中，占全县总人口5.23%的地主占有总田亩的71.1%，占总人口51.84%的贫农只占有总田亩的4.92%。工业生产水平低下，工业产值折合新人民币不过201万元。社会商品零售总额折合新人民币不过169万元。人民收入低微，生活困苦。衣着上，冬夏一套服装，且补丁摞补丁。饮食上，朝不保夕，普遍过着“糠菜半年粮”的日子。居住上，多为土墙茅草房，低矮窄小。交通上，全县仅有花桥至榆树湾、茅利溪（中方）至榆树湾简易公路2条，通车里程只有50千米，且为沙石路面，过往车辆极少，运输主要靠沅江、㵲水河的航运和百姓的肩挑背负。教育文化卫生事业非常落后，全县仅有中学

1所、小学33所、卫生院80平方米。居民整体文化素质低下，全县文盲、半文盲占总人口94.6%。1949年10月1日，中国人民解放军38军113师击溃花桥守敌。11月1日，成立中国共产党怀化县委员会，建立地方人民政府。从此，揭开历史新篇章。

1950年，翻身解放的怀化人民开展声势浩大的清匪反霸、土地改革运动。至1953年2月，全县共歼灭顽匪30余股4573人，无地少地农民98844人分得土地和其他胜利果实。1956年8月，全县建立高级社296个，入社农户43757户，占总户数99.64%。1957年3月，全县完成私商小贩和城镇手工业的社会主义改造。至此，社会主义经济制度基本确立，进入全面建设社会主义时期。1966—1976年，受“文化大革命”的影响，县域经济发展举步维艰。但广大干部群众自觉抵制“左”倾错误，坚持生产，发扬艰苦奋斗精神，大力推广矮秆良种、植树造林、兴修水利、修建公路、铁路、发展地方工业，使工农业生产有所发展和进步。十年中，全县修建重点水利工程97处，稻田旱涝保收面积由1965年的11.2万亩增加到19.5万亩。修建湘黔、枝柳铁路102千米，修建县、乡级公路478千米。工农业总产值年均增长1.6%，粮食总产量年均增长3.87%。社会商品零售额年均增长15.2%，财政收入年均增长7.5%。

1977—1990年，步入改革开放和社会主义现代化建设新时期。在农村普遍实行家庭联产承包责任制的同时，调整产业结构，积极推行农村供销社、农村信用社和粮食收购及林业家庭承包责任制等一系列配套改革措施，促进农业经济由自给性生产向商品性生产发展，由传统农业向现代农业转化。全面启动城市经济体制改革，发展多种经济成分，所有制结构由单一公有制向多种形式变化。扩大企业自主权，实行企业承包经营责任制。改革流通体制，打破国营、合作社商业分工和城乡封锁，实行多渠道、多形式、少环节流通体制，实行对外开放，发展出口贸易，促进经济、社会事业蓬勃发展。十三年累计固定资产投资6.36亿元，相当于前28年的9.1倍。城市建成区面积由9平方千米扩至18平方千米。社会总产值年平均增长11.9%，国民生产总值年平均增长9.7%，国民收入年平均增长10.9%，工农业总产值年平均增长11%，其中工业产值17.3%，社会商品零售总额13.7%，财政收入14.7%，农民人平纯收入4.7%。以杂交水稻制种和栽培技术为重点的农技推广，使粮食增产两成以上。1990年，粮食总产达16.54万吨，农民温饱得以解决。

1991—1997年，进一步深化改革，扩大开放，建立和发展社会主义市场经济，全面建设小康社会。农村在稳定完善家庭联产承包责任制的基础上，积极稳妥地推进“坚持土地集体所有权，放开搞活使用权”为主要内容的土地承包责任制改革，延长土地承包期30年，使农民吃下“长效定心丸”。建立土地使用权流转机制，形成土地租赁、转包经营、入股经营、联合开发等多种经营方式，使耕地、山地逐步向种植能手和开发大户集中。发展股份制合作经济，形成种植业、养殖业、商贸、农副产品加工、建筑等产业体系，推进发展规模农业，加快综合开发，建立市场农业。六年间，全县有1.5万农户转包或租赁耕地3.8万亩，涌现种植大户137户，发展各种股份合作经济组织5200个，建成2万亩优质茶叶基地、2万亩优质蔬菜基地、3万亩名优药材基地、5万亩粮田基地、10万亩水果经济基地、10万亩油茶基地、10万头瘦肉型饲养基地、20万亩速生丰产林基地。1997年，全市实现农业总产值4.31亿元，比1991年增长31%，年均增长4.4%。粮食总产量达17.8万吨，比1991年增长7.6%。农民人平纯收入1750元，比1992年增长148.2%。农民收入中，畜牧业收入达1.75亿元，占41%。种植业中的经济作物收入0.9亿元，为种植业全部收入的35.1%，与1990年比较翻一番。城市以转换企业经营机制为切入点，突出产权改革和结构调整，将企业所有制形式由单一形态转为多元结构，管理体制由行政管理转变为资产经营管理，经营权由经营者任命制转变为招聘制。商贸供销企业推行经营、价格、用工、工资“四放开”和自筹资金、自主经营、自我发展、包上交税收“三自一包”为主要内容的改革。粮食企业全面放开粮油价格和经营，粮食价格、加工及供应正式从计划经济过渡到市场经济。大力招商引资，推行让码头、让资源、让税利、优化服务“三让一优”政策，加速个体私营发展。十六年间，全县国有中小企业实现多种形式改革51家，改革面达80%，公有制企业比重下降至43%。签订外商投资项目67个，引进资金15.5亿元。1997年，全市完成工业总产值24.3亿元，比1991年增长398%，年均增长56.8%。乡镇企业完成总产值30.5亿元，实现利税总额3.2亿元，比1991年增长18倍。三资企业完成总产值3.9亿元，实现利税750万元。财政总收入1.8亿元，比1992年增长161.2%。个体工商户发展到24954户，私营企业发展到251家，分别比1992年增长3.8倍、10.4倍和15倍。建成各类商品市场56个，年成交额26亿元，分别比1992年增长2.8倍和7.7倍。社会消费品零售总额12.4亿元，比1992年增长2倍。城区建成面积25平方千米，城市人口近50万人，怀化由一个山乡小镇发展成为湘、鄂、渝、黔、桂五省边界地区的中等城市。

(三)

1998年，怀化市（县级）析为中方县和鹤城区。中方建县之初，经济基础十分薄弱，工业总产值不到4亿元，农业总产值不到 6 亿元，国民生产总值不到8亿元，地方财政收入不足800万元。县委、县政府立足县情，确立“农业稳县、工业强县、商业活县、科技兴县”战略思想，紧紧抓住湘西地区开发、中部崛起和新农村建设三大机遇，带领全县人民艰苦创业，积极培育新的经济增长点，实现国民经济快速发展和社会全面进步。2013年，国民生产总值达到82亿元，其中县规模工业增加值达到17.86亿元，分别增长11.5%和12%。地方财政总收入、公共财政预算收入分别达到5.77亿元、3.9亿元，同比均增长12%。完成社会固定资产投资76亿元，增长36%。实现社会消费品零售额12.1亿元，增长13.5%。城乡居民人均可支配收入达11056元，被湖南省政府授予“湖南省全面小康经济发展快进县”称号。

农业稳步发展。按照“因地制宜、重点突破、一乡一品、形成基地、支撑产业”的原则，加大结构调整，向农业产业化发展。1998—2014年，全县稳定粮食播种面积28.28万亩，总产量11.22万吨，实施农业综合开发项目35个，发展支柱产业七大项，其中：优质稻种植面积12万亩，优质水果种植面积7万亩，无公害蔬菜种植面积2.5万亩，花卉苗木种植面积5600亩，中药材种植面积2.5万亩，工业原料林面积10.06万亩，新建标准化养殖场（小区）4个，生猪饲养量达 4 9.1万头、家禽达532.2万羽，水产品总产量达7820吨。完成无公害农产品产地认证27.7万亩，农产品认证63个，桐木葡萄、华汉茶叶、活水金秋梨、洪源顺福黔邵花猪、洪源油茶等5个特色产业园进入全省两个“百千万工程”。推行“企业＋基地＋农户”“协会＋基地＋农户”经营模式，农业生产组织化程度不断提高，发展农村经济合作组织43家，入会（社）农户达7000余户，农产品营销经纪人3000多人。2014年全县完成农业总产值18.7亿元，在1998年5.5亿元基础上翻三倍多，荣获“全省粮食生产先进县”称号。

工业高速推进。建县后，县委、县政府按照“规划高起点、目标高定位、投入高强度、推进高速度”的要求，实行“双轮驱动”，大力扶持本地民营经济上规模、上档次。突出招商引资、项目建设和园区开发，着力引进大产业、大企业、大项目，形成项目集聚、资金集中、产业集群发展的园区经济，实现工业经济跨越式发展。2008年6月，成立县工业园。2009年5月，成立县湘商文化科技产业园。县工业园规划面积15.83平方千米，先后引进湖南金大地材料股份有限公司、湖南喜湘聚食品有限公司、怀化亚信电子有限公司、怀化市欧劲果业有限公司等一批优秀企业，形成新型建材产业、农副产品深加工产业、机械电子产业、现代物流产业四大板块。2013年，县工业园建成区面积达2.8平方千米，完成投资11.98亿元，实现规模工业增加值12.3亿元。县湘商文化科技产业园规划面积10平方千米，建成区面积1.5平方千米，先后引进怀化恒裕实业有限公司、怀化市百草园印务有限公司、湖南五新高铁机械有限公司、湖南金糯咪食品有限公司、湖南中南桥梁安装工程有限公司等优秀企业，形成机械制造、印刷包装、商贸服务、文化旅游四大板块。2013年，县湘商文化科技产业园建成区面积达1.5平方千米，完成总投资9.02亿元，实现规模工业增加值2.6亿元。是年，县属规模企业达46家，全县实现工业总产值64.81亿元，为建县初的18倍，实现利税3.1亿元。工业对经济增长的贡献率达30%，对县本级财政的贡献率由建县初的 5 %上升至55%。

商贸业日趋繁荣。1998年，县城规划区内仅有中方、鸭咀岩2个规模很小的农贸市场。

2005年，县委、县政府以生态县城为核心发展商贸市场。至2013年，县城新建县中心市场、商业步行街、一号财富广场、湘西味道旅游商品购物街、福兴商业广场、金泰再生资源市场、中方家具建材机电大市场，商业街道已具雏形，城区消费市场日趋活跃，各类三产经营户达2823家，营业额达3.87亿元。在做旺县城第三产业的同时，大力开拓农村市场，全面实施“万村千乡”和“以旧换新”工程，农村连锁超市发展到150余家，下乡家电销售额达3500多万元。

旅游业异军崛起。1997年，县级怀化市旅游资源丰富多彩。分置后，中方县占百分之九十，风景名胜遍布各乡村，包括自然景观、人文景观、人造景观。据此，县委、县政府制定“旅游兴县”发展战略，确立融资开发具体方案，重点景区以县乡政府投资为主，鼓励企业投资开发，欢迎专业户入股经营，加快旅游资源优势向经济优势转化。至2013年，全县旅游项目总投资2.1亿元，先后建成生态城、荆坪古村、中国南方葡萄沟、五龙溪、康龙、黄溪、仙人谷七大景区，接待境内外游客67.1万人次，实现旅游收入2.68亿元。

居民生活不断提高。1998年，农民人均纯收入1587元。2008年，农民人均纯收入增至2996元。城镇居民人均可支配收入达到12916元。2013年，城镇居民人均可支配收入为18395元，比上年增长2.6%。农民人均纯收入6830元，比上年增长0.7%。民生支出9.6亿元，占公共财政支出的72.5%，比上年提高3个百分点。

（四）

中方县建立初期，有县无城，县委、人大、政府、政协“四大家”和县直机关单位均在鹤城区办公。为尽快结束这种状况，1998年4月，县委、县政府提出“建设中方生态城”的理念，积极进行新县城的规划和选址工作。1999年10月，斥资430万元，完成中方生态城总体规划编制，为依法建设奠定基础。2002年8月17—18日，县委在黄岩召开务虚会议，正式组建县城建设管理委员会，全面负责生态县城建设工作。8月28日，在县城新址铜锣坡举行奠基仪式，拉开生态城建设帷幕。之后，按照“县城定位生态化、项目运作市场化、投资主体多元化、城市管理企业化、政府服务规范化、征地拆迁人本化”的总体要求全面启动县城建设。2005年12月，县行政中心落成，县“四大家”和县直机关单位陆续从鹤城区迁入，结束有县无城历史。为建设生态秀美县城，县委、县政府大做“山、水、绿、净”文章。“山”，就是显山，依山就势搞建设，保留其原生态性。“水”，就是露水，依傍溪流、湖泊，使其自然流露出来。“绿”，就是护绿，保留原有绿地，新植树木花草。“净”，就是明净，城市主要干道的所有管线全部入地，污水实行生态循环处理，达标排放。城市道路不强求“横平竖直”，保留自然坡度和弯度。房屋建设严格控制楼层的高度和密度，融入坡屋顶、墙面漆、蘑菇裙墙角等反映五溪文化特色的地方性建筑符号。行政区和商业区不修围墙，以道路和绿化带相间隔，构成生态县城建筑物的主流风格。2009 年 4 月，县委、县政府将旺市融城、打造“三湘生态第一县”纳入县域发展战略，县城建设驶入快车道。2009 年，实施城建重点项目 58 个，完成投资 5.45 亿元。2010 年，实施城建重点项目 78 个，完成投资 12 亿元。2011 年实施城建重点项目 85 个，完成投资 18.75 亿元。2013 年，实施城建项目 64 个，完成投资 29.19 亿元。县城功能不断完善。新建城市道路 34 条 55.3 千米，公园（休闲广场）3 个，公共绿地面积达 30 万平方米，绿化覆盖率达 45%。核心区城市建设已形成行政办公区、商业区、住宅区、休闲旅游区、工业区和现代物流区六大板块。县城建成区面积达 12 平方千里（含市工业园），各类三产经营户达 2607 家，常住人口达 4.71 万人，过去的荒山野岭，崛起一座为世人瞩目的宜居、宜商、宜学、宜游的生态园林新城。

中方县属典型的山区农业县，有农业人口 25.2 万人，占全县总人口的 92.6%。县委、县政府在倾力打造生态园林县城的同时，按照“政府引导、市场运作、科学规划、多元投入、重点突破、梯次推进”的原则，围绕“生产发展、生活富裕、乡风文明、村容整洁、管理民主”的目标，实施“万村千乡”工程，稳步推进新农村建设，2006—2013 年，先后完成 11 个建制镇、10 个乡的总体规划和 90 个村庄整治建设规划。农用地转用于小城镇建设基础设施、道路、商住面积 5414.29 亩，用于村民建房 563.82 亩。人居环境显著改善，村镇新建住房 56756 栋 640 万平方米，新建自来水厂 11 个，新建沼气池 8027 座，实现改水 680 户、改厕 1260 户。完成乡级公路水泥硬化 39 条 251.5 千米，村道 148 条 505 千米，实现乡乡、村村通公路。完成农村电网改造，实现城乡同网同价。电视电话覆盖率 97%。铜湾、铁坡、新路河等 3 个镇实现党政机关搬迁。铜湾、铁坡、新建、袁家、蒋家、花桥、石宝、新路河、牌楼、炉亭坳 10 个乡镇完成市场扩容搬迁。中方、泸阳、接龙、桐木、铜鼎、丁家 6 个乡镇完成机关、街道的亮化、美化工程。

县委、县政府以“生态立县”作为基本发展战略，坚持规划引领，强化生态品牌建设，全力建设全县生态示范县，打造怀化宜居先导区。1999 年，以中方新城建设为突破口，编制完成《总体规划》，坚持县城的生态性定位，建设一座“城在山中，河在城中，楼在园中，园在绿中”的山水园林城市。2003 年，组织编制《中方生态县建设规划（2003—2020）》，在全县开展“全国生态示范县”创建活动，突出抓好生态县城建设、生态工业、生态农业、生态林业和生态旅游发展。2008 年 9 月，中方县顺利通过“全国生态示范县”评估验收。2011 年，按照“建设全国生态示范县”的战略定位，明确打造“三湘生态第一县”的战略目标。县城开展“5 万株树木进县城”园林绿化活动，评出枫香树为县树，茶花为县花，城区 30 多条道路均以花木命名。建成 9 个分散式污水生态化处理系统，生活污水实现生态化分散处理。生态工业突出节能减排长效机制建设，重点抓好金大地、金天锰业等 5 个循环经济、清洁生产示范点，推动卫生洁具厂为代表的花桥建陶节能减排、提级工作，先后淘汰小造纸、土法炼矾企业15家，工业固体废弃物综合利用率达60%。工业组团建造日处理能力4.5万吨污水处理厂一座，实现工业污水集中处理。生态农业重点推广养殖—沼气—种植经营模式，推进无公害农产品基地建设，实施“清洁水源、清洁家园、清洁田园、清洁能源”工程，全县新建沼气池1103座，建设无公害农产品基地7个。生态林业突出生态公益林保护和商品林基地、油茶产业基地、工业原料、自然保护区建设，做好城边、路边、河边绿化，全县林业用地面积154.2万亩，林木绿化率67.3%。生态旅游重点开发荆坪古村、五龙溪、康龙、桐木葡萄沟等景区，建成荆坪古村国家AAA级景区、五龙溪国家级水利风景区、康龙省级自然保护区、桐木“中国南方葡萄沟”。2013年11月，县政府委托环保部南京环境研究所编制《中方生态县建设规划（2013—2020）》，通过实施《规划》，“生态立县”战略目标进程进一步加快。至2014年，全县创建国家级、省级生态镇10个，省级、市级生态村45个，中方县获评“全国生态示范县”。

（五）

随着经济的快速发展，县委、县政府把发展社会主义民主政治，建设社会主义政治文明，确定为全面建设小康社会的重要目标，坚持和完善社会主义民主制度，加强社会主义法治建设，改革和完善党的领导方式和执政方式，改革和完善决策机制，增强执政为民理念，县内政治文明建设成效显著。

民主政治全面推进。坚持和完善人民代表大会制度，优化代表构成。1998年4月，召开第一次人民代表大会。至2013年12月，历经四届17次代表会议。人民代表有工人、农民、干部、知识分子、解放军、非中共党员等各个社会阶层，妇女代表和少数民族代表都占一定比例，具有代表性和广泛性。代表大会选举产生的县人大常委会，依法行使对本县经济和社会发展重大事项的决定权、对“一府两院”的监督权和人事任免权。依法作出《关于同意中方县县城总体规划的决议》《关于批准中方生态县城建设规划的决议》《关于进一步加快县城建设的决定》《关于治理经济发展环境的决议》《关于批准中方县生态工业园总体规划的决议》《关于建立中方县人民教育基金的决定》等决定、决议。适时听取和审议“一府两院”的工作报告。深入机关、厂矿、学校调查研究，对其工作进行监督，及时提出批评和建议，或作出相应的决定、决议，督促有关部门认真改进。1～4届县人民代表大会收到代表议案、建议948件。县政府和相关部门对所有议案、建议认真研究，及时办理。代表对办理答复满意和基本满意率为100%。县政协1～4届委员会均由中国共产党、各民主党派、无党派人士、工商联、少数民族和各界人士组成，第一届设置17个界别，第二届至第四届设置18个界别。县政协先后制定《政协中方县委员会常务委员会工作规则》《政协中方县委员会提案工作条例》和政协委员考察、视察工作办法意见等一系列规定和条例，使民主监督制度化、规范化。县政协历届组织委员通过视察、检查、评议、提案等形式，对县委、县政府的工作提出意见和批评，就全县重大事务、民生问题、群众关注的热点难点问题，书面提案达1017件。县委、县政府均召开专门会议研究，交付相关单位办理落实，提案办复率达100%，提案委员对提案办理结果满意率达98%，较好地发挥政治协商、民主监督、参政议政作用。2001年，成立中方县政务服务中心，县政府工作部门组成单位均在政务服务中心设立办事窗口，公开本单位、本部门的办事程序、收费内容等，既方便基层和群众办事，又自觉接受其监督。巩固和完善基层民主自治制度。乡镇人民代表大会主席团，组织人大代表对乡镇七站八所工作进行视察、评议。企事业单位建立职工代表大会制度，让职工直接参与决策和管理。农村普遍建立健全村务公开、财务公开、“一事一议”制度，成立村民代表会和民主理财组织、村务监督组织。2002年，村民委员会选举实行村民投票直选，村民的民主选举、民主决策、民主管理、民主监督四项民主权利逐步得到落实。

法治建设不断加强。1998年，根据《中华人民共和国刑法》和全国人大常委会《关于严惩严重危害社会治安的犯罪分子的决定》，在全县开展春夏严打暨侦防双百会战、“反盗、打抢、除暴、扫丑”及打击车匪路霸、打击邪教组织门徒会等专项斗争，共破获各类刑案79起，破重大刑案29起，破特大案件9起，摧毁团伙16个，抓获各类违法犯罪嫌疑人员215人。同时，成立县普法依法治理领导小组，先后开展四轮“五年普法”宣传教育活动。普法内容主要为《中华人民共和国宪法》《中华人民共和国刑法》《中华人民共和国刑事诉讼法》《中华人民共和国行政诉讼法》《中华人民共和国行政复议法》《中华人民共和国义务教育法》《中华人民共和国劳动法》等40多部法律法规。普法重点是领导干部依法决策、管理“龙头工程”、干部学法用法“骨干工程”、青少年普法“后备工程”、基层群众普法“主体工程”等。1998—2000年，全县共开办乡科级一把手法制培训班6期，参训人员2976人次。举办大中专毕业生岗前法治培训班3期，发放“法律法规培训结业证”415份。在乡镇举办法治学习班132期，开展法律咨询817次，发放普法宣传资料20余万册（份）。2001—2005年，全县成立普法依法治理领导小组131个，配备专（兼）职人员148人，法治宣讲员1360人。在机关，实行党委中心组学法制度、普法合格证治度、任前学法考试制度。在乡村，办法制专栏233个，发放普法读本56万册（份），举办村民政策法律学习班1055场次，开展法律法规知识竞赛1165次，送法下乡演出110场。2006—2010年，建立中方法制网页，普法宣传信息化。期间，启动“法治中方”创建工作，开展“送法下乡”活动500场次，“送法进万家”活动110场次，举办农村法治讲座850场次，发放法律宣传资料35万余份，受教育群众达25万人。全县各级党政机关和人民群众法治观念进一步增强，基本做到学法用法，在法律规定范围内活动，社会治安逐年好转，连续5年评为全市普法依法治理工作“模范县”。2010年。获评为全国法治县创建活动先进单位。2011年，获“五五”普法先进县称号。2013年，第二次荣获“全国平安建设先进县”殊荣。2014年，继续保持“全国平安建设先进县”殊荣，再获全市“社会治安综合治理工作先进县”“普法依法治理工作模范县”称号。

决策机制更趋完善。从2002年8月17—18日起，历届县委以例会形式组织全体县级领导和县直有关部门负责人召开务虚工作会议，广泛集中民智，共谋全县发展大计。县政府坚持和完善重大行政决策程序规定、政府议事规则、评估听证、决策责任追究、政府法律顾问等制度，推进决策科学化、民主化。坚持以发展论英雄，凭实绩用干部。2005年，县委制定《关于加强党的执政能力建设的实施方案》，推行公选公示制度，公开评选“十佳村干部”“十佳乡镇干部”“十佳机关干部”各10名。对23名作风不实、业务能力不强、不适应工作岗位的干部降级使用。改进领导方式方法，坚持联系帮扶、夜访农家、民情台账、接访下访、开门办公、限时办结等群众“六项制度”，严格执行“八个严禁”规定，严明工作纪律，主动接受人大的法律监督和工作监督，自觉接受政协的民主监督，真诚欢迎公众和媒体的社会监督。2013年，全年办理人大代表建议60件、政协提案53件，办结率100%，代表、委员满意率达100%。

（六）

中方建县后，县委、县政府加强社会主义精神文明建设，实施科技兴县、文教强县战略，各项社会事业蓬勃发展。

科技水平不断进步。1998年，全县有科技情报研究所、新技术开发中心、蔬菜科学技术研究所等科研单位3个，科学技术学会11个，专业技术人员2700人。1999年，正式启动中方县农业现代化科技示范园建设，实施各类科研计划项目9项，实施星火计划项目5项，科研成果推广项目14项，推广新品种4个，获各级科技进步奖5项，被列为“全国科普示范县”。2000年，全县开展“个十百科技示范工程创建”活动，即每个乡镇推广1个项目、培养10个科技带头人、带动100科技示范户。2005年，县科技局派专人负责民营企业科技孵化与管理。2010年，县委、县政府出台《中方县选派科技特派员工作方案》，科技下乡特派员工作进一步加强。2011年，科技特派员帮助当地新成立专业合作社5个，新培养种养大户67户，安置劳动就业3800人。至2013年底，全县共有科研机构26个，各类科技服务机构6家，科技人员4182人。有各类学会17个，专业技术学会42个，会员2568人。获省市级科技成果奖2项、获省级以上科技进步奖8项、市级奖励20项、县级奖励31项、国家专利申请16项，推广应用农业新品种、新技术185项、工业新技术70项。科技进步对国民经济发展贡献率达到52%，先进技术推广、转让、应用覆盖率达95%，农业优良品种覆盖率达98%。

教育事业稳步发展。县委、县政府以“百年大计，教育为本”理念，坚持“教育优先”战略，积极落实“以县为主”的农村义务教育管理体制。1999年，普及九年制义务教育经省验收合格，全县7～12周岁适龄儿童入学率100%，小学毕业升学率100%，三类少年儿童义务教育入学率89.4%。2004年，优化学校布局调整，合理配置教育资源，实现县一中高中、初中剥离，铜湾中学并入县二中。2005年，高中在校人数从1998年的496人增加到3994人。是年，高中应届毕业生966人，本科录取334人，专科录取346人，创中方建县来历史新高，在怀化市高中教育教学质量综合评估中获显著进步奖第一名。2009年，县委、县政府下发《关于建设教育强县的实施意见》，确定教育经费增长目标，扩大办学规模，改善办学条件。2010年，投资618.46万元，建成教学光盘播放点26个、卫星教学收视点29个、11所学校计算机室并入互联网、20间计算机教室实现2M以上宽带网络，中小学图书室面积1826平方米，图书总量513459册，通过省市“普图”达标验收。在县城新建中兴学校、县幼儿园、华美外国语学校。在农村完成17所寄宿制学校、9所卫生新校园建设。2012年，县一中累计投资2307万元，扩地135亩，新建校舍面积27729平方米，由一所普通的乡镇中学跃升为怀化市示范性普通高中。职业教育、成人教育协调发展。2013年，全县有各类学校74所，其中普通高中1所、完全中学1所、职业中专2所、九年一贯制学校12所、独立初中9所、中心小学13所、村小6所、教学点29个，附设小学班1个，高中教师277人，职业中专教师100人，初中教师914人，小学教师1302人，在校高中生3832人，初中生5894人，小学生12709人。幼儿园43所，幼师337人，入园幼儿6421人。

群众文化蓬勃兴起。1998年后，县委、县政府贯彻中共中央《关于关心人民群众文化生活的指示》，扶持发展文艺轻骑队和农民剧团等群众性文化团体，开展广场文化、送戏下乡等群众性文化活动。文化系统每年都挑选优秀节目，下农村演出50场以上。各乡镇文化站在春节、端午、中秋、国庆、重阳等节日，组织开展龙舞、狮舞、划龙船、歌舞晚会等文艺活动。自发组织的群众文艺团体在农村的红白喜事中演出活动非常活跃。1999年，铜湾镇被湖南省文化厅授予“霸王鞭艺术之乡”称号。2006年，县委、县政府抢抓社会主义新农村建设机遇，以生态县城为平台，倡导国家、集体、个人兴办文化事业，各级文化设施不断改善。2008年，在县城，先后投资5000多万元，相继建成城东金大地休闲广场、城南工业园区文化广场和星光大道娱乐会所。投资600余万元，新建县文化馆、图书馆。在农村，相继建成桐木、花桥、铜湾、铁坡等乡镇万册图书馆13个，组建村级“农民书屋”15个，农民业余剧团84个。泸阳镇新店坪村投资20多万元修建的群众文化活动广场投入使用。是年11月25日，县委、县政府在县行政中心广场举办首届生态文化节，由中央电视台著名主持人刘璐主持《激情广场·生态中方》大型广场文艺演出活动。节会活动期间，在怀化市博物馆举办美术、书法、摄影作品联展，展出艺术作品120幅。在县行政中心举行创业成果展，全面展示中方建县十年各行各业所取得的辉煌成就。2011年，县委、县政府下发《中方县文化强县战略实施纲要（2010—2015）》《中方县文化产业振兴规划（2010—2015）》两个指导性文件，安排文化产业专项资金60万元。是年，湖南怀化湘商科技文化产业园落户中方，百草园印务、娱乐文化一条街等多家文化产业项目落户产业园区。至2013年，文化服务体系日臻完善，文化市场繁荣有序，群众文化活动异彩纷呈，文艺创作硕果累累。陈利会的小说《哎呀呀》、县文化馆编演的小品《妈妈老师》、翟祖刚、韩小琴创作的歌曲《人杰地灵新店坪》、王艳、胡康博编导的舞蹈《斗笠情韵》、张首辉的摄影作品《丰收舞》《秋之舞》《龙脊》、张新程的书法作品等一批文艺作品先后在国家级、省级、市级刊物上发表并获优秀奖。泸阳镇金塘广场舞队比赛获国家级银奖1个、省级银奖1个。县一中啦啦操学生队在世界级比赛中获第六名、国家级比赛中获2个第一名，省级比赛中获2个第一名。全县有1个县级文化馆、1个县级图书馆、22个乡镇文化活动中心、214个农家书屋、148支业余剧团、72家文化经营大户，网吧、电游、电脑打印、广场舞遍布城乡。

医疗卫生条件不断改善。1998年，全县有乡镇卫生院22所，村级卫生室224个，没有县级医院。2001年，中方县入列“2001—2005中国·联合国儿童基金会儿童环境与环境卫生项目县”，全面实施农村改厕改水工程，至2005年，全县总投资630.3万元，改水44处，铺设各类管道206.1千米，受益总人口92754人。新增改厕2450户。2006年，正式启动新型合作医疗，参合农民181485人，参合率72%，支付补偿住院费607.7万元，使农民病有所医。县级医院从无到有快速发展。是年，新建县人民医院，总投资1.78亿元，占地107亩，总建筑面积36210平方米，人员编制280人，开设床位116张。2007年，新建红十字国际医院（中方县中医院），总投资5000万元，征地250亩，总建筑面积4100平方米，医护人员80人，开设床位60张。乡村卫生院（室）医疗条件改善。2008年，争取省330万元仪器设备投放乡镇卫生院。投资536万元，新建牌楼等乡镇卫生院住院楼6239平方米。2009年，县政府下发《关于加快村卫生室标准化建设的通知》，对村级卫生室进行标准化改造。至2013年底，总投资125万元，建成标准化卫生室32个。至2014年底，全县有县级医院3个，企业医院1个，乡镇卫生院22个，村级卫生室195个，个体诊所47家，医务室3家，民营医院4家。有卫生技术人员439人，其中高级6人，中级111人，初级280人，未评职称42人。开设床位1162张。

群众性精神文明建设活动不断深入。1998年，制定文明单位、文明村镇、文明家庭评选标准，重点治理“脏、乱、差”、倡导文明用语、规范服务程序，开展创“文明机关”活动。2000 年，引导群众开展世界观、人生观、价值观“三观”教育，社会公德、职业道德、家庭美德教育，爱国主义、社会主义、集体主义“三义”教育，文明新风进一步深入，全县创建省级文明单位 1 个、市级文明单位 2 个、文明窗口 1 个、县级文明村镇 47 个、双文明户 2000 户。2002 年，开展《公民道德建设实施纲要》学习教育活动，中方镇被授予全国文明镇。2004 年，开展“改陋习、树新风”活动，在城镇着力解决随地吐痰、乱扔垃圾、乱贴乱画、损坏公物等不文明行为。在农村着力解决封建迷信、打牌赌博等陈规陋习。在学校开展“远离网吧，争做文明小使者”万名学生签名活动，倡导科学文明健康的生活方式。2006 年，以“八荣八耻”教育为主题，开展“争当人民好公仆”“孝心榜上比孝心”活动。制定《中方县文明乡镇创建实施方案》，加大乡风文明创建力度。2008 年，开展“文明创建进农家”活动，中方镇荆坪村获评“全国创建文明村镇工作先进村镇”称号。2010 年，全面开展省级文明卫生县城创建工作，在金大地广场建立文明宣传橱窗走廊，聘请 20 名群众为创建监督员。2011 年，广泛开展“唱红色歌曲、读红色书籍、看红色电影、讲红色故事、走红色道路”五大主题教育活动。2000 余名青少年网上签名寄语“向国旗敬礼，做一个有道德的人”。1000 余名市民签名“争做文明市民，共创文明卫生县城”。2012 年，开展“美丽中方道德先行”主题实践活动，组织义务宣讲员进村入户发放《文明公约》5000 余份。2013 年，创全国文明村镇 1 个，省文明单位 5 个，市文明单位 9 个，市文明村镇 4 个。

中方建县十五年，区域经济高速增长，城乡建设日新月异，社会事业蒸蒸日上。然而，由于经济基础、社会环境和自然灾害等诸多因素影响，在前进和发展中也存在一些不足和困难。融资渠道不宽，资金短缺，农业投入不足，生产成本增高，比较效益下降，风险防范落后，工业总量不大，规模企业偏少，缺乏多点支撑，城乡基本建设步子放缓，旅游资源开发力度不大，赌博、吸毒等恶习仍未根绝。所幸这些困难和问题已得到县委、县政府的高度重视，正采取措施加以解决。

展望未来，中方人民豪情满怀，信心百倍，在县委、县政府的领导下，发扬“实在、实干、实效”、“谋事、干事、成事”和“团结务实，奋勇争先”的中方精神和作风，凭借自己的勤劳、智慧，在中方这片美丽而神奇的土地上，谱写更新更美的篇章。中方的前景将更加灿烂辉煌。

大 事 记

1998 年

2 月　原县级怀化市行政区域一分为二，分设中方县和鹤城区。中方县成立，县治中方镇。

3 月 28—29 日　中国共产党中方县第一次代表大会在原怀化市榆树湾三角坪电影院召开，选举潘运鹏为县委书记的第一届县委班子。

4 月 21—23 日　中方县政协举行第一次全体委员会议，大会选举产生以蒋才培为政协主席的第一届县政协领导班子。

4 月 23—25 日　中方县第一届人民代表大会召开，选举产生以向宽书为主任的第一届人大常委会班子，选举产生第一届县人民政府领导成员。

4 月 25 日　中方县举行挂牌仪式。同时挂出中共中方县委员会、中方县人民代表大会常务委员会、中方县人民政府、中国人民政治协商中方县委员会四块招牌，标志着中方县正式成立。

6 月　县委、县政府聘请上海同济大学城市规划设计院和长沙规划设计院专家编制县城总体规划。次年 6 月，完成县城总体规划编制。新县城定位为生态县城，宜商宜居城市。县城选址在中方镇龙井、长塘、铜锣村一带，规划区面积 3.5 平方千米。

8 月　经省政府批准，桐木乡撤乡建镇。

是月　根据市委、市政府的意见，将鹤城区鸭嘴岩乡的长塘、铜锣、房溪三个村划归中方镇管理。

9 月　县第一批九年一贯制学校设立，分别是丁家学校、活水学校。

是月　县委在全县党员、干部中开展“三学一提高”（学理论、学经济、学法律、提高驾驭市场经济能力）和抓“四治”（治奢、治浮、治懒、治假）、兴“三风”（兴勤奋学习之风、调查研究之风、勤俭节约之风）集中教育活动。

11 月 24 日　受省委常委、常务副省长周伯华的委托，省政府副秘书长唐见奎一行到中方县现场办公，专题研究中方县县城建设有关问题，并形成《关于中方县县城建设有关问题的会议纪要》。

12月12日　湖南省政府副秘书长唐见奎主持召开关于中方县城建设有关问题的会议，原则同意中方县县城建设视同省重点工程对待，享受省重点工程优惠政策。

1999年

2月　县政府作出《关于加速发展工业的决定》，组织实施工业小区战略，合理规划花桥至泸阳建材、活水石材等4个工业小区。

是月　县广播电视局新闻中心成立。

3月　怀黔高等级公路开工建设，怀黔高等级公路起怀化市湖天桥头，止洪江市黔城，全长41.8千米，中方县境内18千米。

是月　县委在乡镇干部中开展增强政治组织观念、群众观念、政策法治观念和勤政廉政观念等“四个观念”教育活动。全县4个经济联络处、22个乡镇，共1645名干部参加教育活动。

4月9日　全县对农村合作基金会实行停业，全面清理整顿。

是日　泸阳镇、铁坡镇、铜湾镇发现耕牛口蹄疫，县委、县政府采取枪杀病耕牛并深埋消毒的措施，共捕杀病耕牛662头，补贴资金达10多万元，疫情很快得到遏制。

6月　中方镇茅利溪蔬菜基地被省蔬菜办列为“省重点蔬菜基地”。

10月　经省政府批准，铁坡乡撤乡建镇。

是月　湖南卫视乡村新发现栏目“大力士”擂台赛在石宝乡鱼龙桥举行。

是年　县内全面启动农网改造工程。

2000年

1月2–3日　市委书记杨泰波前往花桥、活水、中方等乡镇实地考察民营经济，并以“日出江花红胜火”的诗句肯定中方县民营经济的发展。

3月　县委、县政府决定集中两个月时间在全县广泛开展“政策法律进农家”活动。

5月31日　铁坡镇政府干部乘车下乡，人员超载，行驶至两利村石灰湾路段时，因紧急让车，车辆翻入高20多米下的小溪中，造成3死8伤特大交通事故。

6月　县委根据中央、省委、市委的统一部署，在县直单位党员中开展以“讲学习、讲政治、讲正气”为主要内容的“三讲”集中教育活动。

7月　县“村村通”工程历时10个月落下帷幕。原51个广播电视盲村全部脱盲，实现广播电视“村村通”。

9月13日 县1.5万亩的超级稻试种成功。平均亩产高达712.6千克，较三系杂交稻籼优63、Ⅱ63、Ⅴ63系列组合平均亩产高出100多千克。

11月1日 开展第五次全国人口普查。

是年起 县委开始推行公开选拔副科级领导干部。

2001年

1月 县委按照中共中央的部署，在全县党员干部中分两批开展“三个代表”重要思想的学教活动。

2月 泸阳镇的小坪、杨桥两村因下坪电解锰厂废水排放引发“3·15”工农群体性事件。历时一个月，得以平息。

3月 县委、县政府发动全县干部职工捐款，组织东半县13乡镇村民义务投工投劳，对原320国道中方段（活水至新建）进行改（扩）建工程。

4月28日 应共青团中方县委的邀请，湖南卫视“玫瑰之约”栏目组走进荆坪古村，主持一期“玫瑰之约”节目，节目主持人冯琪、金晓琳，观众达2000多人。

5月1日 第五次全国人口普查结果，全县人口23.67万人，其中男12.43万人，女11.24万人。少数民族人口4312人。

6月 省委授予荆坪村党支部“先进基层党组织”荣誉称号。

7月15日 由省爱卫办主任易冬华主持的“联合国儿童基金会儿童环境与环境卫生延续项目湖南启动会”在中方召开，中方县成为该项目的示范县之一。以荆坪村为试点建成三格式无害化卫生厕所100座。

7月20日 铜湾镇水落岸村暗山冲组的瞿支珧、周梦英夫妇通过互联网向美国好莱坞女士用品公司发送一批最新设计的指甲画图案。指甲画在好莱坞售出后立即引起轰动，备受众多明星的欢迎。

9月 县妇联主席赵忠获评为全国“降消”项目先进个人。

是月 由香港苗圃集团捐资15万元，牌楼镇政府及学校自筹资金40万元兴建的县内第一所农村希望学校，即牌楼镇阳合垅苗圃希望小学建成使用。学校占地5866平方米。

是年 中方县定为全国野生动植物保护管理体系试点县。

2002年

2月 开始县城道路建设。首先开工修建金园路（迎松路）。

5月 省政府批准荆坪古村为“省级文化保护单位”。

7月1日 怀新（怀化—新建）国防公路动工建设。次年12月28日正式通车，全长25.2千米，总投资1.1亿元。

8月17日 县委组织全体县级领导在鹤城黄岩度假村召开“务虚”会议。会议确定“一个加快、三个跨越”的发展战略，明确提出“工业强县”战略思想。

8月28日 生态县城奠基仪式在中方镇铜锣村铜锣坡举行，标志县城建设正式启动。

9月15日 县运管所获交通部授予“全国道路运政管理文明单位”称号。

9月23—24日 中国共产党中方县第二次代表大会召开。会议提出“实在、实干、实效”的中方精神，选举产生第二届县委班子。

12月27—31日 政协中方县第二届会议召开，选举产生以田友兴为主席的政协中方县第二届委员班子。

12月28—2003年1月1日 县第二届人民代表大会召开，选举产生以向宽书为主任的第二届人大常委会，选举产生以周辉为县长的第二届县人民政府领导班子。

是年 建立“青少年绿色教育基地”和铜湾烈士墓“青少年爱国主义教育基地”建立，并分别进行挂牌。

是年 中方县实施荆坪茅利溪无公害蔬菜基地建设项目，共投入资金100余万元，建立高标准蔬菜基地1000亩。

是年 全面推行农村税费改革，实行“三取消、两调整、一改革”。

是年 国家文明委授予中方镇“全国创建文明村镇先进单位”荣誉称号。

2003年

2月 茅利溪蔬菜基地获评湖南省“放心菜”基地。

2月14日 县委、县政府出台《关于加快农业产业基地建设的意见》。全县重点发展优质稻、优质水果、优质畜禽、中药材、花卉苗木、无公害蔬菜、工业原料林等六大支柱产业。

3月15日 花桥镇牛角冲煤矿发生突水事故，死亡3人。

3月 中组部授予县委组织部干部信息管理室“干部人事档案工作目标管理一级单位”称号。

4月9日 上海至昆明高速公路怀化至邵阳段开工建设，2007年11月10日正式通车。

过境 24.3 千米。

4 月 16 日　县劳动技工学校在市红星路正式挂牌成立。填补全县就业和再就业培训基地的空白。

7 月 1 日　县广播电视局新闻中心制作第一期“中方播报栏目”，该栏目于每周二、四、六在怀化电视台新闻节目中播放。

7 月 9 日　省委副书记、常务副省长于幼军视察中方县城建设。

7 月 14 日　怀化市工业园正式落户中方镇。

7 月 28 日　县行政中心开工兴建。由县委、县政府、人大和政协四大家办公楼、会议中心、食堂组成，由湖南武陵城房地产公司承建，占地 87 亩，建筑面积 1.89 万平方米。

9 月 9 日　经省市专家的验收，花桥镇农技站承接的省百亩超级稻高产栽培试验示范喜获成功。试种的 103.4 亩超级稻，亩产达 808.9 千克，一举突破袁隆平院士提出的二期亩产 800 千克的目标。

9 月 19 日　省政府代省长周伯华带领省直单位主要负责人，视察中方县城建设工地。周伯华指出：通过努力，中方可以建成一座适应市场经济要求的、集行政、流通、商贸、休闲、旅游于一体的生态城。

11 月 14 日　装机容量 18 万千瓦的铜湾电站正式开工建设。电站建设为期 4 年，2007 年 12 月 25 日第一台机组并网发电。

11 月　县工业园正式开园，入园企业 8 家，资产总额 1.04 亿元。

是月　修建县城自来水厂，投资 1000 万元，占地 58 亩，供水规模一期为 1500 立方米 / 日，由怀化外贸盈丰公司承建。

11 月 28 日　县委二届二次全会通过《关于加速中方经济社会全面发展的决定》。

是年　全县村级财务管理工作全面推行“村账乡管”制度。

是年　全县抗击“非典”中，无一例“非典”病例出现，得到省、市政府的嘉奖。

是年　农业部将中方县列为农村沼气建设项目县。

是年起　县委、县政府开展创建平安乡镇、平安村、平安重点企业（工程）和平安家庭活动。

2004 年

4 月 11 日　全县有 7 个项目进入湘西开发项目笼子。分别为铜湾电站、金大地水泥、金天锰业、小康瓷业、大康牧业、神隆生物、怀化鼎兴置业等有限公司。

4 月 30 日　全市第一家流动党支部——铜湾镇在怀置业党支部在怀化河西粮油市场正

式挂牌成立。

7月18—20日　全县普降暴雨，平均降雨量达242.1毫米，㵲水流域水位高达221.8米，比1996年特大洪水高0.75米，沅水流域水位高达141米，超警戒水位8米，是中方建县以来最严重的一次洪灾。全县22个乡镇均不同程度受灾，沿河乡镇受灾尤为严重，全县受灾群众达15.8万人，直接经济损失达1.2亿元。

9月　在湖南省县域经济综合实力评价会上，中方县评为2003年全省县域经济综合实力提速最快10强县市，名列第9位。

10月18日　由省委宣传部组织的大型宣传报道“走进大湘西”栏目走进荆坪，“信马荆坪、魅力怀化”走进千家万户的电视荧屏，展示全县经济建设的成就。

11月3日　县政府组织编制的《中方县行政区划图》经省民政厅审定，由省地图出版社制作、印刷成图，正式公开发行。

11月17日　新路河大桥举行开工典礼，省交通厅常务副厅长陈明宪出席并剪彩。

12月28日　县委二届四次全会胜利召开，会议通过《关于抢抓湘西地区开发机遇全面推进经济社会发展的决定》。

是年　农业税率降低3个百分点，由7%调为4%，同时取消除烟叶以外的农业特产税。

是年　桐木镇先后获评“湖南省星火科技示范镇”、怀化市“一线一圈”现代高效农业示范镇、“湖南省科普示范基地”。

2005年

1月7日　铜湾电站主体工程大江围堰正式开工。

2月19日　县人口网正式开通。是怀化市计划生育系统成功开通的第一个网站。

6月　桐木镇桐木村作为“全国农村财务管理规范化建设试点单位”通过农业部的考核验收，是湖南省被农业部挂牌授匾的5个试点村之一。

6月22日　生态城工地发现古代墓葬群。该墓葬群位于耕作层以下2~3米处，根据墓葬的结构、特点及已挖掘出土的文物，初步确定该墓葬群为汉代墓葬。

9月　国家旅游局和农业部评定荆坪古村为“全国农业旅游示范点”。

9月28日　省委书记杨正午、省长周伯华视察县金大地年产100万吨新型干法水泥生产线项目，并参观中方县湘西地区开发成果图片展。

10月10日　全县新型农村合作医疗制度试点工作正式启动。

12月29日　怀化金大地水泥有限责任公司年产100万吨新型干法旋窑水泥生产线正式竣工投产。该项目是省湘西地区开发134个重点规划产业项目之一，总投资1.7亿元，年上缴税收3000万元，可安排150多人就业。

12月30日　县行政中心落成庆典在生态县城举行，结束中方县有县无城的历史。

是年　县政府对生态城规划进行局部调整，制定《中方县县城总体规划调整方案》。依照《方案》，县城规划区被划分为北组团、南组团和河西组团，初步形成较为完善的县城规划体系。

是年　中方县纳入中央补助地方农村改厕项目试点县，全县建成“沼气池”式卫生厕所1000座。

是年　全县开展“平安中方”创建活动，获省委、省政府授予“社会治安综合治理先进县”称号。

是年　正式免征农业税，使得延绵2600多年的“国家征税”成为历史，每年全县直接减轻农民负担达880万元。

2006年

2月　县委、县政府作出《关于进一步加快县城建设的决定》。

3月　全县开始新农村建设，先后启动33个省、市、县、乡级新农村建设示范村。

3月28日　县经纪人协会成立，55名农村经纪人成为该协会第一批会员。

4月28日　县城市管理局挂牌成立。

6月　中组部授予荆坪村“全国先进基层党组织”荣誉称号。

7月　国家旅游局评定荆坪古村为“国家AAA级景区”。

7月6—8日　中国共产党中方县第三次代表大会召开，选举产生以易铁为书记的第三届县委班子。

8月　县委作出《关于进一步加快工业发展的决定》，实施园区兴工、开放带动和可持续发展战略。

9月14日　铁坡中学食堂发生学生食用过期食物，造成20多名学生下泻的群体性食物中毒事故。

9月25—28日　首届“中博会”在长沙举行，中方县在中博会上成功签约4个项目，总投资达3.4亿元。

10月24—25日　湘黔两省十六县（市、区）政协联谊会第十八次会议在中方生态县城召开。

2007 年

1月29日　中国建设银行中方支行正式入驻中方生态城，是落户县城的第一家商业银行。

2月　湖南省教育厅评定县第一中学为“湖南省中小学现代教育技术实验学校”。

2月6日　县劳动力市场开业，结束中方县无专业劳动力市场历史。

2月15日　中方县、乡电视电话会议系统测试成功。

3月19日　湖南省2007年保护母亲河行动的重点项目——由团中央和解放军总政治部共同发起的“保护母亲河”解放军青年林10万亩基地正式落户中方县。

3月26日　湖南五溪米业公司获评“国家农业综合开发产业化经营重点扶持企业”，为全县第一家授牌企业。

3月30日　怀化市“百企联百村，共建新农村”活动在牌楼镇陈家湾村启动。启动仪式上，与会的20余家怀化知名民营企业与自己的联系村代表结对签约。

4月18日　湖南骏泰浆纸有限公司铁路专线开工。次年5月8日建成通车。

4月28日　新路河大桥建成通车，该工程是湖南省S312省道最后一座渡改桥工程。

5月16日　牌楼镇芭蕉村上段组村民曾某无证驾驶一辆变形拖拉机，非法载客20人，行至该村铁炉溪组鹭鸶田村级简易公路路段时，因操作不当，拖拉机翻入10余米高坎下的小溪边，造成4人死亡15人受伤的特大交通事故。

7月21日　铜湾镇、蒋家乡相继发生高致病生猪蓝耳病。经历时半月的有效防治，疫情得到遏止。

8月　县政府网站正式开通运行。

9月　五龙溪水库获水利部评定为“国家级水利风景区”。

是月　泸阳镇黄花树村小学教师李慧作为全怀化市唯一名优秀教师代表参加在北京举行的全国优秀教师表彰大会，并获“全国模范教师”殊荣。

9月10日　怀化市首家富硒葡萄生产示范基地的开园仪式在中方县桐木镇松坡村举行。

11月10日　邵怀、怀新高速公路通车仪式在中方镇竹田村互通西举行。省领导张春贤、周强、胡彪、徐宪平、王四连及袁隆平院士参加通车典礼。

12月20日　在全省经济工作会议上，中方县评为2005、2006年度“县域经济发展先进县”“2007年度人口计生工作先进单位”“2007年度全省社会治安综合治理先进县”“平安县市区”等四项荣誉称号。

12月26日—2008年1月1日　县政协召开第三届会议，选举潘存福为第三届委员会主席。

12月27日—2008年1月1日，县第三届人民代表大会召开，选举刘湘为第三届人大常委会主任，选举胡佳武为县长。

12 月 29 日　铜湾水电站 1 号机组高质量一次顺利完成 72 小时满负荷并网试运行，各项运行正常，提前 3 个月实现首台机组投产发电。

是年　泸阳镇黄花树村小学教师李慧获评“怀化市十大新闻人物”。

是年　《敌营十八年》剧组将荆坪确定为该电视剧组主要外景拍摄基地之一，进行近两个月的外景拍摄。

2008 年

1 月 13 日—2 月 4 日　全县遭受 50 年一遇的特大雨雪冰冻灾害，极端最低气温零下 4.2℃，历时 22 天。期间，电力中断，交通受阻，部分地方出现粮食、蔬菜供应紧张现象。22 个乡镇 211 个村普遍受灾，造成直接经济损失 4.4 亿元。

2 月 28 日　水利部副部长矫勇一行到中方县检查指导灾后重建工作。他们对中方县不等不靠，迅速组织抢修水利设施的做法给予充分肯定。

5 月 12 日　下午 2 时 28 分四川汶川县发生 8 级地震，中方县民众也有震感，有的跑出屋外。

5 月 16 日　科协重点项目处处长陈健中一行，对湘珍珠葡萄协会建设情况进行实地考察。

6 月 2 日　荆坪㵲水大桥开工典礼在中方镇荆坪古村举行。该项目经省发改委、省交通厅批复立项并列入怀化市重点建设工程，主桥长 431 米、宽 17 米，工程总投资 4421 万元。

6 月 28 日　市文物处与中方县考古工作者在对荆坪古村新发现的战国—汉代古墓实施保护性挖掘时，在㵲水河车渡口龙井村探明 4 座古墓，专家断定周围一片都是战国—汉代墓葬群。

6 月 30 日　开展以“数五溪风流，书怀化华章”为主题的怀化建市十周年系列评选活动。经投票评比，“金大地水泥”评为“怀化十大特色品牌”，中方镇评为“怀化十大魅力乡镇”，县域企业负责人彭忠喜、中方籍企业家谢永健评为“怀化十大经济人物”。

7 月 20 日　全县开展“交纳特殊党费，支援灾区重建”活动，有 380 个党支部，4513 名党员参加，共交纳特殊党费 42.48 万元。

8 月　全县启动以“明晰产权、减轻税费、放活经营、规范流转”为主要内容的集体林权制度改革。

8 月　中方县纳入“湖南省承接产业转移发展加工贸易”重点县。

9 月 6—7 日　省环保局副局长潘碧灵带领国家生态示范县创建工作省级验收组来到中方县考核验收，中方县顺利通过评估验收。

9 月　中方县列入全国首批油茶产业基地建设示范县。

10月14日　中南林科大规划编制专家组第一批专家深入到新建、铜湾、中方、牌楼等乡镇和风景区进行调研考察、收集资料，完成《中方县旅游发展总体规划》《荆坪古村旅游景区控制性详细规划》的编制。

10月28日　县国库集中支付局正式挂牌成立。

11月24—25日　县首届生态文化节在县城行政中心成功举办。出席生态文化节的有省、市领导及沅陵、辰溪等11县（区）领导，近万名干部群众参加开幕式。开幕式后，举办中央电视台“激情广场大家唱”大型文艺演出。李琼、阿宝、曾格格、李杰等国内知名歌手相继登台献唱。中央电视台三套、《湖南日报》《怀化日报》、怀化电视台等媒体都进行专题报道。

12月4日　县委在县行政中心会议室召开全县领导干部大会。市委常委、市委组织部长李军宣读省委、市委关于中方县委主要负责人职务调整的决定：市委常委赵应云兼任中方县委书记，原县委书记周圣余调任市人大常委会党组成员、秘书长。

12月18日　由县人民政府和湖南电力公司共同出资8495.99万元组建的湖南中方电力有限责任公司正式挂牌成立。

是年　中方斗笠列入湖南省非物质文化遗产名录。

是年　中方县获省委、省政府授予“全省平安县”称号，中央综治委授予中方县“全国平安建设先进县”称号。

2009年

2月11日　省教育厅厅长张放平到中方调研教育工作，副市长汪辉，县长胡佳武等陪同。

2月19日　省委常委、统战部部长李微微到中方县调研，强调：中方县要抓住机遇，按照省委“一化三基”的要求，打牢基础，以更务实的作风，推动经济社会大发展，努力打造成最适合投资兴业的宝地和最适合居住的秀美生态城。

3月　县委、县政府呼应怀化市“一体两翼、南延北扩”城市布局，全面实施“生态立县、旺市融城、兴工促农、科学跨越”战略部署。

3月16日　省水利厅农电局局长李雪辉来中方县指导防汛工作。

3月21日　县旺市融城管理委员会揭牌成立。

4月16日　省军区司令员张永少将来中方县调研基层武装正规化建设工作。提出中方县人武部基层正规化、建设规划好、标准高，乡镇民兵应急队伍装备齐、素质强，是一支招之即来、来之能战、战之能胜的队伍。

4月　县委三届三次全会提出“建设全国生态示范县，打造生态宜居先导区”战略目标。

5月29日　湖南省怀化湘商文化科技产业园在中方镇茅利溪村隆重举行奠基仪式，该工业园正式落户中方县。省政协副主席、省工商联主席何报翔，省政协原主席王克英等省市领导参加奠基仪式。

7月22日　中国出现500年一遇的日全食。此次日全食县在境内观看到的开始时间是上午9点23分55秒，当时天空近似黄昏，持续时间约5分钟。

7月29日　县委、县政府出台《关于加快县城第三产业发展的暂行规定》《中方县干部职工入住县城奖励办法》，加快县城第三产业发展和鼓励干部带头入住县城。

7月29日　县城污水处理厂在中方镇毛田村举行开工典礼。该厂位于中方镇毛田村，占地70亩，总投资12324万元。项目设计近期规模为日处理污水4.5万吨，远期为日处理污水10万吨。

8月28日　经省民政厅批准，鹤城区鸭嘴岩镇的长远、鸭嘴岩两村划归中方县中方镇管辖。

11月1日　蒿吉坪瑶族乡成立20周年庆典在乡政府举行。

12月18日　武警中方县消防中队授牌暨消防站驻兵仪式在县消防中队院内隆重举行。省消防总队司令部副参谋长孙高峰及市、县相关领导出席仪式。

2010年

1月6—8日　县第三届人民代表大会第三次会议召开，选举姜耀文为县人民政府县长。

1月6日　中方县中心市场举行开业庆典。

1月13日　荆坪㵲水大桥成功合龙。全长2.6千米，宽13.5米，投资4241万元。

2月2日　县城第一家大型超市—丰水湾超市开业。

4月28日　怀化（新加坡）生态工业园在牌楼镇隆重举行奠基暨项目签约仪式。省人大常委会党组成员王四连、省政府原经济顾问陈德铨，怀化（新加坡）生态工业园建设有限公司董事长盛梦志，新加坡驻中国大使馆一等秘书翁文炳及易鹏飞、杨方明、王小华、石希欣、赵应云等市领导出席仪式。在仪式上，有10个入园重点项目现场签约，签约项目总投资92.42亿元。

9月16日　省委副书记、省长徐守盛率省直部门负责人到中方县考察指导工作。徐守盛强调：中方县要着力构建生态安全屏障，推动产业绿色发展，要加快发展现代服务业，努力建设生态宜居城市。

9月17日　县佳翊汽修服务公司开业。公司占地7亩，总投资300万元。该公司开业，填补中方县城汽修服务行业的空白。

9月　县委、县政府出台《中方县鼓励农民和农民工进城置业创业暂行办法》，引导农民进城创业。

10月30日　县公安局破获泸阳镇和平村村民陈某系列杀人碎尸案。

是年　县委、县政府决定用3年时间，创建省级文明卫生城市。

是年　县政府决定对县城总体规划进行新一轮修编。次年3月完成县城总体规划修改工作。新修编的《规划》具体范围为：北起中方镇长远村、南至桐木镇与洪江市的行政界线、西起包茂高速公路西侧山体、东至枝柳铁路东侧山体，规划区面积120平方千米。

2011年

1月17日　中方县获省水利厅确定为湖南省2010—2011年度沟渠疏浚试点县。县政府计划总投资756.9万元，用于改善泸阳镇、下坪乡和聂家村乡三个乡镇灌溉面积18180亩，恢复灌溉面积1550亩，新增灌溉面积470亩。

1月26—28日　县首届年货展销会在县城中心市场举行。

1月29日　湖南金大地材料股份有限公司铁路专用线开工庆典仪式在泸阳镇隆重举行。该工程总投资1亿元，年运输量达120万吨。

3月21日　中国移动通信湖南有限公司怀化市中方县分公司举行综合楼落成庆典仪式。

4月7日　国家电影协会和湖南省委组织部联合拍摄的影片《大学生村官》摄制组到生态城、工业园、长冲垅水库等景点取景拍摄。中方县是该部电影主要取景点之一。

5月6日　世界闽南集团中方国际建材城项目签约仪式在县城举行。世界闽南集团中方国际建材城项目落户为中方经济发展创造一个新的增长点，为怀化物流企业树立一个新的标杆。

5月10日　中方家居建材市场开业庆典仪式在县城举行。

5月30日　蒿吉坪乡洞门口村团鱼组村民杨某无证驾驶机动车，翻落公路86米高的坎下，造成5人死亡，8人受伤的特大交通事故。

6月29日　中国共产党中方县第四届委员会第一次全体会议召开。赵应云、姜耀文、陈同炳、胡诗军、陈军、李建军、向开林、梁高动、黄政安、陈宝林当选为新一届县委常委。赵应云当选为县委书记，姜耀文、陈同炳当选为县委副书记。

7月16日　锦溪乡中心村丰木界组村民杨某无证驾驶拖拉机，行至该村简易公路偏溪新桥路段时，因操作不当，拖拉机翻入20余米高坎下的溪中，造成6人死亡，6人受伤的特大事故。

7月　中方县获省委、省政府评为2009年度"发展非公有制经济先进县"。

9月9日　以"爱心中方，情系学子"为主题的康龙助学捐赠活动启动仪式在县城金大地广场举行。该次认捐、捐赠助学金共计1600万元。

10月14日 沅陵县五强溪库区第三批外迁移民43户共199人入住花桥镇和泸阳镇。至此全县安置沅陵县五强溪库区外迁移民141户650人。

10月17日 由县总工会和县体育局联合举办的湖南武陵城集团冠名的2011年全县“武陵城桃花坞杯”职工篮球赛在县城拉开帷幕。此次职工篮球赛共有来自全县各机关、企事业单位的17支球队近200余人参赛。

10月 经省人民政府批准，新建、接龙撤乡建镇。

11月 环境保护部发布公告，正式命名中方县为第七批“国家级生态示范区”。

是月 国家正式启动武陵山片区区域发展与扶贫攻坚规划，中方县列入其中。

12月10日 中共怀化市委任命张霞为中方县委书记。

是月 县委、县政府决定从是年7月1日起，提高公务员津补贴标准，实现同城同酬。

是月 中方县获评全省“县域经济发展先进县”。

2010年、2011年 中方县两次评为“全省加速推进新型工业化先进单位”。

是年 泸阳镇黄花树村小学李慧获评怀化市首届“十大道德模范”。

是年 县政府在县城河西组团启动市职教城奠基仪式，打造怀化市职业技术教育的示范模板。

是年 中方县获评湖南省“发展非公有制经济先进县”。

2012年

2月7日 县委经济工作会议在县行政中心会议室召开。全年经济工作的总基调是“开放发展、稳中求快、快中求好”。

2月 中方县正式启动武陵山片区区域发展与扶贫攻坚规划工作。

3月19日 全县义务教育阶段学生营养改善计划仪式在牌楼镇中心完小举行启动仪式。

4月 中方县武陵山片区区域发展与扶贫攻坚规划领导小组（简称县片区办）成立，制定《中方县武陵山片区区域发展与扶贫攻坚实施规划》，纳入《湖南省武陵山片区区域发展与扶贫攻坚规划（2011—2020）》91个发展项目，总投资266亿元。

5月18日 在北京人民大会堂召开的全国公安系统英雄模范立功集体表彰大会上，中方县公安局获评“全国优秀公安局”。

6月12日 县人民政府与长沙市一中联谊办学签约暨授牌仪式在县行政中心会议室举行。县长姜耀文代表中方县人民政府，校长赵雅茜代表长沙市一中在“联谊办学协议”上签字。

6月15日 中组部干部监督局副局长伍鸿亮带领长江商学院第十九期EMBA班26名学

员，到县蒿吉坪瑶族乡开展爱心助学捐赠活动。此次活动共捐赠135万元用于蒿吉坪民族学校建设“雄飞楼”希望工程项目，并捐赠价值10万元的图书，与学校30名贫困学生结成“助学帮扶对子”。

6月30日　在全省创先争优活动表彰大会上，牌楼镇陈家湾村党支部获“全省先进基层党组织”称号，农业局经作站干部陈昌清获“全省优秀共产党员”称号。

7月12日　省委常委、省纪委书记黄建国到中方县调研指导防汛抗旱工作。

8月23日　省委副书记梅克保带领省农办、经信局、民政局、水利局、林业局、扶贫办等省直部门负责人到中方县调研指导工作。

8月23日　以“问政于民、问计于民、问需于民，解民惑、解民忧、解民困”为主要内容的“三问三解”活动动员大会在县行政中心会议室召开。

8月28日　县中医院揭牌仪式在县红十字医院举行，省卫生厅党组成员、中医药管理局局长邵湘宁，省红十字会秘书长刘迎建，省中医药大学教授、博导彭坚，副市长汪辉，县长姜耀文等参加揭牌仪式。

8月30日　县首家小额贷款公司——建银小额贷款有限公司正式成立。

8月　经省人民政府批准，铜鼎、新路河两乡撤乡建镇。

9月9日　县蒿吉坪瑶族乡民族学校校长杨贤生获得央视“最美乡村教师”特别关注奖。

10月31日　中方县乡镇人大政府换届选举顺利完成。泸阳、新建等22个乡镇分别召开第四届人民代表大会第一次会议，依法选举产生新一届乡镇人大政府领导班子，共选举产生乡镇人大主席22名，正、副乡（镇）长65名。

11月27—30日　县第四届人民代表大会第一次会议在县行政中心会议室举行。大会选举殷南蛟为县人大常委会主任，姜耀文为县政府县长，郑康为县人民法院院长，田昌喜为县人民检察院检察长。

11月26—29日　政协中方县第四届委员会第一次会议在县行政中心会议室举行。选举谭平景为县政协第四届委员会主席，吴晨光、陈书玲、杨志初、张小明、唐敏当选为副主席。

12月3日　县城市管理行政执法局正式挂牌成立。

12月17日　泸阳镇牛栏处煤矿发生特大瓦斯爆炸事故，造成8人死亡。

是年，中方县将省级园林县城创建纳入省级文明、卫生县城创建中，实施“三城同创”。

2013年

1月31日—2月4日　县第三届年货展销会在县城举办。展销会总销售额突破1600万元。

4月10日　省政协主席陈求发到中方调研经济发展工作。

5月5日　省委常委、省军区政委李有新一行到中方县检查指导工作。

5月24日　县人民检察院获“全国先进基层检察院”荣誉称号。

5月25日　省委副书记、省长杜家毫到中方县调研工作，重点调研桐木镇大松坡村葡萄产业发展情况。

5月　中央综治委再度授予中方县“全国平安建设（2009—2012）先进县”荣誉称号。

6月17—21日　2013年湖南（香港）投资贸易洽谈周（简称“港洽周”）在香港举办。县重点推介的湘珍珠葡萄项目成功与美国月色美地红酒烈酒国际贸易集团签约引进雪峰月色葡萄酒庄项目，引进资金1940万美元。

6月28日—8月15日　全县持续晴热高温天气，历时50天，最高气温达40℃，属境内25年来之罕见。

7月31日　省信用联社党委书记、理事长张明久带领省市信用联社领导到中方县开展爱心捐资助学活动。在捐助仪式现场，签下100万元的捐资协议，用于桐木中学功能校舍“农信楼”三、四层宿舍区建设。

8月26日　“湘珍珠”葡萄获批国家地理标志保护产品。

9月15日　县首届房地产交易展示会在县城南湖路万隆维也纳住宅小区开幕。活动期间成交商品房474套，金额达1.24亿元。

9月16日　2013中国·怀化（中方）首届刺葡萄节在桐木镇大松坡村开幕。中国工程院院士袁隆平发来贺电，中国食品工业协会葡萄酒专家委员会秘书长杨强，省农业厅副厅长兰定国，国家葡萄产业体系首席科学家、中国园艺学会葡萄与葡萄酒分会副会长兼秘书长段长青，省市有关部门领导应邀出席开幕式。在开幕式上，中国农学会葡萄分会会长晁无疾和省旅游局党组成员郭固权分别向县长姜耀文颁发“中国刺葡萄之乡”牌匾和大世界基尼斯最大刺葡萄藤认证书。

10月9日　县机关公务自行车系统启动仪式在县行政中心广场举行，是中方县积极倡导的“节能减排、低碳出行”的重要标志。

10月13日　新建至铜湾黄溪旅游公路开工典礼在新建镇举行，公路全长16.8千米，总投资7000多万元。

10月　怀化亚信电子有限公司获评湖南省高新技术企业，为全县首家省级高新技术企业。

11月8日　中方县全国社会主义新农村建设档案工作示范县验收会议在县行政中心五号会议室举行。国家验收组组长解华波，省委督办专员黄美春，县委书记张霞等相关单位负责人出席会议。

是年　省政府授予中方县“湖南省全面小康经济发展快进县”“湖南省农业产业化先进县”称号。

第一篇

政区环境

ZHENG QU HUAN JING >>>>>>>>>>

第一篇　政区环境

第一章　区域建置

第一节　地理位置

中方县地处湖南省西部，雪峰山复式背斜北西侧，由东南及东北方向，成半包围拥抱怀化市区。东邻溆浦县，南连洪江市，西接芷江侗族自治县，北靠辰溪县。位于北纬 26° 59′ ~27° 29′，东经 109° 32′ ~110° 31′。最东点为蒿吉坪瑶族自治乡洞门口村东冲，最西端是桐木镇楠木铺村雷神坡，东西长 102 千米。最南点在牌楼镇白良村长冲坳，最北端于聂家村乡细面垅村斜坡脑，南北长 55 千米。辖区总面积 1515.45 平方千米（含黄岩乡 53.8 平方千米）。距芷江机场 30 千米，到怀化市区 10 千米，离省会长沙 439.9（高速）千米。湘黔、枝柳和沪昆铁路，209、320 国道，娄怀高速公路，223、312 省道和沅水、㵲水水系等交通要道穿境而过。沪昆、包茂高速公路呈“十”字形在辖区交会。

第二节　建置沿革

中方县前身是怀化（县级）市，其境域开发历史久远，行政建置变迁频繁，是“㵲水文化”重要发源地。1986 年，在中方荆坪村新园组发掘出旧石器时代古遗址，证实距今 1 万年前，就有人类在这里活动。1984 年，新建高坎垄发掘出土玉钺、稻谷等碳化物。经考古学家鉴定为新石器时代遗物，证明 4000 年以前人们在此从事农业、渔猎和原始手工业生产。

春秋战国时期属楚黔中地。

秦属黔中郡地。

汉高祖五年（公元前 202），无阳县治设中方荆坪村踉天，中方分属无阳、辰阳，镡城之地。

晋太康年间（280—289），无阳县改“无”为“舞”，渭之舞阳。中方之西部、西北部属舞阳县，其他仍属镡城、辰阳县地。

南朝宋时，复置辰阳县。齐时改舞阳为 䍾阳。梁时改辰阳为建昌，改 䍾阳为龙檦，中方又分属建昌、龙檦县地。

隋开皇九年(589)，改辰阳为辰溪，中方北部和东北部属辰溪县地，南部及东南部仍属龙檦县地。

唐先天二年（713），析龙标置潭阳县，中方西部和西北部改属潭阳县地。南、东、北部仍属龙标、辰溪二县地。

宋初，乾德年间（963—968），辰溪置龙门，铜安二砦。今中方的花桥，龙场属龙门砦，铜鼎、铜湾，隶属铜安砦。宋熙宁七年（1074），置沅州及卢阳县。元丰三年（1080），置黔阳县，今中方区的大部分属黔阳县地。泸阳区及中方区一部分当属卢阳县。

元至元十二年（1275），改辰洲泸溪郡和沅洲潭阳郡为辰州路和沅洲路，中方分属卢阳、黔阳县地。

明洪武元年（1368），置怀化驿，至成化七年（1471），今辖区仍隶属沅州管辖。

清康熙初，沅州下设 38 里，其美一里、美二里以及世承四里，即今泸阳区和中方区境地。康熙三十二年（1693），黔阳县下设 24 里，其顺一里、顺二里和石一里、石二里即今中方，牌楼坳、桐木、炉亭坳、石宝、铁坡、接龙、锦溪、活水、蒿吉坪、丁家、新路河、袁家、铜湾等地。

雍正八年（1730），辰溪设 14 里，其上二都里、四都里，即今铜鼎、龙场、花桥和铜湾的和村、黄溪、竹元头等地。

乾隆元年（1736），沅州改为府，并置芷江县，且于榆市驻县丞。中方分属黔阳、辰溪、芷江三县地。

嘉庆二十二年（1817），今域泸阳区大部分及中方、铜湾区小部分属怀化八里，公坪七里辖地。

民国 31 年（1942），中方县域属黔阳、辰溪、芷江三县治地。

1942 年与 2013 年县域属地分布对照表

表 1-1-2-1

1942 年县域	1942 年乡域	2013 年中方县域
黔阳县	卓智	接龙镇大部分及丁家乡部分、蒿吉坪乡
	大智	铁坡镇、锦溪乡、活水乡
	才智	铜湾镇、袁家、蒋家、新建镇、石宝乡、铁坡镇（江坪一带）、锦溪乡、丁家及接龙、龙场大部分
	启智	新路河乡、石宝乡
	得仁	中方镇、牌楼镇、桐木镇、炉亭坳乡

续表

1942年县域	1942年乡域	2013年中方县域
辰溪县	均和	铜鼎镇大部分，铜湾镇的黄溪、竹元头、和村，新建镇四卧垄村、龙场部分
	中和	花桥镇及聂家村、龙场乡部分
	孚和	花桥镇部分
	正和	花桥镇部分
	永和	铜鼎镇
芷江县	怀化	泸阳镇、聂家村乡、下坪乡及花桥镇部分
	蒋石	新建、聂家村、蒋家、袁家一部分
	新平	中方镇鸭嘴岩部分

民国32年（1943）年（1月20日），省政府划出黔、辰、芷三县之结合地卓智、均和、蒋石、怀化等13个乡中的全部或部分置怀化县，县治设怀化驿（今泸阳镇）应虎铺。

1949年，怀化解放，11月1日，中国共产党怀化县委员会、怀化县人民政府分别在榆树湾万寿山和飞山庙成立，县治驻榆树湾飞山庙。

1953年7月，黔阳县第七区的中方、牌楼坳、桐木、炉亭坳划归怀化县管辖。

1979年4月23日，撤消怀化镇，设县级怀化市。

1983年3月7日，撤消怀化县，其行政区域并入县级怀化市。

1997年11月29日，经国务院批准，撤怀化地区，设地级怀化市，原县级怀化市析为鹤城区、中方县。县人民政府驻中方镇铜锣坡。

第三节 行政区划

1998年，中方县设4个经济联络处，辖16个乡，6个建制镇，211个行政村，13个居民委员会，2143个村民小组。

中方经济联络处：设中方街上，辖中方镇、牌楼镇、桐木镇和炉亭坳乡。

泸阳经济联络处：设泸阳街上，辖泸阳镇、花桥镇、聂家村乡、下坪乡和龙场乡。

铜湾经济联络处：设铜湾新屋村，辖铜湾镇、铜鼎乡、新建乡、袁家乡、蒋家乡、新路河乡和丁家乡。

铁坡经济联络处：设铁坡山街上，辖铁坡乡、石宝乡、接龙乡、锦溪乡、活水乡和蒿吉坪瑶族自治乡。

1998 年中方县行政区划表

表 1-1-3-1　　单位：个

经济联络处	乡镇名	村（居委会）名称	村(居民）小组数
中方	中方镇	莉坪、塔山（以上为居委会），毛田、顺福、茶园坡、岩头园、荆坪、中方、龙井、栗山、溪房、竹站、乌溪、房溪、长塘	175
	牌楼镇	牌楼（以上为居委会），站坪、水牛田、芭蕉、罗渔、阳合垄、冯家湾、陈家湾、板山场、塘家田、白良	140
	桐木镇	宝塔（以上为居委会）、桐木、桐坪、大松坡、下丰坡、上丰坡、半界、楠木铺、宝寨、芒冬溪、宋信、黄家湾、黄松坳	150
	炉亭坳乡	桥亭、马家溪、炉亭坳、塔灯田、柑子园	56
泸阳	泸阳镇	花亭、火车站、磷肥厂（以上为居委会），金塘、五全、岩子园、菜门溪、小坪、金家冲、和平、杨桥、大斗、五里、黄花树、杨柳坪、新店坪	155
	花桥镇	花桥、磷矿（以上为居委会），千丘田、洗沙、白沙、排叶、山羊头、车坪、三冲口、火马塘、利家坡、汤家、利花、三洞溪、梅树冲、洞竹山	149
	下坪乡	葛庄、梁红、水田、清水、良坪、桥上、下坪、壮稻	86
	聂家村乡	中村、白洋坪、溪口、双山、堵家、细面垄、聂家村	113
	龙场乡	十里坪、芭蕉溪、老树寨、茶田、槐子坪、龙场、半坡、刘棚	42
铜湾	铜湾镇	沙螺湾、兴隆街（以上为居委会）和村、渡江坡、堆子、新屋、兴华、大岩头、思坪、费家田、竹元头、黄溪、三家田、松坡、麻溪江、水落岸、山岔	122
	铜鼎乡	罗家冲、青市、砖墙脚、赤岩湾、南家坊、蛮田、桐木树、铜鼎坪、张家溪、重义溪	103
	新建乡	岩门溪、八家、横板桥、保良、黄金、牛眠口、黑禾田、大塘、四卧龙、小岩、干冲、黄立坪	102
	蒋家乡	水仙、大沙坪、坳头、楼溪、岩坡、蒋家	53
	袁家乡	野星、流溪垄、桂花、上炉、袁家	41
	新路河乡	新路河居委会、小湾坪、罗家坡、板栗坪、筀竹、徐家、旺溪、澄渡江、黄土坡、隘口、字溪、岩坳、湾溪口、合理	106
	丁家乡	梅树、萝卜湾、独田、团山、太坪、青树坳、木良田、丁家	66
铁坡	蒿吉坪瑶族乡	吉都堂、助溪、洞门口、三岔溪、干田垄、老田溪、罗洪	71
	接龙乡	新庄、宝山、龙溪、中坪、总坡、桥头、办田、老屋、胡家、长建、卧龙	99
	石宝乡	大竹、里垄、幸福、沅溪、贵鱼、坪坳、双溪、桃建、鱼龙桥	92
	铁坡乡	铁兴居委会、杨柳、双岭、联家、黄建、黄星、板溪、两利、甲石、江坪、培丰、团一	91
	锦溪乡	金坪、桃江、大庄、中心、双丰、阳中、锦溪	69
	活水乡	霞景、王家、龙星、苏村、宝山、龙盘	62

1998 年 8 月，鹤城区鸭嘴岩镇的房溪村、长塘村及铜锣村一部分划归中方镇管辖。是

年10月，撤消桐木乡，设置桐木镇，其行政区域不变。1999年，撤消铁坡乡，设置铁坡镇，其行政区域不变。2002年，县委、县政府为强化经济联络处职能，改经济联络处为办事处。2009年6月，经县人民政府批准，增设和安、同乐两个居委会，归属中方镇辖地。7月，经省人民政府批准，将鹤城区鸭嘴岩村、长远村、铜锣村成建制划归中方镇管辖。10月14日，为精简管理层级，撤消办事处。由县委、县政府直管乡、镇各项事务。

2011年12月，撤消接龙乡，设接龙镇，其行政区域不变。2011年12月，撤消新建乡，设新建镇，其行政区域不变。2012年11月，撤消新路河乡，设新路河镇，其行政区域不变。2012年3月，经县人民政府批准，将花桥镇园艺场更名为园艺场村。2012年11月，撤消铜鼎乡，设铜鼎镇，其行政区域不变。

2013年，全境辖11个建制镇，11个乡（其中一个少数民族乡），214个行政村，15个居民委员会，2174个村民小组。

2013年中方县行政区划表

表1-1-3-2　　单位：个

乡镇名	村（居委会）名称	村(居民)小组数
中方镇	莉坪、和安、同乐、塔山（以上为居委会），毛田、顺福、茶园坡、岩头园、荆坪、中方、龙井、栗山、七房、竹站、乌溪、房溪、长塘、铜锣、长远、鸭嘴岩	188
牌楼镇	牌楼（以上为居委会）、站坪、水牛田、芭蕉、罗渔、阳合垄、冯家湾、陈家湾、板山场、塘家田、白良	147
桐木镇	宝塔（以上为居委会）、桐木、桐坪、大松坡、下丰坡、上丰坡、半界、楠木铺、宝寨、芒冬溪、宋信、黄家湾、黄松坳	152
炉亭坳乡	桥亭、马家溪、炉亭坳、塔灯田、柑子园	56
泸阳镇	花亭、火车站、磷肥厂（以上为居委会），金塘、五全、岩子园、莱门溪、小坪、金家冲、和平 、杨桥、大斗、五里、黄花树、杨柳坪、新店坪	156
花桥镇	花桥、磷矿（以上为居委会），千丘田、洗沙、白沙、排叶、山羊头、车坪、三冲口、火马塘、利家坡、汤家、利花、三洞溪、梅树冲、洞竹山、园艺场	152
下坪乡	葛庄、梁红、水田、清水、良坪、桥上、下坪、壮稻	85
聂家村乡	中村、白洋坪、溪口、双山、堵家、细面垄、聂家村	115
龙场乡	十里坪、芭蕉溪、老树寨、茶田、槐子坪、龙场、半坡、刘棚	45
铜湾镇	沙螺湾、兴隆街（以上为居委会）和村、渡江坡、堆子、新屋、兴华、大岩头、思坪、费家田、竹元头、黄溪、三家田、松坡、麻溪江、水落岸、山岔	115
铜鼎镇	罗家冲、青市、砖墙脚、赤岩湾、南家坊、蛮田、桐木树、铜鼎坪、张家溪、重义溪	102
新建镇	岩门溪、八家、横板桥、保良、黄金、牛眠口、黑禾田、大塘、四卧龙、小岩、干冲、黄立坪	99
蒋家乡	水仙、大沙坪、坳头、楼溪、岩坡、蒋家	55
袁家乡	野星、流溪垄、桂花、上炉、袁家	42

续表

乡镇名	村（居委会）名称	村(居民)小组数
新路河镇	新路河居委会、小湾坪、罗家坡、板栗坪、竺竹、徐家、旺溪、澄渡江、黄土坡、隘口、字溪、岩坳、湾溪口、合理	106
丁家乡	梅树、萝卜湾、独田、团山、太坪、青树坳、木良田、丁家	66
蒿吉坪瑶族乡	吉都堂、助溪、洞门口、三岔溪、干田垄、老田溪、罗洪	75
接龙镇	新庄、宝山、龙溪、中坪、总坡、桥头、办田、老屋、胡家、长建、卧龙	98
石宝乡	大竹、里垄、幸福、沅溪、贵鱼、坪坳、双溪、桃建、鱼龙桥	92
铁坡镇	铁兴居委会、杨柳、双岭、联家、黄建、黄星、板溪、两利、甲石、江坪、培丰、团一	95
锦溪乡	金坪、桃江、大庄、中心、双丰、阳中、锦溪	70
活水乡	霞景、王家、龙星、苏村、宝山、龙盘	63

第四节　乡镇概况

一、建置镇

中方镇　中方县治所在地，镇政府驻玉屏山（因县城建设需要，2010 年 2 月，迁往同乐社区福兴广场处租房办公）。东连炉亭坳乡，南接牌楼镇，西抵芷江侗族自治县水宽乡，北界鹤城区城南。中方旧址在河西荆坪村，以茶园坡桐林井坎上一丘四方田为中心，往东南去安江，西南至黔城，西北抵芷江，北上怀化（泸阳）均为 30 千米，其位居正中，故名中方，原本是较为繁华的集市商贸之地。后来集贸市场东移至水陆交通更方便的黄土坳，但“中方”称谓不变。1953 年，境域由黔阳县划归怀化县第八区管辖。1956 年，置中方乡。1958 年 9 月，成立中方人民公社，同年 12 月并入牌楼公社。1961 年 5 月，恢复中方公社。1984 年 1 月复名中方乡，同年 11 月置中方镇。2000 年，市政府将鸭嘴岩镇房溪、长塘和铜锣村一部分划归中方镇管辖。2009 年，增将鸭嘴岩、长远两行政村划归中方镇辖区。2013 年，辖 16 个行政村、4 个居委会、187 个村居民小组，总人口 32710 人。总面积 12026.22 公顷，其中耕地 1624.90 公顷，林地 7762.47 公顷，水域 432.11 公顷，园地 308.80 公顷，草地 336.07 公顷，城镇村及工矿用地 1094.97 公顷，交通用地 259.62 公顷，其他 207.28 公顷。

镇域处低山丘陵地带，东西部隆起，中部地势较低，且开阔平坦，呈明显的南北带状地形。山地、丘陵、岗地、平原层次分明。㵲水自北向南流经全境。枝柳铁路过境 16 公里，沪昆、包茂高速公路在竹站村交会，马桥建有火车站，国道 320 线、209 线分别过境 10 千米、13.4 千米。村级公路总长 85 千米，实现村村通。2013 年镇财政收入 684 万元，农民人均纯收入 5306 元

城镇建设已具规模。县城占地 12 平方千米，常住人口 5.07 万人。新建道路 34 条，55.3 千米，办公用房 9.75 万平方米，商品房 167.95 万平方米，自来水厂 1 座，市场 6 个，公园 1 个，休闲广场 2 个，公共绿化地面积 30 万平方米，形成行政办公区、商业区、休闲旅游区、工业区和现代物流区五大板块。

农业：有小（Ⅰ）型水库 1 座，小（Ⅱ）型水库 5 座，山塘 150 口，引水渠坝 400 条。粮食作物以水稻、红薯、玉米为主。2009 年种植面积 20530 亩，总产 10466.7 吨。森林覆盖率 60.9%，活立木总蓄积量 24.1 万立方米。蔬菜种植快速发展，1998 年有大棚菜地 150 亩，1999 年新增大棚基地 300 亩，年产值 1502 万元，列为“省重点蔬菜基地”，2003 年确认为省“放心菜”基地。生猪饲养量 3.95 万头，牛 700 头，羊 1050 只，家禽 36 万羽。鱼类养殖 27.65 万尾，产量达 253 吨。

工业：有工业园区 2 个，即市工业园和县湘商文化科技产业园，引进湖南泰格林纸业集团等规模企业 7 家，年创利税 4.2 亿元。有镇、村企业 600 家，从业 8000 人，年创产值 4.1 亿元。“中方斗笠”久负盛名。据《黔阳县志》记载，清乾隆年间曾一度作贡品上朝。2008 年，被列为湖南省非物质文化遗产名录。2010 年，获湖南省第六届农博会金奖。年产 100 万顶。

商贸旅游：有集贸市场 4 个，其中中方中心市场、中方市场规模较大，商品齐全，有个体工商户 1059 家，年成交额 2000 万元。集日由原来的农历一、六变为“百日场”。有“荆坪古村”国家级景区，有旧石器时代“荆坪遗址”“新塘战国遗址”“洑波宫”“古井”“正径坊”“文昌阁”“节孝坊”及“潘氏祠堂”八处文化遗址。2012 年接待游客 10 万人（次）。

文教卫生：有镇文化站，藏书 5000 册。16 个行政村均有农家书屋。境内有县属一中、中兴学校、城北中学、城北小学、职业中专、县幼儿园、蓝天幼儿园、县一中幼儿园、华美外国语等学校。2012 年秋，中方镇中学有教师 90 人，在校学生 574 人（2013 年镇中学改设为县职业中专）。完全小学 1 所，在校学生 1252 人。村小及教学点 4 个，在校学生 283 人，共有教师 132 人。有卫生院 1 所，执业医师 21 人，助理执业医师 9 人，病床 50 张。

牌楼镇 位于县境西南部，㵲水两岸，镇政府驻牌楼坳，距县城 17 千米，东与炉亭坳乡相邻，南连洪江市双溪镇，西接桐木镇，北依中方镇及芷江水宽乡。相传境内某村累遭火灾，迷信人以为与街头烟包山有关，于是在其对面小山坳上修一座牌坊，牌楼修成后取名牌楼坳，乡名由此。1953 年，境域由黔阳县划归怀化县第八区。1955 年 10 月，撤八区改称牌楼区。1956 年 8 月撤区并乡，改称牌楼乡。1958 年 9 月成立牌楼人民公社。1961 年中方、桐木析出，单独建社。1984 年 1 月复名牌楼乡，同年 11 月改名牌楼镇。2013 年，辖 10 个行政村、2 个居委会、147 个村民小组，总人口 19147 人。总面积 10292.30 公顷，其中耕地

1353.28 公顷，林地 7371.49 公顷，水域 419.23 公顷，园地 359.68 公顷，草地 84.56 公顷，城镇村及工矿用地 342.98 公顷，交通用地 153.87 公顷，其他 207.21 公顷。

镇域属低山丘陵区，四周小山丘环绕，中部平坦，东南部偏高，西北部偏低，呈长方体。主要山脉有黑梁寨、扁担坳等。㵲水河纵贯南北，境内流长 8 千米，纳大小溪流 11 条。枝柳铁路过境 9 千米，国道 209 线过境 7.5 千米，沪昆高速公路过境 5 千米，并在水牛田设怀化连接线。有村级公路 10 条，实现村村通公路。2013 年镇财政收入 534 万元，农民人均纯收入 5253 元。

农业：有中型水库 1 座，小（Ⅰ）型水库 1 座，小（Ⅱ）型水库 5 座，引水工程 98 处。粮食作物以水稻、玉米、红薯为主。2011 年，总产量为 5945 吨。森林覆盖率 69.3%，活立木总蓄积量 23.8 万立方米。2013 年，生猪饲养量 1.6 万头，羊 2700 只，家禽饲养 45.3 万羽，牧业总产值 2840 万元。种植优质水果 6500 亩，产量 10300 吨，其中柑橘 6000 吨，葡萄 4000 吨，其他 300 吨。

工业：2003 年 9 月，怀化市小水电集团公司投资 1.8 亿元，截断㵲水河，修建牌楼水电站，2006 年竣工，总装机容量 1.89 万千瓦，年发电量 8021 千瓦时。2013 年，镇、村企业以加工木材为主，实现工业增加值 65 万元。

商贸旅游：有集贸市场 1 个，商业店面 103 家，农历逢五、十为集日，日成交额 50 万元。辖内五龙溪水库，总库容 1220 万立方米，属国家级水利风景区，有水上乐园区，野营度假村，休闲别墅等。

文教卫生：有文化站 1 个，专职从业人员 3 人。有初级中学 1 所，在校学生 414 人，教师 63 人。完全小学 1 所，在校生 762 人，村小及教学点 5 个，在校学生 137 人，共有教师 57 人。有卫生院 1 所，执业医师 10 人，助理执业医师 16 人，病床 68 张。

桐木镇　位于县境西南，㵲水河下游，镇政府驻桐木场，距县城 25 千米。东北接牌楼镇，东南毗洪江市双溪镇，西靠芷江县罗卜田乡，西北抵芷江县水宽乡。此地河坎上曾长有大桐树，故名桐木。1953 年，境域由黔阳划归怀化县八区管辖。1956 年置桐木乡。1958 年，成立桐木公社。1959 年，并入牌楼坳公社。1961 年，恢复桐木公社。1984 年 1 月，复名桐木乡。1998 年改称桐木镇。2013 年，辖 12 个行政村，1 个居委会，151 个村民小组，总人口 21234 人。总面积 10045.54 公顷，其中耕地 1794.55 公顷，林地 6301.97 公顷，水域 288.26 公顷，园地 994.52 公顷，草地 64.42 公顷，城镇村及工矿用地 254.24 公顷，交通用地 110.05 公顷，其他 255.53 公顷。

境域属低山丘陵区，为沅水两岸冲积平原，耕地集中。西有白云山，东南有阳务坡，西北桅顶子山海拔 764 米，是全镇最高点，中部有丰坡山脉纵贯南北，形成天然屏障。㵲水过境 10 千米，河宽 150 米 –200 米，有大小溪流 10 条注入沅水。黄家湾、宝寨一带煤炭储量近 100 万吨，大松坡一带膨润土近 30 万吨。2013 年镇财政收入 591.88 万元，农民人均纯收入 5068 元。

农业：有小（Ⅰ）型水库 2 座，小（Ⅱ）型水库 11 座，山塘 353 口。该镇粮食作物以水稻、玉米、红薯为主。2011 年，种植面积 2.25 万亩，总产量吨。建有绿色食品大米生产基地 5100 亩。森林覆盖率 66.5%，活立木总蓄积量 16.4 万立方米。生猪饲养量 3.2 万头，羊 4000 只，牛 1400 头。家禽 80 万羽，年产值约 1470 万元。“湘珍珠葡萄”为该镇特色产业。大松坡有一株野生刺葡萄树，树龄近百年，树冠占地 0.8 亩。其品种经过人工培养、选育种植，开发出葡萄品牌“湘珍珠 1 号”“湘珍珠 2 号”。2013 年，种植面积 2 万亩，年产 4300 吨，产值 1.2 亿元。

工业：有茶厂、造纸厂、酒庄、鞭炮厂、自来水厂等，年产值 3900 万元。其中茶厂有从业人员 30 人，年产值 1000 万元，有茶园 2100 亩，员工 167 人，生产的“竹笋茶”获国际茶博会银质奖。造纸厂有从业人员 200 人，年产值 2000 万元。酒庄有从业人员 7 人，年产值 100 万元。自来水厂有从业人员 4 人，年产值 80 万元。商贸旅游：有农贸市场 1 个，商铺门面 88 家、摊位 260 个，农历逢二、七为集日，日交易额约 50 万元。有“中国南方葡萄沟”旅游景区。2013 年 9 月，县政府在大松坡村成功举办首届“刺葡萄节”，接待各方宾朋游客近 10 万人次

文教卫生：有乡文化站 1 个，藏书 5800 册。2013 年，有初级中学 1 所，在校学生 435 人，教师 53 人。完全小学 1 所，在校学生 547 人。村小及教学点 5 个，在校学生 243 人，共有教师 63 人。有卫生院 1 所，执业医师 8 人，助理执业医师 12 人，病床 39 张。

泸阳镇 位于县境北部，镇政府驻金塘，距县城 28 千米。东连新建镇，南邻鹤城区石门乡，西接鹤城区芦坪乡，北界下坪、聂家村乡。原名怀化驿，1943 年，怀化置县时设为县治，改称泸阳镇。1949 年 11 月，县治迁榆树湾，泸阳随即成为全县较大农村集镇，历为区、乡政府所在地。1953 年设泸阳乡。1958 年，成立泸阳人民公社。1983 年 3 月，从本公社析出金塘、杨桥两个生产大队 24 个生产队，设置泸阳镇。1984 年，泸阳公社更名泸阳乡，同年 11 月并入泸阳镇。2013 年，辖 13 个行政村、3 个居委会、156 个村民小组，共 4490 户，21982 人。总面积 8889.82 公顷，其中耕地 2115.95 公顷，林地 5162.05 公顷，水域 253.12 公顷，园地 350.39 公顷，草地 171.63 公顷，城镇村及工矿用地 474.42 公顷，交通用地 128.60 公顷，其他 233.66 公顷。境内山地、丘陵、平原、岗地兼有，西北、东南偏高，中部低平。主要山脉有竹子山、骑龙山等。有黄泥江流经杨桥、金塘、和平、新店坪，注入㵲水。湘黔铁路、娄怀高速、国道 1802 线贯穿全境，村级公路 35 条 190 千米，村组均通公路。2013 年镇财政收入 700 万元，农民人均纯收入 6872 元。

农业：有小（Ⅰ）型水库 4 座，小（Ⅱ）型水库 2 座，引水渠 56 条，总库容量 980 万

立方。种植业占农业总产值55%。粮食作物以水稻、玉米为主。2013年，种植水稻20394亩，产量1.19万吨，产值3197.1万元。有农业合作社14家。新店坪村与五溪米业合作建优质硒米生产基地1000亩。在黄花树村建优质玉米品种基地600亩。种粮大户蒲玉勇种水稻205亩，总产量118900公斤。农业机械化水平为75%，机耕率80%，机收率78%。森林覆盖率45.3%，活立木总蓄积量5.4万立方米。在岩子园村建速生原料林基地3000亩。生猪出栏5600头，牛1821头，山羊存栏1934只，家禽46600羽。在金家冲建西瓜、葡萄等水果基地1000亩，年产值近3亿元。

工业：有县工业园1个，集体企业5家，个体企业52家，规模以上工业企业8家，2013年，工业总产值8.9亿元。如金大地材料公司，年创税收5200万元。矿藏主要是煤，分布在全镇13个村，年开采量17000吨。

商业：有大型农贸市场1个、门面115个、商业网点6家、摊位372个，农历逢二、七为集日，年营业额2000万元。

文教卫生：有村级文化活场所13个。有普通中学一所，在校学生642人，教师109人。有中心完小1所，在校学生1456人，村小及教学点3个，在校学生63人，共有教师135人。有医院1所，执业医师12人，助理执业医师8人，病床80张。

花桥镇　位于县境北部，镇政府驻车坪村，距县城40千米。东连龙场乡，西接聂家村乡，南邻下坪乡，北依辰溪小龙门乡。以当地一座桥命名。相传此桥建于300年前，当桥修成之时，知县出告示。“未经本官踩桥，行人不得通过，违者罚”。临期，有一年轻村姑从桥上急走，当即被衙役抓住，审问其因何过桥，村姑答：“母病危，过桥求医。”知县不听申诉，坚持要治罪，村姑随口吟道“花姑踩新桥，千年坚固万年牢”。知县听后，不但不予责罚，还用其语中的“花”“桥”二字作为桥名。花桥由此得名。（1942）民国31年属辰溪县中和乡及芷江东乡，怀化置县后设花桥乡。1951年10月设为第四区。1958年成立花桥公社。1959年，并入泸阳公社，同年5月析出，恢复花桥公社。1961年，将白洋坪、聂家村、细面垅、双山4个大队从花桥分出，划归聂家村管辖。1984年1月，复名花桥乡，11月，改称花桥镇。2013年，辖15个行政村、2个居委会、152个村民小组，总人口21080人。总面积11116.26公顷，其中耕地1957.99公顷，林地6949.42公顷，水域237.95公顷，园地973.00公顷，草地128.33公顷，城镇村及工矿用地398.13公顷，交通用地185.66公顷，其他285.78公顷。

境内地貌类型多样，北部为丘陵，东南部为山地，西北部为低山丘陵，地形略呈瓢状。最高点为排叶村的麻雀坳，海拔883米，最低为梅树冲村姚家坪，海拔150米。溪河分布较密，向北流入辰溪县境。属石灰岩地区，自然溶洞多，有关鸡洞、响水洞等13个溶洞景观。尚存活娃娃鱼等珍稀动物。矿产资源丰富，有煤、铁、锰、钾、锑、磷、石灰石等10多种。

主产煤储量1250万吨，磷储量728万吨。湘黔铁路纵贯境内14.5千米，建有梅树冲、火马塘2个火车站。国道223线过境14千米，娄怀高速公路过境15千米。有村级公路8条，线路总长52千米。2013年镇财政收入432万元，农民人均纯收入5000元。

农业：有小（Ⅰ）型水库4座，小（Ⅱ）型水库7座，山塘241口，引水渠8条。粮食作物以水稻为主。2013年，粮食总产量2008万公斤，面积25050亩，其中水稻种植面积18500亩。油茶年产1250吨。森林以松、杉为主，森林覆盖率58%，活立木总蓄积量14.2万立方米。生猪出栏15780头，牛147头，羊1536头，家禽18.1万羽。

工业：以民营陶瓷建材业为主。2013年，有“小康瓷业公司”等建材企业13家，年产值约8000万元。花桥豆腐远近闻名，有作坊41家，年产值500余万元。

商业：有农贸市场1个，商业店面80家，摊位1000个，农历四、九为集日，年交易额9530万元。

文教卫生：有镇文化站1所，藏书5000册。文物古迹有龙阳山寺庙、仙人桥、观音寺、八卦洞等。有普通中学1所，在校学生316人，教师44人，完全小学1所，在校学生1003人，村小及教学点3个，在校学生20人，教师85人。有卫生院1所，执业医师7人，助理执业医师8人，病床30张。有敬老院1所。

铜湾镇 位于县境东部沅水河畔，镇政府驻铜湾街上。距县城61千米。是中方县东部政治、经济、文化、交通中心。东与丁家乡接壤，西同新建镇和下坪乡毗邻，南依新路河和袁家乡，北靠铜鼎、龙场乡地。相传此处有一块敲起来很响，重达数吨的古铜色大石头，得名铜湾岩。宋初称铜湾铺，后去掉岩、铺，称铜湾。民国三十一年（1942）属黔阳县才智乡、辰溪县均和乡地，民国（1943）置怀化县设铜湾乡。1953年3月改称铜湾镇，1956年复名铜湾乡，1958年成立铜湾人民公社，1961年析出铜鼎、龙场单独建社，且将上炉、桂花两大队划归袁家。1984年1月，再次复名铜湾乡，11月复称铜湾镇。2013年，辖15个行政村、2个居委会、122个村民小组，共6906户，22171人。总面积7183.72公顷，其中耕地1262.47公顷，林地4480.58公顷，水域511.55公顷，园地243.35公顷，草地316.77公顷，城镇村及工矿用地241.41公顷，交通用地61.90公顷，其他165.29公顷。

境域属低山丘陵区，东、西、南三面为雪峰、八角山、鸡公界环绕，中间形成一个长方形小谷地，有金、铁、煤、陶土等矿藏，沅水过境7.5千米，纳大小溪流10条，河宽40千米，常年通航。怀化至铜湾客车18分钟对开一趟。村村通公路，总里程47千米。2013年镇财政收入58.53万元，农民人均纯收入5061元。

农业：有小（Ⅰ）型水库2座，小（Ⅱ）型水库5座，山塘192口。粮食作物以水稻为主，辅以种植红薯、玉米，种植面积26580亩，总产12081吨。有蔬菜种植基地500亩，主产辣椒、红茄等，年产吨。森林覆盖率62.5%，活立木总蓄积量5.4万立方米。生猪饲养4.7

万头，牛 3800 头。家禽 44 万羽。铜湾河鱼品质好，远近闻名，2008 年 6 月，成立库区网箱养鱼协会，有成员 170 家。

工业：有中型水电站 1 座。2005 年 1 月动工，2008 年 12 月建成，总投资 18.6 亿元，装机容量 15 万千瓦，年发电 61000 万千瓦时，年产值 2.3 亿元。

商贸旅游：有农贸市场 1 个，店铺 200 家，摊位 1500 个，农历四、九为集日，日交易额 60 万元。有黄溪旅游区。黄溪村位于镇治西南 5 千米，是曾任中华人民共和国主席杨尚昆的祖居地，清康熙三十五年（1696），其第七代祖杨光基举家迁徙四川潼州府莲溪县（现重庆市潼南县双江镇）。2004 年 5 月，开发黄溪旅游，景点有明清古建筑杨家大院、杨尚昆祖居地、飞龙瀑布、一眼观三瀑、虾米潭梯级瀑布、小岩瑶寨、白马洞悬渠、杨氏祖坟，年接待游客近 10 万人次。

文教卫生：分伙洞、龙罐坡、九罐洞、树骑岩等自然景观。2013 年，有镇文化站、藏书 5000 册。文化古迹有烈士纪念塔、岩匠屋遗址、新屋墓群、诸葛城遗址、高坡堂宗祠等。有县属二中 1 所，在校学生 523 人，教师 87 人，镇中心完小一所，在校学生 732 人，教学点 2 个，学生 18 人，教师 79 人。有卫生院 1 所，执业医师 11 人，助理执业医师 17 人，病床 70 张。

铁坡镇　位于县境东部，镇政府驻铁坡山。距县城 81 千米。东接活水乡，南邻洪江市湾溪和群峰乡，西连石宝乡，北界锦溪乡。因山上石头呈铁黑色，含有少量铁矿而得名。置县前属黔阳县才智乡地，民国三十二年（1943）怀化置县后为铁坡乡。1958 年成立铁坡公社，1961 年锦溪、活水划出后单独建社，1984 年复名铁坡乡，1999 年改称铁坡镇。2013 年，辖 11 个行政村、1 个居委会、92 个村民小组，共 3498 户，11930 人。总面积 4835.24 公顷，其中耕地 989.12 公顷，林地 3150.02 公顷，水域 74.40 公顷，园地 190.88 公顷，草地 44.85 公顷，城镇村及工矿用地 147.01 公顷，交通用地 62.16 公顷，其他 176.80 公顷。

境域属中山区，群山起伏，地势东南偏低，西北略高，雪峰山脉延伸入境，形成大小山脉贯穿全境，甲石至龙脑一线为古战场遗址。有大小溪流 3 条，注入沅水。境内有炉山石壁、峡岩椎、石坪、梅界、西竺、石笋等自然景观。有岩煤、石灰石、花岗岩矿藏。有村、组级公路 54 条，总长 59 千米。省道 312 线过境 5 千米。2013 年镇财政收入 432 万元，农民人均纯收入 3691 元。

农业：有小（Ⅱ）型水库 1 座，山塘 4 口，水渠 12 条。以种植水稻、水稻杂交制种为主，辅以玉米、红薯等粮食作物。2013 年，水稻种植 7600 亩，产量 3600 吨，收入 972 万元。杂交制种 320 亩，产量 7.68 吨，收入 46 万元。农业总产值 1148 万元。森林覆盖率 60.6%，活立木总蓄积量 14.5 万立方米。生猪出栏 2280 头，牧业总收入约 2492 万元。金银花种植是该镇特色产业之一，种植 8400 亩，总收入 1200 万元。

工业：以优质油豆腐加工为主，有江坪油豆腐生产专业合作社1个，作坊30家，年加工油豆腐150吨，产值180万元。

商业：有农贸市场1个，门面35家，摊位518个，农历一、六为集日，日交易额25万元。

文教卫生：有镇文化站1所，藏书10000册。有九年一贯制学校1所，在校学生638人，教师62人，教学点2个，在校学生48人。有卫生院1所，执业医师3人，助理执业医师8人，病床36张。

铜鼎镇 位于县境东北，处沅水河两岸，镇政府驻铜鼎坪村。距县城74千米。东邻辰溪县龙头庵乡，西连龙场乡，北依辰溪县仙人湾乡，南靠铜湾镇。铜鼎原称铜鼎坡，相传明代此地为一小洲，状似铁鼎罐，地面平坦，洲前是条大河，洲后为干涸的小河，它位于中间，对河有一岩山名铁城墙，又称铜城，取铜铁相合之意，故名铜鼎坪。置县前属辰溪县均和乡，民国三十二年（1943）为怀化县铜鼎乡。1958年并入铜湾公社。1961年5月设铜鼎公社。1984年1月复称铜鼎乡。2013年改名铜鼎镇，辖10个行政村、103个村民小组，总人口15120人。总面积4846.61公顷，其中耕地827.93公顷，林地2815.37公顷，水域456.84公顷，园地268.17公顷，草地157.11公顷，城镇村及工矿用地163.96公顷，交通用地44.01公顷，其他113.42公顷。

境域属低山丘陵区，东西两面为山丘，地势较高，南北低平，沅水纵横南北，流经9个村，将全镇分切成东西两部分。两岸形成斜滩坪、铜鼎坪、桐木坪三块冲积平地。主要山脉有雷坡寨。2003年，辰溪县建清水塘电站，使境内沅水河流变成库区。其险滩猪牙溜，九绞水沉入河底，变为碧波荡漾的湖水有村组公路71条，总长61.5千米。2013年镇财政收入358.9万元，农民人均纯收入4880元。

农业：有小（Ⅱ）型水库6座，山塘12口，水渠95条，总长97200米。境域沅江两岸的冲积平原，土壤肥沃且沙性重，阳光充足，是全县积温最高区，适合棉花生长。棉花杂交制种是该镇特色产业。2005—2012年，累计播种面积800亩，产棉种子110吨，产值660万元。2012年，成立南家坊蔬菜生产合作社，主产品种有辣椒、西红柿、黄瓜。2013年，蔬菜种植面积3900亩，产量8900吨，产值418万元。粮食作物以水稻、玉米为主，总产量6039吨。森林覆盖率57.7%，活立木总蓄积量45.1万立方米。生猪饲养量9500头，牛101头，羊200只，家禽35.5万羽，总产值280万元。

商业：有农贸市场1个，商家134户，摊位350个，农历逢一、六为集日，年交易额800万元。

文教卫生：有镇图书室1个，藏书3000册。有九年一贯制学校1所，在校学生498人，教职工57人，教学点1个，在校学生93人。有卫生院1所，执业医师2人，助理执业医师4人，设病床14张。

新建镇　位于县城东部，镇政府驻新甸自然村。距县城41千米。东接袁家乡，南连鹤城黄岩乡，西邻鹤城杨村乡，北界下坪乡。此地原名淇溪塘。四周高山峻岭，峰峦叠嶂，中间为一块小盆地，呈三角叶形，淇溪穿境而过，水草茂盛，取名新甸。清代后期，该地日见繁荣，店铺增多，生意兴隆，人们改称新店。民国32年（1943），置怀化县改“新店”为“新建”乡。1951年10月，怀化县设第六区治于新建。1956年由域内3个小乡合并置新建乡，1958年成立新建人民公社，1959年袁家，蒋家划出单独立社，1962年干冲公社并入新建公社，1984年复名新建乡，2012年改称新建镇。2013年，辖12个行政村、99个村民小组、15045人。总面积11730.63公顷，其中耕地1037.57公顷，林地9692.29公顷，水域201.94公顷，园地281.95公顷，草地103.91公顷，城镇村及工矿用地175.17公顷，交通用地75.17公顷，其他163.34公顷。

境内地势西北高，东南低，中部丘陵，有大小溪流12条，分别汇于淇溪和铜湾溪注入沅水。国道312线过境13.5千米。村村通公路，每天有数趟班车通往市区。有高坎垄古文化遗址、康龙自然保护区，原始次生林，野生动植物资源丰富，属国家重点保护的珍稀植物28种，动物27种。2012年评为国家级生态镇。2013年镇财政总收入450万元，农民人均纯收入5705元。

农业：有小（Ⅰ）型水库1座，小（Ⅱ）型水库3座，山塘102口，引水渠45条。农业种植以水稻、玉米、红薯为主。2013年水稻种植面积9000亩，产量490吨。粮食总产580.3吨。森林覆盖率73.6%，活立木总蓄积量45.1万立方米。康龙自然保护区森林面积达5600公顷，超境内林地面积50%。生猪出栏8840头，牛120头，羊1420只，家禽出笼36.4万羽。木材生产加工厂10家，年产值150万元。有五丰农业公司蔬菜瓜果储库1座，黄立坪村蔬菜基地1300亩。

商贸旅游：有农贸市场1个、商业网点86家，摊位138个，农历逢三、八为集日，日交易额300万元。有康龙旅游景区1个，面积61公顷。

文教卫生：有农家书屋12间，藏书26000册。有初级中学1所，在校生290人，教师43人。中心完小1所，在校生613人，教学点1个，在校学生10人，教师63人。有卫生院1所，执业医师3人，助理执业医师9人，病床18张。

新路河镇　位于县境东部，镇政府驻船型自然村。距县城62千米，东靠石宝乡，西邻袁家乡，南接洪江市茅渡乡、北界铜湾镇。相传以新修龙潭至沅水河的石板路而得名。民国26年（1937），属黔阳县启智乡地，民国二十七年（1938）设新路乡。民国三十二年（1943），置县后属怀化辖区。1958年，成立新路河人民公社，1984年改称新路河乡。2012年，更名新路河镇。2013年，辖13个行政村、1个居委会、106个村民小组，2942户，12096人。总面积6121.38公顷，其中耕地504.70公顷，林地4358.50公顷，水域518.59公顷，园地 362.67 公顷，草地 93.34 公顷，城镇村及工矿用地 152.97 公顷，交通用地 40.95 公顷，其他 89.66 公顷。

境域属低山区，西有阳坡坳，南有菩萨界，沅水贯穿南北，河流经长 20 千米，将全镇划成两个长方形。有 9 条大小溪流注入沅水。境内矿产资源较丰富，锰矿、金矿分布在字溪、徐家、板栗坪一带，矿发带 8 公里，储量 60 万吨。瓷泥分布湾溪口、小湾坪、澄渡江等地，储量在 50 万吨以上。铁矿分布罗家坡一带。文物古迹有罗家坡孝义坊、水星庵、贺氏、蒲氏宗祠及枞阳树等。国道 320 线过境 7 千米。2006 年 10 月新路河大桥建成通车，其境成为东半县交通要道。2013 年镇财政收入 286 万元，农民人均纯收入 5854 元。

农业：有小（Ⅱ）型水库 5 座，山塘 86 口，引水渠坝 6 处，小水电站 2 座。粮食种植以水稻、红薯、玉米为主。2013 年，粮食总产 4087 吨，其中种植优质水稻 5000 亩。成立杨梅、枇杷种植合作社，建基地 1800 亩，年产值 300 万元。森林覆盖率 68.2%，活立木总蓄积量 15.1 万立方米。生猪饲养 4520 头，羊 60 只，牛 300 头，家禽 6.62 万羽。有养鱼大户 72 家，养鱼网箱 240 口，年创价值 240 万元。

商业：有农贸集市 2 个，渡口市场农历一、六为集日，澄渡江市场二、七为集日。

文教卫生：有农家书屋 13 个，藏书 20000 册。有九年一贯制学校 1 所，在校学生 312 人，教师 51 人，教学点 2 个，在校学生 13 人。有卫生所 1 个，助理执业医师 3 人，病床 17 张。

接龙镇 位于县境东部，处雪峰山脉罗子山脚下，镇政府驻卧龙村。距县城 70 千米。东邻蒿吉坪瑶族乡，南连锦溪乡，西接石宝乡，北依丁家乡。地形大致呈菱形。相传一风水先生称此地山脉是一条卧着的断龙，人们为接续龙脉，在大坳头修建一座凉亭，取名接龙亭，接龙由此得名。民国二十六年（1937）属黔阳县卓智乡地，民国三十二年（1943）置怀化县设接龙乡，1958 年 9 月置接龙公社，1984 年 1 月复名接龙乡，2011 年 10 月，更名接龙镇。辖 11 个行政村、101 个村民小组，总人口 10260 人。总面积 5032.43 公顷，其中耕地 800.40 公顷，林地 3712.62 公顷，水域 48.95 公顷，园地 135.47 公顷，草地 17.30 公顷，城镇村及工矿用地 127.73 公顷，交通用地 51.54 公顷，其他 138.32 公顷。境内属中山丘陵区，地势东北高，西南低，呈阶梯状，最高点围子界，海拔 1105 米，最低点双溪口，海拔 220 米。群山起伏，溪流众多，以大蒲溪和小蒲溪为主轴呈扇形分布。名胜古迹有杨氏宗祠，接龙亭等。石宝至蒿吉坪公路过境 5 千米，村级公路 11 条，总里程 450 千米。2013 年镇财政收入 193 万元，农民人均纯收入 5036 元。

农业：有小（Ⅱ）型水库 1 座，山塘 53 口，水渠 726 条，总长 8780 米。粮食作物以水稻、红薯、玉米为主。2013 年粮食总产 1560 吨，产值 560.3 万元。杂交稻植种面积 240 亩，产量 4.4 万公斤。林业资源丰富，以杉、松、樟树居主，森林覆盖率 70.4%，活立木总蓄积量17.4 万立方米。尚有国家一类保护树种水杉 5 株。生猪出栏 2600 头，牛存栏 1200 头，家禽饲养 2.8 万羽。

商业：有农贸市场 1 个、商业网点 26 家，摊位 340 个，年交易额 780 万元。农历三、八为集日。

文教卫生：有村图书室 11 个，藏书 22000 册。有九年一贯制学校 1 所，在校学生 442 人，教师 54 人，教学点 1 个，在校学生 21 人。有卫生院 1 所，执业医师 6 人，助理执业医师 5 人，病床 40 张。

二、乡

炉亭坳乡　位于县境东南部，乡政府驻炉亭坳村。距县城 15 千米。东接洪江市岔头乡、龙田乡，西邻中方镇，南连牌楼镇，北界鹤城区黄岩乡。因境内一山坳上有座凉亭，相传有两兄弟在亭东侧坳上搭棚安炉打铁，故取名炉亭坳。1953 年由黔阳县划归怀化县第八区，1958 年属中方公社辖地。1984 年 1 月设炉亭坳乡。2013 年，辖 5 个行政村、56 个村民小组，总人口 6610 人。全乡总面积 5199.61 公顷，其中耕地 542.18 公顷，林地 4088.62 公顷，水域 59.08 公顷，园地 201.98 公顷，草地 41.48 公顷，城镇村及工矿用地 108.06 公顷，交通用地 65.11 公顷，其他 93.10 公顷。

境内属武陵山脉丘陵山区，山地交错分布，主要山脉有交岩山、梁子界、禾梨坳等，最高峰交岩山，海拔高度 1126 米。有大小溪流 5 条自东向西流入㵲水河。国道 320 线过境 12.2 千米，村村通公路，每天有数趟班车直达市区和县城。2013 年乡财政收入 309.27 万元，农民人均纯收入 5330 元。

农业：有小（Ⅱ）型水库 2 座，山塘 14 口，引水渠 59 条，水泥溪坝 13 处。粮食作物以水稻、玉米为主，2013 年，粮食总产量 3568 吨。森林覆盖率 77.4%，活立木总蓄积量 13.4 万立方米。家禽出笼 40000 羽，产值 320 万元。生猪出栏 300 头，羊 200 只。牛存栏 100 头。苗木花卉、油菜、核桃、葡萄、柑橘等经济作物种植面积 2600 亩，年产值 8600 万元。“提子”又名“美国葡萄”，产地集中在塔灯田、柑子园村，种植 60 亩，产 2.5 万公斤，产值 50 万元。境内有野生中药材 200 余种，素有“中药材之乡”之称。2013 年种白术 326 亩，产量 3.5 万公斤。

商业：有综合农贸市场 1 个，商铺店面 50 家，摊位 150 个，日交易额 5 万元。农历四、九为集日。

文教卫生：有农家书屋 5 间，藏书 5800 册。有九年一贯制学校 1 所，教职工 63 人，在校学生 356 人。有卫生院 1 所，执业医师 3 人，助理医师 3 人，病床 14 张。

下坪乡　位于县境东北部，乡政府驻下坪村。距县城 32 千米。东连铜湾镇黄溪风景区，南接新建镇，西邻泸阳镇，北界花桥镇，东南是鸡公界大山，山下是一片较大的平原，故名下坪。民国三十二年（1943），怀化置县后属泸阳镇辖地。1955 年设立下坪乡，1958 年并入泸阳公社，1961 年从泸阳公社分出，成立下坪公社，1984 年复名下坪乡。2013 年，辖 8 个行政村，86 个村民小组，共 2050 户，8309 人。总面积 6679.67 公顷，其中耕地 1081.84 公顷，林地4793 公顷，水域 94.46 公顷，园地 173.82 公顷，草地 128.27 公顷，城镇村及工矿用地 201.32 公顷，交通用地 66.55 公顷，其他 142.41 公顷。

境内地势东南高，西北低，东南部是凉山余脉。有大小溪流 7 条。矿产资源丰富，有煤、铁、锰、锑、白云石，瓷泥等。有乡村公路 11 条，总长 54 千米。2013 年乡财政收入 310 万元，农民人均纯收入 4527 元。

农业：有小（Ⅰ）型水库 1 座，小（Ⅱ）型水库 6 座，山塘 83 口，引水渠 31 条，总长 35.1 千米。粮食种植以水稻、玉米、红薯为主，2013 年，水稻总产 1840 吨。森林覆盖率 58.5%，活立木总蓄积量 7.4 万立方米。养殖以生猪、鸡、鸭为主，牛、羊有少量养殖，生猪出栏 4200 头，产值 529 万元，家禽 2.14 万羽，产值 12 万元。“田园牧业”生猪年均出栏 2000 头，存栏能繁母猪 500 头，年销售额约 234 万元。经济作物以脆香梨、葡萄、蔬菜、大棚西瓜为主。是年，香梨总产 1400 吨，产值 400 万元。葡萄 10 吨，蔬菜 120 吨，西瓜 150 吨。

工业：有安城耐火材料厂等规模企业 10 家，年创利税 10 万元。

商贸旅游：有商家店面 34 处。有钟鼓楼、倒影洞、冷水洞和一线天峡谷等自然景观供观赏旅游。

文教卫生：有农家书屋 8 个，藏书 24000 册。有九年一贯制学校 1 所，在校学生 360 人，教职工 71 人。有卫生院 1 所，助理执业医师 2 人，病床 6 张。

聂家村乡 位于县境最北部，乡政府驻聂家村。距县城 42 千米。东邻花桥镇，南接泸阳镇，西连鹤城区的芦坪乡，北界辰溪县桥头溪乡，以聂姓始居此地而得名。民国三十一年（1942）为辰溪县中和乡、芷江县怀化乡的一部分，民国三十二年（1943），怀化置县后属花桥乡地，1954 年设聂家村（小）乡，1958 年并入花桥公社，1961 年从花桥公社析出，成立聂家村公社，1984 年复名聂家村乡。2013 年，辖 7 个行政村、115 个村民小组，总人口 11845 人。全乡总面积 5616.76 公顷，其中耕地 1398.59 公顷，林地 3234.10 公顷，水域 128.73 公顷，园地 319.24 公顷，草地 65.71 公顷，城镇村及工矿用地 218.49 公顷，交通用地 45.12 公顷，其他 206.74 公顷。

境内地势由西南向东北倾斜，起伏不大，平均海拔 300 米，属丘陵地。与辰溪交界处的帽子坡，地势险要，为清代张芝兰农民起义根据地。有农村客运站 1 个，客运车 15 辆，日均发车 60 次，日均客运量 1064 次。2013 年乡财政收入 532 万元，农民人均纯收入 3034 元。

农业：有小（Ⅰ）型水库 2 座，小（Ⅱ）型水库 5 座，山塘 434 口。以种植为主。2013 年，粮食总产量 11370 吨。油料作物 8850 亩，产量 1360 吨。蔬菜种植 2350 亩，产量 4407 吨，农业总产值 7960 万元。累计造林 7800 亩，森林覆盖率 57%，活立木总蓄积量 11.6 万立方米。生猪饲养3900头，牛1500头，家禽71000羽，总产值1377万元。种植梨、葡萄、柑橘、西瓜1972亩，产量2539吨。

工业：有烟花鞭炮企业三家，年产值1400万元。

商业：有乡政府所在地和细面垅集贸市场2个，商家店面47家，分别以农历三、八和五、十为集日，年交易额630万元。

文教卫生：有文化站1个，藏书1.05万册。有初中1所，在校学生103人，教师24人。完全小学1所，在校生428人，村小1所，在校生73人，教师41人。有卫生院1所，执业医师7人，病床20张。

龙场乡　位于县境东北部，乡政府驻龙场村。距县城55千米。东连铜鼎镇，南邻铜湾镇和下坪乡，西接花桥镇，北依辰溪县仙人湾乡。凉山延伸至此，逶迤起伏，远看似龙，山下建村，取名龙场，意为龙居之地。置县前分属辰溪县均和、中和乡及黔阳县才智乡，民国三十二年（1943）分属怀化县铜湾、铜鼎、花桥乡地。1955年设立龙场（小）乡。1961年从铜鼎、铜湾、花桥划出部分地域成立龙场公社。1984年复名龙场乡。2013年，辖8个行政村、45个村民小组，总人口7701人。全乡总面积4917.40公顷，其中耕地716.86公顷，林地3422.98公顷，水域78.53公顷，园地401.21公顷，草地21.07公顷，城镇村及工矿用地101.99公顷，交通用地57.90公顷，其他116.86公顷。

全境属山区，处福堂坡和凉山坡之间，中间低洼，地形呈长方体，平均海拔500米以上，有大小溪流10条，皆自南向北注入沅水。有滴水洞，犀牛潭、猴子岩、六角亭等景观。半坡有锰矿，老树寨有铁、硫矿等。尚存银杏、大皂角等珍稀树种。有一条县级公路连接国道312线，每天有直达班车至怀化市区。2013年乡财政收入344.7万元，农民人均纯收入4713元。

农业：有小（Ⅰ）型水库1座，小（Ⅱ）型水库5座，山塘50口，水渠127条，总长160.5千米。粮食作物以水稻、杂交稻制种为主。2013年水稻总产量3424吨，总收入457.8万元。杂交水稻制种800亩，亩产200公斤。森林覆盖率70.1%，活立木总蓄积量11.2万立方米。生猪出栏650头。杨梅是该乡的特色产业。2002年在国家工商局注册为“龙场杨梅”，2003年获“无公害农产品”认证，2004年获西部农博会金奖，2012年评为湖南省著名商品，2013年种植面积5000亩，产量50万公斤，产值1000万元。

商业：有农贸市场1个，商铺店面38家，摊位144个，农历逢三、八为集日，年营业额300万元。

文教卫生：有农家书屋8间，藏书5000册。有九年一贯制学校1所，在校学生287人，教学点2个，学生24人，教师47人。有乡卫生院1所，执业医师1人，助理执业医师3人，病床12张。

袁家乡　位于县城东部，政府驻袁家村。距县城48千米。东邻新路河镇，西界新建镇，南连蒋家乡，北靠铜湾镇。以姓氏取名。置县前属黔阳县才智乡辖。民国三十二年（1943）置怀化县属铜湾、新建乡地，1961年由新建、铜湾公社析出成立袁家公社，1966年蒋家公社并入，1984年蒋家划出独立建乡，袁家公社改称袁家乡。2013年，辖5个行政村、42个村民小组，总人口7460人。全乡总面积4389.66公顷，其中耕地426.19公顷，林地3556.12公顷，水域40.85公顷，园地129.54公顷，草地13.96公顷，城镇村及工矿用地79.11公顷，交通用地31.74公顷，其他61.55公顷。

境域属低山丘陵区，西南偏高，东北低平，主要山脉有溪流山，宝邻坡等。溪流4条，总长46千米。自然景观有石猴望月、杜鹃岭、旗帜山、焚纸塔等，流溪垄九罐洞，长1000多米，洞内有蝙蝠数万只，夜出晓归。国道320线过境8千米，村村通公路，有客运点1个，巴士7台，年客运量9.2万人次。2013年乡财政收入199.25万元，农民人均纯收入4205.7元。

农业：有小（Ⅱ）型水库3座，库容量28万立方米，灌溉面积1810公顷。山塘14口，灌溉面积826亩。袁家防洪大堤长600米，高4米，蓄水4800万立方米，受益农田1000多亩。以种植为主。2013年种植业占经济收入68%，畜牧业28%，林业3%，副业1%。种植水稻5542亩、玉米3120亩、蔬菜760亩。总产值3922.9万元。林业以杉、松为主，森林覆盖率76.5%，活立木总蓄积量8.7万立方米。生猪饲养量8000头，羊859只，牛725头，家禽饲养28000羽。西瓜、金秋梨、香瓜等种植面积500亩，产量350吨。

工业：有木材加工厂3家，即金龙木业、仁权木业和袁家木材加工厂，共25人，年产值190万元，利税13.3万元。

商业：有农贸市场1个，商家店面32家，农历每逢二、七为集日，年贸易成交额1957万元。

文教卫生：有乡文化活动中心1个，村图书室5个，藏书67150册。有完全小学1所，在校学生170人，教师37人。有卫生院1所，执业医师2人，助理执业医师2人，病床11张。

蒋家乡 位于县城东部，乡政府驻蒋家冲，距县城56千米。东接新路河镇，西邻新建镇，南界洪江市岔头乡、北依袁家乡。蒋家又名蒋家冲，其地名与“蒋”姓无关。“蒋家”原意为“井家”。由院落中古井得名。相传明洪武年间（1338），蒋家往岩坡村方向山腰处有一口古井，周边坐落有十余户人家，随着岁月流转，村民逐年增多，井水不够饮用，院落人家遂搬迁至山脚两溪相汇处，明万历年间（1618），山脚下大院落形成，人们又在院落中打一口井（至今还保留在蒋家超市南侧六十米处），由此村民称这个院落为“井家”——即住在井坎边的人家，因方言“井JIANG”与“蒋”谐音，便把“井家”音译成“蒋家”，乡名缘此。民国三十一年（1942）置县前分属黔阳县、芷江县辖地，民国三十二年（1943）置怀化县属新建乡地，1956年建蒋家（小）乡。1958年成立蒋家公社，同年12月并入新建公社，1961年从新建析出，恢复蒋家公社，1966年并入袁家公社，1983年与袁家公社分开，再设蒋家公社。1984 年改称蒋家乡。2013 年，辖 6 个行政村、55 个村民小组，共 1951 户、6888 人。全乡总面积 5053.39 公顷，其中耕地 538.48 公顷，林地 3948.51 公顷，水域 114.71 公顷，园地 262.06 公顷，草地 4.31 公顷，城镇村及工矿用地 73.43 公顷，交通用地 33.26 公顷，其他 78.64 公顷。

境域三面环山，中间为狭长盆地，主要山脉为鸡公山、宝灵坡、崩坡垅山等。一条长冲直穿其境。沅水流经水仙村东，有大小溪流 10 条。将家至袁家公路与 320 国道线相接，全长 8.5 千米。村村通公路，每天有固定班车直达市区。2013 年乡财政收入 178 万元，农民人均纯收入 4718 元。

农业：有小（Ⅱ）型水库 2 座，山塘 15 口，水渠 22 条，全长 20.17 千米。2013 年，种植水稻 4600 亩、玉米 300 亩。林业以产松、杉木为主，森林覆盖率 77.2%，活立木总蓄积量 12.3 万立方米，是县重点林区之一。生猪出栏 4200 头，鸡出笼 2.1 万羽，鸭出笼 4000 羽。经济作物以金秋梨、柑橘、黄桃为主，年产量在 1500 吨左右，产值约 400 万元。

商业：有农贸市场 1 个，商铺店面 30 家、集市摊位 200 个，农历逢一、六为集日，年营业额 200 万元。

文教卫生：有村级图书室 7 个，藏书 2.1 万册。有完全小学 1 所，在校学生 132 人，教师 26 人。有卫生院 1 所，执业医师 2 人，助理执业医师 3 人，病床 6 张。

丁家乡　位于县境东北部，乡政府驻上丁家坪。距县城 66 千米。东邻接龙镇，西连铜湾镇、南界石宝乡、北依辰溪县上蒲溪乡。相传古时江西丁姓兄弟二人逃荒至此安家，后兄弟分居，兄居大蒲溪上游取名为上丁家坪，弟住下游，取名为下丁家坪。民国三十二年（1943），怀化置县时属接龙乡地，1956 年设立丁家乡，1958 年并入接龙公社，1961 年成立丁家公社，1984 年复名丁家乡。2013 年，辖 8 个行政村、66 个村民小组，共 1324 户，5815 人。全乡总面积 3663.70 公顷，其中耕地 357.85 公顷，林地 2870.90 公顷，水域 130.48 公顷，园地 88.97 公顷，草地 55.47 公顷，城镇村及工矿用地 61.44 公顷，交通用地 35.69 公顷，其他 62.90 公顷。

境域处于群山环抱之中，山多田少，属偏远山区，大蒲溪由东北倒流至西南、穿境而过注入沅水。自然景观有观音山、牵牛石、开花石、黄家洞等 8 处。有丁家至接龙公路 10 千米，村级公路 10 条，全长 44.1 千米。2013 年乡财政收入 241 万元，农民人均纯收入 2800 元。

农业：有小（Ⅱ）型水库 2 座，山塘 2 口，引水渠坝 42 条，总长 60 千米。农业主产业不明显，农民经济来源靠农、林、牧、副、渔各业相互补充。2013 年水稻产量 1800 吨。林木以松、杉及部分杂木形成，森林覆盖率 74.8%，活立木总蓄积量 12.5 万立方米。生猪饲养量 2600 头，家禽 40 万羽，香菇种植初具规模，通过“公司 + 基地 + 专业合作社”形式，有 30 户农户入社，种植面积 100 亩，年产值 300 万元。梅树库区网箱养鱼 300 亩，年收益 300 万元。丁家干鱼和中华鲟颇有名气。

商业：无集贸市场。在乡政府驻地有商家店面12家。

文教卫生：有乡图书室1个，藏书2000册。有小学1所，在校学生14人，教职员工14人。有卫生院1所，助理执业医师4人，病床8张。

锦溪乡 位于县境东部，乡政府驻锦溪垄（原名镇龙）。距县城82千米。东邻活水乡，南接石宝乡，西连接龙镇，北界蒿吉坪瑶族乡。因境内有大小溪流13条汇合于此，溪流两岸绿树成荫，山清水秀，故名锦溪。民国三十一年（1942）属黔阳县才智乡地，民国三十二年（1943）怀化置后县为铁坡乡辖，1961年从铁坡公社析出成立锦溪公社。1984年更名锦溪乡。2013年，辖7个行政村、70个村民小组，总人口5725人。总面积4540.98公顷，其中耕地498.95公顷，林地3573.25公顷，水域63.29公顷，园地176.24公顷，草地24.50公顷，城镇村及工矿用地80.90公顷，交通用地33.49公顷，其他90.36公顷。

境域处雪峰山脉罗子山麓，西北部山高路陡，树林茂密，东南部属低山丘陵区，盛产油茶。小蒲溪从中部穿过，将全乡划分为西北和东南两块。有温洞、张昆烈士纪念碑、牛栏江剿匪烈士纪念碑、尖坡垴庵堂等景观，其中九层岩门的九间洞深不可测，宽4米，高5米，能容纳1万余人。矿产资源有桃江村一带的铁矿、老鸦洞的煤矿，年产量1000吨。有铁坡至锦溪乡级公路1条，村级公路7条。2013年乡财政收入252万元，农民人均纯收入3250元。

农业：有小（Ⅱ）型水库2座、山塘17口、小水电站5座，装机容量4500千瓦。粮食作物以水稻、玉米为主。2013年粮食总产3260吨。水稻亩产在350—500斤之间，杂交制种150亩，亩产210斤，产值40万元。森林资料丰富，以松、杉、楠竹为主，有人造工业原料林260亩，生态林769亩，森林覆盖率73.2%，活立木总蓄积量15.1万立方米。生猪饲养4654头，家禽饲养14480羽。村民杨宗和饲养的三元杂交猪，年出栏450头，产值100余万元。茶油是境内特产，年产量9000公斤，复垦老茶山1200亩。腊肉品质优于周边地区。

文教卫生：有村级图书室7个，藏书18400册。完全小学1所，在校学生76人，教师20人。卫生院1所，执业医师1人，病床6张。

活水乡 位于县境东部，乡政府驻下垄湾。距县城87千米。东连溆浦县黄茅园镇，南接洪江市湾溪乡，西邻铁坡镇，北界锦溪乡。相传300年前，此地果树繁多，远近闻名，故名果树。因“果树”与方言“活水”谐音，后人将其改叫活水。民国三十二年（1943）怀化置县后为铁坡乡地，1956年设活水乡，1958年并入铁坡人民公社，1961年置活水公社，1984年复名活水乡。2013年，辖6个行政村、62个村民小组，共1609户，6618人。总面积2248.85公顷，其中耕地675.19公顷，林地1149.47公顷，水域17.34公顷，园地160.03公顷，草地8.47公顷，城镇村及工矿用地100.37公顷，交通用地26.51公顷，其他111.47公顷。

全境属中山区，西北和南面偏高，东部和中部较低，平均海拔在700米以上，南有金丫山、鸣凤山，西有白马山，形成天然屏障。以亚热带季风性湿润气候为主，夏季较凉爽，冬季寒冷。有大小溪流5条，流经龙潭镇注入溆水。矿产资源有花岗岩、高岭土，储量分别为2000万立方米和4.5亿吨。国道320线过境16.5千米，有村级公路6条。2013年乡财政收入326万元，农民人均纯收入5892元。

农业：有山塘10口、溪坝26处，利用山中泉水、井水、洞水灌田10处。粮食作物以水稻、玉米、红薯为主，2013年，粮食播种5377.8亩，总产4330吨，农业总产值772万元。有水稻制种基地300亩。金秋梨种植5210亩，年产7815吨。森林覆盖率57.3%，活立木总蓄积量5.1万立方。生猪饲养3200头，羊190只，牛530头，年总产值233万元。

工业：有花岗岩采石场2个，年产1200立方。加工厂4个，主要生产景观石、石狮、石栏等，产品远销日本、韩国等地，年产值5900万元。

商业：有农贸市场1个，农历五、十为集日，年成交额约310万元。

文教卫生：有村图书室6个，藏书18000册。有九年一贯制学校1所，在校学生384人，教师37人。有卫生院1所，执业医师1人，助理执业医师2人，病床12张。

石宝乡　位于县境东部，乡政府驻鱼龙桥。距县城72千米。东连铁坡镇，西邻新路河镇，南接洪江市群峰乡，北界接龙镇。境内西南小溪边高崖壁中间嵌有圆莹如珠一白一黑的两块大石头，村人视其为宝，由此得名石宝。民国三十一年（1942）属黔阳县才智乡地，民国三十二年（1943）年怀化置县后分属接龙、新路河辖地，1956年设立石宝乡，1958年并入新路河人民公社，1961年成立石宝公社，1984年复名石宝乡。2013年，辖9个行政村、92个村民小组，共2892户，10408人。总面积4599.84公顷，其中耕地806.55公顷，林地3164.32公顷，水域80.34公顷，园地189.25公顷，草地49.24公顷，城镇村及工矿用地129.76公顷，交通用地38.26公顷，其他142.12公顷。

全境处于雪峰山西麓，沅水东岸，四周为高山，中间较低平。有溪流10条，分别注入沅水。有鱼龙桥城隍庙1座，每年农历三月三举行庙会，场面非常热闹。国道320线过境9.5千米，石宝至蒿吉坪公路线24.9千米，村村通公路。2013年乡财政收入268.28万元，农民人均纯收入2680元。

农业：有柏坡洞小水电站1座，装机容量1000千瓦。山塘32口，引水渠12条。油茶是其特色产业，人均油茶林2.3亩。1958年受国务院表彰并颁发“培养摇钱树，开发万宝山”锦旗。2013年改良优质茶林面积898.5亩。2013年，粮食总产量4200吨，产值1212万元。森林覆盖率71.2%，活立木总蓄积量15万立方米。生猪出栏8123头，羊饲养500只，牛存栏1100头，家禽饲养12.1万羽。境内平坳村盛产辣椒，年产干辣1万公斤。大竹村产黄瓜和蔬菜久负盛名。是当地农民一项重要经济来源。

商业：有农贸市场1个，商家店面55家，农历五、十为集市日，日成交额10万元以上。

文教卫生：有农家书屋9个，藏书9750册。有九年一贯制学校1所，在校学生364人，教师 43 人，卫生院 1 所，执业医师 3 人，助理执业医师 3 人，病床 15 张。

蒿吉坪瑶族自治乡 位于县境东北部，乡政府驻蒿吉坪村。距县城 96 千米。东接溆浦小横垄乡、南邻接龙镇，西连丁家乡，北依辰溪县罗子山乡。旧时此地盛产辣椒，因辣椒色红而鲜美，代表吉祥之物，故取名蒿辣坪，后变称蒿吉坪。置县前分属辰溪、黔阳两县辖地。民国三十二年（1943）年置怀化县后为接龙乡地。1956 年置蒿吉坪乡，1958 年并入接龙人民公社，1961 年设蒿吉坪公社，1984 年复名蒿吉坪乡。1989 年，经湖南省民政厅批准，改称蒿吉坪瑶族自治乡。2013 年，辖 7 个行政村、71 个村民小组，总人口 6277 人，其中瑶族 3040 人。全乡总面积 5833.72 公顷，其中耕地 519.70 公顷，林地 4876.21 公顷，水域 55.22 公顷，园地 134.80 公顷，草地 23.54 公顷，城镇村及工矿用地 86.41 公顷，交通用地 44.45 公顷，其他 93.34 公顷。

境域地势东、南、北及中部偏高，西部较低，抗乐山主峰海拔 1248 米，为全县最高峰，风景秀丽，气势壮观。洞门口村有一自然岩洞，长 800 米，有 6 道门，高 7 米，宽 6 米，可容纳 1 万余人。矿产资源有岩煤、硫黄、石灰石、高岭土等。有石宝至辰溪上蒲溪县级公路过境，村级公路有 7 条，总长 95 千米。2013 年乡财政收入 329 万元，农民人均纯收入 1780 元。

农业：有小（Ⅱ）型水库 1 座，山塘 10 口，引水渠 13 条，总长 1300 米。粮食作物以水稻、玉米、红薯为主。2013 年，粮食总产量 109 万公斤。杂交水稻制种 400 亩，亩产 250 公斤。森林覆盖率 74.3%，活立木总蓄积量 25.1 万立方米。生猪出栏 2800 头，牛存栏 130 头，羊 480 只。饲养家禽 29300 羽。在罗洪、三岔溪、干田垅一带种植高山“云雾”葡萄 3000 亩，亩产 4000 公斤。在助溪、吉都堂、洞门口等村种植大叶金银花 3000 亩，亩产 500 公斤，亩产值价 6000 元左右。

商业：在乡政府驻地有商铺店面 21 家，年交易额 86 万元。

文教卫生：有乡图书室 1 个。藏书 1300 册。有九年制寄宿民族学校 1 所，村级教学点 3 个，教师 40 人，在校学生 337 人。有卫生院 1 所，执业医师 1 人，助理执业医师 2 人，病床 4 张。

第二章　自然环境

第一节　地　质

一、地层

境域地层除奥陶系、志留系外，其他各系均有出露。元古界板溪群、下古生界震旦系出露较广，约占全县成土母岩的 50%。其次为下古生界寒武系，上古生界泥盆系、石炭系、二迭系，中生界三叠系、侏罗系、白垩系，新生界第三系、第四系及加里东期二长花岗岩均有出露。加里东期二长花岗岩，为中粒斑状黑云母二长花岗岩，出露在东部活水和铁坡一带。元古界板溪群由变质砂岩、凝灰质板岩、千板岩等组成，是境内基底岩系。除下坪、蒿吉坪、活水等乡外，其余各乡镇均有出露，尤以中方、桐木、牌楼、炉亭坳、新路河、石宝、接龙、丁家等乡镇出露面积较大。下古生界震旦系由冰碛砂岩、冰碛砾岩、砂质板岩、灰绿色含砾绢云母板岩等岩石组成，主要出露在凉山山脉、沅水河谷两岸、铁坡至蒿吉坪一带，围绕元古界板溪群分布，与板溪群呈不整合接触。下古生界寒武系主要为炭质板岩，灰黑硅质炭质板岩，灰黑色条袋状灰岩和泥质灰岩，多分布在花桥、龙场、铜湾、新建、下坪、泸阳等地，锦溪、活水北部有少量出露。上古生界泥盆系为灰色灰岩、泥质灰岩、岩溶发育，在铜鼎青市至铜湾、袁家一线有出露，厚度约 300 米，与下伏岩层不整合。上古生界石灰系主要是灰白岩、肉红色灰岩、白云质灰岩，厚 150—450 米，与下伏岩层不整合，主要分布在鸡公界山脉边缘的龙场、花桥、下坪、泸阳等地，铜鼎、铜湾、新建有局部出露，聂家村的细面垅，中方的黄榜坡有少量分布。上古生界二叠系分为下统栖霞组下部和上部，上统茅口组下段和上段，其颜色、岩层厚度各不尽同，在桐木、牌楼、中方、泸阳、下坪、花桥等地有出露。三叠系——侏罗系地层分布在沅水河沿岸，花桥、聂家村等地也有出露。中生界白垩系为红色陆相碎屑岩、砖红色砂质泥岩、泥质粉砂岩、细砂岩等，厚度 2000 米以上，与下伏岩层不整合，主要分布在花桥、泸阳、聂家村、中方、牌楼、桐木等地，铜鼎、铜湾有少量分布。新生界全新统为砂质黏土、黏质砂土、砂卵石层，主要分布在沅水，㵲水干流河洲，及泸阳、下坪、中方荆坪等地。

二、构造

境内地质构造对地貌形态影响较大的主要是北东向构造，包括褶皱和断裂发育于板溪群。整体地质构造方向大致与山脉、地层、岩层走向一致。呈北东—南西向。对地貌影响较大的褶皱、断层在抗乐山、尖丫山、凉山、鸡公界一带。褶皱形成向斜山、向斜谷，制约境内地貌起伏骨架，断裂岩层错动，导致南盘上升，北盘下降，使地势发生高低分异。域内岭谷交迭，多呈丫形状，岩层在大地北西—南东方向压力作用下，同时受区域性北东东—南西西方向推动作用，多造成带平移性的逆冲断裂。

褶皱　由于受武陵、雪峰、燕山、加里东、印支等山脉上升运动的影响，从各个方面连续不断挤来的压、推、擦、扭，将境内褶皱成山区丘陵地带。雪峰山脉纵贯县境东部，因而形成东部山势陡峭，呈北东东弯曲，交错着一系裂的褶皱。蒿吉坪境内一级褶皱发育完整紧密，地层成环状分布有上震旦系。中部整个山体定向发育为北东—南西向，抗乐山、鸡公界、凉山一带褶皱较陡，断层交错，尖丫山一带直立褶皱可见。西部因受芷麻盆地影响，为槽状地带，褶皱较平缓开阔。

断层 主要是板岩、泥岩，偶有灰岩、石英石、方解石，为平移性逆冲一级断裂。破碎带由十几米到几十米。东部沅水流域，断层绝大多数断于板溪群之中，局部板溪群在震旦系之上。蒿吉坪、接龙部分村落伴生一级断裂。下坪乡倒影洞断裂带，为平移断层，擦痕清晰可见，断裂带的上段为钙质板岩。新建，袁家也有此种断裂，断裂带下段为灰岩，由于流水下切，溶蚀地壳上升，形成谷壁垂直的峰谷地貌。铁坡、活水、锦溪山高坡陡，断层沿着溪谷发育，谷深且狭，溪流两岸岩层多破碎，常有陡坡、山体呈北东—南西向发育。此外还有抗乐山、尖丫山、鸡公界一带断层等。

第二节 地 貌

境域地处雪峰山和武陵山之间，以沅水为界相互对峙，属中国地势第二阶梯过渡带。受雪峰古陆抬升和沅水、㵲水淘蚀影响，境内峰峦挺秀，林壑幽深，群山之中有盆地发育。主要山脉呈北东向延伸。地势东高西低，中部脊状凸起，形似驼峰，以山地为主，东西断面呈“W”形。最高点为蒿吉坪乡抗乐山，海拔 1248 米，最低点为东北部铜鼎镇赤岩湾，海拔 137 米，相对高差为 1111 米。按赤岩湾至抗乐山直线距离 21.4 千米计算，每向前延伸一千米，垂直高差增加 51.8 米。东面雪峰山脉为地壳上升主要地段，海拔 800 米以上的山峰 22 座，其中 800 ~ 900 米山峰 4 座，900 ~ 1248 米的山峰 18 座，构成境域东部主体山脉。中部凉山系武陵山支脉，由南向北横卧其境，海拔 800 米以上山峰 28 座，其中 800 ~ 900 米山峰 6 座，900 ~ 1174 米山峰 22 座，将中方县隔为东西两半。

西部和西北部是武陵山脉，连绵环绕，中低山脉状似馒头，形成阻挡北来寒冷气流天然屏障。沅水、㵲水两条水系穿过蒋家、新路河、石宝、丁家、铜湾、铜鼎、中方、牌楼、桐木等 9 个乡镇。22 条大小溪流纵横全境，溪流冲击形成小型河谷平原盆地，为发展工农业生产提供有利条件。

河溪谷平原 主要分布在沅水、㵲水及其支流沿线，呈长条状分布，由第四纪松散堆积物组成，面积约 55 平方千米，占全县总面积的%。具有明显的二元结构，地势较平坦，坡度小于 5° ，海拔高位 210~250 米之间。泸阳、铜鼎为境内 2 大河溪谷平原。

丘陵 丘陵地貌海拔一般在 300 ~ 450 米之间，个别超过 450 米，相对高度 50 ~ 200 米，坡度 15° ~ 25° ，局部在 30° 以上。丘体呈长条状，丘顶圆凸状，呈北东—南西向发育，面积约 391 平方千米，占全境总面积的 20.17%。按其形状分为低丘陵和高丘陵两种：低丘陵相对高度 50—100 米，坡度 15° ~ 20° ，面积约 230 平方千米，丘间谷地和凹地较多，分布在中方、牌楼、桐木、泸阳、新建、袁家、铜湾等地。高丘陵相对高度 100—250 米，坡度 20° ~ 25° ，面积约 161 平方千米，多为山地余脉延伸部分，丘体呈长条状，丘顶较圆凸，主要分布在桐木、中方、泸阳、新建、蒋家、铜湾等地。

岗地　分布在河溪谷平原周围。海拔250～300米之间，相对高差10～60米。岗坡5°～15°。面积约202平方千米，占全境面积的14.41%。按其形态可分为低岗地和高岗地两类：低岗地相对高差10～30米，坡度5°～10°，岗顶浑圆，多呈馒头形，分布在中方、桐木、铜湾、铜鼎等乡镇。高岗地相对高度差30～60米，坡度5°～15°。凹地和凹沟交错分布在岗间，岗顶浑圆状，其分布散乱，无定向脉络，多分布在泸阳、下坪、花桥、聂家村、中方、牌楼、铜湾部分地段。

山地　系境内主要地貌类型，分布于中部和东部地区，西部有少量分布，面积约1020平方千米，占全县总面积的58.2%。山地地貌大部分地方能见到三级残留剥夷石，海拔高度分别在450–1000米上下，形成大量丫型谷地，按形态特征分为低山、中低山和中山。

低山，海拔为450～600米，相对高度200～450米，坡高多在35°，面积约450平方千米。主要分布在中山外围。低山按其岩性可分为五类：变质岩低山，多分布在东部沅水以东一带的新路河、石宝、接龙、丁家、铜湾、铜鼎、袁家和南部龙场、下坪、新建及牌楼坳、中方、聂家村、花桥、桐木等乡镇，面积约300平方千米。灰岩低山，分布在花桥一带，面积约70平方千米。红岩低山，分布在桐木镇西部，面积约60平方千米。砂页岩低山，分布在花桥的大龙阳山一带，面积20平方千米。花岗石低山，分布在活水乡和铁坡镇培风、江平村一带，面积2平方千米。

中低山，海拔为600～850米，相对高度350～600米，坡度大于35°，面积370平方千米。其地貌特征是：流水下切深，迭水发育，山坡陡，溪流两侧山地的中上部多形成陡坎，山体走向北东—南西向。中低山按其岩性分为三类：变质岩中低山，主要分布在东部的铁坡、锦溪、蒿吉坪、接龙一带，面积300平方千米。灰岩中低山，分布在龙场、下坪，面积60平方千米。花岗石中低山，分布在活水、铁坡一带，面积约10平方千米。

中山，海拔高度大于850米，相对高度大于500米，面积约200平方千米，主山脊呈带状为北东—南西向延伸，山峦起伏，峰高谷深，形成大量丫型谷地。按其岩性可分为二类：变质岩中山，分布在蒿吉坪、锦溪、铁坡一带，面积约180平方千米。花岗岩中山，分布在铁坡、活水部分地区，面积约20平方公里。

中方县境内主要山峰一览表

表1–2–2–1　　　　单位：米

名　称	山　系	海　拔	所在地	备　注
抗乐山	雪峰山系	1248	蒿吉坪	
毡帽山	雪峰山系	1108	蒿吉坪	
环保山	雪峰山系	817	接龙	
围子界	雪峰山系	1105	接龙	
白马山	雪峰山系	984	铁坡	

续表

名　称	山　系	海　拔	所在地	备　注
尖丫山	雪峰山系	1070	铁坡	
香炉山	雪峰山系	810	铁坡	古战场遗址
东岳山	雪峰山系	972	铁坡	
甲石山	雪峰山系	897	铁坡	
铜锣岩	雪峰山系	810	铁坡	
土地坳	雪峰山系	950	锦溪	
尖坡	雪峰山系	697	锦溪	
技架坳	雪峰山系	727	锦溪	
癞子界	雪峰山系	1200	锦溪	
牛场界	雪峰山系	1069	锦溪	
鸡公界	凉山山系	1120	下坪	
狗头坡	凉山山系	664	下坪	
阎王坡	凉山山系	850	下坪	
燕子岩	凉山山系	924	下坪	
福堂坡	凉山山系	829	龙场	
高坡脑	凉山山系	835	泸阳	
茶叶坡	凉山山系	878	泸阳	
大龙阳山	武陵山系	550	花桥	
麻雀坳	凉山山系	883	花桥	
狗坡脑	武陵山系	666	花桥	
斜坡脑	武陵山系	553	聂家村	
交岩山	凉山山系	1126	炉亭坳	又名龙巴口
禾梨坳	凉山山系	835	炉亭坳	
擂鼓界	凉山山系	932	炉亭坳	
梁子界	武陵山系	875	炉亭坳	
田家坡	武陵山系	527	牌楼坳	
栗坡顶	武陵山系	565	中方	
金风山	武陵山系	581	中方	
皇榜坡	武陵山系	693	中方	又名黄屏坡
危顶子	武陵山系	764	桐木	
雷神坡	武陵山系	304	桐木	
白云山	武陵山系	686	桐木	

第三节　水　文

沅水流域　沅水发源于贵州东南部，自洪江市茅渡河乡梨子溪和波涟塘进入县境（东岸）新路河乡澄渡江及（西岸）蒋家乡水仙村，流经蒋家、新路河、石宝、丁家、铜湾、铜鼎等地，于铜鼎乡赤岩湾村出境注入辰溪县龙头庵乡张家口，沅水境内流长39.5千米，平均坡降0.34‰，河面宽约200～400米。流经新路河、石宝、蒋家、新建、袁家、铜湾、龙场、铜鼎、丁家、蒿吉坪、接龙、锦溪、铁坡等13个乡镇，纳大小支流72条。

附：沅水流域中方段支流选介

浙溪，发源于洪江市群峰乡洒溪村，于旺溪口注入沅水东岸，全长16千米。

凡溪，发源于黄岩南家坪团山坡，于新路河凡溪口注入沅水南岸，全长34千米。

澄渡江，发源于石宝乡过江垅，于新路河澄渡江注入沅水东岸，全长25千米。

字溪，发源于新路河乡字溪村四马垅，流经字溪村和岩坳村，于字溪口注入沅水东岸，全长6.4千米。

淇溪（新建溪），发源于黄岩高山，流经黄岩、石门、新建、袁家、新路河，于新路河板栗坪注入沅水西岸，全长31千米。在新建黄金建有团结水库，库容364万立方米。

楼溪，发源于黄岩大坪田家村，流经黄岩、新建、蒋家和洪江市岔头注入沅水西岸，全长20千米。在蒋家乡的楼溪村建有小（Ⅰ）型水库1座，小水电站1个。

湾溪，发源于洪江市湾溪古峰山，流经铁坡、石宝、新路河乡，于新路河湾溪口注入沅水东岸，全长29千米。

小蒲溪，发源于蒿吉坪吉都堂罗子山脉，流经蒿吉坪、锦溪、石宝乡，于石宝乡小蒲口注入沅水东岸，全长27千米。

大蒲溪，发源于蒿吉坪吉都堂罗子山脉，流经蒿吉坪乡、辰溪县上蒲溪乡和县内丁家乡，由东北向西南方流入丁家乡大蒲口注入沅水东岸，全长44千米。按沅水流向分析，它是反向倒流40千米。

麻合溪，发源于铜鼎乡砖墙脚村黄毛坪，流经黄毛坪、麻合溪，于渡江坡鲶鱼江注入沅水东岸，全长3.4千米。在桃子坪、双溪大修建小（Ⅱ）型水库2座。2003年铜湾水电站开工，清基将渣土把溪填平，现为暗流。

铜湾溪，发源于下坪鸡公界，流经下坪良坪、水田、进铜湾黄溪流入堆子，在麻口溪注入沅水西岸，全长20千米。在火家溪地段建有小（Ⅰ）型水库一座。

罗家桥溪，发源于龙场楠木山，流经铜鼎罗家冲罗家桥注入沅水西岸，全长3.6千米。

重义溪，发源于龙场乡老树寨村，流经铜鼎乡重义溪村，于黄口坪注入沅水西岸，全长5.1千米。在老树寨段建有（Ⅱ）型水库1座。

木松溪，发源于龙场茶田村，流经铜鼎乡蛮田村毛言溪口注入沅水西岸，全长5公千米。在上游建有小（Ⅱ）型水库1座。

板溪，发源于龙场茶田和铜鼎乡赤岩湾高山洞，于板溪口注入沅水西岸，全长4千米。

曹家溪，发源于铜鼎乡砖墙脚荷叶坪，于青市注入沅水东岸，全长4千米。在荷叶坪和马咀岩建有小（Ⅱ）型水库2座。

犀牛潭溪，发源于龙场乡，流经辰溪县仙人湾乡，于仙人湾注入沅水西岸，全长23千米。在犀牛潭拦溪筑坝建小（Ⅰ）型水库1座，小水电站1个。

㵲水流域 㵲水河是沅水一级支流，发源于贵州省东南部福泉县罗柳塘。由大鱼塘进入湖南省新晃县境，再转入芷江、鹤城区，从鸭嘴岩入境，流经中方镇、牌楼镇、桐木镇，于桐木镇宋信村出境流入洪江市红岩乡到黔城镇汇入沅水。境内流长30.8千米，河道平均坡降0.61‰，河床宽约150～200米。境内㵲水流经区域有聂家村、下坪、泸阳、中方、炉亭坳、牌楼和桐木7个乡镇，纳大小支流51条，

附：㵲水流域中方段支流选介

太平溪，发源于聂家村溪口村，流经聂家村、泸阳，入鹤城石门、盈口，在毛家溪注入㵲水，全长43千米。

石溪，发源于凉山，流经长远村注入㵲水，全长7.3千米。

毛利溪，发源于黄岩腊叶湾，流经乌溪、中方等村，于龙井村注入㵲水，全长13千米。在乌溪村胡家建有小（Ⅰ）型水库，库容550万立方米。

宋背溪，发源于栗山戈塘坡，流经栗山村于岩山脚注入㵲水，全长5.8千米。在中游建有小（Ⅱ）型水库。

大冲溪，发源于炉亭坳乡桥亭村管子溪，流经炉亭坳乡桥亭、炉亭坳、塔灯田、柑子园和中方镇竹站村，于竹站村桥头注入㵲水，全长18千米。

新湾溪，发源于黄屏坡，流经岩头园村，于石溪注入㵲水，全长9.8千米。

大沅溪发源于牌楼坳镇芭蕉村傅家山，于沅溪口注入㵲水，全长6.1千米。

芦回溪，发源于牌楼镇板山塘铁坳，于冯家湾村注入㵲水，全长9.4千米。，在溪中段建有小（Ⅱ）型水库。

房溪，发源于刘家村，流经房溪、长塘、鸭嘴岩，于红岩溪注入㵲水，全长9.6千米。

五龙溪，有五条小溪相汇，其主溪发源白良野鸡冲，流往白良，陈家湾村，于岩山脚注入㵲水，全长14千米。在五龙溪地段建中型水库1座，库容1220万立方米，有小型水电站1个。

铁溪，发源于桐木乡宝寨田，流经桐木宝寨、牌楼坳镇、芭蕉村和桐木的芒冬村洋布湾，于杨柳塘注入㵲水，全长 12 千米。

青山溪，发源于桐木乡黄家溪上青山溪，流经黄家湾，于桐木尖岩坪注入㵲水，全长 12 千米。

马家溪，发源于桐木乡桐木村泥水湾，于马家溪注入㵲水，全长 3.4 千米。

丰坡溪，发源于桐木乡半界村，流经半界、上丰坡、下丰坡、洪江市红岩乡，于石间溪注入㵲水，全长 13 千米。

辰水流域　境内花桥镇属辰水流域区。花桥溪发源于下坪乡四良坪和花桥镇洗沙村，于梅树冲注入辰水，溪流长 13.75 千米，平均坡降 2.11‰，属二级支流。

溆水流域　境内活水乡三条支流汇入溆水，溪流总长 13.3 千米，其中龙盘溪流径最长，平均坡降 31.2‰，均属二级支流。

地下水类型有三种：一是松散堆积层孔隙水，主要分布在泸阳、中方一带，总面积约 20 平方千米。二是基岩裂隙水，主要分布在铁坡、铜湾、中方一带各乡镇，总面积 16 平方千米。三是岩溶水，主要分布在聂家村、花桥、龙场、新建等乡镇，总面积 300 平方千米。

第四节　气　候

一、气候特征

境内属中亚热带季风湿润气候区，四季分明，气候温和，严寒酷暑期短，全年平均气温 16.9℃。四季转换日期（入季日期），春季为 2 月下旬，夏季为 5 月上旬，秋季为 9 月下旬，冬季为 11 月下旬。春季约 70 天，夏季约 142 天，秋季约 66 天，冬季约 87 天。春季最短年份约 52 天（2005、2012 年），最长年份约 94 天（2007 年）。夏季最短年份约 102 天（2013 年），最长年份约 159 天（2005 年）。秋季最短年份约 34 天（2009 年），最长年份约 88 天（2007 年）。冬季最短年份约 47 天（1998 年），最长年份约 116 天（1999 年）。

春季，南方暖空气势力逐渐增强北上，气温逐日升高，降水量日多。北方冷空气势力渐渐北退，南来暖湿气流开始北上，冷暖气流交汇于此，从而形成春季天气多变乍寒乍暖的特点。一般在 3—4 月间有 4~5 次寒潮来临，本地叫“冻花”。每次冷空气入侵时，常伴有大风、冰雹、暴雨、雪花和晚霜等天气现象，少数年份出现“倒春寒”。春季阴雨寡照，雨天一般为 52 天，占春季天数的 57%。日照时数为 299.2 小时，日照率为 26%。

夏季，受西太平洋副热带高压控制和影响，多偏南风，气温高。春末夏初雨水集中，雨量大，阴雨绵绵，高温高湿，为梅雨季节，东西易生霉。其特点：夏热期较长，6 月份平均温度增到 25℃，7 月达 27.9℃。夏季日平均气温≥30℃的酷热天气日数，年平均为 13 天，一般出现在7、8两月，最晚出现在9月20日（2010年），最多的年份有31天（2010年）。降水集中，7月中上旬，为降水高峰期，占全年降雨量的三分之一。降水强度大，2004年7月19—20日，境内普降暴雨，沅水河从海拔137米高程涨至150米，净长13米。暴雨造成山洪暴发、山体滑坡和泥石流。

秋季，西太平洋副热带高压增强西伸北退。8—9月夏末秋初，雨量雨日显著减少，但气温仍然高，日平均温度27℃，蒸发量大。常有不同程度干旱发生，俗称“秋老虎”。9月以后，北方冷空气南下，气温逐渐下降，10月平均气温降至17.4℃，11月平均气温降至12.5℃。在高气压控制下，出现秋高气爽天气。

冬季，受西伯利亚和蒙古南下的冷高压控制，因山高路远受阻，冷空气到达境内时强度减弱。冬季日平均气温低于0℃的严寒期天气。

1998—2013年中方县历年各季入季日期与天数

表1-2-4-1

年份	入季日期				季节天数			
	春	夏	秋	冬	春	夏	秋	冬
1998	02.10	04.21	09.26	12.02	70	158	86	47
1999	02.06	05.10	09.17	11.17	93	130	61	116
2000	03.12	05.11	09.06	11.10	60	118	65	98
2001	02.16	05.11	10.03	12.03	84	145	61	93
2002	03.06	05.14	09.22	12.06	69	131	75	75
2003	02.19	05.02	09.20	11.26	72	141	67	77
2004	02.11	04.28	09.21	12.05	67	146	75	91
2005	03.06	04.27	10.03	11.15	52	159	43	108
2006	03.03	05.01	09.08	11.24	59	130	77	69
2007	02.01	05.06	09.08	12.05	94	125	88	85
2008	02.28	04.30	09.25	11.22	62	148	59	75
2009	02.05	05.09	10.08	11.11	93	152	34	103
2010	02.22	04.29	09.22	12.12	66	146	81	55
2011	02.06	04.26	09.18	11.30	79	145	73	103
2012	03.13	05.05	09.13	11.16	52	128	64	103
2013	02.27	05.21	09.03	12.05	83	102	93	74
平均	02.21	05.03	09.22	11.25	70	142	66	86
最早（少）	02.01	04.21	09.06	11.10	52	102	34	47
最晚（多）	03.13	05.21	10.08	12.12	94	159	93	116

二、气象要素

日照　1998—2013年，境内年平均日照时数1389.1小时，最多年份为1683.9小时（2013年），最少年份为1119.3小时（2012年），相差564.6小时。受地形影响，县境西部平原地区日照时数较多，东部丘陵、山区地带略少。日照季节分布：春季占全年的20.2%，夏季占全年的40%，秋季占全年的24%，冬季占全年的15.8%。7月份日照时数最多，2月份日照时数最少。荫山冷浸田，日照时数一天只有5~6小时。

1998—2013年中方县各月平均日照时数

表1-2-4-2　　单位：小时

平均＼月	1	2	3	4	5	6	7	8	9	10	11	12	全年
1998—2013（年）	48.2	45.3	83.6	106.7	126.8	129.6	222	199.4	150.3	100.8	101.4	75	1389.1

1998—2013年中方县日照时数年际变化

表1-2-4-3

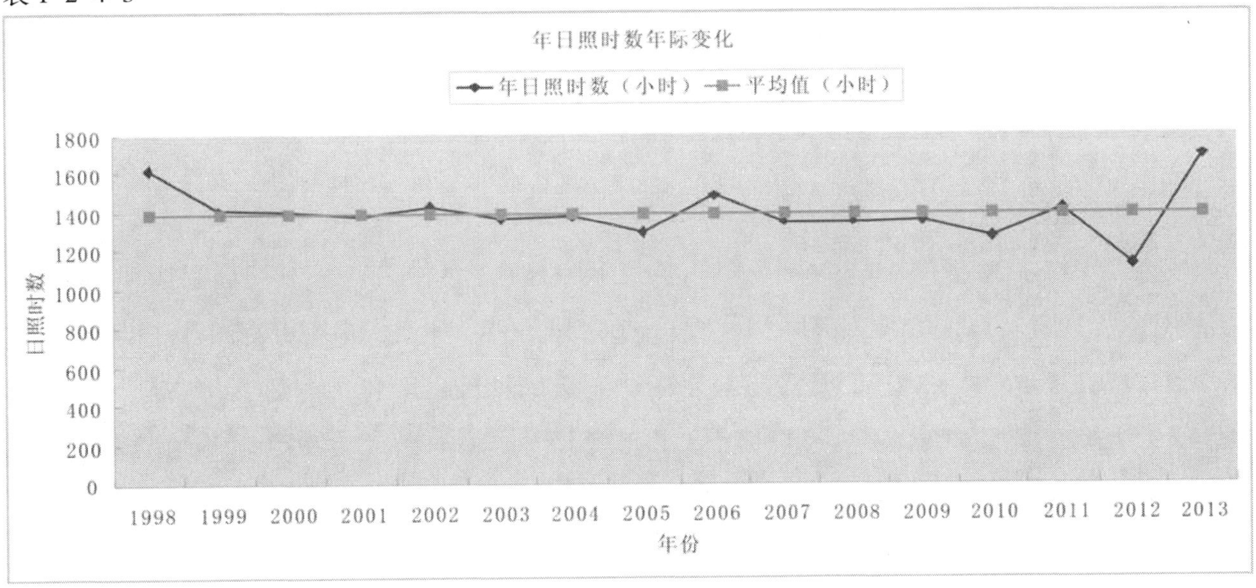

降水　降水总的趋势是东多西少。以凉山为界，东半部偏多，西半部偏少。降水量多集中在春夏两季。1998—2013年，平均降水量1421.6毫米，降水最多年份为1791.0毫米（2002年），最少年份为1011.0毫米（2011年）。降水主要集中在4—7月，占全年降水量的57%。日降水量≥0.1毫米的降水日数，年平均162天，最多年份为195天（2002年），最少年份为122天（2011年）。日降水量≥50.0毫米（暴雨）的降水日数，年平均4.2天，最多年份为9天（1999年），最大降水量时间一般在5—7月，最早出现在2月（2005年2月16日），最晚出现在11月（2008年11月6日）。单日最大降水量191.9毫米（2004年7月6日），最长连续无降水日数为47天（2013年6月29日至8月14日）。

1998—2013 年中方县各月平均降水量

表 1-2-4-4 单位：毫米

月 / 平均	1	2	3	4	5	6	7	8	9	10	11	12	全年
1998—2013（年）	61.9	67.8	106.9	159.8	220.4	251.1	169.9	110.8	71.3	81.2	76	44.5	1421.6

1998—2013 年中方县降水量年际变化

表 1-2-4-5

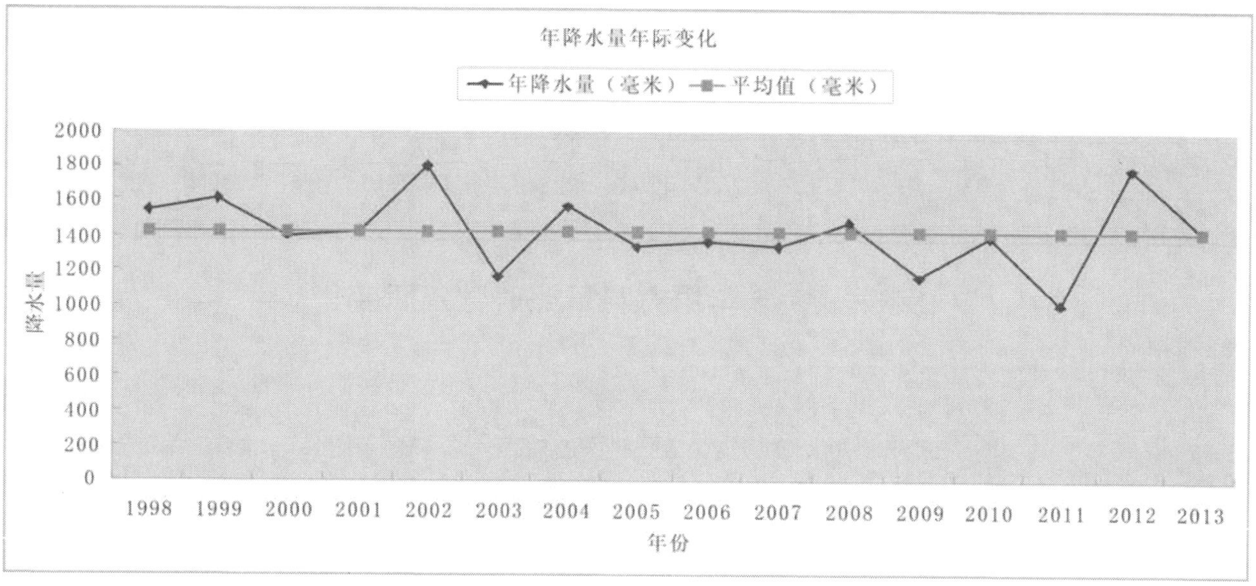

气温 1998—2013 年，境内年平均气温为 16.9℃，1 月份最冷，平均气温 4.8℃。日极端最低气温零下 4.2℃（2008 年 1 月 29 日），7 月份最热，平均气温 28.5℃，日极端最高气温 40℃（2013 年 8 月 13 日）。气温在一年中，有着周期性的变化，冷热变化明显，只有当寒潮、暴雨等特殊天气出现时，这种规律才会被干扰。10 月，北方冷空气开始南下，气温逐渐下降，出现一场秋雨一次寒。

气温随海拔高度变化而变化。境域属典型山区，起伏地形造成悬殊高差，使山区等温线分布比地形等高线复杂，一般都是随海拔高度增加而降低。以年平均而言，每增高 100 米，气温下降 0.7℃。在冬天出现明显冰冻线。冰冻线以上满山皆白，全是冰雪。而冰冻线以下，冰雪全无。

1998—2013 年中方县各月平均温度

表 1-2-4-6 单位：℃

月 / 平均	1	2	3	4	5	6	7	8	9	10	11	12	全年
1998—2013（年）	4.8	7.6	11.7	17.6	21.7	25.3	28.5	27.4	23.7	18.2	12.9	7.1	17.2

1998—2013 年中方县平均温度年际变化

表 1-2-4-7

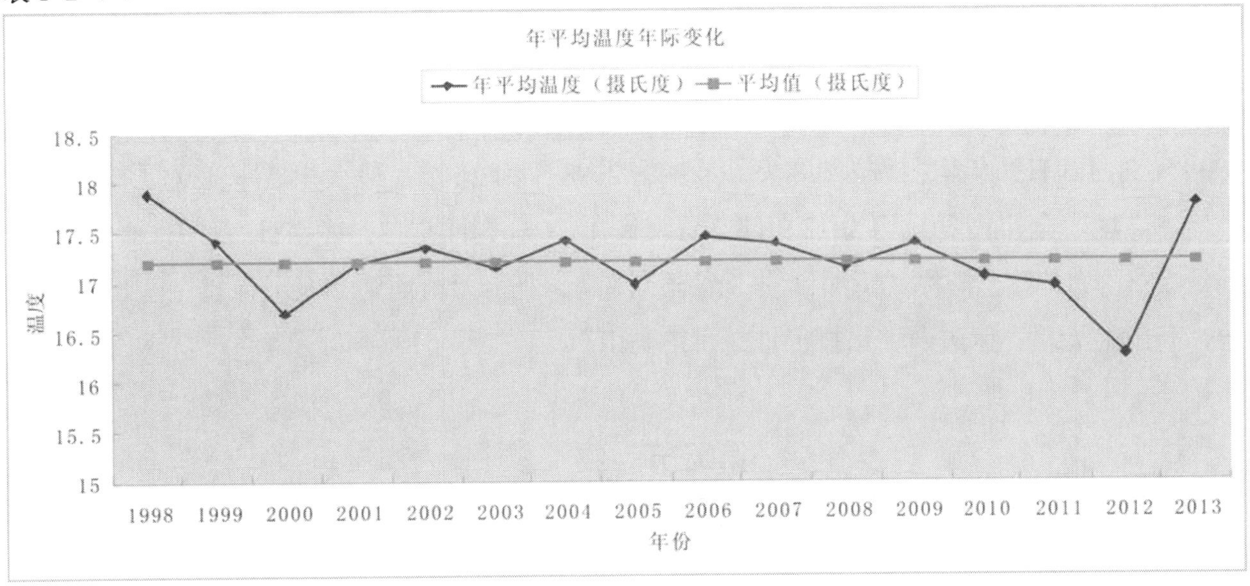

湿度与蒸发　境内山区云雾多，森林越茂密相对湿度越大，蒸发量的大小受温度、风速、气压、土壤、植被等因素的影响。1998—2013 年，年平均蒸发量为 1254.9 毫米，最多年份为 1556.1 毫米（2013 年），最少年份为 1034.6 毫米（2002 年）。

1998—2013 年中方县各月平均蒸发量表

表 1-2-4-8　　单位：毫米

月 平均	1	2	3	4	5	6	7	8	9	10	11	12	全年
1998—2013（年）	34	42.5	70.7	107	124.2	133.6	223.4	195	139.9	83.4	59.1	42.1	1254.9

1998—2013 年中方县蒸发量年际变化

表 1-2-4-9

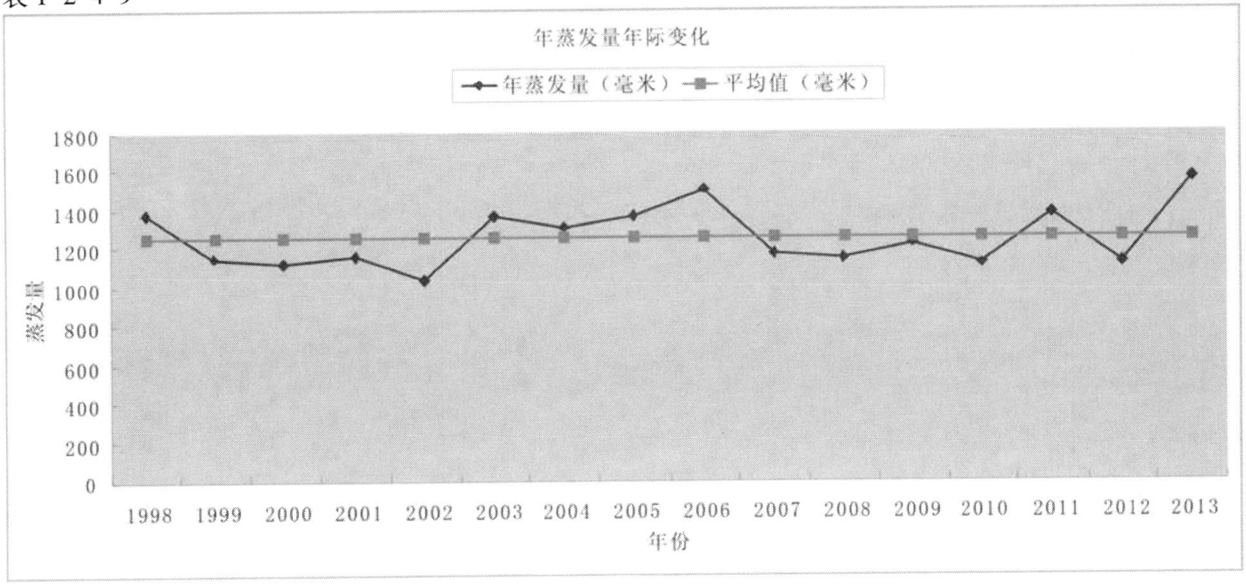

风 境内地处东亚季风区，6—7月刮西南风，其余10个月刮东北风。年平均风速1.9米/秒，月与月之间变化不大，7月风速最大，为2.3米/秒，10—12月风速最小，为1.6米/秒。瞬时最大风速为20.3米/秒，各月最大风速均在8.9~17.2米/秒。

雪 历年平均雪日为8.8天，最多为19天。降雪最早是2006年12月5日，终雪最晚是2006年3月3日。年均积雪为3.8天，最多的2008年为26天，最大积雪厚度9厘米。

霜 境内全年霜日平均为13.9日，初霜日在12月5日左右，终霜日在2月20日左右，最迟在3月10日。俗称“清明断雪，谷雨断霜”。全年无霜期为288天。霜一般出现在平地，高山上无霜，谚语谓“霜打平地，雪落高山”。

第五节 物 候

一、植物物候

水稻，早稻播种期为3月18日至29日左右，栽插期4月20日至4月底，成熟期7月中下旬。中稻播种期为4月15日至18日左右，栽插期5月22日至月底，成熟期8月25日至月底。晚稻播种期为6月9日至23日左右，栽插期7月19日至月底，成熟期10月20日至月底。

三麦播种期、小麦春作品种（杨麦系统），播种适期为10月25日至11月初。元麦为10月20日至月底。大麦为10月25日至11月初。麦苗可在入冬前达到盘根分蘖，壮苗而不拔节。越冬期一般在12月10日至翌年的2月20日。

元月迎春花，二月柳发芽，三月桃花开，五月串槐花，六月荷花露，八月香桂花，九月菊花黄，十月茶花佳，十二月蜡梅蕾满杈。

二、动物物候

清明后3至5天阳雀叫。

4月燕子迁来营巢，寒露前10天离境。

5月布谷鸟鸣。

11月各类候鸟由北南迁。

第三章　自然资源

第一节　土地资源

一、土壤种类

境内土壤可分为7个土类、18个亚类、61个土属、151个土种。

中方县土壤分类表

表1-3-1-1

土类	亚　类	土　属	土　种
水稻土	淹育性水稻土	沙麻沙泥、浅黄泥、浅黄沙泥、浅岩渣田、浅灰泥田	浅盐沙泥、煤碳矿毒田等73种
	潴育性水稻土	麻沙泥、黄泥田、岩渣田、黄沙泥、灰黄泥、灰泥田、酸中紫泥、河沙泥	
	渗育性水稻土	白鳝泥	
	潜育性水稻土	青泥田、冷浸田	
	沼泽性水稻土	烂泥田	
	矿毒性水稻土	非金属矿毒田	
菜园土	新菜园土	新菜园田土、新菜园土	河泥菜园土等7种
	菜园土	熟菜园土	
潮土	河潮土	新型河潮土	河沙土、河沙泥土2种
红壤	红壤性土	花岗岩、板页岩、沙岩红壤（耕型）黄红土等21属	腐殖质中土层等40种
山地黄壤	黄壤	灰页岩、黄土壤、花岗岩	黄壤麻沙土等13种
	黄壤性土	板页岩等10属	
红色石灰土	红色石灰土	红色石灰土	薄腐殖质性等2种
紫色土	酸性紫色土	耕型酸性紫色土、酸性紫色土	紫色红土等14种
	土酸性紫色土、中性紫沙土、石灰性紫色土、紫沙土	酸性紫色土、耕型紫色土	

各土类面积占比分别为：水稻土类 26.4 万亩，占全县总面积 12%。菜园土 0.22 万亩，占全县总面积 0.1%。潮土 0.44 万亩，占全县总面积 0.2%。红壤土 125.4 万亩，占全县总面积 56.7%。山地黄壤 19.8 万亩，占全县总面积 9%。紫色土 46.2 万亩，占全县总面积 21%。红色石灰土 2 万亩，占全县总面积 1%。

二、土壤分布

境域地貌类型差异不大，土壤水平地带性分布和垂直地带性分布不明显，属红壤分布地带，母质母岩类型较多。但土壤微域分布仍然复杂，其分布形成主要有以下几种：

碟形分布：沿河一带由于受水沙运动规律分选作用制约，以及人为活动的影响，其土壤分布多成碟形，如：桐木、铜鼎、铜湾等地。

园田式分布：丘陵地区，随着农田基本建设开发，大面积平整土地，开挖排灌渠道，修建道路，不断培肥土壤，使土壤形成一种园田规格化式分布，如：泸阳、花桥、下坪等地。

枝形分布：山丘区由于多条小溪河穿插其间，呈树枝伸展，导致土壤成枝形分布，沿水系形成类同土壤组合，土壤质地也由细变粗，如：新建、新路河等地。

塘基式分布：低海拔地区，逐年挖低垫高，形成鱼池和堤埂，鱼池叫塘，堤埂称基，谓塘基式。

梯田式分布：丘岗区和低山区，为防止水土流失，将坡度较缓的耕种地区建成水平梯田、梯地，从而改变原来土壤组合，形成梯田式分布，如龙场，蒿吉坪等地。

三、土壤养分

土壤有机质：一般含量为 1% ~ 4%，最高的是灰泥田，有的达 6% ~ 9%。最低河边的冲积黄沙土。浅酸紫泥含有机质 1.61%，黄泥田 3.17%，灰黄泥 2.91%。在山地中，海拔 400–600 米处，每升高 100 米，有机质含量会增加 1.67%。600 ~ 800 米处，每升高 100 米，会增加有机质含量 1.66%。800 ~ 1000 米处，每升高 100 米，会增加有机质含量 1.59%，且同一土壤类型，地处不同，有机质含量差异也较大。境内耕地土壤有机质现状统计表明：有机质大于 40 克 / 千克的面积占 6.5%，20 ~ 40 克 / 千克的面积占 90.04%，小于 20 克 / 千克的面积占 3.44%，由此，境域耕地土壤有机质含量属中等偏高水平。

中方县土壤有机质含量分级表

表 1-3-1-2　　单位：亩、%

级 别	一级	二级	三级	四级	五级
面积（亩）	19183	139523	125127	10079	24
占比（%）	6.53	47.47	42.57	3.43	0.01

土壤矿物质：境内耕地土壤全氮测试结果平均为1.91克/千克。其中水田全氮平均值1.86克/千克，最低0.61克/千克，最高3.61克/千克，旱地全氮与水稻田相当平均值1.90克/千克，最低1.05克/千克，最高2.65克/千克。土壤碱解氮含量变幅在50.38~337.08克/千克，平均值145.48克/千克。水田碱解氮平均值为155.42克/千克，旱地为156.36克/千克。

水稻土受人为耕作和水分干湿交替影响，在各亚类之间、土属之间土壤有机质的分解与积累出现差异，使其氮、碱含量不同。水稻土有机质、全氮、碱解氮含量一致的趋势是：潜育型水稻土>潴育型水稻土、潮土<水稻土。

水稻土含全氮量一般在0.05%~0.28%，最高为乌泥田，达0.38%，最低为烂泥田、锈水田，仅0.09%。不同土壤类型，全氮养分的含量各不相同，水稻土中的沼泽性>潜育性>潴育性>淹育性。在潴育性的水稻土中，以黄扁沙泥土属的全氮含量最高，紫泥田土属最低，其顺序是：黄扁沙泥>灰黄泥>灰泥田>岩渣田>红黄泥>河沙泥>麻沙泥>中性紫泥>酸紫泥>紫泥田。旱土以板页岩黄土含全氮量最高，板页岩黄红土和熟菜园土次之，酸性紫砂土最低。

水稻土含全磷量一般在0.026%~0.18%，最高的是河潮泥田，达0.309%，最低是青紫沙泥，在0.1%以下。境内耕地土壤有效磷平均含量17.74毫克/千克，变幅在1.96~147.46毫克/千克之间。水田和旱地有效磷平均值分别为17.73毫克/千克和17.36毫克/千克，旱地低于水田。

四、土地利用

境域土地总面积150245.93公顷。其中：耕地22274.69公顷，园地6776.69公顷，林地104945.79公顷，草地1893.56公顷，交通运输用地1678.87公顷，水域及水利设施用地4405.73公顷，其他土地3386.50公顷。按三大类分：辖区农用地138700.45公顷，建设用地6903.85公顷，未利用地4641.63公顷。

2013年中方县土地利用状况表

表1-3-1-3　　单位：公顷、%

土地利用类型		面积（公顷）	占总面积（%）
农　用　土　地		138700.45	92.32%
其　中	耕地	22274.69	14.83%
	园地	6776.69	4.51%
	林地	104945.79	69.85%
	草地	1893.56	1.26%

续表

土地利用类型		面积（公顷）	占总面积（%）
建设用地		6903.85	4.60%
其中	居民点及工矿用地	4884.10	3.25%
	交通用地	1678.87	1.12%
	水域及水利设施建筑用地	4405.73	2.93%
未利用地		4641.63	3.09%
其中	未利用土地	4641.63	3.09%
	其他土地	3886.50	2.59%

耕地分布按乡镇划分，铜湾、新建、中方、牌楼、桐木、花桥、泸阳、下坪、聂家村9个乡镇，合计耕地13627.14公顷，耕地占总面积61.18%。铜鼎、袁家、蒋家、新路河、铁坡、丁家、蒿吉坪、活水、接龙、石宝、锦溪、炉亭坳、龙场13个乡镇（含黄岩），合计耕地8647.55公顷，占总面积35.82%，其中丁家乡耕地最少，为357.85公顷。

耕地质量按坡度划分，2度以下耕地2205.75公顷，占耕地总量9.9%。2~6度耕地4570.68公顷，占耕地总量20.52%。6~15度耕地9505.06公顷，占耕地总量的42.68%。15~25度耕地（含坡地和梯田）5467.95公顷，占耕地总量的24.56%。25度以上耕地（含陡坡耕地和梯田）525.25公顷，占2.4%。境内除泸阳没有25度以上坡耕地外，其他各乡镇均有分布，主要分布在铁坡、石宝、锦溪、新路河、接龙、蒿吉坪、活水、丁家等乡镇。最多石宝乡，有96.43公顷，最少下坪乡，有0.42公顷。

第二节 水资源

一、地表水

境域属丘陵山区，溪河密布，东部沅水干流水系，西部沅水一级支流㵲水水系，北部沅水一级支流辰水水系，东南角的活水乡地处一级支流溆水水系上游。境内以沅水和㵲水为主，沅、㵲、辰、溆四水年径流总量约296亿立方米。其中沅水流域径流量约220亿立方米。年均降雨1100~1400毫米，流域面积816平方千米。㵲水流域径流量约58亿立方米。年均降雨1100~1400毫米，流域面积近700平方千米。

2013年水利普查数据表明：全境有上型水库111座，库容总量39993.6万立方米。

1998—2013 年，境域平均降水量 863 亿立方米 / 秒。水能资源理论蕴藏量 37.34 万千瓦，技术可开发量 26.12 万千瓦，已开利用 23.78 万千瓦。境内有中型水电站 2 座，小（Ⅰ）型 1 座，小（Ⅱ）型 35 座。共装有发电机组 83 台（套），装机总容量 23.78 万千瓦，年均发电量约为 93500 万千瓦时。

二、地下水

境内地下水分布趋势是：山区多、丘陵少。林区多、非林区少。多雨区多，少雨区少。地下水枯水季节年径流总量约 1.2 亿立方米，其中岩溶水约占地下径流总量 80%。

岩溶水蕴藏量丰富，年均径流量约 15 亿立方米，径流模数平均值高达 8 升 / 秒·平方千米，开发空间很大。特别是花桥、龙场、下坪、泸阳、新建等乡镇属石灰岩区，溶洞多，泉水多，利用泉、井、洞水灌溉稻田近 400 公顷。下坪乡梁宏村岩门洞、水田村白岩边洞和花桥镇火马塘村金鸡洞最为典型。

第三节　野生动植物资源

一、动物资源

境内山清水秀，鸟语花香，野生动物资源丰富。有野生脊椎动物 31 目 91 属 249 种，其中属国家重点保护的野生动物 27 种。

鸟类，有麻雀、山麻雀、画眉、八哥、喜鹊、乌鸦、黄鹂、啄木鸟、翠鸟、阳雀、猫头鹰、中华草鸮、长耳鸮、短耳鸮、杜鹃鸟、斑鸠、牛背鹭、秧鸡、野鸡、环鸡、锦鸡、竹鸡、松雀鹰、白鹭、鹌鹑、野鸭、鸳鸯、燕、白鹇、灰喜鹊、柳莺、红嘴相思鸟、小云雀等，1998 年郑光美等人在康龙自然保护区发现世界级濒危鸟类海南鳽 4 只，其中成鸟 2 只，幼鸟 2 只。

兽类，有野猪、华南兔、大灵猫、小灵猫、果子狸、豪猪、水麂、苏门羚、林麝、獐、獾、穿山甲、黄鼬、山老鼠、松鼠、中华竹鼠、田鼠、水獭等。虎、豹、豺狼在 20 世纪 60 年代稀少，70 年代绝迹。

蛇类，有竹叶青、金环蛇、银环蛇、眼睛蛇、乌梢蛇、尖吻蝮、菜花蛇、水律蛇、翠青蛇、蜥蜴等。

鱼类，有羊角鱼、白鲜鱼、红岩滩、鲤鱼、鲫鱼、大鲵（娃娃鱼）等。

虫类，有地老虎、油茶毒蛾、马尾松毛虫、天牛、介壳虫、油茶尺蠖、松茸毒蛾、松墨天牛、松瘤象、萧氏松茎象等。

二、植物资源

境内植物资源有 210 余科，800 多属近 2100 种。其中，种子植物 190 多科 700 余属近

2000种。蕨类植物9科50属100多种。苔藓植物10科12种。菌类植物9科15种等等。

木本植物1000余种，活立木总蓄积量323.3万立方米。有杉木、松木、樟木、梓木、枫木、檀木、楠木、椿木、贞木、垂柳等用材林200余种。有葡萄、板栗、枇杷、杨梅、石榴、桃、梨、橘、柚、柿、猕猴桃等经济林96种。有桂花、茉莉花、饱饭花、辣椒花、万年青、映山红等观赏植物50余种。有楠竹、苦竹、早竹、桃竹等竹材20余种。有水杉、珙桐、南方红豆杉、银杏、刺楸、木瓜红、沉水樟、山核桃等国家和省保护树种70余种。

草本植物50多科近1600种。有天麻、田七、半夏、白术、麦冬、金银花、何首乌、葛根、半边莲、白花蛇舌草、七叶一枝花、鱼腥草、蒲公英、铜钱草、车前草、艾叶、芍药等草本中药材植物400余种。有天女花、运气草、水仙花、兰花、喇叭花、含羞草、吊钟、牵牛花、冬青叶、菊花、节节高、海棠花等观赏花草40余种。

苔鲜类有角苔、羽枝片叶苔、绿叶苔、花叶溪苔、长助剪叶苔、绒苔、囊绒苔、地钱、黄牛毛藓、曲尾藓、大凤尾藓、墙藓、大毛藓、垂藓等。

蕨类有石松、翠云草、深绿卷柏、江南卷柏、细叶卷柏、节节草、绒毛阴地蕨、光里白、金毛狗、金钗凤尾蕨。

菌类有松菌、冻菌、滑皮菌、黑木耳、辣子菌、雁鹅菌、石灰菌、黄毛菌、茶树菌、牛屎菌、灵芝菌、牛肚菌、白木耳、凤尾菇、猴头菌、松伏苓等。

第四节 矿藏资源

2013年，境内已探明矿产27种，矿产地110处，其中大型矿床（铀矿）1处，中型1处，小型69处。矿点39处，以非金属建材矿产为主。种类有煤、磷、硅及水泥配料用页岩、白云岩、石灰石、水泥灰岩、电石灰岩、高岭土及普通墙面砖用红砂岩、锰、铁等。

一、金属类

铁矿石 主要分布在泸阳、花桥、新建、铜鼎一带，储量约100万吨。

锰矿石 主要分布在下坪、丁家、新路河、铜鼎、龙场、铁坡一带，储量约700万吨。

铀矿石 分布在铜湾、新建等地。

铅锌矿石 分布在新建、中方等地，品位在50-60%。

锑矿石 分布在下坪、龙场两地，品位在50%-70%。

金矿石 原生矿分布在石宝、铁坡、接龙境内，吨含金量8~20克。在沅水流域有砂金，铜湾河采金船采金，一只船日采金量可达150克，全盛期发展到80余艘采金船。铜鼎乡罗家冲螺壳坪泥砂含金量最多。

二、非金属类

高岭土　主要分布在活水、铁坡、新建、龙场、铜湾、聂家村、下坪等乡镇，保有资源量 502.7 万吨。矿体埋藏深度 5~10 米。

膨化土　分布在桐木、铜湾两地。其中桐木矿区南北长 4 千米，东西宽 3.5 千米，面积 14 平方千米，矿体厚度 1 米左右，储量约 40 万吨。

麻石　分布在活水、铁坡、石宝、锦溪、接龙、蒿吉坪等乡镇，储量 1000 万吨左右。化学稳定性强，硬度好，耐酸、耐磨、耐热。

大理石　分布在下坪乡地，有矿点 6 处，储量 2000 万吨。品种有白菊花、豹皮、凝雪、九重天、朱砂玉、血络石。

白云石　主要分布在下坪、花桥、新建一带，储量 2200 万吨，钙镁磷含 20%以上。

石灰石　分布在下坪、花桥、铁坡等地，储量约 15 亿吨。

磷矿　主要分布在花桥（磷矿）、新建、龙场、铜湾等地，储量 1000 万吨以上，品位达 21%。

煤矿　有辰溪煤系，分布在花桥、聂家村、下坪、泸阳。双溪煤系，分布在桐木、牌楼坳、中方等地。总计保有资源量为 2000 万吨左右，煤质热量一般每公斤为 5000~7000 卡。

第四章　自然灾害

第一节　气象灾害

一、旱灾

境内发生旱灾次数多，持续时间长，受害面积大、是农业主要灾害之一。1998—2013 年，仅 2002 年、2012 年无明显干旱，其他年份均遭受不同程度旱灾，以 2003 年、2009 年、2013 年为最重。2013 年 6 月 29 日至 8 月 13 日，境域持续 47 天晴热高温天气，无有效降雨，均降水量仅 8.9 毫米，较历年同期平均值偏少 95.5%。土壤蒸发量为 541.2 毫米，较历年同期高出 82.7%。127 条溪河断流 50 条，25 座水库蓄水放至死水位以下，22 个乡镇农作物受灾面积 34.5 万亩，成灾面积 20.3 万亩。人畜饮用水困难。泸阳水厂，新建水厂因水源不足，实行限时供水。聂家村乡西口村陈家组、杨家堖组、洞现组 300 多群众，从 8 月份开始，靠外地送水解决生活饮水问题。花桥、蒿吉坪、下坪等乡镇部分村组群众，采取肩挑手提的方式，解决日常饮用水问题。纵向看，境域干旱灾害出现频率和程度呈逐年加剧趋势。

表 1-4-1-1

1998—2013 年中方县干旱情况统计表

年份	起止日期	天数	降水量	起止日期	天数	降水量	起止日期	天数	降水量
1998	9.17—10.7	21	无	12.7—12.23	17	无			
1999	9.20—10.9	20	无	11.28—1.5	39	0.7			
2000	8.23—9.18	27	0.7						
2001	8.14—9.20	38	4.3	11.11—12.11	31	无	12.21—1.15	26	0.4
2002	无								
2003	7.11—9.6	58	17.7	9.22—10.8	17	无	12.12—12.29	18	无
2004	10.2—10.28	27	2.8	12.2—12.16	15	无			
2005	12.4—12.23	20	0.3						
2006	9.10—10.5	26	0.8	10.31—11.16	17	无			
2007	9.15—10.27	43	7.8	10.30—12.4	36	0.8			
2008	9.5—9.23	19	0.4						
2009	7.7—7.23	17	无	7.31—8.23	24	0.1	8.31—10.8	39	2.2
2010	7.27—8.15	20	1.6						
2011	11.9—11.29	21	无						
2012	无								
2013	6.29—8.14	47	0.1						

水灾，是境内仅次于旱灾的一种自然灾害，多发生于暴雨径流期。1998—2013 年，暴雨（日降水量≥50.0 毫米）天数累计为 83 天，只有 2009 年无暴雨出现，暴雨出现最多年份为 1999 年，共出现 9 天。从月份来看，主要出现在 5、6、7 月，分别为 17 天，23 天和 18 天。造成损失以 5—7 月为重。2004 年 6 月 23 日，境内普降暴雨，东半县遭遇特大暴雨，接龙乡粟山水库水位暴涨，冲毁电站 1 座、房屋 2 栋，损坏房屋 100 间，淹死 1 人，重伤 2 人。稻田受灾万亩，家畜死亡 791 头，损坏桥梁 26 座、输电线路 26.3 千米，直接经济损失 1.5 亿元。7 月 18 日至 20 日，境内连续普降暴雨和大暴雨（日降水量分别为 51.8 毫米，191.9 毫米），造成山洪暴发和潕水、沅江中游区域涝灾，22 个乡镇受灾，农作物受灾 6.7 万亩，房屋损毁 1588 间，死亡牲畜 1417 头，冲毁塘坝 3 座，损坏水库 2 座、排灌设施 26 座、机电泵站 18 座、渠道 146 千米、输电线路 74 千米，直接经济损失 1.2 亿元。

三、冰灾

境域冰雪天气多出现在冬末春初。1998—2013 年，累计出现冰冻天气 34 天，其中有 8 年未出现冰冻天气，最长时间是 2008 年，从 1 月 14 日至 2 月 10 日，持续 26 天冰冻，造成供电线路中断、公路交通中断、自来水断水，全境受灾 33847 户 118926 人。因冰冻摔伤 482 人，直接经济损失达 31605 万元。

第二节　地质灾害

境域东部地区山势坡度大，土质疏松，属地质灾害易发区，是湖南省地质灾害比较严重地区之一。据 2002 年地质灾害调查表明：有地质灾害隐患点 118 处，主要类型有滑坡、崩塌、泥石流、地面塌陷、采空塌陷等五种。其中，滑坡 92 处，崩塌 13 处、变形斜坡 2 处、泥石流 2 处、地面塌陷 8 处，水库渗漏 1 处。2013 年，排查出各类新老地质灾害隐患点 96 处，分布在 22 个乡（镇）、84 个行政自然村。

一、山体滑坡

2002 年 5 月，活水乡龙星村 2、5 组，发生中型顺层土质滑坡，滑体后缘横拉裂缝长达 40 米，宽 0.3 米。滑面呈阶梯状，危及住家 60 户 240 人，房屋 36 间，农田 200 亩。

2008 年 6 月，蒿吉坪罗洪村，发生小型土质滑坡，地裂长度约 30 米，走向 110 度，危及房屋 26 间 25 人。

二、地面塌陷

2009 年 3 月，新路河镇小湾坪村，因库区水长期浸泡，房屋出现裂缝，坡面出现局部崩塌，危及 80 户 300 人的生命财产安全，排查结果属不稳定。

2013 年 6 月，库区地质调查表明：桐木镇高公塘、伍家湾、牛形坡，牌楼镇陈家湾，新路河镇小湾坪村 5、8 组，涉危 49 户，194 人，均居住在地面塌陷隐患点，排查结果不稳定。

2002 年中方县各乡镇地质灾害隐患点调查表

表 1-4-2-1　　单位：处

乡镇名称	灾害数量	乡镇名称	灾害数量	乡镇名称	灾害数量
铁坡镇	18	炉亭坳乡	3	泸阳镇	7
石宝乡	12	牌楼镇	4	聂家村乡	2
活水乡	4	袁家乡	1	花桥镇	6
锦溪乡	2	中方镇	4	龙场乡	7
新路河镇	7	桐木镇	6	铜鼎乡	2
蒿吉坪乡	5	蒋家乡	1	铜湾镇	4
接龙镇	10	新建镇	5	总计	118
丁家乡	6	下坪乡	2		

第二篇

人口与计划生育

RENKOU YU JI HUA SHENG YU >>>>>>>>>>>>

第二篇 人口与计划生育

1998年，境内总人口25.57万人。县域经济和社会事业的发展，人口数量不断增加。人口地域分布不均衡，多集中在河溪谷平原和集镇所在地，人口密度东半县小于西半县。建县后，县委、县政府不断加强计划生育工作，人口再生产经历由高出生、低死亡、高增长至低出生、低死亡、低增长的历史性转变，步入良性循环轨道。2005年，全县出生2297人，出生率8.70‰，死亡率1.5‰，创历史最低。2013年，全县总人口28.64万人，15年间增加30715人，年均增加2048人，自然增长率为6.23‰，先后评为全省计划生育工作优质服务县、计划生育工作先进县。

第一章 人 口

第一节 人口数量

一、人口总量

1998年建县时，总户数68809户，总人口25.57万人。为控制人口过快增长，县委、县政府加强计划生育工作，人口增长趋缓。至2008年，全县总户数79590户27.29万人，10年间增加10781户17200人，年均增加1720人。到2013年，全县总户数达88613户，总人口达28.64万人，比1998年增加19804户，30715人，年均增加2048人。

二、人口自然增长率

1998年，增内出生2647人，出生率为10.35‰，死亡人数1478人，死亡率为5.78‰。2003年，县委、县政府严格执行计划生育政策，全面落实节育措施，人口增长得到有效控制。是年出生2389人，出生率降至9.21‰，死亡1091人，死亡率降至4.20‰。2005年，出生2279人，出生率降至8.7‰，死亡368人，死亡率降至1.5‰，创历史最低。2008年以后，县城城区面积不断扩大，城镇人口逐年增多，人口出生率有所回升。加之工业园区建设，规模企业增多，移民迁人，境内人口数量增长速度加快。2010年以后，群众生育观念改变，人口增长有所下降。

1998年，境内出生2647人，出生率为10.35‰，死亡人数1478人，死亡率为5.78‰。2009年出生4326人，出生率达15.73‰，死亡2430人，死亡率达8.23‰。是年，出生3837人，出生率13.8‰，死亡1787人，死亡率6.43‰。2013年，出生4025人，出生率14.05‰，死亡1652人，死亡率5.77‰，人口自然增长率8.88‰。

1998—2013年中方县人口数量情况统计表

表2-1-1-1　单位：万人、‰

年度	总人口	自然增长率
1998	25.57	4.57
1999	25.59	4.02
2000	25.66	5.48
2001	25.75	6.08
2002	25.9	5.07
2003	25.98	5.01
2004	26.24	7.53
2005	26.49	7.2
2006	26.91	4.66
2007	27.02	3.53
2008	27.29	5.49
2009	27.72	6.89
2010	27.89	7.37
2011	28.13	8.76
2012	28.36	9.06
2013	28.64	8.88

第二节　人口分布

一、人口分布特点

中方县是山区农业县，人口地域分布，河谷平川多于山区，农村人口多于城镇人口。2013年，河谷平川地区的中方、牌楼坳、桐木、泸阳、花桥、聂家村、铜湾、铜鼎等8个乡镇，有户籍人口165289人，占总人口的57.71%。炉亭坳、下坪、龙场、丁家、新路河、袁家、蒋家、新建、铁坡、锦溪、活水、蒿吉坪、接龙、石宝等14个山区乡镇，有户籍人口121133人，占总人口的42.29%。

1998年，全县255707人，其中农业人口246114人，农村人口占全县总人口96.25%。

城镇人口 9593 人，占总人口的 3.75%。2003 年，县委、县政府全面启动小城镇建设，农村人口向城镇流动。尤其是 2005 年后，新县城建设步伐加快，县城人口急剧增加，全县城镇化率逐步提高。2013 年，全县 286422 人，其中农业人口 274320 人，占总人口的 95.77%，城镇人口 12102 人，占总人口的 4.23%。

表 2-1-2-1

中方县 2013 年各乡镇人口分布统计图

单位名称	人口总数（人）	人口密度（人 / 平方千米）	单位名称	人口总数（人）	人口密度（人 / 平方千米）
中方镇	32710	271.99	蒋家乡	6888	136.30
花桥镇	21080	189.63	新路河镇	12096	197.6
铜湾镇	22171	308.63	丁家乡	5815	158.72
泸阳镇	21982	247.27	蒿吉坪瑶族乡	6277	107.6
牌楼镇	19147	186.03	接龙镇	10260	203.32
桐木镇	21234	211.38	石宝乡	10408	226.56
聂家村乡	11845	210.89	铁坡镇	11930	246.73
龙场乡	7701	156.61	锦溪乡	5725	126.07
铜鼎镇	15120	311.97	活水乡	6618	294.28
新建镇	15045	128.42	炉亭坳乡	6610	127.12

二、人口密度

境内人口密度是城镇高于农村。1998 年，全县 25.57 万人，平均人口密度为 176.5 人 / 平方千米。2003 年，县委、县政府全面启动小城镇建设，农村人口向城镇流动。2005 年，县行政中心落成，县直机关入驻，桃花源等多个小区建成，旺市融城工作强力推进城区人口逐年增多。2013 年，全县总人口 28.64 万人，平均人口密度为 193.6 人 / 平方千米。其中农村 27.43 万人，人口密度为 185.5 人 / 平方千米，城区（按建成区 12 平方千米计算）5.07 万人，人口密度为 4225 人 / 平方千米，比农村高 23 倍。河谷平原地区人口密度高于山区。河谷区铜湾镇、铜鼎镇，人口密度分别为 308.63 人 / 平方千米、311.95 人 / 平方千米，丘、岗、平区中方镇、泸阳镇，人口密度分别为 271.99/ 平方千米、247.27 人 / 平方千米，山区锦溪乡、蒿吉坪瑶族乡，人口密度分别为 126.07 人 / 平方千米、107.6 人 / 平方千米。

第三节 人口构成

一、性别

受社会、经济、文化等因素影响，中方县出生人口性别比为男性略高于女性。2000年第五次人口普查，全县常住人口23.67万人，其中男性12.43万人，占53%，女性11.23万人，占47%，男女性别比为111：100。2010年第六次人口普查，全县常住人口23.66万人，其中男性12.26万人，占52%，女性11.40万人，占48%。男女性别比为108：100。从年龄层次比例来看，年龄层次越低，男性比重越高，尤其是0~4岁婴幼儿，男女性别比126：100（正常值107：100）。

二、年龄

2000年第五次人口普查，14岁以下（含14岁）人口为55973人，占总人口24%，15~59岁人口为15.19万人，占总人口64%，60岁以上人口为28763人，占总人口12%。2010年第六次人口普查，14岁以下（含14岁）人口为39428人，占总人口16.7%，15~59岁人口为15.80万人，占总人口的66.8%，60岁以上的人口为39202人，占总人口16.5%。两次人口普查资料显示，14岁以下（含14岁）人口减少16545人，下降7.3个百分点。60以上人口增加10439人，上升4.5个百分点。全县老龄化进程逐步加快，与老年型社会（老年人口占人口总数10%以上）比，已超过6.5个百分点。

三、文化

2000年第五次人口普查，全县有6岁以上常住人口222985人，其中未上过学18947人，占8.5%，参加扫盲班5596人，占2.5%，具有小学文化程度102448人，占45.94%，具有初中文化程度78356人，占35.14%，具有高中文化程度11394人，占5.11%，具有中专文化程度4636人，占2.08%，具有大学专科文化程度1416人，占0.64%，具有大学本科文化程度192（含研究生）人，占0.09%。县域经济发展，人们受教育面越来越宽，人口文化素质不断提高。2010年第六次人口普查，全县有6岁以上常住总人口218492人，其中未上过学17189人，占7.87%，具有小学文化程度73637人，占33.7%，具有初中文化程度102758人，占47.03%，具有高中文化程度（含中专）19201人，占8.79%，具有大学专科文化程度4356人，占2%，具有大学本科文化程度（含研究生）1351人，占0.61%。

四、民族

据2000年第五次人口普查，全县有汉族23.24万人，占全县总人口98%，少数民族4320人，占全县总人口2%。其中，瑶族3147人，侗族541人，苗族314人，土家族127人，蒙古族78人，回族48人，壮族14人，彝族10人，藏族10人，黎族8人，满族6人，布依族6人，维吾尔族5人，白族2人，朝鲜族2人，仡佬族1人，哈尼族1人。2010年人口普查，全县汉族23.31万人，占全县总人口98.51%。少数民族人口3516人，占全县总人口1.49%。其中，瑶族2259人，苗族547人，侗族374人，土家族193人，壮族51人，黎族28人，回族27人，布依族17人，土族6人，蒙古族3人，满族2人，白族2人，彝族2人，毛南族1人，仡佬族1人，朝鲜族1人，维吾尔族1人，藏族1人。随着五强溪水电站建设，淹没区移民迁址境内，少数民族人口激增。2013年，全县少数民族人口达3.2万人。其中，瑶族14800人，侗族4100人，土家族5300人，苗族3400人，分别占全县总人口5.2%、1.4%、1.8%、1.2%。瑶族集中居住蒿吉坪瑶族乡和铜鼎、接龙、丁家等乡镇，侗族、苗族、土家族等少数民族散居其他各乡镇。

五、劳动人口

中方县是山区农业县，绝大多数劳动力以农业为主。市场经济的发展和农业生产效率提高，农村劳动力大量外出打工，从事第一产业人口减少，从事第二、第三产业人口显著增加。2000年，全县在业人口13.34万人，占总人口57.43%。其中，从事第一产业人口10.9万人，从事第二产业0.44万人，从事第三产业2万人。2010年，全县在业人口15.1万人，占总人口的63.79%。其中，从事第一产业人口8.96万人，从事第二产业3.66万人，从事第三产业2.48万人。

第四节　人口变动

一、人口迁移

县内因工作调动、人才交流、工程移民、婚姻投亲等原因，发生人口迁入或迁出。1998年，全县共迁入1189人，迁出2293人。2006—2010年，境内先后三次安置沅陵县五强溪库区移民651人。2009年，原鹤城区鸭嘴岩村、长远村划归中方县管辖，增加2223人。截至2013年底，全县迁入25329人、迁出27372人。

二、人口流动

1998年，中方县流入人口706人。随着境内工程开工，外来务工人口逐渐增多。2000年，流入人口增至1541人。2005年，县直机关单位陆续搬迁新县城办公，县委、县政府大力实施旺市融城战略，生态县城建设和小城镇建设步伐加快，多个重点工程项目落户中方，境内外来经商务工人员逐年增加。至2011年，境内流入人口6532人。2013年，流入人口增加到20402人。同时，市场经济的建立，经济模式转变，农村大量剩余劳动力离开乡土，外流到鹤城、广州、浙江、福建、深圳等地从事建筑、经商、服务行业。1998年劳务输出30550人，占全县总人口的11.47%。2008年增加到44359人，占全县总人口的16.25%。

2013 年，劳务输出 70700 人，占全县总人口 24.68%。

第五节　人口寿命

1998 年后，县内经济快速发展，人民生活水平日益提高，医疗卫生条件不断改善，人们自我保健意识逐步增强，疾病减少，寿命延长。据 2000 年第五次人口普查，人口平均预期寿命 71.40 岁。全县老年人口中：60 岁以上男性 9610 人，女性 8132 人，70 岁以上男性 4359 人，女性 4642 人，80 岁以上男性 875 人，女性 1416 人，90 岁以上男性 61 人，女性 113 人，100 岁以上男性 2 人，女性 1 人。2010 年，第六次人口普查，人口平均预期寿命 74.24 岁。全县老年人口中：60 岁以上男性 10920 人，女性 10091 人，70 岁以上男性 6761 人，女性 6512 人，80 岁以上男性 1979 人，女性 2544 人，90 岁以上男性 118 人，女性 273 人，100 岁以上男性 1 人，女性 3 人。第六次人口普查境域内人均预期寿命比第五次人口普查人均预期寿命提高 2.84 岁。

1998—2013 年中方县百岁老人名单表

表 2-1-5-1

姓名	性别	出生年月	家庭住址	年龄	备注
潘尚洪	男	1908.01.05	牌楼镇陈家湾村岩口元组	103 岁	2011 年逝世，享年 103 岁
梁元珍	女	1911.01.05	接龙乡总坡村	102 岁	
杨再秀	女	1911.12.06	铁坡村团一村下街组	102 岁	
王美霞	女	1911.10.18	活水乡龙盘村狮子桥组	102 岁	2014.6 逝世，享年 103 岁
杨早凤	女	1911.11.02	石宝乡贵鱼村下岔溪	102 岁	2013.3 逝世，享年 102 岁
潘吉英	女	1912.01.17	牌楼镇阳合垅村	101 岁	
钟红翠	女	1912.02.27	活水乡龙盘村	101 岁	2013.12 逝世，享年 101 岁
谢召喜	男	1912.04.15	铜鼎乡油房塘组	101 岁	2015.3 逝世，享年 103 岁
杨春洪	男	1912.06.20	铜湾镇渡江坡村麻合溪组	101 岁	
张宝玉	女	1912.07.18	泸阳镇杨桥村	101 岁	
段义坤	女	1913.01.27	牌楼镇罗渔村罗渔组	100 岁	
陈永有	男	1913.04.01	泸阳镇新店坪村	100 岁	
唐秀云	女	1913.09.17	泸阳镇和平村	100 岁	

第二章 计划生育

第一节 管理机构

1998年4月，成立县计划生育委员会，定编11人，内设办公室、财会股、统计股、政策法规信访股4个股室，下辖22个乡镇计划生育办公室及1个二级机构（计划生育技术服务站）。县直机关单位和农村各行政村配备计划生育专干。2002年6月，增设科技管理股。2003年1月，更名为县计划生育局。2005年6月，更名为县人口与计划生育局。2006年10月，设立县流动人口计划生育工作管理站。2007年6月，增设县计划生育药具管理站。2009年12月，成立中方县社会抚养费征收局，定编10人。2011年2月，机构调整，核定职能股室6个：办公室（加挂人事股牌子）、政策法规信访股（加挂宣传教育股牌子）、计划统计股、财务资产管理股、科技管理股、利益导向股。二级机构4个：流动人口计划生育工作管理站、计划生育药具管理站、社会抚养费征收局、计划生育技术服务站。9月，乡镇事业单位改革，增设乡镇人口和计划生育技术服务中心22个。11月，县人口与计划生育局增设政务服务股。至2013年，全县计生工作人员2696人，其中县人口和计划生育局77人，乡镇计划生育技术服务中心168人，村（组）级计生工作人员2451人。

1998年，成立县计划生育协会，纳入县委、县政府直接领导的社会团体序列，下设办公室，有成员3人，会长由县级干部担任，专职副会长从计生局班子中选派。其主要职责是协助各级党委、政府动员广大群众参入计划生育工作，做好计生户宣传教育和服务工作。2000年，完成村级协会整建工作，建立乡镇计生协会22个、村级计生协会224个，共有会员25860人。2002年6月，县计生协会挂靠县计生局。2013年，全县有计划生育协会会员27756人。

第二节 政策法规

1998年9月，县委、县政府制定《关于计划生育工作奖惩的规定》，对在市县年度检查评估中，评为“红旗单位”或“一类单位”的予以表彰奖励。被县市定为三类乡镇的，实行“一票否决”。

2000年1月，县委，县政府出台《中方县计划生育工作管理规定》，加强全县计划生育工作的组织领导与管理，对计划生育综合治理单位、生育节制、优生与措施、奖励与社会保障、责任追究等方面作出规范。2003年11月，县委、县政府出台《中方县计划生育工作考核办法》，建立计划生育责任“捆绑制”。2004年4月，县政府转发县计划生育局《关于加强违法生育社会抚养费征收管理的意见的通知》，对社会抚养费征收的对象、标准、主体、程序、方式及资金管理等进行规范。5月，实行《中方县独生子户及自愿放弃再生育家庭奖励与优待暂行办法》，规定独生子女未满14周岁，每月可享受5~20元独生子女保健费，自愿放弃再生育夫妻，可获得一次性奖金800元。

2005年，独生子女家庭每户每年享受不低于60元的保健费，符合条件的农村计生夫妇享受每人每年600元的计生奖励扶助，符合政策的独生子女死亡伤残家庭得到奖励扶助1320元。是年，全县共发放独生子女保健费78万元，共1300人，发放计生奖励扶助金181800元，共303人。

2007年，开展关爱女孩行动。对怀孕14周育妇实行孕期跟踪，严肃查处非法胎儿性别鉴定和非法选择性别人工终止妊娠案件，对举报人给予一次性奖励金2000元。是年，查处“两非”案件2起。

2012年5月，制定《中方县人口和计划生育工作的问责办法》。对单位主要领导、分管领导及计生专干实行问责制。12月，出台《中方县人口和计划生育利益导向机制实施办法》。农村贫困“两户”（两女户、独生子女户），在本县就读考上大学的，按录取学校等次，由县康龙助学基金会给予2000 ~ 3000元的奖励。夫妻双方户籍属本县农村户口，没有违反计划生育法律法规的农村两女户或领取“独生子女父母光荣证”独生子女户，可办理“优惠证”，在生殖健康、医疗和教育、奖励和救助等方面享有优惠政策。是年，办理“优惠证”9082个，17502人。县财政为农村计生“两户”家庭缴纳“新农合”资金107.97万元，为两女结扎户购买意外伤害险13.25万元，发放助学金33万元，实施生殖道感染干预工程，投入资金15万元，为已婚育龄妇女开展生殖道感染普查1225人。

2013年4月，县委、县政府出台《中方县人口与计划生育行政处罚裁量权基准》，规范具体行政行为，推进政务公开、办事公开，全力打造“阳光计生”，加强社会抚养费征收管理。是年，申请法院强制执行计生非诉案件41件，执行36件，其中司法拘留8人次，征收社会抚养费45.5万元。计划生育利益导向提标扩面，独生子女家庭由每年每户60元提高到180元，农村部分计划生育家庭和特别扶对象的奖励扶助，由国家标准每人每年960元增加到1440元，特别扶助独生子女伤残对象，由国家标准1320元增加到1980元，独生子女死亡家庭对象，由国家标准1620元增加到2430元。是年，全县共发放奖励扶助金1465920元，1018人，特别扶助金263700元，114人。

表 2-2-2-1

2005—2013 年中方县享受“两扶”奖励对象汇总表

单位：人 / 元

年度	奖励扶助发放人数	特别扶助发放人数	奖励扶助发放金额	特别扶助发放金额
2005	303	0	181800	0
2006	341	7	204600	4200
2007	359	76	215400	84240
2008	381	83	228600	91920
2009	540	89	388800	98880
2010	648	99	466560	110880
2011	759	99	546480	110880
2012	900	102	864000	155340
2013	1018	114	1465920	263700

第三节　宣传教育

1998 年，县计划生育委员会在“冬春”计划生育集中活动期间和“5·29”计生协会活动日及“7·11”世界人口日，通过张贴标语、悬挂横幅、举办计生文艺下乡表演多种形式，将计生政策宣传到乡村各个角落。

1999 年，全县 22 个乡镇开展“婚育新风进万家”活动，举办婚育知识、计生法规和优生优育培训班 110 期，培训 3.2 万人，发放宣传资料 3.3 万份，宣传标语 320 幅。是年，全县共评选出“新育新风进万家”先进集体 7 个。

2002 年 9 月，《中华人民共和国人口与计划生育法》颁布实施，县计生局组织宣传队，配置流动宣传车，下到村组进行广播宣传。逢乡镇赶集，设计生政策宣传咨询台，发放宣传资料 12000 册。县电视台制作播放计生专题宣传片 1 期。组织开展《中国人民共和国人口与计划生育法》知识问答竞赛，县、乡、村三级计生专职干部及群众代表 2000 人参加。

2002—2006 年，先后承接国际“艾滋病防治宣传”项目和“维护妇女合法权益”项目。期间，印发宣传资料 5.5 万份，发放宣传挂画 10000 余幅，在县电视台播放防治艾滋病、妇女维权专题栏目 1 期，在辖区公共场所设置艾滋病疫情警示牌、妇女维权标志牌 20 个。

2008—2013 年，开展“关爱女孩”及“一法四规”（即：人口与计划生育法、计划生育技术服务管理条例，流动人口计划生育工作管理办法，社会抚养费征收管理办法、湖南省人口与计划生育条例）宣传教育活动，每年计生“冬春”集中服务活动期间，安排车辆到乡镇进行广播宣传 22 台次，发放宣传资料 2.5 万份。县电视台制作专题节目 5 期，派记者到乡镇采访宣传3次以上。在乡镇公路、街道制作永久性固定计生标语500幅，形成计生户外宣传标语“一条路”“一条街”，使计生政策家喻户晓。

第四节　技术服务

1998年，设立县计划生育技术服务站1个，乡镇计划生育服务所22个，共有成员70人，负责全县计生技术服务。2000年，开展孕产妇孕前、孕期、产后优生优育知识培训，推进出生缺陷干预工程，举办培训班3期，培训孕产妇100余人次，56对符合再生育条件的夫妇接受出生缺陷干预工程免费医学检测。投入资金110万元，建成乡镇计划生育“甲级”服务所22个，村级计生技术服务室214个，配备专业技术人员，保证乡镇随时开展计生技术服务。2005年，全县开展计划生育优质服务，对计生服务对象实行免费孕环情监测和计划生育并发症的治疗。是年，开展育龄妇女“三查一治”（即：查环、查孕、查病、治疗妇科病）5.48万人次，免费治疗妇科病患者10000余人。2006年9月，承接生殖道感染免费项目工作。至2007年，在16个乡镇开展免费检查，发放宣传品4.45万份，接受咨询10060人次，普查已婚育龄妇女6862人，查出患病人数5612人，患病率81.78%，用药物治疗3678人。2008年，在中方县人口网上发布药具管理信息，建立乡级药具发放、随访服务等信息系统，形成“以药找人，以人找药”的工作特色。是年，在中方生态城建成计划生育技术服务大楼，占地2600平方米，总投资160万元，配置进口B超、三通道自动分析心电图机等各类技术服务设施，开设优生遗传检测中心、妇科、不孕不育、优生优育等门诊，开展计划生育技术服务。2010年，县计划生育药具站在居民住宅区及宾馆、酒店等休闲娱乐场所安装药具便民箱20个，免费发放避孕药具10000余个。2005—2010年，中方县连续六年评为“全省人口计生工作优质服务先进单位”。2012年，推行药具智能化发放，在桃花源小区和人口密集的中心市场各安装一台二代身份证计划生育药具免费发放机，县计生局药具管理站评为省级“示范药具站”。是年，确定为“国家免费孕前优生健康检查省级试点县”。2013年8月，在县城桃花源小区开展“五四三二一”药具管理服务试点工作，即社区育龄妇女“五分钟”内，在“四种”药具中选择到自己喜欢的药具，在社区内能通过“三样”（即：药具知识宣传手册，计生宣传画，计生宣传标语）宣传，“二种”发放途径（自助发放和人工发放），在一个月中得到辖区内药具管理员的“一次”正规随访。至2013年底，县、乡（镇）计生技术服务站（所）开展各类计生技术服务152095例。

第五节 流动人口计生管理

1998年，在计生、公安、卫生等7个职能部门推行流动人口综合治理，境内16周岁以上流动人口需到户籍所在地乡镇计划生育办公室进行登记，并办理流动人口证。2000年，对外出从事劳务的已婚育龄妇女，规定其到户籍地计划生育办办理“流动人口婚育证明”，签订流出人口管理合同协议书，并缴纳200元的合同保证金。对外地流入境域的人员，规定其先经当地计划生育部门查验过“流动人口婚育证明”后，方可办理暂住、寄住从业等有关手续。对县内49877名育龄妇女建立档案，实行信息化管理。是年，全县共办理“流动人口婚育证明”11259本，境内流入人口登记673个。2004年，县政府在流出人口较为集中的广州番禺区、深圳福田区等地建立流动人口计生管理站，各乡镇在市区建立流动人口党支部，明确专人负责流动人口的计生管理。2006年，成立县流动人口计划生育管理服务站，负责全县流动人口计划生育管理工作。每季度开展一次流出育龄妇女基础信息和变动信息的采集调查工作，通过全国流动人口计划生育信息交换平台、湖南省育龄妇女信息系统和湖南公民信息系统进行核查，及时提交和反馈流入和流出育龄妇女计生信息。是年，通过该平台落实各项计生手术23例。2010年，启用湖南省全员人口管理信息系统，完善流动人口信息采集制度。由各村（居）负责摸清流动育龄妇女底数，对流入、流出人员的基本信息进行采集登记，由乡镇审核并录入全员流动人口信息管理系统，专人每日登陆平台，负责平台信息提交、登记、反馈工作，对收到的协查反馈信息，做到当日核实、当日反馈。是年，录入全员人口管理信息系统的育龄妇女达78299人，共收到协查交流信息12147例，反馈12139例，解决隐患1300例。2011—2013年，加强城市区域协作，与广东、浙江、上海等8个省市18个城市签订流动人口双向合作协议，建立流动人口计划生育信息采集交换制度和协作联系制度，至2013年底，全县采集提交流出人口信息10100条，接收流入地提交信息3423条，反馈10418条，解决隐患75例。

第三篇

中共地方组织

ZHONG GONG DI FANG ZU ZHI >>>>>>

第三篇　中共地方组织

1998—2013 年，中方县历经四届县委。县委以马克思列宁主义、毛泽东思想、邓小平理论、“三个代表”重要思想和科学发展观为指导，带领全县广大党员干部和群众，以经济建设为中心，坚持四项基本原则，坚持改革开放，围绕富民强县的目标，作出“生态立县”“工业强县”“旺市融城”等一系列重大决策，全面加强党的建设，执政能力不断提升，全县政治、经济、文化等各项事业都得到全面快速健康发展。

第一章　中共中方县历届代表大会

第一节　代表产生

中共中方县历届党的代表大会的代表均由基层党委（党组）选举产生。代表名额按照党组织个数、党员人数和工作需要来分配。选举代表采用无记名投票的方式，实行差额选举。突出选举在基层、生产一线的党员，特别是突出各类专业技术及先进模范党员，注重妇女、少数民族及各界别党员代表的比例。每次党的代表大会由上一届县委会报请怀化市委，获市委批准后，方可召开。第一至第四届党的代表大会的代表人数为 250 ~ 270 人。

中方县一至四届党代会代表基本情况表

表 3-1-1-1　　单位：人

代表构成					界别				
届次	代表人数	男	女	45 岁以下	大专以上文化	各级领导干部	专业技术人员和先进模范	农民、工人、干警	少数民族
第一届	254	203	51	164	113	162	71	21	11
第二届	257	205	52	140	120	154	77	26	7
第三届	251	201	50	141	124	151	79	27	8
第四届	270	225	45	145	127	162	105	33	14

第二节　代表大会

1998—2013 年，中共中方县党的代表大会共召开 4 次，选举产生第一至第四届委员会和纪律检查委员会。

第一次代表大会

中国共产党中方县第一次代表大会于 1998 年 3 月 28—29 日在鹤城区三角坪电影院召开。出席会议的代表 254 人，列席人员 46 人。大会听取和审议县筹备工作委员会副主任梁国川作的《关于中国共产党中方县第一次代表大会筹备工作报告》，听取和审议县筹备工作委员会主任潘运鹏在中共中方县委一届一次全委（扩大）会上作的题为《解放思想，大胆探索，艰苦创业，发奋图强，努力开创全县改革和经济社会发展的新局面》的工作报告。大会提出“强农活贸、民营先导、开放带动、科技兴县”及建设生态新城的发展战略。会议审议县委工作报告，并作出相应的决议。大会选举产生中共中方县第一届委员会委员 23 名，候补委员 4 名，县委常委 13 名。选举潘运鹏为县委书记，李先胜、田友兴等 5 人为副书记。选举产生中共中方县纪律检查委员会。选举出席怀化市第一次党代会代表 25 名。

第二次代表大会

中国共产党中方县第二次代表大会于 2002 年 9 月 23—24 日在原怀化市（县级）委小礼堂召开。出席代表 257 人，列席代表 112 人，特邀代表 21 人。县委书记作《开拓创新，团结奋进，建设开放、文明、富强的新中方》的报告。结合中方实际，大会大力弘扬“实在、实干、实效”精神，提出“一个加快，三个跨越”发展战略，即加快县城建设，构建中方发展载体。立足工业强县，实现山区工业化的跨越式发展。加大结构调整，实现农业产业化跨越发展。依托项目开发，实现基础设施的跨越发展。县纪委书记潘文斌作《全面开创党风廉政建设和反腐败工作新局面》的报告。大会审议通过两个工作报告，并作出相应决议。大会选举产生第二届委员会委员 24 人，候补委员 5 人，县委常委 14 名。选举谌贻章为县委书记，周辉、张业英等 7 人为副书记。会议选举产生新一届县纪律检查委员会，选举出席怀化市第二届党代会代表 34 人。

第三次代表大会

中国共产党中方县第三次代表大会于 2006 年 7 月 7—8 日在中方县新县城行政会议中心召开。出席会议的代表 251 人，列席代表 135 人，特邀代表 18 人。县委书记易轶作《潜心谋事、扎实干事、努力成事，为实现中方经济社会发展的新跨越而奋斗》的报告。大会提出今后五年全县党委全面落实科学发展观，继续弘扬“实在、实干、实效”中方精神。抢抓机遇，大胆创新，真抓实干，努力建设经济繁荣、社会安定、山川秀美的和谐小康中方。县纪委书记谭平景代表县纪委作工作报告。会议审议县委、县纪委工作报告，并作出相应的的决议。大会选举产生中共中方县委会委员29名，候补委员6名，县委常委13名。选举易轶为县委书记，黄黔元、杨宗仁为县委副书记。选举产生中共中方县纪律检查委员会委员19名，出席怀化市第三次党代会代表27名。

第四次代表大会

中国共产党中方县第四次代表大会于2011年6月28—29日，在县行政会议中心隆重召开。出席会议的代表270名，列席代表119人，特邀代表34人。怀化市委常委、县委书记赵应云作题为《把握历史机遇，加快后发赶超，为推动中方科学跨越发展而努力奋斗》的工作报告。大会提出要深入贯彻落实科学发展观，按照省委全面推进“四化两型”建设的战略部署，紧紧围绕“建设全国生态示范县、打造怀化宜居先导区”的战略目标，继续坚持“生态立县、旺市融城、兴工促农、科学跨越”的思路，深入实施“三化”（即要主动融入鹤中洪芷一体化，统筹推进城乡一体化，始终坚持经济社会发展和生态建设一体化）、“三轴”（即要实现点轴联动开发，加快生产要素向境内三大交通干线集聚和优化，集中打造南线、中线、北线发展轴）、“三带动”（即要坚持用园区平台带动工业经济，坚持用旺市融城带动城镇建设，坚持用农业产业带动农民致富）发展战略。县纪委书记向开林代表县纪委作工作报告。会议审议县委、县纪委工作报告，并作出相应决议。大会选举产生第四届县委委员29名，县委常委11名，选举赵应云为县委书记，姜耀文、陈同炳为县委副书记。选举产生县纪律检查委员会，选举产生县出席市第四次党代会的代表27名。

第二章　中共中方县委员会

第一节　中共中方县第一届至第四届委员会

中方县第一至第四届县委，大多数领导班子成员由全县党的代表大会选举产生，届中个别领导班子成员由上级党委任命或先任命后选举。每次全县党的代表大会以无记名投票的方式，选举产生新一届委员会（简称县委会），为全县党的领导机关。县委会由县委委员和候补委员组成，县委委员一般由13~29人组成，候补委员由3~7人组成。每届县委在党代会闭会期间，执行上级党委和本届党的代表大会的决议，并向上级党委和党的代表大会报告工作。新的一届县委会通过第一次全体会议，选举产生本届县委常委，在县委常委中再选举产生县委书记、副书记。县委常委会为本届县委会的日常工作机关，在县委全会闭会期间，行使县委职权。县委常委一般由11~13人组成，每届县委领导班子选举始终保证一名县人武部主要领导和一名女性领导进入县委常委班子。同时，根据工作需要，第二、三届县委将中方镇党委书记列入县委常委成员。

1998—2013 年中共中方县委领导人更迭表

表 3-2-1-1

届别	职务	姓名	性别	籍贯	任期	备注
中共中方县第一届委员会(1998.03—2002.09)	书记	潘运鹏	男	湖南常德	1998.03-2002.06	
		谌贻章	男	湖南溆浦	2002.06-2002.09	
	副书记	李先胜	男	湖南鹤城	1998.03-2002.06	县长
		周　辉	男	湖南洪江市	2002.04-2002.09	县长
		田友兴	男	湖南洪江市	1998.03-2002.09	
		梁国川	男	湖南溆浦	1998.03-1999.06	
		刘安满	男	湖南桃源	1998.03-1999.06	
		蒋尚卿	男	湖南邵东	1998.03-2002.09	
		张小荣	女	河北	1999.06-2002.07	
		张业英	男	湖南沅陵	2000.03-2002.09	
		邹永霞	男	湖南安乡	2002.04-2002.09	挂职
		储安群	男	湖南洪江市	2002.07-2002.09	
		刘　湘	男	湖南衡阳	2002.07-2002.09	
		潘文斌	男	湖南中方	2002.07-2002.09	
	常委	刘庚有	男	湖南洪江市	1998.03-2002.09	
		黄黔元	男	湖南洪江市	1998.03-2002.09	
		储安群	男	湖南洪江市	1998.03-2002.06	
		张小荣	女	河北	1998.03-1999.06	
		刘　湘	男	湖南衡阳	1998.03-2002.06	
		唐　勇	男	湖南慈利	1999.07-2002.01	
		贺永春	男	湖南邵东	2002.02-2002.09	
		何爱国	男	湖南溆浦	1998.03-1999.06	
		潘存福	男	湖南中方	1999.06-2002.09	
		林世稀	男	湖南会同	1999.09-2000.11	
		殷南蛟	男	湖南靖州	2000.03-2002.09	

续表

届别	职务	姓名	性别	籍贯	任期	备注
中共中方县第一届委员会(1998.03—2002.09)	常委	贺永春	男	湖南邵东	2002.02-2002.09	
		宋峥嵘	女	湖南芷江	2002.07-2002.09	
		袁　强	男	湖南绥宁	2002.07-2002.09	
		王　颖	男	湖南溆浦	2002.07-2002.09	
中共中方县第二届委员会(2002.09—2006.06)	书记	谌贻章	男	湖南溆浦	2002.09-2006.06	
	副书记	周　辉	男	湖南洪江市	2002.09-2004.02	
		蒋尚卿	男	湖南邵东	2002.09-2002.11	
		张业英	男	湖南沅陵	2002.06-2006.06	
		刘　湘	男	湖南衡阳	2002.09-2006.06	
		储安群	男	湖南洪江市	2002.09-2006.06	
		潘存福	男	湖南中方	2002.09-2006.06	
		潘文斌	男	湖南中方	2002.09-2006.06	
		邹永霞	男	湖南安乡	2002.09-2004.03	挂职
		黄黔元	男	湖南洪江市	2002.12-2006.06	
		王晞平	男	湖南长沙	2004.04-2005.04	挂职
		杨宗仁	男	湖南中方	2004.04-2006.06	
	常委	黄黔元	男	湖南洪江市	2002.09-2002.11	
		殷南蛟	男	湖南靖州	2002.09-2006.06	
		袁　强	男	湖南绥宁	2002.09-2006.06	
		宋峥嵘	女	湖南芷江	2002.09-2006.06	
		王　颖	男	湖南溆浦	2002.09-2006.06	
		张化忠	男	湖南中方	2002.09-2006.06	
		余绍池	男	湖南辰溪	2003.01-2006.06	
		贺永春	男	湖南邵东	2002.09-2006.06	
		陈同炳	男	湖南中方	2004.12-2006.06	
		周奉友	男	湖南洪江区	2005.07-2006.06	

续表

届别	职务	姓名	性别	籍贯	任期	备注
中共中方县第三届委员会(2006.07—2011.06	书记	易　铁	男	湖南湘乡	2006.06-2008.04	
		周圣余	男	湖南洪江市	2008.04-2008.11	
		赵应云	男	湖南邵阳	2008.12-2011.06	
	副书记	黄黔元	男	湖南洪江市	2006.07-2007.10	县长
		杨宗仁	男	湖南中方	2006.07-2007.10	
		姜耀文	男	湖南溆浦	2007.10-2011.06	县长
		胡佳武	男	湖南常德	2007.11-2009.04	县长
		向守清	男	湖南常德	2007.10-2011.04	
		陈同炳	男	湖南中方	2011.04-2011.06	
	常委	谭平景	男	湖南双峰	2006.07-2011.06	
		殷南蛟	男	湖南靖州	2006.07-2011.06	
		贺永春	男	湖南邵东	2006.07-2007.10	
		袁　强	男	湖南绥宁	2006.07-2010.10	
		宋峥嵘	女	湖南芷江	2006.07-2009.02	
		陈同炳	男	湖南中方	2006.07-2011.04	
		周奉友	男	湖南洪江区	2006.07-2007.03	
		周　华	男	湖南中方	2006.07-2008.07	
		蔡教明	男	湖南汉寿	2007.11-2011.06	
		陈　军	男	湖南中方	2006.07-2011.06	
		涂海平	男	江西高安	2007.03-2008.04	
		赵　忠	女	湖南邵东	2007.11-2011.06	
		李建军	男	湖南连源	2008.04-2011.06	
		向开林	男	湖南芷江	2008.07-2011.06	
		胡诗军	男	湖南常德	2009.02-2011.06	
		陈宝林	男	湖南沅陵	2011.04-2011.06	
		黄政安	男	湖南洪江	2011.04-2011.06	
		李　霞	女	湖南沅陵	2011.04-2011.06	

续表

届别	职务	姓名	性别	籍贯	任期	备注
中共中方县第四届委员会（2011.06— ）	书记	赵应云	男	湖南邵阳	2011.06–2011.10	
		张　霞	女	湖南芷江	2011.10–	
		姜耀文	男	湖南溆浦	2015.12–	
	副书记	姜耀文	男	湖南溆浦	2011.06–	县长
		陈同炳	男	湖南中方	2011.06–2012.09	
		张家铣	男	湖南慈利	2012.09–	
	常委	胡诗军	男	湖南常德	2011.06–2013.02	
		陈　军	男	湖南中方	2011.06–	
		李建军	男	湖南连源	2011.06–2013.10	
		向开林	男	湖南芷江	2011.06–	
		梁高动	男	湖南中方	2011.06–2012.08	
		陈宝林	男	湖南沅陵	2011.06–	
		黄政安	男	湖南洪江	2011.06–2012.09	
		向　华	男	湖南沅陵	2012.09–2015.09	
		李　霞	女	湖南沅陵	2011.06–2012.09	
		夏益民	男	湖南辰溪	2012.09–	
		刘正杰	男	湖南邵阳	2012.09–	
		马传连	男	山东临邑县	2012.03–2013.03	挂职
		米小龙	男	湖南辰溪	2013.05–	
		阿力木托合提	男	新疆	2013.03–	挂职
		杨碧来	男	湖南辰溪	2013.03–	挂职
		杨锡俊	男	湖南洪江	2013.10–	

第二节　工作机构

1998年，中共中方县委设工作机构6个：县委办公室、组织部、宣传部、统战部、政法委（含综治办）、县机构编制委员会。中共中方县纪律检查委员会机关与监察局合署办公，两块牌子，一套人员。县委保密委员会办公室（与县保密局合署办公，两块牌子、一套人员），挂靠县委办公室。县直属机关委员会、县老干部工作管理局，并入县委组织部，对外保留其原牌章。县精神文明建设指导委员会办公室并入县委宣传部，对外保留其牌章。县委台湾工作办公室（县政府台湾事务办公室）并入县委统战部，对外保留其牌章。县史志办、县档案局归口县委办。2001年，机构改革，县委设工作机构7个：县纪律检查委员会、县委办公室、组织部、宣传部、统战部、政法委（含综治办）、县机构编制委员会。设部门管理机构2个：文化局（加挂新闻出版局、版权局牌子），由县委宣传部、县政府办公室共同管理，以县政府办公室管理为主。信访局由县委办、县政府办共同管理，以县政府办管理为主。增设中共中方县委处理法轮功问题领导小组办公室，归口县委政法委管理。2005年，机构改革，县委工作机构基本不变。2010年2月，县史志办与县档案局合并，组建县档案史志局，归口县委办管理。2013年，县委工作机构仍为7个：县纪律检查委员会、县委办公室、县委组织部、县委宣传部、县委统战部、县委政法委员会、县机构编制委员会。县委保留议事协调机构2个：县机构编制委员会、县社会治安综合治理委员会。

县委办公室

县委办公室是协助县委领导处理县委日常工作的机构。1998年，内设职能室6个：文秘政工室、督查室、政策研究室、综合信息室、机要室、保密室。2002年，机构改革，文秘政工室与综合信息室合并，改名为综合信息文秘室。2013年内设科室8个：政研室、文秘法规室、督查室、综合信息室、舆情应急管理办公室、机要局、保密局、接待处，归口县委办公室系统的有机关事务局。

县委组织部

县委组织部是县委主管组织工作和干部工作的职能部门。1998年，内设办公室、研究室（政策法规室）、干部组（干部监督室、公选办、参管办）、组织组、干部信息室5个，下设中方县党员干部现代远程教育管理中心1个（二级机构）、县直机关党委、县委老干部工作管理局（二级机构）。2005年设村干办。2009年9月设绩效考核办。2012年10月新增县委“三问三解”办。2013年新增小康办，县直机关党委改为县直机关工委。是年底，核行政编制17名，后勤编制2名，全额拨款事业编9名。归口管理的单位有：直属机关工委、老干局、编办、党校、总工会、团县委、妇联、科协。

县委宣传部

县委宣传部是县委主管意识形态方面工作的综合职能部门。1998 年，内设职能股室 4 个：办公室、理论教育宣传室、新闻文艺室、文明单位建设指导室（对外加挂中方县精神文明建设指导委员会办公室牌子）。2002 年，机构改革，内设科室 5 个：办公室、理教党教室、新闻文艺室、宣传室、文明办、文联。2013 年，县委宣传部机关行政编制 18 人，归口管理的单位有：文联、文明办、广播电视台、文广新局、文物所、文化市场执法局。

县委统战部

县委统战部是县委在统战工作方面的参谋和助手，是县委主管统一战线工作的职能部门。1998 年，内设职能组室 3 个：办公室、干部组、联络组。是年，县委台湾工作办公室（县政府台湾事务办公室）和县侨务外事办公室同时成立，县台办并入县委统战部，县外侨办并入县政府办公室。2002 年机构改革后，核定行政编制 5 名（含台办），事业编制 1 名。2006 年起，县委常委任县统战部长。同年 10 月，县台办升为正科级。2012 年 4 月，成立中方县归国华侨联合会。2013 年开始，县委统战部长由县委组织部长兼任。是年 12 月，内设科室 3 个：办公室、干部组、联络组，核行政编制 9 名。归口管理的单位有：县台办、县侨联、侨办、县工商联。

县委政法委员会

县委政法委是县委领导政法工作的职能部门。1998 年 4 月成立，下设办公室、执法监督室、政工室、调研室 4 个股室，定编 7 人。8 月，成立县社会治安综合治理委员会办公室，简称综治办，定编 10 人。2000 年 11 月，成立县维护稳定工作领导小组办公室，简称维稳办。2001 年 6 月，成立县委处理法轮功领导小组办公室，归口县政法委管理，定编 5 人。2013 年，县委政法委内设科室 5 个：即办公室、综治办、稳定办、禁毒办、处理法轮功领导小组办公室，定编 15 人。

县机构编制委员会

始建于 1998 年 4 月，为县委、县政府管理机构编制的议事协调机构。县机构编制委员会办公室既是县委的工作机构，又是政府的职能部门。2013 年，内设综合组、机构编制组、事业单位登记管理组。行政编制 7 名，事业编 4 名。

第三节　县委全体（扩大）会议

县委全体（扩大）会议一般每年召开 1 ~ 2次，遇特殊情况可随时召开。参加人员为县委委员、候补委员，县人大、县政府、县政协、县人武部领导成员以及县直各部门、处、乡（镇）的主要负责人为列席人员，会议一般由县委书记主持，特殊情况由县委书记委托副书记主持。会议主要是传达贯彻上级党委的会议精神与决议、决定，结合本县实际，落实和部署具体的贯彻意见，并就有关重要工作及问题作出相关的决议、决定。1998—2013年，县委共召开24次全体（扩大）会议。

县委全体（扩大）会议选介：

第一届委员会第二次全体（扩大）会议 2001年1月14日，在中方县委礼堂（原县级怀化市委礼堂）召开。参加会议的有县委委员、候补委员，县纪委委员及其他县级领导，办事处工委书记，乡镇党委书记、乡镇长，县直正科级单位党政一把手、县委办、县政府办、县委政策研究室、县经济调查研究室主要负责人，村党支部书记。会议的主题是贯彻落实中共十五届五中全会、省委七届九次全会和传达省、市委经济工作会议及"三个代表"重要思想教育活动会议精神，会议表彰中方镇党委等12个双文明创建活动先进单位及舒朝菊等10个"十佳村干部"，审议并通过《中共中方县关于制定中方县国民经济和社会发展第十个五年计划及2010年规划纲要的决议》。会议确定中方县"十五"时期发展思路是：实施开放带动、基础设施先行、产业调整升级、科教兴县战略。

第二届委员会第二次全体（扩大）会议 2003年11月28日，在县委常委会议室召开。参加会议的有县委委员、候补委员，县纪委委员及其他县级领导，办事处工委书记，乡镇党委书记，县直正科级单位党政一把手、县委办、县政府办、县委政策研究室、县经济调查研究室主要负责人。会议主要内容是传达怀化市二届二次全会和市创建全国生态示范市会议精神，听取县委书记作《把握大局、乘势推进，开创加速中方发展的新局面》重要讲话及代表县委常委会作述职述廉报告，讨论通过县委《关于加速中方经济社会全面发展的决定》。

第二届委员会第四次全体（扩大）会议 2004年12月28日，在怀化嘉顺酒楼会议室召开。24名县委委员、4名候补委员参加会议，不是县委委员的党员副县长，县纪委常委，县人民法院长、县人民检察院检察长、发展计划局、财政局、经贸局、统计局、县委办、县政府办、县委政策研究室、县经济调查研究室主要负责人、办事处工委书记等25人列席会议。会议听取黄黔元代表县委常委作工作报告。讨论通过县委作出的《关于抢抓湘西机遇，全面推进经济社会发展的决定》，推动"一个加快、三个跨越"发展战略的实施。

第二届委员会第五次全体（扩大）会议 2006年1月6日，在县行政中心会议室召开。县委委员、候补委员29人参加会议，县纪委委员及其他县级领导，办事处工委书记，乡镇党委书记，县直正科级单位党政一把手、县委办、县政府办、县委政策研究室、县经济调查研究室主要负责人等64人列席会议。会议讨论《中方县国民经济和社会发展第十一个五年计划纲要（草案）》，确立"一个目标、两个跨越、三个加速推进"（即提高城市化水平，全力推进县城建设。坚持工业强县，实现工业新跨越。发挥区位交通优势，实现第三产业的新跨越。加速推进农业产业化进程，加速推进基础设施进程，加速推进社会事业发展）"的发展战略，会议对进一步加快中方的国民经济和社会事业的发展起到重要作用。

第三届委员会第二次全体（扩大）会议 2007年12月14日，在县行政中心会议室召开。参加会议的有县委委员、候补委员，县纪委委员及其他县级领导，办事处工委书记，乡镇党委书记，县直正科级单位党政一把手、县委办、县政府办、县委政策研究室、县经济调查研究室主要负责人、独立核算单位主要负责人，县属规模企业负责人。会议的主题是学习贯彻中共十七大、省委九届三次全会和市委三届二次全会精神，部署安排全县经济社会发展思路、发展战略和目标任务，审议通过《中共中方县关于贯彻落实党的十七大精神，全面推进二次创业的决定》。全面实施“二次创业”发展战略，即实施“两突出（突出加快新型工业化、突出加快县城建设与繁荣）、三带动（创新带动、开放带动、项目带动）”战略，抓好“六大战略工程”（新型工业化强县、新型城镇化兴县、新农村建设富民、商贸旅游活县、先进文化引领、改善民生固本），加快推进“二次创业”进程，促进全县经济快速发展和社会全面进步。

第三届委员会第三次全体（扩大）会议 2009年4月24日，在县行政中心会议室召开。参加会议的有县委委员、候补委员，县纪委委员及其他县级领导，办事处工委书记，乡镇党委书记、乡镇长，县直正科级单位党政一把手、县委办、县政府办、县委政策研究室、县经济调查研究室主要负责人。全会按照“小县要有大作为，新县要有新面貌”的要求，抢抓机遇，立足实际，提出“建设全国生态示范县，打造生态宜居先导区”战略目标，全面实施“生态立县、旺市融城、兴工促农、科学跨越”发展思路。会议审议并通过《关于加快推进新型城镇化，全面实施旺市融城的若干意见》，把旺市融城提到更加突出位置，并作出一系列重大部署，举全县之力推进旺市融城战略实施。

第三届委员会第四次全体（扩大）会议 2009年10月30日，县委在县行政中心会议室召开三届四次全会。参加会议的有26名县委委员、候补委员，列席会议的有不是县委委员的县级领导、离退休老同志、县纪委委员、县长助理，乡镇主要负责人、县直正科级单位主要负责人等98人。市委常委、县委书记赵应云代表县常委会作《“干”》的工作报告，提出“一年一大步，三年一大变”的阶段性目标。讨论通过《中共中方县关于加强和改进党的建设用大干推动大发展的决定》。会议要求全县广大党员干部和群众，坚持“干”字当先，以大干苦干实干推动全县经济社会大发展。

第四届委员会第三次全体（扩大）会议 2012年11月23日，县委在县行政中心会议室召开四届三次全会。参加会议的有县委委员、候补委员，县纪委委员及其他县级领导，乡镇党委书记，县直部门党政主要负责人、县委办、县政府办、县委政策研究室、县经济调查研究室主要负责人。会议的主题是听取县委书记张霞传达学习贯彻中共十八大精神，并对全县学习宣传贯彻中共十八大精神工作进行安排部署。动员全县上下统一思想，开拓创新，以中共十八大精神为指导，奋力开创中方科学跨越发展的新局面，为全面建成小康社会奠定基础。

第四届委员会第四次全体（扩大）会议　2013 年 2 月 22 日，在县行政中心会议室召开。参加会议的有：县委委员、候补委员，县纪委委员及其他县级领导，乡镇党委书记，县直部门党政主要负责人、县委办、县政府办、县委政策研究室、县经济调查研究室主要负责人。全会听取县委书记张霞代表县委常委会作的工作报告，审议通过《中共中方县委关于推进科学跨越发展加快建成小康中方的决定》。立足中方实际，提出“构筑文化旅游高地、建设山水园林新城”的战略目标和“旺市融城、强工促农、兴旅活商、生态立县”的发展战略，将“兴旅活商”提升到战略层面。

第四届委员会第五次全体（扩大）会议　2013 年 10 月 10 日至 12 日，在县行政中心会议室召开。参加会议的有县委委员、候补委员，县纪委委员及其他县级领导，乡镇党委书记，县直部门党政主要负责人、县委办、县政府办、县委政策研究室、县经济调查研究室主要负责人。县委书记张霞代表县委常委会向全会作工作报告和学习中共十八大以来习近平总书记一系列讲话精神，研究部署分类指导全面建成小康社会等事关全县发展大局的重大问题，审议通过《中共中方县委关于分类指导加快推进全面建成小康社会的实施意见》。

第四节　县委常委会议

县委常委会议一般每月召开 1~2 次，遇特殊情况可随时召开。会议主要研究决定全县的重大问题和副科以上干部的任免，研究重大问题，必要时可召开县委常委扩大会议。会议一般由县委书记或由其委托副书记召集主持。参会人员一般为县委常委，县人大、政协主要领导列席会议，视议题需要，确定列席人员。会议必须有过半数以上常委到会方能举行。会议实行民主、科学的决策程序，讨论人事任免必须有三分之二以上的常委到会参加。议题的讨论和决定，实行少数服从多数的原则，如对重要问题发生争执，双方人数接近，暂缓作出决定，待进一步调查研究，交换意见后，提交下一次会议决定。1998—2013 年，县委召开常委会议 269 次。其中，第一届县委召开 85 次，第二届 74 次，第三届 78 次，第四届 32 次。

常委会议选介：

1998 年 6 月 20 日，县委常委召开议军会议，专题研究县人武工作。会议决定进一步加强党对武装工作的领导，明确县人民政府县长兼任国防动员委员会主任，县委副书记分管武装工作。县委常委会一年 2 次定期研究武装工作。县人武部长出席政府常务会议。按规定标准交纳国防费。乡镇人武干部的任免、提拔等。

1998 年 12 月 3 日，县委常委召开专题会议。会议听取县长关于省政府副秘书长唐见奎受周伯华副省长的委托到中方县城现场办公情况汇报，会议研究县城总体规划、现场勘界、行政区划勘界和办征地手续等县城建设相关问题。

1999年8月24日，县委常委召开会议专题研究教育问题。会议听取教育改革和发展的工作汇报，会议决定政府定期研究教育改革和发展工作，并将其纳入全县经济发展的整体规划。教育经费从2000年起，5年内县财政教育支出的比例每年提高一个百分点。会议通过《中方县1999—2003年学校布局调整方案》。

2000年5月26日，县委常委召开优化经济发展环境专题会议，会议议定以县委、县政府名义下发《关于治理经济发展环境的决定》文件。加大宣传力度，在县电视台开辟优化经济发展环境专栏。从县直部门和单位调整抽掉精干力量，组建县治理经济发展环境办公室。县委、县政府每季度听取一次治理经济发展环境工作汇报。

2001年3月上旬，县委连续召开5次常委会议，专题研究2月15日泸阳镇发生的小坪、杨桥两村村民与下坪粤怀电解锰厂因污染问题引发的工农群体性矛盾纠纷，历时1个月，在市委、市政府的高度重视下，使事态得以基本平息。

2002年3月11日，县委常委召开会议研究县城建设启动问题。会议决定成立县城建设领导小组和县城建设管理委员会，组建县城建设开发总公司，按照“政府引导、市场运作、规划先行、修路起步、产业带动、滚动开发”的思路启动县城建设。

2003年4月21日，县委常委召开防治“非典型性肺炎”专题会议，积极部署，采取扎实措施防治“非典”。

2003年6月26日，县委常委会议专题讨论并制定县级领导分工负责重点项目及乡镇领导项目发展考核办法，全县确定40个重点发展项目，汇编《中方县加快发展手册》。

2005年2月3日，县委常委会议研究决定在全县开展公开评选“十佳村干部、十佳乡镇干部、十佳机关干部”活动，以推动保持共产党员先进性教育活动的开展。

2006年3月31日，县委常委会议研究启动全县新农村建设工作。会议决定新农村建设围绕“生产发展、生活宽裕、乡风文明、村容整洁、管理民主”的目标开展。县委、县政府制定《关于推进社会主义新农村建设实施意见》，采取以点带面，全面推进的方式进行，全县先后启动33个省、市、县、乡级新农村建设示范村，并确定40个县直部门为后盾帮扶单位，10个规模企业为联系企业。从此，新农村建设在全县有序推进。

2008年4月25日，县委常委会议研究县首届生态文化节暨十年县庆筹备工作。会议议定县庆活动冠名为“中方县首届生态文化节暨建县十周年庆祝活动”。时间为2008年10月28日。县庆活动突出生态主题。邀请中央三台“激情广场”栏目组为县庆活动文艺演出总策划。加快推进城建、工业、农业等57个县庆重点项目建设。

2009年4月9日，县委常委会议研究旺市融城问题，讨论通过《关于加快推进新型城镇化，全面实施旺市融城的若干意见》，突出实施旺市融城战略。

2009年8月7日，县委常委会议研究县工业园管理体制改革问题。讨论通过《中方县工业园管理体制改革的决定》。设立县工业园区工委和管委会。组建县工业园资开发公司，负责园区土地储备及基础设施项目融资、筹资。管理范围南起泸阳镇五里村、北至花桥镇火马塘村，总面积10平方千米。管理模式实行封闭式管理。运作方式按照“政府引导、市场运作”方式滚动开发建园。实行最优惠的政策，一定5年。该会议召开后，县工业园步入运转协调、管理高效、队伍优化、服务优质的良性发展轨道。

2011年8月17日，县委常委会议研究县湘商产业园建设问题。会议要求园区着眼长远，坚持高起点、高标准规划。设立中方县湘商文化科技产业园党工委和管委会。园区制定系列优惠政策和措施，建立多元投入和加速发展激励机制，实行园区发展保护政策。抓好和完善园区内水、电、路等基础设施建设，改善园区硬件条件，进一步提升园区的整体服务功能。

2012年2月20日，县委常委会议专题研究中方县撤县改区工作。议定建议市委、市政府借鉴望城区“一改三不改”（即只改名称，职能、体制和区划不改）的做法，保持中方县现行职能、体制和管辖区域不变。做好社会稳定风险评估。积极搞好申报工作。

2012年8月17日，县委常委会议研究开展“问政于民、问需于民、问计于民，解民惑、解民忧、解民困”的“三问三解”活动。整个活动分为动员部署、收集民意、梳理反馈和整改落实等四个阶段进行，创新推出干部联村、夜访农家、党务、政务公开等一系列举措，县委决定将活动作为改进干部作风，密切党群干群关系的政治任务来抓。

2012年11月15日，县委常委会议召开，决定抢抓机遇，争取更多项目进入武陵山片区区域发展与扶贫攻坚计划。设立县片区办，核编2名。制定《中方县武陵山片区区域发展与扶贫攻坚实施规划》。

2013年7月12日，县委常委会议研究县首届文化葡萄节筹备工作，决定节名为中国·怀化（中方）首届刺葡萄文化旅游节。时间为9月15至17日。活动主题为“中方‘湘珍珠’、浪漫‘蒲海’行——走进中国南方葡萄沟”。活动原则为政府引导、节会搭台、市场运作、节俭办会。

2013年10月，研究县直单位党政正职分设问题，决定将县直单位原党组书记改为党组副书记、副局长（副主任），以后县直单位实行由局长兼任党组书记，不再单设党组书记一职。

第五节　县委务虚会议

县委为统一发展思想，理清发展思路，确定下一年全县发展目标、项目和措施，2002年8月17—18日，组织全体县级领导和县直有关部门负责人在鹤城区黄岩度假村召开务虚工作会议，并将会议命名为“县委‘8·17’会议”，之后县委以例会的形式每年7—8月召开务虚会议。2002—2013年县委共召开务虚会议12次。

会议选介：

2002年8月17—18日，县委在鹤城区黄岩度假村召开第一次全县务虚工作会议。会议由县委书记主持，参加会议的有全体县级领导和县直有关部门负责人。会议提出全县发展的总体思路，即“一个加快，三个跨越”（加快县城建设，构建中方发展载体。立足工业强县，实现山区工业化的跨越式发展。加大结构调整，实现农业产业化的跨越式发展。依托项目开发，实现基础设施的跨越式发展）的发展战略。

2003年7月24—25日，第二次县委会议在县职业中学召开。参加会议的有全体县级领导和县直有关部门负责人。会议确定2004年全县国内生产总值增长10%的目标，并围绕这个目标确定28个重点项目。会议的召开，为全县2004年的发展工作指明方向，理顺思路，奠定基础。

2004年8月25—27日，务虚会议在乌龙溪水库管理站召开。会议由县委书记主持，参加会议的有全体县级领导和4个办事处主要负责人及县计划、教育、计生、公、检、法、司等县直26个部门负责人。会议主题是：抢抓湘西地区开发机遇，进一步解放思想，转变观念，改进作风，研究2005年全县发展目标及项目工作，掀起中方新一轮发展高潮。

2005年8月31日至9月1日，务虚会议在怀化怀荣宾馆召开。参加会议的有全体县级领导及有关县直部门负责人。会议坚持科学发展观，围绕构建和谐中方，制定中方县国民经济和社会发展第十一个五年计划，确立“一个目标、两个跨越、三个加速推进”（即提高城市化水平，全力推进县城建设。坚持工业强县，实现工业新跨越。发挥区位交通优势，实现第三产业的新跨越。加速推进农业产业化进程，加速推进基础设施进程，加速推进社会事业发展）发展战略。

2006年11月14日，务虚会议在县行政中心召开。参加会议的有全体县级领导和4个办事处主要负责人及县计划、财政、经贸、教育、计生、等县直部门负责人。会议提出2007年全县经济社会发展的主要目标为：生产总值增长12%，达到20亿元。农业总产值增长4%。工业总产值增长20%，达到7200万元以上，围绕发展目标，重点加快生态县城建设、大力发展工业、加强新农村建设和加快推进社会事业发展等四个方面的工作。

2008年8月12日，务虚会议在县行政中心召开。参加会议的有全体县级领导和4个办事处主要负责人及县建设、工业、发展和改革、财政、经贸、农业、文化、旅游等县直部门负责人。会议对2009年的发展工作进行科学谋划、理清思路。强调：在加快中方发展中要突出造市融城，加快县城建设与繁荣。突出夯基立柱，做大做强工业经济。突出固本拓源，扎实推进新农村建设。突出外整内联，着力发展文化旅游业。突出统筹协调，加快推进社会事业发展等重点工作。

2013年1月21—22日，务虚会议在县行政会议中心召开。参加会议的有县委委员、县委候补委员，其他县级领导，县直相关部门的主要负责人，乡镇党委书记，两办两室负责人。会议由县委书记张霞主持。会上，根据“全面贯彻落实十八大精神、加快中方科学跨越发展”的主题，结合县情，提出“兴旅活商”发展战略。

第六节　基层党组织

一、党委

1998年2月，全县设有23个党委，其中22个乡镇党委，1个县直属机关党委。乡镇党委一般由5～7人组成，设党委书记1名，副书记2～3名，组织、宣传及武装委员2～3名，每届任期5年。2003年，增设公安局党委。2006年，乡镇党委换届，精减副书记职数，仅保留副书记1名（乡长），党委委员2～3名。2011年4月，增设中共湖南金大地材料股份有限公司委员会。2013年6月，县直属机关党委改为县直属机关工委，增设县财政局党委。是年底，全县有基层党委25个。

二、工委

建县之初，县委沿用原县级怀化市设置区级的行政机构体制，在中方、泸阳、铜湾、铁坡4个区设经济联络处，并在4个经济联络处设党的工作委员会（简称“工委”），其中工委书记1名，工委委员2～3名，分管片区的组织、宣传、人事、纪检、武装等工作。2002年10月，县委为强化其职能，决定将经济联络处更名为办事处，办事处设党的工作委员会，增设人大联络员，分别为县委、县政府、县人大的派出机构，并调整强化办事处行政职能，赋予其辖区乡镇干部人事推荐权和干部管理权限。2009年10月，政府机构改革，县委、县政府决定撤销4个办事处机构，其行政职能自然消失。2009年9月，县委为加强全县非公有制经济工作，作出《关于成立中共中方县非公有制经济工作委员会的决定》。是年11月，设立中共中方县工业园工作委员会。12月，成立中共中方县非公有制经济工作委员会（简称党工委），将原县工业局总支部下属的13个非公有制企业党支部，全部划归非公有制经济党工委管理。2011年8月，设立中共中方湘商文化科技产业园工作委员会。2013年6月，县直属机关党委改为县直属机关工委，是年底，全县共有4个工委，即县直属机关工委、县工业园工委、非公有制经济党工委、湘商文化科技产业园工委。

三、党组

1998年5月，县委在县直机关设立县人大、县政协等43个党组。2000年11月，设县信用合作联社党组。2005年6月，新增县工业经济局、县商务局、农业综合开发办、移民局、蔬菜办、安监局、旅游局、统计局、工商联等9个党组，党组增加到53个。县财办党组因机构改革而撤消。2006年3月，设立县机关事务局、县体育党组。2010年2月，撤消县档案局，农业综合开发办、工业经济局、科技局党组，新设县人防办、县档案史志局党组。是年11月，新增县经济科技和信息化局党组。2011年8月，新设县城乡规划局党组。2013年2月增设县城市管理行政执法局党组，12月，全县设立党组55个。

四、总支委员会

1998年，全县设有农业局、林业局、交通局、教育局、蔬菜办、电力公司、信用联社等7个总支部委员会。后因情况变化，农业局、林业局总支部撤销。2005年，全县总支部发展到12个，分别为花桥非公有制企业、蔬菜办、教育局、地税局、工商局、财政局、劳动局、交通局、国土局、卫生局、工业局、政府办总支部委员会。2010年全县设党总支15个。2013年有总支部委员会16个。

五、支部委员会

1998年，全县设党支部416个，其中县直机关78个，村党支部211个，其他127个。2005年，全县党支部发展到421个，其中企业支部5个，事业单位支部94个，机关支部85个，其他237个。2009年7月，经省政府批准，将鹤城区鸭嘴岩镇的鸭嘴岩村、长远村成建制划归中方镇管辖，新增鸭嘴岩村、长远村党支部。2010年，全县设党支部455个，其中机关支部105个，事业单位支部95个，村党支部213个，企业支部19个，其他23个。2012年3月，经县人民政府批准，将花桥镇的园艺场增设为园艺场村，新增花桥园艺场村党支部。2013年12月，全县设党支部500个。

第三章　重大决策

1998—2013年，是中方建县由起步到快速发展的重要时期。县委遵照中共十五大至十八大的路线、方针、政策，结合县情，审时度势，为强县富民、发展经济、政治文明、生态建设等方面作出若干重大决策。

第一节　生态立县

1998年2月，中方正式建县，有县无城，新县城建设便提上县委的重要议事日程。在县城定位上，县委广泛调查，集思广益，认真研究，基于中方县呈“半包围”状紧依怀化市城区，怀化市区城市生态功能不能适应人们对生态追求的要求，为顺应人们对生态追求的新趋势，与怀化中心城市实现互补，为节约建设成本，缩短建设周期，避免重复建设，县委最终决定将县城定位为环境优美与投资、居家、休闲于一体的的生态园林城市。3月，中共中方县第一次代表大会提出“建设中方生态城”的目标。6月，聘请上海同济大学城市规划设计院和长沙规划设计院专家，科学编制县城总体规划，四个月后获怀化市人民政府批准。随即，湖南省人民政府召开办公会议，专题研究中方县城建设，并下发《关于中方县城建设有关问题的会议纪要》。

2002年8月，中方县委召集全体县级领导和县属各单位负责人参加的务虚会议，明确“生态性、互补性和民族地域性”的县城建设原则，并提出“一个加快，三个跨越”的发展战略，生态县城建设步伐加快。

2003—2008年，县委为贯彻怀化市委“生态立市”战略，实施“碧水青山蓝天”工程，组织编制《中方生态县建设规划（2003—2020）》。在全县开展“全国生态示范县”创建活动，突出抓好生态县城建设和生态工业、生态农业、生态林业及生态旅游的发展。县城建设中充分利用和保护县城现有的山体、水域等自然景观，保留原有的树木植被，房屋因山就势而建，融入五溪文化元素，城市道路不强求横平竖直，实施城市绿化，整体绿地率50%以上，所有建设项目绿地率35%以上，形成“城在山中，河在城中，楼在园中，园在绿中”的生态景观。2008年9月，中方县通过“全国生态示范县”评估验收。

2009年4月，县委三届三次全会提出“建设全国生态示范县，打造生态宜居先导区”战略目标，“生态立县”作为全县发展战略。

2011年，县委制定《中方县国民经济和社会发展第十二个五年规划纲要》，全面实施“生态立县”战略。开展县树、县花评选活动，评出枫香树为县树，茶花为县花。县城丹桂路、杜鹃路、芙蓉路等30多条道路以花木名称命名，丰富县城生态内涵。加强环境优美乡镇、生态村创建工作，中方镇获得“全国环境优美乡镇”称号，桐木、牌楼等9个乡镇相继获评“湖南省环境优美乡镇”称号。中方镇乌溪村获“国家级生态村”称号。24个村获“湖南省生态村”称号。21个村获“怀化市生态村”称号。

2012年，全县森林覆盖率达63.48%，县城绿地覆盖率达41.2%，创建国家级生态乡镇、省级环境优美乡镇10个，省、市级生态村45个，中方县获评“全国生态示范县”。

2012年11月，中共十八大对级生态县建设提出更高要求，面对新的发展要求，2013年11月，县政府又委托国家环保部南京环境研究所编制《中方生态县建设规划（2013—2020）》，通过实施《规划》，“生态立县”战略目标进程进一步加快。

第二节　旺市融城

2002年8月，正式启动县城建设。经过3年建设，2005年12月30日，县行政中心建成并顺利搬迁，结束中方县有县无城的历史，但城市功能不全、产业不兴和人气不旺等突出问题，严重制约中方县发展。

2009年，县委破解“有城无市”难题，抢抓怀化市“一体两翼、南延北扩”城市布局的有利机遇，作出加快实施“旺市融城”战略的重大决策，举全县之力，全力推进县城繁荣和发展。4月，县委召开三届三次全会，审议并通过《关于加快推进新型城镇化，全面实施旺市融城的若干意见》，把旺市融城提到更加突出的位置，决定以项目建设、产业发展和干部入住“三驾马车”并驱，全面推进旺市融城战略。7月，召开全县旺市融城动员大会，参会代表497人，会议对实施旺市融城战略作重要部署和总动员。为加快县城项目建设，县委、县政府建立县级领导联系重点项目责任制，出台《中方县重点项目责任考核办法》，出台促进县城房地产业健康发展的政策文件。是年底，实施重点城建项目51个，完成投资16.8亿元。建成桃花源、南湖花园教师新村、维也纳别墅群、泰格林纸公寓等一批住宅小区，新建住房2974套、37万平方米。建成福兴商贸广场、新榆树湾美食一条街等商贸区。中兴学校、华美外国语学校和中心幼儿园招生开学。为加快产业发展，县委出台《关于加快县城第三产业发展的暂行规定》，实施放宽准入条件、用地优惠、规费减免、奖励、贷款贴息等扶持政策，举办专场招商会、年货展销会，鼓励和引导县内外投资者来县城投资开发第三产业。县城形成房地产、装饰建材、商贸物流、餐饮、购物、文化休闲等产业，个体经营商户由35家发展到260多家。为加快人气聚集，鼓励干部带头入住县城，制定《中方县干部职工入住县城奖励办法》，采取领导带头宣传引导和设立入住奖、发放购房消费券等多种激励措施，促使干部职工分期分批入住县城。是年底，在县城购房的干部职工2350多户，县城核心区常住人口达9500人。

2010年7月，县委召开全县旺市融城推进大会，掀起旺市融城新高潮。9月，出台《中方县鼓励农民和农民工进城置业创业暂行办法》等一系列政策，引导农民进城创业。是年，实施重点城建项目112个，完成投资25.98亿元。县城产业初具雏形，城区各类经营户发展到630家，经营门类涉及31个商贸服务业，年营业额达1.2亿元。建成区达3.5平方千米，建筑总面积达120万平方米，县城核心区常住人口达2.4万人，县城购房户达4609户，其中干部职工658户，农民和务工经商人员156户。

2011—2012年，县委将2011年定为旺市融城攻坚年，再次召开旺市融城大会，多措并举强势推进旺市融城。两年间，实施重点城建项目155个，完成投资38.7亿元。加强城市管理，全面启动省级园林县城、省级文明卫生县城创建活动，开展县城建设环境、“两违”行为、居民建房等集中整治行动，城市管理逐步走上规范化轨道。2012年，县城核心区面积扩大到4.5平方千米，规划区三产经营户达2203家，有餐饮、娱乐、建材、通信、快递、金融等商贸服务业态42个，年销售总额突破5亿元，常住人口达4.05万人，县城购房的干部职工达2933户，入住1046户，到县城落户的农民和务工经商人员2702户，全县城镇化率27%。

至2013年，旺市融城累计实施城建重点项目300多个，完成投资130多亿元。县城城市功能基本配套，基础设施较为完善，形成行政区、住宅区、商业区、休闲旅游区、工业区、现代物流区、职教区等功能分区，房地产、装饰建材、商贸物流、酒店餐饮、购物、文化休闲、通信、快递、金融等三产业加快发展，三产经营户发展到2505家，县城建成区面积达5平方千米，常住人口达4.71万人，县城购房的干部职工达2946户，城镇化率30%。

第三节　工业强县

1998年，中方建县时为一个农业县，经济结构不合理，在全县国内生产总值中，农业比重大，工业产业比重小，工业基础非常薄弱，全县仅有中方电力公司（国有企业）和粤怀电解锰厂（民营企业）两家规模企业，工业对财政的贡献率不足5%。财政结构不合理，县本级财政收入仅1800万元，而保运转需7000万元，是一个典型的补贴型财政。面对如此现状，县委决策者充分认识到工业在国民经济建设中起主导作用，因此，得出：工业兴，则中方兴。工业落后，则中方落后的重要论断。加快发展工业是中方县快速发展的必由之路。

1999年2月，县委作出《关于加速发展工业的决定》，组织实施民营先导和工业小区两大战略。全县合理规划花桥至泸阳建材、活水石材、中方外来工业和牌楼生物医药工业等4个工业小区。

2002年9月，中共中方县第二次代表大会提出“一个加快、三个跨越”的发展目标，明确提出“工业强县”战略思想。同时，县委作出《关于进一步加快发展的决定》，工业发展步伐加快。

2003年，县委先后出台《关于加速中方经济社会全面发展的决定》《关于实施〈关于进一步加快发展的决定〉的暂行办法》，在全县形成加快工业发展的浓厚氛围。是年11月，县工业园正式开园，入园企业8家，资产总额1.04亿元，年产值1.83亿元。

2006年8月，县委作出《关于进一步加快工业发展的决定》，实施园区兴工、开放带动和可持续发展战略。县委、县政府相继出台《中方县工业园区管理暂行办法》《关于进一步优化经济发展环境促进经济发展的暂行办法》《中方县招商引资优惠奖励暂行办法》等文件政策。优化全县经济发展环境，成立县优化经济发展环境办公室，强化部门服务职能，营造“亲商、安商、扶商、富商”的投资环境。县委、县政府把工业作为“一把手工程”“一号工程”去抓，县委书记、县长亲自带项目上门招商，足迹遍布大江南北。是年9月，在长沙举行的首届“中博会”上成功签约项目4个，合同引资3.4亿元。

2007年，县委出台《关于贯彻落实党的十七大精神全面推进二次创业的决定》，实行全员招商。12月，全县累计引进工业资金29亿元，先后有金大地、铜湾电站、五溪米业、大康牧业等29家规模企业落户中方县，规模工业企业由建县初的2家发展到31家，工业经济初步形成以建材、生物医药、农副产品加工、电力能源及电化工为主的四大支柱产业，建立“一园带三区”，即以下坪长冲垅为中心的县工业园，入园企业达17家，总投资7.3亿元。以S1802省道为轴心，横跨花桥、下坪、泸阳3个乡镇的泸阳工业小区。以209国道为轴心的牌楼工业小区。以花岗岩资源为依托的活水工业小区。全县工业总产值达16.78亿元，其中规模以上工业总产值完成12.91亿元，创税收1.17亿元，工业对县域经济增长的贡献率达30%以上，对县本级财政的贡献率达55%。

2008年，县委全面实施“二次创业”发展战略，决定以举办十年县庆活动为契机，突出加快新型工业化，确定县庆工业重点项目13个。全年新上技改项目15个，完成投资6.9亿元，新增规模以上工业企业6家，全县规模工业总产值完成17亿元。是年，中方县被确定为“湖南省承接产业转移发展加工贸易”重点县。

2009年，为应对金融危机的影响，县委及时出台《关于加速推进新型工业化的若干意见》《中方县招商引资优惠政策》和《关于应对金融危机扶持企业持续发展的实施意见》，认真实施企业“特别保护期”政策，开展重点企业支帮促活动，全县工业经济保持继续增长运行态势，县属规模以上工业企业实现产值24亿元，以工业为主的第二产业对经济增长的贡献率达86.6%，拉动经济增长18.4个百分点。

2010年，县委、县政府着力打造新型工业品牌，深入开展“招商引资暨产业发展年”活动。县工业园引进项目13个，完成投资3.8亿元。中方湘商文化科技产业园签约引进项目8个，完成投资3.4亿元。县属（民营企业）规模以上工业企业发展到33家，工业化率提高到49.1%，工业对国民经济增长的贡献率达65%，对县本级财政的贡献率达62%。

2011年，以县工业园和中方湘商文化科技产业园为平台加速推进新型工业化。是年，县属工业企业增加到37家，完成规模工业增加值18.9亿元，增幅居全市第一，2010年和2011年连续两年评为“全省加速推进新型工业化先进单位”。

2012年，县工业园获市委作为全市4个“百亿园区”之一来打造，初步形成建筑材料、食品加工、包装印刷、机械制造、电力能源等五大产业集群，工业化率达56.5%。

2013年，县内规模工业企业达49家，规模工业总产值64亿元，实现税收1.77亿元，占财政收入的比重30.6%，“工业强县”战略成效显现。

第四节　科教兴县

建县之初，中方县科技和教育水平较低。在科技上，技术创新和科技成果转化率低，自主创新能力弱，科技对经济发展贡献率不到30%。在教育上，教育管理水平、教师队伍整体素质不高，教育投入不足，办学条件、教育基础设施落后等等，严重阻碍全县的快速发展。为改变落后面貌，县委把发展科教事业摆在突出位置，实施科教兴县战略。

1999年，中方县被列为“全国科普示范县”，县委制定《中方县创建科普示范县的实施方案》，确定创建科普示范乡（镇）、村的具体标准。创建工作由县科协牵头，各部门配合，齐抓共管，鼓励全社会兴办和赞助科普事业。县、乡财政把科普经费纳入预算，2000年全县人平0.4元，以后逐年增加。

2001年，制定《中方县2001—2005年科学技术工作五年发展规划》，分年度实施科技项目79项，全面推进科技兴县战略。县委先后出台《中方县科教兴县决定》《中方县科技进步奖励办法》《中方县关于人才引进的若干规定》等政策，加大科技投入，完善激励机制，营造一种“县外资金引得来、县外人才进得来、科技工作兴起来”的政策洼地，实行科技投入体系改革，基本形成以财政投入为引导、企业投入为主体、银行信贷和社会融资为支撑的多渠道、多形式的科技投入体系。2004年，全县国民生产总值13.83亿元，财政总收入达1.47亿元，农民人均纯收入达2155元，农民增收中有70%来源于科学新技术、科技新成果的转化和推广，科技对县域经济增长的贡献率达到41%。是年，桐木镇被列为“湖南省星火科技示范镇”、怀化市“一线一圈”现代高效农业示范镇，同时被列为“湖南省科普示范基地”。1998—2005年，全县获省地科技成果奖2项，国家专利申请授权16项。

2006年，科技工作被列入全县“十一五”发展纲要。2006—2010年财政投入科技三项费用1300万元，占财政支出的比例0.82%。全县5年累计取得各类科技成果36项，经省认定的高新技术企业1家。5年全县累计申报专利128项，其中授权67项、发明专利4项，高新技术产品增加值占工业增加值的比重达30%。

县委在实施科技兴县战略的同时，大力实施教育优先发展战略。1999年出台《关于加强教育工作的决定》。2003年9月，召开全县科教大会，下发《关于进一步加强科教工作的决定》，提出2003至2007年科教工作的总体目标，强化政府对教育工作的领导，深化科教投入体制改革，进一步保障教育经费投入。1998—2004年中方县连续6年通过省、市“普九”年检，并三次评为全市“普九”巩固提高先进县。2005年起，启动“两项教育督导评估考核”制度。2006年3月，县委下发《关于进一步加强教育工作的实施意见》，分别就发展各类教育、改善办学条件、加强教师队伍建设、推进素质教育等方面提出明确要求。2009年，大力实施“教育强县”战略，县委下发《关于建设教育强县的实施意见》《中方县

2008—2012年教育发展计划》等一系列政策文件，为教育发展提供良好的政策环境。是年，预算内教育经费支出12439万元，占地方财政一般预算支出的22%。“十一五”期间，全县教育实现持续、快速、协调、健康发展，教育布局调整取得重大进展，一批合格学校、寄宿制学校相继建成，县一中、中兴学校等品牌学校的影响力开始显现。2010年，全县共有各类公办学校74所、民办学校5所。全县小学学龄儿童入学率100%，初中毕业生升学率达91%，高中教育入学率84%。认真落实“两免一补”，全县中小学生共减免各项杂费（公用经费）2183万元，补助贫困寄宿生生活费3121万元。大力发展职业教育，全县每年输送实用人才1000多名，炉亭坳中学坚持在普教中渗透职教因素的创新做法，得到教育部的高度肯定。2011年，启动县职教中心建设，多方筹资，建设一所以中方县职中为依托，集县党校、县教师培训中心、县劳动力培训中心、县农业技术推广中心、县农民技术培训学校为一体的综合性职教中心，打造怀化市职业技术教育的示范模板。

2013年，全县有各类专业技术人员4182人，占全县总人口的1.6%。1998—2013年，全县取得重要科技成果共255项，受到市级以上奖励18项，其中国家级16项、省级2项，科技进步对国民经济的贡献率达到52%。

第五节　优化经济环境

受小农意识、山沟心态等影响，县域经济发展环境存在少数村民强接企业水电线路，用“霸王电”“霸王水”，个别部门乱收费、乱罚款、乱摊派，敲企业竹杠，强揽工程，强行索、拿、卡、要，故意制造工农纠纷，聚众闹事，盗窃企业资财等现象，严重影响企业正常生产和经济效益提高。

1999年5月，县委对重点企业合法权益实行挂牌保护，并制定不准向企业乱派款、乱收费、乱赞助、乱集资等“八条禁令”。

2000年，县委作出《关于治理经济发展环境的决定》，把治理经济发展环境作为总揽改革、发展、稳定的政治任务来抓，实行党政一把手负总责。是年6月，活水乡王家村九组部分村民，到该乡麻石场无理索要“土地补偿费”，造成停工17天之久，损失达100多万元。为制止村民敲诈行为，县政府果断处置，组织公安、司法等政法部门，当场拘留8人，使麻石场恢复正常生产。

2001年2月，泸阳镇的小坪、杨桥两村因下坪电解锰厂废水排放引发“3·15”工农群体性事件。事件平息后，县委、县政府更加重视全县经济发展环境的治理，从是年4月起，在全县范围内深入开展严打整治暨整顿和规范市场经济秩序活动。全年受理经济案件16起，破获16起，为国家挽回经济损失50多万元。

2002年9月起，县委、县政府在全县开展为期3个月的企业周边治安秩序的集中整治行动，严厉打击盗窃、哄抢、侵吞、破坏企业生产的违法犯罪活动，优化全县经济发展环境。

2003年，县委颁布《关于实施〈关于进一步加快发展的决定〉的暂行办法》，对进一步规范行政审批、行政事业性收费、行政执法检查和税费优惠，奖励及治理整顿社会治安环境等都做出明确的规定。为加快县城建设，将政务服务中心设在县城建设管委会，为县城建设招商引资服务。对在县城规划区内的投资项目和县直机关单位搬迁建设，降低门槛，把收费项目从原来的50多项减少到21项，行政事业性收费按20%收取，服务性收费按实际提供服务的30%～40%收取。

2005年，县政府以一号文件的形式，下发乡镇财税体制改革的新政策，提出对服务工业发展的有关部门和乡镇，按工业企业新增对县财政收入贡献的30%作为奖励资金，并在当年专门安排40万元奖励民营企业纳税大户。

2006年9月，县委制定《关于进一步优化经济发展环境，促进经济发展的暂行办法》，《办法》共15条，从改进工作作风、规范执法行为、营造法治环境、严肃财经纪律、行政处罚与监督、落实经济环境责任制、实施责任追究制等方面作出明确的规定，并付诸实施。是年成立县优化经济环境领导小组，下设优化办，负责全县优化经济发展环境的日常工作。自是年起，每年10月在全县各职能部门开展以“改进作风、优化服务、规范执法、提高效能”为主题的评议活动，形成廉洁高效、优质和谐的服务环境。

2009年3月，县委发布《中方县经济发展环境“十条禁令”》，严禁强行参工参运、强买强卖。严禁干扰企业正常生产经营秩序等，对重点入园企业和投资大户实行挂牌保护和收费明白卡制度。2010年，县政府组织公安等部门成功破获盗窃泰格林纸厂电缆线等企业资财案件4起，为企业追回损失达20多万元。

2012年2月，县委发布《中方县加强机关效能和优化经济环境十五条》，推行收费明白卡和建立重点项目企业检查报批备案制度，规范行政处罚行为，严禁单位及个人向企业索取或收受财物，严禁强行向企业拉广告、赞助、捐赠等，全年先后破获涉及工程企业建设的案件71起，调处各类矛盾纠纷383起，有效地维护各重点工程和企业建设发展环境。

2013年，开展“优化经济发展环境年”活动，开通“12345”投诉电话，在重点工程设立“工程110”，为重点工程建设和经济发展保驾护航。是年依法处置“4·24”金大地阻工、“9·22”新建堵路等事件，破获涉及经济发展的刑事案件87起，行政案件94起，排查调处涉企矛盾纠纷320起，挽回经济损失500多万元。中方县评为全市优化经济发展环境先进单位。

第六节 维护社会稳定

建县后，随着改革开放的不断推进和市场经济的深入发展，县内各种新矛盾、新问题不断出现，诱发社会政治不稳定因素渐多。少数不法分子无视政策和法律，肆意进行刑事犯罪和经济犯罪，扰乱社会治安。邪教“法轮功”、门徒会等邪教组织活动频繁。各项重点工程建设发展迅速，由此引发的矛盾纠纷增多等等，严重阻碍改革开放和经济建设的发展，加强社会治安治理，维护社会稳定，已是刻不容缓。

1998 年，县委、县政府组织开展春夏严打暨侦防双百会战、“反盗、打抢、除暴、扫丑”以及打击车匪路霸、打击邪教组织门徒会等一系列专项斗争，全县共破获各类刑案 79 起，破重大刑案 29 起，破特大案件 9 起。摧毁团伙 16 个，抓获各类违法犯罪嫌疑人员 215 人。

1999 年 9 月，县委联合作出《中方县关于社会治安综合治理一票否决权制和领导干部责任制实施办法》，对不重视社会治安综合治理工作，措施不落实，而导致治安状况不好或出现重大社会治安问题的单位及个人，否决其评先评优、晋级晋职资格。年底，黄牌警告 2 个单位。

在维稳工作上，县委始终坚持“稳定压倒一切”“责任重于泰山”的指导思想，按照“属地管理”和“分级负责”的原则，进一步建立和健全维稳工作领导责任制。2001 年 10 月，县委成立以县委书记、县长为正、副组长的维护社会政治稳定工作领导小组，制定《中方县维护社会稳定工作责任体系图》和《中方县安全生产责任体系图》，确定县公安局、县人民法院、县人民检察院、县司法局、县信访局、县交通局、县教育局、县劳动局、县民政局、22 个乡镇等单位为维护稳定成员单位，分片分线建立维稳责任区。县委与各乡镇签订维护稳定和综合治理责任状，明确党政一把手为第一责任人，各乡镇按属地管理的原则，与所辖区域内的各村、居委会、各单位订立维稳和综治责任状，在全县形成县、乡、村三级领导包干责任体系。

2002 年 9—12 月，在全县范围内开展为期 3 个月的企业、学校周边治安秩序集中整治行动，严厉打击盗窃、哄抢破坏企业生产和抢劫、伤害等严重危害学校师生生命财产安全的违法犯罪活动，共侦破各类刑事案件 101 起，抓获各类违法犯罪嫌疑人 68 人，摧毁犯罪团伙 23 个 89 人，治安处罚 350 人。通过集中整治，全县企业及学校周边治安秩序开始好转。

2003 年，县委制定《关于实行社会治安防范工作责任制查究制的若干规定》，对因治安防范工作不到位，而导致出现重特大案件发生的地区、部门和单位负有治安防范责任的责任人进行责任查究，按照社会治安综合治理“一票否决权”制的有关规定，实施社会治安综合治理一票否决。2003—2008 年，县委开展创建“平安乡镇、平安村、平安重点企业（工程）和平安家庭”活动。县委下发《关于创建“平安中方”的实施意见》，制定创建目标和标准，县乡两级采取以点带面，分别确定一批平安示范乡（镇）、村、单位、企业，并采取组织现场经验交流等形式，推动创建工作开展。通过开展创建活动，至2007年，省委、省政府授予中方县全省“平安县”。创建“平安重点工程”“规范执法行为，促进执法公正”等一批工作经验在全省推广。是年12月，县委作出《关于创建全国平安建设先进县的决定》，决定2008年在全县开展创建“全国平安先进县”活动。通过努力，2008年，获省委、省政府评为“全省平安县”，中央综治委授予中方县“全国平安建设先进县”称号。

2009—2011年，为整体推进全县社会治安综合治理，提高“平安中方”创建水平，县委在全县开展社会治安综合治理“保牌进位、争先创优”活动，平安创建水平不断提高。2009—2011年连续三年被省委、省政府评为全省社会管理综合治理先进县。2011年评为“全国五·五普法先进县”。

2012年，县委发出《〈关于进一步加强社会管理综合治理工作的实施意见〉的通知》，围绕县委“开放发展、稳中求快、快中求好”的总基调，全面加强社会管理综合治理工作，积极开展排查各类矛盾纠纷和“打四黑除四害”等专项行动，有效地维护社会大局稳定。是年，中方县获评全市社会管理综合治理先进县、“全省平安县”和“全国普法依法治理先进县”，县公安局评为“全国优秀公安局”，中方县再度荣获“全国平安建设先进县”的殊荣。

2013年，深入开展平安中方建设，完善社会治安防控体系，开展突出社会治安问题专项整治，社会政治大局稳定。中方县获评“全省社会管理综合治理先进县”“全市综治维稳模范县”，2007—2013年连续7年保持“全省平安县”称号。

第四章　纪检监察

第一节　机构队伍

1998年3月29日，中方县第一次党代会选举产生中共中方县第一届纪律检查委员会。4月28日，中方县纪律检查委员会和县监察局，实行合署办公，两块牌子，一套人员。内设8个职能机构，即办公室、党风廉政建设室（外挂县政府纠风办公室牌子）、执法监察室、纪律监察室、案件审理室、信访室（含举报中心）、宣传教育室（加挂调查研究室牌子）、监察检查室（外挂县委、县政府廉洁自律办公室牌子），核定行政编制20名。2001年后，由于工作需要，相继增设干部室、行政效能监察室、预防腐败室。2015年底，内设职能机构增至11个，编制30名。

1998年12月，全县设乡镇纪委22个，配备专职或兼职纪委书记。县直单位设纪检组、监察室，派驻机构46个。2004年1月，县纪委、县监察局对派驻纪检监察机构实行统一编制、统一调配、统一津贴、统一考核。2012年，根据中纪委有关文件精神，建立健全村级纪检组织，224个村均配备村级纪检员。2013年12月，全县建立纪检监察机构103个（不含村级），其中乡镇纪委22个，派驻机构69个。

1998年至2013年，中方县纪委历经四届，每届县纪委组成人员均由县党代会选举产生。

1998–2013年中方县纪委正副书记更迭表

表3-4-1-1

届别	职务	姓名	性别	籍贯	任职时间	备注
第一届 1998.04–2002.07	书记	刘庚有	男	湖南洪江	1998.04–2002.07	
	副书记	吴晨光	男	湖南溆浦	1998.04–2003.02	监察局长
		谢伯富	男	湖南中方	1998.04–2001.12	
		余学进	男	湖南沅陵	1998.04–2002.07	
第二届 2002.07–2006.06	书记	潘文斌	男	湖南中方	2002.07–2006.06	
	副书记	杨盛远	男	湖南中方	2001.12–2003.02	
		吴晨光	男	湖南溆浦	2002.02–2003.02	
		余学进	男	湖南辰溪	2003.02–2005.08	监察局长
		刘技元	男	湖南双峰	2003.02–2006.06	
		杨贤平	男	湖南鹤城	2005.06–2006.06	
		杨司金	男	湖南中方	2004.03–2006.06	
第三届 2006.07–2011.06	书记	谭平景	男	湖南双峰	2006.07–2011.06	
	副书记	刘技元	男	湖南双峰	2006.07–2011.06	监察局长
		杨贤平	男	湖南鹤城	2006.07–2011.06	
		杨圣近	男	湖南中方	2006.07–2011.06	
第四届 2011.06–	书记	向开林	男	湖南芷江	2011.06–	
	副书记	陈声聪	男	湖南中方	2010.11–	监察局长
		杨圣近	男	湖南中方	2011.06–2013.02	
		阮智祥	男	湖南洪江	2010.11–2012.08	
		龙自强	男	湖南洪江	2012.08–	
		郑尚荣	男	湖南隆回	2013.03–	

第二节　党风党纪教育

县纪委主要采取会议宣传、集中学习培训、案例通报、正反典型警示等形式进行党风党纪教育，不断增强党员干部廉洁自律意识和拒腐防变的能力。

1998年，在全县开展“反腐治奢、艰苦奋斗”的主题教育活动，组织党员干部观看电教片《黄昏歧路》27场，观看人数达1500人。1999年，县委将《关于党风廉政建设责任制的规定》编入全县党员冬训和民主评议工作之中，组织党员干部学习《中国共产党纪律处分条例》、邓小平反腐倡廉理论等，把廉政教育作为必授课程。

2000年，开展“三讲”教育，重点抓党的基本理论、基本路线、基本知识以及理想、信念和宗旨教育，引导广大党员干部树立正确的世界观、人生观和价值观。同时，组织党员干部观看《胡长清案件剖析》及《湛江走私案—代号“9898”》等电教片，并联系实际，剖析反面典型案例，以案说纪。如剖析泸阳镇国土所套取“株六”复线专项资金案例，在《三湘风纪》曝光后，在社会产生很强的震撼力。

2005年，结合党的先进性教育活动，配合县委开展评选“潘先文式的好干部”“十佳村干部”“十佳乡镇干部”“十佳机关干部”活动，教育广大党员干部学先进见行动，强化廉洁从政意识，争做勤政廉政模范。

2007年，在怀化电视台《中方播报》开辟《廉政中方》专栏，并以领导干部为重点，深入开展理想信念、权力观和党纪国法教育。开展“发送廉政短信、增强廉政意识”教育活动，定期向全县副科级以上领导干部发送廉政短信，宣传党纪条规。2008年，在县政府公众信息网站上开设“党风廉政”专栏，加强党风廉政建设教育。

2009年，县纪委开展新任领导干部任前廉政培训40人次，县委、县政府主要领导为全县副科级以上领导干部宣讲廉政党课，受教育人数2000余人次。2010年，对新任180名领导干部进行任前廉政谈话，给全县各级领导干部发送廉政短信1200条，不断增强廉政意识。

2013年，在全县开展“为民、务实、清廉”为主题的廉政教育活动，组织党员干部观看《学习贯彻党的十八大反腐倡廉精神辅导》和《失德之害——领导干部从政道德警示录》等正反题材电教片，观看人数近千人次。先后3次组织县地税局干部、县委党校中青班学员和县级领导、乡镇党委书记及县直单位主要负责人等400多人赴怀化监狱开展现场警示教育，集中组织全县620多名党员领导干部观看由市纪委策划的廉政文化“六进”主题文艺节目。

第三节 廉政机制建设

1998年，全县各级纪检监察机关全面落实中央、省、市、县委反腐败工作指示，坚持把廉洁自律工作同学习党的路线、方针、政策相结合，加强思想教育，狠抓监督检查，强化责任追究，认真解决领导干部廉洁从政方面存在的突出问题。

1999年起，县纪委监察机关协助县委、县政府每年与各单位签订党风廉政建设责任制，并对各单位执行党风廉政建设的情况进行定期或不定期的检查考核，严格执行责任追究。是年，年终考核有1个单位因管理不严取消先进单位参评资格，全县共17名党政主要领导被取消评选优秀公务员资格。

2000年，县纪委协助县委、县政府制定领导干部任前公示制、试用制、工作交流制、诫勉制等制度，在一定程度上对新任干部起到监督制约作用。

2004年，县委制定《关于中方县领导干部述职述廉的规定》。是年，全县各级领导班子成员开展述职述廉194人次，县纪委负责人同下级党政主要负责人谈话63人次，对13名正科级单位的一把手进行任前廉政谈话。

2005年，县纪委协助县委、县政府积极推行职务消费货币化改革，制定《中方县公务通讯话费定额补贴管理办法》，并对全县行政、事业单位公务接待费用实行定额，从源头上预防和治理腐败。

2006年，推行领导干部离任经济责任审计制度，是年对县交通局局长等10位主要领导进行责任审计，查出违纪金额7.5万元和管理不规范资金46万元。

2007年，县纪委监察机关与有关部门推行行政审批制度、财政管理制度改革，在20个政府组成部门推行县委问责制试点，实行一站式审批。深化部门预算、国库集中支付和政府投资评审工作，加强“收支两条线”监管，将全县所有二级机构全部纳入会计核算中心管理，强化监督检查，全年杜绝各类乱开支210万元。

2008年，县委制定党政主要负责人原则上不直接分管财务、干部人事、工程建设项目的制度，对“一把手”实行限权，建立健全“正职监管、副职分管、集体领导、民主决策”的工作机制。同时出台党政主要负责人向县纪委全会述廉并接受评议的暂行办法，建立健全日常监督和集中评议相结合的监督机制。

2009年，县纪委出台《中方县党风廉政建设责任制实施办法》《中方县机关单位及其工作人员违反工作纪律行为处理暂行规定》《关于厉行节约严格财政支出管理的实施意见》《关于进一步加强公车使用管理的紧急通知》等一系列党风廉政建设配套制度，严格按制度决策、管人办事。

2011年，县纪委出台《关于重大项目向纪检监察机关报告的暂行办法和实施细则》和

《中方县机关作风建设末位淘汰制实施办法》，对机关作风建设年度考核中排名末位单位的党政“一把手”按程序予以免职。是年，对3名上班时间打牌的科级干部进行立案调查，并给予政纪处分。

2012年，规范村集体资金管理，出台《中方县村集体资金管理办法》，在全县214个村成立村务监督委员会，加强对村级财物的监督。同时，强化对机关事业单位在编不在岗人员管理，出台《中方县机关事业单位在编不在岗人员处理暂行办法》，有效防范和杜绝干部“吃空饷”行为。

2013年，县政府颁发1号文件《关于加强政风建设的若干规定》，全面推行问责追究制、开门办公制、行政承诺制、首问负责制、限时办结制等制度。同时，制定外出考察、调查研究、检查考核等改进作风的“六条规范”，明确严禁玩忽职守、滥用公款、参与赌博等强化纪律的“六个严禁”等密切联系群众和改进作风的长效机制。

第四节　违纪违法案件查处

1998—2013年，县纪委监察机关将查案工作纳入各单位年度考核内容，实行领导包案制和全年办案制，举办业务培训班和案件经验交流会，不断提高办案水平。县纪检委还与公、检、法、审计等执法执纪部门建立相互移送案件制度，凝聚办案合力。

1998-2013年中方县党员违纪案件统计表

表3-4-4-1　　单位：人

年度	党员处分分类							干部职级				行政处分分类						
	处分总数	警告	严重警告	撤消职务	留党察看	开除党籍	免予处分	处级	科级	一般党员干部	一般党员	处分总数	警告	记过	记大过	撤职	开除公职	免予处分
1998	10	2	5	1	1	1	—	—	6	4	—	4	—	1	1	2	—	—
1999	20	8	3	—	4	4	1	—	8	6	6	5	2	—	1	—	2	2
2000	62	30	11	1	2	18	—	—	26	22	14	9	3	4	1	1	—	—
2001	19	6	2	—	—	10	1	—	3	12	4	6	1	2	1	—	—	2
2002	36	21	5	—	1	9	3	—	13	23	—	27	16	9	—	1	1	4
2003	40	16	12	—	3	9	—	—	5	5	30	32	14	8	6	1	3	—
2004	52	23	12	—	5	8	—	—	18	5	29	25	6	10	2	3	3	1

续表

年度	党员处分分类							干部职级				行政处分分类						
	处分总数	警告	严重警告	撤消职务	留党察看	开除党籍	免予处分	处级	科级	一般党员干部	一般党员	处分总数	警告	记过	记大过	撤职	开除公职	免予处分
2005	29	13	6	—	—	10	1	—	2	5	22	20	11	3	3	2	1	—
2006	38	15	11	1	1	10	—	—	4	11	23	10	6	1	1	—	—	2
2007	21	5	—	—	2	14	—	—	2	19	—	6	1	4	1	—	—	2
2008	35	11	6	—	7	11	2	—	5	30	—	10	3	4	2	—	—	—
2009	29	4	5	—	—	20	—	—	5	24	—	13	5	3	2	2	1	—
2010	21	2	1	—	—	18	—	—	3	18	—	6	2	2	1	—	1	1
2011	31	7	1	—	2	21	—	—	8	23	—	16	4	4	5	3	—	1
2012	31	9	8	—	1	13	—	—	10	21	—	13	5	3	4	1	—	1
2013	61	18	6	1	1	35	—	—	13	11	37	24	8	7	1	3	5	2

第五节　执法监察

一、财务工作的执法监察

1998年2月，县纪委执法监察室会同有关部门对全县13所中小学156个收费项目进行清理检查，查处违纪金额7.5万元。4月，查处县地矿局副局长余某在任原怀化市矿管办副主任期间，使用白条收取资源补偿费且私存私放的违纪行为，收缴违纪金额5000元。10月，查处蒿吉坪乡政府农工商公司使用非法票据乱收费、滥发补助等违纪问题，涉及违纪金额5.67万元，收缴财政5444.74元。2000年，县监察局严查私设“小金库”、公款私存、擅自使用非法票据收费等行为，对县煤炭工业局、县计划委员会、县宗教局等单位财务管理、收费管理情况进行执法，查处违纪金额197.1万元，挽回经济损失49.1万元。2001年，组织县财政局、审计局对县直单位、乡镇政府及七站八所的银行账户开展全面清理，共清理单位501个，查处违纪金额197.47万元，挽回经济损失1262万元。2002年，先后查处中方、牌楼、桐木、花桥、泸阳、炉亭坳等乡镇卫生院超标收取医学出生证工本费、违规报账及县残联私设“小金库”、滥发补助等违纪问题，共查出违纪金额83.6万元，挽回经济损失21.7万元。2003年，查处县人民法经济庭私设“小金库”，违规报账、滥发补助等违纪问题，涉及违纪金额18.69万元，挽回经济损失2万元。查处泸阳中学乱收费、滥发补助等违纪问题，涉及违纪金额34.55万元，收缴违纪金额6.5万元。2007年，查处县农机局私设“小金库”146万元的违纪案件，并对6名相关责任人予以立案查处。2008年10月，联合县财政局对全县各部门2005-2008年津补贴发放及财务收支情况进行清查，查处县运管所80.2万元，县教育局98.7万元，对涉及单位主要负责人进行诫勉谈话，收缴违纪资金41.8万元。2009年，查处县交通局农村公路管理站违反财经纪律滥发津补贴问题，收缴违纪资金1万元。2011年9月，对锦溪、活水等乡镇财务管理进行执法监察，查处曾任活水乡党委主要负责人董某挪用公款2万元的违纪案件，给予当事人党内警告处分，并收缴违纪所得上缴财政。2012年，查处新建镇黄金村设立账外账及收入不入账等违反财务管理案件，涉案资金达10万元，给予该村党支部书记蒲某党内警告处分。2013年，查处县广播电视局违反财经纪律案件，原局长覃某、网络公司经理张某被立案查处，收缴违纪金额31万元。查处县一中私设“小金库”98.4万元的违纪案件，追缴余额40万元，1名涉事责任人员被立案调查。

二、专项资金的执法监察

1999年，县纪检监察机关查处县质量技术监督局擅自处置国有资产、截留财政收入5.6万元，以及加重企业负担，向15家个体私营企业收取捐赠、赞助费1.71万元的乱收费行为等违纪问题，收缴违纪金额2.71万元。2000年，对全县1998-2000年人事社保、劳动社保、民政等部门的社保资金管理使用情况进行重点检查，查处违规提取管理费收入、退管费收入23.26万元，挪用养老调剂专项资金16万元，公款旅游3560元，乱发奖金补助2.43万元的违纪问题。2001年，查处县移民局私设“小金库”65621.36元，低价处置房产，造成国有资产流失83520元等违纪问题，为国家挽回经济损失11.92万元，避免经济损失23万元。2002年，开展对国债资金、社保资金专项检查，挽回经济损失21.7万元，避免经济损失7.08万元。2003年，对县民政局自然灾害救济金、城镇居民最低生活保障金、抚恤金等专项资金管理使用情况开展执法检查，查处挤占、挪用专项资金、私设“小金库”、滥发补助、公款旅游、违规报账等违纪问题，涉及违纪金额34.95万元，挽回经济损失2.5万元。2005年，加大对建设领域拖欠农民工工资的清欠和城镇房屋拆迁补偿资金到位情况的清查力度，共清理出拖欠农民工工资46万元，通过督促，全部兑现到位。2010年，清查2007—2009年全县强农惠农资金4.52亿元，涉及90余个项目，共查出违纪违规使用强农惠农资金情况5起，涉及金额133.547万元。2011年，对2008—2010年农机购置补贴管理资金进行专项清理，查处4家经销商通过虚签不售的方式套取国家补偿资金24万元的违纪案件，对相关责任人员进行处理。2012年，查处县五龙溪水库管理站套取国家投资大坝除险加固及骨干渠系节水改造工程资金410万元和私设“小金库”180万元的重大违纪案件，站长卿某、副站长王某被移送司法机关处理。2013年，对县畜牧局畜禽良种补贴、标准化规模养殖场以及渔业燃油补贴项目、县林业局林业用地审批（收费）和国土局非煤矿山监管开展执法监察，查处

3个方面的违纪问题，收缴违纪资金30万元，处分领导干部2名，诫勉谈话3人。

三、建设领域的执法监察

2001年，深入开展经济领域的执法监察、整顿和规范经济建设秩序，着力从源头上入手，规范公开招投标行为，先后对县敬老院、县职业中学科教楼及职工宿舍楼、县档案局综合楼等建筑工程的招投标会议进行全程监督，杜绝明招暗不招违纪现象的发生。对县供销社建设工程私自议包的问题进行查处，给予单位行政处罚，并责令重新公开招投标。对怀化市建筑工程公司非法转包中方县第一中学科教楼行为依法作出限期整改，并处罚金5000元。2011年，查处县运管所副所长尹某放任、默认亲友滋事，干扰国家重点工程——吉怀高速公路施工案，尹某受到党内警告处分。2013年，对全县2012–2013年的133个新、续建政府投资项目进行专项督查，发现25个工期延长、7个监管不到位、53个程序不规范工程项目，约谈相关责任人，召开专题会议进行整改，制定出台《中方县政府投资项目工程签证管理暂行办法》和《中方县政府项目质量安全社会监督管理办法》等规范性文件，加强对政府投资项目监督管理。

四、安全生产的执法监察

2000年5月，县监察局对铁坡镇政府干部下乡发生的一起3死7伤，造成经济损失达40万元的特大交通事故，按事故案件管理权限参与事故的调查处理进行监督，并经市纪委、市监察局同意，给予该镇党委书记杨某党内严重警告，镇长杨某行政记大过处分。2001年，配合县安监办、煤炭、地矿等部门对全县22个乡镇的煤矿进行全面整治，取缔非法煤矿40个，关闭不具备安全生产条件的煤矿9个。先后协同县质量技术监督局开展农资产品质量检查，查处农质产品质量违法案件54件，涉案价值213万元。2003年3月，对花桥镇牛角冲煤矿发生的安全责任事故进行调查，追究3名相关人员责任。2006年，查处铜鼎乡“6·20”锰矿垮塌事故，处理相关人员4人，查处铁坡中学“9·14”学生群体中毒事故，给予行政免职4人。2007年协助市纪委完成对牌楼镇“5·16”农用车交通安全责任事故调查，处理相关责任人5人。2011年11月，查处蒿吉坪乡“5·30”农用车翻车致5死8伤的特大安全交通事故，处理相关责任人8人。12月，查处锦溪乡“7·16”农用车翻车致6死6伤的特大交通事故，处理相关责任人12人，其中行政撤职1人。2012年12月，泸阳牛栏处煤矿发生特大瓦斯爆炸事故，造成7人死亡1人重伤，直接经济损失达480多万元。县纪委于2013年10月，对县煤炭局、公安局、泸阳镇政府等部门9名相关责任人员分别予以相应的党纪政纪处分。

第五章　组织工作

第一节　党员队伍

一、党员发展

1998 年，全县有党员 10692 名，其中男党员 9489 名，女党员 1203 名。

1999–2000 年，县委加大多年来未发展党员的村和党员空白组的党员发展工作力度，期间，全县共培养建党积极分子 947 人，发展新党员 605 人，其中农村新党员 423 人。

2003 年，发展党员遵循“保证质量、改善结构”的指导方针，把重点放在党员队伍年龄和文化结构上。全年发展党员 254 名。其中年龄在 35 岁以下的占 63%，36~45 岁的占 32.6%。具有高中以上文化程度的占 68.5%，初中文化程度的占 28%。

2004 年起，在党员发展工作中全面推行公示制、审查制和责任追究制，严把党员质量关。是年发展党员 170 名，预审发展对象 198 名，通过公示程序和审查关，有 2 人不过公示关而未予发展，26 人经审查暂缓发展。

2006 年，党员发展严把“入口”关，坚持“成熟一个，发展一个”。是年共发展党员 280 名，审查 321 人，其中审查同意 271 人，补报重办同意 9 人，暂缓发展 41 人。

2008 年，党员发展工作实行目标责任制。要求每个村每年要发展党员 1 名以上，每两年要发展 1 名 35 岁以下的年轻党员，消除 3 年以上没有发展党员的村。党员发展坚持向致富能手、高素质青年、非党村干部倾斜。全年发展党员 271 名，其中大学以上学历 84 名，占 31%，35 岁以下 196 名，占 72.3%，党员队伍的知识和年龄结构不断优化。

2009 年，建立健全农村发展党员工作机制，创新发展农村党员工作机制。以乡镇为单位建立农村优秀人才库，对农村优秀人才实行“一对一”帮带培养。实行团组织推优入党、在产业链条和流动党支部发展党员等方式，有效地解决青年入党、优秀农村致富带头人和流动党员入党的难题，全年共发展农村党员 405 名。

2011 年，发展党员工作实行重点单位挂牌管理，是年，发展农村党员 268 名，消除农村发展党员“空白村”。

2013 年，严把党员发展“入口”关，发展党员实行定人定责定目标，明确乡镇党委书记、村支书、乡镇组织委员的工作职责，形成县委组织部抓总，乡镇抓指导，村级抓落实的“三级职责整体推进”发展党员格局，是年，全县发展农村党员 346 名，全是生产、工作一线党员，女性党员占 38%，35 岁以下年轻党员占 61%，高中以上文化程度党员占 79.5%。是年底。全县有党员14403 名，其中女党员 2564 名，少数民族党员 538 名。

二、党员教育管理

1998年，县委在全县党员、干部中开展“三学一提高”（学理论、学经济、学法律、提高驾驭市场经济能力）活动，将“述学”“评学”“考学”有机结合起来。县委从9月起用半年的时间在全县党员、干部中开展抓“四治”（治奢、治浮、治懒、治假）兴“三风”（兴勤奋学习之风、调查研究之风、勤俭节约之风）集中教育活动，着力解决党员、干部思想作风方面存在的突出问题。

1999年5月，县委为增强农村党员的带奔能力，积极开展“共产党员户”挂牌活动。在全县22个乡镇为4000名农村党员挂上“共产党员”牌额，不断增强农村党员的光荣感、使命感和责任感。

2001年，深入开展“三个代表”重要思想学习教育活动。2—7月，在全县22个乡镇机关和83个县直部门、359个驻乡镇单位开展学习教育活动。12月，全县共有7051名农村党员参加冬训，参训率达90.6%。在开展民主评议党员工作中，全县共评出优秀党员1217名，处置不合格党员143名，其中劝退26人，限期改正117人。

2002年，县委在全县党员和干部中掀起“一学三带头”爱民活动（学习周福坤精神，带头深入基层亲民，带头苦练本领富民，带头解决问题安民）的热潮。在活动中，全县1800多名干部深入基层，送技术165项，解决问题421个，为群众办实事2210多件。

2003年10月，县委在农场乡开展“党员挂牌亮身份，致富奔小康”活动试点。试点成功后，挂牌活动在全县211个农村党支部普遍开展起来。是年底，全县开展民主评议党员工作，有99%的党员评为合格，评出一批优秀党员，给予表扬鼓励。评出不合格党员99名，分别予以限期改正、劝退和开除党籍。

2004年，制定农村外出流动党员管理办法，建立县级流动党员信息管理库，对外出务工、经商的党员建立流动党员管理台账，发放流动党员活动证，设立流动党员咨询热线，实行动态管理和服务。为加强管理，县委在广东省建立中方县驻深圳流动党员支部，铜湾、锦溪、铁坡、丁家和蒋家5个乡镇在怀化城区分别建立驻怀流动党员党支部，强化流动党员的管理，基本消除流动党员管理“盲区”。同时，利用发展农村党员干部现代远程教育契机，在全市率先完成第一批远教站点建设，为党员培训和党员电化教育奠定基础。

2005年2月，县委根据省、市委的统一部署，用一年半的时间，分三批在全县党员中开展保持共产党员先进性教育活动。6月，85个县直机关、企事业单位、106个基层党组织、1477名党员结束第一批先进性教育活动。在活动中，县委开展公开评选3个“十佳”干部（十佳村干部、十佳乡镇干部、十佳机关干部）、组织“千名机关干部职工下基层跟班学习”活动，全县1418名党员干部下基层，扶助特困学生542名，与困难户结成帮扶对子1795对，为群众化解矛盾纠纷排忧解难1627件。集中教育活动得到中央巡视组的充分肯定。7 月，第二批先进性教育活动开始，主要是在办事处、乡镇机关及站所、学校共 371 个单位、143 个基层党组织进行。第三批保持共产党员先进性教育活动从 10 月—翌年 1 月，主要是在农村党支部中开展，共 216 个党支部参加。广大党员积极参与，认真查找和改进自身不足，充分发挥党员模范带头作用，围绕发展献计献策，该活动促进社会经济的发展。

2007 年 6 月，县委组织全县党员干部学习贯彻中共十七大精神，深入开展实践科学发展观活动，教育党员用新的视角认识“科学发展观”，把全县党员干部和广大人民的思想和行动统一到中共十七大精神上来，围绕县委工作大局，立足岗位，全面推进二次创业，全县掀起二次创业的热潮。

2008 年，县委在全县党员干部中开展以“科学发展、富民强县”为主题的解放思想、改进作风、加快发展的大讨论活动。把求真知、务实效贯穿活动始终，以大讨论活动推动全县“二次创业”。县委以活动助推工作开展，为支援四川汶川地震灾区，组织全县广大党员和干部积极交纳“特殊党费”，380 个党支部的 4513 名党员自觉交纳“特殊党费”43 万多元。

2009 年 3 月，根据中央和省市委的安排部署，在全县 447 个党组织和 12636 名党员中开展深入学习实践科学发展观活动。活动分两批进行，每批半年左右，历时一年。在学习实践活动中，县委精心组织，在高质量地完成好“规定动作“的同时，创造性地开展“自选动作”。如，县委组织开展“我为中方发展献一计”“乡村书记谈科学发展”“旺市融城推进月”等主题活动，坚持在学习中实践，在实践中发展，推动全县的科学发展。在活动中，大力推介先进典型，以先进为榜样，2010 年 3 月，县委、县政府隆重表彰花桥镇等 40 个先进单位、50 名先进个人。

2010 年 4 月—2013 年 5 月，县委按照省、市委的要求，在全县 484 个基层党组织和 13070 名党员中深入开展以创建“五个好”（领导班子好、党员队伍好、工作机制好、工作业绩好、群众反映好）先进基层党组织，争当“五个模范”（自觉学习的模范、执行政策的模范、服务群众的模范、爱岗敬业的模范、遵纪守法的模范）共产党员为主要内容的创先争优活动。活动围绕县委、县政府提出的“一年一大步、三年一大变”阶段性目标，深入开展“一抓三帮”（抓执行力建设，帮群众解忧、帮企业解困、帮基层解难）主题活动，大力实施干部联村、农村党员科教富民工程，推动创先争优活动深入开展。在活动中，大力选树典型，在全县推选和表彰 30 个优秀基层党组织和 100 名优秀党员，使基层党组织和广大党员学有榜样，赶有目标。同时，注重宣传报道，在《湖南日报》《怀化日报》等报上稿 54 篇，其中“中方县设岗定责助推农村无职党员争优秀”的做法先后在《湖南日报》、湖南卫视、湖南经视、《三湘都市报》等省内主要媒体进行集中宣传报道。2013 年，牌楼镇陈家湾村党支部、湖南金大地公司党委评为全省创先争优先进基层党组织。

2013 年，县委对党员实行网格化管理，打破现有行政区划，按照“居住相近、利于管理、便于服务、便于集中、便于活动”的原则，全县229个村（社区）共划分652个网格，配备党小组长、副组长968人，明确网格信息员470名，做到“场地、机构、人员、职责”四落实，建立党员干部职工基础信息、党建工作开展情况、民情信息、重点管理对象信息等4大类基础工作台账，依托网格化信息平台党建工作统筹管理模式，开展公开承诺、分类定级、月工作小结、无职务农村党员设岗定责等工作，增强党员服务能力。

第二节 基层组织建设

1998年，全县开展创建基层党组织建设先进县活动，制定《中方县创建基层党组织建设先进县三年规划（1998—2000年)》。创建活动主要围绕“六好”（一个好班子、好思路、好制度、好队伍、好格局、好效果）目标开展。从是年5月开始，县委重点抓基层党的组织建设和整顿，全县着重抓锦溪乡的桃江村，龙场乡的茶田村、蒿吉坪的三岔溪村、石宝乡的贵鱼村等16个特困村和后进村党支部的建整示范，从县直机关选派工作队员32名，乡（镇）政府机关抽调16名，共48名干部开展建整扶贫工作。建整工作主要是帮助整顿落后党支部，制定并完善支部各项制度，增强党支部带领群众致富、奔小康能力。

1999—2001年，县委加大对后进党支部的整顿帮扶力度，实行“县级领导联乡办点，后盾单位包村联乡，一定三年不变”的原则，既抓扶贫开发，又抓村党支部整顿建设。1999年，安排建整扶贫联系点19个，其中市级点3个。办点县级领导22名，后盾单位64个，驻村工作队与县委领导签订建整扶贫工作目标管理责任状。2001年，全县27个县直单位作为建整扶贫的后盾单位分包11个建整村，市级联系点4个。3年间，县委工作队帮助并指导基层党支部建立并完善支部大会、党员学习教育、民主评议党员、党员联系户和党员带头科技致富等各项制度，共调整支部班子14个，调整支委18名，其中支部书记7名。共发展党员83名，培养建党积极分子207名，处置不合格党员23名，培养村级后备干部35名，经调整的14个村党支部有12个跃入先进支部行列，全县村级基层党组织的凝聚力和战斗力明显增强。

2002年，根据中共中央的决策和省、市委的统一部署，分三批在全县基层党组织中，深入开展“三个代表”重要思想学教活动和“一学三带头”爱民活动，县委作出《关于向潘先文同志学习的决定》，在活动中建立“干部经常受教育，农民长期得实惠”的长效机制。在乡镇基层认真落实干部职工“一人学一技”、首问责任制和墟场联合办公等爱民便民制度。全县掀起为民办实事、为民解忧活动的热潮。

2004年5月，根据省、市关于开展基层党组织“三级联创”（创建农村党基层建设先进县，“六好”乡镇党委，“五好”村党支部）活动要求，下发《关于深入开展“三级联创”活动，全面加强基层党组织建设的意见》通知，并结合“一学三带头”爱民活动，在全县基层党组织中深入开展“学习十六大、学习新党章”、学习郑培民的主题教育活动，着力解决少数党员干部和部分单位中存在的群众观众淡薄、服务意识不强和办事拖沓推诿、效率低下的突出问题，牢固树立爱民思想。同时，为加强干部作风建设，县委在乡镇和县直机关集中开展转变干部作风的教育活动，重点治理干部队伍中存在的“懒、散、虚、赌”的问题。县委制定五项措施整治乡镇干部“走读”现象，采取查岗、暗访等形式对乡镇干部的在岗情况进行不定期督查，并将督查情况在全县通报。为转变干部作风，全县共评出7名潘先文式的好干部，并组成“潘先文式好干部”先进事迹报告团，深入县直机关、乡镇巡回演讲，听众达2.1万人。

2006年，县委采取以点带面，整体推进的做法，狠抓基层党建示范点建设。全县开展以中方镇荆坪村创建省级基层党建示范点为重点的46个基层党建示范点工作。是年底，荆坪村等4个基层党组织受到怀化市命名表彰，荆坪村党支部评为“全国先进基层党组织”“全省先进基层党组织”。经过努力，全县基层党建示范创建整体水平得到提升。

2007年6月，创新非公有制企业党组织建设，对符合条件的13个非公有制企业组建党组织，出台《中方县民营企业党组织工作规则》，3名以上的正式党员的民营企业都建立党的组织。在民营企业大力开展“为企业做贡献，为党旗添光彩”为主题的“双为”活动，向企业选派党建工作指导员和联络员。全县共建非公有制企业党总支1个，党支部13个，联合支部1个，非公有制企业党组织建设得到普遍加强。

2009年，县委制定《中方县基层组织建设工作规划（2009—2012年）》，出台《关于加强村党支部书记队伍建设的实施意见》。加强党员服务中心（站、点）建设，依托各级党组织活动阵地，全县设立县级党员服务中心1个、乡镇党员服务站22个、村级服务点211个、院落服务岗37个，积极构建县、乡、村三级一体化党员服务网络。

2010年，按照“资源共享、优势互补、城乡共建”的原则，建立干部联村新机制，县级领导建立联系点13个。县直机关党员班子成员与全县213个行政村全部建立帮扶对子，一定三年不变。全县共帮助联系村整顿村级班子12个，培养后备干部315人，帮建或修缮村级活动场所3个，建立基层党建示范点38个。同时，稳步推进“党建示范带”建设。从县直机关、乡镇、学校、医院中遴选32个“工作基础扎实、党建特色鲜明”的基层单位作为重点创建单位，通过领导分片联点、强化督查、经验交流、现场指导等多措推动，形成“泸阳＋花桥＋金大地”“新建＋袁家＋铜湾”“中方＋牌楼＋桐木”3个党建示范带。

2012年，开展基层组织建设年活动，按照“抓落实、全覆盖、求实效、受欢迎”的工作要求，坚持因地制宜、分类定级、强化指导，重点抓好组织体系、骨干队伍、活动载体、工作制度及阵地建设等九个方面基层党组织建设，着力解决基层党组织建设中存在的运转保障投入不足，流动党员管理难，少数基层党组织软弱涣散、凝聚力和战斗力不强等突出问题。全县完成

462个党支部分类定级。开展组织建设年活动，有力提升全县基层党组织战斗力。

2013年，县委对全县487个党支部进行分类定级。全县定级为“好”类党组织118个，占24.2%。“较好”类党组织214个，占43.9%。“一般”类党组织112个，占23%。“较差”类党组织43个，占8.8%。针对分类定级结果，组织基层党组织开展晋位升级工作，从有关乡镇选派党员干部担任“第一书记”，重点帮助“较差”和“一般”村党支部，加强村级班子建设和党员队伍建设，促进全县基层党组织建设水平的整体提升。

1998—2013年中方县基层党组织及党员基本情况一览表

表3-5-2-1　　单位：人

年度	党委	党组	总支	支部	党员	性别		民族		年龄结构			学历情况		
						男	女	汉族	少数民族	35岁及以下	36–59岁	60岁及以上	大专以上	高中、及中专	初中及以下
1998	23	43	—	416	10692	9489	1203	10558	134	2401	5879	2412	795	2472	7425
1999	28	47	—	416	10879	9590	1289	10703	176	2395	5887	2597	943	2574	7362
2000	28	47	—	417	11079	9722	1357	10892	187	2281	5734	3064	1121	2642	7317
2001	28	43	—	414	11177	9870	1307	10967	210	2073	5862	3242	1235	2665	7227
2002	29	43	10	418	11339	9860	1479	11126	213	2152	5926	3261	1376	2764	7199
2003	29	45	12	425	11525	10060	1465	11297	228	2183	5750	3595	1396	2963	7166
2004	25	49	12	424	11640	10077	1563	11395	245	2120	5813	3707	1589	2950	7101
2005	24	50	12	421	11852	10207	1645	11586	266	2083	5930	3839	1782	2964	7106
2006	23	53	14	424	12035	10313	1722	11741	294	2057	6033	3945	1978	3022	7035
2007	23	54	13	448	12315	10529	1786	12002	313	2090	6104	4121	2138	3139	7042
2008	23	54	14	446	12517	10655	1862	12189	328	2123	6172	4222	2298	3241	6978
2009	24	20	14	440	12973	11089	1884	12606	367	2794	6699	3480	3266	3741	5966
2010	24	47	15	455	13223	11103	2120	12786	437	2274	6512	4437	3132	3197	6894
2011	25	52	16	472	13657	11390	2267	13196	461	2413	6729	4515	3367	3355	6934
2012	25	52	16	498	14251	11786	2465	13741	510	2633	7069	4549	3528	3611	6845
2013	25	53	16	500	14403	11839	2564	13865	538	2690	7048	4665	3698	3772	6812

第三节　干部任免

1998年，按照“群众推荐、组织考察、县委集体讨论决定”的程序，配齐配强县直107个副局以上单位领导班子，对4个经济联络处、22个乡镇领导班子进行全面考察，选拔任用乡镇领导干部289人，其中交流任职70人，提拔优秀年轻干部30人。

1999年，县委在乡镇干部中开展增强政治组织观念、群众观念、政策法制观念和勤政廉政观念等“四个观念”教育活动。全县4个经济联络处、22个乡镇，1645名干部参加教育活动。在活动中，组织干部学习政策理论和法律法规，重点学习《乡镇干部增强“四个观念”教育读本》及相关文件。坚持正面教育、思想教育的原则，突出“实”，立足实际，立求实效。引导乡镇干部学先进，赶先进，响亮地提出“远学周福坤，近学身边人，点亮一盏灯，照亮一大片”的口号，在全县共树立桐木镇农技站站长潘先文等35个先进典型，以先进为榜样，紧密联系实际，集中解决干部中存在的不安心乡镇工作、作风粗暴、工作不深入、不细致等突出问题。

是年，考察任免干部248名。县委积极推行公选公示制度，按照“公开、平等、竞争、择优”的原则，公开选拔22名优秀大中专毕业生，安排到22个村任村主任助理。

2000年6月，根据中央、省、市委的统一部署，在县委、县人大、县政府、县政协四大家以及县纪委、组织部、宣传部、检察院、法院、公安局等“六小家”领导班子及成员中开展以“讲学习、讲政治、讲正气”为主要内容的“三讲”集中教育活动。县委组织全体县级领导及“六小家”领导班子及成员在党校进行为期7天的封闭式集中学习培训，撰写学习心得50多篇。为改进干部作风，县委制定《关于改进县级领导干部工作作风的十条规定》《关于追究违反党风廉政建设责任制行为的具体办法》等制度。同年，县委出台《关于进一步加强和改进干部管理的暂行办法》，干部选拔任用坚持“四化”方针和德才兼备原则，坚持群众公认和任人唯贤，做到公开、平等、竞争、择优。全县公开选拔5名副科级领导干部，并对拟提拔的5名干部向社会进行公示，广泛征求群众意见，确保选拔干部的质量。此举得到群众的普遍赞同。是年9月，按照市委、市政府《关于加强乡镇领导班子和干部队伍建设二十条规定》，严格乡镇干部管理，加强以学理论、学经济、学科技为重点的政治理论和专业知识学习，建立和健全工作目标管理责任制、政务村务公开、《爱民日志》登记、民主集中制和密切联系群众等制度。

2001—2004年，制定《中方县2001—2005年干部教育培训规划》。期间，共举办中青年干部培训班4期，培训中青年干部240人，举办科局级干部进修班3期，培训科局级干部160余人，开展政法干警、妇女干部、青年干部等各类培训8期，培训干部302人，组织12名乡镇主要领导赴山东、辽宁等地考察学习，选派20名干部赴江苏学习，选派24名干部参加省市委党校举办的的各类培训。2002年考察处、乡（镇）班子26个，县直单位班子83个。全县共有22名干部提前离岗，9名干部改任非领导职务，选配女干部29名。2004年，量化干部考核，建立起干部综合评估指标体系。全年共组织干部考察7次，考察干部512人，任免干部356人。对9个县直机关事业单位和12个乡镇领导班子进行合理调整和充实，共调整领导班子成员127人，其中新配备领导班子成员46人。是年县委领导与县管干部谈话470人次、诫勉谈话3人，离任审计12人。

2005年，县委制定《关于加强党的执政能力建设的实施方案》，从加强领导班子建设、强化基层组织、党员和干部队伍建设以及党风廉政建设等方面加强党的执政能力建设。县委组织全体县级领导进行为期5天的封闭式集中学习。同时，处、乡镇及县直部门各级领导班子按照县委的要求认真抓好加强党的执政能力建设有关会议精神的学习，切实解决好工作中存在的突出问题，党的执政能力得到提升。是年，县委为弘扬正气、树立典型，在全县三级干部会议上，公开评选和隆重表彰舒朝菊等10名“十佳村干部”、胡开谷等10名“十佳乡镇干部”、陈军等10名“十佳机关干部”，在全县广大干部中产生良好的反响。县委在干部的使用上，坚持以发展论英雄，凭实绩用干部。全县有39名干部在发展或服务发展中因政绩突出受到提拔重用，23名干部因作风不实、业务能力不强、不适应领导工作岗位被降职使用。

2006—2007年，重点抓乡镇领导班子结构优化。2006年在乡镇党委换届中，全县22个乡镇党委共调整领导班子成员103人，新配备领导班子成员39人，精简乡镇党委副书记42人，新当选的110名乡镇党委委员平均年龄34岁，其中32岁以下的46人，占41.8%，40岁以下的100人，占91%，具有大专以上文化程度的105人，占95.5%。2007年在22个乡镇人大、政府换届中，共提拔任职39人，异地交流任职14人，调出原领导班子成员19人，配备女干部11名，非党干部9名。

2008—2009年，严格执行《党政领导干部选拔任用工作条例》和干部调配纪律，坚持凡进必考原则，公开选拔领导干部。组织2次公开选拔科局级领导干部考试，10人通过公选走上领导岗位。

2010年，县委加强培养选拔年轻后备干部，出台《关于进一步做好培养选拔优秀年轻干部的意见》，建立中方县后备干部数据库，在册登记156人，实行动态管理，每年进行适当调整，并有计划地选派后备干部参加省、市委党校培训以及到乡镇挂职锻炼。是年，选派12名机关年轻干部挂任乡（镇）长助理，选派22名乡镇年轻干部到县直机关跟班学习，抽调30名年轻干部到县内重点工程锻炼，推荐15名年轻干部到省、市党政机关跟班学习，提拔23名年轻干部到重要岗位任职。

2011—2013年，加强乡镇党委、人大、政府、政协换届工作。2011年乡镇党委换届调整领导班子成员146人次。在乡镇党委换届工作中，开展乡镇党委委员公推直选试点工作，在桐木镇党委换届中，采取“五公开、六差额”模式，公推直选乡镇党委书记和党委委员，进一步扩大基层民主，其经验做法编录入中组部《乡镇党委换届干部人事制度改革100例》。2012年乡镇人大、政府、政协换届调整领导班子成员166人次，一批年富力强的乡镇干部走上领导岗位。同时，重视人才引进工作，成立以县委书记为组长的县人才工作领导小组，研究制定《中方县中长期人才发展规划纲要（2012—2020)》和《关于进一步加强人才工作的决定》，出台《中方县人才引进暂行办法》，安排200万元设立县人才开发基金，并从县人才开发基金中，每年安排20万元以上专项资金用于人才引进工作。引进湘潭大学、长沙理工大学等高校毕业生8人。2013年，引进县一中校长1名。

第六章　编制工作

1998年4月，县机构编制委员会成立，为县委、县政府议事协调机构，负责机构改革和机构编制管理的日常领导工作。下设县机构编制委员会办公室（以下简称县编办），定编4人，具体承办机构设置、职能配置、编制、领导职数核定和事业单位登记管理等工作。2001年机构改革，县编办为县委工作机构。2013年12月，县编办定编9人，实有8人。

第一节　党政群机构

一、机构调整

1998年4月，本着“精简、统一、效能”和实事求是的原则，中方县核定党政群机关机构共48个，县直事业机构17个。其中：

党委工作部门7个，即县委办公室、组织部、宣传部、纪律检查委员会（与县监察局合署办公，两块牌子，一套人员）、统一战线工作部、政法委员会（与县治安综合治理领导小组办公室合署办公，两块牌子，一套人员）、机构编制委员会办公室。

政府组成单位21个，即县政府办公室、计划委员会、经济发展委员会、建设局、科学技术局、教育局、公安局、司法局、民政局、财政局、人事局、劳动局、交通局、农业局、林业局、水利水电局、文化局、卫生局、计划生育委员会、监察局、审计局。

县人大机关、县政协机关和群众团体机构7个，即县总工会、团委、妇女联合会、科学技术协会、工商业联合会（总商会）、残疾人联合会、文学艺术界联合会。

政府工作机构9个，即县人民政府农村工作办公室（与县委农村工作部实行两块牌子，一套人员）、人民政府财贸工作办公室、统计局、工商行政管理局、国土管理局、地方税务局、粮食局、物价局、环境保护局。

检察机关机构1个：县人民检察院。

审判机关机构1个：县人民法院。

县直事业机构17个，即县技术监督局、广播电视局、体育运动委员会、档案局、农业机械管理局、畜牧水产局、农村经济经营管理局、移民开发局、地质矿产局、农业综合开发办公室、史志办公室、供销合作社联合社、县委党校、煤炭工业局、房地产管理局、旅游局、蔬菜办公室。

2001年12月，县乡机构改革，县委设置工作机构7个，即县纪律检查委员会、县委办公室、组织部、宣传部、统一战线工作部、政法委员会（与县社会治安综合治理领导小组办公室合署办公，实行两块牌子一套人员）、机构编制委员会办公室、县委处理法轮功问题领导小组办公室（归口政法委员会管理，不占县委机构限额）。部门管理机构2个，即县信访局，由县委办公室、县政府办公室共同管理，以县政府办公室管理为主。县文化局（加挂县新闻出版局、版权局牌子）由县委宣传部、县政府办公室共同管理，以县政府办公室管理为主。

这次改革，政府机构不再分组成单位和工作机构，统称政府工作部门。县政府设工作部门20个，即县政府办公室（加挂农村改革试验区办公室牌子）、发展计划局、经济贸易局、教育局、科学技术局、公安局、监察局（与县纪律检查委员会合署办公，列入政府工作部门序列，不计入政府工作机构个数）、民政局、司法局、财政局、人事局、劳动和社会保障局、国土资源局、建设局、交通局、水利局、农业局、林业局、卫生局、计划生育局、审计局。部门管理机构2个，县粮食局、环境保护局，由县政府办管理。改革后的机构总数比原有的37个减少15个，精简40.5%。人大、政协、检察、法院、群团等机构设置不变。

承担行政职能的事业机构精简为16个：县体育局、房产管理局、蔬菜工作办公室、广播电视局、农村经济经营管理局、移民开发局、农业综合开发办公室、供销合作社联合社、旅游局、扶贫开发办公室、档案局，农业机械管理局，畜牧水产局、煤炭管理局、史志办公室、农科教办公室。

2005年 4 月，县政府机构改革，设工作部门20个，在2001年设置基础上进行调整，即：撤消县经济贸易局，组建工业经济局。计划局改组为发展和改革局。计划生育局更名为人口和计划生育局。设置部门管理机构3个：县粮食局、环保局、法制办公室。县委、人大、政协、检察、法院、群团等机构设置不变。

2007年6月，增设2个群众团体机构，即县红十字会、计划生育协会。

2010年11月，县政府机构进行改革。撤消县工业局、科学技术局、人事局、劳动和社会保障局、建设局、交通局，新组建交通运输局、住房和城乡建设局、人力资源和社会保障局、经济科技和信息化局。设置政府工作部门21个，即县政府办、发展和改革局、经济科技和信息化局、教育局、公安局、监察局（不计政府机构个数）、民政局、司法局、财政局、人力资源和社会保障局、国土资源局、住房和城乡建设局、交通运输局、水利局、农业局、林业局、卫生局、人口计生局、审计局、环保局、统计局、食品药品监督管理局。县农办（农村工作部）、编办列入县委机构序列。不再设置部门管理机构，将县法制办并入县政府办，县粮食局并入县商务局。改革前县政府工作部门设置内设机构158个，改革后设置161个，剔除新组建县食品药品监督管理局5个内设机构，较改革前精简内设机构2个。县委、人大、政协、检察、法院、群团等机构设置不变。

2011年12月，县文化体制改革，撤消县文化局（县新闻出版局、县版权局）、广播电影电视局、有线电视台、人民广播电台、文化市场稽查大队、尖坡转播台6个机构，组建县文化广电新闻出版局、广播电视台、文化市场综合执法局3个机构。

二、人员编制

1998年，核定全县党政群机关行政编制456名，实有430人。政法专项编制300名，实有246人。

2001年，县机构编制部门按照中央、省、市部署，组织实施县乡机构改革，精简编制，分流人员，党政群行政编制由440名减少为337名，总体精减23.4%。政法专项编制由269名减少为256名，减少13名，精减5%。承担行政职能的事业单位全额拨款事业编制由174名减少为141名，精简率19.0%。全县各单位实行竞争上岗，拓宽分流渠道，低学历的实行离职培训。男满56周岁、女满51周岁（女职工46岁）的提前离岗不占编制。对于自愿辞去公职，自谋职业，分流到站所、行政村任职，提前退休，领办实体等人员出台一系列优惠政策。至2002年6月，全县共分流人员380人。

2006年底，全县党政群机构核定行政编制337名（不含垂直管理部门），实有407人。政法专项编制294名，实有290人。

2008年底，全县党政群机构核定行政编制383名，实有466人。政法专项编制322名，实有326人。总体呈超编趋势。

2011年，全县党政群机构核定行政编制389名，实有540人。政法专项编制328名，实有319人。

2012年7月起，对全县党政群机关及事业单位财政供养人员在编不在岗情况进行全面清理，清理出“吃空饷”人员48名。年底，全县党政群机构核定行政编制389名，实有511人。政法专项编制348名，实有333人。

2013年，严肃机构编制工作纪律，规范机构编制管理，严厉查处干部人事和机构编制领域“三超两乱”（超编制限额进人、超职数超规格配备领导干部、超范围分设党政职务、随意按年龄划线乱调整配备干部、违反规定程序乱进人）。是年3月，对42名（含1名正科级、2名副科级干部）在编不在岗人员进行辞退处理。年底，全县党政群机构核定行政编制397名，实有518人。政法专项编制348名，实有340人。

第二节 乡镇机关

一、机构设置

1998年，全县设置乡镇党政机关22个，即中方镇、牌楼镇、桐木镇、泸阳镇、花桥镇、铜湾镇、炉亭坳乡、聂家村乡、下坪乡、龙场乡、新建乡、蒋家乡、袁家乡、新路河乡、铜鼎乡、丁家乡、铁坡乡、蒿吉坪乡、接龙乡、石宝乡、锦溪乡、活水乡。设置县委、县政府派出机构4个：中方区、泸阳区、铜湾区、铁坡区。

2001年，按照乡镇人口、财政收入和土地面积三项指标计算乡镇总指数，县内将22个乡镇划分为两大类，即三类乡镇12个：花桥镇、中方镇、泸阳镇、桐木镇、铜湾镇、牌楼镇、铁坡镇、新建乡、铜鼎乡、聂家村乡、新路河乡、下坪乡。三类乡镇领导职数配备9名。书记1名，副书记2名（其中纪检书记1名），委员2名（其中武装委员1名），其他委员实行兼职，人大主席团主席1名，正副乡镇长3名。四类乡镇10个：炉亭坳乡、龙场乡、蒋家乡、袁家乡、丁家乡、蒿吉坪乡、接龙乡、石宝乡、锦溪乡、活水乡。四类乡镇领导职数配备7名：书记1名，副书记1名，武装委员1名，纪检、组织、宣传统战委员均实行兼职，人大主席团主席1名，正副乡镇长3名。各乡镇不设内设机构，只设一个综合性的党政办公室，加挂计划生育办公室、社会治安综合治理办公室牌子。除中小学校、卫生院外，设置事业机构9个：国土所、林业工作站、水利工作站、畜牧水产工作站、农村经济经营站、企业工作站、农业农机技术推广中心、文化服务中心、计划生育技术服务站。中方区、泸阳区、铜湾区、铁坡区分别更名为中方经济联络处、泸阳经济联络处、铜湾经济联络处、铁坡经济联络处。

2009年10月，乡镇机构改革实施“一办五中心”试点工作，撤消中方、泸阳、铜湾、铁坡4个农村办事处及所属的农业技术推广中心站、企业工作站和劳动保障服务站等事业机构，各乡镇内设机构和事业单位通过“撤、合、并、转”等措施合并设置为“一办五中心”，即党政综合办公室、农业服务中心、林业服务中心、规划建设服务中心、社会事业服务中心、综治维稳中心。全县共精简行政机构4个，事业单位128个。减少乡镇领导职数，按7名的标准配备，并实行交叉任职。其中，乡镇党委书记1名，党委副书记（乡镇长兼）1名。党委委员3名，其中党委委员、人大主席1名，党委委员、纪检书记1名，兼管组织、宣传、统战工作，党委委员、武装部长1名，兼管政法工作。副乡镇长2名。乡镇设立政协联络工作委员会，配备政协联工委主任1名（兼任），为正科级实职。

2011年，县机构编制部门按照中央、省、市部署，组织实施县乡镇机构改革。在2009年乡镇机构改革试点的基础上，将“一办五中心”改为“两办六中心”。“两办”即党政办公室、人口和计划生育办公室，属乡镇政府机关内设机构。“六中心”为农业服务中心、林业服务中心、国土规划建设服务中心、社会事业服务中心、综治维稳中心、人口和计划生育技术服务中心，属乡镇政府所属事业单位。

二、人员编制

1998年，乡镇机构行政编制481名，实有451人。

2001年，县乡机构改革，精简编制，乡镇机关行政编制由481名减少为385名，后勤事业编制由39名减少为22名。乡镇事业单位编制由756名减少为605名。乡镇事业单位领导职数由改革前的286名减少为198名。此后，乡镇机关补充公务员和参照管理人员，必须坚持“凡进必考”的原则，防止乡镇机构改革后人员再度膨胀。

2006年底，全县乡镇机构行政编制460名，实有419人。

2011年，对乡镇机构改革有关事项进行调整，行政编制精简为422名，实有324人。

2013年，乡镇机构行政编制422名，实有279人。

第三节 事业单位

一、事业单位登记

1998年9月，国务院《事业单位登记管理暂行条例》颁布，标志全国统一的事业单位登记管理制度全面实施。是年，全县正科级事业单位11个，副科级事业单位19个，其他各类事业单位720个，全部完成登记工作。

2001年，县乡机构改革，乡镇事业单位由改革前平均每个乡镇13个撤并调整为9个，精减30.7%。是年，全县事业登记527个，其中全额拨款事业单位421个，差额拨款事业单位41个，自收自支事业单位65个。

2002年，全县事业单位登记445个，其中全额拨款事业单位346个，差额拨款事业单位40个，自收自支事业单位59个，281个非法人事业单位过渡为法人事业单位，过渡率100%，县内不再存在非法人事业单位。

2008年起，实行事业单位网上登记。是年，办理事业单位年检484家，年检率100%，办理事业单位变更登记70家，设立登记单位2家。

2011年，推进事业单位分类改革，事业单位共划分为三大类：行政类事业单位、公益类事业单位、经营类事业单位。全县纳入分类工作的事业单位419个，其中县委、县政府直属事业单位29个，县直部门管理事业单位223个，乡镇管理事业单位132个，教育教学事业单位35所。事业单位分类改革涉及的人员共6207人。

2013年，办理事业单位年检501家，年检率100%，办理事业单位变更登记81家，变更登记率100%，设立登记单位18家，注销登记单位4家。

二、人员编制

1998年，全县各类事业单位编制5194名，实有4929人。其中：全额拨款事业编制4019名，实有人数3857人。差额拨款事业编制512名，实有人数472人。自收自支编制663名，实有600人。

2001年，县乡机构改革，精简编制，分流人员，承担行政职能的事业单位全额拨款事业编制由174名减少为141名，精简率19.5%。是年，全县各类事业单位共核定编制5527名，实有5233人。其中：全额拨款事业编制4345名，实有人数4145人。差额拨款事业编制506名，实有人数483人。自收自支编制676名，实有605人。

2005年，乡镇机构配套改革进一步推进，以2004年底乡镇事业单位和人员编制为基数，对乡镇人员编制实行实名制管理，按规定补充人员，不超编进人，严格控制乡镇机构编制增长。是年，全县各类事业单位共核定编制5699名，实有5706人。其中，全额拨款事业编制4491名，实有人数4657人。差额拨款事业编制527名，实有人数485人。自收自支编制681名，实有564人。

2006年，全县各类事业单位共核定编制5725名，实有5780人。其中，全额拨款事业编制4514名，实有人数4761人。差额拨款事业编制527名，实有人数476人。自收自支编制684名，实有543人。

2009年，乡镇机构改革，除中小学校和卫生院外，精简后核定乡镇事业编制438名，减少事业编制67名。取消提前离岗分流措施，4个农村办事处机关60名工作人员，由县委、县政府调动安置，下属56名职工，连人带编并入就近乡镇。22个乡镇所属事业单位不进行人员分流，不进行跨岗位的竞争上岗。是年，全县各类事业单位共核定编制6013名，实有5987人。其中：全额拨款事业编制4783名，实有人数5160人。差额拨款事业编制803名，实有人数460人。自收自支编制427名，实有367人。

2011年，全县各类事业单位共核定编制6207名，实有6117人。其中，全额拨款事业编制5139名，实有人数5325人。差额拨款事业编制663名，实有人数442人。自收自支编制405名，实有350人。

2013年，全县各类事业单位共核定编制6733名，实有6452人。其中，全额拨款事业编制5567名，实有人数5700人。差额拨款事业编制774名，实有人数456人。自收自支编制392名，实有296人。

第七章　宣传工作

第一节　理论教育

1998—1999年，全县理论学习的重点主要是围绕学习邓小平理论和贯彻中共十五大精神。1998年，县委中心组以“三学一提高”活动为契机，组织6次集中学习，开展形式多样的研讨活动。编印《党员干部学理论、学经济、法律知识简答》2000册，各乡镇和县直机关单位采取自学和集中辅导相结合的方式，组织党员干部学习。1999年，围绕邓小平理论和中共十五大精神，深入开展理论教育。县委中心组把《邓小平建设有中国特色社会主义若干理论问题学习纲要》《三讲教育读本》作为教材进行4次16天的理论学习，撰写理论文章61篇。5月，县委在党校举办县直机关党委、党组书记参加的学习邓小平理论研讨班，并组织全县党员干部学习邓小平理论和中共十五大知识测试。同时，开展送理论下乡活动，发放宣传资料4000多份。各乡镇文化站组织业余文艺宣传队自编自演节目，向人民群众宣传邓小平理论和中共十五大精神。

2000—2004年，全县开展“三讲”和“三个代表”重要思想及贯彻中共十六大精神的学习。2000年，县委认真开展“三讲”（讲学习、讲政治、讲正气）教育，全体县级领导干部及县纪委、组织部、宣传部、检察院、法院、公安局的班子成员统一在县委党校进行为期7天的集中教育，重点学习中共中央《关于加强和改进思想政治工作的若干意见》《“三个代表”重要论述与面向21世纪的中国共产党》《邓小平论党员领导干部廉洁自律》等重要文献，观看《周福坤事迹报告会》《使命的呼唤》《书记下乡》等电教片。县委在学习教育活动中坚持理论与实际相结合，积极开展专题研究，撰写调研文章，在市级以上报刊公开发表48篇，省级以上报刊发表14篇。

2001年，全县分三批学习贯彻“三个代表”重要思想。县委中心组以建党80周年、江总书记“七一”讲话、中共十五届六中全会精神、世贸组织与中国等为主要内容，进行4次16天的集中学习。4—5月，全县1800名干部深入村组，与农民群众“同吃、同住、同劳动”，访民情、察民忧、解民困，帮助农民调整产业结构。县委书记潘运鹏撰写的《围绕区域优势创特色、着力结构调整促发展》获中国改革开放及“十五”经济社会发展理论研讨一等奖。组织全县干部学习与实践“三个代表”重要思想交流和优秀理论文章评选活动，撰写调研文章125篇，其中被省级以上报刊采用的34篇，学习心得150篇。2002年，建立健全党委（党组）中心组学习制度，每次学习做到有计划、有记录、有效果、有总结。县委中心组集中学习7次18天，乡镇组织党员干部重点学习党建、WTO（世贸组织）知识、经济、科技和法律等内容，组织开展“党委书记讲党课”活动。县直机关单位通过组织召开演讲会、座谈会、研讨会等形式，推动理论学习和政治思想教育深入发展。2003年，学习贯彻党的中共十六大精神，县委中心组集中7天时间学习中共十六大报告，围绕“全面建设小康社会”主题，把握“解放思想、实事求是、与时俱进”精髓，深刻领会中共十六大的重大历史意义和现实意义。乡镇、县直机关、企事业单位组织开展宣讲、报告会、座谈会，举行知识抢答赛、写学习心得等活动，把中共十六大精神贯彻到基层。组织全县11339名党员参加“学习党的十六大精神和新党章”知识竞赛。县直属机关党委组织开展“我为发展做什么”的大讨论活动，并举办“爱我中方，兴我中方”演讲比赛活动。全县上下掀起学习、宣传、贯彻十六大精神的热潮。2004年，学习贯彻中共十六届四中全会作为主要内容，组织学习胡锦涛的重要讲话、《中共中央关于加强党的执政能力建设的决定》《中国共产党纪律处分条例》等专题，实行县委领导中心发言与聘请专家进行专题辅导相结合的学习制度，围绕县委、县政府年初制定的工作目标和任务，县委中心组成员深入开展理论调研活动，撰写调研文章30多篇，在《湖南日报》《学习导报》等省级报纸上发表理论文章15篇。全县各级在市以上报刊发表调研文章80余篇。

2005—2006年，全县理论教育的重点以开展保持共产党员先进性教育和树立科学发展观。2005年，全县开展保持共产党员先进性教育活动，分三批进行，用一年半左右的时间在全体党员中开展以学习马列主义、毛泽东思想、邓小平理论、“三个代表”重要思想及科学发展观为主要内容的教育活动。县委组织全体县级领导干部进行5天的封闭式集中学习，县直各单位组织集中学习不少于40学时。在乡镇，利用“流动课堂”举办乡镇理论教育骨干培训12次，培训骨干700余人。组织开展“千名机关干部职工下基层跟班学习”活动，为民办实事，以实际行动践行先进性教育活动。2006年，围绕树立科学发展观，构建社会主义和谐社会，弘扬求真务实精神，组织开展理论学习。县委书记亲自就构建社会主义和谐社会、《江泽民文选》学习进行专题讲座。编发学习简报。各级党委（组）班子成员累计学习600多人次，全县干部撰写心得体会3770多篇。

2007—2008年，全县理论教育的重点是学习贯彻中共十七大精神。为学习贯彻中共十七大精神，创新学习制度，坚持“六个一”，即坚持每月编印一份领导学习参阅，每季度安排一个课题集中学习，中心组成员每季度撰写一篇调研文章，每年推荐一批读书书目，每年精心准备一个专题讲座，每半年下基层宣讲一次。开设理论培训、党课教育、形势报告会、学习交流会等，发放宣传资料3万多份。编印《中方县干部职工政治理论知识学习读本》，组织全县干部职工进行政治理论考试。

2010—2011年，全县理论教育以开展创先争优和继续围绕树立科学发展观，构建社会主义和谐社会为重点。2010年，县委创办“中方讲坛”，开办专题讲座。组织科学发展观与新型城市化、调整经济结构与转变经济方式等 4 次理论专题学习，编写《简报》5 期，撰写理论文章 30 多篇。在乡镇党政机关坚持每周学习的例会制，实行党员干部“一人讲一课”的轮流讲课制，经验和做法被《人民日报》《经济日报》等报刊推介。2011 年，县委组织 6 次理论专题学习，其中 7 篇文章被“湘潮网”采用，《打造中方讲坛 创新党委中心组学习》被省采用。《农民读书会》被省委宣传部简报采用。市委常委、县委书记赵应云撰写的《靠扎实的工作开好局起好步》在《湖南日报》上发表。

2012 年，全县广泛开展“问政于民、问计于民、问需于民，解民惑、解民忧、解民困”等“三问三解”教育活动。在“三问三解”教育活动中，县委领导带头学习，认真撰写理论文章 30 多篇，县委书记张霞《中方“百千万“帮扶惠民》《中方三问三解促发展》在《湖南日报》上发表。

2013 年，全县理论学习重点是学习贯彻中共十八大精神。县委中心组理论专题学习 6 次。继续开展“三问三解”“学习贯彻党的十八大精神”“党的群众路线教育”等专题学习教育活动，撰写理论文章 30 多篇，县委书记张霞《坚持“三在前”办好信访事》、县长姜耀文《在旺市融城中惠民》均在《湖南日报》上发表。

第二节　社会宣传

1998—1999 年，全县开展邓小平理论“四进四入”宣传活动（进学校入课堂、进企业入车间、进乡村入农户、进街道入家庭）。各乡镇、村组普遍采取把理论学习宣传和科技学习相结合方式进行，收到较好的宣传效果。全县 22 个乡镇办农科教中心，举办科技培训班 310 多期，培训 1.8 万多人次，科技入户率达 86%。全县 211 个村以学科技为题上党课 2025 次，组织观看科教片 2000 多场，全县掀起宣传邓小平理论和学、用科技的热潮，涌现科技示范户 3920 户。

2000 年，开展“政策法律进农家”宣传活动。全县抽调 1000 余名干部利用两个月的时间下基层开展集中宣传教育，发放《农民普法简单读本》和《农村经济政策法规摘编》55000 册，张贴标语 2000 余条，印发宣传资料 8000 余份，出动宣传车巡回宣传。同时，寓教于乐，组织村民发挥“五个一”阵地的作用，编印《政策法制文艺节目选编》，组织文艺团体编排法制教育文艺节目，共演出 400 多场次，观众达 11 万余人。通过采取群众通俗易懂、喜闻乐见的宣传形式，农民了解和掌握党的政策方针及国家的法律法规，广大群众的政策和法治意识普遍增强。

2001 年，以纪念建党 80 周年活动为主线，重点开展演讲会、文艺会演、“党在我心中”读书教育和党的“辉煌历程”图片展览等活动，歌颂共产党，唱响改革开放的主旋律，全县各级单位组织开展宣传教育活动120场次。组织“反对邪教、崇尚文明”图片巡回展。深入开展“扫黄打非”活动，对音像、书籍报刊、娱乐市场进行清理整顿，倡导文明健康、积极向上的娱乐和生活方式。

2003年，以宣传贯彻中共十六大精神为主题，组织宣讲团赴22个乡镇巡回宣讲，并在湖南卫视、中央电视台《新闻联播》《早间新闻》中播发，反响较好。

2005年，全县新闻媒体、基层党组织和巡回宣讲团，围绕农民增收、建设社会主义新农村等基层热点，组织开展宣讲活动120场次，向群众发放资料2万多份。开展“文明生态走廊”创建活动，在怀黔公路209国道中方段沿线和1802省道泸阳段沿线7个乡镇设立高标准的文明宣传牌，将文明新风和环境卫生保护等内容以群众通俗易懂的语言形式进行宣传。建立文化大户制度，规定每周由文化大户组织开展一次读书读报或科普知识宣讲活动。

2006年，大力开展宣传乡风文明活动。投入60余万元，在泸阳镇新店坪村建立一座2000平方米的文化广场和文体活动中心，并在新店坪村召开全县乡风文明建设现场办公会推广经验。开展“抵制毒品，参与禁毒”为主题的禁毒宣传活动。组织开展第五届农村法治宣传月活动及第六届科技推广周活动，为群众免费发放科技书籍7000多册，资料20000多份，免费放电影700多场。

2007—2008年，创办新农村周刊，围绕学习科学发展观、新农村建设等问题开展宣讲活动200多场次，开展形势教育报告会6次，免费放电影200多场。以传统节假日为载体，加大青少年爱国主义教育力度，在学校开展“重走长征路，弘扬长征精神”“后辈难忘先烈恩”主题班会活动、“缅怀革命先烈、感恩幸福生活”征文比赛活动等。

2009年，组建文艺轻骑队，利用其“短、平、快”的优势，立足基层、面向群众，开展20多场形式多样的宣传教育活动。在县电视台开设“社科讲堂”，邀请县内党史、社科专家讲课。开办“中方生态文化论坛”，立足生态文化，邀请专家教授到中方县做讲座，着力弘扬中方生态文化。

2010年，着力宣传先进典型，结合创先争优和建设学习型党组织工作，积极推荐泸阳中心卫生院院长丁权昌和司法局、地税局等集体的先进典型，丁权昌评为全省先进个人。向市委宣传部推荐2009年“十大新闻人物”候选人彭杰的先进材料，《中方青年彭杰舍身救人》一文在《湖南日报》上发表并给予以重点推介。全年共开展形势报告会5场，每场参加人员达到200人以上，经验被“红网·中心组学习”等省级媒体采用2篇。

2012年，参加由中央电视台和光明日报社共同主办的2012年“寻找最美乡村教师”评选活动，蒿吉坪乡民族学校校长杨贤生获“最美乡村教师”特别关注奖，并结合中共十八大召开，组织中共十八大巡回宣讲团在全县宣讲50多场次。

2013年，将优秀村干部作为社会宣传重点。11月，《怀化日报》刊出《感动中方十大人物》专版。《湖南日报》B1 头条刊发《中方“流动党校”送训上门》《中方涌现百余“农民读书会”》文章。围绕学习宣传贯彻中共十八大精神，开展形势报告会 5 场，先进经验被“湘潮网”、《湖南日报》等省级媒体采用。

第三节　新闻宣传

1998—2000 年，中方县新闻宣传重点以社会主义市场经济建设及“三讲”（讲学习、讲政治、讲正气）教育。1999 年，重点在县电视台创办电视理论宣传节目，开办社会主义市场经济及农村思想政治、“三讲”（讲学习、讲政治、讲正气）系列讲座，制作理论专题片。2000 年，全县在市以上新闻媒体发稿 2162 篇，《中方大力发展混合型经济》《中方营私》《稻花香里说丰年》等系列稿件营造出大搞经济建设的良好氛围，有力推动全县经济快速发展，一批先进人物如“全市十大杰出青年”、小康陶瓷有限公司经理倪志远、全市见义勇为先进个人潘伯林等得到很好的宣传推介，引起社会普遍关注。是年，县委宣传部荣获第四届“怀化市好新闻奖”组织奖，评为全市新闻报道工作先进单位。

2001—2002 年，新闻宣传重点报道“三个代表”重要思想教育活动开展及活动涌现出的先进典型。2001 年，全县共发新闻稿 1800 篇，在中央级媒体发稿 40 篇，省市级媒体稿 200 多篇，其中在《湖南日报》《怀化日报》头版头条上发表 20 篇。2002 年，全县重点推介桐木镇潘先文学科技、用科技，带领群众致富的先进典型，在《怀化日报》、怀化电视台、怀化广播电台进行系列宣传报道，引起上级部门高度重视，其先进典型在全省广泛宣传。

2003—2006 年，重点围绕中方县加快发展，组织“中方发展现象”系列宣传报道。2003 年，随着网络信息的快速发展，为最大限度地发挥新闻宣传作用，创办“中方信息网站”、刊发《中方宣传动态》、开办怀化电视台时政频道《中方播报》栏目，实现新闻宣传的“数字化”。同时，围绕荆坪古文化村的开发建设，制作《荆坪古韵》电视专题片，参加全省在欧洲举办的湖南电视周活动，在香港凤凰卫视欧洲台、美洲台轮流播出，扩大中方县在世界的知名度。2004 年，紧紧围绕“一个加快、三个跨越”发展战略，在市以上新闻媒体发稿 1800 多篇，组织采写《中方综合实力提质速度跻身全省“第一集团军”》《决战“两河流域”》等几组大型新闻通讯，从不同角度反映中方县快速发展的良好态势。2005 年，组织“中方发展现象”系列宣传报道，在《怀化日报》上刊发《白手打造生态城》《项目托起新中方》《产业拓出康庄道》等 4 篇系列报道，全面展示中方县城建设和经济发展成就。

2007 年，新闻宣传重点开展典型事迹宣传。重点推介出泸阳镇小学教师李慧的先进事迹，在《湖南日报》《怀化日报》、红网等新闻媒体上发表通讯《大山深处的“妈妈老师”》，李慧当年评为“怀化市十大新闻人物”。

2008年，新闻宣传重点围绕“中方县首届生态文化节”活动及抗冰救灾进行系列报道。2008年，中方县被省委宣传部确定为第五批舆情信息直报点。全年撰写信息调研稿20多篇，其中在《中央宣传动态》上发表1篇，《湖南宣传动态》上发表4篇，“公共文化服务体系建设”“创建文化大户”等典型材料得到中宣部及省、市领导的充分肯定，并在全省予以推介。是年，以“中方县首届生态文化节”为契机，组织系列宣传活动，在《湖南日报》《怀化日报》彩色专版中报道，编印《生态中方 绿色明珠》外宣画册，《中方十年》《中方人》等画册，创作《中方美》《铜湾是个好地方》等歌曲。围绕抗冰救灾主题，推出系列报道，其中新闻特写《中方干群背米进村》在新华网上一经发表就受到全国数十家媒体的转载，被全国网友评为2008春运十大感动人物群体。廖华武评为2008年度“怀化市十大新闻人物”。

2009—2011年，新闻宣传重点围绕“旺市融城”及“十大新闻人物”评选活动进行系列报道。2009年，重点开展“旺市融城”主题宣传，在《湖南日报》A1头条上发表《中方旺市融城人气飚升》、在《湖南日报》B1市州版上发表《中方强势推进旺市融城》等一文，并在《怀化日报》上连续刊发中方县“旺市融城”、学习实践科学发展观主题宣传活动方面的文章，向省、市重点宣传旺市融城等工作。2010年，在中央、省、市新闻媒体上频频刊发重头文章和专版，形成强力宣传声势。在《湖南日报》头版头条上发表1篇、市州版头条上4篇，在《湖南日报》A1头条上发表《“少年”奋发气象新》等文章，并在《怀化日报》连续刊发中方县“旺市融城”主题宣传文章，在《湖南日报》专版推介中方县旺市融城工作成效。开通“中方县新闻网”，组建网评队伍。是年，在红网、怀化新闻网等媒体上发稿100多篇，并被确定为省委宣传部网络舆情信息直报点。2011年，重点开展“旺市融城攻坚年”主题宣传。在《湖南日报》A1版头条上发稿1篇，市州版头条4篇。在央视二套播出的《打造生态县城，发展绿色经济》，在《湖南日报》A1头条上发表《中方新城离怀化市区更近了》等稿件，并在《怀化日报》上连续刊发中方县“旺市融城”等主题宣传活动文章。

2012—2013年，新闻宣传重点围绕旺市融城及中共十八大精神进行报道。2012年，在《湖南日报》A1头条上发表《中方“夜访农家”暖民心》等文章，县委以“三问三解”活动为载体，创新推出夜访农家、干部联村等新举措，密切党群干群关系。2013年，重点开展“党的十八大精神”“中方县首届葡萄文化节”“三问三解”等主题宣传。在《怀化日报》1版开辟“美丽中方我的梦”专栏，刊发《构筑文化旅游高地建设山水园林新城》《旺市融城：中方的“新城梦”》《强工促农：中方的“腾飞梦”》《兴旅活商：中方的“繁荣梦”》《生态立县：中方的“美丽梦”》系列稿件5篇。加强对外宣传，结合首届葡萄文化节活动，先后制作《中方旅游》《生态中方》画册等外宣品。

1999–2013 年中方县新闻报道被省以上报刊、电台采用情况表

表 3-7-3-1

年份	用稿总数	中央级		省级	
		报刊	电台	报刊	电台
1999	106	6	4	41	7
2000	74	4	3	27	—
2001	82	—	—	34	—
2002	94	2	10	20	—
2003	188	27	3	41	—
2004	148	2	—	24	—
2005	217	1	—	39	—
2006	142	1	—	10	—
2007	247	—	—	30	—
2008	178	2	—	23	—
2009	214	—	1	5	1
2010	198	—	—	5	6
2011	268	—	—	6	7
2012	324	—	—	10	—
2013	428	—	6	26	—

表 3-7-3-2 1998—2013 年中方县发表有较大影响新闻稿件统计表

刊载时间	新闻题目	媒体名称	作者	新闻类型	版面位置
1998.07.07	花甲“浪子”帮富记	《精神文明报》	杨思俏、杨田贤	消息	二版
1999.09.14	《中方民间职业剧团走俏农村市场》	《精神文明报》	张秀菊	消息	四版
1999.04.11	《三代争祖坟 一朝化干戈》	中央人民广播电台	陈利会	新闻	电台
2000.04.27	《政府“搭台”专“导演”大户“唱戏”》	《湖南日报》	肖军、张秀菊	消息	B1 版
2000.03.25	《跨省拐婴团伙在湘落网》	中央电视台新闻 30 分	陈利会	新闻	电台
2001.03.20	《中方“五子树” 树树说“春秋”》	《湖南日报》	周立志、吴湘怀	消息	B1 版
2001.04.19	《田野“农经”》	《湖南日报》	周立志、吴湘怀	消息	B1 版
2001.03.26	《中方“信息快餐”解开农民千千结》	《湖南日报》	周立志、杨思俏、张秀菊	消息	B1 版头条
2002.03.13	《中方县八成青壮年农民成为“农业工人”》	《人民日报》	周立志、张秀菊	消息	海外版
2002.09.11	《中方县吸引民间资本建县城》	《人民日报》	张秀菊、张吉人、徐德火	消息	海外版
2003.04.03	《听听农家心窝话》	《经济日报》	刘麟	消息	头版头条
2003.06.16	《20 多名民企老总当上环保“学生”》	新华社通稿	米小红	消息	新闻中心
2003.10.12	《中方一片充满希望的投资热土》	香港商报	—	—	A8 特刊
2003.01.22	《警察叔叔我的亲人》	中央广播电台	陈利会	新闻	法制新闻
2003.07.10	《湖南中方警方破获一起特大跨省贩毒案》	中央电视台	陈利会	新闻	18 点新闻
2004.10.19	《中方综合实力提升速度跻身全省“第一集团军”》	《湖南日报》	米小红、杨捷灵	消息	B1 版
2006.05.07	《中方新城无“围墙”》	《湖南日报》	伍竞轩、米小红	消息	—
2007.12.26	《中方千余党员干部“攀穷亲”》	《湖南日报》	腾勇、杨海燕、罗小洪	消息	B1 版头条
2008.01.29	《暴雪来袭 湖南中方县干部“背米进村”救灾民》	新华通讯	明星	消息	—
2009.02.11	《中方特派科技员成农民致富“财神”》	《湖南日报》	—	消息	B1 版头条
2009.04.10	《中方旺市融城人气飙升》	《湖南日报》	—	—	B1 版头条
2009.08.12	《少年中方正成长》	《湖南日报》	—	—	专版
2009.07.05	《中方县破获一起利用高速公路贩毒案》	央视	—	—	—
2009.06.30	《农村党员共庆党的生日》	湖南卫视	—	—	—
2010.03.29	《“少年”奋发新气象》	《湖南日报》	—	—	一版头条

续表

刊载时间	新　闻　题　目	媒体名称	作　者	新闻类型	版面位置
2010.06.30	《干部，干事的“部队”》	《湖南日报》	—	—	四版
2010.09.22	《而今迈步从头越》	《湖南日报》	—	—	专版
2010.11.06	中方：4121 名农村无职党员上岗履职	《湖南日报》	—	—	市州版
2010.04.22	中方县：为玉树灾区献爱心	湖南经视	—	—	—
2012.03.27	中方“夜访农家”暖民心	《湖南日报》	米小红、胡勇、申爱源	—	A1 头条
2012.09.09	寻找最美乡村教师	《光明日报》	米小红	—	二版
2012.09.26	中方三问三解促发展	《湖南日报》	米小红、杨捷灵、胡勇	—	b1 头条
2012.10.23	青春中方 幸福画卷	《湖南日报》	杨捷灵、张群、申爱源、汤惠芳	—	专版
2013.03.01	中方新风！干部骑车办公事	《湖南日报》	杨捷灵、申爱源	—	市州版头条
2013.05.26	杜家毫在怀化调研时强调：培育发展新优势实现跨越发展	《湖南日报》	—	—	头版
2013.06.07	中方“乡村大舞台”润物无声	《湖南日报》	杨捷灵、楚雯	—	市州版头条
2013.07.12	中方打造南方最美葡萄沟	《湖南日报》	杨捷灵、谭慧	—	市州版头条
2013.09.10	中方县一刺葡萄藤获评“中国最大”	《湖南日报》	杨捷灵、谭慧	—	四版
2013.09.17	中国·怀化（中方）首届刺葡萄节开幕	《湖南日报》	杨捷灵、楚雯	—	市州版要闻
2013.09.24	“湘珍珠”：挡不住的甜美诱惑	《西部开发报》	何君林、杨捷灵、申爱源	—	—
2013.09.26	金秋的收获	《湖南日报》	杨捷灵、申爱源	—	专版
2013.10.06	中方产业发展“绿”为先	《湖南日报》	杨捷灵、申爱源	—	市州版头条
2013.11.12	“兴修水利”火起来中方务工人员返乡上阵	《湖南日报》	杨捷灵、申爱源	—	市州要闻
2013.11.25	坚持“三在前” 办好信访事	《湖南日报》	张霞	—	五版

第四节　精神文明建设

1998 年，成立中方县精神文明建设指导委员会，下设办公室，设宣传部内，具体指导全县的精神文明建设。

1998—2000 年，全县精神文明建设主要围绕治理“脏、乱、差”和双文明创建开展。1999 年，采取重点培育、示范带动的方式开展“十街百店无假货”活动，共评选出 10 家

“无假冒伪劣商店”。开展科技示范户、遵纪守法户、双文明户评选活动，全年评选出双文明户220户，县级科技示范户10户。2000年，深入开展以“三观（世界观、人生观、价值观）、三德（社会公德、职业道德、家庭美德）、三义（爱国主义、社会主义、集体主义）”为主要内容的文明素质教育，利用广播、电视、墙报等形式开展宣传教育。全县共创建省级文明单位1个、市级文明单位2个、文明窗口1个、县级文明单位26个。在农村开展以“文明新风进万家”为主题的“创四户”（遵纪守法、五好家庭户、双文明户、科技示范户）活动，共有市、县乡级文明村镇47个，文明户2000户。在县直机关开展“创文明机关、做人民公仆”活动，认真解决“门难进、脸难看、事难办”的“机关病”问题。

2002—2005年，精神文明建设主要围绕道德教育和创建“文明生态走廊”活动开展。2002年，开展《公民道德建设实施纲要》学习教育活动，在全县广泛开展“五好文明家庭”“模范职工之家”等评选活动。中方镇被授予全国文明镇，全县评出文明村46个、文明农户1600余户。2003年，针对部分乡镇公路沿线乱堆乱放、占道经营等不文明行为，利用创建“文明村镇”活动的契机，依托怀黔公路、320国道抓好精神文明联片创建，组织宣传、交通、安监局等部门，在中方县沿线近300公里的县乡公路上开展“公路安全爱路护路”专项整治，制定公路文明公约。2005年，开展创建“文明生态走廊”活动。在公路沿线乡镇设立高标准的文明宣传牌、完善各类规章制度、开设公民道德建设课程、建立健全村级文化活动中心和图书室、卫生室等，将文明生态走廊建设融入新农村建设之中。开展健康有益的群众文化活动，倡导文明新风，评选出10位“文明代言人”。

2006—2009年，精神文明建设主要围绕“荣辱观”和践行道德模范教育。2006年，以“八荣八耻”教育为主题，在全县开展形式多样的主题活动。在县直机关干部中开展“树立正确荣辱观，争当人民好公仆”为主题的机关作风建设活动。倡导敬老爱幼的传统美德，县文明办与县妇联组织开展“孝心榜上比孝心”活动，推出如铁坡镇杨春友等一批敬老爱老典型人物。以新农村建设为契机，加大乡风文明创建力度。制定《中方县文明乡镇创建实施方案》下发到各乡镇，联合怀化学院在泸阳镇新店坪村设立法律咨询点，为新农村建设服务。2007年，继续开展“荣辱观”教育，在县直机关单位开展以“优良作风、优质服务、优美环境、争做文明干部”为主要内容的“三优一争”主题活动。在乡村开展“和美家庭、和睦邻里、和谐村组”文明家园创建活动。对农村留守儿童开展“编外家长“关爱活动。2008年，以争创建省级卫生县城目标，在乡镇采取以点带面深入开展“文明创建进农家”活动，并确定中方镇荆坪、泸阳镇新店坪、牌楼镇陈家湾、桐木镇大松坡、新建乡黄金等5村为试点村。荆坪村被授予“全国创建文明村镇工作先进村镇”称号。2009年，开展学习道德模范主题实践活动，组织全县100多家单位、7000余名干部职工开展评选道德模范活动。深入开展“提素质、旺县城”主题创建活动，增强干部群众“热爱中方、建设中方、美化中方、入住中方”的热情。继续开展“文明创建进农家”活动，投入2万元，帮助泸阳镇新店坪村、新建乡黄金村等5个示范村，完善各项规章制度，建立起“清洁家园、绿化乡村”的长效机制。

2010—2013年，精神文明建设主要围绕创建省级文明卫生、园林县城（“三城同创”）活动开展。2010年，开展省级文明卫生县城创建工作。加强文明创建阵地建设，在县城金大地广场建好文明宣传橱窗走廊，聘请20名群众为文明创建监督员。开展“首届感动中方十大人物”表彰及事迹宣讲活动，在中方一中、中兴学校开展“颂中华巨变，祖国在我心中”爱国知识讲座，“关爱明天，普法先行”“民族精神代代传”等教育活动。2011年，开展福兴杯第二届“感动中方”十大人物评选活动，积极向市文明委推荐模范人物，泸阳镇黄花树村小学李慧获评怀化市首届“十大道德模范”。2012年，将省级园林县城创建纳入创城内容，深入实施“三城同创”工作。开展关爱留守儿童公益活动，组织“文明交通行动”进学校、进社区、进站场、进乡村活动，在中小学校开展以“关爱生命，文明出行”为主题的交通安全知识宣传活动。推进未成年人思想道德建设，以节假日为平台，加强青少年爱国主义教育。清明节前夕，组织文明祭扫、网上祭英魂系列活动。“六一”期间，组织中小学校开展“学习雷锋、做美德少年”网上签名寄语活动。以“做一个有道德的人”为主题在全县中小学校广泛举办主题班会；以“童心向党”活动为契机，在校园开展红色教育。2013年，继续开展“三城同创”工作，全面推进乡村清洁工程，全县确定试点村92个，共总投入900万元，建填埋场12座，垃圾池286座，垃圾屋52座，焚烧炉79座，购买垃圾清运车40辆，垃圾手推车178辆，大垃圾桶1509个，小垃圾桶13490个，宣传牌5850块。开展2013—2015“美丽中方道德先行”主题实践活动，以“三问三解”活动为载体，集中开展以“转作风、解难题、抓关键、见实效”专项活动。以文明单位创建为依托，开展以争当文明公务员为主题的职业道德建设活动。开展第三届“感动中方”十大人物评选活动，挖掘、推介、学习道德模范。开展以“践行雷锋精神、争当创建先锋”为主题的义务清扫、文明宣讲志愿服务活动。

第八章　统战工作

第一节　党外人士工作

县委一直把党外人士的教育安排和培养作为巩固发展爱国统一战线的重要工作来抓，注重党外干部经常性的考察选拔。

1998年，选举产生的县第一届人大代表中，党外人士代表31人，占代表总数的18.3%。县第一届政协委员中，党外委员71人，占委员总数60%。市人大党外代表2人，市政协委员8人。县第一届人大、政府、政协领导班子中，有党外人大常委会副主任1名，副县长1名，县政协副主席4名，政府职能部门和司法机关配备党外领导干部7人，全县22个乡镇中，有7个乡镇配备党外领导干部9人。按照“一职二备”的要求，把党外人士后备队伍的建设工作纳入全县人才和干部队伍建设的总体规划，坚持缺什么补什么的原则，采取轮岗、挂职、交流等形式，先后选派22名优秀党外后备干部到农村基层工作，让他们在实践中锻炼，增长才干。

1999年，对全县党外后备干部进行调查摸底，登记建档，10个政府职能部门和法院、检察院以及其他县直机关单位党外干部和乡镇党外领导干部29人，确定23名党外后备干部。

2002年，县第二届人大代表选举中，党外代表37人，占代表总数的22%。县第二届政协委员中，党外委员72人，占委员总数的54%。县人大、县政府、县政协换届中，配备6名党外副职领导。

2007年，县委、县政府制定《关于进一步加强统一战线工作的意见》，全面加强统一战线工作。在县第三届人大代表选举中，党外代表55人，占代表总数的29%。县第三届政协委员中，党外委员87人，占委员总数的53%。县委制定并实施《中方县2007—2010年培养选拔党外干部工作规划》，把培养选拔党外干部作为县委常规工作来抓。同时，建立并完善党内领导与非党人士交友谈心、走访、重大问题协商、情况通报和培训学习等制度，党外人士的选拔培养与教育工作逐步走上制度化、规范化，全县先后有200多位党外干部和党外后备干部参加省、市、县党外干部培训班学习。是年，全县非党干部89人，其中，乡镇党外非党干部14人。

2008年，全县配备党外人大常委会副主任1名，党外副县长1名，政协党外副主席4名。18个政府部门配备非党正职2名、副职21名，法院、检察院配备党外领导干部各1名，乡镇机关配备非党副职13名。

2012年，在县第四届人大代表选举中，党外代表61人，占代表总数的35%。县政协委员中，党外委员115人，占委员总数的62%。配备常委会人大副主任1名，政府党外副县长1名，政协党外副主席3名，科级党外领导干部45名。21个政府部门和法院、检察院都配备党外领导干部。是年，县委统战部制定《中方县2012—2016年培养选拔党外干部工作规划》。4月，选派5名优秀党外干部赴珠海市委党校学习培训。建立36名的《中方县党外代表人士名册》。同时，在县委组织部及县人事部门的配合下，完成216名党外代表人士的建档工作，为40名优秀党外后备干部建立人才档案库。1998—2013年，全县共举办党外干部培训班4期，参训人数216人次，党外干部及党外后备干部队伍建设不断加强。

第二节　经济统战工作

1998 年，组织引导全县非公有制经济人士参与各类社会公益事业、扶贫济困活动，捐资助学 25000 元。

2004 年，台商李某投资 30 万元在牌楼镇阳合垅村租地 300 亩开发生态水果。同年，中方县海外联谊会副会长“宝庆实惠招待所”总经理杨大明在石宝学校设立“大明助学金“，每年捐资 1 万元用于奖励品学兼优的学生和赞助特困学生。

2006 年，台商林某经过多次考察后，将炘源晶太阳能光伏有限公司落户中方县。县委统战部积极引导和组织广大民营企业参与新农村建设。

从 2007 年起，开展“百企联百村、共建新农村”活动，组织 10 个民营企业与 11 个村成功对接。

2008 年，组织全县非公有制经济人士捐赠 1000 余万元。其中金大地水泥股份公司捐资 100 多万元支持中方县社会公益事业。

2011 年 5 月，通过牵线搭桥，促成世界闽南商会投资 18 亿元的“中龙国际建材城”项目落户中方县。由县统战部牵线引进台塑集团捐资 45 万元的“铁坡—明德学校”建成并挂牌使用。7 月，促成台商投资 1 亿元建设中方县红十字医疗护理康复医院。9 月，引进台商投资 300 万元的海尔家电及南方家私城在县城机电大市场开业。12 月，自 2007 年来开展“百企联百村、共建新农村”活动共签订项目 11 个，累计投入资金达 1.28 亿元，捐赠水泥近3000 吨，硬化村组公路 32 公里，捐建沼气池 20 座，解决农村劳动力就业 4000 人。

2012 年 6 月，启动“村企五互联姻、支部和谐共建”活动，14 家企业和 15 个村成功“联姻”，互助互利、发展共赢。是年底，累计在共建村投入资金 120 余万元，捐赠水泥近 300 吨，硬化村组公路 5.8 公里，解决农村劳动力就业 800 人。

2013 年，组织两个学习考察团，分别赴美国和法国学习考察葡萄产业发展先进经验，与美国月色美地红酒集团达成合作协议，投资 3000 万元建设月色美地酒庄。

第三节　对台工作

一、联络联谊

为促进海峡两岸的统一和中方县经济社会发展，1998 年 12 月，成立中方县海外联谊会。联谊会每届任期 5 年，设会长 1 名，首任会长钦永江。同年，在全县范围内对涉台亲属工作情况进行调查摸底，发放对台亲属联络登记表，建立“中方县涉台海外联络对象”和“中方县涉台较有影响台属”档案，明确工作重点及对象，为海外联络工作开展打下良好的基础。全县1949年前后去台人数上百人，1998年建县后同家乡亲人有书信、电话等方式联系的29人，回乡定居台胞3人，涉台婚姻14人，台属近400人。2004年，全县台胞、台属、涉台婚姻人士65人。常住台胞刘凤姣女士系台湾省花莲县人，回大陆后定居在泸阳镇大斗村，曾先后担任过原怀化市（县级）人大代表、政协委员、政协常委，离任后，按照政策，及时为她解决每月319元的生活补助费，由县民政部门发放。

2004—2012年，全县接待台胞及亲属200余人次。在接待中牢牢把握"致力祖国和平统一，促进两岸人民的交流往来，努力做台湾人民工作"的对台工作指导思想，宣传党的"和平统一、一国两制"的方针政策，宣传祖国大陆经济发展的成就和中方县巨大变化，在交流中"求大同，存小异"，通过家乡情、同胞情、统一情，与来访的台胞及亲友真诚相待，真心交友，加深对祖国和平统一的共识。2011年11月，台湾屏东科技大学教授到中方县讲学授课，在《中方讲坛》上作《台湾休闲农业发展思路与实践》，拓展中方发展休闲观光农业新思路。2012年5月，台湾湖南商会一行22人到中方县考察县城建设、工业园区和荆坪古村，不断强化两岸间的交流与合作。县台办组织生态农业、医疗、旅游等专业考察团60余人赴台进行考察，为全县社会经济发展汲取经验。

二、宣传教育

1998年，县台办采取知识讲座、固定宣传栏目、中青年干部培训、知识竞赛等多种形式加强对台宣传教育。按照《关于在全省广泛开展统一战线宣传教育活动的通知》要求，把对台宣传作为统战的经常性工作，在新闻宣传方面，上报中央、省、市稿件500余篇，被《中国统一战线》《台湾工作通讯》和《湖南对台工作》《对台工作简报》以及《怀化日报》、中国台湾网、湘台连线、华夏经纬网、怀化统一战线等系统刊物和新闻媒体采用。县委中心理论学习组将对台方针、政策、两岸形势分析纳入学习内容。县委党校干部培训班、县职业中专、中小学校每年都举办涉台知识讲座或台湾形势报告会，宣传《中华人民共和国反分裂国家法》。1999—2013年，全县举办台湾形势报告会、座谈会20余次。2012年，全县开展"涉台教育进机关、进党校、进企业"活动。此做法得到上级领导的肯定与好评。同年11月，县委宣传部及县直属机关党委开展对台知识竞赛活动，印发宣传资料4000余份。2013年，组织1000余名干部职工、民营企业职工、部分台属参观"中国·我们共同的家园—台湾问题图片展"及《中华一家亲》台湾原生态大型歌舞晚会怀化巡演。在中秋、国庆、春节等传统节日，召开台胞、台属座谈会，走访、慰问台胞、台属，宣传对台政策，赠送慰问物资，使他们感受到党和政府的关怀。

第九章　政法工作

第一节　机　构

1998 年 4 月，成立中方县委政法委员会，为县委领导政法工作的职能部门。下设办公室、执法监督室、政工室、调研室等 4 个股室，定编 7 人。8 月，成立中方县社会治安综合治理委员会办公室，简称县综治办，与中方县政法委员会合署办公，一个机构，两块牌子。是协助县委、县政府领导全县社会治安综合治理工作的常设议事协调机构的办事机构，负责组织、协调和指导各有关部门开展社会治安综合治理工作，落实综合治理措施，行使一票否决权。定编 10 人。2000 年 11 月，成立县维护稳定工作领导小组，在县委政法委内设维护稳定办公室，简称维稳办。2001 年 6 月，成立中共中方县委处理法轮功领导小组办公室，加挂中方县人民政府防范和处理邪教问题办公室的牌子，一个机构，两块牌子，归口县委政法委管理，定编 5 人。2004 年 3 月，更名为中共中方县委防范和处理邪教问题领导小组，下设办公室。2013 年，政法委、综治办机构设置不变，政法委定编 15 人，实有 22 人。

第二节　严打整治

1998 年，中方县组织开展春夏严打暨侦防双百会战、“反盗、打抢、除暴、扫丑”以及打击车匪路霸、打击邪教组织门徒会等一系列专项斗争，全县共破获各类刑案 79 起，破重大刑案 29 起，破特大案件 9 起，摧毁团伙 16 个，抓获各类违法犯罪嫌疑人员 215 人。2001 年 4 月至 2002 年 6 月，在全县范围内深入开展严打整治斗争既整顿和规范市场经济秩序活动，破获各类刑事案件 157 起，其中重大刑事案件 15 起，抓获各类违法犯罪嫌疑人员 640 人。2002 年 9—12 月，开展“企业、学校周边治安秩序集中整治行动”，共侦破各类刑事案件 101 起，抓获各类违法犯罪嫌疑人 68 人，摧毁犯罪团伙 23 个 89 人，治安处罚 350 人，全县企业及学校周边治安秩序开始好转。2004 年 4—6 月，组织“邵怀、怀新高速公路治安环境专项整治行动”，破获刑事案件 32 起，打击处理犯罪嫌疑人 35 人，查处治安案件 41 起，处理违法人员 54 人，处置群体性事件 19 起，全县重点工程建设的治安环境得到有效改善。2005—2008 年，围绕建设平安中方，先后组织实施“春雪行动”“冬啸行动”“猎鹰行动”“猎豹行动”、禁毒人民战争、奥运安保百日会战等系列专项打击行动，对突出治安问题和治安复杂地区进行定期摸排整治，共破获各类刑事案件 216 起，摧毁犯罪团伙 20 余个。2009—2013 年，继续贯彻“严打”方针，重点打击多发性侵财型犯罪、暴力犯罪和团伙犯罪，先后开展“金牛行动”“虎啸行动”“龙腾”和“秋风”行动、禁毒禁赌、河道非法采沙专项整治、“两违”建筑专项整治等集中整治行动，破获各类刑事案件1686起，摧毁违法犯罪团伙45个，抓获团伙成员175人，查处行政案件44259件（含交通违法42144件），行政拘留1347人，维护社会稳定。

第三节　取缔邪教

一、取缔邪教“法轮功”

1996年，邪教“法轮功”传入境内的铁坡、锦溪、新路河等乡镇。1998年6月，“法轮功”邪教组织在铁坡乡设辅导站。1999年4月，县公安局排查邪教“法轮功”活动情况，初步掌握境内有辅导站1个、练功点12个、成员238人。7月，根据民政部《关于取缔邪教“法轮功”的通知》，县委、县政府成立防范和处理邪教问题领导小组办公室，专职负责防范和处理邪教“法轮功”问题。对邪教“法轮功”人员采取以教育转化为主，打击控制为辅的方式。是年，取缔邪教“法轮功”辅导站1个，练功点12个，收缴邪教“法轮功”非法出版物639件。2000年起，强化隐蔽斗争。2000—2002年，治安拘留邪教“法轮功”人员49人，刑拘2人，劳教5人，治安警告62人，教育转化213人，邪教“法轮功”在县内的活动基本得到控制。2007年，针对邪教“法轮功”活动开展专项整治行动，查处治安案件20起，行政拘留20人，教育训诫108人。是年，全县推行“无邪创建”工作，铲除邪教滋生土壤，组织开展反邪教警示教育宣传活动，通过发放宣传资料、图片展览、设咨询台等方式向群众宣传反邪教知识，不断提高群众反邪教水平。2008年起，对境内30余名邪教“法轮功”人员严格管控，对邪教“法轮功”非法活动，发现一处，查处一处。2012年，在22个乡镇、214个村和15个社区建立专门的橱窗对群众开展反邪教知识宣传，并联合教育局、县妇联、团县委等部门在青少年中开展家庭拒绝邪教系列活动，全县群众中树立“崇尚科学、反对邪教”的风气。

二、取缔“门徒会”

1997年5月，“门徒会”传入中方镇乌溪村，后蔓延至泸阳、龙场、新建、铁坡、接龙、蒿吉坪、丁家、铜鼎、桐木等乡镇，其以“教内周济”“祷告治病”等歪理邪说蛊惑群众，社会影响极坏。1999年，在铜鼎乡赤岩湾、南家坊两村查处“门徒会”教点2个，处置骨干4名，组织一般信徒举办教育学习班。2004年6月，查处丁家乡杨某为首的“门徒会”组织和铁坡江坪村丁某为首的“空门教”组织。2005年4月，在袁家乡袁家村抓获正在非法传播“门徒会”教义的周某。2006年，新建乡“门徒会”信徒活动频繁，影响恶劣。县委政法委组织开展专项打击行动，是年底，共取缔教会点9处，查处行政案15起，行政拘留15人，教育群众200余人，彻底摧毁境内“门徒会”组织体系。2008年，“门徒会”非法活动死灰复燃，共查处“门徒会”治安案件19起，行政拘留22人，教育群众1000余人。通过在群众中开展以“崇尚科学、关爱家庭，珍惜生命、反对邪教”为主题的反邪教警示教育活动，“门徒会”邪教活动得到有效遏制。

第四节　维护稳定

中方县委、县政府一直把维护稳定摆在突出位置。2001年2月，制定《中方县处置重大不稳定问题及群体性突发事件的预案》。3月，泸阳镇因电解锰厂废水排放引发“3·15”工农群体性事件，县委、县政府启动预案，迅速平息该事件。2002年，以“稳定压倒一切”为指导思想，按照“属地管理”和“分级负责”的原则，健全维稳工作领导责任制。10月，成立以县委书记、县长为正、副组长的维护社会政治稳定工作领导小组，制定《中方县维护社会稳定工作责任体系图》，确定公、检、法、司、信访、交通、教育、劳动、民政及22个乡镇等单位为维稳成员单位，建立维稳责任区。县委与乡镇，乡镇与村（居）委会、企事业单位层层订立维稳责任状，明确党政一把手为维稳第一责任人，形成县、乡、村三级领导包干责任体系。2003年，推行社会治安防范工作责任查究制，对因治安防范工作不到位，而导致出现重特大案件发生的地区、部门和单位负有治安防范责任的责任人进行责任查究。2006年8—9月，对社情较复杂的乡镇及14个重点工程（企业）派驻农村维稳工作队，推动乡镇矛盾纠纷调处，共摸排各类突出不稳定问题237个，成功化解223个，成功率94%。2007年，制定《中方县维护稳定工作责任制和相关工作规范》，推行矛盾纠纷定期排查、销号和台账管理制，强化信息收集上报和特别防期值班备勤，加强社会治安专项督查和推行维稳工作例会制，每年组织10余次专项督查，每月定期召开维稳工作例会，分析全县维稳形势，把不稳定因素和隐患消除在萌芽状态。是年，共排查出不稳定因素782件，调处782件，调处成功764起，调处成功率97.7%，妥善处理“2·13”石宝乡石拱桥垮塌事故及“8·28”花桥镇枇杷湾煤矿瓦斯爆炸事故。2008年，县委下发《关于进一步加强乡（镇）综治维稳中心规范化建设的意见》，在各乡镇建立综治维稳中心。2010年，制定《中方县重大事项社会稳定风险评估办法（暂行）》，在征地拆迁、专项行动、招商引资等重要领域引入社会稳定风险评估机制，防止因决策失误造成的损失和不良影响。是年，对池黔公路两侧已征用建筑和违法建筑联合执法行动、沅水河道综合整治专项行动落实社会稳定风险评估。同时，加强维稳网评、信息化队伍建设，制定《中方县维稳信息员管理办法》，全县有维稳网评员87人，维稳信息员327人。2012年，严格落实维稳工作领导责任制，全面推进重大事项社会风险评估机制，全年排查各类矛盾纠纷隐患1022件，成功化解1022件。2013年7月，县城违章建筑被拆户 80 余人到县委闹访，县委、县政府果断处置，成功化解越级群访隐患 9 次，赴省群访隐患 1 次。

第五节 综合治理

1998 年，全县推行社会治安综合治理目标管理，县委与 22 个乡镇、75 个县直单位及 5 个辖区规模企业签订目标管理责任书。是年底，4 个单位年终考核不合格，被“黄牌”警告。22 个乡镇，211 个行政村和 13 个居民委员会建立调解委员会、治保会及兼职治安巡防队，在 6 个铁路沿线乡镇成立路社联防队，全县有调解员 1120 名，治保会成员 1125 人，兼职治安巡防员 225 人，铁路联防员 30 人。1999 年，县委、县政府出台《中方县关于社会治安综合治理一票否决权制和领导干部责任制实施办法》，对不重视社会治安综合治理工作、措施不落实，而导致治安状况不好或出现重大社会治安问题的单位及个人，取消评先评优、晋级晋职资格。2000 年，鼓励社会民众同违法犯罪行为作斗争，成立“县见义勇为奖励基金会”，社会各界踊跃捐款，募集基金款共计 19 万余元。是年，表彰曾文钢等见义勇为先进个人 7 名，并给予每人 1000 元的奖励。此后，每年对评选出的见义勇为先进集体和个人进行奖励或救助。2003 年，开展创建平安乡镇、平安村、平安重点企业（工程）和平安家庭活动，全县共评选出 24 个先进单位和 35 个先进个人。2005 年，开展“平安中方”创建活动，县委、县政府下发《关于创建“平安中方”的实施意见》，制定创建的具体目标和标准，用 3 年的时间使全县 90%的乡镇达到平安创建标准，用 5 年时间使中方县成为全国平安县。县乡两级以点带面，分别确定一批平安示范乡（镇）、村、单位、企业，采取组织现场经验交流等形式，推动各地创建工作开展。2006 年，全县推广花桥镇梅树冲村调解委员会“矛盾纠纷不出村”的经验，各级调委会基本实现将矛盾纠纷化解在基层、化解在萌芽状态的目标要求，没有因处置不当激化一起矛盾纠纷。2005—2006 年，中方县连续两年评为全省社会治安综合治理先进县。2007 年，全县评出平安示范村（社区）10 个、平安示范企业 5 个、平安示范校园 5 个、平安示范家庭 96 户。中方县被省委、省政府授予全省“平安县”，创建“平安重点工程”“规范执法行为，促进执法公正”等一批工作经验在全省推广。是年 12 月，县委、县政府作出《关于创建全国平安建设先进县的决定》。2008 年，中央综治委授予中方县“全国平安建设先进县（2005—2008）”称号。2009 年，确定平安建设“保牌进位、争先创优”目标，在机关、乡镇、村（社区）、家庭、学校及各行业开展基层平安创建细胞工程，平安建设活动融入群众日常生活，形成平安建设人人参与的良好局面。2009—2011 年中方县连续 3 年被省委、省政府评为全省社会管理综合治理先进县。2011 年评为“全国五·五普法先进县”。

2012年，中方县综治民意测评综合排名全省83位。县委办、县政府办联合印发《进一步加强社会管理综合治理工作的实施意见》，强化法治宣传、治安巡防、严打整治、群众走访及干部队伍建设工作力度，提升全县社会管理综合治理公众满意度。是年，中方县连续第七年保持“全省平安县”。中央综治委再次授予中方县“全国平安建设先进县（2009—2012）”荣誉称号。

2013年，开展“五保五抓”“平安夏季”专项行动，破获各类刑事案件301起，摧毁犯罪团伙9个。加强治安联防和社会防控，形成“横到边，纵到底”的群防群治网络体系。大力整治“黄赌毒”现象，社会风气得到净化，群众安全感大大提升，全县综治民意测评综合排名上升至全省第47位。

第六节　队伍建设

1998年4—6月，全县政法系统开展“惩治司法腐败，全面加强政法队伍建设”集中教育整顿活动，增强政法干警法纪观念、宗旨观念、责任观念及群众观念，查处干警违法违纪案件5起6人。针对政法部门有案不立的突出问题，建立报案、破案回执制度，实行错案追究制及“能者上、庸者下、平者让、劣者汰”的用人机制，政法队伍建设逐步走上制度化、规范化轨道。1999年，出台《中方县关于进一步加强政法干部队伍管理的决定》，规范政法队伍人员任用及奖惩办法，严把队伍入口。推行竞争上岗，建立优胜劣汰机制。至2001年，全县政法系统共有172人参加中层领导职务竞聘，其中23名一般干部走上领导岗位。2002年7—12月，组织政法系统执法检查，在全县选配专（兼）职执法监督员94名，开展专项执法检查2次，检查案件968件，纠正执法偏差4起。2005年5月，政法系统开展“规范执法行为，促进执法公正”专项整治活动，用半年的时间进行集中整改，用3年时间全面推进执法规范化建设。是年底，收集各类整改意见90条，组织各类执法业务培训12期，参训干警280人次。政法各部门普遍建立完善案件审核制、疑难案件会诊制及案件限期办结定期复查制三项制度。执法质量纳入各部门年度目标管理考核，各部门出台执法过错责任处理办法，严格落实奖优罚劣制度，将执法质量与其评先评优晋职晋级挂钩，政法部门执法水平明显提高。2006年，在全县政法系统开展为期6个月的社会主义法治理念集中教育活动，推动“规范执法行为，促进执法公正”专项整改活动的深入进行。是年，加大执法监督力度，全县政法部门建立“执法档案”。2010年7—12月，开展政法队伍集中教育整顿，重点整治政法队伍中法纪意识不强、工作作风不实、宗旨意识淡化及执法不廉不正四个方面的问题。2006—2010年，全县立案处理违法法纪干警21人，其中开除公职2人。2011年，县委政法委加强对政法部门执法活动的协调监督，组织召开县公、检、法、司等部门领导参加的案件协调会40余次，受理政法机关提交各类疑难案件15起，确定未化解的信访积案10起。2012年4—12月，政法系统开展“忠诚、为民、公正、廉洁”核心价值观主题教育实践活动，政法各单位集中安排1个月时间组织干警进行忠诚教育、光荣传统教育、理想信念教育、群众观念教育和警示教育。深入开展“执法为民”实践活动，“零差错”公正执法办案，“零距离”联系群众，“零容忍”严查违法法纪，密切警民关系，提升政法干部队伍形象，赢得群众的广泛赞誉。

第十章 其他党务

第一节 政策研究

1998年，成立县委政策研究室。其主要职责是围绕县委的中心工作，组织力量对经济、文化、党建等方面的重要问题进行调查研究，提出意见建议，供县委决策参考，并进行决策后的跟踪调查，为实施和完善决策服务。

1998—2002年，县委政研室基于中方有县无城，规模工业几乎为零，民营经济发展缓慢，本级财政实力薄弱的现状，积极开展调查研究，向县委提出《加快县域经济发展的建议》的调研报告，提出要促进县域经济快速发展，必须加强工业发展，推动农业现代化，激发三产活力，加快项目建设。调研报告得到县委的高度重视，被县委决策层采纳并上升为全县的发展战略，促成县委提出“工业强县、农业稳县、三产活县、项目兴县”的发展思路，为建县初期的中方确立发展方向和目标。

2003—2006年，县委政研室根据县委的要求，开展全县经济社会发展调查研究，并将调研成果及时向县委汇报，县委根据调研成果提出“一个加快，三个跨越”的发展战略，即：加快县城建设，构建中方发展载体。立足工业强县，实现山区工业化的跨越式发展。加大结构调整，实现农业产业化的跨越式发展。依托项目开发，实现基础设施的跨越式发展。2006年，在国家实施中部崛起战略，湖南大力推进湘西地区开发的历史背景下，县委政研室认真收集整理各类重要信息资料，并进行分析和综合，将有关资料和研究成果提交县委领导参阅。县委在充分讨论研究的基础上，将发展战略调整为“一个目标，两个跨越，三个加速推进”，即围绕提高城市化水平的目标，全力推进县城建设。坚持工业强县，实现工业的新跨越，发挥区位、资源优势，实现第三产业的新跨越。加速推进社会主义新农村建设，加速推进基础设施建设，加速推进社会事业的发展。调整完善后的发展战略更加符合当时中方县发展实际，为全县经济社会发展指明方向，理顺思路，奠定基础。县委政研室在参与全县重大决策的同时，积极深入乡镇和县直单位开展调查研究，围绕加快基础设施建设、县城建设、产业发展等方面撰写调研报告，推动全县经济社会的协调发展。

2007年，县委在建县十周年即将来临之际，决定举办“十年县庆”活动。县委政研室围绕县庆活动，积极开展调研，向县委提出以县庆为契机，举办首届生态文化节，大力推动“二次创业”的建议，得到县委的高度重视。县委还专门召开全县“迎接十年县庆、投身二次创业”动员大会，号召全县上下要统一思想，理清思路，鼓足干劲，进一步激发全民创业的热情，以加快后发赶超、实现率先发展的决心和勇气，抢抓新机遇，开启新征程，加快新发展，迅速掀起“二次创业”热潮，推动全县经济社会各项事业又好又快发展。

2009—2011年，县委紧紧围绕省委推进“四化两型”战略和建设“四个湖南”的目标，深入贯彻科学发展观，开展访民问计、发展思路大讨论等活动。县委政研室围绕活动积极开展调查研究，通过召开各个界别的座谈会，广泛倾听民意民情，凝聚各方智慧，在充分总结经验，着眼现实基础的前提下，向县委提出适时调整发展战略的意见建议，县委结合县情，提出推进“生态立县、旺市融城、兴工促农、科学跨越”的发展战略和“建设全国生态示范县、打造怀化宜居先导区”的战略目标，实施“一年一大步、三年一大变”的阶段性目标。特别是在破解县城功能不全、产业不兴、人气不旺等重大难题上，县委政研室围绕推动“旺市融城”战略，通过深入调查研究，撰写《短板变长 弱势变强——关于县城第三产业发展情况的调查报告》《以美食文化节聚人气兴产业的建议》等一系列有价值的调研文章，得到县委决策层的高度重视，县委出台一系列旺市融城的扶持政策，并通过改革创新，建立并完善县城管理的体制和机制，在县城规划、县城建设、县城管理、县城经营等问题上，形成一整套行之有效的办法，有力推动县城人气的提升。

2012-2013年，县委政研室结合县委开展的“三问三解”活动，组织骨干力量先后撰写《用群众工作统揽信访工作》《新形势下做好群众工作要发挥好四个作用》《把问题解决在群众开口之前》《一个密切联系群众的好方法——对开展“夜访农家”活动的调查》等调研文章，有效地总结中方县开展群众工作的经验和做法，为开展好党的群众路线教育实践活动奠定坚实基础，县委将“夜访农家”的密切联系群众的好方式在全县推广。在产业发展方面，撰写《关于转变县域经济发展方式的思考》，进一步促进产业的转型发展。此外，县委政研室非常重视信息上报工作，充分发挥其信息服务的作用。

第二节　机关党建

1998年4月，成立中方县直属机关委员会，归并县委组织部管理，辖7个党总支，19个党支部，55个支部委员会，有党员1267人。2013年6月，县直属机关党委改为县直属机关工委。是年，县直机关工委共辖15个党总支，20个党支部，93个支部委员会，有党员2304人。

县直属机关党委从建立起，一直注重抓机关党员的思想建设和组织建设，加强阵地建设，建立“三会一课”、党员学习、民主评议、发展党员和民主生活会等制度，狠抓党员的思想政治和业务学习，努力提高机关党员队伍整体素质。1998年，围绕县委开展“三学一提高”活动，组织机关党员学理论、学经济、学法律，进一步解放思想，转变观念，提高党员的自身素质。为开好局，起好步，按照“创建基层党组织建设先进县”活动的目标和要求，在县直机关单位开展“创先争优”和“讲党性、树形象、办实事”活动，要求党员结合本职工作，立足岗位创业绩，为中方“富民强县”做贡献。开展抓“四治”、兴“三风”活动，促进机关党员干部作风好转。在发展党员上把好培养教育、定期考察、政治审查和发展程序等环节，全年发展新党员42名，预备党员转正40名，举办建党积极分子培训班一期73人。2000年，结合县委开展“三讲”教育、“三联三创”（机关党委联系一个乡镇党委、每个机关党支部联系一个农村党支部、每个机关党小组联系一个农村贫困户，争创一流班子、一流队伍、一流业绩）、“一学三带头”活动，县直机关党委突出理想教育，组织县直各单位开展“为国分忧识大局，为县分忧做贡献，为单位分忧勤工作，为基层分忧多服务”的“四分忧”和“如何做一名合格党员的大讨论活动”，县直机关党员纷纷深入到联系点，进村入户与农民同吃同住同劳动，送政策法规、致富信息、扶持资金、实用技术上门。机关单位党员干部踊跃捐款捐物金额达53万元，整修渠道16.2千米，改善人畜饮水9处，救助失学儿童216名，资助学费4.3万元。全年发展新党员73人，暂缓发展3人，按期转正65人，处置不合格党员4人，限期改正4人。2001年，组织83个县直机关党员深入开展“三个代表”重要思想学习教育活动。在活动中，县直机关党员深入基层，体察民情，访贫问苦，走访农户23380户，收集意见和建议2750条，并逐条进行整改。2002年，结合学习中共十六大，组织机关党员开展“我为中方发展做什么”大讨论、“爱我中方、兴我中方”演讲赛、“贯彻十六大，爱我中方，兴我中方”下乡巡回演讲、“我为发展献一策”有奖征文及“党的工作规范化建设”等一系列活动，引导机关党员干部弘扬“实在、实干、实效”的中方精神，激发机关党员、干部干事创业热情。2004年，根据县委的安排，县直机关党委在县直机关党组织中开展基层党组织“三级联创”（创建农村党基层建设先进县，“六好”乡镇党委，“五好”村党支部）活动。同时，加强党员发展和管理工作，全年共发展党员59名。同时强化民主评议党员工作，县直机关共有1485名党员参加民主评议，有不合格党员4名，并区别情况进行处理，其中留党察看1人，严重警告1人，取消预备党员资格1人。2005年，根据中央、省、市委的统一部署，全县85个机关单位、106个基层党组织、1477名党员开展保持共产党员先进性教育活动，时间为半年。在活动中，开展评选三个“十佳”干部、“爱我中方、绿化县城”活动及“千名机关干部下基层”跟班学习活动。全县机关党员干部共扶助特困学生542名，与困难户结成帮扶对子1795对，为群众化解矛盾纠纷1627件，为群众捐款捐物金额达120多万元。2007年，组织县直机关党员干部学习贯彻中共的十七大精神，深入开展实践科学发展观活动，围绕县委工作中心，全面推进二次创业。2008年，按照县委的统一部署，组织县直机关党员干部开展以“科学发展、富民强县”为主题的解放思想、改进作风，加快发展大讨论活动。针对机关存在的“人难找、门难进、脸难看、话难听、事难办”的“机关病”，大力开展“五型”机关（学习型、服务型、创新型、节约型、廉政型）创建活动。2008年5月，在县直机关党员干部中开展“交纳‘特殊党费’，支援抗震救灾”活动，共交纳“特殊党费”30多万元。2010年，组织县直机关党员开展“创先争优”活动，县委组织部、宣传部，县农业局、发改局、财政局、林业局、档案史志局等15个机关党支部受到县委表彰。2012年，开展机关党组织分类定级、晋位升级工作，对县直机关131个机关党组织实行分类定级管理，其中“好”支部26个，“较好”61个，“一般”支部38个，“较差”支部6个。2013年，结合全县开展学习中共十八大精神，县直机关工委组织各机关党组织开展“学习十八大，永远跟党走”为主题的党团知识竞赛，并组建机关党员志愿者队伍26支，开展党员志愿者服务活动，组织“党员抗旱服务小分队”，深入泸阳、下坪等旱情严重乡镇抗旱救灾。

第三节　老干部工作

老干部工作是组织工作的重要组成部分。1998年4月，成立中方县老干部工作管理局，归口县委组织部管理。2000年，全县有离休干部11人（行政单位5人，事业单位1人，企业5人），退休干部2人。2002年1月，更名为中方县老干部局，主要负责全县副县（处）级以上离（退）休干部的管理、服务工作。2013年12月，县属老干局管理的老干部有31人。

一、政治待遇

历届县委、县政府都十分重视老干部工作。1998年，成立中方县老干部工作管理局，由县委组织部一名副部长分管，并配备一名专干。1999—2013年，县委、县政府建立县级领导联系老干部制度，认真落实老干部政治待遇。每年定期听取老干部门的工作汇报，为老干部解决一些实际困难和问题。加强离（退）休老干部党支部建设，把离（退）休干部党支部建设纳入党的基层组织建设总体规划，将老干党员就近编入当地支部，建立健全政治理论学习和组织生活制度，每月组织老干部集中学习党的方针、政策和县委、县政府的有关会议精神，让他们了解党和国家的大政方针以及县委、县政府的重大决策。坚持定期向老干部通报情况和老干部列席重要会议制度，全县重要的会议邀请离（退）休老干部代表参加，每年召开的县党代会、人代会、县政协会议以及全县的三级干部会都邀请老干部参加。全县一些重大建设、重要决策都征询老干部的意见和建议，让他们参政议政。县委、县政府每年通过走访、召开座谈会和节日慰问等途径向老干部通报国内外形势以及全县的工作情况，请他们出谋划策，为全县的“三个文明”建设贡献余热。2000年，组织离（退）休干部为320国道中方段改（扩）建工程捐款活动，全县离（退）休干部共捐款22.5万元，支持全县重点建设。2002年，县城建设启动后，经常组织老干部就近就地参观考察工农业生产和县城建设等重点工程建设活动，让他们共享建设发展的成果。2011年11月，成立中方县老年大学，由原中方县政协主席田友兴任校长，以原中方县委老龄活动中心为场地，组织离（退）休老干部学习时事、政治理论，开展丰富多彩的文体娱乐活动，使老干部老有所学、老有所为、老有所乐。

二、生活待遇

根据中央、省、市关于落实老干部生活待遇的文件精神，县委、县政府出台一系列相关政策。1998年对老干部退休费按月足额发放，生活补助费、医疗保健等方面实行优惠政策。1999年，县委、县政府决定：将企业（基层供销系统）的5名退休干部的退休费从2000年起纳入县企业社保局发放，将全体退休干部的特需经费、健康疗养费、小车费纳入财政预算，将医药费归口县公费医疗办管理，老干误餐费（行政）由财政预算到单位，老干适当补贴（如电话费）等，按单位在职干部同等待遇核报。从解困资金中解决5名企业离休干部“分家”前拖欠的离休费、医药费1万元。2000年，将老干部财政预算工资外部分（公务费、特需经费、健康疗养费、乘车费、高龄护理费、配偶生活补助费）由财政拨到老干局，由老干局按季度发放到人。2001年，县委、县政府认真执行中办厅〔2000〕61号文件，决定将离休干部的退休费和各种政策性补贴全部纳入县财政和社保局统发，以存折形式发到每个退休干部手中。为保证休干部的实报实销，一个季度核报一次，也可直接到县医疗定点医院登记，不用交钱看病买药。同时，把乡镇退休干部的退休费纳入县财政统发，把所有退休干部的补助、配偶补助、企业单位的遗孀费等各种政策性补贴全部纳入县财政和社保局统发。2003年，建立离（退）休干部离(退）休费、医药费财政支持机制，确保老干部“两费”落实到位。2005年，进一步完善“三个机制”，确保退休费按时足额发放，医药费按规定实报实销。2007年1月，县委、县政府出台《关于进一步加强新形势下老干部工作的意见》，老干部的生活待遇得到切实保障。2010年，县属老干局管理的老干部的“两费”及各种政策性补助都能按月足额发放到位。2013年，离（退）休老干部享受每年14个月工资待遇，特别护理费提高到每月1000元，丧葬费和抚恤金标准提高到40个月。

第四节　党校教育

1998年，中方县委以鹤城区委党校作为对全县党员干部进行培训及大中专函授学历教育的主要阵地。2003年8月，县委常委会议决定组建中方县委党校，校址最初设在县职业中专学校（原泸阳职中），充分利用县职业中专学校教育教学资源，实现资源共享。由县教育局在全县教师范围内选调优秀教师到县委党校从事教育教学工作。同时，从县直各单位聘请党校兼职教师，以弥补师资力量不足。同年9月，中方县委党校正式挂牌成立，首任校长由县委组织部长刘湘兼任。2010年，县委党校搬迁至中方县城北中学（原鸭嘴岩中学）。在管理体制上，实行县委党校与县职业中专学校“两块牌子，一套人员”的模式。教学分为三大类：主体班教学，即对在职干部进行短期培训，培训时间一般为7天至3个月。学历班教学。职业技术教育。2013年12月，县委党校有编制12名，实有人数11名。

一、干部培训

1998—2013年，举办各类培训班25期，培训干部3000人次。先后开设科局级干部、中青年干部、宣传组织人事干部、纪检干部、初任公务员、政法干警、秘书人员、党外干部、团干部、乡镇站所长、村干部、妇女干部、入党积极分子培训班等各类培训班。教育教学模式，主要采取聘请市委党校、市委讲师团、怀化学院以及各部门行业专家学者和市县领导授课的大师资教学模式。培训内容实行业务学习与政治理论相结合，在注重讲授马克思列宁主义、毛泽东思想、邓小平理论、“三个代表”重要思想、科学发展观、党史党建以及党和国家重要会议文件精神的同时，适时安排时事政策分析、人口理论、公共管理、法律法规知识、社会主义市场经济知识、县域经济、绿色经济、农村实用技术以及WTO（世贸组织）基本知识等。在教学中，注重理论与实践相结合，每期主体班学校都组织学员去县境内的工业园区以及农业产业结构调整成效突出的乡镇进行实地调研或赴外地考察学习。

二、学历教育

学历教育为非政策性的联合办学。自2003年党校组建开始，先后与湖南科技大学、怀化学院、湘潭职院、党校系统合作办学。是年举办湖南科技大学远程教育本科班和函授大专班，其中本科班招生200多名，学制3年，大专班招生130多名，学制2年。开设汉语言文学、数学、物理、政治、电子计算机类、英语、小学教育等专业。2004年开办怀化学院和湘潭职院大专班，2005年、2006年未招收新生，2007年与党校系统联合办学，开办函授本科、大专班，学制2~3年，开设法律、公共管理、财税管理等专业，有本科学员170多人。其中中央党校法律专业学员90多人、湖南省委党校公共管理专业学员和财税管理专业学员80多人，湖南省委党校函授大专班公共管理专业学员50多人，学习期满，全部毕业。

第四篇

人民代表大会

REN MIN DAI BIAO DA HUI >>>>>>>>>>

第四篇　人民代表大会

第一章　县人大代表

第一节　代表选举

根据《中国人民共和国全国人民代表大会和地方各级人民代表大会选举法》规定，全国人民代表大会和地方各级人民代表大会的代表均依法选举产生。县、乡镇人大代表由选民直接选举产生。每次换届选举前依法成立选举委员会或选举工作领导小组，下设办公室，主持本级人大代表的选举工作。县级选举委员会一般由9~15人组成，乡、民族乡、镇的选举委员会由5~7人组成。县、乡镇均划分若干选区，分配代表名额，实行差额选举。代表受选民或原选举单位的监督，选民或选举单位都有权罢免自己选出的代表。代表任期内，因故出缺，由原选区或原选举单位补选，代表的罢免、补选均依法定程序进行，经提名、表决、审查、确认等环节。县级人民代表大会每届任期为五年，乡镇人民代表大会每届任期三年。2004年起，乡镇人民代表大会每届任期由三年改为五年。

一、第一届县人大代表选举

省人大常委会核定代表名额171名，其中县人大筹委会留机动2名。全县共划分选区78个，选民178483人。1998年4月2日选举产生代表169名。分5个代表团，其中：中方代表团44人，泸阳代表团42人，铜湾代表团48人，铁坡代表团29人，县直机关代表团6人。

二、第二届县人大代表选举

省人大常委会核定代表名额171名。全县划分85个选区，2002年11月26日选举产生县人大代表170名，出缺1名。170名代表中，分5个代表团，其中，中方代表团45人，泸阳代表团41人，铜湾代表团47人，铁坡代表团30人，县直机关代表团7人。

三、第三届县人大代表选举

省人大常委会核定代表180名。全县共划分80个选区，登记选民210760人。推荐代表候选人347人，确定正式代表候选人260人。2007年11月13日，依法选举产生县代表177人，空缺的3名代表名额在届期间由有关选区依法选举。全县分5个代表团，其中，中方代表团45人，泸阳代表团43人，铜湾代表团50人，铁坡代表团32人，县直机关代表团7人。

四、第四届县人大代表选举

省人大常委会核定代表180名，实际分配到全县各乡镇、县人武部和县直机关各选区的代表名额为177名。全县依法划分86个选区，登记选民21.9万人，经广泛提名推荐初步代表候选人321人，协商确定正式代表候选人263人。2012年10月22日，依法选举产生县代表175名，空缺的5名代表名额在届期间由有关选区依法选举。全县分5个代表团，其中，中方代表团46人，泸阳代表团43人，铜湾代表团47人，铁坡代表团32人，县直机关代表团7人。

第二节　代表构成

人大代表包括工人、农民、干部、知识分子、解放军、非中共党员等各个社会阶层。按照选举法的规定，妇女代表和少数民族代表都要占一定的比例。第二届起，代表的年龄比上届有所下降，民营企业界代表比例上升，代表整体结构更加合理。

中方县第一届至第四届人大代表构成表

表4-1-2-1　　单位：人、%

届别	代表总数	构成情况															
		农民		干部		知识分子		党外人士		工人及其他		妇女		少数民族		企业界	
		人数	比例	人数	比例	人数	比例	人数	比例	人数	比例	人数	比例	人数	比例	人数	比例
一	169	90	53.2	70	41	75	44	31	18.3	6	3.5	35	20.7	12	7.1	3	1.7
二	170	86	50.6	72	42.4	80	47	37	21.8	11	6.2	29	17.1	9	5.3	7	4.2
三	177	85	48	80	45.2	92	52	24	14	12	6.7	28	16	11	6	11	6.2
四	175	91	52	56	32	10	6	30	17	17	10	30	17	16	9	24	14

1998—2013年中方县出席省、市人民代表大会代表名单

表4-1-2-2

名称	届次	时　间	姓　　名
湖南省人大代表	9	1998-2002	杨松柏
	10	2003-2007	谌贻章　刘　衍
	11	2008-2012	刘　湘　彭忠喜
	12	2013-	张　霞（女）　彭忠喜　陈康馨

续表

名称	届次	时间	姓名
怀化市人大代表	1（24人）	1998-2002	丁国华 王作林 石维斌 田友兴 向宽书 米理长 汤华汉 李芳（女） 李少石 李先胜 吴庭菊 张继田 陈八妹（女） 陈喜英（女） 易延松 周启荣 周基达 柴祝美（女） 彭先成 蒋选应 舒孝轩 谢伯盛 潘运鹏 薛忠勇
	2（24人）	2003-2007	丁国华 方新琪 厉玲（女） 向宽书 刘明武 杨少华 杨司清 李芳（女） 陈一翔 陈方明 陈方兴 张继田 周乐华 周辉 倪发兰（女） 谌贻章 彭忠喜 谢永忠 廖四保 廖华武 谭明金 谭虎堂 潘荣前 戴晓红
	3（26人）	2008-2012	陈志强 石希欣 张继田 陈一翔 肖文爱 杨少华 刘明武 刘正楷 易轶 刘湘 胡佳武 向宽书 廖华武 李勇 蔡冠兴 杨修恒 曾君芳（女） 付汉梅 蒲宏刚 宋丽群（女） 杨相柱 汪定良 杨辉 李靖 伍作兴 彭国元
	4（25人）	2013-	李亿龙 周圣余 刘满云 罗建国 刘明武 贺永春 陈康馨 张霞（女） 姜耀文 刘湘 殷南蛟 彭小玲 李吉财 朱国庆 李勇 彭国元 谢阳福 钱世荣 曾军芳（女） 杨贤生 郭健 廖华荣 李波 汤朝春 蔡冠兴

第二章　第一届至四届代表大会

1998年4月—2013年12月，中方县历经四届17次人民代表会议。每届任期5年。四届人民代表大会每年举行1~2次代表会议，会期3~4天。每次代表大会都举行预备会议，在预备会议上作大会筹备工作情况报告，审议通过大会主席团成员和秘书长、议案审查委员会、财政预算审查委员会名单及大会议程，换届时成立代表资格审查委员会，同时成立临时党委和党支部。大会设秘书处，负责大会的会务工作。大会的议程，主要是听取和审议县人大常委会、县计划发展委员会、县财政工作报告及县人民政府、县人民法院、县人民检察院（以下简称“一府两院”）工作报告。选举或补选县人大常委会组成人员、县人民政府正副县长、县人民法院院长、县人民检察院检察长、上级人大代表，通过相关决议等。每次大会均邀请县政协委员和县委、县政府、政协、人武、纪委相关领导以及处、乡（镇）、县直机关主要负责人列席会议。

第一节　第一届代表大会

一、第一次会议

1998 年 4 月 22—25 日在原怀化市（县级）礼堂召开。出席会议的代表 169 人，列席人员 145 人。会议听取和审议“一府两院”、县人大常委会、财政、计划委员会工作报告，并通过相应的决议。审议通过《中方县第一届人民代表大会第一次会议选举办法》。选举向宽书为县人大常委会主任，曾宪武等 6 人为副主任，尹续先等 10 人为县人大常委会委员。选举李先胜为县人民政府县长，选举张化忠、张显米、武思元、黄黔元、廖家声等 5 人为副县长，胡祖成为县人民法院院长，贺晓军为县人民检察院检察长。选举出席市第一届人民代表大会代表 24 人。收到代表议案 20 件，建议、批评、意见 111 件。审议通过《关于授权县人大常委会审查和批准中方县 1998 年国民经济与社会发展计划、财政预算的决议》和《关于保留中方县电力公司的决议》两项决议。

二、第二次会议

1999 年 3 日 8—11 日在原怀化市（县级）礼堂召开。出席会议的代表 169 人，列席人员 341 人。会议听取和审议“一府两院”、县人大常委会、财政、计划委员会工作报告，并通过相应的决议。共收到议案 20 件，建议、批评、意见 63 件，审议通过《关于建立中方县教育基金的决定》。

三、第三次会议

2000 年 2 月 26—29 日在原怀化市（县级）礼堂召开。出席会议的代表 169 人，列席人员 331 人。会议听取和审议“一府两院”、县人大常委会、财政、计划委员会工作报告，并通过相应的决议。补选米理长为县人大常委会委员。提议案 17 件，建议、批评和意见 54 件。其中《关于加强对农村公益事业建设税征收办法宣传力度》的议案列入大会议程。

四、第四次会议

2001 年 2 月 25—28 日在原怀化市（县级）礼堂召开。出席会议的代表 169 人，列席人员 146 人。会议听取和审议“一府两院”、县人大常委会、财政、计划委员会工作报告，并通过相应的决议。共收到议案 3 件，建议、批评和意见 35 件。审议通过《关于改（扩）建 320 国道中方段的决定》。《决定》对加强全县交通基础设施建设，促进东半县 13 个镇的经济发展起到重要推动作用。

五、第五次会议

2002 年 1 月 16—18 日在怀化召开。出席会议的代表 169 人，列席代表 338 人。会议听取和审议“一府两院”、县人大常委会、财政、县计划委员会工作报告，并通过相应的决议。

会议共收到代表议案7件，建议、批评和意见14件。

第二节 第二届代表大会

一、第一次会议

2002年12月28日—2003年1月1日在怀化召开。出席会议的代表170人，列席人员317人。会议听取和审议“一府两院”、县人大常委会、财政、计划委员会工作报告。审议通过《中方县第二届人民代表大会第一次会议选举办法》。选举向宽书为县二届人大常委会主任，选举汤国安等6人为副主任、米理长等12人为县人大常委会委员。选举周辉为县人民政府县长，选举黄黔元、张显米、廖家声、杨英礼、张少华、赵忠等6人为副县长。选举段祖松为县人民法院院长，贺晓军为县人民检察院检察长。选举丁国华、方新琪等24人出席怀化市第二届人民代表大会代表，通过相应的决议。同时，还听取县人大常委会《关于县一届人大五次会议期间代表建议、批评和意见办理情况的报告》《关于中方县人民教育基金征收管理和使用情况的调查报告》和《关于改（扩）建320国道中方段的决定》落实情况的报告。会议共收到议案17件，其中，县人民政府1件，代表10人以上联名议案16件。县政府提出的《关于继续征收中方县人民教育基金的议案》，涉及全县的重大事项，有利于全县教育事业发展大局，列入大会议程，其他16件全部转为建议、批评意见。还收到代表建议、批评和意见54件，由县人大常委会分别交“一府两院”研究处理。

二、第二次会议

2004年2月9—12日在怀化召开。出席会议的代表154人（此次会议代表有所调整，于2003年10月27日，县二届人大常委会第七次会议接受19名人大代表因工作调动的辞职报告，并于2003年12月25日在铁坡镇、花桥镇、锦溪乡补选产生朱惠平、杨辉、高秀彬3名县人大代表），列席人员338人。会议听取和审议“一府两院”、县人大常委会、计划、财政预工作报告，并通过相应的决议。会议提议案16件，代表建议、批评和意见30件，由县人大常委会分别交“一府两院”处理。

三、第三次会议

2004年7月14—16日在怀化召开。出席会议的代表167人，列席人员155人。会议听取县政府工作报告，会议共收到10人以上联名提出的议案7件，全部转为建议、批评和意见。还收到代表建议、批评意见20件，由县人大常委会分别交“一府两院”办理。会议决定，接受周辉、杨英礼分别辞去县人民政府县长、副县长职务的请求，接受叶尚发、周汝刚、郑湘3位辞去县人大代表的请求，选举黄黔元为县人民政府县长，选举阳继雄、杨思红、滕树解为县人大常委会委员。

四、第四次会议

2005年1月9—12日在怀化召开。出席会议的代表167人，列席人员343人。会议听取和审议批准“一府两院”、县人大常委会、计划、县财政六个工作报告，并通过相应的决议。会议共收到代表10以上联名提出的议案10件，全部转为建议、批评和意见，收到代表建议、批评意见32件，由县人大常委会分别交“一府两院”处理。

五、第五次会议

2006年2月21—23日在新县城行政会议中心召开。出席会议的代表165人，列席人员317人。会议听取和审议“一府两院”，县人大常委会、计划，财政六个工作报告。审查和批准县国民经济和社会发展第十一个五年计划纲要（草案），并通过相应的决议。提出议案5件，全部转为建议，批评意见，收到代表建议，批评和意见34件，由县人大常委会分别交“一府两院”办理。

六、第六次会议

2007年1月16—19日在县行政会议中心召开。出席会议的代表170人，列席人员340人。会议听取和审议“一府两院”、县人大常委会工作报告，及县发展计划、县财政预决算工作报告，听取县人大常委会关于县二届人大五次会议代表建议、批评和意见办理情况的报告，并通过相应的决议。提议案12件，全部转为建议、批评和意见，收到代表建议、批评和意见41件，由县人大常委会分别交“一府两院”办理。

第三节　第三届代表大会

一、第一次会议

2007年12月27日—2008年1月1日，在县行政会议中心召开。出席会议的代表177人，列席人员176人。提议案20件，建议、批评和意见111件。会议听取和审议县人民政府、计划、财政、人大常委会，人民法院、人民检察院六个工作报告，审议通过《中方县第三届人民代表大会第一次会议选举办法》，选举刘湘为县人大常委会主任、陈方兴等5人为副主任、尹德雄等17人为委员。选举胡佳武为县长，袁强、宋峥嵘（女）、熊明、张少华、潘存金、黄政安为副县长，选举郑康为县人民法院院长，田昌喜为县人民检察院检察长。选举出席怀化市第三届人民代表大会代表26人。

二、第二次会议

2008年12月29日—2009年1月3日在县行政会议中心召开。出席会议的代表177人，列席人员210人。会议听取和审议县人民政府、计划、财政、人大常委会、法院、检察六个工作报告，审议通过《中方县第三届人民代表大会第二次会议选举办法》，会议补选马丽为县人大常委会委员，选举赵应云为市三届人大代表，通过相关决议、决定。提议案10件，建议、批评和意见32件，由县人大常委会分别交“一府两院”办理。

三、第三次会议

2010年1月5—8日在县行政会议中心召开。出席会议的代表178人，特邀、列席221人。提议案5件，建议、批评和意见29件，会议听取和审议县人民政府、计划、财政、人大常委会、法院、检察院六个工作报告，表彰优秀县人大代表和先进代表小组。选举姜耀文为县人民政府县长，选举陈冬梅、杨梦柯为县第三届人大常委会委员。

四、第四次会议

2011年1月3—6日，在县行政会议中心召开，出席代表178名，特邀、列席224名。提议案3件，建议、批评和意见40件。会议听取和审议县人民政府、计划、财政、人大常委会、法院、检察院六个工作报告，表彰优秀县人大代表和先进代表小组。会议审查批准《中方县国民经济和社会发展第十二个五年规划纲要（草案)》（书面)。补选潘仁贵为中方县第三届人民代表大会常委会委员。

五、第五次会议

2012年2月11—14日召开，出席会议代表177名，列席213名。提建议、批评和意见53件。会议听取和审议批准县人民政府、计划、财政、人大常委会、法院、检察院六个工作报告，表彰优秀县人大代表和先进代表小组。

第四节 第四届代表大会

一、第一次会议

2012年11月26—29日，在县行政会议中心召开，出席代表175名，列席238名。提建议、批评、意见94件。会议听取和审议县人民政府、计划、财政、人大常委会、法院、检察院六个工作报告，选举殷南蛟为县四届人民代表大会常务委员会主任，陈方兴等5人为副主任，滕德利等17人为县人大常委会委员。选举姜耀文为县人民政府县长，胡诗军等7人为县人民政府副县长。选举郑康为县人民法院院长。选举田昌喜为县人民检察院检察长。选举出席市第四届人民代表大会代表25名。

二、第二次会议

2013年12月28—31日召开，出席代表176名，列席249名。提建议、批评和意见94件。会议听取和审查批准县人民政府、计划、财政、人大常委会、法院、检察院六个工作报告，表彰优秀县人大代表和先进代表小组。选举为市四届人大代表，补选蒋东辉为县第四届人民代表大会常委会委员。

第三章 县人大常务委员会

第一节 常 委 会

1998年4月25日，县首届人民代表大会第一次会议在原怀化市（县级）礼堂召开，会议选举产生县第一届人民代表大会常务委员会（简称县人大常委会），为县人民代表大会的常设机构。其主要职能是主持人民代表大会代表的选举和召集人民代表大会。在人民代表大会闭会期间，行使对本县经济和社会发展重大事项的决定权，及对“一府两院”监督和人事任免权。坚持和完善人民代表大会制度，推进社会主义民主法治建设，发挥地方国家权力机关作用。常委会下设“一室六委”即：办公室、选举任免联络工作委员会、内务司法工作委员会、财政经济工作委员会、教科文卫工作委员会、农业农村工作委员会、城建环保工作委员会。2002年，在中方、泸阳、铜湾、铁坡4个办事处设人大联络员。2007年5月，增设人大信访办公室。2009年10月，机构改革，县委撤消4个办事处机构，办事处人大联络机构随之撤消。2013年，县人大常委会内设机构保持不变。

县人大常委会领导班子由县人民代表大会选举产生，并由正、副主任和委员组成。主任主持县人大常委会全面工作，副主任除协助主任工作外，分管“一室六委”一方面工作，委员分别担任委室的正、副主任，主持各委室的日常工作。

中方县第一届人大常委于1998年4月22—25日县第一届人民代表大会第一次会议选举产生。组成人员17人，其中主任1人，副主任6人，委员10人。

县第二届人大常委于2002年12月28日—2003年1月1日县第二届人民代表大会第一次会议选举产生。组成人员19人，其中主任1人，副主任6人，委员12人。

县第三届人大常委于2007年12月27日—2008年1月1日县第三届人民代表大会第一次会议选举产生。组成人员23人，其中主任1人，副主任5人，委员17人。

县第四届人大常委于2012年11月26日县第四届人民代表大会第一次会议选举产生。组成人员23人，其中主任1人，副主任5人，委员17人。

1998—2013年中方县人大常委会正副主任一览表

表4-3-2-1

届次	职务	姓名	籍贯	任期
第一届（1998.04-2002.12）	主　任	向宽书	湖南麻阳	1998.04-2002.12
	副主任	曾宪武	湖南鹤城	1998.04-2002.12
	副主任	汤国安	湖南芷江	1998.04-2002.12
	副主任	赵林超	湖南邵东	1998.04-2002.12
	副主任	向泽任	湖南溆浦	1998.04-2002.12
	副主任	全翠平（女）	湖南江华	1998.04-2002.12
	副主任	姜纯淑（兼）	湖南新化	1998.04-2002.12
第二届（2003.1-2007.12）	主　任	向宽书	湖南麻阳	2003.01-2007.12
	副主任	曾宪武	湖南鹤城	2003.01-2004.06
	副主任	汤国安	湖南芷江	2003.01-2007.12
	副主任	赵林超	湖南邵东	2003.01-2007.12
	副主任	向泽任	湖南溆浦	2003.01-2007.12
	副主任	全翠平（女）	湖南江华	2003.01-2007.12
	副主任	蒲宏寿	湖南中方	2003.01-2007.12
	副主任	姜纯淑（兼）	湖南新化	2003.01-2007.12
第三届（2008.01-2012.11）	主　任	刘　湘	湖南衡阳	2008.01-2012.12
	副主任	陈方兴	湖南中方	2008.01-2012.12
	副主任	蒋良举	湖南洪江市	2008.01-2012.12
	副主任	欧　鹏	湖南沅陵	2008.01-2012.12
	副主任	全翠平（女）	湖南江华	2008.01-2012.12
	副主任	李　芳（女）	湖南麻阳	2008.01-2012.12
第四届（2012.11-）	主　任	殷南蛟	湖南靖州	2012.11-
	副主任	陈方兴	湖南中方	2012.11-
	副主任	蒋良举	湖南洪江市	2012.11-
	副主任	欧　鹏	湖南沅陵	2012.11-
	副主任	袁文明	湖南中方	2012.11-
	副主任	李芳（女）	湖南麻阳	2012.12-

第二节 常务委员会会议

1998—2013年，中方县一至四届县人大常委会共举行常委会议110次，会议主要是听取和审议“一府两院”及有关职能部门关于贯彻执行法律、法规和有关工作情况的汇报，作出决定、决议等。

一、第一届人大常委会会议

县第一届人大常委会组成人员17名，1998年5月—2003年4月，共举行34次会议。听取和审议“一府两院”及有关部门工作报告58次，工作汇报11次。作出决议、决定10项，开展述职评议2次，任免国家机关工作人员183人次，其中代理县长1人，副县长9人，代理院长1人，2人任免未通过。1998年7月第二次常委会议作出《关于在全县范围推行执法责任制的决议》及《关于开展依法治县的决议》，在第二十四次常委会上作出《关于进一步加强法制宣传教育的决议》，积极推进依法治县，创建和谐法治环境。1998年11月第四次会议上专题听取县经济发展委员会关于中方县经济发展工作情况的汇报。于2000年1月17日、8月17日两次听取县人民政府、县人民法院和县人民检察院关于治理经济发展环境情况的汇报，并在第十二次人大会议上作出《关于治理经济发展环境的决议》，把治理经济发展环境作为依法治县的重要内容。为加快县城建设，1999年1月第五次常委会审议通过《中方县总体规划》的决议，根据全县建设和发展的需要，2002年1月在第二十六次会议上作出《关于中方县县城总体规划局部调整方案的决议》，促进县城建设有章可循。

二、第二届人大常委会会议

县第二届人大常委会组成人员19名，2003年3月—2007年12月，共举行43次会议。听取和审议“一府两院”及有关部门工作报告72次，工作汇报17次。作出决议、决定16项，开展述职评议4项，任免国家机关工作人员258人次，其中，代理县长2人，副县长9人，检察长1人。2003年3月，第一次常委会上审议通过《关于实施〈湖南省县级以上人民代表大会常务委员会预算审查监督条例〉的暂行办法》。《暂行办法》从法律的角度和县情出发，明确人大常委会与政府的监督关系和监督内容，抓牢财政预算监督权。6月，第四次常委会议审议通过《关于兴建铜湾电站的决议》，加快沅水的综合开发和利用。10月，第七次会议常委会依照《湖南省县级以上人民代表大会常委会述职评议工作条例》，首次对1名副县长进行述职评议。2004年10月，常委会第一次会议决定组织人大代表对县电信局、邮政局进行工作评议。2005年2月第二十次常委会批准《中方县县城防洪工程规划》，进一步促进县城防洪和生态县建设规划工作。4月，第二十二次常委会听取县人民政府关于生态县城规划的情况汇报，在批准县城总体规划及其局部调整方案的基础上，作出《关于批准中方生态县城建设规划的决议》，督促政府以《规划》为建设和管理县城的纲领性文件，决不能因人事变动或个别领导意志的转移而随意变更。同时，经过充分审议，作出《关于将全县应由单位交纳的医疗保险统筹基金2%部分纳入县财政预算的决定》，有效解决全县干部职工医保资金上卡难和看病难的问题。2006年2月，第二十八次常委会作出《关于批准中方县总体规划调整方案的决定》，县城建设总体布局和规划更趋合理。会议还审查中方县国国民经济与社会发展第十一个五年规划纲要的报告。是年4月，第三十一次常委会会议审议通过关于中方县生态工业园总体规划编制的决议。2007年1月，第三十五次常委会会议听取和审议县人民政府关于落实《关于进一步加快县城建设的决定》情况报告，组织人大常委会组成人员和部分市，县人大代表集中视察县城建设，为加快县城建设出力献策。

三、第三届人大常委会会议

县第三届人大常委会组成人员23名，2007年12月—2010年12月，共举行25次会议。听取和审议"一府两院"及有关部门工作报告75次，工作汇报42次。作出决议、决定46项，交办审议意见33件。任免国家机关工作人员198人次，其中，任免县人大常委会工作机构负责人21人次。任免县长、副县长15人次，政府组成局负责人56人次。任免县人民法院和县人民检察院工作人员106人次。2008年5月常委会第二次会议审议通过《关于在县人大代表中开展"争先创优"评比活动的方案》，调动代表依法履职的积极性。11月，常委会第五次会议听取县人民政府关于代表视察森林资源保护工作和县城重点项目建设工作建议，意见办理情况的报告，推进全县森林资源保护和县城重点项目建设工作开展。围绕推进鹤城、中方、洪江、芷江一体化进程，2011年10月第三十二次会议及2012年8月第四十次会议充分审议，作出对新建及接龙、铜鼎及新路河4个乡撤乡建镇的决定，加快县委战略部署的实施，拓展城镇发展空间，推动城乡统筹发展和新农村建设进程。2012年1月，第三十五次会议审议批准《中方县荆坪古村保护利用发展规划》及《中方县荆坪历史文化名村保护规划》决议，成为荆坪古村长期性保护和利用发展工作的纲领性文件，积极推动荆坪古村科学、协调、可持续发展。4月，第三十七次会议审议通过关于组建中方县第三中学的决议，对于调整全县教育布局、合理配置教育资源、提高教育教学质量具有重要意义。

四、第四届人大常委会会议

县第四届人民代表大会常务委员会组成人员23人，至2013年12月共召开8次会议。听取和审议"一府两院"及有关部门工作报告15次，工作汇报2次。作出决议、决定7项，交办审议意见8件。共任免国家机关工作人员28人次，其中，任免县人民政府县长、副县长5人次，政府组成局负责人22人次。2013年1月，第一次会议审议通过中方县人大常委会关于深入开展"三级代表进基层，访民问策促和谐"活动的决议，强化代表工作。10月，第七次会议审议通过《中方县县城规划区及县工业园区土地供后监管暂行办法》决议，对全县土地供后进行监督，严惩闲置浪费土地和违法违规用地行为，规范全县土地市场、节约集约用地，促进全县城市建设和经济社会持续健康发展。

第四章　乡镇人民代表大会

乡镇人大代表由选民直接选举产生后，适时召开人民代表大会。1999 年 1 月，中方县 22 个乡镇依法召开乡镇人民代表大会，选举产生新一届乡镇人民代表大会主席团和新一届正、副乡（镇）长。1998—2013 年中方县乡镇人民代表大会历经三届。从 2004 年起，根据宪法修正案，乡镇人民代表大会任期由三年改为五年。

第一节　换届选举

1998 年 12 月，原县级怀化市第六届乡镇人民代表大会任期届满，依法进行换届。各乡镇都成立换届选举工作委员会，由 5~7 人组成，负责本乡镇换届选举工作。选举工作经历宣传发动、选民登记、提出代表候选人、确定选举日、投票选举、选举结果公示等重要程序，选举产生中方县 22 个乡镇第一届人大代表 1043 名。按照工作部署，1999 年 1 月 20 日前，各乡镇依法召开人民代表大会，听取和审议本乡镇人民政府工作报告，审议和批准乡镇财政预决算报告，选举产生新一届乡镇人民代表大会主席团，在人大主席团设常务主席 1 名，人大副主席 1~2 名。同时，还选出乡镇政府领导班子。全县共选举出 55 名人大正、副主席和 68 名正、副乡（镇）长。2001 年 11 月 12 日—2002 年 1 月 10 日，第一届乡镇人民代表大会任期届满，依法选举产生 22 个乡镇第二届人大代表名，经选举，共选出 22 个乡镇的 22 名人大主席和 52 名正、副乡（镇）长。2007 年 11 月 30 日—2007 年 12 月 9 日，第二届乡镇人民代表大会换届，依法选举产生 22 个乡镇第三届人大代表 1055 名，经选举，共选出 22 个乡镇的 22 名人大主席和 63 名正、副乡（镇）长。2012 年 10 月 31 日，第三届乡镇人民代表大会换届，选举产生 22 个乡镇第四届人大代表名，经选举，共选出 22 个乡镇的 22 名人大主席和 65 名正、副乡（镇）长。

第二节　主席团工作

乡镇人大主席团为乡镇人民代表大会的常设机构。从建县起，各乡镇人大主席团在县人大常委会的指导下，在各乡镇党委的直接领导下开展人大工作。县人大常委会每年采取召开专门会议，听取工作汇报、检查、走访代表、经验交流会和帮助建立健全乡镇人大各项制度等方式，加强联系和指导乡镇人大工作。对乡镇人大工作实行目标管理，在全县范围内开展评选优秀人大代表和先进人大主席团的创先争优活动，并对优秀人大代表和先进人大主席团进行公开表彰。根据《中华人民共和国全国人民代表大会和地方各级人民代表大会代表法》的有关规定，各乡镇人大主席团结合本乡镇的实际，组织人大代表积极开展调查、视察、执法检查活动，并对乡镇七站八所工作开展代表评议，有效地增强人大代表的履职意识，使乡镇人大工作开展有声有色。1998 年 6 月，中方镇人大主席团开展对镇七站八所工作情况的评议活动。乡镇人大主席团对评议出的学校乱收费及挪用林业款等问题狠抓整改，并一追到底。结果督促县教育局撤消该镇中心小学校长职务，纠正学校乱收费行为。林业站站长被就地免职，挪用的 1.5 万元抚育款全部归还到位。督促镇派出所增加警力，加大积案告破力度。镇法庭执行难问题被攻克。评议工作取得园满成功，并在全市范围内引起强烈反响，其成功做法被《全国人大》《人民之友》等刊广泛推介，树立起乡镇人大敢于监督，善于监督的一旗标杆。1999 年，县委出台《关于加强乡镇人大工作的决定》，形成县委、乡镇党委加强和改善对乡镇人大工作领导的规范性文件，有力地推动全县乡镇人大工作整体发展。县二届人民代表大会期间，锦溪乡人大主席团组织人大代表视察该乡的茶叶湾、牛角冲水库后，提出《关于加强茶叶湾、牛角冲等病险山塘水库维修管理的建议》，引起县人大的高度重视，为县人大开展相关工作的调查视察、执法检查并作出相关决议提供重要依据，也为县水利部门开展病险山塘水库除险加固提供重要信息。

第五章 职权行使

第一节 决定重大事项

根据国家法律和政策，结合中方县实际，县人大及其常委会围绕全县政治、经济、文化以及社会事业的发展，对事关全县大局和涉及人民群众切身利益的重大事项，作出决议决定。县一至四届人大常委会共作出决议决定 79 项，有力地保障和促进全县经济建设和改革开放的顺利进行。

建县之初，有县无城，为尽快结束这种局面。1999 年 2 月，县人大常委会依法作出《关于同意中方县县城总体规划的决议》。2002 年 8 月，县城建设正式全面启动。2003 年 6 月，县第二届人大常委会第三次会议通过《关于中方县城总体规划修编的决议》。2005 年 4 月，县第二届人大常委会第 22 次会议作出《关于中方县城总体规划局部调整方案的决议》《关于批准中方生态县城建设规划的决议》，保证生态县城规划的全面性、可行性和持续性。

是年底，县行政中心建成并实现县四大家及县直机关搬迁，结束中方有县无城的历史。为加快县城建设与繁荣，2007年1月，县第二届人大六次会议作出《关于进一步加快县城建设的决定》，2009年8月，县第二届人大常委会围绕推进县城“北扩”，主动承接怀化市区“南延”，拓展县城建设空间，作出将鹤城区原鸭嘴岩镇的鸭嘴岩村和长远村整体划入中方镇的决定。2010年，县人大及常委会从法治上大力推进“旺市融城”战略。常委会审议通过《中方县城乡规划管理办法》和《中方县县城规划管理技术规定》，为破解县城建设规划上难点、焦点问题提供法治保障。2011年3月，县第三届人大常委会围绕促进县城建设和县工业园的转型升级，批准《县城总体规划修编和县工业园总体规划调整的决议》。县人大常委会还作出《关于建立中方县人民教育基金的决定》《关于治理经济发展环境的决议》《关于改（扩）建320国道中方段的决定》《关于兴建铜湾水电站的决议》《关于批准中方县生态工业园总体规划的决议》等决议、决定。

第二节 人事任免

县人大常委会按照宪法和法律的规定，认真行使人事任免职权。1998年5月，县第一届人大常委会第一次会议通过《中方县人民代表大会常务委员会人事任免办法》，并经过三次修正，确立任前考察、任前法律考试、任前审计、任前发言、无记名投票表决等任免程序，并形成以述职评议为主的任中监督制度。任免的人员除县人大常委会正副主任、县人民政府正副县长、县人民法院院长、县人民检察院检察长、县人大常委会委员由县人民代表大会选举外，闭会期间，县人民政府代理县长及副县长人选、县人大常委会委室正、副主任、县人民政府组成部门的行政负责人、县人民法院副院长、审委会委员、陪审员、县人民检察院副检察长、检察委员会委员、检察员均由县人大常委会依法任免。1998—2013年，县人大常委会共任免有关人员667名。其中任免人大常委会工作机构人员101人次，任免县人民政府组成部门负责人168人次，任免县人民政府副职领导39人次，任免县人民法院、县人民检察院组成人员352人次，终止职务7人次。

第三节 督办议案和建议

历届人大代表会期间，人大代表可向人民代表大会提出议案、建议和批评意见。10人以上代表联名提出的议案，经大会议案审查委员会审查，大会主席团决定后，符合议案规范要求的，列入本次大会议程，提交大会审议，并作出相应的决议。其余的则转为建议、批评和意见办理。代表建议、批评和意见经过严格审查，整理归类，在大会闭会后，由县人大联工委分别交“一府两院”研究办理落实。各承办单位在规定时间内将办理结果以书面形式答复提交给代表，基本做到件件有答复，事事有回音。

一、县第一届人大历次会议督办议案和建议

共收到议案和建议345件。建议所涉及问题已经解决或部分解决的197件，占总数的57%，因条件限制或其他原因不能解决148件，占总数43%。对建议的办理答复，代表反映基本满意。对保留中方县电力公司、建立中方县教育基金、加强对农村公益事业建设税征收办法宣传力度、320国道中方县段改(扩)建工程等4件议案作出决议，其他议案转为建议办理。县人大常委会督促相关部门从实际出发，量力而行，对人民群众普遍关心、反映强烈的问题及时解决，重点问题优先解决。1999年3月11日，县第一届人大第二次会议作出《关于建立中方县人民教育基金的决定》。当年共征教育基金25.2万元，财政安排29.5万元，通过审计，做到专款专用，拨付及时。同年，为落实代表提出的“解决炉亭坳乡政府机关及附近村民饮水问题的建议”，县爱卫办和炉亭坳乡政府多方筹资3万余元及物质，从3里外的山涧引入清洁山泉水，解决乡政府机关及周围村民1500多人饮水难的问题。2001年2月28日，县第一届人大第四次会议作出《320国道中方县段改（扩）建工程的决定》，大力支持320国道中方段改（扩）建工程，强化全县交通基础设施建设，促进东半部乡镇经济的发展。

二、县第二届人大会议督办议案和建议

共收到代表议案和建议277件，其中对继续征收人民教育基金、加快县城建设和管理等2件议案作出相关决议，其余均转为建议办理。为突出工作重点，注重办理实效，县人大常委会联工委与县政府督查室共同研究，每年从收到的代表建议中筛选部分建议作为重点代表建议，重点督办、重点跟踪，督促落实。2003年，13名人大代表在大会期间提出《关于进一步加快县城建设和加强县城管理的议案》，获得大会一致认同，一致通过《关于进一步加快县城建设的决定》，为促进县城建设的招商引资，保证生态县城规划的严肃性和连续性，提供坚强的法规保障。同年，为落实代表提出的“关于修复水毁工程，避免不稳定事件的发生的建议”“关于青山湾水库及灌溉渠维修问题的建议”等3件建议，县政府协调部门10多个，落实资金6万元，给代表建议一个圆满解决。2004年，县电力公司听从代表的建议，争取到省电力公司200万元资金，加上县政府出资100万元，完成全县剩下的24个村的农网改造扫尾工作。另外，对怀黔公路、移动基站、税收分成等一批事关人民群众生产生活和县域经济发展的建议予以重点交办和督办。

三、县第三届人大历次会议督办议案和建议

共收到议案和建议232件。其中议案35件，全部转为建议、意见处理。所有议案、建议都在规定时间内办理完毕，答复率为100%。已经或部分解决的71件，占31%。部分解决或列入计划解决的111件，占总数的48%。因条件限制留待以后解决或无法解决留着参考的

50件，占建议总数的21%。为提高办理质量和效率，县政府专题召开代表建议交办会，实行各承办单位一把手负总责的责任制，制定完善办理制度和计划，发放征求意见表、督办函等文件，实现办理工作程序化、规范化。对办理建议、意见较多的县财政局、水利局、交通局、建设局等单位，采取重点督办，实行公开办理、重点办理、现场办理相结合的方式，邀请部分县人大代表参加现场办理会，进行面对面的答复，办理效果较好。2010年，在落实代表提出的《关于及时解决泰格林纸厂的污染问题的建议》和《关于建设生态宜居城市聚集人气繁荣市场发展经济，要高度重视处理环境污染问题的建议》的过程中，县人大主席团将其定为重点建议。县环保局先后多次与市环保局、市工业园、骏泰纸浆厂进行沟通协调，采取定期环境监测、参与环保管理等多种措施，督促企业接受监督，并与30多位人大代表见面沟通，取得很好的效果，代表对办理结果表示满意。2011年，在办理唐智能等代表提出《关于加强对失地农民后续支持的建议》时，县委、县政府多次召开专题讨论加强失地少地农民的后续支持问题的专题调研。出台对失地少地农民进行培训、优先安排就业等系列扶持和保障措施。同年，在办理曾友香等代表提出的《关于在中方县城区域内打造一个生态文化欢乐园的议案》时，县旺市融城管委会与县文化局邀请有关县人大代表，就建议内容开展专题调研。经过调研，建议很具前瞻性和开拓性，对提升城市品味、加速旺市融城有较大的促进作用，符合县委、县政府在文化强县的基本思路。经多方努力，县旅游局与张家界武陵源大湘西文化旅游投资责任有限公司达成整体开发荆坪古村和康龙旅游资源的协议，投资8.8亿元，开发一个集文化、旅游、休闲于一体的大型生态旅游项目。

四、县第四届人大第一次会议督办议案和建议

期间，共收到代表提出的议案11件，建议、批评和意见83件，经大会主席团研究决定，议案全部转为代表建议、批评和意见处理，共有建议94件。会后，联工委按照有关规定进行整理分类，并全部及时转交县政府办理。在94件建议中，解决或基本解决的有32件，占34%。列入计划解决的46件，占49%。留作参考的16件，占17%。代表对建议办理答复满意和基本满意率达100%。县旅游局在接到《关于快速加强中方农业观光旅游休闲产业链条步伐的建议》后，结合县委、县政府“打造文化旅游高地”和“兴旅活商”战略，在坚持规划引领，加大旅游宣传营销力度，加大基础建设投入，引进旅游专业人才等方面下功夫。2013年9月，成功举办首届刺葡萄节，中方“湘珍珠”葡萄获批国家地理标志产品保护，树立“中国南方葡萄沟”品牌，促进“农家乐”和休闲观光等第三产业的迅速发展。

第四节　调查视察

县人大常委会各届每年都组织省、市、县、乡人大代表，围绕经济建设和法律法规贯彻实施情况，有针对性地开展代表视察调查活动。视察调查的主要内容有县城建设、财源建设、交通水利建设、工农业发展、农民减负、法律法规、医药卫生、安全生产、社会治安、环境及森林保护、旅游资源开发等。通过调查视察，发现问题，并督促政府及时采取措施整改，以促进社会经济持续快速协调发展。

2001—2002年，县第一届人大常委会先后组织人大代表专题视察中方县城建设和财源建设。在视察中代表提出“着力解决县城建设资金问题，改革投资体制，鼓励引导社会资金参与县城建设。加快县城建设开工前期的路、水、电等基础设施建设。根据对口援建原则，县直各单位积极争取上级支持，加快机关办公楼舍建设。积极培植财源，开源节流。加强财源建设，集中有限财力，统一规划，扶持主体财源建设，突出支柱产业建设。加强税收征管，加大对重点税源、税种的征管力度。深化财税改革，减费增收”等建议。县人民政府对这些建议和意见认真研究，逐步加以落实，加快县城建设步伐，强化财源建设。

2003年5月，县第二届人大常委会组织部分省、市、县人大代表视察㵲水河道。代表们对㵲水河中方镇至牌楼镇河段无证船只非法采沙淘金，致使河道遭到破坏，河水污染严重等问题，提出尽快整治建议和意见，交由政府处理。7月，县人民政府在县城召开整治㵲水河道万人动员大会，向全县发出整治通告，采取有力措施，对河道管理实行“五统五制，四级联管”的管理体系，并组织县安监、国土、交通、环保、水利等单位联合开展㵲水河道整治宣传活动，印发、张贴专项行动通告1000多份，出动宣传车、船27次，参加宣传人员310人次。11月，县政府又组织公安、环保等执法人员400多人，重拳出击，对乱采滥挖行为进行集中清理整顿，制止违法行为14起，下发整改通知书8份，没收违法淘金船9艘。通过整治，恢复㵲水河往日的秀丽。2004年，县人大常委会组织中方县的部分市人大代表视察市交警支队执法工作情况，对执法工作中存在的以罚代法现象和人民路天星大厦红绿灯设置不合理的问题提出建议和意见。2006年2月11日至15日，县人大常委会组织驻通道、中方县的省、市人大代表联合视察中方县的重点企业、交通建设和生态城建设，代表对县城建设资金缺口大、恢复通乡通村公路补助标准、加大对开发农产品的民营企业的投入力度、怀黔路青山溪收费站搬迁及加强怀黔公路沿线的规划管理等问题提出5条建议和意见。对代表提出的建议，县人民政府积极采纳，认真研究，逐步解决。

2008年，县第三届人大常委会为配合县首届生态文化节的举办，加快新县城繁荣，突出旺市融城聚人气，先后三次组织40多名省、市、县人大代表，对县庆项目进展情况进行视察，并听取相关汇报。对县庆项目中的城市道路、供电、供水等基础设施以及部分项目建设进度缓慢的问题，提出意见和建议，形成交办意见，发出交办函。县政府及有关部门在接到建议和意见后，及时整改，采取措施加快县庆项目工程进度，县人大常委会督促政府有关部门多方协调，确保县庆项目的质量和进度。2009年，围绕聚集县城人气、干部职工带头入住县城这一热点问题，县人大常委会将视察县城宜居工程项目建设情况作为工作重点，向县人民政府交办坚持依法办事，严格执行县城规划等5条建议意见。县人民政府对人大代表提出的建议意见采取有效措施，出台《关于干部职工入住县城奖励办法》《关于加快县城第三产业发展的暂行规定》等优惠政策，激励干部职工入住县城，促进县城第三产业发展。

2010年，县人大常委会组织市、县人大代表对全县油茶、工业原料林等七大农业产业基地建设和新农村示范村建设资金管理情况开展专题调查，提出合理规划、强化项目申报评审程序、注重评估资金使用效益等4条建议意见。督促县人民政府按照《中方县现代农业发展引导资金管理暂行办法》，对现代农业产业发展资金实行"专人、专账、专户"管理，尤其对油茶产业发展资金实行财政报账制，保障资金专款专用。

2011年，为促进全县教育事业均衡发展，县人大常委会组织县人大代表对全县教育布局进行专题调查，通过走访、座谈、实地察看等形式，全面掌握全县教育布局情况，提出合理规划、分步实施，努力缩小城乡、区域之间教育差距，确保学生交通安全的建议，县人民政府及县教育部门认真采纳代表们的建议，对全县教育布局统筹考虑，决定保留接龙、铜鼎等较偏远乡镇的中小学，合并为九年一贯制学校，并克服财力困难，多方筹资为学校配备校车，确保学生交通安全。

2013年，县第四届人大常委会组织省、市、县三级人大代表先后对园林城市建设、生态观光休闲农业、生态文化旅游开发工作等方面进行重点调查视察。代表们结合实际，就如何进一步推进中方县生态文化旅游开发工作提出整合旅游资源、提升旅游品位及加快生态文化旅游开发等三点建议。县人民政府及时召开会议，出台《关于加快文化旅游产业发展的实施意见》，促进全县生态文化旅游业的加快发展。

第五节　依法监督

从1998年起，县人大及其常委会依法行使监督权，采取审议工作报告、执法检查、代表调查视察等形式，突出监督重点，寓支持于监督之中，有效地促进"一府两院"依法行政，司法公正。

一、法律监督

为保证法律法规有效贯彻实施，县人大常委会每年组织省、市、县人大代表开展执法检查活动，先后开展《中华人民共和国农业法》《中华人民共和国义务教育法》《中华人民共和国防洪法》《中华人民共和国环境保护法》《中华人民共和国动物防疫法》《中华人民共和国行政复议法》《中华人民共和国工会法》《中华人民共和国城市规划法》《中华人民共和国土地管理法》《中华人民共和国农产品质量安全法》《中华人民共和国人口与计划生育法》等90余部法律法规的执法检查。在全县范围内推行执法责任制，1998年7月7日，在县第一届人大常委会第二次会议上作出《关于在全县范围内推行执法责任制的决议》，为落实这一《决议》，县人大常委会与县人民政府、县人民法院和县人民检察院签订年度执法责任状，每年度进行年中、年底两次检查，或召开专门会议，或在人代会、常委会议上进行总结表彰，在全县产生较好的监督效果。普法工作一直是县人大常委会重点监督内容，多次听取普法工作汇报，在县第一届人大常委会第二次、二十四次会议上分别作出《关于依法治县的决议》《关于进一步加强法制宣传教育的决议》，县人大常委会先后批准县人民政府关于在全县公民中开展法治宣传教育的“四五”“五五”普法规划，普法工作开展有规可循，有声有色。2004年，县第二届人大常委会先后组织6次对《中华人民共和国农业法》《中华人民共和国人口与计划生育法》《中华人民共和国动物防疫法》等法律法规在全县贯彻执行情况的检查。在《中华人民共和国农业法》执法检查中，发现灾歉减免等农村专项资金被截留、挪用现象严重，人大常委会及时发出交办函督促县人民政府整改，县政府将乡村专项资金纳入各乡镇，县直涉农部门农民负担目标管理进行考核，并完善“中方县村账乡（镇）管暂行办法”，对村级财务和农村专项资金使用进行有效地监管。2007年，县第二届人大常委会组织开展《中华人民共和国水污染防治法》《中华人民共和国河道管理条例》《中华人民共和国森林法》等法律法规的执法情况的检查。县人大常委会作出决议、决定5项，下达审议意见书和交办函8份，交县人民政府办理。其中，县人民政府根据县人大常委会对落实沅水、㵲水“两水”流域污染治理审议意见的要求，组织交通、国土、环保、水利等职能部门的联合执法，依法取缔㵲水中方段一级水源保护区非法采石场，对沅水、㵲水中方段进行清理整顿，立案37起，炸毁吊塔38个，拖离、清除挖沙和运输船只140余艘，县域内沅水、㵲水河段滥采乱挖现象得到有效整治。2010年，县第三届人大常委会结合“环保世纪行”活动，组织人大代表在全县开展环境保护法及相关法律法规执法检查。针对部门协调不到位、县城绿化和生态污水处理工程建设监管不力、技术人才和环保设施配备不足等突出问题，提出5个方面的审议意见，督促县人民政府及相关部门对县城饮用水源地及㵲水河段重点区域进行全方位监测。与骏泰浆纸厂建立定期联系和情况通报机制，严密监控检修期间的臭气排放。对花桥陶瓷工业小区未达标排放企业坚决实行转移或关停整顿。同时，加强对医疗废物等危险废弃物监管工作，有效地促进全县环保工作的开展。

二、工作监督

围绕全县经济社会发展重大事项开展有效的工作监督。建县伊始，为加快县城建设，县人大常委会十分关注县城建设的总体规划，从县城定位、用地规模、人口规模、建筑风格及近中远期目标等多方面严格监督把关。1999年1月，县第一届人大常委会第五次会议通过《中方县城总体规划》，使县城建设依章有序推进。根据实际建设和发展需要，2002年1月，县人大常委会第二十六次会议作出《关于中方县县城总体规划局部调整方案的决议》。2006年2月，县第二届人大常委会第二十八次会议作出《关于批准中方县总体规划调整方案的决定》，2007年1月，县第二届人大三十五次会议作出《关于进一步加快县城建设和管理的决定》。2011年4月，县第三届人大二十八次会议审议通过《中方县县城总体规划新修编的决议》，县城建设步伐进一步加快。同时，县人大常委会重点对国民经济计划和财政预算及其执行情况进行监督。县人大先后审查批准中方县“十五”计划纲要、“十一五”计划纲要和“十二五”计划纲要，为全县经济社会发展谋好局开好篇打下坚实基础。1998—2013年，县人大及其常委会听取计划、财政工作汇报72次，突出计划指标和预算任务的严格审查把关。15年间累计调整预算2653万元。先后审议出台《关于加强预决审查及监督预算执行情况的暂行办法》和《关于实施（湖南省县级以上人民代表大会常务委员会预算审查监督条例）的暂行办法》，对加强全县财政预算监管工作发挥较好作用。

第六节　代表评议

1999年8月，县第一届人大常委会组织县人大代表对县经发委、交通局、农业局、计生委及人民县人民法正副院长等8位主要负责人进行述职评议，拉开全县述职评议工作的序幕。2000年10月，对县计委、财政局、建设局、公安局、水电局等7个单位行政正职进行述职评议。述职评议从9月初开始，分成4个考评小组进行，广泛征求意见，深入了解情况，共向县直有关单位、乡镇、各级人大代表发出征求意见函268份，座谈1290人，全体常委会委员对被评议人员进行投票表决测评。测评结果，财政局、水电局局长评为优秀，其余5人均评为称职。2001年，《湖南省县级以上人民代表大会常务委员会述职评议工作条例》颁布实施后，述职评议工作更加规范化、正常化。2003年10月，对县农业、林业、水利等部门负责人进行述职评议，同时，首次对一名副县长进行述职评议。此外，县人大常委会积极拓宽监督领域，把垂直管理部门的工作纳入监督范围。2004年10月，对县邮政局、电信局部门开展工作评议，促进垂直管理部门工作的顺利开展。2006年4月，对2名副县长、“两院两长”和3名县人民政府组成部门行政负责人进行述职评议。2007—2013年，县人大常委会组织县人大代表先后对20多名由县人大及其常委会选举任命的人员进行述职评议。述职评议工作的实施，促进“一府两院”及其工作部门依法行政、执政为民。

第五篇

人民政府

REN MIN ZHENG FU >>>>>>>>>>>>

第五篇 人民政府

第一章 职权行使

第一节 机构设置

一、县级机构

历届正副县长均由县人民代表大会依法选举产生，人民代表大会闭会期间的人事变动、调整由县人大常委会任命。县政府领导班子成员由县长、副县长组成。县长主持政府全面工作，副县长按照政府分工协助县长分管有关方面工作。同时，设立政府调研员、助理调研员（2010年后称为副调研员）、县长助理，协助副县长分管方面工作。1998年3月—2013年12月，县政府领导班子经历四次换届，从第二届起每届任期为5年。

表5-1-1-1

1998—2013年中方县人民政府县长、副县长名录表

届次	职务	姓名	性别	民族	籍贯	任职时间	备注
第一届（1998.04-2002.12）	县长	李先胜	男	汉	湖南鹤城	1998.02-2002.07	
	副县长	张显米	男	汉	湖南中方	1998.02-2007.09	
		黄黔元	男	汉	湖南洪江市	1998.03-2002.12	
		廖家声	男	汉	湖南辰溪	1998.04-2002.12	
		张化忠	男	汉	湖南中方	1998.04-2002.09	
		武思元	男	汉	湖南泸溪	1998.04-2002.08	
		潘文斌	男	汉	湖南中方	1998.08-2002.08	
		唐勇	男	汉	湖南永州	1998.08-1999.08	
		杨英礼	男	汉	湖南中方	1999.10-2002.12	
		周辉	男	汉	湖南洪江市	2002.07-2002.12	代县长
		张少华	男	汉	湖南沅陵	2002.08-2002.12	
		赵忠	女	汉	湖南洪江市	2002.08-2002.12	

续表

届　次	职　务	姓　名	性别	民族	籍　贯	任职时间	备注
第二届（2002.12–2007.12）	县　长	周　辉	男	汉	湖南洪江市	2002.12–2004.2	
		黄黔元	男	汉	湖南洪江市	2004.03–2007.11	
	副县长	黄黔元	男	汉	湖南洪江市	2002.12–2004.03	
		廖家声	男	汉	湖南辰溪	2002.12–2007.09	
		杨英礼	男	汉	湖南中方	2002.12–2004.06	
		张少华	男	汉	湖南沅陵	2002.12–2007.12	
		赵　忠	女	汉	湖南洪江市	2002.12–2007.10	
		陈同炳	男	汉	湖南中方	2003.06–2005.02	
		龚　琪	男	汉	湖南隆回	2003.09–2007.11	
		熊　明	男	汉	湖南沅陵	2004.06–2007.12	
		贺永春	男	汉	湖南祁东	2004.12–2007.11	
		陈方兴	男	汉	湖南中方	2005.03–2008.01	
		宋峥嵘	女	侗	湖南芷江	2006.06–2007.12	
		段美娟	女	汉	湖南冷水江	2006.12–2007.12	挂职
		袁　强	男	汉	湖南绥宁	2007.11–2007.12	
第三届（2007.12–2012.11）	县　长	胡佳武	男	汉	湖南常德	2007.12–2009.04	
		姜耀文	男	汉	湖南溆浦	2009.05–2012.11	
	副县长	胡佳武	男	汉	湖南常德	2007.11–2007.12	代县长
		袁　强	男	汉	湖南绥宁	2007.12–2010.04	
		熊　明	男	汉	湖南沅陵	2007.12–2012.10	
		张少华	男	汉	湖南沅陵	2007.12–2009.02	
		宋峥嵘	女	侗	湖南芷江	2007.12–2009.01	
		潘存金	男	汉	湖南中方	2008.02–2012.11	
		黄政安	男	汉	湖南洪江市	2008.02–2011.04	
		唐智兴	男	汉	湖南道县	2008.03–2010.04	挂职
		胡诗军	男	汉	湖南常德	2009.03–2012.11	
		韩晓波	女	汉	河南南阳	2009.03–2011.05	
		洪胜春	男	汉	湖南衡阳	2010.04–2012.09	挂职
		梁高动	男	汉	湖南中方	2010.09–2012.08	
		陈　军	男	汉	湖南中方	2012.09–2012.11	

续表

届次	职务	姓名	性别	民族	籍贯	任职时间	备注
第四届（2012.12– ）	县长	姜耀文	男	汉	湖南溆浦	2012.12–	
	副县长	胡诗军	男	汉	湖南常德	2012.12–2013.02	
		陈军	男	汉	湖南中方	2012.12–	
		潘存金	男	汉	湖南中方	2012.12–	
		肖晖	女	侗	湖南洪江	2012.10–	
		李闯	男	汉	湖南辰溪	2012.12–	
		申会荣	男	汉	湖南邵东	2012.10–	兼公安局长
		刘永仁	男	汉	湖南沅陵	2012.10–	
		陈明皋	男	汉	湖南常德	2012.10–2013.03	挂职
		许波	男	汉	湖南郴州	2012.09–2013.12	挂职
		米小龙	男	汉	湖南辰溪	2013.02–	

二、工作部门

1998年4月，县人民政府组成单位21个，分别是县政府办、县计划委员会、县经济发展委员会、县建设局、县科学技术局、县教育局、县公安局、县司法局、县民政局、县财政局、县人事局、县劳动局、县交通局、县农业局、县林业局、县水利水电局、县文化局、县卫生局、县计划生育委员会、县监察局、县审计局。县政府工作机构9个，分别是县农村工作办公室（与县委农村工作部实行两块牌子，一套人员）、县财贸工作办公室、县统计局、县工商行政管理局、县国土管理局、县地方税务局、县粮食局、县物价局、县环境保护局。

政府议事协调机构4个，分别是县经济体制改革委员会（加挂县农村改革实验区办公室牌子，与经发委三块牌子，一套人员）、县信访工作领导小组办公室、县人民防空办公室、县爱国卫生运动委员会办公室。

归并、挂靠单位8个。分别是县法制办公室（中方县人民政府行政复议办公室）、县民族事务办公室、县侨务外事办公室并入县政府办公室、县调处纠纷领导小组办公室（副局级）、县住房制度改革领导小组办公室（副局级）、县安全工作委员会办公室（副局级）、县老龄工作委员会办公室（副局级）、县人民政府宗教事务局（副局级）挂靠县政府办公室。

政府直属事业机构14个。分别是县技术监督局、县广播电视局、县体育运动委员会、县农业机械管理局、县畜牧水产局、县农村经济经营管理局、县移民开发局、县地质矿产局、县农业综合开发办公室、县供销联社、县煤炭工业局、县房地产管理（副局级）、县旅游局（副局级）、县蔬菜办公室（副局级）。政府派出机构1个为驻长沙办事处。

2001年12月，县党政机构改革。经过改革，县政府机构不再分组成单位和直属机构，统称政府工作部门。计划委员会更名为发展计划局，水利水电局更名为水利局，计划生育委员会更名为计划生育局。组建经济贸易局、劳动和社会保障局、国土资源局。政府工作部门20个。分别是政府办、县发展计划局、县经济贸易局、县教育局、县科学技术局、县公安局、县监察局（监察局与纪律检查委员会机关合署办公，列入政府工作部门序列，不计政府工作机构个数）、县民政局、县司法局、县财政局、县人事局、县劳动和社会保障局、县国土资源局、县建设局、县交通局、县水利局、县农业局、县林业局、县卫生局、县计划生育局、县审计局。

直属事业单位13个。分别是县技术监督局、县广播电视局、县体育运动委员会、县农业机械管理局、县畜牧水产局、县移民开发局、县地质矿产局、县农业综合开发办公室、县供销合作社联合社、县煤炭工业局、县房地产管理（副局级）、县旅游局（副局级）、县蔬菜办公室（副局级）。

县政府部门管理机构2个。分别是县粮食局、县环保局。政府派出机构2个。分别是县委、县政府驻长沙办事处、驻深圳办事处。

2005年4月，县政府机构改革，撤消县经济贸易局、县乡镇企业局，组建县工业经济局、县商务局（加挂县招商合作局牌子）。组建县人民政府法制办公室。县计划局改组为县发展和改革局，县计划生育局更名为人口和计划生育局。是年，县政府设工作部门20个，即县政府办公室、县发展和改革局、县工业经济局、县教育局、县科学技术局、县公安局、县监察局（列入政府工作序列，不计政府机构个数）、县民政局、县司法局、县财政局、县人事局、县劳动和社会保障局、县国土资源局、县建设局、县交通局、县水利局、县农业局、县林业局、县卫生局、县人口和计划生育局、县审计局。县政府部门管理机构3个，即县粮食局、县环境保护局、县法制办公室。

2010年11月，政府机构改革，撤消县工业经济局和科技局，组建县经济科技和信息化局。撤消县人事局、县劳动和社会保障局，组建县人力资源和社会保障局。撤消县建设局，组建县住房和城乡建设局。县人民政府设工作部门21个，即县人民政府办公室、县发展和改革局、县经济科技和信息化局、县教育局、县公安局、县监察局（列入县政府工作部门，不计入县政府机构个数）、县民政局、县司法局、县财政局、县人力资源和社会保障局、县国土资源局、县住房和城乡建设局、县交通运输局、县水利局、县农业局、县林业局、县卫生局、县人口和计划生育局、县审计局、县环境保护局、县统计局、县食品药品监督管理局。至2013年12月，县政府工作部门22个。

县政府办公室为县政府机关和县政府领导服务的综合办事机构，其主要职责是协助县人民政府领导处理县政府日常政务，组织各项政策的贯彻落实，指导、协调全县政务服务工作。县政府办内设职能办（室）13个。分别是办公室、督查室、政工室、文秘室、电子政务管理及信息室、综合调研室、应急管理办、法制办、爱卫办、政务服务中心、县住房公积金管理中心、民委、宗教事务局。有行政编制69名，实有干部87人。

三、乡镇人民政府

1998年4月，全县有22个乡镇（其中5个建制镇、16个乡、1个瑶族乡）。乡镇人民政府领导班子设乡镇长1人、副乡（镇）长2~3人，均由乡镇人民代表大会选举产生，每届任期3年，配乡镇干部若干人，辖林业站、农机站、农业技术推广站、兽医站、文化站、安监站、财政所、国土所、司法所、计划生育办公室等部门。是年8月，桐木乡撤乡建镇。全县有6个建制镇。1999年11月，铁坡撤乡建镇。

2009年10月，乡镇机构改革，通过“撤、并、合、转”等措施合并设置为“一办五中心”，即党政综合办公室、农业服务中心、林业服务中心、规划建设服务中心、社会事业服务中心、综治维稳中心。

2011年10月，经省人民政府批准，新建、接龙撤乡建镇。

2012年8月，经省人民政府批准，铜鼎、新路河两乡撤乡建镇。2013年年末，全县有22个乡镇，其中11个建置镇、10个乡、1个瑶族乡。2015年12月，乡镇机构撤并，全县设中方、泸阳、铜湾、铁坡、桐木、花桥、新建、新路河、铜鼎、接龙、袁家11个镇，1个蒿吉坪瑶族乡。

第二节　重要会议

县人民政府实行县政府全体会议、政府常务会议、县长办公会议和专题会议制度。1998—2013年，县人民政府共召开各类工作会议876次，其中政府全体会议28次，政府常务会议153次、县长办公会议345次，专题会议350次。

一、政府全体会议

县政府全体会议一般每年召开1~2次，由政府办负责组织。由县长或县长委托常务副县长召集和主持，参加单位和人员有县长、副县长、调研员、副调研员、县长助理、政府组成单位的局长（主任）、政府办主任及县政府其他领导人，必要时，县有关企业、事业单位负责人及乡镇长参加。会议的主要任务是讨论和决定县政府全年工作目标、措施和工作安排。讨论通过向县人民代表大会所作的政府工作报告，听取政府各局的工作报告，研究分析政府工作经济形势，讨论、决定和部署县政府的重要工作和阶段性工作，通报县内外形势，讨论需要由县政府全体会议决定的其他事项。1998—2013年，共召开全体会议28次，全体会议先后审议和通过中方县国民经济和社会发展“十五”“十一五”及“十二五”发展规划。每年召开的全县性重大会议有经济、工业、政法、党风廉政、农业、武装、教育、计生等工作会议，均作出相应决定。

二、政府常务会议

县人民政府常务会议一般每月召开一次，由县长、副县长、县政府办主任组成，根据需要，可邀请县委、人大、政协、人武部领导和政府有关部门、单位负责人列席，由县政府办承办，会议须有半数以上组成人员出席方可召开。会议由县长或县长委托常务副县长召集和主持。会议的主要任务是传达贯彻上级重要会议精神或领导的重要指示，讨论决定县政府工作中的重大事项，贯彻、研究上级政府和县委、县人大重大决策、决议，讨论通过提请县人大及其常委会审定的议案，讨论由县政府发布的规范性文件，讨论、决定各部门和乡镇请示县政府的重要事项，讨论人大代表、政协委员提交给政府办理的建议案和提案，分析形势，通报情况。提请县人民政府常务会议讨论的议题涉及多个部门、单位的，主办部门应在会前主动进行协调，有关部门应积极配合，提出意见和建议由主要负责人签署。凡会议决定的重要事项，均形成县人民政府常务会议纪要，并由政府办督办抓落实。

附：政府常务会议选介

1998年12月18日，县政府常务会议对县农电体制改革、县政府驻广东番禺市办事处的建立等问题进行研究，会议议定中方县农电网并入省大电网，中方县小水电公司由怀化电业局代管，决定在广东番禺市建立中方县驻广办事处和农贸总公司，决定建设铜湾镇农贸市场，筹建县广播电视台，讨论通过《中方县、县乡公路建设管理养护实施办法》。

2000年8月10日，县政府常务会议对农网改造、购买303厂等问题进行研究，会议议定加快实施农网改造，实现城乡同网同价，决定购买303厂产权，作为中方县一个工业小区发展。

2002年7月22日，县委、县人大、县政府、县政协四大家领导及县直有关部门领导就中方生态城建设有关问题召开县政府常务会议，会议由代县长周辉主持。会议议定县城建设按照统一规划、市场运作、多元投入、成片开发、滚动发展的总体思路进行，确定生态城的开发范围（四至），生态城（容积率、绿地率、建筑风格及楼层）的规划要求及技术指标，建设项目有关规费收取，设政务服务中心办公室，加强和维护生态城建设环境。

2003年3月15日，县长周辉主持召开县政府常务会议，就供销企业改革、中小学教职工核编定岗等问题进行研究，会议通过《中方县供销企业改革实施意见》，对供销企业资产全面清理评估。搞好资产变现，对供销企业职工实行一次性安置。对个别企业缴纳养老保险费确有困难的，经核实，可适当向财政挂一点账。对改革中出让土地、转让房产、办证等应交规费，相关部门应予减免。会议通过《中方县中小学教职工核编定岗工作实施》，两文件以政府文件形式下发。

2006年8月25日，县长黄黔元主持召开县政府常务会议，会议议定同意招商引资优惠政策和考核办法及进一步加快工业发展的决定，明确经建投公司职能，土地储备的规费收取和资金管理，农业综合开发办归并及县种子公司改制，驻长办的房产经营及驻深办在广州番禺大石镇农贸市场商铺的处置，县人武部营院建设问题。

2008年4月30日，县长胡佳武主持召开县政府常务会议，会议听取交通建设、生态示范县创建等5项工作情况汇报，会议议定加强交通建设，同意对2007年开工建设的通乡公路工程造价进行调整，启动铁坡镇至湾溪乡、龙场乡至铜鼎乡通乡公路建设。生态示范县创建迎国检验收工作，审议《中方县生态污水处理管理办法》，加强县政府公众信息网站建设等问题。

2010年6月12日，县长姜耀文主持召开县政府常务会议，会议讨论通过《关于中方县干部职工入住县城奖励办法的补充规定》《中方县鼓励农民和农民进城置业创业暂行办法》《中方县人民政府关于新形势下推进人民防空工作的实施意见》3个文件。从2010年起，用3年时间，全县实现创建省级文明卫生城市目标。

2012年3月16日，县长姜耀文在县行政中心5号会议室主持召开县政府常务会议，会议研究部署深入推进中方县强农富民工程、新型工业化、扩大开放及武陵山片区区域发展与扶贫攻坚等工作，讨论通过《中共中方县委中方县人民政府关于统筹城乡协调发展深入推进强农富民工程的若干意见》《中方县涉农项目资金整合管理办法》等规范性文件。

三、县长办公会议

县长办公会议由县长或负责常务工作的副县长召集和主持，县政府有关领导和县直有关部门主要负责人参加。会议的主要任务是研究和处理县政府工作中需要协调解决的重要事项，听取县政府领导工作情况汇报，研究部署县政府阶段性工作等。根据需要不定期召开。根据情况，有时召开现场办公会议，就地解决问题。

附：县长办公会议选介

1999年1月15日，召开县长办公会议，专题研究南湖产权问题。会议议定因县城总体规划和建设的需要，原征用划拨给怀化市正鑫公司的南湖国有土地使用权由中方县人民政府收回。怀化市正鑫公司和南湖公司在此后不能再开展新的经营活动和增加新的债权债务。关于南湖的开发，实行招商引资，在没有恰当外商的情况下，县政府以土地贷款自行开发，南湖公司所欠工程队的30万元，由县国土局（地产公司）先垫付，其垫付的资金由县政府承担，以县城的土地收益或由县财政偿还。

2001年3月25日，常务副县长黄黔元主持召开县长办公会议，专题讨论研究320国道中方段改扩建有关问题。会议议定加强领导和安全管理，安排一名副县长专抓安全。采取全县干部职工和向社会募捐等方式，多途径筹集改扩建资金。对涉及拆迁房屋、占用稻田和迁移坟墓等采取适当补偿方式进行，加快320国道中方段改扩建工作顺利进行。

2002年4月28日，常务副县长黄黔元在怀化金大地水泥有限公司主持召开现场办公会议，专题研究该企业建设年产50万吨现代立窑生产企业及技改扩建中的有关问题。会议议定该项目为2002年度全县重点工业项目，加强领导，组建专门班子予以支持配合。在征地、供电、规费等方面实行重点倾斜，全力扶持。鼓励企业加快发展，从2002年起，企业年入库税金达到300、400、500万元，县政府分别给予10万元、20万元、30万元的奖励。县政府以更优惠的政策，加快企业的技改扩建，促进全县非公有制经济的发展。

2007年8月27日，县长黄黔元主持召开县长办公会议，专题研究县红十字会办公楼、仓库及国际红十字TCM医院建设、209国道青山溪收费站搬迁有关问题。会议议定同意国际红十字TCM医院项目落户中方，选址在朝阳路与芙蓉路的中间处，建设用地和相关建设享受优惠政策，209国道青山溪收费站定在是年下半年实施搬迁，地址拟选在中方镇竹站村境内。

2008年5月15日，县长胡佳武主持召开县长办公会议，专题研究油茶产业示范基地建设有关问题。会议议定同意省林勘院制定的《湖南省中方县油茶产业示范基地建设规划实施方案（2008—2015)》。计划总投资28391.03万元，更新改造油茶林8万亩，荒山新造油茶林2万亩，抚育改造油茶林4.98万亩，高接换冠油茶林200万亩。基地建设采取龙头企业加农户加基地的模式，集中连片建设，全县共规划为223省道产业带、209国道产业带、铜湾片产业群、铁坡片产业群4个产业集群。

2009年9月4日，代县长姜耀文与鹤城区区长邓小健在鹤城区行政中心政府常务会议室召开联席会议，专题研究原鹤城区鸭嘴岩镇鸭嘴岩村、长远村成建制划归中方县中方镇后，就原鸭嘴岩镇国有集体资产移交和相关人员安置等有关问题。会议议定坚持属地管理，两村划归中方镇后，除原鹤城区鸭嘴岩镇政府机关外，调整区域范围内的单位的资产、债务及人员均移交中方县管理。坚持债权、债务、资产随人走的原则，坚持以人为本。严肃移交纪律，严把进人关，不得突击进人。严肃财经纪律，移交期间，任何单位和个人不得擅自处置涉及移交资产，不得突击发放奖金补贴，不得私分公共财物，不得违规转让土地，不得乱搭乱建。

2010年5月6日，县长姜耀文主持召开县长办公会议，专题研究宇隆水电发展有限公司（原三角滩水电站）存在的周边群众用电未缴费和公司职工社保相关问题。会议议定宇隆公司周边3个村8个村民小组346户农户的供电与公司剥离，进行农网改造后直接并入农村电网。17名退休职工的社保保留在鹤城区，130名在职职工的社保转移到中方县企保局。

2011年8月23日，县长姜耀文主持召开县长办公会议，专题研究城乡客运网络体系建设和农村道路交通安全集中整治工作。会议议定加快城市公交网络建设，购置10台空调公交车，开通怀化至县城快运和晚班公交车，购车资金由市县共同承担。加快农村客运体系建设，取消三轮车、摩托车、拖拉机等非法载客营运，采取公司化运作模式，开通村级客运班线，对参与农村客运网络运营的车辆，县政府予以适当补贴，并根据需要选聘一批农村交通安全协管员。

2013年1月13日，县长姜耀文主持召开县长办公会议，专题研究县首届葡萄文化旅游节筹备工作问题。会议议定做大做强葡萄特色产业，加快打造文化旅游高地，加快县首届葡萄文化旅游节活动开展，尽快制定并完善节会活动实施方案，抓紧编制《桐木葡萄沟修建性详规》，做好酒庄的升级改造和新建酒庄项目的招商引资工作，加快公路基础设施建设。

四、政府专题及现场办公会议

县人民政府专题及现场办公会议由县长或副县长召集主持，视其需要不定期召开，县政府有关部门和相关单位负责人参加会议。会议的主要任务是研究处理县人民政府工作中的专项问题，研究协调分管部门之间存在意见分歧的问题，研究讨论需提交县政府集体研究决策的有关问题等。

附：政府专题及现场办公会议选介

2001年6月15日，常务副县长黄黔元在活水乡政府主持召开专题会议，研究活水乡石材工业小区的开发发展与相关税费征收秩序的规范问题。会议议定多轮驱动，加快发展石材加工业，统筹规划，带动发展，优化环境，通过政策优惠、奖励和财政返还等方式，促进发展。坚持依法纳税和着眼长远、积极扶持的原则，规范企业的税费征收秩序。

2002年4月3日，副县长张显米主持召开洪江电站中方县库区淹没企业拆迁复建工作专题会议，会议听取县移民局关于桐木镇粮店、造纸厂、自来水厂淹没补偿情况汇报，会议议定桐木镇粮店的拆迁复建，新址定在桐木镇的孔木湾开发区，桐木镇、县移民局、县粮食局分别做好规划用地、资金计划、设计及工程实施。桐木镇造纸厂、自来水厂的拆迁复建，同意利用两个企业的淹没补偿资金，引用五龙溪水库的水源，新建一个自来水厂，解决桐木镇的用水问题。

2003年9月11日，常务副县长黄黔元主持召开专题会议，研究农金会职工安置问题。会议议定实行一次性安置补偿，解除劳动合同，职工个人应缴纳的养老保险金从一次性安置补偿中扣缴至2003年8月底，企业欠缴的养老保险金由财政作挂账处理。安置补偿后，属干部、工人身份的档案分别由县人才交流中心、劳动职介中心托管，对安置职工视同国有企业下岗职工对待，发放再就业优惠证。

2005年10月17日，常务副县长贺永春主持召开专题会议，会议研究乡镇文化活动中心建设、畜牧工作及乡镇动物防疫站招聘人员和自收自支人员社保金征缴、驻深圳（广州）办事处工作经费问题。

2006年2月10日，县长黄黔元主持召开专题会议，研究处理市公交总公司与中方县运输服务公司桐木分公司客运矛盾问题。

2007年1月16日，县长黄黔元主持召开专题会议，研究乡镇卫生院建设有关问题。会议议定2007年全县确定14个乡镇卫生院进行改扩建工程，建设资金被列入国债建设项目范围，县财政给予配套180万元，建设用地报批、报建手续办理及相关费用从简优惠。

2010年4月23日，副县长潘存金主持召开专题会议，研究铜湾库区养殖有关问题。会议议定明确库区责任主体为县移民局，开发主体为库区乡镇。科学规划养殖区域，探讨养殖方式，创新经营开发模式，制定奖励措施，以县政府名义出台《中方县铜湾库区管理办法》。

2013年6月8日，常务副县长米小龙主持召开专题会议，研究全县公共节能工作等有关问题。会议审议通过《中方县创建“全国节能型公共机构示范单位”实施方案》，县直机关全面推广公务自行车，根据需要统一购置公务自行车3～10辆，采用合同能源管理模式对县城路灯实施节能改造。

第三节 施政纪略

一、生态县城建设

建县之初，县政府积极进行新县城的规划和选址工作。1998年6月，斥资400多万元聘请上海同济大学城市规划设计院和长沙规划设计院专家，科学编制县城总体规划。1999年6月完成县城总体规划。新县城定位为生态县城，宜商宜居城市，依托自然地貌，大做“山、水、绿、净”文章，把县城建设成为开放式的生态园林城市。县城选址在中方镇龙井、长塘、铜锣村一带，规划区面积3.5平方千米。

2002年6月，湖南武陵城房地产集团入驻中方，拉开生态城建设序幕，在全国首开以民营企业为主体建县城的先河。8月，县委在鹤城黄岩度假村召开务虚会议，提出“一个加快，三个跨越”的发展战略，从此，县城建设步伐加快。同月28日，县城奠基仪式在县城新址举行，县城建设正式全面启动。

县城建设从零开始。时无国家投资，省市投资极其有限，县委、县政府坚持“县城定位生态化、项目运作市场化、投资主体多元化、城市管理企业化、政府服务规范化、征地拆迁人本化”的开发思路，先后引进诚建、华团、福兴等10多家民营企业参与县城建设，实施建设项目39个。首先实施水、电、路等市政基础设施建设，完善路网结构，拉大城市框架。重点抓好县城“三纵五横”道路等16个基础设施建设项目。县城道路2002年2月开始修建金园路（迎松路）。2003年，金园路全线贯通，南湖中路、芙蓉路和滨江路相继开工建设。随着县城道路的修建，房屋建设随之启动。是年5月，占地87亩，由武陵城房地产承建的县委、县政府、人大和政协四大家办公楼及会议中心组成的县行政中心率先开工建设。2004年，重点推进县行政中心主体项目及泰格林纸公寓、桃花源住宅小区、县人民医院、中兴学校等20个配套项目建设。同时，加快县国土、工商、建设、卫生、检察院、法院等6个县直单位办公楼建设。县水利局、财政局、农业局、教育局等21个县直机关办公楼开工建设，县城建设累计完成投资1.4亿元。

2005年，随着上瑞高速邵怀段的建成通车，包茂高速、荆坪大桥的建设，为着眼长远，生态城规划进行局部调整，制定《中方县县城总体规划调整方案》。依照《方案》，县城规划区被划分为北组团、南组团和河西组团，初步形成较为完善的县城规划体系。12月30日，县行政中心建成并实现县“四大家”及部分县直机关搬迁，从而结束中方县有县无城的历史。

2006年2月，县委、县政府作出《关于进一步加快县城建设的决定》。对县城总体规划进行调整，完善功能分区和产业发展方向，科学地将县城划分为七大功能区，即县城北组团的行政区、商贸区、高档住宅区和一般住宅区，南组团的生态工业区、仓储区，河西组团的休闲旅游区、现代物流区。同时，加快县直机关迁建进度，45个单独建办公楼的县直机关有计划地分三批陆续搬进新县城。至是年底，县城建设重点实施项目38个，总投资20.34亿元。

2008年，县政府以举办十年县庆及县首届生态文化节为契机，加快县城建设，确定迎县庆城建重点项目33个，完成投资3.15亿元。加快荆坪㵲水大桥、县城防洪堤建设，完善县城配套建设和人居环境，45个县直单位完成搬迁。县城商业区、住宅区、休闲旅游区、工业区、现代物流区全面启动建设，供水、电力、电信、通信设施基本配套，学校、医院、宾馆、市场、公交等项目全面建设，一座城市规划科学、建筑风格新颖、生态特色鲜明的现代园林城市从荒坡中蓬勃崛起。

2009年，县政府为呼应怀化市“一体两翼、南延北扩”的城市布局，抢抓机遇，提出“建设全国生态示范县，打造生态宜居先导区”的战略目标，全面实施“生态立县、旺市融城、兴工促农、科学跨越”战略部署。4月，县委三届三次全会，审议通过《关于加快推进新型城镇化，全面实施旺市融城的若干意见》，突出实施“旺市融城”战略。为拓展县城建设区域，将鹤城区鸭嘴岩镇鸭嘴岩村和长远村纳入中方镇管辖。是年底，实施重点城建项目51个，完成投资16.8亿元。建成桃花源、南湖花园教师新村、维也纳别墅群、泰格林纸公寓等一批住宅小区，建成住房2974套、37万平方米。建成中方中心市场、福兴商贸广场、中方家居建材机电大市场等商贸区。加快推进铜锣湾大酒店、中方大酒店、潕水酒楼及新榆树湾美食一条街等酒店餐饮业。建成中兴学校、华美外国语学校和中心幼儿园及县人民医院等一批学校医院。拉通城市道路21条，总长34200米，县城基本形成东西向的主干道迎松路、紫荆路、芙蓉路、丹桂路、五溪路，南北向的主干道香樟路、南湖中路、滨江中路等"五横三纵"路网框架。为聚集人气，采取设立入住奖和发放购房消费券等多种措施，鼓励干部带头入住县城，在县城购房的干部职工达2350多户。同时，为促进县城产业发展，出台《关于加快县城第三产业发展的暂行规定》，县城房地产、装饰建材、商贸物流、餐饮、购物、文化休闲等三产业逐渐形成。

2010年，随着县城提质扩容和旺市融城发展战略的实施，1999年编制的县城总体规划已不能更好地指导县城建设，根据《中华人民共和国城乡规划法》，县政府决定对县城总体规划进行新一轮修编。规划面积从17.8平方千米增加到120平方千米（含怀化工业园组团）。是年底，县城建设累计完成投资25.98亿元，实施城建重点项目112个，其中社会投资项目25个，政府投资基础设施项目87个，县城建成区达3.5平方千米，县城核心区常住人口达2.39万人。

2011—2012年，县政府加快实施旺市融城战略，并将2011年定为旺市融城攻坚年。两年间，实施重点城建项目155个，完成投资38.7亿元。至2012年，县城核心区面积扩大到4.5平方千米，规划区三产经营户达2203家，有餐饮、娱乐、建材、通信、快递、金融等商贸服务业态42个，年销售总额突破5亿元，常住人口达4.05万人，县城购房的干部职工达2933户，入住1046户，到县城落户的农民和务工经商人员2702户，全县城镇化率27%。

至2013年，经过11年建设，城市功能基本配套，设施较为完善，县城形成行政区、住宅区、商业区、休闲旅游区、工业区、现代物流区、职教区等功能分区，房地产、装饰建材、商贸物流、酒店餐饮、购物、文化休闲、通信、快递、金融等第三产业加快发展，建成区面积由2002年的空白发展到5平方千米，常住人口达4.71万人，全县城镇化率30%。

二、农业产业结构调整

1998年，中方县为典型的山区农业县，农业产业结构单一，效益不高。全县农业总产值2.82亿元，其中种植业占55%，林业占19%，牧业占22%、渔业占4%。县政府立足实际，提出"富民强县"战略，围绕农业增产、农民增收目标，大力调整和优化农业产业结构。全县着重抓畜禽、蔬菜、瓜果、中药材、工业原料林等五大支柱产业开发和铜湾水产、铁坡杂交制种、桐木茶叶及东部油茶等五个区域型产业建设。

2000年，县政府制定“十五”发展规划，对全县农业产业进行专业规划，建设中方至牌楼、泸阳至花桥、铜湾至新建、铁坡至活水等4个沿线粮、牧、经济作物区，开发优质稻生产基地，发展经济作物，推广稻—果、稻—经种植模式，实施生猪品种改良，建设蔬菜、花卉、苗木基地，发展中药材产业。

2003年，县政府出台《关于加快农业产业基地建设的意见》。农业产业化按照“因地制宜、重点突破、一乡一品、形成基地、支撑产业”的原则，重点发展优质稻、优质水果、优质畜禽、中药材、花卉苗木、无公害蔬菜、工业原料林等七大支柱产业。

2006年，全县七大支柱产业初具规模，优质稻面积14.95万亩，产量10.41万吨。优质水果发展到6.3万亩，其中“湘珍珠葡萄”1.76万亩。优良畜禽养殖，家禽饲养量410万羽，以金银花为主的中药材达7200多亩，花卉苗木面积达1630亩，无公害蔬菜发展到3500亩，工业原料林达13万亩。

2007年，通过积极培育，全县农业产业形成桐木和牌楼的葡萄板块、龙场的杨梅板块、铁坡和活水金银花板块、泸阳和铁坡的生猪板块、铁坡和石宝的金秋梨板块、中方茅利溪和荆坪的无公害蔬菜板块、铜湾乌骨鸡和铜鼎白鹅板块。发展五溪米业、大康牧业、树人牧业等农业龙头企业，培育出湘珍珠葡萄、龙场杨梅、无公害蔬菜、桐木茶叶等10余个名优品牌。

2009年，立足山区资源丰富的优势，新增优质油茶等特色产业，全县形成优质稻、优质油茶等七大优势特色产业。是年，新造和低改油茶2.1万亩。

2011年，按照“优质、高产、高效、生态、安全”的要求，合理规划农业产业区域布局，做大做强七大优势产业。粮食生产重点建好铜湾和泸阳片区优质超级稻示范基地。油茶基地重点抓好沿209国道、223省道两个产业带和铜湾、铁坡片区的油茶产业建设。畜禽养殖基地着力抓好蒋家、新建、花桥等6个生猪养殖小区及大康牧业、大山牧业为龙头企业养殖基地建设。蔬菜水果基地，重点建好新建、袁家、铜湾、铜鼎沿线的蔬菜基地和牌楼的柑橘、桐木的葡萄、下坪的西瓜，铁坡、蒋家、活水的金秋梨，龙场的杨梅等水果基地建设。中药材重点抓好铁坡、活水、锦溪、蒿吉坪、接龙及炉亭坳等乡镇为主的金银花、杜仲等生产基地。建好铜湾库区优质水产养殖，加快工业原料林建设。

2013年，全县农业产业结构调整取得实质成效，农村经济由原来单一的粮食生产向农、林、牧、副、渔等多种经营转变。是年，全县农业总产值16.98亿元，其中种植业占49%，林业占13%，牧业占34%、渔业占4%。大力发展优势产业，七大优势产业正朝着区域化、专业化、规模化方向发展。

三、招商引资

1998年2月，县政府成立县经济发展委员会，兼管全县的招商引资工作。为搞好招商引资，开展形式多样的宣传教育活动，制定《中方县投资指南》，利用信息网络和关系网络，全面宣传和推介中方县的发展环境和投资项目，营造招商引资的良好氛围，是年，引进县境外资金 2900 万元，华泰通讯、怀化水泥一厂、中方陶瓷有限公司等重点项目落户中方。1999 年，县政府积极鼓励县内大小企业参加境外各种经贸活动，帮助企业做好招商引资的前期工作，提供政策咨询和信息服务，各职能部门简化办事程序，减免相关税费，为企业招商引资排忧解难，全县招商引资工作开展顺利。2000 年 6 月，作出《关于治理经济发展环境的决定》，把治理经济发展环境作为总揽改革、发展、稳定的政治任务来抓。2002—2004 年，县政府加大招商引资力度，进一步优化发展环境，健全和完善工作机制。在硬环境上，加强交通、水、电等基础设施建设，不断提高区位竞争优势。按照建“园区”、创“小区”，筑巢引凤，积极搭建发展平台，先后建起县工业园区及泸阳、牌楼、铁坡 3 个工业小区，充分利用其交通、区位、信息和资源优势，不断壮大招商引资平台。2003 年 11 月，县工业园正式开园，入园企业 8 家，资产总额 1.04 亿元。是年，成功引进中方电极厂、兴鑫石材有限公司、机瓦厂、雪山食品、利鸿硅业、山友纸业等 8 家规模企业和投资 18.6 亿元的铜湾电站建设项目。在软环境上，2004 年县委、县政府建立健全投资环境评价、定期通报和责任追究等制度，组建和充实重点工程项目协调机构，开展重点工程、企业周边环境专项整治行动，大力治理经济发展环境中的“索、拿、卡、要”问题，整顿市场经济秩序，规范行政行为，形成优化发展环境的长效机制，营造“亲商、富商、安商”氛围。同时，从是年起，创新招商引资方式，实行全民招商。每年初县政府制定《中方县加快发展或服务发展考核手册》，将招商引资指标分解到各乡镇和县直各部门，实行目标管理责任制。严格招商考核，“按招商引资比高低，以发展经济论英雄”，并以此作为干部提拔使用的重要依据。是年，全县实际引进资金 2.42 亿元。2006 年，为进一步优化发展环境，县委成立县优化发展环境领导小组，下设优化办，主抓全县发展环境优化工作。出台《中方县招商引资优惠奖励暂行办法》《关于进一步优化经济发展环境，促进经济发展的暂行办法》等一系列优惠政策，充分发挥政府主导作用，选准主攻方向，采取“走出去、请进来”的办法，实行上门招商、节会招商、以商招商和网络招商等形式，县政府主要领导带着项目亲自到江浙、闽、粤考察，积极参加大型招商引资活动。2006 年 9 月，组团参加首届“中博会”，成功签约项目 4 个，合同引资 3.4 亿元。2007 年 6 月，参加“珠洽会”，签约项目 6 个，合同引资总额 6.74 亿元。2008 年，成功举办首届生态文化节和广州项目推介会，组团参加省“沪洽周”“湘商大会”等节会活动，先后引进香港安泰矿业白云石深加工、怀化鑫都硅业等项目，合同引资 16.7 亿元，中方县被确定为全省 10 个承接产业转移发展加工贸易重点县。

2009 年，以承接产业转移发展加工贸易重点县为契机，组团参加“湘商寻祖”“港洽会”“中博会”“北京科博会”等节会活动，湖南怀化湘商文化科技产业园、怀化职教城、印刷包装小区及恒裕实业、宇隆水电等17个重大投资项目成功落户中方，全年引进县外境内资金8.56亿元。2010年，县政府将是年定为“招商引资及产业发展年”，加大引资力度，组团参加“世博会”“中博会”“湘商大会”“湖南西部农博会”等节会活动，全年引资重大项目21个，实际到位市外境内资金11.3亿元。2013年，积极参加港洽周、商会推介等系列活动，全年共签约项目13个，合同引资30亿元，实际到位资金16亿元。

1998—2013年，全县共引进项目124个，实际利用外资105.9亿元。引进的重点项目建设有金大地水泥建材、铜湾电站、牌楼电站、县工业园区、五溪米业、金天锰业、大康牧业、花桥陶瓷业、活水石材、怀化湘商文化科技产业园等项目，这些项目的引进，培育出全县新的经济增长点，为中方县实现后发赶超的目标奠定基础。

四、创办工业园区

1999年2月，县政府作出《关于加速发展工业的决定》，组织实施工业小区战略，合理规划花桥至泸阳建材、活水石材等4个工业小区。2002年9月，县委、县政府提出“一个加快、三个跨越”的发展战略，实施“工业强县”战略。

2003年，县政府出台《关于加速中方经济社会全面发展的决定》，按照“建园区、突支柱、上规模、提质量、增效益”的发展思路，搭建工业发展平台。根据交通、区位和资源优势，决定以下坪长冲垅为中心创办中方县工业园，园区东至S223省道1千米，南至丁鼓湾，西至湘黔铁路，北至火马塘，横跨花桥、下坪、泸阳3个乡镇，规划建设用地3平方千米，园区以生物医药加工、农产品加工和冶金化工为主导产业。是年11月，县工业园正式开园，入园企业8家，资产总额1.04亿元，年产值1.83亿元。此后，县政府从基础设施建设、制定优惠政策、招商引资等三个方面加快园区开发。

2006年8月，县政府作出《关于进一步加快工业发展的决定》，实施园区兴工和开放带动战略。并相继出台《中方县工业园区管理暂行办法》《关于进一步优化经济发展环境促进经济发展的暂行办法》《中方县招商引资优惠奖励暂行办法》等文件政策，鼓励县内外企业到县工业园投资兴业。

2009年，县政府作出《中方县工业园管理体制改革的决定》。县工业园实行封闭式管理，按照“政府引导、市场运作”方式滚动开发建园，从税费减免、土地征收、人才引进、手续办理等方面实行最优惠的政策。是年，县委、县政府在大力发展县工业园的同时，决定创办中方湘商文化科技产业园。园区位于县城规划区以南、中方镇境内的中方村、龙井村、荆坪村，覆盖㵲水河以东至焦柳铁路，茅利溪两边北至紫荆东路，南到怀化市工业园接壤处，以及荆坪古村旅游保护开发的全部区域。规划区总面积10平方千米。

2010年，县工业园规划区面积扩大到15.8平方千米，管理范围南起泸阳镇五里村，北至花桥镇火马塘村，东、西至离S223省道1千米。是年4月，县湘商文化科技产业园园区建设启动，列入怀化市重点项目。

2011 年，县政府制定《怀化（中方）湘商文化科技产业园“十二五”发展规划》。《规划》以㵲水河为中轴线，按照“一江两岸”总体布局，具体划分河东、河西两大板块。河东板块为工业板块，主要发展现代制造、印刷包装、高新技术产业。河西板块主要发展文化娱乐、主题公园、研发及其他生产服务。是年 8 月，县委出台《关于加快中方湘商文化科技产业园建设发展的若干意见》，在土地征收、税费减免、手续办理、发展奖励等方面给予优惠政策，鼓励县内外企业到中方湘商文化科技产业园创办企业。

至 2013 年，中方县工业园累计投入基础设施建设资金 2 亿元，先后完成园区 3 条道路及服务中心大楼、商务综合楼、厂房、公租房、自来水厂等基础设施建设。园区通过多途径招商引资，共引进资金 30 多亿元，先后引进湖南金大地材料有限公司、湖南喜湘聚食品有限公司、怀化亚信电子有限公司、怀化市欧劲果业有限公司等一批优秀企业，形成新型材料、机械电子、农产品加工和仓储物流等主导产业，入园企业达 58 家，其中规模以上企业 32 家，从业人员 8600 人，总产值 41.39 亿元，利税 1.78 亿元。中方湘商文化科技产业园区累计投入基础设施建设资金 3 亿元，先后完成乌溪东路、紫荆东路、翠柏路、紫阳路、枫香路等道路及供水、电力、通信等基础设施建设。园区共引进项目 14 个，先后引进怀化恒裕实业有限公司、怀化市百草园印务有限公司、湖南五新高铁机械有限公司、湖南金糯咪食品有限公司、湖南中南桥梁安装有限公司等一批优秀企业，完成总投资 19.7 亿元，机械制造、印刷包装、商贸服务、文化旅游等产业初具雏形。

五、新农村建设

2004 年，中央提出建设社会主义新农村的发展战略。2006 年 3 月，中方县全面启动新农村建设。县政府按照“生产发展、生活宽裕、乡风文明、村容整洁、管理民主”的总要求，从实际出发，制定全县社会主义新农村建设的总体规划，在政策扶持、人才支持、技术服务、资金支持等方面予以倾斜。主要做法采取以点带面、全面推进的方式进行。每个乡镇确定一个乡级试点村，全县先后确定 33 个省、市、县、乡级新农村建设示范村，确定 40 个县直部门为后盾单位，10 个规模企业为联系企业。是年，完成牌楼镇陈家湾村、桐木镇黄家湾村、泸阳镇新店坪村、桐木镇大松坡村等 8 个试点村的村庄规划。同时，着力加快生产发展，在稳定发展粮食生产的基础上，因地制宜，突出抓好优质农产品基地建设。全县发展优质稻、优质水果、优良畜禽、中药材、花卉苗木、无公害蔬菜、工业原料林等七大支柱产业。发展五溪米业、金珠米业、雪山食品、大康牧业、德瑞生物化工等农产品加工企业 10 余家，从业人员 450 余人。发展桐木葡萄协会、龙场杨梅协会等专业合作组织 13 个，入会农户达 3000 户。发展劳务经济，全面实施农村劳动力素质培训，输出劳务人员 5.5 万人，实现劳务收入 2.8 亿元。改善农村基础设施，重点推进“五通四改三清”（通水、通电、通路、通电话、通电视，改房、改厨、改厕、改圈，清垃圾、清污泥、清路障）工程。是年，9个县级以上试点村全面完成“五通”。投入资金850万元，完成水利工程设施1557处，病险水库维修加固5座，新修维修水渠24.5千米，修建人畜饮水工程14处。投入资金5927万元，完成县到乡公路改造工程29.67千米，通畅工程109千米，通达工程21千米和6个农村客运站建设。新建沼气600座，完成农网改造工程，实现城乡同网同价。是年底，农业总产值达9.03亿元，农民人均纯收入2418元。

2007年，完成中方荆坪村、下坪桥上村、泸阳金塘村等7村的新农村村庄规划。全县完成改水680户，改栏1260户，改厕1260户，改厨1260户，改浴360户。农业总产值达10.08亿元，农民人均纯收入2539元。

2009年，把发展现代农业作为新农村建设首要任务。落实强农惠农政策。全年发放粮食直补、农机具补贴等21项，补贴金额达3330.8万元。新增优质油茶等特色产业，全县形成优质稻、优质水果、优良畜禽、中药材、优质油茶、无公害蔬菜、工业原料林七大优势特色产业基地建设。全年粮食播种面积达33万亩，其中优质稻达15.1万亩。新造和低改油茶2.1万亩，新增1.5万亩。优质水果达6.9万亩，无公害蔬菜面积达5000亩，金银花面积1.39万亩，新增工业原料林3.9万亩。完成水产养殖2.2万亩，建立生猪养殖小区4个，全县生猪饲养量达46.5万头，家禽饲养量达486.6万羽。硬化油化村级通畅公路113千米，完成村通达工程7.8千米。实施病险水库除险加固12座，解决1.8万人农村人口饮水安全问题。新建沼气池1413口。全县农民人均纯收入3385元。

2013年，全县完成10个村的新农村村庄规划。全年稳定粮食播种面积29.4万亩，其中超级稻达11万亩。油茶新造9500亩，低改2.25万亩。优质果蔬达6.86万亩，新增工业原料林2万亩。建立生猪标准化养殖场3个，生猪、牛、羊、家禽分别为47.9万头，3.4万头、7.62万只和519万羽。培育农业产业化龙头企业4家，县级以上农民专业合作社35家。实施乡村清洁工程，建成首批92个村垃圾处理设施建设。完成危桥改造8座，农村公路通畅工程63千米，新增县际、县内班车、乡村巴士164台。实施小（Ⅱ）型病险水库除险加固24座，解决1.9万人农村人口饮水安全问题。全县建有文化馆、电影队和文艺轻骑队，22个乡镇有文化活动中心，13个乡镇建有万册图书馆，村组有文化活动中心。通过实施新农村建设，全县农村基础设施建设大为改善，经济持续发展，人民群众生活水平不断提高，乡风文明，涌现出如牌楼镇陈家湾村、桐木镇黄家湾村、泸阳镇新店坪村、桐木镇大松坡村、锦溪乡金坪村等一批新农村建设示范村。

六、为民办实事

从建县起，县政府把为民办实事作为执政为民的基本要求，坚持以人为本、惠泽于民。2004年起，将为民办实事作为德政工程、系统工程来抓，列入县政府重要议事日程，纳入全县的综合考核。为确保工作开展，成立以县长任组长、常务副县长为副组长，其他副县长、政府办主任及人事局为成员的工作领导小组，下设考核办公室，并建立督促检查制度，实行按季考核、半年调度、年底兑现。是年5月，根据省委、省政府8件实事及市政府10件实事的要求，县政府确定为民办9件实事，即努力扩大就业和再就业、城镇社会保障和农村扶贫帮困、县乡公路改造、解决失地农民和城镇拆迁户的补偿安置问题、加强公共卫生服务体系建设和重大传染病防治、实施食品药品放心工程、努力改善城乡环境、改善农村中小学办学条件和农村基础设施建设、实施城乡居民安居工程。县政府将9件实事的主要内容分解成若干项，相应设立54个工作目标，并将任务分配到县劳动和社会保障局、交通局、教育局等19个县直责任单位和2个乡镇加以落实。经过努力，是年底，经省市考核验收，全面完成9件实事，30个考核指标有20个超额完成。

2006年，根据省市为民办实事的要求，县政府确定为民办8件实事，分解成18个实事考核项目，全部顺利通过省市检查验收。

2008年，县政府确定为民办8件实事，将实事分解成30个考核指标，分解到县水利局、县卫生局、县劳动和社会保障局、县交通局、县教育局等19个县直责任单位和22个乡镇。县政府与主体责任单位签订责任书，并明确主要责任单位牵头办，相关单位协助办，各级各部门配合办。为有效落实为民办实事工作，年初县政府常务会议进行专门部署，在实施过程中对县城区电子防控体系、城镇廉租住房、城镇医保参保、农村公路等项目多次召开政府常务会或县长办公会，研究解决遇到的各种问题。是年底，为民办实事主要考核指标顺利通过省市验收，中方县评为全省为民办实事工作先进单位。

2009年起，将为民办实事工作纳入全县综合绩效考核重要内容，由县委组织部考核办负责组织实施考核。是年底，经过严格考核，超额完成民办实事28项指标任务，中方县评为全市为民办实事工作先进单位。

至2013年，全县先后累计实施为民办实事项目229个，使全县的基础设施建设、社会事业等得到全面发展。新建与改造县乡公路182千米，建成通村水泥公路593千米，全县214个行政村，210个村通水泥公路，占全县行政村的98%以上。新建与改造乡镇卫生院22所，新建业务用房3万平方米，22个乡镇全面推行新型农村合作医疗，农民群众参合率达96.6%。认真落实“两免一补”政策，全部免除农村义务教育阶段学生学杂费、课本费，每年受益学生2万余人，建设义务教育合格学校25所。全面完成农村电网改造，实现城乡同网同价。实现村村通有线电视、程控电话、移动电话，98个行政村实现互联网宽带上网，建农家书屋214个。转移农村劳动力和新增城镇就业人员分别达到4.4万人、1.58万人。建设廉租住房720多套。建设农村沼气池5000多口。实施病险水库除险加固130多座，解决农村不安全饮水问题7.8万人。实施安居工程，农村危房改造2279户，新建、改建乡镇敬老院 12 所，先后有 200 多名五保老人实现集中供养。实施城镇居民最低生活保障，基本实现城镇贫困居民应保尽保。积极推行企业养老保险、失业保险、计生保险、工伤保险及城镇居民医疗保险等制度，2009—2013 年中方县连续五年评为怀化市为民办实事先进县。

第二章 人 事

1998 年 4 月，县人事局成立，主要职能是对全县人事工作进行宏观规划、综合管理、监督指导和协调服务。2010 年 11 月，县政府机构改革，撤消县人事局和县劳动和社会保障局，组建县人力资源和社会保障局，为县政府工作部门。2013 年底，县人力资源和社会保障局共有干部职工 171 人，内设办公室、人事股、政务服务股、就业培训股、人才开发与人力资源市场管理股、公务员局、事业单位人事管理股、专业技术人员管理股、法规股、工资福利股、社会保险股、社会保险基金监督股 12 个股室，其中公务员局局长高配副科级。下辖劳动就业服务局、企业社会保险局、医疗生育保险管理局、机关事业单位社会保险局、工伤保险管理中心、退休人员管理所、人才交流中心、人社局信息中心、劳动监察大队、劳动人事争议仲裁院、城乡居民社会养老保险管理服务局、职业技能鉴定所等 12 个事业单位和 22 个乡镇劳动保障服务站。

第一节 干部管理

一、干部队伍

1998 年 2 月，中方县正式从原县级怀化市分设出来，分配过来的干部职工共 4101 人，其中：机关单位 1479 人，事业单位 2578 人，企业单位 44 人。是年底，全县共有干部职工 4294 人。按性别分，男 3159 人，占 73.57%，女 1135 人，占 26.43%。按民族分，少数民族 177 人，占4%，汉族 4117 人，占 96%。按文化程度分，大学本科及以上 243 人，占 5.6%，大学专科1459 人，占 34%，中专（高中）2393 人，占 55.8%，初中及以下 199 人，占 4.6%。按年龄分，30 岁及以下 1752 人，占 40.8%，31~35 岁 888 人，占 20.68%，36~40 岁 474 人，占11.04%，41~45 岁 493 人，占 11.48%，46~50 岁 297 人，占 6.92%，51~54 岁 248 人，占 5.78%，55~59 岁 140 人，占 3.26%，60 及以上 2 人，占 0.05%。1998 年后，随着干部人事制度改革不断深化，一大批年轻有为、德才兼备的优秀人才通过公平竞争，充实到国家干部队伍中来，县内干部队伍结构发生巨大变化。到 2013 年底，全县机关事业单位干部职工数达 7709 人。其中：机关单位 2780 人，事业单位（含垂管单位、医院、学校）4929 人。在职人员中具有大专以上学历5585人，占72.2%，45岁以下干部6018人，占78%。文化素质比1998年明显提高，年龄结构更趋合理。

二、干部培训

县内干部培训采取脱产集中培训与分散自学相结合的方式进行。通过对机关事业单位工作人员进行各类业务和管理能力等方面的培训，促进国家工作人员的知识更新和工作能力的提高，使之适应时代发展的需要。1998—2013年，采取多层次、多形式、多渠道的方式进行培训。开展新参加工作人员入门培训学习，共培训1259人，参训率100%。开展公务员过渡、信息化与电子政务和管理核心内容等培训2976人次，参训率100%。对专业技术人员进行继续教育培训2876人次。

三、技术职称评聘

1998年4月，成立县职称改革工作领导小组，办公室设县人事局。县内执行省人事厅1997年下达的《湖南省事业单位专业技术职务聘任管理试行办法》，聘任专业技术人员坚持“双项选择，竞争上岗，择优聘任”的办法，各事业单位依据实际工作需要，与专业技术人员签订聘约。全县专业技术职务评聘涉及13个系列，各系列评审名额实行计划指标分配管理。是年，评聘高级职称4人，中级职称145人，初级职称235人。1999年8月，建立5个系列初级评委库，其中：工程系列20人，卫生系列20人，农业系列20人，中学系列20人，小学系列20人。2001年，除教育部门的中小学系列仍实行计划管理外，其余系列均实行“以考代评，考评结合，评聘分开”的开放式管理。实行职称评聘分开，专业技术人员评定职称后不再直接与工资挂钩，须在岗位结构比例控制范围内被聘用后才可兑现职称工资。评定职称必须达到规定的继续教育时间。2004年起，根据人事部《专业技术人员知识更新工程实施方案》的要求，在全县专业技术人员中继续开展公共知识继续教育培训。2005年7月，对评委库4个系列进行一次调整，其中工程系列调整为15人，农业系列调整为18人，中学系列调整为18人，小学系列调整为14人。2013年，全县有专业技术人员3564人，其中高级职称246人，中级职称2049人，初级职称1269人。专业技术人才按行业分：教育系统2420人，占68%，卫生系统456人，占13%，涉农系统230人，占6%，其他行业458人，占13%。在农业水产和林业领域有3名工作成绩显著，贡献突出的科技带头人。

表 5-2-1-1

1998—2013 年中方县专业技术职务评定及聘用情况

单位：人

时间	评定人数				聘任人数			
	总计	高级	中级	初级	总计	高级	中级	初级
1998 年	384	4	145	235	384	4	145	235
1999 年	484	5	135	344	484	5	135	344
2000 年	507	6	62	439	507	6	62	439
2001 年	235	6	149	80	235	6	149	80
2002 年	322	9	170	143	322	9	170	143
2003 年	405	10	127	268	405	10	127	268
2004 年	304	14	63	227	304	14	63	227
2005 年	298	—	145	153	298	—	145	153
2006 年	439	24	254	161	439	24	254	161
2007 年	467	53	288	126	467	53	288	126
2008 年	305	35	170	100	305	35	170	100
2009 年	344	33	203	108	344	33	203	108
2010 年	249	24	140	85	249	24	140	85
2011 年	37	—	16	21	37	—	16	21
2012 年	244	18	25	201	244	18	25	201
2013 年	184	18	38	128	184	18	38	128

四、干部任免

1998 年 4—5 月，县内按照民主推荐、组织部门考察、县委集体讨论决定的程序，配齐配强县直 107 个副局以上单位和 26 个乡镇的领导班子，共选拔任用干部 567 人。同年，县内出台《关于贯彻执行中共中央关于〈党政领导干部选拔任用工作暂行条例〉实施细则》。此后，严格遵循“党管干部、德才兼备、任人唯贤、群众公认、注重实绩、公开平等、竞争择优、民主集中制、依法办事”的原则选拔任用干部。县政府正副县长、县人民法院院长、县人民检察院检察长由县人民代表大会选举产生或罢免。县政府各工作机构正职领导干部由县委提名，县政府提交县人大常委会决定任免，县政府工作机构副职，由县委提名，县政府讨论决定任免。乡镇正、副乡镇长由乡镇人民代表大会选举产生。县直机关副科级干部属县委系统的，由县委任免，属政府部门的，由县政府直接任命。县武装部正、副部长由怀化军分区任免，各科长由县武装部任免。2000 年起，公开选拔科级领导干部，是年，公选 5 人。2001 年，推行领导干部任前公示制、试用期制度和差额考察制。至 2013 年，全县有在职科级干部 1293 人，其中正科级干部 642 人、副科级干部 651 人。

五、公开考试

国家公务员招收录用　按照“公开、公平、竞争、择优”的原则，2003—2008年，县内面向社会公开招考录用国家公务员60人。其中，2003年考录13人，其中公安局11人，司法局2人。2004年考录5人，其中公安局4人，农机局1人。2005年考录5人，其中公安局3人，建设局1人，锦溪乡人民政府1人。2006年司法局考录2人。2007年考录14名，其中，乡镇文秘7名，乡镇计生助理员5名，司法局司法助理员2名。2008年考录21人，其中，乡镇文秘8名，乡镇妇女专干5名，乡镇青年专干3名，乡镇人武专干1名，公安局文秘1名，计算机管理人员1名，司法局司法助理员2名。2009—2013年招录49人。其中2009年招录9人：乡镇文秘5人，公安局4人。2010年公安局招录7人。2011年招录8人：公安局7人，纪委1人。2012年司法局招录4人。2013年招录21人：乡镇文秘12人，公安局6人，司法局3人。

招录的另两种方式是选调生和选拔生。选调生由省、市委组织部统一招考，再分派到各县。1998—2008年，县内招录选调生23名，其中1998年市派1人，1999年省派1人，2000—2004年每年市派1人，2005年省派1人，2006年省派1人，2007年省派3人，2008年省派11人。2009—2013年，招录选调生58人，其中2009年15人，2010年12人，2011年13人，2012年11人，2013年7人。选拔生由省人事厅分配指标，由县人事局在当地招考应届大专以上毕业生。1999-2001年，中方县招考选拔生20人，2010年再次招考选拔生8人，28人全部分配到乡镇工作。

事业单位公开招聘　2010年起，县内事业单位进人严格执行“凡进必考”制度，公开招聘持续规范运行。是年，公开招聘5名计生技术专业人员，15名乡镇卫生院技术人员，3名乡镇动物防疫员。2011年组织公开招聘2次，其中电视台招聘3人，县移民服务中心招聘1人，县民意调查中心招聘1人，县网络中心招聘4人。2012年上半年组织考试两次，公开招聘38人，其中，县一中招聘4人，县人民医院招聘34人。下半年组织公开招聘 1 次，公开招聘全额拨款事业编制工作人员28名。2013年，中方县电视台公开招聘1次，公开招聘全额拨款事业编制播音主持工作人员2名。

六、军队转业干部安置

县内军队转业干部安置工作严格执行党和国家、中央军委和省、市有关军队转业干部安置政策，参照《怀化市市直单位计划分配营（含）以下军队转业干部安置办法》，结合本县实际，较好地完成上级分配的军队转业干部安置任务，体现军队转业干部安置工作的公平、公正，得到部队、地方和军转干部的肯定。1998—2013年，县内共安置军队干部（含随军家属）51人，其中营以上干部6人，营以下干部34人，家属11人。

七、公务员管理

1998年2月，县内依据1993年颁发的《国家公务员暂行条例》有关规定，对符合相关要求的单位实行公务员管理。1999年，县里出台政策，只有1998年在公务员单位并且在公务员岗位的才能认定为公务员，此后进入公务员队伍要求“凡进必考”。2006年1月，《中华人民共和国公务员法》正式实施，县内于年底开始公务员单位报批和公务员登记工作。到2007年工作完成时，全县共登记公务员单位74个，其中党的机关11个，行政机关24个，乡镇机关和办事处26个，人大、政协机关各1个，审判、检察机关各1个，工商联机关1个，以及群团8个。参加公务员登记1067人。2008年12月22日，经省实施公务员法领导小组批准，县内纳入参照管理的事业单位有县委党校、史志办、供销合作社联合社、档案局、水库移民管理局、畜牧水产局、农业机械化管理局、扶贫办、劳动就业服务局、企业社会保险局、机关事业单位社会保险局、医疗生育保险管理局、文物管理所、非税收入管理局、国库集中支付核算局、广播电视局、旅游外事侨务局、体育局等18个单位。2010年，又有18个事业单位纳入参照管理，分别是县机关事务局、能源办、安监局、人防办、商务局、煤炭局、经管局、农业综合开发办、蔬菜办、乡镇财政局、工伤保险管理中心、卫生监督所、城市管理局、文化市场稽查大队、环境监察大队、劳动监察大队、林业综合执法大队、城市建设管理监察大队。至2013年，全县共有公务员单位（含七类机关及群团组织）71个，登记公务员身份（含参照公务员身份）人员1138人。有参管公务员单位36个，参管单位553人暂未开展登记。

八、事业单位人员管理

2004年，县内在全额、差额、自收自支三类事业单位中推行事业单位改革，按照“脱钩、分类、放权、搞活”的基本思路，推行全员聘任制，实行岗位分类管理，按管理人员、专业技术人员、工勤人员三个类别管理，当年实现所有事业单位用人制度为聘任制。2010年，以岗位聘用、竞争上岗、绩效挂钩为重点内容，全面开展事业单位岗位设置工作。是年，全县实行事业单位全员聘用，签订聘用合同3714人。2012年，完成380个事业单位的岗位设置工作。

九、考核

1998年起，根据《国家公务员考核暂行条例》，对国家机关和事业单位工作人员按分类管理原则进行年度考核，科级以上干部由县委组织部负责组织考核，一般干部职工由县人事局组织考核。考核对象分为党群机关和事业单位两大类，其中：党群机关的考核分为党政主要负责人、领导班子其他成员、一般工作人员三个层次。事业单位分为管理人员、专业技术人员和工勤人员三类。考核的内容涉及德、能、勤、绩四个方面，重点考核工作实绩。考核结果分为优秀、称职（合格）、不称职（不合格）3个等次，作为晋升职务、评优评先和调资升级的依据。是年，全县有 6346 人参加考核。其中：优秀等次 663 人，其中 39 人记三等功，624 人受嘉奖。称职（合格）等次 5338 人。不称职（不合格）等次 28 人。不定等次 306 人。不参加考核 11 人。

1999 年，由原来的 3 个考核等次增加为优秀、称职（合格）、基本称职（合格）、不称职（不合格）、不定等次 5 个等次。是年，全县有 6224 人参加考核。其中：优秀等次 691 人。称职（合格）等次 5393 人。不称职（不合格）等次 36 人。基本称职（基本合格）21 人。不定等次 81 人。不参加考核 2 人。

2013 年，全县参加考核总人数为 7412 人，其中行政编制 2141 人，事业及后勤编制 5271 人。行政编制考核优秀等次 330 人，称职等次 1740 人，基本称职等次 14 人，不称职等次 4 人，未定等次 52 人，事业及后勤编制等次优秀等次 730 人，合格等次 4487 人，基本合格等次 5 人，不合格等次 2 人，未定等次 41 人，不参加考核 6 人。

十、奖惩

1998—2013 年，按《国家公务员暂行条例》规定，县政府对工作表现突出、有显著成绩和贡献及其他突出事迹的国家公务员给予奖励。对国家公务员的奖励，坚持精神鼓励与物质鼓励相结合的原则，分为嘉奖、记三等功、二等功、一等功、授予荣誉称号 5 个等次。县委、县政府还在全县范围内两次评选县级劳动模范，对政治思想过硬，为政清正廉洁，工作成绩突出的干部进行表彰。

县内对干部的行政处罚严格按《国家公务员暂行条例》规定执行，处分有“警告、记过、记大过、降级、撤职、开除”6 个等次。

第二节　工资福利

一、机关事业单位工资收入分配

工资调整和改革　1998 年，县内机关工作人员实行职务级别工资制，按照工作人员的职务、级别、年龄和实际贡献等确定工资标准，工作人员的工资由职务工资、级别工资、基础工资、工龄工资四个部分组成。事业单位工作人员的工资分为固定部分和活的部分，即职务工资和津贴两块。机关单位工作人员实行两年晋升 1 次职务工资档次，五年晋升 1 次级别工资，事业单位工作人员实行一年晋升 1 次职务工资档次。1998 年、1999 年、2001 年、2003 年，县内机关事业单位工作人员先后 4 次调整工资标准。

2006 年 7 月，对全县公务员、机关工人的工资制度以及事业单位工作人员的收入分配制度进行改革，公务员的基本工资由 4 项改革为 2 项，即职务工资 + 级别工资，职务工资实行“一职一薪”，级别工资实行“一级多档”。技术工人的基本工资调整为岗位工资 + 技术等级（职务）工资。普通工人仍实行岗位工资制，基本工资由岗位工资一项构成。事业单位收入分配制度改革的核心就是建立岗位绩效工资制度，工资结构改为岗位工资、薪级工资、绩效工资和津贴补贴4项，岗位工资实行“一岗一薪，岗变薪变”，薪级工资实行“一级一薪，定期升级”。对年度考核称职（合格）及以上的工作人员，发放年终一次性奖金，奖金标准为本人当年12月份的基本工资。全县6268人参加工资套改，套改后月工资总额为628.5517万元，月增资总额为163.2739万元，人均月增资261元。

公务员津补贴和事业单位统一补贴 1998年，县内机关事业单位工作人员及离退休人员每人每月发放误餐费和生活补贴，发放标准是误餐费每人每月60元，生活补贴依据级别为145—165元不等，离（退）休人员按同职务、同条件在职人员标准执行，所需资金由单位自行筹措。2007年7月，误餐费和生活补贴纳入财政统发，人均统发标准为500元。2008年7月，县内清理归并津贴补贴项目，统一将县直机关在职人员各类津补贴归并为工作津贴和生活补贴两项，离退休（职）人员津补贴归并为生活补贴一项，事业单位在国家规范事业单位津补贴和绩效工资政策全面出台前暂执行统一补贴标准，均由工资专户集中发放。县内于2010年7月1日、2011年7月1日、2013年1月1日，共计3次提高津贴补贴标准。

岗位津贴 1998—2006年，县内特殊岗位津贴名目较多。2007年8月，县政府下文暂停发放各单位特殊岗位津贴，经县人事部门全面清理摸底并报县政府常务会议通过，保留发放的特殊岗位津贴有人民警察警衔津贴、检察官检察津贴、法官审判津贴、人民警察值勤岗位津贴、密码人员岗位津贴、司法助理员岗位津贴、人民法院办案人员岗位津贴、人民检察院办案人员岗位津贴、审计机关审计人员工作补贴、纪检监察办案人员补贴等10项。到2013年底，又陆续增加人民警察加班费、信访津贴、仲裁员办案补助、安监津贴等。

二、福利待遇

休假 探亲假分3种，探望配偶的每年一次，给假30天，未婚职工探望父母的每年一次，给假20天，已婚职工探望父母的每4年一次，给假20天。婚假为3天，晚婚者增加婚假12天。丧假为3天。职工年休假，工作年限满1年不满10年的，每年休假5天。工作年限满10年不满20年的，每年休假10天。工作年限满20年以上的，每年休假15天。女职工的产假为90天，其中产前假15天。难产增加产假15天。多胞胎生育的，每多生一个婴儿，增加产假15天。符合晚育年龄的夫妻，增加女方产假15天至30天，给予男方护理假3至7天。领取独生子女证的，增加产假30天。

丧葬费 2001年后，职工因公死亡丧葬补助费由1300元调整到2000元，因病死亡的由900元调整到2500元。2005年调整为因公死亡5000元，因病死亡4000元。2009年7月1日起，凡病故的工作人员，其丧葬费由4000元调整为5000元，凡因工（公）死亡的工作人员由5000元调整为6500元。2013年7月1日起，凡病故的工作人员，其丧葬费由5000元调整为7000元，凡因工（公）死亡的工作人员由6500元调整为9000元。

抚恤金 2004年前，因公牺牲的，按其死亡时的20个月基本工资（或基本离退休费）补发。因病死亡的按其死亡时的10个月基本工资（或基本离退休费）补发。2004年后，因公牺牲的，按其死亡时的40个月基本工资（或基本离退休费）补发。因病死亡的按其死亡时的20个月基本工资（或基本离退休费）补发。2011年8月起，因公牺牲的，为上一年度全国城镇居民人均可支配收入的20倍加本人生前40个月基本工资（或基本离退休费）补发。病故的，为上一年度全国城镇居民人均可支配收入的2倍加本人生前40个月基本工资（或基本离退休费）补发。

遗属生活困难补助费 2000年，非农人口由1人110元/月，2人以上90元/月调整为1人180元/月，2人以上160元/月。农业人口由1人70元/月，2人以上50元/月调整为1人140元/月，2人以上120元/月。2005年，执行非农人口1人210元/月，2人以上190元/月。农业人口1人170元/月，2人以上150元/月。2009年7月1日起，非农业人口：1人者每人每月补助费由210元调整为285元，2人或2人以上者每人每月补助费由190元调整为260元。农业人口：1人者每人每月补助费由170元调整为225元，2人或2人以上者每人每月补助费由150元调整为190元。2013年7月1日起，非农业人口：1人者每人每月补助费由285元调整为425元，2人或2人以上者每人每月补助费由260元调整为385元。农业人口：1人者每人每月补助费由225元调整为335元，2人或2人以上者每人每月补助费由190元调整为285元。

女职工卫生费 1998—2002年7月，女职工卫生费每人每月4元，2002年8月，卫生费提高至每月15元。

三、离休退休

全县国家机关、企事业单位工作人员离退休工作按照《国家公务员暂行条例》及有关政策规定办理，审批权按干部管理权限进行，处级干部由市委、市政府批准，科级干部由县委、县政府批准，一般干部由县人事部门审批办理退休手续。凡符合离（退）休条件者，送由人社部门审批，由退休人员管理所发放离（退）退休证明。

根据国务院关于老干部离职休养制度的规定，对达到离职年龄的老干部，实行离职休养。1998—2008年，全县办理离职休养14人。2013年，全县有离休干部5人，均享受副县级待遇。

凡工龄10年以上，男满60周岁，女满55周岁（女工人年满50周岁）可以正常退休。1998—2013年，全县共办理退休手续1281人。

离（退）休人员享受国家和省政府规定的离（退）休金和生活补贴费，继续享受原单位在职公务员能够享受的非生产性福利待遇。1998年2月，为579名离退休干部增加离退休费，按离休25元/月，退休20元/月，退职15元/月发放，从1997年7月1日起补发。此后，离退（休）费按政策逐年增加。

第三节 人才交流

一、人事委托代理

1998年6月起，县内开展人事委托代理工作。人事委托代理的核心是人事管理服务社会化，把过去由单位管理的人事业务分离出来，交由政府人事部门所属的人才服务机构承担。一方面个人办理人事关系托管后，可以放心到全国各地各种性质的单位去应聘工作。另一方面，人才服务机构负责办理诸如保留原有身份、工龄计算、调整工资、职称评定、出国政审、计划生育、社会保险等事务，促进人才交流。1998—2013年，全县办理人事委托代理共2097人。

二、人才开发

1998年，由县人事局牵头，会同农业、科技、林业、水利等单位在中方镇茅利溪成立县跨世纪青年农民培训中心，到2001年，共培训2000多人次。2002年底，县内进行一次人才摸底：县直单位各类人才共65名，其中，优秀企业家和高层次企业经营管理者2名，企事业专业技术带头人1名，金融、财会、法律专业技术人才26名，科学技术带头人18名，中高级农业科技人才18名。活跃在种植、养殖、建设和加工业的乡土拔尖人才54名。2002—2007年，通过实施人才工程，在全县培养选拔3名市级科学技术带头人，3名市级优秀企业家及高层次经营管理人才，4名市级城建、交通专业技术人才，3名市级企业专业技术带头人，30名中高级农业科技人才，30名现代企业管理人才，31名金融、财务、法律、外贸专业人才，30名中高级企业专业技术人才，262名乡土拔尖人才。2010年，开展中药材、蔬菜标准化、超级优质稻种植、杂交葡萄及柑橘栽培等培训班7期，共计1420名乡土人才参加培训，并实地指导金银花、大棚西瓜种植，聂志礼、汤朝春、蒲玉勇等人的优秀事迹被编入《五溪乡土人才风采录》。2011年，县内赴湘潭大学、长沙理工大学、湖南农业大学等高校开展招聘签约工作，共选聘硕士研究生3名，大学生6名，其中：长沙理工大学2人，湖南农业大学5人，云南师范大学1人，中南林业科技大学1人。为22个乡镇、6个卫生院、21个优势特色产业选派50名科技特派员。2012年，县内制定《关于进一步加强人才工作的决定》，实施人才强县战略。出台《中方县人才引进暂行办法》，设立人才引进专项资金，提供多项优惠政策，从各类高校以及中方县行政区域之外引进各类人才，实现人才强县战略。2013年，为全县22个乡镇、12个卫生院、21个优势特色产业和4家企业选派省市县科技特派员30名。县财政安排经费200万元，建立县人才开发基金，并从全省公开选聘引进县一中校长。

第三章　劳动　社会保障

第一节　劳　动

1998年4月，县劳动局成立，负责全县劳动和社会保险工作。2001年12月，更名为劳动和社会保障局。2003年6月，全县设立22个乡镇劳动保障服务站。2010年11月，县政府机构改革，撤消县人事局和县劳动和社会保障局，组建县人力资源和社会保障局，为县政府工作部门。

一、劳动力队伍

中方县属典型的山区农业县。1998年，全县总劳动力15.61万人，其中农村劳动力14.57万，城镇劳动力1.04万，从业人口占全县总人口60%。2013年5月1日至6月30日，县内对农村劳动力资源及就业状况进行普查，建立和完善人力资源和社会保障信息库。经普查，全县农村劳动力资源总数为18.03万人，占全县人口的62.94%。从事传统农业生产9.7万人，外出转移就业5.8万人（其中就地就近转移就业1.1万人），农村绝对富余劳动力约2.53万人。从总体上看，作为农业大县，农村劳动力资源是中方县劳动力资源的主体，男女性别比例为105.2:：100，男劳动力总量略高于女劳动力。年龄结构为：16~20岁占劳动力资源的13.14%，20~40岁占劳动力资源的59.08%，40~60岁占劳动力资源的27.78%，20~40岁为农村劳动力资源的主体。文化结构为：初中及以下文化的占劳动力资源的61.64%，高中及中专文化的占劳动力资源的36%，大专以上文化的占劳动力资源的2.36%。其中，2012年劳动力资源新增数为4818人，占农村劳动力资源总数的2.67%。是年，全县总劳动力19.47万人，其中农村劳动力18.03万，城镇劳动力1.44万，从业人口占全县总人口67.97%。

二、劳动就业

用工制度　1998年，全县机关事业单位的工人和企业职工实行劳动合同制管理，由用人单位与劳动者签订劳动合同，明确双方责、权、利，合同期满后可以续签。企业领导、固定职工和新招工人、新分配学生、复退军人安置一律签订劳动合同。不同所有制身份的工人和企业干部统称为企业员工。县内的合资企业、私营企业、个体工商企业招聘的职工按规定签订劳动合同，缴纳社会保险基金。

就业安置　1998年，县内国有、集体企业下岗职工共580名，主要为粮食、供销系统职工，分散居住在各乡镇。县委、县政府积极做好下岗职工基本生活保障和再就业工作，每年元旦春节期间，由县委、县政府领导带队，劳动保障、粮食、供销和工会等部门一起走访慰问下岗失业人员中的困难群体，还为下岗失业人员提供职业指导、职业介绍和职业培训等相关就业服务。从2003年开始，先后为益利来生物肥厂、恒健氨基酸厂、炭素电极厂、金大地水泥有限公司等企业进行员工招聘、培训、劳动合同签订、社会保险办理等一站式劳务代理，为下岗职工二次就业、创业牵线搭桥。

2004年，全县为496名下岗人员发放“再就业优惠证”，持有优惠证的下岗职工可以享受社保返还、工商税费减免等多项优惠政策。

2007年，县内启动公益性岗位设置，拓展再就业途径。公益性岗位是由政府全额出资或者以补贴方式设立的辅助性社会公共管理岗位和非营利性社区公共服务岗位，主要包括政府投资开发的社会公共管理类岗位、社区公益性岗位和机关事业单位的后勤保障及公共管理服务岗位。公益性岗位援助对象以就业困难人员中的特困人员为重点，即具有中方县户籍，在法定劳动年龄内，有劳动能力和就业愿望且处于失业状态的有关人员。是年2月，原花桥磷矿下岗职工彭宏军等6人就近分别安置在泸阳、花桥等6个劳动保障站公益性岗位上，并办理养老保险、医疗保险和工伤保险，为其提供生活保障。

2008年，依据省财政厅、省劳动厅下发的《湖南省就业专项资金使用管理暂行办法》，中方县实行公益性岗位补贴，即对在政府开发的公益性岗位上安排就业困难人员就业的单位. 按其实际安排就业困难人员人数，给予当地最低工资标准60%的岗位补贴。公益性岗位补贴期限. 与劳动合同期限一致。除对从审批具备享受资格之日距法定退休年龄不足5年的就业困难人员，可延长至退休外，其余人员最长不超过3年。是年，为114人发放岗位补贴77.8万元。

2010年，停发“再就业优惠证”，改发“就业失业登记证”，针对在法定劳动年龄内，有劳动能力，有就业需求，处于无业状态的中方县城镇户籍人员发放。持证者可享受免费职业介绍，公益性岗位安排，税收免费，社保返还和廉租房申请。

2011年10月，成立县促进就业小额担保贷款服务中心，实施小额担保贷款工作。是年，共审核申请财政贴息项目110个，贷款额度达550万元，贴息金额31.8万元，直接扶持就业110人，带动就业300余人。

到2013年，共为民营企业输送下岗职工1140人次再就业，为642人发放“就业失业登记证”，为1845人次发放岗位补贴1101.7万元，为718户发放贴息贷款4547.95万元，拨付贴息资金525.8万元，直接扶持700余人创业，带动2000余人就业。

就业服务 1998年起，县内坚持多渠道开展职业技能培训工作。一是号召和支持各主管部门和企业开办职工培训班，培训本系统和本单位的职工，提高专项技能和业务水平。二是对一些特殊工种，由劳动保障局牵头，采取联办或劳动保障局主办，对电工、锅炉工、电焊工、厂内驾驶等工种开展集中培训。三是县就业培训中心独立开展形式多样的职业技能培训，先后承办下岗职工实现再就业培训、劳动预备制培训、湘西地区农村劳动力转移技能培训工程、创业培训、技能就业计划培训等任务。2004年起，县内实行“六免政策”（免费技能培训、免费推荐就业、免费技能鉴定、免费教课书本、免费水电、免费住宿），培训所需经费从国家下拨的再就业经费中开支。

2008年，完成各类职业技能培训4500人，其中：农村劳动力扶贫工程培训800人，技能就业计划培训750人，企业职工培训1200人，农民工提升培训750人，城镇劳动预备制培训400人，创业培训70人，再就业培训530人。培训合格率达100%，就业率达85%。

2010年，成立职业技能鉴定所，按照国家规定的职业标准，对劳动者的专业知识和技能水平进行职业技能鉴定，鉴定分初级工、中级工、高级工、技师和高级技师等5种，鉴定合格，颁发相应技术等级证书。是年，共组织实施各类职业技能培训3950人，其中企业职工培训1200人，农村劳动力转移技能培训2300人，劳动预备制培训150人，通过职业技能鉴定2528人。

2011—2012年，完成各类免费职业培训9950人，完成农民素质教育培训783人，通过职业技能鉴定5505人。

2013年3月，职业技能鉴定工作实行网络在线平台管理，实现鉴定网上报名、在线考务管理、智能化考试。2013年，县就业培训中心完成各类职业技能培训3800人，其中农民工和农村劳动力转移培训3500人，创业培训人数300人，通过职业技能鉴定3346人。

劳务输出　1998年建县后，县政府有计划地组织农村富余劳动力外出务工，是年，外出务工人员近1300人。从2002年开始，县委、县政府积极与省内外大中型企业取得联系，派人赴广东、浙江、上海等地实地考察，与浙江厂家、广东富士康、比亚迪、东莞裕元等50多家签订劳务输送协议，大力发展“定单劳务”，有组织地引导农民工外出务工。2003年，在深圳设办事处，负责劳务输出工作。1998—2008年，通过自主择业，投亲靠友，政府引导等各种形式，转移就业农村劳动力8万人，直接从劳动力市场大厅转移就业3.5万人，市内求职登记达3万余人。召开现场招聘会达300场，参加人员达8万人次，900多家用人单位入会，提供就业岗位2.8万余个，人才库储备的人力资源万余份，可供用人单位直接选用。

2009年，受金融危机影响，全县共有7000余名外地务工人员返乡。县里把扶持返乡农民工就业作为当年的重点工作来抓，发挥境内建设包茂高速公路、湖南怀化工业园、生态城、通乡通村公路等政府投资和重大项目的带动作用，优先安排返乡农民工就业，共提供就业岗位2100多个。引进安成耐火材料、健力家具、喜湘聚食品等劳动密集型产业，并顺利建成投产，提供就业岗位2600多个，返乡农民工基本实现就业。是年，还稳定农村劳动力转移就业5.38万人（其中跨省转移3.8万人）。

2010年，结合全市开展“春风行动”“再就业援助月”“民营企业招聘周”“返乡农民工招聘会”等专项活动，县内开展政策宣传、政策咨询、现场招聘等活动，为求职者提供工种85个，就业岗位3210个，求职者与用工单位达成意向用工协议867人。同时，积极在县人力资源市场及各乡（镇）、村发布沿海地区企业用工信息，使求职者尽快了解沿海企业用工情况，全年累计直接组织劳务输出达2044人。是年，中方县获评“全国农村劳动力转移就业示范县”称号。

2011年，开展“上门走访、送就业政策、送就业岗位、送职业指导、送培训信息、送困难补助”的“一走五送”就业援助月活动，提供就业岗位1500多个。开展“春风送岗位”和“民营企业招聘周”活动，为高校毕业生、农民工及民营企业提供“送政策、送岗位、送技能、送服务”的“四送就业服务”，提供就业岗位1000多个，达成意向性协议597人，其中高校毕业生7人，农村劳动者325人，失业人员15人，签订职业技能培训意向385人。加强与市、县工业园的衔接力度，实现就地就近就业，建立空岗登记制度，为金大地、喜相聚等30余家单位提供劳动力资源，全年举办劳务专场8次，登记求职人员2938人，成功介绍1086人实现就业。

2013年，举办中方县春风行动人才招聘会，有2000多名求职者参加，500多人与相关企业达成用工意向。每月定期在怀化市劳动力市场举办人才交流会，与湖南金大地材料股份有限公司、喜湘聚食品厂、恒裕钢构厂、怀化市工业园景达服饰厂等15家规模企业以及沿海的美律电子厂、比亚迪公司等4家大型企业达成优先吸纳农民工就业的意向协议，有针对性地开发多种类型的就业岗位，提供7000多个就业岗位方便广大农民工择业，通过“牵线搭桥”，安置返乡农民工5600余名。全年举办劳务专场7次，登记求职人员1312人，成功介绍789人实现就业。是年，县人力资源和社会保障局获湖南省人民政府评为“全省农民工工作先进单位”。

1998—2013年中方县劳务输出情况统计表

表5-3-1-1

单位：人次、亿元

年度	农村劳动力转移			培训情况	劳务收入
	省内转移	跨省转移	合计		
1998	217	1078	1295	—	0.077
1999	325	1192	1517	—	0.09
2000	306	1214	1520	—	0.09
2001	365	1519	1884	—	0.15
2002	358	1519	1877	—	0.15

续表

年度	农村劳动力转移			培训情况	劳务收入
	省内转移	跨省转移	合计		
2003	311	1423	1734	—	0.13
2004	1643	3487	5130	451	0.39
2005	1383	3127	4510	785	0.36
2006	1231	2396	3627	1000	0.32
2007	1437	2704	4141	3300	0.43
2008	3518	3032	6550	3500	0.47
2009	6360	47460	53820	3700	10.53
2010	6670	47950	54620	3950	11.9
2011	6980	48266	55246	4950	13.15
2012	13192	37747	50939	5000	13.05
2013	19629	34503	54132	3800	14.37

三、劳动关系

劳动合同　1998年，县内企业用工全面实行劳动合同制，由用人单位与劳动者协商签订劳动合同，明确劳动者与用人单位双方的权利和义务，保障劳动者的择业自主权和用人单位用人自主权，合同期满后可以续签。县劳动监察队认真履行职责，向企业、用人单位和劳动者广泛宣传相关法律政策，开展经常性的劳动合同签订情况检查，积极宣传落实劳动合同制度。1998—2013年，督促全县30余家企业签订8000余份劳动合同，督促劳动关系双方必须遵循平等自愿、协商一致的原则。

劳动争议裁决　1998年4月，县政府分别成立劳动和人事争议仲裁委员会。同年10月，县劳动局成立劳动争议仲裁股，定编专职仲裁员2人，聘请兼职仲裁员1人。2010年11月，因机构改革，劳动、人事争议仲裁两部门合并，整合成立县劳动人事争议仲裁委员会，主要职责是贯彻执行国家及地方有关劳动法律法规，受理各类劳动人事争议案件。至2013年12月，共受理劳动争议仲裁案件125起，其中调解处理59起，开庭裁决66起，结案率100%。争议内容主要涉及劳动工资、工伤待遇、辞职辞退和劳动赔偿，为劳动者追讨工资、押金、工伤补偿、社会保险金等合计300余万元。

劳动监察　1998年4月，成立县劳动监察队，定编2人，经费纳入财政预算，与县劳动局监察股合署办公，负责劳动执法监察工作。是年起，县内坚持开展劳动保障法律法规宣传，开办企业法人、劳资人员和部分农民工参加的劳动保障法律法规知识讲座，进行劳动保障执法检查，及时处理拖欠职工工资案件。2008年，建立乡镇劳动保障兼职监察员制度，在全县集中开展“整治非法用工打击违法犯罪”专项行动，检查“四小”企业71家，其中小砖窑3家、小煤矿10家、小矿山23家、小作坊35家，涉及务工人员1600余人。是年7月，处理德瑞公司拖欠民工工资130多万元一案，涉及民工110多人。

2010—2012年，开展清理整顿劳动力市场秩序专项行动和整治非法用工专项行动，对135家用人单位、2处职业介绍场所进行“拉网式”检查，清查非法职介组织4家，帮助11家用人单位制订完善劳动用工制度、工资发放制度，涉及劳动者近3000人，督促用人单位签订或补签劳动合同600余份。接待各类劳动保障信访、投诉案件17起，受理16起。巡查用人单位170家次，规范劳动合同810人次，帮助农民工追讨拖欠工资等80万多元。

2013年，建立劳动保障监察信息数据库和劳动保障监察网络化管理平台，对用人单位进行动态监管。建立农民工工资保证金制度，经查有欠薪行为的建筑企业，建设工程项目审批部门和劳动保障部门将其记入信用档案，通报批评并向社会曝光，情节严重的，依法予以处罚。是年，共清查非法职介组织2家，没收非法招工简章100余份。监察用人单位85家次，涉及劳动者近3000人，规范劳动合同405人次。受理投诉案件29起，立案17起，涉及农民工800多人，追回拖欠工资144万余元。

四、工资福利

工资改革与调整 1998年，县内企业执行工资指导线制度，即合理确定企业年工资总额增长上线、基准线和下线，企业按《工资基金使用手册》审批工资总额中进行内部分配。劳动部门对企业人员工资收入进行监督检查，于2000年、2002年、2005年、2007年进行4次企业在职职工工资上调，涉及企业20余家，职工1500多人，到2008年，工资水平人均达到1000余元。2011年，构建“行政和工会共同运作、职工参与”的工资协商工作格局，全县建工会企业46家，制定工资集体协商制度的有31家，建制率达67%。建制企业职工工资平均增长10%以上，有效调动职工积极性，实现企业和员工的“双赢”。2013年，全县共有职工3365人，退休职工721人，其中国有在职职工1430人，退休职工385人。集体在职职工19人，退休职工238人。私营企业在职职工1916人，退休职工98人。当年共发放工资1274万元，其中国有843万元，集体322万元，私营109万元。国有职工人均月退休工资1825元，集体职工人均月退休工资1127元，私营职工月退休人均工资927元。

退职退休 根据国发〔1978〕104号文件，1998—2013年，全县为达到退休年龄或符合办理退休条件的企业职工办理退休手续。期间，按照国家相关政策，及时进行企业退休人员养老金调整兑现工作，按时足额发放养老金。至2013年，全县累计发放退休工资6134.3万元。

第二节　社会保障

一、社会养老保险

企业职工养老保险　1998年4月，县企业社会保险局成立，为县劳动局二级机构，副科级独立核算事业单位，定编5名，负责企业在职职工社会养老保险基金的征缴和离退休职工的养老金发放。2005年，增加工伤保险管理职能，并增加全额拨款事业编制5名。2008年，县工伤保险管理中心成立，工伤保险管理职能从企业社会保险局划出。

1998年，企业养老保险业务范围为县内粮食系统、供销系统等国有企业单位22家，在职职工769人，离退休人员172人。依据《国务院关于建立统一的企业职工基本养老保险制度的决定》和《湖南省城镇企业职工养老保险办法》的精神，养老保险征缴标准为企业缴纳22.5%，个人缴纳4%，缴费年限累计满15年的职工，退休后按月发放基本养老金。是年，实现征缴养老金54万元，为国有企业离退休职工172人发放养老金58.3万元。

1999年4月起，职工个人缴纳比例由4%提高到5%（以后每两年提高一个百分点，直到8%为止），单位缴费比例由22.5%降为21.5%。是年，全县20家企业参保，在职职工902人，征缴养老金95万元，为离退休185人发放养老金110万元。

2000年，为深化国有企业改制，开展基金会和供销社股金会参保人员养老保险接续工作，当年征缴养老金100万元，为193名离退休人员拨付养老金105万元，支大于收。

2001年 4 月，企业缴纳比例降为20%，城镇企业离退休人员养老金实行社会化发放，当年参保人数1032人，征缴76万元，拨付养老金136万元。

2001—2003年间，县域内粮食、供销企业进行破产改制，改制或未完成改制单位应缴纳部分，改由个人缴费，许多人中断缴费，参保缴费人数有所下降。

2004年，企业职工养老保险工作纳入“为民办实事”管理范围，当年按责任书完成省“八件实事”的工作任务指标，实现征缴200.1万元，扩面327人（单位新增参保人员为：机关事业单位临聘人员12人，企业299人，事业单位16人），发放271人，拨付养老金159.2万元。

2006年1月，参保人员个人账户规模统一由个人缴费的8%组成，单位不再划转。是年，实现参保人数1660人，征缴257.1万元，发放281人，拨付养老金221.2万元。

2011年和2012年，省政府陆续下发《关于解决未参保城镇集体企业退休人员基本养老保障问题实施意见》和《关于解决未参保城镇小集体职工等养老保障遗留问题实施意见》，县内据此分别办理城镇集体企业和小集体企业职工参保，总共291人参保，其中退休278人。

2013年，参保总人数4159人，收缴养老金1657.7万元，发放养老金1342.5万元，累计总结余6588万元。

机关事业单位养老保险 1998年4月，县机关事业单位社会保险局成立，为县人事局二级机构，副科级独立核算事业单位，定编4人，经费自筹，主要职责是负责机关事业单位在职人员养老保险基金的征缴与退休人员的养老金发放。2002年4月，变更为财政全额拨款单位，并划归县劳动和社会保障局管理。2004年5月，增加全额拨款事业编1人。2006年12月，增加后勤事业编制2名。

1998年起，单位按在职人员上年度月平均工资总额的24%，个人按本人上年度月平均工资总额的3%缴纳养老保险金。当年，参保单位156个，参保人数4946人，征缴养老金46万元，支付养老金14万元。

2003年，差额拨款和自收自支事业单位个人基本养老保险金的缴纳比例上调为5%，以后逐步提高，直到8%为止。单位缴纳基本养老保险金的比例下调至23%，以后逐步降低，直到20%为止。单位缴费基数由单基数调整为双基数，即单位在职工作人员工资总额和单位离退休人员离退休费总额之和。当年，参保单位114个，参保人数7512人，征缴养老金1335万元，为792名退休人员支付养老金772万元。

到2013年，参保单位达217家，参保率100%，参保人数9093人，发放养老金人数1592人，基金滚存结余2799万元，基金征缴率达95%以上，养老金发放率达100%。

城乡居民社会养老保险 1998年，县农村社会养老保险站成立，股级事业单位，隶属县民政局管理，定编3人，经费纳入财政全额预算。2001年12月，划归县劳动和社会保障局管理。2012年4月，更名为县城乡居民社会养老保险管理服务局，正股级，核定全额拨款事业编制12名，主要职责是负责全县城乡居民社会养老保险工作。

县内农村养老保险（简称老农保）工作始于1993年，以保障农村老年人基本生活为目的，由原县级怀化市民政部门组织实施。1998年4月中方建县，下辖22个乡镇的农村养老保险划归中方县民政局管理：全县共有1173人参保，累计收缴农村社会养老保险金15.3万元。同年，根据上级文件精神，停止办理老农保业务。2001年12月，老农保工作移交给县劳动和社会保障局，由其负责基金清理和农村养老保险金的清退支付工作。2012年，县内制定并实施《中方县新型农村社会养老保险试点实施办法》《中方县城镇居民社会养老保险试点实施办法》，启动城乡居民社会养老保险工作。凡户籍在中方县年满16周岁（不含在校学生）、不符合职工基本养老保险参保条件的城镇非从业居民，均可自愿参加城镇居民养老保险。参加城镇居民养老保险的城镇居民，年满60周岁后，可按月领取养老金。2012年6月30日前年满60周岁的城乡居民，不用缴费，每月每人直接领取中央财政拨付的基础养老金55元。2012年7月1日前已满16周岁未满60周岁的居民为缴费人群，缴费金额100—3000元不等，设14个档次。是年，征缴社保基金1043万元，完成16–59周岁缴费人数

101674人，参保率96.65%，为40453人发放基础养老金1400余万元。2013年，城乡居民参保人数达141454人，其中60周岁以上享受待遇人数43695人，中央财政转移支付基础养老金达2900万。缴费人数97759人，征缴社保基金1108.5万元，参保率达98.35%，位居全省第18名，被省人社厅评为全省“新农保”经办管理服务工作优秀单位。

困难人员灵活就业后社保返还 2009年，根据《湖南省就业困难人员就业社会保险补贴实施办法》和《湖南省就业专项资金使用管理暂行办法》的相关规定，县内对持“就业失业登记证”的就业困难人员灵活就业后申报就业，并以个人身份缴纳社会保险费的，给予基本养老保险补贴。已参加城镇职工基本医疗保险的，给予基本医疗保险补贴。没参加城镇职工基本医疗保险的，可参加城镇居民医疗保险。“4050”以上（指男年满50岁以上、女年满40岁以上）的人员，基本养老保险补贴其缴费基数的12%，基本医疗保险补贴其缴费基数的6%。“4050”以下的人员，基本养老保险补贴其缴费基数的8%，基本医疗保险补贴其缴费基数的3%。基本养老保险和基本医疗保险补贴期限，除对从审批具备享受资格之日距法定退休年龄不足5年的就业困难人员可延长至退休外，其余人员最长不超过3年。2010年，102人享受社保返还，拨付资金17.89万元。2011年，150人享受社保返还，拨付资金22.89万元。2012年，90人享受社保返还，拨付资金19.93万元。2013年，80人享受社保返还，拨付资金19.93万元。

二、医疗保险

新型农村合作医疗（新农合） 新型农村合作医疗制度实行农民自愿参加，个人、集体和政府多方筹资，以大病统筹为主的农民医疗互助。县内2005年10月份开始筹备，成立新型农村合作医疗管理委员会，办公室设县卫生局，为正股级全额事业单位，2006年1月1日起正式启动。

2006年，实行大病统筹+家庭账户制度设计模式，缴费标准为农民自筹10元/人，政府各级财政配套40元/人，共计50元/人。是年，全县参合农民181485人，参合率72%，基金总额907.43万元，支付各类补偿22717人次，补偿金额631.34万元。2010年8月份，启动门诊统筹+住院统筹制度设计模式，开始普通门诊补偿，取消家庭账户。2012年1月1日起，全面推行乡镇卫生院住院起付线外“全报销”制度，参合农民在乡镇卫生院住院，个人只需缴纳住院起付线100元，其余费用全报销，封顶线8万元。县级医院的住院报销比例提高到85%，全县参合农民政策范围内住院费用补偿比例超过83%。是年9月，实行农村孕产妇住院分娩基本医疗费全免。2013年，县内进一步完善保障机制，提高重大疾病保障水平，扩大病种覆盖范围，完善参合农民在乡镇卫生院住院医疗费用全报销、农村孕产妇住院分娩基本医疗费全免政策，全县统筹区域内参合农民政策范围内住院补偿率达85%。同时，切实加强基金监管，对各定点医疗机构全年住院人数和次均费用进行核定，对超出指标的医疗机构进行暂扣，有效规范定点医疗机构的诊疗收费行为，确保基金运行高效安全。是年，人均筹资标准提高到340元/人，其中农民自筹60元/人，各级财政配套280元/人。全县参合农民数达到244203人，参合率达到96.68%，基金总量达到8302.9万元。全县共有57.17万人次获得新农合补偿，补偿金额9985.92万元，总体补偿率达56.71%，一定程度缓解农民“因病致贫，因病返贫”问题。

表5-3-2-1

2006—2013年中方县新型农村合作医疗工作情况统计表

年度	参合人数（人）	参合率（%）	基金征缴标准（元/人）			基金征缴总额（万元）	住院补偿（人、万元）		门诊补偿（人、万元）	
			合计	自费	政府补助		人数	金额	人数	金额
2006	181485	72	50	10	40	907.43	11370	598.2	11347	33.14
2007	192693	78.35	50	10	40	963.2	16175	986.28	14434	82.43
2008	214604	84	80	20	60	1716.83	15260	134.68	18773	169.38
2009	219544	84.5	100	20	80	2195.44	19381	1947.54	21342	316.44
2010	232952	90.1	140	20	120	3261.33	19564	2308	82699	659.38
2011	241324	91.04	230	30	200	5550.45	22907	3553.25	343906	1425.58
2012	240737	90.26	290	50	240	6981.37	30613	5912.54	261688	1717.37
2013	244203	96.68	340	60	280	8302.9	35537	7508.74	536184	2477.18

职工医疗保险 1998年，县内职工疾病诊治实行公费医疗，由县卫生局公费医疗办负责管理。2000年5月，撤消公费医疗办，成立县医疗保险管理局，为副科级独立核算事业单位，隶属劳动和社会保障局管理，核定全额拨款事业编制8人。2004年12月，生育保险管理工作启动，县医疗保险管理局更名为县医疗生育保险管理局。

2000年7月，县内制定和实施《中方县基本医疗保险暂行办法》及其《实施细则》，实行医疗费用由个人缴费与单位缴费相结合、社会统筹与个人账户相结合的基本医疗保险制度，用人单位按上年度工资总额的4%，职工个人按上年度工资总额的2%缴纳基本医疗保险费。职工个人缴纳部分全部划入个人账户，单位缴纳部分依据职工年龄大小，按一定比例划入个人账户，其余为统筹基金。职工门诊费用由个人账户开支，住院费从统筹基金中开支。2001年6月，设立大病互助医疗互助金，由财政一次性从职工工资中每人每年代扣60元，最高支付限额为8万元。同年7月，实施特殊病种门诊医疗和家庭病床管理。是年，征缴基金235万元，支出124万元。2002年7月，制定《基本医疗保险费征缴暂行办法》，4%由财政和用人单位共同承担。2003年4月，医保政策大调整，医疗机构费用结算从实际费用结算，转为单病种包干制结算。同年7月，实行城镇职工基本医疗保险个人账户智能IC卡管理，实现参保人员门诊、药店购药IC卡刷卡支付。是年，征缴基金442万元，支出229万元。2005年1月，大病互助金缴纳标准提高到84元，最高支付限额提高至10万元。2007年，用人单位的缴费率由上年度用人单位职工个人工资和退休费之和的4%上调至6%。是年，征缴基金603万元，支出422万元。2008年，全县有189个单位10691人参加医疗保险，参保率100%，累计征缴医疗保险基金1006万元，缴费率100%。征收大病医疗互助金76万元，收缴率100%，支付基本医疗保险费705万元。2009年7月，变"双基数"为"单基数"征缴，退休人员不再缴纳统筹费用。2010年3月，大病医疗互助金筹资标准提高到108元，由县财政从职工个人工资中一次性扣缴，最高支付限额提高到12万元。特殊门诊人员待遇按标准注入本人IC卡，实现特殊门诊费用的前台直接结算。是年，征缴基金1023万元，支出1078万元。2013年4月，开展职工医疗保险费用结算方式改革，实行总额预付与均次费用相结合的结算方式。是年，征缴基金2819万元，支出1699万元，累计节余2155万元。

2000—2013年中方县职工基本医疗保险基金收支情况表

表5-3-2-2　　单位：个、人、万元

年度	参保单位	参保人数	基金收入	基金支出	征收大病互助金收入	征收大病互助金支出
2000	116	4574	—	—	—	—
2001	122	5700	235	124	—	—
2002	134	6187	78	175	31	31
2003	144	7202	442	229	40	43
2004	152	7386	398	298	44	40
2005	161	7806	430	490	64	65
2006	171	8169	481	475	75	16
2007	182	8734	603	422	70	59
2008	189	10691	1006	705	76	97
2009	203	12732	946	899	90	102
2010	223	12806	1023	1078	105	100
2011	237	11995	1311	1277	102	132
2012	247	12302	1376	1121	109	114
2013	261	12358	2819	1699	165	149

城镇居民医疗保险 2007年12月，县内开始筹备城镇居民基本医疗保险工作。2008年7月，在县医保局增设城镇居民医疗保险股，制订《中方县城镇居民基本医疗保险试行办法》和《中方县城镇居民基本医疗保险实施细则》，城镇居民基本医疗保险正式启动。缴费标准为：18周岁以下未成年人个人缴费20元/年，18周岁以上非从业居民个人缴费160元/年，低保、一二级重残人员个人缴费100元/年。是年，5579人参保，收缴基金84万元，支出11万元。2009年5月，将在校学生纳入城镇居民医疗保险范围，按照先居民医保后商业保险的原则积极引导学生参保。是年，基金收入101万元，支出65万元。2010年5月，县政府常务会议审议同意对年底城镇居民医保资金缺口按“缺多少、补多少”的原则追加县级财政补助。2011年10月，建立城镇居民门诊统筹政策，公布体内置（放）人工材料支付项目和支付标准。2013年1月，完善全民参保机制，调整筹资标准，调整起付标准和提高统筹支付比例，提高统筹基金和门诊统筹最高支付限额，提高床位费基金支付标准。同年4月，医疗保险实行全市统筹，统一主要政策，统一基金管理模式，统一业务流程，统一信息系统。缴费标准变更为：16周岁以上未成年人和在校学生个人缴费20元/年，16周岁以上非从业居民个人缴费140元/年，低保、一二级重残、“三无人员”（无劳动能力、无生活来源、无法定抚养人或赡养人）个人不缴费。是年，参保人数达12611人，收入429万元，支出263万元，参保率达98.02%。

三、生育保险

2004年12月，县医疗保险管理局更名为县医疗生育保险管理局，生育保险管理工作启动。用人单位缴纳生育保险费率为职工上年度工资总额的0.7%，职工个人不用缴纳。缴费对象与城镇职工医疗保险保持一致，所有参加基本医疗保险的职工均纳入生育保险统筹范围。2005年12月，参保人数达5714人，征缴14万元，支出5万元。2009年5月，将教育系统干部职工纳入生育保险范围，所需缴纳保费按政策规定由单位承担。当年，参保人数达10644人，征缴22万元，支出21万元。2010年5月，率先在怀化市开展女职工健康体检，参检587人，支出生育保险基金8.8万余元。2012年9月，全县组织参加生育保险并缴费一年以上的1200余名女职工开展健康体检，参检人数1100人，支出体检费18万多元。2013年，全县生育保险参保单位261家，参保人数10102人，收缴基金151万元，支付保金41万元。

2005—2013 年中方县统筹生育保险参保情况表

表 5-3-2-3　　单位：个、人、万元

年度	参保单位	参保人数	享受人数	基金征缴	支付	当年节余	累计节余
2005	161	5714	6	14	5	9	9
2006	171	8008	50	16	12	4	13
2007	182	8537	61	24	11	13	26
2008	189	8681	78	24	17	7	33
2009	203	10644	95	22	21	1	34
2010	223	10678	73	28	23	5	39
2011	237	9991	79	43	24	19	58
2012	247	10337	80	108	20	88	146
2013	261	10102	98	151	41	110	256

四、失业保险

1998 年 4 月，设立县劳动就业服务处，为县劳动局二级机构，副科级独立核算事业单位，定编 14 名，经费自筹。2004 年 4 月，更名为县就业服务局，负责全县社会劳动力管理、劳务输出、职工就业培训和失业保险金的征缴、管理。

1998 年，职工待业保险（后改为失业保险）业务归属县企业保险局办理。缴费标准为单位按在职人员上年度月均工资总额的 1%缴纳，在职职工个人按每人每月 1 元缴纳。是年，共计 300 人参保，缴费 1.40 万元。1999 年，国务院颁布《失业保险条例》和《社会保险费征缴暂行条例》后，待业保险更名为失业保险，城镇企、事业单位按照本单位工资总额的2%缴纳失业保险费，职工按照本人工资的 1%缴纳失业保险费。是年，参加人数增至 860 人，缴费 2.56 万元。2001 年 6 月，失业保险基金的征缴、管理和发放归口县劳动就业服务处负责。是年，101 家单位 701 人参保，征缴 7.59 万元，发放失业保险金 1.5 万元。2013 年底，参保人数达 8002 人，参保单位 176 家，基金征缴规模达 137.52 万元，发放失业保险金47.19 万元。

1998—2013 年中方县失业保险收缴情况表

表 5-3-2-4　　单位：个、人、万元

年度	参保单位数	参保人数	基金收入	基金支出	基金结余
1998	4	300	1.40	—	14.35
1999	4	860	2.56	—	45.71
2000	111	5623	2.22	—	50.54
2001	101	701	7.59	1.5	57.27
2002	119	4800	7.88	4	61.47
2003	115	5810	28.95	13.8	77.23
2004	202	6841	59.60	72.8	64.61
2005	186	9820	62.67	45	82.54
2006	178	5936	68.63	23.01	123.31
2007	178	5936	85.48	7	217.13
2008	178	6196	75.31	9.01	286.84
2009	178	6105	87.48	26.73	356.35
2010	178	8002	108.15	29.3	442.64
2011	178	8002	121.72	19.41	554.05
2012	178	7889	140.23	36.44	669.95
2013	176	8002	137.52	47.19	778.12

五、工伤保险

2005 年 2 月，县企业和社会保险局增设工伤保险业务股，负责全县工伤保险业务，要求本县行政区域内的各类企业、有雇工的个体工商户为本单位全部职工或雇工缴纳工伤保险金。用人单位缴纳工伤保险费的数额为本单位工作人员工资总额乘以单位缴费率之积，一类行业缴费费率为 0.5%，二类行业为 1%，三类行业为 2%。职工因工作遭受事故伤害或者患职业病进行治疗，工伤认定前，医疗费用由用人单位垫付。认定为工伤的，垫付费用及以后的医疗费用由经办机构核定后，从工伤保险基金中支付。是年，参保单位 58 家，参保人数 1357 人，征缴工伤保险基金 5.59 万元，支出 3.04 万元。

2008 年，一类行业缴费费率上升为 1%，二类行业上升为 1.5%，三类行业上升为 2%。6

月，县工伤保险管理中心成立，负责全县工伤保险管理工作，为副科级事业单位，隶属县劳动和社会保障局，编制数为 4 人，县企业社会保险局的工伤保险业务工作全部转入。7 月，县内各行政事业单位也纳入参保范围，缴费费率参照一类行业为 1%。各类企业、自收自支事业单位按月或年底一次性缴足全年应缴基金，行政单位和全额拨款事业单位每年底由财政代扣代缴。是年，参保单位 134 家，参保人数 4456 人，征缴基金 36.52 万元，支出 31.22 万元。

2010 年，三类行业缴费费率上升为 2.5%。是年，参保单位 169 家，参保人数 6727 人，征缴基金 196.45 万元，支出 246.13 万元。

2012 年，二类行业缴费费率上升为 2%，三类行业上升为 3%。2013 年，全县新增参保职工 546 人，全年参保人数达到 17，639 人，工伤保险费征缴收入 393.90 万元（其中财政代扣 119.89 万元），支出工伤保险金 820.21 万元，181 人次享受工伤保险待遇。

2005—2013 年中方县工保中心工作完成情况统计表

表 5-3-2-5　　单位：万元、人、个

年度	基金收入	基金总支出	伤残待遇支出	工伤认定、鉴定、预防等支出	总参保人数	参保单位	缴费比例		
							一类行业	二类行业	三类行业
2005	5.59	3.04	3.04	—	1357	58	0.5	1.0	2
2006	11.87	9.90	9.25	0.64	1620	76	0.5	1.0	2
2007	27.01	26.44	25.34	1.10	2831	103	0.5	1.0	2
2008	36.52	31.22	28.07	3.15	4456	134	1	1.5	2
2009	193.02	93.59	88.89	4.70	6100	152	1	1.5	2
2010	196.45	246.13	223.17	22.96	6727	169	1	1.5	2.5
2011	254.70	458.21	437.35	20.86	16576	177	1	1.5	2.5
2012	370.35	205.50	177.77	27.73	17093	283	1	2	3
2013	393.90	820.21	776.61	43.60	17639	295	1	2	3

六、城乡居民最低生活保障

1999 年，县政府出台《中方县城镇居民最低生活保障制度实施细则》，对城镇“三无人员”（无劳动能力、无生活来源、无法定赡养人）进行调查和审核，确定低保对象 67 人，发放标准为月人均 120 元。2002 年，城市低保对象增至 869 人，全年发放低保金 51 万元，实现应保尽保。

2003 年，县内出台《中方县实施〈城市居民最低生活保障条例〉细则》和《关于实施城市居民最低生活保障优惠政策的暂行规定》，对低保对象实行动态管理。是年，保障标准为每人每月 156 元，享受低保 1419 人，月人均补差 55 元，全年发放 110 余万元。10 月，对农村特困家庭和五保供养家庭实行救助，每人每月发放 5 元生活费，全县首批 1047 户 3308 名特困群众领取救助证和四季度救助金。

2004年，县内出台《中方县城市居民最低生活保障分类实施保障办法》，实行低保金由邮政储蓄存折发放，全县有城市低保对象1729人，保障标准为每人每月156元，月人均补差58元，当年发放131万元。

2006年7月，县内启动农村低保工作，将农村特困救济人员共2700多人纳入农村最低生活保障，每人每月发放10—20元，当年发放14.5万元。2007年，全县正式实施农村低保，低保对象最低生活保障标准为每人每年500元，月人均补差30元。是年，将全县农村特困优抚对象的家人、退职退位的贫困老村干部、农村特困老党员、因公致伤致残导致家庭非常困难的农村居民、重点工程失地的贫困农民、因灾致贫的灾民、因计生手术后遗症导致家庭困难的人员和水库电站移民中的特困村民1014户2435人纳入低保，县内共有农村低保对象2567户6250人，发放低保金150余万元。

2010年，县内出台《中方县社会救助“阳光行动”实施方案》，城市居民最低生活保障标准调整为月人均200元，月人均补差154元。农村低保保障标准为每人每年1080元，月人均补差60元。是年，城市低保2949人，农村低保16373人，共发放金1662万元。

2013年，县内制定《中方县城乡低保重新审核认定工作实施方案》和《中方县城乡最低生活保障工作实施细则》，加强低保监督，增强工作透明度。是年，城市低保保障标准为每人每月280元，月人均补差260元，农村低保保障标准为每人每年1800元，月人均补差117元，全县有城市低保1590户3020人，农村低保7913户18321人。当年发放城市低保金710.54万元，农村低保金1644万元。

第四章　安全生产监督与管理

1998年4月，县安全生产管理办公室（简称县安全办）成立，隶属县政府办。同年7月，县政府成立安全工作委员会（简称县安委会），办公室设县安全办，分管安全生产的副县长任县安委会主任。2001年10月，撤消县安全办，成立县安全生产监督管理局（简称县安监局），为副科级全额拨款事业单位，隶属县政府办管理，对全县所有生产经营领域、工矿商贸企业安全生产工作实施综合监督管理、指导、协调和服务。2003年7月，升格为县政府直属正科级事业单位。同年9月，花桥镇、泸阳镇、聂家村乡、新路河乡等9个乡镇设安全生产监督管理站（简称安监站）。12月，在各乡镇设立社会治安综合治理办公室、安全生产监督管理办公室（合署办公，简称安综办），为全额拨款正股级事业单位。2004年，乡镇安综办分设，各乡镇单设安监站。2005年，全县各行政村设村级安全员。县、乡、村三级安全监管网络基本形成。2009年，乡镇机构改革，各乡镇设立“一办五中心”，安监站并入综治维稳中心。2011年11月，成立县农村交通安全管理办公室（简称农交办），属县安监局二级机构。

第一节　安全监管

一、宣传

2002年，根据国务院统一部署，县内将每年的六月份定为“安全生产月”，集中开展全民安全生产宣传教育活动。是年6月，县政府召开动员大会，分管安全工作的副县长发表电视讲话，在乡镇开展安全生产咨询服务，并利用赶集日出动宣传车在铜湾、铁坡、中方、泸阳、花桥等乡镇进行安全生产宣传。

2004年6月，在铜湾镇开展安全生产宣传活动，发放宣传资料1000余份，巡回播放宣传片，接受群众咨询1000余人次。县教育局、安监局、交警大队等单位在县一中联合举办《道路交通安全法》知识演讲比赛，全县14所中小学24名选手参加决赛。

2006年6月，全县围绕“安全发展、国泰民安”主题在各乡镇开办宣传专栏。在《点击中方》栏目播放“法佑平安”专题片。在泸阳、铜湾开展安全知识咨询活动，发放资料1.9万份，接受群众咨询1.1万人次。

2010年5月，全县组织编印《安全知识问答》3000余册，分发到各乡镇和企事业单位。10月，《怀化日报》等新闻媒体到县内采访安全生产工作，宣传中方县安全生产工作的良好态势和发展前景。

2011年，全县开展安全文化进机关、进乡村、进家庭、进企业、进学校活动，进行安全文化长廊创建、安全标语征集、安全文艺会演、农村道路交通安全宣传等一系列的安全文化宣传活动。县、乡两级及企业先后投入近200万元，制作宣传标牌671块（幅），编印宣传资料28万余份，受教育群众达4.8万人次。

2013年1月，县内利用春节期间发放《安全生产年画》3万份，张贴到各家各户。6月，县安监局组织24家安委会成员单位在泸阳镇开展安全生产“咨询日”活动。10月，县安监局投入2万元，将全县历年典型农村交通事故案例制作成5000余份挂图发放到广大群众，提高全民安全意识。

二、培训

2002年5月，举办首期矿（厂）长、经理、安全员、特种作业人员法治及安全技术培训班，300余人参加培训。2003年7月，举办《中华人民共和国安全生产法》及《安全生产违法行为行政处罚办法》培训班，100余人参加培训。2005—2012年，先后组织各企业主要负责人、安全员、特种作业人员、加油员、计量员及安监系统人员开展业务技能培训48期，共计2500余人次。2013年5月，县内组织非煤矿山负责人及安全管理人员70余人参加怀化市宣传贯彻《湖南省金属非金属矿山保护矿工生命安全七条规定》培训班。7月，在县委党校第16期中青班开办安全知识讲座。

三、安全生产保障

2002年开始，县内陆续出台实施多项安全生产保障制度，推动安全生产工作开展。是年，实施风险抵押金制度，县安委会各成员单位交纳1000元风险抵押金，视年度任务完成情况进行奖罚。2003年，出台《中方县安全事故责任追究规定》，明确各级各部门对本辖区、本行业的安全生产监管职责，各乡镇主要领导和政府有关部门行政正职及工作人员在安全生产监管工作中有失职、渎职行为导致发生安全事故的，情节轻微的，给予党纪、政纪处分，构成犯罪的，依法追究刑事责任。同年10月，实施《中方县乡镇安全生产监督管理办法》，规定乡镇安监站对道路交通、水上交通、消防、电力、建设及危险化学品、加油站负有安全监管职责。2004年，县内推行安全风险抵押金制度，并对矿山、建筑施工企业和危险化学品、烟花爆竹、民用爆破器材生产企业实行安全生产许可制度。2005年，县内实施安全生产"一票否决"制。2009年9月，出台《中方县安全生产若干规定》，明确全县各级各有关部门的安全监管职责。2011年10月，在全县非煤矿山企业启动安全生产标准化建设，推进企业安全管理、作业现场和操作过程标准化建设，后逐年向煤矿、烟花爆竹、危险化学品、交通运输、建筑施工等企业推广。2012年8月，全省实行安全生产风险抵押金和安全生产责任保险"并轨运行"机制，县内各生产经营单位可以自主参加安全生产责任保险或者依法足额缴纳安全风险抵押金，参加安全生产责任保险的视同足额缴纳安全风险抵押金。同年9月，出台《中方县安全生产事前问责暂行办法》，规定负有安全生产监督、管理职责或在相关安全生产检查、整治活动中负有监管工作任务的责任单位和责任人存在失职、渎职行为的，将被实行事前问责，相关人员将被追究责任，予以约谈、通报批评、停职检查、免职或调离岗位，情节严重的，将给予党纪政纪处分，涉嫌犯罪的移送司法机关处理等。2013年，出台《中方县党政领导干部安全生产"一岗双责"暂行规定》《中方县安全生产责任制度》《关于完善中方县学生用车（船）及村级客运车辆优惠政策的若干规定》和《中方县安全生产监督管理职责规定》，进一步明确乡镇人民政府和县直机关各单位的职责。

到2013年底，全县有89家相关生产企业办理安全生产许可证，其中煤矿企业7家，非煤矿山41家，烟花爆竹企业4家，危险化学品企业5家，建筑施工企业32家。全县44家非煤矿山有23座已按计划达标，其中，3座非煤矿山企业达到安全生产标准化四级，20座达到安全生产标准化五级。2家烟花爆竹企业、5家危险化学品企业正在申报三级达标，交通运输企业等其他行业按照省市部署正在有序推进。全县有8个乡镇主要负责人被约谈问责，12名干部被免职处理，有32名相关人员由于失职、渎职行为，先后受到党纪、政纪和刑事处分，其中，被判刑或刑事拘留的单位负责人、安全生产管理人员 21 名，受到党纪、政纪处分的政府工作人员 11 名。

四、安全生产应急救援体系

按照国家关于应急预案体系要“横向到边，纵向到底、对可能发生的各类突发公共事件实现全覆盖”的要求，2006 年，中方县开始制订各类应急预案，截至 2013 年，全县应急预案体系共编制有县级总体应急预案 1 个，应急体系建设规划 1 个，应急管理办法 3 个，专项应急预案 25 个，部门应急预案 75 个，乡镇总体应急预案 15 个，乡镇专项应急预案 128 个，基本覆盖各类突发公共事件，覆盖率达到 100%，基本搭建起全县应急预案框架体系，确保一旦突发公共事件，能够迅速进行应急处置。2007 年 6 月 9 日，为应对蒿吉坪瑶族乡政府驻地多处裂缝事件，在乡政府驻地山体滑坡点成功举行 300 余人地质灾害应急演练活动。县政府办及县国土、水利、安监、公安、卫生、消防等部门负责人参加观摩。

五、安全生产控制指标体系

2005 年起，县内开始使用安全生产控制指标体系。是年，全县发生各类生产安全事故 20 起，死亡 20 人。其中煤矿事故 1 起，非煤矿山事故 2 起，道路交通事故 16 起，农机事故 1 起。全年生产安全事故死亡 20 人，与市安委办下达的年度控制指标持平。

2006 年，全县发生各类生产安全事故 14 起，死亡 14 人。其中煤矿事故 3 起，道路交通事故 10 起，其他事故 1 起。全年生产安全事故死亡 14 人，比市安委办下达的年度控制指标少 2 人。

2007 年，全县发生各类生产安全事故 10 起，死亡 18 人，重伤 2 人，直接经济损失239.1 万元。其中煤矿事故 1 起，死亡 1 人。探矿井事故 1 起，死亡 9 人。道路交通事故 1 起，死亡 8 人、重伤 2 人。全年生产安全事故死亡 18 人，比市安委办下达的年度控制指标多 4 人。

2008 年，全县发生各类生产安全事故（均为道路交通事故）13 起，死亡 7 人，重伤 3 人，直接经济损失 11.46 万元，无较大（一次死亡 3 人）及以上事故。全年生产安全事故死亡 7 人，比市安委办下达的年度控制指标少 5 人。

2009 年，全县发生各类生产安全事故 17 起、死亡 7 人、重伤 5 人、直接经济损失 35.213 万元，无较大（一次死亡 3 人）及以上事故。其中，商贸企业事故 1 起、死亡 1 人。道路交通事故 15 起、死亡 5 人、重伤 6 人。火灾事故 1 起、死亡 1 人。全年安全生产事故死亡 7 人，比市安委办下达的年度控制指标少 3 人。

2010 年，全县发生各类生产安全事故 22 起，死亡 6 人，无较大（一次死亡 3 人）及以上事故。其中，非煤矿山事故 1 起，死亡 1 人。道路交通事故 21 起，死亡 5 人。全年生产安全事故死亡 6 人，比市安委办下达的年度控制指标少 2 人。

2011 年，全县发生各类生产安全事故 18 起，死亡 6 人、重伤 10 人、直接经济损失

12.67万元，无较大（一次死亡3人）及以上事故。其中：道路交通事故16起，死亡3人，重伤5人，路外事故1起，死亡1人，农业机械事故1起，死亡2人。全年生产安全事故死亡6人，比市安委办下达的年度控制指标少1人。

2012年，全县发生各类生产安全事故20起，死亡14人、重伤3人、直接经济损失607.6万元。其中：煤矿事故1起、死亡7人，道路交通事故17起、死亡2人，路外事故1起、死亡5人。全年生产安全事故死亡14人，比市安委办下达的年度控制指标多7人。

2013年，全县发生各类生产安全事故11起（道路交通事故），死亡1人（铁路事故4人除外）、重伤1人，直接经济损失82.55万元，无较大（一次死亡3人）及以上事故。全年生产安全事故死亡1人，比市安委办下达的年度控制指标少4人。

六、安全生产监督检查与专项整治

县政府为强化安全生产，采取经常性的监督检查与专项整治相结合方式，消除生产隐患，防患于未然。2002年，组织县安监局、公安局、煤炭局、国土资源局等有关职能部门对全县煤矿进行全面清理整顿，排查安全隐患110多处，炸毁封闭近30个非法小煤窑。

2003年4月，县政府组织县安监局、煤炭局、公安局、国土局等部门对全县煤矿、非煤矿山、森林防火、水上交通、农机载客和烟花爆竹等安全生产进行大检查，对12个合法煤矿、10个非煤矿山分别进行停产整顿、整改，检查船舶70余艘，下发整改通知40余份，纠正违章船舶30余次，没收非法生产的烟花爆竹产品64件，查处农机违章载客30台次，卸客400余人。

2005年4月，县安委会组织县公安局、安监局、工商局、质监局等部门及当地乡镇政府开展取缔非法生产烟花爆竹整治行动，对聂家村10个非法作坊点，石宝乡沅溪村作坊点进行全部取缔，拆除工房32栋，109间，收缴大炮10000多个，鞭炮3000余封，规范全县烟花爆竹生产秩序。

2009年4—12月，县政府组织13个专业督查组和1个综合督查组，深入各乡镇开展安全生产隐患排查整改督查活动。督促新路河小湾坪山体滑坡点6户搬迁至安全地带。筹资30余万元对接龙乡山体滑坡重大安全隐患进行治理。筹资80万元对桐木大桥桥墩进行维修加固。

2012年4-6月，县农交办组织交警大队、农机局、运管所等部门开展农村道路交通整治行动55次，严禁三轮摩托车、拖拉机、农用车和报废车载客，切割农村“四车”非法加装的雨棚和座位达784台，卸客1.6万人次。县财政投入400余万元开通123台乡村巴士，解决农民出行难的问题。8—10月，县政府对泸阳、花桥的非法采矿进行坚决打击，炸毁非法矿洞10个，拆除工棚8处，扣留非法开采机械设备14台，立案查处非法开采行为3起，取缔非法开采点5处。是年12月，县安监局评为2012年度全省安全生产工作先进单位。

2013年6—9月，全县开展为期3个月的安全生产大检查活动，共组织各类检查组139个，派出检查人员758名，检查各类生产经营建设单位624个，排查发现各类安全隐患811处（其中重大安全隐患15处），整改到位810处，投入隐患整改资金481.2万元，责令28家企业停产整顿，对不具备安全生产条件的6家非煤矿山提请县人民政府依法进行关闭。

第二节　安全生产重大事故

2000年5月31日8时，铁坡镇驾驶员杨绍永驾驶湘N12305北京吉普车送镇政府清收农金会贷款工作人员到该镇培丰村收贷，镇人大主席陈元等9人上车后，镇司法所助理员张三军擅自驾车，超载且车速过快，为避让养路人，盲目向左绕行，导致车辆翻下公路左侧24米深的小溪中，造成张三军等3人当场死亡，杨绍永等8人受伤，车辆严重受损，直接经济损失41.88万元的的特大道路交通事故。事故发生后，铁坡镇政府和县委、县政府及相关部门及时赶到事故现场进行现场指导和善后处理。

2004年12月12日下午1时10分左右，聂家村乡堵家村塘冲组原已被取缔的非法烟花爆竹作坊，后违规作业。因作业人员刘建军违规操作，铁器与火药发生摩擦引发燃烧爆炸，造成2人当场死亡，2人送往医院途中死亡，3人不同程度受伤的重大烟花爆竹事故。事故发生后，县委、县政府立即组织开展救援工作。怀化市政府组织相关部门成立联合调查组，对业主刘明海提请司法机关依法追究其刑事责任，由公安机关继续追究非法提供原材料和产品销售者的经济责任。

2007年5月16日上午7时30分，牌楼镇芭蕉村会计曾先喜无驾驶证驾驶一辆双雁18Y变型拖拉机，载有20人从芭蕉村开往牌楼镇。8时30分，途经芭蕉村铁炉溪组鹭鸶田村级简易公路一左转弯时，由于曾先喜技术生疏，操作不当，加之车速过快，致使双雁18Y变型拖拉机翻入10余米高坎下的小溪边，造成2人当场死亡，2人送往医院途中死亡，15人不同程度受伤的重大交通事故。县政府立即启动应急预案，伤员救治、群众稳定等善后工作得到妥善处理。“5·16”事故的直接原因是肇事者曾宪德无证驾驶，违反规定载客，雨天驾车车速过快，驾驶技术生疏临危处置不当。间接原因主要是肇事车主缺乏安全意识和法律意识，相关部门对农机安全管理工作监管不到位，存在“黑车”“黑驾”现象。

2007年8月28日上午9点左右，位于花桥镇境内的中方县枇杷湾探矿井发生一起瓦斯爆炸事故，造成9人死亡。怀化市、中方县相关领导和省、市有关专家第一时间赶到现场，组织人员开展抢救抢险工作。此次救援耗时8天8夜，动用人力400多人，清理7处冒落处，修复被毁巷道达60多米，因巷道顶部出现跨塌被迫终止。9月3日22时，挖出3名遇难矿工遗体。

2012年12月17日下午3时左右，泸阳镇新店坪村牛栏处煤矿发生瓦斯泄漏爆炸事故，8人被困，至下午5时左右，事故造成6人死亡、1人获救、1人失踪。事故发生后，县委、县政府立即启动预案，采取有力措施开展抢救工作，怀化市矿山救护队，溆浦县矿山救护队组成40余人的联合救援队伍营救失踪人员，于18日凌晨2时许发现失踪人员遗体。

第五章 民 政

1998年4月，县民政局成立，主管全县基层政权建设、优抚安置、救灾救济、社会福利、婚姻登记、地名管理和殡葬改革等工作，为县政府组成部门。2013年，县民政局设办公室、计划财务股、基政社区和地名区划股、优抚安置股、老龄工作办公室、政务服务股、救灾救济股等7个内设机构，辖民间组织管理办（局）、社会福利和社会事务办、慈善办、救助管理站、社会救助局、社会福利有奖募捐办、婚姻登记处、光荣院社会福利院8个二级事业单位，共有行政编制10名，后勤编制1名，事业编制47名，实有工作人员80人。

第一节 基层自治组织建设

一、村民委员会建设

1998年2月，中方县辖22个乡镇、211个村民委员会、2159个村民小组。是年4月，县里出台《关于在全县农村推行村务公开制度，深化村民自治工作实施方案》，实施村务公开。5月，在花桥镇各行政村进行村务公开试点，试点成功后随即在全县铺开。22个乡镇与县政府签订《村务公开目标管理责任书》。12月，全县211个行政村普遍实行村务公开，大部分村建立固定的村务公开栏，有的还设立举报箱，对村民最关心的村级财务、计划生育、农民负担、救灾救济物资发放、宅基地审批等热点项目进行公开。

1999年5月，举行建县首次村民委员会换届选举，采取直接、差额、竞争选举的方式，选举产生村民委员会211个，选出村委会主任、委员等村民委员会成员633人，整个选举依照法定程序进行，做到公开、公平、公正，合法有效。11月，全县开展村民自治示范活动，推进村民参与村务决策和管理，建立健全相关制度，村务监审员制度并在全省推广。2000年，在中方、下坪2个乡镇进行村民自治示范村试点。2002年，行政村100%达标。2004年2月，被省政府授予“全省村民自治模范县”称号。

2006年，按照社会主义新农村建设要求，在中方镇荆坪村、桐木镇大松坡村、牌楼镇板山场村开展村务公开示范点工作，修订完善《村民自治章程》《村规民约》，健全村民会议、村民代表会议、村务公开和民主管理制度，建立运作程序规范、工作协调有序的村民自治新机制。

2009 年 11 月，鹤城区鸭嘴岩乡鸭嘴岩村、长远村整建制划入中方镇管辖，中方县辖建制村（村民委员会）增至 213 个、村民小组 2172 个。是年，实行“村账乡管”，在各乡镇会计核算中心设立村级财务核算组和村组资金管理组代理村级财务和资金。

2011 年，全县第五次村委会换届选举，产生村委会 213 个，共有村委会成员 639 人，其中 9 个村实行村党支部书记和村民委员会主任“一肩挑”，村委会班子整体结构得到进一步优化。

2012 年 3 月，花桥镇园艺场改设为行政村。至此，全县辖 214 个建制村（村民委员会）、2174 个村民小组。8 月，出台《关于建立村务监督委员会的实施意见》，全县 214 个村均成立村务监督委员会，负责监督村级重大事项民主决策、村务公开、村集体资产管理、村干部廉洁履职等情况并进行民主评议。9 月，出台《中方县村集体资金管理办法（暂行）》，村集体资金采用“村账乡代理”模式进行管理。是年，获省民政厅授予“全省村（居）民自治工作先进单位”称号。

2013 年 11 月，出台《进一步加强村务公开民主管理工作的实施意见》，对全县 214 个村的村务公开民主管理工作，从“党务、村务、事务、财务、服务”等五个方面进行规范，建立村务公开民主管理系列制度，使村务公开、民主管理工作进一步加强。

二、社区居民委员会建设

1998 年，全县共有 13 个居民委员会，大部分居委会没有独立的服务用房，或租赁商铺门面住房，或由政府划拨办公室开展相关服务工作。

2000 年 9 月，县内进行首次居委会换届选举，共产生居委会干部 39 人。是年，县民政局在牌楼镇居委会创办社区服务一条街，集医疗、娱乐、服务、救助、解决纠纷于一体，在该镇其他 10 个村成立社区服务工作站。

2001 年 9 月，县民政局指导居委会建立健全各项规章制度，对居委会主任、分管财务的副主任或委员进行培训，学习“三个代表”重要思想和居委会建设相关内容。是年，13 个居委会开展居务公开工作。

2002 年，县内将社区与居委会建设整合，在牌楼、泸阳两镇创办社区服务示范点，全县建立乡镇社区服务中心 8 个，社区网点 13 个。

2003 年，按照“公平竞争，依法选举”的原则，对全县 13 个居委会进行第二次居委会暨首次社区换届选举，整个选举工作严格按《中华人民共和国城市居民委员会组织法》执行，共产生社区居委会干部 39 人，其中妇女 19 人，党员 22 人。

2006 年，县内依照《中华人民共和国城市居民委员会组织法》，进行第三次社区居委会换届选举。是年，选定牌楼镇牌楼居委会为示范点开展社区建设，各社区居委会陆续建立健全工作制度和财务管理制度，加强社区基础设施建设，工作重点以方便广大居民生产、生活为目标，积极为居民提供各类劳务信息，帮助下岗职工再就业。

2007年，县内出台《中方县农村社区建设试点实施方案》，按照“一村一社区”的原则，选定农村社区建设试点单位，设立村级服务中心，统一设置建设发展服务站、经济科技服务站、综治调解服务站、计生文体卫服务站、社保救助服务站、纪检维权服务站等6个方面服务窗口，完善岗位职责和工作制度，落实近20平方米的办事服务厅，确保农村社区服务工作开展有场地、有牌子、有制度，积极构建和谐社区，服务百姓生活。

2009年，县内第四次社区居委会换届选举。是年6月，在中方镇设立同乐、和安2个社区居委会，由中方镇政府临时选派工作人员开展相关工作。至此，全县共有15个社区居委会。

2010年，县内将同乐、和安社区居委会定为城市社区示范创建点，协调中方镇、市工业园落实办公用房，健全完善各项制度。同乐社区办公用房与铜锣村合署办公，面积600平方米，和安社区由市工业园划拨4间门面办公，面积300平方米。

2012年，县内第五次社区居委会换届选举，共产生社区居委会干部45人，其中妇女20人，党员27人，具有大中专文化程度的13人，高中文化程度的13人。是年，县内落实19名社区居委会退职干部的医保问题。解决莉坪、塔山社区的办公用房，莉坪社区由中方镇政府从老办公楼划拨4间办公室，面积约80平方米，塔山社区租用民房1套办公，面积约100平方米。

第二节　优抚安置

一、双拥共建

1998年起，县委、县政府把拥军优属工作纳入党政领导目标管理，作为考核领导班子政绩的重要依据，成立议军制度、联席会议制度和领导调动必须移交拥军工作内容的交接制度，每年“八一”建军节和春节期间，均组织开展拥军优属活动。县委、县政府的领导走访慰问县内驻地部队、人武部等单位官兵，组织座谈活动，征求对地方工作的意见和建议，帮助解决困难，融洽军地关系，协调军民关系。以乡镇为单位，召开复退军人代表和军属座谈会，深入到老复员退伍军人和军属家庭走访慰问，了解他们的现实需求，为他们排忧解难。2000年起，县内开展“爱心献功臣”活动，帮助复退人员解决生活难、住房难、就医难等问题，为1072名复退人员发放定补金25万元。2005年9月，县人武部、县妇联、团县委在芷江侗文化城举办“中方县双拥共建联谊座谈会”，邀请驻军35名年轻军官和县内30名未婚女青年参加座谈，通过活动，为他们架设一座“鹊桥”，促成3对喜结良缘。

二、优待抚恤

1998年起，县内所有优抚经费全部直接拨付到民政专户，由县民政局发放到乡（镇）民政办，确保专款专用和按时足额发放到优抚对象手中。

义务兵优待　1998年，县内农村现役义务兵家属的优待金实行以县统筹，开设优抚基金专账，乡镇设立分账。征收标准为：行政企事业单位干部职工每年每人上缴优待金10元，县域内农业人口和城镇居民，每人每年1元，个体私营人员每户每年5~20元不等。农村服现役的义务兵，每人每年享受500元优待金，从各乡镇优抚基金账户中列支。1999年，农村及城镇义务兵优待金标准为每年每户1000元，当年兑现优待金19.5万元。2004年，实行县财政拨给民政局直接发放。2012年1月1日起执行新的优待金标准：城镇义务兵家庭优待金标准提高至每户每年1.3万元。农村籍义务兵家庭优待金标准提高至每户每年5000元。到西藏、新疆等艰苦地区服役的义务兵家庭由县政府给予一次性10000元的奖励。2013年，县政府对于2011年11月1日后以自主就业方式退出现役的士兵，按每服役一年不低于2000元的标准，发放一次性经济补助。是年，全县为137名符合条件的退役士兵发放一次性经济补助119.5万元。1999—2013年底，全县优待义务兵2049人，发放优待金700余万元。

复退军人优待　1998年起，县政府积极落实复退军人优待政策，为老复员军人发放定期定量补助和医疗费，如生活仍然低于当地村民平均生活水平的优抚对象，在实施临时救济、农村低保和安居工程等政策中给予优先考虑。是年，全县享受补助的复退军人6027人，发放复退军人生活补助费43.8万元，其中921人享受定补32.6万元，发放退伍军人12人安置费4.8万元（为一次性建房补助费）。

2003年起，转变优待方式，开展第一轮“扶持优抚对象奔小康”活动，把有劳动能力、有事业心、扎实肯干但缺乏资金和技术的40名优抚对象，纳入“扶优奔康”计划。由乡（镇）牵线，民政搭桥，实行“一对一”帮扶，74个机关单位、社会团体与40名优抚对象结成帮扶对子。

2004年，重点帮扶47名贫困优抚对象，设立医疗专户资金，对三等伤残、在乡老复员军人实施大病医疗救助，每人发放100元医疗费。

2006年，开展第二轮“扶持优抚对象奔小康”活动，帮助80户优抚对象结成帮扶对子。

2007年起，全县为在乡老复员军人、带病回乡退伍军人、七至十级伤残军人、三属人员代缴新型农村合作医疗参合费，为城镇户口的重点优抚对象代交城镇居民基本医疗保险，对符合农村低保条件的涉军人员优先纳入保障。是年，县内评选出20名“十佳复退军人致富能手”和“十佳复退军人遵纪守法标兵”，在县电视台举办“我为军旗添光彩”栏目，宣传回乡退伍军人致富典型和优秀事迹，树立正气。是年，“扶优奔康”帮扶对象增加到193户。

2008年开始，帮助重点优抚对象改扩建危房，给无房或严重危房的优抚对象援助建房资金。补助标准为新建房屋补助每户10000元，维修改造房屋补助每户3000－5000元。2008–2013年，共为96户重点优抚对象投入98.2万元重建或维修房屋，切实改善部分重点优抚对象的居住条件。

2009年9月，出台《中方县重点优抚对象医疗补助办法》，对在乡重点优抚对象因病产生的医疗费给予一定标准的补助，补助范围包括门诊和住院救助，采取医前、医中和医后等补助方式。门诊医疗补助标准为：一至六级残疾军人在政策规定范围内发生的门诊费用全额补助。七至十级残疾军人、“三属”人员、新中国成立前入伍的在乡复员军人每人每年补助120元。新中国成立后入伍的在乡复员军人每人每年补助100元。因病回乡退伍军人、参战退役人员每人每年补助80元。

2010年，开展在乡老复员军人走访慰问活动，发放慰问金30万元。是年，开展第三轮“扶持优抚对象奔小康”活动，成立炉亭坳中药材基地作为“扶优奔康”示范基地，当年及2011年分别资助10万元及5万元帮扶资金，基地种植面积达330亩，年创收达85万余元。

2012年，确定63户优抚对象作为“扶优奔康”帮扶户，为每户帮扶户发放1000元扶持资金。

2013年，启动第四轮“扶持优抚对象奔小康”活动，确定33户优抚对象作为帮扶户，并根据帮扶对象项目规模分别给予2000—4000元不等的资金支持。县民政局将全县重点优抚对象的身份证、户口本、档案等相关资料输入电脑，实行信息化、网络化、规范化管理。是年，全县发放在乡复员、退伍军人生活补助949.6万元，其中在乡复退军人定期定量补助费462.8万元，参战退伍军人生活补贴484.1万元，涉核退伍军人生活补贴2.7万元。

“三属”抚恤 根据《军人抚恤优待条例》，县政府对中国人民解放军现役军人、服现役或者退出现役的残疾军人以及复员军人、退伍军人、烈士遗属、因公牺牲军人遗属、病故军人遗属、现役军人家属实行抚恤优待。抚恤包括死亡抚恤和残疾抚恤。

死亡抚恤 境内对烈属、因公牺牲军人家属、病故军人家属（以下简称“三属”）实行长期优抚。1998年，全县有“三属”对象48人享受定期抚恤，当年发放5万元抚恤金，其中一次性抚恤1.1万元，定期定量抚恤3.9万元。此后，“三属”对象抚恤金标准逐年提高。2008年，“三属”对象68人，发放30.27万元。2013年，“三属”对象48人，其中，烈属16人，因公牺牲军人家属22人，病故军人家属10人，发放定期抚恤金44.9万元。

伤残抚恤 抚恤标准按伤残等次、在职和在乡（无工作）等因素确定。1998年，境内优抚对象中因战、因公致残人员108名，其中在职16人（二等甲2人，二等乙1人，三等甲8人，三等乙5人），在乡92人（一等3人，二等甲11人，二等乙26人，三等甲29人，三等乙23人）。是年，共发放抚恤金19.2万元，其中在乡伤残抚恤金9.4万元，在职伤残抚恤金0.4万元，伤残补助费9.4万元。1999年后，根据国家相关文件精神，县内重点优抚对象抚恤补助标准逐年提高。2008年，县内伤残军人166名，发放104.95万元。2013年，境内因战、因公革命伤残军人244名，伤残等级3~10级，共发放抚恤金284.5万元，其中伤残抚恤金274.5万元，在乡180.3万元，在职94.2万元。伤残补助费10万元。

三、烈士褒扬

为缅怀革命烈士，让革命烈士的崇高品质光照后人，2005年，对县域内烈士情况进行普查，编辑《中方县革命烈士英名录》，共登记烈士166名，其中：抗美援朝战争烈士135名，剿匪战争烈士16名，革命建设时期烈士15名。2010年，根据民政部召开的全国零散烈士纪念设施抢救保护工程会议精神，县民政局开展烈士墓核查工作，经调查县境内有4座烈士纪念碑（铜湾镇、花桥镇各1座，锦溪乡2座），12座散葬烈士墓。县政府对4座烈士纪念碑就地维护，将12座散葬烈士墓迁移到怀化市烈士陵园集中安葬。

四、复员退伍军人安置

县内对退伍军人的安置，主要是根据国务院《退伍义务兵安置条例》精神，试行“双向选择，供需见面”的安置方式，按照“从哪儿来回哪儿去”的原则进行安置。对农村退伍军人，主要是帮助解决住房困难，扶持生产，开发使用军地两用人才。对城镇退伍军人，坚持“按系统分配任务，包干安置”和“按照职工比例分配任务，包干安置”的指令性分配原则，科学合理地安置复员退伍军人。1998年，县内接收安置退伍军人47人，其中城镇35人，农村12人，安置28人，同时开展军地两用人才的开发，推荐6名农村退伍军人到正清制药公司当保安。2003年，接收安置农村城镇退伍军人117人，其中城镇义务兵和转业士官29名得到安置。2009年，印发《中方县退役士兵自谋职业一次性经济补助费发放暂行办法》，规定一次性经济补助费标准为：服役期满2年的，补助1.8万元。服役期超过2年的，按每增加1年兵龄增加1000元补助计算。退役士兵领取一次性经济补助费后，县政府不再为其安置工作岗位。2013年，发放退伍军人安置金49万元，其中，退役士兵职业金28万元，城镇退役士兵生活补助21万元。1998—2013年，全县共接收安置退伍军人2218人，其中安置城市义务兵351人，接收农村义务兵1727人，转业士官134人，伤残6人。

第三节　救济救助

一、灾害救济

中方县地处山区，境内自然灾害较为频繁。1998年6—7月，境内爆发洪灾3次，直接经济损失2330万元，蒿吉坪、泸阳、花桥、泸阳、下坪、接龙、活水、锦溪等乡镇受灾最为严重，县政府共发放救灾款10万元，赈灾救济0.3万人。2001年，境内共发生3次洪灾，铜湾镇、下坪、泸阳、中方等乡镇受灾较为严重，直接经济损失达3200万元，县政府共发放救灾款10万元，棉衣棉被100件（套），赈灾救济0.3万人。2005年6月，境内普降大雨，造成洪涝灾害，铜湾片、泸阳片各乡镇受灾较为严重，直接经济损失达700万元，县政府共发放救灾款121.5万元，棉衣棉被100件（套），赈灾救济1.5万人。2007年，全县遭受特大洪灾袭击，受灾人口6.1万人，受灾面积360公顷，其中绝收面积24公顷。是年还遭受较严重的旱灾，受灾人口1.8万人，受灾面积140公顷，其中绝收面积17公顷，直接经济损失273万元，县政府共发放救灾款226万元，棉衣棉被100件（套），赈灾救济2.1万人。2008年，全县受特大冰灾和洪水袭击，受灾人口25.1万人，紧急转移安置1.94万人，农作物受灾面积9160公顷，绝收6278公顷，直接经济损失29440万元，其中农业损失9215万元，救济人数5.74万人，投入救济资金573万元，其中，恢复重建资金350万元，救济衣物棉被15600件（套、床）。2011年1月、7月、10月全县境内大规模发生旱灾，6月发生洪涝灾害，1月还发生两次严重的低温冷冻和冰雪灾害。其中受灾最为严重的乡镇为新建、袁家、蒋家、石宝、下坪、炉亭坳6个乡镇。全县受灾人口19.09万人，紧急转移安置人口7860余人，饮水困难人口2.76万人，农作物受灾面积1.24万公顷，成灾1.14万公顷，绝收0.04万公顷，倒塌房屋29间，损坏房屋1125间，直接经济损失6547万元。全年发放救灾资金110万元，救助困难群众1.22万人，最大程度地减少人民群众的生命财产损失，维护灾区社会稳定。同时发放危房改造资金210万元，为350户因灾倒房户、无房户、五保户、低保户、贫困残疾人建设新居。2012年5—7月共发生6次洪灾，其中最为严重的为7月26日，境内普降大暴雨，全县城区及锦溪、活水、铁坡、丁家、铜湾等乡镇多个地方被洪水淹没。7月27日发生1次风暴灾害，主要发生在接龙镇。7次自然灾害累计受灾人口达17.3万人，0.16万人饮水困难，农作物受灾面积5622公顷，成灾3617公顷，绝收914公顷，倒塌房屋430间，严重损坏房屋574间，一般损坏房屋1423间，直接经济损失6086万元。全年发放救灾资金125万元，救助0.45万人的口粮、衣被、取暖等基本生活。发放危房改造资金910万元，为1000户因灾倒房户、无房户、五保户、低保户、贫困残疾人建设新居。2013年5—7月，境内遭受6次洪涝灾害，1次风雹灾害，受灾人口14.48万人，农作物受灾面积达11058公顷，成灾8882公顷，绝收1581公顷，倒塌房屋29间，严重损坏房屋111间，一般损害房屋576间，直接经济损失达8586万元。全年共发放救灾资金400万元，救助0.87万人。

二、贫困救济

县内连年有自然灾害发生，尽管县、乡政府及时救助，但还是有少数家庭因缺乏劳动力或因病造成贫困，冬季缺衣，春夏缺粮的现象时有发生，县内坚持每年开展冬春荒救济，即向贫困户发放棉衣、棉被、大米、资金等生活救助。1998年，发放救济口粮4万公斤，衣服3万余件，救助人口0.23万人。1999—2002年，发放救助资金45万元，救助口粮9万公斤，棉被700余床，棉衣2200余件，救济2.8万人。2003—2008年，发放冬春荒救助资金

500万元，救助口粮18万公斤，棉被3400余床，衣物4600余件，柴油10吨，救济4.4万人。2009—2011年，全县共发放冬春荒资金365万元，棉被3300余床，棉衣2100余件，救助3.5万人。2012年，发放冬春荒救助资金240万元，发放棉被2000床，棉衣1500件，救助2.1万人。2013年，发放冬春荒救助资金310万元，发放棉被2000床，棉衣1500件，救助2.5万人。

三、精减退职及投诚起义人员救济

1998年开始，为县域内60年代精减退职人员和起义投诚人员共272人发放临时生活救济。1998—2007年，每人每月发放救济金17元，共发放救济金55.49万元。2007年，经走访核查，县内有60年代精减退职人员117人，起义投诚人员15人。2008年起，每人每月发放困难救济金50元。至2013年，共为60年代精简退职和投诚起义人员发放生活困难救济金47.52万元。

四、社会救助

1998年4月，县内设收容遣送站，负责全县流浪乞讨人员的收容遣送工作，协助公安对乞讨人员和无名尸体的处理。1998年，临时救助432人，残疾人2人，流浪儿19人，麻风病人72人，精神病人6人，处理无名尸体19具，遣送回原籍73人。2003年7月，县收容遣送站更名为救助管理站。同年8月1日起，根据国务院颁布实施的《城市生活无着的流浪乞讨人员救助管理办法》，对流浪乞讨人员由实行收容遣送改为救助管理。是年，临时救助373人，麻风病人21人，处理无名尸体20具，遣送回原籍7人。2008年，临时救助476人，残疾人105人，流浪儿33人，麻风病人160人，精神病人31人，处理无名尸体15具。2013年，临时救助784人，残疾人40人，流浪儿2人，麻风病人3人，精神病人23人，处理无名尸体3具，遣送回原籍14人。

五、城乡医疗救助

2005年，中方县城乡医疗救助正式启动，即通过政府拨款和社会各界自愿捐助等多渠道筹资，对城乡贫困的大病患者予以救助，救助对象为五保户、低保户、特困户。县内出台《中方县城镇大病医疗救助实施细则》《中方县农村大病医疗救助实施细则》和《中方县城乡大病医疗救助实施方案》，救助标准为：自费金额达到5000元以上实行救助，最高救助金额最高为2000元。当年，为40人救助6万元。2006年，为90多户救助15万元。

2007年起，对纳入优待抚恤的复退军人、一二类低保户、因灾因病致贫的特困户和五保户全额资助参加农村合作医疗。是年，救助全县城乡特困家庭800余人，救助资金95万元。

2008年，县政府出台《中方县城乡特困家庭医疗救助办法（试行)》，县财政按全县城乡人口2元/人的标准安排医疗救助金，救助方式为资助参合、住院救助、医前救助和门诊救助，建立医后救助、一次性救助、定额门诊救助、资助参加新农合、定点医院减免优惠“五位一体”为主要内容的城乡医疗救助制度。是年，资助参合4628人，4.63万元。实施住院、门诊医疗救助 1672 人次，救助金额 58.3 万元。

2010 年，救助标准由 2000 元提高到 3000 元，共实施医疗救助 7125 人次，发放医疗救助金 160 万元。

2012 年，救助标准提高到 4000 元，对低保户、重点优抚对象及特别困难家庭适当提高标准，五保对象住院治疗基本医疗费全免。当年，救助 15109 人次，救助资金 219.3 万元。同时给五保户 2260 人发放一次性门诊医疗救助金 500 元，共 113 万元。

2013 年，救助标准提高至 5000 元，全年发放救助金 268.78 万元。

第四节 社会福利

一、福利事业

福利院（光荣院） 1999 年 10 月，在牌楼镇敬老院（借住）挂牌成立，隶属为县民政局正股级事业单位，实行社会福利院、光荣院两块牌子一套人员，定员 4 人。2002 年在中方县城建院并搬迁，占地面积 20360 平方米，建筑面积 1800 平方米，绿化面积 4000 平方米，生产基地面积 1000 平方米，床位数 45 个，医护康复室 20 平方米。福利院（光荣院）服务设施初具规模，实行人性化管理，亲情服务。2000 年收养弃婴 2 人。2002 年收养弃婴 11 人，孤儿 1 人，优抚对象 4 人和“三无”（无劳动能力、无生活来源、无法定抚养人或赡养人）老人 5 人在养。2005 年收养弃婴 26 人，孤儿 2 人，优抚对象 1 人、“三无”老人 8 人和自费 1 人在养。2008 年院内在养对象 35 人，其中优抚对象 2 人，“三无”对象 7 人，弃婴 21 人，孤残儿童3 人，社会自费休养老人 2 人。2010 年，县福利院（光荣院）改扩建，建筑面积达 5800 平方米，绿化面积 8000 平方米，生产基地面积 5000 平方米，床位数 78 个，医护康复室 80 平方米。2013 年，院内在养对象 19 人，其中优抚对象 5 人，“三无”对象 5 人，弃婴 2 人，孤残儿童 2 人，社会自费休养老人 5 人。

敬老院建设 1998 年，县内投资 80 万元，对铜湾、新建、牌楼 3 所敬老院进行维修。1999 年，投资 90 余万元，对铜湾、新建、桐木、中方、牌楼等敬老院进行维护和房改。2000 年，投资 70 余万元维修 14 所敬老院。2001 年，投资 30 万元对铜湾等 5 个乡镇敬老院进行维修。2004 年，投入 30 万元改扩建铜湾镇敬老院，入住五保老人 32 人。投入 30 万元改扩建新建乡敬老院，入住五保老人 30 人。投入 120 万元新建花桥镇敬老院，入住五保老人 40 人。2005 年，投入 22 万元改扩建泸阳镇敬老院，入住五保老人 30 人。投入 30 万元改扩建牌楼镇敬老院，入住五保老人 30 人。2006 年，投入 70 万元新建中方镇敬老院，入住五保老人 30 人。投入 70 万元，新建接龙乡敬老院，入住五保老人 30 人。投资 8 万在炉亭坳桥亭村修建五保之家，供养 4 人。当年省民政厅授予中方县为“敬老院建设先进县”。

2007年，投入70万元，新建铁坡镇敬老院，入住五保老人40人。投入8万元，新建龙场乡龙场村“五保之家”，入住五保老人5人。投入9万元，新建蒋家乡坳头村“五保之家”，入住五保老人5人。投入9万元，新建蒋家乡大沙村“五保之家”，入住五保老人5人。2008年，筹集120万元修建桐木镇敬老院，投资40万元修建五保之家5个。2010年，出台《中方县乡镇敬老院管理实施细则》，规范敬老院管理。是年，投入48万元，修建6个五保之家，入住30人。2012年，投资120万元，新建蒿吉坪乡敬老院。2013年投资240万元新建新路河镇、铜鼎镇两所敬老院。

二、“五保”供养

“五保”供养的形式分为集中供养和分散供养。集中供养的“五保”对象住在敬老院和福利院，由专职工作人员照顾，分散供养的对象在自己家中生活。1998年，集中供养标准为每人每年1800元，由县财政拨付。分散供养标准为每人每年600元，经费来源实行乡镇、村、组三级负责制，由乡镇人民政府以村为单位从村民上交提留款中统筹。是年，全县供养“五保”户1200人。2002年，实施农村税费改革，取消农村“五保”供养统筹款，“五保”户的生活费供养实行上级财政转移支付。2006年，集中供养标准提高为每人每年1872元。2007年，分散供养标准提高为每人每年825元。2008年，分散供养标准提高为每人每年1000元。2009年，分散供养“五保”对象1001人，集中供养对象96人。2010年，县政府出台《中方县农村五保供养工作实施办法》，“五保”供养工作由社救股移交给社会救助工作站，全县进行“阳光行动”，对全县所有农村“五保”对象重新进行全面审核登记。是年，分散供养标准为每人每年1200元，集中供养标准为每人每年3600元，分散供养“五保”户1077人，集中供养对象256人。2011年分散供养标准上调为每人每年1500元。2012年分散供养标准上调为每人每年2060元，集中供养标准上调为每人每年4200元。2013年，分散供养标准为每人每年2420元，集中供养标准为每人每年4440元，是年，全县有“五保”户2283人，其中分散供养对象1946人，集中供养337人。

三、孤儿保障

2010年，根据《湖南省人民政府办公厅关于加强孤儿保障工作的实施意见》，县内加强孤儿保障工作。是年，按照政策落实散居孤儿36人，机构供养孤儿40人，按照每人每年3600元标准共发放生活费27.36万元。

2011年，按照政策落实散居孤儿46人，机构供养孤儿40人，机构供养按照每人每年12000元标准，散居供养按照每人每年7200元标准，当年共发放生活费81.12万元。

2012年，按照政策落实孤儿保障106人，其中，散居孤儿66人，机构供养孤儿40人，共发放生活费95.52万元。

2013年，按照政策落实孤儿保障119人，其中，散居孤儿79人，机构供养孤儿40人，共发放生活费104.88万元。

四、弃婴收养

1998年，县民政局根据《中华人民共和国收养法》和《中国公民收养子女登记办法》的规定，依法办理收养登记手续。在办理登记时，县民政局对收养者的行为依法进行审查，对符合法定条件的准予登记，并发放收养登记证，对不符合法律规定的，不予登记，并将每一例收养登记永久存档，确保收养合格率100%。是年，收养3例。2001年，收养20例。2004年，收养37例。2008年，收养38例。2011年，收养12例。2013年，收养6例。1998－2013年，全县共办理收养登记366例。

五、慈善事业

2005年2月，县慈善会办公室设立，为县民政局正股级事业单位。2007年6月，县慈善办经县编委核准成立，为县民政局二级机构。2008年12月，成立县慈善总会。2008–2013年，县慈善总会按照“济贫、帮困、赈灾、扶孤、安老”的宗旨，在全县范围内组织开展以“慈善一日捐”为主题的多种形式慈善捐助活动和“助学”“助医”“微笑列车”“访贫问暖”等慈善救助活动，共接受社会捐赠资金84万余元。

2008年1月，为南方冰灾共募集救灾资金11.15万元，衣服2万余件、棉被500余床、大米13吨、矿泉水418件。5月12日，四川汶川发生8级地震，为灾区募集捐款23.41万元、棉被107床、毛毯39条、衣物201件，全部上解送往灾区。出资2.4万元帮助8名因家庭贫困而无力升学的寒门学子顺利跨入大学校门。同救灾救济股合力支助“安居工程”6户，资助金额5万元，解决低收入家庭无房或危房居住困难。与怀仁大药房、怀化市第三人民医院联合发放“金叶慈善助医卡”350份，每卡核定助医金额500元，支出助医金达17.5万元，帮助农村部分无医疗保障家庭得到基本医疗扶助。开展元旦、春节慈善助困送温暖活动，开展“微笑列车”救助活动，帮助5名先天性唇腭裂患者实施修补整形手术。

2009年，为泸阳镇“8·24”火灾事故中烧伤的10名患者募集爱心捐款1.3万元。慈善助医63人，救助资金3.6万元。“爱心助学”5名，资助金额9500元。

2010年，共接受社会捐款11.4万元。是年，开展“爱心改变命运”活动，助学3人，救助资金7500元。慈善助医5人，救助资金5000元。发放“金叶慈善卡”20张，金额10000元。走访贫困户5户，救助资金3000元。

2011年，发放“金叶慈善助医卡”170份，每卡核定助医金额500元，支出助医金达8.5万元。使148名贫困患者得到救助。开展“爱心改变命运”“金秋助学献爱心”活动，使16名贫困学生圆学子梦，两次活动共发放救助金2万元。

2013年，慈善会救助因病致贫群众6人，救助资金6000元。发放“金叶慈善医疗卡”60张，金额3万元。“金秋助学献爱心”活动出资2.1万元使9名寒门学子顺利跨入大学校门。

六、有奖募捐

1998年，社会福利有奖募捐办公室设立，配备专职人员，为自收自支编制，负责全县社会福利有奖募捐活动。1998—1999年，境内福利彩票为手工现场发行。2000年，开始发行电脑福利彩票，开通“湖南风采”电脑福利彩票业务，以“扶老、助残、救孤、济困”为宗旨，向社会广泛筹集资金，当年设福利彩票投注站6个，实现销售额5.7万元。2005年，全县福利彩票投注站17个，发行福利彩票770万元。2007年，在怀化市城北建“中福在线”即开型电脑彩票销售点，筹集公益金。2013年福利彩票投注站发展到24个，发行福利彩票1709万元，福彩品种有即开型彩票、电脑福利彩票等。2005—2013年，全年发行福利彩票9228万元，筹集福利资金3230万元，全部用于县内敬老院建设、县城社区办公服务设施建设等社会福利事业。

七、老龄工作

1998年2月，县老龄委成立，下设老龄办公室，编制2人。随后，成立老龄服务中心，组织各行政村建立老年协会组织，并按政策对全县22个乡镇的百岁老人、五保老人、农村特困老人2100人给予救助救济，及时发放百岁老人长寿保健费（每人每月200元）、五保老人的供养费和农村特困老人的低保费。2001年，老龄办并入县民政局。2003年，全县60岁以上老年人口达27886人。是年，依法为113名70周岁以上老人办理老年人优待证，为符合条件的城镇老人落实低保待遇。2006年，为8名百岁老人办理“百岁老人荣誉证”。2012年，建立80岁以上无固定收入老年人高龄津贴制度，即从次年1月1日起，中方县户籍年满80岁无固定收入的老人享受高龄津贴，80~89周岁每人每月补助20元，90~99周岁每人每月补助50元，100周岁以上每人每月补助260元。

2013年，全县有60~69岁的老人29064人，70~79岁的老人有13864人，80~89岁的老人有5794人，90~99岁的老人有512人，百岁以上老人有10人，其中农村孤寡老人有2112人。全县共有农村老年协会组织146个，老龄服务中心13个，老龄文体队伍143人。

第五节　社会事务管理

一、婚姻管理

1998年2月，县婚姻登记管理处成立，为自收自支事业编制，定员6人，属县民政局正股级事业单位。机构成立初期，在原怀化市火车站中方县民政局办公楼集中办理婚姻登记，并在泸阳镇、牌楼镇、铜湾镇、铁坡镇和接龙乡等5个乡镇设点，每月逢集赶场开展定点巡回登记。结婚登记主要凭婚姻当事人所在的单位、村（居）委会出具的婚姻状况证明和县妇幼保健站出具的婚前健康检查证明进行，经审查符合条件者即进行登记。离婚登记程序是：男女双方自愿要求离婚，调解无效后，经婚姻登记管理处审核批准，发放离婚证，如双方意见不一致，则转法院调处，法院判处离婚的，离婚双方在法院领取离婚调解协议书或离婚判决书以后，婚姻登记管理处不再予以登记和发放离婚证。是年，全县申请结婚 1611 对，准予办理结婚登记 1611 对，申请离婚 67 对，调解 67 对。2003 年 10 月 1 日新颁布的《婚姻登记条例》出台后，登记方式实行变革，登记方式主要凭婚姻当事人身份证、户口簿进行登记，原强制性婚检改为自愿性婚检。是年，全县申请结婚 1822 对，准予办理结婚登记 1822 对，申请离婚 118 对，调解 118 对，补领结离婚证 5 对，合格率 100%。2004 年 5 月，根据民政部《婚姻登记工作暂行规范》文件精神，县婚姻登记管理处正式更名为“中方县民政局婚姻登记处”。2005 年 5 月，取消设在乡镇的婚姻登记点，实行县民政局婚姻登记处集中办理登记。同年 12 月，搬迁至中方生态城县民政局办公楼办公。同时，为方便群众办理婚姻登记，保留原怀化火车站婚姻登记点。2007 年 5 月，婚姻登记开展全省联网实时在线办理，实行办公自动化，婚姻登记走向规范化。2009 年，县民政局婚姻登记处获“全国婚姻登记规范化单位”称号。2010 年和 2012 年，分别解决 2 名和 4 名自收自支人员的财政全额编问题。2013 年 3 月，撤消原怀化火车站婚姻登记点，统一集中于中方县城办理婚姻登记。是年，全县申请结婚 2591 对，准予办理结婚登记 2591 对，申请离婚 699 对，调解 699 对，补领结离婚证 264 对，合格率 100%。

1998—2013 年中方县婚姻登记情况统计表

表 5-5-5-1　　单位：对

年度	结婚	离婚	补领结离婚证
1998	1611	67	—
1999	2019	72	—
2000	1883	80	—
2001	1680	66	—
2002	1845	95	—
2003	1822	118	5
2004	1770	175	10
2005	2151	246	6
2006	2227	311	32
2007	2854	457	35
2008	2725	441	51

2009	2847	499	72
2010	2659	584	136
2011	3101	580	178
2012	2616	610	209
2013	2591	699	264

二、殡葬管理

1998 年 12 月 4 日，怀化市政府制定《怀化市殡葬管理实施办法》，确定中方县为殡葬火化区。为推进殡葬改革，按照湖南省民政厅《关于做好殡葬基础设施建设招商引资工作的通知》精神，县内实施招商引资，搭建殡葬平台，2005 年 10 月，在花桥镇火马塘村兴建民营性公墓——福馨陵园，投资 1000 万元，占地 8.3 公顷，2006 年 9 月开园营运，服务社会。2007 年 8 月，出台《中方县殡葬管理实施办法》：明确本县城区为实行火葬区，为推进全县农村殡葬改革，建制镇应率先推行火葬。为安置怀化城区征地拆迁中需要迁移的旧坟，经市委研究决定，2008 年，怀化市（鹤城区）征地拆迁安置办公室在中方县花桥镇火马塘村元宝山建设元宝山陵园。2009 年 9 月，立碑建成，总占地面积 4.7 公顷。2012 年，对《中方县殡葬管理实施办法》进行修订完善，将原文件“本县城区为实行火葬区，为推进全县农村殡葬改革，建制镇应率先推行火葬”。修改为“本县区域为火葬区，居民死亡后，应当实行火化”。2013 年底，火化区确定为全县区域，实际实施主体火化区面积 3.5 平方千米（县城区），主体火化区人口 1.355 万人。

三、地名管理

2005 年 8 月，县城建设初具规模，县内对县城北组团 23 条道路分别进行命名。2006 年，县内对行政区域内的地名进行普查，完成县级地名数据库的资料采集和录入。2007 年，完成县域内国省道沿线乡镇地名标牌 34 块。2009 年、2011 年，随着县城建设的不断推进，县政府根据《地名管理条例》和《地名管理条例实施细则》的规定，对县城道路予以命名或更名。2012 年，完成县城 49 条道路更名、命名工作和县城门牌设置工作，投入 28.7 万元，对县城 13 条主要道路制作安装路牌 127 块。2013 年 8 月，再次对县城部分道路进行命名(更名)。同年 12 月，县政府对怀化工业园区部分道路进行命名。

四、勘界工作

中方县有 18 个乡镇 66 个行政村与洪江、鹤城、芷江、辰溪、溆浦 5 个县（区）接壤，毗邻线长 325 千米。1998 年，依据《湖南勘定地、州、市行政区划界线总体方案》和全省勘界工作会议的部署，结合县情，着手开展行政区域界线勘定工作，2001 年 10 月完成。经勘定，全县共有5条行政区域界线和5个三交点，勘定界线总长580千米，埋界桩21个，其中三交点界桩5个。妥善处理189处边界争议地段，使150余公顷土地归属明确化。2004年，与溆浦县联合对两县边界地段进行检查，开展边界联检记录和联检报告，完成《中方县行政区划图》的资料采集、送审、印刷出图工作，结束中方县有县无地图历史。2005年，与辰溪、鹤城、芷江、洪江开展边界联检。2006年，完成中洪、中辰、中溆边界联检工作，维护边界稳定。2007年，完成中芷、中鹤边界联检。

2009年11月，鹤城区鸭嘴岩镇鸭嘴岩村、长远村整建制划入中方县管辖。2010年，完成中辰鹤三交点联检。2012年，完成中芷线边界联检。2013年，对溆中边界和溆中洪、溆中辰2个三交点进行逐点逐段实地检查。

五、社会团体和民办非企业管理

1998年，县内由公民自愿组织，按其组织章程开展活动的非营利性社会团体组织，由各战线、各部门自行管理，县民政局依法开展社团组织和民办非企业的成立、变更、注销、年检等登记备案工作。是年10月，《社会团体登记管理条例》施行，县民政局按要求加强社团登记管理工作，对登记注册的社会团体和民办非企业单位进行年检，并在《怀化日报》上进行公示。

1999—2001年，县内对社会团体和民办非企业进行全面清理整顿和调查摸底，依法取缔非法社团，对民办非企业单位进行复查登记。

2003—2006年，全县组织开展民间组织的执法检查，纠正财务不规范等问题5起，依法撤消民办非企业1个。

2008年起，县内培育具有示范带动作用的农村专业经济协会和社团组织，确保各行业单位、各乡镇均有一个专业经济协会。

1998—2013年，全县先后依法成立社会团体58个，民办非企业单位28个，由于部分社会团体和民办非企业不按规定或不开展业务，导致年检不合格并依法给予撤消，其中，社会团体7个，民办非企业单位7个。截至2013年底，全县共登记注册72个社会组织，其中社会团体51个，即县医学会、县药学会、县个体劳动者私营企业协会、县消费者协会、县林学会、县再生资源回收利用行业协会、县社区地名民间组织联谊会、县监察学会、县网络文化行业协会、县职业安全健康协会、县成品油行业管理协会、县统计学会、县经纪人协会、县农业机械化工作者协会、县农业技术推广协会、县环境科学学会、县慈善会、县房地产业协会、县价格学会、县蔬菜协会、县禁毒协会、县道路运输协会、县基督教协会、桐木镇湘珍珠葡萄协会、铜湾镇养鸡协会、牌楼陈家湾村葡萄协会、荆坪村蔬菜协会、石宝乡金秋梨协会、聂家村乡堵家村金秋梨专业协会、铜湾库区渔业协会、新路河乡板栗坪灌区协会、泸阳镇养殖协会、县蚕业协会、县茶业协会、铜鼎乡养鹅协会、中方镇工业园区和安家园社区老年协会、炉亭坳乡中药材协会、牌楼镇陈家湾花卉苗木协会、铜湾镇竹元头水库灌区用水协会、铜湾镇杜家溪水库灌区用水户协会、中方镇乌溪水库灌区用水户协会、中方镇五星水库灌区用水户协会、新建乡四禾龙水库灌区用水户协会、新建乡团结水库灌区用水户协会、聂家村乡跃进水库灌区用水户协会、下坪乡付角溪水库灌区用水户协会、县长寿仙桃专业技术协会、县林地生态养鸡协会、县新茂牧业养殖技术协会、中方镇溪房村老年协会、石宝乡农业优质黄桃专业经济协会。民办非企业21个，即县幼儿园、县红十字国际医院、县蓝天幼儿园、县育英幼儿园、怀化新起航职业技术学校、中方康复医院、牌楼镇小蜻蜓幼儿园、阳光宝宝幼儿园、铜湾镇卡通城幼儿园、花桥镇火马塘幼儿园、子恩幼儿园、桐木镇宝宝乐幼儿园、泸阳镇博爱幼儿园、铁坡镇未来之星幼儿园、泸阳镇大风车幼儿园、天姣幼儿园、花桥镇博雅幼儿园、牌楼镇贝贝乐幼儿园、铜湾镇万象城幼儿园、桐木镇童之梦幼儿园、县刺葡萄产业发展研究中心。

第六章　移民安置

1998年4月，县移民开发局成立，为县人民政府办公室管理的全额拨款事业单位（正科级），定事业编6人，后勤编2人，内设办公室、安置开发股、计划财务室。2006年8月更名为县水库移民管理局。2007年8月，增设后期扶持规划股和法规股。2009年9月，增设移民服务中心，增编2人。2013年12月，全局共有干部职工22人，定编18人。

第一节　淹没区域

县境内有洪江电站、铜湾电站、清水塘电站、牌楼电站、三角滩电站及五龙溪水库六大库区，涉及桐木、牌楼、中方、铜湾等12个乡（镇），65个行政村，394个村民小组，2个居委会，1599户，11612人，房屋面积96727.29平方米，耕地3293.64亩，林地1756亩，果园地152.36亩，荒地875.27亩，河滩地329.31亩。

一、洪江电站中方库区

洪江电站位于沅水干流中上游的洪江区境内，1998年3月开工建设，2002年12月下闸蓄水。库区淹没涉及中方县桐木、牌楼2镇的9个行政村，54个村民小组，涉及移民375户，1902人，需拆迁房屋54149平方米。淹没耕地368.3亩，园地3.5亩，荒地186.5亩，河滩地32亩。

洪江电站㵲水支流回水末端淹没影响桐木、牌楼2镇的8个村，22个村民小组，336人，需拆迁房屋面积15936平方米，其中桐木镇43人，房屋面积为1075平方米，牌楼镇

293人，房屋面积14861平方米，淹没影响耕地面积146.8亩，其中水田100.4亩，旱地14.4亩，河滩面积32亩，淹没影响地埋国防光缆和通信光缆各1.5千米。

二、铜湾电站中方库区

铜湾水电站位于沅水干流中游中方县铜湾镇境内，2003年11月兴建，2008年底主体工程完工。库区淹没影响涉及铜湾、新路河、石宝、丁家、蒋家5个乡镇的15个村，66个村民小组，淹没影响农村人口451户，1851人，房屋面积41522.79平方米。淹没影响土地面积2686.14亩，其中淹没征收1916.4905亩（水田112.606亩，旱地253.645亩，园地80.3225亩，林地1143.703亩，荒草地300.842亩，宅基地0.965亩，河滩地24.407亩）。库区移民专项工程征收422.269亩（水田78.017亩，旱地53.845亩，园地61.884亩，林地199.247亩，荒草地1.283亩，宅基地27.993亩）。库区蓄水后滑坡塌方征收4.968亩（水田2.368亩，旱地1.624亩，园地0.976亩），长年实物补偿342.41亩（水田）。影响省道S312线四级公路1.7千米，简易公路7.02千米，公路桥1座，机耕桥5座，机耕道7.86千米，人行路6.87千米，机耕桥6座，人行桥15座，渡口7处，大小码头9处。淹没影响电力线路2.56千米，电信线路4.99千米，影响文物2处，装机250千瓦小型水电站2座。

三、辰溪清水塘电站中方库区

清水塘水电站位于沅水干流中游的辰溪县仙人湾乡清水塘村，2006年10月破土动工，2011年工程全面完工。淹没影响涉及中方县铜湾、铜鼎2镇的17个行政村，113个村民组，1个居委会，移民1049人，拆迁房屋面积65.18平方米，耕地913.91亩，果园地5.68亩，林地13.45亩，荒地52.85亩，河滩地272.9亩。

四、牌楼电站库区

牌楼电站位于㵲水河中游的牌楼镇境内，2003年6月兴建，2007年3月完工。淹没影响中方、牌楼2镇16个行政村，129个村民小组，移民196户，588人，迁建房屋面积990.32平方米，耕地725.41亩，林地399.6亩，荒地333.79亩。

五、三角滩电站库区

三角滩电站位于㵲水河中游的鸭嘴岩村境内，1986年开工建设，1992年电站全面完工。淹没影响涉及中方镇1个行政村，2个村民小组，移民131户，509人，淹没耕地274亩。

六、五龙溪水库库区

五龙溪水库位于牌楼镇陈家湾村，1974年兴建，1979年建成完工。电站淹没影响涉及牌楼镇3个行政村，6个村民小组，涉及移民271户，814人。淹没影响耕地167.5亩。

第二节　移民安置与开发

一、移民安置

洪江电站移民迁建　洪江电站库区移民安置工作始于1998年，至2013年底，洪江电站桐木库区完成移民迁建245户，1250人（库周就地靠后安置）。支付补偿资金1900余万元，完成桐木粮店、桐坪小学、桐木卫生纸厂的折迁复建。利用桐木造纸厂与原自来水厂的补偿资金，新建一座日供水2500吨的自来水厂。库区新开稻田44.4亩，新开和改造葡萄园、橘园288亩。复建乡、村公路6.28千米。库区电力设施全部恢复。复建库区生产生活码头9处，水井5口。修建沼气池43个。修复桐坪村桐坪至跃进组2千米的道路，解决500多移民“行路难”问题。

2005年新增洪江电站㵲水支流回水末端（回水位确定的淹没线），按水库遗漏问题处理，增加1881.4万元回水淹没处理资金。从2006年7月份开始，搬迁安置移民73户，218人，拆迁房屋9147.6平方米，迁移光缆2条3千米，迁移电力、电信、广播电视杆线4.5千米。2007年11月完成牌楼集镇防洪堤1183米，完成尾水处理工程投资1400万元。

铜湾电站移民迁建　铜湾电站坝区、库区移民安置在2003年12月开始，移民搬迁451户，1851人，其中就地靠后安置1826人。拆迁房屋及附属物建筑面积51507.69平方米，修建饮水设施5座，水渠7.5千米。支付移民资金6464.49万元，其中迁坟款377.49万元，永久征地补偿款2980.8万元，临时征用地补偿款156.7万元，零星果木款42.7万元，人头、房屋补偿款1363.5万元，安置工程款292.6万元，库周交通恢复款161.1万元，专项设施325.9万元，其他工程款763.7万元。复建新路河至板栗坪公路，丁家乡梅树村、石宝乡贵鱼村、新路河罗家坡徐家3座人行桥，新路河码头、大坝至分河渡道等专项设施，资金总额为2740万元。

辰溪清水塘电站移民迁建　移民安置工作从2005年10月开始，2013年底完成库区搬迁安置任务1户3人（库周就地靠后安置），发放拆迁房屋安置补偿50余万元，发放淹没征地补偿2031.96万元，征用库区移民果树及杂树2140株，发放补偿14.918万元，落实铜鼎乡至铜湾镇道路建设补偿及其他807.62万元，补偿渔业户42户17.64万元，大库放养鱼苗15万元，共补偿总金额2937.79万元。

牌楼电站移民迁建　移民安置工作于2005年开始，2007年完成库区11户，34人的搬迁(库周地靠后安置)。生产安置人口554人，共支付移民补偿资金2200多万元。完成护岸修复总长104米、加固电杆23根，恢复村级公路4.483千米，修建公路桥3座，人行便桥6座，新建、改造泵站11处，补偿采砂场1处、岩厂2处。

五强溪库区沅陵移民外迁安置　2004年6月，湖南省移民开发局明确中方县接收安置沅陵外迁移民1000人，安置点定在聂家村集镇、中村、大禾田、花桥镇火马塘村高枧、三冲口村村部、绿吧洞、泸阳新店坪等8个移民集中安置点。2012年底，8个安置点完成稻田、山地、旱地的调整工作。共调整田土781.2亩，其中水田520.8亩，旱地130.2亩，林地130.2亩。2013年底，全县共迁入五强溪沅陵外迁移民141户，651人。其中：2006年8月，聂家村乡集镇、大禾田2个安置点，移民41户，186名。2007年5月，花桥镇三冲口村部点移民13户，70人，三冲口绿吧洞安置点移民19户，83人，火马塘高枧安置点移民25户，112人。2010年10月，泸阳镇新店坪李家、拖船溪安置点和花桥镇绿吧洞第二安置点移民43户，200人。

二、移民后期扶持

2006年10月，全省大中型水库后期扶持工作启动，中方县按照《湖南省水库移民开发管理局〈关于做好大中型水库移民后期扶持人口核定登记工作的通知〉》，进行后扶人口审核和登记。2007年4月，县内首批登记6701人，并发放后扶资金22.52万元。至2013年底，全县共登记符合后扶政策的移民人口8260人，按照直补政策，每人每月50元的标准扶持20年，由县移民局按季度造册报县财政下拨到各乡镇财政所，然后通过农村信用社以"一卡通"方式直接发放到移民手中。2007年4月至2013年，全县共发放后扶资金2692.66万元，实现后扶资金100%发放到位，妥善解决水库移民的生产生活困难，促进库区和移民安置区经济社会可持续发展，维护农村社会稳定。

三、移民生产开发

1998—2013年，县委、县政府立足库区资源，因地制宜，科学规划，引导移民在山水综合开发上大做文章，发展多元经济。重点发展"两水两茶"，即水果、水产、茶叶、茶油产业，以中方海联果蔬基地、华汉茶叶为龙头，带动中方、桐木、牌楼以及花桥、泸阳的优质西瓜、葡萄、茶叶等产业开发。以铜湾库区网箱养鱼为重点，开发水产养殖与加工及茶油等产业。2000—2002年，在三角滩库区投入9万元开发浙江杨梅20公顷。在三角滩、五龙溪水库开发对外垂钓和农家乐等项目，发展库区旅游。2007—2008年，投资100万元筹办桐木、农场2个生猪养殖基地，年出栏生猪1000余头。2007—2009年，充分利用现有的广阔水面资源，在铜湾电站库区和牌楼电站库区投入40万元，开发 2 个网箱养鱼生产基地，发展网箱养鱼20亩，并成立库区渔业协会，300多名移民加入协会，每年可产鱼0.7万吨，实现渔业产值360余万元。2009—2013年，在洪江电站桐木库区投入各类开发扶持资金800多万元，创办桐木库区优质湘珍珠葡萄生产基地，带动移民3000多人投入葡萄生产开发，发展优质葡萄万余亩，年创收2000余万元，移民每年人均增收208元，"湘珍珠"葡萄成为库区的支柱产业。

2010年开始，县内开展科技知识和实用技能多项培训，先后投入资金25万元，在桐木库区创建集种、养、苗、木于一体的移民生产开发示范基地，培训2000人次，组织劳务输出1800人次，安排就业50多人，培养一批适应社会主义新农村建设需要的“有文化、懂技术、会经营”的新型农民。

第七章　扶　贫

1998年4月，县扶贫开发领导小组办公室成立，副局级，为全额预算事业单位，定编4人，负责全县扶贫开发工作。2012年5月，编制增加至10个。

第一节　贫困状况

中方县是典型的农业县，自然条件恶劣，石多土薄，水土流失严重，人均耕地少，各项基础设施薄弱。1998年，全县总人口25.57万人，其中农业人口24.61万人，工农业总产值不到8亿元，财政收入不足800万元，农民人平纯收入500元以下，部分乡（镇）甚至低于256元。是年，依据国家和省级贫困线标准（人均收入低于637元），全县有11.3万贫困人口，当年有5个贫困乡，15个省市级贫困村，557个自然组，贫困人口中4.3万人经申报认定为省市重点扶贫对象。2003年，依据省扶贫办“2000—2002年连续三年人均纯收入平均数低于700元的为绝对贫困人口，700~900元的为低收入贫困人口”的新政策，全县有贫困人口9.6万人。2011年，根据国家扶贫开发纲要精神，中方县被纳入武陵山片区区域发展与扶贫攻坚县。是年，省里将农民年人均纯收入低于2300元（2010年不变价）的纳入省扶贫对象，按此标准进行摸底调查，全县贫困人口为6.3万人。2013年，全县有贫困人口4.3万人，较1998年减少7万人。

第二节　扶贫开发

一、扶贫方式

专项扶贫　1998年，怀化市财政向中方县拨付专项扶贫资金4万元。1999年，省里将中方县列为面上受援县，从当年起安排省直部门进行对口扶贫，拨付扶贫专项资金。是年，省级贫困村25个，省、市投入财政专项扶贫资金59万元。2003年，省市投入扶贫资金79万元。2009年，省市投入扶贫资金140.5万元。2011年，中方县被纳入武陵山片区连片特困地区扶持范围，确定25个省级贫困村，中央、省、市投入扶贫资金210万元。2012年，资金扶持力度加大，各级财政扶贫资金增加到1210万元。1999—2013年，全县共125个省级贫困村，中央、省、市共投入财政扶贫资金达4095.5万元，落实扶贫项目412个，主要是帮助贫困村进行以村级公路建设为主的基础设施建设、以种植业为主的产业发展项目和开展农村实用技术培训，帮助贫困村民脱贫致富。

以工代赈扶贫 2012年，县内争取到以工代赈项目，即安排贫困农民参加农村小型基础设施工程建设，以获得劳务报酬，直接增加收入。是年，全县共争取财政预算内以工代赈项目资金110万元，完成锦溪乡桃江村、花桥镇洞竹山村、接龙镇老屋村、铁坡镇联家村等贫困村村级公路建设。2013年，争取28个以工代赈项目，中央预算内资金110万元，包括小型农田水利项目10个、乡村道路建设项目18个，改善和新增农田灌溉面积300公顷，解决农村2.4万余人的交通出行和运输困难。

建整扶贫 1998年起，县内以向贫困村派驻工作队的形式，对村党支部和村委会进行建设和整顿工作（简称建整工作）。至2013年，先后派驻建整工作队165个，其中市级工作队8个，县级工作队157个。工作队通过举办党员学习班和对村党支部和村委会班子进行整顿，使得村级班子年龄结构变小，政治、文化素质普遍提高，同时吸收一批积极分子入党，培养一批建党积极分子和后备干部，为领导群众脱贫致富提供组织保证。县内坚持将建整工作与扶贫开发工作挂钩，与工作队签订目标管理责任书，把建整村村民是否增加收入，贫困户是否脱贫等内容纳入验收指标。乡镇和工作队根据本村特点和资源优势，选定扶贫开发项目，协调社会资金开展扶贫帮困工作，壮大村集体经济，提高村民收入，解决贫困村民的温饱问题。

二、扶贫成果

1999—2013年，全县通过扶贫开发，帮助贫困村新修和维修渠道143处，计220.72千米，扩容、维修水库、山塘30座，新建维修溪坝10座，建电灌站1座，改善和增加灌溉面积达1275.46公顷，贫困村人均旱涝保收面积由原来的0.03公顷增加到0.04公顷。新修维修村级公路669千米，架公路桥、便民桥38座，解决约10万余人行路难问题。在贫困村建人畜饮水工程125处，铺设引水管43千米，解决1.7万余人的饮水困难。为贫困村建沼气池113口，为贫困村的残疾户新建和维修房屋32栋。扶持、引导村民种植杨梅、冬枣、冬桃、葡萄、官溪蜜柚、柑橘、黄桃、猕猴桃、冬香梨、金秋梨、核桃等优质经济林果1402.13公顷。种植黄姜、大叶金银花等中药材355公顷，完成油茶低改206.67公顷，种植蔬菜457公顷，葛根133.33公顷，水稻种植面积1066.67公顷。大力发展养殖业，发展家畜养殖29566头，发展家禽养殖33.4万羽，围栏养鱼153.33公顷。根据贫困村产业发展需要，每年集中组织或以到村、组办班的形式举办农村实用致富技术培训班，共组织农、林、牧等涉农部门专业技术人员深入贫困村举办各类实用技术培训班182期，培训村民达13513人次，并帮助贫困学生1096名。2013年，全县有7万人实现脱贫，占总人口的24%。

1998—2013年中方县扶贫工作情况统计表

表 5-7-2-1

年度	筹集资金（万元）				基础设施建设											产业发展					培训及助学			
	财政资金	社会集资和后盾单位	村民自筹	合计	兴修、维修水利（处）	修复、修建渠道（千米）	改善、新增灌溉面积（公顷）	人畜饮水工程（处）	引水管道（千米）	解决饮水困难（人）	新修维修村组公路（千米）	便民桥、公路桥（座）	解决行路难（人）	架设、改造农村电网（千米）	解决用电（户）	发展经济林果（公顷）	发展经济作物（公顷）	家畜（只）	家禽（万羽）	养鱼（公顷）	实用技术培训班（期）	培训（人次）	资料（册）	帮助贫困学生（人）
1998	4	93	—	97	5	2	73.53	—	—	—	80	3	—	6	—	—	—	68	—	—	—	—	—	36
1999	59	39	40	138	7	16	60	7	—	1000	67	10	—	—	—	20	16.67	—	—	—	—	—	—	61
2000	96	65	100	261	15	20.2	137.6	13	—	875	24	2	5000	26	—	—	66.67	—	—	—	4	160	800	—
2001	59	32	288	379	21	9	51.67	19	—	1290	80	10	13000	35	718	233.33	83.73	450	—	20	4	130	600	42
2002	64	10	185	259	5	9	72.67	3	—	976	40	4	8000	58	1058	64	76.93	—	—	—	12	600	1500	—
2003	79	17	178	274	7	19	53.33	12	—	1204	31	5	10000	5	300	55.33	94	5013	1.1	—	10	500	1540	30
2004	40	—	35	75	3	15	32	17	—	1457	46	—	—	—	—	49.4	6.67	5263	2	—	4	300	500	24
2005	64	—	150	214	15	23	76.67	13	—	1053	26	—	—	—	—	24	11.33	4788	20	—	23	1200	200	35
2006	85	72	103	260	5	9	101.2	7	11	1489	37	1	7000	29	180	33.07	23.33	——	0.7	—	13	1021	300	—
2007	98	182	80	360	6	7.24	54.87	8	—	1136	58	—	9000	4	280	28.67	20	—	—	—	13	1080	4000	—
2008	80	215	298	593	6	5.2	41.33	6	5	1223	18	—	8274	4	280	40	26.67	11384	8	—	16	1200	5000	—
2009	140.5	270	779	1189.5	4	7	37.33	4	—	2100	16	—	7500	—	—	33.33	113.33	—	—	—	22	1200	1000	—
2010	113	137	543	793	5	40	48	3	9	735	24	—	9223	—	—	46.67	193.33	1500	—	—	13	1316	1200	—
2011	210	—	680	890	8	5	237.53	5	5	580	12	—	2000	—	—	162	—	—	1	—	24	1200	1000	—
2012	1210	119	4210	5539	24	17.3	142	4	8	1239	75	2	18865	—	—	100	173.33	—	—	—	14	3100	2000	344
2013	1694	—	4520	6214	7	16.78	55.73	4	5	1123	35	1	8653	—	—	512.33	246	1100	0.55	133.3	10	506	1600	524

第八章 信访 纠纷调处

1998年4月，县信访工作领导小组办公室和县政府纠纷调处办公室成立，均为副科级单位。2002年5月，县信访工作领导小组办公室更名为县信访局，为正科级。2007年7月，县信访局与县政府纠纷调处办公室合并，组建县信访调纠局，为县委的部门管理机构，内设办公室、信访办公室、调纠办公室，主要职责是受理群众来信来访、承办上级交办的信访事项和协调处理重大信访问题和矛盾纠纷。2012年12月，设县人民群众来访接待中心，为县信访调纠局下属正股级事业单位。

第一节 信 访

1998年起，县委、县政府将信访工作纳入年度综治工作目标管理，实施县级领导接待日制度和包案制度，每周一由县委、县政府正副职领导成员轮流到县信访局接访室值班，接待上访群众，协调处理信访疑难问题。由于措施到位，1998—2001年，人民来信来访总量较少，共受理群众来信348件，接待来访群众2032人次。重点信访问题主要有：怀黔公路扩建引发的各类矛盾纠纷，部分乡镇拖欠干部工资问题，株六复线征地补偿问题，干部作风问题，清退代课老师引发的信访问题等。全县除几名干部职工到市集体上访外，未发生一起赴省以上上访事件。2000年，炉亭坳、丁家2个乡出现全年零上访的良好态势。龙场、铜鼎、新路河、袁家、蒋家、铁坡、接龙、石宝、蒿吉坪等9个乡镇无赴县以上集体上访事件。

2002—2004年，随着县城建设的启动，各项重点工程增多，全县信访量呈大幅上升之势，共受理群众来信162件，接待群众来访3704人次。信访内容以土地征用补偿安置、社会福利、优抚救济、移民、涉法涉诉和干部作风问题为主。2002年，县内完善“一把手负总责”制度，严格实行一把手负总责，其他领导“一岗双责”的责任制。2003年，县内同时实行乡镇领导接待日制度，时间定为当地群众赶集日。2004年9月，成立县处理信访突出问题及群体性事件工作领导小组，建立由28个相关责任单位组成的联席会议，积极防止、妥当处置集体上访和群体性事件。

2005年，县直各单位、4个农村办事处、22个乡镇和221个行政村均成立信访工作领导小组，还在矛盾较多的地域建立信访组织，如县城管委会、泸阳工业园、重点项目指挥部等，成立专门信访工作机构，形成县、乡镇、村和重点项目信访网络体系。是年，按“属地管理、分级负责”和“谁主管、谁负责”的原则明确责任，县委、县政府与相关单位，乡镇与所属行政村签订信访目标管理责任状。同时完善检查督查机制，对各级领导批示的信访案件、影响较大的疑难案件，长期拖而不决的的案件，实行县信访局和县委、县政府督查室进行双重督办，对紧急、重大和不稳定问题采取县委书记和县长发督办令，责成县级分管领导、责任单位和责任人严格按照时限化解。基层信访工作得到强化，信访工作逐步实现“责任下移，重心下移”，大量矛盾化解在基层。2005—2006年，乡镇共受理群众信访5244件次，处理信访问题1760个，大大减轻县级信访压力，县级信访量大幅度下降，县信访局共受理信访群众1452人次，年均726人次，与前3年相比，年均减少509人次。信访内容以土地征用、移民、涉法涉诉及各类矛盾纠纷问题为主，重点查处军转安置、“三农”等方面的信访案件。

2007—2013年，随着县城建设、各项重点工程的推进，各类矛盾纠纷增多，呈现出矛盾突发、上访形式多样等特点。县级信访部门共接待群众来访10979件次，年均1569件次，化解积案、老案29起（其中涉法涉诉23起）。反映的主要问题有：土地征用安置补偿、社会保障、移民安置、涉法涉诉、干部作风问题等。2007年，县委制定和下发《关于进一步加强和改进信访工作的意见》，实行信访工作责任追究制，完善领导包案制度，县委、县政府班子成员原则上每年包案处理1至2个重点案件。2008年，县内开展“大接访”活动，接待群众288批次900余人次，处理信访问题78件次，其中县级领导共接待群众28批次250余人次，当场解决问题9件，县领导包案4件，落实责任单位15件，县委书记、县长接访群众12批次220人次，当场解决2件，包案2件，交办7件。向某2006年被硫酸烧伤一案，信访人不服处理决定，多次赴省进京上访，2008年时任县政法委书记包案处理，数十次上门耐心做思想疏导工作，并两次组织召开答复会，为上访人解决生活困难补助金5万元，使这一重大疑难案件得以息访息诉。2009年，县委出台《关于建立健全信访工作长效机制的意见》，建立健全领导干部定期接待群众来访、信访听证、矛盾纠纷排查三项制度。2012年8月，出台《关于进一步落实信访问题包案责任制的实施意见》，明确规定对信访工作出现作风不实、执行走样、工作程序不到位引发集访、越级访及赴省进京非正常访影响恶劣等十种情况的，根据情节轻重，实行“责成书面说明情况、责令书面检查、诫勉谈话、通报批评、党纪政纪处分”等责任追究。是年8月，还出台《关于进一步加强和规范各级领导干部下访、公开接访工作的通知》，调整县级领导接访安排，做到每个工作日有一名县委或县政府班子成员在县信访局坐班接待来访群众，切实做到让群众合理诉求在第一时间得到反映与处理。是年12月，县人民群众来访接待中心建成，实行”一厅式办公，一条龙办理，一揽子解决”的工作新机制，按照接访、交办、督办、调处、结果反馈和县、乡、村“三级”调处机制运行。

1998—2013年中方县受理来信来访情况统计表

表 5-8-1-1　　　　单位：件次、件、人次

类别/年度	信访总量	来信				来访					查办案件				
		小计	其中：重复信	办结情况		小计	办结情况		其中：集访		小计	上级交办	本级立案	办结情况	
				件次	办结率		批次	办结率	批次	人次				件次	办结率
1998	464	79	12	59	88%	385	163	86.4%	18	214	13	0	13	13	100%
1999	561	91	10	77	95%	470	214	80.2%	28	231	15	1	14	15	100%
2000	743	85	13	64	88.9%	658	189	93.6%	37	484	21	3	18	19	90.5%
2001	612	93	15	70	89.7%	519	187	88.6%	25	333	19	1	18	19	100%
2002	1252	82	9	61	83.6%	1170	229	89.1%	51	964	27	3	24	24	88.9%
2003	1143	43	8	30	85.7%	1100	308	90.1%	39	797	17	0	17	17	100%
2004	1471	37	11	22	84.6%	1434	440	86.3%	42	966	23	4	19	21	91.3%
2005	753	41	4	33	89.2%	712	288	91.3%	26	423	21	2	19	18	85.7%
2006	699	74	35	35	89.7%	625	309	90.6%	29	313	19	1	18	15	78.9%
2007	1401	79	42	32	86.5%	1322	578	91.3%	48	737	31	8	23	27	87.1%
2008	1341	34	15	16	84.2%	1307	561	85.8%	51	704	63	10	53	54	85.7%
2009	1353	67	32	30	85.7%	1286	683	89.6%	47	567	48	6	42	44	91.7%
2010	1367	30	11	15	78.9%	1337	424	84.9%	46	884	36	4	32	30	83.3%
2011	2111	29	9	18	90%	2082	573	88.9%	98	1536	61	10	51	56	91.8%
2012	1788	43	24	16	84.2%	1745	814	90.2%	57	900	30	12	18	27	90%
2013	2534	40	18	17	77.3%	2494	717	89.5%	112	1805	51	19	32	49	96.1%

第二节　纠纷调处

1998—2005 年，县内主要矛盾纠纷为土地山林权属纠纷。县调纠办处理各类矛盾纠纷 825 起，其中土地山林权属类纠纷 586 起，占矛盾纠纷总数的 71%。期间，县内深入开展矛盾纠纷排查，建立县、乡、村三级排查网络，建立矛盾纠纷信息员队伍，实行村委每周排查一次，乡镇半月排查一次，县里每月排查一次，对重点难点纠纷隐患做到早排查、早预防、早化解。矛盾纠纷发生后，县调纠办与县山林纠调办等相关职能部门一起，及时赶赴矛盾现场，详细调查取证。2004 年 3 月，新路河乡澄渡江村杨姓与蒲姓发生一起坟山纠纷，该纠纷横跨中方、洪江、邵阳等多个县市，涉及杨蒲两姓群众上万人。时任政法委书记张化忠多次组织县调纠办、县公安局等相关部门赶赴现场做工作，同年 12 月，这起跨市、县的坟山纠纷得到妥善处理，群体性械斗事件得以避免。

2006—2013 年，随着境内林权换证工作的全面铺开，土地山林权属纠纷仍然保持高发势头。同时，县城建设以及新型工业化的发展，征地拆迁类矛盾纠纷和移民纠纷大量涌现，占矛盾纠纷总量的 40%。2006 年 4 月，县内成立以县委专职副书记为组长、县委政法委书记、分管稳定工作的副县长为副组长，县委政法委、公安局、法院、检察院、司法局、国土资源局、林业局、调纠办、信访局等单位行政一把手为成员的联席会议领导小组，下设办公室，各成员单位明确工作职责，制定详细的工作程序。2007 年 1 月 30 日，桐木镇桐坪村群众因修建洪江电站引发移民补偿问题闹访省政府，冲击省军区会场，在省里造成比较恶劣的影响。时任县委书记易轶亲自处理该起纠纷，多次责成县联席办进行调查研究，是年 9 月，最终形成妥善的处理意见，得到移民群众的一致认可。至 2013 年，通过执行联席会议制度，共讨论处理各种大的矛盾纠纷近 120 起。

1998—2013 年中方县纠纷调处情况统计表

表 5-8-2-1　单位：起

年份	山林纠纷调处数	征地拆迁类纠纷调处数	移民类纠纷调处数	合同类纠纷调处数	其他类纠纷调处数	小 计
1998	52	11	6	4	7	80
1999	61	17	8	7	11	104
2000	67	14	5	6	6	98
2001	72	17	11	8	11	119
2002	86	21	7	7	12	133
2003	78	28	11	9	9	135

续表

年份	山林纠纷调处数	征地拆迁类纠纷调处数	移民类纠纷调处数	合同类纠纷调处数	其他类纠纷调处数	小 计
2004	86	25	15	7	12	145
2005	84	29	12	8	7	140
2006	22	31	16	7	11	87
2007	23	35	15	8	9	90
2008	15	44	13	9	11	92
2009	11	46	15	9	13	94
2010	13	47	21	8	9	98
2011	12	52	26	10	7	107
2012	14	55	24	9	12	114
2013	16	57	19	11	13	116

第九章　依法行政

1998 年 4 月，县人民政府法制办公室（以下简称县法制办）成立，核定行政编制 2 人，为县人民政府办公室归口管理的副科级单位。1998 年 7 月，县行政复议办公室成立，与法制办公室合署办公，实行两块牌子一套人马。2005 年 3 月，县法制办（行政复议办公室）升格为正科级机构，为县人民政府依法行政的参谋助手和法律顾问。

第一节　法制培训

1998 年起，全县每年举办 3 次以上的执法知识集中培训，还安排法制专干深入各行政执法单位授课讲解，有针对性地进行法律法规学习辅导。2008 年 10 月，举办《湖南省行政程序规定》专题培训，全县行政执法人员、执法部门负责人和县级领导共 235 人参加。2010 年 11 月，举办行政执法专项教育辅导讲座，培训内容主要包括社会主义法治理念、行政执法基本知识和基本规范、执法人员职业道德等内容，重点学习《中华人民共和国行政复议法》《中华人民共和国行政处罚法》《中华人民共和国行政许可法》《湖南省行政程序规定》（简称“三法一规定”）。2011 年起，每年还举办 5 次专题执法讲座，涵盖城管执法、环境保护、药监执法、征地拆迁、公路超载治理等内容。1998—2013 年，全县共举办集中培训87次，培训4800人次。同时，加强对行政执法证件的统一管理、发放、审验等工作，在全县实行“执法上岗，亮证执法”制度，严禁多头执法和无证执法。到2013年底，全县共颁发行政执法证书584本，行政执法监督证6本。

第二节　行政执法与监督

1998年，县人民政府印发《关于批转关于建立行政执法责任制意见的报告的通知》《关于批转中方县推行行政执法责任制实施方案的通知》和《中方县人民政府依法治县实施方案的通知》，全面推行行政执法责任制。是年6月，县人民政府与35个执法单位和22个乡镇签订《一九九八年度中方县人民政府行政执法部门执法责任状》。同年7月，县人大常委会与县人民政府签订《一九九八年中方县人民政府行政执法责任状》，加强人大对政府法制工作的监督。行政执法责任制以后逐年坚持、完善，每年初县人民政府与各行政执法单位签订目标管理责任书，年终进行考核评比，考核结果作为绩效考核奖惩的依据，以此督促各执法单位严格依法行政。2010年，对成效明显、表现突出的县公安局、县环保局等10个行政执法先进单位和杨景斌等10名行政执法工作先进个人进行通报表彰。2012年，对县司法局、县工商局等10个行政执法先进单位和罗明望等10名行政执法工作先进个人进行通报表彰。至2013年，县人民政府行政执法责任状签订范围覆盖47个县直相关机关和22个乡镇，行政执法责任制全面推行。

县法制办对全县各行政机关的主体资格、执法权限、执法程序、执法依据实行全方位监督，受理行政相对人对行政执法行为的投诉、举报、控告，调查行政执法中的重大违法行为，并提出处理意见和建议，督促有关部门纠正或会同有关部门查处违法行政行为。2008年起，县政府各部门及法律法规授权的组织在做出重大行政处罚决定之日起15日内，必须将做出行政处罚的相关证据、依据、处罚决定书报送县法制办备案审查。县内认真开展执法监督工作，对全县40多个行政执法部门每年进行2次抽查，发现问题及时处理，从而避免多头执法、重复执法、越位、缺位和错位执法现象发生。是年，在全县执法机关中广泛开展案卷评查，并抽取县国土资源局、县质监局和县林业局3个行政部门的行政执法案卷，采取现场观摩、单位互检、通报检查结果的方式方法进行集中评查，对评查中出现的问题，及时提出整改建议并跟踪督办。到2013年底，共查处违法案件19起。

第三节　规范性文件审查

县内规范性文件备案审查工作始于1998年，凡是县政府及县政府办制定需颁布的规范性文件都必须先经县政府法制办审核把关，审查其合法性、合理性以及是否违反上位法和行政法规，对于涉及经济社会发展全局的重大事项及行政相对人切身利益的重大问题，均通过在媒体上发布信息以及发放征求意见函、问卷调查表等多种形式，公开向社会征求意见，扩大公众参与程度。2005 年 9 月，县政府出台《中方县规范性文件备案审查办法》，制定县内规范性文件实行县政府法制办统一登记、统一编号，由县政府公报和政府网站统一公布制度。2010 年，对县政府、县政府办和县直机关各单位出台的规范性文件进行全面清理，废止县政府、县政府办规范性文件 9 件，宣布失效 50 件，继续有效 138 件，重新公布 14 件。废止县直机关各单位规范性文件 18 件，宣布失效 36 件，继续有效 41 件，重新公布 14 件。是年起，县内对县政府签订的各类合同实行统一管理，严格实行政府合同管理统一会签、统一格式、统一编号、统一管理的“四统一”制度，明确政府法制部门为合同管理的责任主体，做到合同审签依法、有序，合同管理科学、规范。2011 年，县政府规定，县直部门和乡镇的重要合同在签订前先送县政府法制办审查，未经审查就签字的一律问责。2012 年再次对县政府、县政府办出台的规范性文件进行全面清理，决定废止 6 件、宣布失效 58 件、继续有效 173 件。到 2013 年底，县政府法制办审查各种规范性文件 445 件，决定发布 424 件，不发布 21 件。县政府共对外签订合同（包括补充协议）123 份，由于审查严格、管理到位，没有发生纠纷和诉讼。

第四节 行政复议和应诉

1999 年，《中华人民共和国行政复议法》实施，县法制办依法办理行政复议案件。在办理复议案件中，注意调查取证，监督行政执法机关依法行使职权，纠正和制止违法或不当的具体行政行为，保护公民、法人和其他组织的合法权益。到 2013 年底，县政府本级共办理行政复议案件 82 件，其中维持结案 52 起，撤消下级机关行政决定 30 起。

2000–2013 年，县法制办受县政府委托，代表县政府应诉 115 次，对发生行政诉讼案件的县直单位，跟踪督办，指导县直各部门应诉 42 次。

1998—2013 年中方县违法案件、调处纠纷、规范性文件审查情况、行政复议案件数据表

表 5-9-4-1　　单位：起、件

年度	违法案件、调处纠纷		规范性文件			行政复议案件		
	查处违法案件	调处行政纠份	审查	发布	不发布	件数	维持结案	撤销
1998	2	3	15	15	—	4	3	1
1999	1	2	18	17	1	5	3	2
2000	1	2	21	19	2	7	4	3
2001	2	1	16	16	—	4	3	1
2002	1	1	17	16	1	3	2	1
2003	1	2	23	20	3	4	2	2
2004	1	3	21	20	1	5	3	2
2005	2	2	17	17	—	3	3	—
2006	1	1	23	22	1	4	3	1
2007	1	1	20	20	—	6	4	2
2008	1	3	29	26	3	5	3	2
2009	1	5	30	30	—	5	4	1
2010	1	6	55	52	3	11	5	6
2011	1	5	50	48	2	6	3	3
2012	1	5	45	45	—	5	3	2
2013	1	5	45	41	4	5	4	1

第十章　外事侨务

1998 年 4 月，县外事侨务办公室成立，为县政府办公室内设机构，正科级。2003 年 12 月，县外事侨务办公室与县旅游局合并为县旅游外事侨务局，内设外事侨务股。2012 年 4 月，县归国华侨联合会成立，为县委统战部下属事业单位，同时将县旅游外事侨务局的外事侨务工作职能划出，成立县外事侨务办公室，与县归国华侨联合会合署办公，管理全县的外事侨务工作。

第一节 外 事

一、接待外宾

2000年，中方红十字国际医院中医国际团队成立。至2013年，坚持采用中药、针灸、推拿等中医疗法，为来自美国、英国、德国、加拿大等100多个国家近1500位国际朋友提供绿色中医诊疗服务，为近300名国际中医爱好者提供中医教学服务。2012年12月，世界著名酒评家、美国加州大学戴维斯分校的葡萄酒荣誉教授肯尼斯·富森到中方县桐木酒庄参观酿酒、品酒和指导。2013年9月，肯尼斯·富森和葡萄栽培专家教授罗伯特·旺普，参加在该县桐木镇举行的雪峰月色刺葡萄酒庄奠基仪式，并作为该县首届葡萄节嘉宾，指导刺葡萄酒业发展。

二、出国考察

为加快对外开放步伐，先后组织党政领导、工商界人士及民间团体70多人次前往欧洲、美国、加拿大、日本、东南亚地区等国家进行友好访问和考察活动。2013年8月，为借鉴和学习国外葡萄产业发展先进经验，加速中方县葡萄产业发展，县农业考察小组对法国波尔多葡萄产业进行为期6天考察，了解波尔多葡萄选育栽培、葡萄酿造、酒庄管理，而且和康贝村酒庄Franck Moreau先生、卡郝庄庄主卡郝先生进行技术交流洽谈，达成初步合作意向。同年9月，派专人前往美国加州月色美地纳帕进行考察，先后考察Castello di Amorosa爱的城堡、Chateau Montelena蒙特莱纳庄园、纳帕谷葡萄园和月色美地红酒国际贸易集团，与加州酒业协会、纳帕酒业协会等有关团体的负责人进行广泛交流，宣传桐木镇的“中国南方葡萄沟”，把本土特色的葡萄产业文化带出国门。

第二节 侨 务

中方县在国外的华侨华人不多，主要分布在美国、英国、马来西亚。

华侨、侨眷长期以来，为祖国和平统一，发展县域经济做许多工作，特别是为教育和救灾提供资助。2002年，澳籍华人为中方县因春季洪水受灾的贫困户捐赠防寒夹克500件。2002年起，塞浦路斯华侨对中方县5名贫困学生进行长期捐助（2013年仍有4名学生在读）。

县委、县政府十分关心侨眷侨属。每年春节期间，组织开展“访侨眷，送温暖”活动，走访慰问县境内的侨眷侨属代表和生活困难的侨眷侨属，为他们排忧解难。同时定期开展侨属联络活动，了解侨情，听取侨眷属意见和建议。2013年，走访困难侨眷侨属16户，帮扶资金1万元。

2013 年，县内开展侨情调查，经统计，全县有华人华侨 6 人，侨眷侨属 55 人，无归侨，侨务对象的相关情况已建立电子数据库，全县侨情实行动态管理，适时更新。

第三节　港澳台事务

全县有港澳居民 12 人。

1998 年，邵逸夫给中方县桐木中心小学捐赠 20 万元修建桐木小学逸夫楼，铜湾中学捐赠 30 万元修建铜湾中学逸夫楼。1999 年，香港苗圃公司为牌楼镇阳合垅小学捐赠 14.8 万元用于修建教学楼。2001 年，香港中业教育机构捐赠 5 万元维修锦溪学校。2002 年，香港星火基金会与广州军区总医院在县内开展先天性心脏病救助计划，使两名先天性心脏病儿童得到救助。2005 年，邵逸夫给中方县花桥中心小学捐赠 40 万元，修建花桥小学逸夫楼。是年，香港信义会为下坪寄宿制学校捐赠床铺 200 多架。2006 年，香港同胞为花桥镇火马塘村捐赠 10 万元修建希望小学。2008 年，基督教香港信义会为中兴学校捐赠 40 万元，修建中兴学校信义楼。2012 年，县职业中专学校获得香港信义会和芬兰差会捐资的酒店管理专业学生名额 40 个，并正式开班。

第六篇

政治协商 群团

ZHENG ZHI XIE SHANG QUN TUAN >>>>>>>

第六篇　政治协商 群团

第一章　中国人民政治协商会议中方县委员会

第一节　工作机构

1998年3月，中方县政协在职干部17人，工作机构设办公室、提案法制群团委员会、经济科技联谊委员会、学习文史委员会、文教卫体委员会。2007年12月，增设人口资源环境委员会。2009年初，县政协第三届委员会根据上级有关文件精神，加强基层政协组织建设，延伸政协工作触角，拟在有条件的乡镇设立政协联络工作委员会。是年11月19日，报经县委研究同意，在牌楼、桐木、炉亭坳、泸阳、花桥、龙场、下坪、铜湾、新建、新路河、袁家、蒋家、铁坡、接龙、石宝等16个乡（镇）设立乡（镇）政协联工委。至2012年，全县22个乡镇均设立政协联工委，配备政协联工委主任。

第二节　政协委员与会议

一、政协委员

1998年3月，中方县政协第一届委员会筹备工作领导小组成立。首届县政协委员的产生，党内由县委组织部提名推荐，党外由县委统战部提名，然后由战线和基层单位推荐，采取自上而下，由下而上的方法，广泛征求意见，逐个进行考察，产生县政协第一届委员119人。共设置17个界别：即中共、无党派、工会、共青团、妇联、农业、经济、科技、工商联、教育、新闻、文艺、医卫、侨联、社会福利、少数民族、特邀界等。119名委员中，有中共党员48人，占总人数40%，非中共党员71人，占总人数60%，女委员23人，占总人数19%，少数民族委员10人，占总人数8.4%。本届委员文化层次较高，小学文化1人，初中文化11人，高中文化32人，中专文化24人，大专文化37人，大学文化14人，有技术专长49人，其中初级职称16人，中级职称31人，高级职称2人，是一个知识面广、人才聚集的群体。委员年龄结构合理，最大55岁，最小24岁，平均年龄40.5岁。委员分布广泛，119名委员分布在114个单位，其中村、乡、镇20个单位，县直机关56个单位，学校

7所，医院1所，集体企业和工商个体户30个单位（户）。

2002年12月，县政协第二届委员会委员进行换届工作。城区按照界别由县直有关单位牵头提名推荐，农村组织乡镇提名推荐，确定协商名单。之后，由县政协机关、县委组织部、县统战部组织考察，民主协商，提交换届工作领导小组研究通过，报经县委同意，产生县政协第二届委员会委员133人。共设置18个界别，较上届增加宗教界。133名委员中，中共党员58人，占总人数43.6%，无党派人士72人，占总人数54.1%，民主党派3人，占总人数2.3%，女委员15人，占总人数11.2%，少数民族9人，占总人数6.7%。委员组成单位116个，其中农村41个，城市75个。本届委员文化程度比上届有所提高，其中大学25人，占18.7%，大专39人，占29.3%，中专（高中）47人，占35.3%，初中以下21人，占16.4%。133名委员中有各类技术职称47人，其中高级职称6人，中级职称33人。该届委员平均年龄比上届略有降低。

2007年12月，县政协第三届委员会委员进行换届工作。通过酝酿准备、制订方案、推荐人选、组织考察、民主协商、审议决定等程序，产生县政协第三届委员会委员164人。共设置18个界别。164名委员中，中共党员77人，占委员总数46.9%，无党派人士87人，占委员总数53.1%，女性委员16人，占委员总数9.8%，少数民族8人，占委员总数4.9%。委员组成单位有116个，其中农村41个，城市75个。本届委员的文化程度比上届明显提高，其中研究生3人，占1.8%，本科生50人，占30.5%，大专50人，占34.1%，中专和高中48人，占委员总数的29.3%，初中6人，小学1人。164名委员中有各类技术职称的47人，占28.7%。该届委员平均年龄比上届明显降低。

2012年11月，县政协第四届委员会委员进行换届工作。民主协商推荐的人选，坚持先进性和代表性的统一，考虑各民主党派、人民团体、各界别之间的比例，兼顾地域部门、行业之间的平衡，严格把握党内外比例和年龄、性别、民族、文化等结构，保留一定比例的老委员，增加一批新委员，体现新老交替，队伍相对稳定。经组织考察，政协常委会通过，共产生委员185人，其中留任委员79人，占委员总数42.7%，新推荐产生的委员106人，占委员总数57.3%，中共党员委员77人，占41.6%，非中共党员委员108人，占58.4%，女性委员27人，占14.6%，共由18个界别构成。

表 6-1-2-1

中方县第一届至第四届政协委员构成表

届次	委员总人数	中共	无党派	工会	共青团	妇联	农业	经济	工商联	科技	少数民族	侨联	教育	医卫	文艺	社会福利	新闻	宗教	特邀代表
第一届	119	5	4	3	3	5	22	12	15	5	4	3	5	4	3	2	2	—	22
第二届	133	5	3	2	2	5	26	16	21	5	2	2	5	4	3	2	2	2	26
第三届	169	8	6	3	8	7	26	18	22	5	3	2	8	6	5	3	4	2	33
第四届	185	9	15	4	7	7	25	25	22	4	6	2	7	6	4	4	3	2	33

附：中方县省、市政协委员名单

怀化市政协委员

第一届：蒋才培、曹洪、肖志明、廖志平

第二届：田友兴、廖志平、杨望球、易良友、郭　建

第三届：潘存福、周　华、向开林、向岩松、郭　建、易友良、张小明、邓玉华、肖建强、高秀彬、曾建群、李吉财

第四届：谭平景、陈宝林、张小明、尹向阳、邓玉华、赵自学、张青山、陈善良、唐　敏、刘秋香

湖南省政协委员

第二届：张少华

第三届：张少华（2010年，因张少华职务变动，报市政协批准后改为韩晓波）

第四届：李　闯

二、委员会议

中方县政协全体委员会议是县政协最高层次的协商形式，是决定重大事项、选举或增补县政协领导成员行使职权的会议。全体委员会议每届第一次会议由大会选举主席团主持，其余均由常务委员会召集并主持。全体委员会议每年至少举行一次，常务委员会认为必要时，可临时召集。全体委员会议行使的职权是：选举增补或辞免委员会主席、副主席、秘书长和常务委员，听取和审议常务委员会的工作报告和提案工作报告，讨论并通过有关决议，参与对国家和县内事务的重要问题的讨论，提出建议和批评。作为全体委员会议的重要任务之一，是参与对全县大政方针的协商讨论。其主要形式有：形成书面材料的参政议政专题发言，全体委员或常务委员列席县人大会议，听取政府工作报告、国民经济与社会发展计划报告、财政预决算报告、人民检察院和人民法院的工作报告等，组织委员讨论，提出批评和建议，组织委员在调查研究的基础上，撰写较高质量的提案，积极参政议政，反映社会和群众难点、热点问题，促进社会和谐发展。

全体委员会议，还对上一次全会以来一年的工作经验予以总结交流，对作出突出贡献的单

位和委员给予表彰，对上次会议以来常委会工作报告、提案工作报告以及有关重大问题作出决定、决议。1998—2013年，政协中方县第一届至第四届委员会共召开17次全体委员会议。

1997年11月29日，国务院批准撤地改市建立中方县。1998年3月初，成立政协中方县第一届委员会筹备工作领导小组，蒋才培任组长，陈方松任副组长，钦永江、刘新安、韩青菊、熊成明、李必富、张平早、舒绍芙、丁建成任成员。是年4月22日，政协中方县第一届委员会第一次会议在鹤城区区委党校召开，选举产生政协中方县第一届委员会主席、副主席、秘书长和常务委员。其中秘书长为张平早，常务委员（以姓氏笔画为序）为丁建成、冯军、冯智、刘新安、刘榕丽（女）、何锡文（女）、李必富、李先华、肖振华、张平早、张孟平、张征宇、陈方松、陈宗伟、杨思俏、杨艳芳、钦永江（侗族）、曹静（女）、蒋才培、韩青菊（女）、彭刚云、雷铁保、熊成明。政协中方县第二届委员会第一次会议于2002年12月27日至31日在怀化市区宏运宾馆会议室召开。会议选举产生政协中方县第二届委员会主席、副主席、秘书长、常务委员。其中秘书长为刘安常，常务委员为田友兴、杨司再、蒋良举、刘新安、韩青菊（女）、李必富、向岩松、陈军、何锡文（女）、刘安常、杨勇、杨思俏、陈书玲（女）、张孟平、冯军、张健（女）、张文喜、刘榕丽（女）、赵建喜、刘玉泉、彭刚云、金赛华、杨修恒、杜钦海、周小毛。政协中方县第三届委员会第一次会议于2007年12月28日至2008年1月1日在中方县行政中心会议室召开，于2007年12月31日选举产生政协中方县第三届委员会主席、副主席、秘书长、常务委员。其中秘书长为汪建业，常务委员（以姓氏笔画为序）为田华、刘飞龙、刘玉泉、刘珩、刘榕丽（女）、向岩松、汪建业、吴晨光、李先有、李旭、陈长元、陈书玲、严清松、张健（女）、杨先喜、杨盛远、金赛华、洪文森、施少辉、唐敏（女）、喻河、袁文财、袁文明、郭健、曾祥松、曾辉文、潘存福、潘伯华、潘明淮。政协中方县第四届委员会第一次会议于2012年11月26日至29日在中方县行政中心会议室召开，于11月28日选举产生政协中方县第四届委员会主席、副主席、秘书长、常务委员。其中秘书长为陈勇，常务委员为谭平景、吴晨光、陈书玲（女）、杨志初、张小明、唐敏（女）、汪建业、陈勇、钦碧（女）、张秀菊（女）、彭明华、阳燕（女）、刘玉泉、罗明望、杨崇德、张华（女）、曾佑发、丁妮（女）、伍承杰、刘珩、周铁墩、胡顺清、陈吉林、李春耕、李旭、袁文泉、唐贤刚、曾利平、刘惠芝、陈万良、周宗候、袁文财、张健、苏文明、王斌、杨司刚、翟祖刚、易友良。

1998—2013 年中方县政协正副主席名录

表 6-1-2-2

届次	姓名	性别	籍贯	职务	任职时间	备注
第一届	蒋才培	男	湖南洪江市	主席	1998.04–2002.12	
	陈方松	男	湖南中方县	副主席	1998.04–2002.12	
	钦永江	男	湖南洪江市	副主席	1998.04–2002.12	
	刘新安	男	湖南新邵	副主席	1998.04–2002.12	不脱产
	韩青菊	女	湖南鹤城区	副主席	1998.04–2002.12	不脱产，教师
	熊成明	男	湖南辰溪县	副主席	1998.04–2002.12	不脱产，科技人员
	李必富	男	湖南沅陵县	副主席	1998.04–2002.12	不脱产，科技人员
第二届	田友兴	男	湖南洪江市	主席	2002.12–2007.12	
	杨司再	男	湖南中方县	副主席	2002.12–2007.12	
	蒋良举	男	湖南洪江市	副主席	2002.12–2007.12	
	刘新安	男	湖南新邵	副主席	2002.12–2007.12	不脱产
	韩青菊	女	湖南鹤城区	副主席	2002.12–2007.12	不脱产，教师
	李必富	男	湖南沅陵县	副主席	2002.12–2007.12	不脱产，科技人员
	向岩松	男	湖南中方县	副主席	2002.12–2007.12	不脱产
第三届	潘存福	男	湖南中方县	主席	2008.01–2012.11	
	吴晨光	男	湖南溆浦县	副主席	2008.01–2012.11	
	袁文明	男	湖南中方县	副主席	2008.01–2012.11	
	向岩松	男	湖南中方县	副主席	2008.01–2012.11	不脱产
	陈书玲	女	湖南中方县	副主席	2008.01–2012.11	不脱产，法官
	郭健	男	湖南洪江市	副主席	2008.01–2012.11	不脱产，教师
第四届	谭平景	男	湖南双峰县	主席	2012.11–	
	吴晨光	男	湖南溆浦县	副主席	2012.11–	
	陈书玲	女	湖南中方县	副主席	2012.11–	不脱产，法官
	杨志初	男	湖南中方县	副主席	2012.11–	
	张小明	男	湖南鹤城区	副主席	2012.11–	不脱产
	唐敏	女	湖南会同县	副主席	2012.11–	不脱产

第三节　常务委员会

一、常委组成

按照中国人民政治协商会议章程规定，政协中方县委员会设常务委员会。其候选人由参加政协中方县委员会的各党派、各团体、各民族和各界人士协商提名，经全体委员会议选举产生，由政协主席、副主席、秘书长和常务委员组成常务委员会。县政协常务委员第一届共23人，其中设主席1人、副主席6人、秘书长1人。县政协常务委员第二届共25人，其中设主席1人、副主席6人、秘书长1人。县政协常务委员第三届共29人，其中设主席1人、副主席5人、秘书长1人。县政协常务委员第四届共38人，其中设主席1人、副主席5人、秘书长1人。常务委员会行使以下职责：召开并主持全体委员会议，组织实现政协章程规定的任务和上级委员会所作的决议，执行全体委员会议的决议，全体委员会议闭幕期间，审议通过提交县人大及其常委会或县政府的重要建议案，决定县政协工作机构的设置和变动，并任免其领导成员。

二、常委会议

第一届县政协常务委员会共召开24次会议。1998年5月27日，县政协常务委员会一届一次会议审议通过《政协中方县第一届委员会常务委员会常务委员表决办法（草案)》、新增委员名单、县政协各专门委员会设置的决定、县政协办公室主任、副主任、各专门委员会主任任职名单、县政协常委会1998年工作要点。10月7日，二次会议审议通过《政协中方县委员会常务委员会工作规则》《政协中方县委员会专门委员会通则（草案)》《政协中方县委员会提案工作条例》。1999年6月4日，八次会议讨论两项调查：一是农业产业化政策调查，主要是生猪的调查。二是有关乡镇企业的现状、问题的调查。11月23日，九次会议讨论协商《关于加快个体私营经济发展的建议》。2000年5月26日，十二次会议审议通过关于县城建设的建议案，协商通过增补一名政协委员。9月18日，十四次会议审议通过县政协向县委提出的《关于县城建设的调查报告》。2001年2月25日，十六次会议审议通过关于辞免、增补政协委员的表决办法、讨论县城建设问题。7月26日，十八次会议讨论协商活水石材工业园建议案。9月7日，十九次会议协商讨论通过《绿色强县建议案》。2002年1月17日，二十一次会议审议通过一届五次会议政治决议、一届五次常委会工作报告决议（草案)、提案工作报告决议（草案)。12月11日，二十四次会议协商决定县政协二届133名政协委员名单。

第二届县政协常务委员会共召开20次会议。2003年3月25日，县政协常务委员会二届一次会议讨论研究政协的考察、视察工作和做好2003年政协工作的具体措施。11月18日，三次会议协商通过关于推进黄姜产业发展的建议案，传达县委工作会议和市政协常委会议精神。2004年7月19日，七次会议听取县财政局、交通局关于委员提案办理情况的汇报。2005年5月18日，十次会议安排政协常委和部分机关人员视察县城建设、听取县城建设管委会通报县城建设进展情况、存在问题及今后的打算、政协常委为县城建设建言献策。2007年1月8日，十六次会议听取和协商县财政2006年执行情况及2007年财政预算报告、协商决定二届五次会议特邀、列席人员名单、协商通过提交大会增补和选举政协常委及秘书长、协商决定表彰2006年度优秀委员、先进活动小组、优秀提案名单。7月12日，十九次会议听取县财政局等县直单位对委员提案办理情况的汇报和交流提案办理工作经验、听取提案委关于提案督办月工作安排及提案督办进展情况的汇报、听取常务委员意见，探讨提案办理的方法和措施。12月16日，二十次会议听取县政协第三届政协委员考察情况的汇报、协商县政协第三届164名政协委员名单、研究县政协三届一次会议筹备工作、协商县政协三届一次会议召开的有关事项。

第三届县政协常务委员会共召开24次会议。2007年12月31日，县政协常务委员会三届一次会议协商县政协三届一次会议政治决议（草案）。2008年3月11日，二次会议协商通过《提案工作条例》等十条细则、规则。7月17日，三次会议听取上半年全县经济运行情况的通报、听取“十年县庆”筹备进展情况的通报。12月31日，六次会议听取各小组汇报讨论县政府工作报告、县政协常委会工作报告、提案工作报告的情况，协商决定调整各专委会联系委员活动小组的建议，审议通过县政协三届二次会议政治决议（草案）。2009年6月12日，八次会议听取熊明副县长通报“旺市融城”工作情况，协商通过庆祝人民政协成立60周年活动方案、县政协民主评议县财政局、民政局工作方案。2010年1月7日，十一次会议协商讨论县人民政府重要人事安排方案，听取分组讨论县人民政府工作报告及其他工作报告的情况汇报，协商审议县政协三届三次会议政治决议（草案）。12月29日，十五次会议听取县财政局2011年度县财政预算安排情况汇报，协商通过有关人事任免事项，协商确定县政协三届四次会议相关事项，协商通过《中方县政协委员帮困助学奖励基金会章程》，协商审议常委会工作报告、提案工作报告。2011年9月2日，十八次会议听取县委常委、常务副县长胡诗军通报全县2011年1—7月国民经济运行情况，协商视察县城生态园林建设暨县城住宅小区配套建设监管情况。2012年8月8日，二十三次会议听取县委常委、常务副县长胡诗军通报全县上半年经济社会发展情况汇报，协商通过对县人社局履职情况的评议报告，协商讨论县政协换届工作实施方案，协商通过有关人事任免。11月2日，二十四次会议协商通过县政协四届委员名单，协商县政协四届一次会议议程事项，协商讨论县政协第三届常委会工作报告、提案工作报告，协商通过有关人事任免。

第四届县政协常务委员会在2012年11月至2013年12月期间，共召开5次会议。2012

年 11 月 28 日，县政协常务委员会四届一次会议听取各小组讨论三届常委会工作报告和县人民政府工作报告的情况汇报，协商通过县政协四届一次会议政治决议。2013 年 10 月 30 日，三次会议听取县委常委、常务副县长米小龙通报全县 1—9 月经济社会发展情况，民主评议测评县教育局，民主评议县政协四届一次全会提案办理工作，协商讨论《关于加快中方县旅游产业发展的调研报告》。12 月 29 日，五次会议协商县政协四届二次会议选举办法（草案），县委常委、组织部长、统战部长、县政协党组副书记陈宝林作关于县政协第四届常委、秘书长候选人情况的说明。

第四节　职能履行

县政协通过政协委员全体会议、主席会议、政协常委会议、县政府主题、专题协商会议，组织委员撰写提案和提案现场督办，针对社会的热点、难点、焦点问题组织委员视察，围绕县委、县政府工作中心，确定专题进行调查研究，写出调查报告，向县政府提建议案等方法进行政治协商、民主监督、参政议政，积极履行职能。

一、政治协商

1998 年，县政协组织委员对县人大、县政府、县政协以及县两院的人事安排进行全面的协商，并就加快全县经济建设和维护社会稳定等事关全局的重大问题提出一些富有建设性意见与建议，得到县委的重视。1999 年，围绕县“农业产业化”“科教兴县”“发展个体私营经济”的实施方案，县政协先后组织政协常委和部分政协委员，进行调查研究，召开专题协商会，就如何调整产业结构、培植主导产业、建立商品基地、发展高科学技术、改善投资环境等方面，提出 10 多条意见，绝大部分进入县委、县政府的决策依据。2000 年，围绕全县干部群众最关心的县城建设，进行专题调研，写出调查报告，向县委、县政府提出意见和建议，引起县委、县政府的高度重视，以此调查报告为副本，并以县委、县政府的名义，向怀化市委、市政府提交《关于中方县县城建设的报告》，得到怀化市委、市政府对县城建设的高度关注。至 2002 年，先后向县政府提交《关于大力发展个体私营经济》《关于桐木茶场的调查和建议》《关于大力开发活水石材工业园》《关于保护开发利用荆坪古文化村》等 15 个建议案，大多数建议被县委、县政府采纳。

2003—2007 年，县政协通过全体会议，就全县大政方针和“一府两院”工作开展协商讨论，围绕全县国民经济和社会发展“十五”计划的实施、“十一五”规划的编制、县级工业园区建设、产业结构调整、社会治安综合治理、“三农”问题、小城镇建设、党风廉政建设、维护司法公正等方面的工作，充分发表意见，广泛建言献策。县政协组织常委会成员听取县委、县政府领导对全县重点工作的通报，围绕中方新城总体规划、社会治安综合治理、社会主义新农村建设、县城建设和管理、县行政中心的搬迁、全县道路交通、政府“八件实事”等重要事项，认真开展协商讨论。对全县重点项目和重点工程开展专题调研、视察，提出建设性意见和建议。县政协经济科技联谊、提案法制群团、文教卫体等专委会与县直职能部门共举行21次联系协商活动。

2008—2012年，县政协组织委员围绕旺市融城、产业振兴、强农富民、绿色低碳、全县基本农田水利建设、食品安全监管、师德师风建设、县城生态园林建设等进行专题视察和协商，提出一批有见地、质量高的建议，与县政府及有关部门坦诚交换意见，不少意见和建议被县委、县政府和有关部门采纳落实。2012年3月19日，在县政协三届三十二次主席（扩大）会议上，专题协商县改区工作，向县改区工作领导小组提交《“一改三不变”（县改区：职能、体制、区划“三不变”）、实行“城乡一体化”的管理体制，享有县级管理权限》的建议案，积极为县改区建言献策。

2013年，县政协发挥全体会议整体协商、常委会议专题协商、主席会议重点协商、专委会对口协商的多层次协商功能，围绕县域经济、全民创业、文化旅游产业发展、招商引资、项目建设、东部片区发展、小康社会建设等事关全县发展大局的重大问题组织协商。联系省、市政协领导先后来中方开展视察调研活动7次，提出《进一步推动旺市融城，加快发展第三产业》《加快县城社区建设》《推进农村网络信息化建设》《建议将北大未名生物产业园项目另行选址或实行分批次供地》等重点提案。这些意见和建议被县委、县政府采纳，并通过有力措施予以落实。

二、民主监督

1998—2002年，县政协召开第一届二次至五次全体委员会议，组织委员参政议政大会发言31人次，涉及问题31个方面。围绕全县重大事务，召开专题协商会议20次，常委会议24次，主席会议34次，其他会议11次，向县委、县政府大胆谏言，提出合理的意见和建议。2000年，县政协安排14名县政协委员分别担任公安、检察、法院、税务、财政、民政、建设、国土、工商等10多个部门的行风评论员、行政执法监督员、警风监督员等职务，参加部门民主监督、行风评议活动30多人次，对这些单位提出许多中肯、富有建设性的批评意见和建议。2001年9月，县政协组织部分委员到中方镇荆坪村，就旅游业的发展情况进行专题视察，提出《关于对中方镇荆坪村“文化旅游”的视察情况汇报和建议》，有力推动荆坪古村“文化旅游”项目的开发。期间，县政协收到委员提案327件，其中有不少提案反映社情民意，受到县委、县政府和有关部门的重视和采纳。县政协组织委员开展视察活动18次，加强对职能部门的监督，对在视察活动中发现的问题，都以书面形式向相关单位、部门提出批评、意见和建议，帮助相关单位解决困难，改进工作，改进行风，促进县委、县政府决策落实和政令畅通。

2003—2007 年，县政协每年有计划、有目的地组织委员分组开展知情促政型的视察活动，视察内容涉及县城建设、县直单位搬迁、社会主义新农村建设、农村新型合作医疗体制改革、医疗保险、劳动就业和社会保障、工业园区发展、铜湾电站建设、政府“八件实事”等方面。2004 年 3 月，针对花桥镇溪水污染严重、群众反映强烈的问题，县政协组织部分委员和环保等相关部门进行视察，通过现场视察，了解到该镇沿溪而建的土造纸厂和医院污水排放及居民乱倒垃圾，导致溪水受到严重污染，影响群众的生产生活。针对此问题，提出解决建议，引起有关方面重视治理工作。县政协各人民团体和委员围绕全县经济建设、构建和谐社会等大事要事，运用提案形式，实行民主监督。本届，委员共撰写提交提案 198 件，经审查立案 166 件。县政协常委会议每年都听取县政府分管领导对办理提案工作情况的通报。主席会议经常专题研究提案工作，将民主监督落到实处。《关于加快中方县城建设的建议》《关于加快中方县农村医疗卫生建设的建议》等提案，得到县委、县政府的采纳，推动全县经济和社会稳定协调发展。县政协探索反映社情民意工作的新途径，深入民主监督。向全体委员下发“社情民意征集表”，坚持界别委员反映社情民意座谈会制度，鼓励委员密切联系各界别群众。结合政协视察调查、走访委员等工作，了解和掌握社会动态。深入基层召开干部职工和农民群众座谈会，听取民众呼声。由政协各专委会与有关人员组成信息队伍，开设电子信箱。规范社情民意报送程序，完善办理意见反馈机制。本届，县政协召开反映社情民意座谈会 5 次，编写《社情民意》专刊 10 期，刊登信息 108 条，内容涉及党风廉政、征地拆迁、社会治安综合治理、安全生产、计划生育等诸多方面。发挥特邀监督员、民主评议员的作用，实行具体监督。本届，共推荐 45 名委员分别担任公安、检察、法院、司法、工业、农业、教育、工商、税务、技术监督局等 23 个职能部门的特邀监督员，推荐 68 名委员担任县直机关作风民主评议员和县优化办行风评议员。

2008—2012 年，县政协共办复群众来信来访 178 件，对农业、水利、民政、卫生、教育等部门提出监督意见和建议 95 条。推荐 39 名委员担任公安、检察、法院、监察、审计、人事、教育、交通等部门特邀监督员，推荐 10 名委员担任政风行风评议员，先后对县林业局、民政局、住建局、公安局、人社局、供电公司等职能部门开展民主评议。

2013 年，对县教育局等单位开展民主评议，向县委、县政府提交《关于推进教育强县的建议》提案。推荐 19 名委员担任公安、检察、法院、监督、审计、人事、教育等部门特邀监督员，为职能部门的工作提出意见和建议，帮助这些单位改进工作，改进行风。县政协第四届委员会自第一次至第二次全会期间，通过反映社情民意加强民主监督，办复群众来信来访 52 件，整理上报社情民意信息 27 条。

三、参政议政

1998—2002 年，县政协把发展民营经济作为参政议政一项重要工作来抓。1999 年，组织委员到邵东、祁东、浏阳等地开展“加快民营经济发展”专题调研，学习发展民营经济的先进经验。同时，调查走访县内部分民营企业，多次召开民营企业主座谈会，了解民营经济发展的困难和存在的问题，研究加快全县民营经济发展的措施和办法。向县委、县政府提交《关于制定“关于加快个体私营经济发展规定”的建议》《关于加快中方县非公有制经济健康发展的建议案》和《中方县外来民营企业发展环境的调查报告》，就民营经济发展的现状、存在的问题，从政协的角度提出对策建议，为县委县政府在发展民营经济的科学决策提供参考依据。2000年，县政协根据县委、县政府把养殖业作为全县一大农业支柱产业来培育的战略决策，结合中方的县情，提出“种草养畜，发展绿色畜牧业”的调研课题。通过多方考察，引进优质牧草哥伦比亚皇竹草，及时向县委、县政府提交《关于建设“绿色畜牧业强县”的建议案》。县委、县政府对此高度重视，把皇竹草的栽培推广作为加快农业结构调整的重要措施来抓，推动全县畜牧业快速发展，被怀化市政府列为“一线一圈”工程的重点项目。2001年，县政协积极协助县委、县政府进一步抓好现有工业园区建设，开展专题调研，多次组织部分委员深入到花桥陶瓷工业园和活水石材工业园视察、调研，召开企业主、乡村干部群众座谈会，了解工业园区建设、生产经营、发展前景情况和存在问题，进行专题协商讨论，向县委、县政府提交《关于建设活水石材工业园的建议案》，就该园区建设的组织领导、环境优化、布局规划和精细加工等问题提出建议，推动工业园区的建设。围绕县城建设、文物保护与旅游开发、人才资源开发、农村基层政权问题，县政协先后开展视察调查15次，提交《关于保护开发利用荆坪古文化村》等建议案11份。

2003年，县政协根据县委、县政府把黄姜产业作为全县一大重要农业支柱产业来培育的决策，把加快黄姜产业发展作为年度重点调研课题。县政协主要领导带队，先后多次深入聂家村、铜湾、丁家等10多个乡镇的村组，进行深入细致的调查研究，并多次组织相关部门召开协调黄姜产业发展工作会议。同时，组织部门委员和农业部门到湖北省房县进行实地考察，形成《关于进一步加快全县黄姜产业发展的建议案》，为县委、县政府发展黄姜产业科学决策提供依据。2004年，县政协组织委员对全县安全生产、劳动就业、农村合作医疗改革进行专题视察调查。2005年，提案委组织委员深入到泸阳镇中学、中方县一中等学校，对学校周边环境进行专题视察调查。2006年，文教卫体委员会组织委员对农村新型合作医疗保险进行专项视察调查。2007年，经科委组织委员深入中方镇荆坪村、泸阳镇新店坪村，对社会主义新农村建设进行视察调查，先后提交《关于加快中方县农村医疗卫生建设的建议》《关注弱势群体，促进社会稳定》等建议案和调研报告。至2007年底，县政协组织各党派、各人民团体和广大委员开展调查研究，撰写高质量的大会发言材料，积极地参政议政。针对全县工作难点开展重点课题调研56项，先后撰写出《关于中方县失地农民收入状况的调查报告》《关于促进中方县农民增收的建议》《关于改善中方县道路交通状况的调查和建议》《关于加强中方县项目工作的几点建议》等调研报告，提出参政议政意见。

2008—2012 年，县政协围绕“旺市融城、对接武陵山片区区域发展、融入鹤中洪芷一体化”等重大发展战略开展调研。围绕全县经济发展环境、加快重点项目建设、加快中方镇与县城对接、打造怀黔路（中方段）经济走廊、发展县城花卉苗木、促进县城公共交通发展、征地拆迁、平安中方建设、农产品质量安全监管、新农村建设、农村新型合作医疗、新农保、县域文化与旅游发展、加快中小企业发展、流动人口计划生育服务管理、㵲水流域生态建设等问题，组织专题调研、视察。在全国政协民宗委、民建中央调研组到湖南怀化进行“积极推进武陵山经济协作区建设，促进民族地区经济社会发展”专题调研之际，县政协联合省、市委员提交的《加大区域性中心城市近郊县的扶持力度，加快武陵山区城乡一体化进程》《加大武陵山片区基础设施建设力度，增强武陵山片区经济社会发展后劲》等意见和建议，得到全国政协调研组的高度关注，为中方县被纳入武陵山片区区域发展与扶贫攻坚试点作出积极贡献。在省政协十届四次会议期间，联合省、市委员提交《关于对中方县城建设土地指标实行计划单列的建议》提案，引起省国土资源厅的高度重视，并派出专门调研组到中方实地调研，对加强与省直部门的联系，缓解县城供地指标紧张问题起到积极作用。在怀化市政协三届四次会议期间，联合市政协委员提交的《关于加快中方县城与河西经济开发区对接形成一体化》参政议政大会发言稿及调研报告，得到市委、市政府、市政协的高度重视。2009 年，县政协建立年度视察调查课题遴选机制，采取“专委会出题、职能部门献题、党政领导点题、主席会议定题”的新模式，加强视察调查工作的针对性和可行性。为破解县“加快新型工业化、城乡一体化建设”工作的难题，县政协把“推进社会主义新农村建设和新型工业化建设”作为重点视察调查课题，先后深入全县各个乡镇、规模企业和县直部门，广泛开展视察调查，经综合分析后，提交《关于加快中方县新农村示范村建设的建议案》《关于加快中方县新型工业化示范园区建设的建议案》等建议案，县委、县政府批示有关部门参考借鉴，为出台《中共中方县委关于加快发展新型工业化的若干意见》《中共中方县委关于加快发展现代农业扎实推进城乡一体化的若干意见》奠定思想基础。

2013 年，县政协围绕“整治农村环境卫生、发展文化旅游产业”等课题，组织委员深入全县乡镇、村组、旅游景区开展视察调研，在掌握第一手资料的基础上，提交《关于加强农村环境卫生整治工作的建议》《关于加快中方县旅游产业发展的调研报告》建议案，部分意见和建议上升为县委、县政府的决策层。县政协确定“文化旅游融合发展”视察调查主题，专门组织文化局、旅游局、教育局、规划局及部分乡镇负责人和政协委员，赴外地视察调查“文化旅游产业融合发展”的情况，结合中方县情，进行论证分析，及时提交《抢占武陵山片区旅游产业发展的战略高地》《将荆坪·黄溪·康龙捆绑包装打造一个国家级 5A 级旅游区》《打造品牌文化旅游》等战略性建议，得到县委、县政府的采纳，为县委、县政府实施“构筑文化旅游高地，建设山区园林新城”战略目标和举办“2013中国·怀化（中方）首届刺葡萄节”的决策提供可行依据。是年，县政协围绕对接“武陵山片区域发展，融入鹤中洪芷一体化”发展战略，县政协组织委员深入调查研究，并在怀化市政协四届一次会议期间，联合市政协委员提交《关于将中方县建成鹤中洪芷一体化先导区的建议》大会发言稿及调研报告，受到市委、市政府、市政协的重视，为市委、市政府实施“鹤中洪芷一体化”战略提供参考依据。

第五节 主要工作

一、提案工作

1998—2002年，县政协第一届提案委员会共收到委员提案327件，立案交办的263件，所提问题已经解决或基本解决的88件，占立案数的33.5%。因条件限制等原因难以解决的79件，占立案总数的30%。提案办复率100%，委员对办理提案的“满意率”和“基本满意率”达95%。提案内容广泛，涉及到政治、经济、文化、教育、卫生、科技等各个方面。

2003—2007年，县政协第二届提案委员会共收到提案198件，经提案审查委员会审查立案166件，立案率为84%。在提交的提案中，按类别分：经济发展方面的提案64件，占立案数的39%。科教文卫体方面的提案26件，占立案数的16%。农林水方面的提案38件，占立案数的23%。城镇建设方面的提案17件，占立案数的10%。社会治安方面的提案12件，占立案数的7%。党群方面的提案9件，占立案数的5%。截至2007年12月底已全部办理，提案办复率100%，委员对办理提案的“满意率”和“基本满意率”达95%以上。提案建议被有关部门采纳或基本采纳达80%以上。

2008—2012年，县政协第三届委员会共收到提案408件，经审查立案372件，占提案总数的91%。其中有关经济建设类提案206件，占55.3%。科教文卫体类提案137件，占36.8%。政法、统战、劳动人事、社会保障和党建类提案29件，占7.9%。提案办复率100%。提案所提意见和建议被采纳、问题得解决或基本解决的236件，占立案总数的63.4%。所提建议被纳入工作计划逐步解决的48件，占22.5%。因条件所限暂不能解决的52件，占14.1%。提案委员对提案办理结果“满意率”达98%。

2013年，县政协共收集委员提案84件，立案82件。办复率100%。已经解决或基本解决的A类提案46件，占56.1%。基本解决或列入计划逐步解决的B类提案27件，占32.9%。委员对提案办理的“满意率”和“基本满意率”达100%。

1998—2013年，县政协共收集提案1017件，经审查立案883件。

二、文史汇编

县政协历届委员会十分重视文史资料的征集、整理、出版工作，先后下发《关于〈中方县抗美援朝的英雄战士〉征稿的通知》《关于征集〈中方人〉资料的通知》等文件，整理出版《荆坪古文化村》等六辑文史资料，为中方县的文化建设作出贡献，为子孙后代留下宝贵的精神财富。文史资料第一辑《荆坪古文化村》，介绍荆坪文物古迹、历史认识、历史传说、文化习俗、民风民俗，全辑共7万字，2002年7月出版，发行500册。第二辑《抗美援朝中方籍·英雄战士》，记录中方籍人士在抗美援朝战斗中的可歌可泣的英雄事迹和战斗场面，全辑共20万字，2006年6月出版，发行1000册。第三辑《中方人》，记载1949年后，特别是建县以后在中方县成长和涌现出来的一大批推动中方县历史进步，促进中方县经济社会发展的各行各业的贤能俊杰，全辑共18.2万字，2008年10月出版，发行1000册。第四辑《古韵中方》，以图片为主，配以文字说明，反映中方历史文明、文化传统和改革开放，特别是建县以后所取得的重大发展成就，全辑共5万字，2009年12月出版，发行1000册。第五辑《铜湾事变》，记述中国人民解放军南下干部在铜湾剿匪的历史事件，全辑共21万字，2011年10月出版，发行1000册。第六辑《史画荆坪》，追述荆坪古村历史渊源，对潘氏文化、风水文化、民俗典故、民俗活动等方面做出较深入的探索和整理，首次收集很多珍贵历史文化资料，为荆坪旅游开发提供人文景观依据，全辑共15万字，2013年10月出版，发行1000册。

三、联谊交流

县政协先后三次参加湘黔两省十六县（市、区）政协联系会议。2006年10月24日，县政协第二届委员会在中方县行政中心举办湘黔两省十六县（市、区）政协联系会第十八次会议，贵州省镇远县政协、湖南省洪江市政协等16个单位在联系会上作经验交流发言。2009年10月，县政协参加湘黔两省十六县（市、区）在天柱举行的第二十一次政协联席会议。2010年7月，县政协参加在玉屏举行的第二十二次政协联席会议，并在会上作《认真学习实践科学发展观，努力开创政协工作新局面》《积极抓好制度化建设，努力提高政协履职水平》发言。2012年8月，县政协第三届委员会在全国政协民宗委、民建中央课题组到中方调研以及贵州、四川、福建、广西、湘潭、新晃等地政协和客商到中方县考察之机，推介中方之美，共商发展之计，拓展县政协对外合作的新领域。2013年9月15—17日，县政协借省、市政协调研组到中方县调研和举办首届刺葡萄节的契机，同湖北、贵州、福建、广东、广西、山东、云南等地政协和客商代表进行广泛交流，扩大中方县的影响力。

第二章 群众团体

第一节 工 会

一、组织机构

1998年6月25日，县总工会成立，编制4人，设办公室、组织宣传部、生产生活部、财务部。全县建立基层工会组织92个，实际建立工会基层组织68个，建会率74%，会员4156人。

2013年，县总工会机关有干部职工16人，设办公室、组织宣传部、生产生活部、财务部、民主管理部、职工维权帮扶中心。有基层工会组织538个，会员21371人。其中民营企业工会296个，会员13205人。机关、企事业单位工会220个，会员6953人。乡镇工会22个，会员1213人。

1998—2013年中方县工会组织及工会会员表

表6-2-1-1 单位：人、个

年份	工会组织	会员人数	女会员
1998	68	4156	1987
1999	72	4326	2004
2000	83	4462	2013
2001	96	4562	2043
2002	206	8159	3565
2003	231	8895	3678
2004	242	9205	3798
2005	262	11020	3987
2006	281	12321	4105
2007	302	13985	4255
2008	341	14658	4536
2009	379	16232	4785
2010	426	17423	4962
2011	485	19231	5146
2012	513	20698	5202
2013	538	21371	5362

二、代表大会

1998年5月29日，县工会委员会第一届一次会议在鹤城宾馆会议室召开，大会正式代表70人，其中妇女代表21人。年龄最大的56岁，最小的23岁。选举产生县总工会第一届委员会委员17人，常务委员7人，其中常委4人，主席1人，副主席2人。选举产生出席怀化市总工会第一届代表大会代表，听取和审议当选总工会主席尹续生在闭幕式上作《认真学习，深化认识，解放思想，团结动员全县职工同心同德，为实现县委提出的跨世纪宏伟目标而努力奋斗》报告。

2003 年 4 月 23 日，中方县工会第二届代表大会在鹤城工商局会议室召开，大会正式代表 117 人，特邀代表 13 人，女代表 34 人。听取和审议袁强作《以党的“十六大”精神为指针，全面开创我县工会工作新局面》工作报告。会议选举产生中方县工会第二届委员会委员 19 人，常务委员 9 人，其中常委 5 人，主席 1 人，副主席 3 人。选举产生县总工会女职工委员会。

县总工会第三次代表大会未如期召开。

2013 年 8 月 28 日，县工会第四次代表大会在县行政中心会议室召开，参会代表 165 人，听取和审议《凝心聚力奋发有为努力开创新形势下工运事业新局面》主题报告。选举产生县工会第四届委员会委员 21 人，常务委员 9 人，其中常委 5 人、主席 1 人，副主席 3 人。并同时选举产生经费审查委员会。

三、主要活动

维权帮扶　1998 年，全县只有一家国营企业，职工维权帮扶工作任务不大，没有专门机构负责。随着县域经济发展，基层工会队伍迅速扩大，工会会员不断增多，帮扶任务逐渐加重。2000 年 4 月，在民政局注册成立中方县职工扶贫帮困互助会，注册资金 3 万元。组织开展以“行政机关事业单位联系困难企业、机关干部职工联系困难职工”为主要内容的“双联”帮扶工作。采取“支、帮、促、送”等方法，帮企业解困，帮职工解难，联系企业 40 家，联系困难职工（农民工）2417 人。参与对九家企业进行改制、三家企业进行破产安置，使大多数困难职工和特困职工生活有依靠，为部分下岗职工再就业找到出路。2001 年 4 月经县编委同意，成立中方县困难职工帮扶中心，属股级事业单位，核定事业编制 2 人（后又调入 2 人），为怀化市第一个帮扶中心核定编制县。2002 年，中方县困难职工帮扶中心更名为中方县职工维权帮扶中心。帮扶中心先后在基层工会联合会、县直机关系统工会、规模企业工会成立基层帮扶站点 50 个，企业争议调解组织 13 个。2004 年，聘请四名律师作职工法律援助志愿者，提供法律咨询和援助。

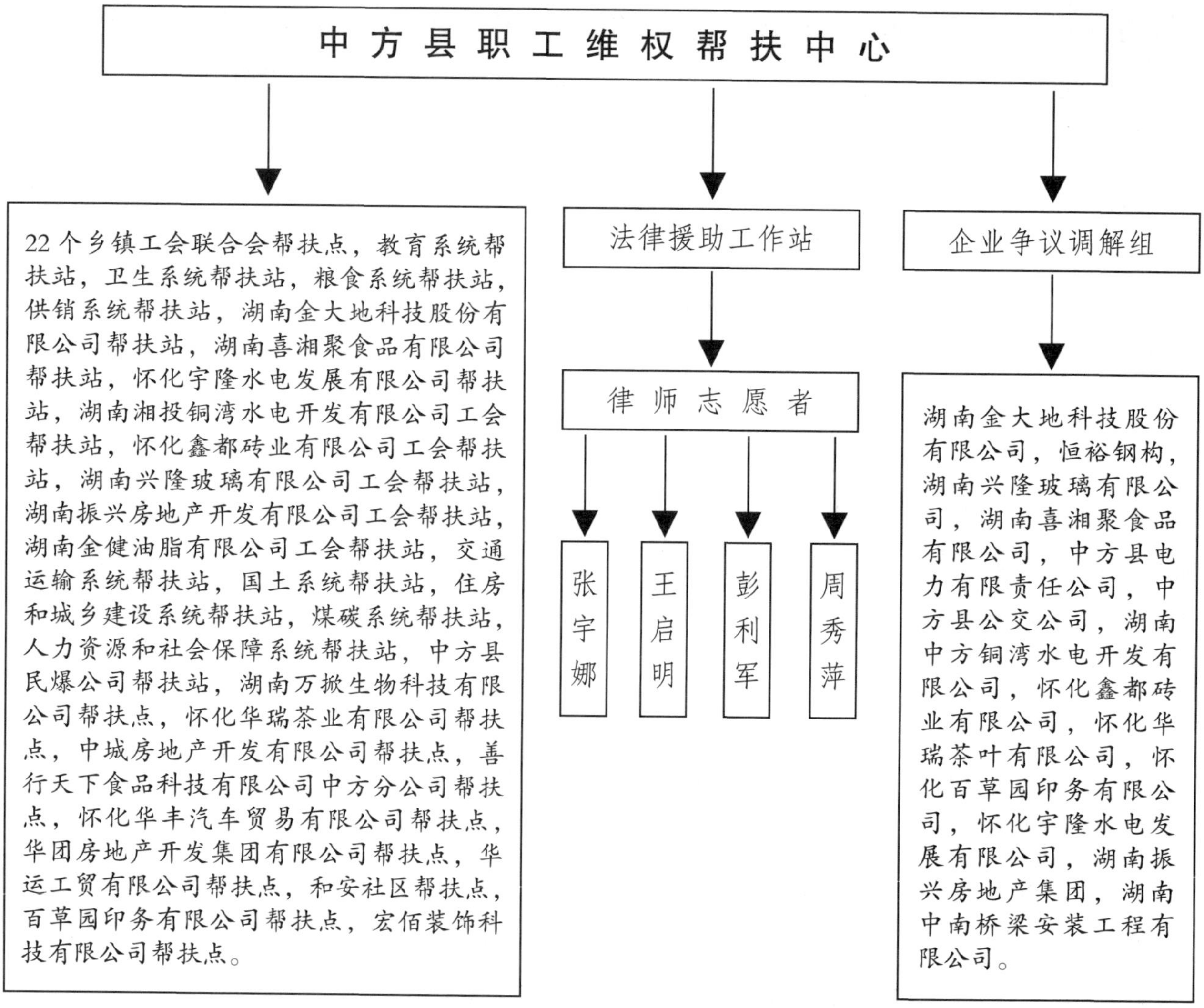

2005—2009年，与县人社局、县住建局开展农民工工资支付专项检查。与县安监部门开展建筑市场、建材企业、矿山等行业职工安全生产检查。为职工提供法律咨询和法律援助305人次，劳动争议调解27起，专项检查4次。与县就业局联合举办职工（农民工）技能培训和就业培训4期，单独举办农民工技能培训1期，培训学员380人次，推荐就业180人次。

2010—2013年中方县劳动争议案件情况表

表6-2-1-2　　单位：起、万元

年份	接到投诉	立案调查完结	挽回损失	典型案例
2010	54	19	320	张立建、杨慧珍在铜锣湾大酒店上班，因为离职后双方工资结算问题存在争议，立案调查后，经劳动监察大队协调，酒店支付二人工资7000元
2011	61	21	431	民工向子运等人在中方建材市场建设项目中做工，工程迟迟没结算，工资一直没到位。劳动监察大队与发包方中嵘房地产公司积极协商，责令其支付民工工资8万元

续表

年份	接到投诉	立案调查完结	挽回损失	典型案例
2012	73	28	1103	谢运忠民工队伍在中方同乐家园施工因撤场问题发生纠纷，因工程层层转包、非法发包、资金跟不上，引发欠薪事件，劳动监察大队与经投公司积极协调，协调结果是：由承建方邵阳南方公司代表李建槐拿出100万元现金支付谢运忠队伍的工人工资
2013	79	29	514	刘用伟、李虹等工人投诉在铜湾下炉特大桥高铁工程项目中，承包人裴传坤不知去向，工资没发。劳动监察大队立案调查后，责令中铁十七局截留裴传坤未结工程款，并先予支付工人工资27.32万元

困难职工帮扶救助。2007年，职工帮扶救助工作逐步步入正轨，通过对机关、企事业单位困难职工调查摸底，建立困难职工档案，政府每年投入帮扶资金10万元。职工帮扶工作步入正轨。2011年，对困难职工帮扶救助力度进一步加大，困难职工申报、管理、救助进一步规范，建立全国联网困难职工电子档案和纸质档案，中央和省财政下拨专项帮扶资金逐年增加。对大病职工主要采取及时不定期救助，对困难大学新生助学救助和特困职工生活救助则主要集中在秋季开学之际和元旦、春节“两节”时进行。2010—2013年，接到劳动争议投诉267起。挽回经济损失2378万元。建档困难职工821人。帮扶救助困难职工1638人次，其中生活救助1278人次。2007—2013年中央、省、县三级财政到位资金124.61万元。其中帮扶资金80.34万元。医疗救助336人次，资金38.89万元。助学救助24人次，资金5.38万元。

2007—2013年中方县帮扶情况表

表6-2-1-3　单位：万元、人

年份	帮扶金额	帮扶人数	典型事件
2007	0.8	16	怀化市特种耐火材料厂职工梁金妹，其丈夫肢体残疾不能从事体力劳动，小孩年幼上学，家庭全部重担落在她一人身上，当年工会帮扶500元的生活救助金
2008	8.8	145	地税局职工王晓东，其儿子王健松身患尿毒症并做肾移植手术欠下巨额医疗费，2008年王健松考入中南民族大学，总工会发放3000元的助学金
2009	6.8	114	中方县卫生洁具厂职工黄保国本人有糖尿病，妻子精神残疾，父母年事已高，小孩上大学家庭十分困难，总工会发放800元的生活救助金
2010	19.8	338	中方县接龙镇供销社职工宿舍失火造成5个家庭受灾工会共发放帮扶资金1.65万元，其中职工杨满娥本人身患白血病且家中财产全部烧毁得到0.8万元的帮扶救助金

续表

年 份	帮扶金额	帮扶人数	典 型 事 件
2011	22.3	336	中方县中方镇卫生院职工陈志刚儿子多器官功能衰竭住院花费巨额医药费，其妻子又没有正式工作造成家庭十分的困难，帮扶中心发放 1000 元救助金
2012	26.3	362	中方县桐木镇卫生院职工周启礼身患白血病每天需花费大量药费，其妻无业，家庭经济十分的紧张，帮扶中心给予 2000 元的大病救助金
2013	32.6	327	怀化市宇隆水电职工彭开杰身患肺癌每天靠药物维持生命，其小孩上大学妻子没工作家庭相当的困难，帮扶中心给予 2000 元的大病救助金

民主管理 1998 年，开展基层职工民主管理和职代会制度建设，基层工会每年至少召开 1~2 次职代会，非公有制企业实行“平等协商”签订劳动合同。促进企业发展，维护职工合法权益。

1999 年，推行企业厂务公开制度，凡涉及企事业单位重大改革和决策等职工关心热点问题，开展民主评议。民主管理工作已建制单位共 103 家。协商建制率达 100%，职代会建制和厂务公开率达 93%。

2001 年，召开规模以上非公企业及事业单位工会主席会议，安排和布置职代会工作。针对非公企业不同特点，因地制宜，分类指导，探索大中型非公企业、社区小型非公企业、经济园区非公企业，规定职代会 5 项职权，建立和完善非公企业职代会制度。湖南金大地建材有限公司将职代会同厂务公开和工资平等协商有机结合起来，形成非公企业民主管理特色。

2004 年 7 月，会同县劳动局制定下发《中方县非公企业职工代表大会试行办法》，编撰《中方县非公企业职工代表大会制度手册》，进一步推进非公企业和事业单位以职工（代表）大会为基本形式的民主管理制度建设。

2012 年 5 月 1 日，《湖南省企业工资集体协商条例》实行。县总工会会同劳动局组织召开工资集体协商邀约启动仪式，有 126 人参加《湖南省企业工资集体协商条例》学习培训。湖南金大地材料股份有限责任公司工会主席向全县企业发出开展工资集体协商倡议，花桥镇党委、人大、镇工会联合会向全县基层工会发出开展“春季邀约行动”倡议。

劳动竞赛 组织企业职工开展劳动竞赛、职工技能比武活动，2006—2008 年，在参加怀化市总工会组织的劳动竞赛活动中，湖南金大地材料股份有限公司获 2 个二等奖、1 个三等奖。2012 年开展“挖潜增效、节能降耗”和“技术革新、发明创造”为主要内容劳动竞赛活动，在基层单位开展业务技术操作比武，岗位练兵等活动。通过各种形式劳动竞赛，新增产值 18.3 万元和 31.5 万元。

女工工作 2003年工会女职工组织与基层工会组织同步建立。根据省总工会要求积极开展“双创”活动暨组织全省百万女职工“芙蓉杯”素质达标活动。2004年县一中教师米文辉获“芙蓉百岗明星”称号。2005年泸阳中学语文教研组获“芙蓉标兵岗”称号，2006年泸阳中学教师覃茜获“芙蓉百岗明星”称号，2007年一中教师杨付英获“芙蓉百岗明星”称号，2010年金大地磅房获省级“芙蓉标兵岗”称号。2003—2013年，全县女职工有23人获市级“芙蓉标兵岗”称号，36人获“芙蓉百岗明星”称号。18人获县级“芙蓉标兵岗”称号。

教育培训 1999年，县直机关建立基层工会组织，配齐工会干部225人，2001—2013年，定期举办各类培训班，培训内容主要围绕工会法、工会干部责任和义务、怎样做一名合格工会干部等内容进行，先后举办各类工会干部培训班35期。

职工技术技能培训 为提高职工技术技能，相继与相关部门联合举办培训班13期。2001年、2010年与劳动局、县政府招待所举办餐饮服务培训班2期，培训职工125人。举办种植培训班2期，培训人员57人。举办旅游导游培训2期，培训职工60人。举办养殖培训班2期，培训人员48人。举办电脑培训3期，培训职工175人。举办电工培训班4期，培训职工132人。同时，每年在企业职工中开展“安康杯”劳动知识竞赛，提升企业职工安全健康生产知识意识，参加活动企业逐年增加，2013年参加“安康杯”劳动知识竞赛企业有25个，参赛人数2314人。

文体活动 为提高职工队伍整体素质，丰富职工文化生活，组织开展文艺演出和体育活动1000余次，参与活动职工达10万人次。1998年5月26日，组织基层工会在怀铁歌厅开展“爱我中方”职工演讲赛。9月28日，组织基层工会在怀铁歌厅开展“卡拉0K”歌手赛。组织职工在市博物馆开展“庆国庆”美术、书法、摄影展览。10月26日，组织职工在中方县大会堂开展大型歌咏比赛。2000年，与第一人民医院联合举办“相约携手中方”联谊活动。2001年4月26日，组织职工在中方县篮球场开展篮球比赛。2009年9月28日，组织职工在怀化学院美术馆开展“庆国庆”美术、书法、摄影展览。2010年4月28日，组织职工在行政中心广场开展“中方明天更美好”大型歌咏比赛。2012年9月28日，组织职工在怀化学院美术馆开展“兴龙杯”美术、书法作品展览。2013年9月28日，协调组织中方、沅陵、溆浦三县职工在县城维也纳别墅群举办联谊书法展览，展出作品71幅。

劳模评选 2004年，评选省级劳模1人。2006年，推荐省劳模潘存金到湖南宁乡灰汤疗养院免费疗养。2007年，评选县级劳模8人。2010年评选市级劳模4人，省级劳模3人。2013年评选县级劳模10人。对劳模家庭、生活和健康情况均建立档案。每年“两节”期间，都有县委、县政府主要领导带队登门看望和慰问。

表 6-2-1-4

2004—2013 年中方县劳动模范名册录

姓 名	单 位	劳模级别	评选时间
丁权昌	中方县泸阳中心卫生院	省、市级劳模	2010 年
谢永忠	中方县牌楼镇陈家湾村	省级劳模	2010 年
潘圣堂	中方县一中	省级劳模	1959 年
李 慧	泸阳中心小学	省级劳模	2010 年
潘存金	中方县国土局	省级劳模	2004 年
彭中喜	湖南金大地材料股份有限公司	市级劳模	2010 年
刘自松	湖南金大地材料股份有限公司	市级劳模	2010 年
唐双历	中方县国土局征地拆迁事务所	市级劳模	2010 年
潘先文	中方县农业局	市级劳模	2010 年
李 勇	铜湾水利水电开发有限责任公司董事长兼总经理	县级劳模	2007 年
高秀彬	湖南省福兴房地产集团有限责任公司董事长兼总裁	县级劳模	2007 年
周时贵	怀化金天特种锰业有限公司总经理	县级劳模	2007 年
易理发	怀化金大地水泥有限责任公司分厂厂长	县级劳模	2007 年
周可良	下坪乡仙人桥笋业开发有限公司经理	县级劳模	2007 年
杨司礼	铁坡镇培丰村支部书记	县级劳模	2007 年
李 和	牌楼镇冯家湾村文书	县级劳模	2007 年
杨喜球	铜湾镇思坪村 6 组村民	县级劳模	2007 年
潘存金	中方县林业局局长	县级先进工作者	2007 年
张应铁	中方县政法委副书记	县级先进工作者	2007 年
王 艳	中方县文化馆副馆长	县级先进工作者	2007 年
刘安保	中方县财政局经建股副股长、投资评审中心主任	县级先进工作者	2007 年
杨文斌	中方县机关事务局职工	县级先进工作者	2007 年
黄 莉	中方县一中教师	县级先进工作者	2007 年
刘庭铁	中方县公路管理站桐木丰坡道班职工	县级先进工作者	2007 年
廖元虎	龙场乡企业工作站站长	县级先进工作者	2007 年
米铁刚	锦溪乡林业工作站副站长	县级先进工作者	2007 年
杨贤生	蒿吉坪民族学校教导主任	县级先进工作者	2007 年

续表

姓 名	单　　位	劳模级别	评选时间
李　慧	泸阳小学黄花树教学点教师	县级先进工作者	2007 年
邓运华	中方县桐木镇农业技术推广站站长	县级劳模	2013 年
伍作兴	湖南兴龙玻璃有限公司董事长	县级劳模	2013 年
陈海燕	中方县中兴学校副校长	县级劳模	2013 年
杨再成	中方县城北小学校长	县级劳模	2013 年
袁友光	中方县福利院院长	县级劳模	2013 年
彭银玉	中方县牌楼镇计生助理员	县级劳模	2013 年
杨宗成	中方县征地拆迁安置办	县级劳模	2013 年
唐克勇	中方县桐木镇大松坡村支书	县级劳模	2013 年
蒲玉云	中方县新路河镇林业站站长	县级劳模	2013 年
刘运钦	中方县铜湾镇堆子村村民	县级劳模	2013 年

第二节　共　青　团

一、组织机构

1998 年 2 月，共青团中方县委员会成立。行政编制 4 人，设办公室（包括希望工程办公室）、组织宣传部、青工青农学校部。辖乡（镇）、直属、企业基层团组织 482 个，共青团员 12546 人，专（兼）职团干 63 人。2013 年，全县有乡（镇）、直属、企业基层团组织 559 个，共青团员 19431 人，专（兼）职团干 63 人。

二、代表大会

1998 年 6 月 18 日，共青团县委第一次代表大会在中方县工商局会议室召开，参会代表 150 人。通过共青团中方县委第一次代表大会决议。大会选举共青团第一届团县委委员 15 人，常委 7 人，设书记 1 人，副书记 1 人。听取和审议当选团县委书记陈宗伟作《齐心协力，抓好开局，努力开创中方县共青团工作新局面》工作报告，并安排部署以后一段时期工作。

共青团中方县委第二次代表大会未如期召开。

2009 年 3 月 25 日，共青团县委第三次代表大会在中方县行政中心会议室召开，参会代表 138 人。大会听取和审议《高举旗帜跟党走，奋力拼搏建新功，为全面建设小康和谐中方贡献青春和力量》工作报告，并通过共青团县委第三次代表大会决议。大会选举产生第三届团县委委员 21 人，常委 7 人，设书记 1 人，副书记 2 人。

三、主要活动

思想教育及公益实践活动 团县委始终坚持对青少年的引导以思想教育和开展公益活动相结合，以爱国主义、集体主义和社会主义教育为重点，通过演讲会、报告会、联谊会、业务培训等活动方式进行。

1998 年 5 月，举办“青春献中方”演讲比赛，74 名团员青年参加预赛，21 名进入决赛，教育局青年团员张华以《人生的价值在于奉献》为题，获演讲第一名。

2001 年，组织开展“青年文明号”活动，公安局户政股、就业服务局、江坪道班等单位被怀化市评为“青年文明号”先进集体。谢琴、杨丽萍、周岐清评为“青年岗位能手”。是年 7 月，“三湘百名博士西部行”活动在桐木镇、牌楼镇、中方镇进行，农业咨询服务 100 多人次，当场解决烟叶栽培、葡萄管理等疑难问题 20 个。湖南农业大学李军民博士返校后还就桐木“黑珍珠”葡萄品种改良技术设立科研课题。医学博士给当地农民义诊 1000 余人次，办医学讲座 2 次，医学手术指导 8 例。湘潭大学还捐赠科技文艺图书 1 万册，电脑 7 台，结对扶持 50 名贫困生捐资 1 万元。

2002 年，筹办“玫瑰之约”中方荆坪专辑活动，旨在以《玫瑰之约》节目为载体，鼓舞全县青年献身中方建设，向全国宣传新生中方县正启动生态县城建设重要信息，活动开展井然有序，5 月 12 日在《湖南卫视》首播。

2003 年，“向雷锋同志学习”题词 40 周年之际，开展“雷锋在心中、青春在行动”活动，组织团员青年上街打扫卫生，下乡支农生产，进村入户向群众普及法律知识，帮助“五保户”“特困户”解决临时性困难。

2006 年，桐木镇大松坡村团支部组织团员青年带头发展优质葡萄产业被团中央授予“全国五·四红旗团支部”。

2007 年，开展“青年文明号信用建设示范行动”，县劳动局、县国库集中支付局获“青年文明号”称号。是年，争取到“移动富民惠农”“关爱留守儿童”“希望学校援建”“手拉手”等助学助困行动支持。筹措助学资金 10 万元，已资助贫困生 100 名。

2008 年，汶川“5·12”地震后，开展“传承民族精神，激发爱国热情”活动，联合红十字会、工会、妇联及慈善总会等单位发起抗震救灾倡议，深入乡镇、机关开展宣传和义捐，共筹善款 45 万元，通过红十字会将款项送到灾区人民手中。团县委每年 3 月 12 日植树节，组织团员青年积极参加植树造林活动，至 2013 年，县内已建两个“青年林”基地，其中五龙溪青年林场基地总面积 2 万亩，是当时全国共青团系统最大青年林场，森林覆盖率 84.92%，活立木蓄积量达 6 万立方米。每年对全县优秀基层团组织、团干部、团员及优秀少先队辅导员、少先队员进行表彰，根据团干队伍流动频率快特点，适时举办团干培训班，1998—2013 年，举办各类培训班 15 期，培训 450 人次。

希望工程　1998年8月，开展“希望工程志愿者劝募行动”，共建32支“希望工程志愿者”队伍，吸纳志愿者300人参与活动，发出倡议书《致希望工程捐款者》1000份。其中县交通局、财政局等单位募得捐款2.4万元希望基金。

2005年，联合“安踏公司”在袁家学校举行“安踏希望图书、体育器材”捐赠活动，图书1162册，各类器材价值达3000元。2007年，为牌楼镇陈家湾小学校舍重建，通过多方努力，争取到上海青年基金会捐资25万元。2010年，希望工程援助项目库建立，上半年，在西南旱灾、青海玉树地震期间，依托组织，接收捐款共2.46万元。2012年湖南省“手拉手”贫困疾患少年儿童救助活动，团县委会同扶贫办公室积极做好救助申报工作，获救助资金10万元，均已发放给救助对象。2013年，由现代投资股份有限公司捐资30万元援建聂家村“希望小学”竣工启用，为花桥中学捐教学物资10万元，且用10万元励志基金资助希望小学贫困学生。

四、少先队工作

1998年全县有少先大队22个，少先队员34811人，大队辅导员22人。2013年有少先大队24个，少先队员10271人，大队辅导员24人。组织开展“跨世纪少年雏鹰行动”，推进少年素质教育工程，表彰在工作中作出突出贡献先进典型，以优秀个人和团体为榜样，做“跨世纪文明少年”。

2003年，中方中心小学少先队辅导员陈华、铜湾小学少先队辅导员杨英满等10名辅导员评为怀化市十佳辅导员，铜湾小学少先队大队长唐扬、泸阳中心小学少先队中队长谢运东等20多位同学评为怀化市十佳优秀少先队员。2006年，发出“践行‘八荣八耻’，铸造民族精魂”倡议书，抓好青少年社会荣辱观教育，提高青少年思想道德素养。2008年，“道德先行”活动展开，要求学生“给老师写一封慰问信”“给父母做一件家务事”、每个少先大队举行一次“人人争做道德高尚小公民”主题队会。2010年，开展“灿烂阳光，快乐童年”活动，“新队员入队仪式”“文艺会演”，充分展示少年儿童活动特点及风貌，让少年儿童在丰富多彩活动中感受童年快乐。中兴学校有512人参加。2013年，组织“法制宣传进校园”“面对面”活动，青少年假期自护教育活动，开展“青少年维权岗”工作、预防青少年违法犯罪及校园周边环境整治工作，确保青少年有一个良好学习、生活环境。坚持利用“六一”和大型纪念日契机，在青少年群体中开展“民族精神代代传”“新世纪我能行”“雏鹰行动”“建队日活动”，小学生“暑期集中行动”“手拉手”互助活动“五自”实践活动。邀请“雷锋110”到县一中等学校举办以“沐浴道德阳光、砥砺优秀品质”为主题先进人物事迹系列报告会和道德实践活动，至是年底共举办20场次。

第三节　妇女联合会

一、组织机构

1998年3月，县妇女联合会（简称县妇联）成立。编制5人，设办公室、组宣部、维权部、儿少部。辖22个乡镇妇女联合会，65个机关妇女委员会组织。2013年，县妇联编制5人，辖22个乡镇妇联，64个机关妇委会组织。

二、代表大会

1998年6月22日，县第一届妇女代表大会在原怀化市委小礼堂召开，参会代表147人。选举产生第一届妇联执委会委员21人，常委11人，设主席1人、副主席1人。大会听取和审议当选妇联主席赵忠作《求实创新，开拓进取，积极开创妇女工作新局面》工作报告，并安排部署今后一段时期工作。

2003年9月4日，县第二届妇女代表大会在原怀化市委小礼堂召开，参会代表141人。大会通过妇联第一届执行委员会工作报告，表彰作出突出贡献女性代表。选举产生第二届妇联执委会委员21人，常委13人，设主席1人、副主席1人。

2009年3月26日，县第三届妇女代表大会在中方县行政会议中心召开，参会代表129人。大会听取和审议曾有香作《与时俱进，开拓创新，团结动员全县妇女为全面建设和谐中方而奋斗》工作报告。通过妇联第二届执行委员会报告，表彰作出突出贡献女性代表。选举产生第三届妇联执委会委员21人，常委13人，设主席1人、副主席1人。

三、主要活动

参加两个文明建设　1998年，动员和组织农村妇女围绕农村产业结构调整，开展种植、养殖劳动竞赛活动。2001年，在农村妇女中开展“十村千户巾帼养殖”竞赛活动，引导妇女发展肉牛、奶牛、良种山羊等，近三万名妇女参加活动，出现像泸阳镇菜门溪养羊大户向爱妹为代表的一批养殖能手。2004年，组织号召广大农村妇女“向科技要效益”，搞山地开发，大兴种植业，创庭院经济，建立“绿色银行”，牌楼镇陈家湾村葡萄种植大户潘存叶，桐木镇楠木铺村水蜜桃种植大户王春为代表的一批女种植能手，不断创新种植技术，2010年产值收入近15万元，连续两年评为中方县“三八红旗手”。铜鼎镇养鸡能手谢小玲与丈夫创办规模养鸡场，成为全县养鸡大户，并带动上百户养鸡专业户走上致富路，2013年评为中方县“三八红旗手”。

组织动员妇女开展“五讲四美”“四自四有”，创建“三八红旗手”“五好文明家庭”“双学双比”“巾帼建功”等活动。2001年，旅游局雷厚生家庭评为省级“五好文明家庭”，2005年，中方镇荆坪村潘存印等3户评为市级“五好文明家庭”。泸阳镇小学教师李慧右手从小不慎烧伤导致残疾，却几十年如一日，克服各种困难，忠诚教育事业，被学生亲切称为“妈妈老师”，2010年评为“全国模范教师”“残疾人自强模范”。2013年中国移动湖南怀化中方分公司被湖南省评为“三八红旗集体”。开展“我为新中方作贡献”活动，城镇机关妇女发扬“四自”精神，立足本职，涌现一批“巾帼建功”先进集体和优秀女干部、女职工：县交通局运政大厅评为省级“巾帼文明岗”，社保局、非税局，农业综合开发办、企保局等单位评为市级“巾帼文明岗”，财政局女干部曾军芳、审计局女干部向英、一中女教师杨付英等获“巾帼建功标兵”荣誉称号。1998—2013年，评选出“三八红旗手”150人，“五好文明家庭”150户。

学文化学技术　2000年，县妇联深化“双学双比”竞赛活动，实施巾帼科学致富工程，评为湖南省实施“九十年代发展规划”省级先进单位。2003年，实施“女性素质培训工程”，并制定相关服务与发展目标及考核细则，对城乡妇女综合状况进行摸底调查。制定《中方县女性素质培训工程实施方案》。启动女性素质培训工程。至2013年举办妇女干部和农村妇女培训班13期，培训妇女干部935人次，培训农村妇女765人次，培训下岗女工150人次。各乡镇妇联组织培训农村妇女6315人次。2013年，举办首届妇女干部异地培训班，40名青年妇女干部赴浙江大学短期学习，把平时工作体验与理论知识相结合，尽可能做到学有所得，学习结束后编撰成《学习感悟录》小册。通过培训项目实施，建立健全县、乡(镇)、村三级培训网络，城乡妇女综合素质、劳动技能得到明显提高。

维护妇女儿童合法权益　2001年，发动社会各界爱心人士为失学女童捐款助学，得到社会各界响应，救助贫困失学女童3582名，救助金额达32.1万元，已毕业220名春蕾女生已走上社会，均有一定自立能力。启动“关心关注留守儿童”活动，对“留守”儿童进行摸底，有4000余名留守儿童登记在册，每年“六一”为乡镇学校送去学习、生活用品。在春节期间对贫困留守儿童进行慰问。建立联系卡制度，学校、帮扶人定期与家长联系，建立结帮扶制度，实行点对点帮扶，建立谈心制度，关注留守儿童心理健康、建立应急预案制度，以便及时救助。

2003年5月，县妇联等13个单位联合下发《关于建立中方县维护妇女儿童权益工作联席会议制度的意见》，8月，召开成员单位会议下发维权工作联席会议纪要，在纪要中明确各成员单位工作职责，建立相应维权机构，分别建立“中方县家庭暴力举报中心”（设县公安局），“中方县家庭暴力伤情鉴定中心”（设县公安局），“中方县法律援助中心妇女儿童维权工作站”（设司法局），“妇女维权合议庭”（设县人民法民庭）等维权机构。

2004年，建立乡（镇）维权领导小组，各基层派出所建立“家庭暴力”110报警中心，162个行政村建立“家庭暴力”举报点，在中方、泸阳、铜湾、铁坡四个基层法庭设置“妇女维权合议庭”。增强法院审案透明度，积极参与法院陪审员工作。县妇联派出一名业务骨干担任法院陪审员，参与审理妇女权益案件120余起，协同县妇幼保健院，每年对妇女进行“两癌”筛查，筛查率达95%，治疗率达94%。联合防疫部门，做好儿童和孕产妇疾病的预防治疗和母婴安全工作。启动“降、消”工程，利用农村赶集与基层妇女干部走村入户进行宣传，印发《为了母亲安全——写给乡村妇女干部的话》手册1000册，其他宣传资料10余种，2万份，制作固定标语786条，使“住院分娩”等知识深入人心。经过多年努力，“两率”基本控制在《两个纲要》所规定目标范围内，新生儿破伤风发生率为零，孕产妇死亡率控制在10万分之12.12以内，较好维护妇女合法权益。

2005年7月，乡镇反家庭暴力组织建设率达98%以上，家庭暴力110报警中心创建达99%，村里达75%。2009年，参与平安建设，维护社会稳定，与市妇联在花桥镇梅树冲村建立“平安家庭”创建示范村，妇联系统层层签订责任状，把创建工作纳入基层妇女工作年终考评。以点带面，充分发挥家庭成员重要作用，以家庭平安，促进社会稳定，积“小安”为“大安”，文明立家，科学治家，和谐安家。

1998-2013年，接待各类上访2000余人次，案件主要包括家庭暴力，妇女人身侵权(强奸幼女，拐卖妇女儿童)，离婚财产纠纷，田土纠纷，家庭成员纠纷等，对于各类上访案件，实行首问责任制，保证事事有登记，件件有处理，办结率达98%以上。

2004年，妇联评为全省“妇女儿童维权工作先进单位”，2005年评为县级文明单位。2012年评为市级“妇女儿童维权工作先进单位”。为维护妇女合法权益，促进社会稳定作出一定贡献。2013年根据省妇联要求，建立妇联信访软件系统，对信访案件由专门信访软件登记，提高工作效率。

第四节　工商联合会

一、组织机构

1998年3月，县工商业联合会（又称县总商会）成立。机关编制3人，设主席（会长）1人，副主席（副会长）1人，秘书长1人。至2013年，会员总数711人，其中企业会员123人、个体会员588人。

二、代表大会

1998年6月17日，县工商联（总商会）第一届会员代表大会在原怀化市委招待所召开，参会代表81人，选举产生第一届执行委员会委员35人，其中常委15人，会长丁建成，副会长肖力耕、郭世金、胡永军、袁新华、金赛华、刘亮、江恒毅等7人，秘书长谢小芳。

2001年11月23日，县工商联（总商会）第二届会员代表大会在原怀化市委招待所召开，参会代表81人，选举产生第二届执行委员会委员45人，其中常委27人，会长向岩松，副会长肖力耕、杨贤良、周小毛、杨修恒、赵建喜、周庭福、倪志远、杨春中等8人，秘书长谢小芳。

2006年10月27日，县工商联（总商会）第三届会员代表大会在中方县行政会议中心召开，参会代表99人，选举产生第三届执行委员会委员59名，其中常委23人，会长向岩松，副会长李光有、李述云、杨文富、刘兴军、张小明、李旭、杨辉、苏本团、周时贵、林武、林荣清、唐志超、谢永健等13人。

根据《中华全国工商业联合会章程》规定，2007年11月9日，工商联会长、副会长的称谓更改为主席、副主席。

2011年11月11日，县工商联（总商会）第四届会员代表大会在中方县行政会议中心召开，参会代表154人，选举产生第四届执行委员会委员31人，其中常委21人，县工商联主席张小明，副主席向本科、蒲仕勇、吴翰敏、杨树（女）、周宗侯、杨理唐、袁文泉、唐贤刚、李吉财、苏文明、洪康健、刘兴军、何其海、潘青山、梁晓萍（女）等15人。

三、主要活动

县工商联主要围绕调查研究、参政议政、招商引资、服务引导方面开展系列活动。

调查研究、参政议政　1998年，县工商联组织人员到非公企业、基层商会、个体工商业者中进行调查研究。就县城规划、城市交通、旺市融城、撤县改区、民生问题、非公有制经济发展等有关热点、难点问题提出合理化建议。通过多种渠道为会员和会员企业及时提供政策、市场、科技、招商引资等信息。至2013年，写出调查报告60份，在各届人大、政协会议上，工商界代表、委员提交议（提）案113件，各种建议400条，为会员、会员企业提供人才、技术、设备、产品供销等各类信息1万多条。

招商引资，服务引导　2001年，县工商联根据会员及会员企业实际需求，针对中小企业融资难问题，创造条件，搭建企业与金融机构、私营投资者、担保公司等联系平台，为各类企业融资近12亿元。2010年，召开三届三次执委会，就有关旺市融城进行座谈，广泛听取各位执委对旺市融城建议，动员机关工作人员做好入住县城各项准备工作，并向工商联会员及会员企业广泛宣传，鼓励到中方县城购房置业。成功引进湖南金珠米业有限责任公司、中方县桐木茶厂等一批知名企业到县城置业投资。通过组织会员参加湘商大会，同全市兄弟商会及闽南商会、福州商会、宝庆经互会等组织广泛交流，宣传投资环境，积极引导做好招商引资工作。县工商联依靠其特殊地位，利用联系广、朋友多优势，围绕县委、县政府提出“旺市融城”“产业招商投资年”等中心工作，先后通过以商招商、以友招商、以商会招商等多种形式，组织本地和外地企业来参观考察达150次，成功引进12家较大企业到中方县置业发展，累计投资30亿元。成功引进世界闽商集团来投资“国际中龙建材物流城”项目，总投资达18亿元。2012年，县工商联纳入投资工作目标管理单位。为县域中心市场二、三期项目、怀化康嘉医药物流配送项目、中方家居建材机电大市场、龙井家园三期、中方建材物流园等项目协调服务，做好这些项目开发商工作，并协助处理这些项目开发过程中出现各种问题，让项目安心落地，累计完成投资3亿元。2013年，民营经济完成营业收入82亿元，同比增长17%，完成增加值28亿元，同比增长12%。完成税金40774万元，同比增长16%。固定资产投资纳入县级管理项目80个，完成投资41亿元，同比增长8%。非公有制经济成为县域济发展极其重要力量。

学习培训 2008年5月，组织会员100人参加全市非公有制经济人员培训，听中南大学王海伦教授关于中小企业如何应对金融危机讲座。2009年，邀约100人参加由中国中小企业协会主办，中国培训网首席讲师，中国移动营销专家郑予扬主讲小企业快速发展之道总裁峰会。2010年组织200人听取由香港资深管理专家王继前教授主讲创新管理打造卓越领导才能专题讲坐，请博士生导师，礼仪专家金正昆主讲“时代需要高素质人才”。

联络交流 组织县内民营企业家与市内林、省内外民营企业家进行友好交流，为参观考察搭建平台，广泛接触，建立友好往来关系。贵州、湘潭、江苏、福建、湖北、内蒙古、重庆、广东、广西、四川等省（自治区、直辖市）及县级工商联（总商会）建立友好协作关系。

光彩与社会公益事业 2010年，会员企业单位为新建县城搬迁有困难的农户捐款2.6万元，截至2013年底，县工商联累计向社会公益事业，抗灾抢险、扶贫济困，建桥修路等无偿捐款捐物达一千余万元。有10名委员与蒿吉坪民族中学10名贫困学生结成助学对子，每期为其资助学费600元，直至初中毕业。2011年9月，组织康龙助学活动，县工商联非公有制经济企业捐款10万元。2013年，县工商联作为铜鼎镇后盾单位，联系南家坊、张家溪、赤岩湾三村，支持新农村建设。依靠工商联这一平台优势，动员有实力、有爱心非公有制企业家下到村，实行“村企对接，同发展”模式，在农村道路改造，改厕，安全饮水等基础设施建设中共资助近20万元。鼓励、引导非公有制企业尽可能多吸纳下岗职工和返乡农民工，按排就业达2万人。2013年9月，在金秋助学活动中，非公有制经济企业和企业会员募捐5.2万元，用于资助县域11名贫困学生上大学。还在民营企业中坚持开展“关爱员工、实现共赢”活动，培养良好企业文化。

第五节 文学艺术界联合会

一、组织机构

1998年县文学艺术界联合会（简称县文联）成立。编制2人，归口宣传部管理，有作协、美协、书协、音协、舞协、戏协、摄影家协会，会员800人。2013年，机构人员编制不变，有会员1500人。

二、代表大会

1998 年 7 月，县文联第一次代表大会在原怀化市委招待所召开，参会正式代表 50 人，特邀代表 10 人。听取和审议文联筹备小组工作汇报。选举产生县文联主席 1 人，副主席 2 人，秘书长 1 人。

2003 年 9 月，县文联第二次代表大会在原怀化市委招待所召开，参会代表 85 人，听取和审议文联第二次代表大会筹备工作汇报，修改文联章程，表彰为文学艺术作出突出贡献文艺工作者。选举产生县文联主席 1 人，兼职副主席 2 人，秘书长 1 人（2008 年 3 月，增设专职副主席 1 人）。

2012 年 11 月，县文联第三次代表大会在行政会议中心 5 号会议室召开，参会代表 140 人，农村代表 28 人，机关代表 72 人，其中妇女代表 38 人。听取和审议《团结奋进，开拓创新，为推进全县文学艺术事业大繁荣大发展努力奋斗》工作报告，修改文联章程，表彰为文学艺术作出突出贡献文艺工作者。选举产生县文联主席 1 人，兼职副主席 3 人，秘书长 1 人。

三、主要活动

组织文艺工作者参加全国摄影作品展，全国、省级戏曲、舞蹈比赛，“盛世丹青，潇湘风采”“中华颂”全国书画大赛，“潇湘杯”作家网文学创作。共参与组织策划不同形式、不同风格的大小文艺节目 200 多台，举办美术、书法、摄影作品展 8 次，大型笔会 8 次，采风活动 22 次，大型培训、座谈会 2 次，五届“春芽杯”文学创作竞赛活动。组织文艺创作作品两千余件（个）。其中获奖近 2000 件，市级奖作品 663 件，省级奖作品 312 件，国家级入展入奖作品 89 件。开展群众喜闻乐见的“广场文艺”等系列健身文艺活动。积极主动组织业余剧团骨干培训 1000 余人次，广场舞、秧歌舞培训 6000 余人次。

围绕繁荣文艺创作，培养文艺人才，开展文艺活动。创会刊《中方文艺》，每年出版一期，已总第八期。各协会每年开展 1~2 次采风、基层考察等笔会活动，邀请文艺界知名人士到中方讲座授课，提高会员知识水平和创作能力。注重文艺创作、文化资料收集、讴歌宣传新中方的社会建设成就，向社会传递正能量，为繁荣社会主义文学艺术作积极贡献。2008 年，评为湖南省文联系统先进单位。

文学创作　2007 年，陈利会报告文学《借“三个代表”行骗中方》获《人民日报》三等奖。2010 年，其短篇小说《意外》《打拐》《对方》先后在国家级刊物发表。短篇小说《哎呀呀》在《西部》杂志上发表，获湖南作家网“潇湘杯”优秀奖。

邓玉华短篇小说《生日礼物》《我家的天气预报》《情书》等 10 多篇作品在省级杂志上发表。

书画　张孟平在中国收藏杂志上发表美术作品 9 件，中国书画报发表作品 2 件，《雪峰上之最》《千峰万壑》《幽谷泉声》在省级刊物上发表。《依山观云》《黄山哨岗》《凭栏看山人自醉》等作品。《武陵春雪》被选入当代书画家邀请展并收入画集。国画《山水》入选全国美术作家站。

张新程书法作品2010年参加湖南改革开放20年艺术联展获，2012年全国“文明杯”书法大赛二等奖，入展“盛世丹青、湖湘风采”艺术联展入围全国第三届齐白石艺术展。刘生跃、杨荣欢作品入选湖南省第四届新人新作展。蒋林志作品在全国第十八届“中华颂”书画大赛获一等奖。

摄影 2009年，杨苏平作品《大宅门》入选第三届多彩贵州、中国原生态国际摄影展，入选中国橘子洲国际摄影文化摄影展。2010年，张首辉摄影作品《丰收舞》《秋之舞》《云自远方飘来》《书海倩影》《巡》获得全国优秀奖，省“群星奖”铜奖和省厅颁发的金奖、银奖，其摄影论文获全国及省厅一等奖和二等奖。

戏曲、舞蹈 2002年，田小明、杨通、罗江丽等创作小品《生日》获省“群星奖”银奖。2004年，小品《唱支山歌给党听》获省二等奖，小品《东山下的腊梅》获省银奖。1999年，罗江丽的舞蹈《珠穆朗玛》获广州比赛一等奖。2005年代表湖南省参加全国的秧歌舞大赛，先后获金、银、铜奖。

音乐 2007年由杨通创作的《打糍粑》、2010年由翟祖刚、米小红、韩雪琴创作的《中方少年》《中方放歌》《我的家乡铜湾美》《金银花》等歌曲，深受群众喜爱，并在市、县各种文艺活动中多次演唱。2010年杨通、田小明二重唱《送别》获省一等奖，全国二等奖。2012年，翟祖刚获怀化市文学艺术界联合会颁发的“德艺双馨文艺家”荣誉称号。评为“湖南省钢琴优秀指导老师”称号。

群众文艺 2008年建县10周年之际，与中央电视台“激情广场”栏目合作举办大型文艺演出，向中国、向世界传递新建中方县的信息。2013年在中方首届刺葡萄节之际，原文联主席艾培林主编《绿色明珠生态中方》画册，由宣传部主编，摄影家协会协办出版1999—2002年铜湾镇、桐木镇分获湖南省“百家民间职业剧团”及“艺术之乡”称号。2007年，蒿吉坪杨贤生获湖南省非遗颁发的“瑶鼓传承人”称号。2012年，中方泸阳金塘广场舞队参加中国广场舞挑战赛获银奖。2012年，中方一中啦啦操在世界比赛中获第六名（唯一一支学生队伍进入决赛），全国比赛获两个第一，2013年，牌楼镇“阳戏剧团”正式挂牌成立。让老百姓在田间地头、房前屋后也能感受到文化、文艺带来的多彩生活。

第六节 科学技术协会

一、组织机构

1998年3月，县科学技术协会（简称县科协）成立。机关工作人员12人。设办公室、学会部、普及部。2013年，县科协机构不变，机关工作人员增至15人。相继成立农学会、畜牧水产学会、医学会、农技推广学会、杨梅协会、湘珍珠葡萄协会、金银花协会、陈家湾柑橘协会等专业学会30个，会员600人，22个乡镇建有科协组织，配备科技专干，建立村科普小组352个，配备村科协副主任300名，科协委员2198人。

二、代表大会

1998年6月，县第一次科协代表大会在原怀化市委招待所召开，选举产生第一届县科协委员会委员25人，常委9人，其中协会主席1人，副主席2人。

县第二次科协代表大未如期召开。

2008年3月，县第三次科协代表大会在县行政会议中心召开，选举产生第三届县科协委员会委员25人，常委11人，其中协会主席1人，专职副主席1人，兼职副主席3人。

县第四次科协代表大会未如期召开。

三、主要活动

县科协贯彻“科学技术是第一生产力”理念，坚持以经济建设必须依靠科学技术，科学技术必须面向经济建设，积极开展科普宣传教育活动。1999年评为湖南省科普示范县创建单位，2003年1月接受湖南省科协检查验收。2011年、2012年，县科学技术协会连续二年被授予“怀化市科普工作先进单位”称号。

农民素质教育　县科协每年举办两期农民素质培训班，参加培训人员达1500人。同时，落实科学发展观，深入开展“百会千户带万家科普惠农行动”。

科普惠农新村　“科技兴县”计划颁布后，科协积极开展科技示范创建活动。发展农村科普示范基地22个，2009年成功推荐湘珍珠葡萄协会为怀化市唯一一个“全国优秀农技协”，2010年小水果、铁坡桃树湾金银花获省市“科普示范基地”称号。2011年12月，铁坡桃树湾金银花基地评为省科普示范基地。2012年张莹莹获“全国科普示范带头人”称号。2013年同乐社区获省级“科普益民社区”称号。

科普宣传　每年9月中旬结合“全国科普日”，开展“科普日”宣传活动15次，农民科技培训。每年开展两次科普宣传活动，为期半个月，在县城金大地广场开辟科普宣传栏，举办科普图片展览30余场次，展出资料212篇，图片400幅，观众达1万余人次。会同农业、畜牧水产、林业、新闻宣传（电视台）、食品药品监督、教育、卫生、文化等单位联合开展科技下乡活动，深入农村、学校广泛进行科普宣传。为群众送去科技书籍5000册，印发各类科技资料2万份，开展现场咨询23次，科技培训20次，举办科普讲座20次，受听群众达3万余人次。

青少年科技创新竞赛　县科协以中小学为主阵地，在青少年中广泛开展科普活动。相继成立科技辅导员协会，组建各种科技活动小组360个，组织辅导青少年开展小发明、小创造、小论文为主要形式的竞赛活动，组织中小学生参加全国、省、市青少年发明创造和撰写科普论文，开展生物百项科技竞赛，青少年消除碘缺乏病科普活动，组织参加怀化市青少年科技创新大赛。中小学青少年科技创新大赛中共获得市一等奖14项，二等奖22项，三等奖37项。县一中杨美瑛老师获市科技竞赛优秀教师奖和省科技竞赛园丁奖。

培植科普示范户 2011年，陈金兰、蒋元忠、杨圣良、张莹莹分别获省级“科普示范户”称号，2013年，已经发展省级科技示范户26户，市级科技示范户50户，县级科技示范户315户，乡级科技示范户2315户。

第七节 残疾人联合会

一、组织机构

1998年4月28日，县残疾人联合会成立（简称县残联），编制4人，副科级单位。9月，始建县残疾人服务社、中方县残疾人康复服务指导站、残疾人用品用具供应服务站3个二级机构。1999年县残联升格为正科级单位。2002年5月，县残联设办公室、康复就业部。2012年，机关在编11人。214个行政村、16个社区各选聘1名残疾人工作专职委员。

二、代表大会

1998年6月29日，县第一次残疾人代表大会在原怀化市委招待所会议室召开。与会代表67人，其中正式代表55人，特邀代表12人。大会审议通过《中方县残疾人联合会章程》和《〈残疾人保障法〉中方县实施细则》。提出本届主席团及执行理事会工作任务，号召残疾人顽强拼搏、克服困难积极投身到社会主义建设事业中去，选举产生第一届残联执行理事，选举理事长1人，理事2人，聘请名誉主席1人。

2003年5月27，县第二次残疾人代表大会在原怀化市委招待所会议室召开。正式代表69人，特邀代表46人。大会听取并审议潘建湘作残联工作报告，部署今后工作任务。学习《中国残疾人联合会章程》，审议通过《大会选举办法》。表彰助残先进单位、先进个人和残疾人自强模范。选举县残疾人联合会主席1人、副主席2人，执行理事长1人、理事1人，聘请第二届主席团名誉主席。

2008年6月5日，县第三次残疾人代表大会在怀化大酒店召开。大会代表共110人，正式代表67人，特邀代表43人。大会审议通过《县残联第三次代表大会选举办法》《关于潘建湘同志所作报告的决议》《关于授予大会主席团有权增补主席、委员的决议》。选举产生县残疾人联合会第三届残联主席1人、副主席3人，理事长1人，副理事长1人，理事1人。

2013年5月13日，县第四次残疾人代表大会在中方县铜锣湾大酒店七楼会议室召开。大会代表共115人，正式代表69人，特邀代表46人。大会听取和审议《关于聘请名誉主席的决议》《关于杨司武同志所作工作报告的决议》《关于授予主席团有权增补主席团委员的决议》。表彰助残先进单位、先进个人和残疾人自强模范。选举产生第四届残联主席1人、副主席2人，执行理事会理事长1人、副理事长2人、理事1人。

三、主要活动

1998年，全县有残疾人17238人，占总人口的6.1%。2004年有残疾人17423人，占全县总人口的5.9%。2013年，有残疾人18724人，占全县总人口的6.24%。

残疾人康复　残疾人康复项目主要有0～6岁儿童抢救性康复、白内障复明手术、精神病免费服药、免费安装假肢、免费提供辅助器具等。

1998年，完成白内障复明手术60例。特殊人群补碘546例。智力儿童训练4人。低视力配镜2例。肢体康复10例。义务就诊63人次。

1999年5月，在泸阳开展第九个全国"助残日"活动，活动主题为"无障碍，视觉第一"，参加人数1.5万人次，义务咨询145人次，义务就诊114人次，发放宣传资料500余份，制作专刊2版，大小标语横幅30余条（幅），广播循环宣传《中华人民共和国残疾人保障法》及有关残疾人优惠政策法规。10月组织12名白内障患者赴洪江实施复明手术，复明率达100%。

2000年，完成白内障复明手术100例，肢体康复训练20例，智残儿童康复训练6例。聋儿康复训练5例，聋儿家长培训10人，免费矫形器适配10件，建立康复站1个和用品用具供应站1个。

2001—2002年，免费白内障复明手术165例，低视力配镜15例，肢体康复训练12人，智残儿童家庭训练6人，免费适配辅助器具163件，聋儿家庭训练14人，儿童脑瘫康复5例。

2003—2004年，免费白内障复明手术185例，低视力配镜9例，智残儿童训练6人，肢体康复9例，免费安装假肢6例，脑瘫儿童训练2例，免费适配辅助器具178件，聋儿语训4例，家训4例，发放资料5000份。

2005年，进行白内障普查，共查出白内障患者512名。同年，将怀化市第三人民医院定为中方县"视觉第一中国行动"定点医院，当年共实施白内障免费复明手术265例。

2006—2008年，建立健全泸阳镇新店坪村、中方镇乌溪村、牌楼镇牌楼社区等村（社区）康复站。免费送10名白内障患者到靖州接受国家医疗队专家治疗，免费适配辅助器具842件，聋儿康复28例，专项救助聋儿1例，聋儿家长培训3人，资助精神病患者服药249人次，为3名重性精神病患者提供免费住院治疗。盲人定向行走训练20人。

2009年，培训社区康复员200余人，健全牌楼镇阳合垅社区、袁家乡上炉村、牌楼镇陈家湾村等（村）社区康复站，10月27日，在全市残联理事长会议上推广中方县残疾人社区康复工作经验，并到泸阳镇新店坪村现场参观。资助123名精神病患者，每人600元相关药品，免费为5名重性患者提供住院治疗服务，请专家培训精神病监护人200人。

2010—2013年，为6744残疾人建立康复服务档案，残疾人康复服务建档率达到100%。乡镇卫生院全部设置康复室，配全乡镇康复指导员和社区康复协调员272人，实现全部轮训，开展0—6岁残疾儿童免费抢救性康复34人次，免费适配辅助器具350余件，免费白内障手术150余例。1998—2003年底，残疾人康复2809人，县残联评为“全国残疾人社区康复示范县”。

残疾人宣传教育 1998—2013年，发放宣传册20000册。制作大小横幅、标语159条幅。各类墙报、宣传刊126版。在中国残联、省、市残联网站及各类报刊、杂志上发表新闻稿、论文100篇。印编《残疾人法规汇编》5000册，义务咨询近万人次。

2000年，组织《新世纪的曙光——中方县残联事业发展掠影》及《按比例安排残疾人就业规定政策指南》在全市巡回展出。在县城金大地广场、荆坪古村旅游区设置宣传栏。结合助残日，集中开展“康复知识进社区宣传月”活动。音乐剧《党恩如山》获全省第七届残疾人艺术汇演铜奖。

2009年始，对残疾学生及贫困残疾人家庭学生进行资助，并由湖南省残疾人联合会授予“残疾人职业技能实用技术培训项目工作先进单位”。

2011年，集中开展“康复知识进社区宣传”。建立4个残疾人互助组织和4个家长组织，并开展业务培训，提高残疾人的参与意识。8月，举办村（社区）残协主席和专职委员培训班，共培训中方镇、牌楼镇残协主席（村居主任兼）、残疾人专职委员（公开考试选聘任职）、村医（康复协调员）、乡镇残联理事长共89人。9月21日，在袁家乡举办中国残联—CBM社区康复培训（之后每年开展CBM培训2期），共培训61人，培训内容包括CBM社区康复知识、就业教育等业务知识，邀请怀化市第四人民医院、三医院、中医院等专家讲解精神病防治、白内障复明手术、脑瘫、肢体康复等专业知识。9月27日，在中方镇岩头园村举办残疾人庆国庆茶话会，宣讲残疾人康复、就业、教育等方面优惠政策。

残疾人就业帮扶 1998年，有一些残疾人福利企业（如新建乡纸箱厂、铜湾福利院等）出现一些残疾人致富能手（如蒲宏岩、唐长喜等）。

2001年，在城镇广泛开展残疾人职业技能培训，制定《开展“包、帮、带、扶”工作计划》。其中，培训盲人按摩人员12人。在农村，开展柑橘改良、黄姜生产等农业技术培训，参培人员50名。

2002年，与妇联、团委、文化、科技、司法、民政等部门协调，把贫困残联疾人纳入“双学双比”“希望工程”“科技助残”“文化助残”“法律援助”等系列活动中。

2003年，按照中国残联和湖南省残联关于在“十五”期间启动“农村贫困残疾人无房户和危房户建设改造工程”指示精神，县残联全面开展农村残疾人无房户、危房户摸底调查。残疾人中无房户92户，危房户201户。2006年始，为315户残疾人进行危房改造。

2008年，扶持牌楼坳镇板山场村肢体残疾人唐立英在鹤城区城北开办一家盲人保健按摩中心，安排8名盲人和2名肢体残疾人就业。扶持肢体残疾人王学文和蒲建华在家办起养殖场，养殖蛋鸡。至2013年，共扶持残疾人自主创业、发展生产200余人次。

2011年，为60户贫困残疾人进行家庭无障碍改造。

2012年，为41名残疾人200万元贷款按年利率11.1%标准贴息22.2万元。按照一、二、三、四级持证残疾人每月分别补助160元、120元、80元、60元标准，为县城规划区内失地少地持证残疾人补助生活费。

2013年底，为下肢残疾人发放燃油补贴1300余人次，资助一、二级持证残疾人参加新农保、新农合3000余人次，居家托养服务400余人次（每人每年600元）。共资助残疾学生及贫困残疾人家庭学生700余人次。是年11月，在全省残联系统干部扶贫培训会上，县康复扶贫贷款贴息工作被作为先进典型在全省推介。

1998—2013年中方县残疾人就业情况统计表

表6-2-7-1

年份	个体就业	按比例就业	集中就业	分散就业	合计
1998	30	33	—	100	163
1999	30	34	—	121	185
2000	31	35	11	204	281
2001	32	35	12	418	497
2002	34	36	12	509	591
2003	34	36	12	654	736
2004	35	36	13	714	798
2005	35	36	13	769	853
2006	40	37	13	801	891
2007	40	36	13	826	915
2008	40	38	13	879	970
2009	41	39	13	911	1004
2010	41	39	15	921	1016
2011	42	37	15	1011	1105
2012	42	37	15	1123	1217
2013	42	39	15	1214	1310

第七篇

法治 军事

FA ZHI JUN SHI >>>>>>>>>>>>>>

第七篇 法治 军事

第一章 公 安

第一节 机 构

1998 年 5 月，成立中方县公安局。下设办公室、政工室等 8 个股室，刑侦、治安、交警、消防、保安 5 个直属队及 22 个乡镇派出所，有干警 114 人。2002 年 1 月，设城关和工业园派出所，派出所撤并为 16 个。2006 年 4 月，全县设中方、泸阳、花桥、铜湾、新建、铁坡、牌楼、接龙和城关、工业园派出所等 10 个派出所，民警 62 人。2013 年 12 月，全局有干警 194（含消防干警 23 人）人。内设指挥中心（办公室）、国内安保、刑侦、治安、禁毒、人口管理、交通管理、监所管理、政工、执法监督、警务保障等 11 个股室，辖消防大队（现役武警编制）及 10 个派出所。

2008 年，县公安局获评为全国“三基一化”（抓基层、打基础、苦练基本功、加强队伍正规化建设）先进单位。2008—2010 年为全省优秀公安局及“三基一化”先进单位。2012 年 5 月，中方县公安局被授予“全国优秀公安局”荣誉称号。

第二节 安全保卫

1998 年，中方县公安局在厂矿企业、农村村组、街道社区聘请情报信息员 183 人，形成“纵到底、横到边”的社会情报信息网络，在重大节会活动等“敏感期”，公安干警 24 小时值班、巡警 24 小时上路巡逻。1999 年，深化派出所政保工作改革。是年，摸排邪教“法轮功”、门徒会组织 2 个、骨干人员 8 人，排查纠纷隐患 8 起，依法查处和制止利用宗教进行的非法活动事件 5 起。2000—2002 年，收集情报信息 181 条，打击处理邪教“法轮功”人员 174 人。2003 年，全县因农村税费改革、企业与地方纠纷、边界纠纷等引发的不安定因素增多，县公安机关聘请厂矿企业和农村基层情报信息员 206 名，新增特情 3 名，全年搜集上报信息 84 条。是年，妥善处置一批影响稳定的苗头及事端。2004 年，特情网络排查信息 152 条，处置“3·10”邵怀高速公路 33B 标段因阻工引发的群体性事件，确保社会秩序持续稳定。2005 年，对邪教“法轮功”“门徒会”等非法组织实行“零”指标管控，坚持露头就打，现场抓获并处置散发非法传单的“门徒会”成员周某等 2 人。2008 年，怀化市和中方县举行成立十周年庆典活动，全县对重点人员实行民警、乡、村、组、信息员“五把锁”控制，共收集情报信息 400 多条，调处各类矛盾纠纷 340 余起。2009—2010 年，针对征地拆迁、库区移民、上访老户等突出问题和重点人员实行稳控措施，搜集情报信息 1300 余条，化解涉稳涉案突发性事件 112 起。2011 年，开展“大情报网络平台”建设，采集涉稳、涉恐、涉访人员信息及预警性情报信息。全县聘请特情信息联络员 246 人，聘请特情人员 35 名，确定网评员 29 名。是年，收集各类深层次预警性信息 810 条。2012—2013 年，制定预案、配备梯队式应急警队，处置各类涉稳涉案突发性事件 74 起，收集各类特情信息 1830 余条，对重点群体规模性上访活动的预警达到 100%。

第三节　刑事侦查

1998—2013 年，破获各类刑事案件 3658 起，其中重特大案件 557 起。坚持依法从重从快和“稳、准、狠”的严打方针，打现行、破大案、摧团伙、追逃犯，加强对暴力案件和恶性案件、特大案件的侦破，开展“反盗、打抢、除暴、扫丑”“治爆缉枪”“打拐”、打击车匪路霸、禁毒、禁赌等系列专项斗争。

表 7-1-3-1

1998—2013 年中方县刑事案件统计表

年度	案件合计		几类主要案件														盗窃		抢夺		诈骗		毒品犯罪		经济犯罪		其他		经济
			放火		爆炸		杀人		伤害		强奸		绑架		抢劫														
	立案	破案	立	破	立	破	立	破	立	破	立	破	立	破	立	破	立	破	立	破	立	破	立	破	立	破	立	破	财物损失（万元）
1998	114	84	1	1	—	—	6	5	7	7	4	3	—	—	19	14	49	28	—	—	6	6	1	1	2	2	21	19	20
1999	120	108	3	2	—	—	1	1	12	10	12	11	—	—	14	13	33	27	—	—	2	2	3	3	12	10	40	39	40
2000	163	150	2	2	2	2	11	9	30	29	4	4	1	1	12	11	33	28	—	—	3	3	1	1	16	16	64	60	57.76
2001	217	137	2	1	4	3	2	2	8	7	2	2	2	2	18	9	105	52	—	—	9	9	4	4	16	16	61	46	68.84
2002	1164	305	1	—	1	1	7	5	54	38	4	3	1	—	22	16	685	87	—	—	41	6	126	53	40	15	222	96	154
2003	813	213	—	—	—	—	1	2	23	14	12	11	—	—	29	15	523	42	—	—	36	4	22	22	14	14	167	104	78
2004	301	183	—	—	—	—	5	5	11	5	5	3	—	—	33	23	95	14	—	—	3	—	40	40	1	1	109	93	152
2005	538	378	—	—	2	2	1	1	29	22	19	18	2	1	17	9	194	68	—	—	7	4	29	29	2	2	238	224	111
2006	353	216	8	7	—	—	4	5	18	14	1	—	1	1	21	12	176	76	7	7	3	—	47	47	2	2	67	47	88
2007	371	245	2	1	—	—	1	3	16	10	1	1	—	—	9	4	264	175	—	—	21	13	11	11	4	4	46	29	176
2008	389	350	2	1	—	—	4	3	16	12	1	1	—	—	9	5	277	272	1	—	22	6	16	16	—	—	41	34	137
2009	372	277	—	—	2	—	4	4	24	19	3	3	—	—	14	9	207	143	4	—	21	12	38	38	3	3	55	49	122
2010	461	213	—	—	—	—	6	8	23	18	2	2	—	—	6	1	318	114	2	—	29	15	13	13	1	1	62	44	166
2011	563	277	1	—	—	—	3	3	28	26	4	3	1	1	10	1	360	104	2	—	20	5	28	28	3	1	103	105	284.28
2012	548	244	—	—	—	—	1	2	24	20	2	1	—	—	7	3	354	107	2	—	17	2	33	28	62	43	46	39	468.53
2013	646	278	1	—	—	—	2	2	11	7	8	2	—	—	5	3	447	135	5	—	36	1	42	34	11	9	78	85	367.09

一、集中打击

侦破命案　1998—2003 年，全县共发生命案 28 起，破获 24 起，破案率 82.14%。2003 年，破获 1 起积命案——聂家村白洋坪村 1990 年发案的故意杀人案。2004 年，全国开展“侦破命案专项行动”，县公安机关将命案侦破列为“一把手”工程，成立以局长任组长的“命案侦破领导小组”，建立快速反应机制。2004—2005 年，发生命案 6 起，破案 6 起，实现“现行命案不欠账”目标。2006 年，完善命案侦破责任机制，快速侦破命案。是年，发案 4 起，均得到快速侦破。2007 年，开展积命案侦破行动。是年，破获积命案 2 起。铜湾镇黄溪村的 2000 年“11·30”故意杀人案告破，潜逃 7 年之久的犯罪嫌疑人杨某被抓捕归案。2010 年 6 月，48 小时破获“6·21”泸阳杀人碎尸案。尔后，经过 5 个月的深挖案情，连破 5 起碎尸积命案，凶手伏法，群众拍手称快。2011 年，公安机关快速破获影响恶劣的“9·15”“12·5”中兴学校、“12·26”中方镇中心完小等校园杀人案，有力地震慑犯罪。2011—2013 年，共发生命案 6 起，破 7 起（其中积命案 1 起）。1998—2013 年，全县共发生命案 59 起，破获 60 起（含积命案 1 起）。

打击“两抢一盗”（抢劫，抢夺，盗窃）　1998 年 6 月，在花桥镇破获“6·8”和“6·11”两起团伙抢劫案，摧毁以金某为首的 7 人车匪路霸团伙 1 个。1998—2000 年，抢劫案、盗窃案共立案 160 起，破获 121 起。2002 年，境内国道、省道“两抢一盗”案件频发。县公安机关重点打击车匪路霸和盗窃案件，多警联动，设卡守候，加强路面巡逻，破获“两抢一盗”案件 179 起，摧毁犯罪团伙 16 个 57 人，其中破获重特大案件 15 起。2003 年，根据省公安厅“春季严打侦破会战”部署，全县开展打击“两抢”专项斗争，共破获抢劫、盗窃、敲诈勒索案件 61 起，抓获犯罪嫌疑人 47 名，其中提请批准逮捕 39 名，劳教 8 名，境内“两抢”等多发性犯罪案件减少。2006 年 8—10 月，开展为期 50 天的“50 风暴”和打击“两抢一盗”的专项斗争。共破获各类盗窃案 85 起，抢劫案 19 起，其中持刀抢劫案 5 起，摧毁盗窃团伙 8 个，抢劫团伙 3 个。2007—2011 年，中方、花桥、泸阳、牌楼等乡镇盗窃摩托车和通信电缆案件多发，公安机关紧扣这类多发型侵财案、系列案进行攻坚，破获系列盗窃案 828 起，摧毁盗窃犯罪团伙 61 个，抓获团伙犯罪成员 212 人。其中苦战 8 个月，于 2010 年 4 月成功破获特大跨省系列机动车案，追回被盗机动车 14 台，案值 200 余万元。2012 年 5 月，打掉流窜盗窃耕牛团伙 1 个，破获流窜中方、芷江、鹤城等地系列盗牛案 23 起，挽回群众经济损失 15 万元。2012—2013 年，公安机关对危害群众财产安全的“两抢一盗”案件高压打击，专案专办，破获入室盗窃及抢劫、抢夺案 325 起，摧毁盗窃团伙 30 个，抓获犯罪人员 118 人。

打拐追逃　1998 年，县公安局追回外逃人员 31 名，其中重大逃犯 14 人，特大逃犯 12 人。1999 年 7—9 月，全国开展“网上追逃”行动，县公安局追回网上逃犯 15 名。2000 年，开展“网上打拐”专项斗争，抓获人贩子85人，打击处理65人，解救妇女104人，儿童14人。是年，破获“3·2”云南拐卖儿童一案，抓获人贩子7人，解救儿童4人。2001年，境内上网追逃156名，负命案的7名，网上追回逃犯92人。成功抓获群众反响很大、省厅督办的杀人逃犯李某和黑社会性质组织骨干聂某。2003年实行近战远攻的追逃方法，抓获逃犯14人。2004年，公安机关坚持“谁办案、谁负责追逃，谁负责起诉”的原则，实行破案追逃责任制，抓获网上在逃犯罪嫌疑人52人，抓获外省在逃犯罪嫌疑人4人，协外破案12起。2005年，制定《中方县公安局破案追逃奖惩办法》，加大案件侦破速度及逃犯追捕力度。2005—2007年，共抓获逃犯153人。其中，抓获2000年“11·30”杀人案潜逃7年的犯罪嫌疑人杨某。2008年，公安机关全力开展追逃行动，通过政策攻心、巧借外力、科技追逃，抓捕逃犯效率大大提高，共抓获逃犯89人，其中外省逃犯4名。是年，中方派出所被市公安局评为追逃先进单位，牌楼派出所荣立集体三等功。2011年5月，公安部开展“清网行动”，全县共有在册逃犯66人，县公安机关印制《致在逃人员亲属的一封信》，通过宣传教育、规劝感化等手段，抓获59人，其中2人主动投案自首，全县在逃下降率达89.4%。2012—2013年，坚持严打高压态势，共抓获逃犯64人。1998—2013年，网上共追捕逃犯488人。

二、经济犯罪案件侦破

1998年，县公安局国内安全保卫股受理经济犯罪案2起，破2起，追回经济损失14.5万元。1999年，县公安局成立经济文化保卫股，受理经济案12起，破10起，抓获涉嫌犯罪人员12人，提请批准逮捕1人，挽回经济损失40余万元，仅泸阳供销社舒某挪用公款一案就挽回经济损失21万元。2000年，县公安局成立经济侦察大队，负责全县经济案件的侦破，是年，立经济案16起，破16起，提请批准逮捕9人，劳教2人，行政处罚5人，挽回经济损失50多万元。2001年，公安机关会同工商、税务、技监等部门开展社会主义市场经济秩序整治行动，成立经济犯罪举报中心，共受理经济案件16起，破16起，抓获犯罪嫌疑人19人，其中提请批准逮捕3人，取保候审1人，挽回经济损失50万元，全县经济秩序明显好转。2002年，打击经济犯罪列入当年全国严打斗争六项专项整治重点之一。县公安机关确定县信用联社和地税局等6个单位为重点防护单位。是年，共受理经济案件40起，破获15起，抓获犯罪嫌疑人15人，提请批准逮捕15人，挽回直接经济损失200万元。2003年，开展打击涉盐、坑农、知识产权违法犯罪、销售和购买假发票等系列专项行动，侦破各类涉企案13起，经济案1起，抓获违法犯罪人员31人，刑拘8人，治安处罚23人，挽回经济损失33.5万元，捣毁非法销售假盐网点11个，收缴假食用盐5吨，假磷肥10吨。2005年，破获中方镇顺福村徐某、潘某合同诈骗案件，挽回经济损失130余万元。2004—2006年，先后开展涉税犯罪整治、打击侵犯商标专用犯罪“山鹰”行动、打击假币及打击非法传销等一系列优化经济发展环境的专项整治行动，查处经济犯罪案件5件，挽回经济损失160

万元。2007年，公安机关开展“全国经济犯罪案件信息管理系统专项行动”，打击传销、非法集资、非法经营证券和商品贿赂犯罪，共查破经济案件4起，其中偷税案1起、职务侵占案2起、销售假冒注册商标的商品案1起，抓获各类犯罪嫌疑人7人，起诉7人，涉案金额达50余万元，挽回经济损失40余万元。2008年，开展优化经济发展环境整治行动，加大对全县重点工程、民生工程、城镇化建设等经济类、侵财类案件的预防和侦破工作。2009年，破获经济案件3起，挽回经济损失50余元。2010年12月，破获怀化九源特锰业有限公司王某利用职务之便侵占货款案，涉案金额达400余万元。2010—2013年，共立经济犯罪案73起，破获47起，抓获犯罪嫌疑人20人，挽回经济损失800余万元。

附：重特大案件侦破案例

2000年侦破“3·2”特大跨省拐卖儿童案　2000年3月2日凌晨零点，泸阳派出所执行打拐清查行动，在泸阳1802省道旁“此留香”饭店清查时，店主反映入住其店的两男一女带着一个孩子的外地人行动举止颇为可疑。盘查时，房间内发现婴儿2名，女子弃婴逃跑，行动组立即对3人实施抓捕。县公安局旋即成立专案组进行突审，经审讯，犯罪嫌疑人陈某某、李某某、鲍某某均系云南曲靖市会泽县迤车镇人，2名婴儿被其拐卖来拟卖往山东。专案组与云南警方取得联系，查实陈系负案在逃的人贩子。案件定性为特大跨省拐卖儿童案。3月3日下午3时许，泸阳群众举报，距“此留香”饭店两公里处的一饭店内发现一外地女子带着2名婴儿。专案组迅速前往抓获犯罪嫌疑人赵某某，解救被拐儿童2人。初审确定赵某某为陈某某同伙。专案组对4人进行刑拘，陈某某、李某某交代，孩子系其分别从云南曲靖市会泽县迤车镇的3个人贩子“疤脸”“党拉党”“花花”手中买来。为抓捕拐卖上线，帮助被拐婴儿寻回亲人，市、县公安局与县人民检察院联合成立“云南打拐5人行动小组”，3月17日赴云南会泽进行继续侦破。3月20日，行动组到达会泽县迤车镇，在当地警方的协助下，确定“疤脸”“党拉党”“花花”真实身份，翌日对3人成功实行抓捕。经审讯，查清被拐儿童的来源，为4个儿童找到亲人。一起横跨三省十几个县市的特大团伙拐卖儿童案告破。

牌楼镇无头尸案　2008年12月14日下午17时许，牌楼派出所接到居民报警，称在牌楼㵲水河防洪堤下河边发现一只装有人体上肢的编织袋。接警后，市刑侦大队民警赶至现场，经勘察，袋内装有一截无头女尸。通过全省失踪人员管理系统查询及DNA鉴定，确定死者身份为：李某梅，牌楼镇陈家湾村民，卖淫女。刑侦小组围绕死者社会关系展开调查，发现鹤城区河西街道办事处花背村的李某华有重大作案嫌疑。2009年1月3日，在鹤城区鸭嘴岩街街上的出租屋内将李某抓获。经审讯，李某华交代：2008年11月3日，李某华因欠死者2000元嫖资而发生争吵，李某华用擂辣椒的木棒将死者头部打伤，因怕死者喊人报复，将其打死。当晚，李某华用菜刀将李某梅尸体分解装入两个编织袋，挑至三角滩电站大坝，抛尸于㵲水河中。

泸阳系列杀人碎尸案 2010年6月21日，县公安局刑侦大队接到县交通局干部黄某报警，称其妻陈某（女，33岁，牌楼镇某个体幼儿园园长）于2009年6月19日赴泸阳镇妻姐家走亲戚后失踪。接案后，侦破人员迅速锁定重大嫌疑人陈某军（男，36岁，泸阳镇和平村人，系陈某姐夫）。经讯问，陈某军很快交代其杀害陈某并分尸的犯罪事实。随后，在对陈某军犯罪原因展开调查时，侦察人员发现自2005年起泸阳镇先后发生5起失踪案，失踪人员与陈某军均有不同程度的关联。公安机关成立侦破小组，对其他4起失踪案进行侦察。通过4个多月的深入侦破，10月21日，犯罪嫌疑人陈某军交代其自2005年来，先后杀害陈某等5人的犯罪事实。2013年，陈某军被依法判处死刑，立即执行。

侦破盗窃耕牛案 2011年3月，正值春耕季节，中方镇派出所连续接到3起耕牛被盗的报警。为保护农民春耕生产，县公安局迅速成立专案组，在中方镇展开侦破。在摸排调查时，群众反映在案发期间，有人看到晚上常有一辆白色面包车出现在公路上。专案组调阅竹站高速路口的监控录像，经群众辨认，确定疑似涉案白色面包车车牌号为：湘N58780。4月29日，发现湘N58780白色面包车，专案民警跟踪至辰溪县长田湾乡锄头坪村，现场抓获盗牛犯吕某某、向某某，追回耕牛2头，缴获运赃车1辆。经审讯，吕、向两人自2011年1月起，先后在中方县、芷江县、麻阳县、洪江市、辰溪县等地流窜作案27起，盗窃耕牛30头，涉案金额15万余元。

下坪十二年积命案告破 1999年9月12日晚，下坪乡戈庄村唐某某与其妻弟杨从云发生口角，唐用锄头棒将杨殴打至重伤，不治身亡。案发后，唐负案潜逃。2012年，唐某某亲属与浙江省东阴市的电话通话记录引起办案人员的注意。11月30日，县公安局追逃小组赶赴浙江，历经9天，辗转金华、杭州、东阴等地，最后在东阴市横店镇的一建筑工地上将犯罪嫌疑人唐某某抓获。

第四节 治安管理

一、治安案件查处

1998年，县公安局设治安警察大队，负责全县的社会治安管理工作。1998—2001年间开展治安整顿、强化治安管理、禁毒、禁赌、查禁卖淫嫖娼活动、净化社会风气，受理治安案件1179起，查处结案1035起，查处3097人，其中劳动教养6人，警告418人，罚款1185人，治安拘留1406人，其他处理82人。2002—2006年开展“扫毒风暴”“治爆缉枪”“严打整治”等专项斗争，共受理治安案件1888起，查处结案1416起。查处违法人员3629人次，其中送劳动教养38人，警告1115人，罚款84人，治安拘留2340人，其他处理47人。2007—2010年开展“打黑除恶”“奥运安保百日会战”“国庆安保清查行动”“打击地下六合彩”等活动，共受理治安案件1946起，查处结案1661起，查处违法人员2423人，其中送劳动教育62人，警告33人、罚款251人，治安拘留1454人，其他处理623人。2011年，县治安警察大队更名为治安管理大队。2011—2013年开展整治“黄、赌、毒”及优化经济环境等专项斗争。共受理治安案件1980起，查处结案1080起，查处违法人员1117人，其中劳动教养1人，警告51人，罚款192人，治安拘留651人，其他处理222人。

1998—2013年中方县治安案件查处统计表

表7-1-4-1

年度	合计	劳教	警告	罚款	拘留	其他	受理案件（起）	
							立	查处
1998	839	2	19	580	202	36	311	296
1999	975	4	43	605	281	42	391	382
2000	731	—	195	—	535	1	236	201
2001	552	—	161	—	388	3	241	168
2002	652	—	245	2	404	1	279	180
2003	1120	10	483	1	624	2	543	407
2004	459	11	148	1	299	—	269	215
2005	806	1	230	—	573	2	443	332
2006	587	16	9	80	440	42	352	264
2007	577	11	10	62	395	99	431	323
2008	650	11	4	89	434	112	513	482
2009	677	30	5	43	384	215	467	426
2010	519	10	14	57	241	197	535	430
2011	391	1	16	41	244	89	626	392
2012	393	—	9	100	227	57	609	351
2013	333	—	26	51	180	76	747	337
合　计	10261	107	1617	1712	5851	974	6993	5244

二、查禁黄、赌、毒

禁毒 1998年，成立县禁毒人民战争工作领导小组，办公室设公安局，公安局设禁毒大队，负责全县禁毒工作。制定《中方县禁毒工作领导责任追究暂行办法》，明确各乡镇和县直单位党政一把手为禁毒工作第一责任人，签订《禁毒责任状》。每年利用“6·26”禁毒日，在社会上和学校内开展禁毒宣传，教育人民远离毒品。1998—1999年，打击涉毒犯罪，抓获吸毒人员274人，贩毒犯罪人员4人，铲除罂粟360株，缴获海洛因34克。2001年，在全县40所中小学3.99万学生中开展禁毒宣传教育，县一中举办禁毒知识讲座，开展“珍惜生命、拒绝毒品”的万人签名活动。2000—2001年，抓获吸毒人员163人，贩毒犯罪人员5人，提请批准逮捕贩毒犯罪人员2人，强制戒毒104人，劳教15人，缴获海洛因140克，摇头丸13粒，并对泸阳镇杨桥村进行重点整治。2002年，深化禁毒宣传，在人群集中的地方立永久性禁毒石碑10块，举办禁毒宣传讲座46次，张贴宣传标语300多幅，并在炉亭坳乡开展“无毒乡镇”试点。是年，全县破获涉毒案52起，抓获吸毒人员141人，其中刑拘40人，强制戒毒63人，治安处罚18人，缴获海洛因29克，毒资3.1万元。2003年，对泸阳、中方、新建等乡镇毒品重灾区进行重点整治，先后破获“3·28”和“5·28”两起特大贩毒案，抓获贩毒犯罪人员23人，收缴海洛因1170克。全县共破获涉毒案15起，抓获涉毒和违法犯罪人员98人，其中提请批准逮捕16人，劳教6人，强制戒毒38人，治安处罚38人，缴获海洛因1170克，毒资6万元，炸药2公斤、仿六四手枪一支、子弹4发。是年，炉亭坳乡获怀化市政府授予“无毒乡镇”称号。2004年开展禁毒专项斗争，继续对泸阳、中方、新建、铜湾等毒品重灾区进行重点整治。全县破获贩毒案14起，摧毁毒品犯罪团伙2个，瓦解成员9人，抓获违法犯罪人员80人，其中提请批准逮捕8人、劳教4人、强制戒毒22人、行政拘留12人，其他处理34人，缴获海洛因256.6克，铲除罂粟208株。是年，花桥镇获怀化市政府授予“无毒乡镇”称号。2005—2006年，破获毒品刑案79起，抓获毒品犯罪嫌疑人55人，查处吸毒人员48人。缴获海洛因153克。2007年，破获“5·17”特大跨省贩毒案，当场缴获海洛因459克，抓获贩毒团伙成员4人。2007—2009年，共破获涉毒型案68起，查处吸毒案150起，抓获违法人员362人。2011年，全县在册吸毒人员348人，强制戒毒148人、社区戒毒82人。2012年4月，破获贩卖千克毒品案，抓获毒贩2人，收缴冰毒920克、海洛因150克。2010—2013年，共破获涉毒刑案120起，查处治安吸毒案115起，抓获毒品犯罪违法人员281人，收缴海洛因4718.15克、K粉822克、冰毒1283克、麻古2058粒、铲除罂粟7124株。

禁赌 1998—2002年，公安机关连续开展“禁赌”专项斗争，查处赌博案件37起，抓获参赌人员139人，罚款处理119人，治安拘留15人，劳动教养1人。2003年大力整顿彩票市场，严厉打击赌博行为，取缔以有奖销售为名私自发行彩票的个体工商户6家，查处违法人员48人，治安拘留3人，罚款45人。2005年，查处涉赌案110起，查处参赌人员200多人次，摧毁赌博窝点5个，收缴赌资64.9万元。是年，破获“3·11”地下“六合彩”赌博犯罪案，案件涉及湖南、广东两省4县码民1000余人、涉案资金高达700余万元。连续查获涉赌案110起，抓获违法犯罪嫌疑人86人，摧毁赌博窝点5个。2007年，摧毁赌博窝点9个，查处参赌人员112人。2008年对地下“六合彩”进行重点整治，先后出动警力940人次，开展6次大的整治行动，摧毁赌博窝点12个，抓获参赌人员50多人。7月21日，在花桥镇三洞溪村捣毁一个60多人聚众赌博场，当场抓获赌博人员20名，扣押参赌车辆9辆。2009年查处赌博案22起，捣毁赌博窝点15个，抓获参赌人员70人。2010—2011年开展对地下“六合彩”和聚众赌博专项整治行动，破赌博刑案4起，捣毁赌博窝点18个，查处地下“六合彩”案7起，抓获参赌人员100多人，提请批准逮捕5人，行政处罚71人，销毁电子游戏机、赌博机84台。2012年1—4月，开展打击赌博违法犯罪和规范社区棋牌文化娱乐活动场所专项整治行动，制定《中方县棋牌文化娱乐活动场所管理〈暂行〉办法》。是年8月，在市工业园华盛动漫城捣毁一聚众赌博窝点，当场抓获违法人员25人，捣毁打鱼机、跑马机、老虎机等赌博机35台，收缴赌资1万余元。全县取缔违法违规麻将馆、棋牌室12家，规范麻将馆、棋牌室178家，查处赌博治安案14起，行政处罚54人，捣毁赌博窝点3个，捣毁地下“六合彩”2处。2013年查处赌博案3起，捣毁窝点9个，集中销毁电子赌博机84台。

禁娼　1998年，全县开展“扫黄”专项斗争。1999年清理整顿按摩服务场所，对卖淫、嫖娼和淫秽物品进行严格的查处，对文化市场进行清理整顿。2000年，查缴淫秽光碟70张、黄色音像带29本，查处卖淫嫖娼人员49人、劳动教养35人、治安罚款2人。2005年查处涉黄案件108起，铲除卖淫嫖娼窝点19处、查处卖淫、嫖娼人员127人。2009—2010年，捣毁卖淫、嫖娼窝点2个，查处34人，其中刑事拘留1人，治安拘留6人。2011—2013年，查处卖淫、嫖娼案81起，捣毁卖淫、嫖娼窝点43个，查处卖淫、嫖娼人员和容留卖淫活动人员116人，治安拘留3人，行政处罚111人。

三、特种行业及物资管理

公共娱乐场所和特种行业管理　1998年，根据国家工商行政管理和公安部等7个部门颁发的《关于特种行业进行登记管理的通知》，县公安机关协助工商行政管理局对全县的旅馆、旧货收购业、打字印刷业、网吧、歌舞厅等40多家特种行业和公共娱乐场所进行登记换证。制定《关于加强音像市场管理的规定》《关于加强电子游戏活动的规定》《文化市场文明经营公约》等规范性文件，规定在旅店和公共娱乐场所内不许赌博，不许卖淫、嫖娼，不许吸毒贩毒，不许未成年人上网等。是年，与40余户经营户签订治安管理责任状。1999年，县政府下发《关于加强机动车修理管理的通知》，将全县30余家机动车修理店纳入特种行业管理。是年，取缔违法违规的旅社4家。2000年，对公共娱乐场所和各种特种行业进行清理整顿，严厉打击卖淫、嫖娼、赌博、吸毒贩毒和容留提供场所的违法行为，发整改通知书66份，取缔21家，其中电子游戏室10家、网吧2家、旅馆4家、歌舞厅2家、美容美发店1家，抓获违法人员76人，教育释放29人，治安处罚40人，治安拘留7人。7月，整顿中方镇龙井旧车市场，取缔706台拼组装车。2002年，对全县36家网吧进行清理整顿，关闭无证经营户6家。2004年，开展整治铁路沿线两侧废品收购店，拆除铁路两侧废品收购店(点) 16家，铁路沿线盗窃得到遏制。2007年，对废旧行业进行专项清理整治，清查58家，限期整改停业整顿5家。2009—2010年，查处容留未成年人上网的网吧业主30人次，对他们进行罚款和整顿处理。2011年，对全县废旧金属收购点进行4次清理整顿，清理43家，建档34家，依法取缔无证收购站9家。2012—2013年对旅店前台登记人员进行4次业务培训，对全县31家废旧金属收购点进行全面清理，发现问题停业整顿10家，取缔非法收购点2个。

枪械弹药与管制刀具管理 1998年，县公安局实行枪支管理安全责任制，与配枪单位及人员签订责任状，对公务用枪实行集中保管制度，规范公务用枪。是年，查处违反枪支弹药管理案7起，收缴非法枪支3支，没收管制刀具28把，治安拘留3人。2000—2002年，开展“治爆缉枪”专项行动，共收缴仿六四手枪1支、子弹4发，鸟铳3883支、子弹203发，炸弹2枚，管制刀具93把，破获涉爆涉枪案15起，抓获违法犯罪人员66人，其中拘留5人，治安处罚61人。2003—2009年，收缴鸟铳393支、军用子弹270发、炮弹6发、炸弹1枚、手雷1枚、管制刀具323把。2011年收缴火药枪2支、管制刀具5把。在治爆缉枪专项行动中向社会散发张贴宣传单1620份，张贴通告80份，同30家涉爆单位签订安全责任书。2013年，对公、检、法等配枪单位实行枪支月检制度，做到人、枪、证三见面，杜绝枪支安全隐患。

危爆物品管理 1998年，公安机关对危爆物品实行统一管理。坚持“管而不死、放而不乱”，既有利生产、又确保安全的原则，实行专人、专仓和炸药、雷管分离管理。公安机关实行“一审”（审查报告和各级证明）、“二看”（看用途、看贮藏条件）、“三核”（核准批购数量）的制度，每年进行安全检查。对爆破人员进行技术培训，发放爆破技术证，技术员必须持证上岗。全县有爆破技术人员260余人。是年，开展整治危爆物品和矿山秩序的统一行动，发现隐患78起，当场纠正70起。查处违反爆炸物品管理案9起，收缴报废炸药1882公斤，雷管3028发、导火索1200米。1999—2002年，查处涉爆案9起，收缴报废炸药14.35吨、雷管14943发，导火索5140米，剧毒物品58公斤。2003年，开展危爆物品专项治理，实行“定点生产、定点经营，限量生产、限量储存，凭证购销、凭证运输，限量供应、剩余退库，专车运送、专人操作”的管理。在危爆物品的整治中，收缴报废炸药740公斤、雷管3060发、导火索530米。2005年2月，国家将烟花爆竹生产安全移交给安全生产监管局管理，公安局负责烟花爆竹公共安全管理。是年，收缴烟花爆竹3431件，取缔非法生产作坊2家，关闭生产停业整顿13家。2005—2006年，全县设新建、花桥、泸阳等3个危爆物品服务点。2007年撤消。2008年起，爆破人员爆破证由市公安机关统一制发。2009年，全县集中销毁报废炸药4.5吨、雷管17585发。2011年，公安机关开展收缴流散社会的爆炸物品工作，缴获炸药240公斤、雷管200发。是年，对全县13家易制毒化学品使用企业和18家精麻品经营单位进行登记造册，核发易制毒化学品购买备案证明112份。2012年，检查涉危涉爆单位31家，处理民用爆炸物品仓库无人看守3起，收缴报废炸药1300公斤，雷管5100发，对43家生产经营单位进行检查，核发易制毒化学品购买备案证明144份。2013年，全县有烟花爆竹生产点4家，有爆破技术员460人。

四、治安防范

社区及农村警务　2003年，在境内重点企业单位及中方镇塔山社区、泸阳镇114社区、铜湾镇兴隆街社区成立警务室，由民警执勤服务。2007年，贯彻落实《公安部关于实施社区和农村警务战略的决定》，全县试建农村警务室8个，开展“民警相约警务室”活动，并在农村推广“驻村联户”警务新模式，各乡镇的治安防范划分责任区，落实民警包干制度。2008年，社区及农村警务建设工作全面铺开，在重要的车站、码头、集市街道、学校等地设置警务室30个，配备民警32人。执勤民警经常深入社区、农村和单位了解社情、掌握动向、排查隐患。是年，收集情报信息650多条，及时调处各类矛盾纠纷340余起。5月，牌楼镇冯家湾村37户村民与新康牧业有限公司因土地征用发生矛盾，社区警备室及时上报情况，县委、县政府迅速处理该纠纷，矛盾得到化解。2009年，农村警务室配治安员56名，收集各类情报信息1821多条，调处各类矛盾纠纷597起，妥善化解“9·23”溆浦县黄茅园镇湾潭村汪某某驾驶报废工程车撞死活水乡村民杨某及“9·26”铜湾镇松坡村两村民因口角引发的群体性械斗苗头。2010年，全县60名农村协警工资待遇纳入县财政专项拨款，加强农村警务，制定《中方县社区农村警务室工作考核细则》，开展“树立良好警察形象，争当优秀社区（驻村）民警”活动。是年，全县社区与农村警务工作在全市排名第一，民警唐小平、梁冬生分别评为全市“十佳社区民警”和“十佳驻村民警”。2011年全县30个农村（社区）警务室共排查调处矛盾纠纷320起，妥善化解“4·5”铁坡镇板溪村杨姓家族因坟山纠纷引发的群体性事件。是年，新建派出所推出“一张凳子、一张桌子”的流动警务办公模式，将办公地点设在辖区市场，发放宣传资料2000余份，受理户口等相关业务500个，化解矛盾60起，抓获逃犯5名。2012年初，首创“山区移动警务”模式，巡回乡间为群众办理身份证，接受报警、求助、咨询等业务，山区群众见警率大幅提升。4月，市公安局在全市推广该模式。2013年，社区警务建设实施“一包五化”管理，即一名派出所领导包一个社区，实现社区警务专业化、专职化、信息化、社会化、网格化，强化社区治安管理体系，提高群众参与社区治安巡防的主动性和积极性。

治安巡逻　1999年，中方镇市场内发生撬门入室盗窃13起，对群众生命财产安全产生极大的危害。2000年，中方中心派出所将中方市场和茅利溪高科技示范蔬菜基地作为安全文明小区试点，加强治安巡逻。是年，仅发案1起。2001年，中方、花桥、泸阳、铁坡等派

出所全面推行治安巡逻，在巡逻中破获各类刑案10起、治安案40多起，抓获各类违法犯罪人员80余人。2002年，泸阳磷肥厂及下坪中学周边治安案件频发，公安机关及时开展周边治安环境重点整治。成立磷肥厂、下坪中学治安巡逻队，日夜巡防，并在整治区域布控，一旦发现案情，迅速出警打击，厂矿和学校周边环境明显好转。2004年，全县开展社区日常巡逻，维护社区公共安全。铜湾兴隆街社区巡逻工作成效显著，在省"人口在线公安网"作典型报道。2008年，全县组建专职治安巡逻队2个，人员23人。2011年，在市工业园建立专业巡防队，队员30人，日夜巡防，在巡防中抓获违法犯罪人员28人。2012年6月，成立县巡特警大队，34人，配置处警巡防车3辆，巡防单车24辆，负责县城及附近的巡防工作。9月，全县实施"警灯闪烁"工程，"警灯闪烁"进农村，配备警用单车66辆，夜晚巡特警和各派出所的民警在"警灯闪烁"行动中，抓获各类违法犯罪人员160余人。

电子防控 随着电子技术发展，县城银行和大型商场内都安装有电子监控器。2009年在县城重要机关、工业园区、交通重要卡点安装电子监控系统。2010年，全县投入200余万元，在县城和62个单位及重点部位安装电子防控系统。全年通过电子监控直接破获交通肇事逃逸案件9起。2012年，投入80多万元，对县域6个边缘乡镇要塞和3条省、国道路口安装治安视频摄像机，通过专网与辖区派出所相连，实现公安网络、视频资源共享。是年，全县利用红外线24小时抓拍和摄像资料，分析、判断破案27起，通过视频破刑案59起、治安行政案130起。2013年，加强视频侦察平台建设。投入专项资金270余万元，在县内7个农村边界乡镇路口新增4个治安视频监控点和6组省、国道交通治安电子卡口，新增电子探头30个，升级探头14个。

"110"报警服务台 2007年10月，境内始设"110"报警服务中心，24小时值勤，开展各项报警服务工作。2008年，接到报警9892起，有效报警2235起，其中违法犯罪案件1042起，交通事故526起，纠纷305起，公民求助93起，走失寻人2起，警务监督4起。全年处理报警2235起，处警率100%。2010年，建立"110""119""120"三台合一的报警中心，由"110"报警服务台集中受理，实行一台对外、集中接警、统一指挥、信息共享的新型接处警模式。2013年5月20日，"110"报警台接到报案称，怀化联盛新材料有限公司有人虚开专用发票，接警后公安机关迅速出警，查处虚开增值税专用发票6份，涉案金额120余万元。2010—2013年，共接到报警71033起，有效报警15039起，其中违法犯罪案件4502起，火灾事故380起，交通事故3654起，纠纷2672起，公民求助1118起，走失寻人21起，其他2659起。处警14988起，处警率99.7%，救助伤员126人，救助群众542人。

第五节　人口管理

一、户籍制度改革

1998年，县公安局设户政管理股，负责全县户籍工作。户籍管理主要分为农业户口、非农业户口和由此衍生的其他户口类型的管理。是年，全县总人口255707人，其中农业人口246114人，非农业人口9593人。2003年停止“农转非”的户口办理。2005年1月1日起，户籍制度实行一元化户籍管理改革，在全县范围内建立城乡统一的户口登记管理制度，取消非农业户口、农业户口性质和由此衍生的其他户口类型，统一登记为“居民户口”。对新发和换发的《居民户口簿》《常住人口登记表》以及新录入的人口信息不再加注户口性质，“户别”一栏只填写“家庭户”或“集体户”。放宽城市落户条件，凡具有合法固定住所和稳定生活来源的，均可在当地公安机关申请登记落户。实行以居住地划分城镇人口和农村人口，以职业区分农业人口和非农业人口的统计方法。2013年末，全县总人口286422人，其中城镇人口72100人，农村人口214322人。

二、户籍管理

1998年6月，县公安局启动常住人口登记表的填写、居民户口簿的换发及居民身份证编码清理、纠错工作，填写常住人口登记表16.6万份，居民户口簿3.7万本。清出错、重、多身份证9050个，并制底证9715个。是年底，全县户口登记68809户，255707人。1999年，居民身份证号码上升为18位码，称“第二代身份证”，开始实行微机管理。10月，开展公民身份证号码编制工作。2000年7—10月，开展户口整顿，全县人口信息全部录入微机管理系统。2001年，开展人口信息系统建设，共采集人口信息256611人，扫描图像135543人，办理居民身份证9370人，开通无底卡居民证制作系统和县域网，实行无底卡办证模式。2003年8月，设中方县公安局人口管理大队，对常住人口进行全面清理，确保常住人口登记表、居民户口簿、居民身份证、计算机储存信息与公民核实的“五个统一”。2004年2月，开通派出所网上办公系统，强化常住人口的信息化管理。2005年9月起，根据国务院、省、市工作部署，开展为期3年的第二代居民身份证换发工作，在中方、泸阳、花桥、铜湾、铁坡、接龙等6个派出所设便民服务处。2006—2007年，先后开展无户人员户口登记和高龄人员清理核对工作，按“村不漏组、组不漏户、户不漏人、人不漏项、项无错漏”的要求，共清理出70周岁以上高龄人员11802人，补登漏户1757人，注销户口2411人，发现和纠正项目差错531项。2009年，强化人口管理，深化户口整顿工作。全年死亡销户2813人、参军迁出226人、出生上户3987人、补录上户622人，清理、纠正户口登记项目差错1800多项。2011年，制定《关于严格人口主项信息变更更正、补报补录人口信息的规定》，规范审批程序。是年，共审核各类迁出户口2200人，完成迁入人口信息录入扫尾工作，录入3806户、5801人，纠正人口信息错项784处，办理户口迁入721人、户口迁出1473人。2012年，创新开展山区“移动警务”服务，深入乡镇巡回为居民办证，此举被怀化市公安局在全市范围推广。2013年1月1日第一代身份证停止使用。3月，推行居民身份证指纹登记制度，准确掌握人口信息。是年底，全县户籍登记88665户，286422人，办理第二代居民身份证的265133人。

三、暂住人口管理

境内暂住人口实行来登记、去销户的管理方法。1998年，开展流动人口清理3次，办理暂住人口证706人。2001年，清查登记出租房屋168户，全县有暂住人口890人。2004年，建立人口现代化管理平台，将境内暂住人口和出租房屋等信息录入电脑，准确掌握暂住人口信息。是年，录入暂住人口信息1235人。2005年，清理出租房477户，清查暂住人口1773人。2011年，启用全省流动人口信息系统，各乡镇、社区均配设电脑，进行信息录入，共录入流动人口信息852条，出租房屋信息312条。是年，清理暂住人口6532人，清理出租房屋2456户，清查流动人口2511人，办理暂住证215人。2013年，对流动人口进行“地毯式”的清查，全县登记暂住人口20402人，新增加流动人口17512人，注销745人，登记出租房屋514户，注销出租房116户。

四、重点人口管理

境内重点人口的管理由县公安局国内安全保卫大队管理，对重点人口建立档卡，进行登记，由所在社区、村组帮教领导小组和民警负责“一对一”或“二对一”的教帮工作。对影响大的重点人口实行“五包一”（即一名对象、一名领导、一套班子、一个方案、一抓到底）的管理措施。1998年，列入重点人口管理292人。通过帮教活动，提供破案线索9起、破案9起。2001年，有重点人口293人。2002年，有重点人员304人。2003年，有重点人员456人。2006年，有重点人员544人。2007年，有重点人员594人。2008年，有重点人员627人。2011年，有重点人口121人、撤管36人。是年9月，重点人口管理工作移交县司法局。

五、出入境管理

1998年，县公安局成立县国内安全保卫警察大队（加挂出入境管理股牌子），负责对境内公民因私出国，往来港澳台地区依法实行管理。是年，全县申办边防通行证1131人。2003年8月，成立人口与出入境管理大队，接管出入境工作。是年，办理出境36人次，入境24人次。2007年办理出境101人，入境70人次。2011年办理出入境手续1908人次，其中办理护照283人，办理港澳通行证1605人次，台湾通行证20人次，入境人员185人次。2013年办理出入境手续5515人次，其中办理护照763人，办理港澳通行证4684人次，台湾通行证68人次，办理入境人员手续188人次，涉及39个国家和地区。2011—2013年，处理涉外人员4人次，主要是因临时居住证超期被责令离境。

第六节 道路交通管理

1998年7月，成立县公安局交通警察大队（简称交警大队），负责全县道路交通安全、机动车辆登记、驾驶员考试发证和审验及道路交通事故的预防和查处工作。定编24人，下设办公室、法制股、计划服务装备股、交通秩序管理股、车辆管理股和3个中队。2010年5月，增设1个中队。2013年警力增加到31人，增加协警29人，全县214个村每村定一名兼职交通协管员。

一、道路交通事故预防查处

道路交通事故预防 1998年，境内乡镇集市多“以路为市”，管理混乱，易引发交通安全事故。县交警大队把道路交通事故预防放在工作首位，在学生及驾驶员中开展交通安全宣传。1999年，中方县在全市率先推出农村道路城市管理模式，即在花桥、泸阳、中方、牌楼、铁坡、新建等市场区域设隔离墩、防护栏、斑马线等城市道路防护设施，实行人车分流。实行“县管、乡包、村落实”，层层签订责任状，将交通安全责任细化到人，从根本上解决农村马路市场的问题。此模式在全市推广。是年，投入20余万元，在道路危险地段修建防护墙4处、缓冲墙3处、导向墙1处、固定性警示牌49块及弯道反视镜47块，化解险情60余次，使“鸡公界”“分水坳”等天险路段变平安通途。2000年，开展G320国道中方段“平安大道”创建活动。加强农用车管理，取缔农用车、货车、拖拉机违章载客。泸阳镇、铁坡镇分别投资98万元和30万元修建停车场，规范车辆停放。2003年，制定《中方县客运机动车驾驶员户籍化管理实施方案》，将全县81辆客车管理任务分解到每个交警，确保行车安全。2004—2005年，开展交通安全“进农村、进社区、进企业、进学校、进家庭”宣传活动，出动宣传车126台次，深入到各乡的集市区进行交通安全宣传。2006—2008年，开展“保护生命、平安出行”交通安全教育，在各乡镇建立“政府领导、部门配合、社会参与、齐抓共管”的交通安全管理机制，形成交通安全管理宣传合力。2009—2010年，全县投入200余万元，在各交通要道安装电子监控。2011年，在新驾驶员考试前开展“关爱生命、文明出行”教育，“严禁酒后驾车”，执行“喝酒不开车，开车不喝酒”的新规定，中央、省、市新闻媒体对此给予报道。推行交警上班就上路的工作制度，强化重点时期、路段、车辆的管理。2013年，投资80万元，对6个边缘乡镇要塞和3条省、国道路口安装治安视频摄像机，连接公安电子监控系统进行实时监控，并添置酒精测试仪和流动电子警察。是年，开展“降事故、保安全、保畅通”活动，组织文明交通宣传35次，召开客、货运车辆安全工作联席会议，与安监部门一起对三轮车、摩托车、低速车和拖拉机违法载客进行整治。境内自1998年起，实施新机动车投保第三者责任强制保险的制度，至2013年，全县共投保机动车第三者责任强制保险38416辆。

交通事故查处 1998年，对道路交通秩序及客运车辆开展专项整治行动3次，出动干警683人次、车辆113台次，暂扣无牌无证车568辆，依法扣证292本，处罚违章860人次，治安拘留1人，提请批准逮捕1人，查获进口走私车2辆，查获盗抢嫌疑车5辆，强制报废客车2辆，查获被劫普通型桑塔纳车1台，破获重大交通肇事逃逸案1起，全年发生交通事故13起，其中重大事故3起，3死7伤，直接经济损失2.18万元。2000年，开展交通安全秩序九项整治行动。取缔龙井旧车市场，取缔706台拼组装车。集中清理无牌无证车辆339辆，报废51辆。查处超载180车次，查处21名严重超载屡教不改的驾驶员。打击车匪路霸和交通肇事犯罪，公捕公判2名交通肇事人员。全年查处严重违章4329次，依法暂扣车辆1084台次，捣毁车匪路霸团伙1个，治安拘留5人，在全市交警执法检查中获第一名，评为省、市公安系统人民满意基层单位。

2002年，整治货车、农用车、拖拉机违章载客，禁止无牌无证和报废车辆上路行驶，对超速行驶、违章停车等交通违章行为实行严管重罚。全年纠正各类交通违章2.2万次，依法暂扣机动车400台次，滞留、吊扣、撤消驾驶证2037本，整治农用车载客82台，报废车68台、无牌无证机动车614台次。是年，交警大队评为省、市春运工作先进单位。

2005年，开展反超速、反超载、反疲劳驾驶，反酒后驾车、反非客运车及报废车载客等专项整治行动。查处各类交通违章3416起，无牌无证摩托车340辆，查获被盗抢摩托车10辆，治安拘留16人，刑事拘留7人。2006—2010年查处各类交通违章8.6万次，发生交通事故108起，造成36人死亡，121人重伤，直接经济损失41.85万元。2011年开展“交通安全校园行”护卫天使行动，设中兴学校女警护学岗，排查108处交通安全隐患。2013年查处交通违章3.9万起，其中超速3031次、客车超载25起、无证驾驶34起。闯红灯2839起，其他交通违章1.2万起，发生交通事故11起。2死8伤，直接经济损失11.26万元。

1998—2013年，境内共发生交通事故336起，造成92人死亡，308人受重伤，直接经济损失155.18万元。

1998—2013年中方县交通事故统计表

表7-1-6-1

年度	发生事故（起）	死亡（人）	重伤（人）	直接经济损失（万元）
1998	13	3	7	2.18
1999	22	2	10	26
2000	13	3	7	—

续表

年度	发生事故（起）	死亡（人）	重伤（人）	直接经济损失（万元）
2001	55	13	59	25
2002	7	8	—	11.75
2003	37	6	4	—
2004	23	5	31	12
2005	32	15	20	12.5
2006	30	12	30	15.46
2007	21	9	26	8.13
2008	18	5	21	6.08
2009	17	5	15	3.72
2010	22	5	29	8.46
2011	14	6	35	6.87
2012	14	2	13	5.77
2013	11	2	8	11.26

附：1998—2013年典型交通事故

2000年5月31日，铁坡司法所驾驶员张某某，驾驶一辆吉普车在铁坡翻入公路坎下，造成驾驶员在内的3死7伤的重大交通事故。

2002年2月7日，沅陵县妇幼保健院驾驶员张某，驾驶湘N42496号救护车，由沅陵开往怀化，晚上8点钟途经花桥火马塘路段，与路边一辆人力三轮车相碰，造成人力车上3人死亡的特大交通事故，立刑事案件追究其刑事责任。

2002年9月21日，洪江市红岩乡门溪村2组驾驶人刘某某，驾驶湘N31739号猎豹小车，由怀化开往黔城，21时许，途经桐木镇黄松坳路段与发生事故停在路中的湘N14362号小车相碰，造成N14632号车上2人受伤，经抢救无效死亡，湘N31739号车相碰后驶往路边，将路边围观群众当场压死3人，造成5人死亡的特大交通事故，立刑事案件查处。

2005年9月18日，接龙乡龙溪村驾驶员杨某某驾驶湘N18449号中型普通客车，从怀化载客驶往接龙，12时40分，途经石宝乡和宝田急弯路段，驶入29.5米高的悬崖，掉入溪中，造成乘客当场死亡4人，1人受伤送往医院抢救无效死亡，立刑事案件追究其刑事责任。

是月30日，洪江市龙船塘乡驾驶员唐某某，驾驶湘N32191号中型普通客车，从安江开往怀化，14时30分许，途经中方城中加油站门口驶入公里坎下，造成乘客4人当场死亡，1人受重伤送往医院抢救无效死亡，立刑事案件追究其刑事责任。

2011年7月16日，驾驶员杨某某，持CID型驾驶证，驾驶湘12-E0443拖拉机从铁坡街上的锦溪乡路口非法载客驶往锦溪乡偏溪村方向。12时30分许，行至锦溪乡中心村便道新桥路段下坡处，由于车速过快及临危操作不当，致使所驾车与道路左侧山体岩石刮擦后，车辆驶向右侧，坠入20余米的悬崖下的溪中，造成乘客6人死亡、6人受伤的特大交通事故。7月18日将肇事驾驶员杨某某予以提请批准逮捕，追究其法律责任。

二、车辆登记与年检

车辆登记 1998年，境内主要开展低速汽车、三轮车、摩托车的登记。对校车、危险化学品运输车、客运车等重点车辆实行户籍化管理。1998—2004年车辆登记由怀化市交警支队执行。2005年，中方县开始机动车辆登记工作，在办理机动车辆登记时，严格检查和核对车辆，禁止“黑车”“拼装车”“报废车”等车辆重新上户，要求新车上户必须参加机动车交通事故责任强制保险。是年，因车主可自主选择登记机构，多数机动车辆在怀化市交警支队上户，县内登记车辆1475辆，其中摩托车1470辆，低速车5辆。2007年，登记数量有所增长，共登记车辆2334辆，其中低速车280辆。2009—2010年，国家实行“农用汽车和摩托车销售补贴政策”，开展“汽车、摩托车下乡销售活动”，境内购买汽车、摩托车数量巨增。登记上户机动车15758辆，其中低速车817辆、摩托车14941辆。2011年对小型汽车进行注册登记，2012年，开始对大型汽车进行注册登记。2011—2013年，共登记各种机动车8397辆，其中大型汽车547辆，小型汽车1243辆，低速车342辆，摩托车6259辆。2005—2013年，境内共登记注册机动车38416辆，其中大型汽车553辆，小型汽车1338辆，低速车2353辆，摩托车34172辆。

车辆年检 1998—2002年，机动车年检在怀化市交警支队进行。2003年，县交警大队开始实施车辆年检工作，但境内多数车辆仍在市支队进行。是年，仅年检低速车3辆，摩托车293辆。制定《中方县客运机动车户籍化管理》，将全县81辆客运车管理任务分解到人，实行“谁负责、谁检查、谁签字”，由负责民警对其车辆的技术状况，驾驶员的准驾资格，车辆保险进行安全检查。没有责任民警的签字，车辆和驾驶员不得参加年检和年审。2005年，车辆年检数增加到1998辆。2006—2010年，共年检各类车辆11883辆，其中低速车3006辆，摩托车8837辆，轻便摩托车40辆。2011年，对全县67辆客运车、17辆校车及8辆危化运输车，实行交警部门与责任单位共同管理责任制，前移交警业务平台到乡镇，积极上门入户动员群众办理牌证业务。是年，开始对小型和大型汽车实施年检工作，全年共年检各种机动车15229辆，其中大型汽车89辆，小型汽车108辆，低速车4556辆，摩托车10433辆，轻便摩托车43辆。2013年，年检各类车辆35822辆。12月1日，汽车年检移交怀化市交警支队负责。

三、驾驶员考试与年审

1998—2004年，境内驾驶员驾驶证的办理和年度审验由市交警部门负责办理。2005年，中方县开始办理驾驶员年度体检及农用车、三轮车、摩托车驾驶证业务。是年，办理大型货车（A类、B类执照）驾驶员年度体检2174人，办理农用车（C3执照）、三轮车（D类执照）、两轮摩托车（E类执照）驾驶证2070本，但没有办理A、B货车驾驶证审验的资格。2006—2011年共办理A、B货车驾驶证年度体检测20438人，办理C3DE驾驶证32071本。2011年新增五小车辆驾驶员考试5000人次。2012年办理A、B货车驾驶证年度体验649人A、B货车驾驶证审验3164本，办理C3、D、E驾驶证8815本，全年在册机动车驾驶员37844人。2013年，办理A、B货车驾驶证年度体验54人，A、B货车驾驶证审验477本，办理C3、D、E驾驶证617本，全年在册机动车驾驶员38562人。

第七节　消防管理

一、消防组织

1998年5月，成立县公安消防大队，定编3人。2006年消防大队驻县城芙蓉路2号。1998—2009年，县域消防出警由鹤城区消防部门承担。2009年12月，境内消防正式驻兵执勤，大队编制25人，建制战斗班3个，抢险救援班1个。2013年，有现役官兵30人，合同制消防员7人，文职雇员5人，共42人。在泰格林纸厂、中方油库、铜湾镇、泸阳镇、铁坡镇、接龙镇等基层单位设专职消防小分队6个，有义务消防队员226人。在其他乡镇成立义务消防队18个，有义务消防员480人。214个村都成立义务消防队。

二、消防设施及装备

1998—2009年，鹤城区消防部门承担中方县域的消防执勤工作，全县消防基础设施建设基本为零，仅基层派出所派人负责农村消防安全工作，开展消防安全宣传。2009年，县城配备水罐消防车2台，多功能抢险救援车1台，为泰格林纸厂等6个专职消防队各配备1辆水罐消防车。2013年，22个乡镇配备机动消防泵39台，县城安装消防栓46个，各个机关单位均安装消防龙头，配备消防水带或消防器。

三、火灾预防和扑救

1998年，全县消防工作实行由公安局、消防大队和基层派出所三级管理制度，基层派出所实行“月报统计表”，县公安局实行“消防工作汇报制”，消防大队每年举办2期业务培训班。在重大项目建设上提前介入消防设计，在工程质量验收中验收消防设施，开展消防专项治理8次，对易燃易爆化学危险品、公共文化娱乐场所，公共聚集场所疏散通道口等安全问题进行彻底清查，加强消防电气设备的检测工作，检查单位62个，发现隐患64处，监督整改58处。1999—2000年，对加油站、点、液化气站及农村大的屋场开展重点消防预防，进行消防检查6次，发现隐患473处，监督整改32处，治安拘留违反消防管理人员3人，经济处罚14人次，处罚单位15个。2001年，对乡镇街道、集市及农村大屋场进行消防宣传与整治，检查单位450个，发现隐患240处，监督整改217处，发整改通知书61份，经济处罚10人，警告18人。全年发生火灾1起，直接经济损失2.5万元。2003年，以派出所为主，不定期对农村大团村寨的消防安全进行检查，加大农村消防安全培训，提高农村火灾的自救能力。全年进行安全检查3次，检查单位37个，当场整改8处，停业整顿2处。共发生火灾7起，死亡2人，直接财产损失37万元。2005年，在新建乡横板桥村开展农村消防工作试点，设立固定宣传栏，添置机动泵机、水带、水枪。开设农村防火知识宣传，开展多种形式的消防安全知识培训，提高农民群众的消防安全意识和火灾自防自救能力。全年开展消防检查10次，检查44个单位，发现火灾隐患96处，整改84处，无火灾发生。2006年，开展“火灾隐患大排查、大整改”及违章建筑工程，公共聚集场所，易燃易爆场所专项治理。抽查重点单位20个，办理行政消防许可证27起，整改火灾隐患5处，办理消防行政案8起。全年发生火灾2起，死1人，直接经济损失6万余元。2008年，检查单位111家，办理消防行政许可证36起，停产停业整顿21家，办理消防行政案21起。全年发生火灾3起，死亡1人，直接经济损失5万元。2010年，中方县消防工作被列为怀化市正规化管理建设试点，实施消防队伍规范化建设，在泰格林纸厂、中方油库、铜湾、泸阳、换坡、接龙等重点单位成立专职消防队，各配备一辆水罐消防车。全年抽查重点单位57家，整改隐患53处，发生火灾16起，无人员伤亡。2012年，创新消防网络化管理，10个派出所在网络化的消防执法管理中办结消防行政案件76起，为中方历年之最。是年，抽查重点单位84家，整改隐患132处，发生火警54起，无人员伤亡。

第八节　林业执法

1998年4月，在县林业局设林业公安科（股级）。9月，更名为中方县公安局林业股，并设立中方县公安局新建林业派出所（股级），共同负责全县各类林业案件的查处、林业社会治安综合治理工作，受县公安局、县林业局双重管理。1999年1月，升格为县公安局林业公安大队（副科级），2001年11月，更名为县林业局森林公安分局（副科级），下辖县林业局森林公安分局新建派出所（股级）。2009年3月，成立县森林公安局（正科级），核定政法专项编制18名。对内列入公安机构序列，称中方县公安局森林大队。内设装备财务股、森林消防股、法制股、刑侦治安股、政工室、办公室等6个股室，辖中方县森林公安局新建派出所（副科级）。至2013年机构设置不变。

1998年，开展林区严打整治，侦破各类林业案件242起，其中刑事案件2起、治安案件6起、行政案件234起，挽回直接经济损失17万余元。2003年，严厉打击盗伐森林和破坏野生动物资源的违法犯罪活动，对新建乡黄立坪村杨某等9人盗伐村集体林场95.46立方米木材一案，成立专案组进行侦破，将其9人提请批准逮捕，并召开公捕公判大会。2004—2006年，侦破各类涉林案件361起，其中提请批准刑案35起、林业行政案326起，共处理392人，其中逮捕16人、行政拘留8人、林业行政处罚368人，收缴无证木材362立方米，挽回经济损失81.07万元。重点打击袁家村蒲某盗伐林木案和牌楼坳镇阳合垅吴某等人的森林火灾案。2007年，破获中方镇七房村潘某故意放火烧山破坏森林案。潘先后8次放火烧森林，毁林地548亩，造成直接经济损失46.8万余元，依法判处有期徒刑4年。2009年，开展"打击非法占用林地""火案行动"和"雷霆一号"等专项行动。共受理各类森林案件15起，其中刑事案9起，刑事拘留5人、取保候审4人、提请批准逮捕6人、移送起诉3人，没收非法木材559.7立方米，为国家挽回经济损失106万余元。同年5—10月，清理整顿宾馆酒楼14家，收缴野生动物230斤，查处森林火灾案9起，其中特大火灾1起，受害面积4452亩，经济损失435.83万元。2011年，开展打击破坏森林资源的"春季攻势"，打击破坏野生动物资源的"雷霆三号"和"公路、铁路两旁非法占有林地清理整治"等专项行动，共查办各类案件43起，其中刑事案11起、行政案32起，打击处理违法犯罪人员41人，没收非法木材590立方米，挽回经济损失75万余元。2013年，对泸阳、花桥、下坪、聂家村4个乡镇的非法采矿点进行整治，将聂家村中村佳宏建材厂、花桥三冲口村金竹山、利家坡炭质岩机砖厂和三洞溪几个非法占用林地的煤矿开采点进行查处，炸毁下坪葛庄3个非法矿洞，有效保护森林资源。

附：林业执法典型案例

中方县铜湾镇松坡村"2·11"失火案

犯罪嫌疑人杨某某，女，45岁，汉族，小学文化，湖南省中方县人，住址中方县铜湾镇松坡村。

2009年2月11日上午犯罪嫌疑人杨某某吃过早饭后到她家位于"爆门震"的沙坪里开沙坪准备栽种杉树，由于茅草深，她先用柴刀将茅草砍倒堆放在一起，并拿锄头刨一遍，然后再用随身带的火柴点燃堆放在一起的茅草堆。点火后由于起大风，大风将一团燃烧的茅草吹到位于沙坪上方的油茶林里，将油茶林里的茅草引燃引发森林火灾，烧毁铜湾镇、铜鼎乡、龙场乡3个乡镇7个行政村的数千亩山林，造成大量松树、杉木、油茶树等树木被烧毁。经鉴定，此次火灾过火面积547.5公顷（8212.5亩），有林地面积258.3公顷（3874.5亩），直接经济损失3544058元。

2009年5月3日中方县人民法院判决杨某某犯失火罪，判处有期徒刑3年6个月。

中方县泸阳镇金塘村非法占用农用地案

犯罪嫌疑人蒲某某，男，65岁，汉族，初中文化，湖南省中方县人，住址湖南省中方县花桥镇。

2001 年下半年至 2009 年期间，犯罪嫌疑人蒲某某未经林业主管部门批准，擅自在中方县泸阳镇金塘村乌岩头小地名“打岩湾”处，非法占用大量林地进行采石，造成大量林地及林业种植条件严重毁坏。经中方县林业调查规划设计队鉴定，蒲某某在中方县泸阳镇金塘村乌岩头小地名“打岩湾”处采石占用毁坏的林地面积为 0.85 公顷（12.75 亩），涉嫌非法占用农用地罪。

2009 年 9 月 24 日中方县人民法院判决蒲某某犯非法占用农用地罪，判处有期徒刑一年零六个月，缓刑二年，并处罚金人民币 10000 元。

第二章 检 察

第一节 机 构

1998 年 4 月，成立中方县人民检察院，下设办公室、反贪污贿赂局、刑事检察一科、刑事检察二科、监所检察科、渎职侦查局、控告申诉科、林业检察科（林业局派设机构，业务归属检察院管理）、技术科、政工科、行财装备科、民事行政检察科等 12 个部门。在编干警 38 人。同年 11 月，政府机构改革对检察院内设部门进行调整，除办公室、反贪污贿赂局外，其他原设“科”改设为“室”，撤消行财装备科，增设法警队。2002 年，审查批捕室、审查起诉室、法警队分别更名为侦查监督室、公诉室、警务室。2005 年，政工室更名为政治部，渎职犯罪侦查局更名为反渎职侵权局。2012 年，增设案件管理中心。2013 年底，县人民检察院内设职能股室 13 个：办公室、政治部、侦查监督室、公诉室、林业检察室、民事行政检察室、监所检察室、检察技术室、反贪污贿赂局、反渎职侵权局、控告申诉检察室、法警队、案件管理中心。干警 46 人。

1998—2013 年，县人民检察院认真履行批捕、起诉、查办职务犯罪职责，严格法律监督，连续 8 年被怀化市人民检察院评为先进基层检察院、执法质量优秀单位，荣记集体三等功一次。2009—2011 年，连续三年在全省综合考核中排名全省 D 类检察院、全市检察院综合考核第一名。2012 年评为全省先进基层检察院，2013 年评为全国先进基层检察院。

第二节 刑事检察

一、侦查监督

1998 年，县人民检察院推行办案提速制度，重大案件适时介入，从重从快严厉打击抢劫、强奸、放火、故意伤害致人死亡、绑架等严重暴力犯罪和重大侵犯财产犯罪案件。1998—1999年，共受理各类报捕案件122件197人，经依法审查，批准逮捕90件172人。

2000年，针对公安机关执法中存在的有案不办、有罪不究、以罚代刑等问题开展监督，防错防漏，追捕追诉，办理立案监督案件5件5人。同时，配合公安机关开展“打拐”“追逃”专项行动，受理拐卖妇女儿童案件4件16人，追捕漏犯5人。2001—2003年，实行案件复核制度，坚持“个人承办、集体讨论、检察长或检察委员会决定”的办案制度，与侦查机关定期召开联席会议，对重特大疑难案件提前介入，优先审理，专人审查，确保快审快结。期间共受理报捕案件199件330人，批准逮捕185件299人，立案监督8件12人，追捕犯罪嫌疑人25人。2005年，全县开展的“扫黄打非”专项整治行动，重点对组织、强迫、引诱、容留、介绍卖淫进行打击。全年共受理此类报捕案件14件15人，批准逮捕14件15人。2007年，建立对报捕书上注明“在逃”“另案处理”案犯的登记制度及追捕人犯登记表，增强追捕实效。同时，贯彻宽严相济的刑事政策，对轻微刑事犯罪不予逮捕，是年不捕案件13件29人。2004—2007年，共受理各类报捕案件286件521人，批准逮捕250件439人，追捕漏犯5人。2008年，全面开展“不批捕说理工作”，细化“有逮捕必要”的各种情形，严把质量关。按照《人民检察院不批准逮捕案件说明书》的要求，对不批捕的案件制作说明书，向侦查机关简要说明不批捕理由，增强不批捕案件办理的透明度。是年，不捕人数达51人，为历年不捕人数之最。2013年1月，新《中华人民共和国刑事诉讼法》实施，检察机关加强逮捕、逮捕后羁押必要性审查，并落实非法证据排除制度，确保司法公正。2008—2013年，共受理各类报捕案件513件786人，审查后依法批准逮捕451件660人，不捕62件126人，追捕26人。监督公安机关应立案而不立案案件7件，下达纠正违法通知书及检察建议72件次。

二、审查起诉

1998年，审查起诉部门推行检察长出庭公诉制度，起诉案件法院当庭宣判率达80%，公诉质量提高。全年共受理移送审查起诉案件28件46人，提起公诉28件46人。2001年，对公安机关侦破的“打黑除恶”案件提前介入、优先审理、专人审查和谁介入谁主办，以快审快结促快判。2002年，进行公诉改革，全面推广普通程序简化。是年，重点打击抢劫、盗窃案件，分别起诉11件29人、9件19人，交通肇事、贩毒案件增多，分别起诉7件7人、4件4人。2003年，推行“适用简易程序”和“适用普通程序简便审”（简称“两简审”），凡被告人认罪且同意，案件事实清楚，证据确实充分的案件，都适用“两简审”，全年出庭公诉案件“两简审”率达51.1%。2005年，交通肇事及组织、容留、强迫、介绍卖淫犯罪现象比较突出，审结后分别向法院提起公诉11件11人、11件14人。是年，“两简审”案件占出庭公诉案件的60%。通过办案为国家挽回经济损失20余万元。2007年，将刑事和解引入办案程序。在办理新建乡杨某涉嫌故意伤害一案时，因证据不足，被害人上访近十年，双方当事人积怨很深。承办人在查明案件事实后，依照刑事和解的相关规定，化解矛盾，达成调解协议。经检委会决定做出不起诉决定，取得良好的社会效果。2003—2007 年，共受理移送审查起诉案件 458 件 838 人，提起公诉 368 件 577 人，不起诉 20 件 29 人，追诉漏犯 11 人。2008 年，建立完善轻微刑事案件及刑附民等案件办理机制，成功处理向某被硫酸烧伤致残案，双方当事人达成赔偿协议，自愿息诉息访。2010 年，查办中方县首起黑社会性质组织犯罪案件，公诉室快审快诉，14 名被告被依法判处一年零一个月至二十年不等的有期徒刑。2011 年，查办泸阳镇陈某系列杀人案，公诉室积极引导侦查取证，深挖漏罪降恶魔的经验做法，评为全市十大检察特色工作。是年，县人民检察院公诉工作在全省分类综合考核中位居第二名。2013 年，实行检调对接，将检察环节轻微刑事案件和解、民事申诉案件和解、涉检信访息诉融入社会矛盾大调解工作格局。是年，刑事和解轻微刑事案件共 13 起。2008—2013 年，共受理移送审查起诉案件 752 件 1183 人，提起公诉 592 件 884 人。

三、刑事诉讼监督

县检察机关除对法院审判的刑事案件程序是否合法、适用法律和量刑是否适当实行审判监督外，开展审判催办督促，促进快审快判。1998—2002 年，针对法院审判活动中存在的有罪判无罪、重罪轻判、轻罪重判和超期拖判等问题提出检察建议。期间，依法向法院提出量刑建议 55 件，被采纳率 89%，抗诉 8 人，针对审判机关发出纠正违法通知书 2 份。2003—2007 年，对审判活动中发现的轻微问题，及时口头建议，对量刑畸轻畸重的判决案件进行抗诉。办理刑事抗诉 4 件 6 人，改判 2 件 2 人，有效维护审判活动的公正性。2008 年，依法纠正重罪轻判、轻罪重判、有罪判无罪等问题，同时依法受理和审查不服第一次判决、裁定的申诉。对安化县谭某以贩卖毒品罪进行追捕，并被判处有期徒刑十五年。2008—2013 年，立案监督 7 件 8 人，追捕 26 人，追诉漏犯 17 人，发出纠正违法通知书 66 份，提起刑事抗诉 8 件，改判 4 件，改判率 50%，依法向法院提出量刑建议 136 件，被采纳率 89%。

第三节 民事行政检察

1998—1999 年，民事行政检察以对社会影响大、群众和政府关注的热点案件进行个案抗诉为重点，维护司法公正和社会稳定。人民群众维权意识不强，案源较少。期间，共受理民事行政案件 16 件，其中提请市人民检察院抗诉 5 件，向省院建议提请抗诉 5 件。2000 年，加大宣传，建立民事行政检察联系点，拓宽案件线索来源，在办案中注重维护社会弱势群体的合法权益，把支持特困国有企业的脱困改革放在首位。坚持“敢抗、会抗、抗准”的方针，做好抗诉和息诉调解工作。是年，受理怀化市鹤城区木材总公司不服县人民法院判决的申诉，通过依法行使抗诉权，使案件得以改判，挽回经济损失5.5万元。2000—2003年，共受理线索26件，立案11件，提起抗诉10件、息诉5件。2004年，开展对刑事附带民事诉讼公益案件的探索，对铜湾镇杨某失火一案提起全县首例刑事附带民事诉讼。2005年，拓宽民事行政审判监督范围和渠道，运用执行监督、促成和解、推广检察建议等监督方式，形成抗诉与检察建议并重的监督模式。对侵害国家利益、社会公共利益，因行政干预或地方保护造成错判，新闻媒体和人民群众高度关注，审判人员徇私舞弊、枉法裁判，严重侵害当事人合法权益、影响社会稳定等五类案件重点办理。2004—2006年，共受理案件7件，抗诉3件，办理刑事附带民事诉讼4件，息诉6件。2008年，办理曾纪达申诉铁路建筑工程分包合同纠纷案成功获得改判，挽回经济损失90余万元，当事人的合法权益得以维护，此案被省人民检察院评为“十大优案”。2008—2012年，共提请民事抗诉10件，改判7件，改判率70%。办理执行监督案件4件，办理违法行为调查案件4件，办理督促起诉案件33件。2013年，加强民事案件执行监督及民事督促起诉工作，办理督促行政机关依法履行职责案件10件。

第四节 预防和查办职务犯罪

一、预防职务犯罪

1998年，在泸阳镇五里村设农村预防犯罪联系点。2001年，县检察机关把预防职务犯罪作为拓展检察职能的重要途径。开展交通基础设施、重大市政工程项目建设、政府重大采购等群众关注的重大经济活动的职务犯罪及煤炭、矿山安全生产管理上的渎职犯罪的预防工作。2003年，县委批转县人民检察院《关于进一步加强预防职务犯罪工作的报告》，召开全县预防职务犯罪工作会议。在县经贸局、县信用联社、花桥镇梅树冲村等单位建立预防职务犯罪工作联系点，共建预防职务犯罪防火墙。2003—2007年，重点加强多发易发行业、县城建设、县域重点工程建设的专项预防和重点预防，建立预防联系点5个，成立预防协调小组5个，设立预防办公室21个，下设网点41个，确立联络员45名，到相关单位上法治课40堂、与有关单位召开联席会议24次、发出检察建议42份、开展法律咨询近800人次、散发宣传资料8000余份，受教育干部群众近3万人次，预防职务犯罪工作收到较好成效。2008年7月，组织开展“反腐倡廉暨预防职务犯罪知识竞赛”活动，县委书记周圣余、县长胡佳武等主要领导出席，380余人参加，收到良好的社会效果。是年，前移预防职务犯罪“关口”，将法治教育列入县中青班必修课程，制订《中方县人民检察院职务犯罪个案预防工作制度》，开展预防职务犯罪档案查询，限制有行贿劣迹人员或者单位参与工程建设承包活动，堵住职务犯罪源头，新增预防职务犯罪成员单位12个，形成职务犯罪大预防格局。

2008—2012年，开展法治宣传16场，提供法律咨询130余次，上法治课49堂，召开回访座谈会15次，针对发案单位存在的问题提出检察建议58份，开展职务犯罪个案预防28件，开展职务犯罪档案查询42次。2013年，建立犯罪安全分析机制。

二、查办职务犯罪

反贪污贿赂 1998—2002年，境内贪污贿赂案件主要分布在国家重点工程建设～株六铁路复线和卫生、国土、邮政、房产以及农村基层组织。2002年，查处县房产局原局长唐某与县财政局原副局长丁某、原怀化市扶贫开发总公司经理廖某共同挪用公款的串案窝案。共立案查处国家工作人员贪污贿赂犯罪和挪用公款案件36件40人，为国家挽回经济损失428.6万元。2003年，重点查办花桥镇原电管站站长张某与汪某、雷某、李某贪污公款窝案，追缴赃款39.5万元，主犯张某被依法判处有期徒刑8年，其他3名同案犯均被判处有期徒刑。2005年，县人民检察院实行“一案三卡”（告知卡、廉洁自律卡、回访卡）办案监督制度。查办的保险公司业务员米某贪污案成为启用“一案三卡”监督制度第一案。2009年，查办县国土局张某等7人贪污案，为国家挽回经济损失100余万元。2013年，查办县五龙溪水库管理站卿某和王某受贿、滥用职权案，为国家挽回经济损失200余万元。是年，查办贪污贿赂犯罪2件10人，提起公诉1件9人，有罪判决2件5人。

反渎职侵权 1999年，渎职犯罪侦查局加强与司法、行政执法机关纪检部门联系，主动寻找案件线索，初查滥用职权、刑讯逼供等各类案件4件，立案1件，侦查终结1件。2000年，查处滥用职权、徇私枉法等各类案件5件，立案1件2人，审查起诉1件2人。是年1月，刑检部门在审查一起抢劫犯罪案时，查实原锦溪乡派出所所长杨某与合同民警杨某涉嫌徇私枉法，二人于1995年利用职权对蒙面入室的犯罪嫌疑人杨某以罚代刑，致其逍遥法外长达4年，在社会上造成恶劣影响，检察院对两位涉案民警进行立案查处。2004年，重点查办侵犯公民人身权利犯罪案件。依法查办原炉亭坳乡计生办主任杨某利用职权非法拘禁他人一案。结合此案，将县计生局作为职务犯罪预防联系点，对全县计生专干举办法治讲座，有效促进全县计生干部依法行政、文明执法。2005年，渎职犯罪侦查局更名为反渎职侵权局。2006年，查办重点工程中出现重大安全责任事故涉嫌玩忽职守的职务犯罪案件。是年，迅速查办原财政局副局长杨某在危某挪用、贪污公款中涉嫌玩忽职守案。2008年，被列为查办国家机关工作人员危害能源资源和生态环境的渎职犯罪专项工作年。全年初查渎职犯罪线索6起，立案侦查4件5人，移送审查起诉3件3人，起诉2件2人，有罪判决1件1人（积案）。是年，反渎职侵权局被湖南省人民检察院确定为全省反渎职侵权工作示范局。2010年，查办铜湾派出所胡某帮助犯罪分子逃避处罚罪案被湖南省人民检察院评为优秀案件。2013年，采取“以证促供、供证结合”的侦查模式，查办县煤炭局安监股周某等2人在泸阳牛栏处煤矿爆炸事故中涉嫌玩忽职守案。2008—2013年，共立案查办渎职侵权犯罪 16 件 23 人，提起公诉 13 件 18 人，判决 12 件 15 人，挽回经济损失 430 余万元。

第五节 监所检察

1998 年，境内无监狱劳教所，监所检察主要是对 11 名假释、保外就医人员进行考察帮教。1999 年下半年，县监所检察室进驻市第一看守所。2002 年底，怀化市第一看守所交由中方县人民检察院派驻检察。2003 年 1—3 月，怀化市第一看守所先后发生重大贩毒嫌疑人李某在外就医脱逃及在押犯韩某因病死亡安全事故，被省公安厅挂黄牌警告。县监所检察室加强监督监管场所安全防范，及时掌握在押犯思想动态，不定期安全巡查，并开展对超期羁押情况专项清理。5 月，怀化市第一看守所共有 13 起案件 28 人次被超期羁押，全部予以纠正。2005 年，对 2002—2005 年期间怀化市第一看守所办理的减刑、假释、暂予监外执行（保外就医）38 件案件逐人逐件清理复查。对暂予监外执行到期或违法保外就医的贺某等 3 人收监。2006 年，监所检察室与渎侦局联合办案，成功查办怀化市第一看守所狱医杨某徇私舞弊暂予监外执行罪案和怀化市第一人民医院医生曾某帮助伪造证据罪案。2008 年，开展减刑、假释、暂予监外执行的专项检察工作，查清全县有监外执行罪犯 150 名，其中缓刑 135 名，假释 8 名，剥夺政治权利 5 名，暂予监外执行 2 名。2012 年，县人民检察院在泸阳成立社区矫正检察室。2013 年，强化刑罚执行监督，严防监外执行罪犯脱管、漏管。是年，对社区矫正问题及时发检察建议 12 份，确保社区矫正依法公正执行。

第六节 控告申诉检察

1998 年，围绕创文明接待室工作目标，建立系列信访接待制度，实行检察长信访接待日和批阅主要信访信件制度，受理各类控告、申诉举报信件 44 件，初查 10 件。1999—2000 年，强化文明接待，实行统一登记归口线索管理，严格执行自侦案件线索督办制度，防止线索久压不查或久查不决。深入开展举报宣传工作，下乡进行举报宣传 24 次，现场接举报查办泸阳镇国土所黄某贪污案。期间，共受理来信来访 79 件，初查办案 12 件，复查申诉 1 件 1 人，为国家挽回经济损失 15 万余元。2002 年，推行信访“首办责任制”，提高信访接待水平。是年，开展集中清理上访老户、积压举报线索交办件、刑事申诉、刑事赔偿积案等“四项清理”工作，积极办理“两刑”积案。全年共受理各类信访 38 件，其中控告信访 37 件，刑事申诉 1 件。2004 年，控申检察室变“上访”为“下访”，深入基层找线索。9 月，桐木镇下丰坡村钦姓两兄弟被同村刘某分别砍成重伤和轻微伤，因证据采信不一致刘某刑拘 15

天后被释放。钦姓兄弟多次上访，控申检察室按告急访启动司法程序，将刘某绳之以法。是年，共受理和接待各种来信来访33件，息诉老户访2件次，阻止越级上访2件次，避免群体性闹事2起，使告急访等不稳定因素在萌芽阶段得到遏制。2008年，重点处理涉检信访案件，推行“一名包案领导、一个工作班子、一套处置方案、一个办理期限、一本息诉息访档案”工作模式，实行息量责任倒查。全年共受理各类举报线索22件。是年3月，县人民检察院评为全省检察机关“文明接待室”。2009年，开通“12309”举报电话，畅通控告申诉渠道，受理举报线索27件，成功息诉息访7件。2011—2013年，共接受举报线索58件，成功息诉息访10件。

第七节　林业检察

1998年4月，设林业检察科。8月，改为林业检察室，受检察院和林业局双重领导，负责全县林业案件的批捕、起诉工作，依法打击毁林犯罪，维护林区社会治安。1999年，重点查处乡镇林政管理部门挪用林业规费专款案件，共受理此类案件4件4人，涉案金额2万余元。2000年，与林业公安、林政部门组成联合清理小组，清理盗伐、滥伐林木现象，整顿加工单位，规范林区及林材加工秩序，共处理涉林行政案件30余起，挽回经济损失3万余元。2003年，突出打击重大盗伐、滥伐林木、失火毁林犯罪行为。查办新建乡黄立坪村村民杨某等9人盗伐村集体林场林木案及铜鼎乡陈某扫墓用火不慎引发山火毁林1842亩的重特大案件。是年，共受理报捕案件8件23人，审查批捕6件13人，受理移送审查起诉案件9件11人，依法提起公诉7件8人。2004年，境内失火毁林案件突出，在受理林业公安移送审查起诉18件案件中，仅失火案件就有14件，占78%，毁林达3573亩。针对这一情况，林检室适时介入引导侦查，快捕快诉，增强打击效果。2005年，吴某、杨某2人失火烧毁牌楼镇阳合垅村有林地50公顷，造成直接经济损失32万余元，县林业检察室依法从重从快查办，取得较好的法律效果和社会效果。2009年，重点打击破坏环境资源犯罪，全年批准逮捕盗滥伐林木、失火毁林、非法占用农用地等破坏环境资源犯罪嫌疑人3件3人，起诉8件8人。是年，铜湾镇松坡村民杨某因烧沙坪茅草不慎引发特大森林火灾，毁林近4000亩，造成直接经济损失350余万元，经审查依法提起公诉，法院判处杨某有期徒刑三年零六个月。此案的办理对震慑破坏环境资源犯罪，促进中方县生态环境建设起到积极作用。2010年，重点查办和预防涉林职务犯罪，查办首例退耕还林职务犯罪案件，是年，共立案侦查涉林职务犯罪3件3人，为国家挽回120余万元损失。2013年，严厉打击破坏生态环境犯罪，办理涉嫌盗伐、滥伐林木、非法占用农用地等破坏环境犯罪案11件22人。

第三章 法 院

第一节 机 构

1998年4月，成立县人民法院。内设办公室、政工室、刑事审判庭、民事审判庭、经济审判庭、行政审判庭等13个职能机构及泸阳、中方、铜湾、铁坡4个基层人民法庭，定编59人。2002年，机构改革，县人民法院核定专项行政编制42名，内设职能机构12个：办公室、政工室、立案庭、刑事审判庭、民事审判一庭、民事审判二庭、行政审判庭、审判监督庭、执行局、司法警察大队、司法技术室、林业审判庭及泸阳、中方、铜湾、铁坡4个人民法庭。2004年，政工室更名为政治部。2007年，县人民法取消事业编制，全部转为中央政法专项编制。至2013年，县人民法院内设机构不变，定编63人。

第二节 审判改革

1998年，县人民法院实行立审分离、审执分离、审监分离制度。1999年，推行直接开庭，法官始终处于认证裁判的主导地位，当事人当庭举证、质证，使当事人赢得堂堂正正、输得明明白白。是年，直接开庭率达100%。2000年，建立审判长和独任审判员制度。推进公开审判，深入执行当庭举证、当庭质证、当庭认证、当庭裁判，对一些重大影响的案件在怀化市电视台《政法天地》栏目进行播放，社会反响良好。建立审判流程管理模式，逐步推行“排期”开庭，实行由立案庭立案、书记员排案、业务庭审案、纪检监察跟案的审判运行机制，严格案件程序和审限跟踪，改变案件超期比例过大，积案偏多的被动局面。加大裁判文书改革，重点强化对判决事实的叙述和证据的分析、认证，增强判决的说理性，改变过去裁判文书“千案一面”的现象。2002年，推行刑事案件普通程序简便审，案件审结时间从原来平均35天缩短到18天，庭审时间从最低不少于3个小时降低到几十分钟。2004年，在刑事普通程序简便审的基础上逐步探索民事、行政审判简便快捷的办案方式，提高办案效率。是年，县人民法院审结的民商事案件调解结案率达75%。2007年，建立诉讼指导和风险提示制度，实行主审法官指导举证制度。构建“大调解”工作格局，与县司法局、乡镇紧密配合，建立“三调联动”纠纷调解机制。2008年，深化“三调联动”，在4个基层法庭建立以辖区人民陪审员、人民调解员、诉讼联络员为主体的“三员”机制，赋予其联系法官立案、协助代为送达文书、参与诉前调解等职能。3月，铁坡法庭尝试“亲和围坐”的开庭调解方式，成功调解一起分居长达五年离婚案件，受到省、市两级法院的好评。是年，县人民法院设置便民诉讼“绿色通道”，对涉及弱势群体的案件优先立案、优先审理、优先执行，依照规定缓、减、免交诉讼费用，2008—2009年，共依法减、免、缓交诉讼费22余万元，使群众的合法权益得到有效保障。2010年，优化整合审判资源，审监庭与审管办实行合署办公。为方便群众诉讼，设立巡回审判庭，全年巡回审结各类案件60件，结案时间同比缩短25天。是年，推行量刑规范化改革。

第三节 刑事审判

1998年，中方县人民法院依照《中华人民共和国刑法》和《中华人民共和国刑事诉讼法》，引导自诉人依法履行举证责任，掌握无罪推定原则，执行指导辩护和刑事诉讼代理制度，保障刑事诉讼当事人合法权益。对重点案件，重点掌握，特殊对待。是年，审理金某、杨某等青少年集团抢劫犯罪案件，从立案至宣判仅18天。1999年，全县94%的刑事案件发案地在农村，88%的被告人身份为农民。针对这一情况，县人民法院先后在中方镇、新建乡召开公开审判大会，到会旁听200余人，在农村起到强烈的法律震慑作用。同时，对罪行较轻、认罪态度好，符合缓刑、减刑和免予刑事处罚的农民被告人，依法适用缓刑、减刑和免予刑事处罚，惩治犯罪的同时，预防和减少犯罪。1998-2002年，全县将暴力犯罪、集团犯罪及农村流氓恶势力犯罪作为“严打”整治重点，快审快判。期间共审结各类刑事案件374件577人，其中抢劫案件109件253人。2003年，依法进行公开审判，以案说法教育群众，震慑犯罪分子。对暴力抗法阻挠县城建设的向某、曾某等4人以妨害公务罪分别判处有期徒刑。从此，县城建设环境更加优化。是年，县人民法院从妇联、教育部门聘请2人为特邀陪审员，维护妇女、未成年人的合法权益。2004年，开展“打抢除恶禁毒”专项活动，审结案件33件53人。是年，全县山林火灾、滥伐盗伐林木等破坏森林资源犯罪频发，县人民法快审快结山林失火案14起，滥伐盗伐林木案4起，将惩治与法治宣传相结合，破坏森林资源犯罪的上升趋势得到有效遏制。2008年，提高刑事审判透明度，适用普通程序审理的案件人民陪审员参审率达100%。开展打击“两抢一盗犯罪”“毒品犯罪”等专项审判活动。2011年，实行从重从快审结，稳、准、狠地打击各类严重刑事犯罪，对备受社会关注的罗某等13人涉黑案进行公开审理。同时，加强刑事附带民事调解工作，全年审结此类案件5件，调解结案3件，为受害人及亲属挽回经济损失100余万元。2008—2013年，共审结刑事案件486件745人，判处5年以上有期徒刑118人。严厉打击职务犯罪，推进廉洁从政，共审理贪污、受贿、职务侵占等职务犯罪案件38件，对74名被告人均作出有罪判决。

表 7-3-3-1

1998—2013 年中方县刑事案件审结统计表

单位：件、人

年度	总数		其中：自诉		案由																	处理结果				
	件	人	件	人	杀人	抢劫	强奸	爆炸	放火	贩毒	流氓	破坏电力	伤害	盗窃	诈骗	盗伐林木	滥伐林木	交通肇事	贪污贿赂	挪用侵占	偷抗税	其他	判处十年以上	五至十年	五年以下	其他处理	判决无罪
1998	49	75	13	13	0	8	0	0	0	0	0	0	17	10	0	0	0	1	1	0	0	12	5	7	36	25	2
1999	89	128	12	12	0	10	1	0	1	0	0	3	23	16	1	0	0	1	1	7	0	25	8	10	60	46	3
2000	74	104	8	8	1	12	3	1	0	1	0	4	14	7	1	0	0	1	1	8	0	20	1	20	47	34	2
2001	74	133	13	14	0	14	2	2	1	2	0	2	16	18	0	0	0	4	8	2	0	4	9	15	97	9	3
2002	70	109	0	0	1	10	3	2	0	2	0	2	11	12	1	0	0	6	5	3	0	12	4	14	65	22	3
2003	77	107	7	7	1	15	6	0	0	2	0	4	13	11	2	0	0	4	2	0	0	23	5	7	85	10	0
2004	51	85	0	0	0	10	4	0	0	2	0	2	7	7	0	0	0	6	1	1	0	11	4	3	61	17	0
2005	92	130	0	0	1	8	4	1	0	1	0	4	15	21	2	0	0	8	3	2	0	22	4	8	90	26	2
2006	88	159	0	0	0	10	1	0	0	1	0	0	19	19	0	0	0	9	3	0	1	25	7	11	120	21	0
2007	73	126	1	1	0	10	1	0	0	7	0	0	4	21	1	0	0	5	1	5	0	18	7	7	77	33	2
2008	83	136	0	0	1	7	0	0	2	3	0	0	12	38	2	0	1	2	4	0	0	11	7	6	116	7	0
2009	81	141	0	0	0	6	1	0	0	6	0	0	10	23	1	0	0	1	4	0	0	29	15	15	102	9	0
2010	83	169	0	0	0	5	3	0	0	6	0	1	1	23	2	0	5	7	5	0	0	25	12	8	129	20	0
2011	102	143	0	0	0	4	3	0	1	4	0	0	2	26	7	1	5	8	6	2	0	33	1	12	109	21	0
2012	124	172	0	0	0	4	1	1	0	17	0	1	16	29	5	1	0	7	9	2	0	31	5	3	108	56	0
2013	108	127	0	0	0	4	3	0	0	8	0	1	8	18	1	0	3	7	2	1	0	53	0	9	97	21	0

第四节 民事审判

全县民事案件主要集中在婚姻家庭、损害赔偿、债权债务以及有关财产返还、山林田土分配等纠纷案件。1998 年，中方有县无城，县人民法院案源匮乏。全年共审结各类民事纠纷案件 625 件，其中判决 344 件，调解 281 件。中方、泸阳、铜湾、铁坡 4 个人民法庭协助基层组织调解民间纠纷 24 起，防止凶杀案 5 起，自杀案 3 起，群众性械斗 5 起。1999 年，法院系统开展“审判质量年”活动，民事案件案源增多。2002 年，民事审判改革审判方式，发挥合议庭和独任审判员的作用，完善举证制度，规范当事人举证、质证活动，依照“能调则调，当判则判，调判结合，案结事了”的原则开展民事审判工作。1999—2002 年，共审结民事案件 2409 件，调解率在 68%，简易程序审理的案件占 80%。通过审判活动，防止凶杀、自杀事件 54 起，避免群众性械斗事件 30 起。期间为方便群众诉讼，县人民法院开展巡回办案 1327 件，适用简易程序就地开庭 53 件，达到审理一案，教育一片的社会效果。2004 年，县人民法狠抓案件质量，每月召开案件质量讲评会，推行诉讼指导和风险提示制度。大力推介铜湾法庭几年内无上诉案、无诉讼积案、无执行积案、调解率达到 80%的先进典型。是年，共审结各类民商事纠纷案件 686 件，调解结案率为 75%。2005 年，在审判实践中坚持审务公开，落实司法为民措施，保护弱势群体的合法权益，实施司法救助，缓交、减交或免交诉讼费，全年共缓交诉讼费 30 万元，减交 15 万元，免交 8 万元。2006 年，发挥审判委员会在民商事审判中的作用，召开审委会 46 次，讨论民商事案件 80 余件，提高办案质量。2008 年，在 4 个基层法庭推行“三员”（即：人民陪审员、人民调解员、诉讼联络员）机制，与司法局、乡镇一起实行“三调联动”，中方、铁坡、铜湾、泸阳等 4 个法庭审理的 230 件案件中，调解撤诉结案 152 件，调解撤诉率为 66%。2008—2012 年，县人民法院把涉及民生的案件作为工作重点，注重对家庭暴力受害者、婚姻无过错方、下岗工人以及老弱妇儒等弱势群众的权益保护。同时将调解贯穿民事审判全过程，期间共审结各类民事案件 2479 件，其中婚姻家庭纠纷案件 1613 件，占审结民事案件总数的 65.1%。调解撤诉 1634 件，调解撤诉率 65.91%。2013 年，县人民法院全年共受理民商事案件 483 件，审结 473 件，结案率为 97.9%，调解撤诉结案 310 件，调撤率达 65.53%。

第五节 商事审判

1998 年，县人民法院对涉及整顿金融秩序的经济纠纷案件实行“优先立案，优先审理、优先执行”的“三优”政策。采取上门服务的方式，先后为怀化磷化公司、农业银行怀化湖天分行、下坪基金会等单位和个人排忧解难。全年共审结经济纠纷案件 341 件，诉讼标的 1096 万元，调解率达 70%。1999 年，实施《中华人民共和国合同法》，原《中华人民共和国经济合同法》废止，逐渐确立大民事格局。是年，开展“防范金融风险、维护农村稳定”（农金会、股金会）专项审判活动，审结农金会、股金会起诉的资金占用合同纠纷案各为 569 件、769 件，分别为国家集体挽回经济损失 853 万元、1469.3 万元，经济审判庭被怀化市中级人民法院评为“防范金融风险，维护农村稳定”专项审判活动先进集体。2002 年，经济审判改为商事审判列入民事审判二庭，商事案件以民事案件的形式进行统计。是年，开展“维护农民合法权益”“服务金融、化解风险”“服务县城建设”等专项审判工作，共审结“三假”坑农案件 3 件，涉金融企业案件 9 件，调处涉及县城建设方面的纠纷 25 件。1998—2002 年，共审结商事案件 2055 件，诉讼标的 6500 万余元。2005 年，集中清理恶意逃废汽车消费贷款债务案件，共审结 43 件，促使大量逃废人员自动偿还债务，为国家挽回经济损失 400 余万元。2006 年，运用多种调解方式审理案件，做到能调则调，当判则判，调判结合，案结事了。是年，共审结商事纠纷案 137 件，调解率达 80%。2003—2007 年，共审结商事案件 853 件，解决诉讼标的 6217 万元。2008—2012 年，商事审判工作重点集中在服务县城建设专项审判上，维护公平竞争、诚实守信的市场秩序，为“旺市融城、兴工保农”提供有力的法律保障。期间共审结商事案件 456 件，涉案标的 3200 万元。2013 年，县人民法院共审结买卖、房地产开发、经营、借款、建筑工程合同纠纷等案件 65 件，涉案标的 850 万元。

第六节　行政审判

1998 年，行政审判配合依法治县，发出司法建议 8 条。支持县计划生育工作，抽调人员参与全县计划生育“夏季突击月”活动，执行计划生育案件 16 件。1999 年 6 月，依法强制拆除铜湾镇 14 户居民的违章建筑。1998—2002 年，共审结各类行政案件 117 件，依法办理行政机关申请强制执行的非诉行政案件 327 件。2005 年，行政审判重点放在审判山林行政确权案件及计生非诉案件的执行，共执结非诉计生案件 42 件，审结林业行政诉讼案件 7 件。2003—2007 年，坚持保障与监督并举，支持与制约并重的原则，协调处理的行政案件占审结数的 60%，期间共审结行政诉讼案件 30 件，执结行政非诉执行案件 331 件，执行标的 650 多万元。2010 年，配合全县重点工程建设，拆除违章建筑 9800 余平方米。2013 年通过协调撤诉的行政案件达 15 件，占全年行政案件审结数的 71.4%。2008—2013 年，行政审判通过法律咨询、法治讲座、座谈会等形式，提前介入，主动服务，探索行政协调新机制，最大限度地采取协调方式处理行政纠纷。期间审结行政案件 75 件，执行非诉行政执行案件 328 件。

第七节 判决执行

1998年，县人民法院执结案件289起，执行标的551万元。其中协助外地法院执行6件，标的11.3万元，案件执行率为当年申请执行案的100%，合格率100%。1999年，开展“案件执行年”活动，集中力量对多年来（原怀化市人民法院遗留下来）难以执行的“钉子”案件进行清理执行，共执结各类案件1154件，执行标的1059.5万元。2000年，针对全县积案较多的状况，成立以主管政法的副书记任组长的执行积案工作领导小组。8—9月，由两名县领导带队，组织县人民法院全体干警，在40余名乡（镇）派出所及司法所干警的配合下，执结各类案件158件，占未执行积案数的58%，执行标的280万元，取得良好的社会效果。2001年，执行庭充实警力，配备专车，建立通报协调制度，共执行各类案件528件，其中全部执结的356件，执行标的898万元，基本实现收执案件动态良性循环。2002年5月，成立执行局，实行执行案件标的金额到位率考核制度，建立未执结案件台账，从6月起，实行执行案件立案不预收执行费用的制度，减轻申请执行人的负担。强化执行措施，对拒不履行义务的依法强制执行。是年9月，强制执行卢某、倪某侵占财产纠纷案，依法对卢某以拒不履行判决、裁定罪，判处徒刑一年零六个月。1998—2002年，共受理执行案件2513件，执结2213件，为国家、集体、个人挽回损失3366万元。2004年，对涉及抚养费、养老金、劳动报酬、民间债务、婚姻家庭等案件，优先予以执行，共执结此类案件65件。执结涉及国企改革、集体、民营企业生产和经营、金融借贷等案件24件，执行标的140万元。2005年，重点清理拖欠工程款和民工工资、地方保护、暴力抗法等几类案件，注重执行与教育并重。对滕某系列执行案，案情复杂，涉案标的大，债权人众多，执行局多次召开债权人大会，最大限度地做好当事人的思想工作，最后达成执行和解协议，维护人民法院审判权威。是年，执行局评为“全市法院交叉执行先进集体”。2005年8月至2006年，开展集中清理执行积案专项活动，分3个执行小组，实行“四定一包”（定时间、定任务、定人员、定奖罚、包结案）责任制，共执结积案288件，执行标的2000余万元。2007年1月，省委办公厅授予中方县“全省集中清理执行积案专项活动先进集体”荣誉称号。是年，拓宽执行渠道，建立协助执行网络，在全县14个行政乡镇中聘请26名协助执行联络员，协助法院送达法律文书，提供被执行人下落和财产等相关线索，并协助做好调解、处置突发事件、法治宣传、现场监督工作，有效增强人民群众对法院生效裁判的公信度。2003—2007年，共执结586件，共查封拍卖被执行人财产案件80件，司法拘留14人次，为国家、集体、个人挽回损失3500万元。2008年，推行人性化执行，和解执行案件增加，执结65件，执行和解率40%。2009年，建立执行工作威慑机制。是年6月，县委组织召开法院执行工作威慑机制联席会，将各乡镇和单位支持、配合执行工作的情况纳入社会治安综合治理考核范畴，形成执行工作联动机制。2011年，推行“阳光执法”，随案发放执行监督卡，建立保全查封、标的款进出台账和财产处理“三个台账”，对执行实施全程监管机制，确保执行款项零差错。2008—2012年，共执结各类案件954件，标的金额9800万元。2013年，推行刑事附带民事案件在审理阶段执行制度，民事案件65%得以和解执行。开展集中清理执行积案及反规避执行专项活动，实行执行110处警模式，全年执结各类案件113件，执结率80.71%，执结积案32件。

第八节　执法监督

审判监督　1998年，县人民法院设审判监督庭，负责审理刑事、民事、行政等再审案件的审理和办理减刑假释案件等。是年，审判监督庭有机构无专人，复查申诉案由立案庭负责，无申诉、减刑、假释案件。1999年下半年，审监庭庭长到任，审结再审案5件，其中检察院抗诉的3件，院长决定再审的1件，当事人申请再审的1件。判决维持3件，调解1件，改判1件。是年，刑事案件减刑、假释收归上一级法院办理，基层法院不再受理。至2002年，共受理再审案件53件，其中改判2件，维持39件，调解8件，裁定撤诉、驳回4件。2003—2007年，县人民法院建立防错纠错机制，强化“精品”“铁案”和“效率”意识，提高案件质量。共受理再审案件35件，审结31件，其中改判6件，维持原判20件，调解、撤诉5件。2008—2009年，将公平、公正司法，保护人民群众合理诉求与维护生效判决有机结合起来，共受理并审结申诉及再审案件11件，其中调解5件，维持原判4件，改判2件。2010年，优化整合审判资源，将审监庭与审管办合署办公，完善案件评查制度，实行案件交叉评查、法官排班制，提高办案水平。2011年，共评查610件案件，优秀率达97%，被二审改判和发回重审的案件5件，仅占审结总数的1.25%，司法质量得到明显提升。2013年，实行案件过错责任追究制，当年过错追责3案1人。

人民监督　1999—2001年，刑事审判审理案件，聘请人民陪审员参与案件审理，尤其对青少年犯罪和妇女犯罪案件，审理时主动邀请教育部门、团委、妇联的代表参加陪审。2002年起，推行执法责任制。聘请执法、廉政监督员，对法院和法官执法活动中的执法情况、工作作风进行监督，每年召集执法监督员会议1次，听取建议和意见。2003年，从办案数量、质量及效率等方面对2001—2002年期间办理的1387件案件进行检查，对被全部改判、发回重审的8件案件的承办人进行责任追究，予以罚款并通报批评。2005年，完善公开审判，启动人民陪审员制度，经县人大和法院考察，由县人大常委会任命9名公民担任人民陪审员，任期5年。2009年增选人民陪审员，全县人民陪审员达24名，均参与案件审理。2009—2013年，人民陪审员参与审理案件1026件，陪审率达到36%。

第四章 司法行政

第一节 机 构

1998年2月，成立中方县司法局，定编43人。设6个职能股室（办公室、政工室、基层工作股、法制宣传教育股、公证律师管理股、政策法规股）、22个乡镇司法所，1个二级机构（依法治县领导小组办公室），以及1个律师事务所、6个法律服务所，主要承担法治宣传、法律服务和法律保障等职能。2008年增设计划财务股。2011年，设社区矫正股、县法律援助中心、县社区矫正领导小组办公室。2013年，机构设置不变，有干部职工64人。

2008年县司法局获评全国“五五”普法中期先进集体、第五届全省司法行政系统先进集体、全省“司法行政大动员，化解矛盾促和谐”专项维稳活动先进集体。中方县2006—2010年连续五年获评全市普法依法治理工作“模范县”，2010年获评全国法治县（市、区）创建活动先进单位，2011年荣获全国“五五”普法先进县称号。2009—2013年连续五年获全国人民调解宣传工作先进单位。

第二节 法制教育

一、“三五”普法（1996—2000）

主要内容为《中华人民共和国宪法》《中华人民共和国刑法》《中华人民共和国刑事诉讼法》《中华人民共和国行政法》《中华人民共和国行政复议法》《中华人民共和国义务教育法》等40多部法律法规。普法重点是领导干部依法决策、依法管理“龙头工程”、干部学法用法“骨干工程”、青少年普法“后备工程”、基层群众普法“主体工程”等。1998年，成立县普法依法治理领导小组（2000年更名为依法治县领导小组），后相继成立普法教育讲师团和依法治县督查团，逐步形成“党委领导、政府实施、人大监督、部门配合、群众参与”的依法治县格局。是年6月，县委、人大、县人民政府、县普治领导小组及县人民检察院、人民法院相继出台依法治县规范性文件，为全县推进依法治理工作奠定基础。全县推行普法合格证制度、法律法规培训结业证制度及领导干部任前学法用法考试制度。7月，在怀化市原水上乐园举办“中方县第一届学法用法山歌比赛”。是年，在石宝乡、牌楼镇进行乡（镇）、村建立“法制宣传教育专栏”试点。1999年，组织开展百乡千村依法治理和“走向法治”诗歌朗诵比赛、发放《农民普法简明读本》。在县广播电视台开辟法制之窗节目。是年，把青少年作为普法教育的重点对象，在小学三年级以上开设法制教育课。开全市先河，在全县中小学毕业会考加试法制课，凡考试不及格者不发给毕业证书。

1998—2000年，共开办乡科级党政一把手法制培训班6期，参训人员2976人次。举办大中专毕业生岗前法制培训班3期，发放“法律法规培训结业证”415份。全县干部学法用法考试参考率100%、合格率100%。以乡镇法制分校为阵地举办法制学习班132期。全县22个乡、211个村建立“法治宣传教育专栏”，举办政策法律文艺会演216场次，组织普法骨干下乡入村开展法律咨询817次，出动宣传车221台次，发放普法宣传资料20余万册(份)。通过普法宣传，广大群众知法、懂法得到普遍提高，对维护稳定起到促进作用。“三五”普法期间，通过“分类指导、培育典型、以点带面、有序推进”，县计生委、县财政局、县教育局、县交警大队、县交通局、桐木镇、牌楼镇陈家湾村等20个单位评为依法治理示范单位，其中县交警队、县交通局运管所、桐木镇的经验和做法得到省市领导肯定。

二、“四五”普法（2001—2005）

主要以宪法为核心，以基本法为主体，专业法为重点。主要对象为领导干部、司法人员和行政执法人员、青少年（学生）、企业经营管理人员等。全县成立普法依法治理领导小组131个，配备专（兼）职人员148人，法制宣讲员1360人。在机关，实行党委中心组学法制度、普法合格证制度、任前学法考试制度。在学校，法制教育列为学生必修课，聘请法制副校长和辅导员，定期举办法制讲座、作法制报告、组织法律知识竞赛。启动“送法下乡、带法回家”活动，发放《公民法律知识读本》8万余册。开展学校周边环境专项整治活动，净化学校周边环境，营造校园法制教育良好氛围，青少年犯罪逐年下降。在农村，制定村民自治章程，实施“842”工程（即建立村民代表会议、民主理财、村账乡管、村级财务审计、民主选举村干部、民主评议村干部、定期检查村务公开等8项制度。实现选举、决策、管理及监督4项民主，推行村务、财务2项公开），开展创“十星级农户”“民主法制示范村”活动。在企业，制定企业经营管理人员学法计划。开展行业普法，举办煤矿业主法制培训班20期。协助金大地水泥有限公司等企业引入现代公司管理制度，依照《中华人民共和国劳动法》等相关法律法规组建工会，规范企业劳动合同，保障企业职工合法权益。

2001—2005年，共举办乡科级党政一把手法制培训班10期，培训人员266人次。全县干部学法用法考试参考率98%、办证率100%、登记率100%。在乡村建“法治专栏”233个，发放普法读本56万册（份），培训普法“二传手”1360人次，举办村民政策法律学习班1055场次，法律法规知识竞赛1165次，举办送法下乡演出110场。“四五”普法期间，培育桐木镇黄家湾村、花桥镇梅树冲村、炉亭坳乡塔灯田村等28个“民主法治示范村”。县委办、教育局、畜牧局等31个单位评为全县“四五普法依法治理先进集体”。

三、“五五”普法（2006—2010）

2006年，启动五五普法，建立中方法治网页，普法宣传信息化。扎实开展“法律知识进乡村、进社区、进机关、进学校、进企业、进单位”的“六进”活动，将全民学法用法推向纵深。在机关，实行中心组学习制度，先后举办专题法制讲座9期，22个乡镇党委中心组累计举办法律法规学习220期。推行行政执法责任追究制。提高行政执法效能。县政府三届四次全会作出《关于加强政府执行力建设的决定》，将提高执行力作为创建“五型”（亲民型、开拓型、法治型、责任型、廉洁型政府）政府的主题，致力于解决该作为的不作为、缓作为，不该作为的乱作为的问题。在社区，以县城和建制镇为重点，开展“法德进社区、和谐建家园”主题教育宣传活动，先后组织法治文艺会演10场次，受教育居民达2万余人。建立社区居民学法制度，聘请政法干警为社区居民上法制教育课。先后向社区派驻法律顾问10人，组建法律志愿者队伍25支，登门入户宣传征地拆迁政策和法律法规，化解影响县城建设的矛盾纠纷。在乡村，建立22个法制分校、213个法治夜校和213个法律书屋，形成纵向到底、横向到边的普法工作网络。深化普法系列评选创建活动，每年评选30~40个县级“十星级农户”。创建花桥镇梅树冲村1个国家级“民主法治示范村”和桐木镇大松坡村、锦溪乡中心村2个省级“民主法治示范村”。在学校，全县配备法治副校长和法治辅导员68名。中小学法治教育做到“计划、教材、教师、课时”四落实，学校法治教育实现规范化、制度化。在企业，开展“一本法制宣传书、一本法律服务指南、一张法律服务联系卡、一份法律援助协议”的“四个一”活动。出台《关于在全县规模企业中开展法制宣传教育工作的方案》，全县规模企业均聘请法律顾问，优化企业发展环境。在单位，规范全县各执法单位行政执法制度，采取培训班、以会代训、法治讲座、分散自学、集中辅导等形式，组织各单位干部职工学习法律知识，先后组织全县干部职工年度普法考试4次，参考人数近3万人次，参考率、合格率均达100%。2006—2010年，全县累计开展“送法下乡”活动500多场次，“送法进万家”活动110场次，举办农村法制讲座850场次，发放相关法律法规等宣传资料35万余份，受教育群众达到25万人，普法依法治理工作逐步深入人心，群众法治理念不断增强。2010年6月，中方县作为县市（区）唯一代表在全市“五五普法验收总结大会”上推介全县在“五五”普法工作中积累的经验和取得的成绩。中方县评为“2010年全国法治县（市、区）创建活动先进单位”和“2006—2010年全国法治宣传教育先进县（市、区）”。

四、“六五”普法（2011—2015）

构建“党委领导、人大监督、政府实施、各部门齐抓共管、全社会广泛参与”的大普法网络格局，全县有普法辅导员480名、普法宣传员2900余名、普法联络员4500余名，并在229个村（居）委会设立普法工作站。完善普法阵地建设，全县建成“法治主题广场”1个、“法治宣传一条街”6个、法制夜校22个、法律书屋229个，同时开辟电视专栏《政法时空》、普法短信平台和《法治中方》网站，建立“网络新闻发言人”“政务微博”与网民互动，妥善处理网络信件120余起。2010年4月，在全市率先开展“法治中方”创建工作。开展“送法下乡百村万户行”活动，期间全县举办大型广场咨询会、各类竞赛近100场次，先后发放各类法律知识读本10余万册，散发各种法律宣传资料20多万份。同时，还组建“法律巡回宣讲团”“小广播宣传队”，利用“3·15”、“12·4”（全国法制宣传日）和乡镇赶集日进行广泛宣传。打造基层法治建设示范点，先后表彰“十星级农户”100余户、“诚信守法企业”4家，泸阳镇新店坪村评为“全省民主法治示范村”，县审计局、地税局、公安交警大队评为省级“法治示范窗口单位”。2012年，普法工作经费首次纳入财政预算。是年起，每年确定5个以上行政执法单位作为年度岗位学法用法闭卷考试单位，将参考单位首考合格率100%、参考率100%的作为年度普法依法治理工作先进集体呈报，该做法得到省、市肯定。2012—2013年，县国土资源局等10个行政执法单位开展岗位学法闭卷考试考核工作。2013年开始推行无纸化网上普法学习考核。

第三节　人民调解

一、调解组织

1998年，成立县人民调解工作领导小组，22个乡（镇）、211个村均成立人民调解委员会，村民小组成立调解小组，全县基本形成“县、乡、村、组”四级调解网络，共有调解员2374人，调解信息员2176人。县司法局定期组织调解员进行业务培训，各调解组织严格执行矛盾纠纷排查、登记、分析报告、销号、回访等各项制度。2000年，县司法局获评全国人民调解宣传工作先进单位。2006年，推行人民调解员持证上岗制度，全县2374名调解员持证上岗。2008年县司法局被省司法厅评为全省“司法行政大动员，化解矛盾促和谐”专项维稳活动先进集体。2009年，成立县矛盾纠纷调处中心及“快速流动调解庭”，乡、村两级调委会基本做到“六有”和“四规范”（“六有”即：有办公室或调解室、有牌子、有印章、有调解工作台账，有调解例会和调解记录，有纠纷登记簿。“四规范”即：组织人员、工作制度、调解程序、调解文书规范）。通过整合资源，县矛盾纠纷调处中心成为全县调处化解重大疑难矛盾纠纷的有力手段。2012年，完善“快速流动调解庭”建设，全县分4个片区建立“流动调解小分队”。2013年，在公、检、法、卫生、劳动等9个部门成立专业调解室，并在湖南怀化工业园、中方工业园设立人民调解室，逐步形成“政府主导、部门联动联调、社会广泛参与”的大调解工作格局。是年底，全县共有乡镇调解委员会22个，村（居）民调解委员会229个，人民调解员1200人，听证评议员900人，调解信息员2000人。

二、纠纷调解

1998年，人民调解贯彻“调防结合，以防为主”的方针，坚持抓早、抓小、抓苗头。注重开展矛盾纠纷大排查，在重大节庆期间组织政法各部门分片包干到各乡镇对各类矛盾纠纷进行严密排查，并及时调处。在调处纠纷方法上，采取个别调解、就地调解、家庭调解、小型群众座谈会调解、集体调解等多种形式。7月，推行矛盾纠纷“销号责任制”，县、乡、村、组四级建立纠纷热点问题台账，对全县的各类纠纷及社会热点问题做到底数清、情况明，及时做好疏导和化解工作。是年，全县排查纠纷1092起，成功调解1051起，调解率100%，调解成功率96.25%。2004年，在泸阳、铜湾试行人民调解衔接诉讼制度，提高人民调解协议书的法律效力。2005年，蒿吉坪乡推行“人民陪调员”制度，调解成功率大大提高，该工作方法在全县得到广泛应用，并在全市推广。2007年5月，出台《中方县“三调联动”工作办法（试行)》，实现人民调解、司法调解、行政调解的对接联动，跨部门、跨行业重大矛盾纠纷的调处力度加强，减少矛盾纠纷久调不决。是年10月，通过启动“三调联动”，化解各类矛盾纠纷126起，其中调处跨县市纠纷6起。2009年 4 月成功化解一起涉及溆浦、辰溪、中方三县近500余人的群体性坟山纠纷。2010年4月，开展“人民调解化解矛盾纠纷专项攻坚活动”，共调处影响施工环境和企业发展的纠纷矛盾97起。2012年，开展“调解化积案、息访保平安”人民调解专项活动，排查调处重大矛盾纠纷积案33起，调解成功29起，引导当事人走司法程序4起。是年，实行听证评议纠纷制度，在各调委会建立听证评议员档案库，随机抽取听证评议员参加重大疑难纠纷调处，全年现场评议纠纷25起，调解成功率、协议履行率均为100%，此模式在全省推广，中方县的“听证评议纠纷制度”入选怀化市“2012年度十大法治事件”。

1998—2013年中方县纠纷调解统计表

表7-4-3-1 单位：件

年度	纠纷发生数	纠纷调处数	调处成功数	防纠纷激化数	防止民转刑数	防止群众性械斗	防止集体上访数
1998	1092	1092	1051	6	4	10	6
1999	556	556	512	8	5	11	9
2000	366	366	354	9	7	12	8
2001	278	278	265	13	6	12	11
2002	198	198	191	11	5	8	7
2003	211	211	197	10	11	9	10
2004	856	856	814	8	6	13	9
2005	268	268	242	7	5	12	7

续表

年度	纠纷发生数	纠纷调处数	调处成功数	防纠纷激化数	防止民转刑数	防止群众性械斗	防止集体上访数
2006	326	326	316	15	16	7	5
2007	1265	1265	1240	12	9	6	9
2008	1220	1220	1196	16	17	18	12
2009	1445	1445	1437	8	11	16	13
2010	1476	1476	1447	2	17	13	11
2011	1394	1394	1394	3	15	12	14
2012	1234	1234	1234	2	11	17	27
2013	1392	1392	1392	2	4	15	25

第四节　法律服务

一、律师事务

1998—2000年，中方县与鹤城区合办一家湖南省鹤洲律师事务所。2001年，成立湖南怀中律师事务所，但该所基本处于歇业状态。2005年，湖南五溪律师事务所在中方县司法局注册成立，有执业律师22人，办公点设怀化中心城区，业务涵盖刑事辩护、民事、行政代理、企业改制兼并、债务清欠、金融、知识产权、建筑房地产、涉外等法律服务。2005—2013年，共担任常年法律顾问33家，办理刑事诉讼及辩护682件，民事诉讼代理2207件，经济诉讼代理816件，行政诉讼代理25件，法律援助案件183件，非诉讼法律事物1501件，解答法律咨询3145人次。通过担任法律顾问、代理参加民事、经济、行政诉讼，代理非诉讼法律事务，帮助挽回经济损失和索回赔偿款累计7444万元。2013年4月，因事务所常设怀化城区，不便于县司法局日常监管，交于鹤城区司法局管理。

二、法律服务所业务

1998年，在22个乡镇设基层法律服务所，与乡镇司法所一套人马两块牌子，由司法助理员主管，担负人民调解、法制宣传、协办公证、法律顾问任务。乡镇法律服务实行“有偿服务，适当收费”的原则。1998—2001年，共调解纠纷290件，协办公证44件，诉讼和非诉讼代理473件，担任法律顾问28家，解答法律咨询3000人次，代写法律文书280份，帮助挽回经济损失280多万元。2002年，根据司法部《基层法律服务所管理办法》要求，规范全县法律服务机构。全县注册法律服务所6所，其中城区所4所，有执业资格法律工作者39人。2009年6月，注册铜湾法律服务所，从业人员3人。2002—2009年，共调解疑难纠纷735件，协办公证212件，诉讼和非诉讼代理1681件，担任法律顾问31家，解答法律咨询5000人次，代写法律文书782份，帮助挽回经济损失620多万元。2010年9月，怀化城区4个法律服务所划归鹤城区司法局管理。县城成立第一家法律服务所—中方县城中法律服务所。铜湾法律服务所因工作开展不力停止注册。是年底，中方县有牌楼、桐木、城中3个注册法律服务所，法律服务工作者10人，至2013年不变。2010—2013年，法律服务所共调解疑难纠纷37件，协办公证23件，诉讼和非诉讼代理275件，担任法律顾问11家，解答法律咨询1000人次，代写法律文书87份，帮助挽回经济损失300多万元。

三、法律援助

县法律援助工作始于1999年10月，县司法局开通“148”法律服务专线电话，由律师、公证员、基层司法助理员义务接受社会法律咨询服务。2000年6月，成立县法律援助中心，有专职援助律师4名。主要为特困居民、残疾人、未成年人等社会弱势群体提供法律无偿援助服务。1999—2002年，“148”法律服务专线，共接待来电510次，来访792人。2003年，此服务停止运行。6月，中方县妇女儿童维权工作站在县法援中心正式挂牌成立。2006年10月，在全市率先设立22个乡镇法律援助工作站，充实法律援助队伍。2007年，在工、商、妇联、残联等社会团体成立法律援助机构5个，并在花桥梅树冲村、花桥洁具厂、怀特耐火厂、泸阳金塘村建立法律援助工作联系点，为农民工提供法律援助。自成立至2008年，共接待来访者605人次，受理案件109件。2009年3月，实施“法律服务进企业”工程，为全县33家规模企业提供法律服务。重新开通法律援助热线电话2812148，组建“中方县女子法律服务小分队”，建立援助“绿色通道”，出台《中方县对城乡困难群体实行法律援助的实施办法》，多形式实现“应援尽援”。是年，共举办企业经营管理人员培训2次，接待法律咨询230人次，农民工维权专场培训3场，办理农民工援助案件21件，为全县重大招商引资建设项目提供法律服务26次，为企业避免经济损失200万元。7月，中方县作为全市法援工作唯一代表出席全省法律援助工作讲评大会并做经验介绍。2010年4月，县法援中心被省司法厅确定为“中央专项彩票公益金法律援助项目”实施单位，争取到“法律援助公益金项目”资金5万元，每办结1件农民工、残疾人、老年人、妇女家庭权益保障和未成年人的法律援助案件，补贴2000元。全年上报公益金案件48件。是年，为困难群众办理法律援助案件列入司法局为民办实事考核项目，成立涉军法律援助工作站。全年共受理各类法律援助案件123件，免费解答咨询869人次，减免各种费用53万元，为群众挽回损失200万元。2011年，关注弱势群体，对妇女儿童、老人及农民工开展帮扶，办理援助妇女儿童和老人维权案件71件，占全年法律援助案件的63.3%，为农民工追讨工资75万元。2012年，县法援中心在县城街道旁设立便民服务窗口。2013年，在信访局设立法律援助信访接待室。9月，司法局便民服务大厅建成并投入使用，内设法律援助等候厅、接待厅、私密室、残疾人无障碍通道等，大大方便来访群众。2011—2013年，共办理各类法律援助案件672件，受援人数1290余人，开展法律援助宣传18场次，发放宣传资料2万余份。

表7-4-4-1

2000—2013年中方县法律援助中心办案情况统计表

单位：件

年度	未成年人案件	妇女儿童维权案件	老年人维权案件	农民工维权案件	其他援助案件
2000	—	2	1	—	3
2001	1	4	5	—	18
2002	3	5	7	2	35
2003	5	9	11	15	47
2004	9	15	26	26	58
2005	8	14	21	27	66
2006	12	18	26	33	74
2007	15	22	34	51	45
2008	7	9	8	22	137
2009	5	9	5	26	124
2010	3	5	4	23	88
2011	14	28	29	28	112
2012	9	35	21	84	109
2013	15	21	17	69	81

第五节　公证服务

1998年6月，成立中方县公证处，有专职公证员2名（均有涉外公证员资格）。12月，县人民政府下发《关于加强中方县公证工作的通知》，使公证业务在政府领域得到认可和有效拓展。1998—1999年，公证业务较单一，多集中在委托、继承、声明、承诺、民事合同等民事类公证，期间，共办理民事类公证844件，占办理公证总数的96.9%。2001年，扩大业务宣传，拓展业务领域，经济类及涉外公证业务量显著增加。2004年，公证服务领域拓展到农村土地承包、农村金融信贷及建设、财政、房管等行业。是年，共办理各类公证108件，其中国内公证64件，涉及标的560余万元，涉外公证39件，涉港、台公证5件，签订常年法律顾问2家，接待群众来访256人次。2005年，开展公证队伍教育规范树形象活动，聘请公证行风监督员4名。2月，县公证处现场监督公证全县“十佳村干部”“十佳乡镇干部”“十佳机关干部”评选活动，对公证走进政务公开做出有益尝试。2006年，积极为县城建设和重点工程建设服务，派驻公证人员现场办理公证，关注弱势群体，开展公证法律援助，对困难群众减免公证服务收费。2007年4月，建立公证服务下基层制度，聘请乡镇司法员为公证联络员。桐木镇公证联络员主动协助该镇54户农户签订《种桑养蚕协议》。2009年，开设便民服务窗口及公证服务热线电话，方便群众公证法律咨询，开展为老、弱、病、残等弱势群体办理上门公证服务活动。根据企业需求，开展“服务企业，公证咨询”活动，优先受理企业信贷和企业重组公证事项，跟踪服务政府主导的重大民生工程项目。是年，办理涉企公证30余件，涉及金额160余万元。2009—2010年，办结各类公证事项735件，其中经济事项27件，涉及标的3100余万元，接待群众来访1040余人次，拒办不真实、不合法公证19件。2013年，实行“一站式”服务、“零距离”公证、特事特办等制度，设立特殊对象服务窗口，公证业务量明显增加，共办理各类公证568件。其中预约为老、弱、病、残等特殊人群、弱势群体上门服务30余人次，为有特事、急事的当事人实行办证“三优先”（优先受理、优先审批、优先出证）20多人次。8月，对桐木镇百年刺葡萄老藤进行保全证据公证，该单株刺葡萄获得上海大世界基尼斯之最证书，为中国·怀化（中方）首届刺葡萄节顺利举办做出贡献。

1998—2013年中方县公证业务情况统计表

表7-4-5-1　　单位：件

数量／年度	国内		涉外	涉港	涉台	合计
	经济	民事				
1998	1	231	0	0	3	235
1999	10	612	11	1	2	636
2000	7	24	7	0	2	40
2001	67	31	23	9	3	133
2002	35	50	41	0	3	129
2003	50	41	32	1	4	128

续表

年度＼数量	国内		涉外	涉港	涉台	合计
	经济	民事				
2004	8	56	39	2	3	108
2005	16	79	6	0	3	104
2006	18	44	10	0	2	74
2007	7	154	89	1	7	258
2008	13	169	33	1	4	220
2009	15	248	35	4	8	310
2010	12	397	13	0	3	425
2011	9	398	21	0	7	435
2012	8	395	12	2	5	422
2013	13	511	28	2	14	568

第六节　安帮矫正

一、安置帮教

1998年，设立县刑释解教人员安置帮教工作领导小组，全县22个乡（镇）设立安置帮教工作站，与乡镇司法所一套人马两块牌子，由乡镇司法助理员主管。建立排查和建档制度、衔接帮教制度、日常教育制度及经费保障制度，通过主动延伸、分类指导、典型引路，减少刑释解教人员的重新违法犯罪。当年，全县有刑释解教人员25人，安置帮教25人，帮教率达100%，安置率达98%，重新违法犯罪率为零。2006年3月，在怀化市特种耐火材料厂（位于花桥镇）建立县级过渡性安置基地，为帮教对象提供技能培训，安置就业岗位。2009年，增设东方琉璃瓦厂为过渡性安置基地。2011年，实现安置帮教工作全国内部平台系统联网，网上上报核实各类安置帮教数据。7月，县司法局与怀化市监狱首次联合开展对服刑人员“一对一、面对面”社会帮教活动，现场签订长期共同帮教协议。1998—2013年，全县累计安置帮教535人，解除帮教172人，帮教率达100%，安置率达98%，重新违法犯罪率为零，过渡性安置基地累计过渡安置刑释解教人员255人。

二、社区矫正

2011年，中方县全面启动社区矫正工作，成立社区矫正工作领导小组，22个乡（镇）

设社区矫正工作站，并在县福利院设立社区矫正公益劳动基地，社区矫正工作实行目标管理，纳入乡镇年度综合治理考核。9月，按照“见档见人，人档齐全”的交接原则，在检察部门监督下，公安部门将社区矫正工作移交县司法局。是年，全县有矫正对象111名，解除对象13名，矫正对象无重新违法犯罪现象发生。2012年，启用湖南省社区矫正安置帮教信息管理系统，社区矫正站实行档案规范化管理，定期走访在册矫正人员，对矫正人员实行GPS手机定位，矫正人员定期到社区矫正工作站汇报思想动态。是年，中方县首创“群众参与社区人员管理制度”，实行群众给社区矫正人员“评分”。这一做法，得到省、市司法主管部门的肯定并推广。2013年，开展“矫正安帮对象大走访、大排查、大帮扶”活动，帮助解决新建镇社区矫正人员杨某的临时生活补助金、铜鼎镇米某的医疗补助金、丁家乡杨某的“低保”，达到帮扶促帮教的社会效果。是年底，管理在册129人，开展社区矫正社会调查评估案件97件，开通矫正人员手机定位人数195人，定位成功174人。2011—2013年，全县累计接受社区矫正人员291人，累计解除162人，外迁2人，无脱管、漏管，无重新犯罪，组织矫正对象参加公益劳动300余人次。中方县2012—2013年连续两年评为全市社区矫正工作先进单位。

第五章 军 事

第一节 县人民武装部

1998年3月，奉广州军区命令，组建中国人民解放军湖南省中方县人民武装部，设政工科等3个股室。下辖乡镇武装部22个，办事处武装部4个。负责辖区国防后备力量建设和兵役工作，为军队建制，是县委的军事部，县人民政府的兵役机关，接受上级军事机关和县委、县政府的双重领导。2003年8月，成立县政法委、县供电公司等机关、企事业人民武装部13个。2005年增设县劳动局、金大地水泥有限公司等机关、企事业人民武装部4个。2009年，机构改革，撤消4个办事处，办事处武装部相应撤消。至2013年，县人民武装部机构设置不变，辖22个乡镇武装部、19个县直机关、企事业武装部。

1998—2013年，县人武部加强基层组织及民兵预备役建设，认真组织开展国防教育、征兵等各项工作，先后被省军区评为“先进党委”和“军事训练先进单位”“现代营房建设管理先进单位”，13次被市里评为“党管武装先进县”，11次被军分区评为“先进党委”“先进人武部”“全面建设先进单位”和“安全管理工作先进单位”，连续13年被省市评为征兵工作先进单位。2009年中方镇人武部被省军区评为先进基层武装部。

表 7-5-1-1

1998—2013 年中方县人武部领导人更迭表

职　务	姓　名	任　职　时　间
部长	林世希	1998.03-2000.04
	舒心灵	2000.04-2002.04
	周奉友	2002.04-2007.03
	唐晓荣	2007.04-2008.02
	刘贤宏	2008.02-2011.04
	杨锡俊	2011.04-
政委	潘存福	1998.03-2000.04
	殷南蛟	2000.04-2005.03
	涂海平	2005.04-2008.02
	李建军	2008.02-2013.04
	邓厚满	2013.04-
副部长	王连聪	1998.03-2000.03
	许玉元	2000.03-2002.03
	杨日平	2002.03-2004.03
	邹长青	2004.03-2005.03
	陈和平	2005.03-2006.03
	刘飞龙	2006.03-2008.03
	彭永忠	2008.03-2009.03
	舒采富	2009.03-2010.03
	金　安	2010.03-2013.04
	刘　浪	2013.03-

第二节　兵　役

一、征兵

按照《中华人民共和国兵役法》规定，全县推行义务兵役制。1998 年，实行冬季征兵，9 月开始，至 12 月结束。征集工作在县人民政府（征兵领导小组、人民武装委员会）领导下，成立县征兵办公室，由人武部和宣传、公安、教育、民政、财政、交通、卫生、广电等部门人员组成，负责征兵工作。乡（镇）、村分别建立征兵领导小组，由乡（镇）武装部长、村民兵营长具体办理。各征兵机构根据上级的征兵命令、征集任务，制定工作计划，召开征兵会议，分配征兵任务。2002 年起，为提高兵员素质，对在校大学生中进行兵员征集。2007 年，在校大学生的征兵原则上征集当年夏季招收的大一新生，以保证在校大学生学习的连续性和部队建设需要。2009 年起，推行“接兵制”，县征兵办全面负责兵员征集，现役部队不再参与征兵工作，新兵起运前派专人来领兵。到部队再行身体复查，不合格者，按责任退兵处置，追究相应责任。2013 年起，改为夏秋季征兵，兵役登记提前到年初进行。

二、预备役登记

根据《兵役法》及《预备役军官法》规定，1998 年，全县开展预备役及预备役军官登记统计工作。预备役分为一类预备役和二类预备役，登记统计的范围包括在籍的复退军人和经过训练的基干民兵。对全县预备役军官按军事军官、政治军官、后勤军官和专业技术军官进行分类登记、统计。1999 年，执行全国人大常委会《关于修改〈中华人民共和国兵役法〉的决定》，预备役人员的登记统计作适当调整，普通民兵为二类预备役。此后每年都按要求进行预备役及预备役军官登记统计。2003 年开始，预备役军官登记统计工作不再细化分类。2005 年起，对预备役军官、退伍军人服预备役进行登记统计，加强军兵种预编人员登记管理，促进预备役专业技术兵的储备建设。

第三节 民 兵

一、组织建设

1998 年，全县在 22 个乡镇、211 个村建立民兵组织。每年 5 月，进行民兵组织整顿，完善基层阵地建设、调整出入转队、开展军事训练和政治教育。2001 年 11 月，县委、县政府、县人武部下发《切实加强乡（镇）人民武装部和民兵预备役建设的意见》，把民兵预备役工作纳入党政主要领导任期目标和年度考核内容，制定民兵预备役的军事训练、组织建设、政治教育等各项制度要求，实行规范管理。2002 年，全县加强基层民兵组织正规化建设，在桐木镇武装部、桐木村及花桥镇车坪村进行规范化建设试点，推行“四室”，即办公室、器材室、资料室、国防教育室建设。2003 年后，加强城市民兵建设，凡生产经营稳定、行政健全、适龄人员较多的行政企事业单位，均建设民兵组织。2013 年，全县民兵分应急、支援、储备 3 类设置，县财政每年安排 22 万元用于民兵应急连建设。

二、政治教育

民兵组织建立后，县属各级民兵主管部门围绕各个时期的中心工作和民兵工作任务，经常性开展民兵思想政治教育。教育内容以共产主义思想教育，党的路线、方针、政策教育以及学习马克思列宁主义、毛泽东思想、邓小平理论、“三个代表”重要思想，战备形势分析等为主。1998 年，推行基干民兵季课制度，结合民兵组织整顿、军事训练等时机，由乡镇党委书记兼基干民兵指导员负责授课，县、乡两级不定期组织民兵政治教育培训。此后，还通过宣传栏、图片展览、知识竞赛、文艺演出及广播电视宣传等多种形式开展民兵政治教育。2004 年，组织民兵预备役人员参加军分区组织的演讲比赛及文艺演出，受到市委、市政府及军分区的表彰。1998—2013 年，先后组织广大民兵开展“讲学习、讲政治、讲正气”教育、学习“三个代表”重要思想、“保持共产党员先进性教育”“信念、使命”主题教育活动、学习实践科学发展观等教育活动，组织民兵集中教育 60 次，民兵参训率达 95%。

三、军事训练

上级军事机关每年根据中方县国防建设需要和群众承受能力，确定全县民兵年度军事训练任务。民兵军训以基干民兵中的专业技术分队和应急分队为重点，乡镇结合民兵组织整顿一并开展。训练内容包括共同科目、专业技术、轻武器射击和综合演练，应急队伍加入盾牌操、军体拳和各类应急队形训练。1998 年，分片集训乡镇民兵 160 人，并组织应急分队完成应急抢险训练，参训 120 人。2003 年，民兵训练经费由乡（镇）统筹和企事业单位负担为主改为以政府保障为主，纳入企事业单位财务计划，城市民兵训练经费列入县财政预算，每年第一季度一次性拨付到位。2004 年，突出平暴制乱、城市防卫作战、专业保障及抢险救灾等训练，训练民兵 280 人。是年 5 月，在沿河 5 个乡镇组织 120 人的水上轻舟应急分队，完成水上救援、抢滩、定点靠岸等科目的训练。2005 年，扩展民兵军事训练范围，在中青年干部培训课程中增加军事训练内容，是年参训 80 人次。2007 年 5—8 月，组织 6 期民兵和专武干部训练，参训 326 人。2006—2007 年，分三批对民兵营长进行一次轮训，有针对性地提高民兵营长的国防意识、业务能力和军事素质。2009 年怀化军分区组织全市应急分队综合比武，中方县应急分队在操舟技能、轻武器射击、军事理论、编队会操等科目中名列前茅，荣获团体总分第一。2013 年 12 月，县民兵训练基地主体工程建成，总面积约 7000 平方米。

四、武器装备

以军事系统配备为主，利用地方军民通用装备为辅。民兵武器弹药和部分装备器材，由军队系统调整配备，民兵应急分队担负抢险救灾任务所需用的防暴、通信、运输、急救等装备器材和技术器材由县人民政府和所在单位配备供应。

五、重大活动

1998 年 7 月，境内连降暴雨，铜湾镇遭受洪灾侵袭，300 名民兵参与抗洪救灾。其中民兵杨茂华在自家数万元物资被淹时，舍小家顾大家，连续 3 天 3 夜奋战抗洪一线，转移其他群众财产。洪水退去后，又带领群众清淤自救，其事迹感动当地广大群众，杨茂华被市人武部记三等功一次。2001 年 3 月，泸阳镇发生“工农纠纷”，县人武部迅速组织民兵 200 余人现场维护秩序，避免事态进一步扩大。2001—2002 年，先后组织民兵 300 余人次担任中央电视台“同一首歌·走进怀化”、湖南电视台“玫瑰之约·荆坪站”的安保任务，确保活动圆满成功。2003 年夏初，境内持续干旱 20 余天，县人武部组织民兵转战泸阳镇、牌楼镇等地，连续奋战 9 天 9 夜实施人工降雨，成功缓解旱情。2004 年 7 月中下旬，境内遭受特大洪灾，县人武部组织民兵 800 余人，连续 32 个小时，转战受灾严重的中方、牌楼、铜湾、铜鼎 4 乡镇，转移被困群众 300 余人，转移物资价值 7 万多元，受到县委、县政府及当地群众的一致称赞。2006 年 5 月，县人武部制定《关于动员组织民兵预备役人员积极投身社会主义新农村建设的计划》，全县民兵积极响应号召，全年出动 6000 余人次参加重点工程项目维稳、扑灭山火、抢险救灾等任务 15 次，并配合司法机关抓捕违法犯罪分子 20 余人。同时，将科技学习引入民兵学习必修课，民兵新科技致富能力大大提高，是年，全县涌现近 200 名带头致富的民兵先进典型。其中，桐木镇黄家湾村民兵营长李先海，引进先进种养技术，承包荒山 30 多亩，种植“湘珍珠”葡萄、金秋梨、布朗李等名优水果，年纯收入 20 余万元。在他带领下全村群众发展优质水果，种植面积 3000 多亩。2006 年，全村人均纯收入达 3000 多元，率先达到小康村标准。2007 年 6 月 9 日晚，洪江电站泄洪导致沅水铜湾段水位暴涨，人武部组织 80 余名基干民兵，连续奋战 14 个多小时，紧急转移群众 1200 余人，转移物资 300 余车，避免群众财产损失 300 余万元。是年，全县共组织出动民兵 1500 多人次，帮助群众开展扑灭山火、抗洪抢险等急难险重任务 8 次，得到上级军委、县委、县政府及广大群众的高度赞誉。2008 年 1 月下旬起，全县持续冰冻 20 多天，境内多地断水断电，交通瘫痪。县人武部组织 500 余名民兵，在 G320 国道分水坳路段铲冰除雪，打通连接东半县 13 个乡镇的救援通道，中方供电公司民兵不分昼夜抢修被冰雪压倒的 500 多根电杆和 10 余座塔架。是年 10—11 月，市、县先后举行成立十周年庆典活动，中方县民兵参与安全保卫工作 200 多人次。2009 年 3 月，因铜湾镇村民杨某烧田埂引发森林大火，火势蔓延至龙场、铜鼎等乡镇，附近 200 余名民兵迅速组织扑救，与 40 名驻地官兵一起，力保龙场杨梅基地安全，连续奋战 27 小时，终将火情控制，避免损失进一步扩大。2013 年夏，全县连续 48 天高温无雨，境内不同程度受灾。县人武部在灾情严重的石宝乡组织 200 余名民兵，利用 10 台水泵抽水抗抗旱保苗，开展生产自救工作。6 月，泸阳镇金塘村 13 名群众被洪水围困，民兵应急分队利用橡皮艇成功解救被围困群众，获中央电视台新闻频道专题报道。7 月，按照县委、县政府部署和要求，县人武部组织民兵 120 人，参加中方镇岩头园村“两违”建筑拆迁的安全保卫工作。是年，全县组织出动民兵 4000 余人次，参加扑灭山火、抗洪抢险等 16 次急难险重任务。

第四节 国防教育

1998年，成立中方县全民国防教育委员会，在县人武部设立国防教育办公室，负责组织和开展全县国防教育。全民国防教育以党政干部、在校学生和民兵为重点对象，工人、农民和各条战线上的广大民众为普及对象。教育内容主要是国防理论、国防历史、国防精神、国防知识、国防法规等，教育方式主要有组织党政干部过“军事日”、国防形势分析讲座、利用境内红色资源建立国防教育基地、在党校开设国防教育课程、民兵整组政治教育及编发国防教育宣传图册等。2001年《中华人民共和国国防教育法》颁布实施，根据规定全县中、小学将国防教育纳入教学课程，高级中学的国防教育将课堂教学和军事训练相结合，对高中一年级新生进行一周军事训练，县财政每年安排2万元以上的国防教育保障经费，并随着地方财政收入增长，逐年递增。是年，9月第三个星期六被定为“全民国防教育日”，此后每年“全民国防教育日”前后，全县组织群众性“国防杯”射击比武活动，全民国防观念大大增强。2006年，全县开展“十百千国防教育活动”，要求各村、各乡镇、全县范围内，利用渡口、码头、护坡、墙面等空闲地带，分别书写十条百条千条以上固定国防教育标语，县电视台定期播放革命传统教育影片。投资10余万元，在县城主干道修建固定国防教育宣传箱20个。2002—2007年，县国教委定期组织党政干部、青年民兵、青少年进行国防形势分析教育，接受教育培训累计达1.5万人次。2008年，配备国防教育专干1人，按照国防教育纳入党委政府议事日程、纳入各级党委中心组学习计划、纳入社会宣传体系、纳入学校教育内容、纳入各级干部培训计划要求，实现国防教育进机关、进课堂、进传媒、进社区、进企业、进乡村，全民国防教育进一步得到强化。2010年，完成县国防教育室和荣誉室建设。2011—2012年，举办全县科级以上领导干部进行国防知识讲座，听课人数达500余人次。

第五节 人民防空

一、人防机构

1998年2月，成立县人民防空办公室，主管全县人防建设事业，归口县政府办管理，为副科级事业单位，下设职能股室2个：综合股、指挥工程股，二级事业单位2个：人防通讯站、人防收费站，定编8人。2002年，人防通讯站更名为人防通信站，人防收费站更名为人民防空规费征收稽查站。2009年3月，县人防办定为正科级全额拨款事业机构，设综合股、指挥通信股、工程管理股（加挂法制股牌子）3个职能股室及规费征收稽查站、人防通信站2个二级机构。2010年，增设政务服务股，湖南省实施公务员法工作领导小组批准县人防办为参照公务员管理机关。2013年，机构设置不变，干部职工32人。

二、防空设施

人防工程 2001年，县委、县政府出台《关于切实加强人民防空工作的决定》，加强全县人防设施建设。2002年，制定人防建设和城市建设相结合规划。2004年，中方县实现全县人防工程面积“零”突破。2013年，全县共有人防工程2处。

通信设备 2001年装备人防指挥通信车辆1台。2005年3月，在铜湾镇信用联社楼顶安装全县首台人防通信警报器，并组织铜湾二中部分师生和群众进行警报试鸣演习。2007年2月，人防指挥通信车车载警报器完成更新换代。2008年5月，县城安装警报器1台，县人防于每年的11月1日试鸣防空警报。2010年5月购置人防专用车1台，同时配备车载移动通信警报器，作为人防移动警报器载车。2012年3月，中方县列入全省人民防空机动指挥通信系统建设单位，配置人防机动指挥通信系统载车1辆。2013年在怀化市工业园区新增警报器1台。

三、人防教育

1998年，县人防办利用流动宣传车播放宣传带，并发放宣传册（单）10000余份，受教育群众近10万人次。在6所建制镇中学开设人民防空教育课程，时间为10课时，采取专业授课和“三防”技能训练相结合的方式进行。1999年，实施全县统一考核，及格率达100%，优秀率80%。同时，围绕教学开展人防手抄报、防空作品图片展览等活动，学生的国防观念和人防意识得到极大提高。2001年，开展创建省级人防教育示范点工作，7所建制镇中学均建立人防宣传阵地，组织丰富多彩的人防教育活动，中方镇、桐木镇学生制作的简易防护器材获得全市好评。是年，《中华人民共和国人民防空法》列入“四五”普法考试内容。2003年，将人防知识教育纳入县委党校中青年干部培训班学习课程。2004年6月，与市人防办联合在市区和中方镇开展大型人防宣传活动，警醒民众，居安思危。2006年人防教育普及到全县各中小学，每期6个课时，同时打破用书本授教的常规，实现电教方式授课。2008年，向各乡镇发放人防教育光碟，各乡镇广播站定期播放。2013年5月13日，在中方镇中心小学组织1058名师生开展防空应急疏散演练，增强师生应急避险知识和应对突发事件的处置能力。至2013年底，全县人防教育受教育学生、中青年干部分别达43699人、810人，累计发放宣传碟片2000余张、宣传资料40000余份、组织人防知识展览16次，受教育群众达60万余人次。

第八篇

农 业

NONG YE >>>>>>>>>>>>>>>>>>>>>>

第八篇 农 业

中方县是典型的山区农业县。1998 年，县委、县政府确定“农业增产，农民增收”的战略思想，始终将农业摆在首位，贯彻执行党中央“三农”政策和“多予、少取、放活”方针，推行农业经济体制改革，完善家庭联产承包责任制，并对农业进行科学区划和综合开发，加强农村交通和农田水利建设，进一步改善农业基础设施，增强农业发展后劲，推进农业产业化步伐，推动传统农业向现代化农业转变。发展高效林业，改善生态环境，实行科学管理和依法治林，保障林业可持速发展。加强畜牧水产管理，推广“产品选种良种化、生产方式集约化、产品销售市场化”的畜禽发展模式。加强农村经济管理，不断减轻农民负担，使农业得到长足发展。

1998 年，全县农业总产值 5.5 亿元，其中，种植业 2.7 亿元，林业 6982 万元，畜牧水产业 2.14 亿元，农业服务业 163 万元。2013 年，全县农业总产值 17.98 亿元，是 1998 年的 3.26 倍。其中，种植业 9.29 亿元，林业 2.22 亿元，畜牧水产业 6.4 亿元。

2013 年，中方县成功地举办“2013 中国·怀化（中方）首届刺葡萄节”，“湘珍珠”葡萄获国家地理标志产品保护，树立“中国刺葡萄之乡”品牌，“百年老藤”获得世界吉尼斯之最。

第一章 农业经济体制改革

第一节 土地使用制度改革

一、承包责任制度的改革

在社会主义土地公有制的前提下，境内耕地使用制度改革经历四个阶段：1981 年，全面实施土地联产承包责任制，将集体土地承包联产到农村各家各户。1984 年 2 月，根据中央〔1984〕1 号文件精神，将土地承包期延长至 15 年以上。1995 年 8 月，根据中央《关于当前农业和农村经济发展的若干政策措施》精神，进行第二轮土地承包，在原定土地承包到期后，再延长 30 年不变。开垦荒地、营造林地、治沙改土等从事开发生产的承包期可以更长，并实行增人不增地，减人不减地的政策。2000年，全县签订土地第二轮承包合同6.63万户，占应签合同6.9万户的96%。2003年8月29日，第九届全国人民代表大会常务委员会第29次会议通过《中华人民共和国农村土地承包法》，将农村土地承包期30年不变的制度以法律的形式固定下来，并填写、颁发由农业部监制、盖有县人民政府公章的“农村土地承包经营证”。至2006年，全县22个乡镇全面完成换证工作，共换发6.7万份。农民凭此证可领取粮食直补、良种补贴、退耕还林资金等。同时，对土地的投入加大，生产积极性再度强烈激发出来，保证农业得以持续发展。

二、林业生产经营制度改革

1982年，将集体山林划分为自留山和责任山，每户划自留山3~5亩，自留山多为荒山或疏残林，长期归农户使用。其余集体山林作为责任山，按人口承包到户。承包期内，承包人有山林生产经营权，改变集体“大合拢”，经营责任不明确、不具体的林业生产制度。2008年6月8日，中共中央、国务院颁发《关于全面推进集体林权制度改革意见》，规定：“林地的承包期为70年。承包期届满，可以按照国家有关规定继续承包。”是年8月，成立以县长为组长的集体林权制度改革工作领导小组，并行文规定承包到户的责任山，一律从1982年延长到2052年，自留山由农户长期无偿使用，不得强行收回，不得随意调整。全县组织120名技术人员深入各乡镇和村、组，进行林地林权登记换发证工作。年末，全县完成林权登记换发证工作，核实面积9.546万公顷，占总任务的93.2%。并将8.6万千公顷信息资料输入电脑存档，占上交资料面积的90.2%。耕地林权登记换发证6.83万户，颁发的“中华人民共和国林权证”加盖县人民政府印。“林权证”核发后，对原有的山林权证依法予以注销，使其成为一切林事活动法律依据。2010年8月，顺利通过怀化市集体林权制度改革领导小组的核查验收。完成发证面积9.98万千公顷，完成资料输机打证发证8.546万千公顷，分别占总任务10.273万千公顷的97.2%和91.5%，做到图、表、册一致，人、地、证相符。

三、土地经营权流转及交易制度改革

1981年，农村实行土地承包责任制以后，充分调度广大农民的积极性，农村劳动力得到极大的解放。一部分能人外出经商、务工和发展第三产业，在外地购房安家，致承包土地无力耕种，转给亲戚朋友代种。2008年，中共中央国务院颁布《关于全面推行集体林权制度改革的意见》和《中华人民共和国农村土地承包经营权流转管理办法》。2009年10月23日，成立中方县农村土地流转服务中心，同县农村经营管理局合署办公，在服务中心办理大宗耕地流转手续和各项政策咨询。各乡镇相应成立土地流转服务站，负责本乡镇土地流转服务工作。据2009年统计，全县土地流转面积4926公顷，其中，耕地3453公顷，养殖水面510公顷，旱地70公顷，林地920公顷。截至2013年末，全县流转及交易土地1.037万公顷，其中，耕地5127公顷，养殖水面420公顷，旱地613公顷，林地4206.6公顷。

境内土地使用制度的改革，进一步调动农民的生产积极性，提高劳动工效，实现土地增殖。2013年，全县发展杂交超级稻6667公顷，每亩增产110公斤。发展油菜0.968万千公顷，比1998年增0.612万公顷。种植蔬菜4500公顷，比1998年增0.184万公顷。林业生产快速发展，15年间共造林2.156万公顷，累计封山育林3.147万公顷，森林覆盖率66%，森林活立木蓄积量由1998年的162.9万立方米，增加到2013年的293万立方米，增加178.9%。通过土地流转，使农村闲置土地逐步走向规模化、集约化经营。下坪乡桥上村高生铁种植优质杂交水稻，流转桥上和下坪两村土地66.7公顷。

四、农村利益分配制度改革

1998年，成立以县长任组长的农民负担监督管理领导小组。各乡镇均成立相关机构，逐步完善农民负担监督管理机制。5月，县政府组织乡镇民政和经管人员，在花桥镇进行为期1个月的村务公开和资产清理试点工作。试点工作结束后，全县铺开。同时，开展农民负担执法检查，重点清查乡镇统筹提留、计生收费、教育收费、卫生收费等使用情况，查出乡镇挤占、挪用统筹提留款10.4万元，均已退赔。查出人口计划生育巧立名目、提高标准乱收费80840元，均没收并处以8000元罚款。查出教育乱收费31.2万元，清退10.13万元，没收5.8万元，罚款2.15万元。查出卫生系统违纪金额20960元，没收18271元，罚款1500元，全年共查处涉负案件60起，查出违纪金额121万元，清退90万元，没收12万元，罚款8万元。是年，全县共减轻农民负担383万元，农业人口人平减负15.56元。

2004年，县政府全面推行税费改革，取消乡镇统筹、屠宰税、农村教育面向农民收取的行政事业性收费、政府基金、统筹和提留款的收取，减轻农民负担412万元，人均减少17元。同时，加大农村电价限价的监督，在农村电网改造后，电价限定为0.65元/千瓦时，比改造前降低3.5%，为全县农民减负300多万元。根据省委、省政府《2003年全省减轻农民负担工作情况及2004年工作意见》文件精神，全县开展农民负担执法检查，坚持在政策前提下让利于村民，督促计生局实行对一、二孩准生证免费领取、流动人口证只收工本费、育龄群众免费检查等措施，减轻育龄群众负担300多万元。

2005年，国家实行免征农业税，延绵2600多年的“国家征税”成为历史，每年直接减轻农民负担1026万元，人平40.48元。

2006—2013年，县政府全面贯彻“减轻、规范、稳定”的减负原则，完善减负工作机制，加大减负执法检查力度，着力纠正和查处违反减轻农民负担政策的行为，遏制农民负担反弹。2012年，县委、县政府调整充实县减负工作领导小组，制定《惠农政策补贴资金备案制》《农民负担重点监控管理办法》《村内公益事业一事一议财政奖补项目操作规程》《关于对减负惠逐工作中违规违纪行为处理规定（暂行）》等一系列文件规定，在全县范围内开展惠农政策情况大检查，查出国土部门乱收费65.32万元、建设部门乱收费43.74万元、教育部门乱收费 210.29 万元、均已清退，对 10 名相关责任人，县纪委、县监察局均给予党纪、政纪处分。

五、农村财务管理制度改革

1998—2002 年，全县村级财务管理沿袭乡镇经管站指导，村会计、出纳自行记账的模式。2003 年，县政府出台《中方县农村村级财务管理办法》，开始推行“村账乡代管”的农村村级财务管理模式。3 月，在铜湾镇试点。7 月，在铜湾召开全县“村账乡（镇）代管”工作现场会。是年底，全县 211 个村全部实现农村村级财务“村账乡（镇）代管”模式。同年，全县共审计 65 个村财务，查出违纪金额 45 万元，已全部退赔。2005 年，在桐木镇桐木村开展农村财务规范化管理试点工作。2006 年 8 月，桐木村被农业部授予“全国农村财务管理规范化建设示范村”，其经验在全县推广，使村级财务管理进一步规范和完善。

2009 年，县委、县政府制定《中方县全面推行乡村财政精细化管理实施方案》，各乡镇成立村级财务核算中心，设村级财务核算会计、稽核会计、出纳三个岗位，将原由乡镇经管站代理记账，移交到村级财务核算中心（乡镇财政所），经管站只负责稽核和农村财务审计工作，全县 214 个行政村（增加中方镇鸭嘴岩村、长远村、花桥镇园艺场村）实现由村级财务核算中心”理记账的管理模式。

2012 年 11 月，县委、县政府制定《中方县村集体资金管理办法（暂行）》，明确村级收入、支出、现金存管的管理办法和加强监督检查的方式方法，进一步规范村集体资金管理，保障集体资金安全，促进农村党风廉政建设。

1998—2013 年，县经管局和 22 个乡镇经管站先后成立审计小组，开展审计业务活动 910 次，审计金额 9.23 亿元，审计违纪金额 132 万元，违纪案件 73 起，退赔 132 万元。

第二节　农业社会服务体系建设

一、农业服务中心

1998 年 10 月 16 日，成立中方县农业科技服务中心。主要从事农业社会化服务，面向农村，面向农业，以社会效益为主导，通过电话咨询、实地指导和技术顾问服务，无偿或低偿为农村合作经济组织、农业生产大户和广大农民提供粮食作物、经济作物、畜牧、水产、林业、药材、农机、蔬菜等方面的技术服务、购销服务和信息服务。服务中心与农业部电脑联网，配有技术顾问 8 人，技术专家 13 人。值班电话 24 小时为民服务。

2008 年 8 月，在怀化市率先开通“农技 110”三电合一（电视、电脑、电话）为农业服务热线。服务热线电话为 2812316。为抓好信息服务，带动生产发展，各级领导将经济工作重点转到以市场经济为中心上来，研究市场，调查市场，组织农民营销大军闯市场，捕捉市场信息。县林业局成立林业产权交易管理站，负责全县山林的流转、交易、抵押工作。2009年，县农村经营管理局成立土地流转服务中心，负责全县土地流转工作，并在广州番禺开设经济窗口，直接掌握南北方市场动态。各乡镇配备电脑，与有关信息中心联网，并上国际互联网，从而推动农业产业化发展。

二、农业科技培训

2000年4月，中方县列为全国第二批“跨世纪青年农民培训工程”试点县。县委、县政府成立以县长为组长的领导小组，领导小组办公室设县农业局，并制订相关工作方案，开展农、牧业生产和产品加工等新技术培训，学习党在农村的方针政策和农业法律法规。至2002年底，共办培训班50期，培训学员3027名。2003—2013年，以乡、镇、村为单位举办各种技术培训班696期，培训5.6万人次，购进农业部科教司和湖南农业杂志社科技光碟1103张，无偿送到各乡、镇和示范点。

2007年，中方县被列入湖南省“农业科技入户示范工程”试点县。县委坚持以发展一户、见效一户、带动一片为宗旨，以发展农村经济为中心，以提高农业效益，增加农民收入为目的，建立科技示范户500家，重点进行优质稻开发，实施品种优质化、技术生态化、施肥配方化、栽培轻简化（免耕栽培、直播栽培、抛秧栽培、化学除草）、综合防治。发放“物化技术”补贴，累计为项目示范户发放农药、种子、化肥6.9万元。

三、农村专业合作社

2007年，《中华人民共和国农民专业合作社法》实施。全县多形式组织开展宣传活动，发放宣传资料1万余份，制作宣传牌23个，标语横幅80余条，使《中华人民共和国农民专业合作社法》家喻户晓。

2008年，全县第一家农民专业合作社新路河澄度江枇杷专业合作社成立。同年，中方县湘珍珠葡萄专业合作社挂牌成立。2010年，全县农民专业合作社工商登记注册44家。2013年，全县工商登记注册达117家，其中省级示范社4家。中方县湘珍珠葡萄专业合作社，拥有“湘珍珠”商标及产地、产品，以种植刺葡萄为主，带动农民种植葡萄1333公顷。中方县铜湾库区渔业养殖合作社，拥有“铜湾河鱼”注册商标，带动库区渔民发展网箱养鱼。中方县旺旺优质粮果农民专业合作社，拥有“嘣嘣脆冬香梨”注册商标，带动农民种植冬香梨（比金秋梨晚熟一个月）333公顷。中方县大山牧业专业合作社，以养殖生猪为主，为社会提供猪肉产品，使成员每户增收5000元。

农民专业合作社围绕主导产业从事产、加、销等经营活动，有效促进当地优势产业发展壮大，加速农业产业结构调整。桐木的“湘珍珠葡萄”、铜湾的“铜湾河鱼”、龙场乡的“杨梅”、下坪乡的“下坪竹园脆香梨”、聂家村乡的“嘣嘣脆冬香梨”、泸阳镇“湘玉指提子”以及铁坡金银花、花桥油茶等撑起当地一个产业。

表 8-1-2-1

中方县农民专业合作社统计表

乡镇名称	专业合作社名称	地 址	合作社类型	成员数		成立日期
				合 计	农民成员	
桐木镇	湘珍珠葡萄	桐木镇孔木湾	种植业	7	6	2008-05-26
	帆丰柑橘	桐木镇黄家湾村	种植业	5	5	2011-10-09
	华汉茶叶	桐木镇桐坪	种植业	5	4	2009-03-02
	长寿仙桃	桐木镇下丰坡村	种植业	7	7	2009-06-16
	林地养殖	桐木镇楠木铺村	畜牧业	9	8	2009-06-22
	飞友牧业养殖	桐木镇丰坡村	畜牧业	5	4	2009-07-30
	金穗土地流转	桐木镇经管站	服务业	5	4	2009-07-08
	半界油茶	桐木镇半界村	种植业	5	5	2011-06-23
	夜郎金凤凰	桐木镇	畜牧业	5	5	2011-10-24
	利丰核桃	桐木镇上丰坡村	种植业	5	5	2012-12-25
	芒冬溪早竹笋	桐木镇芒冬溪村	种植业	7	6	2012-08-13
	尚丰核桃	桐木镇上丰坡村	种植业	5	5	2013-02-26
	绿野种养殖	桐木镇半界村	畜牧业	5	5	2013-03-19
	康丰牧业	桐木镇	畜牧业	6	5	2013-07-04
新路河	新路河众鑫养殖	新路河乡板栗坪村	畜牧业	5	5	2011-10-24
	澄渡江枇杷	新路河乡	种植业	5	5	2008-04-17
	兴沅养殖	中方县新路河乡	渔业	5	5	2012-02-28
	宏胜水产	新路河乡	渔业	5	5	2012-05-30
铜湾镇	方圆	铜湾镇思坪村思坪学校	种植业	10	8	2009-06-17
	铜湾库区移民渔民养殖	铜湾镇街上	渔业	10	9	2009-11-05
	铜湾镇荣兴牧业	铜湾镇	畜牧业	6	5	2010-07-12
	兴隆千年桐种植	铜湾镇	种植业	5	5	2010-12-17
	铜湾镇南山蜂业	铜湾镇	畜牧业	5	5	2011-09-14
	铜湾库区水产养殖	铜湾镇街上	渔业	6	6	2009-02-23
	铜湾惠康养殖	铜湾镇	畜牧业	5	4	2012-02-14
	绿源种植	铜湾镇	种植业	5	5	2011-08-22
	农信	铜湾镇	其他	5	4	2012-05-14
	绿蔓署业	铜湾镇思坪村	种植业	5	5	2012-09-28
泸阳镇	五溪超级稻种植	泸阳镇	种植业	6	5	2009-03-18
	和平种养	泸阳镇和平村	种植业	5	4	2009-05-21
	利民蔬菜	泸阳镇黄花树村	种植业	10	8	2009-07-09
	瑞宇千年桐种养	泸阳镇大斗村	种植业	5	5	2010-09-25
	德诚金凤养殖	泸阳镇磷化工厂	畜牧业	5	4	2010-11-01

续表

乡镇名称	专业合作社名称	地　址	合作社类型	成员数		成立日期
				合 计	农民成员	
泸阳镇	新茂牧业养殖	泸阳镇五全村	畜牧业	5	5	2010-11-12
	兄弟农业	泸阳镇桥上村	种植业　粮食	6	5	2009-04-03
	利农金银花种植	泸阳镇大斗、黄花树	种植业	7	7	2011-03-29
	岩子元禽蛋	泸阳镇岩子元村	养殖业	7	7	2012-10-31
	胜丰种植	泸阳镇	种植业	5	5	2013-04-28
	和平茭白	泸阳镇和平村	种植业	5	5	2013-05-13
	宝土科鑫高山延季蔬菜	泸阳镇菜坪溪村	种植业	5	5	2013-07-01
	牧南山养殖	泸阳镇岩子园村	畜牧业	5	5	2013-07-01
	绿缘葡萄	泸阳镇桥上村	种植业	11	14	2011-08-22
聂家村	旺旺优质粮果	聂家村乡聂家村村	种植业	10	10	2009-04-03
	鹏达生态农业	聂家村乡赌家村	种植业	7	7	2009-06-08
	金山生态养殖	聂家村乡赌家村	畜牧业	5	5	2012-08-20
	福民油茶	聂家村乡双山村	种植业	9	9	2012-08-30
下坪乡	金地农业生产	下坪乡桥上村	种植业　粮食	5	5	2009-06-29
	肉鸽养殖	下坪乡下坪村	畜牧业	5	4	2009-09-01
	朝阳养殖	下坪乡梁红村	畜牧业	5	5	2009-11-03
	富康果蔬	下坪乡下坪村	种植业	29	25	2009-12-15
	宏达果蔬	下坪乡下坪村	种植业	6	6	2009-12-16
	下坪乡脆香梨	下坪乡桥上村	种植业	12	12	2010-11-22
	鑫丰生态土鸡	下坪乡	畜牧业	5	5	2012-03-13
中方镇	荆坪蔬菜	中方镇荆坪村	种植业	5	5	2009-12-21
	竹艺斗笠	中方镇	服务业	9	8	2011-01-07
	宏宇苗木	中方镇长远村	种植业	5	5	2011-06-20
	长塘花卉苗木	中方镇	种植业	5	5	2011-12-31
	楚天牛羊养殖	中方镇乌溪村	畜牧业	5	5	2012-11-20
	富华蔬果	中方镇铜罗村	种植业	5	5	2013-01-28
	盛园蜂业	中方镇茅利溪村	养殖业	5	5	2013-04-27
	中方油茶	中方镇中方村	种植业	26	30	2013-05-20
牌楼镇	新康养殖	牌楼镇冯家湾村	畜牧业	6	5	2009-12-09
	竹叶山核桃油茶油	牌楼镇陈家湾村	种植业	7	7	2011-01-12
	益康葡萄	牌楼镇陈家湾村	种植业	6	6	2009-10-21
	旭丰牧业	牌楼镇	畜牧业	5	5	2012-05-23
	华丰生态养殖	牌楼镇	养殖业	5	5	2012-06-04

续表

乡镇名称	专业合作社名称	地 址	合作社类型	成员数		成立日期
				合 计	农民成员	
牌楼镇	飞龙特种养殖	牌楼镇陈家湾村	养殖业	5	5	2012-07-12
	新农花卉苗木	牌楼镇陈家湾村	种植业	5	5	2013-06-03
	贵华种养殖	牌楼镇塘家田村	畜牧业、种植业	5	5	2013-06-13
	长裕牧业	牌楼镇陈家湾村	畜牧业	5	8	2013-10-16
新建乡	兴隆养殖	新建乡黄金村	畜牧业	5	5	2009-10-20
	康龙蔬菜	新建乡黑禾田村	种植业	6	6	2010-06-04
	紫珠中药材	新建乡八家	种植业	5	4	2011-12-31
	春天养殖	新建四卧龙	畜牧业	18	22	2013-09-22
铜鼎乡	南家坊蔬菜	铜鼎乡南家坊	种植业	6	6	2010-06-17
	湘西麻雀鸡养殖	铜鼎乡罗家冲村	养殖业	5	5	2012-11-02
	草林鸡养殖	铜鼎乡砖墙脚村	养殖业	5	5	2013-01-22
接龙乡	接龙中联金银花	接龙乡	种植业	6	6	2010-03-19
	御铭接龙有机绿茶	接龙乡	种植业	5	5	2010-12-24
丁家乡	绿源水产养殖	丁家乡梅树村	渔业	8	8	2009-09-15
蒿吉坪	老田溪金银花	中方县蒿吉坪乡	种植业	8	8	2010-08-31
	瑶寨天星堂金银花	中方县蒿吉坪乡	种植业	7	7	2010-09-20
	瑶山云雾葡萄	中方县蒿吉坪乡	种植业	7	7	2010-11-09
	骏峰瑶山三叶海棠	蒿吉坪乡吉都堂村	种植业	7	7	2013-03-18
活水乡	活水乡金银花	活水乡宝山村	种植业	6	6	2009-05-15
	活水乡富华山核桃	中方县活水乡	种植业	5	5	2012-07-25
	活水乡金糯白雪糍	中方县活水乡	种植业 粮食	9	9	2012-09-15
	活水乡惠民优质梨	中方县活水乡	种植业	7	7	2012-08-15
	活水乡金香梨	中方县活水乡	种植业	9	9	2012-07-28
	野山鸡	中方县活水乡	养殖业	5	5	2012-12-11
	金秋梨	活水乡宝山村	种植业	5	5	2013-03-27
铁坡镇	铁兴金银花	铁坡镇中心卫生院	种植业	8	8	2009-05-26
	铁坡金银花	铁坡镇黄建村	种植业	5	5	2009-07-20
	康泰金银花	中方县铁坡镇	种植业	6	6	2011-04-06
	江坪豆腐	铁坡镇江坪村	加工业	5	5	2013-01-14
	汇农农民专业合作社	铁坡镇	种植业	7	8	2013-04-22
	中方县铁坡镇养猪专业合作社	中方县铁坡镇江坪村	养殖业	11	17	2013-10-12
龙场乡	龙场杨梅	中方县龙场乡	种植业	9	8	2011-04-27
	农场联鑫优质果蔬	中方县龙场乡	种植业	7	7	2012-05-10

续表

乡镇名称	专业合作社名称	地　址	合作社类型	成员数		成立日期
				合 计	农民成员	
龙场乡	广丰种植	中方县龙场乡	种植业	5	5	2013-05-22
花桥镇	花桥油茶	花桥镇汤家村	林业	6	5	2009-03-09
	四季金银花种植	中方县花桥镇后溪	种植业	5	5	2011-06-02
	中银水稻种植	花桥镇千丘田村	种植业	6	5	2009-08-19
	隆丰种植	中方县花桥镇	种植业　粮食	5	5	2012-03-28
	花桥富民柑橘	中方县花桥镇	种植业	5	5	2012-06-10
	晶农蛋鸡养殖	花桥镇火马塘村	养殖业	5	5	2013-03-13
	国华百合	花桥镇火马塘村	种植业	5	5	2013-04-12
	鸿运苗木	花桥镇三冲口村	种植业	5	5	2013-06-06
	华成油茶种植	花桥镇三冲口村	林业	9	9	2013-06-19
炉亭坳乡	荣贵金银花	炉亭坳乡炉亭坳村	种植业	12	12	2010-11-01
	鸿瑞核桃	中方县炉亭坳乡	种植业	5	5	2012-05-03
	瑞源油茶	中方县炉亭坳乡	种植业	10	8	2012-09-24
	炉亭坳乡花卉苗木	中方县炉亭坳乡	种植业	7	6	2012-08-13
	炉亭坳畜禽养殖	中方县炉亭坳乡	畜牧业	5	5	2012-08-13
	金园种养	炉亭坳乡塔灯田村	畜牧业	5	5	2012-12-06
	荣顺生态养殖	炉亭坳乡桥亭村	畜牧业	5	5	2013-05-20
蒋家乡	水仙金秋梨	蒋家乡水仙村村部	种植业	7	7	2009-02-19
	大山牧业专业	中方县蒋家乡	畜牧业	9	8	2009-06-23

四、农业保险

2008 年，县委、县政府通过“政府引导、政策扶持、农民自愿、市场运作”的方式，开展种植业保险工作。全县水稻参加保险面积 1.43 万公顷，油菜 5600 公顷，棉花 390 公顷，共缴纳保险费 449.6 万元，保额 657.78 万元，参保农户 6.67 万户，承保面积达 100%。是年，新建、活水、炉亭坳乡水稻受灾严重，实行现场赔付金额 133.12 万元，其中，水稻 14240 公顷、油菜 6767 公顷、棉花 310 公顷。

2010 年，农业保险面积 23947 公顷，保险资金 332.4 万元。是年，因自然灾害造成水稻、油菜、棉花等农作物受损，面积达 1000 公顷，赔付金额 185 万元。

五、农业补助

2004 年，开始实行农业良种补贴。至 2007 年，全县共享受国家杂交水稻、玉米、油菜等良种补贴 2323.34 万元。2008—2013 年，补助 2752.58 万元，其中，水稻 1857.09 万元，油菜 607.19 万元，玉米 288.3 万元。

2006年，开始实行农民购置农业机械补贴政策。2006—2013年，全县农民购置农业机械12082台，其中，耕整机7634台，拖拉机201台，收割机137台，插秧机53台，国家对购置农业机械户补助1279万元。

2008年，国家对重点生态公益林实行补助。全县有重点生态公益林3.55万公顷，每亩补5元，年补助266.25万元。至2013年，共补助1597.5万元

2004—2013年，全县农民共计享受良种补贴、重点生态公益林补贴和农业机械化补贴7952.42万元。

六、农业产品认证

2001年，根据中央发展高产、优质、高效、生态、安全农业要求，组织实施“无公害食品行动计划”。至2007年，全县通过省农业厅无公害农产品认证26个，产地认定面积27.67万亩。之后，在推进农业产业化过程中大力发展品牌农业，加大无公害农产品产地认定和产品认证力度。至2013年，全县先后完成农产品认证47个，其中，无公害农产品认证35个，绿色食品认证12个。并制订绿色食品湘珍珠葡萄栽培技术、无公害辣椒栽培技术等规程42个。建立葡萄、超级稻等标准化核心示范区6个，面积4800公顷。确定新建镇五丰公司蔬菜基地等例行检测点11个，完成无公害农产品产地认定1.867万公顷。2010年，评为湖南省“农产品质量安全监管工作先进单位”。

第二章　农业综合区划及综合开发

第一节　综合区划

1998—2013年，县委、县政府根据县情，组织县有关部门进行实地调查，对农业编制综合区划。并按区划要求，制定年度实施规划。

东部山岗经济区　位于县城以东，与溆浦、辰溪、洪江市接壤，包括铜鼎镇、铜湾镇、蒋家乡、袁家乡、丁家乡、接龙镇、蒿吉坪瑶族乡、锦溪乡、石宝乡、铁坡镇、活水乡。其发展战略为：加强铜湾中心镇建设，使其成为县域东部的经济增长亮点。大力发展水电能源、绿色农产品加工、麻石精深加工、休闲旅游服务等产业。

北部丘陵经济区　位于县城以北，与怀化市区和辰溪交界，包括泸阳镇、花桥镇、龙场乡、聂家村乡、下坪乡、新建镇。其发展战略为：充分利用优越的区位条件、交通条件、用地条件和现状基础，整体推进，大力推进城镇化进程，重点发展建材、化工、食品加工业，使其成为怀化市和湘西地区承接产业转移的基地和县域经济增长亮点。

南部低丘平原经济区 主要包括中方镇、牌楼镇、桐木镇、炉亭坳乡。其发展战略为：加快县城建设，打造县域的核心增长，产业发展以特种种养业为基础，以生物医药、先进制造、新能源和新材料为主导，并大力推进现代物流业、旅游业的发展。

1998年，开发畜禽、蔬菜、瓜果、中药材、工业原料林等五大支柱产业和铜湾水产、铁坡杂交特种、桐木茶叶及全县茶油产业建设。发展茅利溪高标准大棚20公顷（列入全省十大蔬菜生产基地）。种植中药材173.3公顷。杂交水稻特种666.6公顷。在中方、牌楼、桐木、泸阳等乡镇种植无籽西瓜600公顷。石宝、活水、铁坡、蒋家栽培金秋梨200公顷。建设泸阳畜牧开发区，并在桐木、铜湾、活水等乡镇建立千头三元杂交猪生产基地，实现铜湾乌骨鸡和牌楼肉鸡养殖规模化。新造工业原料林1080公顷，建立集中连片千亩以上林业基地5个。逐步发展壮大铜湾水产业、桐木茶叶产业、铜鼎棉花产业。

2000年，种植杂交优质水稻6933公顷，其中，两系杂交水稻3470公顷。种植无籽西瓜666公顷。建设马尾松工业原材料林样板工程160公顷。生猪饲养39.8万头，出栏26.9万头，家禽280万羽，出笼220万羽。实现农业总产值5.75亿元，其中，种植业为2.8亿元，林业7501.4万元，牧业1.87亿元，渔业2665.4万元。

2003年，突出六大产业基地建设，新增黄姜种植面积250公顷，发展优质水果4166公顷，花卉苗木230公顷，无公害蔬菜5400公顷，新造工业原料林1000公顷，种植优质牧草250公顷，养羊5.9万只，牛3.7万头，猪24.2万头，成功注册桐木葡萄、龙场杨梅、石宝金秋梨等产品商标。

2006—2010年，新造工业原料林8000公顷，封山育林2.67万公顷。油茶林低产改造6667公顷，栽培葡萄2667公顷，礼品西瓜1333公顷，发展养鱼基地400公顷，花卉苗木330公顷。

2011—2013年，加强七大基地建设：一是粮食基地。全县粮食播种面积稳定在2.2万公顷，总产量稳定在10万吨。种植优质超级稻6667公顷，重点抓好铜湾片区和泸阳片区优质超级稻示范基地建设。二是油料基地。鼓励“稻—油”连作，年油菜播种面积1万公顷。着力抓好沿209国道、223省道两个产业带和铜湾片区、铁坡片区的油茶产业建设。三是畜禽养殖基地。大力抓好蒋家、新建、铜湾、铁坡、花桥、牌楼等6个生猪养殖小区及大康牧业、新康牧业、大山牧业为龙头企业养殖基地建设，实现生猪调出大县目标。四是蔬菜水果基地。重点抓好新建、袁家、铜湾、铜鼎沿线的蔬菜基地和牌楼柑橘、桐木葡萄、下坪西瓜、铁坡、蒋家、活水金秋梨、龙场杨梅等水果基地建设。五是中药材基地。重点抓好铁坡、活水、锦溪、蒿吉坪、接龙、炉亭坳等乡镇金银花、白术、杜仲等生产基地建设。六是优质水产基地。积极引进名优水产品种，重点抓好铜湾、清水塘、牌楼电站库区水面养殖，大力发展库区网箱养殖和特种养殖以及山塘水库、稻田养鱼。七是工业原料林基地。营造工业原料林 8.39 万公顷。

第二节　综合开发

1998 年 4 月，成立中方县农业综合开发办公室，设项目股、办公室，有干部职工 10 人。2003 年 10 月，国家农业综合开发办公室批准中方县为国家农业综合开发项目县。2005 年 7 月，归口财贸系统，为正科级事业单位，下设综合股、项目股、产业化经营股、资金股。2013 年，有干部职工 18 人，担负全县 22 个乡镇农业综合开发工作。

1998—2013 年底，全县共完成农业综合开发项目 35 个，其中，土地治理项目 16 个，产业化经营项目 19 个。项目涉及 18 个乡镇，累计投入资金 2.01 亿元，其中，中央投入 7549 万元，群众自筹 7228 万元，企业贷款集资 1600 万元。

一、土地治理

1998 年，县委、县政府立足县情，以土地治理项目为重点，加强农业基础设施建设。至 2005 年，实施土地治理项目 7 个，总投资 2441 万元，改造中低产田 4931 公顷，其中，泸阳区泸阳镇、花桥镇、下坪乡实施土地治理项目 4 个，总投资 1475 万元，改造中低产田 2999 公顷，改良土壤 699 公顷。铜湾区铜湾镇、新建镇、铜鼎镇实施土地治理项目 3 个，总投资 966 万元，改造中低产田 1932 公顷，改良土壤 466.6 公顷。1998—2013 年，全县先后有泸阳、下坪、铜湾、花桥、龙场、新建、铜鼎、活水、铁坡、桐木、牌楼、炉亭坳、袁家、石宝、蒿吉坪等 15 个乡镇进行土地治理，共投入资金 8312 万元，其中，中央财政 4242 万元，省级财政 1635 万元，市级财政 180 万元，县级财政 384 万元，群众自筹 1871 万元，累计完成土地治理项目 16 个，改造中低产田 9134.60 公顷，改良土壤 1811.6 公顷。

1998—2013年中方县农业综合开发项目统计表

表 8-2-2-1

实施单位	开发时间	竣工时间	投资（万元）						完成工程项目											
			自筹	中央	省级	市级	县级	合计	改造低产田（公顷）	修扩水库（座）	修溪□（处）	修电灌站（个）	渠道防渗（千米）	修机耕道（千米）	改良土壤（公顷）	造林（公顷）	购农机（件）	技术培训（人次）	埋供水管（千米）	葡萄（公顷）
泸阳	1998.09 1999.03	1999.04 2000.04	98	101	53	10	30	292	933	1	1	2	44.3	6.3	333	266.6	50	1650	—	—
下坪	2003.09 2004.03	2004.05 2005.04	72	143	74	12	16	317	533	1	5	—	24.8	3	133	66.6	25	1000	—	—
	2004.09 2005.03	2005.03 2006.03	143	204	74	7	5	433	533	—	1	1	29.0	—	100	100	—	250	—	—
铜湾	1999.09 2000.03	2000.04 2001.12	75	85	31	4	30	225	733	—	—	—	28.5	5.5	200	200	50	1500	—	—
花桥	2001.10	2002.04	96	190	83	27	37	433	1000	—	6	—	48.4	9.5	133	133	20	1000	—	—
龙场	2006.09 2007.03	2007.03 2008.05	178	298	104	19	7	606	733	1	3	1	27.0	3	80	66.6	13	1200	—	—
新建	2002.09 2003.03	2003.04 2004.03	67	132	55	17	37	308	666	—	2	—	32.6	3	200	200	35	1000	—	—
铜鼎	2005.09 2006.03	2006.03 2007.02	140	207	71	10	5	433	533	—	—	—	27.8	1.5	66.6	66.6	13	400	—	—
活水	2007.09 2008.03	2008.04 2009.03	137	228	95	15	6	481	466	—	4	—	21.0	3.6	66.6	93	13	400	—	—
铁坡	2008.09 2009.03	2009.03 2010.02	150	250	96	17	22	535	433	—	4	—	23.8	1	66.6	66.6	10	300	4.5	—
桐木	2008.09 2009.03	2009.03 2010.02	66.6	—	100	—	35	135	—	—	—	—	1	1.9	—	—	—	—	—	13.3
	2009.09 2010.03	2010.04 2011.03	171	342	140	22	28	703	473	—	3	—	23.9	2	66.6	33.3	12	500	—	133
牌楼 炉亭坳	2010.09 2011.03	2011.04 2012.03	161	322	122	20	22	647	366	1	9	—	22.8	2.3	100	80	—	1600	—	—
袁家 新建	2012.08 2012.12	2013.05 2013.04	118	590	182	—	47	937	560	—	10	—	29.8	1.1	133	66.6	—	—	—	—
石宝 接龙	2013.08 2013.12	2014.04 2014.03	144	720	222	—	58	1144	566	3	4	2	34.9	3.5	66.6	66.6	—	800	—	—
接龙 蒿吉坪	2011.09 2012.03	2012.04 2013.04	86	430	133	—	34	683	540	1	8	—	28.9	4.5	66.6	33.3	—	700	—	—

二、产业化经营

1998—2013年，全县农业综合开发实施产业化经营项目19个，总投资11791万元，其中，中央投资3307万元，省级投资1249万元，市级投资186万元，县级投资92万元，自筹5357万元，农行贷款1600万元。

泸阳生猪养殖项目　1998年立项实施，总投资150万元，其中，中央财政54万元，省级财政33万元，市级财政6万元，县级财政资金配套7万元，自筹50万元。成立生猪发展公司，修建猪舍4栋860平方米，埋设排污管道312米，年养殖生猪1.5万头，出栏1万头，新增产值700万元。

中方茅利溪大棚蔬菜基地开发项目　怀化市重点菜篮子工程之一。1999年立项实施，项目总投资350万元，其中，中央财政140万元，省级财政90万元，市级财政50万元，村民自筹70万元。是年4月动工，12月完工，建成大棚蔬菜基地20公顷，轻质钢架大棚930个。年种植大棚蔬菜13.33公顷，生产蔬菜900万公斤，新增产值403万元，利税127万元。

铜湾综合养殖开发项目　2000年立项实施，总投资113万元，其中，省级财政50万元，市级财政15万元，县级财政25万元，村民自筹23万元。该项目扶持综合农场1个，水库养鱼8公顷，饲养乌骨鸡5000万羽，年出栏仔猪500头。

中药材种植项目　2001年立项实施，扶持炉亭坳乡、牌楼镇中药材种植项目1个，总投资230万元，其中，中央财政投资59万元，带动农户23户，种植黄姜、杜仲、天麻、白术等中药材173.3公顷，药材种苗60公顷，年增产值444万元，利税125万元。

黄姜有性繁殖开发项目　2004年立项，由中方县神隆生物开发有限公司组织实施，共扶持中方镇、牌楼镇种植项目1个，总投资350万元，其中中央财政投资130万元。建设黄姜种苗繁育苗圃13.33公顷，推广示范种植基地333.33公顷，培养大棚设施3000平方米，并配套渠道等水利设施。公司每年出售黄姜种苗及成品，可新增产值1.8亿元，为周边乡镇农户增加纯收入500万元。该项目实施后期，公司未及时收购黄姜，导致农民有种无收，项目失败。

湖南五溪米业3.5万吨优质大米生产线改扩建项目　2006年在泸阳镇立项实施，总投资1550万元，其中中央财政300万元。项目由湖南五溪米业有限责任公司组织实施，新建精米加工车间300平方米，仓库3000平方米，其他设施建筑3030平方米，购置大米加工设备89台（套），辅助设备10台（套）。该项目建成，企业新增粮食加工能力3500万公斤，产值13113.84万元，利税651.6万元，净利润436.6万元，新增固定资产611.6万元，直接受益农户15000户，年增加收入6180万元，可安排就业人员150人。

湖南大康牧业20万头生猪冷鲜肉加工项目　2006年在中方镇立项实施，总投资1750万元，其中财政资金570万元，由湖南大康牧业股份有限公司组织实施。新建20万头生猪冷鲜肉加工生产线1条，车间、冷库、办公楼6000平方米，购置设备8台（套）。该项目建设完成，达到正常生产能力后，年新增猪肉加工能力1358万公斤，产值1.967亿元，直接受益农户5000户，年增加收入6080万元，可安排就业人员50人。

湖南大康牧业40万头生猪屠宰深加工扩建项目 2007年在中方镇立项实施，系国家农业综合开发投资参股经营项目，财政参股资金1500万元，由湖南大康牧业股份有限公司负责实施。扩建生猪屠宰车间1280平方米，分割车间1560平方米，猪副产品加工车间500平方米，待宰棚700平方米，隔离间150平方米，新建1000吨冷藏库1座，建筑面积1040平方米，扩建4吨/时锅炉房1座，建筑面积160平方米，扩建变配电间120平方米，新增800千伏安变压器1台，配套建设排水管网、污水处理设施及科研检测、食堂、倒班宿舍2000平方米。

湖南五溪米业3万吨硒米加工改扩建项目 2008年在泸阳镇立项实施，总投资1862.41万元，由湖南五溪米业有限责任公司组织实施。建设优质富硒稻生产基地2666.66公顷，扩建生产厂房1000平方米，购置机械设备107台（套）。项目建设完成后，年新增粮食加工能力2000万公斤，产值13531万元，利税1126.8万元，净利润845.1万元，新增固定资产1221.08万元，直接受益农户2.8万户，年增加收入2100万元，可安排就业人员35人。

湘珍珠葡萄专业合作社财政补贴项目 2009年5月，在桐木镇大松坡村立项实施，总投资719万元，其中，中央财政补贴50万元，省级财政补贴20万元，市级财政补贴4万元，县级财政补贴1万元，合作社自筹资金644万元。项目由中方县湘珍珠葡萄专业合作社组织实施，新建湘珍珠葡萄苗木基地13.33公顷，湘珍珠葡萄种植基地133.33公顷。2010年12月竣工，年可为农户提供优质“高山”系列葡萄苗35万株，新增产值1100万元，新增利税577.4万元，直接受益农户360户，年新增产量600万公斤，创收2800万元。葡萄生产成为桐木、下坪、蒿吉坪等乡镇支柱产业，带动全县乡镇发展葡萄2000公顷。

2013年5月，县农业综合开发办组织实施桐木镇大松坡葡萄观景长廊项目建设。8月底竣工，县财政总投资268万元，修建葡萄观景长廊800米，人行便道1.2千米，埋设管道2.14千米，维修机耕道3.7千米。9月，在项目区成功举办中方县第一届葡萄节，打造出“中国南方葡萄沟”品牌。项目区村民年新增产值800万元，纯收入540万元。

五溪米业精米加工财政补助项目 2009年9月，在泸阳镇立项实施湖南五溪米业5万吨精米加工财政补助项目。总投资800万元，其中，中央财政补贴42万元，企业自筹资金758万元。2010年3月，由湖南五溪米业有限责任公司组织实施。12月竣工，建成年加工25万吨精米加工生产线1条及厂房等配套设施，年新增粮食加工能力500万公斤以上，新增产值1500万元，利税120万元，净利润98万元。

2011年，实施湖南五溪米业6万吨稻谷加工改建贷款贴息项目。该项目于2007年2月立项，2009年3月竣工，总投资5800万元，其中，银行贷款5600万元，用于固定资产贷款800万元。为保障农业龙头企业发展壮大，县政府以贷款贴息方式，给予企业财政支持。2011年，争取中央财政贷款贴息资金135万元。湖南五溪米业6万吨稻谷改建项目实施，直接带动周边乡镇发展超级稻基地1万公顷，帮助农户增收2240万元。

活水金银花项目　2010年4月，活水乡金银花标准化种植基地新建项目立项。总投资590万元，其中，中央财政资金28万元，合作社及农户自筹资金562万元。项目由活水乡金银花专业合作社具体实施。2011年12月竣工，建成标准化种植基地133.4公顷，金银花苗圃基地1333.3公顷。通过项目实施，活水乡种植金银花农户达60%以上，其中种植大户169户，种植面积766.66公顷。带动接龙、铁坡、石宝、蒿吉坪四个乡镇种植金银花233.33公顷。年为合作社农户实现利润420万元。逐步形成“合作社+基地+农户”产业化经营的发展模式。

桐木镇华汉茶叶生产项目　2012年，实施桐木镇华汉茶叶有机茶基地新建项目。项目由华汉茶叶专业合作社组织实施，是年1月动工，12月竣工。总投资800万元，其中，中央财政资金配套42万元，自筹758万元。建成茶叶基地133.33公顷，有机茶种苗基地2公顷，安装茶园喷灌管道320米，整修茶园公路3公里，购置喷灌机械3台（套）。通过项目建设和走出去的方式，实现桐木茶厂与贵州茶园基地兼容，扩大华汉茶叶发展空间，转移有机茶种植村民300人，年新增总产值1446万元，利税1043万元。

洪源油茶丰产林基地项目　2012年，项目基地分布于泸阳镇杨柳坪村和花桥镇三冲口村，由怀化市洪源农林开发有限公司组织实施，2012年3月动工，12月底竣工，总投资168万元，其中，中央财政120万元，省级39万元，县级配套资金9万元。项目主要建成油茶高产优良品种示范基地80公顷，其中泸阳镇杨柳坪村46公顷，花桥镇三冲口村34公顷。

下坪乡脆香梨生产项目　2013年立项实施，总投资130万元，其中，中央财政56万元，合作社自筹资金74万元。项目由脆香梨专业合作社组织实施。是年1月动工，12月竣工。修建1排灌水渠18千米，维修脆香梨基地进园公路10千米，修建蓄水池12个。项目实施后，脆香梨标准化种植面积达133.33公顷，直接带动115户400人从事脆香梨种植，亩产值达7900元，亩增纯利2350元，户均增加纯收入9400元。

1998—2013年中方县产业化经营项目

表8-2-2-2

年度	实施单位	主要建设内容	投　资（万元）						
			合计	中央	省级	市级	县级	自筹	农行贷款
1998	泸阳镇	养殖生猪1.5万头，出栏1万头	150	54	33	6	7	50	
1999	中方茅利溪	大棚蔬菜基地20公顷	350	140	90	50		70	

续表

年度	实施单位	主要建设内容	投资（万元）						
			合计	中央	省级	市级	县级	自筹	农行贷款
2000	铜湾镇	养鱼8公顷,养鸡0.5万羽,猪500头	113		50	15	25	23	—
2001	炉亭坳牌楼	种植中药种苗60公顷	230	59	17	14	20	20	100
2004	中方茅利溪	黄姜育苗13公顷	350	130	52	10	3	155	—
2006	泸阳五溪米业	3.5万吨优质大米生产线改扩建	1550	300	120	23	7	600	500
2006	牌楼大康牧业	20万吨生猪加工	1750	380	151	39	—	680	500
2007	牌楼大康牧业	生猪加工生产线	1500	1000	500	—	—	—	—
2008	泸阳五溪米业	3万吨硒米加工生产线改建	1862	340	136	25	9	852	500
2009	桐木葡萄	建苗木基地13.3公顷	719	50	20	4	1	—	—
2010	泸阳五溪米业	5万吨精米加工	800	42	—	—	—	758	—
2011	泸阳五溪米业	6万吨稻谷加工改建	135	—	—	—	—	135	—
2012	桐木华汉茶叶	茶叶种植	800	—	—	—	—	—	—
2013	桐木观光长廊	大松坡葡萄观光	268	—	—	—	—	—	—
2011	铜　湾	大户种粮140公顷	240	—	—	—	—	—	—
2012	铜　湾	大户种粮93.3公顷	160	—	—	—	—	—	—
2011	活　水	金银花种植	590	—	—	—	—	—	—
2012	洪　源	油茶基地示范	168	—	—	—	—	—	—
2013	下　坪	33.3公顷脆梨基地	56	—	—	—	—	—	—

第三节　能源开发及利用

一、沼气

2002年，全县推行沼气开发，每座池由国家财政补贴800元。2010年，怀化汇源果汁厂修建大型沼气池2座，总容积3200立方米，是湖南省沼气池容积最大的工程。大康牧业修建大型沼气池1座，总容积800立方米。县一中、县二中和职中等5所重点学校建设沼气污水净化池5座，供学校生活用气。2012年，国家财政提高新建沼气池补贴标准。是年，新建一座沼气池补贴1200元。2014年，提高至1600元。1998—2013年，全县建沼气池8770余座，国家投入资金800余万元。利用沼气渣做优质有机肥料，形成“养殖—沼气—种植”现代生态农业模式，计2000公顷。

二、省柴灶及节煤炉

2008年，全县对省柴灶及节煤炉实行引导性开发，每台补贴250元。至2013年，全县争取国家扶持资金4800万元，建省柴灶4万余座，50%的农户用上省柴灶。在有条件的乡镇，开发使用节煤炉，共计使用节煤炉1万多户。

三、液化气

液化气是一种新型的工业燃料。1998年，全县农村开始推广使用液化气。至2013年，先后成立液化气服务站22个，共计液化气用户4000余户，20000余人。液化气价格随行就市，时高时低。1998年，每罐气68元。之后，每罐气在100元上下波动。2013年，每罐气达115元。

四、电能

1998年7月5日，中方电力公司与国家电网并网。2010年，全县农网改造基本完成，完成投资1.08亿元，并对境内铜湾电站、三角滩电站、牌楼电站进行技改，实现城乡同网同价，农村走上电气化时代。2013年底，全县80%以上的农户用上电饭锅，普遍实现照明用电。城镇居民生活用电6600万千瓦时，生产用电4亿千瓦时。

五、太阳能

2008年，国家对太阳能实行补贴制，每台补贴1500元。2011年，投入资金62万元，在袁家乡集贸市场安装太阳能路灯30盏。至2013年底，全县投入资金1000多万元，其中，国家投资220余万元，在农村安装太阳能热水器3200台。2009—2012年，中方县连续4年荣获湖南省农村能源建设先进单位。

第三章　种　植　业

1998年，全县有耕地1.922万公顷，人均1.17亩。其中，水田1.602万公顷、旱地0.318万公顷。2009年12月，根据第二次土地调查采用覆盖遥感影像的调查底图，全县有耕地2.227万公顷。其中，水田1.62万公顷，人均1.17亩。

农村实行家庭联产责任制后，农民有耕种权，随着市场的需要而种植，由以前的双季稻改为稻+油菜、稻+西瓜、稻+蔬菜和稻+经济作物。1998年，全县农作物种植面积3.196万公顷，种植业总产值2.7亿元。其中粮食2.217万公顷，总产量12.04万吨。2002年，农作物种植面积3.9万公顷，其中粮食作物2.167万公顷。2013年，农作物种植面积4.31万公顷，其中粮食作物1.96万公顷。

1998—2013年中方县主要农作物生产情况统计表

表 8-3-1　　　　面积：公顷　　产量：万吨

年度	农作物播种面积	粮食		其中稻谷		玉米		红薯		油菜		蔬菜		西瓜	
		面积	产量	面积	产量	面积	产量	面积	产量	面积	产量	面积	产量	面积	产量
1998	31.96	22.17	12.04	17.07	10.82	0.54	0.20	1.21	0.41	3.56	0.48	3.60	9.00	1.10	2.64
1999	33.83	21.61	11.78	16.67	10.95	0.56	0.21	1.24	0.41	3.60	0.13	3.80	9.50	1.00	2.44
2000	34.76	21.20	11.89	16.33	10.73	0.77	0.29	1.30	0.43	3.64	0.49	4.07	10.17	0.78	2.46
2001	39.05	21.49	11.86	16.20	10.62	0.85	0.32	1.39	0.47	3.64	0.50	6.54	12.31	0.74	2.18
2002	39.00	21.67	11.24	15.87	9.89	1.00	0.32	1.00	0.47	4.00	0.50	6.70	14.07	0.74	2.00
2003	39.76	21.29	11.82	15.87	10.34	1.01	0.37	1.42	0.47	3.70	0.52	6.85	14.32	0.98	2.12
2004	42.44	20.03	11.60	14.30	10.09	1.72	0.55	1.47	0.48	4.13	0.59	7.27	15.19	0.99	2.20
2005	42.02	20.50	12.00	14.97	10.45	1.20	0.54	1.14	0.46	4.40	0.63	7.30	15.25	1.05	2.31
2006	51.69	21.42	12.26	14.95	10.41	2.87	1.30	1.79	0.58	5.33	0.72	7.75	16.04	1.39	3.15
2007	46.33	21.31	12.22	14.25	10.15	2.99	1.36	1.86	0.62	5.60	0.77	8.23	16.85	1.44	3.35
2008	39.50	22.10	12.70	14.28	10.50	0.91	0.41	0.96	0.30	6.00	0.78	2.67	5.39	1.10	2.09
2009	37.83	21.96	12.75	14.24	10.39	3.00	1.35	1.02	0.32	6.77	0.89	3.12	6.30	1.18	2.25
2010	39.80	22.12	12.92	14.32	10.15	3.88	1.45	1.10	0.35	9.36	1.22	3.31	6.68	1.28	2.45
2011	40.77	18.85	11.22	12.75	9.19	3.88	1.43	1.07	0.33	9.34	1.24	4.10	8.28	1.31	2.52
2012	42.27	19.15	11.40	12.40	9.04	4.28	1.71	1.16	0.36	9.67	1.23	4.34	8.78	1.27	2.47
2013	43.10	19.60	11.45	12.97	8.91	4.67	1.65	0.67	0.20	9.68	1.23	4.51	9.39	1.31	2.55

第一节 粮食作物

一、水稻

水稻是县内的主要粮食作物，播种面积占粮食作物播种总面积的70%左右，产量占粮食作物总产量的90%。

1998年，全县水稻播种面积1.71万公顷，总产10.82万吨，平均每亩单产422千克。2000—2003年，连续3年参加省百亩两系杂交超级稻高产竞赛，参赛品种主要有P88S—0293、培矮64S—E32，在花桥镇车坪村和桐木镇桐坪村栽培，经省市专家组现场测产验收，亩产分别为708.8千克和808.9千克。该项目获湖南省农业丰收二等奖。2005年，依托湖南五溪米业、湘怀金珠米业等龙头企业，推广优质稻开发面积9667公顷，平均亩产735. 2千克，最高亩产达804.5千克。2007年，全县超级稻推广面积1400公顷，主要栽培组合为准两优527、Y两优1号、两优培九、P88S/747等，平均亩产达680千克，比普通杂交稻亩产增加110千克，增产19.3%。2007年，水稻播种面积1.42万公顷，总产达10.39吨，单产平均每亩为474.8千克。2009年，全县有种粮大户44户，种植面积612.67公顷。2010年，水稻播种面积1.4万公顷，总产达10.15万吨，平均每亩单产472.5千克。2010年10月，中方县被国家杂交水稻工程技术研究中心授予“全省超级稻种工程先进单位”。2013年，播种1.3万公顷，亩产458千克，稻谷总产8.91万吨。

二、旱粮

中方县境内旱粮的主要品种为红薯、玉米，其次是大豆。

红薯：俗称红苕、苕棒。铁坡、石宝、接龙、新路河、丁家等乡镇栽种较多，有“一季红苕半年粮”之说。其品种有红皮苕、红心苕、白苕、懒藤苕等，并陆续引进浏阳红皮、胜利百号、广东白皮、南薯88、湘薯14号、15号、16号。1998年，全县红薯播种1210公顷，总产4100吨。2000年，引进保健型特色红薯川山紫、花心王、橙色之恋和苹果型红薯湘黄1号、莱薯等。薯块生食脆甜可口，其嫩茎尖和叶梗作蔬菜，有“蔬菜皇后”之美称。2007年，全县红薯播种1520公顷，平均亩产950千克，总产98.8万吨。2013年，全县红薯播种920公顷，总产2905吨。

玉米：俗称苞谷，是中方县传统旱粮作物之一。1998年，全县生猪饲养增多，玉米为饲料之王相应发展。全县播种面积5400公顷，总产2000吨。2007年，全县播种面积2734公顷，平均亩产255千克，总产达1. 05万吨。2013年，播种4670公顷，总产量1.71万吨。同时应用营养钵育苗移栽和地膜全程覆盖等先进技术，推广的良种有：临奥1号、农大364、农大108、奥玉147、澄海11号、湘超甜玉米、白马王子、黑糯等。玉米不仅为家畜提供优质的饲料，其嫩苞谷亦可蒸煮烧烤小吃，又可为蔬菜炒吃。

大豆：俗称黄豆。为粮、油、菜三则兼用作物。境内人们取其籽粒加工豆腐、豆皮、豆豉、豆浆、豆腐脑、霉豆腐、干豆腐、油炸豆腐、豆芽菜等，也有嫩豆角（俗称毛豆）上市，手工剥取嫩豆做菜。大豆播种以田埂为主，也有在旱地或茶山间种植。2013 年，播种 150 公顷，总产 315 吨。

境内还零星种植豌豆、蚕豆、绿豆、红豆、饭豆、棕线豆、黑黄豆、马铃薯、荞麦、粟、穇子、高粱等。

第二节 经济作物

一、油菜

中方县是湖南省油菜重点产区之一。1998 年，全县油菜种植 0.356 万公顷，总产油菜籽 4806 吨。油菜品种有湘油 15 号、16 号，湘杂油 1 号，湘杂油 2 号，油研 9 号，中双 7 号，丰油 70l，湘杂油 780，华油 2790，泰油 7 号等。2013 年，油菜生产面积 0.968 万公顷，总产油菜籽 12264 吨，分别是 1998 年的 2.72 倍和 2.55 倍。主要推广品种有：湘杂油 753、湘杂油 763、湘杂油 5 号、湘杂油 6 号、先油 339、华湘油 12 号、华湘油 2 号、沣油 682、沣油 5103、沣油 520 等。

二、棉花

境内棉花栽培历史悠久，中方荆坪、牌楼站坪、桐木桐坪、铜湾、铜鼎均有种植习惯。1998 年后，全县每年棉花种植稳定在 266. 6 公顷。2004 年，推广杂交棉花湘杂棉 3 号、湘杂棉 6 号等品种，亩产皮棉 140 千克以上。2005 年，铜鼎乡农技站与湖南省兴亚种业科技发展有限公司联营订单棉花制种，每年制种面积稳定在 10 公顷以上，采用人工授粉繁殖技术，平均收购价稳定在每千克 30 元以上，包括皮棉在内，每亩产值 7000 余元。2013 年，全县播种 380 公顷，总产皮棉 365 吨。

三、茶叶

境内茶叶生产由来已久。20 世纪 70 年代开始发展，活水、石宝、接龙、新路河、铜鼎、桐木、牌楼、花桥等乡镇都建有茶场。后来，受茶叶市场价格下跌影响，集体茶场全部下放或承包给个体经营。1998 年，桐木茶厂（原怀化市茶厂）得以保留下来，有茶园 22 公顷，主要有中福鼎大白、福云 6 号、湘波绿、碧香早等国家级、省级制绿茶的优良品种 10 余种。2007 年，成立怀化华汉茶叶有限公司，其主营产品“雪笋茶”获评为“湖南名茶”，“雪笋翠芽”获“湖南省农博会金奖”。

四、水果

柑橘：俗称橘子。1998 年，境内有柑橘面积 1600 公顷，生产的尾张蜜橘滞销价低，每千克仅 0.4~0.7 元。2000 年，全县进行品种结构调整和栽培技术改进，淘汰海拔 350 米以上非适宜橘园及零星粗放橘园。2007 年，全县柑橘栽培面积 1400 公顷，产量 7200 吨，产值 1000 万元。品种主要有蜜橘、椪柑、冰糖橙、脐橙等。产地主要分布在中方、牌楼、桐木、炉亭坳、泸阳、花桥等乡镇，牌楼陈家湾、花桥园艺场先后建立柑橘产业化核心基地。2010 年，中方工业园区建立汇源果汁和欧劲果汁加工企业，促进境内柑橘发展。2013 年，全县柑橘栽培面积 2089 公顷，产量 29970 吨，产值 4175 万元，其中排楼、桐木两镇生产的新品种“山下红”柑橘成为市场抢手货。

葡萄：中方县是刺葡萄的发源地之一，有 400 多年栽培历史。境内野生葡萄分布广泛，紫、红色品种是传统的当家品种，在植物分类学上属于葡萄科葡萄属的东亚种群。1998 年，县农业局经作站在桐木镇研究刺葡萄的植物学特征、生物学特性及特异性栽培技术，发现刺葡萄有旺盛的市场竞争力，将此品种上升为县域内主栽葡萄品种。至 2003 年，县农业局在桐木镇共举办培训班 260 余次，10000 余人，发放资料 2 万余份，攻克疑难技术 10 多项，葡萄种植 860 公顷，比 1998 年增加 660 公顷。因刺葡萄颜色乌黑发亮，酷似珍珠，当地人称其为“湘珍珠葡萄”。2003 年 8 月，湘珍珠葡萄获国家工商总局商标局注册。2004 年 9 月，通过湖南省农作物审定委员会专家评审，将怀化市区域内的刺葡萄品种正式命名为“紫秋葡萄”，推广到湖南、贵州、重庆、湖北、广东、广西等省（自治区、直辖市）。2007 年，全县葡萄种植面积 1200 公顷。2013 年，桐木镇大松坡有一株 120 年的老藤，覆盖面积 414.66 平方米，获上海大世界吉尼斯总部认定为“最大的刺葡萄藤”。全县葡萄发展到 2700 公顷，年产优质葡萄 8.2 万吨，年产值 3.8 亿元并获国家地理标志产品保护认证。

梨：俗称禾梨。建县前，多在房前屋后菜园边零星种植，自食为主。品种有麻梨、四川梨、香水梨、贵州梨、金棒梨、猪安梨、棕色梨、半边红、凤凰梨、雪梨、吟长梨、杷股梨、黄皮梨、青皮梨、猪腰子禾梨、洋丝禾梨、桐禾梨、短柄梨、油罗梨等 20 多个品种，其中以麻梨、小川梨、香水梨、贵州梨、金棒梨 5 种为好，均属于砂梨系统。1998 年，蒋家、活水、铁坡、石宝、蒿吉坪等乡镇昼夜温差大的高海拔山区，大面积栽种金秋梨，种植面积达 200 公顷。2004 年，下坪乡周杰引进黄金梨品种，驯化改良后取名为翠香梨，品质和储藏性十分优良。2007 年，全县金秋梨迅速发展，种植面积达 500 公顷，比 1998 年增加 300 公顷，产品远销广西、贵州等地。2008—2013 年，金秋梨栽培面积稳定在 550 公顷以上，年产金秋梨 300 吨。

桃：境内桃的品种主要是水蜜桃和黄桃。2005 年，桐木镇楠木铺村杨圣良引种颐红水蜜桃种植，采用大树稀植、自然开心整形及自然生草方式栽培，因产地光照条件好，昼夜温差大，产品表现出外观好、口感佳、耐贮运等优点，产品得到迅速推广，面积达200公顷。县境内山势较高，昼夜温差大，所产黄桃果大、肉厚、色黄、醇香，富含维生素E和大量人体所需的纤维素、胡萝卜素、番茄黄素及多种微量元素。至2013年黄桃种植面积突破130公顷，主要分布在桐木、中方、泸阳、花桥、新路河、铁坡等乡镇。全县共有桃种植面积500公顷，专业合作社8家。

杨梅：杨梅为系中方县特产之一，分布广泛。1988年，境内兴起山地开发热潮，从浙江引种东魁、荸荠等优良品种，在龙场、新路河、铜湾、石宝等乡镇种植成功。龙场乡政府利用山地开发贷款资金，建立浙江杨梅生产基地13公顷，带动全乡发展杨梅生产，扩大生产规模。2004年，获无公害农产品认证，成为全县杨梅主产区之一。2007年，杨梅栽培面积达90公顷，筹建小型杨梅酒生产企业1家。2013年，全县杨梅栽培面积达240公顷，常年产量300余吨，产值200余万元。

西瓜：1998年，县内引进江浙西瓜种植先进技术，在中方、牌楼、桐木、泸阳、袁家等乡镇种植无籽西瓜100公顷，其中礼品西瓜50公顷。采取“瓜—稻”、“菜—瓜—菜”连作方式，实施测土配方，瓜田滴灌等科学技术，提高西瓜产量和质量，亩产西瓜2000千克。2008—2013年，全县年种植西瓜面积稳定在500公顷左右，产量1.5万吨，产值3000万元。

五、饲料绿肥

境内有种植青饲料和绿肥的习惯，品种以满园花（萝卜）和黄油菜为主。1992年，引进苏丹草、黑麦草和俄罗斯菜、墨西哥玉米。2000年，相继引进皇竹草、杂交狼尾草、高旦草等优良牧草，实施规模种植。2010—2013年，全县人工种植饲料草面积稳定在340公顷左右。

六、蔬菜

中方县地处怀化市郊，蔬菜生产是怀化市十大特色农业之一。

蔬菜生产　1998年5月，成立中方县人民政府蔬菜办公室，负责全县的蔬菜生产、良种推广和基地建设及质量检测等，下设蔬菜科学研究所。县域蔬菜生产种类繁多，主要有大白菜、辣椒、冬瓜、莴笋、白萝卜、豇豆、榨菜、茄子、黄瓜、韭菜、生姜、大蒜、南瓜、红菜苔、四季葱、胡萝卜、番茄、芹菜、茭白等40多个品种。蔬菜栽培广泛使用竹架、水泥、钢架大小棚，由常规栽培方式转向设施栽培和反季节栽培方式，蔬菜管理采用高效低毒生物农药及遮阳网、地膜覆盖、物理杀虫灯等“五新成果”技术，育苗采用营养钵、电加热、恒温棚等技术。1999年，投资140万元，在中方镇茅利溪建设蔬菜基地20公顷，轻质钢架大棚960个。投资200万元，推广电热温床育苗、大苗越冬、瓜类嫁接技术等，被评定为湖南省重点蔬菜基地。2000年6月，在中方镇荆坪村建立无公害蔬菜示范基地1700公顷。2003年3月，茅利溪蔬菜基地评定为湖南省“放心菜”基地。7月，荆坪蔬菜基地荣获国家农产品产地和产品认定证书，注册“荆坪牌”商标。2005年，中方、泸阳等8个近郊乡镇，建成专业蔬菜基地213公顷，专业合作社+公司8家。2006年，实施战略转移，近郊蔬菜基地让位城市和第二产业建设。2010年，制定《中方县蔬菜产业“十二五”规划》。2013年，新建、袁家、蒋家、铜湾、铜鼎等5个乡镇形成蔬菜产业带，建成专业蔬菜基地467公顷，专业合作社+公司14家，中方县成为怀化市商品菜主要供给县。

蔬菜加工　境内有民间加工和企业加工。民间个人蔬菜加工采用传统制作工艺，产品有干制品、腌制品、豆制品。干制品多在蔬菜产出旺季时制作，采用选料清洗、晾晒蒸煮等生产工艺流程，产品有干长豆角、干辣椒、干萝卜、干笋、干蕨菜、干白菜苔等。腌制品分三种类型：咸菜类，选料多为蔬菜茎叶，经清洗微晒脱水、加盐腌制、装罐密封等流程制成，保质期一年，有品种100多个。泡菜类，选料多为萝卜、刀豆、辣椒、藠头、生姜等蔬菜，经清洗切分晾干、制作浸泡液、装坛密封待熟等流程制成。酸菜类，选料主要是青菜、萝卜叶、白菜等十字花科的茎叶，经洗净烫熟、加入米汤醋酒、装进桶罐自然发酵变酸等流程制成，以中方镇的盐腌菜最著名。豆制品。以黄豆为原料加工成豆腐，境内花桥水豆腐和铁坡江坪油炸豆腐最为有名。1998年，县内蔬菜加工企业蓬勃兴起。是年12月，成立中方县绿芽食品加工厂，主要从事山蕨、多味萝卜条、爽口什锦菜和烹饪姜等10种蔬菜产品加工。2005年12月，成立怀化市金珠米业山野菜食品有限公司，主要从事盐渍蕨菜和竹笋加工。2007年3月，湖南海联食品有限公司投资9700万元，在城南片区市工业园内，征地17.3公顷，建成年产3万吨果蔬食品罐头加工生产线，年销售收入达2亿元，带动周边5000多人发展水果和蔬菜，为湖南省农业产业化龙头企业之一。

蔬菜销售　县内蔬菜销售分零售和批发。蔬菜生产量少的农户，一般在附近农贸市场进行零售，蔬菜生产量大的农户，多批发给市、县城区市场的菜贩子销售，规模大的蔬菜生产基地，由菜贩子开车上门收购，批发价从优。一般批发价比零售价每千克低20~50%。县蔬菜办开展产品质量检测，积极引导企业、农户运用冷库淡季贮藏，旺季销售，保障蔬菜销售优质优价。1998年、2000年、2006年、2010年、2013年，县内蔬菜销售率分别为82%、91%、95.6%、96.5%、97%，做到四季常青，淡季不淡，旺季不烂，实现农业增效、农民增收的目标。

1998—2013年中方县蔬菜生产情况统计表

表8-3-2-1　　单位：公顷、万吨、亿元

年份	全县蔬菜播种			商品菜播种			专业蔬菜基地		
	面积	产量	产值	面积	产量	产值	面积	合作社	公司
1998	800	1.8	0.2	333	1.1	0.13	93	4	—
2006	2500	10.1	1.21	1000	4.5	0.72	213	6	2
2010	3133	10.6	1.28	560	2.53	0.52	273	5	2
2013	4333	26	7.8	1833	11	3.74	467	7	4

七、中药材

境内有人工种植中药材的习惯。20世纪80—90年代，炉亭坳乡马家溪村向其有成为白术种植大户。泸阳镇、中方镇等地开始人工种植百合、天麻、艾叶。2001年，投资230万元，建设中药材种植基地5个，有专业种植500多户，面积1700公顷。其中：金银花1000多公顷，主要分布在铁坡、活水、锦溪、蒿吉坪等乡镇，品种为湘蕾系列。种植白术160公顷、杜仲70公顷，主要分布在炉亭坳、牌楼、桐木等乡镇。种植鱼腥草40公顷，主要分布在新建、炉亭坳乡。2013年，全县中药材种植面积1950公顷，产值5000万元以上，成为县内主要产业之一。

经济作物选介

中方刺葡萄：中方县作为刺葡萄的发源地之一，种植刺葡萄历史悠久，素有“中国南方葡萄沟”和“湖南西部的吐鲁番”之美誉。中方刺葡萄既可鲜食又可酿酒的葡萄品种，是一种天然有机水果，含有约15%-25%糖类和各种有机酸、矿物质，以及各种维生素、氨基酸、蛋白质、碳水化合物、粗纤维、钙、磷、铁、硒、胡萝卜素、核黄素、抗坏血酸等，对解决便秘和治疗痔疮、高血压、高胆固醇和结肠癌等均有显著疗效，还可以滋润营养皮肤，是医药美容佳品。中方刺葡萄的种植基地主要分布在桐木、泸阳、中方、花桥、铜湾、铁坡、新建、接龙、铜鼎、新路河、袁家、蒿吉坪瑶族乡等12个乡镇。在农业生产中，中方刺葡萄是中方县传统优势产业，也是中方县特色优势产业，是农民收入的重要来源。

中方山下红蜜柑：中方山下红蜜柑是从日本引进的早熟蜜柑品种。每年4月上中旬现蕾，5月上旬开花，结果早，结果性强。9月下旬开始着色，先为橙黄色，10月中旬果面鲜红，果肉橙红、无核，肉嫩汁多，化渣，甜酸适口，风味浓郁。果实总含糖量约9.5%，总含酸量0.4%. 可溶性固形物13.2%，固酸比30：1。其树形中庸，树姿开张，大枝弯曲延伸，丛生枝较多。于10月中旬成熟，其果形扁圆，果皮似红桔，平均果重180克，果面光滑。

中方茶油：中方县素称油茶之乡，多山地，海拔较高，昼夜温差大，雨水充沛，所产茶油果个大浑圆，经晒干，脱壳、磨粉、蒸煮、物理压榨等传统工艺流程后而得成品茶油，即中方茶油。中方茶油为高品质100%纯茶油，采用传统与现代油脂加工装备相结合的纯物理冷榨工艺，保持茶籽油原汁原味的口感及营养成分，中方茶油色泽金黄，品质纯净，气味清香，无脂肪，降血脂，含有维生素E等多种营养成分，具有极高的营养价值和保健功能，是天然环保型食用植物油。

桐木、泸阳、中方、花桥、铜湾、铁坡、新建、接龙、铜鼎、新路河、袁家、蒿吉坪瑶族乡等12个乡镇均有所产。产茶油最多的为东片区铁坡、接龙、丁家、石宝、蒿吉坪、新路河等乡镇。1958年，年产茶油1540吨，名列湖南省第二，受到国务院嘉奖。全县油茶林面积达38.59万亩，年产茶油2318吨，年产值1.4亿元。

中方金秋梨:中方县海拔较高，光照条件好，昼夜温差大，利于果树的种植。中方县梨种植已经有 300 多年的历史，中方金秋梨 20 世纪 80 年代经过安江农校进行改良后，单株产量和梨的口感都显著提升，适合大规模种植。中方金秋梨的外观金黄，肉质白、嫩、脆、汁多味甜，总糖和为维生素 C 含量均高于黄花梨和鸭梨，深受消费者追捧。到 2013 年全县中方金秋梨的种植面积达到 2200 公顷，年产梨 1500 多吨。产品远销重庆、湖北、广东、贵州、上海、北京等地。

中方百合：境内适宜百合生长，鲜果片大洁白，2–4 头抱合成球形，成熟适度，粉糯甘甜，无其他异味。干片:瓣形肥大微弯，色泽至宝黄，侧看似弯月，正看似龙牙，故又名“龙牙百合”。龙牙百合药食同源，秦时境内乡民即挖取野生百合充饥，明清时期始有人工种植。2008 年 6 月，中方县成立建新龙牙百合育种专业合作社，发展规模种植。2013 年，全县种植龙牙百合 5000 余亩，种植区域主要分布在泸阳镇、铜湾镇、新建镇、袁家镇、铜鼎镇、接龙镇、桐木镇等地。建有龙牙百合示范种植基地 500 亩，其中育种基地 300 亩。龙牙亩产产量一般在 3500 斤至 4500 斤，亩产值 3 万元左右。

第三节　良种推广、繁育与经营

一、良种引进与推广

水稻良种：县内先后引进威优 111、汕优 111、金优 198、Ⅱ优 838、Ⅱ优 58 等杂交稻组合。1998 年，全县种植杂交水稻 1.37 万公顷，占水稻种植面积的 80%。2000 年，开始引进两系和三系杂交超级稻，连续 3 年参加湖南省《百亩两系杂交超级稻高产竞赛》，品种以 P88S–0293、培矮 64S–E32 为主，栽培在花桥镇车坪村和桐木镇桐木村，经省市专家组现场测产验收，亩产 708.8 公斤。2001 年，进行大面积推广。2003 年，种植超级稻 666.67 公顷，亩产 808.9 公斤。2007 年，种植超级稻 1400 公顷，以淮两优 527、Y 两优 1 号、两优培九、P88S/747 等为主要品种，平均亩产 680 公斤，比普通杂交稻亩产增加 110 公斤，增产 19.3%。2010 年，在中方、泸阳、铜湾片区创建超级杂交示范基地，全县栽培 4533 公顷。2013 年，全县种植超级稻 1.027 万公顷，占水稻种植面积 12.97 千公顷的 79.18%，亩产 480.4 千克，总产 74000 吨。

油菜良种：1998 年，先后引进湘油 15、16 号，湘杂油 1、2 号，丰油 701、华油 2790、泰油 7 号。2013 年，推广湘杂油 753、763 和 5 号、6 号，华湘 2 号、12 号、沣油 520、682、5103 号等。

红薯良种：1998 年，继续栽培“南薯 88”，平均亩产鲜薯 200 多千克。2002—2013 年，南薯 88 在全县普及。

玉米良种：1998 年，先后引进推广屯玉 1 号、屯玉 4 号、农大 318 号、临粤 1 号等杂交玉米和少量甜玉米。2002—2013 年，引进推广玉米良种主要有临粤 1 号、登海 10 号、三北 6 号。

黄豆良种：1998—2013年，县内主要推广湘大豆15号和早熟品种合丰1号、3号、4号等。

柑橘良种：1998年，境内先后引进辰州香柚、脐橙、椪柑。2002年，县内脐橙以纽荷尔为主，其次为朋娜，福本红。

梨良种：2004年，下坪乡周杰引进金秋梨，通过栽培训化后命名翠香梨。

蔬菜良种：1998年，县境内推广湘研系列辣椒、抗茄1号、红线茄5号、湘黄瓜2号等。2003年，县境内推广湘研辣椒2、3、4号，津研4号、6号等。

西瓜良种：1998年，县境内先后引进新红宝、特大新红宝、雪峰花皮无籽西瓜。2000年，推广礼品西瓜红小玉、黄小玉。2003—2013年，引进推广西农8、9、10号和金丝达12号、18号等。

二、良种繁育

县境是湖南省主要杂交水稻制种基地之一。1998年起，历届县政府把杂交稻良种繁育工程作为推进全县现代化农业发展的重要举措。为打造国家级杂交稻良种繁育基地，按照要求，选择的制种基地均在水温正常，排灌方便，向阳开阔，温光充足，集中连片，海拔400米以下，昼夜温差较小，有自然隔离区或200米以上的人工隔离区。县农业部门安排技术人员，加强良种繁育工作指导，坚持“一村一品牌”，合理安排父母本，父本比母本先播种16～18天，并实行二次父本栽培，确保花期相遇。适度行比，保证基本苗。开厢方向与风向垂直，采用双竹竿推粉的方法：16行，父本株行距7寸，母本4~4.5寸，确保父本每亩2000~2200蔸，母本22000~27000蔸。农户为确保母本抽穗，做好花期预测和调节，适时喷施“九二0”达到齐穗，采取人工授粉，在父母本杨花期连续赶粉8~10天，每天中午赶粉3~4次，每次间隔20~30分钟。在制种过程中，注重除杂保纯，收割时严禁父本进入种子。对品种实行单收、单晒、单包装、单贮藏管理。

1998年，铁坡、活水、锦溪、龙场、接龙、蒿吉坪、桐木等7个乡镇，21个村，1466公顷稻田被定为水稻制种基地，年产优质杂交稻种0.2万吨。因基地制种产量高、落色好、发芽率强、优势生态、环境明显等特点而享誉三湘大地。2007年，被列入农业部优质良种繁育基地。2010年，县政府在接龙、泸阳、龙场等乡镇，创建以安农种业为龙头的两系杂交水稻制种基地667公顷。在铁坡、活水、锦溪等乡镇，创建以亚华为龙头的三系杂交水稻制种基地1334公顷。湖南隆平高科、湖南三湘塞德种业、岳阳农科所等多家有实力的种业集团，先后落户中方繁育杂交水稻种子。2013年，湖南粤普隆种业、湖南洞庭高科种业、长沙利城种业、福建六三种业有限公司、湖南希望种业有限公司，在桐木、牌楼等10个乡镇，投资制种667公顷，产杂交水稻种子3000余吨。

三、种子经营

2000年12月1日，《中华人民共和国种子法》实施，种子经营管理进一步规范化。全县有种子经销商50家，均取得省种子管理站签发的种子经营许可证，年销售种子108.5吨。

四、新技术推广

水稻栽培技术 2000年，县境内引进超级稻Y两优1号、696、7号、3218、3399等系列良种和中浙优8号等，采取适时播种育秧，测土配方全程施肥栽培技术。2003年，采用旱土育秧栽培8000公顷，抛秧栽培266公顷，以及科学防病治虫、及时收割，使全县杂交水稻亩产平均稳定在450千克以上，最高的达804.5千克。

油菜栽培技术　1998年，境内推广高产油菜品种，采用育苗移栽，改大厢稀植为分厢合理密植，每亩保证8000~10000株。适时中耕除草，科学增施肥料和后期喷施硼肥，平均亩产50千克。在肥沃的沙土稻田推行油菜免耕，在秋收后的禾蔸上点播，此办法省工省力，油菜生长茂盛，平均亩产菜籽可达55~60千克。

测土配方施肥　1998年，县境内推行测土配方施肥，面积10万公顷。2005年，增加到15万公顷。2013年，面积25万公顷。

2008年测土配方作物推荐施肥表

表8-3-3-1

作物名称	产量水平（千克/亩）	推荐施肥量（千克/亩）			
		有机肥	化　肥		
			N	P_2O_5	K_2O
中稻	≤450	1500	9.5~10.5	4.5~5.0	4.3~4.8
	450~550		10.5~11.5	5.0~5.5	4.8~5.0
	≥550		11.5~12.5	5.5~6.0	5.0~5.5
超级中稻	750	1500	12~13	5~6	12~14
玉米	≤400	2000	12.0~12.5	4.0~4.5	4.5~5.0
	400~450		12.5~13.0	4.5~5.0	5.0~5.5
	≥450		13.0~13.5	5.0~5.5	5.5~6.0
油菜	≤120	1500	6.0~6.5	3.0~3.5	4.0~4.5
	120~160		6.5~7.0	3.5~4.0	4.5~5.0
	≥160		7.0~8.0	4.0~5.0	5.0~5.5
柑橘	≤1500	2000	12.0~130	5.0~5.5	6.0~6.5
	1500~2000		13.0~14.0	5.5~6.0	6.5~7.0
	≥2000		14.0~15.0	6.0~7.0	7.0~7.5
葡萄	≤1500	2000	10.0~11.0	4.5~5.0	8.0~8.5
	1500~2000		11.0~12.0	5.0~5.5	8.0~9.0
	≥2000		12.0~13.0	5.5~6.0	9.0~10.0
西瓜	≤2000	2000	10.0~10.5	4.5~5.0	5.0~5.5
	2000~2500		10.5~11.0	5.0~5.5	5.5~6.5
	≥2500		11.0~12.0	5.5~6.0	6.5~7.0
叶菜类蔬菜	≤1500	2000	9.0~10.0	4.0~4.5	5.0~5.5
	1500~2000		10.0~11.0	4.5~5.0	5.5~6.0
	≥2000		11.0~12.0	5.0~6.0	6.0~6.5
瓜、茄、果、豆类蔬菜	≤2000	2000	10.0~11.0	5.0~5.5	6.0~7.0
	2000~2500		11.0~12.0	5.5~6.0	7.0~8.0
	≥2500		12.0~13.0	6.0~6.5	8.0~9.0
根、茎类蔬菜	≤2000	2000	8.0~9.0	5.5~6.0	7.0~8.0
	2000~2500		9.0~10.0	6.5~7.0	8.0~9.0
	≥2500		10.0~11.0	7.0~7.5	9.0~10.0

化学除草 1998年，采用化学药剂杀灭田间杂草新技术，每亩节省除草工2~3个，每亩增收节支64元。2005—2013年，全县化学除草面积2万公顷，其中水田1.33万公顷，旱地0.67万公顷。水田使用20%乙卡甲复配剂，旱地使用草甘磷。

第四节 农药化肥

一、农药

1998年，采取“农业环保”，禁止使用剧毒、高残留农药，如六六六份、敌敌畏、杀虫脒、1065、1059、除草醚、甲胺磷、久效磷。2012年，停止使用硫磷、甲基，磷铵等农药，推广新一代高效低毒农药，如氯虫青、毒死蜱、阿维菌素、甲维盐、氯虫苯甲酰胺等19种高效低毒有机磷农药。稻飞虱、蚜虫防治使用一遍净，水稻纹枯病防治使用纹枯净，水稻二、三化螟防治使用瘟克星或清道夫，灭鼠使用敌鼠钠盐或氯敌鼠钠盐。

二、化肥

1998年，全县使用低浓度（25%含量）的复混肥料9499吨，占化肥16665吨的56.9%，每亩使用37.5千克，使用氮肥3799.9吨，磷肥2849.9吨，同时推广硼肥、锌肥微量元素肥料30吨。2008年，化肥施用4.3万吨，其中，氮肥2846.9吨，磷肥2275.5吨，钾肥1328吨，复混肥19455吨，硼、锌微量元素肥25.7吨。2013年，化肥施用4.3万吨。其中，氮肥3052吨，磷肥2271吨，钾肥1325吨，复合肥18894吨，微肥26.8吨，微肥应用面积1450公顷。

第五节 病虫防治及检疫

一、病虫防治

境内农作物多样，病虫害多种。粮食作物中，主要有水稻病虫害稻飞虱、二化螟、纵卷叶螟、稻瘟病、纹枯病、南方水稻黑条矮缩病、蝗虫等。有薯类病虫害甘薯黑斑病、甘薯根腐病、甘薯天蛾等。有玉米病虫害玉米螟、玉米蚜、地老虎、茎腐病、黑粉病、大、小斑病等。经济作物中，主要有油菜病虫害菌核病、病毒病、蚜虫、霜霉病。有蔬菜病虫害白菜软腐病，番茄病毒病，辣椒炭疽病，黄瓜霜霉病，瓜类白粉病、豆类锈病，菜蚜、菜粉蝶、菜蛾、美洲斑潜蝇、豆荚螟、斜纹夜蛾、甜菜夜蛾、大小地老虎等。有棉花病虫害立枯病、炭疽病、红腐病、角斑病、烂铃病、红粉病、炭疽病、黑果病、曲霉病、疫病、棉蚜、棉铃虫、红铃虫、红蜘蛛、棉叶蝉、棉造桥虫、棉金刚钻、棉盲蝽蟓等。果木中，主要有柑橘病虫害锈壁虱、红蜘蛛、矢尖蚧、潜叶蛾、黑刺粉虱、吉丁虫、炭疽病、溃疡病、树脂病等。

有葡萄病虫害霜霉病、白粉病、黑痘病、透翅蛾、二点叶蝉、天牛、天蛾、斑衣蜡蝉等。

1998—2008年，县农业植保植检部门制定“以农业防治为基础，推广良种为中心，安全合理施用化学农药为主导，尽力搞好人工，物理防治，积极开展生物防治”的综合防治配套体系。农业防治主要开展培育抗病虫品种，加强肥水管理，调整作物布局等。生物防治主要开展保护利用天敌，如禁止捕捉青蛙、益鸟，废止在作物地“三光”除草，保留天敌繁殖栖息地等措施。物理防治利用某些害虫的趋光性能，在稻田装置杀虫灯，把害虫消灭在产卵之前。化学防治采取“农业环保”，禁止使用剧毒、高残留农药，推广新一代高效低毒农药，如氟虫青、毒死蜱、阿维菌素、甲维盐、氯虫苯甲酰胺等。强化病虫预测预报，在张贴病虫情报、定期出黑板报的基础上，采用现代化服务方式，通过电视预报和手机短信的形式，提升病虫害防治信息的入户率。

2009年，全县组建怀化市柑橘集团、方园农民专业合作社、兄弟农作物病虫防治专业合作社、金地联合合作社等专业化防治服务组织，对中方、下坪、泸阳、铜湾等乡镇的柑橘、水稻实行专业化统防统治。

2010—2013年，采取电话、电视、广播预警通报，由科技特派员会同乡镇、村组实行统一购置农药、喷施设备进行防治，适时开展作物病虫害防治技术讲座，专业化服务组织年防治面积达800公顷以上。

二、检疫

1998年，县农业部门开展水稻制种产地检疫普查，境域两系和三系制种稻田均未发现细条病。同时，县蔬菜办开展蔬菜生产检疫。2004年，检疫超级稻产地4600公顷。2006年，在荆坪、泸阳、新建等地建立监测点7个，进行长期检测，均未发现重大问题。2007–2009年，县农业局连续三年获评全省“农产品质量安全认证与管理工作先进单位”。

第六节 农业执法

1998年，成立县农业局，下设农业综合执法大队。2001年4月，县被农业部定为全国农业综合执法试点县。2010年10月，成立县农业行政执法大队，定编12人。

1998年，组织开展“减轻农民负担”执法检查两次，查处加重农民负担案5起，查处违纪金额30.4万元，上缴财政7.4万元。通过多种途径减轻农民负担283万元。清理整顿农资市场，严厉打击非法经营和侵害农业、农民利益的违法犯罪行为。是年，共检查农资经销部门21家，复混肥生产厂家7家，查出不合格复混肥14批共460吨。

2001年，全县查处违反种子管理案件9起，违反肥料管理案件5起，违反农药管理案件9起，违反农业环保管理案件3起，违反耕机管理2起，违反植物检疫管理条例案件2

起，涉及金额100多万元。

2004年4月，中方县农业综合执法大队评为全国农业综合执法先进单位。

2008年，全县开展“红盾护农”，农资打假保春耕专项治理行动，共出动执法人员320余人次，检查农资市场21个，各类农资经营网点90多个，查处、查获违法农资70余吨。其中，立案查处10起，涉案金额8万多元，为农民挽回经济损失80余万元。

2010年，开展农业综合执法年活动，出动农业执法人员700余人次，检查各类农资市场84个次，农资经营网点87家，立案查处假冒伪劣农资案件10起，结案10起，为农民挽回经济损失57万余元。

1998—2013年，全县共印发农业法律法规资料汇编2000余册，举办有关人员法律法规专业知识培训班20多期，培训人员1000多人次，出动农业法律法规宣传车36台次。

第四章 林 业

1998年，中方县坚持“以营林为基础”的林业生产方针，积极推行林权制度改革，着力人工造林、封山育林和工业原料林以及油茶基地建设，加强林业专项治理，调处山林纠纷，依法治林，维护林区社会秩序，完善林业管理制度，促进林业生产发展。2013年，全县有人工造林面积2.61万公顷，封山育林面积3.147万公顷，划定生态公益林面积3.55万公顷，占林业用地的34%。是年，有活立林木293万立方米，生产木材46.59万立方米，产茶油2.53万吨，实现林业总产值2.22亿元，为1998年6982万元的3.1倍。

第一节 林业资源

一、林业用地

1998年，全县有林用地10.03万公顷。2013年，通过退耕还林，全县林用地增至10.33万公顷（国有600公顷，集体102.67公顷），占总辖区面积的71.7%，森林覆盖率66%，林木绿化率67.3%。境域有林地面积10.239万公顷，其中，人工林2.61万公顷（用材林1.814万公顷，经济林0.342万公顷，其他0.454万公顷）、天然林7.629万公顷。林地中，有乔木林6.693万公顷，灌木林2.972万公顷，其他林地0.574万公顷。

二、森林蓄积

1998年，全县森林蓄积活立木162.9万立方米。2000年，开展国家生态林建设项目。2001年，实施国家退耕还林工程。2003年，开展长江上中游防护林建设。2004年，开展森林资源调查，全县有活立木蓄积量246万立方米，人均拥有8.9立方米。2006年，进行速生丰产用材林基地、工业原料林基地建设以及长期的封山育林。2013年，全县活立木蓄积量增至293万立方米，人均拥有10.46立方米。

三、树种资源

2004年，全县进行森林二类调查。境域共有木本植物217科、857属、2193种，其中，属国家一级保护的有南方红豆杉、银杏、水杉、珙桐等4种。二级保护的有伯乐树、篦子三尖杉、连香树、香果树、伞花木、鹅掌楸、啄核桃、杜仲、木瓜红、江南油杉、刺楸、榉木等23种。三级保护的有紫荆、青线柳、檫木、紫竹、五味子、青檀、南方铁杉、红椿、川桂皮等30种。

按用途分为用材林树种和经济林树种。用材林树种有杉木、马尾松、樟树、梓树、刨花楠、润楠、黑壳楠、桢楠、猴樟、香叶樟、毛红椿、香椿椿、苦椿栲、甜椿栲、钩栲、榉木、青稠、黄稠、红稠、麻栎、栓皮栎、水青岗、朴树、苦楝、喜树、榆树、木荷、银杏、香榧、白杨、梧桐、槐树、杨柳树、柳树、光皮桦、合欢、重阳木、柏木、栗树、枫树等。经济林树种繁多，主要有6大类，即木本粮食树种（板栗，柿树、枣树、锥栗、尖栗、白果等）、食用油料树种（油茶、核桃、花椒等）、工业油料树种（油桐、乌桕、山苍子、樟树等）、工业原料树种（栓皮栎、漆树、马尾松、五倍子、厚皮香、女贞、棕树、竹类等）、林果树种（柑橘、柚、桃树、梨树、李树、杏树、杨梅、枇杷、无花果、猕猴桃、刺梨、葡萄、山拐枣、柰梨、茶叶等）、薪炭林树种（麻栎、白栎、槲栎、青岗栎、黄檀木、桎木、马尾松、榆树等）、庭院城镇绿化树种（樟树、桂花树、银杏、松柏树、罗汉松、白杨、柳树、枫树、玉兰树、石榴、山茶、夹竹桃、女贞、木芙蓉、棕树、竹类等）。

县内优势树种有杉木、马尾松、樟、柏、楠竹等用材林和油茶、油桐、柑橘、金秋梨、杨梅等经济林。杉木、马尾松为境内用材林主要树种。全县有杉木面积2.693万公顷（杉木中以红色油杉为最佳），马尾松面积2.064万公顷。油茶为境内主要特产品，常年产油茶900多吨，有“油茶之乡”美称。1958年，国务院授予石宝乡“开发万宝山，培育摇钱树”大红锦旗。1982年，开始放松油茶生产管理，致使油茶山林荒芜，面积减少。1997年，有油茶面积1.655万公顷。1998年，县委、县政府把油茶生产列入议事日程，油茶林逐渐垦复。2008年，被列为全国油茶示范基地建设县，油茶林得到快速发展。2013年，全县油茶林面积增至2.391万公顷，年产茶油1684.2吨。

四、湿地资源

2010年，全县开展第二次湿地资源调查工作。9月9日，完成《怀化市中方县湿地调查报告》。全县共核实湿地小班130个，3558.4公顷。河流湿地2995.4公顷，其中，永久性河流湿地2878.6公顷，洪泛平原湿地116.8公顷，人工湿地563公顷（库塘321.9公顷，输水渠 241.1 公顷)。2013 年，新增湿地保护面积 642.8 公顷，其中，保护小区 67.2 公顷，水源保护地 575.6 公顷。是年，全县湿地面积达 4201.2 公顷。

五、中药材资源

境内中药材资源分布较广，有品种 400 多种。木本药材有杜仲、黄柏、厚朴、黄连木、五加皮、山桂、苦楝、银杏、山楂等。草木药材有龙须草、一枝黄花、野菊、半夏、映山红、灯心草、半边莲、白茅根、车前草、海金沙、金银花等。珍贵稀有野生中药材有三叶杉、双勾、木通、青木香、桑寄生、天麻、何首乌等。菌类药材有灵芝、松伏苓等。人工栽培药材有吴茱萸、黄柏、厚朴、白术、金银花等。金银花以铁坡、活水、锦溪、蒿吉坪栽培为主，共 213.3 公顷。白术种植以炉亭坳乡最多，20 世纪八九十年代，该乡已大面积栽培。

第二节　营林生产

一、林木种苗

中方县没有造育采种母树林和林木采种基地，林木种子主要从外地调入。杉木种子从会同和靖县调入，松树种由省供应，每年调入量为 1000 千克。

境内林业育苗主要是个体。1998 年，全县育苗 10 公顷，产苗 220 万株。2005 年，中方、泸阳、下坪、炉亭坳等 14 个乡镇有 1 亩以上林木育苗户 58 户，面积 108.67 公顷，总投入 663.5 万元，总产值 287.87 万元，年利润 93.52 万元。均为绿化苗木经营。其中，国营育苗 2 户，面积 52 公顷，总投入 190 万元，产苗 9 万株，年产值 21 万元。联营育苗 3 户，面积 8.65 公顷，总投入 12.3 万元，年产值 50 万元，年利润 20 万元。合资育苗户熊心元育苗 6.73 公顷，总投入 118 万元。个体私人育苗 52 户，面积 41.29 公顷，总投入 499.57 万元。

2008 年，县政府加大植树造林工作力度，用材林、经济林育苗得到长足发展。是年，全县育苗 18.66 公顷，苗木总产量 708 万株，其中，马尾松 400 万株，湿地松 100 万株，杨树 5 万株，棚树 200 万株，其他 3 万株。2010 年育苗 6.67 公顷，生产合格苗木 550 万株。2013 年，中方县在下坪建成高标准优质油茶苗圃基地 6.66 公顷，优良无性系油茶采穗圃 2.42 公顷，年圃优良无性系油茶苗木 515 万株。

二、植树造林

1998—2013 年，县内人工造林实行全民义务造林、个体户造林、大户造林、联合股份制造林、世行贷款造林、退耕还林造林。重点建设速生丰产用材林基地、工业原料林基地、油茶产业基地和花卉苗木基地。

“三边”绿化　2005 年，实施“三边”绿化工程建设。2007 年，在铜湾镇栽植树 9500 株，在牌楼坳镇陈家湾村栽植桂花树 1200 株，樟树 600 株，柳树 700 株，在桐木镇植树

1800多株，在中方县城绿化建设栽树56548株。2009年，评为怀化市“三边”绿化造林先进单位。2011年，对县城各机关单位庭院内绿化进行改造，对各道路名称标志性树木进行部分换植，共栽植乔木3368株、花灌木48739株、绿篱8140米、草坪435平方米。3月1日，全县机关干部到沪昆高速公路旁的王家冲栽树7500株。至2013年，“三边”绿化工程建设投资5102.84万元，其中，苗木费265.26万元，新造林费867.45万元，补植费2889.6万元，低产改造费309.96万元，抚育费70.57万元，工程封山育林费700万元。完成“三边”工程建设2.439万公顷，其中，水边1.537公顷，路边7967公顷，城边1047公顷。

退耕还林　2001年，全县实施退耕还林政策。至2013年，共退耕还林0.625万公顷，其中，荒山造林900公顷，巩固退耕还林成果后续产业建设75公顷。此工程涉及全县22个乡镇，198个行政村，13655户。

速生丰产用材林基地　2006年，县委、县政府在炉亭坳、牌楼、新路河等地建设速生丰产楠竹林266.67公顷，成活率达90%，发笋率达80%。在炉亭坳、中方、泸阳等乡镇营造马尾松333.3公顷。至2013年，全县完成速生丰产用材林基地6909公顷，其中，马尾松1760公顷，杉木730公顷，国外松500公顷，杨树850公顷，桉树1330公顷，毛竹2000公顷。

世界银行贷款造林　2003—2007年，造林4000公顷，中林间伐1400公顷，油茶低产改造866公顷，楠竹低改造200公顷。

工业原料林基地　2006年10月，成立中方县工业原料林建设指挥部，完成《中方县2006年度工业原料林基地建设作业设计说明书》，出台《关于加快中方县工业原料林建设的实施意见》《中方县工业原料林建设考核实施办法》和《关于确保完成材料供应协调任务的有关规定》等文件，11月，完成林地清理。12月，完成整地。2007年2—3月，完成人工植苗2016公顷，成活率达85%，其中，马尾松1460公顷，桉树430公顷，湿地松92公顷，意大利杨树24公顷，阔叶树9公顷。是年，中方县获评全市“工业原料林建设先进单位”。至2013年底，完成工业原料林基地造林1.324万公顷。

油茶产业基地建设　2008年5月，全县有油茶林面积1.655万公顷，其中，油茶混交林0.953万公顷，油茶低产林0.702万公顷。中方县列入全国油茶产业示范基地建设县。2009年，油茶新造面积70.87公顷。2010年，油茶新造面积231.4公顷。2011年，油茶新造面积733.3公顷。2012年，油茶新造面积505.07公顷。2013年，油茶新造面积461.67公顷。重点打造泸阳、花桥、聂家村油茶示范基地666.7公顷，油茶抚育改造0.379万公顷，建成油茶优良无性系采穗圃2.4公顷，建成优良无性系苗圃基地8公顷，年繁育能力500万株。全县推广的油茶品种为国家审（认）定的湘林系列13个品种，即湘林36、湘林70、湘林89、湘林16、湘林65、湘林78、湘林67、湘林32、湘林81、湘林31、湘林46、湘林210、德字一号。2009—2013年，全县累计完成油茶新造面积2004.6公顷。

花卉基地 2001年，建设中方镇龙井毛利溪幼苗繁殖区1.5公顷，采用现代栽培技术和扦插技术快速、大批量生产幼苗。建设中方镇龙井毛利溪、牌楼镇陈家湾盆景培育区0.7公顷，绿化苗培育区16公顷（中方龙井毛利溪10公顷、牌楼镇陈家湾村6公顷）。苗木树种主要有再生樟、樟木、杜鹃花、八月桂、红继木、四季桂、广玉兰、杜英等。2010年，在泸阳、花桥、中方、牌楼等镇培育花卉苗木33公顷，其中，中方镇乌溪村周庆甜、周远松花卉苗木6公顷，每年每户收入50多万元。2013年，全县总投资250万元，建设花卉苗木基地51.4公顷。

封山育林 1998年，全县实行封山护林。县政府与相关乡镇村签订管理合同，划定责任区，配备专职或兼职护林人员197人。封山护林对象为郁闭度在0.5以下的有林地和阔叶林地，通过封山，增加森林蓄积，保护天然阔叶。2013年，全县累计封山育林面积21.438万公顷。

1998—2013年中方县造林情况统计表

表8-4-2-1 单位：公顷

年度	造林				育苗		育林护育	封山育林
	合计	用材林	经济林	防护林	面积	产量（万株）		
1998	1110	740	370	—	10	220	3070	18360
1999	1080	710	370	—	10	270	3000	18360
2000	380	230	140	150	10	276	1820	18360
2001	300	150	150	—	10	74	—	31860
2002	2000	1865	15	120	15	82	—	4200
2003	2000	1855	10	130	10	778	2750	3610
2004	1330	1260	70	—	50	557	3070	24280
2005	960	540	—	490	110	606	4050	24930
2006	1570	570	—	1000	130	500	5850	25660
2007	2020	1480	—	530	20	892	9470	9530
2008	2080	1080	—	1000	20	808	8500	11940
2009	2653	939	—	1741	22	810	9420	11900
2010	2100	1068	832	200	20	886	12724	8267
2011	1740	757	733	250	27	1100	608	972
2012	2519	1781	738	—	9	260	5119	1039
2013	2252	1454	798	—	15	82	5060	1100

第三节　林木经营

一、森林分类经营

1998年，全县有林地10.329万公顷。是年，被确定为全国林业分类经营示范县，将森林区划界定为公益林和商品林两大类型，进行分类管理。2004年6月26日—7月10日，根据“生态优先，确保重点，因地制宜，因害设防，集中连片，合理布局。尊重自主，维护稳定，便于管理，有利发展”的原则，对全县重点公益林重新进行区划界定工作，共区划界定重点生态公益林3.553万公顷，占林业用地34%，其中，水源涵养林区划界定面积1.573万公顷，主要集中分布在沅水和㵲水河两岸的10个乡镇。水土保持林区划界定面积0.853万公顷，分布在泸阳、花桥、下坪、聂家村、龙场、新建6个乡镇的岩溶水土流失严重地区。自然保护区0.716万公顷，其中，康龙自然保护区0.667万公顷，五龙溪水利自然保护区496.33公顷。对生态公益林，国家实行每亩每年补助5元的管护费，其中1.5元用作管护费用，3.5元补偿给农户。

全县划定商品林面积6.756万公顷，占全县林业用地66%。其中，用材林4.733万公顷，占商品林面积68%，经济林2.080万公顷，占商品林面积的30.5%，薪炭林800公顷，占商品林面积的1.07%。

在森林分类经营中，坚持“公益林管死，商品林搞活”的原则，对公益林加强管理，严禁商品性采伐。放手发动社会力量投入到商品林生产，逐步缓解资源保护和发展的矛盾。

二、木竹采伐

1998年，县内林木林地开始向私人业主集中，购买青山采伐林材，实行采育结合。2005年，实行采伐指标与造林业绩挂钩，鼓励林农多营造才能多砍伐。2008年7月，全县森林采伐管理实行改革，在办采伐证时，采取产权明晰的优先、树龄大的优先、林农自愿组成连片采伐的优先、残次林改造的优先、用于荒山造林筹资的优先。2001—2010年，全县限额采伐指标在204615立方米以内。2011—2013年，为97098立方米。1998—2013年，累计采伐木材30.17万立方米。

2001-2013 年中方县木材、楠竹采伐量统计表

表 8-4-3-1 单位：立方米、万根

年度	商品材	楠竹
2001	26580	20
2002	29700	20
2003	39700	20
2004	38100	30
2005	54500	30
2006	71400	50
2007	71900	30
2008	55900	60
2009	18123	10
2010	25465	10
2011	13296	10
2012	6959	10
2013	14569	10

三、木材运输

1998 年，全县木材运输主要为汽车运输。2003 年 12 月，完成怀化至新建的公路改造和 S312 省道新建至活水段的砂改油工程。2007 年，新路河沅水大桥和邵怀新高速公路建成通车。2007 年 11 月 10 日，邵怀新高速公路建成通车。2013 年，全县公路通车里程 892.5 千米，完成县乡公路改造 167 千米，乡村通畅公路 255 千米，村组通达公路 364 千米，山间林道公路 8035 千米，年平均用汽车运输木材达 2 万立方米以上，占年均采伐量的 95%。

四、木材经营

1998 年，境内木材销售实行买青山，整块砍伐。1998—2002 年，销售价每立方米为 468 元。2005 年，为 500 元左右。2013 年，为 600 元。

2006 年，木材经营改销售原木为木材加工综合利用。是年，全县注册林工企业 190 家。2007 年，由于市场的竞争，林工企业和个体加工户减至 91 家，其中杉木加工 87 家、松木加工 3 家、楠竹加工 1 家。年加工杉木 10 万立方米、松木 2.1 万立方米。这些林工企业和个体户把原木加工成木枋、木板、木地板、加工成火箱、家具、办公用品、细木工板等，并把木屑机制成木炭，把木材的边角料加工成拼板等。年总产值 14171 万元，年利润 1712 万元。通过加工，每立方米木材增值 1000 余元。

2008 年，全县有木材加工企业 92 家。通过市场竞争，自我淘汰，至 2013 年，减至 50 家，其中，年木材经营加工能力 2000 立方米以上企业 5 家，即新世纪木业有限公司、中方宏柏木业有限公司、泰昌木业有限公司、云山细木工板厂、怀化树林木业有限公司，总产值达 7500 万元，实现利润 3100 万元。楠竹加工企业主要有华宏竹胶板厂，年经营加工楠木 20 万根，年产值 640 万元，利润 83 万元。

第四节　森林保护

一、护林防火

森林防火组织　1998年2月，成立县森林防火指挥部，由分管林业的副县长任指挥长，县林业局长任副指挥长，办公室设县林业局。坚持每天24小时值班，并建立健全各项森林防火制度，实行县级领导包乡镇、乡镇干部包村组、村组干部包重点区域和重点山头的森林防火包干负责制。全县乡镇成立森林防火应急分队22个，队员20~50人，县林业局机关扑火突击队有队员20人，配备专业扑火机具和车辆。2010年，应急分队人员增加到59人，其中，县应急分队人员32名，康龙自然保护区应急分队27人。2012年，组建县、乡镇两级义务扑火队伍25支，队员1000余人。

预防措施　1998—2005年，全县对生活在林区和林缘的村民和经常在林区从事各种活动的人员建立明细台账，不定期上门宣传，进行重点防范。对新造林户炼山前，乡镇林业站工作人员上门服务，签订森林防火责任书，实地指导开设防火线，防火隔离带，现场检查合格后，开具用火许可证方可用火。高火险天气，各乡镇森林防火信息员开展巡山，发现火情火灾及时报告，组织扑救。2006年，县财政拨款8万元，印发《森林防火宣传画》4万份，添置2号工具300把，制作巨型森林防火宣传标语12块，清明节出动防火宣传车200台次，到各乡镇巡回宣传，各乡镇写固定性标语1500余条，利用电视宣传森林防火知识200多次，将森林火警电话号码张贴到每个村组。2010年，县政府与各乡镇签订森林防火责任状，并印发《中方县人民政府禁火令》《森林防火条例》等宣传资料6000余份，出动宣传车100台次，每个乡镇政府门口设有《森林防火提示牌》。2011年，县委、县政府召开森林防火会议200场次，组织护林防火督查4次。2012年，修订完善《中方县森林防火扑救应急预案》，进一步强化党政一把手负总责制度。

山林火灾扑救　2010年3月27日，铜湾渡江坡村杨某挂清扫墓燃放鞭炮，引发山火。县森林防火指挥部接到报警后，组织300多人奋力扑救，及时将山火扑灭。

2000—2013年中方县森林火灾统计表

表8-4-4-1

年度	发生次数	受灾面积（公顷）	毁林株数	受灾蓄积（立方米）
2000	12	46	—	1350
2001	5	22.6	—	290
2002	7	87	幼林55000	350

续表

年度	发生次数	受灾面积（公顷）	毁林株数	受灾蓄积（立方米）
2003	14	226	幼林 56456	6158
2004	44	566.5	幼林 226615	10116
2005	17	2383	幼林 175900	1201
2006	6	2133	幼林 250000	120
2007	3	1809	幼林 10000	158
2008	64	3553	幼林 180400	1699
2009	4	4776	幼林 23000	4680
2010	1	169	幼林 10000	—
2011	4	1275	幼林 19921	271
2012	17	6840	幼林 92900	3685
2013	3	417	幼林 14200	188

森林火灾保险 2008年1月，花桥镇杨艳率先将花桥镇龙牙山133.3公顷的人工造林，同中华联合财产保险公司怀化中心支公司签订《森林火灾保险协议书》。保险金额100万元，交纳保险费1万元，保险期限1年。5月8日，县政府办公室发出《关于开展森林火灾保险的通知》，森林火灾保险工作在全县铺开。2010年，全县办理森林火害保险业务9333公顷，交保费130万元，受益林农6.2万户。2011—2012年，森林保险面积8.973万公顷，保险金额40380万元。

二、山林权属纠纷调处

2003—2008年，全县发生山林权属纠纷1083起，山林面积3517.6公顷，调处1068起，占发生纠纷的98.6%，其中，县级3起，乡级21起，村级46起，组级59起，个人939起。2009年，出台三个一把手负责制，即县纠调办主任负责解决山林权属纠纷调解证据的真实性和客观性，材料交县法制办，县法制办主任负责解决案件的法律程序和相关的法律依据，将证据和有关法律依据交县长审阅，县长负责政府决定的签发，为纠纷案件调处的总负责人。2009—2010年，全县发生山林权属纠纷340起，调结324起，调处率95.3%，调处面积253.3公顷，其中乡级2起，村级109起，村内210起，行政裁决9起，化解群体性事件5起，群体性械斗2起，挽回经济损失30余万元。2011年，县人民政府下发《中方县林地林木权属争议处理办法》。规定林地林木权属争议，首先由乡镇、村、组调解，若调解不成功，经逐级领导签字，移交县山林纠调办处理，做到村内争议不出村、村与村的争议不出乡镇、乡镇与乡镇的争议不出县，减少当事人诉累，使矛盾得到及时解决。2003—2013 年，全县发生山林纠纷案 1719 起，争议面积 4168.6 公顷，调处纠纷案 1514 起，面积 3507.6 公顷，其中，县级调处 10 起，面积 125 公顷。乡级调处 36 起，面积 261.3 公顷。村级调处 162 起，面积 548.9 公顷。组级调处 65 起，面积 554 公顷。个人调处 1241 起，面积 2018.3 公顷。

三、森林病虫害防治

境内森林病害主要有杉木立枯病、杉木根腐病、杉木炭疽病、松落针病、松树枯萎病、油茶炭疽病、油茶半边疯病、油茶软腐病、油茶叶枯病、油茶茶疱病、油茶油桐烟煤病、檫木叶斑病、柑橘溃疡病、柑橘烟乙病、桃树黄化病等。虫害主要有马尾松毛虫、松梢螟、松茸毒蛾、杉梢小卷蛾、松墨天牛、杉角蜡蚧、油茶毒蛾、油茶果象、油茶油桐尺蠖、八点广翅蜡蝉、茶橙瘿螨、茶蓑蛾、茶籽象甲、油茶堆砂蛀茎虫、茶斑蛾、油桐黄刺蛾、柑橘实蝇、桃树金龟子、板栗象鼻虫等。

1998 年，成立中方县外来林业有害生物防控指挥部，负责组织协调重大外来林业有害生物防控工作。2000 年，在乡镇设固定病虫测报点 100 个，定期预测病虫情况。2001 年，建立县、乡镇、村三级林业病虫情报网络，以看山员为骨干，在巡山中经常观察林业病虫害的情报，做到早发现、早报告、早防治，将林业病虫害消灭在萌芽状态。2004 年 6 月，发生松毛虫 533.3 公顷，采取人工捕捉和化学药物防治，没有造成很大的危害。2012 年，全县投入防治经费 50.2 万元，对松梢螟采取人工剪病梢、灯光诱蛾方法防治，对越冬代松毛虫、松毒蛾进行白僵菌防治，对松墨天牛进行无公害化学防治，防治面积 2426.6 公顷，其中，无公害防治面积 1900 公顷，无公害防治率达 89%，防治的虫口减退率达 85%以上。是年，全县开展“绿 2012”林业植物检疫执法行动。县森保站对怀化骏泰浆纸公司调入的松材，组织技术力量，进行定期抽样复检，检查“产地检疫合格证”，并在墨天牛羽化的初期下达限期除治通知书，责成骏泰公司进行松墨天牛的防治。在松线虫病的春秋两季高发期内，乡镇林业站开展踏查和走访，发现异常枯死松树，随时向局森保站报告，森保站及时进行取样和镜检工作，实行有效防治。

2013 年，全县对种苗生产、出圃苗木进行两次检疫检查，对有问题的苗木进行处理，对合格的苗木发放“产地检疫合格证”，苗木实行悬“产地检疫合格证”销售。开展对木材流通的产地检疫，乡镇兼职检疫人员结合伐区作业设计开展调查，填写“产地检疫调查表”，并根据调查结果发放“产地检疫合格证”，方可流通。

第五节 林政管理

一、林业管理机构

1998年，成立中方县绿化委员会，县长任主任，县林业局长任副主任，负责全县绿化造林工作，成立中方县森林防火指挥部，由分管林业副县长任指挥长，负责全县护林防火工作，成立县林业局，下设林政管理站，负责森林资源管理，办理木材限额采伐和运输证件。成立中方县林业综合执法大队、森林公安局、林业检查室、林业法庭，负责全县依法治林工作。成立乡镇林业工作站22个，定编108名，负责乡镇林业工作。

二、林产品流通管理

1998年2月，县木材公司进行体制改革，终止县木材公司一家进山收购木材、多渠道批发销售木材的经营流通体制，凡取得“怀化市林业局木材加工经营许可证”的单位和个人都可以直接到农村收购农民合法生产的木材，参与市场竞争。2006年，全县直接进行收购木材经营、加工的民营企业190家。2013年，裁减到50家。

木材生产，一律由县林业局统一管理，办理木材运输出口手续，执行凭采伐证的检尺码单、结算凭证和运输证方可通行。特别是“三证”相符，如有超量者，视为违法运输。凡违犯林木生产的法律规定，或没收木材或罚款，数量大和情节严重的受法律制裁。

三、林业资金管理

1998—2002年，执行“一金两费”计征标准，按木材经营单位收购后的第一次销售价计征育林金12%，维简费8%，按每立方米5元计征林业保护建设费。林业“一金两费”实行省、地、市（县）三级林业行政主管部门管理使用。育林基金和维简费各级掌握的比例是省、地各10%，县留80%，林业保护建设费各级掌握是省、地两级每立方米各收1.5元，县留每立方米2元。林区管理建设费、林政管理费、预留森林资源更新费停止计征。原计征的更新改造基金改为“维简费”计征，继续用于森工采运企业固定资产折旧，林区道路延伸与养护、林业新产品开发、房屋建筑、防洪保安工程等项目的补助费。“一金两费”实行专项管理，从总额中提出20%作为发展高效林业的专项基金。2003年，林业征收“一金两费”改为“一金一费”制，即育林基金和林业保护费。育林基金按木材销售价征收20%、林业保护费每立方米征收5元，8%的“维简费”统一归类并入“育林基金”。林业“一金一费”的资金由省、市、县三级林业行政主管部门按省、市各10%，县留80%，纳入国家预算外资金管理使用，林业保护建设费按省30%，市30%，县留40%的比例分成使用，2004年，停止收取林业保护建设费。

四、依法治林

林业法规学习和宣传　1998—2005年，全县印发《森林防火重点防范对象告知书》7万份、《森林防火野外用火管理规定》4万份、《森林防火，人人有责》宣传日历4.5万份，汇编《中华人民共和国森林法》《中华人民共和国森林法实施条例》《国家林业局关于征占用林地审核管理办法》等法律法规宣传册1000多份，制作大型森林防火宣传牌25块，2006—2010年，每年开展林业执法人员培训，提高执法水平，坚持行政执法人员持证上岗。将林业普法工作纳入年度目标管理责任制，共举办林业法律培训500多人次。2011—2013年，重点学习《中华人民共和国社会保险法》《中华人民共和国调解法》，制定《中方县林地林权争议处理办法》《中方县森林资源资产抵押贷款管理办法》等法规，规范依法治林工作。

依法管林　1998年，开展木材限额采伐、运输监督检查，严格执行采伐证、以检尺码单为准结算证和运输证制度。进行伐前设计，伐中监督，伐后检查验收管理，将伐后更新纳入采伐管理范畴，凡不及时进行伐后更新造林的，今后将不再安排采伐指标。对林管执法人员违规违纪者，予以严肃处理。2003年，新建木材检查站个别工作人员接受贿赂，放行无证松元木运输，受行政记大过处分。2004年，县政府下发《关于进一步加强木竹经营加工管理有关规定的通知》，成立清理整顿领导小组，对全县木竹加工单位和个人进行专项清理整顿。2006年，全县从事木竹经营加工190家，通过清理整顿年检年审后，合格经营171家，停业整顿和取缔违法单位19家。受理林业行政案件371起，刑事案件10起，打击处理犯罪人员369人次，其中提请批准逮捕1人，治安拘留3人，收缴无证木材3972.8立方米，为国家和集体挽回直接经济损失138万元。2007年，依法查处林业行政案件32起，为国家挽回经济损失20余万元。县林业法庭充分运用《中华人民共和国刑法》《中华人民共和国森林法》，严格按照最高人民法院《关于严厉打击各种破坏森林资源犯罪活动的通知》精神，严厉打击各种毁林犯罪活动，中方镇潘某先后8次放火烧山，烧毁林地36.56公顷，造成直接经济损失468356元的严重后果，被依法判处有期徒刑8年。是年，县人民政府发布《禁止猎捕野生鸟类的通告》，开展保护野生动物执法检查，共检查集贸市场20个，查获果子狸、穿山甲、红腹锦鸡、蛇类等国家保护动物200公斤，青蛙350公斤，均在康龙自然保护区进行放生。1998-2013年，全县查处各类林业案件1132起，依法提请批准逮捕33人，直接起诉6人，行政处罚1089起，取缔规模小、粗加工、产值低、违法记录高的木材加工企业140家。

古树名木保护　2001年8月，对境内古树名木进行调查挂牌建档，每株古树钉有一块金属保护卡，公示保护。全县查明古树名木837株，涉及18科26种，分布22个乡镇，其中，中方71株，龙场53株，聂家村23株，袁家48株，花桥45株，炉亭坳55株，蒋家43株，铜湾27株，新建29株，铁坡34株，丁家22株，下坪11株，活水8株，接龙15株，石宝22株，锦溪41株，铜鼎28株，新路河50株，桐木42株，泸阳16株，牌楼124株，蒿吉坪15株。2008年10月，再次开展古树名木调查，全县有古树891株，其中，属一级保护29株，二级保护123株，三级保护769株，100~300年树龄798株，300年以上的93株。古树名木100～300年树龄的有柏木86株，蒙古栎4株，生长在牌楼镇关冲、大元溪、水牛田、罗渔村等。侧柏57株、栲木8株，生长在牌楼镇、石宝乡、锦溪等地。樟木79株、柘树1株，生长在龙场乡十里坪村下毛田。山杜英1株，生长在石宝乡贵鱼村青草湾。枫香305株、麻栎1株，生长在蒋家乡水仙村竹叶坡。野榕树1株。生长在牌楼镇芭蕉村王泥坳。胡桃2株，生长在牌楼坳芭蕉村大元溪。马尾松119株、板栗树2株，生长在石宝乡里垄村5、6组。茅栗1株，生长在中方镇铜锣村5组南湖旁。青冈栎31株、桂花树6株、黄栗1株、黄檀7株、檀木1株，生长在泸阳镇黄花树。重阳木9株、榉木24株、银杏9株、黄连木22株、黄榆1株，生长在桐木镇塔脚。三角枫1株，生长在中方镇荆坪村铁丝园。皂荚6株、红稠3株，生长在新路河竺竹村。木荷8株、悬铃木1株，生长在活水苏村水口山。光腊2株、楝树1株，生长在新建乡黑禾田。桑树1株，生长在新建乡保良村。白腊2株、白栎32株、梓木1株，生长在聂家村乡中村毛坪。石栎4株、杉木9株、继木1株，生长在铜鼎乡砖墙脚10组。紫穗槐2株，生长在铜鼎乡青市村：枫杨5株，生长在铜鼎乡赤岩湾、南家坊、张家溪。小叶杨1株，生长在铜鼎蛮田村10组：松柏1株，生长在铁坡镇两利村舒家塘。稠木8株、杜鹃1株，生长在铁坡镇黄胜振家坪。刨花楠2株、大叶桢4株，生长在铜湾渡江坡、黄溪村。小叶桢2株、梨树1株，生长在铜湾渡江坡。楠木2株、乌柏3株，生长在炉亭坳塔灯田坳脚和花桥三洞溪5组。锥栗14株、栓皮栎10株、荆条3株、朴树2株、槐树3株、火皮木1株、厚朴2株，生长在蒿吉坪老田溪。拐枣1株，生长在蒿吉坪老溪村。300年以上树龄的古树名木有樟树20株，重阳木2株，榉木4株，黄连木5株，枫香12株，青冈栎6株，白栎1株，栲树2株，马尾松3株，银杏2株，柞木1株，蚁母4株，桂花树1株，柏木8株，罗汉松1株，江南油杉1株，稠木2株，栎树1株，栓皮栎1株，木荷1株。

第五章 养殖业

1998—2013年，中方县推行“猪—鱼—果”“猪—菜—果”“家禽—猪—沼—菜”和“公司+基地+农户”模式，畜牧水产业快速发展，逐步形成区域化布局、规模化生产、企业化管理、市场化经营的畜禽养殖格局。2013年，全县建立养殖小区15个，有各类养殖大户养1400余户，其中：养猪321户、养牛220户、养羊256户，特种动物养殖10户，养禽

600户，水产养殖20户。全县共饲养生猪34.74万头，养牛4.5万头，养羊7.52万头，家禽457.26万羽，水产品5788吨。畜牧业总产值56881万元，比1998年的9928万元，增加46953万元，增加4.73倍。

第一节　畜禽养殖

一、家畜

养猪　1998年，全县生猪饲养量38.9万头，其中存栏14.7万头，出栏24.2万头，存栏母猪1.85万头。有生猪养殖大户106户。2002年，蒋家乡生猪养殖专业户陈雪峰采取母猪分散到农户饲养、统一配种、仔猪统一免疫、专业育肥、集中销售的经营模式。饲养良种公猪2头，二元杂交母猪90多头，出栏三元杂交仔猪1200多头，产值达20万元，获利9.5万元。2006年，全县饲养生猪42万头，其中，年末存栏15万头，出栏27万头，产猪肉1.636万吨。2007年，实行能繁母猪补贴政策，每头补助100元，由中央、省、市三级财政共同出资。是年，全县饲养生猪38.5万头，年末存栏17.5万头，出栏32万头。2010年，编制《中方县优质畜禽产业发展规划》。全县建立怀化正大、大康牧业、大山牧业、新康牧业为龙头的规模种畜禽场65个，有生猪养殖大户272户，逐步形成“公司＋基地＋农户”的集约化生产经营模式和生产、加工、销售一体化经营格局。2011年，争取到为期3年的“全国生猪改良项目”，每年由国家财政拨款100万元，联合怀化正大有限公司，大康牧业股份公司等对全县生猪进行改良。2013年，全县良种普及率达95%，建立蒋家、新建、铜湾、铁坡、牌楼、花桥等乡镇生猪养殖小区8个，发展养猪大户321户，全县饲养生猪34.74万头，其中，年末存栏16.2万头，出栏18.54万头。

养牛　1998年，役用牛饲养量下降，肉牛养殖开始出现小规模、小集约化经营模式。全县养牛2.76万头，年内出栏肉牛4800多头，产牛肉680吨。2000年，铁坡镇家畜繁殖站开始试用牛的人工授精，并在全县推行。2010年，完成牛冷配3871胎次，出生杂交肉牛2660头。同时，实施分阶段育肥的饲养方法，在野外牧草茂盛地放牧饲养一段时间后，再进行舍内精饲料催肥1～2个月，出栏屠宰。是年，全县涌现专业养牛大户220户。2011年，中方镇乌溪村杨明兴办养牛场，养牛50头，养羊120只，年创收50余万元。2013年，全县养牛4.5万头，出栏肉牛1.2万头，产牛肉691.2吨，饲养奶牛27头，产鲜牛奶20余吨。

养羊　境内山羊饲养品种有武雪山羊、南疆黄羊、金堂黑山羊、成都麻羊、波尔山羊、努比亚山羊等。养殖地主要分布在花桥、泸阳、下坪、聂家村、中方、牌楼、桐木、新建、铜湾、袁家、铁坡、石宝等乡镇，以农户家庭饲养为主。1998年，全县饲养3.58万只，其中，存栏1.78万只，出栏1.8万只。2002年，县牧畜牧水产局作出《关于加快发展羊食动物的决定》，制定奖励机制，促进全县山羊养殖快速发展。2003年，全县有养羊户1000多户，其中，养羊大户256户，每户有100~300只不等。2004年，县种羊扩繁场建成投产，饲养南江黄羊种羊196只。怀化金秋园科技生态农庄饲养金堂黑山羊种羊200余只，当年销售100只，实现产值6万余元。中方镇房溪村投资10万多元，修建羊舍400平方米，引进种羊180只，发展养羊户5户，养羊400多只，成为全县第一个村级种羊专业村。花桥镇利花村龚永和引资30万元，修建高标准羊栏舍800平方米，种草5.33公顷，引进黑山羊280多只，成为怀化市最大的种羊供应基地之一。中方县金秋园科技生态农庄生产的金黑山羊荣获“首届湖南畜牧渔业暨饲料工业博览会”金奖。2010年，怀化鸿源公司和潘仁均合作，在中方镇顺福村建成波尔山羊种羊场，饲养种羊200余只。桐木辉友牧业饲养山羊1000多只。2011年，新建乡杨贤勇投资200万元，租地3.3公顷，修建标准羊舍2栋1600平方米，贮草房1栋500平方米，引进马头种羊120只。2013年，全县有牛羊冷配站6个，山羊饲养量7.52万只，出栏4.67万只，创产值3500万元。

二、家禽

境内家禽主要有鸡、鸭、鹅。引进七彩山鸡品种。1998年，全县家禽饲养306.3万羽，出笼197万羽，产肉1775吨。2007年，饲养425万羽，出笼325万羽，产肉4871吨。2010年，家禽饲养量452.3万羽，出笼316万羽，产肉4725吨，产蛋429吨，其中鸡蛋300吨。2013年，全县家禽饲养量457.26万羽，出笼337.26万羽，产蛋511吨，总产值13228万元。

养鸡 主要品种有本地鸡、乌骨鸡、三黄鸡、艾维菌肉鸡等。1998年，有规模养殖专业户300多户。2000年，丁家乡农民杨春中，在铜湾街自办养鸡场，成立铜湾镇乌骨鸡合作社，入社人数146户，投资8万余元，购进一套电器化孵化设备，年孵化量20万羽，出售乌骨鸡30.8万羽，总产值234万元。中方镇专业养殖大户石绍庄、韩国立等5人，利用牌楼镇“303”厂房办肉鸡养殖场，饲养量42万羽，出笼32万羽，销售收入42万元，纯利17.3万元。2007年，中方镇畜牧站杨司祥饲养蛋鸡4000羽，肉鸡8000羽，孵化鸡苗15万羽。2012年，成立清凤土鸡养殖合作社，社员103户，出栏鸡20万羽，创产值860万元。怀化正大有限公司利用公司加农户的形式发展艾维茵肉鸡养殖，为养殖户提供标准化鸡舍，赊销鸡苗和饲料，公司负责技术服务和回收成鸡。是年，全县建鸡舍3栋，饲养艾维茵肉鸡18万羽。发展养殖大户6户，出栏肉鸡54万羽，产值1350万元。2013年，全县饲养肉鸡328万羽，出笼237万羽，产值12401万元。

建县初，县内蛋鸡饲养零星，规模小。2006年，麻阳青年滕召勇在花桥镇三冲村租用废弃的瓦棚，饲养罗曼粉蛋鸡1万羽，收益30多万元。2007年，将蛋鸡场搬迁到梅树冲村，新建鸡舍3栋，存栏蛋鸡2万羽。是年，在滕召勇的带动下，全县发展蛋鸡养殖大户15户，共存栏20万羽，年产鲜蛋1300吨，创产值2800万元。2008年2月，创办中方县大山农业发展有限公司，注册资金 685 万元，占地 4 公顷，建筑面积 1.2 万平方米，有标准化蛋鸡舍 11 栋，饲养蛋鸡 15 万羽，年出栏鸡 40 万羽，总投资 1500 万元，产蛋 3000 吨，产值 4000 万元，实现利润 500 万元。

养鸭　境内有养鸭的习惯，品种有本地麻鸭、北京鸭和少量洋鸭。1998—2009 年，农村户养 30~50 羽不等。2010 年，全县饲养鸭 147.32 万羽，其中出笼 105.5 万羽，产肉 1582.5 吨，产鸭蛋 640.1 吨。境内养鸭周期一般为 3 个月，在小鸭期施用“配合饲料”促生长，将要出栏时，以稻谷、玉米为主饲料，使其肉实味香。2013 年，全县饲养鸭 150 万羽，年产值 3000 万元。

养鹅　境内鹅的品种有本地麻鹅、四川白鹅。2002 年，铜鼎镇罗家冲村聂志礼从四川引进白鹅 100 多羽作种鹅。2006 年 5 月，发展到 1000 羽，自办电器化白鹅孵化场，年孵化小鹅 10 万羽，带动铜鼎乡白鹅养殖业快速发展，养鹅量占全县养鹅总量 70%。2010 年，全县养鹅 17.7 万羽，出栏 13.5 万羽。2013 年，全县养鹅 50 万羽，出栏 45 万羽。

三、特种养殖

中方县特种养殖发展较晚。2007 年，下坪乡女青年金万映引进新西兰肉兔 50 只，开始发展肉兔养殖。2008 年，铜湾镇蒋小贵进行肉鸽养殖，存笼 2000 多羽，带动周围农户饲养。2010 年，下坪乡金万映发展种兔 300 只，廖孟刚引进新西兰等肉兔 500 只。2012 年，肉兔存栏 2000 余只。是年，下坪乡田世长饲养竹鼠 600 只，出栏 300 只，获利 8 万元。下坪乡蒲铁刚，饲养豪猪 200 只。铜鼎乡肖守文，投入 100 多万元，建成 1000 平方米标准猪舍 2 栋，于贵州众江县引进众江香猪 200 多头。2013 年，全县存笼肉鸽 23000 余只。

境内有养蜂的习惯。2012 年，全县蜂农 100 多户，规模从每户 5 箱至 100 箱不等，年产蜂蜜近 50 吨，创产值 100 多万元。中方镇丁达养蜂 40 余年。泸阳镇梁天海养蜂 113 箱。蜂农主要分布在中方镇、牌楼镇、炉亭坳乡、泸阳镇、下坪乡、花桥镇等乡镇。饲养的品种主要是意大利蜂、中华蜂。

1998—2013中方县畜牧业生产统计表

表 8-5-1-1　　　　单位：万头、万只、万羽、万元

年度	生猪		牛		山羊		家禽		兔		牧业占农业比	
	年末存栏	年内出栏	年末存栏	年内出栏	年末存栏	年内出栏	年末存笼	年内出笼	年末存栏	年内出栏	牧业产值	占农业比%
1998	14.7	24.2	2.76	0.54	1.78	1.31	99.0	207.2	0.56	0.09	9928	35.5
1999	14.6	25	3.01	0.49	1.67	1.64	96.0	249.0	0.59	0.10	10830	36.1
2000	12.9	26.9	3.05	0.55	2.06	1.52	98.0	251.0	0.61	0.11	11420	37.2
2001	11.8	26.7	3.05	0.56	2.05	1.65	60.5	289.0	0.63	0.12	11300	35.6
2002	11.6	26.8	3.41	0.62	3.30	2.20	96.0	284.0	0.62	0.14	12100	36.6
2003	14.0	24.3	3.44	0.66	3.50	2.40	114.0	291.0	0.58	0.15	15540	37.8
2004	13.9	24.1	3.45	0.67	3.50	2.70	109.0	283.0	0.60	0.16	23590	39.2
2005	15.4	25.6	3.45	0.67	3.00	3.50	112.0	289.0	0.60	0.17	27296	40.5
2006	16.0	26.0	3.75	0.75	3.80	3.20	116.0	295.0	0.62	0.18	27951	41.5
2007	14.0	24.5	3.72	0.93	3.20	4.10	110.0	315.0	0.70	0.30	29456	41.7
2008	14.5	29.7	4.87	1.02	7.6	4.20	438	328.0	0.70	0.30	44500	34.2
2009	18.5	28.0	3.06	0.46	5.18	2.90	486	486	0.70	0.30	47500	49.8
2010	18.7	36	4.6	1.1	7.7	4	501.5	75	0.71	0.32	63500	58.3
2011	18.48	26.82	3.02	0.62	7	4.31	480	350	0.75	0.51	47477	32.8
2012	18.5	28.26	3.21	0.68	7.52	4.67	510.3	373.5	0.78	0.56	52766	31.9
2013	16.2	18.54	4.5	1.2	7.52	4.67	457.2	337.2	0.82	0.63	56881	31.7

第二节 水产养殖

一、养鱼

中方县有养殖水面4021公顷，其中水库957公顷、池塘412公顷、河沟围养181公顷、鱼种池71公顷、宜鱼稻田2400公顷。境内水域所栖鱼类180余种，隶属6目、10科、10亚种、44属。主要品种有鲤鱼、鲫鱼、青鱼、草鱼、鲢鱼、鳙鱼、鳊鱼、鲶鱼、桂鱼、黄刺古等。小水产类有泥鳅、黄鳝、鳖、龟、虾、蟹、螺、蚌等，水禽水兽有野鸭、鸳鸯、鸬鹚、大鲵、水獭等。

1998年，全县水产品2076吨，其中鱼类1984吨。2007年，水产品4580吨，其中鱼类4293吨，江河捕捞720吨。是年，成立绿源水产养殖合作社、铜湾库区渔业合作社和铜湾库区移民养殖合作社，共吸收社员200余人。并引进铜湾库区银鱼增值开发和湘渔公司铜湾库区大水面开发等项目，共引进资金400余万元。2013年水产品达5788吨，其中鱼类5629吨。

水库养鱼境内有水库103座，总水面积957公顷。1998年以前，水库养鱼采取粗放天养，给草鱼刹草为饲料，鱼产量不高。1998年以后，开始走上水域承包到人，采取精养和半精养模式，人工投放精、粗饲料，每亩产量由过去的120公斤提高到180公斤左右。

池塘养鱼 1998年，全县有池塘水面412公顷，采取人工养鱼，用精饲料和半精饲料实行人工定点定时投放，进行鱼塘消毒治病，如遇天旱缺水时，将鱼捞起寄养在河里网箱中，使塘鱼变成河鱼的鲜味。2007年，产鲜鱼2652吨，2010年，产鱼2870吨。

稻田养鱼 境内有稻田养鱼的习惯。1982年，实行农村家庭联产承包责任制以后，稻田养鱼迅速发展。全县每年有1800公顷稻田养鱼，既使水稻获得丰收，又使渔业生产得到发展，稻田养鱼产量达260余吨。人们改革粗放天养的旧传统习惯，进行稻田开沟、开凼养鱼模式，使每亩稻田可收30~50公斤鲜鱼。中方建县后，稻田养鱼比较零星，受鱼价下跌影响，呈逐年减少趋势。2013年，全县稻田养鱼1200公顷，产鱼230吨.

网箱养鱼 1998年，境内已有少量网箱养鱼。2003年，牌楼、铜湾和辰溪清水塘水电站建成，使沅、㵲水河变成电站库区，成为网箱养鱼场地。丁家乡梅树村杨司吉等人利用中草药防治鱼病，效果显著，大大降低网箱养鱼成本。2009年，发展网箱1500口，3万平方米，年产鲜鱼330吨。2011年，发展网箱2300口，4.6万平方米，年产鲜鱼506吨。2013年，全县有网箱2500口，5万平方米，年产鲜鱼550吨。

河沟围养 在清水塘、铜湾、牌楼、三角滩水电站库区淹没区内，村民通过人工围栏进行养鱼。2008年，围河沟面积180公顷，采取按季节性人工精养的方法，年产鲜鱼300吨。2013年，全县围河沟面积192公顷，年产鲜鱼340吨。

江河人工放养 沅水、㵲水河梯级水电站修好后，长江、洞庭湖的鱼不能到中上游产卵，使鱼资源受到控制。2000年，县畜牧水产管理部门开始在沅水、㵲水河中进行人工放养鱼苗。每年人工投放草、鲢、鲤等鱼苗50万～100万尾，促进沅水、㵲水河鱼类资源生态平衡。2010年，投放5万元鱼苗。2013年，投放5.3万元鱼苗。

二、捕捞

1998—2005年，全县共有登记在册专业捕捞渔船163艘，其中，中方1艘，铜湾89艘，新路河56艘，铜鼎17艘。每年产量1000吨，产值1200万元。随着过度捕捞以及环境污染，捕捞量逐年下降。为此，县畜牧水产局鼓励渔民积极转产转业，改捕捞为养殖，并予以政策上的扶持。捕捞采用网、钓、药、电方法。2006年，引用脉冲电将鱼驱赶到预定的场地，张网捕捞。在五龙溪水库一次捕捞鲜鱼500多千克。

第三节 疫病防治

一、畜禽检疫机构

1998年，全县设22个乡（镇）畜牧水产技术推广站，配备检疫员66名，负责本乡（镇）动物检疫工作。2005年，村级动物防疫员劳务报酬纳入财政预算，每年人均报酬1200元，乡村两级防疫体系进一步健全。2007年，设动物防疫监督员4名。2013年，全县有动物防疫人员299人，其中，县级9人、乡级66人、村级224人，畜禽应免密度达到100%，被省评为动物防疫工作先进县。

二、畜禽疫病防治

1998年，全县采取“集中免疫和平时补针相结合”的防治方法，对牲畜口蹄疫、禽流感、猪瘟、高致病性猪蓝耳病进行强制免疫。是年，铜湾、铁坡、泸阳等地患猪口蹄疫病猪进行扑杀，共扑杀病猪217头。1999年4月，全县爆发耕牛口蹄疫，县委、县政府及时启动《中方县动物疫病防治应急预案》，组织各级部门，并派出民兵在人武部的带领下扑杀病牛662头，并深埋消毒。2000年，全县严格实行“一畜一标一台账”的管理办法，做到“六个不漏”，即不漏乡、不漏村、不漏组、不漏户、不漏畜、不漏针。2004年，实施国家动物防疫基础设施建设项目，总投资80万元，建立“P3实验室”，从而解决长期以来抽样检测上至省城的尴尬局面。2007年7月10日，铜湾镇一养殖户从贵州玉屏引进仔猪55头。19日，开始发病。20日，导致全镇暴发高致病性蓝耳病，后波及蒋家乡。23日，县政府发布疫区封锁令，对疫区内病猪及同栏猪进行强制扑杀并作无害化处理。到8月3日，全县共扑杀病猪及同栏猪1233头，发放补助金69.184万元。2008年，县内开展春秋两季防疫工作，共组织防疫人员100余人，注射猪瘟疫苗18万头，猪丹毒8万多头，猪肺疫5万头，口服仔猪副伤寒药物6万多头，牲畜五号病疫苗16万头，牛炭疽1万头，牛缶败0.5万头，免疫禽流感疫苗60万羽等，免疫耳标配挂率为98%。2010年，全县免疫口蹄疫56.2万头（只）、猪瘟43.8万头、高致病性猪蓝耳病43.8万头，禽流感425万羽，重大动物疫病应免密度及牲畜标志配挂率达100%。

三、鱼病防治

境内鱼类疫病主要有肠炎病、烂鳃病、打印病等。1998—2013年，县畜牧水产局加强鱼病疫情防治工作。每年冬天对鱼塘，清除淤泥后用生石灰消毒，每月定期对养殖水面泼洒生石灰1次或漂白粉。在牵捕、搬运、放养过程中，防止鱼体受伤。鱼种放养时，用漂白粉药液给鱼种浸洗半个小时左右，浓度为每立方米水用药5~10克。由于鱼病防疫工作做得好，全县未发生鱼类重大疫情。

第四节　畜牧水产管理

1998年2月，成立中方县畜牧水产局。至2013年，有干部职工115人，其中：高级技术职称1人，中级技术职称16人，初级技术职称49人。下设畜牧工作站、家畜家禽防检站、水产渔政站、饲料工业办，辖乡镇畜医工作站22个。负责全县畜牧生产、畜禽疫病防疫、检验、兽药经营、药政工作，以及渔业水产生产、科技推广、水生动物疫病防治、水产品检疫、渔药渔饲料监督管理、渔业水域污染事故处理、水产品资源增值与保护、渔业行政执法等工作。

一、渔政监督管理

境内有渔民250多人，其中办理渔民捕捞许可证的153人。1998年2月，县畜牧水产局水产渔政监督管理站成立，配有行政执法人员6名。为认真贯彻落实《中华人民共和国渔业法》，维护正常的渔业生产捕捞秩序，县渔政站每年春季出动车、船，深入㵲水、沅水河两岸乡镇宣传渔业法律法规，并利用电视、广播、标语、通告、手机短信等方法进行广泛宣传。在中方、铜湾设立禁渔区标志。在中方桃花源、市工业园、三角滩电站、新路河、鸭嘴岩、铜湾、铜鼎等码头边，竖立《渔业安全生产及渔业资源保护警示牌》。县渔政站和各乡镇以及派出所联合行动，开展渔业行政执法专项整治行动，依法查处渔业违法案件，严厉打击渔业违法行为。1998—2005年，共查处渔业违法案件135起，结案134起，结案率达99%，其中炸鱼14起，电鱼105起，毒鱼2起，调解纠纷12起，没收电鱼机85台，电瓶86个，电线500米，罚款8200元。2006年7月，成立中方县铜湾库区渔业协会，入会人员139人。2009年，全县发展网箱1500口。至2013年，每年在㵲水和沅水河里人工放养鱼苗50万~100万尾。期间，加大打击渔业违法力度，共打击处理渔业违法案件122起，结案121

起，其中炸鱼9起，电鱼102起，毒鱼1起，调解纠纷24起，没收电鱼机48台，电瓶56个，电线400米，罚款6650元，有力打击违法电鱼炸鱼毒鱼事件。2013年，在中方、牌楼、桐木、新路河、铜湾、铜鼎等镇配备渔政安全监督员1名，使渔业违法案件呈逐年下降状态。

二、兽药经营及管理

1998年，进一步规范兽药市场，兽药实行定点经营。全县建立乡镇兽药经营点22个，由县畜牧兽医技术服务部统一经营兽药批发业务。是年，依法查处无证经营兽药店3家，查处销售过期药品2起。2004年，严禁使用生猪“瘦肉精”和假劣兽药的行为。11月，《兽药管理条例》颁布实施后，县畜牧水产局动物防疫站严格按条例规定，加强兽药管理，全面推行兽药经营登记和许可制度。2004—2013年期间，对全县兽药进行全面清理整顿，共执法50多次，取缔无证经营25户，没收假冒伪劣兽药、饲料，价值10万多元。

三、种畜禽管理

1998年，境内继续执行国务院1994年4月颁发《种畜禽管理条例》，实行种畜禽场生产经营许可制度和种畜禽场合格证制度，开展种畜禽场、孵化场、家畜人工受精站（点）、种公畜配种户全面清理整顿，检查验收。全县清理整顿有种畜禽场3个，孵化场1个，家畜人工受精站（点）11个。2002年，蒋家乡陈雪峰饲养工头良种公猪和90多头二元杂交母猪，实行母猪分户饲养，统一配种，统一仔猪免疫管理，当年出栏仔猪1200多头。2010年，创立大山牧业，饲养纯种二元杂交母猪200多头，为社会提供三元杂交仔猪5000多头。

四、饲料管理

1999年，学习宣传国务院颁布的《饲料和饲料添加剂管理条例》。2004年，饲料管理职能由发展计划局调整到畜牧水产局，依法对全县的饲料生产经营活动进行全面清理整顿，取消无证经营户25户，没收伪劣饲料价值8万余元。

第六章　水　利

1998年2月，成立县水利局，有干部职工69人，其中高级技术职称人数3人，中级技术职称4人，初级技术职称8人。下设水利水电建设管理站、水利管理站、水政水资源管理站、水土保持站、电力管理站、防汛办、设计队和22个乡镇水利管理站以及五龙溪水库管理所等机构。2013年，有行政编9个，后勤1个，事业145个，实有公务员13人，后勤1人，事业162人，退休人员50人。

境内水系较为发达，有沅水及其支流溧水穿境而过，控制流域面积3平方千米以上的溪流127条。水利设施分布点多面广，有基础设施2487处，蓄、引、提水总量1.26亿立方米，有效灌溉面积 1.58 万公顷，占总耕地 84.49%。1998—2013 年，全县突出抓好病险水库的除险加固，做到不垮一库一塘，搞好渠道的防渗维修和中小河流综合治理以及人民饮水安全工程等，使人民生命财产得到保护，生产和生活条件得到改善，种养业得到稳步发展。

第一节　水利工程建设

一、水库维修

全县有上型水库 103 座，其中：中型 1 座、小（Ⅰ）型 22 座，小（Ⅱ）型 80 座。水库总库容量 8277.54 万立方米，兴利库容 6732.88 万立方米，灌溉面积 1.061 万公顷。水库大都建于 50—70 年代，由于当时建筑条件差，技术薄弱和长期使用缺乏维修等原因，病险隐患较多，工程安全度汛压力大。1998—2007 年期间，县委、县政府着力冬季水库维修，水库带病运行状况有所好转。2008 年，县水利局为加大水库维修力度，对全县水库进行实地考查，查病因，开处方，按照险情，逐个制定加固排险计划。2010 年，总投资 3546.94 万元，进行病险水库加固 10 座，其中，小（Ⅰ）型 5 座，即中方镇房溪水库、铜湾镇竹元头水库、泸阳镇狮子岩水库、花桥镇白沙水库、下坪乡付角溪水库。小（Ⅱ）型水库 5 座，即桐木镇赵家冲水库、上青山溪水库、下坪乡戈庄水库、青山湾水库、铜湾镇双溪口水库。2011 年，投资 1.2359 亿元，完成病险水库除险加固 27 座，其中小（Ⅰ）型 14 座，投资 7923.66 万元，完成土方 30.96 万立方米、石方 6.11 万立方米、砼 1.55 万立方米。小（Ⅱ）型 13 座，投资 4435.34 万元，完成土方 16.05 万立方米、石方 1.1 万立方米、砼 0.58 万立方米。至 2013 年，全县累计投资 2.64 亿元，完成水库除险加固 72 座。其中：中型水库 1 座，小Ⅰ型水库 21 座，小Ⅱ型水库 50 座，占全县总水库 69.9%。

2013 年中方县中型、小（Ⅰ）型水库一览表

表 8-6-1-1

水库名称	建设地点	建设时间	总库容（万立方米）	灌溉面积（公顷）
五龙溪	牌楼陈家湾	1974	1221	947
芦回溪	牌楼板山塘	1958.10	320	147
跃进	聂家村溪口	1956.08	195	207
批修	聂家村溪口	971.11	227	173
护柱	泸阳岩子院	1958.08	399	167
三里平湖	泸阳五里	1964	200	147
保土	泸阳莱门溪	1975	192	153
狮子岩	泸阳金家冲	1979.09	120	87

续表

水库名称	建设地点	建设时间	总库容（万立方米）	灌溉面积（公顷）
白沙	花桥白沙	1966.11	188	120
山羊头	花桥山羊头	1973.11	205	160
长冲垅	花桥火马塘	1972.09	164	140
犀牛潭	龙场茶田	1971.01	330	发电
乌溪	中方乌溪	1958.11	550	360
团结	新建黄金	1972.10	364	267
杜家溪	铜湾松坡	1965.10	112	207
火家溪	铜湾黄溪	1972.04	154	53
竹元头	铜湾竹元头	1975.08	192	213
房溪	中方房溪	1965.09	353	24

二、渠道防渗

1998年，全县有灌溉渠道4825千米，其中，主要干支灌渠991千米，分支灌渠1254千米，田间渠道2580千米。2011年，总投资167.32万元，完成锦溪乡阳中村、双丰村渠道衬砌4922米。至2013年，总投资3773.78万元，其中，中央投资2504.72万元，市县投资150万元，群众自筹投工1119.01万元，完成渠道防渗疏浚3319千米，其中干支灌渠525千米、分支灌渠665千米、田间渠道2129千米。

三、山塘清淤加固除险

1998年，县内有山塘1515口，其中骨干山塘251口，总库容量1026.6万立方米，灌溉稻田2721公顷。这些山塘大部分同水库渠道灌溉相连，形成长藤结瓜水利设施格局。为充分发挥其灌溉作用，县政府每年组织乡村进行山塘清淤加固除险。2010年，投资154万元，进行山塘清淤。2011年，整修山塘16口。2012年，整修山塘11口。至2013年底，全县累计投资489.1万元，其中，中央投资236.85万元，群众自筹252.25万元，完成山塘清淤加固除险257口。

四、引水工程

溪坝引水灌溉。境内固定性溪坝多分布在较大溪流中，用水泥浆砌和石头砌成。临时性溪坝多分布于小溪内，灌溉时用茅草土石方筑成。2010年，新建、改造溪坝8处。2013年，新建溪坝28处。主要分布在花桥、龙场、丁家、新建、接龙、石宝、蒋家、袁家、铜湾、铜鼎、炉亭坳、中方等乡镇。以花桥的后溪、铜湾黄溪、袁家的鱼鳞堰和石宝的鱼龙桥堰最为有名。

泉、井、洞水灌溉。境内花桥、龙场、下坪、泸阳、新建等乡镇属石灰岩区，溶洞多，地下水源丰富，泉水多，灌溉成本低，当地村民多利用泉、井、洞水灌溉稻田，面积达 400 公顷。下坪乡梁宏村岩门洞、水田村白岩边洞和花桥镇火马塘村金鸡洞最为著名。

五、提水工程

固定机电灌溉。2013 年，全县有固定机电灌（排）站 110 处，总装机容量 2121.5 千瓦，灌溉 1420 公顷。境内以铜湾镇新屋村诸葛城电灌站最大，灌溉新屋、兴华、堆子、水落岸农田 100 公顷。

移动机电灌溉。2013 年，全县有柴油机、汽油机、潜水泵等机电 6991 台，总功率 15521.8 千瓦，灌溉面积 436.7 公顷。

水轮泵提水灌溉。2013 年，全县有三角滩中型水轮泵站 1 座，灌溉稻田 550 公顷。小型水轮泵站 97 处，2000 千瓦，灌溉面积 450 公顷。

六、农村饮水

2006 年，全县铺开农村安全饮水工程。2010 年，投资 638 万元，完成安全饮水工程 10 处，解决安全饮水 1.465 万人。2011 年，着力实施农村集镇安全饮水工程建设，总投资 1398 万元，完成 8 处，解决安全饮水 2.69 万人。至 2013 年，全县总投资 5238 万元，实施农村饮水安全工程 90 处，解决龙场、蒋家、花桥、聂家村、牌楼坳、新建、铜鼎、丁家、泸阳、铜湾、炉亭坳、袁家、石宝、下坪、蒿吉坪、锦溪、中方、活水、接龙、桐木铁坡 22 个乡镇、214 个行政村、16.98 万人饮水安全问题，绝大部分农民改变担水习惯，用上清洁卫生自来水。

第二节　水土保持

一、水土流失

2008 年，据全国第二次卫星遥感调查评估，全县水土流失面积 232 平方千米，占全县辖区总面积的 15.8%，年土地侵蚀模数为 3470 吨 / 平方千米，其中：轻度流失区 92.8 平方千米，占流失面积的 40%，中度流失区 81.2 平方千米，占流失面积的 35%，强度流失面积 32.48 平方千米，占流失面积的 14%，极强度流失面积 16.24 平方千米，占流失面积的 7%，剧烈流失面积 9.28 平方千米，占流失面积的 4%。

二、综合治理

1998 年，编制《中方县水土保持生态环境建设总体规划（1999–2013 年）》，下发《中方县开发建设项目水土保持方案管理办法》。是年，总投资 185 万元，在聂家村乡白洋坪村建设水土保持综合治理项目，完成坡改梯 15.3 公顷，治理水土流失面积 8 平方千米。2004 年，县水利部门牵头，国土、林业、农业部门积极配合，在泸阳镇五全村坡改梯 13.6 公顷，造经果林13公顷，水土保持林35公顷，修建拦沙工程6处，治理水土流失面积8.4平方千米。2008年，国家投资369万元，在炉亭坳乡大冲溪小流域实施治理，治理水土流失面积10.59平方千米，坡改梯5.5公顷，水土保持林158公顷，造经果林32公顷，封禁治理864公顷，该项目获省专家组好评，作为示范工程在全省推广。2009—2011年，投资971万元，在铜湾镇黄溪，治理小流域6条，治理面积40.88平方千米，坡改梯21.07公顷，水土保持林666.18公顷，经、果、林147.6公顷，封禁治理3254公顷，兴（复）修小型水利水保工程106处。

三、中小河流治理工程

泸阳段小河流治理工程 工程总投资4449.84万元，其中，国家投资3979万元，地方配套470万元。2010年12月，治理工程主要以河道护岸及清淤扩宽为主，总投资743万元，其中，国家投资445万元，地方配套298万元。左岸新修河堤1.41千米，新修护脚179米，右岸新修护脚150米，新修护岸601米。泸阳溪支流丰溪右岸加固河堤260米。泸阳溪疏浚清障4.04千米，泸阳溪支流丰溪疏浚清障1.23千米。河道整治总长5.271千米。2013年7月，主体工程完工，完成投资610万元。

聂家村段小河流治理工程 工程总投资430万元，其中，国家投资258万元，地方配套172万元。主要建设内容为：综合治理河道3.1千米，新建仰斜式浆砌石挡墙1.97千米，河道疏浚3.2千米，疏浚方量1.28万立方米。2011年10月开工建设，2012年3月底完工，完成投资373.5万元。

蒋家坪溪小河流治理工程 该工程位于花桥镇，系辰水一级，总投资1370万元，综合治理河段6.43千米（含花桥溪支流清障700米）。2012年3月开工，12月主体工程竣工，完成左岸新修河堤护岸2.04千米，右岸新修河堤护岸2.26千米，疏浚清障3.5千米，完成投资1185万元。

下坪乡政府至泸阳镇杨桥段治理工程 工程综合治理河段7.195千米，其中：泸阳溪5.016千米、小坪溪2.129千米、泸阳溪疏浚清障1.020千米。工程概算总投资2091.34万元，其中：工程建设投资2050万元，移民征地补偿41.34万元。2013年3月动工，11月底，完成投资680万元，河段治理竣工2.88千米。

三、防洪堤建设

县城防洪堤 2007年4月，县城防洪工程初步设计获湖南省水利厅批准。工程分河西、茅利溪北、茅利溪南3个保护圈，概算总投资5732.92万元，其中利用外资318.09万美元，内资3153.23元人民币。2008年9月，启动茅利溪北防洪堤工程。2009年10月竣工，完成左岸堤310米，右岸堤820.22米，堤高8～11米，河床宽9米，耗资1126.67万元。2010年2月，启动茅利溪南防洪堤工程。2012年竣工，完成两岸防洪堤889米，堤高5.22～8.2米，耗资 681.3 万元，防洪标准为 20 年一遇。

2012 年 6 月，启动河西㵲水河防洪堤工程。至 2015 年，总投资 3924.5 万元，完成防洪堤 2.87 千米，防洪标准为 50 年一遇。

牌楼防洪堤　工程项目分牌楼集镇防洪堤和牌楼三星桥防洪堤，总投资 1180 万元。牌楼三星桥至㵲水河边防洪堤位于陈家湾村，2004 年开工，2005 年 2 月竣工，完成三星桥至㵲水河防洪堤 850 米，三星桥至 209 国道防洪堤 900 米，防洪堤高 1.92~2.7 米，顶宽 0.6~1.1 米。牌楼集镇防洪堤位于牌楼街冯家湾村。2006 年 8 月开工，2007 年 11 月竣工，全长 1.18 千米，堤高 3.5~4 米，顶宽 4~5 米，防洪标准为 20 年一遇。

铜湾防洪堤　2004 年开工，2007 年 9 月竣工。全长 1.4 千米，堤高 12 ~ 13.2 米，顶宽 3 ~ 10 米。2011 年 8 月，右岸渡江坡防洪提竣工，全长 1.5 千米，堤高 12 ~ 13.5 米，堤顶宽 3.5 ~ 5 米，设计标准为 20 年一遇，耗资 3000 万元。

新路河合理村防洪堤　因铜湾电站大坝水位提高，县移民局出资修建新路河合理村防洪堤。2008 年 6 月动工，2009 年 12 月竣工，全长 584.64 米，堤高 9 ~ 905 米，顶宽 0.8 ~ 1.5 米，总投资 1000 多万元。

四、长江中下游防护林体系工程

中方县地处沅水中上游及其支流㵲水河下游，由于历史原因，森林资源过度采伐，植被破坏严重，造成荒山坡 4000 公顷，疏残林 1 万公顷，固土保土能力弱，水土流失严重，大量泥砂顺㵲水而下，给沅水下游和洞庭湖区带来较大隐患。为此，在境内实施国家对长江中下游防护林体系建设。全县涉及 16 个乡镇，其中，沅水、㵲水河两岸乡镇 10 个，岩溶地区水土流失严重乡镇 6 个。在该项工程体系建设中，秉着“全面保护、重点治理”原则，实施总面积 3333 公顷。自 2005 年起，至 2013 年底，在防护区内封山育林 1206 公顷，新造防护林 2127 公顷。

第三节　防汛抗旱

中方县位于㵲水、沅水河畔，溪流众多，山高坡陡，洪旱灾害频繁，给人民生命财产造成极大危害。县委、县政府坚持“以防为主，防重于抢，常抓不懈，安全第一”的工作方针，把防汛抗旱作为头顶大事来抓。

一、组织机构

1998 年，成立县防汛抗旱指挥部和领导小组，负责全县防汛抗旱工作。确立防汛抗旱指挥部办公室为常设机构，归口县水利局主管。县委、县政府制定《中方县防汛责任追究办法》，实行防汛抗旱各级政府行政首长负责制，统一部署指挥、分级分部门负责。每年汛前，县防汛抗旱指挥部制定下发安全度汛期计划和防洪预案给各防汛指挥部成员单位，签订防汛抗灾责任状，建立县级领导包乡、乡镇及县直部门领导包村、村干部包组、组长包工程包水库及地质灾害点的防汛抗旱责任体系。汛中，各级领导带领人马上各自负责的水库、山塘进行实地看守，牢牢把握防汛抗灾的主动权。2010年，开展防汛抗旱督查3次，启动防汛抗旱Ⅲ级应急响应2次，召开防汛抗旱商会2次，开展防汛演练1次。2013年，全县103座上型水库均确定有联系县级领导1名、行政责任人1名、技术责任人1名、安全管护员1名、防汛预案1个。有县武装部、水利局、建设局、交通局、卫生局、海事处等部门组建的专业抢险队200余人，乡镇、村组应急分队22个900余人。

二、抗旱

境内干旱以秋旱和夏秋连旱为多，少数年份出现春旱。1998年后，实施退耕还林，将天水田载上树木，改革农业耕作制度，改双季稻为一季中稻，减少用水量，加固山塘水库，维修延伸水渠溪流拦坝引水，增强抗旱能力。2003年夏秋之交，连续20多天不下雨，境内受旱稻田1300公顷，县政府在泸阳、牌楼等地进行人工降雨。2011年春夏连旱，投入抗旱资金200余万元，人力2万余人，浇保灌溉面积5万余亩，解决饮水困难4.5万人。2012年4月，成立县抗旱服务队，为县水利局二级事业单位，负责全县应急抗旱水源工程建设及抗旱服务工作。2013年7—8月，县内持续晴热高温天气。县防汛抗旱指挥部启动抗旱Ⅲ级应急响应1次，抗旱Ⅱ级应急响应1次，召开抗旱工作会议3次，组织抗旱救灾小分队214个，2000余人，深入田间地头，帮助灾民进行生产自救。争取中央抗旱补助200万元，采购挖机1台，打进设备1套，移动泵站1套，大马力发电机2台，山塘清淤机2台，大功率潜水泵14台，获赠送水车1辆，从而增强抗旱能力，将旱灾损失降到最低限度。

三、抗洪

境内属复杂丘岗山地，降雨集中，易造成地质灾害和洪涝灾害。1998年，全县购置抢险吃饭舟4艘、救援车辆7台、木船20艘、麻袋5万个、钢材60顿、木材180立方米、铅丝3吨、马钉3吨。2004—2010年，全县出现洪涝灾害12次，年均发生1.7次。2004年6月23日8时，境内普降暴雨，东半县遭遇特大暴雨袭击。据蒿吉坪乡降雨记录，24小时内降雨309.8毫米。6月24日凌晨3时30分，接龙乡栗山水电站库坝失事，装机450千瓦时的电站冲毁，冲走房子2栋，淹死1人，直接经济损失180万元。“6·23”暴雨灾害，全县造成死亡1人，重伤2人，毁坏房屋100间，受损房屋752间。稻田受灾面积1260公顷，经济作物受灾170公顷。死亡家畜791头，家禽2521羽。冲毁塘坝3座，受损6座，冲毁小型水电站1座，损坏水电站7座，损坏电排灌站2座，损坏灌水渠道2325处153千米。省道公路受损4处90米，县道公路损坏26处1.28千米，损坏大小桥梁26座。损坏输电线26.3千米，洪灾造成直接经济损失1.5亿元。洪灾发生后，县乡两级紧急启动“山洪灾害应急预案”，各级领导奔赴防洪前线，指挥抗洪救灾，发放救灾物资和资金，开展生产自救。7月18日到20日，㵲水河流域连降暴雨，洪水超过历史最高水位，中方荆坪古村洪水位比嘉庆六年（1801）五月八日洪水位高60厘米，高出地面5.1米，荆坪全村房屋浸泡洪水之中。是年，全县22个乡镇受灾，造成房屋受损1588间，农作物受灾500公顷，死亡家畜1417头，死亡家禽7226羽，冲毁养鱼基地80公顷，受损水库2座，冲毁塘坝3座，损坏排灌设施26座，损坏机电泵站18座，损坏灌溉渠道1763处146千米，损坏输电线路74千米，直接经济损失达1.2亿元。洪灾后，县政府紧急启动防洪预案，组织县直机关干部和800名民兵带领冲锋舟2艘，在荆坪村转移被围群众数十人。连续32小时转战中方、牌楼、铜湾、铜鼎等受灾严重乡镇，转移被围群众300余人，转移财产7万多元。

2007年6月1日，境内普降暴雨，局部地区遭特大暴雨，全县受灾人口达4.2万人，成灾人口1.7万人，紧急转移850多人，造成饮水困难4960人，倒塌毁坏房屋187间，房屋受损2836间，农作物受灾1290公顷，其中稻田1120公顷，死亡家畜357头，家禽60多羽，损坏堤坝156米，损坏排灌设施15处，损坏渠道1140处76千米，损坏输电线路5.9千米，造成直接经济损失3500万元。灾情发生后，县乡两级领导率领专业抢险队员和水上救援队员500余名奔赴抗洪现场，指挥群众抢救财产，转移人畜，发放救灾款和物资，安定灾民生活，组织群众开展生产自救，使全县在洪灾之后，人心稳定，社会秩序正常，没有暴发传染病疫情。

2012年，实施山洪灾害非工程措施项目建设，总投资643万元，其中中央投资330万元，建成防汛气象雨量预报站点34处，无线预警广播160处，自动水库水位站12处，重点水库河道监控5处，河道自动水位站1处，将防汛联系县级领导、防指成员单位、乡镇、村、水库安全员、中小学校、小水电站、重点工程建设等单位1000余人纳入预警对象，建立预警信息群发平台，对全县22个乡镇降雨进行全程监测，及时准确发布雨情水情信息，为适时的汛情会商、水库的科学调度、领导的决策指挥提供强有力的信息支撑和技术保障。是年，全县先后经历6次强降雨过程，因反应迅速，措施得力，防御得当，没有出现重大财产损失和人员伤亡事故。

第四节　水政管理

一、水资源管理

1999年6月，成立中方县水政水资源管理站，与水政监察大队、水土保持站，实行三块牌子一套人员，隶属中方县水利局。负责水法、水土保持法和防洪法等水法规贯彻执行，保护水资源、水域、水工程、水土保持生态环境的监测、监督，维护正常的水事秩序，对违反水法规的行为实行行政处罚，办理行政许可证和征收行政事业性规费等。2000年，查处下坪锰矿废弃矿渣污染下坪、泸阳部分村组地下水水质事件。2004年，查处泸阳护柱水库保护区内开采煤矿废水排放毒死水库养鱼事件。1998—2013年，查处水事违法案件121起，其中河道91起，水资源30起。进行行政警告75起，行政罚款26起，责令停业20起。调处水事纠纷107起，调处率达98%。办理取水许可证63本，其中，地表水50本，地下水13本。收取水资源费120万元。

二、河道管理

境内有沅水河段39千米，㵲水河段32千米，共长71千米。1998年，有河道挖砂淘金船60多艘，吊沙墩60多座，砂场30余处，临时工棚50处，从事挖砂淘金800余人，严重影响航道运输和水土保持。2008年3—4月，依法依规取缔三角滩电站坝址下至桐木宋信村30千米内非法采砂淘金船只32艘，砂场吊墩32座，运砂船53艘，临时工棚26处，投入㵲水河道整治经费140万元。5月，全段禁止采砂淘金。2011年1月，新路河段禁止采砂淘金。2013年5—7月，由县委书记任政委，县长任指挥长，抽调执法工作人员300余名，依法依规取缔新路河、铜湾、铜鼎3乡镇非法吊装码头12处，炸毁吊砂墩29座，拆除临时工棚12处，投入沅水中方段整治经费400万元。是年，县政府出台《关于加强河道规范化管理通告》，将中方县自来水厂取水口上游1000米，下游1000米，两岸背水坡脚向外水平延伸50米，划为饮用水源保护区，并立碑公告。

三、灌溉管理

1998年，县水利局下设水利管理站，负责管理全县水利设施建设。农村22个乡镇设立水利管理站，负责管理本乡镇水利设施。县内103个上型水库成立水库管理所，负责管理水库的蓄水、放水和防洪保安工作。五龙溪中型水库和三角滩水轮泵站归县级管理。小型水库分灌区管理，按照“谁受益，谁管理，谁所有”原则，实行统一领导，分级管理的办法。

水库归灌区所有。为计划用水、节约用水和科学用水，以灌区为单位召开代表大会，成立管理委员会或管理所，制定灌溉用水公约，确定专人分段管水，从水库放水到稻田灌溉，实行一把锄头管水，即一条龙服务的办法，不准村委会和私人插手管水。在灌溉用水时，先用活水，后用死水。先用堰水，后用库水。先用低水，后用高水。先灌高田，后灌低田。先灌秧田，后灌闲田。先灌远田，后灌近田。先灌干田，后灌湿田。先灌胎禾，后灌扁禾。先灌稻田，后灌旱土，实行科学用水、节约用水原则。

四、五龙溪中型水库管理

境内中型水库五龙溪水库，位于牌楼坳镇陈家湾村庙坎组，集防洪、灌溉、发电、养鱼、旅游休闲为一体。该水库建于1974年，总投资236万元，其中国家投资68.7万元。水库坝高48米，总库容1220万立方米，正常容量在1024万立方米，有主干渠3条，长23.17

千米，支渠14条，长37.2千米，隧洞15处，长22千米，渡槽15处，长1.6千米，倒虹吸管3处，灌溉牌楼坳、桐木两镇稻田1233.3公顷。1998年，五龙溪水库沿袭独立管理体制不变，水库管理所为副局级单位，有职工干部44人，全额事业拨款38人，自收自支6人。水库管理制度健全，每年放水灌溉前，召开受益乡镇领导、村民代表会议，就灌溉和抗旱工作中的放水时间、水量计算、水量分配、渠道维修、水费收缴等工作进行研究，形成会议决议并予以落实。2007年9月，五龙溪水库获水利部评为国家级水利风景区。农田灌溉用水从有偿服务为无偿使用。至2013年，水库管理所着力于景区管理和水库除险加固、主干渠清淤、放水关水等工作。

第七章　农业机械

1998年，全县有农业机械5400台，总动力7.1万千瓦。2006年，国家实行农机购置补贴政策，广大农户和农业生产服务组织购买农机具的积极性不断提高，中方县农业机械增长迅猛。2013年，全县有农业机械36650台，总动力23.4万千瓦，拥有耕作机械9886台，插秧机58台，植保机械818台，联合收割机121台，排灌机械5961台，大中型拖拉机267台，加工机械14359台。农业机械的快速增长，为中方县农业增效、农民增收做出重大贡献。

第一节　管理机构

1998年4月，成立中方县农业机械管理局。内设办公室、计财股、人事股、管理股4个股室，下辖农业机械安全监理站、农业机械化技术推广站、农业机械化学校二级机构3个，乡镇农业机械管理站22个。是年9月，设立中方县农机技术服务中心，为农机局二级事业单位，负责农机技术应用、提供农机技术服务。2003年，乡镇机构调整，乡镇农机站与农技站合并成立农业农机技术推广服务中心。2007年，农机安全监理职能移交给公安交警部门，农业机械安全监理站重组。2011年，加挂农机站牌子。2013年，县农机局在职人数84人，其中，内设办公室、法规股、监管股、科教股等职能股室4个17人，下辖县农业机械化技术推广站、农业机械化学校、农业机械化技术服务中心、农机安全监理站等二级机构4个30人，乡镇农机站22个37人。

第二节 农机推广

一、耕作机械

1998年，全县拥有耕作机械300余台，无大型农田作业拖拉机。1999年5月，境内耕牛遭“五号病”侵害，部分农民无牛耕田，不能播种育秧。县农机服务中心、县农机推广站在花桥镇适时组织水田耕整机现场示范，当场销售耕整机3台。是年，全县推广水田耕整机102台。2005年，泸阳张英明、蒲裕勇等人购置福田雷、东方红、黄金海马等大中型耕作机械。2006年，实行农机购置补贴政策，耕整机数量大幅增加。2012年，全县拥有农田作业拖拉机90台，总动力3500千瓦，主要分布在中方、牌楼、桐木、泸阳、花桥、下坪、铜湾等乡镇。2013年，全县拥有耕作机械9886台，机耕面积达1.27万公顷，无牛组、无牛村相继出现。

二、插秧机械

2008年4月，县农机技术推广站组织2台久保田插秧机，在下坪乡下坪村现场演示。是年，泸阳张应明和铜湾方圆农业生产专业合作社开始使用插秧机。2012年，县农机部门组织实施水稻育插秧机械化技术推广项目，开展技术培训，现场演示会，使村民掌握新技术。县财政在规定插秧机补贴50%后，实施累加补贴，每台插秧机补贴3000元，每组育秧流水线补贴5000元，累计补贴10多万元，并联合农业局对种粮大户、农机大户进行生产奖励，铜湾村民杨岩祥获奖六行乘坐式插秧机1台。是年，全县推广插秧机44台，育秧流水线3套，插秧机及机插技术在县内得以推广。2013年，全县有插秧机械58台，机插面积2200公顷，占总面积的13.58%。

三、植保机械

1998年，全县拥有动力喷雾器5台，总动力10千瓦，动力植保面积200公顷。2005年，泰山-18动力喷雾器进入境内。2013年，全县拥有动力植保机械818台，总动力2824千瓦，动力植保面积2200公顷。主要集中在桐木镇葡萄种植过程中的机械化植保，部分种粮大户用于稻田植保。

四、收获机械

联合收割机 1998年，县农机局到浙江杭州拖拉机厂购置HL-2010型联合收割机1台，到东安公司购置4GL-120A型割晒机4台，并派出技术人员到杭州拖拉机基地学习。是年，县农机服务中心在中方镇实施水稻机械化收割，共完成水稻机械化收割240公顷。2005年，泸阳镇农民张应明率先购买三联4LZ-1.5型联合收割机1台，使用后，深受农户欢迎。2008年，全县联合收割机增加到60台，总动力2294千瓦。实行跨区作业，组织联合收割机10

台，到辰溪、芷江等县参加机收作业，机收面积 1800 公顷。2013 年，全县拥有联合收割机 121 台，总动力 3304 千瓦，收割面积 5.5 千公顷。

动力打稻机 1998 年，全县有动力打稻机 63 台，主要分布在铜湾片区。2005 年，境内有震动式稻麦脱粒机。2008 年，全县有自净式稻麦脱粒新型一体机。2013 年，全年拥有新型脱粒机 3540 台，总动力 8700 千瓦，机动脱粒 4 万吨。

五、排灌机械

1998 年，县内有排灌动力机械 1308 台，农用水泵 1352 台。1999 年，新增排灌机械 120 台。之后，年均按 150 台增长。2006 年，农村电网建设进一步健全，电动力排灌机械应用范围增加，老式柴油抽水机逐渐淘汰，汽油动力、电动力的抽水设备增多。2008 年，电动力潜水泵纳入农机购置补贴范围。2009 年，以汽油动力为主要配置的离心泵纳入农机购置补贴范围，排灌机械数量逐年增加。2013 年，全县拥有农用排灌 5961 台，总动力 26078 千瓦，其中，柴油抽水机 1330 台，总动力 5470 千瓦，电动抽水机 2540 台，总动力 6135 千瓦，汽油抽水机 1300 台，其他排灌机械 790 台。

六、加工机械

1998 年，全县有农产品加工动力机械 2791 台，其中，柴油机动力 1194 台，主要配套机具有碾米机 1813 台、榨油机 298 台、饲料粉碎机 127 台、磨浆机 131 台、压面机 62 台、粉丝机 40 台，弹轧棉花机 33 台、揉茶机 18 台。之后，加快农产品加工业发展，各种加工机械剧增。2007 年，全县有加工机械 8931 台，比 1998 年增加 6140 台，翻 2 番，其中，碾米机 5389 台、榨油机 1290 台、饲料粉碎机 1073 台、磨浆机 226 台、磨粉机 463 台、压面机 127 台、粉丝机 183 台、弹轧棉花机 100 台、揉茶机 80 台。2013 年，全县拥有农业加工机械 11749 台，总动力 67708 千瓦，其中，柴油机 871 台，总动力 5226 千瓦，电动机 10878 台，总动力 62482 千瓦。

七、运输机械

1998 年，全县拥有农用汽车 247 辆，总动力 19887 千瓦，大中型拖拉机 30 台，总动力 487 千瓦，小型拖拉机 311 台，总动力 2777 千瓦，机动运输船 160 只，总动力 1600 千瓦，年运输量 4070 万吨 / 千米，运输产值 203 万元。2001—2003 年，大中型拖拉机、农用运输车在农村广泛使用，数量剧增。2004 年，全县拥有运输类拖拉机、农用车 1000 台。2007 年，农用汽车移交给交警部门管理，农机部门只负责管理拖拉机。是年，县内有大中型拖拉机 315 台，总动力 8511 千瓦，年运输量 6000 万吨 / 千米，产值达 1500 万元。2013 年，全县拥有大中型拖拉机 267 台，总动力 7215 千瓦，小型拖拉机 62 台，总动力 868 千瓦，年运输量 4805 万吨 / 千米，小型机动运输船 197 艘。

第三节　农机经营与服务

1998年，全县有农机户5009户，5678人，农机服务专业户495户，640人，农机经营服务总收入319万元，农机经营服务纯收入169万元。1999年，铜湾镇农机站潘海林等4人，筹资1万多元，购进2台新型耕整机，组成机耕服务队，为农户耕田26.7公顷，创收近20万元。2002年，全县办理农机维修经营许可证6家，联合经营11家。2006年3月，成立中方县农业机械化工作者协会。协会在中方荆坪、花桥火马塘、泸阳和下坪等地建立中方县粮油生产全程机械化作业示范区，鼓励带动农民使用农业机械。2008年，泸阳镇农机大户张应明、种粮大户蒲玉勇等联合组织注册中方县兄弟农业生产专业合作社，成为全县第一家从事农业生产的专业合作社。合作社在中方县粮油生产全程机械化规模经营示范区内，从农民手中转包土地种植水稻40.7公顷，每亩纯收益300多元，年计18万多元。2009年，金地、金田、方圆、腾达等农业生产专业合作社相继成立，农机大户数量增加，农机供油、农机维修和农机服务保障体系进一步健全。2013年，全县有农机协会会员6000多户，农业生产合作5家，农机供油点21个，农机维修网点20多个，农机化经营服务总收入达到11299万元。

第四节　农机购置补贴

2006年，中方县被确定为国家农机购置补贴项目县，农民购买农机具可享受国家补贴。是年，全县农机购置补贴专项资金20万元，直接带动农民投入276万元，拉动农民的农机消费480万元。2007年，农机补贴75万元，其中中央补贴60万元，县级15万元，共补贴农机具173台，直接带动农民投入381万元，拉动农民的农机消费810万元。至2013年，共补贴1287万元，补贴购置农机具12278台，直拉带动农民投入5218万元，受益农户11704户。

2006—2013年中方县农机具购置补贴统计表

表8-7-4-1　　单位：台、万元

年度	主要购置机具					补贴			直接带动投入	累计收益农户
	耕整机	拖拉机	收割机	插秧机	合计	合计	县财政	中央		
2006	15	17	4	—	67	20	5	15	276	65
2007	124	10	39	—	173	75	15	60	381	160
2008	64	70	7	2	202	60	—	60	210	195

续表

年度	主要购置机具					补　贴			直接带动投入	累计收益农户
	耕整机	拖拉机	收割机	插秧机	合计	合计	县财政	中央		
2009	898	15	25	3	2267	180	—	180	680	2108
2010	1071	8	7	2	3267	225	—	225	920	3155
2011	1070	3	24	2	1458	163	—	163	614	1394
2012	2399	47	23	23	2596	316	10	306	1120	2495
2013	1999	7	21	21	2248	248	10	238	1017	2132

第五节　农机管理

一、农机培训

中方县农业机械管理局是县政府委托主管全县农业机械的部门，下设农业机械安全监理站，负责拖拉机及驾驶员的检验、考核、上牌、发证、年检年审和农机事故处理等工作。农机化培训由县农机校组织实施。学校设怀化城区天星路5号，占地4700平方米，其中建筑面积850平方米，有办公室、教室、仪器室、实验室、宿舍，有教练场1200平方米，教练车3台。学校采取“请进来、走出去”的培训模式，以联合办学等多种形式开展技术培训。1998—2013年，共培训农机人员10540人次，其中，培训拖拉机、联合收割机等牌证管理机车驾驶员2600多人，培训耕整机机手6500人，培训农机管理人员180多人，培训农机维修人员1200人，开展阳光培训工程550人，为全县农业机械化培训出一批合格的技术队伍。

二、考核发证

1998年，全县通过考核取得拖拉机驾驶证机手43人。1999—2003年，新车上户480台，申请考证437人。2004年，新增变型拖拉机、农用车300余台，总拥有量1000辆，农用运输成为农民创收致富的重要手段。2004年5月1日，《中华人民共和国道路交通安全法》颁布实施以后，农机职能逐步向交警移交。2007年，农机部门新车上户目录只限于拖拉机，办证为操作驾驶拖拉机的J、G证。2013年，全县办理驾驶证2600人。

三、年检年审

1998年，全年应检机车341台，已检330台，检率96.8%，应审驾驶员206人，已审202人，审率98.3%。1999年，年检车辆365台，年审执照247人，年检、年审率分别为96%、95%。2004年，农机主管部门对农业运输类机械（拖拉机、农用运输车、农用三轮车）统一换牌，中方县上户管理车辆牌照为湖南N-CA×××。当年换牌年检率达98%。2007年，移交低速载货汽车、三轮汽车486台。2008年，境内拖拉机换牌为湘12-×××。

2009年以后，农机部门因为没有上路权，拖拉机年检率都只能控制在90%左右。

四、安全监理

1998年，全县在册拖拉机364台，主要分布在铜湾、铁坡一带，管理难度大，安全隐患多。是年，县监理站组织人员加强路检路查，共上路800人日，查车880台次，纠章160台次，违章率控制在20%以内。1999年，加大农机监理力度，对存在重大隐患的乡镇进行重点整治。花桥镇梅树冲村有拖拉机17台，因大多数车辆在山道上运煤，不上大路，机手们都以此为由进行无证驾车，有的拖拉机无牌行驶，县监理站、花桥镇政府和派出所联合开展整治，对17台拖拉机手进行正规驾驶培训，通过考核，完善手续，取得驾证。是年，监理站共上路800人/日，查车1200台，纠正违章201台次，机手违章率控制在16.8%，拖拉机挂牌率达97%，机手执证率达98%。2001年，大中型拖拉机、农用运输车、农用三轮车数量增加，因机手违章操作和机车机件失灵而引发的农机事故偶有发生，农机安全生产形势变得严峻。2004年5月后，按照《中华人民共和国道路交通安全法》规定，上路行驶的拖拉机路面监控和事故处理职能由农机部门移交公安交警部门，农机部门只负责田间作业拖拉机的安全监理。

1998–2013年中方县农机事故统计表

表8-7-5-1　　单位：次、人、万元

年份	特大	重大	一般	死亡人数	重伤人数	直接经济损失	违章操作	机件失灵
1998	0	0	0	0	0	0	0	0
1999	0	1	0	2	2	1	1	0
2000	0	0	1	0	4	0.3	0	1
2001	0	2	3	2	12	0.15	4	1
2002	0	0	0	0	0	0	0	0
2003	0	1	1	1	1	0	2	0
2004	0	1	1	1	1	0	2	0
2005	0	1	1	1	1	0	2	0
2006	0	0	0	0	0	0	0	0
2007	0	0	0	0	0	0	0	0
2008	0	0	0	0	0	0	0	0
2009	0	0	0	0	0	0	0	0
2010	0	0	0	0	0	4	2	0
2011	0	2	0	11	14	0	0	0
2012	0	0	0	0	0	0	0	0
2013	0	0	0	0	0	0	0	0

第九篇

工　业

GONG YE >>>>>>>>>>>>>>>>>>>>>

第九篇　工　业

中方县工业资源丰富，但工业规模偏小。1998年，全县有规模企业2家，工业总产值0.45亿元。县委、县政府立足县情，确立“工业强县”战略，加大投入，扶持本地民营经济上规模、上档次。2001年，湖南金大地材料股份有限公司以承债式兼并湖南省怀化水泥一厂。2004年，全县规模企业23家，实现工业总产值4.36亿元。2008年，突出招商引资、项目建设，成立县工业园。2009年，成立县湘商文化科技产业园。两大工业园区开发，着力引进大产业、大企业、大项目，推进工业经济跨越式发展。2013年，全县规模企业49家，已形成材料工业、食品加工、印刷包装、电力能源、机械制造五大支柱产业，完成规模工业总产值64.6亿元，实现利润3.34亿元，工业对财税的贡献率30.6%。

第一章　工业概况

第一节　管理机构

中方县经济和信息化局为全县工业经济的主管部门。中方县经济和信息化局位于中方县生态城迎松路21号，于2012年5月成立，前身为中方县经贸局。2005年6月，原经贸委分设，成立中方县工业经济局和中方县商务局，2012年5月更名为中方县经济和信息化局，内设办公室、经济运行股、投资产业股、电力资源股4个职能股室和中方县电力行政执法大队、中方县中小企业服务中心、中方县中小企业培训中心、中方县信息化中心4个二级机构。共有干部职工31人，其中在职25人，退休6人，配行政编制11个。

第二节　工业发展

中方县为湖南省首批承接产业转移重点县。优越的区位使中方成为怀化市建设湘、桂、黔、鄂、渝五省（市、区）周边地区“双中心”（经济中心和现代商贸物流中心）的重要组成部分。便利的交通，为工业经济发展提供强劲的运力支撑。中方工业经济发展经历起步阶段、快速发展阶段和初见成效三个阶段。

1998—2004年为起步阶段。这一阶段县工业经济基础薄弱，工业经济总量偏低，发展速度缓慢。1998年，全县有湖南中方电力有限公司国有企业1家，怀化金湖钢铁厂、怀化市奥怀电解锰厂规模私营企业2家，工业总产值0.45亿元，工业增加值0.138亿元，工业税收112万元。2004年，全县规模工业企业23家，工业总产值4.36亿元，工业增加值1.14亿元，工业税收2612万元。这一阶段的主要成果是确立“工业强县”的发展战略，先后引进一批企业，实施铜湾电站等一批重点工业项目。

2005—2007年为快速发展阶段。这一阶段工业投入不断加大，启动县工业园建设，实施一批重点工业项目。2007年，全县规模工业企业30家，工业总产值12.56亿元，工业增加值4.01亿元，工业税收6852万元。

2008—2013年为初见成效阶段。这一阶段，县委、县政府先后出台《中共中方县委中方县人民政府关于县工业园体制改革的决定》《中方县人民政府关于鼓励和支持中小微企业发展的若干意见》《中共中方县委中方县人民政府关于加快中方湘商文化科技产业园建设发展的若干意见》《中方县工业引导资金管理办法》《中方县2013年新型工业化考核奖励办法》《中方县人民政府关于授予中方县工业园区县级相关审批权限的意见》等政策文件，强化对工业政策扶持，支持工业发展。2013年底，全县规模工业企业49家（其中县属规模工业企业47家），完成规模工业总产值64.6亿元，完成规模工业增加值20亿元，实现工业利润3.34亿元，实际缴纳税收2.4亿元（含即征即返、出口退税6000万元），工业对财税的贡献率30.6%，工业化率56.5%，工业经济成为拉动GDP和财政增收的主导力量。

表9-1-2-1

1998—2013年县属规模企业发展一览表

年份	规模企业数量	产值（万元）	增加值（万元）	税金（万元）	利润总额（万元）
1998	2	4525	1383	112	803
1999	10	11700	3575	480	1656
2000	12	13400	4054	560	2180
2001	16	17900	5201	793	3012
2002	17	23100	6600	1180	4563
2003	18	30300	9240	1430	5640
2004	23	43611	11437	2612	9200
2005	22	65553	18349	4584	11000
2006	27	96330	29500	5060	13100

续表

年份	规模企业数量	产值（万元）	增加值（万元）	税金（万元）	利润总额（万元）
2007	30	125618	40139	6852	15340
2008	30	156200	52000	8362	17230
2009	31	224880	73200	9263	21568
2010	33	334891	111961	11568	24600
2011	37	390523	130058	16869	28980
2012	42	502000	159500	18480	30340
2013	47	646000	215800	24000	33400

2013年规模以上工业企业主要产品产量及其增长速度

表 9-1-2-2

产品名称	单　位	产　量	比上年增长（%）
大　米	万吨	0.9	28.6
鲜、冷藏肉	万吨	0.5	25
钢化玻璃	万平方米	74.6	18.4
家　具	万件	6.5	16.1
水　泥	万吨	205.8	9.2
耐火材料制品	万吨	8.5	2.4
电子元件	亿只	0.6	50

第三节　工业规模

1998年，全县有规模工业企业2家。1999年，全县新增规模工业企业8家，实现产值11700万元，实现税收480万元。经过15年发展，全县共有规模工业企业49家，其中：大型企业1家（湖南金大地材料股份有限公司），中型企业12家，小型企业36家。2013年，湖南金大地材料股份有限公司大型企业完成产值6.83亿元，实现税收7693万元，占全县工业税收比重49%，对工业经济增长的贡献率3%，成为支撑县工业经济增长主导力量。12户中型工业企业，产值过亿元的3家，年产值3000万元～5000万元的4家，年产值1000万元～3000万元的5家。小型企业中，年产值500万元～1000万元的28家，其余8家年产值在500万元左右。

附：县规模企业选介

湖南金大地材料股份有限公司　县内唯一大型企业，位于中方县泸阳镇。2001年1月

12日成立，总资产19亿元，注册资本9300万元，员工1067人，是湖南西部地区规模最大、技术最先进的水泥生产企业，业务涉足建材、化工和电力三大行业。公司坚守“浇铸诚信，凝固永恒”的诚信理念和“博采众长、科技领先、质量一流、服务完善”的质量方针，先后荣获“湖南省产品质量奖”“全省民营企业百家质量信得过单位”“湖南省水泥行业技术进步先进单位”“中国优秀建材企业”“中国优秀建材产品”“湖南省著名商标”“湖南省名牌产品”等殊荣。2006年，公司水泥荣获“国家免检产品”。水泥产品在区域市场中竞争力较强，市场占有率较高，连续十年实现产销率100%。2013年，该公司建成年产2500吨新型干法水泥生产线2条，年产水泥熟料155万吨，水泥250万吨，年产五氧化二钒300吨，白炭黑1万吨，完成销售收入9.61亿元，实现利润1.02亿元。

怀化市恒裕实业有限公司 县内中型企业，位于县湘商产业园。1996年成立，是一家集热镀锌铁塔生产、电线电缆生产、汽车零部件制造、钢结构工程制作安装、节能灯饰灯具杆生产、汽车贸易等于一体的综合型企业集团，为全县首批通过ISO 9001：2000、ISO TS16949：2002质量体系认证和国家3C强制认证，为中铁电气化局、国家电网产品定点供应入围企业。2010年，公司拟整体搬迁中方县湘商产业园。2011年5月破土动工，总投资4.5亿元，占地500亩，新扩改建铁塔及钢杆塔、钢结构、电线电缆、汽车零配件四大生产项目和综合商贸物流、标准厂房等配套项目。建成后，企业满负荷生产能力比原来增加两倍，年产值10亿元，年税金6000万元，带动就业700人。2013年，项目一期钢结构、铁塔及钢杆塔项目已实施搬迁投产。

湖南湘投铜湾水利水电开发有限责任公司 位于中方县铜湾镇渡江坡村，为湖南湘投控股集团有限公司控股（90%）、中方县人民政府参股（10%）组建的省属国有企业，重点负责铜湾水电站的建设和经营。铜湾水电站为沅水梯级开发湖南省境内的第五级电站，以发电为主、兼顾航运等综合利用。项目概算总投资21.98亿元，总装机容量18万千瓦，年设计发电量6.7亿千瓦时。电站主体工程于2005年8月开工，2007年12月25日首台机组提前投产发电。2008年10月成功注册CDM项目，成为当时中国注册成功的最大CDM项目和全世界最大的水电CDM项目。2008年12月23日全部机组提前投产发电。

湖南兴龙玻璃有限公司 位于中方镇火车货站旁，为2007年7月珠洽会签约引进项目。项目总投资6000万元，一期占地40亩。2009年，项目一期工程完工投产。该公司以玻璃加工为主，产品有钢化玻璃、夹胶玻璃、中空玻璃、热溶玻璃、汽车玻璃、精雕玻璃、聚晶玻璃等，项目第一期投产后，年销售收入1亿元，创利税2500万元。其玻璃产品以怀化为中心，向四川、云南、广西、贵州、重庆辐射。

中方电力有限责任公司 中方水利资源丰富，小水电非常发达，电力体制一直是大小电网并存。1998年2月，中方县电力公司成立。2001年，中方电力局（大网）和中方县电力公司（小网）合并，组成怀化电业局中方供电公司。2008 年 12 月，进行股份制改革，成立湖南中方电力有限责任公司，中方的电力体制得到进一步理顺。至 2013 年，中方电力有限责任公司辖 4 个供电所，共有员工 195 人，拥有 110 千伏变电站 2 座，35 千伏变电站 5 座，输电线路 164 千米，配电线路 3384 千米，负责中方县 22 个乡镇和鹤城区 4 个乡镇的供用电任务，供电面积 1466 平方千米，供电人口 28 万，年售电量 3 亿千瓦时，固定资产过亿元。公司先后获怀化电业局先进单位、安全生产先进集体、怀化市文明红旗单位、湖南省文明单位、湖南省模范职工之家等荣誉称号。

第四节　工业布局

中方县工业经过 15 年的发展，基本形成五个工业经济板块：

中方县工业园板块。重点发展材料工业、食品加工、电子信息三大产业，充分发挥省级工业集中区作用。

怀化（中方）湘商文化科技产业园板块。重点发展现代商贸物流、机械制造、包装印刷、生物医药、电子信息产业。

电力能源板块。以㵲水、沅水流域水利水电梯级开发区为主，重点发展水利水电开发以及风能、太阳能开发产业。

特色产业基地板块。在泸阳镇、下坪乡、花桥镇建设超级稻示范基地。在桐木镇、牌楼镇打造中方特色葡萄产业示范基地和葡萄酒业生产。依托全县较丰富的油茶资源，在 S223 沿线建设全县油茶产业示范基地。

石材加工小区板块。以活水麻石、新路河翡绿石和泸阳白云石为主，重点发展石材加工产业。

中方县致力五个工业经济板块建设，初步形成五大工业支柱产业：

材料工业产业。生产企业主要分布在泸阳、花桥 2 镇。龙头企业有湖南金大地材料有限公司、湖南兴龙玻璃有限公司、中方县小康瓷业有限公司、怀化特种耐火材料有限公司、中方县东方琉璃瓦厂、中方县杰达陶瓷厂、中方县国盛瓷业有限公司等，主要产品有水泥、新型节能玻璃、特种耐火材料、高档彩釉瓦、环保建材砖、钢化玻璃、卫生洁具等。2011 年，完成材料规模工业总产值 27.5 亿元、增加值 8.8 亿元。

食品加工产业。生产企业主要分布在中方、泸阳、桐木 3 镇。龙头企业有富源油脂、五溪米业、喜湘聚食品、雪山食品、欧劲果业、宇磊农业、九鼎科技、绿源种植养殖等企业。主要产品为食用粮油、休闲食品、功能饮料、保健食品等。2011 年，完成食品加工规模工业总产值 4.04 亿元、增加值 1.3 亿元。

印刷包装产业。生产企业主要分布在中方县湘商文化科技产业园。龙头企业有百草园印务、恒大彩印、原子印章等，逐步形成印刷产业集群，成为五省接边地区印刷包装产业集散地。2013 年，完成规模工业总产值 1.78 亿元、增加值 0.75 亿元。

机械制造产业。生产企业主要聚集县湘商文化科技产业园。龙头企业有中铁五新、中南桥梁、众建钢模等，企业主要研发生产工程机械、运输机械、环保机械、桥梁机械等产品。2013 年，实现机械制造产业总产值 1.3 亿元，增加值 0.36 亿元。

电力能源产业。生产企业主要分布在铜湾、牌楼、中方、石宝 4 乡镇。龙头企业有铜湾电站、牌楼电站、宇隆水电和华润风电等。2013 年，完成规模工业总产值 3.7 亿元、增加值 1.69 亿元。

第五节　工业结构

一、国有工业

1998—2013 年，全县仅有 1 家国有企业，即国网中方供电有限责任公司。该公司成立于 1998 年 2 月，前身为中方县电力公司。2001 年 11 月将原中方电力局（大网）和原中方县电力公司（小网）合并，组建成立怀化电业局中方供电公司，正式纳入规模企业范围。2008 年 12 月进行股份制改革，成立湖南中方电力有限责任公司。负责中方县 22 个乡镇和鹤城区 4 个乡镇的供用电任务，供电面积 1466 平方公里，供电人口 28 万。拥有 110 千伏变电站 2 座，35 千伏变电站 5 座，输电线路 164 千米，配电线路 3384 千米，年售电量 3 亿千瓦时，固定资产过亿元。

二、集体工业

1998 年，县内仅有 1997 年成立的桐木预制构件厂，位于中方县桐木镇孔木湾村，注册资本为 24 万元，主要生产预制板，水泥砖等产品，年产值 100 万元，实现利润 20 万元。2001 年，成立中方县桐木鞭炮烟花厂。注册资金为 15 万元。位于中方县桐木镇。主要生产烟花鞭炮制品，年产值 16 万元。2011 年，在县里安全生产检查中，发现该企业存在较大安全生产隐患，从 2012 年开始一直处于停止生产状态。2013 年，以上两家集体企业处于关停状态。

三、私营工业

1998 年，中方县有 2 家规模私营企业，当年工业总产值 3756 万元，工业增加值 1223 万元，实现税收 87 万元，占当年全县工业总产值的 84%。1999—2004 年，随着经济发展，全县逐渐新办多家私营工业。2004 年末，全县私营企业 22 家，工业总产值 4.7 亿元，占当年全县工业总产值的 62%，工业增加值 1.3 亿元。2005 年开始，先后启动中方县工业园、中方县湘商文化科技产业园的建设，招商引资，中方县私营工业进入一个快速发展阶段。2013 年末，全县有私营工业 48 家，职工 1.2 万人，工业总产值占全县当年工业总产值的 95%。

其中纳税1000万元以上的私营工业有湖南金大地材料股份有限公司和湖南湘投铜湾水利水电发展有限公司2个单位，税收过百万的有怀化市恒裕实业有限公司等7个单位。

第六节 工业园区建设

中方县工业园和怀化（中方）湘商文化科技产业园是中方县推进新型工业化的两个平台，是发展工业经济的主战场。

一、中方县工业园

中方县工业园 位于怀化市东郊，为泸阳镇、花桥镇、下坪乡的结合部。南起鹤城区石门乡阳塘村，北至花桥镇火马塘村，以S223省道为轴心，东西宽1.4千米，南北长约11千米，规划面积15.83平方千米，开发面积约3平方千米，已形成新型建材产业、农副产品深加工产业、机械电子产业、现代物流产业四大板块。2012年8月，获批省级工业集中区，成为国家小企业科技孵化创业基地。入园企业68家，规模企业29家，从业人员超过1万人。2013年，实现工业总产值41亿元，完成全口径税收1.78亿元。

管理机构 2003年11月10日，泸阳工业园管理委员会挂牌成立。2008年8月24日，成立中方县工业园区管理委员会。2009年8月11日，成立中共中方县工业园工作委员会和中方县工业园管理委员会。中共中方县工业园工作委员会和中方县工业园管理委员会作为县委和县政府的派出机构，代表县委、县政府行使部分管理权限，对县工业园进行综合管理。管委会内设部门4个：办公室、规划建设环保局、经济发展局、社会事务管理局。派驻部门5个：财政分局、国土分局、工商分局、地税分局、警务室。

园区建设 规划生物医药加工工业区、农产品加工工业区和冶金化工加工工业区，县工业园建设投资开发有限公司负责园区土地储备及基础设施项目融资、筹资和建设。

2006—2008年，修建园区1号、2号路。架设1万伏高压供电专线。

2010年，园区总体规划修编。规划将金大地工业城、泸阳镇区、工业园核心区纳入整体规划，规划控制区面积扩至15.83平方千米，南起泸阳镇五里村，北至花桥镇火马塘村，东、西至离S223省道约11千米处。调出生物医药产业和冶金化工产业，保留农产品加工产业，增加新型材料、机械电子和仓储物流产业。

2011年，修建园区服务中心大楼、16000平方米标准厂房、10000平方米公租房。收购汇达自来水厂并扩容。

2012—2013年，修建园区3号路、商务综合楼、公租房，启动泸阳新区建设，完成泸阳镇区及园区核心区绿化工程。

招商引资 中方县工业园确立“由内向外、以外带内、内外结合”的招商引资思路，紧抓怀化市区“退二进三”和东南沿海等经济活跃地区产业转移机遇，大力开展招商引资。2009年，引进香港亚信发展有限公司、经济开发区贵红建材商贸行、湖南万欣生物科技有限公司等项目3个，总投资2800万元。2011年，招商引资力度进一步加大，引进项目11个，投资额4亿元。至2013年，园区共引进项目36个，总投资额27.7亿元。

2009—2013年中方县工业园招商引资项目表

表9-1-6-1

年度	序号	项 目 名 称	投 资 方	投资额（万元）
2009	1	电子产品加工贸易项目	香港亚信发展有限公司	1000
	2	给排水管生产项目	经济开发区贵红建材商贸行	1000
	3	生物肥料生产项目	湖南万欣生物科技有限公司	800
2010	1	水泥涵管生产项目	中方县兴路圆管涵厂	500
	2	钢材机械加工项目	怀化市众建钢模制造有限公司	1000
	3	高新技术研发创业基地	湖南怀化永久轻建屋面科技开发有限公司	800
	4	起重机械设备生产项目	湘起起重机机械制造厂	1200
	5	饮用水生产项目	善行天下食品饮料有限公司	2000
	6	复合实木板生产项目	怀化市金智复合实木板厂	800
2011	1	饲料生产加工项目	湖南九鼎科技（集团）有限公司	5000
	2	商品混凝土搅拌站项目	怀化市金雄房地产开发有限公司	2400
	3	加气混凝土砌块项目	怀化市永固节能墙体材有限公司	3655
	4	中方县县级粮食储备库	县国有粮油购销有限公司	2000
	5	装饰材料项目	怀化市鹤城区金鑫建材厂	2000
	6	钒氮合金项目	怀化通达高新材料有限责任公司	4000
	7	环保风机项目	怀化众一风机制造有限公司	1800
	8	电器成套设备项目	怀化瑞鑫电器成套有限公司	2000
	9	金属硅精深加工项目	绥宁县金泰硅业有限责任公司	5200
	10	中高档细木工板项目	怀化三杨工贸有限公司	2600
	11	亚微米钛白粉项目	上海瑞钛实业有限公司	9700

续表

年度	序号	项目名称	投资方	投资额(万元)
2012	1	建筑骨料项目	湖南金大地材料股份有限公司	12000
	2	驾考中心扩建项目	中方县德宇投资有限公司	500
	3	环保节能设备制造项目	湖南腾森环保节能设备制造有限公司	8000
	4	加气混凝土砌块项目	怀化大龙新型建材有限公司	3000
	5	加气混凝土砌块项目	怀化大立建材有限公司	3000
	6	脱水蔬菜加工项目	怀化惠源农业有限公司	3000
	7	CTY 热发生器生产项目	湖南天佑科技有限公司	11000
	8	锰矿石仓储基地项目	怀化金澳科技有限公司	3800
	9	梨树园新型环保涂料项目	怀化市鹤城区梨树园新型建筑材料厂	6500
	10	电子元器件生产项目	怀化星珍电子有限公司	1200
	11	煤炭仓储基地项目	怀化良友贸易有限公司	7000
2013	1	怀化机械大市场项目	怀化市德盛工程机械贸易有限公司	120000
	2	锰锌材料项目	怀化市金凤凰锰锌材料有限责任公司	5000
	3	耐火材料生产项目	怀化市华恒莫来石有限公司	6800
	4	年产 24 万吨配合饲料项目	怀化市华恒莫来石有限公司	6800
	5	幼儿园建设项目	中方县喜洋洋幼儿园	253

二、中方县湘商文化科技产业园

中方县湘商文化科技产业园以㵲水河为中轴线，按照“一江两岸”的总体布局，划分为河东、河西两大板块。河东板块为㵲水河以东至焦柳铁路，茅利溪两边北至紫荆东路，南与市工业园接壤。河西板块为荆坪古村文化旅游保护开发的全部领域。园区规划总面积10平方千米，其中工业板块3平方千米，是打造全省印刷包装产业示范基地和全省新型工业化产业示范基地。2009—2013年，园区共引进企业（项目）14个，其中，机械制造产业8家（恒裕实业、五新机械、宇隆漆包线、中南桥梁、奇效节能、怀粤电线电缆、德祥汽配、新华医疗器械）。印刷包装产业4家（百草园印务、恒大彩印、原子印章、怀化日报印务）。食品加工产业2家（金糯咪食品、绿达粉业）。以上工业项目固定资产投资超过10亿元，投产后满负荷生产能力50亿元以上，税金4亿元以上。合同引资15亿元（其中2亿元以上项目3个，亿元以上项目4个，5000万以上项目12个），完成总投资19.7亿元。2013年，园区完成工业总产值7.47亿元，同比增长16.71%。完成工业增加值2.65亿元，同比增长19.29%。上缴税收1021万元，同比增长72.89%。完成固定资产投资9.05亿元，其中，基础设施完成投资1.99亿元，产业项目完成投资7.06亿元。解决和带动就业800余人。

园区建设 中方县湘商文化科技产业园是2009年湖南“湘商寻祖”活动的重要成果之一。5月29日，奠基开工。7月21日，百草园印务、恒大彩印项目签约。9月28日，在“湖南省经贸洽谈会暨第三届湘商大会”上，正式授牌为“怀化（中方）湘商文化科技产业园”。11月3日，产业园第一个投资上亿元项目——怀化市恒裕实业公司整体搬迁签约。2010年3月，项目三通一平正式动工。4月2日，设立中国共产党中方县湘商文化科技产业园工作委员会和中方县怀化湘商文化科技产业园管理委员会。是年，正式启动实施园区建设，建设内容包括园区路网、供水、电力、通信等主基础设施及风光带等辅助设施工程，由县经济建设投资集团有限公司承建。2011年初，制定《怀化（中方）湘商文化科技产业园“十二五”发展规划要点》，产业发展定位划分为三个不同功能区，池黔路至焦柳铁路部分为工业板块，池黔路至㵲水河部分主要发展文化娱乐、主题公园、研发及其他生产服务中心，㵲水河以西主要以文化旅游、休闲观光农业为主。3月，投资1900万元，完成中方村乌溪东路建设。投资3000万元，完成龙井村茅利溪东路的路基工程建设。完成乌溪东路电网改造，电网（10千伏）长度5千米，自来水管网铺设3.5千米。8月，中方县委出台《关于加快中方湘商文化科技产业园建设发展的若干意见》。11月，中方县怀化湘商文化科技产业园管理委员会更名为中方县湘商文化科技产业园管理委员会。2012年8月，投资400万元，完成中方村乌溪东路延伸段（百草园至市监管中心）的建设。2013年，投资2300万元，完成龙井村紫荆东路建设。投资1500万元，完成茅利溪风光带土石方工程。园区移动、联通、电信网络全覆盖，供水、供电、通信主网络全面拉通。2009—2013年底，园区项目建设进展顺利，累计完成投资 3 亿元。

招商引资 为扩宽引资渠道，解决企业融资困难，通过组织开展银企对接活动和积极向上级争取支持，将园区产业和项目纳入省、市、县重点扶持对象，并获得对口扶持。

2011 年 8 月，中方县委出台《关于加快中方湘商文化科技产业园建设发展的若干意见》，规定在园区的投资项目可以享受土地、收费、发展奖励、发展保护四个方面的优惠政策。是年，百草园印务、中南桥梁获得财政专项补助资金 30 万元。恒裕实业得到 1.1 亿元的银行授信。五新机械被列入省战略性新兴产业银企对接单位。百草园、恒大一期银行贷款到位。

2012 年，印刷包装产业集聚工程进入全省“三个一”行动计划范围。恒裕实业列入省重点技改项目范围。五新机械列入省级战略性新兴产业支持项目。恒裕实业、百草园印务、奇效节能和金糯咪先后列入湘西开发第三、四轮产业项目范围。宇隆公司投产后争创国家级出口检测实验室，机械板块项目争取省机械行业办的重点支持。荆坪旅游融入大湘西旅游圈。

2013 年，组织推荐园区企业参加市、县举行的各类银企对接活动，启动五新机械 8000 万元项目贷款基础工作，帮助恒裕催收市城投欠款和增加建行贷款额度，力促华融湘江银行为恒裕实业、百草园印务贷款近 2000 万元，农行为金糯咪贷款 1500 万元等。帮助金糯咪列入湘西地区开发第四轮省规划产业项目申报和湖南省“四千工程”重点技术改造项目申报工作，帮助中南桥梁申报省财政技改项目资金 20 万元等。是年，引资额为年度 4.5 亿元，完成合同引资任务的 156%。园区机械制造、印刷包装、商贸服务、文化旅游等支柱产业已具雏形。

中方县湘商文化科技产业园区企业基本情况表

表 9-1-6-3　　　　单位：亿元、亩

序号	企业(项目)名称	总投资	达产生产能力	税金	占地面积	法人代表	签约时间	建设规模及内容	项目进度
1	怀化市百草园印务有限公司	0.7	1.5	0.1	40	谢景宣	2009.7.21	一期新建书刊印刷生产线，二期年产 50 万色令保密件印刷生产线及创意印刷	一期书刊印刷生产线于 2010 年 11 月投产，二期正在进行可行性研究和技改扩产
2	怀化市恒大彩印包装有限公司	0.7	1.8	0.15	40	陈四清	2009.7.21	一期新建高标准快速印刷包装生产线，二期新建彩色包装高速生产线	一期高标准快速印刷包装生产线于 2011 年 4 月投产，二期正在进行技改扩产
3	怀化市恒裕实业有限公司	3.5	6.5	0.9	500	钱吉治	2009.11.3	铁塔及钢杆塔、钢结构、汽零配件、电线电缆四大块整体搬迁	一期钢结构、铁塔及钢杆塔项目于 2013 年 1 月实施搬迁投产，办公、宿舍楼、食堂 7 月竣工，镀锌车间、供汽站 9 月完工。二期汽零部件、电线电缆 2014 年年内投产
4	湖南金糯咪食品有限公司	1.4	1.4	0.08	30	袁文财	2009.11.16	一期年产雪糕、汤圆、水饺 10 万吨，二期冻库及冷冻物流建设	一期于 2012 年 2 月投产，2013 年完成宿舍楼、原料仓库、速冻食品生产技改扩改，完成二期可研报告
5	怀化奇效节能产品开发有限公司	0.7	1.5	0.12	30	梁书元	2010.3.31	年产 1000 兆瓦（2000 台）节能环保热水锅炉生产线	已完成场地平整、地基工程和厂房建设，完成设备安装和活动板房修建，2014 年新建车间和办公楼
6	怀化怀粤电线电缆有限公司	0.2	0.4	0.03	10	周佩珍	2010.7.13	新上一条电线电缆生产线	10 亩土地已报批，完成 70%场地平整土石方工程
7	湖南五新投资有限公司	2.4	4.5	0.5	200	王祥军	2010.8.8	生产高铁全液压箱梁模版 60 套，高铁专用无轨道施工设备 100 套，隧道衬砌设备 100 台，挂篮、大型桥梁钢模板、大型钢梁 4000 吨	基本完成征地、水田、房屋、拆迁及清明附属物补偿，已完成 56 亩场地平整，计划 2014 年动工
8	怀化市宇隆电工器材有限公司	3.2	20	1	102	袁冠尧	2010.12.31	年产 2 万超微特种漆包线生产线	一期 89 亩场地平整土石方工程基本完成。地质勘探进场作业，完成材料和设备订购
9	湖南中南桥梁安装工程有限公司	0.95	0.5	0.05	48	杨世湘	2011.3.14	年产 10000 吨桥梁钢构产品加工生产线及特种起重设备生产线	已完成一期场地平整和厂房建设，正在安装设备。二期 18 亩已报批，正在进行场地平整
10	怀化市原子印章印刷公司	0.4	0.5	0.05	20	张春妹	2011.6.9	原子印章票证印刷	已完成土地报批，并于 2013 年 10 月 22 日开工建设，完成改建排水渠道
11	德祥汽车配件	0.5	1.5	0.1	40	蒋继剑	2013.5.9	新上一条汽车配件及农机制造生产线	正做前期工作。2014 年建设并投产

第二章 能 源

第一节 电力工业

一、电力体制改革

中方县电力的发展经历由大小两家电网并存—并网—代管—合署办公—股份制改革的发展历程。

1998年2月，中方县电力公司成立，隶属中方县人民政府，是一个自主经营，独立核算，自负盈亏的国有企业，主要从事电力生产、供应、机电工程安装与维修等。供电营业区为中方县的行政区域（花桥、聂家村、龙场三个乡属中方电力局管理），辖下坪、铜湾两个变电站和中方、牌楼、泸阳、铜湾、铁坡5个供电所。中方县电力公司的电源主要是从鸭咀岩变电站（属于鹤城公司）输送到下坪变电站，再由下坪变电站输送到铜湾变电站，电能基本上是从鹤城供电公司购买。1998年，农电“两改一同价”实施，地方电网的电力供应紧张，7月5日，中方县电力公司脱离地方电网，与大电网并网。12月，在湖南省怀化城郊供电所的基础上，成立怀化电业局中方电力局，为怀化电业局的二级机构，主要从事电力生产与供应、电力工程安装与维修等，承担中方县聂家村乡、龙场乡、花桥镇、下坪乡（部分）、泸阳镇（部分）、中方镇（部分）、牌楼镇（部分）、桐木镇（部分）以及鹤城区的芦坪乡、黄金坳镇（部分）、盈口乡（部分）、石门乡（部分）等供电区域的供电任务，下设办公室、生技股、用电股、财务股、农电总站五个部门。中方、下坪、磷矿三个变电站（其中下坪和磷矿为代管代维的用户变电站）。

1999年2月12日，中方县委、县政府贯彻落实《关于加快农村电力体制改革加强农村电力管理意见的通知》文件精神，与怀化电业局签订代管协议，将县电力公司的人、财、物全部移交怀化电业局管理，中方县电力公司更名为湖南省怀化电业局中方电力公司。

2001年11月26日，中方电力局与中方电力公司合署办公，成立怀化电业局中方供电公司（同时保留中方电力局这块牌子，实行二块牌子一套人马），为自主经营，独立核算，自负盈亏的法人实体，主要从事电力生产与供应、电力工程安装与维修、电力物质、小水电开发等，供电营业区为原中方电力局与中方电力公司的供电营业区（包括中方县的行政区域以及鹤城区的芦坪乡、黄金坳镇、盈口乡、石门乡部分）。

2008年，中方供电公司进行股份制改造，由湖南电力公司和中方县政府共同出资组建湖南中方电力有限责任公司，中方县人民政府出资441.89万元人民币，占公司注册资本的

5.12%，湖南省电力公司出资8054万元人民币，占公司注册资本的94.88%。12月18日，正式成立湖南中方电力有限责任公司。

二、水电建设

中方县境内溪河密布，水能资源丰富，主要有沅水、㵲水，流域面积在3平方千米以上，溪流135条，水能资源蕴藏量为37.34万千瓦，技术可开发量为26.12万千瓦，已开发23.78万千瓦，开发率为90%以上。1997年，县内共有小水电站23处，总装机44台，总装机容量21183千瓦。1998年中方建县，小水电建设得到长足发展。至2013年，全县新建小水电站18处，装机50台，另改（扩）建13处，新增装机容量21.661万千瓦。是年底，全县共有小水电站41处。其中，中型电站2处（铜湾电站和宇隆水电站），小（Ⅰ）型水电站1处（牌楼水电站），小（Ⅱ）型水电站35处。总装机83台，总装机容量23.7793万千瓦，年平均发电量约为93500万千瓦时。

表 9-2-1-1

1998—2013 年中方县装机 500 千瓦以上水电站基本情况表

序号	电站名称	所在乡镇	建设时间	性质	开发方式	坝址控制集雨面积（平方千米）	坝型	最大坝高（米）	多年平均流量（立方米/秒）	正常蓄水位（米）	总库容（万立方米）	装机规模		设计多年平均发电量（万度）	总投资（万元）	备注
												台数	总装机容量（千瓦）			
1	铜湾水电站	铜湾镇	2005-2008	国有控股	河床式	41720	砼闸坝	43	863	152.5	21100	4	180000	65100	182116	
2	牌楼水电站	牌楼镇	2003-2006	私营	河床式	8215	混凝土坝	21.3	173.4	201.2	4460	3	18900	8021	18065	
3	宇隆水电站	中方镇	1986-1991	股份制	河床式	7836	混凝土坝	20.5	145.6	212	5400	4	24500	6500	9000	原名三角滩水电站
4	丁家水电站	丁家乡	2004-2007	集体	混合式	117	重力坝	20.5	2.39	230	200	3	1500	385	1200	
5	西牛潭水电站	龙场乡	1979-1981	私营	坝后式	40.15	重力坝	30	1.26	248.3	283	3	1200	310	180	2013 年实施增效扩容改造
6	云英水电站	袁家乡	2005-2008	私营	混合式	106	重力坝	16.5	2.8	200	85	2	1000	255	420	原名大龙潭Ⅱ级水电站
7	楼溪水电站	蒋家乡	2004-2007	私营	混合式	72	重力坝	27	2.02	231	318	3	960	265	520	
8	柏坡洞水电站	石宝乡	2005-2008	私营	混合式	63	重力坝	21	1.64	265.3	101.5	2	1000	236	428	
9	五龙溪水电站	牌楼镇	1977-1979	集体	坝后式	25.3	土坝	48	0.83	230	1220	4	800	180	315	2013 年实施增效扩容改造
10	仙人桥水电站	下坪乡	1964-1966	国有	引水式	6.5	重力坝	15.8	0.35	300	28	2	800	222	290	2013 年实施增效扩容改造
11	雨顺水电站	铜湾镇	1981-1983	集体	引水式	6.5	土坝	36.7	0.35	426	154	2	640	175	120	
12	大亚溪水电站	锦溪乡	2002-2004	私营	混全式	46	重力坝	9	1.4	320	2.5	2	1120	280	483	原装机为 400 千瓦，2012 年改扩建为 1120 千瓦

铜湾水电站　2005年1月7日，由湖南中方铜湾水利水电开发有限公司组织开工承建。铜湾水电站开发任务以发电为主，兼有航运、防洪效益。铜湾水电站位于沅水中游湖南省怀化市中方县铜湾镇境内，距怀化市区49千米，下接清水塘电站库尾，上与安江电站尾水衔接，是经国家批准的《沅水河流规划报告》在湖南省境内的第五个梯级电站，也是中方县规模最大的水电站。该水电站是一座河床式水电站，采用多闸孔泄洪。坝址控制流域面积为41720平方公里，占沅水全流域面积的64.4%。铜湾水电站建成规模为C15块石浆砌砼重力坝一座，最大坝高43.0米，正常蓄水位152.5米，总库容2.11亿立方米，设计多年平均发电量6.51亿千瓦时，发电引用流量1839.16立方米/秒。2008年12月20日完建，工程项目建设总投资18.6亿元，总装机容量18万千瓦（4台×45000千瓦）。

宇隆水电站　原名三角滩水电站，位于中方县中方镇铜锣村，距县城2.5千米，上游是怀化市城区，下游有中方县城、牌楼电站。建于1986年，1991年投产使用，装机3台容量为15000千瓦。2009年4月，三角滩水电站拍卖给怀化市宇隆水电有限公司，更名为宇隆水电站。宇隆公司接管该电站（含五星水轮泵站）后，对原五星水轮泵站进行扩容改造。三角滩水电站是一座河床式水电站，采用多闸孔泄洪。电站以发电为主，兼顾防洪、航运、城市水源储备等功能。该电站发电机组共有4台，装机总容量为25000千瓦，年发电量约为8600万千瓦时。该电站大坝全长205米，坝高16.5米，坝面宽8米，正常库容2438万立方米，正常蓄水水位212.5米，设计洪水位212.8米，校核洪水位215.7米，最大下泄流量10700立方米/秒。

牌楼水电站　中方县牌楼水电有限责任公司组织承建，2003年10月29日开工，2007年4月投产运行。牌楼水电站位于沅水支流㵲水下游，地处中方县牌楼镇境内，距怀化市区25千米，是㵲水干流在湖南省境内规划的第十级电站，也是该流域的最末一级电站，上游是宇隆水电站。该水电站开发任务以发电为主，兼有航运、防洪效益。该电站由牌楼水电站属III等工程，其主要建筑物拦河坝为3级、厂房为4级、临时建筑物为5级。拦河坝、厂房部分设计洪水标准为50年一遇，校核洪水标准为500年一遇。坝址控制流域面积为9955平方千米，占全流域面积的96.3%。最大坝高21.3米，坝轴总长246.05米，正常蓄水位201.2米，总库容4460立方米，设计多年平均发电量8759万千瓦时，设计发电单机流量97.3立方米/秒。该水电站工程项目建设总投资1.8亿元，总装机容量18.9兆千瓦（3台×6300千瓦）。

石宝乡鱼龙桥柏坡洞水电站　石宝乡鱼龙桥柏坡洞水电站位于沅水一级支流湾溪流域，2007年12月1日开工建设，2008年12月20日建成，工程项目建设总投资418万元，装机容量1000千瓦（2台×500千瓦），年发电量255千瓦时。该水电站是一座混合式水电站，建成规模为C15块石浆砌砼重力坝一座，坝高21.0米，坝轴长76.4米，输水隧洞320米，压力钢管45米，厂房为岸边地面式。

三、农村水电增效扩容改造项目

2010年1月，中方县制定《中方县农村水电增效减排规划》，拟定五龙溪、三星桥、仙人桥、团结、五星泵站、梅树冲、西牛潭、黄莲洞、金坪、江坪、高家、龙溪、江河口等13座水电站改扩建工程项目，规划总投资6580万元。2011年，把增效减排规划制定后，暂未实施工程项目，按照水利部、省水利厅、市水利局要求，将增效减排项目工程转化为农村增效扩容改造项目工程。农村水电增效扩容改造，是指以提高综合效能和安全性能，增加发电能力，推进流域梯级优化为目的，在不增加原有机组台数的基础上，对老旧农村水电站机电设备和配套设施进行的更新改造。中方县将牌楼镇五龙溪水电站、农场乡西牛潭水电站、下坪乡仙人桥水电站、锦溪乡锦溪水电站、蒿吉坪黄莲洞水电站等14座电站进行该项目的申报。2012年底，怀化市水利局批复11座符合项目要求的电站，分两批实施。2013年，在全国范围内实施农村小水电增效扩容改造项目，分两年完成，改造规模为单站装机5万千瓦以下，且在1995年以前建造的农村小水电站。中方县实施牌楼镇五龙溪水电站、农场乡西牛潭水电站和下坪乡仙人桥水电站3座电站的项目建设，对牌楼镇五龙溪水电站、农场乡西牛潭水电站和下坪乡仙人桥水电站实施农村水电增效扩容改造，为优化项目资金的使用，对项目电站进行打捆招投标。是年12月完成项目招投标工作。

四、电网建设

1998年，中方电力供电网络十分脆弱，配网线路状况差，仅有毛田、泸阳、铜湾35千伏变电站3座，35千伏线路3条（鸭泸线、泸铜线和怀中线）共61.8千米，10千伏线路90.62千米，400伏线路20千米。根据国务院部署的“两改一同价”（农村电网改造、农村电力管理体制改革、城乡用电同网同价）的实施，县级供电企业为大农电概念，其实施的电网改造统称为农网改造。自1999年开始，中方县启动农网改造工程。

1999—2001年，中方县实施一期农网改造。新建中方110千伏变电站、石宝35千伏变电站，改造下坪35千伏变电站。对各乡镇的农村配网线路进行改造，新建、改造10千伏线路387.231千米，新建0.4千伏线路1031.482千米。2000年，中方110千伏变电站建成投运，结束中方县没有110千伏电网的历史。是年，石宝35千伏变电站建成投运，结束中方县东半部13个乡镇仅靠铜湾变供电，供电可靠性极差的历史。2001年，中方县在全市率先完成农网改造工作，全面实现城乡居民同网同价，并且执行“三公开”（电量公开、电费公开、电价公开），“四到户”（抄表到户、核算到户、收费到户、服务到户），“五统一”（统一抄表、统一发票、统一核算、统一收费、统一考核）。通过一期农网改造，形成较完善的输配电网络，改变老、旧、差、乱状况，线损较同期下降6.8个百分点。电能质量和供电可靠性有所提高，售电量逐年上升。

2002—2004 年，中方县实施二期农网改造。新建 110 千伏泸阳变电站、110 千伏桥头变电站、花桥 35 千伏变电站，改造 35 千伏毛田变电站。对各乡镇的农村配网线路进行改造，共新建、改造 10 千伏线路 198.12 千米，新建 0.4 千伏线路 1601.306 千米。期间，黄岩电站、丁家电站和楼溪电站等一批小水电站兴建投运。2004 年 12 月，中方县电力公司完成县城电网改造的设计工作。一、二期农网改造共完成投资 1.6 亿元。通过这一民心工程，每年为中方县广大农民群众减轻负担 1000 万元，成为全市唯一全面实施农改完成抄表到户、管理到户的县。

中方县农网改造工程完成后，随着中方县经济的发展，电力负荷迅猛增长，原电网已不能满足工农业发展的需要。2009—2013 年，湖南省电力公司投入 3950 万元，对中方县农村配网线路进行改造。

1998—2013年来，中方县农网改造工程共投入资金 1.995 亿元。其中，城网改造投入资金 3600 万元，完成县城南湖路、滨江路、朝阳路、中方大道、怀化市工业园 2 号路、4 号路、5 号路等主次干道的电缆入地工程，共计新建电力线路 53 千米。城区内电网建设基本满足需求。农网改造项目共新建 110 千伏变电站 3 座，新建、改造 35 千伏变电站 4 座，新建、改造 10 千伏线路 735.724 千米，新建 0.4 千伏线路 2807.039 千米。

中方县变电站一览表

表 9-2-1-2

名　　称	电压等级（千伏）	变电容量（千伏安）	变电站地点	投运时间
中方变电站	110	1*51500	中方镇龙井村	2000 年
泸阳变电站	110	1*50000	中方县泸阳镇杨桥村	2006 年
毛田变电站	35	1*7200	中方镇毛田村	1972 年
下坪变电站	35	1*3150	泸阳镇小坪村	1994 年
铜湾变电站	35	1*31500	铜湾镇兴华村	1987 年
石宝变电站	35	1*9450	石宝乡鱼龙桥村	2000 年
花桥变电站	35	2*6300	花桥镇千丘田村	2004 年

中方县输电线路一览表

表 9-2-1-3

名　称	起始地点	长度（千米）	线　径	电压等级（千伏）
阳中线	阳塘变 - 中方变	22.59	LGJ-240	110
中泸线	中方变 - 泸阳变	30.1	LGJ-120	35
泸铜线	泸阳变 - 铜湾变	17.6	LGJ-70	35
铜石线	铜湾变 - 石宝变	14.3	LGJ-95	35

续表

名　称	起始地点	长度（千米）	线　径	电压等级（千伏）
新泸线	新街变－泸阳变	10.9	LGJ–95	35
泸花线	泸阳变－花桥变	9.19	LGJ–95	35
中毛线	中方变－毛田变	5.1	LGJ–95	35
怀中线	怀化变－毛田变	18.2	LGJ–95	35
怀新线	怀化变－新街	11.3	LGJ–95	35

五、电力营销

1998—2001 年，中方电力公司无办公场地，无自己的电源。三角滩电站的变卖、红岩电站的上收，致使公司没有可靠电源作后盾。

2002—2005 年，随着中方县城的发展及工业园的不断扩大，公司售电量不断增加。2004 年，实现售电量翻番，突破 1 亿元大关。在售电量迅猛增加的同时，公司更注重营销管理，实现转变峰谷分时计量。通过创新服务手段，如短息提示服务等，使优质服务深入人心，赢得市场，增强企业知名度。

2006—2009 年，中方县建立健全电力信息化网络系统，提升优质服务管理水平。2009 年，开通“95598”营销服务调度，发挥“95598”营销服务指挥作用，对群众畅通服务通道，有效监督电力服务质量。

2010 年，牌楼供电所先后投资 560 多万元，对各供电所办公、营业环境进行新建或改造。率先在各供电所开通办公自动化系统、银诚农电系统和 SG186 生产、营销系统及 PMS 生产管理系统等。完成“95598”客户服务系统对各供电所电力 110 的统一调度管理，充分发挥短信服务平台电费催收、停电信息发布等作用。投资 80 余万元，在所有配电线路上加装智能开关，及时排除故障线路，提高供电的可靠性。信息科技的大力推广，促进工作效率和管理水平的提升。是年，牌楼供电所成功创建国家电网公司标准化示范窗口，成为怀化市第一个获此殊荣的供电所。

2012—2013 年，中方县电力公司成为省公司营销服务专业化管理试点单位。全面推进营销“城乡一体化”管理，完成营销系统基础信息整改 4 万多个，重新建立健全台区客户台账。公司成立的“共产党员服务队”在夏季期间，为抗旱抽水灌溉、架线装表，义务架设 0.4 千伏线路 3 条，安装电表 820 块，抗旱面积 8200 亩。

1998—2013 年中方供电公司售电量一览表

表 9-2-1-4　单位：亿千瓦时

年度	1998	1999	2000	2001	2002	2003	2004	2005	2006	2007	2008	2009	2010	2011	2012	2013
	0.16	0.17	0.19	0.18	0.6	0.64	1.28	1.71	2.15	2.86	2.95	2.96	2.16	2.58	4.54	4.99

1998—2001 年，公司安全生产工作仍按照怀化市小水电公司安全管理制度执行，安全生产管理有一定的局限性。2001 年，公司安全生产管理逐步走向国家电网行业统一标准化管理，管理水平逐步提升。

2002—2007 年，公司按照国家电网安全生产各项要求，全面完善各项管理标准及制度，通过 ISO 9001：2000 国际质量体系标准认证，安全生产环节实现全过程管理，有效促进安全生产管理的提升。2006 年，建立和健全有系统、分层次的安全生产保证体系和监督体系，将安全监督工作全部落实推至现场作业，先后制订《中方供电公司作业现场信息发布实施办法》和《中方供电公司违章下岗实施规定》，确保电力生产工作现场的标准化、规范化，建立责任追究制度和连带制度。是年，在泸阳供电所修建模拟培训场地，为安全生产做好培训工作。2007 年，全面完成境内“四无”电站的整顿。

2008 年 1 月 13 日起，一场五十年不遇的特大冰灾席卷中方，中方电网大面积覆冰受损，辖区内有 5 条 35 千伏、137 条 10 千伏及分支线受损停运，2341 基杆塔倒塌，受灾线路累计 243 千米，损坏变压器 35 台，因灾停电台区 604 个（不含专变台区），中方县城脱网停运 3 天，累计损失近 2000 万元。冰灾后，公司先后出动抢修人员 6682 余人次，车辆 1600 余台。3 月 2 日，中方供电公司所辖农配网 7 万余用户全部实现户户通电，全县 211 个行政村全部恢复冰灾前的运行状态，提前 4 天完成国网和省公司恢复重建目标。

2009 年 3 月，县水行政主管部门对权限规定大坝坝高在 30 米以下且总装机在 2000 千瓦以下的水电站开展水电站年检工作。对未参与开展年检或年检不合格存在重大安全隐患的水电站，防汛部门责令其空库运行，电网企业不能接受其发电上网，工商部门不能通过其营业执照年审，主管机关责令其停止运行、限期整改。是年，公司实施全线登杆检查，出动 1680 人次，车辆 252 台次，砍青扫障砍伐大小树木 15362 棵，更换绝缘子共 5819 个，更换导线近 40 吨，引入新型户外智能真空断路器，提升农配网的科技含量，为广大农户提供更为优质的电源。10 月，湖南省电力公司在中方县电力公司召开农村配网供电可靠性管理现场会，推介中方县电力公司农村配网供电可靠性管理经验。

2010—2013 年，中方县电力公司积极开展安全生产工作。2012 年，变电运行检修班、线路运行检修班荣获湖南省电力公司安全生产先进班组称号。2013 年，公司突出安全稽查，全年领导下班组参加安全日活动 123 次，发布生产作业信息 280 条，稽查作业现场 201 个，下发安全通报17期，查处行为性严重违章5起、管理性严重违章1起、行为性一般违章3起、管理性一般违章2起，安全生产处罚66人次，下岗6人、处罚施工队5个。创建市公司“无违章”现场2个。中方县电力公司变电运行检修班评为省公司2013年度安全生产先进班组。

第二节　煤炭工业

中方县煤炭资源较为丰富，是怀化市主要产煤县之一，全系乡镇煤矿。1998年，有煤矿62处，从业人员1000多人。2007年后，对全县煤矿进行整顿关闭、整合技改、淘汰落后。至2013年，保留7处，从业人员600多人。

一、煤炭资源

中方县煤炭资源分布较广，南至桐木镇的界头田，北至花桥镇的柳其山，含煤面积约180平方千米，占全县总面积的12.17%，主要分布在桐木镇、牌楼镇、中方镇、泸阳镇、下坪乡、聂家村乡、花桥镇、龙场乡、新建镇等9个乡镇。

县境内煤炭种类齐全，有烟煤、无烟煤和石煤。烟煤主要分布于桐木镇、牌楼镇、中方镇、泸阳镇、下坪乡、聂家村乡、花桥镇。无烟煤主要分布在花桥镇、龙场乡、下坪乡、泸阳镇。石煤主要分布在新建、袁家、铁坡、锦溪、蒿吉坪等乡镇。按沉积时代分为黔阳煤系、辰溪煤系和小江口煤系。黔阳煤系（9~10煤），属于贫煤和烟煤，原煤灰份27%~30%，挥发份8%~10%，发热量5000大卡/千克左右，含硫量3%~5%，不宜作炼焦用煤，可做动力用煤和工业生产用煤。主要分布在桐木镇、牌楼镇、中方镇、泸阳镇、下坪乡、聂家村乡、花桥镇、龙场乡。辰溪煤系8号煤属优质肥煤、工业主焦煤，原煤灰分为28%~30%，挥发分为20%~28%，发热量5000~5500大卡/千克，含硫量6%~8%，属高硫煤，净煤胶质层13%~21%。主要分布在泸阳镇、花桥镇和中方镇。小江口煤系（1~7号煤），为肥煤、主焦煤和瘦煤，原煤灰分为30%~40%，挥发分18%~25%，发热量2500~4500大卡/千克，含硫为0.5%~1%。主要分布在泸阳镇、下坪乡、聂家村乡和花桥镇。

根据泸阳、中方两勘探区的地质报告和2001年怀化矿产储量表及2001年怀化市煤矿生产能力核定汇编中两勘探区煤炭储量，探明煤炭地质储量3598万吨，保有地质储量2340.7万吨，其中工业储量1104万吨（中方勘探区工业储量219.9万吨，泸阳勘探区工业储量796.7万吨，零星矿点工业储量87.4万吨），远景储量783.2万吨，预测储量453.5万吨。

二、煤炭生产

1998—2000年，中方县煤矿开采技术、生产工艺较落后，工人劳动强度较大，每个矿井年产量不到1万吨。

2001—2006年，各煤矿进入技术改造时期，主要对矿井的通风、提升、运输、供电、排水等生产系统进行改造，单个矿井的年产量提高到 1 万 ~3 万吨。

2007—2012 年，为淘汰落后产能，通过整顿关闭，整合技改，中方县煤矿全面进行技改扩能。芋头冲二矿、宏图田、管子湾、牛栏处、干冲、干坡脑 6 家煤矿从年产 1 万吨技改扩能到年产 6 万吨。金银塘煤矿从年产 1 万吨技改扩能到年产 4 万吨。中方县煤矿年总生产能力 40 万吨。

2013 年，中方县煤矿开始取缔多头多面超定员、超能力、超强度生产，实现正规水平、正规采区和正规工作面生产。取缔超深越界开采。实现全员培训合格持证上岗。各煤矿建立和完善安全监控、人员定位、压风自救、供水施救、通信联络和紧急避险“六大系统”。芋头冲二矿、管子湾、宏图田和牛栏处 4 家煤矿的“六大系统”通过怀化市煤炭工业局组织的验收。

三、矿山安全

1998—2000 年，中方县煤矿规模小，开采条件差，只配备瓦斯检查员和瓦斯检定器，特种作业人员配备不齐且未经安全培训。矿井通风采用自然通风和局扇送风。巷道支护主要采取木材支护，专人管理顶板，进行经常性的巡查和及时维修巷道。没有正规的排水系统，均使用潜水泵排防矿井水。矿井消灭明电照明、明火放炮。坚持湿式作业，严禁打干钻。大部分煤矿使用非矿用提升绞车。煤矿井巷距离较短，均在地面放炮。期间，煤矿事故多为顶板坍塌和瓦斯爆炸。

2001—2006 年，中方县煤矿配备瓦斯检定器、安装 2 台主要通风机（一台工作一台备用），功率 3 千瓦—5 千瓦，安装风电瓦斯闭锁装置，严格控制瓦斯超限作业。严格巷道支护工程质量，主要巷道、永久性巷道、井下机电硐室等全部采用砌碹支护。形成正规的排水系统，综合治理水害。2005 年中方县煤炭管理局生产技术股成功地为花桥镇龙阳山矿探放老窿水约 2000 立方米，避免一场水害的发生。加强井下电器设备管理，采用防爆设备。坚持湿式打眼，水封爆破和水炮泥，喷雾洒水降尘，建立健全煤矿爆破管理制度，配备专职井下爆破员，在井下使用放炮器放炮。全部使用矿用提升绞车，但都在 JT0.8 以下。特种作业人员配备较齐，绞车司机、电钳工经培训合格，持证上岗。

2007—2009 年，中方县煤矿主要通风机和备用通风机的功率提高到 11 千瓦和 15 千瓦。地面修建正规的炸药库和雷管库，并有专人 24 小时值守，严格控制一次爆破炸药量，按规定要求装药放炮。建立完善的安全生产管理规章制度。查清矿区附近地面水系的汇水和渗漏情况，查清本矿和相邻矿山废弃矿井及老窑积水情况，有水文地质图，配备探水设备。设置消防水池和井下消防水管系统，设置消防材料库。

2010—2013 年，中方县煤矿技改扩能后，全部安装瓦斯监控系统，对矿井瓦斯进行实时监控。全部安装 JTP1.6 × 1.2 和 JTP1.2 × 1.0 的矿用提升绞车，安全保护装置齐全可靠。2011 年，无煤矿事故发生。

1998—2013年中方县煤矿事故情况统计表

表 9-2-2-1　　　　单位：起、人

年度	顶板		瓦斯（窒息）		水灾		其它		合计	
	事故起数	死亡人数	事故起数	死亡人数	事故起数	死亡人数	事故起数	死亡人数	事故起数	死亡人数
1998	2	2	1	1	—	—	1	1	4	4
1999	2	2	2	2	—	—	2	2	4	4
2000	2	2	—	—	—	—	—	—	4	4
2001	3	4	1	1	—	—	—	—	4	5
2002	7	8	1	1	—	—	—	—	8	9
2003	1	2	—	—	1	3	—	—	2	5
2004	1	1	1	1	—	—	—	—	2	2
2005	1	1	1	1	—	—	—	—	2	2
2006	2	2	—	—	—	—	—	—	2	2
2007	1	1	1	1	—	—	—	—	2	2
2008	1	1	—	—	—	—	—	—	1	1
2009	1	1	—	—	—	—	—	—	1	1
2010	—	—	1	3	—	—	—	—	1	3
2011	—	—		—	—	—	—	—	0	0
2012	—	—	1	8	—	—	—	—	1	8
2013	1	1	—	—	—	—	—	—	1	1

注：非法煤矿、煤炭硐探项目和露天矿因属国土资源部门主管，在此未作统计

1998年4月，中方县煤炭工业局注册登记中方县煤炭有限责任公司。8月，成立湖南金山煤炭有限公司。2007年，成立怀化良友贸易有限公司。2010年，成立怀化汇邦贸易有限公司。2013年1月，中方县煤矿企业兼并重组成立湖南利龙煤业集团，县煤炭有限责任公司并入湖南利龙煤业集团，上述4家经营公司均为私营企业。

1998—2002年，怀化市煤炭市场供大于求，煤炭价格较低，煤炭销售很不景气。从2003年底开始，国家实施关闭整顿小煤矿政策。关闭一大批小煤矿，煤炭开始畅销，价格得以回升。2008年，由于全球金融危机的影响，煤炭销售不景气，价格下跌，中方县煤矿年底积压原煤5万吨。2009—2011年，由于煤矿整顿关闭和经济发展，煤炭价格较好，煤炭经营状况良好。2012—2013年，由于经济增速下滑，煤炭供过于求，煤炭滞销，煤炭价格下跌，中方县煤矿积压原煤4万多吨。

1998—2013年中方县煤矿煤炭销售一览表

表9-2-2-2　单位：万吨、万元

年份	原煤产量	销售量	销售收入	备注
1998	20	20	3000	滞销
1999	15.1	15.1	2250	滞销
2000	15	15	2250	滞销
2001	20	20	3000	滞销
2002	20	20	3000	滞销
2003	13.8	13.8	2400	畅销
2004	15.6	15.6	2700	畅销
2005	15	15	2700	畅销
2006	16	16	3800	畅销
2007	20	20	6000	畅销
2008	22	17	3740	滞销
2009	16	18	6300	畅销
2010	13	16	5600	畅销
2011	13	13	4550	畅销
2012	16	12	2880	滞销
2013	6	10	2500	滞销

1998—2013年中方县各煤炭经营公司纳税情况一览表

表9-2-2-3　单位：万元

年份	中方县煤炭有限责任公司	怀化良友贸易有限公司	怀化汇邦贸易有限公司	湖南金山煤炭有限公司	合　计
1998	5.8	—	—	462.00	467.8
1999	6.9	—	—	473.00	479.9
2000	8.5	—	—	495.00	503.5
2001	9.1	—	—	460.00	469.1
2002	9.7	—	—	484.00	493.7
2003	37.25	—	—	451.00	488.25
2004	56.55	—	—	429.00	485.55

续表

年份	中方县煤炭有限责任公司	怀化良友贸易有限公司	怀化汇邦贸易有限公司	湖南金山煤炭有限公司	合 计
2005	127.08	—	—	441.00	568.08
2006	66.40	—	—	561.00	627.40
2007	46.60	—	—	352.00	398.60
2008	26.00	192.50	—	407.00	625.50
2009	37.80	100.30	—	341.00	479.10
2010	57.90	222.64	10.00	297.00	587.54
2011	75.00	455.06	110.00	231.00	871.06
2012	20.00	492.69	50.30	—	562.99
2013	—	676.31	10.2	—	686.51

说明：1.中方县煤炭有限责任公司 1998 年至 2002 年为小规模纳税人，共纳税 40 万元
2.纳税统计含地税、国税

2002 年 1 月 1 日起，中方县实施煤炭税费统征。征收国税、地税、煤炭开发基金（6 元 / 吨）、乡镇煤矿维简费（2.625 元 / 吨）、工商行政管理费（0.2 元 / 吨）、矿产资源补偿费（1 元 / 吨）、环保排污费（0.2 元 / 吨）、水土保持费（0.2 元 / 吨）、防洪保安基金（0.5 元 / 吨）。2003 年下年度，取消煤炭开发基金征收。2004 年，取消工商行政管理费征收。2008 年，为促进省内调煤保电，开始起征煤炭电煤价格调节基金。2011 年，县内煤矿整顿关闭，煤矿数量大减，煤炭产量下降，煤炭税费减少，县政府决定取消煤炭税费统征。10 年征收煤炭税费约 1900 万元。

2002—2011 年中方县煤炭税费统征情况一览表

表 9-2-2-4 单位：万元

年份	煤炭税费	电煤基金	合 计
2002	16.01	—	16.01
2003	147.04	—	147.04
2004	156.15	—	156.15
2005	248.6	—	248.6
2006	253.66	—	253.66
2007	210.08	—	210.08
2008	217.54	122.36	339.9
2009	142.4	83.11	225.51
2010	113.15	79.94	193.09
2011	57.16	52.79	109.95

三、煤矿监管

1998年4月，成立中方县煤炭工业局。1999年6月，成立县煤炭执法监察队，全力打击取缔非法和布局不合理煤矿。2001年11月，中方县煤炭工业局改称中方县煤炭管理局。2003年1月，成立乡镇煤矿管理站，为县煤炭管理局二级机构。一季度，中方县煤矿接连发生2起事故，死亡5人。县煤炭管理局决定从二季度起，对全县煤矿进行停产整顿，签订整改达标责任书。2003年，县委、县政府制定《关于关闭非法煤矿的若干规定》，明确有关部门和乡镇打击取缔关闭非法煤矿的责任措施，建立非法煤矿关闭的长效机制。2005年，加强对煤矿安全生产的监管力度。对县内保留的20家煤矿安全生产监管实行乡镇干部挂牌制。2006年，依法关闭5家不具备安全生产条件的煤矿，督促、指导其他15家煤矿进行整顿、技术改造。2007年7月，县煤炭管理局强力推进煤矿地面生活设施规范化建设，矿容矿貌得到明显改观。煤矿向"采掘机械化、质量标准化、管理精细化和矿区园林化"方向发展。2009—2010年，县煤炭管理局指导、督促煤矿进行技改扩能，投入技改资金1390万元。下发《关于煤矿开展安全质量标准化工作的通知》，并组织煤矿的负责人、工程技术人员赴新化县祥星煤矿参观学习。制定《中方县煤矿2009年瓦斯治理工作方案》。督促各煤矿配齐和培训矿长、安全副矿长、生产副矿长、机电副矿长、技术负责人等安全生产管理人员坚持下井带班，做到工人三班倒、班班有领导，矿领导与工人同出同进。2011年2月，中方县煤炭管理局加挂中方县煤矿安全生产监督管理局牌子，负责中方县煤炭行业管理和煤矿安全生产的监督管理工作。2012年12月17日，泸阳镇牛栏处煤矿发生较大瓦斯爆炸事故，造成8人死亡。县人民政府决定从12月18日起，全县煤矿停产整顿，重点整顿煤矿的瓦斯、水害、顶板、"六大系统"的稳定和完善。2013年6月到9月，县煤炭管理开展煤矿安全生产大检查，把2013年定为"严格安全监管年"，制定《中方县煤炭管理局安全监管员监管工作流程》《中方县煤炭管理局安全监管员下矿井检查有关事项》相关政策，把煤矿安全监管工作进一步制度化、规范化、措施化和具体化。

第三章　化学工业

中方县化学工业起步于2000年，当年全县仅有化工企业1家，即怀化市磷化工总厂，年产值为1540万元，增加值为510万元，税收为25万元，劳动就业216人。2001—2004年，先后引进怀化市益康生物高科技公司等4家化学工业企业。2004年，实现工业总产值4100万元，工业增加值1320万元，工业税收55万元。2005—2013年，全县化学工业快速发展，先后引进中方县宏旺化工有限公司等5家化学工业企业，注销怀化市益康生物高科技公司等2家规模企业。2013年末，全县有化学工业企业6家，实现工业总产值1.7亿元，增加值0.57亿元，税收158万元，劳动就业550人。

表9-3-1 **1998—2013年中方县新增及注销化学工业企业一览表** 单位：万元

年度	新增企业名称	总产值	增加值	税收	注销规模企业
1998	0	0	0	0	0
1999	0	0	0	0	0
2000	怀化市磷化工总厂	1540	510	25	0
2001	怀化市益康生物高科技公司	2230	710	30	0
2002	中方县恒健生物科技有限公司 怀化市益利来生物肥科技有限公司	3320	1050	43	0
2003	0	0	0	0	0
2004	怀化佳能焦化厂	4100	1320	55	0
2005	中方县宏旺化工有限公司	4480	1380	62	怀化市益康生物高科技公司
2006	0	5070	1540	70	中方县恒健生物科技有限公司
2007	怀化中奥新兴化工有限公司	5120	1630	88	怀化市益利来生物肥科技有限公司
2008	怀化中银科技有限公司	5030	1602	90	怀化佳能焦化厂
2009	0	0	0	0	0
2010	0	0	0	0	0
2011	湖南万欣生物科技有限公司	6120	2103	96	0
2012	0	0	0	0	0
2013	湖南惠民生物科技有限公司	17320	5760	158	0

第一节 化肥生产

2000年，怀化市磷化工总厂建成投产，标志着全县化肥生产实现零突破。2000—2004年，引进怀化市益康生物高科技公司、中方县恒健生物科技有限公司、怀化市益利来生物肥科技有限公司3家化肥生产企业。2004年，实现工业总产值3650万元，工业增加值1225万元，税收45万元。2005—2013年，引进怀化中银科技有限公司1家化肥生产企业，怀化市益康生物高科技公司等3家企业因生产经营不善关闭，存有湖南省怀化磷化工总厂和怀化中银科技有限公司2家化肥生产企业。2013年，实现工业总产值0.92亿元，工业增加值0.31亿元，税收83万元。

湖南省怀化市磷化工总厂，始建于1965年。1967年5月投产，生产钙镁磷肥9370吨。

1984—1990年，通过扩建技术改造，形成年产10万吨的生产能力，成为全国24家地方钙镁磷肥生产的重点企业之一。1990年，被省人民政府授予省级先进企业称号。该厂生产技术先进，钙镁磷肥有双机双炉两条生产线，采用电脑微机控制技术进行计量包装，准确率高，检测手段完善，有自己的中心化验室，是国家二级检测机构，共有各种专业技术人才100多人，有专职检验技术人员二十四小时跟班检验，从原材料进厂，工艺配方，产品出厂层层把关，确保产品质量。2000年，总产值1540万元。通过工商、质检多次抽检，湖南省怀化磷肥化工总厂钙镁磷肥和复混肥产品多次评为省优产品。2002年，荣获省产品质量奖。2003年，被中国质量万里行工作指导委员会评为“质量服务双满意产品”，怀化市“名牌产品”。2006年，评为“国家质量监督红榜产品”。

怀化市中银科技有限公司 2008年，怀化市中银科技有限公司成立，注册资金500万元。该公司位于中方县工业园区，主要产品为生物肥。2013年，实现工业总产值0.3亿元，工业增加值0.1亿元，税收20万元。

第二节 化工原料生产

1998—2006年，由于基础薄弱，中方县没有引进或者建成化工原料生产企业。2007年，怀化中奥新兴化工有限公司建成投产，注册资金50万元，主要生产甲醛，甲醇，煤炭甲醇产品，是年，完成工业总产值1230万元，工业增加值409万元，税收23万元。2007—2013年，全县没有引进新的化工原料生产企业。2013年底，全县化工原料生产实现工业总产值8600万元，工业增加值2700万元，税收58万元。

第四章 冶金机械工业

中方县冶金工业发展起步较早。1998年建县之初，县内有冶金工业企业2家（即怀化金湖钢铁厂、怀化市奥怀电解锰厂），实现工业总产值4525万元，工业增加值1512万元，税收112万元，就业214人。至2004年，新引进冶金企业2家（即中方县利鸿硅业有限公司、中方县远翔铁合金厂）。是年，实现工业总产值6230万元，工业增加值2013万元，税收156万元。2005—2013年，先后引进鑫都硅业、华建工贸等5家冶金企业。期间，对县内冶金企业进行整顿，使一批停产企业退出规模笼子。2013年末，全县有冶金工业企业5家，实现工业总产值21503万元，工业增加值7253万元，税收310万元，就业672人。

表 9-4-1

1998—2013 年中方县新增及注销冶金工业企业一览表

单位：万元

年度	新增企业	总产值	增加值	税收	注销规模企业
1998	怀化金湖钢铁厂 怀化市奥怀电解锰厂	4525	1512	112	0
2004	中方县利鸿硅业有限公司 中方县远翔铁合金厂	6230	2013	156	怀化市奥怀电解锰厂更名为 怀化金天特种锰业有限公司
2005		8200	2630	192	中方县远翔铁合金厂
2007	怀化泰山铝铜业有限公司	12056	4260	203	0
2008	怀化市鑫都硅业有限公司	12732	4275	215	怀化金湖钢铁厂 中方县利鸿硅业有限公司
2009	中方县华建工贸有限责任公司	14300	4865	257	0
2010	怀化市鸿瑞锰锌材料	17500	5831	268	0
2011	湖南省金坤炭素有限公司	18350	6120	294	0
2012	0	0	0	0	0
2013		24503	8253	400	怀化泰山铝铜业有限公司

第一节　硅铁冶炼

2004 年，成立中方县利鸿硅业有限公司，实现产值 3007 万元，税收 43.5 万元。2007 年，成立怀化市鑫都硅业有限公司和湖南金坤炭素有限公司（前身为中方县恒大碳素有限公司），主要产品为硅、铬铁。2008 年，实现产值 3185 万元，税收 89.7 万元。是年，利鸿硅业有限公司注销。2009 年，成立中方县华健工贸有限责任公司，注册资金 800 万元，占地 1.6 万平方米，从业人员 86 人，主要生产高碳铬铁。该企业有 6300 千伏安矿热炉 1 台，年生产能力 1.4 万吨。2012 年，湖南金坤炭素有限公司重组升格为湖南金坤炭素有限公司。公司主要产品为碳电极、石墨电极及其他石墨制品，产品广泛应用于冶炼、金属硅、铝合金等行业，市场前景远大。该公司生产经营项目享受湘西开发贷款财政贴息优惠政策，为怀化市和中方县政府重点扶持和保护的优秀民营企业。2013 年，全县有硅铁冶炼企业 3 家，实现工业产值 1.87 亿元，工业增加值 6300 万元，税收 290 万元。其中，湖南金坤碳素有限公司实现产值 5290 万元，税收 88 万元。怀化市鑫都硅业有限公司实现产值 6320 万元，税收 90 万元。中方县华健工贸有限责任公司实现产值 7090 万元、实现税收 88 万元，税收 112 万元。

第二节　电解锰矿冶炼

1996 年，成立怀化市奥怀电解锰厂。1998 年，更名为怀化金天特种锰业有限公司，主要产品有金属锰，低碳锰铁，微碳锰铁，铅锰合金、国防工业用特种锰合金、金属锰粉、抗氧化锰粉等多种锰制品。是年，新成立奥怀电解锰厂。2013 年，实现产值 3565 万元，税收 36.2 万元。2008 年，成立怀化市鸿瑞锰锌材料有限公司，主要生产电解锌、锰极板。县内电解猛矿企业增至 2 家，并延续至 2013 年。2013 年实现产值 5803 万元，上缴税金 110 万元。其中怀化金天特种锰业有限公司实现产值 3565 万元，税收 36.2 万元，怀化鸿瑞锰锌材料有限公司实现产值 2238 万元，税收 73.8 万元。

第三节　机械制造

中方县机械制造产业起步较晚。2010 年，县委、县政府招商引资，引进湖南湘起重机机械制造有限公司。2011 年 5 月，怀化市恒裕实业有限公司整体搬迁至县湘商文化科技产业园，成为县内五大支柱产业之一。2013 年，全县有机械制造企业 2 家，实现工业总产值 4.8 亿元，占全县工业总产值的 7%。实现工业增加值 1.6 亿元，占全县规模工业增加值的 8%。实现税收 650 万元。

怀化市恒裕实业有限公司　1996 年创建，2001 年改造成股份制企业，是一家集热镀锌铁塔生产、电线电缆生产、汽车零部件制造、钢结构工程制作安装、汽车贸易（日产 4S 店）等行业的综合型企业。公司有员工 800 多人，其中高中级专业人员占 40%以上。下属汽车零部件厂位于怀化市中心，距火车站仅 1 公里。湘黔、焦柳、渝怀三条铁路与 209、302 及上瑞高速等三条公路交会于此。本厂原名湖南省怀化汽车零部件总厂，始建于 1974 年，是中国汽车联合会定点生产飞轮齿圈的南方最大的专业厂家之一。经转变机制后，更名为怀化开元汽车零部件有限公司。2003 年 10 月，公司由怀化市恒裕实业有限公司收购，更名为怀化市恒裕实业有限公司汽车零部件厂。工厂拥有 4 条具有国内先进水平的飞轮齿圈生产流水线及全套检测设备，年生产能力达齿圈 50 万件、飞轮 10 万件。200 多个型号的产品与 40 余家主机厂配套，部分产品通过中汽公司出口东欧、北美，产量与质量居全国前列。其中解放 CA-10、东风 EQ140、北京 BJ212 与康明斯系列齿圈，多次评为湖南省优质产品。为适应形势发展和怀化市李公湾大桥建设需要，公司整体从鹤城区搬迁至中方县湘商产业园内。该项目于 2011 年 5 月破土动工，新建铁塔及钢杆塔、钢结构、电线电缆、汽车零配件四大生产项目和综合商贸、标准厂房等配套工程，建成后企业满负荷生产能力比原来增加一倍，年税金6000万元。项目一期钢结构、铁塔及钢杆塔项目，2013年初实施搬迁投产，是年实现产值45286.4万元，工业增加值14351.3万元。二期汽零配件、电线电缆项目正在有序推进，三期建设综合商贸、标准厂房工业地产。

湖南湘起起重机械制造有限公司 位于中方县工业园区内。2010年成立，是一家主要从事“湘起”牌电动葫芦、单、双梁桥、门式、抓斗、铸造、防爆等系列起重机及配件生产制造与销售的企业。拥有国家质检总局颁发的特种设备制造许可证、特种设备安装改造维修许可证。能够独立完成铣、刨、磨、拉、镗、滚、钻、冲压、切割、折弯、卷板、铆焊、化验及热处理等全部工艺流程。公司经过技改扩股，准备筹建湖南湘起起重机机械制造集团有限公司。2013年，实现工业总产值2800万元，增加值965万元，税收18万元，劳动就业32人。

第五章 建材工业

中方县建材工业起步较早。1999年，全县有建材工业企业4家，即怀化水泥一厂（湖南金大地材料股份有限公司前身）、中方县厦康石材有限公司、中方县地利石业公司、中方县宏达陶瓷有限公司。是年，实现工业总产值1.2亿元，实现工业增加值4000万元，实现税收232万元。2000—2013年，全县新增建材工业企业18家，注销规模工业企业10家，实增8家。2013年末，全县建材工业企业12家，实现工业总产值22亿元，占全县工业总产值的34%，增加值6.7亿元，占全县工业增加值的33%，税收8600万元，劳动就业3200人，成为中方县五大支柱产业之一。

1998—2013年中方县新增及注销建材工业企业一览表

表9-5-1

年度	新增企业名称	总产值	增加值	税收	注销规模工业企业
1998	0	0	0	0	0
1999	怀化水泥一厂 中方县厦康石材有限公司 中方县地利石业公司 中方县宏达陶瓷有限公司	1.2亿元	0.4亿元	232万元	0
2000	怀化小康瓷砖厂	2.4亿元	0.8亿元	530万元	0
2001	中方县东方琉璃瓦厂 中方县杰达陶瓷厂 中方县国盛陶瓷有限公司 中方县花桥华兴瓷砖厂	3.9亿元	1.3亿元	920万元	0

续表

年度	新增企业名称	总产值	增加值	税收	注销规模工业企业
2002	中方县花桥卫生洁具厂 中方县恒盛电力建材有限公司	4.8 亿元	1.6 亿元	1120 万元	0
2003	中方县兴鑫石材有限公司	5.5 亿元	1.8 亿元	1420 万元	中方县宏达陶瓷有限公司 中方县花桥华兴瓷砖厂
2004	怀化市怀特耐火材料厂 怀化佳能焦化厂	6.3 亿元	2.1 亿元	1872 万元	
2005		8.2 亿元	2.6 亿元	2104 万元	中方县兴鑫石材有限公司
2006	怀化市高科耐火材料有限公司 怀化市环宇管业有限公司	9.8 亿元	2.8 亿元	2240 万元	0
2007	怀化市安成耐火材料有限公司	11.2 亿元	3.6 亿元	2810 万元	中方县地利石材有限公司
2008	湖南兴龙玻璃有限公司	12.5 亿元	3.82 亿元	3280 万元	怀化市环宇管业有限公司 怀化佳能焦化厂
2009–2010	0	0	0	0	0
2011		19.8 亿元	6.03 亿元	8053 万元	中方县恒盛电力材料有限公司
2012	怀化市金雄混凝土有限公司	20.3 亿元	6.2 亿元	8230 万元	0
2013	怀化市永固节能墙材有限公司 怀化联盛新材料有限公司 怀化金柏力威卫浴有限公司	22 亿元	6.7 亿元	8600 万元	怀化高科耐火材料有限公司 怀化泰山铝铜业有限公司 中方县花桥卫生洁具厂

第一节　水泥及其制品

建县初期到 2000 年，全县无新建或者引进的水泥及其制品企业。2001 年 1 月，湖南金大地材料股份有限公司成立，2011 年 6 月，怀化市金雄混凝土有限公司建成投产，县内有水泥及其制品企业增至 2 家。2013 年，两家企业实现工业总产值 6.1 亿元，工业增加值 2 亿元，税收 8150 万元。

湖南金大地材料股份有限公司　位于中方县泸阳镇五里村。1996 年，原名怀化水泥一厂，年产水泥 10 万吨。2001 年 1 月，企业改制，成立湖南金大地材料股份有限公司。2002 年，公司通过 ISO 9001 质量管理体系认证。2003 年，“金大地”牌水泥获湖南省名牌产品称号。2005 年，完成现代立窑企业与新型干法水泥生产线并轨。2006 年，完成产量 127 万吨，产值近 3 亿元，成为怀化市重点民营企业、湖南西部最大水泥生产企业、中国水泥协会理事单位、湖南水泥协会理事单位。2007 年 6 月，整体变更设立股份公司。实施循环经济发展战略，先后列为“湖南省第一批循环经济试点企业”“湖南省知识产权优势培育企业”和“全国第四批知识产权试点单位”等。2013年，公司通过ISO 9001：2008质量管理体系复查以及ISO 14001：2004环境管理体系认证、OHSAS18001：2007职业健康安全管理体系认证，水泥产品和商标先后获国家免检产品、湖南省产品质量奖、湖南省名牌产品、湖南省著名商标等殊荣。公司拥有2500t/a 新型干法水泥生产线2条，年产水泥熟料155万吨、水泥250万吨，五氧化二钒产能300吨/年、白炭黑1万吨。配套有矿山和铁路专用线。公司拥有总资产20亿元，注册资本9300万元，员工1120人，其中大中专学历及专业技术人员210人，业务涉足建材、化工和电力三大行业。是年，实现工业总产值5.5亿元，增加值1.8亿元，税收7950万元，为全县支柱企业之一。

怀化市金雄混凝土有限公司 位于中方县泸阳镇五里村，建于2011年6月，占地6662平方米，注册资金1000万元，有员工50余人，生产经营C10–C60各种型号商品混凝土，拥有HZS–108微机全自动控制混凝土生产线2条，输送47米高度泵车1台、地泵车1台。2013年，实现产值2200万元，税收200万元。

第二节 建筑陶瓷

1998年，县内有建筑陶瓷企业2家，即小康瓷业公司和宏达陶瓷有限公司。1999年，成立中方县国盛瓷业有限公司和花桥华兴瓷砖厂。2000年，新建中方县东方琉璃瓦总厂、杰达陶瓷厂、花桥卫生洁具厂。2003年，注销中方县花桥华兴瓷砖厂、中方县宏达陶瓷有限公司规模企业。至2013年，全县有建筑陶瓷企业5家，即中方县小康瓷业有限公司、中方县国盛瓷业有限公司、中方县东方琉璃瓦总厂、中方县杰达瓷砖厂、中方县花桥卫生洁具厂（后更名为怀化金佰力威卫浴有限公司）。主要生产彩釉钢瓦、琉璃瓦、地板砖、墙面砖、卫生洁具、陶瓷栏杆等多品种多规格陶瓷产品。是年，实现工业总产值3.8亿元，工业增加值1.3亿元，税收26.9万元。

中方县小康瓷业有限公司 位于中方县工业园花桥建陶小区范围内。1997年3月建厂，注册资金200万元。2000年底，公司通过技改，形成年产80万平方米内外墙砖生产能力。2001年3月，公司投资1100万元，建成一条年产150万平方米的中高档地板砖生产线，纳入县规模企业范围。2003年10月，投资1200万元，新上年产200万平方米高档瓷质抛光砖生产线。2007年，开发具有专利水平的彩釉钢瓦，规模跃居省内同行业前列。2013年，实现工业总产值1.5亿元，工业增加值2300万元，税收9.5万元。

中方县东方琉璃瓦总厂 位于中方县工业园花桥建陶小区范围内。2000年3月建厂，注册资金200万元，拥有资产420万元，职工87人，年生产琉璃瓦50万件，产值1000万元，创利税 100 万元，其主要产品为玻纹琉璃瓦。2013 年，实现工业总产值 1.2 亿元，工业增加值 3980 万元，税收 4.4 万元。

中方县杰达陶瓷厂 位于中方县工业园花桥建陶小区范围内。2000 年 8 月动工，2001 年 4 月建成投产，注册资金 150 万元，拥有资产 400 万元，职工 70 余人，有地墙砖生产线 2 条，年设计生产能力为 120 万平方米。主要生产 200 毫米 × 300 毫米内墙砖和 300 毫米 × 300 毫米地板砖系列产品。2013 年，实现工业总产值 3207 万元，工业增加值 1056 万元，税收 4.4 万元。

中方县国盛瓷业有限公司 位于中方县工业园花桥建陶小区范围内。1999 年 12 月动工，2000 年 3 月建成投产，注册资金 310 万元，年设计生产能力为 75 万平方米外墙砖。2001 年 4 月，投资 150 万元进行技术改造，扩大产品生产能力。2004 年 9 月，投资 50 万元，进行白坯底瓷砖生产技术改造，提升产品质量。2013 年，实现工业总产值 2866 万元，工业增加值 944 万元，税收 4.2 万元。

中方县花桥卫生洁具厂 位于中方县工业园花桥建陶小区范围内。2000 年 8 月建厂，注册资金 220 万元。该厂拥有五条生产线，主要产品为大便器和陶瓷栏杆，年设计生产能力为 20 万件，产品销往怀化及周边五省地区。2013 年，实现工业总产值 5067 万元，工业增加值 2364 万元，税收 4.4 万元。

第三节 耐火材料

2004 年，县内建成第一座耐火材料厂——怀化怀特特种耐火材料厂。2005—2008 年，先后创建怀化高科耐火材料有限公司、怀化市安成耐火材料有限公司。其主要产品有烧结莫来石、建筑陶瓷、微晶玻璃、各种窑具材质、黏土耐火砖等。2013 年，注销怀化高科耐火材料有限公司规模企业 1 家，保存怀化怀特特种耐火材料厂、怀化市安成耐火材料有限公司规模企业 2 家。是年，实现工业总产值 4500 万元，税收 500 万元，安置就业 100 余人。

怀化怀特特种耐火材料厂 位于中方县工业园核心区。2004 年动工，2005 年竣工，总投资 1200 万元，占地 17 亩，为国内专业生产高级耐火窑具、高纯合成耐火原料生产厂家之一。企业生产的窑具产品广泛适用于建筑陶瓷、卫生陶瓷、日用陶瓷、微晶玻璃、电子陶瓷等各种陶瓷窑炉，窑具材质主要有堇青石质、堇青石——莫来石质、刚玉莫来石、刚玉石质、碳化硅制品等。生产能力年产各种高级耐火窑具 3000 余吨、高纯合成莫来石 1000 吨、合成堇青石 1800 吨、可直接接触火焰轻质砖 500 吨。2013 年，实现年产值 1500 万元，利税 200 万元。

怀化市安成耐火材料有限公司 位于中方县工业园区。2007 年动工，2008 年 7 月竣工，占地 50 亩，总投资 1500 万元，建成三条生产线：即年产 1 万吨高铝耐火砖生产线、年产 5000 吨粘土耐火砖生产线、年产 1.5 万吨耐火散装料生产线。2013 年，实现年产值 3000 万元，税收 300 万元，安置就业 100 余人。

怀化高科耐火材料有限公司 位于中方工业园内。2005 年 8 月兴建，2006 年 1 月建成投产。占地 30 亩，总投资 3000 万元。怀化高科耐火材料有限公司是一家福利企业，主导产品为烧结莫来石、合成莫来石、干熄焦用莫来石制品。是年，实现产值 3000 万元，年利润 500 万元，安排残疾人就业 60 名。2007 年，投资 400 多万元，进行精品耐火材料制品技改扩产，年新增产值 1000 万元。2013 年，被注销规模企业。

第四节 玻 璃

全县有玻璃生产企业 1 家。2007 年 6 月，县委、县政府通过省珠洽会，引进湖南兴龙玻璃有限公司，项目总投资 6000 万元。该公司坐落中方镇火车站货站旁，占地 40 余亩，以玻璃加工为主。主要产品有钢化玻璃、夹胶玻璃、中空玻璃、热溶玻璃、汽车玻璃、精雕玻璃、聚晶玻璃等。产品销售以怀化为中心，向四川、云南、广西、贵州、重庆辐射，注册的“兴龙”牌商标评为湖南省著名商标。2008 年，实现产值 153，953，000 万元，利润 536.6 万元，税金 20.12 万元，安排就业 60 人。2012 年 4 月，“兴龙”牌商标被国家工商行政管理总局评为中国驰名商标。2013 年，实现工业总产值 3233.03 万元，利润 134.17 万元，税收 6045000 元，安排就业 96 人。

第五节 石材加工

1998 年，全县有石材加工企业 2 家，即中方县厦康石业发展公司、中方县地利石业公司。2001 年，新增石材加工企业 1 家，即中方县兴鑫石材有限公司。2005 年，注销中方县兴鑫石材有限公司规模企业。2007 年，注销中方县地利石业公司规模企业。2013 年底，全县有石材加工企业 1 家，即中方县厦康石业发展公司。该公司位于活水乡王家村，有注册资金 500 万元，员工 20 余人，开采场 1 个，粗加工生产线 2 条，精加工生产线 1 条。主要产品有路缘石、人行道板、蘑菇石、石栏杆、公园景观艺术雕刻等，其精加工生产的墓碑远销欧美、日本。2013 年，实现工业总产值 8547 万元，增加值 2814 万元，税收 1 万元。

第六节 新型建材

全县有新型建材企业 1 家，即怀化市永固节能墙材有限公司，在建新型建材企业 2 家，即大立建材和大龙建材。怀化市永固节能墙材有限公司成立于 2012 年，注册资金 800 万元，位于中方县工业园范围内，是一家生产高新环保型建材产品的现代化股份制企业。其主要产品为加气混凝土砌块，是一种替代传统实心黏土砖理想的墙体材料。2013 年，实现工业总产值 5800 万元，工业增加值 1909 万元，税收 20.8 万元。

第六章　农副产品加工业

农副产品加工业是中方县五大支柱产业之一，主要有粮食加工、油料加工、食品加工、饲料加工等。1998 年全县没有一家农副产品加工业企业。2005 年，怀化市华汉茶叶有限公司建成投产，县内农副产品加工业零突破。2013 年末，全县有农副产品加工规模企业 8 家，实现工业总产值 9.3 亿元，占规模工业总产值的 14%。增加值 3 亿元，占规模工业增加值的 15%。税收 419 万元，劳动就业 413 人。

1998—2013 年中方县新增及注销农副产品加工企业一览表

表 9-6-1

年度	新增企业	总产值	增加值	税收	注销规模企业
1998–2004	0	0	0	0	0
2005	怀化市华汉茶叶有限公司	2350 万元	920 万元	12 万元	
2006	湖南五溪米业有限公司	1.53 亿元	5700 万元	83 万元	0
2007	0	0	0	0	0
2008	怀化市欧劲果业有限公司	2.2 亿元	7054 万元	120 万元	0
2009	湖南喜湘聚食品有限公司 湖南金糯咪食品有限公司	3.6 亿元	1.18 亿元	139 万元	0
2010–2011	0	0	0	0	0
2012	怀化市天雪食品厂 怀化富源油业有限公司	4.3 亿元	1.7 亿元	163 万元	0
2013	怀化大康九鼎饲料有限公司	9.3 亿元	3 亿元	419 万元	0

第一节　粮食加工

1998 年建县至 2003 年中方县粮食加工规模企业为零。2004 年 10 月，湖南五溪米业有限责任公司建成投产是当时全县唯一家粮食加工规模企业，该公司位于县工业园内，注册资金 2080 万元，以粮油精加工为主，走“公司加农户，企业连基地，科协作动力，利益为纽带”的经营模式，是湖南省农业产业化龙头企业。2006 年后，着力实施 3.5 万吨精米加工技改、

500吨糠油生产线技改和1万吨仓容扩建项目，建设优质水稻基地30万亩，开发㵲水飘香、酉水藏珠、辰河玉带、五溪贡米、五溪精米、五溪硒米等品牌6个，“五溪硒米”获“第四届中国优质稻米博览交易会优质产品”，产品畅销湖南省周边市区，远销广东、广西、贵州、重庆等地。2013年，实现工业总产值4452万元，工业增加值1277万元，税收3万元。

第二节 油料加工

1998年，县内只有一批油料加工小作坊。2002年，怀化市富源油业有限公司新建于中方镇长远村，县内始有规模油料加工企业。注册资金2000万元，主要生产发明专利产品“运春”“湘福源”牌保健食用油和天然茶籽油、核桃油、精制茶籽油等系列产品，年生产能力1.5万吨左右。是年，被农业部评定为全国创名牌重点企业，被湖南省科技厅评为省级民营科技型企业。2003年3月，获国家知识产权局颁发中国食用油类唯一发明专利(ZL01106967.8)，获国家质量技术监督总局颁发的产品（QS）生产许可证。2005年4月，获ISO 9001—2000国际质量体系认证。5月，被科技部评为全国科技星火计划126个重点项目之一。2006年12月，获湖南省食品卫生质量优质产品。2007年1月，获中国著名品牌。2008年，获湖南省科技创新金奖。2009年，获中国质量万里行优质合格产品和消费信得过产品。2010年获中国质量万里行全国消费者满意产品和质量稳定合格产品。2011年，获湖南省著名商标。2013年，实现总产值9672万元，增加值3562万元，税收27万元。是年末，县内有各类油料加工作坊152家。

第三节 食品加工

一、糕饼加工

中方县糕点加工主要是冷饮企业。1998年建县初至2000年，全县有糕饼加工企业处于空白状态。2001年3月，怀化市天雪食品厂竣工投产，2009年11月，湖南金糯咪食品有限责任公司建成投产，自此中方县共有冷饮企业2家，到2013年底，共实现产值1.73亿元，税收66.4万元。

怀化市天雪食品厂 位于中方镇长远村枫木湾。2000年征地建厂，2001年3月竣工投产，总投资480万元，占地5860平方米，有员工120人，主要生产雪糕、冰棒制品。2013年，更名为天雪食品有限公司，注册资金1000万元。是年，实现产值8652万元、税收23.7万元。

湖南金糯咪食品有限责任公司 位于中方湘商文化科技产业园内。1999年，为贵阳冷饮厂，其“金糯米”产品是贵州省名牌产品。2009 年 11 月，该公司在中方县注册成立并与政府签约，投资新建冷冻饮品速冻食品生产线及冷冻物流项目，项目总投资 11780 万元，占地 60 亩，其中：一期年产 10 万吨雪糕、汤圆、水饺生产线，占地 36.5 亩，投资 6800 万元，于 2010 年 3 月开工，2012 年 2 月建成投产，完成产值 4455 万元，同比增长 51.87%，实现工业增加值 1697.9 万元，同比增长 52.08%。二期 2 万吨冷冻物流项目，投资 5500 万元。整体项目达产后，将填补湖南省冷冻饮品速冻食品生产领域的空白，成为周边最大的冷冻物流中心。2013 年，实现总产值 8650 万元，利税 42.7 万元，安排就业 200 多人。

二、豆制品加工

县境农户有利用大豆制作豆腐习俗，逢年过节或红白喜事，农户都可自做豆腐。花桥、江坪两地豆制品加工最有名气，不仅小作坊多，且制作加工的水豆腐和油豆腐，质量高，口感好，成为餐桌佳肴和市场畅销货。2008 年 4 月，北京马大姐食品有限公司与北京富华食品有限公司共同投资创办怀化市喜湘聚食品有限公司，成为中方县首家豆制品加工规模企业。该公司坐落在 S223 省道旁原怀化市益利来生物肥料有限公司厂址，注册资金 1050 万元，占地 33.5 亩，拥有现代化厂房及办公大楼 8000 平方米，有价值 500 万元国内一流的休闲豆制品生产线 1 条，单班日产休闲豆制品 10 吨，年生产能力 1 亿元，利税 400 万元，可安排就业 500 人。公司的主要产品“湘里美味”豆腐干，选用优质大豆，采用纯天然香料和佐料配置方法和包装材料，经先进的高温灭菌设备消毒，风味独特，保持期更长。根据不同的地域研发不同的口味，适合于大众化消费群体。2013 年，公司有固定资产 1800 万元，员工 300 人，其中专业技术人员 50 人，实现工业总产值 1.7 亿元，工业增加值 7254 万元，税收 5 万元。

三、葡萄酒加工

中方县葡萄资源丰富，有优质葡萄种植面积 5 万亩，重点分布在桐木、牌楼、中方、泸阳、花桥、新建、丁家、蒿吉坪等十多个乡镇，年产量 11.5 万吨。桐木镇为县内葡萄主产区，有中国南方“吐鲁番”美称。生产的湘珍珠刺葡萄皮厚、多汁、多籽，含糖量在 12.3%～19.8%之间，总酸 0.35%、糖酸比 37.8%、抗坏血酸 21.92 毫克 /100 克、单宁 0.04%、蛋白质 0.88%、纤维素 0.23%，适宜制汁和酿酒。2006—2007 年，湖南农业大学专家对怀化刺葡萄酿酒进行全面试验。湖南神州庄园酒业有限公司和湖南曙光山城酒业有限公司，专门利用桐木刺葡萄进行酿酒并获得科技成果认定。2009 年 10 月，中方县湘珍珠葡萄酒庄建成试产，累计投入资金 218 万元，成功酿造出特制干红、珍藏级干红、顶级干红、橡木桶窖藏级干红等不同类型的纯正干红刺葡萄酒。2010 年 10 月，经怀化市商品质量监督检验所检测，产品符合国家葡萄酒技术标准。品尝该酒，既有国际流行葡萄酒风味，又有刺葡萄酒特殊的果香，饮后余味悠长，堪称红酒佳品。2013 年，实现销售收入 600 万元。

第四节　饲料加工

全县有饲料加工规模企业1家，即怀化大康九鼎饲料有限公司。其前身为怀化九鼎牧业有限公司。2012年12月18日，湖南九鼎科技（集团）有限公司与湖南大康牧业股份有限公司合作，更名成立怀化九鼎饲料有限公司。该公司坐落中方县城南怀化市工业园区内，占地面积37000余平方米，固定资产投入1600万元。该公司主营种猪、仔猪、育肥猪及饲料的生产销售等，产品涵盖猪、鸡、鸭、鱼四大类，系列品种近百个。生产的九鼎饲料是"湖南省著名商标""湖南省名牌产品""全国饲料企业50强""湖南省高新技术企业"。该公司是湘西南区域内最大的饲料生产加工企业，提炼的"九鼎核心养猪模式""五段肥生猪育肥模式""猪群营养保健模式""6050工程"等对规模猪场具有很强的指导性和操作性。2013年，公司有员工110人，实现产值2亿元，税收258万元。

第七章　造纸印刷业

造纸印刷产业是中方县五大支柱产业之一。2000—2010年，先后有6家造纸印刷企业纳入、注销规模企业范围。到2013年底，全县共有造纸印刷企业3家，实现工业总产值2.5亿元，占规模工业企业总产值4%。增加值0.3亿元，占规模工业企业总产值2%。税收188万元，劳动就业435人。

表9-7-1　**2000—2013年中方县新增及注销造纸印刷企业一览表**　单位：万元

年度	新增企业名称	总产值	增加值	税收	注销规模企业
2000	中方县针叶造纸厂	655	213	2.55	0
2001	0	0	0	0	中方县针叶造纸厂
2002	怀化市桐木湘源纸厂	1114	335	17.85	0
2003	0	0	0	0	0
2004	中方县山友纸业有限公司	3361	1123	45	怀化市桐木湘源纸厂
2005–2006	0	0	0	0	0
2007	0	0	0	0	中方县山友纸业有限公司
2008	0	0	0	0	0
2009	怀化市百草园印务有限公司 怀化市恒大彩印包装有限公司	3930	1310	85	0
2010	中方县隆盛纸业有限公司	7200	2300	173	0
2011–2012	0	0	0	0	0
2013	0	25000	3200	188	0

第一节 造 纸

1998—2010年，全县有造纸企业4家，即中方县隆盛纸业有限公司、中方县针叶造纸厂、怀化市桐木湘源纸厂、中方县山友纸业有限公司。期间，已注销造纸规模企业3家。2013年末，全县保留造纸企业1家，即中方县隆盛纸业有限公司。

中方县隆盛纸业有限公司 2009年成立，占地20余亩，拥有资产3000多万元，员工55人。该公司主要生产高强瓦楞纸，其产品远销长沙、贵州、广东等地。2013年，实现产值11687万元，利税24万元。

中方县针叶造纸厂 2000年成立，主要生活用纸生产销售生活用纸。2001年，实现产值655万元，税收2.55万元。是年，注销规模企业。

怀化市桐木湘源纸厂 1996年建厂，主要生产印刷纸、瓦楞纸。2002年，实现产值1114万元，税收17.85万元。2004年，注销规模企业。

中方县山友纸业有限公司 2002年成立，主要生产印刷用纸。2004年，实现产值1259万元，税收11.3万元。2007年，注销规模企业。

第二节 印 刷

2009年，全县有印刷企业2家，即怀化怀化市百草园印务有限公司、怀化市恒大彩印包装有限公司。

怀化市百草园印务有限公司 位于中方湘商文化科技产业园内。2009年7月，由怀化市印刷行业6家资深企业联合出资设立，占地50亩，注册资金1000万元。项目总投资7000万元，其中固定资产投资6000万元，流动资金1000万元，分二期进行：第一期主要为书刊印刷生产线，第二期主要为精包装印刷生产线和保密件印刷生产线。2010年11月，项目一期投产。2013年，实现产值12467万元，同比增长14.21%，实现工业增加值5212.5万元，同比增长13.63%。项目二期按照计划有序推进，达产后，年营业收入1.5亿元，年利税2000万元，解决就业300多人。

怀化市恒大彩印包装有限公司 位于中方湘商文化科技产业园内。由怀化市印刷包装行业9位资深企业家共同出资合股创立。该项目总投资7000万元，其中固定资产投资5500万元，流动资金1500万元。该项目第一期占地23亩，新建高标准快速印刷包装生产线。项目于2009年10月破土动工，2011年4月投产。2013年，实现产值12529万元，同比增长13.96%，实现工业增加值5238万元，同比增长13.38%。二期技改扩产工程正在筹建中。项目全部达产后，年产值可1.8亿元，利税2000万元以上，可安排就业170多人。

第八章　其他工业

第一节　家具制造

建县初，县内没有规模家具制造企业，基本是手工小作坊式的加工。2007年，县工业园引进怀化市健力家具制造有限公司。该公司位于泸阳镇五里村，占地面积23.04亩，总投资1500万元。是年3月开工建设，2008年初建成投产。是当时怀化市规模最大、品种最全的办公家具制造企业，也是中方县唯一的家具制造企业。2013年，实现规模工业总产值3000万元，上缴利税50万元，安排就业300余人。

第二节　电子工业

2009年11月，成立怀化亚信电子有限公司，注册资金500万元，占地8000平方米，建厂房4000平方米。生产设备有全自动绕线机50台、半自动绕线机420台、测试仪器45台，产品组装生产线30条。该公司隶属香港亚信集团，是应电子信息产业潮流而成立的高科技应用实体，主要从事电源变压器、SMD变压器、SMD电感、平板变压器、电感线圈等为核心的产品自主研发、生产、加工和销售。2010年3月，通过ISO 9001质量体系和ISO 14001环境管理体系认证。11月，通过美国UL绝缘系统认证并取得证书。2011年8月，为提升企业在行业的竞争力，公司全面推行ERP系统管理模式。产品广泛用于LED背光源、汽车音响、DVD、平板电视机、平板液晶显示器、笔记本电脑、苹果手机、LED显示产品、通信网络等。产品远销欧美多个发达国家和地区。是年，实现总产值3215万元，增加值1100万元，税收57万元。2013年，全县共有电子企业3家，即湖南天佑科技有限公司、怀化亚信电子有限公司和怀化星珍电子有限公司，有员工519人，实现工业总产值1.7亿元，增加值0.6亿元，税收124万元。

第三节　鞭炮制造业

1998年，聂家村、桐木、石宝等乡镇一些农户传承家庭作坊生产鞭炮或加工半成品。因无序生产加工，村民生命财产安全没有保障，被县政府依法取缔。是年，桐木镇政府企业办投入资金创办鞭炮烟花厂，生产各类爆竹2000余万响，产值9万余元。1999年，聂家村乡部分村民合伙创办烟花爆竹厂，后因管理不善，效益差被迫停产，于2009年改制为勇盛烟花爆竹厂，属个人独资企业。2005年，桐木鞭炮烟花厂从浏阳引进资金、技术和人才，每年新增花炮5亿响，产值16万元。至2010年底，县内有桐木鞭炮烟花厂、勇盛烟花鞭炮厂、堵家烟花鞭炮厂、细缅垅烟花鞭炮厂4家。由于生产销售形势较好，4家企业均扩大生产规模，从业人员在400人员以上，年产烟花鞭炮28亿响，年产值4000万元。产品除供应本地外，还销往周边贵州省和鹤城、辰溪、溆浦、洪江、新晃等县市。烟花鞭炮属危险行业，高温季节不能生产作业，除技术人员外，大部分是当地农民工，农忙务农，农闲务工，人员流动性较大。2013年，因机械化整改提升缺乏资金周转，加之湖北、浏阳等外地烟花鞭炮的流入，对烟花鞭炮市场冲击大。本地生产的烟花鞭炮竞争力不强，销路不畅，产品产量质量均下降，企业效益下滑。是年，生产烟花爆竹11亿响，产值1800万元。

第四节　电线电缆工业

怀化市宇隆电工器材有限公司　位于中方县湘商文化科技产业园内，为东莞雅科精密线材有限公司与东莞宇隆电工材料有限公司合资企业。2011年1月11日，在中方县注册，注册资本100万元。建设项目为年产2万吨超微特种漆包线，投资总额2.2亿元，占地102亩。12月正式签约，建设期为2012年2月至2014年12月。2013年，一期1万吨超微特种漆包线生产项目试生产，并适时启动第二条1万吨超微特种漆包线技术改造工程。项目建成后，销售收入20亿元、税金1亿元以上，将打造成为周边区域内行业龙头企业。

怀化怀粤电线电缆有限公司　怀化怀粤电线电缆有限公司成立于2007年，是专业生产铜线、铝线等电线电缆产品的企业。公司拥有先进的电线电缆生产设备及健全的检测设施，产品通过国家质量认证中心CCC合格认证。公司原址位于怀化市湖天东路，下设河西机电市场门市部、河西浙闽物质城门市部、电线电缆生产厂、铝厂、拉丝厂。主要产品有各种型号规格的电线电缆产品，并承接铜、铝线产品加工，产品注册商标有“怀粤”“粤湘怀”，产品质量在同行业中处于领先地位，深受广大消费者青睐。2013年10月，该公司电线电缆生产线建设项目在县湘商文化科技产业园区动工，总投资2000万元，占地10亩，计划新建厂房4200平方米，综合楼2325平方米。项目建成后，年生产铜线、铝线、护套线等产值3000万元，实现利税300万元，安排就业岗位50人。

第五节 科技型工业

县内有科技型企业1家，即怀化市奇效节能科技有限公司。该公司是一家集高效节能产品专业研发、生产、销售、服务于一体的科技型生产企业，先后研发节能环保型热水锅炉、小型灶具和气化炉三大系列产品，拥有专利技术20项，其中6项为国内首创。公司通过ISO 9001：2000国际质量管理体系认证，获IEEPA（国际节能环保协会）国际会员资质证书。公司制定的《节能环保型热水锅炉》企业标准（Q/VACF001-2008），已经质量技术监督部门认定备案，其中热效率等节能多项性能指标高于国家行业标准10%以上。公司具有服务高效的产品研发、生产、营销网络，销售网络覆盖湖南、湖北、贵州、四川、重庆、广西等十多个省（自治区、直辖市）。2010年3月31日，为满足市场需求，适应形势发展，公司与中方县湘商产业园签约，占地30亩、投资5200万元，新建年产1000兆瓦（2000台）节能环保型热水锅炉生产线项目。2013年末，完成设备调试、试产。建成后，企业满负荷运行，年产值1.5亿元，税金1000万元，安排就业400人。

第十篇

城乡建设与环境保护

CHENG XIANG JIAN SHE YU HUAN JING BAO HU >>>>>>

第十篇　城乡建设与环境保护

1998年，中方建县时无县城，县委、县人大、县政府、县政协“四大家”和县直各单位在鹤城区办公。新成立的中共中方县第一届委员会第一次常委会议提出建设“中方生态县城”的理念。1999年，编制《中方新城总体规划（1998—2010年）》，规划贯彻生态理念，明确生态县城建设的性质、规模和布局。之后，陆续编制分区规划和详细规划。2002年，组建县城建设管理委员会，全面负责县城建设工作。4500亩县城建设首期用地征收到位。是年8月28日，在县城新址铜锣坡举行中方新城开工奠基仪式，拉开生态城建设帷幕。采取以土地置换方式换取基础设施和四大家办公楼建设。2005年，县行政中心落成。县委、县政府机关单位陆续从鹤城区迁入中方新城，结束有县无城的历史。

2007年，怀化市城市总体规划提出“一体两翼”组合城镇发展策略，中方县在“一体两翼”组合城镇中处于“怀抱鹤城，并联芷江”的战略区位。2009年，县委、县政府按照“生态立县、旺市融城、兴工促农、科学跨越”总体发展战略，强力打造“生态园林城市”，县城规划范围从17.8平方千米增加到120平方千米。至2013年，县城建设累计投入160.98亿元，初步建成行政办公区、商业区、住宅区、休闲旅游区、工业区、现代物流区。县城建成区面积12平方千米（含市工业园区），常住人口4.71万人。城区新建道路28条，总长49.2千米，道路绿化普及率95%，人均拥有道路30.99平方米。新建综合性公园1个、休闲广场2个，游园及街头绿地10余处，公共绿地面积30万平方米，人均公共绿地面积7.89平方米。新建自来水厂1座，污水处理厂1座，城区管网全部入地，供水供电普及率100%，绿化覆盖率45%，环卫设施齐全，垃圾日产日清，城区道路照明实现全覆盖，中方生态园林城市初具规模。

县委、县政府在重力抓好县城建设的同时，加快小城镇建设，推进城乡一体化进程，先后编制乡镇总体规划和控制性详细规划、集镇农贸市场规划及村庄整治建设规划，全面推进新农村建设。2006年，按照“生产发展。生活宽裕、乡风文明、村容整洁、管理民主”目标要求，实施“万村千乡”工程，推动城乡互动发展，加快集镇综合开发，乡村道路、农村饮水、农房建设、集镇公用设施和人居环境都有极大改善。2013年末，全县建制镇由建县时的6个增加至11个，集镇街道居委会由建县时的13个增加至15个。集镇人均居住面积

28.4 平方米，农村人均居住面积 31.5 平方米，供电普及率 100%，农村自来水普及率 100%，电视电话覆盖率 97%。214 个行政村，村村通公路，道路总长 755.21 千米，路面水泥硬化。公交、桥梁、路灯、排水、绿化和环卫设施基本配套。

第一章　城乡建设规划

第一节　县城规划

一、总体规划

1998 年 6 月，县政府委托上海同济城市规划设计研究院首次编制《中方新城总体规划（1998—2010 年）》。1999 年 10 月 8 日，县城总体规划经怀化市人民政府批准。规划中方县新城北起鸭咀岩、南至毛田村、东起枝柳铁路、西至㵲水河东岸，总面积 17.8 平方公里。城市定位生态县城，行政区不修围墙，以绿化带相间隔。城市道路保留有价值的山形水势，自然起伏变化。县城所有管线全部入地，生活污水采用生态模块分散处理，保持城市空间、地面、水域全方位清洁明亮。保护和利用县城现有的山体、水域等自然景观，注重道路绿化、庭院绿化和公共绿地建设，城区平均绿地率 45%以上。规划新县城以商贸休闲旅游度假为主，以轻工业和农产品加工业为特色，一、二、三产业协调发展的开放式生态园林城市，成为全县政治、经济、文化中心，成为怀化市区不可分割的一部分。规划近期（1998—2005 年）3 万人、用地规模 3.15 平方千米、人均用地 105 平方米。中期（2006—2010 年）7 万人、用地规模 7.14 平方千米，人均用地 102 平方米。远期（2011—2020 年）10 万人、用地规模 10 平方千米、人均用地 100 平方米，城市化水平 50%。

总体规划实施过程中，先后两次进行局部调整。2002 年，调整城市建设用地范围及用地布局规划，将怀黔公路东侧 3.46 平方千米城市建设用地调整到河西。将县城总体规划用地布局南、北两大片区调整为北组团、南组团、河西组团。2006 年调整扩大城市规划区范围，城区规划范围北起铜锣村，南至竹田上瑞高速公路，西起临三高速公路，东至枝柳铁路，总面积由原来 17.8 平方千米扩大至 38 平方千米。城市用地规划布局划分为 3 个组团 9 个功能区，其中北组团有中心区、南湖区、城北区、阳合垄区 4 个功能区，南组团有中方镇区、工业仓储区、栗山区 3 个功能区，河西组团有荆坪区、茶园坡区 2 个功能区。

随着县城区域规划调整、县城提质扩容和旺市融城战略实施，原规划不能更好地指导县城建设。2010 年，根据《中华人民共和国城乡规划法》，委托湖南省城市规划研究设计院对县城总体规划进行新一轮修编。修编后，将县城性质定位为“山水园林、生态宜居新城，市职业教育基地和省级工业园区，怀化城市的副中心”。对城市规划结构进行调整，将规划区范围调整为河西组团18.8平方千米，河东组团27.5平方千米，工业园组团（含新加坡工业园）73.7平方千米。在城市用地布局上，把怀化市工业园和新加坡工业园纳入总体规划范围，县城规划范围到2020年达到120平方千米，县城人口达到25万人。

二、详细规划

1999年，完成县城北片区“四大家”机关行政区、休闲度假区、中心广场控制性详细规划。完成县城南组团控制性详细规划设计和荆坪古文化小康村修建性详细规划。2002年，在总体规划调整时，完成县城北组团控制性详细规划，确立北组团地理位置、面积及4个功能区的划分。完成县城行政办公区平面规划、县直56家单位平面规划、县城中心广场及四大家修建性详细规划。2005年，完成县直各单位和同乐安置新村、龙井新村拆迁安置区修建性详细规划。2006年，完成县城商业网点、物流配送中心、桃花源住宅小区、县人民医院、实验学校详细规划。2008年，完成县城道路系统详细规划和县城道路排水系统详细规划。2010年，完成县城南组团控制性详细规划。规划依托中方镇现状，逐步向东、向南发展，形成以居住（安置）、商贸、工业仓储用地为主的县城副中心。2013年，委托上海同济城市规划设计院和怀化市规划研究设计院，按照总体规划的框架，完成河西组团控制性详细规划。其功能定位为以高新职业培训和教育为主体，兼顾高技能培训和科研生产功能、文化服务功能以及古村观光度假、休闲旅游为一体的综合区。规划区总用地面积5.14平方千米，人口约4万人。

三、专项规划

1999年，完成城市市政工程管线综合规划设计、防洪工程规划设计。2002年，完成中方城区金园路施工图设计、同乐路街景规划及施工图设计、南湖路施工图设计、县城北组团道路竖向规划调整设计、兴中大道（北段）街景规划设计、经济适用住房小区规划设计、荆坪古文化小康村旅游规划设计。2004年，完成金园路、南湖路电力、通信、绿化等施工图设计、县城北组团污水系统规划设计和县城道路亮化工程的规划设计。2006年，完成滨江路、景山园路风光带规划设计。2008年，完成县城路灯平面规划。2012年2月，聘请中国市政工程西南设计研究总院完成《中方县城市绿地系统规划》编制。规划近期目标：2013年建成湖南省园林县城。2015年建成国家园林县城。远期目标：2016—2020年，全面形成布局合理、具有中方县特色的绿地系统，建设成生态田园城市。是年5月，编制县城给水、排水专项规划。规划近期（2012—2015年）枝状管网完善成环状管网，远期（2016—2020年）实施水厂扩建工程，日供水量达到6万吨，实现建成区自来水普及率达到100%。规划新建区排水体制为雨污分流制，将旧城区雨污合流制改造成雨污分流制。规划新建排污泵站3个，管网覆盖率达到90%以上，生活污水处理率达到90%以上，工业废水处理率达到

100%。2013年，县政府委托环保部南京环境科学研究所编制《中方县生态县建设规划》。规划县城建设公共绿地7个（金大地公园、南湖公园、中方镇公园、工业园北区中央公园、工业园南区中央公园、牌楼公园、桐木公园）。在县城主要道路交叉口和重要地段建设小公园和小游园，道路两侧建设10～15米宽的防护绿带。保护㵲水河沿岸及荆坪古村周边的生态绿地，改善县城西侧、东侧山体绿化，形成“一江两岸，双网连城”的县城景观格局。

第二节　乡村规划

一、乡镇规划

1999年，进行泸阳镇、桐木镇总体规划修编。2003年，县政府出台《中方县建制镇规划管理暂行办法》，全面推进全县乡镇规划管理工作。2004—2005年，铜湾、牌楼、铁坡、花桥、新建5个乡镇进行总体规划修编，活水、接龙、石宝、新路河、炉亭坳5乡镇进行市场规划。2006年，活水乡进行总体规划编制。2007年，聂家村乡进行总体规划编制。至2013年，中方、牌楼、桐木、泸阳、花桥、铜湾、铁坡、铜鼎、新建、接龙、新路河11个建制镇完成总体规划修编。其中：中方镇、牌楼镇、桐木镇三镇镇区已纳入县城总体规划范畴，中方镇区纳入县城河东组团控制性详细规划，牌楼镇、桐木镇区纳入怀化市工业园组团控制性详细规划。泸阳镇定位为县域北部经济区的中心镇，铜湾镇定位为县域东部经济区的中心镇。全县11个乡，除蒿吉坪乡政府因选址未定没完成总体规划外，活水、聂家村、石宝、下坪、龙场、丁家、锦溪、蒋家、袁家、炉亭坳10个乡均完成总体规划编制和集镇农贸市场规划。

二、村庄规划

1998年，县建设局设立乡镇规划建设管理股，下设中方、桐木、牌楼、泸阳、花桥、铜湾、铁坡7个乡镇建管站，负责乡镇的规划建设。2002年后，随着农业现代化、乡村城市化、城乡一体化和社会主义新农村建设推进，村庄规划上升为一项具有长远性的战略任务。从2006年开始，各乡镇组织专家，按照“因地制宜、节约土地、有利生产、方便生活、美化环境、持续发展”的原则，编制村庄整治建设规划。村庄整治建设规划以行政村为单位，内容包括规划区范围住宅、道路、供水、排水、供电、垃圾收集、畜禽养殖场所等农村生产、生活服务设施、公益事业各项建设的用地布局、建设要求，以及对耕地等自然资源和历史文化遗产保护、防灾减灾等具体安排。村庄整治建设规划有现状图、规划图、说明书，规划期限至2030年。截至2013年底，全县完成村庄整治建设规划90个。

表 10-1-2-1

2006—2013 年中方县新农村建设规划编制名单一览表

乡镇	2006 年		2007 年		2008 年		2009 年		2010 年		2011 年		2012 年		2013 年	
	数量	村名	数量	村名	数量	村名	数量	村名	数量	村名	数量	村名	数量	村名	数量	村名
中方镇	2	荆坪村、乌溪村									1	茶园坡村	1	岩头元村	1	房溪村
牌楼镇	2	板山场村、陈家湾村											2	罗渔村、站坪村		
桐木镇	1	大松坡村	1	黄家湾村	6	桐木村、桐坪村、黄松坳村、上丰坡村、下丰坡村、宋信村							1	宝寨村	9	桐木村、下丰坡村、楠木铺村、半界村、芒冬溪村、宋信村、桐坪村、黄松坳村、上丰坡村
炉亭坳乡			1	马家溪村									1	柑子园村		
泸阳镇	1	新店坪村	1	金塘村							1	和平村	1	大斗村		
花桥镇	1	梅树冲村											1	车坪村	11	三洞溪村、排叶村、洞竹山村、三洞口村、火马塘村、汤家村、千丘田村、园艺村、山羊头村、洗沙村、白沙村
聂家村乡													1	白洋坪村	1	堵家村
下坪乡	1	桥上村											1	葛庄村	4	梁红村、良坪村、壮稻村、葛庄村
龙场乡													2	芭蕉溪村、槐子坪村		
铜湾镇			1	山岔村							1	思坪村	2	费家田村、黄溪村		
铜鼎镇											1	南家坊村	1	铜鼎坪村		
新路河镇													1	澄渡江村		
新建镇			1	黄金村							1	黑禾田村	2	四卧龙村、小岩村	2	黄立坪村、横板桥村
袁家乡											1	桂花村	2	上炉村、袁家村		
蒋家乡					1	坳头村							1	蒋家村		
丁家乡					1	团山村							1	太平村	1	团山村

续表

乡镇	2006年		2007年		2008年		2009年		2010年		2011年		2012年		2013年	
	数量	村名	数量	村名	数量	村名	数量	村名	数量	村名	数量	村名	数量	村名	数量	村名
铁坡镇											1	江坪村	2	团一村、两利村		
锦溪乡													2	金坪村、锦溪村		
石宝乡													1	鱼龙桥村		
活水乡			1	苏村									1	龙盘村	1	王家村
接龙镇											1	桥头村	1	龙溪村		
蒿吉坪乡													2	干田垅村、罗洪村		

第三节　规划管理

1998年，成立县建设局规划管理股、县规划设计室。规划管理股有工作人员12人，其中中级职称5人。规划设计室有工作人员15人，其中中级职称5人。2006年5月，成立中方县规划局，属县建设局二级机构，下设规划管理股、规划设计室等。2011年9月，规划局从建设局分离出来，成立中方县城乡规划局，为县政府直属正科级事业单位，内设办公室、用地股、工程管理股、规划设计室4个职能股室和规划监察大队、法规股、乡镇规划股3个二级机构，编制37人，其中专业中级职称15人。

2003年，县政府加强城乡规划管理工作，颁布实施《中方县县城规划管理暂行办法》《中方县建制镇规划管理办法》。2010年11月17日，县三届人大常委会审议通过《中方县城乡规划管理办法》《中方县县城规划管理技术规定》。规定不符合城镇规划的项目不得批准立项，未编制控制性详细规划的地块不得出让、转让和开发建设，任何项目都不得突破规划红线和绿线。县城乡规划局作为城乡规划管理主管部门，负责编制县城规划、乡镇规划、村庄规划及详细规划，并通过对建设项目的选址意见书、建设用地规划许可证、建设工程规划许可证（即“一书两证”）审批发放实施规划管理。

建设项目选址规划管理　中方县规定以划拨方式提供国有土地使用权的建设项目，建设单位在报送有关部门批准或者核准前，持选址申请表、地形图、选址论证报告等材料，向县城乡规划主管部门提交申请书，取得县城乡规划主管部门核发的选址意见书。以出让方式提供国有土地使用权的建设项目，项目批准机关在项目批准前征求县城乡规划主管部门的书面意见。符合城乡规划或者相关专业规划要求的，核发选址意见书。不符合城乡规划或者相关专业规划要求的，书面告知申请人并说明理由。1998年实施“一书两证”审批，至2013年

年底，全县共发放《建设项目选址意见书》115份

建设用地规划管理 中方县对县内建设用地严格实行规划许可制度。规定建设单位或个人在申请建设用地前，持项目批准文件、选址意见书和有关材料，向县城乡规划主管部门提交建设用地规划许可证申请书。县城乡规划主管部门自受理申请之日起二十个工作日内，依据控制性详细规划，确定建设用地的性质、位置、面积、界限和容积率、建筑高度、建筑密度、绿地率等土地开发强度指标，符合建设用地规划条件的，核发建设用地规划许可证。至2013年底，全县共发放“建设用地规划许可证”227份，其中单位建设用地112份。

建设工程规划管理 中方县建设工程规划管理工作，主要对新建、改建、扩建的建筑物、构筑物核发建设工程规划许可证。规定工程建设的单位或者个人，持项目批准文件、建设用地规划审批手续等材料，向县城乡规划主管部门提交建设工程规划许可证申请书。县城乡规划主管部门自受理申请之日起二十五个工作日内，核定建设工程规划条件、审查建设工程规划设计方案、核发建设工程规划许可证。在建设工程开工前，组织定位、放线。其基础、管线等隐蔽工程完工后，组织验线。依法将经审定的修建性详细规划、建设工程规划设计方案的总平面图予以公布。工程建设单位或者个人在施工现场公示建设工程规划许可内容和建设工程规划设计方案。未取得建设工程规划许可证的，县城乡建设主管部门不予办理施工审批手续。至2013年底，全县共核发建设工程规划许可证117份，其中单位建设工程94份。县城市政管线和交通工程，因建设主体一般为县人民政府，投资主体为公共财政，规划管理部门尚只参与选址、定线、设计、施工管理过程，规划管理的“一书两证”制尚未实施。

规划实施监督检查 1998—2011年，规划实施监督检查工作由县建设局城市监察大队负责。实行规划层级监督，推行城镇规划错案行政责任追究制度，保障规划实施。2012年3月，成立城乡规划局城乡规划监察大队，加大规划批后项目监督管理工作力度，对违反规划许可进行建设的项目依法立案查处，限期整改。对未批先建、少批多建的违法建设及时下达停工通知书，遏制违法建设。2010—2013年底，对304栋6万平方米违法、违规建筑依法进行拆除，保证城镇规划顺利实施。

第二章　县城建设

第一节　市政工程

一、道　路

2002年，按照中方生态城总体规划开始道路建设。城市道路不强求“横平竖直”，保持自然坡度和弯度。主干道保持线条流畅，坡度不大于4%。次干道依据山形水势自然起伏，坡度不大于6%。是年，县城第一条道路迎松路（原名金园路）破土动工。2003年，迎松路全线贯通，南湖中路、同乐路、滨江路开工建设。2005年，拉通芙蓉路、象形路、五溪路、滨江路。2008年，举办十年县庆，县城路网建设加快。是年在建道路14条，总长18千米。2010年，续建新建县城道路21条，总长34.2千米，县城“三纵五横”路网骨架初步形成。2011年，县政府决定县城部分道路名称以道路两旁所栽树种进行命名。至2013年，投入资金4.3亿元，新建道路34条，里程55.3千米。其中，河东组团新建道路23条，36.7千米。工业园组团新建道路10条，17千米。河西组团1条，1.6千米。

迎松路　原名金园路，县城东西向主干道之一。东起香樟路，西至滨江中路，全长2180米，宽50米，由怀化市政公司承建。2002年开工建设，2006年竣工，耗资3900万元，是县城内最早修建的一条主干道。该道路两厢以行政办公楼为主，县委、县人大常委会、县政府、县政协、县住建局、县规划局、县工商局、县国土资源局、县信用联社、县电力公司、倚林嘉园、名人轩家世界等单位坐落在迎松路两旁。

南湖路　县城南北向主干道之一。北起丹桂路，南至紫荆路，全长3980米，宽50米。由湖南诚建集团承建，总投资3700万元。其中：南湖中路长2780米，宽50米，建于2005年。南湖南路长1200米，宽19米，建于2010年。南湖北路长785米，宽40米，投资1786万元，建于2010年。南湖中路两旁人行道铺设麻石小快板或水泥预制方块砖，绿树成荫，该道路以商业、服务业为主，中茶坊、湘西味道、商业步行街、和成发大酒店、华泰酒楼、邮政储蓄银行、百花苑酒楼、电信局、农机局、环保局、质监局、移动公司、林业局、芙蓉佳园分布两侧，成为县城车流量大、最繁华的街道。

香樟路　原名兴中路，系怀黔路一段，为县城南北主干道之一。北起丹桂路，南至紫荆路，全长2500米，宽60米，由怀化琼天房地产公司、怀化华团房地产公司承建。2006年9月开工建设，2008年6月竣工，耗资4200万元。2009年道路两旁栽种樟树，道路名称由此改为香樟路。该道路以商业物流、住宅小区为主，中龙国际建材城、华丰汽贸、红十字国际医院、县中医院、万隆&维也纳森林别墅、华美学校、东方花园小区、嘉金·锦绣一方小区、中华源小区、电力新村小区、幸福香樟小区、颜庭大酒店、铜锣湾大酒店、南方家私城、福兴市场、中嵘建材市场坐落香樟路两旁。

丹桂路 原名秀峰路，县城东西向主干道之一。东起香樟路，西至滨江北路，全长1872米，宽27米。2006年11月开工建设，2008年7月完成路面硬化、路灯安装、人行道板工程，是年10月竣工，总投资1800万元。该道路以交通、住宅小区为主，中方公交公司、佳翊汽修厂、公交小区、秀峰园小区、县公路局、鸿福家园小区、国际新村等坐落在丹桂路两旁。

芙蓉路 县城东西向主干道之一。东起香樟路，西至滨江中路，全长1847米，宽27米。2008年开工建设，总投资1200万元。县人民医院、县交警大队、县公安消防大队等单位坐落芙蓉路两旁。

紫荆东路 原名濂阳路，县城东西向主干道之一。东起香樟路，西至滨江中路，全长1744米，宽36米，2008年开工，2013年竣工，总投资2030万元。财富1号广场、中方市场坐落紫荆东路两旁。

紫荆西路 河西组团怀化职教基地主干道。东起荆坪大桥，西至西环路，全长1600米，宽36米，由湖南恒业建设责任有限公司承建。2011年4月开工，2014年底拉通路基，总投资4600万元。芷江师范等职业学校坐落紫荆西路两旁。

财富路 市工业园区东西向主干道之一。东接池黔路，西连滨江大道，全长938米，宽44米，由太平洋建设集团承建。2004年6月动工，2006年12月竣工，总投资3000万元。怀化顶津饮品有限公司（康师傅）、湘鹤电缆、正清制药等厂家坐落财富路两旁。

发展路 市工业园区东西向主干道之一。东接池黔路，西连滨江大道，全长2410米，宽30米，由太平洋建设集团承建。2004年9月动工，2007年5月竣工，总投资4800万元。中小企业孵化园、镁合金、鸿华电子、新华港健体器材、永强标准化厂房、骏泰浆纸、假日阳光、洪源农林、千源铝业等企业坐落发展路两旁。

金光大道 市工业园区南北向主干道之一。南接发展路，北连财富路，全长2767米，其中，金光大道北长714米，宽15米。金光大道南长2053米，宽30米。由江苏江山建设公司承建。2007年3月动工，2009年6月竣工，总投资4200万元。金益环保、华宏印务、海联食品、多喜来、绿康蔬菜等企业坐落金光大道两旁。

时代路 市工业园区东西向主干道之一。东接池黔路，西连滨江大道，全长2183米，宽15米。由湖南建工集团承建。2007年10月动工，2008年12月竣工，总投资3000万元。勇力钢构、红宝科技、安泰林化、污水处理厂、顺泰科技、瑞泰新材料等企业坐落时代路两旁。

建设路 市工业园区南北向主干道之一。南接时代路，北连池黔路，全长3000米，宽21米。由太平洋建设集团承建。2010年8月动工，2013年拉通路基，总投资3000万元。金升阳、华峰新华电子等企业坐落建设路两旁。

2002—2013年中方县城道路建设规划一览表

表10-2-1-1　　　　单位：米、万元

路　名	起止点及连接点	道路长宽	造价	建设年限	路面结构
中方大道	起：鹤城交界处，止：市工业园交界处，连：丹桂路、玉兰路、同乐路、樱花路、海花路、迎松路、五溪路、芙蓉路、紫荆东路	32*2403(一段) 60*1510(二段)		2002–2013年	水泥硬化
荷花路	起：桃园路，止：杜鹃路，连：南湖中路	12*525		2002–2005年	水泥硬化
南湖中路	起：丹桂路。止：紫荆东路，连：玉兰路、同乐路、樱花路、海花路、迎松路、荷花路、玫瑰路、五溪路、牡丹路、芙蓉路	50*	1914	2003–2010年	水泥硬化
银杏路	起：迎松路，止：芙蓉路，连：玫瑰路、五溪路	18*1103		2004–	水泥硬化
同乐路	起：南湖中路，止：东环路，连：木兰路、丁香路、白兰路	24*1192		2005–2007年	水泥硬化
迎松路	起：滨江中路，止：东环路，连：桃园路、南湖中路、杜鹃路、银杏路、中方大道	50*2180	3900	2006–2010年	水泥硬化
海花路	起：南湖中路，止：中方大道，连：银杏路	14*767		2006–2009年	水泥硬化
樱花路	起：南湖中路，止：中方大道，连：木兰路、丁香路、白兰路	11*775		2006–2009年	水泥硬化
丹桂路	起：滨江北路（规划），止：茶花北路，连：南湖中路、中方大道	27*1872	1800	2006–2008年	水泥硬化
滨江中路	起：丹桂路，止：荆坪大桥，连：紫荆路、芙蓉路、五溪路、玫瑰路、迎松路	27*3465		2007–2009年	水泥硬化
五溪路	起：滨江中路，止：东环路（规划），连：桃园路、南湖中路、杜鹃路、银杏路、中方大道	19*1290		2007–	水泥硬化
芙蓉路	起：滨江中路，止：东环路（规划），连：南湖中路、杜鹃路、银杏路、中方大道	27*1847	1200	2008–	水泥硬化
玉兰路	起：南湖中路，止：中方大道，连：木兰路、丁香路、白兰路	15*897		2008–2009年	水泥硬化
紫荆东路	起：荆坪大桥，止：东环路（规划），连：滨江南路、南湖南路、中方大道	36*1744	2030	2008–2013年	水泥硬化
滨江南路	起：荆坪大桥，止：市工业园交界，连：乌溪东路、紫荆路	27*1464		2009–2010年	水泥硬化
杜鹃路	起：迎松路，止：芙蓉路，连：荷花路、玫瑰路、五溪路	15*1086		2009–2010年	水泥硬化
牡丹路	起：南湖中路，止：杜鹃路	15*152			水泥硬化
玫瑰路	起：滨江中路，止：银杏路，连：桃园路、南湖中路、杜鹃路	19*1150			水泥硬化

续表

路　名	起止点及连接点	道路长宽	造价	建设年限	路面结构
乌溪东路	起：滨江南路，止：东环路（规划），连：南湖南路、中方大道	15*1982	—	2010–2013 年	水泥硬化
桃园路	起：迎松路，止：芙蓉路，连：荷花路、玫瑰路、五溪路	—	—	—	水泥硬化
木兰路	起：玉兰路，止：樱花路，连：同乐路	18*592	—	—	水泥硬化
丁香路	起：玉兰路，止：樱花路，连：同乐路	19*308	—	—	水泥硬化
白兰路	起：玉兰路，止：樱花路，连：同乐路	18*711	—	—	水泥硬化
紫荆西路	起：西环路，止：荆坪大桥	36*1600	4600	2011–2014 年	拉通路基
财富路（1# 路）	起：金光大道，止：怀黔路，连：	44*938	3000	2004–2006 年	水泥硬化
滨江大道（2# 路）	起：怀黔路，止：中方县沿河路，连：	15*4004	5200	2007–2008 年	水泥硬化
发展路（3# 路）	起：滨江大道，止：怀黔路，连：	30*2364	4800	2004–2007 年	水泥硬化
金光大道（南路）	起：财富路，止：时代路，连：	30*2053	4200	2007–2008 年	水泥硬化
金光大道（北路）	起：希望路，止：财富路，连：	15*714	1500	2007–2009 年	水泥硬化
时代路（5# 路）	起：滨江大道 止：209 国道，连：	15*2200	3000	2007–2009 年	水泥硬化
希望路	起：滨江大道，止：金光大道北，连：	22*360	400	2008–2009 年	水泥硬化
建设路	起：时代路，止：怀黔路，连：	21*3000	3000	2013–2014 年	拉通路基
毛田路	起：建设路，止：怀黔路，连：	21*586	546	2013–2014 年	水泥硬化
池黔路扩宽	起：发展路，止：怀黔路，连：	36*13947	2020	2013–2014 年	水泥硬化

二、桥　梁

1998 年，县城规划区内有三角滩大桥、枫木湾大桥、竹站沙溪桥、竹站龙庆古桥、茅利溪公路桥、红岩溪河边桥、红岩溪公路桥等桥梁 7 座。2002 年，随着县城建设启动，城市道路桥梁基础设施建设步伐加快，先后新建荆坪㵲水大桥、茅利溪大桥等桥梁 10 座、泰格林纸厂铁路桥 1 座，扩宽枫木湾大桥、沪昆高速大道桥、茅利溪公路、红岩溪桥 4 座。至 2013 年底，中方县城境内有桥梁 18 座。

荆坪㵲水大桥　位于㵲水河上，连接紫荆路和荆坪古村旅游区。湖南交通勘察设计所设计，湖南省建筑工程集团总公司施工。2008 年 6 月 28 日开工建设，2010 年 11 月 8 日建成通车。大桥为钢筋水混凝土结构，桥长407米，桥墩17个，路面宽17米，人行道宽1.8米，安装路灯48盏，总投资4223万元。

茅利溪大桥　位于滨江路茅利溪上，长100米，宽30米，人行道宽2米，钢筋水泥大梁，净跨30米。2009年动工兴建，2010年10月竣工。总投资393万元。

九孔桥　位于荷花路县委行政中心的人工湖上，长73.5米，宽8.5米。桥身设有九个拱，故名九孔桥。

龙井桥　位于滨江路龙井溪上，混凝土结构，长43米，宽15米，人行道宽3米，桥拱净跨16米。

景山园桥　位于南湖中路景山园溪上，长16米，宽50米，人行道宽6.5米。

景山园石拱桥　位于景山园溪上，连接樱花路和嘉金·锦绣一方小区，混凝土结构，长42米，宽4.3米，桥身设有4个圆拱，净跨22米，桥下有三口井水供当地居民饮用。

站坪桥　位于乡道128线铜锣洲溪上，混凝土结构，长61米，宽3米，人行道宽1.2米。

洞年溪桥　位于滨江南路，长20米，宽8米，人行道宽3.5米，桥身预制大梁，净跨12米。

南湖桥　位于南湖上，长200米，宽2米，为水泥预制板人行桥。

三、供水供电

供水　建县初，城区仅有中方镇简易水厂1个，日供水200吨。周边居民基本上自备水源。2003年，怀化市对外经济贸易盈丰有限公司注册成立中方县自来水公司。2004—2006年，县自来水厂进行一期建设。一期工程总投资7800万元，占地60亩，共铺设DN50－DN500的给水管50千米，日供水能力1.5万吨，各类用水户6500户，区域内供水普及率70%。水质自检项目5个，水质标准执行GB5749－2006《生活饮用水卫生标准》，检验标准执行GB/T5750《生活饮用水检验标准》。县自来水厂成为县城北起怀黔路湖天桥南端，南至邵怀高速中方入口近40平方千米区域内唯一供水企业。2007年8月，公司斥资140余万元收购鸭嘴岩镇自来水厂，并成立鸭嘴岩营业所，水质自检项目增加到10个。2008年8月，成立高新区营业所，并开始进行二期工程建设。二期工程总投资1.02亿元，共铺设DN50－600CM给水管60千米。工程竣工后，水厂日供水能力达到5万吨，各类用水户15000户，区域内供水普及率90%以上。供水范围覆盖中方新县城、湖南怀化高新区、鹤城区鸭嘴岩工业小区。到2013年底，县自来水公司年供水量500多万吨，水质自检项目增加到27个。

供电　1998年7月，中方新城电网接于华中大电网。1999年，在北片区鸭咀岩和南片区毛田村新建两座变电站，装机容量均为110千伏。为城市尽量简化电压等级，避免重复降压，采取10千伏的高压配电和320/220伏的低压配电。2004年，县电力公司完成县城电网改造设计改造，拉开城网改造序幕。改善输配电网络，在机关单位和工厂安装低压变电器，城区内采用地下电缆网络供电，以保证安全、美观和供电质量提高。至2013年底，城网改造共投入资金3600万元，完成县城南湖路、滨江路、朝阳路、中方大道、怀化市工业园滨江大道、金光大道、时代路等主次干道的电缆入地工程，，新建电力线路53千米，城区内电网建设基本满足需要。

四、防洪排水

排水 县城采用雨水、污水分流排放制。雨水处理采取地下排放式。城内铺设雨水排放主干管9条，其中，北片区5条东西向，南片区3条东西向，毛田污水处理厂附近1条南北向。采用水泥管道，直径分别为700毫米以上，500～700、300～500毫米三种。雨水出水口9处，其中北片区设置在迎松路、荷花路、芙蓉路、五溪路、紫荆路西端㵲水河边。南片区在中方南路和工业园一号路的西端㵲水河边和纬十一路西端。县城每条道路两侧都安有下水管。至2013年，县城铺设下水管道30公里，总投资2700万元。

污水处理分为北组团和南组团两大块。北组团（芙蓉路以北）污水处理主要采用分散式污水处理。北组团规划为50个生态模块，其中，县政府投资建设30个模块，截至2013年12月底，竣工投入使用的模块6个，完成主体工程验收的模块16个，正在建设的模块3个。社会投资项目为20个生态模块，竣工投入使用的模块3个。南组团（芙蓉路以南）污水处理主要采用集中式污水处理。2008年8月，污水管网工程破土动工。2009年7月，县政府与怀化市工业园在中方镇毛田村合建污水处理厂，厂区占地120亩，总投资12324万元，其中厂区建设8579万元，管网工程3744万元。2010年，污水管网工程和污水处理厂先后竣工投入运营。2013年，县城日处理污水量4.5万吨，污水处理率达到91.9%。

防洪 县城由㵲水河分割为东西两个区。㵲水河段无堤防设施，防洪排涝能力较差，容易发生洪涝灾事。1999年3月，县政府聘请怀化市水利电力勘测设计研究院编制完成《中方县县城防洪工程规划报告》。规划城市防洪保护范围与县城城区一致，分茅利溪北、毛利溪南及㵲水河西三片设防洪保护圈。2007年9月，县城防洪堤工程动工。截至2013年底，投资5732万元，新修防洪堤5.456千米，其中，城北（浊水）防洪堤0.864千米，城南（毛利溪）防洪堤1.7214千米（其中毛利溪南防洪堤0.8226千米、湾家防洪堤0.8998千米），河西（荆坪）防洪堤2.871千米。浊水堤、湾家堤、毛利溪南堤及荆坪堤大部分采用砼心墙土堤，荆坪堤部分采用浆砌石堤。土堤堤顶超高Y=1.60米，浆砌石堤堤顶超高Y=1.10米，堤顶宽度为6米，堤顶路面采用彩色六棱块铺设，为保证行人安全及亮化城市临水侧设花岗岩防浪墙。防洪标准50年一遇。

五、路灯

2006年，县政府投资120万元，在金园路（迎松路）安装高杆双灯81盏。2007年，投资 508 万元，在兴中大道安装高杆三灯 226 盏。至 2013 年，县城先后安装各种路灯 1254 杆 2317 盏，主要分布在城区迎松路、南湖路、香樟路、丹桂路、芙蓉路、紫金东路、防洪大堤等路段及背街小巷人口密集区，路灯总长度 5 千米，年用电 272 万千瓦时，灯型主要有 400 瓦高杆四灯 7 杆 28 盏、250 瓦高杆三灯 226 杆 678 盏、双灯 590 杆 1180 盏、单灯 265 盏、40 瓦节能灯 122 盏、150 瓦节能灯 44 盏，路灯间距为 50 米 / 盏，路灯完好率 100%，主次干道亮化率达 90%，县城中心区基本实现亮化。

第二节　公益事业

一、公园、广场

金大地森林公园　位于中方县城东片区。2004 年由长沙绿洲公司承建，总投资 2000 万元，占地面积 195 亩，绿地率为 73.4%，是中方县城第一座综合性公园。园内主要乔木有广玉兰、细叶桢楠、香樟、桂花、樱花、银杏、杨梅、木芙蓉、紫薇、夹竹桃等。主要灌木有海桐、红枳木、山茶、苏铁、小檗、杜鹃、金叶女贞等。公园内郁郁葱葱、曲径通幽，一条盘山公路直通山顶文广新局办公大楼。公园依势造景，建造四座古香古色木凉亭，形成独特绿色园林景观。

金大地休闲广场　位于县行政中心南面小山坡。2004 年兴建，总投资 1000 万元，占地面积 49.5 亩，绿地率为 70%。金大地休闲广场与县行政中心、金大地森林公园交相辉映，协调一致。坡脚玉带环绕、长桥卧波。坡面绿树成荫、繁花似锦。从县行政中心拾阶而上至金大地广场，广场中心设有音乐喷泉，每逢重要节日或重大会议时开播音乐喷泉，喷泉随音乐节奏时高时低，高时数十米，蔚为壮观。广场左侧建有“V”形文化走廊，走廊 162 阶，总长 468 米。鹅卵石仿古小路中筑有一双双黑鹅卵石铺织的近似人体的“脚印”，意为“脚踏实地，一步一个脚印”。广场右侧栽种香樟、桂花、红枳木、女贞等名贵树木花草，建有杠杆、秋千等健身娱乐设施。广场周围有庭院灯布景，场中安装电视大屏幕，供人们休闲、集会、和文艺演出。

工业园区文化广场　位于中方县城南片区市工业园区管委会办公楼前沿。2005 年 12 月开工建设，2008 年 9 月竣工，由湖南润生城市园林建设有限公司、湖南省第三工程公司承建，总投资 3200 万元。占地 120 亩，其中绿化广场 43.5 亩。广场由花架、文化墙、露天演艺中心、水体、雕塑、植被造景等组成。广场入口处以大面积草坪绿化为主，适当种植低矮乔灌木，形成疏林草地、视野通透的景观。广场中心主体雕塑下部以旋转向上的抽象造型为基础，以腾空飞跃、形式矫健的兔群为主体，意喻工业园区顺势腾飞，快速发展。管委会办公楼前布置有较大水面，前楼和后楼呈“工”字形，后楼经透空型过廊连接前楼，似一艘起航“航母”。入夜，音乐喷泉随着音乐起舞，时而高喷，时而低涌，抑或高低相间，宽大电视屏幕画面不停切换，是居民休闲的适宜之地。

二、公共交通

2005年，县行政中心落成并实现县城整体搬迁，为方便县城干部职工上下班，县政府与怀化市公交总公司协商，对公交线路进行调整，从怀化三角坪开往中方一中的3路公交车绕道从县城经过。并开通怀化河西经县城至泰格林集团的33路公交车。2006年9月，成立怀化市公交总公司中方县分公司。2007年4月，在县城丹桂路北面动工修建公共汽车站，工程由怀化市公交总公司承建，总投资500万元，占地14674平方米，其中停车场8804平方米，修理厂6670平方米。2008年4月竣工。2009年3月23日，县公交公司从怀化市区迁入中方生态城。2010年1月，在县城内开通5台便民电瓶车。是年7月，开通怀化纱厂至中方一中39路公交车。新建县城公交站台35个，在县城主干道南湖路和迎松路交会处安上红绿灯标志，以保证车辆和行人通行安全。2011年，县政府投资4000万元购置10辆空调公交车投入33路营运，改善公交车辆营运条件。2012年1月，开通怀化至鸭咀岩街上的13路公交车。2013年初，5台电瓶车老化停开，新购4台中巴车，开通泰格林码头至中方镇政府301路公交车、岩头园至枫木湾302路公交车。至2013年底，县公交公司有职工218人，营运车辆64台，营运线路6条，日运营班次110余个，日载客量2.5万余人次。

三、学校医院

1998年，县城规划区内有各类学校3所，其中农村完全中学2所，小学1所。2006年3月，县委、县政府下发《关于进一步加强教育工作的实施意见》，分别就发展各类教育、改善办学条件等方面提出明确要求。是年，兴建九年一贯制公办寄宿制中兴学校，总投资6424万元，占地135亩，建筑面积24066平方米，建有四栋54间教室和1栋多功能综合实验楼，有30个教学班。2007年，兴建全日制民办寄宿制怀化华美学校，总投资4300万元，占地100亩，建筑面积20000平方米，建有科技中心、微格教室、师生公寓及1000多个网络信息终端等现代化的教学设施，有13个教学班。2009年，兴建中方县幼儿园，总投资3500万元，建筑面积12665平方米，游乐区面积2830平方米，拥有2000平方米塑胶操场和儿童游乐设施，有24个教学班。是年8月，区域调整，原鹤城区鸭嘴岩镇中学和中心小学划归中方县管辖，更名为中方县城北中学、中方县城北小学。2010年，中方县职业中专学校从泸阳搬迁至县城。至2013年底，城区有各类学校11所，其中公办学校6所，民办学校1所。公办幼儿园1所，民办幼儿园2所。职业中专学校1所，城市就学问题得到基本解决。

1998年，县城规划区内仅有中方镇卫生院1所。2006年3月，中方县人民医院破土动工，总投资1.78亿元，用地107亩，总建筑面积36210平方米。2009年，综合门诊大楼建成运营。2011年6月28日，住院楼建成运营。开设病床200张，人员编制280人。2010

年，动工兴建中方县红十字国际医院。总投资1200万元，用地250亩，总建筑面积1.5万平方米。8月26日，国际康复大楼竣工，建筑面积6000平方米。2014年12月，完成综合楼35000平方米，开设病床60张，人员编制80人。

四、集贸市场

1998年，中方县城没有商业街道，仅有中方和鸭咀岩两个规模很小的农贸市场。2005年，着手编制“三街八市”县城市场建设规划。“三街”，即中方商业步行街、新榆树湾美食一条街、城南文化娱乐一条街。“八市”，即国际建材物流园、再生资源大市场、景熙园商业中心、中方中心市场、福兴商业广场、中方家居建材机电大市场、果蔬商品化加工处理中心、中方农贸市场。2007年3月，启动县城市场建设，怀化琼天房地产公司投资1.2亿元，开工新建中方中心市场。湖南省福兴房地产公司投资1亿元，开工新建福兴商业广场。2009年6月，中嵘房地产公司投资1.2亿元，新建中方家居建材机电大市场。至2013年，县城内已建市场6个，即县中心市场、商业步行街、中方县1号财富广场、湘西味道旅游商品购物街、福兴商业广场、中方家居建材机电大市场。已征地在建市场5个，即怀化金泰再生资源专业市场、中方建材物流园、物流配送中心、中方大市场、西南家私大市场，初步形成县城中央商务区、专业批发市场和仓储物流功能区。县城规划区各类三产经营户达2607家，营业额突破3亿元。

第三节　房屋建设

1998年，县四大家在原怀化市委（县级）集中办公，仅有房屋15栋，4.5万平方米。2002年8月，县委、县政府在县城新址举行行政中心奠基仪式，城市房屋建设正式启动。至2013年，新建机关办公用房9.7512万平方米、商品房13868套167.95万平方米、保障房19栋3.4万平方米、安置房64栋27万平方米。房屋建筑高度以低层和多层为主，建筑外观为“坡顶、蓝瓦、灰墙”，构成生态县城建筑物的主流风格。

一、办公房建设

行政中心　行政中心由湖南武陵城房地产公司承建。2003年5月开工，2005年12月竣工，占地87亩，建筑面积2.96万平方米，总投资1953.88万元。其中：县委办公大楼五层，建筑面积10688平方米，投资597万元。县人大办公楼三层，建筑面积4096平方米，投资303.59万元。县政府办公楼五层，建筑面积10688平方米，投资540.7万元。县政协办公楼三层，建筑面积4096平方米，投资303.59万元。四大家中心会议室6间，建筑面积1742平方米，投资209万元。整个建筑坐北朝南，依山而建，错落有致，突出湘西民族特色，以四合院为主体，四面走水的小青瓦、青砖、钢筋水泥相加结构。县四大家办公楼呈“器”字形排列，意即“成大器”。中心会议室为行政中心整个建筑物的中轴，县四大家办公楼围绕中心会议室呈对称分布，以四条走廊相连接。2005年12月30日，举行县行政中心落成庆典，县“四大家”及35个县直单位陆续从鹤城迁入办公。

机关单位办公楼 县城新址确定以后，需新建办公楼的县直单位46个。其建设所需资金由承建单位自筹，通过变卖与鹤城分家所得资产和争取省市对口部门援建筹措资金。2004年，县建设局、国土局、水利局、卫生局等21个县直机关办公楼先后开工建设。2006年7月27日，建设局办公楼率先建成后第一个实现搬迁。是年12月，民政局、工商局、畜牧局、林业局、国土局、检察院等12个县直机关单位办公楼竣工并实现搬迁。2008年12月，全县有32个县直单位搬进生态城。2009年12月，46个在建单位全面实现搬迁。至2013年12月底，全县投资20.34亿元，新建办公楼97512平方米。新建办公楼分布在县城南湖路以东、香樟路以西、迎松路以南、芙蓉路以北地段。单位之间以道路和绿化带分开，形成独门独院的园林式建筑。

机关单位办公楼选介：

建设局办公楼 位于县城迎松路，占地20.01亩，建筑面积4980平方米，总造价580万元，于2005年3月破土动工，2006年7月投入使用。建设局办公楼四合院结构，前后左右办公楼房相连通。供住建局、规划局、城管执法局、城投中心、经投公司等单位办公用房。

财政局办公楼 位于县城杜鹃路，占地20.23亩，建筑面积6090平方米，总造价1405万元，于2004年4月破土动工，2006年10月竣工。财政局办公大楼共2栋113间，供财政局、乡镇财政管理局、非税收入管理局、国库集中支付局、财政监督局等单位办公用房。

教育局办公楼 位于县城杜鹃路5号，占地9.41亩，建筑面积1959.2平方米，绿地面积3556平方米，总造价290.57万元，于2005年4月破土动工，2007年8月竣工，投入使用。

文广新局办公楼 位于县城金大地广场南面小山坡，占地6亩，建筑面积2790平方米，总造价399万元，于2005年破土动工，2008年12月竣工。文广新局办公楼2层3栋，呈“品”字形排列，供文广新局、文化馆、图书馆、文物所、广播电视台、文化市场执法局等单位办公用房。

人民法院办公楼 位于县城南湖路，占地15.4亩，建筑面积5500平方米，总造价1300万元，于2006年8月破土动工，2010年3月竣工投入使用。

中方县机关单位办公房建设基本情况表

表 10-2-3-1

单位名称	用地面积（平方米）	建筑面积（平方米）	开工时间（年月）	竣工时间（年月）	总造价（万元）	绿地率%
县行政中心	60301	31420	2004.9	2005.12	1953.88	50.64
人民武装部办公楼	16400.8	3149.7	2007.1	2007.10	524.8	18.5
档案史志局办公楼	2866.4	2238	2007.1	2009.5	667	59.7
民政局办公楼	5282	1790	2004.10	2006.1	185	53
计生局办公楼	5670	2740	2005.6	2008.10	383.16	49.5
残联办公楼	2266.4	800	2005.6	2006.4	120	32.2
建设局办公楼	13340	4980	2005.3	2006.7	580	65
房产局办公楼	3000.2	3676	2005.8	2006.6	200	40
司法局办公楼	5926	2300	2006.3	2007.10	400	65.6
国土资源局办公楼	7660	3602.6	2005.5	2006.2	464.3	46
人力资源和社会保障局办公楼	12078.8	5500	2006.	2007.	1100	38.6
财政局办公楼	13484.1	6090.7	2004.4	2006.10	1405.12	47
审计局办公楼	7400	1556.76	2006.8	2007.7	210	71.5
工商局办公楼	4746.67	1929.27	2004.10	2006.5	241	70
地税局办公楼	11098.9	3777.6	2006.12	2008.10	816	54
国税局办公楼	13538.6	4128.7	2006.9	2009.11	942.4	68
环保局办公楼	5410.2	1325	2006.3	2007.7	133	65.6
公安局办公楼	11532.2	4187	2004.8	2006.12	500	35
检察院办公楼	6999.3	4843	2004.2	2005.4	730	42.97
法院办公楼	10265.6	5500	2006.8	2010.3	1300	63.5
农业局办公楼	5690.95	2359	2006.4	2008.5	450	52
林业局办公楼	6945	1500	2005.1	2007.4	780	59
水利局办公楼	7392.6	3081.3	2005.7	2006.11	600	44
畜牧水产局办公楼	2934	1095	2005.3	2005.11	83.9	56
农机局办公楼	6666.6	1200	2005.12	2007.12	380	50
移民局办公楼	2411	954	2005.3	2005.12	90	45

续表

单位名称	用地面积（平方米）	建筑面积（平方米）	开工时间（年月）	竣工时间（年月）	总造价（万元）	绿地率（%）
供销社办公楼	3586.8	1439.82	2005.4	2006.8	212	57.6
农业综合开发办办公楼	3886	921.9	2005.5	2006.12	175.6	38.3
人防办办公楼	3707.8	927	2006.3	2007.5	145	40
粮食局办公楼	6898.38	1893	2004.9	2007.7	240	32（46）
教育局办公楼	6272	1959.2	2005.4	2007.8	290.57	57
卫生局办公楼	6979.3	4700	2005.4	2006.11	450	51.8
交通局办公楼	5751	4871	2005.12	2007.3	300	42
煤炭局办公楼	1926	718	2006.3	2007.10	100	37
总工会办公楼	3279.7	1284.99	2006.10	2008.4	141	41.8
文广新局办公楼	4000	2790	2005	2008.12	399	47
质监局	2333	1100	2005.7	2007.1	100	60

二、商品房建设

2005年，中方县第一个房地产开发项目（锦绣中方·桃花源）动工建设。至2013年，全县房地产项目总投资25.9亿元，建成商品房13868套167.95万平方米，其中住宅10405套142.08万平方米，非住宅3463套25.87万平方米。

锦绣中方·桃花源 位于县城核心地段，毗邻四大家行政中心和金大地广场，北靠迎宾路，南临广场东路，东接龙形路，西依滨江路和㵲水河。由湖南武陵城集团房地产开发有限公司承建。2005年动工，2009年竣工，总用地面积182亩，总建筑面积18.93万平方米，修建住宅37栋，1308套，总投资1.8亿元。小区绿地率35%，容积率1.5，建筑层高6层半，房屋进深12米，砖混结构，坡屋顶。中方县公务员占园区业主70%。

万隆&维也纳森林 位于县城北部，北起丹桂路，南邻玉兰路，东起209国道，西至南湖中路，由湖南省万隆房地产置业有限公司承建。2007年开工建设，至2013年总投资2.2亿元，总用地面积420亩，开发面积20万平方米，建成718席纯别墅大宅。小区绿地率45%，容积率1.08，住宅全部欧式现代建筑风格，区内有楼王、独栋、双拼、联排、MINI、洋房等各款浅山美墅。

嘉金·锦绣一方 位于县城西部，南靠迎松路，北临樱花路，东临香樟路，西临银杏路，占地114.23亩，由湖南嘉金房地产开发有限公司承建，2010年动工，至2014年，总投入资金2.6亿元，完成总建筑面积25.8万平方米，建设高层楼房17栋，1750套。3.0容积率，

45%绿化率。小区建设以高层为主，并以豪宅中央景观为依托，布置适宜老中青少的运动休闲景观次组团，首层全部架空，既拉开景观视野，也将项目景观的渗透性提升到极致。

㵲水家园　位于县城东部，北临武陵路，东靠四大家行政中心，西依㵲水河。占地183.6亩，总投资2亿元。由怀化宏翔房地产有限公司开发，中方县建筑装饰工程有限公司、中方县建筑工程有限公司、湖南恒业有限公司、怀化市建筑工程公司、怀化兴业建设有限公司承建。于2009年动工，至2013年，总投资1.8亿元，总建筑面积18.87万平方米，修建住宅41栋，1368套。建筑密度20%，建筑层高6层，砖混结构，坡屋顶。小区绿地率35%，容积率1.5，中方县公务员占园区业主70%。

南湖花园　位于县城北面，占地2400亩，内有人造湖280亩。湖面四周小丘绿树成荫，山水相映，湖天一色，故名小区南湖花园。南湖花园由怀化市华团房地产开发有限公司承建。2006年7月破土动工，至2013年12月，投入资金2.4亿元，总建筑面积20.7万平方米，修建住宅楼148栋899套14.9万平方米，其中欧式别墅146栋180套4.9万平方米。

倚林嘉园　又名泰格林纸公寓，位于迎松路北面，紧依南湖，与行政中心隔路相对。该小区占地70.5亩，由湖南省泰格林纸恒泰集团开发。2007年6月破土动工，至2013年12月底，共投入资金7980万元，完成总建筑面积8.6万平方米，修建公寓楼和专家楼4栋2.10万平方米。

三、保障房建设

为增加中低收入家庭住房供应，解决中低收入家庭住房困难，县政府制定并组织实施保障性安居工程。2008年起实施住房保障，截至2013年12月底，县城区实施保障性住房1267套，其中，廉租住房680套、公共租赁住房264套、经济适用住房42套、国有工矿棚户区改造275户、城市棚户区改造325户。累计总投资1.3亿元。

廉租住房　2008年开工建设，至2013年12月，已建、在建的廉租住房有同乐廉租住房（位于县城同乐新村，已建2栋40套2000平方米）、学府新苑廉租住房（位于县城学府新苑小区，已建4栋220套11000平方米）、工业园廉租房（位于中方县工业园长冲垅，已建3栋204套10132平方米、）栗山廉租住房（位于中方镇栗山村池黔公路旁，已建3栋216套10686平方米）。

公共租赁住房　2008年开工建设，至2013年，在中方镇栗山村、荆坪村建造公共租赁住房：栗山公共租赁住房占地3503平方米，建筑面积3562平方米，项目已主体施工至3层。河西荆坪公共租赁住房为荆坪家园4#楼，建筑面积3562平方米，已主体施工至3层。

城市棚户区改造项目　2010年，县政府在福兴商业广场、中心市场、同乐新村回购220套住房，作为城市棚户区改造安置房异地安置棚户区改造拆迁户。2013年，龙井家园城市棚户区改造项目开工建设14000平方米，竣工10栋，剩余2栋主体施工至3层。河西荆坪家园城市棚户区改造项目开工建设7800平方米，主体施工至3层。

四、安置房建设

县城规划区内涉及征地拆迁安置的行政村11个、村民小组93个、4942户、15524人。在新城建设中，为确保征迁群众“失地不失业、失房不失居、失家不失园”，县政府坚持安置先行，积极推行“统规统建、商住分离、商铺入股、集中经营”的安置模式，在县城规划布局同乐家园、长塘家园、滨江家园、龙井家园、和顺家园、荆坪家园、和安家园等七大安置区，总占地面积1186.8亩，总投资23.9亿元。2006—2013年，投入安置房建设资金1.344亿元，开工建设19.17万平方米，竣工12.21万平方米，交付安置房150套，安置1301户、3790人。

同乐家园 位于中方大道以西、同乐路两侧，占地200亩，总投资3.1亿元，总建筑面积26万平方米。项目分统规统建区和统规自建区两大类。于2008年动工，截至2013年底，完成总投资1.1亿元，总建筑面积11万平方米，其中统规新建区5.5万平方米（共318套住宅），自建区5.6万平方米。安置650户、2014人。

龙井家园 位于中方大道以东，芙蓉路和红枫路一带，占地270亩，总投资约4.5亿元。项目分三期开发，其中一、二期为自建区，位于中方大道以东，红枫路以北，占地170亩。一期19栋293个门面，于2012年动工，已建13栋，余6栋已进行桩基工程施工。二期工程共24栋410个门面，于2012年动工，已完成土石方工程80%和两栋桩基工程。三期位于中方大道以东，芙蓉路以北，占地100.4亩，总建筑面积123850平方米，其中住宅面积75000平方米（共640套）、商业面积37000平方米，2008年全面开工建设。2013年，龙井家园共建安置房24万平方米（含门面），已安置318户、900人。

荆坪家园 位于紫荆西路以南，占地198.76亩，总投资约4.1亿元。荆坪家园属统规统建、商住分离安置区。项目总建筑面积273815平方米，其中商业面积79318平方米，住宅面积176870平方米（共1789套）。项目分三期建设，一期占地50亩，计划投资约1.14亿元，总建筑面积76394平方米，其中商业面积27794平方米，住宅面积34700平方米（共364套），于2012年10月开工建设。

长塘家园 位于中方大道以东，华美外国语学校以北，占地155.64亩，总投资3.1亿元。项目总建筑面积207130平方米，其中住宅面积135130平方米，（共1339套），商业面积72000平方米。项目分两期，其中一期占地51.22亩，总建筑面积83063平方米，其中住宅面积43813平方米（共355套），商业面积39250平方米，2013年底已完成50亩可研、立项、土地报批及规划、建筑设计、概预算等工作，正在进行项目招标。二期土地报批等前期工作正在筹划中。

滨江家园 位于开元路以西，滨江北路以南，占地199.9亩，总投资4.4亿元。项目总建筑面积294406平方米，其中住宅建筑面积235833平方米（共1990套），商业和门面建筑面积53842平方米。项目分两期，其中一期占地70.2亩，正在进行征地拆迁和规划、设计等前期准备工作。

和顺家园　位于中方大道以东，茅利溪南路以南，占地120亩，总投资3.1亿元。项目总建筑面积207304平方米，其中住宅面积136414平方米（共1256套），商业面积51144平方米。项目分两期，其中一期占地60.9亩，正在进行规划设计、土地报批及可研、立项等工作。

和安家园　位于中方镇照镜坳，西与怀化市工业园区广场隔路（怀黔路）相望，南与中方县一中交界，总规划面积201.3亩（13.42公顷），总投资1.6亿元，计划安置1500户。第一期工程由怀化市昌顺建筑有限公司、怀化兴业建筑有限公司、第二建筑有限公司和华容县华夏建筑有限公司承建。2006年6月8日、2007年4月16日和安家园北区和南区先后开工建设，2007年10月16日和2008年5月25日分别竣工。总建筑面积90408.09平方米，其中北区5层楼房13栋，39351.37平方米，南区6层楼房13栋，51056.72平方米。工程总造价4599.67万元。改楼群均为砖混结构，红缸瓦坡屋顶，外墙米黄色，文化石勒脚。共708套，4种户型，最大户型146.56平方米，四室二厅二卫生间。最小户型64平方米，设二室一厅一卫生间。楼内水、电、消防、通信、信息管网设施安装一应俱全。2013年，和安家园共安置拆迁户1392户4592人。

第四节　绿化美化

中方县园林绿化与县城建设同步规划，同步实施，重点抓公共绿地、道路绿化、庭院绿化建设，做到“建一房绿一点、建一区绿一园、修一路绿一线”，致力形成“城在绿中、路在绿中、楼在绿中、人在景中”的生态绿色县城。

公共绿地　2009年，县城有公共绿地面积567.9亩，占城市总建设用地面积的4.75%。2010年，按照《中方县绿地系统规划》的要求，县政府大力推进新城绿化建设工程。截至2013年底，投入绿化建设资金0.752亿元，县城公共绿地面积达到2529.6亩。其中，南区25.95亩，北区436.5亩，核心区2067.12亩，实现建成区绿地率45%，人均公共绿地面积8.89平方米。

道路绿化　实行“包栽、包管、包活”责任制，栽种树种显现地方特点，“红枫”为县树、“山茶”为县花，城市道路以树木花草命名，主干道按乔、灌、草三层进行绿化。行道树品种主要有香樟、桂花、广玉兰、杜英、银杏、栾树、木芙蓉。路侧绿带灌木品种主要是瓜子黄杨、海桐球、毛叶丁香、红继木、蚊母、金叶女贞。2006年，投资513万元，对第一条新建城市道路——金园路（迎松路）进行绿化。至2013年底，全县新建城市道路20条，植树4325株，树池面积4866.2平方米，建成区主要道路基本实现绿化。

庭院绿化 全县机关单位及商住小区将庭院绿化纳入建设规划，普遍开展植树、栽花、种草工作，美化环境，争创花园式单位院落。城区机关单位、商住小区以绿化带的树木为围墙，庭院内有草坪，四周栽有各种花木。截至2013年底，县城核心区内庭院绿地面积1378103平方米，绿地率为40.31%。县住建局、县林业局、县司法局、县农业局、县劳动局、县民政局、县人防办、县煤炭局、县人民医院、县福利院、怀化宝庆文化景观庄园、和成发大酒店等单位绿地率达60%以上。2007—2013年，全县荣获“市级园林式单位”称号的单位10个，荣获“省级园林式单位”称号的单位18个。

环境美化 2006年，在县委办公大楼东北角小山坡建造凤凰台，台上修有鸣凤亭，亭边造有龙隐洞，洞中潺潺流水注入山脚龙潭，形成湖泊，湖泊上架设九曲桥直通行政中心广场。在凤凰台山下草坪地上雕塑一头大水牛，牛背上牧童横笛。2007年，在景山园溪边建防洪堤800米，堤岸种植樱花和桂花树，南北两岸各建有五个石阶码头下溪，溪内筑有五级跌水坝，有小桥、跳岩。溪的两岸有黑白麻石栏杆，栏杆中镶嵌1003块青石板，青石板上刻着境内山水人物、土特产、古建筑和民风民俗图案。两岸人行道边建有凉亭、石凳，供游人休息。溪的右边香樟路旁有一泉三井，供当地居民饮水、洗菜、洗衣之用。2009年，投资1000多万元，进行金大地公园彩色音乐喷泉、人造香樟林、硬质铺装盘山小道、假山、木凉亭等景观建设。至2013年，先后投资3800多万元，建成九孔桥荷花池、金大地广场文化墙、景山园风光带、南湖路景观带等一批绿化景观精品。

附：园林式单位（小区）选介：

县人民检察院 位于县城杜鹃路，占地10.5亩，已绿化面积3009平方米，绿地率42.97%。绿地覆盖面积3152平方米，绿地覆盖率45.02%，绿化总投资120万元，于2012年完成绿化建设。庭院绿化布置突出绿化景观与人文景观相结合，建筑物依托自然地形兴建，采用坡屋顶、墙面漆、蘑菇裙墙脚，融入怀化“五溪文化”特色。合理配置景点，建有静心亭1座、文化山1座、盆景园1座。植物群落结构多样，种植有马尼拉草、水仙、蕙兰、银杏、樱花、枫香、罗汉松、杨梅、桂花、香樟、杜鹃、腊梅、山茶、迎春花、紫荆花等花草树木50余种，办公环境优美、舒适宜人。2014年，评为省级“园林式单位”。

县林业局 位于县城南湖中路88号，占地10.4亩。2007年开始庭院绿化，至2013年12月底，供投入绿化资金38万元，完成绿化面积4155平方米，绿地率达59.8%。院内共栽种绿化植物38种，其中乔木320棵，花、灌木68326株。办公楼周围有绿篱38平方米，草坪等地被植物1800平方米。建造石山、石桥、石凳、石亭、石廊等园林小品6个。机关庭院四季常青、鸟语花香，办公环境优雅舒适。2013年，评为省级“园林式单位”。

县民政局 位于县城银杏路，占地8亩，绿化面积2603平方米，绿地率48.8%，绿化覆盖面积3064平方米，绿化覆盖率55.8%，绿化总投资4.88万元。机关院内共栽种花木40余种。办公楼前建有小花园，花园内有绿地2块，假山1座，种植枫香、紫薇、杜鹃等观赏性乔木和花灌木。办公楼后建有小广场，栽种四季常青大树20棵，树荫处设置小石桌2张，有网球场1个、羽毛球场1个。办公楼西侧建绿色走廊10米，紫藤攀爬其上，绿荫满廊。走廊尽头竹林建造一座紫竹亭。2013年，评为市级“园林式单位”。

县地税局　位于县城银杏路23号，占地16.7亩，建筑面积3777.65平方米，绿地面积5000平方米，绿地率54%，绿化覆盖率65%。2009年，该局整体搬迁至县城后，按照“高规格设计、高起点运作、高标准建设”的目标，投资215万元进行园林绿化，使机关院内春有草，夏有花，秋有果，冬有绿，一年四季都洋溢着勃勃生机。

万隆&维也纳森林小区　位于县城南湖路，占地120亩，总建筑面积20万平方米，绿化面积52924.32平方米，绿地率45%。小区绿化布置以人为本，按照绿色低碳、生态人居的开发理念设计施工。院内周围栽种白玉兰、广玉兰、苏铁、马褂木、银杏、杜鹃、杜英、桂花、樱花、香樟、水杉、法国冬青、红桎木、金叶女贞、罗汉松、金边黄杨等多种花草树木，在后期产品上全部采用绿篱隔断，看不到人工痕迹的挡土墙和裸露的钢筋水泥。修建贝多芬大道1588米，原生态漫坡28米，中央水系蓝色多瑙河18000平方米，种植水竹、水金钱、水芹、睡美人、王莲、睡莲等水生植物20多种，是洁净纯美自然居住小区。2013年，评为市级“园林式小区”。

第五节　城市管理

2006年3月，中方县成立城市管理局，为县建设局副科级事业单位，负责新城管理。2012年，县城管局更名为城市管理行政执法局，从建设局脱离出来，为正科级事业单位。城管执法局下设办公室、计划财务室、城市建设管理监察大队、市政管理股、环境卫生管理股、园林绿化管理股、城市公共客运管理股、户外广告管理股、城市污水处理监督管理办公室9个职能股室。

2006年，县政府制定《中方县城市管理暂行办法》，对城区临街单位、门店实行包环境卫生、包绿化美化、包市容秩序“门前三包”责任制，对物业小区建立“庭院包干”责任制，共签订“门前三包”责任书3000份。县城保洁工作按照“自主经营、自负盈亏”原则，向社会公开招标，实行市场化管理。先后与怀化市靓美垃圾清运有限公司和鹤城区彭杨清运公司签订保洁合同。县环卫部门对保洁承包公司制定16小时保洁制度，实行“日打分、月小结、季评定”管理机制，将“季评定”结果直接与承包费挂钩。县城主次干道由承包公司负责清扫保洁、垃圾清运、道路冲洗，日清扫面积438509平方米，日清扫垃圾16吨左右。各机关单位和生活小区的垃圾实行袋装，放入指定地点，由环卫工人每天两次上门收集，日产日清，统一送入怀化市第二垃圾填埋场进行无害化处理。

2010年7月，县政府制定《中方县城区建筑垃圾管理办法》，规范渣土管理。县城管局市容渣土中队负责渣土管理执法。对建设区，实行建筑渣土运输审批制，对新开工项目的弃土场、运输路线、作业时间进行审批和管制，减少建设区对建成区环境卫生的影响，并把建设工地文明施工与建筑垃圾管理作为一项常态考核内容，纳入到各职能部门的绩效考核范围。

2011年，县内对户外广告实行规范管理，定点设置，统一招牌广告的规格、造型，依法查处乱扯横幅189起，查处乱贴小广告45起。2012年，清理占道经营78起，清理乱堆乱放83起，督促整改广告牌匾53处、拆除42处，清理随意乱牵横幅94幅，县城管理步入法治化轨道。

2013年，城区有垃圾转运站2座，公厕6座，果皮箱562个，封闭式垃圾车1辆，洒水车2辆。县城内管线全部入地，无明沟污水，垃圾日产日清，标语广告张贴有序，基本达到干净、明亮、文明等要求。

第三章　乡村建设

第一节　建制镇建设

1997年12月底，全县有建制镇5个：中方镇、牌楼镇、泸阳镇、花桥镇、铜湾镇。1998年8月，桐木、铁坡撤乡设镇。2011年来，先后有接龙、新建,、新路河、铜鼎撤乡设镇。至2013年底，全县共有建制镇11个，190837人，占全县总人口的66.6%。

泸阳镇　定位县域北部经济区中心镇。以发展工业为主，以工业带动城镇经济发展。1998年，有城区面积0.5平方公里，居民6200人。2003年11月，中方县工业园落户泸阳镇，引进资金4.2亿元，新建、扩建金大地水泥厂、磷化工总厂、五溪米业、雪山食品、健力家具、锰锌公司、贵红商贸等16家企业，基本形成新型建材、农产品加工两大支柱产业，带动个体经济和个体商业迅速发展，泸阳市场更加繁荣。2006年，投资43万元硬化泸磷中路1000米。投资500万元，建成泸阳市场综合大楼3000平方米。投资100万元修建泸阳停车场住宅楼。2007年投资100万元，修建泸阳汽车站综合大楼。2013年，投资10万元完成s223省道泸阳段绿化亮化工程，安装150瓦、柱高7.2米路灯27盏，并在集镇主干道安装护栏、补栽绿化树。截至2013年底，全镇共有企业60家，年生产总值10.66亿元。商店门面500个，集市贸易年成交额达1.2亿元，比1998年增加1.18亿元。在城区建自来水厂1个，日供水能力700吨。建防洪堤2公里。燃气供应点1个。公共厕所6座，垃圾池6个，垃圾屋2个，垃圾装运车1辆。2013年，城区面积1.5平方公里，居民10790人。

铜湾镇　定位县域东部经济区中心镇。1998年，有城区面积0.4平方公里，居民3000人。2003年，编制完成《铜湾镇小城镇建设总体规划》，加快小城镇建设步伐。是年9月，出让土地5.5亩，引资430万元，新建综合贸易市场7900平方米。2004年，出让土地7.6亩，引资650万元，扩建综合商贸市场10000平方米。综合贸易市场有摊位270个，门面250间。是年，投资240万元，新建铜湾卫生院。投资130万元，新建沅水河铜湾码头。投资58万元，新建镇自来水厂座。2005—2006年，投资380万元，新建铜湾汽车站7200平方米。2006年，投资100万元，硬化镇区主次干道4条。2007年，新建枣子坡镇政府办公大楼。2008年，镇政府实现搬迁。2013年，城区面积0.6平方公里，居民5000人。

牌楼镇　定位怀化市"一线一圈"重点镇。1998年，有城区面积0.4平方公里，居民1200人。2004年，投资48万元，硬化集镇主干道870米。2006年，投资1180万元，修建牌楼防洪堤1.24千米。2008年，投资20万元，改造人行道2250平方米，安装排水管网1680米。2009年，新建镇政府办公大楼。是年，投资30万元，实施集镇亮化工程，安装路灯58盏。至2013年底，城镇区新建福祥大市场1个，占地39.2亩，总投资6000万元，共建商贸楼3栋，门面48个，摊位200个。新建自来水厂1座，铺设干线水管0.7千米，日供水能力2.5万吨，居民自来水普及率95.5%。2013年，城区面积0.6平方公里，居民2000人。

桐木镇　定位葡萄生态旅游镇。1998年有城区面积0.8平方公里，居民1500人。2000年，投资200万元，建成桐木镇自来水厂，日供水能力2000吨。2005年，修通孔木湾至芷江水泥公路，路长2.5千米，宽6米。投资800万元，占地0.7公顷，新建农贸市场2000平方米，拥有摊位260个，门面50个，住房5栋。新建液化气供应站1个，年供气量45600公斤。2010年，投资2000万元，占地0.9公顷，新建葡萄综合物流市场11000平方米，摊位200个，门面88个，住宅5栋，地下车库12个。2011年，铺埋排污管道400米。2012年，投资5万元，对桥头市场老街下水道重新铺埋。投资50万元，增设垃圾桶130个，配备垃圾运输车2台，新修垃圾池15座。投资10万元，新建桥头三角坪休闲广场。2013年，城区面积1.2平方公里，居民3100人。

花桥镇　中方县北部陶瓷园地和商业重镇。1998年城区面积0.4平方公里，居民1000人。是年开始筹建花桥镇建筑陶瓷工业小区，投资15280万元，先后建成小康瓷业公司、捷达陶瓷厂、德华瓷砖厂、东方琉璃瓦厂等建筑陶瓷企业12家。2003年，占地1.34公顷，总投资700多万元，修建花桥农贸市场。市场为钢架结构，面积6000平方米，拥有摊位1000多个。2004年，投资3.5万元，安装水泥杆路灯21盏。2011年，对街道路灯进行改造，共安装路灯30盏。对市场进行全面改造升级，将原钢架棚改建为砼结构，1~2层为市场，3~6层为住房。修建垃圾站8个，垃圾屋13个，垃圾池130个。2013年，城区面积0.66平方公里，居民1500人。

铜鼎镇 1998年城区面积0.4平方公里，居民800人。2001年，投资12万元，硬化铜鼎坪街道。2004年，投资20万元，新建镇自来水厂，日供水量20余立方米，受益群众1000余人。2006年，投资300万元，新建铜鼎镇综合商住楼2栋，24套住房，37个门面，建筑面积4797平方米。2007年，投资30万元，新建铜鼎坪村自来水厂，日供水量70余立方米，受益群众4000人。2010年，投资112.5万元，占地3.5亩，新建镇农贸市场，新增摊位300余个。2011年，投资850万元，开发铜鼎坪市场至供销社商住楼6栋，62套住房，56个门面，建筑面积9602平方米。2012撤乡建镇后，筹资40万元，硬化铜鼎坪街道主干道4条1.8千米，铺设污水排水管网3条。筹资10万元，安装悬臂路灯14盏。筹资30万元新建垃圾填埋场1座。投资140万元新建镇敬老院。平整硬化背街小巷道路12条5.5公里。2013年，城区面积0.72平方公里，人口1100人。

新建镇 定位林业生态旅游镇。1998年城区面积0.3平方公里，居民1661人。2002年4月，投资60万元，进行自来水厂改造扩容，供水量从152户增至1500户。2003年加快城镇房地产开发，投资450万元，新建商住楼2栋，1430平方米。2008年，投资1160万元，新建商住楼7栋，2900平方米。2010年，投资300万元，对市场、街道进行全方位改造，硬化建新路520米，安装路灯10盏，建垃圾池5个，垃圾箱18个。2012年，投资200万元，建设蔬菜瓜果储藏库1座。至2013年底，全镇市场投资300万元，建成服装、肉食、杂货三大区，拥有摊位138个。投资3770万元，新建商住楼18栋，9248平方米，佳惠超市、怀仁大药房等一批著名商家进驻新建。2013年，城区面积0.62平方公里，居民4178人。

新路河镇 1998年城区面积0.2平方公里，居民800人。2006年10月，新路河大桥建成通车，结束摆渡过河的历史。是年，以322省道为轴线，进行新商贸街建设，占地1100平方米，新修摊位240个。2010年，村民自筹资金400万元重修一条街。2012年，街上安装X3路灯20盏。2013年，建成区面积0.4平方公里，居民1000人。

铁坡镇 1999年建镇，城区面积0.2平方公里，居民500人。2003年启动小城镇建设。2004年投资680万元，新建铁兴农贸市场11000平方米，摊位518个，门面15个。2008年，投资70万元，兴修铁兴路400米，安装路灯48盏，道路植树260株。2011–2013年，先后修建集镇地下排污水管1000米、完成人行道铺设1000米、植树绿化2000平方米。至2013年底，投资1562万元，建公益性房屋11栋，商住楼38栋，30900平方米。投入资金20万元，建垃圾池21座，垃圾箱60个，垃圾焚烧炉1个，公共厕所2个，购垃圾车1辆。投资200万元，新建自来水蓄水池400立方米，管道15000米，日供水量340立方米。街道由1998年的2条增至6条，长度由500米增至2800米。2013年，城区面积1.5平方公里，居民3000人。

接龙镇 1998年城区面积0.5平方公里，居民1068人。2005年，征地2500平方米，投资240万元，新建农贸市场商住楼2栋4210平方米，摊位340个。2010年投资50万元，硬化集镇道路1公里，安装路灯23盏。2011年撤乡设镇，小城镇建设步伐加快。至2013年，集镇新建房屋26栋64526平方米。道路硬化7000平方米。人行道铺设3100平方米。排水管网铺设800米。路灯安装50盏。行道植树95棵。建垃圾池15个，垃圾场1个。新建停车场600平方米。2013年，建成区面积2平方公里，居民2580人。

第二节 集镇建设

中方县除11个建制镇外，尚有11个乡。乡政府机关所在地除锦溪乡、丁家乡无集镇外，其余9个乡均各自形成一个小集镇，是一方政治、经济、文化中心和交通枢纽、物资集散地。1999年，县委、县政府把集镇建设纳入城乡建设总体规划，采取县财政补助、乡镇统筹、招商引资、出让土地等形式筹措资金，先后对炉亭坳、聂家村、下坪、龙场、袁家、蒋家、石宝、蒿吉坪、活水等地9个农贸市场进行改扩建。2006年，炉亭坳乡利用沪昆高速弃土地新建街道和农贸市场，商业网点从21个增至98个。2007年，石宝乡招商引资380万元搬迁市场，新建市场4800平方米，商住房32套、门面34个、市场摊位218个。2008年，蒋家乡投资360万元，占地3亩，修建市场大棚2个，商贸楼1栋，门面17个，摊位300个。2011年，袁家乡投资23万元，在集镇安装太阳能路灯30盏，照明长度1750米。至2013年底，累计全县乡级集镇建设投资3000万元，新建、扩建市场21000平方米，新建商住楼11栋16000平方米，硬化街道7000米，安装路灯120盏，完成自来水工程7处，供水8000余人，新建垃圾填埋场6个、垃圾池200个，放置垃圾桶4000个，集镇常住人口由建县初的2000余人增至5000余人。

第三节 村庄建设

全县213个行政村，15个居委会，居住分布在2000多个自然村庄。这些自然村庄基本上以村民小组为单位，多以姓氏血缘关系相聚一起，并以姓氏或山形为地名。村庄规模一般是10～200户不等，群居千人以上的有50多个，500～1000人的有200多个。

农村住宅建设，过去多是各取所需，自由择基，自由定向，因此所建农舍参差不齐，基本结构为三柱四瓜、四扇三间的木房子，也有砖木结构四合窨子屋。1998年，农村建房开始向多功能、适用、美观发展。逐步富裕起来的农民，或就地拆旧建新房，或依山傍水建住宅，或傍公路建商住房，或向中心村镇集中建房兴业，均以砖混结构的二、三层楼房为主。环境幽雅，漂亮高档的建筑在农村到处可见，有少数村民建农家乐休闲山庄，接待城市居民度假休闲。2010年，丁家乡丁家村三组村民因沪昆高速建设搬迁，集中在乡政府所在地公路边建房，形成一条小街道。石宝乡村民在农贸市场周围建房10余栋，加快市场扩质增容建设。至2013年，全县农村建房56756栋，建筑面积6398581平方米。

村庄基础设施建设，重点抓好通路、通电、通电话、通电视。2002年，蒿吉坪瑶族民族自治乡投资140余万元，新建洞门口村洪潭大桥、岩口水电站。2005年，投资60万元建立移动通信基站，移动电话信号覆盖全乡75%村落。2007年，开通山岔溪、干田垅、罗洪、洞门口4村有线电视宽带网。2008年，锦溪乡在金坪村建成客运站，7个村拉通公路，其中杨冲、桃江、金坪、锦溪4村道实现水泥硬化。至2013年，全县境内村级公路达271条，里程总长705.8公里，实现村村通公路，80%以上村民小组通简易公路。100%的农户使用电灯照明，97%的农户看上电视节目。建沼气池8027户，65000立方米，占农村用能比重10%。80%村庄对饮用水进行改造，少数村庄建设小型水厂，实行集中供水。中心村建有垃圾池、放置果皮箱，村庄环境卫生得到明显改观。

附：美丽村庄简介

牌楼镇陈家湾村 位于中方县牌楼镇南部，枝柳铁路和怀黔高等级公路穿境而过，㵲水河绕村而下，村部距镇政府驻地1千米，距中方县城中心区12千米。全村辖29个村民小组，952户，3712人，村域面积16.8平方公里，是中方县最大的行政村。2007年来，陈家湾村按照“生产发展、生活富裕、乡风文明、村容整洁、管理民主”的建设社会主义新农村总体要求，引导村民种植葡萄、柑橘、板栗、杨梅、核桃、冬枣、西瓜等优质水果173公顷，投资300余万元建成26.7公顷花卉苗木基地，培育形成水果和花卉苗木两大特色产业，年产值达1180万元，人均增收3000元。2007年，获湖南省“百企联百村，共建新农村”先进单位称号。产业的发展带动社会各项事业进步，村民生活、卫生条件得到极大改善。至2013年底，陈家湾村先后投资200万元硬化村级公路5.1千米，组级公路4.98千米。自来水入户率达80%以上。村内建移动基站一座，移动电话普及率30%，电话入户率50%，有线电视入户率85%。新型农村合作医疗参合率85%。投资30余万元新建村小校舍和学校绿化、美化。投资20万元兴建党员电教室和图书室，图书室藏书量达3000册。

桐木镇大松坡村 位于中方县桐木镇西南部，村部距镇政府1.5千米。全村辖12个村民小组，608户，2155人，村域面积11.2平方千米。大松坡村是湘珍珠葡萄的原产地，村民有种植葡萄习惯，葡萄园里的两株“百年夫妻老藤”有400余年历史。2006年，村党支部和村委会在社会主义新农村建设进程中，以葡萄种植为抓手，带领村民进行产业结构调整，大规模种植刺葡萄。2008年，全村发展葡萄种植大户20户，种植葡萄6.7公顷。2009年，投资200万元，新建葡萄酒庄1座，主要产品为干红葡萄酒。2013年，全村刺葡萄种植面积213公顷，标准化生产基地26.7公顷，村民人均纯收入达12860元。大松坡村实现葡萄连片规模化种植后，成为“中国南方葡萄沟”核心景区。先后投资3000万元，进行旅游基础设施建设，改扩建村级公路3.2千米，硬化景区公路3.4千米，修建观光游道1.3千米，观光长廊1千米，新建停车场2个，观光凉亭4个，完成百年老井保护性修建，拆除农村危房5栋，实施民居美化改造64户，环蒲海造林绿化植树3.6万株，新建农家乐12家，全村旅游从业人员50余人，年接待游客15万人次，年旅游收入600万元。大松坡村党支部重力推进各项社会事业发展。全村建村级卫生室1个，村级文化活动场所1个，农家书屋1个，农合参合率达96.7%，新农保参保率达95%，适龄儿童入学率达100%。修建通组公路29千米，组级通达率达100%，电视电话覆盖率100%。大松坡村环境优美，民风淳朴，村容村貌干净整洁，先后获“全国农业生态家园先进村”“全国文明生态村”“省平安村”等多项荣誉称号。

泸阳镇新店坪村　位于中方县泸阳镇北部，村部距镇政府3.4千米。全村辖21个村民小组，659户，2264人，村域面积4.9平方千米。2006年来，按照新农村建设目标要求，调整产业结构，狠抓农业基础设施投入，至2013年底，投资800余万元，完成水渠硬化5千米，维修排水电排8座、水库防漏2处。完成村级公路硬化28千米，新修组级公路桥梁8座。19个村民小组100%通公路，90%通自来水，有线电视、电信电话覆盖率达到100%，宽带覆盖率达到60%分别。分别为每个村民小组建造垃圾池1个，方便垃圾集中处理。新建村级文化广场1500平方米，成立秧歌队、腰鼓队等文艺团体，丰富村民文化生活。积极发展村级经济，拥有村办、民办、合办企业12家，年工业总产值达3000余万元，上缴国家税收100余万元，村级收入达40万元，村民人均纯收入达6200多元，为村里安置剩余劳动力400余人。2011年来，村委会每年出资12万元为村民购买农村医疗保险，给考上重点大学的优秀学生每人1000元奖励，对家庭困难的重病患者给予500—1000元慰问金。

铜湾镇和村　位于沅水河东岸，村部距铜湾镇政府4千米。全村辖8村民小组，420户，1486人，有耕地面积240公顷。2004年，硬化院子门口公路1500米。2005年，与相邻5村修建龙头庵至铜湾公路21千米，2007年，完成该道路硬化。2008年，集资40万元，加固四冲水库1座，硬化水渠8000米，安装村组路灯30杆。2009年，集资10万元，与清水塘电站修建沙洲大桥1座200米，硬化沙洲公路2400米。2010年，建立优良玉米、油菜基地33.3公顷。2012年，拉通硬化红合冲至庙湾公路800米，村部公路500米。2013年，全村建垃圾池6个，图书室1间，藏书6000册。

锦溪乡金坪村　位于锦溪乡东北部，村部距乡政府10千米。全村辖8个村民小组，215户，865人，有耕地面积111公顷。该村地处山区沟壑纵横，海拔高度平均650米。2005年，投资100万元，建移动基站1座。2006年，投资120万元，硬化丰水坳组级公路3.7千米。2008年，投资15万元，维修村部，建立五保之家、村卫生室和农家书屋，藏书1万余册。2009年，投资10万元，修建金坪村休闲娱乐广场和夜光篮球场。投资10万元，安装标准化路灯48盏，实现村组道路亮化。完成自来水入户170户。2010年，投资40万元，硬化金坪村至溆浦县黄毛园镇岩垴村公路1千米。2011年，投资390万元，修建金坪村第二停车场，面积500平方米，改厕60余个。2012年，创建高标准水稻制种基地10公顷，全村制种纯收入达40余万元。投资8万元，硬化松树坳组级公路300米。2012年，被怀化市评为文明村镇。2013年，投资6万元，在夕阳田村民小组修建长8米，宽5米，高4米人行桥1坐。通过电信联网新装电脑40余户，全村通信、移动电话普及率为98%。

第四章 建 筑 业

第一节 建筑队伍

1998年8月，中方建筑工程有限公司成立。2000年11月，中方县建筑装饰工程有限公司成立。至2013年，全县共有建筑施工企业11家，其中：施工总承包企业4家，分别是中方县建筑装饰工程有限公司、中方县建筑工程有限公司、中方县市政工程有限公司、怀化天鸿建设有限公司。专业承包企业5家，分别是湖南省中南桥梁安装工程有限公司、湖南恒裕钢结构工程有限公司、怀化市公路机械化施工有限公司、湖南凯益环境工程有限公司、怀化金益环保设备有限责任公司。劳务分包企业2家，分别是中方县瑞力建筑工程劳务承包有限责任公司、怀化天鸿建筑劳务有限公司。共拥有职工2004人，其中具有高级工程技术职称30人，中级以上工程技术职称650人，管理人员400人。

附：企业选介

中方县建筑装饰工程有限公司 该公司属民营股份制企业，拥有房屋建筑工程施工总承包二级、混凝土预制构件专业承包三级、市政公用工程施工总承包三级、土石方工程专业承包三级、建筑装饰装修工程专业承包三级资质。公司于2000年注册成立，注册资金2180万元，股东拥有资产净值6000万元。共有员工728人、工程技术和经济管理人员151人，其中具有高级工程技术职称的2人，中级工程技术职称的70人，房屋建筑专业的二级注册建造师13人。拥有各种大中型施工机械和工程测量检测设备200多套（件），设备净值1055万元，年施工能力15万平方米。公司累计完成建筑安装工程量40余万平方米，共计完成建安总产值4亿多元，2010—2013年，工程结算收入每年超过8000万元。

中方县建筑工程有限公司 该公司拥有国家建筑企业二级资质。公司于2002年注册成立，注册资金6080万元，共有干部职工838人，其中工程技术人员170人（高级工程师7人、高级经济师1人、工程师105人、经济师1人、会计师25人、统计师3人、审计师1人、助理工程师15人、助理会计师10人、助理经济师2人），项目经理21人，其中二级项目经理12人，三级项目经理9人，施工员等五大员31人，技术工人133人。机械设备塔吊、输送泵、汽车等大型设备净值达349万元，总功率达480千瓦。2011—2013年，工程量约30万平方米，产值过亿元。

中方县市政工程有限公司　该公司是一家从事城市道路、公共广场、桥梁、预制构件加工生产等多元化现代民营企业。公司于2004年注册成立，注册资金501万元，有高、中级职称专业技术人员和综合管理人员50人。公司先后承建鹤城城东新区卢林路、怀化市潕水路和红星路的改造、中方县南湖路、怀化市五个入城口及五个社会综合停车场等工程，工程合格率为100%，优良率为98%，安全事故为零，评为省、市"重合同守信用单位"和"消费者信得过单位"。

第二节　建筑设计

中方县建筑设计院有设计人员23人，其中二级注册建筑师2人，二级注册结构师2人，工程师6人，助理工程师8人。建筑设计资质为丙级，承担县内公房与部分居民住房建筑设计。

1998年，建筑设计主要以手工绘制图纸，每年设计项目在20个左右，农村集镇建筑设计主要由有经验的工匠师傅完成，既设计又施工。

1999年，县建筑设计院组织人员到外地培训学习，购置电脑及相应的绘图软件、绘图仪、打印机、晒图机，开始由手工转向电脑绘图。为配合县城建设的前期工作，设计院成立测量勘探队，购置水准仪、钻机、经纬仪、平板仪等专业测量、勘探工具。

2002年县城建设启动以后，承担县城建设项目的设计工作。按照县城统一规划，建筑物以多层为主，住房以小区为主，建筑设计凸显中方生态园林县城特色，注重融入一些反映五溪文化特色的地方性建筑符号，如坡屋顶、墙面漆、蘑菇裙墙脚等，构成生态县城建筑物的主流风格。广泛应用建筑新材料新技术，对内外装饰、采光、通风、排水、防潮、隔音、隔热等方面进行精心设计，创造一批造型新颖、美观别致的建筑产品。2013年，设计项目量增加到30多个，业务拓展到县外及省外。

第三节　建筑施工

一、建筑技术

主体结构　1998年，境内建筑多为砖木结构，或砖混结构，少数边远山区和城郊农家乐仍保留纯木结构。房屋开间、进深、层高和用材质量依经济状况决定。农村空坪隙地多，新建房屋多为单层平房和二层楼房，屋前有晒谷坪，屋后配偏舍做厨房或杂屋。城镇因宅基地有限，则多建楼房以利用空间，平面布局常为下店上居。2002年，新建县城办公楼、住宅楼多采用框架结构，由梁和柱以钢接或者铰接相连接构成承重体系结构。框架结构的房屋墙体不承重，只起到围护和分割作用，一般用预制的加气混凝土、膨胀珍珠岩、空心砖或多孔砖、浮石、蛭石、陶粒等轻质板材砌筑或装配而成。其特点整体性能好，抵抗水平荷载能力强。一般有装配式、装配整体式、现浇式三种施工方法，以现浇式为主。2008年，县城行政中心、机关办公楼、商住楼、住宅楼均采用全框架结构。农村新建商店、住宅、酒楼多采用底层框架和内层框架二种类型。2010年，县泸阳工业园广泛采用钢结构技术。钢结构主要由钢材料制成的钢梁、钢柱、钢桁架等构件组成，各构件或部件之间通常采用焊缝、螺栓、铆钉连接，具有造型新颖，施工简单，经济适用，空间跨度大等特点。2013年，钢结构成为境域工业厂房、集贸市场主要建筑结构之一。

基础工程 境内木质结构房屋不需要基础施工，只在落地柱下垫以石块或石墩为基。房屋发展到砖木结构，才在承重部位进行基础处理。经过定位放线后，依线挖槽至老土层，然后用砖渣或砾石、石灰、河沙配水泥拌和填充，再以砖砌墙（柱）基。2002年后，境内主要为砖混结构多层建筑，荷载不断增大，建筑基础推行砂垫层，上铺钢筋网，注上混凝土，外加钢材串连框架。少数民房深基础采用机械成孔现场灌注，大型建筑采用机械振动灌注桩或人工挖底扩底桩。2009年，湖南恒业建设有限公司承建县人民医院住院楼，基础工程采用人工挖孔桩，浇筑桩身混凝土时分层振捣。

墙体工程 传统建筑的墙体多为砖墙，由墙脚和墙身组成。墙脚用青石或砂岩，经岩匠师傅修成长条，形成方形砌筑。墙身为无眠有丁的斗墙，内填黄土、碎砖瓦等。斗墙墙身轻，承载人力低。后逐步淘汰，代以现代组砌法，以24眠墙砌筑为主。城乡建房多采用黏土实心红砖。采用水泥砂浆砌墙和墙体穿衣。房屋内墙多用双飞粉或腻子粉粉刷，外墙多用墙漆粉刷或安装瓷砖。

屋顶工程 屋顶主要有坡屋顶和平屋顶。坡屋顶泄水坡度在10%以上，有单坡、双坡、四坡、歇山、折腰等构造形式。境内房屋多采用双坡屋顶。农村屋面多为小青瓦和红平瓦。县城屋面多为琉璃瓦。部分高层建筑为平屋顶，泄水坡度在5%以下，屋面不用屋架，以钢筋混凝土现浇板而成。为防漏、防热，不少平顶屋面加建一层人字形屋面，屋面盖琉璃瓦。

二、建筑材料

1998年前，建筑材料主要为钢材、水泥、木材、砖、砂、石灰。一般高层建筑和工业厂房主体采用钢筋混凝土构件，先预制或现浇铸。2002年以后，建筑设计重视外观美化，建筑立面造型越来越丰富，建筑材料不断更新，不锈钢、铝合金、彩色水泥、花岗岩、大理石、贴瓷片、彩色地板砖、胶木板、888胶、998胶、玻璃钢等新型材料被普遍使用。农民建房通常用红砖砌墙，水泥浇铸平台屋顶。城区欧式风格的别墅、宾馆，主体外饰材料中，增加彩瓷片和彩色琉璃瓦。2005—2013年，建筑材料主要为钢材、水泥、砂、砖、砂石、石灰、木材等。住宅和机关办公室门采用金属防盗门，商店门面采用铝合金卷闸门。窗户采用铝合金或塑钢材料。墙内外装饰采用多种颜色的墙漆涂料。木质结构和小青瓦在建筑中逐年减少。

三、建筑设备

1998年，设计、施工和质检部门先后购置成套的立准仪、经纬仪、回弹仪、导轨式绘图仪、晒图机和计算机。2002年，中方生态城建设正式启动，施工仪器应用增多，施工机械配置加快。2005年，施工企业购置有木工多用机、混凝土搅拌机、钢筋切断弯曲调直机、电焊、气焊、电锤、塔吊、磨石机、喷漆机、挖掘机、推土机、装载机等设备，实现钢筋混凝土施工、场内外运输、木工操作机械化。城镇建筑施工采用无缝钢管作脚手架，周围布安全网，增强施工安全系数。农村建筑施工仍沿用杉、竹木绑扎作为脚手架。2011年，县建筑工程有限公司购置塔吊、输送泵、汽车等大型机械设备净值达349万元。2013年，全县施工企业共有装载机22台挖掘机15台、大型混凝土搅拌机11台。

第四节　建筑管理

一、行业管理

1999年，重点清理整顿22个乡镇建筑市场，提高工程报建率、投标率。2000年，规范招投标工作，建设工程项目全面实行公开招投标。2002年，公开招标县一中教师宿舍楼、县电业公司综合楼等9个工程项目，工程面积1.7万平方米，工程总造价909.2万元，工程报建率、应招投标率、公开招投标率均达100%。2004年，在完善评委资格审查聘任制、建立专家评委库的基础上，成立招投标代理机构，实现招投标代理与监理分离。建立施工企业资格准入制，对工程项目法人、项目经费及“五大员”上岗资格严格审查，建档备案。是年，对金园路等在建项目派员实行旁站式24小时全方位监理，并实行监理“业主回访制”，共监理工程项目16个，28万平方米，工程监理率100%。2006年，采用YPS型摇奖机，将公开招标的县公交公司土石方工程、县地税局办公楼工程进行评标定标。2008年，开展建筑市场执法检查，共查处各类违章违法建房行为48起，建筑面积6058.9平方米。依法拆除违章建筑3栋730平方米。补办建房手续13户。

二、质量安全管理

1998年，县建设局设安监站和质监站，安监站有安监人员3人，质监站有质监人员14人，负责全县建设工地质量安全管理。2002年，安监站与施工企业、生产单位、责任人分别签订《建筑施工栋号安全管理责任状》《安全生产责任状》《建筑工程安全监督管理责任状》，执行项目报建审批制度，依法查处县城规划区违法违章建筑50起。质监站全面落实建设工程项目法人制和工程质量终身负责制，施行建设工程施工图审查制、工程项目竣工备案制和建筑主体材料取样见证制，实施质量监督工程项目12个，受监面积2.4万平方米，工程总投资额850万元。2004年，开展优质工程和安全文明工地创建活动，落实建筑市场责任主体不良行为公示制度，进行施工质量安全大检查3次，检查在建工程24栋，下发安全隐患通知书46份，发现安全隐患200多处，整改到位率达100%。2010年5月，进行为期一周建筑安全法律法规宣传活动，出动宣传车20车次，人员100人次，发放宣传资料1000余份，接受咨询群众5000人次。是年，开展安全生产专项检查4次，下发安全生产隐患通知书29份，发现安全隐患60余处，整改到位60余处。2013年，安监站人员增加到9人，质监站人员增加到21人。1998—2015年，工程受监覆盖面100%，工程竣工验收合格率100%，其中获湖南省优质工程项目2个，获市优质工程5个，县内建设工程未发生重大质量安全事故。

附：优质工程选介

县行政中心 位于县城迎松路，坐北朝南，有大楼6栋，分别是县委办公大楼、县人大办公大楼、县政府办公大楼、县政协办公大楼、县行政会议中心和行政中心机关食堂。该项目由湖南武陵城（集团）房地产开发有限公司开发，怀化市建设勘察院勘察湖南仟府设计公司设计，怀化广厦建筑安装工程有限公司施工，怀化市建设工程监理公司监理。县行政中心于2003年9月22日开工，2005年12月20日竣工验收并同时获得“湖南省优质工程”。

县劳动市场培训中心综合大楼 位于县城南湖路，大楼坐北朝南，由怀化市建筑设计院勘察设计，邵东县第四建筑工程公司承建，2005年5月动工，2006年2月竣工，工程总造价260.82万元，建筑面积3450平方米。该大楼5层，高22.16米，一层框架结构，二至五层砖混结构。建筑耐火等级二级，屋面防水等级三级。2006年，评为怀化市优质工程。

县一中后勤服务中心综合楼 该工程由中方县建筑设计院勘察设计，湖南恒业建设有限责任公司承建，2006年11月动工，2008年6月竣工，工程总造价1186.69万元，建筑面积6693.49平方米。该工程为框架结构，主体两层，局部三层，建筑高度15.9米。外装饰为真石漆，室内地板为花岗岩和地面砖。建筑耐火等级二级，屋面防水等级二级。2008年，被评为怀化市优质工程。

县人民医院住院楼 坐落县城芙蓉路，是一幢坐西朝东、造型美观的新型建筑物。由湖南诚士建筑规划设计有限公司设计，湖南恒业建设有限责任公司承建，2009年9月开工，2011年1月竣工，总投资2800万元，建筑面积12500平方米。住院楼为钢筋混凝土框架结构，楼高7层，高29.9米，其中地下1层，地上6层。大楼基础采用人工开挖孔桩，浇筑桩身混凝土时分层振捣，分层高度控制为1000～1500毫米，砼塌落度为80～100毫米。外装饰600毫米高部分贴面砖，其他为外墙漆，室内铺设地面砖。建筑耐火等级地上二级，地下一级，屋面防水等级三级。2010年，评为湖南省优质建筑工程、省安全文明示范工程、省安全质量标准化示范工程。

中方桃花坞乐雅芳洲5#楼　位于怀黔路与迎松路交会处。由湖南武陵城（集团）房地产开发有限公司开发，中煤科工集团重庆设计研究院设计，怀化广厦建筑安装工程有限公司施工。该工程为框架结构，楼高7层，地下1层，地上5加1层，总建筑面积4502平方米，总造价145.8万元，2012年2月开工，2013年11月竣工，评为“二〇一三年度怀化市优质工程”。

第五章　房地产业

1998年，成立中方县房地产管理局。2002年，更名为中方县房产管理局，属事业单位，下设物业管理中心、房产交易服务中心、房产监察大队、房屋安全鉴定办公室、房屋拆迁管理办公室、房屋租赁管理所、白蚁防治所等7个二级机构，有工作人员86人，负责全县住宅和房产管理工作。

第一节　房地产开发

1998年，房地产开发主要在农村集镇。2002年，中方新城建设启动，房地产开发企业陆续进驻中方。至2013年，全县共有房地产开发企业26家，其中县本级的开发企业10家。拥有房地产开发一级资质1家，二级资质5家，三级资质16家，四级资质2家，暂定资质2家，实施房地产开发项目41个，总投资规模43.5亿元，用地规模3100.5亩，规划建筑面积337.04万平方米，完成投资25.2亿元，建筑面积152.4万平方米。

2006年2月，中方县委、县政府制定《关于进一步加快县城建设的决定》，县城房地产开发建设步伐加快。当年，签订开发项目合同的开发企业5家，即武陵城、华团、万隆、福兴、德湘等房地产开发有限公司。湖南武陵城（集团）房地产开发有限公司开发桃花源小区、新榆树湾美食街、桃花源社区街、锦绣中方·衡山坊、桃花坞·香樟苑、梧桐苑、乐雅芳洲、水木倾城等，项目占地582亩，总投资9.12亿元，总建筑面积65.5万平方米。怀化市华团房地产开发集团开发教师新村和南湖·沁碧园，项目占地316亩，总投资8亿元，总建筑面积18.5万平方米。湖南万隆房地产置业有限公司开发万隆&维也纳森林，项目占地226亩，总投资1.2亿元，总建筑面积11.6万平方米。湖南福兴房地产集团有限公司开发福兴·鸿福嘉园和福兴商业广场一、二期工程，项目占地127亩，总投资1.2亿元，总建筑面积8.1万平方米。怀化德湘房地产开发有限公司开发佳兴商住楼，项目占地9亩，总投资

2200万元，总建筑面积1.66万平方米。

2007年，怀化琼天房地产开发有限公司开发中方县中心市场，项目占地117亩，总投资1.2亿元，总建筑面积12.3万平方米。

2008年，湖南泰格林纸集团恒泰房地产开发有限公司开发倚林嘉园公寓和倚林嘉园一、二期工程，项目占地97亩，总投资7980万元，总建筑面积8.6万平方米。怀化环龙房地产开发有限公司开发学府新苑，项目占地53亩，总投资5000万元，总建筑面积5.5万平方米。中方县红源房地产开发有限公司开发广富欣城和广富欣城·玉屏居，项目占地150.3亩，总投资3.1亿元，总建筑面积20.6万平方米。怀化市中嵘房地产开发有限公司开发中方家居建材城，项目占地88亩，总投资1.69亿元，总建筑面积10万平方米。

2009—2013年，新进驻房地产开发企业16家。2009年，怀化宏翔房地产开发有限公司开发㵲水家园，项目占地183亩，总投资1.8亿元，总建筑面积18.87万平方米。怀化旺盛房地产开发有限公司开发大唐世纪城，项目占地20亩，总投资1500万元，总建筑面积2.9万平方米。2010年，麻阳国龙房地产开发有限公司开发金御楼、青山楼、兴中楼，总投资2600万元，建筑面积2.2万平方米。怀化天成房地产开发有限公司开发中华源，总投资2.9亿元，总建筑面积15万平方米。怀化峻达房地产开发有限公司开发世景华庭和国际新村·北苑，总投资1.2亿元，总建筑面积8.1万平方米。怀化禾林房地产开发有限公司开发禾林·芙蓉佳苑，总投资3500万元，总建筑面积2.59万平方米。湖南嘉金房地产开发有限公司开发嘉金·锦绣一方，总投资2.5亿元，总建筑面积25万平方米。2011年，怀化刘霖房地产开发有限公司开发刘霖·万达佳园，总投资3530万元，总建筑面积4.95万平方米。湖南天合投资置业有限公司开发公交公司小区，投资2300万元，总建筑面积2.89万平方米。怀化市立新房地产开发有限公司开发东方花园，总投资9300万元，总建筑面积17.5万平方米。湖南荣盛投资股份有限公司开发中方商业步行街，总投资2亿元，总建筑面积15.2万平方米。怀化富友房地产开发有限公司开发秀峰源，总投资2000万元，总建筑面积2.2万平方米。怀化全兴房地产开发有限公司开发1号财富广场，总投资1.2亿元，总建筑面积20万平方米。2012年，怀化市天鸿房地产开发有限公司开发天鸿·香山别院，总投资3.15亿元，总建筑面积21万平方米。2013年，怀化恒熙房地产开发有限公司开发秀峰花园，总投资4800万元，总建筑面积4万平方米。

第二节 房产经营

1998年，成立中方县房产地产交易所。1999年，更名为中方县房产交易服务中心，下设泸阳、中方、铜湾三个交易所。2010年，房产交易服务中心与产权产籍管理股一同进驻县政务服务中心，与各区域工作站一起负责办理全县房屋转让、抵押、典当、入股合并及流通领域中各种房产经营的管理，办理房产交易立契过户手续。1998—2013年，全县办理房产交易立契过户手续6458宗，975001.46平方米。

房屋租赁 2013年，成立中方县房屋租赁管理所，负责全县范围内的房屋租赁登记备案、房屋租赁登记备案手续费收取和房屋租赁市场管理工作。房屋租赁合同一般一年一签，住房800元/套，门面1000~2000元/间。2013年，县城房屋租赁登记备案215户，流动人口500人。

商品房预售 1998—2005年，中方县城建设处于起步阶段，商品房预售无项目审批。2006年，中方县房地产开发项目全面启动，开始办理商品房预售审批。当年办理商品房预售许可证3起，预售面积97197.89平方米。2006—2013年，全县批准商品房预售302起，批准预售面积185.13万平方米。

2006—2013年中方县商品房预售许可登记情况表

表10-5-2-1　　单位：起、万平方米

年份	批准数量	预售面积
2006年	3	9.72
2007年	7	12.16
2008年	2	3.88
2009年	16	31.2
2010年	15	34.25
2011年	78	32.72
2012年	118	32.73
2013年	63	28.48

三、商品房销售

商品房销售 1998年，中方县房地产开发成本为500元/平方米，2013年增至1500/平方米。住房销售均价，2006年为598元/平方米,2013年为2000元/平方米。别墅销售均价，2006年为1904元/平方米,2013年为4103元/平方米。商业用房销售均价，2006年为2251元/平方米,2013年为5468元/平方米。2005—2013年，全县商品房总销售10105套，126.94万平方米，其中住房销售套数占81%，别墅销售套数占5%，商业门面销售占14%。

2005—2013 年中方县商品房销售统计表

表 10-5-2-2

销售时间（年）	销售套数（套）			销售面积（平方米）			销售均价（元 / 平方米）		
	住房	别墅	经营用房	住房	别墅	经营用房	住房	别墅	经营用房
2005	811	—	62	114777.4	—	2653.25	540	—	2338
2006	60	2	140	8623	644	5846	598	1904	2080
2007	848	—	78	113225	—	5055	659	—	1707
2008	99	7	86	13437	2344	5748	841	2480	2189
2009	581	102	195	68042	26910	12592	998	2326	2857
2010	1803	131	115	219543	31540	12374	1009	2843	3403
2011	1003	126	180	128410	30154	12633	1280	3612	4729
2012	1076	61	123	128514	15824	12018	1914	3808	5468
2013	2061	70	285	249234	18984	30289	2007	4185	5462

第三节　房产管理

一、住房制度改革

1998 年 1 月，成立县住房制度改革领导小组办公室（简称房改办）。为副科级单位，行政编制 2 名。4 月，设立县住房公积金管理中心，股级事业单位，定编 2 人（2008 年升为正科级单位，有工作人员 7 名）。10 月，全县开展城镇住房普查摸底工作。县直单位符合出售条件的存量公房 182 套 1.2 万平方米，驻县独立工矿区符合出售条件的存量公房 247 套 1.1 万平方米。12 月，全县办理公房出售审批手续 150 套 1 万平方米，归集售房款 76 万元，返回维修金 15.5 万元，售房款余额 61 万元。2000 年，召开全县住房货币化分配动员大会，全面实施住房分配货币化，存量公房均按房改政策销售完毕，单位不再进行住房建设和住房实物分配。从此，住房实现货币化分配，进入市场运作。2003 年，全县建立完善住房公积金制度，财政供养人员住房公积金缴存比例为 5%，归集住房公积金 280.37 万元，发放个人住房贷款 57.17 万元。2006 年，启动财政供养退休人员的配套补贴，乡镇建立住房公积金制度，全县归集住房公积金增至 978.63 万元，发放个人贷款 1466 万元。2007 年，全县财政供养人员住房公积金缴存比例调整为 6%，其他单位为 6%~12%。2008 年，归集住房公积金 1273.97 万元，发放个人贷款 1748.5 万元。2012 年，将财政供养人员规范性津补贴纳入住房公积金缴存基数，单位配套部分资金由县财政全额配套。2013 年，全县缴存住房公积金干部职工9702人，归集覆盖率96.59%，归集住房公积金4767.12万元，发放个人住房贷款4853.6万元。2003—2013年，全县归集住房公积金总额达20033.7万元，归集余额达14590.1万元。为2761名干部职工发放贷款25370.86万元，支持职工购建房面积31万平方米。正常提取住房公积金5443.6万元，支持职工购建房20万平方米。

二、产权产籍管理

中方县房地产管理局依据《城市房屋权属登记管理办法》，对房屋所有权以及抵押权、典权等房屋他项权利进行登记，依法确认房屋产权关系。1998—2013年，共办理房屋产权初始登记5630户，登记面积4567533平方米，他项权利登记5251户。建立产权产籍档案室60平方米，收藏产权产籍各类档案8万余卷。

1998—2013年中方县房屋权属登记一览表

表10-5-3-1　单位：户、万平方米

年份	初始登记		初始登记面积
	初始登记户数	他项权利登记户数	
1998年	315		45.51
1999年	631		58.77
2000年	337	33	38.53
2001年	379	22	40.34
2002年	334	44	39.79
2003年	399	44	41.15
2004年	361	88	38.79
2005年	333	39	30.46
2006年	201	52	29.6
2007年	265	117	31.57
2008年	339	364	32.8
2009年	190	325	19.35

续表

年 份	初始登记		初始登记面积
	初始登记户数	他项权利登记户数	
2010 年	479	663	25.33
2011 年	453	961	27.41
2012 年	205	1305	18
2013 年	409	1194	30.39

三、物业管理

1998 年 2 月，县房产局设物业管理中心，因当时中方县城尚处于规划中，没有安排专人办理日常业务。2002 年启动县城建设，至 2010 年，中方生态县城初具规模，入住人员逐步增多。2011 年，物业管理中心正式成立，编制 4 人，负责指导全县物业管理工作。至 2013 年，受理物业方面的投诉 80 余例。进行物业服务企业备案登记 24 家，其中二级资质 4 家，三级资质 16 家，暂定三级 4 家，共有物业从业人员 458 人，物业服务项目 32 个。开展房屋维修资金的归集管理工作，累计收取物业维修资金 3908 户，归集商品房维修资金 1081 万元。

四、房屋普查

1999 年 4 月，全面清理公有住房，摸清县直各单位公有住房的底子和全县干部职工的住房状况，建立职工个人住房档案 24 卷，235 分量。建立清房档案 21 卷。2006 年 6 月，开展农村房屋普查。至 2008 年 7 月，共普查 221 个行政村，59526 户。普查房屋 58285 栋，7239651.90 平方米，其中住宅 56756 栋，6398581.90 平方米。非住宅 1529 栋，841070 平方米。普查总人数 257293 人，人均面积 24.87 平方米，共办理房屋所有权证 29763 本，办证率为 49%。

五、白蚁防治

1998 年，白蚁防治所成立，编制 4 人。2005 年前，与建设单位和个人签订白蚁防治合同 46 户，办理白蚁防治证 46 份，开展白蚁预防施工面积 13 万平方米。2005 年 10 月，县人民政府下发《关于加强中方县白蚁防治管理工作的通知》，加大白蚁防治工作力度，白蚁防治工作从县城向农村大力推进。2006—2013 年，与建设单位和个人签订白蚁防治合同 127 份，办理白蚁防治证 127 份，白蚁防治面积 237 万平方米，其中，开展农村白蚁灭治 200 余栋 2 万平方米，挽回经济损失 200 多万元。2008—2010 年，连续三年评为湖南省白蚁防治工作先进单位。

六、房产监管

1998 年，房屋安全鉴定办公室成立，采取现场查看、拍照、皮尺测量等主要手段，对问题房屋进行鉴定。1998—2013 年，共受理完成房屋安全鉴定 200 余起，鉴定面积 140 万平方米，处理房屋安全纠纷 30 余起，为业主进行维修、加固、改造和司法纠纷提供法定依据。

2006–2013 年，加强房地产市场监管。每年初，县房产局与房地产开发企业、物业服务企业及中介企业签订《目标管理责任书》。年内重点围绕无资质开发、超越资质范围违规开发、未办理商品房预售许可证销售房屋、房屋销售价格及办证费用公示、物业中介人员无证上岗等违规行为进行整治。每月进行房地产信息数据收集和理性分析，每个季度有《中方县房地产分析报告》，并先后创办《房产动态》《魅力中方》《房产信息》刊物，开辟《宜住中方》电视专栏，全方位宣传中方地理、生态、区位、交通等优势，公布房地产业发展新政和各个开发楼盘信息等，引导消费者到中方投资置业。2013 年 9 月，举办中方县首届房地产交易会，活动期间共接待看房者 6 万余人次，成交商品房 474 套 5.73 万平方米，成交金额 1.24 亿元。

第六章　环境保护

1998—2000 年，中方县工业经济刚刚起步，自然环境状况较好。随着境域工矿企业快速发展，“三废”处制难度增大，涉环矛盾日益突显。2001 年，中方县粤怀电解锰厂锰渣渗漏液污染下游近 10 千米地表水、地下水，引发民怨，造成涉环群体事件。2004 年，金大地水泥厂、花桥陶瓷工业园、牌楼电站库区等 13 家企业粉尘排放达标率仅 5%，废水排放达标率只 15%。致使环境严重污染，群众反映强烈。2008 年，泰格林造纸厂排放恶臭气体，严重污染空气，群众不断投诉。县委、县政府采取有力措施，加大环境治理、环境监督力度，加快生态环境建设步伐，环境保护工作取得显著成效。2010 年 6 月，中方县和市工业园第一座日处理 4.5 万吨污水处理厂建成使用。2011 年 10 月，启动农村环境连片综合整治项目，总投入 579 万元，建设集中式饮用水水源地污染防治设施、生活污水处理设施、生活垃圾处理设施、畜禽养殖污染防治设施等。至 2013 年，完成污染治理项目 22 个，对县域 49 家工业企业进行综合治理，依法关闭中方镇长塘村、牌楼电站五氧化二钒生产企业共 9 家，县鑫都硅业公司等 19 家企业停产整顿。退耕还林 9.38 万亩，新增活立木总蓄积量 26.3 万立方米，森林覆盖率达 65.8%，活立木总蓄积量 323.3 万立方米。建立交通噪声环境质量监测点 5 个，城市区域环境噪声监测点 20 个。城乡水源地水质符合《地表水环境质量标准》Ⅱ类水质标准。境内大气环境状况符合国家二级标准。城区环境噪声符合《噪声环境质量标准》二级标准。

第一节　环境状况

一、大气环境

2005年，泸阳片区二氧化硫年排放量0.32万吨，烟尘年排放0.24万吨，粉尘排放浓度超标。2007年花桥陶瓷工业园国盛陶瓷等10家企业，检测到二氧化硫、SS（Sus pended Substance）的缩写，即水质中的悬浮物），废气均超过国家标准。2008年，县域二氧化硫和烟尘年排放量分别比2005年减少5%和4%。

2013年，城区大气自动监测站正式运行，监测结果表明：县城环境空气中，二氧化硫日均值浓度范围为0.002~0.195毫克/立方米，年均值为0.073毫克/立方米。二氧化氮日均值范围为0.001~0.072毫克/立方米，年均值为0.018毫克/立方米。PM10日均值范围为0.014~0.270毫克/立方米，年均值为0.101毫克/立方米。以二氧化硫、二氧化氮和PM10的日均值浓度评估，县城区域达到国家环境空气质量二级标准的天数为85%，空气质量良好。

2013年全境降水pH值范围6.12~7.08，酸雨率为0，年均值为6.33。降尘测值范围为1.63~1.78，年均值为1.68。硫酸盐化速率测值范围为0.118~0.129，年均值为0.125。以上项目均符合国家一级大气环境标准。

二、水体环境

境内水体环境，主要由沅水干流，㵲水干流，辰水支流，溆水支流，山塘、水库及地下水构成。沅水水系中方流域，两岸群山起伏，较多丘林地带，集雨面积广，流径总长39.5千米。经流蒋家、新路河等13个乡镇，面积816平方千米。㵲水水系中方流域，流经中方、牌楼、桐木等四镇，全长30.8公里，辰水、溆水境内流长分别为13.75公里和13公里。山塘水库11.1万亩，地下水丰沛，年均径流量约15.44亿立方米，2008年地表水常规监测，池回断面（属㵲水河中方段入口断面）全年四期（丰、平、枯、9月）32个样品，18个监测项目中仅粪大肠菌群超过Ⅲ类水质标准。参考Ⅱ类水质标准，除总磷、汞、挥发酚、粪大肠菌群四个项目外，其他14个项目，均符合Ⅱ类水质标准，水质比较好。

2013年县环境保护监测站对地表水（㵲水河）中方县自来水厂取水口断面常规监测平均数据表明，现阶段㵲水河中方段水质符合Ⅱ类水质标准。

2008年潍水河（地表水）池回断面监测结果统计表

表10-6-1-1

执行标准类别	测水期		PH值	溶解氧	高锰酸盐指数	化学需氧量	五日生化需氧量	氨氮	总磷	铜	锌	氟化物	砷	汞	镉	六价铬	氰化物	挥发酚	阴离子表面活性剂	粪大肠菌群
	4期	有效数据（个）	32	32	32	32	8	32	32	32	32	32	32	32	32	32	32	32	32	8
		最大值	8.27	7.40	1.91	13.00	2.01L	0.531	0.137	0.004L	0.002L	0.339	0.0006	0.00005L	0.0001L	0.004L	0.002L	0.002L	0.05L	24000
		最小值	7.97	6.50	1.40	6.85	2.01L	0.308	0.069	0.004L	0.002L	0.102	0.0002	0.000001L	0.0001L	0.004L	0.002L	0.002L	0.05L	3500
		年均值	8.14	6.95	1.67	10.30	2.01L	0.391	0.104	0.004L	0.002L	0.191	0.0003	0.00005L	0.0001L	0.004L	0.002L	0.002L	0.05L	10215
		超标率（%）	0	0	0	0	0	0	0	0	0	0	0	0	0	0	0	0	0	50
		超标值出现月份	/	/	/	/	/	/	/	/	/	/	/	/	/	/	/	/	/	5.9月
			6-9	≥5	≤6	≤20	≤4	≤1.0	≤0.2	≤1.0	≤1.0	≤1.0	≤0.05	≤0.0001	≤0.005	≤0.05	≤0.2	≤0.005	≤0.2	≤10000

2013 年 9 月中方县地表水水质调查表

表 10-6-1-2 单位：毫米 / 升

污染物编码	污染物名称	数值	污染物编码	污染物名称	数值	污染物编码	污染物名称	数值	污染物编码	污染物名称	数值
001	PH	8.1	030	锌	0.002L	110	挥发酚	0.002L	031	锰	0.003L
990	溶解氧	6.40	072	氟化物	0.20	080	石油类	0.01L			
011	CODMN	1.82	035	硒	0.0002L	520	阴离子表面活性剂	0.05L			
011	CODCr	1.35	026	砷	0.0006	071	硫化物	0.006			
010	BOD5	2.0L	020	汞	0.000025L	550	粪大肠菌群	19596			
060	氨氮	0.117	022	镉	0.0001L	990	硫酸盐	17.781			
101	总磷	0.045	025	六价铬	0.004L	090	氯化物	2.262			
990	总氮	0.803	027	铅	0.001L	064	硝酸盐	0.439			
029	铜	0.004	070	氰化物	0.002L	032	铁	0.002L			

备注：1.水源地名称：中方水厂

2.水源地编码：111000431221100S1

三、人居环境

境域山清水秀，气候宜人，交通便捷，环境优美。2006 年，县委、县政府加大新农村建设步伐，实现公路村村通，广播电视村村响，环境卫生不断改善，2008 年，在环保部命名的“国家级生态示范区”中方县名列其中。2013 年，全境有生态公益林 3.4 万公顷，商品林 6.8 万公顷，森林覆盖率 65.85%，林地绿地率 67.34%。拥有 5561 公顷的省级康龙自然保护区，域内四季如春，气候宜人，山峦叠嶂，林木葱郁，动植物资源丰富，森林覆盖率达 90%，原始次森林保护完好，是人居择住，修养生息，不可多得的自然生态环境。

至 2013 年底，获国家级生态乡镇命名 2 个，获省级环境优美乡镇命名 6 个，获省级生态乡镇命名 15 个，获省级生态村命名 64 个，获市级生态村命名 100 个。

中方县生态环境点一览表

表 10-6-1-3

年度	国家级生态乡镇	省级环境优美乡镇	省级生态乡镇	省级生态村	市级生态村
2009 年		桐木镇、中方镇、新建镇、蒋家乡		桐木镇：大松坡、黄家湾 中方镇：荆坪、乌溪 炉亭坳乡：马家溪 新建镇：岩门溪 泸阳镇：新店坪 铜湾镇：堆子	
2010 年		铜湾镇、牌楼镇		桐木镇：下丰坡、桐木 新建镇：黄金 泸阳镇：岩子院 铜湾镇：水落岸、黄溪 牌楼镇：塘家田、站坪、陈家湾 锦溪乡：金坪 龙场乡：十里坪 花桥镇：梅树冲	锦溪乡：桃江、中心、锦溪、大庄 石宝乡：沅溪、鱼龙桥、双溪、里垄、平坳、贵鱼、桃建、大竹 铜鼎乡：蛮田、重义溪、桐木、南家坊、铜丁坪、赤岩湾、张家溪
2011 年	中方镇		石宝乡、铜鼎镇锦溪乡	铜湾镇：思坪 新路河镇：黄土坡 花桥镇：白沙 蒋家乡：大沙 石宝乡：双溪	新建镇：大塘、黄立坪、黑禾田、牛眠口、横板桥、干冲、小岩、八家、保良 桐木镇：半界、宋信 接龙镇：卧龙、桥头、宝山 牌楼镇：阳合垅、罗渔 花桥镇：利家坡、山羊头、车坪 铜湾镇：费家田、新屋、溪江
2012 年			接龙镇、龙场乡、聂家村乡、炉亭坳乡	桐木镇：桐木、黄松坳、宋信 新建镇：牛眠口、横板桥、小岩 铜湾镇：和村、渡江坡、兴华、三家田 牌楼镇：阳合垅 锦溪乡：锦溪 龙场乡：龙场 石宝乡：鱼龙桥 铜鼎镇：南家坊 花桥镇：车坪	铜鼎镇：青市、罗家冲 袁家乡：袁家、桂花 蒋家乡：水仙、大沙坪 中方镇：中方、栗山、茶元坡 炉亭坳乡：炉亭坳 泸阳镇：黄花树、菜坪溪 下坪乡：壮稻 桐木镇：上丰坡、芒冬溪 牌楼镇：白良、板山场 花桥镇：洞竹山、汤家 铜湾镇：松坡、竹元头 聂家村乡：堵家、白洋坪 龙场乡：芭蕉溪、茶田 新建镇：八家、保良
2013 年	新建镇		泸阳镇、花桥镇、丁家乡、新路河镇、袁家乡、铁坡镇、下坪乡、蒿吉坪瑶族乡	中方镇：中方、铜锣 桐木镇：半界、上丰坡 花桥镇：汤家 接龙镇：桥头 泸阳镇：菜门溪 炉亭坳乡：炉亭坳 下坪乡：壮稻 聂家村乡：聂家村 新路河镇：徐家 蒋家乡：水仙 丁家乡：太平	铁坡镇：双岭、团一、板溪、培丰、黄星、甲石、两利、联家、江坪 接龙镇：新庄、龙溪、中坪、总坡、胡家、龙屋 炉亭坳乡：柑子园、桥亭 龙场乡：刘朋、半坡、老树寨 丁家乡：丁家、萝卜湾、独田、团山、木良田、梅树冲 聂家村乡：中村、溪口、细面垅 蒿吉坪瑶族乡：吉都堂、助溪、洞门口、罗洪、老田溪、干田垅

第二节　污染整治

一、“三废”治理

2006—2009年，境域持续开展以整治国、省道可视范围内“两场两窑”为主要内容的生态创建和环保世纪行活动，关闭泸阳等地违章采石场15家。炸毁非法开采洞探井16个，砌封11个。炸毁非法开采小煤窑及金矿洞62个，扣留开采机20台，拆除工地、工棚42处。投入恢复治理资金40万元，栽种樟树树苗15500株。2010年6月，投资1.2亿元建成污水处理厂1座，实现县城生活污水和市工业园生产废水达标排放。是年，投资5000万元，新建污水管网11千米，扩大污水收集范围，提高污水收集率，提升污水处理厂运行能力。县城搬迁新址后，陆续新建32个生态污水处理模块，日处理能力达0.6万吨，主要处理城区日常办公、生活污水与污水处理厂形成良性互补。

2010年，湖南金大地材料股份有限公司粉尘排放中，生料1号电收尘器粉尘浓度达254~2640毫克/标准立方米，平均超过国家标准6.6倍。2号电收尘器粉尘浓度达7.17~626毫克/标准立方米，平均超过国家标准3.4倍。二氧化硫、烟尘、工业粉尘分别为3289.72吨、3468.68吨、6246.74吨、化学需氧量为120.65吨，工业固体废物为14.8万吨。2011年后，企业淘汰原有立窑生产线，建成2条日产2500吨熟料旋窑生产线。投资392万元，配置9套收尘设施，将JH型反吹供式收尘器，更新为先进气箱脉冲炭式收尘器，改进立窑二线烟气收尘大布袋收尘器易烧袋缺陷，延长收尘器使用寿命，生料除尘率达99.8%以上，立窑除尘率达96.6%，水泥磨粉和水泥包装除尘率分别达到99.1%和97.3%。2012—2013年，先后完成1号、2号水泥生产线脱硝项目建设，投资分别为400万元、300万元，项目建成运行后，氮氧化物实现达标处理后排放。投资4200万元，进行钒渣综合利用项目建设，采用提取钒渣中有效成分制成水泥生产工艺，年处理钒渣30万吨，化废为宝，减少污染排放，实现循环经济。

2011年10月，启动农村环境连片综合整治项目。建设项目在桐木镇桐木村、黄家湾村、黄松坳村、大松坡村、桐坪村5个村，总投资579万元，由长沙金智工程咨询有限公司负责设计编制，湖南开益环境工程有限公司负责施工，建设集中式饮用水水源地污染防治设施、生活污水处理设施、生活垃圾收集处理设施、畜禽养殖污染防治设施等。2012年9月，项目建成并通过省环保厅组织竣工验收。共建设水源地防护设施10套、水源地污染源治理设施12套、集中式污水处理设施5套、集中式污水处理设施配套管网2.5公里、分散式污水处理设施100套、垃圾处理设施5个、集中处理设施5处、分户处理设施50套，配备垃圾箱、池350个、垃圾收集转运车2辆。项目建成运行已经累计处理生活污水4.5万吨，综合利用处理农村畜禽粪便、污水12.4万吨，转运生活垃圾0.077万吨，实现COD减排量33.5吨、氨氮减排量0.99吨。

2012年，成立怀化市宏生再生资源有限公司，负责将产生的废矿物油统一收集、储存，然后统一转运送至湖南鼎盛石油化工有限公司进行有效处置。当年与境内产生废矿物油的30余家单位签订收购处置协议，确保废矿物油得到有效处置，结束境内废矿物油任由无证炼油作坊收购后非法炼油及环境污染隐患无序管理局面。

2013年，投资300万元建设怀化红辉农业开发有限公司生猪养殖场粪污治理工程，采用畜禽干清粪农业利用＋畜禽粪水—沉淀—厌氧—好氧处理工艺，日处理水量为85吨。工程项目由长沙金智工程咨询有限公司负责设计编制，湖南开益环境工程有限公司负责施工。项目建成运行后，养殖场产生畜禽养殖粪便、废水达标处理后，直接用于制沼气、肥料、灌溉等，实现畜禽养殖废弃物资源化。投资1500万元，完成永固节能墙材有限公司锰渣综合利用工程项目建设，采用锰渣制砖的生产工艺，年处理锰渣9万吨，实现经济效益、环境效益的统一。

在花桥镇建成医疗废物处置中心（即怀化市天源环保科技有限责任公司）对产生的医疗废物定期有偿收集，采用焚烧处置工艺，日处理能力为8吨，年处理医疗废物1000吨以上，实现医疗废物的处置率100%。

完成污水处理厂等工业源减排项目10个，新康牧业有限公司种猪扩繁场粪污综合治理项目等农业源减排6个，实现4类主要污染物削减总量。2013年化学需氧量1062.62吨、氨氮37.94吨、二氧化硫445.7吨、氮氧化物94.81吨，相比2010年初始4类主要污染物排放总量基数，分别完成削减比例为19.53%、12.48%、8.09%、3.09%。

2001—2013年中方县环境治理情况综合表

表10-6-2-1

时间	单　　位	整治措施	整改结果
2001年	中方县金湖钢厂	停产整顿限期治理	已停产（自行停产）
	龙井村炼铁厂	补办环保手续	
	泸阳电解锰厂	该厂搬离	
2002年	铜湾镇思坪村红砖厂	停产关闭	
	花桥镇卫生院、两个造纸厂	纠纷调解、限期整改	已整改
2003年	金大地水泥厂、花桥陶瓷工业园	环境综合整治	已整改

续表

时间	单　　位	整治措施	整改结果
2004年	金天锰业的工业硅项目	补办办理环评手续	
	活水麻石加工区的麻石开采和麻石加工项目		
	牌楼工业小区的硫酸铜项目		已停产
	ppm管项目		
	东方琉璃瓦的扩建项目		已办理
	泸阳保温材料厂		
	小康瓷砖厂、雪山食品厂	补办环保审批手续	已办理
	神隆生物有限公司、益利来生物肥料厂、怀化恒健氨基酸厂	补办环保设施验收	
	活水麻石加工厂、花桥宏发、启明、杨桥三家造纸厂，花桥三个矿粉厂（农电磨粉厂、企业办矿粉厂、匡泽顺矿粉厂）	限期治理	
	小康瓷砖厂、雪山食品厂	补办环保审批手续	已办理
	神隆生物有限公司、益利来生物肥料厂、怀化恒健氨基酸厂	补办环保设施验收	
	活水麻石加工厂、花桥宏发、启明、杨桥三家造纸厂，花桥三个矿粉厂（农电磨粉厂、企业办矿粉厂、匡泽顺矿粉厂）	限期治理	
2005年	中方县镇竹站村和花桥镇山羊头村五氧化二钒非法生产企业	取缔	
2008年	泸阳镇强龙、聂家村乡中村、火马塘、泸阳镇黄泥冈、泸阳镇杨桥造纸厂	责令停止生产	
	青山脚、龙井、竹田、花桥磷矿、牌楼电站内的五氧化二钒生产项目	取缔	取缔
2009年	泸阳镇杨桥造纸厂、杨伟造纸厂	关停	
	泰鑫、龙盛、联谊三家造纸厂	技改重组	已改建
	花桥镇千丘田、中方县长远、铁坡镇联家三家非法钒生产线	查处	已取缔
2010年	沅水、㵲水及太平溪	综合整治	
	花桥镇山羊头村滴水岩钒厂	拆除	已拆除
	怀化中铁物质贸易公司在三角滩电站坝边的违法钒冶炼项目	查处	已取缔
	牌楼镇芭蕉村光明组村民非法利用氯化物提出金矿废渣尾金	查处	已取缔

续表

时间	单　　位	整治措施	整改结果
2012 年	怀化九源特种锰业有限公司	1.对含铬污泥和铬废渣要送相关有资质单位处理 2.建立规范废渣堆放场，防止水土流失	已采取断电措施，强制停止生产
	湖南省怀化磷化工总厂	加强对废气的治理及完善相关环境管理制度	该厂已对废气进行治理，规范原材料的收集、贮存、处置
	中方县泰鑫造纸厂	1.建立环保运转设施运转台账 2.废水达标排放	该厂已建立环保设施运转台账，确保废水处理设施正常安全运行
	中方县联谊造纸厂	加强对废水处理设施的治理、废水达标排放	该厂已对废水处理系统进行改建，并确保治理设施常年正常运行
2013 年	中方县华健工贸有限公司	加强对除尘设施的管理及运行，确保废气达标排放	
	中方县鑫都硅业有限公司	废气治理设施闲置	停产整治
	怀化市恒裕实业有限公司	1.加强对喷漆车间的漆雾收集 2.锌渣的规范管理 3.酸洗池、钝化池、冷却池废水的管理	停产整治

2005 年二氧化硫、烟尘、工业粉尘分别为 3289.72 吨、2468.68 吨、6246.74 吨、化学需氧量为 120.65 吨，工业固体废物为 14.8 万吨。2010 年，大气污染物二氧化硫、烟尘、工业粉尘分别比 2005 年减少 5%、4%和 3%。化学氧量减少 5%。工业固体废物排放量减少 50%。

2011 年规模工业企业 48 家，农业规模化畜禽养殖场 89 家，集中治理 2 家，废水排放总量为 2296 万吨，其中工业废水排放量为 2069 万吨，确定 4 类主要污染物排放总量分别为化学需氧量 5634 吨，氨氮 363 吨，二氧化硫 5350 吨，氮氧化物 2853 吨，其中工业化学需氧量排放量 3335 吨，氨氮 52 吨，二氧化硫 4879 吨，氮氧化物 2797 吨。

2013 年规模工业企业 49 家，农业规模化畜禽养殖场 87 家，治理 2 家，废水排放总量为 1864 万吨，其中工业废水排放量为 1595 万吨，确定的 4 类主要污染物排放总量分别为化学需氧量 6291 吨，氨氮 340 吨，二氧化硫 5452 吨，氮氧化物 2818 吨，其中工业化学需氧量排放量 4030 吨，氨氮 51 吨，二氧化硫 4982 吨，氮氧化物 2762 吨。

县城主干线交通噪声布测点5个，路段总长14.9公里，按路长加权，2011年、2012年、2013年平均等效声级分别为66.2分贝（A）、66.7分贝（A）、68.3分贝（A），道路交通噪声质量等级为中度污染，逐年呈上升趋势。

城区环境噪声布设测点20个，有效测点20个，有效覆盖面积为5平方公里，覆盖率为100%。城市环境区域噪声等效声级范围42.9分贝（A）–66.4分贝（A），2011年、2012年、2013年平均等效声级分别为52.2分贝（A）、50.9分贝（A）、53.8分贝（A）。大气环境质量、水环境质量、噪声环境质量，均达到功能区标准。

2013年中方县环境质量控制目标一览表

表10-6-2-2

序 号	名 称	单 位	指 标
1	森林覆盖率	%	65
2	COD排放强度	千克/万元GDP	4.5
3	城镇生活污水集中处理率 工业用水重复率	%	40 44
4	城镇生活垃圾无公害处理率 工业固体废物处置利用率	%	92 76
5	城镇人均公共绿地面积	%	12
6	农村生活用能中、新能源所占比例	%	22
7	秸秆综合利用率	平方米	95
8	规模化畜禽养殖粪便综合利用率	%	65
9	农用塑料薄膜回收率	%	90
10	农村病虫害综合防治率	%	80
11	化肥施用强度（折纯）	%	250
12	环保投资占GDP的比例	%	2.2

第三节　环境管理

一、机构队伍

1998年2月，成立方县环境保护局，编制25人，设办公室、污染管理股、法制宣教股，辖县环境保护监测站、县排污监督管理站、县环境保护监察队。2013年，编制28人，设办公室、污染管理股、法制宣教股、生态办、政务服务股、环评股、财务人事股，辖县环境监察大队、县环境保护监测站。

二、环境规划

1998年，环境保护纳入中方县国民经济、社会发展总体规划，对新建办公区、医疗卫生区、教学区、居民居住区、市场商业区等，严格执行先规划，后建设。无规划，不建设原则，确保县城中心地带无工业区，城区绿化率不低于40%，道路绿化率达到100%。

2003年，完成《中方生态县建设规划》编制，全面启动全国生态县建设，历经8年艰辛创建，国家级生态县应具备的各项技术标准业已实现。

2011年，环境保护部派专家对怀化市等13个县（市区）生态建设情况进行考核验收。经论证和反复讨论研究，一致同意怀化市为国家级生态市，其中有中方县等12个县（市区）批准为国家级生态县（市区），经公示全国后正式确认。

2012年9月，县委、县政府从中方县生态建设实际出发，委托环保部南京环境科学研究所修订《中方生态县建设规划》。

2013年12月12日，《中方生态县建设规划》经县四届人大常委会第10次会议审议批准实施。规划近期（2013—2014年），达到省级生态县目标。中期（2015—2016年）达到国家级生态县考核验收。远期（2017—2020年），全面提高人口素质，生态文化和生态文明建设得到普及，生态意识深入人心。全县经济、社会和生态环境步入良性循环，建成产业先进、群众富裕、文化发达、城乡繁荣、人居环境优美的生态名县。

中方县国家级生态县建设规划技术路线

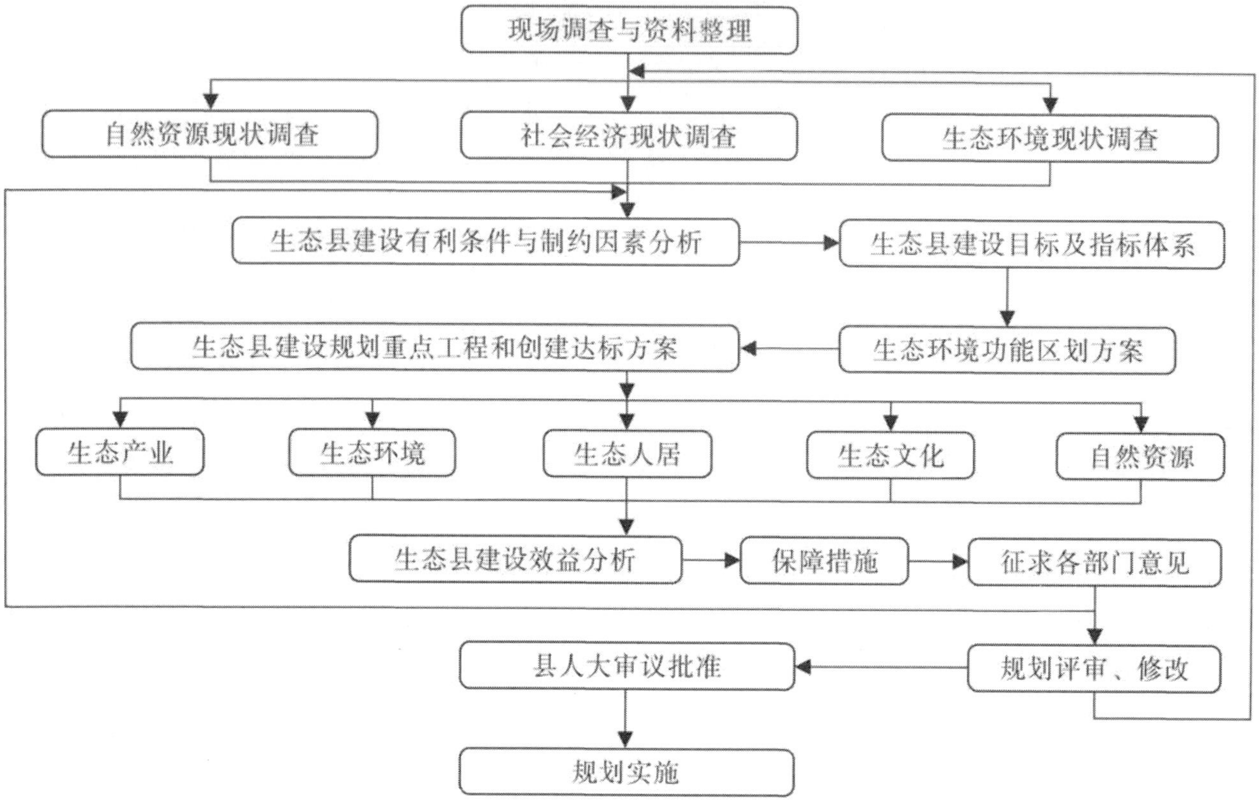

三、环保执法

依据《中华人民共和国环境保护法》，历届政府都与市人民政府签订“环境保护责任书”，做到县长对辖区环保质量负责。若发生环保事件，由政府协调，环保、公安牵头，会同相关行政部门责任人组成执法调查工作组，及时依法依规行政。2006年，全县开展饮用水源保护，制定《中方县突发性饮用水源污染事故应急预案》，对㵲水河流域环境进行综合整治，在县自来水取水口上、下游，划分一级保护区和二、三级保护区，并设立标志牌。实施矿山环境执法管理，关闭国、省道可视范围内非法采石场，砖瓦窑、石灰窑17家。对未落实环保“三同时”制度和未履行矿山生态恢复义务的采矿企业，进行清理整顿，下达限期整改通知书。对重点区域、流域、行业，实施污染物排放总量控制。对“十五小”“新五小”及高能耗项目严禁上马，依法否决土法冶练、小化工、小造纸等项目15个。关停1家硫酸铜厂、7家造纸厂、9家五氧化二钒厂等一批重污染企业。严格环评审批。对新建、扩建、技改等项目跟踪监督，竣工投产前进行环保验收。2008年，境内落实建设项目29个。县环保局严格把关，办理环境影响评价的29份（其中环境影响评价登记表23份，环境影响报告书4份，报告表2份）。审批23个，审核6个，环评率100%。至2013年，全县审批符合国家环保产业政策的项目235个，企业落实环保“三同时”执行率100%。

表 10-6-3-1

1998—2013 年中方县行政执法案件情况一览表

单位：件

年度	1998	1999	2000	2001	2002	2003	2004	2005	2006	2007	2008	2009	2010	2011	2012	2013	合计
行政执法案件数	0	0	5	0	5	5	4	6	4	4	8	0	30	30	30	30	161

四、环保宣传

1998 年，编印《环境保护宣传资料选编》《中华人民共和国水污染防治法》《中方县生态建设规划》《生态中方》（宣传画册）等 2000 册，分送县直机关及各乡镇。每年在县委举办中、青年干部培训时，派出环保的干部上课，对后备干部进行环保知识宣传、环境警示教育。2007 年，创办《中方生态创建简报》，大篇幅、多角度开展环境保护和生态建设宣传报道。在查处环境噪声扰民，取缔“十五小”“新五小”、锅炉冒黑烟等环境违法事件中，协调电视台作连续报道，在社会上引起强烈反响。共印发各类环保宣传单、公开信、通告等 1 万张，制作固定宣传牌、栏 10 个，编辑不定期简报，上报信息 50 条，《怀化日报》采用 5 篇，电视台采用 10 条。2009 年，开展“绿色机关”创建工作。县机关事务局、教育局、民政局、林业局、建设局、国土局、粮食局等 7 个单位，通过市级绿色机关验收并授牌。县人民检察院等 5 个单位已完成资料申报。2012 年，县环保局、教育局联合下文，规定中、小学校“教案中体现环保内容，课堂上听得到环保知识，平时看得见环保行动”，增强中、小学生绿色、环保理念。2013 年，中兴学校等 16 所学校获“绿色学校”称号，住建局等 19 个单位获“绿色机关”称号。

五、排污费征收

1998 年，按照《排污费征收使用管理条例》规定范围、权限、时限、程序。全年征收 22 个单位超标排污费 2.4 万元，其中废气 2 万元，废水 0.4 万元。至 2013 年，全县累计征收超标准排污费 1358.9 万元，

表 10-6-3-2

1998—2013 年中方县排污费征收情况一览表

单位：万元、家

收费年度	收费总额	其中收费企业	其中废气	其中废水	其中固废
1998 年	2.4	22	2	0.4	0
1999 年	4.2	30	3.6	0.6	0
2000 年	6	34	5.2	0.8	0
2001 年	18.7	40	17.7	1	—
2002 年	22.1	45	21	1.1	—

续表

收费年度	收费总额	其中 收费企业	其中废气	其中废水	其中固废
2003年	10.7	35	10	0.7	—
2004年	49.3	45	48	1.3	—
2005年	104.34	60	103	1.34	—
2006年	121.12	65	120	1.12	—
2007年	140.224	59	117.284	17.94	5
2008年	132.1	81	120.98	6.12	5
2009年	130.62	81	119.38	5.24	6
2010年	112.25	75	104.38	7.87	0
2011年	158.47	86	143.37	10.1	5
2012年	142.529	106	135.329	7.2	0
2013年	297.055	76	287.655	9.4	0
合计	1452.108		1358.878	72.23	21

第十一篇

交通 邮政 通信

JIAO TONG YOU ZHENG TONG XIN>>>>>>

第十一篇 交通 邮政 通信

中方县交通发达，2013年有过境铁路3条，总长49.1千米，过境国道4条，总长96.1千米，过境省道9条，总长308.311千米，县道8条，总长109.24千米，乡道39条，总长251.536千米，村道148条，总长504.67千米，专用公路3条，总长13.04千米。有㵲水、沅水航道2条，总长69.1千米。有城市公交车64辆，农村客运车161辆，货车5102辆。全县214个行政村村村通公路。

邮政由现代化交通工具替代步班，并开展集邮、邮政汇存款、快递服务、三农服务等业务。邮政汇存款从1998年的8000万元增加到2013年的6.4亿元。电信快速发展，建成基站85个，程控电话和中继光缆全面普及，实现移动通信网络全覆盖。全县80%以上的人用上手机，在手机上视频通话、汇款、看电影、电视、新闻等。

第一章 交 通

第一节 交通网络

一、公 路

国道

县内有过境国道4条，即沪昆高速公路（G60）、包茂高速公路（G65）、呼和浩特至北海高速公路（G209）和上海至瑞丽高速公路（G320），过境里程96.1千米。

上海至昆明高速公路（G60）中方段　东从炉亭坳乡桥亭村入境，途经炉亭坳、中方、牌楼坳3个乡镇，西去芷江县，全长19千米。从牌楼坳镇水牛田村至怀化的沪昆高速公路怀化连接线，长10千米。该公路路基宽24.5米，设计为双向四车道，路面采用沥青混凝土铺筑，设计行车时速80千米/时。2004年开工，总投资约25亿元，2007年11月10日正式通车。

包头至茂名高速公路（G65）中方段　怀化境内称为怀通高速，路线起于沪昆高速邵怀段竹田枢纽互通，止于通道县坪阳，与建设中的厦蓉高速广西桂林至三江高速公路相接。总里程197.636千米，总投资160亿元，2008年12月30日正式开工，2013年12月25日正式通车。中方段全长11.18千米，连接线长3.6千米，途经牌楼、桐木2个乡镇。

呼和浩特至北海高速公路（G209）中方段　过境段称怀黔公路，西从枫木湾入境，途经中方、牌楼坳、桐木3个镇，南去洪江双溪铺，过境长21.7千米。1963年，以省补助和怀化、黔阳民工建勤相结合的方式，共同修筑竹田至黔城公路。1986年，拓宽路基达12米。1998年11月，由省、市、县共同投资23046万元，实施怀黔高等级公路改扩建工程，改扩建后，路基宽15米，路面宽14米，为二级公路，水泥砼路面，2002年6月完工。

上海至瑞丽高速公路（G320）中方段　东从炉亭坳乡桥亭村入境，途经炉亭坳、中方2个乡镇，过境长20千米。在中方竹田与209线重合10千米，至枫木湾出境。原系湖南通往贵州的主要干线——湘潭至榆树湾线的一段，民国27年（1938）7月开工，民国28年（1939）竣工，称湘黔公路，1974年改为省道（S1832）（注1974-2001年320国道改道，县境内经活水至新建岩门溪）。1974—1978年，省投资31.76万元将炉亭坳至竹站段改建为油路。1982年，省投资9.43万元，完成贯通竹站至鸡公界的油路。2001年改为320国道。2002年，炉亭坳至竹田路段为四级公路，沥青路面。竹田至枫木湾路段为二级公路，水泥路面。

省道

县内有省道9条，即S70线、S223线、S243线、S250线、S254线、S255线、S257线、S332线、S338线，过境里程308.311千米。2011年，除S70线、S223线、S332线外，其他线路属县道升级为省道。

娄底至怀化高速公路（S70）中方段　境内为溆怀高速，设置花桥、泸阳枢纽等2处互通式立交，过境长280.393千米。全线采用四车道高速公路标准建设，设计行车时速100千米/时，路基宽26米。2009年7月14日开工。2013年12月30日通车运营。

沅陵县城经三角坪国道319线至怀化城区公路（S223）中方段　从花桥镇入境，经花桥、下坪、泸阳等3个乡镇，全长23.5千米，至鹤城区太平桥连接国道209线，为四级公路，水泥混凝土路面。

石门维新至广西独峒（S243）中方段　途经境内铜鼎、铜湾、新路河3个乡镇，线路从铜鼎镇赤岩湾村到新路河镇银子溪，全长32.893千米。主干为升级前X035柳铜线，柳铜线于1972年开工，1977年9月建成。2004年12月，柳树冲至铜湾段改造完工，耗资689万元，全长13千米，路基宽度7米，路面宽度6米，水泥砼路面，为四级公里。2008年，改造铜湾至铜鼎路段。2011年，新路河镇岩坳至银子溪段水泥混凝土路面改造，路面宽度3.5米，路基宽度4.5米，为四级公路。

溆浦江口至绥宁万福桥（S250）中方段　途经蒿吉坪、接龙、石宝、铁坡4个乡镇。线路从蒿吉坪乡相思潭到铁坡镇羊合坝，全长 24.661 千米，为四级公路，水泥混凝土路面。相思潭至沅溪段于 1974 年 11 月开工，1976 年 1 月修成。2008 年，对公路实施改造耗资 2201 万元，线路等级四级。石宝至接龙段路基宽度 6.5 米，路面宽度 6 米，水泥砼路面。接龙至蒿吉坪段，路基宽度 6 米，路面宽度 5 米，水泥混凝土路面。铁坡镇至羊合坝段于 1971 年建成，2008 年进行水泥混凝土路面改造，路面宽度 5 米，路基宽度 6 米。

永顺长官至中方铜鼎（S254）中方段　线路自聂家村乡细面垄村到铜鼎镇重义溪村，经过聂家村、花桥、龙场、铜鼎 4 个乡镇，境内里程 50.046 千米，为四级公路，水泥混凝土、沥青表面处治路面。细面垄至聂家村段，于 1971 年建成，为砂石路面。2009 年，进行水泥混凝土路面改造，路面宽 4.5 米，路基宽 5.5 米。2006 年 7 月，火马塘至聂家村段改造完工，线路等级四级，路基宽度 6.5 米，路面宽度 6 米，路面为水泥混凝土。花桥至牛马塘段于 1963 年建成，牛马塘至龙场老树寨段于 1978 年建成，老树寨至重义溪段于 2003 年建成，全段为砂石路面，其中花桥至山羊头水库段于 2004 年进行水泥混凝土路面，路面宽 6 米，路基宽 7 米。山羊头水库至龙场自竹坳亭子段于 2006 年进行沥青表处改造，路面厚度 3 厘米，路面宽 6 米，路基宽 7 米。亭子至重义溪段于 2009 年进行水泥混凝土路面改造，路面宽 4.5 米，路基宽 5.5 米。

鹤城黄金坳至芷江分水坳（S255）中方段　自泸阳镇岩子园至中方镇黄金坡，经过泸阳、中方 2 个乡镇，为四级公路，境内里程 50.663 千米。其中岩子园至泸阳段全长 14.417 千米，路面宽 4.5 米，路基宽 5.5 米，为 1971 年建成，2007 年水泥混凝土路面改造完成。胡家垅至李家塘段，全长 4.591 千米，于 1963 年建成，为砂石路面，2006 年进行水泥混凝土路面改造，路面宽 3.5 米，路基宽 4.5 米。李家塘至黄花树段，全长 3.981 千米，于 1975 年建成，为砂石路面。2008 年进行水泥混凝土路面改造，路面宽 3.5 米，路基宽 4.5 米。黄花树至龙口段，全长 2.649 千米，于 1978 年建成，为砂石路面，路基宽 4.5 米。白马村五组至乌溪段，全长 7.576 千米，于 1980 年建成，为砂石路面，路基宽 4.5 米。乌溪至黄金坡段，全长 17.449 千米，于 1980 年建成，为砂石路面。2007 年进行水泥混凝土路面改造，路面宽 3.5 米，路基宽 4.5 米。

芷江牛牯坪至城步横水（S257）中方段　经过桐木镇，境内里程 11.828 千米，为四级公路，水泥混凝土路面。其中，石旦至宝寨段，全长 1.909 千米，路基宽 4.5 米，为 1971 年建成。宝寨至上丰坡段，全长 5.193 千米，于 1971 年建成，为砂石路面，2013 年，进行水泥混凝土路面改造，路面宽 3.5 米，路基宽 4.5 米。上丰坡至烂泥冲段，全长 4.726 千米，于 1971 年建成，为砂石路面，2007 年进行水泥混凝土路面改造，路面宽 3.5 米，路基宽 4.5 米。

醴陵美田桥（湘赣界）至新晃林冲和湘乡至怀化公路（S332）中方段　境内分桐木镇孔木湾至楠木铺路段和活水至新建岩门溪路段，全长 71.347 千米。其中，桐木镇孔木湾至楠木铺段长 15.847 千米，于 1962 年建成。经多次改造后，孔木湾至桐木段路基宽度 6.5 米，路面宽度 6 米。桐木至萝卜田段路基宽度 6 米，路面宽度 5 米。1994 年，国家投资 100 多万元，改造孔木湾至桐木大桥 3.2 千米，首次在怀化市公路建设中试用“帕尔玛”路基工程。改造后，路基宽 8 米，路面宽 6 米，路基最大纵坡 5.8%，最小平曲线半径 100 米。2013 年，为怀通高速连接线。2008 年 4 月，桐木至萝卜田段改造完工，耗资 1087 万元，线路等级为四级，路基宽度 6 米，路面宽度 5 米，路面为水泥混凝土。活水至新建岩门溪段原为 320 国道（G320），从活水入境，途经铁坡、石宝、新路河、袁家、新建等乡镇。因地势险要，平均路面宽不过 5.5 米。2000 年，投资 300 余万元，采用国家投资和民工建勤相结合的方式，对该公路进行改扩建。境域东半县村民全员参与，连续奋战半年，拓宽路基 9 米，路面 7.5 米，达到二级公路标准。2001 年，该公路改为省道（S312）。2013 年，改名为 S332。境内全长 55.5 千米，为水泥路面。

邵阳县毛铺至麻阳溪头（S338）中方段　分大坳上至四角田路段和大坳上至蒿吉坪乡政府路段，全长 13.4 千米，为四级公路。大坳上至四角田路段建于 1976 年，路基宽 6.5 米，路面宽 5 米，砂石路面。2008 年，改造为水泥混凝土路面。大坳上至蒿吉坪乡政府路段建于 1983 年，路基宽度 3.5 米，路面宽度 4.5 米，砂石路面。2009 年和 2011 年，改造为水泥混凝土路面。

县道

1998 年，有县道 10 条，总里程 129.53 千米。随着县域经济发展，县道得到不断改造扩建。2011 年，有 6 条县道升级省道，4 条乡道升级为县道。2013 年，有县道 8 条，总里程为 109.241 千米。

青市至中平（X105）　全长 28.356 千米，自铜鼎镇青市至接龙镇中平，途经铜鼎镇、铜湾镇、丁家乡和接龙镇。线路等级为四级，路基宽 4.5 米，路面宽 3.5 米。丁家至中平段路面宽 5 米，路基宽 6 米，水泥路面。

袁家至鸡公坡（X106）　全长 13.916 千米，自袁家乡至蒋家乡鸡公坡，途经袁家乡和蒋家乡。线路等级为四级，路基宽度 7 米，路面宽度 6 米。蒋家至鸡公坡段路面宽 3.5 米，路基宽 4.5 米。

铁坡至罗洪（X108）　全长 25.072 千米，从铁坡镇至蒿吉坪乡罗洪，途经铁坡、锦溪、接龙、蒿吉坪 4 个乡镇，线路等级为四级。铁坡至锦溪段路基宽度 6 米，路面宽度 5 米。锦溪至罗洪段路基宽度 4.5 米，路面宽度 3.5 米。

铜湾镇至新建镇（X109）　全长 15.382 千米，自铜湾镇到新建镇，途经铜湾镇的三岔村、黄溪村、竹元头村和新建镇的四卧龙村及大塘村。铜湾至黄溪段路面宽 5 米，路基宽 6 米，为水泥混凝土路面。2013 年末，黄溪至新建段正在进行升级改造。

2013年中方县县道情况一览表

表 11-1-1-1 单位：千米

线路编码	线路名称	起	讫	里程	技术等级	路面类型
X026	花火线	花桥	火车站	0.853	四级	沥青表面处治
X051	宝寨至桐木	宝寨	桐木	7.09	四级	水泥混凝土
X059	合田至活水乡	合田	活水	2.832	四级	砂石路面
X105	青市至中平	青市	中平	28.356	四级	砂石路面、水泥混凝土
X106	袁家至鸡公坡	袁家	鸡公坡	13.916	四级	水泥混凝土、砂石路面
X107	泸阳至水田	桥上	水田村	15.74	四级	水泥混凝土、砂石路面
X108	铁坡至罗洪	铁坡	罗洪	25.072	四级	水泥混凝土、砂石路面
X109	新建至铜湾	新建	铜湾	15.382	四级	水泥混凝土、砂石路面

乡道

1998年，县内有乡道18条，总里程170.2千米。农村公路结构不合理、路况差，抗灾能力弱，晴通雨阻的问题突出，严重影响农民的正常生活，制约农村经济发展。县委、县政府确立“突破交通、打牢基础、修好奔小康的致富路”的发展战略，在稳步推进国、省道主干线的同时，抓好县乡公路的修建。2001年，乡道增至46条，总里程达317.2千米。2011年，对乡道进行调整升级。2013年，全县有乡道39条，总里程251.536千米，实现乡乡（镇）通水泥（沥青）路，通畅率达100%。乡道与县、省道相互衔接，构成境内公路网络。主要乡道有：

接龙至幸福（Y102） 全长13.401千米，自接龙镇政府驻地经老屋村至石宝乡幸福村。路基宽度4.5米，路面宽度3.5米，为水泥混凝土路面。

白洋坪至金家冲（Y117） 全长3.677千米，自聂家村乡白洋坪经泸阳镇金家冲村。路基宽度4.5米，路面宽度3.5米，为水泥混凝土路面。

石里江至白竹山（Y120） 全长7.117千米，铁坡镇石里江到锦溪乡白竹山。路基宽度4.5米，路面宽度3.5米，为水泥砼路面。

2013年中方县乡道情况一览表

表12-1-1-2　　单位：千米

线路编码	线路名称	起	讫	里程	技术等级	路面类型
Y101	锦溪至大庄	锦溪	大庄	4.95	四级	水泥混凝土
Y102	接龙至幸福	接龙	幸福	13.40	四级	水泥混凝土
Y103	大斗至四方井	大斗	四方井	1.32	四级	砂石路面
Y104	板栗坪至徐家	板栗坪	徐家	6.75	四级	水泥混凝土
Y105	黄立坪至大坪	黄立坪	大坪	15.37	四级	水泥混凝土、砂石路面
Y106	黄立坪至小岩	黄立坪	小岩	11.06	四级	水泥混凝土
Y107	后溪至三洞溪	后溪	三洞溪	3.56	四级	水泥混凝土
Y108	花桥至白泥铺	花桥	白泥铺	7.50	四级	水泥混凝土
Y109	陈家湾至白良	陈家湾	白良	12.09	四级	水泥混凝土
Y110	三里平湖至哑铃	三里平湖	哑铃	2.32	四级	砂石路面
Y111	高岩至莱门溪	高岩	莱门溪	3.52	四级	水泥混凝土
Y112	鸭嘴岩至荆坪	鸭嘴岩	荆坪	8.40	四级	水泥混凝土、砂石路面
Y113	和平至五全	和平	五全	1.69	四级	砂石路面、水泥混凝土
Y114	聂家村至溪口	聂家村	溪口	6.07	四级	水泥混凝土
Y115	磷肥厂至后冲	磷肥厂	后冲	6.02	四级	水泥混凝土、砂石路面
Y116	岩子元至亭子树	岩子元	亭子树	2.90	四级	水泥混凝土、砂石路面
Y117	白洋坪至金家冲	白洋坪	金家冲	3.68	四级	水泥混凝土
Y118	高架桥至松坡	高架桥	松坡	2.07	四级	水泥混凝土
Y119	砖墙脚至丁家	砖墙脚	丁家	8.81	四级	砂石路面、水泥混凝土
Y120	石里江至白竹山	石里江	白竹山	7.12	四级	水泥混凝土、砂石路面
Y121	丁家至大卜口	丁家	大卜口	9.82	四级	水泥混凝土
Y122	岩坳至隘口	岩坳	隘口	7.68	四级	砂石路面、水泥混凝土
Y123	刘马塘至半坡村	刘马塘	半坡村	9.74	四级	水泥混凝土、砂石路面
Y124	铜湾邮电局至新屋	铜湾邮电局	新屋	3.64	四级	水泥混凝土、砂石路面
Y125	龙溪至新庄	龙溪	新庄	5.48	四级	水泥混凝土
Y126	下坪至王古塘	下坪	王古塘	8.63	四级	水泥混凝土、砂石路面
Y127	长塘至房溪	长塘	房溪	5.52	四级	水泥混凝土
Y128	竹田至水牛田	竹田	水牛田	6.93	四级	水泥混凝土
Y129	桐木至宋信	桐木	宋信	4.31	四级	水泥混凝土
Y130	牌楼至板山场	牌楼	板山场	7.65	四级	水泥混凝土
Y131	干田垄至青树坳	干田垄	青树坳	4.99	四级	水泥混凝土

续表

线路编码	线路名称	起	讫	里程	技术等级	路面类型
Y132	龙盘至王家山	龙盘	王家山	4.60	四级	水泥混凝土、砂石路面
Y133	蒿吉坪至老田溪	蒿吉坪	老田溪	9.34	四级	水泥混凝土
Y134	石宝至桃建	石宝	桃建	10.80	四级	水泥混凝土、砂石路面、无路面
Y135	蒋家至岩坡垄	蒋家	岩坡垄	4.09	四级	水泥混凝土
Y136	三岔至三家田	三岔	三家田	2.63	四级	水泥混凝土
Y137	九渡桥至马家溪	九渡桥	马家溪	3.63	四级	水泥混凝土
Y138	淡溪至鲁溪	淡溪	鲁溪	12.89	四级	水泥混凝土、砂石路面
Y139	下坪至王岩山	下坪	王岩山	0.62	四级	水泥混凝土

村道

1998 年，全县有村道 43 条，总里程 222.4 千米。2006 年，启动通畅工程，累计投入资金 9988 万元，完成通畅公路 362 千米，线路等级为四级，路面宽为 3.5 ~ 4.5 米，均为水泥路面。2010 年，进一步加大农村交通“村村通”民生工程建设力度，共投入资金 2169 万元，完成通达公路建设总里程 166 千米，路基宽 4.5 米，路面宽 3.5 米，为碎石路面等外级公路。2013 年，全县有村道 148 条，总里程 504.67 千米，214 个行政村公路通达率为 100%。

龙场乡茶田公路　全长 3.5 千米，线路等级四级。1999 年 12 月，县扶贫办拨款 3 万元，县交通局拨款 6000 元，以村民建勤为主修建。该路接通铜鼎及龙场乡，受益 154 户，627 人。

新路河乡宇溪村公路　全长 10 千米。2000 年，投资 9 万元，完成道路改造，受益 362 户，1742 人。

丁家乡丁家村、独家村扶贫公路　全长 5 千米，投资 8.8 万元，受益 89 户，348 人，架桥 1 跨 18 米，净宽 4.5 米，长 24 米。2000 年勘建，当年通车。

1998—2013 年中方县村道建设情况统计表

表 11-1-1-3

乡　镇	村别数	已通公路村数	公路数（条）	总里程（千米）
中方镇	16	16	7	29.4
牌楼坳镇	11	11	8	34.9
泸阳镇	16	16	8	25.6
花桥镇	16	16	11	31.9
铜湾镇	17	17	6	11.3

续表

乡 镇	村别数	已通公路村数	公路数（条）	总里程（千米）
桐木镇	13	13	9	19.6
铁坡镇	12	12	11	30.88
炉亭坳乡	5	5	3	8.8
下坪乡	8	8	9	26.69
聂家村乡	7	7	2	9.2
龙场乡	8	8	5	15.95
铜鼎镇	10	10	5	11.75
新建镇	12	12	6	23.14
袁家乡	5	5	2	9.9
蒋家乡	6	6	5	20.6
新路河镇	13	13	10	40.17
丁家乡	8	8	6	26.5
锦溪乡	7	7	6	25.55
活水乡	6	6	6	13.5
石宝乡	9	9	9	29.68
蒿吉坪瑶族乡	7	7	6	31.5
接龙镇	11	11	8	27.86

专用公路

专用公路是随着农、林场站和厂矿企业以及重点基建工程的建设而修筑的。里程一般不长，并且都与国、省道干线或县乡主要道路相接，成为县公路网的一部分。其修建方式多为使用单位修建，也有使用单位补助一部分，由当地民工建勤修建。境内有泸阳—火车站、中方—油库、接龙林场—卧龙 3 条专用公路，总长 13.04 千米。泸阳—火车站公路于 1982 年建成通车，里程 0.18 千米，归泸阳火车站使用。中方—油库公路于 1985 年建成通车，里程1.3 千米，归中方油库使用。接龙林场—卧龙公路于 1990 年建成通车，里程 11.56 千米，归接龙林场使用。

公路桥梁

境内有公路桥梁 105 座，其中大型公路桥梁 1 座，中型桥梁 14 座，小型桥梁 89 座。小桥一般长 4～10 米，宽 6～8 米，大多为石拱桥，使用状况良好。

铜湾沅水大桥 位于铜湾镇水电站坝坝上，全长 380 米，为混凝土结构。

新路河沅水大桥 为境内大型公路桥梁，位于新路河乡，是省道 S312 过沅江的大桥，总长2134.72米。其中，桥长428.5米，接线长1706.22米（西接线长346.25米，东接线长1359.97米），桥面净宽10米，荷载汽车—20级，挂车—100，人群荷载为每平方米3.5千牛。工程总造价4273万元，于2004年12月28日开工建设，2007年4月28日竣工通车。

桐木㵲水大桥 位于桐木乡，跨越㵲水河，是桐木至芷江萝卜田公路大桥。1993年9月开工建设，1994年9月竣工通车。此桥为2孔净跨120米，荷载汽车-20级，桥面净宽9米，高6.7米，全长171米，为混凝土结构。上部构造为混凝土现浇式箱型拱，下部为重力式墩台，总造价372.4万元。

站坪㵲水大桥 位于牌楼镇站坪村，是沪昆高速公路桥梁。2007年修建，全长840米，宽17米，载重120吨，为钢筋混凝土结构。

荆坪㵲水大桥 位于中方镇，起于G209线，经南湖路、龙形路、滨江路，跨㵲水河，经荆坪古文化村北部，止于岩头元水库边乡道。总投资4241万元，其中省拨付资金2237万元、地方配套资金2004万元。大桥全长2600米，设计行车时速60千米/时，设计荷载3.5千牛/米。桥面宽度17米，两岸接线路基高度15米，路面宽13.5米。2008年6月开工建设，2010年11月建成通车。

公路隧道

沪昆高速公路过境段有鸡公界隧道1处，一进一出，每个洞长1.4千米，高6.5米，宽9米。

二、铁　路

线路

境内有铁路线3条，即沪昆铁路、枝柳铁路、沪昆高速铁路，过境里程49.1千米。

沪昆铁路中方段 沪昆铁路原名湘黔铁路，系复线电气化铁路。从西北角花桥镇入境，途经下坪乡和泸阳镇。境内正线23.3千米，于1972年10月全线贯通，1975年1月正式营运。1995年7月，湘黔线中方段电气化工程竣工。1998年4月，境内始建复线，于2000年10月贯通。2006年3月，湘黔线改名为沪昆线。县境内设有花桥、火马塘、泸阳3个车站，分别为4、3、5股轨道。

枝柳铁路中方段 自中方镇长远村入境，经中方、牌楼坳、桐木3个乡镇，境内正线25.8千米。于1983年全线运营贯通。设有中方、牌楼坳两个车站，为4股轨道。枝柳线县境内出岔专用线有2条：中方石油库专用线，为2股轨道，长600米，建于1982年。另一条为湖南泰格林纸集团怀化制浆工程专用线，为2股轨道，长10千米，建于2006年，2008年8月8日投入运行。

沪昆高速铁路中方段 东自蒿吉坪乡入境，经过蒿吉坪、丁家、铜湾、新建等4个乡镇，从新建分水坳出境。境内正线2264千米。2010年开始修建，2014年12月建成通车。

车站

县内设花桥站、泸阳站、火马塘站、中方站、牌楼坳站 5 个火车站。

花桥站　位于花桥镇梅树冲村，为沪昆线四等站。建于 1972 年，站内有 4 股轨道、2 条站台，长 500 米。办理旅客乘降、整车、零担货物发到及行李、包裹托运。

泸阳站　位于泸阳镇五里村，为沪昆线四等站。建于 1972 年，站内有 5 股轨道，2 条站台，长 630 米。办理旅客乘降、行李、包裹托运及整车货物发到，不办理罐装危险货物到达。

火马塘站　位于花桥镇火马塘村，为沪昆线五等站。建于 1972 年，站内有 3 股轨道，1 条站台，长 250 米。办理旅客乘降及整车货物发到，不办理行李、包裹托运。

中方站　位于中方镇溪房村，为枝柳线四等站。建于 1978 年，站内有 4 股轨道，1 个站台，长 200 米。经营货运行车业务，不办理客运业务。

牌楼坳站　位于牌楼镇陈家湾村，为枝柳线五等站。建于 1978 年，站内有 4 股轨道，1 条站台，长 200 米。办理旅客乘降，行李、包裹托运及整车货物发到。

2013 年中方县铁路沿线小站基本情况表

表 11-1-1-4　　单位：米、平方米

站　名	股道	到发线有效长	列车对数		客运设备	货运设备		信号设备
			客车	货车	站台数 / 长度	仓库雨棚面积	堆厂使用面积	
花　桥	4	796–852	8	21	2 / 500	32	690	臂板
火马塘	3	901–938	8	21	1 / 250	—	—	臂板
泸　阳	5	850–871	8	21	2 / 630	200	567	色灯
中　方	4	678–738	6	29	1 / 200	150	352	色灯
牌楼坳	4	666–714	6	29	1 / 200	220	无	色灯

铁路桥梁

境内有铁路桥梁 24 座。其中：沪昆线中方段有铁路桥梁 13 座，分别是新花桥桥、花桥溪桥、新花桥溪桥、花桥跨线桥、白牛铺桥、新白牛铺中桥、白牛铺跨线桥、新白牛铺跨线桥、泸阳框架桥、泸阳桥、新泸阳桥、新杨塘桥、杨塘桥。枝柳线中方段有铁路桥梁 11 座，分别是黄土坎桥、中方立桥、竹田桥、宝盖溪桥、担水溪桥、老沙湾桥、李家湾桥、扫帚冲桥、小鹅歌桥、庞山溪桥、长冲湾桥。桥梁均长 100 ~ 200 米。

铁路隧道

境内铁路隧道共 19 处，全长 32.819 千米。其中沪昆线隧道 1 处，为花桥梅树冲隧道，长 123 米。枝柳线隧道 4 处，为竹田、梅树冲、塘堤山、谢家隧道，长 696 米。沪昆高速铁路隧道 14 处，长 32 千米。

三、水 路

航道

县内航道有2条，即沅水航道、㵲水航道。通航里程为69.1千米，其中沅水Ⅳ级航道33千米，㵲水Ⅶ级航道34千米，封闭水域2.1千米。水库航道2条，即五龙溪水库航道，全长2.1千米，坑垄水库航道，全长5千米。

沅水航道 沅水由南向北自蒋家乡入境，流经新路河、丁家、铜湾、铜鼎4个乡镇，于铜鼎乡赤岩湾村出境，流入辰溪县龙头庵乡。境内流程为33千米，水面坡降为0.34‰，河床水面宽200～400米，沅水最大流量27600立方米/秒，多年平均流量863立方米/秒。沅水水系境内流域816平方千米，纳大小支流72条，其中一级干流21条，二级支流41条，三级支流8条，四级支流2条。2004年，在铜湾岩龙过江处拦河筑坝，修建铜湾水电站，坝顶海拔高程154米，坝库尾水在洪江市安江镇风蓬岩电站坝脚。2005年，在辰溪县仙人湾清水塘处修建水电站，境内铜鼎镇和铜湾镇的部分河床属辰溪县清水塘电站淹没区，清水塘电站的尾水与铜湾电站的坝脚相含，清水塘电站坝高海拔139米。沅水河床水位加10～16米，黄狮洞滩、恶滩、上淇滩、下淇滩、中淇滩、十里滩、红岩滩、庙湾滩、九绞水、狮子岩滩、铜鼎滩、上朱岩溜滩、下朱岩溜滩等13处险滩沉于河底，航道更为平稳畅通，常年可通行500吨级船舶。

㵲水航道 㵲水是沅水的主要支流，在境内自北向南流经中方、牌楼坳、桐木3个乡镇，于桐木镇的宋信村应子处出境，流入洪江市红岩乡。境内流程34千米，水面坡降为0.97‰，河床水面宽150～200米，㵲水最大流量5500立方米/秒，最小流量10.3立方米/秒，流域面积301.6平方千米，建水电站3座。洪江水电站库区尾水到桐木、牌楼镇域，三角滩水电站库区尾水至鹤城区红岩水电站，牌楼水电站库区尾水至中方毛田，可通行100吨轮船。但由于牌楼电站、三角滩电站未设置船舶过闸设施，该航道处于断航状态，仅有部分客渡船在库区内进行短途客、货运输。

渡口

中方县境沅水、㵲水沿河岸设有渡口23处。1998—2013年，完成渡改桥工程8座，余15处渡口仍在营运。其中㵲水河渡口6处，沅水河渡口9处。

中方红岩溪渡口 位于㵲水河畔中方镇鸭嘴岩村，右岸连接鹤城区河西街道办事处花背村，日均渡运量100人次。

中方花背渡口 位于㵲水河畔中方镇鸭嘴岩村，右岸连接鹤城区河西街道办事处花背村，日均渡运量300人次。

中方荆坪渡口 位于㵲水河畔中方镇荆坪古村，分为汽车渡口和半义务民渡，两渡间距50米，两岸各设有汽车引道和行人码头等设施。建于1981年6月。2008年日均渡车20辆，

600余人次。2009年荆坪大桥通车后，该渡口停止过渡功能，但可供游客游览观光过渡。

中方老庵堂渡口　位于㵲水河畔中方镇，左岸为怀化市工业园园区，右岸为中方镇茶元坡村，日均渡运量为300人次。

牌楼牛屎坑渡口　位于㵲水河畔牌楼镇冯家湾至芭蕉地段。左岸为怀化市工业园泰格林纸厂区域，右岸为水牛田村，日均渡运量100人次。

牌楼站坪渡口　位于㵲水河畔牌楼镇站坪村，是209国道线连接芷江的乡村公路渡口，有一钢制汽车渡驳，以人工迁引渡河。

新路河公路渡口　位于沅水河畔新路河镇，左岸是板栗坪村，右岸是湾溪口村，是312省道线的公路渡口。建于1974年7月，有轮渡渡船2艘。2007年6月28日，随着新路河大桥通车，停止轮渡。

新路河澄渡江渡口　位于沅水河畔新路河镇澄渡江村，左岸为新路河徐家村，日均渡运量300人次。

铜湾渡江坡渡口　位于沅水河畔铜湾镇，距铜湾水电站约1500米，左岸为兴华村，右岸连接渡江坡村、和村，日均渡运量300人次。

铜鼎渡泥湾渡口　位于沅水河畔铜鼎镇，左岸为铜湾镇堆子村，右岸为铜鼎镇罗家冲村。日均渡运量100人。

铜鼎龙丝桥渡口　位于沅水河畔铜鼎镇，右岸连接砖墙脚村、罗家冲村，日均渡运量100人次。

铜鼎狮子岩渡口　位于沅水河畔铜鼎镇，右岸连接青市村。

铜鼎小湾渡口　位于沅水河畔铜鼎镇，右岸连接辰溪龙头庵乡雪峰村。

铜鼎猪岩溜渡口　位于沅水河畔铜鼎镇，右岸连接辰溪县雪峰村，日均渡运量为100人次。

铜鼎赤岩湾渡口　位于沅水河畔铜鼎镇，左岸是铜鼎镇赤岩湾村，右岸是辰溪县龙头庵镇的集市。

码头

1998年，沅水、㵲水沿岸民渡、公路渡口均设有码头。2007年4月28日，新路河改渡为桥，其码头随之消失。2008年，为解决码头建设资金短缺的困难，境内推行和采取资产转让、租赁以及引资合作等多种方式，积极实施港口投资主体多元化战略，对铜湾港口码头进行重组和续建。铜湾码头岸线被铜湾水电站征用后，新建红庙码头。2013年，全县有铜鼎赤岩湾、铜鼎南家坊、铜鼎坪、丁家梅树、新路河老树脚、桐木集镇、铜湾电站上、下游等客货运码头8座（不含渡口）。

表 11-1-1-5

2013 年中方县码头统计表

河流名称	码头名称	所在乡镇	结构	类别	功用
沅水	铜鼎码头	铜鼎乡	水泥混合	客货运输	旅客上下
	铜湾电站码头坝内码头	铜湾镇	水泥混合	客货运输	旅客上下
	红庙码头	铜湾镇	水泥混合	小型客货综合运输	旅客上下
	新路河渡口码头	新路河乡	水泥混合	客货运输	装卸客货 2007 年停用
㵲水	荆坪码头	中方镇	水泥混合	渡口码头	游览观光
	牌楼码头	牌楼镇	水泥混合	民用码头	旅客上下
	牌楼站坪码头	牌楼镇	水泥混合	渡口码头	车渡
	桐木码头	桐木镇	水泥混合	渡口码头	备用

第二节　交通运输

一、公路运输

1998 年 3 月，成立中方县道路运输管理所，副科级单位，为县交通局二级机构，下设办公室、计财股、运政股、维修办、稽查队、泸阳交管站、中方交管站、铜湾交管站。1999 年，撤消稽查队。2001 年，撤消泸阳交管站、中方交管站、铜湾交管站，成立稽查一队、稽查二队、稽查三队。2004 年，增设安全股。2009 年，变更为中方县公路运输管理所，负责管理全县道路旅游客运输经营、道路货物运输经营、站场经营，机动车维修经营和机动车驾驶员培训，办理县内道路运输行业的行政许可，进行道路运输市场的宏观调控、监督管理。2012 年，获交通运输部“文明示范窗口先进单位”。2013 年，县运管所有运政人员 40 人，设办公室、财务股、运政服务股、安全股、维修办、驾培办、乡村巴士办、城市客运办、工会、稽查队。全县有客运运输公司 2 家，跨县客运线路 15 条，客运车 161 台，总座位数为 3097 座，年客运量 652 万人次。有货运车辆 5102 台，总吨位 24108 吨，危货企业 2 家，危货车辆 12 台。驾培机构 2 家，维修企业 3 家，建成五级客运站 15 个，招呼站 100 个。

城镇公交运输　2006 年，成立中方县公共交通运输公司，有干部职工 182 人，公交车辆 64 辆。开通泸阳至怀化的 7 路车、中方一中至怀化三角坪的 3 路车、中方毛田至怀化河西的 33 路车、中方县一中至怀化市委党校的 39 路车、中方县岩头园至怀化三角坪的 13 路车。

农村客运　1998 年，农村客运均为个体经营，共有客运线路 12 条，客运车辆 72 台，年客运量为 99 万人次。1999 年，将道路旅客运输由散户经营转变为公司化经营。随着“村村通”的实施，增加线路和班次，增设站点，改进车辆设备，实现乘务员随车售票服务，多点停靠，招手停车。2005年，首次开通村级客运班线，相继开通聂家村至怀化、大斗至怀化2条农村客运班线。2006年6月，全县有客运线路12条，客运车辆73台。2007年，开通赤岩湾至中方的客运班线。县运输服务有限责任公司为加强客运车辆管理，先后成立桐木、花桥、聂家村、铜湾、长兴、东安6个分公司，对公司车辆实行片区管理。同时，对挂靠经营车辆，规范道路旅客运输及道路旅客运输站经营活动，维护道路旅客运输市场秩序。2008年，开通中方至黔城、新建至怀化班车，县运输服务有限责任公司业务范围不断扩大，共有客车119辆，开通客班线路20条，其中，跨县16条，县内4条，客班360班次，其中，跨县323.5班次，县内36.5班次。2013年，中方县运输服务有限责任公司客运车辆达118台，员工246人，总资产1750万元，年收入2584万元，年完成利税13.8万元。

农村客运站　1998年，乡镇多以街道、集市两边为停车场所，次序混乱，特别是在赶集日，容易造成堵车及交通事故。根据交通部《关于加快发展农村客运和开展农村客运网络化试点工作的通知》精神和省、市关于做好农村客运网络化试点工作的要求，2006年，县委、县政府加大全县客运站建设力度，建立以县城为客运网络中心、主要乡镇为次中心、一般乡镇和客流量大的行政村为客运支点、各行政村为网络结点的客运体系。对公路达标和客流量较集中的乡镇和行政村逐步开通客运班线，对客流量不大的行政村，采用区域内不定线、不定班经营，实现公路通畅验收合格到哪里，客运班车通到哪里。2006年5月，县第一座四级农村客运站——铜湾汽车站建成并投入使用。随后，铁坡、蒋家、接龙、桐木、泸阳车站相继通过验收。县城二级车站进入选址阶段。至2013年，全县完成铜湾、桐木、铁坡、花桥、新建、新路河、锦溪等15个乡镇农村客运站场建设，总投资450万元。客运站的停车场均水泥硬化，发车位搭建凉棚，配有安全检测台，建有公厕、候车棚等附属设施。

铜湾镇汽车站　2006年5月建成，占地面积1005平方米，投资51万元。站内建筑面积7200平方米，停车场硬化面积750平方米，附属设施有安全检测台1个、公厕1所、候车厅棚1个、座凳40张，车站绿化率50%。

聂家村汽车站　2006年7月建成，占地面积964平方米，投资41.4万元。站内停车场硬化面积840平方米，主站房面积176平方米，附属设施有安全检测台1个、公厕1所、候车棚1个、座凳30张，车站绿化率50%。

铁坡镇汽车站　2006年8月建成，占地面积998平方米，投资134.46万元。站内停车场硬化面积860平方米，发车位凉棚面积120平方米，主站房面积183平方米，附属设施有安全检测台1个、公厕1所、候车棚1个、座凳30张，铁艺栏杆围墙60米，车站绿化率50%。

桐木汽车站　2006年8月建成，占地面积4000平方米，投资34.1万元。站内停车场硬化面积2500平方米，发车位凉棚面积360平方米，主站房面积206平方米，附属设施有安全检测台1个、公厕1所、候车棚1个、座凳40张，车站绿化率50%。

表11-1-2-1

2013年中方县汽车客运班次表

起 讫	千米	每日班次	价格（元／人）	起 讫	千米	每日班次	价格（元／人）
怀化—桐木	34	58	7	怀化－接龙	61	6	21
怀化—花桥	23	60	7	怀化－蒿吉坪	78	8	26
怀化—蒋家	47	6	15	怀化－江坪	69	2	24
怀化—铜湾	48	20	16	怀化－大斗	23	5	7
怀化—铜鼎	59	4	21	怀化－聂家村	30	20	7
怀化—龙场	30	4	8	怀化－新建	31	16	7
怀化—新路河	44	2	15	怀化－锦溪	68	2	24
怀化—石宝	51	2	17	怀化－赤岩湾	65	1	23
怀化—活水	73	4	25	中方－丁家	76	2	25
中方—石宝	51	2	16	中方－聂家村	30	8	7
中方—锦溪	69	2	22	中方－花桥	35	14	8
中方—黄溪	59	4	17	中方－岩子园	38	8	10
中方—黔城	30	6	7	中方－下坪	29	4	7
中方—蒋家	52	2	15				

货运 1998年，全县有营运货车856辆，多为低速货车，货运量为170.3万吨。随着运输市场的开放，个体货运发展迅速，成为货运市场的主力军。2007年，全县共有货运车辆2860台，总吨位为7560吨，货运量为642万吨。2013年，全县货运车辆达5102辆，货运量为893万吨，从业人员7453人，促进县域经济发展，货畅其流。

表11-1-2-2

1998—2013年中方县公路客货运输统计表

年份	年末客车数	客运量（万人次）	周转量（万人公里）	年末货车数	货运量（万吨）	周转量（万吨公里）
1998	68	238	2462	856	170.3	3485.6
1999	69	241	2488	1132	220.1	4480.7
2000	70	244	2518	1270	231.8	4673.3
2001	72	247	2521	1341	251.0	4799.3
2002	71	249	2579	1430	260.8	5063.7
2003	70	243	2510	1503	275.9	5341.2
2004	72	248	2565	1580	286.9	5765.1
2005	76	255	2660	1963	451.1	9200

续表

年份	年末客车数	客运量（万人次）	周转量（万人公里）	年末货车数	货运量（万吨）	周转量（万吨公里）
2006	96	351	3211	2421	541.3	10802
2007	96	352	3215	2860	642	13210.6
2008	102	402	3450	3682	750	15320
2009	106	422	3560	3790	761	15910
2010	108	426	3610	3912	792	16321
2011	117	443	3921	4351	814	17752
2012	132	530	4435	4780	857	18180
2013	161	652	5545	5102	893	19240

二、铁路运输

客货运输　县内铁路客运站主要有花桥站、泸阳站、火马塘站、牌楼站。1998 年，铁路客运量 1120.6 万人。随着高速公路和高速铁路的开通，人们习惯坐快捷的交通工具，到 2013 年，县境内小火车站基本不发送旅客。

1998 年，县内铁路货运站有花桥站、泸阳站、中方站、牌楼站，货运量 909.7 万吨。花桥站以矿石、煤炭为主，泸阳以水泥、磷肥为主，中方、牌楼站以木材为主，并将泰格林纸厂的原材料运送。2013 年，货运到发量 8733.12 万吨。

货物装卸　1998 年，境内有中方装卸队。2006 年，在此基础上成立中方县装卸运输服务有限公司，搬运的货源和业务范围比较单一，主要是附近火车站上下来往运输货物，搬运工人多为附近农民。

三、水路运输

1998 年，成立中方县港务航运管理所、港航监督所和航道管理站，负责全县水路运输行业管理、港口建设和监督管理以及水路运政管理、执法工作。2005 年，湖南省中方县港航监督所更名为中方县地方海事处（加挂中方县船舶检验处牌子），实行两块牌子一套班子，负责全县水上交通安全监督管理、水上污染监督管理及船舶检验等工作。2009 年 11 月，根据国家燃油税改革有关政策，撤消中方县港务航运管理所、中方县地方海事处，成立中方县地方海事处（加挂中方县航务管理处牌子），定编 17 人。2013 年，全县有登记在册运输船舶 116 艘，其主要分布在铜湾、铜鼎、新路河、丁家、中方、牌楼、桐木等 7 个乡镇，运输沿河两岸农村的农副产品、生活用品及生产用品。

水路客运　水上旅客运输多为小民船个体经营。1998 年，县港航监理和运管部门对个体水上客运核发“三证一牌”，即船舶检验证、船员驾驶证、水上运输营业证和营运起讫线路牌。在境内㵲水、沅水两岸部分地段设渡口码头，方便城乡个体经营的小机挂浆客班赶场船停泊。是年，全县有水运船舶210艘，完成客运量56万人次。2005年后，境域大力实施公路通达工程战略，道路运输环境改善，实现村村通公路，大部分乘客改乘汽车，水路客运量减少。2013年，全县有水路运输船舶116艘，完成客运量13.234万人次。

水路货运 20世纪80年代，水上货运范围开始缩小，全县货运业务，短途由水运转向汽车，长途由水运转向火车，货源流通渠道变化突出，水运货源不足。1998年，仅完成货运量1.29万吨。尔后，修建铜湾电站、牌楼电站、洪江电站、三角滩电站，尽管筑有通航船闸，但受洪水影响，航道出现碍航、塞航等现象，影响水路运输。2010年，仅完成货运量3.8万吨。2013年，县里采取动员激励、上门服务及跟踪办理有关手续等办法，积极吸引外地船舶、老板到境内注册办理运输业，使运力增大，货运形势有一定好转。是年，完成货运量150万吨。

第三节 交通管理

1998年2月，成立中方县交通局，主管全县公路建设、养护、路政管理、交通运输行业管理、交通规费征收、交通战备工作、交通安全工作和水上港航监督等。2010年11月，更名为中方县交通运输局。2013年，有干部职工168人，内设办公室、安全股、政策法规股、财务股、人事股、运输管理股、交通战备办、计划基建股、农村公路建设管理办公室等股室9个，下辖公路管理站、公路运输管理所、地方海事处、交通建设质量安全监督管理站等二级事业机构4个。

一、运政管理

运输市场管理 1998年，客运经营均为个体经营。2006年，县交通运输主管部门为维护公路客运秩序，方便旅客乘车和为经营者提供服务，将汽车站向社会开放，允许和要求所有经营客运的车辆进站或定点停放营运。对车辆划定营运线路，定线、定站、定班次、挂线路起讫地名标志牌，实行统一运价、统一营运证等管理措施。加强水运船舶和驾驶人员管理，规范水路运输市场秩序和经营行为。规定取得水运运输许可证的单位和个人，须经工商行政机关核准，领取营业执照后方可开业。对水路货物运输承运方和托运方，严格按照《中华人民共和国经济合同法》和《水路货运运输合同实施细则》的规定，签订运输合同。对水运客运，实行定起讫港、定班次、定停靠港，悬挂客运经营线路牌。2013年，三定一挂、统一运价、统一运营证等运输市场管理措施沿用不变。

春运管理 时间为每年的农历腊月十六至次年正月二十五，为期40天。其中春节前7天和春节后15天，是交通运输最繁忙的时节。春运期间客流量猛增，多为学生流、探亲流和民工流。1999年，为规范春运秩序，确保春运安全，县人民政府成立以县交通局、县公安局、县工商局、县农机局、县运输服务公司为成员的春节旅客运输领导小组，分管副县长任组长。为保证及时、安全输送旅客，采取压缩短途班线，增开长途班车和临时加班车的方式缓解客流压力。同时，加强重点路段的维护，确保公路畅通。各职能部门成立检查小组上路规范经营行为，查处违规车辆，维持春运秩序，及时疏导客流。境内春运工作重点以抓安全运输和规范客运市场为主。春运期间的旅客从1998年8万人次增加到2013年的48.279万人次，春运没有发生重大安全事故。

运价管理 水运货物运价包括装卸基价、河段吨公里价率、货物运价等级、轻泡货物加成率和其他计费标准。1998年，县人民政府制定《中方县港口管理实施办法》，规定凡经本县境内港口进出的货物和船舶的单位及个人，由县港航所按省交通厅、物价局和省财政厅有关文件规定，征收货物港务费、船舶停泊费及岸线、水域、滩地使用费。但因公路运输发展迅速，水运航道又受梯级电站开发影响，水路运输尤其是长途水运业务很难开展，短途运输运价，视货物路程远近由双方当面议定协商。水上客、货运业务减少，运输价格放开。1998—2013年，水运货物运价低于公路、邮路运价，能通过水运到达目的地的货物，其货主大多愿采用水运。

公路客运和货运的运价由省交通厅和省物价局负责制定和管理。客运运价包括客车等级分类、基本运价、客票种类、跨省票价、全票半票、包车运价、行李包裹和其他计费标准等。1998年8月，交通部、国家发展计划委员会印发《汽车运价规则》，对公路客、货运输实行全面调整。是年11月，省物价局、省交通厅印发关于制定湖南省高等级客车公路运价的通知，对运价进行调节。2004年，针对春运客运车辆乱涨价风，县交通局和物价局联合下文《关于发布我县公路客运票价的通知》，对全县客运车票价重新核定。2007年，春运期间旅客运输票价不再上浮。2013年交通、物价部门对客运运价实行指导价，即在宏观调控下，随市场经济、物价增长而适当调价。按照省物价局、交通厅颁发的运价细则，运价实行货物分等和路线分级。整车货物分普通货物、特种货物两类。普通货物品种划分为一、二、三等级，行驶路线分一级和二级。运价放开后，货运价格参照《湖南省汽车运价规则实施细则》规定汽车货运价格费率，实行市场价格（议价）制度。

铁路运价由国务院价格、铁路主管部门管理，实行政府定价或政府指导价。2013年，实行铁路政企分开，总公司以铁路客货运输服务为主业，实行多元化经营，铁路运价管理方式没改变。

搬运运价分搬运和装卸两个部分。凡人力、板车、车船装卸、小型机动车、竹木放运编扎、杂项工作和农村短途运输运价等都包含在其中。按常规，运价是由市统一管理的，但实际上执行的是“一县一价”制。虽然县里对搬运价格严格管理，但由于市场价格的放宽，搬运双方在具体运行中有相当一部分属市场价，可随时间、路程及货物种类定价。此种运价从

1998年已逐步应用，至2013年仍无较大改变。

汽车维修管理 1998年，县内汽车维修业规模很小。随着经济快速发展，人们购置私家车能力不断增强，境域车辆越来越多，相应车辆维修业务增大，维修厂、点增多。2000年，为规范汽车维修市场，成立汽车维修管理办公室，负责对经营汽车维修单位和个人的管理，监督维修业按有关部门规定的标准收费，组织汽修职工的技术培训和技术考核。2013年，全县有二类维修厂3家，三类维修厂38家，维修检验员22人，维修技工65人，从业人员2100人。

二、路政河政管理

路政管理 1998年，原县级怀化市公路管理站分为鹤城区和中方县公路管理站。中方县公路管理站虽已减少路政行程30千米，但路政编制不减，保持专职人员4人，拥有专用路政车辆。2001年，县公路管理站成立路政大队。为加强公路管理，县政府制定《中方县公路路政管理暂行办法》，县交通局制定《中方县公路养护管理暂行办法》，路政管理改单一行政手段为经济、法律手段并用。但由于少数公路沿线村民法治观念淡薄，在公路沿线建房、以路为市、晒稻谷、毁坏公路两旁行道树等破坏公路设施现象时有发生。为此，路政人员设立路政窗，每年进行《中华人民共和国公路法》《中华人民共和国道路安全法》宣传教育，提高沿路群众爱护公路意识，开展经常性路政检查，处理违章建筑，排除路障。2013年，路政人员上路巡查600人次，查处违法行为30余件，纠正违法行为28件，立案2件，清理路面堆物140处。由于宣传到位，查处及时，破坏公路的现象明显减少，有效地保护公路路产路权。

公路养护 1998年，县公路养护管理体制改革，县、乡、村道实行建、养、管分级管理，即县道由县级负责养护，乡道由乡（镇）负责养护。县公路管理站常年养护县道9条，计102.623千米，下设养护道班10个，季节性养护里程28.19千米。面对养护经费下调，养护难度加大，县公路管理站对养护工班实行各班联系路况计酬制，调动养护人员的积极性，好路率稳中有升。2009年燃油税改革后，农村公路养护力度逐渐加大，养护办法逐步改进。2011年，公路养护采取事业人员专职养护、养护公司专门养护、村民个体承包养护等多种方式。村道按照每年每公里1000元的标准与乡镇签订养护合同，乡镇或村将公路养护承包确定到人，并与养护人签订公路养护承包合同。县乡道的养护与养护公司签订合同，由养护公司进行养护。2013年，全县管养农村公路833.99千米，其中县乡道13条127.6千米，公路管养率达100%，省道优良率（PQI）80.2%、县道80.8%、乡道79.8%、村道82.2%。

公路绿化是公路建设工程的重要组成部分。县公路部门对专业工班实行包栽、包管、包活责任制，建立绿化台账，使公路绿化工作取得良好效果。1999年，县公路站投资1万元，在芷孔线栽植刺槐3000株，年末检查成活率达65%。2008年，在县道植树20000株，绿化里程 30 千米，占县道总里程 23%。2010 年，县委、县政府着力生态县创建，实施“三边”（即山边、水边、路边）绿化工程，公路两边绿化步伐加快。至 2013 年底，完成农村公路绿化 250 千米，县乡两级公路绿化率达 85%。绿化的树种主要有杨树、油桐、刺槐、泡桐、梓树、樟木、苦楝。这些树成活率高，树型比较美观，成林时间短。

河政管理　1998 年 8 月，为加强港口建设和管理，维护港口正常生产秩序，促进水运事业的发展，中方县人民政府印发《中方县港口管理实施办法》，规定在港口作业码头水域不得游泳、洗物、钓鱼、捕鱼，在港区内禁止倾倒垃圾、废渣、废油及其他废弃污染物。在港口内组织水上运动，须事先征得县港行所同意。严禁在港区滥采乱挖沙石、淘金。对已经办理证照的淘金挖砂船舶，由县港航所指定地点开采。对违反河政管理，擅自在港口区域内进行建设施工，妨碍港口安全等行为，作治安管理处罚，由公安机关处理。对情节严重、构成犯罪的，交由司法机关依法追究刑事责任。2012 年 3 月，开展河道整治工作，制定《中方县乡镇船舶和渡口安全管理办法》，县地方海事处制作 12 块石质《渡口守则》，10 块钢制渡口安全警示标语，14 块渡口管理职责牌，14 块安全渡运六不准标牌，为 14 艘船舶勘划载重线标志，硬化 10 条码头人行道。4 月，开展对渡口渡船、船舶超载、通航环境专项整治行动。组织各职能部门执法人员 80 余人，分成 10 个工作组，到铜鼎、铜湾等乡镇进行河道整治的宣传和沙场业主的劝解工作。5 月，组织公安、法院、检察院、交通、交警、水利、国土、环保、海事等 10 多个部门的执法人员，到铜鼎镇执法区域，拆除 10 余家非法沙堆场、吊台的供电设施和线路，所有挖沙淘金船舶停止作业并停靠岸边接受处理，所有运砂船停止运营，航道设施得到保护，沅水航段得到有效治理。

三、安全监管

车辆监理　1998 年，成立中方县公安局交通警察大队，内设 5 个职能股室，分别为办公室、法制股、计划服务股、交通秩序股、车辆管理股，下设 3 个中队，分别加挂县公安局公路巡逻警察大队一中队、二中队、三中队牌子，均为正股级事业机构。车辆管理股负责全县机动车、非机动车管理，对机动车辆安全技术检验和鉴定，每年负责对车辆进行一次安全检查。安全检查主要是按照国家统一安全技术标准对车辆进行定期和不定期检查，消除安全隐患，防止安全事故的发生。交通秩序股负责全县交通安全宣传教育和辖区内道路交通事故的调处工作，依法对道路交通事故责任者进行行政处罚和呈报追究刑事责任。每年举办多期驾驶员培训班，驾驶员须持有交警大队发给的驾驶执照方准营运，并在车辆年检时，对驾驶员进行一次审验，对不合格者进行批评或教育、罚款直至吊销驾驶执照等处理。2013 年，全县共培训机动车驾驶员 38562 人，路检车辆 59 万车次，纠正一般违章 3.8 万次。

港航监督　1998 年，成立港航监督所，负责水运方面的船舶管理、实施船舶的检验发证、监督检查等。境域水路运输市场全面开放，个体客货船舶迅速增多，尤以小机船为最多，在运营中，存在无证驾驶、超载、违章操作等现象。对此，由县交通局牵头，每年组织全县性的水上安全大检查。成立由分管副县长为组长、有关部门负责人组成的水上交通安全领导小组，建立健全乡（镇）村水上安全管理机构。县政府每年召开水上交通安全工作会议，与沿河乡镇签订水上安全工作责任状，定期或不定期进行水上交通安全大检查，发现安全隐患及时排除。2001年，县交通局制定水上运输安全管理年活动方案，重点落实企业内部安全管理责任制和乡镇船舶安全管理由乡镇政府及船舶所有者负责制。2012年5月，县政府办制定《中方县运砂船超载治理工作方案》，组织县交通局、公安局、国土局、水利局，联合开展水上安全隐患大排查，重点检查船舶的船名、船号、船籍港、载重线标志的配置情况，对农用船、渔船非法载客，船舶消防设备配备不齐，船舶超载和渡船渡运汽车等违法行为进行严厉查处。对航道内从事养殖种植以及破坏通航环境和秩序的予以取缔。行动中，共排查船舶超载行为3起，责令现场整改并立案处罚，查处航道内非法设置网箱养殖行为2起，现场拆除网箱，查处船名号牌不齐、载重线标志不清晰、救生设备配备不齐的船舶21艘，责令限期整改。通过隐患排查，有效维护水上交通安全秩序。1998—2013年，全县境内没有发生重大海事安全事故。

第二章 邮 政

1998年10月，成立中方县邮政分局，主营函件收投、包裹收寄、报刊发行、邮政储蓄、邮政汇兑、集邮和特快专递。后又不断拓展新业务，进行内部分配制度、管理制度改革，服务质量和水平明显提高。

第一节 邮政设施

一、邮政网络

1998年，县内有邮路55条，邮程1550千米。其中自办汽车邮路2条（怀化市内—泸阳、花桥，市局—中方、牌楼），邮程70千米。委办汽车邮路1条（市内—新建、铜湾、接龙、铁坡），邮程140千米。自行车、步班等其他邮路52条，邮程1340千米。随着乡镇村村通工程的发展，通车邮路的行政村逐年增加。2007年，有农村投递邮路61条，邮程1850千米，其中，自行车邮路55条，邮程1550千米。步班邮路6条，邮程300千米。设乡投递员21人。2008年，对县内61条邮路，1850千米邮程进行调整，其中，自办汽车邮路3条（市内—泸阳、花桥，市局—中方、牌楼，市内—新建、铜湾、接龙、铁坡），邮程410千米，摩托车邮路55条，邮程1550千米。步班邮路3条，邮程156千米。县城内设4个投递段，配投递员 5 名，均为摩托车逐日班。2013 年，全县 22 个乡镇 221 个行政村（居委会）均有邮路通达。

二、邮政工具

1998 年，邮政电信分开经营，中方邮政分局成立。邮电分营后，中方邮政局有标准信函分拣格笼 30 个，日戳 14 把、保险柜 14 个，铁皮柜 35 个，木制柜 50 个、铁质信箱 16 个，20 千克包裹称 12 台、2 千克信函称 12 台、电子称 12 台，汽车 2 辆、摩托车 16 辆、自行车 22 辆，基本满足境内邮件运输。

2002 年，新建、铜湾、接龙、铁坡、中方、牌楼、泸阳、花桥等 8 个邮政储蓄网点实行全国联网、通存、通兑。为此，添置 10 套网络终端设备，设立绿卡机房，购置 ATM 自动取款机 1 台，点验合一的点钞机 14 台，电视监控设备 8 套，运钞车 1 辆。

2008 年，添置邮袋 600 个，信筒信箱 16 个，各类柜子 50 个，报刊分捡台 35 张，计算机 14 台，20 千克包裹秤 12 台，2 千克信函秤 12 台，电子秤 12 台。

2013 年，全县有邮运汽车 3 辆，自行车 25 辆，摩托车 25 辆。城区邮路实现摩托化投递。农村邮路取消步班投递，实现摩托车、自行车投递。

第二节　邮政业务

1998 年，继续开展邮运、函件、包件、汇兑、报刊发行等传统业务，并根据邮政市场的发展需要，先后开拓邮政储蓄、集邮、快件投递等新业务。

一、邮运

进口邮件，每天由怀化市邮政局汽车统一邮运，直接送达泸阳、花桥、新建、铜湾、铁坡、接龙、中方、牌楼各邮政支局。支局接收邮件后，由投递员按址逐一投递。出口邮件，每天由各邮电支局发往怀化市邮政局，再由市邮政局转至全国各地。

2013 年，全县有投递人员 25 人，其中县城 5 人，乡镇 20 人。

二、函件

函件包括信函、印刷品、盲人读物、明信片等。按种类分为平常函件、挂号函件。按区域分为本埠函件、外埠函件。20 世纪 90 年代，人们的礼仪交往越来越频繁，邮政有奖贺年明信片大量发行且形式灵活，每逢新年春节都会出现贺卡、明信片“满天飞”的现象。贺卡、明信片占信函业务的相当大份额，使函件业务总量保持增长趋势。1998 年，单位间新年互致贺卡、明信片，每个单位向上级单位、兄弟单位寄送的明信片多达数百张。仅此一项，每年增加函件业务数万件。个人互寄贺卡的时段逐步从元旦、春节延伸至圣诞节、元宵节，加上教师节学生向老师寄贺卡表心意，其他节日朋友间互致祝福和问候，使贺卡、明信片成为函件业务的重头戏。加之新开发的特快专递等业务，函件增幅较大，全年函件业务量93万件，其中函件进口量为71万件，出口量为22万件。为减少网络信息普及对邮政函件业务的冲击，县邮政局相继开发商业信函和邮送广告等新的函件业务。2001年，发行“中国邮政贺年有奖明信片”，开展邮购、代理保险等业务，弥补部分函件业务下降的损失。2008年，全年函件业务量34万件，其中函件进口量为30万件，出口量为4万件。随着网络信息产业化的发展，邮政函件业务量下降。2013年，函件业务量18.64万件，其中函件进口量12万件，出口量6.64万件。

三、包件

20世纪80年代前，由于生活物资匮乏、地区间经济发展不平衡，使用包裹传递各类生活物资的较多，包裹投递量较大。20世纪90年代，随着物流市场的开放，部分包裹通过个体物流运输，邮政包件业务量逐年减少。1999—2008年，邮政包件出口量为45970件，进口包件为86798件。2009—2013年，邮政出口包件13300件，进口包件96543件。

四、汇兑

2003年，县邮政分局开始进行电子汇兑系统建设，办理汇兑业务4900张。2008年，有泸阳、花桥、中方、牌楼、新建、铜湾、铁坡、接龙等8个网点开设电子汇兑业务，每年办理汇兑7200张。2013年，办理汇兑20000张。

五、报刊发行

1997年，国家对报刊出版行业进行整顿、发行渠道有所拓宽，发行量小的报刊先后停办，发行量大的报刊实行自办发行。县委每年都对各单位下达党报党刊征订任务，报刊发行仍有增无减。1998年，县内发行各种报纸53种、11万份，杂志120种、5万份。此后，邮政局对发行人员实行工资制度改革，按报刊款额提取酬金，使发行人员上门宣传收订积极性得到激发。同时开办报刊零售租赁中心，增设报刊零售网点，使报刊发行量大幅度增长。2013年，发行报纸160种、23万份，杂志420种、9万份。县城报纸一天一投，用户可看到当天的怀化报纸。1998—2013年，全县共发行报纸850万份，杂志450万份。

六、物流配送

2005年，开展直接为农民生产生活服务的连锁配送业务。2007年，成立中方县邮政“三农”（农资、农药、农技）服务办公室，配备工作人员12人。根据服务社会主义新农村建设的要求，利用县乡物流站、点的物流网络体系，通过邮路、邮运、投递，将农资产品直接投到农户手中。为在物流配送上达到零距离的服务，在全县邮政支局设11个“三农”服务部，把种子、农药和技术送到村寨农家、田间地头。是年，中方邮政分局自筹资金20多万元，与亚华、隆平等知名种子公司签订服务合同，购进优质稻种、农药、化肥，为农民春耕生产搞好农资配送服务。2013年，投送叶面肥“农都乐”、稻田杀虫剂、稻飞虱、卷叶虫专用药等26150件，配送水稻种子15吨，提供种养信息20多条，总销售额在35万元以上，服务农民近16万人。

七、特快专递

1998年5月，开办特快专递业务，以高速度、高质量为用户传递国际、国内紧急信函、文件资料、金融票据、商品货样等各类文件资料和物品。国内特快专递邮件由专门的组织处理，专人收取、专车送达，可投递信函、文件资料和物品，投递区域不分远近、实行统一收费，每200克20元。特快专递主要是采取空运方式，其特点是“特”“快”“专”，函件实行专封、专运、专投。中国邮政特快专递使用深蓝色邮件包装，封面上印有关ChinaPost中国邮政国际特快专递字样。随着邮政业务的不断发展，全县特快专递业务量不断增加，尤其是高校录取通知书交特快专递投递后，业务量增大。1998—2013年，全县接收投递95万件。

八、邮政储蓄

1998年，县邮电分局开办邮政储蓄业务。办理的业务主要有活期储蓄、整存整取定期储蓄、存本取息定期储蓄、整存零取定期储蓄、定活两便储蓄、通知存款储蓄等。2008年，泸阳、花桥、中方、牌楼、新建、铜湾、铁坡、接龙等8个邮政储蓄网点实行全国联网，实现通存、通兑，为广大客户提供方便、快捷、准确的服务。2010年，县内邮政储蓄网点全面实现全国活期存取款的功能。2011年，开通中方支局ATM机，实现24小时服务，方便客户存取款需求。2013年，全县邮政储蓄额6.4亿元，与1998年8000万元比，增加5.6亿元。

1998—2013年中方县邮政业务发展情况表

表11-2-2-1

年份	函件（件）	包裹（件）	汇票（张）	快件（件）	报纸（份）	杂志（份）	邮政储蓄（万元）
1998	930000	4000	—	3200	110000	50000	8000
1999	880000	7000	—	5300	115000	52000	13000
2000	830000	8000	—	7000	123000	54000	14000
2001	790000	9000	—	8300	138000	55000	15000
2002	760000	10000	—	9000	145000	57000	17000
2003	710000	11000	4900	11000	151000	60000	19000
2004	660000	13000	5400	16000	165200	63000	21000
2005	720000	15000	5800	24000	172000	65000	23000
2006	520000	16000	3200	30000	180000	68000	24000
2007	460000	19000	6500	51000	190000	70000	25000
2008	340000	20000	7200	65000	192000	72000	27000

续表

年份	函件（件）	包裹（件）	汇票（张）	快件（件）	报纸（份）	杂志（份）	邮政储蓄（万元）
2009	103000	19000	7600	80000	198000	76000	31000
2010	140000	17000	25000	93000	200000	81000	37000
2011	116000	19000	30000	148000	213000	83000	45000
2012	133000	26000	28000	190000	223000	86000	56000
2013	186400	28000	20000	210000	230000	90000	64000

第三节　邮政管理

一、机构

1998 年 10 月，成立中方县邮政分局，内设综合办公室及经营部、三农办、财务室 4 个股室，辖 7 个农村邮政支局，1 个县城支局（中方邮政支局），8 个邮政储蓄支局（泸阳、花桥、中方、牌楼、新建、铜湾、铁坡、接龙）、2 个邮政代办所（石宝、新路河），8 个邮政储蓄网点。有干部职工 92 人，劳务工 61 人，城乡投递员 26 人。开办信函、包裹、集邮、报刊发行、邮政储蓄、汇兑、邮购、物流配送、各种中间代办 30 多种业务。2013 年，中方县邮政分局内设办公室和经营部 2 个股室，辖 10 个农村邮政支局，1 个县城支局（中方邮政支局），11 个邮政储蓄支局（泸阳、花桥、中方、牌楼、桐木、新建、铜湾、铁坡、接龙、黄金坳、鸭嘴岩）、11 个邮政储蓄网点。有干部职工 95 人，劳务工 63 人，城乡投递员 25 人。开办信函、包裹、集邮、报刊发行、邮政储蓄、汇兑、邮购、物流配送、各种中间代办等 30 多种业务。

二、管理

1998 年，邮政与电信实行分营改革，邮政业务被推向市场。县邮政分局实施人才战略，调整岗位发挥人才效应。邮政业务从过去注重数量规模向量、质并重转变。整合邮政网络资源，创新三农服务。做大做强南方葡萄沟的电商发展平台，利用邮政物流，加大活水、铁坡金秋梨的直接销售服务工作力度。向客户提供诚信服务、个性化服务、差异化服务。开通邮购服务“惠民优选”平台，农户可向客户邮购物美价廉产品，直销本地特产。全县乡、村投递摩托化。创新劳动资源配置、用工和分配制度、营销积分制等方面管理机制。

第三章　通　信

1998 年 10 月，成立怀化市电信局中方县分局，为怀化市电信局的一个生产科室，担负中方县和鹤城区的电信通信任务。2003 年 5 月，撤消中方县电信分局，成立湖南省电信有限公司怀化市电信分公司郊区电信分局。2004 年 6 月，更名为湖南省电信有限公司怀化郊区分公司。2007 年 9 月 1 日，改名为中国电信股份有限公司中方分公司。

第一节　通信网络

一、县城网络设施

2003 年，在县城南湖中路征地 8000 平方米，修建电信大楼，2006 年竣工。建成办公楼和机房一栋，建筑面积 2788.1 平方米，配电房一栋，建筑面积 329.6 平方米，其中机房 600 平方米。机房内装有交换设备 31243 门，传输设备 242 路，宽带设备 2064 线，小灵通 72 个基站，326 户信道容量，电源总容量 4030 安时，总配线架 53600 回线。局外敷设管道 6.43 千米。开通长线局至中方新城的中继光缆 1 条，5.1 皮长千米，共有芯数 48，使用芯数 16。2007 年，开通长线局至中方新城中继光缆 1 条，19.8 皮长千米，共有芯数 48，使用芯数 12。县城宽带网络安装使用。2008 年，从联通公司接受 CDMA 业务后，逐年筹建基站。至 2013 年底，共建 CDMA 基站 85 个，实现城乡 2G、3G 信号全覆盖。

二、农村网络设施

1998 年，县内设中方、泸阳、铁坡、铜湾、牌楼、新建邮电支局 6 个，设花桥、桐木、聂家村、新路河、石宝、接龙邮电所 6 个，担负农村电信业务。10 月，开通中方、泸阳、铜湾模拟 450M 无线接入网络系统。11 月，先后开通袁家乡、龙场乡程控交换点。是年底，全县乡镇开通程控电话。2003 年，农村根据区域划分为支局管理。开通中方、泸阳、铜湾小灵通基站，开通宽带上网业务。2004 年，在中方荆坪村和牌楼镇站坪村新建村级模块点。是年，分公司有交换模拟块局（点）37 个（包括鹤城农村），交换容量 25910 门，用户达 22832 户，小灵通 4500 户，县内 211 个行政村通电话，年完成业务收入 1075 万元，荣获怀化电信“拼搏杯”第一名。2005 年，开通活水、石宝等 15 个乡镇宽带网络，实现乡乡通宽带网络目标。2006 年，分公司推出 450 业务，建立 450 基站 6 个。2007 年，中方电信划分为中方、泸阳、铁坡、铜湾、牌楼、黄金坳、鸭嘴岩、杨村、花桥 9 个支局。同年，将鸭嘴岩和中方整合为鸭嘴岩支局，新增设工业园分局。2009 年，中方分公司共有 44 个远端交换模块点，6 个户外模块点，6 个 450D 基站，27 个 CDMA 基站，62 个无线市话基站。有线交换容量29397线，实装23992户，实装率81.61%。宽带ADSL端口2735个，实装1948户，实装率71.22%。以太网端口328个，实占209个，实占比63.7%。2010年，鸭嘴岩和中方重新拆分，中方和工业园分局合并为工业园分局。是年，中方分公司建成1X基站22个、EV-DO基站12个，期末基站分别达到32个、EV-DO基站34个，全县乡镇C网覆盖率达到100%。共有43个远端交换模块点，12个户外模块点，5个450D基站，20个无线市话基站。有线交换容量32534线，实装16788户，实装率51.6%。无线农话9333户。宽带ADSL端口4946个，实装3565户，实装率72.08%。以太网端口840个，实占413个，实占比49.17%。2011年，中方分公司新建成1X基站11个、EV-DO基站11个，期末基站分别达到43个、EV-DO基站45个，全县乡镇C网覆盖率达到100%。共有43个远端交换模块点，12个户外模块点，5个450D基站，20个无线市话基站。有线交换容量27653线，实装14677户，实装率53.07%。无线农话9333户。宽带ADSL端口3151个，实装2198户，实装率69.76%。以太网端口840个，实占457个，实占比54.4%。2012年，电信工程立项15个，立项金额405.32万元。当年完成工程项目11个，共计布放光缆3398.107纤芯千米，新建FTTH端口2692个，新增管道8.818孔千米，主干光交2个，C网宏基站1个，RRU拉远站8个。2013年，中方分公司辖泸阳、铁坡、铜湾、牌楼、黄金坳、鸭嘴岩、杨村、花桥8个支局和1个工业园分局，有FTTH端口7123个，端口占用数为2620个，占用率为36.78%，端口空闲数为4481个，端口空闲率为62.91%。CDMA基站71个，其中宏基站35个，RRU拉远基站34个，无线直放站2个。

1998—2013年怀化市农话中继杆、电话机统计表

表11-3-1-1

年　份	杆　路（公里）	电话机（部）
1998	443	4776
1999	443	8271
2000	443	13376
2001	446	15936
2002	457	18749
2003	478	20736
2004	478	22387
2005	491	23871
2006	499	24787
2007	502	25236

续表

年　份	杆　路（公里）	电话机（部）
2008	954	25594
2009	1487	19853
2010	1822	16542
2011	2307.15	14464
2012	2307.15	13925
2013	2307.15	11806

中继光缆　1991年，开通怀化（迎丰支局）至泸阳支局中继光缆，有14.6皮长千米，为长途光缆杆路上架设的光缆。该光缆的开通与泸阳支局程控电话的开通相匹配。1992年，沿怀化至辰溪长途光缆杆路途中的火马塘、花桥模块点相继开通。怀化（迎丰支局）至洪江市（黔城）长途光缆杆路上架挂的怀化至中方镇、牌楼、桐木等光缆，固定资产属长途线路局。2005年，有中继线42条／293千米，光缆65条／321.5千米，电缆582条／10163对千米，累计主线放号38600对（无线1327）。2007年，加强全县通信能力建设，完成县城芙蓉路和滨江路主干管道建设和县域8个点的光进铜退建设，推进“万纤工程”，提升通信服务品质，推进“村通工程”，完善农村通信基础设施。

农话用户线路　自20世纪50年代起使用架空铁线。1979年，各电信支局的进局线路由明线改电缆进局。1999年，开展“百万电话大行动”，用户猛增，线路设备扩容，在出局后适当的位置设立交接箱，以适应各个方面的用户电缆相连接。

农村电话　1998年，全县所有乡镇开通程控电话。2000—2005年，农村电话快速发展，农村电话交换机总容量达到29835门，交换局（点）达到38个，有450M基站3个，固定电话25777户（无线1489户），小灵通放号2761户，电话普及率为95%。2008年，新增通桐木镇宝寨村大洋洞组、大松坡村宝溪界组2个自然村电话。是年，中方电信有线交换容量29294线，实装25594户，实装率87.36%。无线低频接入网络容量12672门，实装8639户。无线市话基站77个，实装容量8531户。宽带ADSL端口1888个，实装1565户，实装率83%。以太网端口192个，实占75个，实占比39%。2010年，实施“宽带中国，光网城市”计划，开展“光进铜退”工程建设。2011年，中方电信有光进铜退点31个。中方分公司新增泸阳、中方、桐木、荆坪模块点4个，有户外EPON点31个，EPON设备44套。新增宽带端口1352线，窄带端口2920线。

三、移动通信设施

1999—2005年，中方县移动通信业务挂靠中国移动通信集团湖南有限公司怀化分公司。

2005年4月，中方县的移动业务从市里划分出来，成立中国移动通信集团湖南有限公司中方县分公司，下辖综合部、网络部、市场部3个部室，负责全县移动通信网的规划、建设、运营管理和经营全县移动电话语音、数据等主要业务。公司从2005年起，着力实施移动电话“168工程”“村村通移动电话工程”，建成一个覆盖范围广、通信质量高、保密性能强、业务品种丰富、服务水平一流的综合通信网络。同时，在行政村和自然村开展“村通扶贫工程”建设。2013年，全县建成村通基站52个，网络信号覆盖县内所有乡镇和行政村，实现与238个国家和地区448个通信运营商的国际漫游。是年，全县拥有移动基站91个，乡村光缆643千米，移动客户6.3万户，移动专营店14家、代理店26家、村级服务站49家。

2010年，中国联合网络通信有限公司中方县分公司成立。2013年，有基站114个，网络信号覆盖8个镇14个乡，覆盖率达90%以上。在农村，渠道服务门店实现一镇两店、一村一点，拥有“沃”渠道30个。在城区，将宽带、专线、租线等项目引入各小区、各单位、各企业，有家庭宽带1800多户，专线10多条，租线10多条，实现全业务经营。

第二节 通信业务

一、固定电话

市内电话 1998年，中方县有县无城，干部职工居住鹤城区，县直机关单位在鹤城区办公，家庭和办公室都装有固定电话。2005年后，县直机关单位、厂矿企业、酒楼商店等陆续迁址、落户中方生态县城，其办公室和门店都安装固定电话。但随着移动通信的发展，加上手机轻巧、携带方便、功能齐全、接听快捷等优势，家庭使用手机普遍化，多为人手一部，有的人手多部。

农村电话 1998年，县电信分局对全县农村电话交换机进行更新扩容，农村电话全部实现数字程控化、传输光纤化。2005年，县政府把“村村通工程”列入重要议事日程，采取政府扶植、乡村投工投劳的办法扶植农村电信建设，县214个村实现通电话，在怀化市率先完成“村村通”工程目标。是年，全县有固定电话25777户（无线1489户），电话普及率为95%。至2013年，先后建立农村电信模块43个，农村电话用户31107部，通话总量达2582.3万次，全县221个行政村都通程控有线电话。

450M无线农话（ETS） 无线农话业务是对固定电话业务的补充。2006年，中方县电信分公司开通铁坡乡联家村尖坡ETS450数字基站（BTS3601），载频1个，信道40个，容量1000个，用户约300户。开通下坪乡蛇溪ETS450数字基站（BTS3600），载频1个，信道100个，容量5000个，用户约400户。2007年5月，开通袁家乡木头山数字基站（BTS3600），载频1个，信道100个，容量3000个，用户约500户。是年，全县共开通载频

3个，容量为9000户，用户约1200户。至2011年，用户超过5000户。随着移动业务发展高峰的再次到来，3G、4G业务迅猛发展，450业务逐渐淘汰，450用户数逐步下滑，至2013年底，存量用户又回落发展之初，只余1200多户。

表11-3-2-1

2013年中方县电信分公司450M（ETS）基站情况表

站　　名	载频数（个）	信道数（个）	容　量（个）	用　户（户）
铁坡乡联家尖(ETS450)	1	40	1000	约300
下坪乡蛇(ETS450)	1	100	5000	400
袁家乡木头山(BTS3600)	1	100	3000	500

二、移动通信

1998年，移动电话呈普及势态，用户逐步发展至科、局、股级管理人员，部分较大的企业、个体户、商户也相继使用。1999年7月，移动通信业务从电信分离出来，成立中国移动通信集团湖南有限公司怀化分公司，负责中方县境内的移动通信网建设和管理。2005年1月，中方县移动业务从市里划分出来，成立中国移动通信集团湖南有限公司中方县分公司。是年，实施“村村通”工程，新建基站35个，解决22个乡镇的绝大部分行政村的通信难问题，全县移动信号实现90%覆盖。2013年，中方移动公司拥有移动基站91个，移动电话用户6.3万余户。在县城和乡镇有指定专营店89个。中方电信建移动基站85个，拥有移动电话用户19300余户，运营收入达900多万元。移动网上用户达到19135户，出账用户达到17405户。在县城和乡镇有指定专营店39个。

移动业务　主要经营移动话音、数据、IP电话和多媒体业务，并具有计算机互联网国际联网单位经营权和国际出入口局业务经营权。除提供基本话音业务外，还提供传真、数据IP电话等多种增值业务，拥有“全球通”“动感地带”“神州行”三大著名客户品牌。用户号码段包括“139”“138”“137”“136”“135”“134”“150”“151”“152”“158”“159”“188”“187”“183”“182”“147”，其中“188”为3G专属号段。陆续推出点对点短信、彩铃、彩信、移动梦网、飞信、GPRS手机上网、手机报、手机邮箱、来电提醒、来电显示、手机证卷、手机支付、移动秘书、移动全球呼、随e行、气象通、家校通等数据新业务、新功能。推行全球通大客户经理服务，实施客户积分奖励计划，开展“话费误差双倍返还”服务承诺活动，推广集团客户信息化解决方案。对大众用户、县移动营业厅客户、片区客户，服务中心提供标准化服务。对集团客户、个人大客户，由客户经理提供一对一的上门服务。提供常用产品的介绍、开通和取消功能，包括：基本通话、呼叫等待、呼叫转移、三方通话、呼叫限制、来电显示、来电提醒、彩铃、彩信、移动秘书、国内漫游、网上交费、短消息、手机上网等。移动业务范围逐步从传统无线语音服务向移动数据、多媒体、移动信息化等领域拓展。2011年，开通中方手机报，是手机宣传媒体，采用彩信手机报模式，报纸通过电信运营商将新闻以彩信的方式发送到手机终端上，用户可以离线观看。手机报的容量为50K（1K是1000个字节），可以发送10张图片和1000文字说明。政府部门每天将最新的政策、法律法规、国计民生、区域经济、政府规划、廉政教育等制作成彩信发送给政府工作人员，增强政府服务职能和群众监督职能，使政府服务更加公开、公平、公正。至2013年，共发中方手机报信息109600条。

联通业务 中方联通业务主要经营固定网国内长途电话业务、固定网国际长途电话业务、IP电话业务、第二代数字蜂窝移动通信业务、因特网数据传送业务、国际数据通信业务、无线接入业务、国内甚小口径终端地球站通信业务、固定网国内数据传输业务、用户驻地网业务、网络托管业务、在线数据处理与交易处理业务、因特网数据中心业务、语音信箱业务、经营与通信及信息业务相关的系统集成，技术开发、技术服务、技术咨询培训、手机终端销售维修、电话卡制作销售、客户服务。公司拥有“沃品牌”全业务，“沃·3G”“沃·商务”是行业中最知名和最有影响力的品牌。中国联通“沃·3G”与苹果公司iPhone系列产品联手，客户体验到高品质及高速3G产品。“沃·商务”，率先引领移动业务信息化、随身化，旗下的“移动视频、移动办公、平安校园”等被列为集团单位最受欢迎的业务。

CDMA移动业务 2008年3月，国家对通信运营商进行重组，由电信收购联通的CDMA网络，铁通并入移动，由此，三家电信运营商进入全业务经营时代。同年12月，国家对三家运营商发放3G牌照。由于受网络割接以及联通公司遗留的CDMA无效用户数据影响，中方分公司移动期末用户数降至415户，移动业务月均收入不到1万元。2009年1月8日9时，中方电信宣布3G业务正式放号，进入3G互联网时代。2013年，3G流量用户达到7884户，净增3209户，户均流量196M。FTTH用户达到2207户，净增1596户，E9用户达到4304户，占比50.33%。天翼用户达到12137户，占比63.43%。

三、多媒体网络通信

宽带网（ADSL） 通信属电信的新业务，是电信通信中最为理想的通信方式和手段。2002年初，中方电信分公司开始筹备建网，3月，设备安装调试完毕，投入运营，是年有用户146户。至2005年，先后开通中方县22个乡镇、4个办事处的宽带网通信业务。2006年，开通所有乡镇宽带上网业务，开通农业信息服务热线，建立农业信息服务站，为村民提供内容丰富的农业技术推广、植保土肥、良种良法等信息。村民们则利用网络学习国家方针政策，通过宽带网络学习农业技术知识，销售农产品。2007年，有用户1798户。2013年，宽带网上用户达8760户，出账用户达到8551户。全县214个行政村都实现互联网宽带上网，并在中方工业园新建综合接入点1个，提供宽窄带接入，推进“万纤工程”，解决中方县城各单位和泸阳工业园众多企业的以太网接入需求。互联网已应用到经济、科技、农业、教学等个各领域。并随着电信转型业务的开发，号码百事通、商务领航、全球眼（ICT）等一些新业务相继面世。

此外，中方移动和电信营业部经营无线局域网。中方联通营业部经营互联网、宽带小区数据等业务，铁通中方营业部拥有宽带 813 户，与多个单位进行网元出租业务。

四、电报、传真

1998 年后，有线电报业务逐渐被程控电话和办公传真机的普及使用而淘汰。无线电报为军事战备、重大自然灾害的通信备用设备，会晤次数由上级局指定。随着程控电话、移动电话等高新通信技术的出现，无线联络频次逐步减少，每年只在水情、灾情或重大通信任务前期进行联络。2000 年后，传真设备更新，传输功能完善，部分机关单位、个体私营企业、工商户购置传真机，接通各家电话线路，即可自行进行传真。传真业务由此逐步放开，继而深入到百姓家庭之中。2013 年，随着互联网的普及和开发利用，传真业务逐渐被电脑扫描后传送文件、微信发送图片、视频通话、截屏等快捷方式所替代。

五、其他业务

无线寻呼　1998 年，全县有无线寻呼用户 875 户。是年 5 月，无线寻呼业务与邮电通信系统分离。由于移动通信工具不断更新，使用寻呼机的人越来越少，到 2001 年，无线寻呼业务被淘汰。

小灵通业务　1998 年，移动业务与电信业务分离。移动公司的手机业务快速发展，中国电信的固定电话业务急剧下降。2002 年，小灵通面世。因其价廉物美、环保轻便而畅销，电信业务猛涨。后国家出台政策，小灵通停止基站建设。2012 年，小灵通全面退市，其客户均迁转 C 网。

第三节　通信管理

一、电信行业管理

1998 年，邮电分营，电信企业逐步实行公司化运作和管理。国家、省、地（市州）级改名为电信集团公司、分公司，县级仍保留电信局的机构不变，其管理归属仍实行省、市、县（市）三级垂直领导。局内行政管理机构只设综合办公室、维护工程部、市场经营部、多种经营办公室。企业经营管理实施资本经营管理办法。2001 年 9 月，成立怀化市电信分公司，直属省电信分公司，县局则属分公司下设机构，不再作为一级核算机构，只作报账制单位，其经营、财务、物资采购等均由怀化市电信分公司统一筹划、管理。2004 年，湖南省电信有限公司正式上市运行。6月，怀化市电信分公司郊区电信分局更名为湖南省电信有限公司怀化郊区分公司。2007年9月，湖南省电信有限公司改名为中国电信股份有限公司中方分公司，下设综合部、市场部、网络部、建设维护部等。2013年，企业管理仍按照现代企业制度运作。

二、电信企业内部管理

1999年3月，中方电信分公司制订《电信业务管理制度汇编》，组织全体员工认真学习、贯彻落实，配备监督检查人员，规定四个中心分局负责人每月对所属的自办点、代办点进行2次以上的监督检查，发现问题及时处理。由于有严格的监管制度和过硬的考核机制，在装、移、拆机、收取话费、资金管理上没有发现乱涨价、乱收费和向用户吃、拿、卡、要现象。2001—2002年，中方电信分公司为确保电信服务质量稳步提高，实行“首问负责制”，与怀化市电信分公司签订“客户服务管理责任书”，将服务质量作为考核的硬指标。2003年，中方电信分公司制订《规范服务综合考核办法》和《服务质量考评考核实施办法》。2005年，制定“用户满意考核指标”，对企业经营服务全过程实施全面的闭环管理。开展用户满意服务质量竞赛，启动“三我”工程和开展企业内外“七个一”标准化服务。开展3G“五翼”服务，提升流量查询、账单提醒、业务退订、电子渠道和营业网点、网络质量等五项服务质量。积极推进宽带“五项承诺”的五心服务，做到零拒绝、零配置、零超时，推进宽带装移机的工作效率。对农村片区加配专职装维人员，提高农村宽带查修及时率和修复率。分公司从解决客户反映的“三强”“垃圾短信”“实名制登记”“宽带假带宽”、“个人信息保护”等“难点”“热点”入手，加强排查整改管控，做到硬件与软件标本兼治，提高服务水平。2013年，湖南省消费者委员会授予中方县电信分公司“2012—2013年度湖南省消费维权先进单位”荣誉称号。

三、移动通信管理

1998年，成立中方县移动通信分公司，挂靠怀化市分公司。2005年4月，中方县移动通信分公司正式成立，下辖综合部、网络部、市场部3个部室。负责全县移动通信网的规划、建设、运营管理和经营全县移动电话语音、数据等主要业务。公司性质为外商独资企业。2013年，中方县移动公司共有员工38人，其中正式员工13人，聘用工25人，均为大专以上学历。有专营店14家、代理店26家、村级服务站49家。

2010年，成立中国联合网络通信有限公司中方县分公司，位于生态城福商业广场，有员工16人，整体收入800多万元，用户20000户，渠道21个。2013年，有工作人员30人，内设综合部、财务部、市场销售服务部、集团客户服务部、宽固事业部和互联网部。整体收入突破1000万元，用户规模和渠道数量翻1倍多。

第十二篇

商贸 服务业

SHANG MAO FU WU YE >>>>>>>>>>

第十二篇 商贸 服务业

1998年，除对石油、食盐、烟草等商品由国家专营外，其余商品进入市场经济模式，全面放开经营。社会消费品零售总额为16971万元。2004年，达到3.48亿元。之后，社会改革不断深入，原来红火的粮站、供销社逐渐退出历史舞台，大批粮站、供销职工转岗或买断另谋出路，个体户成立的各类合作社成批出现，城市扩容和农村城镇化建设步伐加快，商贸、服务业日益兴旺。2008年，社会消费品零售总额增至5.74亿元。2010年，达到7.82亿元。2013年，突破10.85亿元。

第一章 经营体制

第一节 国有商业

1998年，县国有商业机构有县粮食局、县经贸局两家，共有员工782人，以专业经营为主，完成商品零售总额2091万元，占全县社会消费品零售总额的10.3%。2000年，取消粮食合同定购制度，粮食购销业务全面放开，粮食企业停止经营，由民营和个体经销。2006年6月，县粮油购销有限公司成立，人员编制12人，全部从原粮食企业转岗职工招聘。石油的经营由省、市垂直管理。2008年，国有商业完成商品零售额7095万元，占全县社会商品零售总额57410万元的11%。2013年，县国有商业完成商品零售额10124万元。

第二节 集体商业

1998年，县内集体商业中，县供销合作社联合社以经营生活日用品和农业生产资料为主，销售网点分布全县各地。22个乡镇都办有供销合作社基层社，形成集体独立核算的有泸阳供销社、中方供销社、铜湾供销社、新建供销社、铁坡供销社、接龙供销社、蒿吉坪供销社等12个，共有员工522人，全年集体商业共完成商品零售额4367万元，占全县社会消费品零售总额的21.51%。2008年，全县22个基层社，完成企业改制11个，拍卖出售企业资产60宗，变现收入2801万元，安置职工125人，解除劳动合同工125人，消赤减债980万元。2009年，县供销社企业改制完成，集体商业全面转为个体、民营。

第三节　个体私营商业

1998年，全县有个体私营商业1800余家，从业人员3400人，全年完成商品零售额13842万元，占全县社会零售额的68.19%。1999年到2008年，泸阳、中方、铜湾、铁坡、新建、铜鼎等地方的小城镇建设，主要进行市场建设和改造，筑巢引凤，鼓励能人经商，使个体私营商业迅速发展。2008年12月，个体私营商业发展到2014家，从业人数增加到6000人，完成商品零售总额50315万元，占全县社会消费品零售额89%。2013年，全县个体私营商业发展到4000余家，从业人数增加到10000余人，全年完成商品零售总额90463万元。

第二章　经营体制改革

第一节　供销体制改革

1998年，中方县有独立核算基层供销社12个，即泸阳区供销合作社、中方区供销合作社、铁坡区供销合作社、铜湾区供销合作社、牌楼供销合作社、蒿吉坪供销合作社、桐木供销合作社、铜鼎供销合作社、新建供销合作社、袁家供销合作社、新路河供销合作社、接龙供销合作社。2003年，全县以基层供销社为重点开展改制工作。按照“一企一策”的原则，对企业产权制度及人事、劳动、分配、社会保障制度改革。改制的主要问题是人员分流安置、企业资产变现、债权债务处置。改制工作首先是认定供销合作社的固定资产，确定供销企业的历史占地、产权归供销社所有，国土部门给予补办土地证，对改制过程中发生的权属纠纷，有关部门参与调处，依法维护企业职工的合法权益。其二整体变卖，用变卖收入优先安置职工分流经济补偿、交纳社保金、离退休职工的生活费，然后偿还企业债务和企业发展。第三是改革用工制度，原企业职工享受一次性安置补偿，解除与企业的劳动关系，引导职工走向市场，以自然人的身份通过购买原有企业资产参与组建股份制企业或自谋职业。第四是企业改制重组。充分利用资源优势，通过开放办社，重组有较强竞争力和带动力的种植、养殖、加工、营销等龙头企业。2007年，除完成全县所有供销社的情况调查工作，铜鼎供销合作社、袁家供销合作社、新路河供销合作社三个供销社完成改制。2008年9月12日，县长办公会议专题研究供销社企业改制有关问题，会议决定2009年为全县完成供销改制年，加强组织领导，由县长亲自挂帅。对企业职工养老保险的2000万元采用财政挂账、多渠道筹集资金办法解决。对413名职工医疗保险的372万元采取盘活资产或通过其他渠道解决。对全县企业资产采取公开竞卖的办法处置。年末，全县22个基层社，已完成企业改制工作20个，企业户数由原来的16户减少到5户，拍卖出售企业资产60宗，安置职工125人，解除劳动合同125人，消化处理历史债务980万元。2011年，石宝乡供销社全体职工放弃改制进入市场，2012年泸阳商贸中心项目规划完成，2013年全县仅有泸阳区社改制未完成。

第二节 粮油体制改革

1998年6月，县内按照全国“四分开一完善”粮改方案，实行政企分开、中央与地方责任分开、储备与经营分开、新老账务账目分开和完善粮食价格机制。重点是“三项政策，一项改革”，即国有粮食收储企业按国家保护价敞开收购农民余粮、国有粮食收储企业必须顺价销售、粮食收购资金封闭运行的政策和国有粮食企业改革。随之出台“不得拒收、不得限收、不得停收、不得打白条”的“四不一保”政策确保粮食收购。改革后，全县粮油购销体制发生根本的变化，由以前的粮食部门统一购销变成市场放开、粮食部门不再进行粮食与油脂的统一购销。县国有粮油企业基本停止经营，退出粮油购销市场，其主渠道地位弱化。2003年初，全县有独立核算粮油企业5个，其中购销企业4个，附营企业1个，粮食系统有职工数321人。同年开始实施企业改制，通过处置资产、买断粮权等手段，采取一次性经济裁员的改制方式，多方筹措改制资金，对男50岁以下，女45岁以下的职工，按每年工龄1000元标准，实行一次性经济补偿置换职工身份，解除劳动合同关系。对男满55岁以上，女满45岁的人员以及男51～54岁，女41～44岁经本人自愿申请的人员，实行内退内养安置。并通过考试考核返聘64名职工为合同制工人。而粮食购销取消粮食收购保护价制度，市场全面放开。2005年，县内四个粮食企业基本停止生产经营，县粮食部门对返聘人员再次置换，只临时聘用12人管理原有仓房设施。购销企业政策性财务挂账2832万元，全部剥离到粮食局管理，由县财政局从粮食风险基金中消化本金和支付利息。采取的一次性经济裁员改制模式，得到省、市局的高度评价，相关报道登上《粮油市场报》的头版及新华网。自此，私营粮食企业成为粮食购销市场的主力军。2006年，县粮食局以规范粮食流通市场，培育粮食产业为目标，组建中方县国有粮油购销有限公司。2012年9月，县级粮食储备库开工建设，总仓容量为2.5万吨，由县粮油购销有限公司为项目建设主体。2013年，粮油购销有限公司参与粮食购销市场竞争，执行最低保护价收购政策和质量标准，充分发挥其主导作用，使粮食购销市场秩序井然、价格平稳。

第三章　商贸市场

第一节　县城市场

1998—2004年，因无县城，没有县城市场。2005年，县行政中心搬迁，县城商业开始发展。2007年，在县城办公区有个体小型超市两家，文体广告2家，烟酒行2家。2008年，县城第一个公务员小区——桃花源小区交房入住，小区内建成一个中型超市——丰水湾超市。是年，县城中心市场开工建设，它位于霞光路东侧，南接同乐路，北靠长塘路，西临南湖路，总占地面积7.8万平方米，投资1.2亿元。整个工程分四期开发，内设超市、百货、干货、禽蛋、肉类、蔬菜、调味品和副食品等铺位。市场内设蔬菜交易大厅一座，副产品交易门面160间，并有住宅60套。整个商业区位于市场的第一层，第二层以上为商业住房。2009年，福兴商业广场开始营业，东临怀黔公路，北依同乐路，西靠南湖路，南邻福兴路，占地面积8万平方米，总投资1亿元。主要经营百货、建材、床上用品、窗帘布艺、中西餐厅、咖啡茶座、网吧、书店等。2010年，“湘西味道”旅游商品购物街建成，位于生态城同乐路，是一个集中展示怀化本地旅游产品的平台，由怀化琼天集团投资兴建。该项目总投资1200万元，建设特色街53个门面，小吃街36个门面，近6000平方米，游客接待中心（餐饮）2200平方米，酒店2100平方米，项目共计10000平方米，是怀化市第一条旅游休闲购物街。2011年5月，中方建材物流园项目于签约落户中方，由福建省世界闽商集团公司投资开发建设，选址于县内怀黔公路以东、中方加油站以北至鹤城区交界处，总用地面积约1708亩，其中建筑面积1749772平方米，商贸物流面积1133937平方米，总投资约18亿元人民币，项目分5期5年建设。2011年8月8日，商业步行街开工建设。位于怀化市中方县南湖路与同乐路交会处，由湖南荣盛投资开发股份有限公司开发，致力于打造成集购物、休闲、娱乐、美食为一体的一站式购物休闲平台。本项目占地面积约117亩，规划总建筑面积约176000平方米，计划总投资额约3亿元。同年怀化金泰再生资源专业市场项目签约落户中方，由怀化金泰再生资源开发有限公司负责投资建设和运营，项目选址中方镇龙井村香樟路以东、紫荆东路以北区域，规划用地面积382亩，总投资1.6亿元。项目分两期建设：一期投资7800万元，征地10.4万平方米，主要建设有色金属交易区、黑色金属交易区、汽车报废拆解区、家电（含电子产品）回收及拆解区和配套生活办公服务区（含污水处理系统）五大功能区。整个市场交易区实行全封闭式规范化管理。二期投资8200万元，征地15.87万平方米，主要建设废塑料、废纸、废玻璃回收交易区，废旧金属精深加工厂区和二手车交易市场三大功能区。整个项目建设工期为三年。2012年，中方“1号财富广场”开工建设，规划设计建筑总面积20万平方米，其中：住房建筑面积9万平方米，经营用房（含农贸市场）建筑面积8万平方米，地下车位650个，建筑面积3万平方米。项目分两期开发建设，第一期建成建筑面积4.93万平方米，总投资5000万元。2013年，中心市场基本建成，金泰再生资源专业市场完成征地10.27万平方米，红线范围内的56栋房屋拆迁43栋，汽车报废拆解区和黑色金属交易区等6个钢架大棚正在施工中。“1号财富广场”第二期建筑面积4.5万平方米，总投资4500万元，1号楼和农贸市场2.12万平方米竣工，7、8号楼已封顶，其他配套设施正在施工中。

第二节 农村集贸市场

1998年，全县有农村集贸市场20个，总面积78421平方米，年成交额2732万元。除蒿吉坪瑶族民族乡、锦溪乡、丁家乡和下坪乡4个乡不开市以外，其余18个乡镇都有集贸市场，其中新路河乡除乡址所在地市场外还有澄渡江市场，聂家村乡另有细面垅市场，所有农村集市每5天一场，每月赶六场，附近市场集日错开。2002年，全县启动小城镇建设，对农村市场改造、升级，至2005年，累计投入市场建资金4320万元。2009年，区划调整，增加鸭嘴岩市场。2013年，全县农村集贸市场为21个，小且偏远的乡镇因人口流动、外出务工人员增加，赶集人口减少。全县农村市场年成交额为55230万元。其中规模较大的有铜湾、泸阳、中方、铁坡等集市。

一、铜湾镇集市

铜湾镇集市地处铜湾镇，沅水河西岸。1988年，铜湾镇政府投资新建630米，宽10米的沿河街。1990年，集市占地面积16500平方米，商业网点175个，各种摊贩450余人，赶集人数最多达3万余人，年成交额达697万元。

2003年9月，铜湾水电站开始修建，将市场码头迁往红庙观，市场移到原铜湾粮站和新屋村的周家垅一带，占地160亩，引进6000多万元新修小集镇，进行市场建设，并招来外商，出现“百盛超市”“亿客隆服饰超市”“家电超市”和“好多优购物广场”“百姓服装超市”和“德友新农村连锁超市”等，经商户增加到410家，从业人员达1260人，年成交额3800多万元。2013年经商户增加到500余家，从业人员有1412人，年成交额4300万元。

二、泸阳镇集市

泸阳镇集市位于泸阳镇，距怀化市中心18公里，是中方、鹤城、辰溪边区较大的集贸市场之一。1989年，政府投资300万元，改建市场，市场占地15651平方米，其中货棚8325平方米，生猪交易场350平方米，商品住房2500平方米，摊位360个，市场分布匹、成衣、肉食、水产、小百货、饮食、南杂、水果、米、糖、竹木、蔬菜、鸡、蛋品等专业场地，赶集人数最多达 2 万人。年成交额 800 万元。

2003 年 11 月，中方县工业园落户泸阳镇，带动个体经济和个体商业迅速发展，泸阳市场更为繁荣。2008 年，年成交额高达 1.2 亿元。2013 年，年交易额达到 2.13 亿元。

三、中方镇集市

中方镇集市位于中方镇，209 国道边，集市辐射鸭咀岩、黄岩、中方、炉亭坳、牌楼坳和芷江的水宽等 6 个乡镇，1986 年在玉屏山脚下稻田里建新市场。1990 年，有商业网点 178 个，集市面积 14515 平方米，赶集日多达 1.5 万人，年交易额 591 万元。1998 年 2 月，由于县治设中方镇、怀化市工业园入驻中方镇，加之荆坪古村旅游业的发展，促进中方镇集市的迅速发展，赶集之人增至 2 万余人。2013 年成交额 1.2 亿元，比 1998 年增 1.14 亿元。

四、铁坡镇集市

铁坡集市位于铁坡镇，中方县的东部，处于溆浦县龙潭镇、洪江市湾溪乡和活水乡、锦溪乡、铁坡镇、接龙镇、石宝乡的交界地。逢农历一、六为赶集日。1998 年，集市占地 1196 平方米，覆盖场地 899 平方米，赶集人数达 3000 余人，年成交额 549 万元。2003 年，启动小城镇建设，通过政府引导，市场运作，激活民间资金扩大市场建设，2004 年 5 月，铁兴市场动工，总投资 680 万元，2005 年 1 月营业，结束以路为市的历史，新市场占地 7500 平方米，建筑面积达到 6000 余平方米，门面 15 个，摊位 518 个，从业人员 32 人，主要经营经营南杂、百货、蔬菜、水果、服装、肉产、家禽、种苗、饮食、家电、仔猪交易等，年成交额 2000 万元。到 2013 年各类个体经营户达到 212 户，年成交额 3000 余万元。

第四章　商品经营

第一节　农副产品购销

一、畜禽产品购销

1998 年至 2007 年，全县生猪由个体经营、由各乡镇畜牧站负责检疫免疫工作，有个体屠夫 480 人，每天宰杀猪、牛、羊 800 多头。在铜湾镇、铜鼎镇有冬天吃狗肉的乡俗，肉狗年宰杀量在 3000 只左右。2008 年有个体屠夫 510 人，全年生猪出栏 33.62 万头，每天宰杀猪、牛、羊 1000 多头，肉类总产 32979 吨。2010 年全县出现各种专业合作社，铜湾有乌骨鸡合作社，铜鼎有养鹅协会，花桥有蛋鸡专业户，下坪有马头羊繁殖基地，生产大量的商品供应市场。2012 年，生猪饲养量 46.76 万头，牛饲养量 3.21 万头，山羊 7.52 万只，家禽 510.32 万羽，兔 0.731 万只，肉狗 4000 只，这些产品多数被屠宰企业、个体屠宰户和长途运销商购销。2013 年经销额为 3.21 亿元。

二、水产品购销

1998年，全县水产品除从外地贩运外，主要来自山塘水库，其次是江河捕捞，销售为2575吨。2003年，达到3020吨，比1998年增加445吨。2008年，达到4130吨。2010年铜湾成立渔业合作协会，发展200口网箱养鱼，主要饲养美国斑点叉尾鮰鱼，年产量达500吨。2013年，铜湾河鱼主要养殖企业6家。总养殖网箱为1500口，年产值750万元，全县水产品总销售6120吨。

三、果品购销

1998年县内水果生产有柑橘，蒋家、铁坡、石宝的金秋梨，龙场的杨梅，桐木的葡萄、西瓜等，全县产水果1.27万吨，其中柑橘7446吨。2000年，全县产水果36.66万吨，其中柑橘7550吨。2008年，为3.68万吨，其中柑橘4450吨，境内柑橘远销东北、北京、武汉、广州等地。龙场杨梅300吨，桐木葡萄年产1.5万吨，远销长沙、武汉、广西、贵州等地。苹果是山东和陕西进购。荔枝和甘蔗来自广西，早期西瓜来自云南和广西，每年都有经商户进行贩运。2010年，县委、县政府引导开发葡萄产业，2012年，全县累计种植4.15万多亩刺葡萄，年产量8.2万吨，产值3.8亿元，2013年9月，在桐木南方葡萄沟成功举办“中国·怀化（中方）首届刺葡萄节”，取名“湘珍珠”的刺葡萄进一步打开市场，在葡萄架下就被远道而来的客商抢购一空，全县葡萄产值5.6亿元。

四、蔬菜购销

1998年，全县就开始重视蔬菜生产，在中方茅利溪发展无公害蔬菜基地1000亩，主要产品是白菜、葱、黄豆、四季豆等。在铜鼎乡发展辣椒种植基地500亩，年产辣椒500吨。在农村户户有种菜传统，旺季家家有蔬菜出售。2013年全县蔬菜种植面积4000余亩，上市蔬菜4.12万吨。全县全年消费蔬菜4.8万吨（含从外地购进蔬菜），人平100公斤。

五、药材购销

境内野生中药材资源丰富，有2000多个品种，民众有采集中药材的历史。20世纪末，国营和集体的中药材收购业务被私人取代。境内还有人工种植中药材的习惯和经验，1998年前就种植有白术、杜仲、黄柏、茯苓等。2005年，全县中药材种植2.2万亩，主要品种有天麻、白术、黄姜、吴茱萸、杜仲、黄柏、厚朴、花椒、金银花、萱木瓜、桔梗、白合、玉竹、半夏等。2006—2007年，在铁坡、活水、锦溪、蒿吉坪等乡镇引进金银花1.3万余亩，总投资580万元，2008年产金银花鲜花550吨，每斤平均价4.5元，总收入500多万元。其中开发商邓以全，在铁坡镇培丰村开发山地60余亩种植金银花，第三年进入丰产期，年收入30多万元。到2011年金银花种植达到高潮，栽种面积增加到3万余亩。2012年，金银花市场疲软，鲜花价格跌至2~5元/千克，金银花产业遭到重创。2013年全县中药材种植4.5万亩，总产值达3200万元。

六、饲料购销

随着科学技术的发展，县内禽畜饲养方法由以前的传统型转变为科学技术型，饲料饲养成为主流。喂饲料生长比传统饲养出栏时间缩短 2 ~ 3 个月。2013 年，全县有饲料销售店 50 个，销售各种饲料 18.4 万吨。

第二节 生产资料经营

一、农资经销

1998 年前，农业生产资料的购销是以供销系统为主要渠道。1998 年后，各基层供销社和县生资公司，先后改制，农药化肥和农膜等生产资料均由私营商店和个体户经销。

1998—2013 年中方县农资经销统计表

表 12-4-2-1 单位：吨

项目 / 年度	化肥	农膜	农药
1998	17669	125	395
1999	17661	131	405
2000	17667	130	400
2001	17284	131	413
2002	16141	315	405
2003	16268	320	640
2004	15186	318	660
2005	14813	345	620
2006	14429	380	618
2007	14236	400	615
2008	14325	382	610
2009	14352	318	642
2010	14520	396	668
2011	14268	324	662
2012	14720	385	687
2013	15002	396	644

1998年，县种子管理站成立，管理全县种子生产、调运和质量监督。至2000年，县内的种子经营除蔬菜和其他经济作物种子允许个体销售外，杂交水稻、杂交玉米、杂交油菜等种子，一律由种子公司专营，种子公司委托各乡（镇）农业技术推广站代销。2001年，种子市场逐步开放，杂交种子由国营种子公司专营，发展到民营和个体并存。经营种子户，必须办理“种子经营许可证”，种子改为小包装，在包装袋中注明生产日期、产地和检验证。种子经销户由20多户，猛增到50多家。2008年，所有国营种子公司全部改为股份制企业，种子经营走向完全开放的市场经济模式。是年，全县经销杂交水稻种子1100万公斤，其中优质稻种子300万公斤。在经销种子过程中，共查处54起案件，没收假冒、伪劣种子6350公斤，不合格种子25万公斤，为农业生产保驾护航。2013年，全县经销杂交水稻种子1300万公斤，其中优质稻种子340万公斤。

三、农机具经营

1998年，全县农机经营点56个，从业人员118人，主要集中在中方、泸阳、铜湾、铁坡、桐木。2008年，全县销售耕作机械675台，总动力2883千瓦，比1998年增加575台，排灌机械3256台，总动力14292千瓦。其中，柴油机1261台、汽油机916台，计2735千瓦。电动机1079台、农用水泵3363台，植保机械26台、收割机62台、动力打稻机798台。加工机械有：揉茶机80台、碾米机5389台、压面机127台、磨浆机226台、榨油机1290台、磨粉机463台、粉丝机183台、弹轧棉花机100台、饲料粉碎机1073台。运输机械有大中型拖拉机315台、小型拖拉机629台、农用汽车491台、农用运输车912台、机动运输船249只。2006年，中方县被确定为农机购置补贴县，农民购买农机具可享受国家补贴。是年全县农机购置补贴专项资金20万元，直接带动农民投入276万元，拉动农民的农机具消费480万元。2007年，农机补贴75万元，其中，中央补贴60万元，县级15万元，共补贴173台农机具，直接带动农民投入381万元，拉动农民的农机具消费810万元。2013年，全县销售农机具251台，农机消费1012万元。

第三节 建筑材料经营

一、水泥经销

1998年，水泥的生产和销售全面走向市场经济。2002年，泸阳金大地水泥厂通过ISO 9001质量管理体系认证，2005年，“金大地水泥”获“湖南省著名商标”，2006年，又获国家免检产品，年均生产水泥600万吨。在产品经销中若遇重大工程，都需竞标，一但被工程采用，厂家直送工地。在零售方面有私人个体商店，以厂店联营经销。2013年，全县有水泥销售点34个，年均经销水泥42.3万吨，主要产品为金大地和华中水泥。

二、钢材经销

1998年后，钢材经销由国营按计划经销逐步转为个体经销和厂店联合经销。2002年，县委、县政府着力县城的建设和小城镇的改造建设，钢材销量大幅增加。2013年，全县有个体钢材经销点32家，全年销售钢材3100吨。

三、装饰材料经销

1998年，县内有装饰材料经销店58家，主要经销瓷砖、大理石、板材等。随着城市和小城镇建设步伐加快，县委、县政府实施旺市融城战略，鼓励干部群众到县城买房入住，多个小区楼盘销售火爆，这一有力措施强力带动装饰装修行业在中方悄然兴起。到2010年，县城装饰装修材料店猛增到40家。2013年，全县个体经销网点182家。

第四节　生活资料经营

一、日用百货购销

1998年，日用百货购销由个体私人经营，实行开架自选销售。肥皂、洗衣粉、牙膏、牙刷等商品，县内440家个体经营户从怀化河西进货，运往各乡镇的网点零售。2013年，日用百货年营业额1520万元。

二、纺织品购销

1998年，计划经济被市场经济取代，纺织品市场全面放开，国营、私营并举。2009年供销社改制完成后，个体户成为经营主力军，他们从广州、上海、株州和怀化嫩溪垅批发市场进货，运到各乡镇各销售网点以及各超市销售。2013年，全县有成衣超市28家，年均营业额2720万元。

三、副食品购销

1998年后，随着商业改革的步伐加快，原由国营和集体经销的酒、糖、糕点、副食品批零业务，逐步被个体私营代替，全县涌现出1440户个体酒、糖副食品批零。同时，在城乡出现200多户个体米酒店，米酒依等级标价3～10元不等，因米酒使用原始草曲原料发酵酿造，酿出的酒具有“甜、醇、不上头”等特点，其销量在境内居白酒行业首位，年销售量4300吨。但在高级宴会上大都使用茅台酒、五粮液酒、西凤酒、常德大曲、邵阳大曲等名牌高档酒。2013年全县副食品营业额为423万元。

四、家电购销

1998年，全县从事五金交电的个体户41户，经营的品种有空调、电视、电冰箱、电风扇、热水器、厨具以及一些日用小家电等，销售额238万元。2008年，国家启动家电下乡补贴政策，县委、县政府严格执行补贴政策，创新补贴兑付方式，加强兑付环节监管，查处和打击违规违法行为，促进家电市场的繁荣。2009—2012 年，全县网点销售下乡产品 36735 台，实现销售收入 8232.53 万元，发放补贴金额 1463.73 万元，补贴兑付率达 97.62%，连续三次评为“全省家电下乡工作先进县”。

第五节 粮油经营

县粮食局主管全县粮油经营，下辖中方、泸阳、铜湾、铁坡等 4 个粮食收储管理站和一个粮油贸易公司。1998 年，政府对粮食执行保护价，全县对粮食敞开收购，大米的销售以私营为主，全年收购 5184 吨，销售 1251 吨。油脂的收购已经完全市场化。粮食部门取消境内主要食用油茶油和菜油的收购。是年，粮食流通体制进行改革。1999 年，县粮油收储公司成立，负责粮食政策性经营业务。同年，国家对中、晚稻收购实行定购价以及定购价和保护价“两价合一”，敞开收购，不压级、不压价、不限收，鼓励农民对农业税任务改交代金。2000 年湖南省籼稻退出保护价收购范围，收购入库的中籼稻与农民进行二次结算，全县收购粮食 12054 吨。2001 年，除做好中稻收购，对保护价以外的陈粮、等外粮按市场价格机制实行单收储，全年除征收农业税外敞开收购农民余粮 6467 吨。2002 年粮食购销市场化全面实施，鼓励多渠道参与市场经营，实行价格市场化和收购主体多元化，形成竞争、开放的粮食市场。全县除农业税征收外，收购粮食 2898 吨。2003—2005 年，国有粮食企业进行所有制改革，3 年共收购粮食 14273 吨。2006 年收购粮食 28368 吨，2007 年金珠米业和五溪米业投产，共销售大米 3.8 万吨，全县当年销售大米达到创纪录的 58152 吨，以后逐年减少，至 2013 年，仅有 20053 吨。

1998—2013 年中方县粮食购销情况统计表

表 12-4-5-1

单位：吨

年 度	收 购	其 中		销 售
		定购价收购	保护价收购	
1998	5184	3069	2115	1251
1999	7214	2617	3786	5024
2000	12054	2602	9448	5144
2001	6467	2660	3776	7069
2002	2898	—	2898	8240
2003	5582	—	5582	14370
2004	4961	—	4961	14777
2005	3730	—	—	15531

续表

年　度	收　购	其　中		销　售
		定购价收购	保护价收购	
2006	28368	—	—	26189
2007	58152	—	—	49674
2008	45964	—	—	45978
2009	31497	—	—	33521
2010	44468	—	—	38216
2011	34008	—	—	39467
2012	22101	—	—	25237
2013	20053	—	—	19835

第六节　专业商品经营

一、石油购销

石油供应原属计划管理。1998 年，县级没有石油经营单位，由中国石油公司和中国石化公司向各条公路设站供应。境域内有油库一个，提供 90#、93#、97# 汽油和 0# 柴油。是年，全县争取到石油价格调节基金 8 万元，专项用于机耕、机收、农机田间作业的燃油补贴。，2000 年，县农机局所属的原怀化城南加油站，由于历史原因被鹤城区法院拍卖给个体户，至此，农机部门无一处加油站，油料供应完全市场化。2005 年，全县有加油站 13 个，其中，中石化中方支公司 2 个，中石油怀化分公司 4 个，个体 7 个。到 2013 年，全县获得“成品油零售经营批准证书”的加油站（点）19 家，其中，中石油占 6 家，分别是上瑞高速中方加油站，中方城中加油站，怀黔加油站，中方腾飞加油站，中兴加油站，中方五溪加油站。中国石化 4 家，分别是泸阳镇加油站，中方镇加油站，桐木加油站，袁家加油站。个体 7 家，分别是怀竹、顺生、铁坡、新建、沅水加油站，另有 2 家处在待建中，分别是新路河、花桥加油站。全县各乡镇有 37 个柴油零售点，为农村农用机械供应柴油。供应柴油 1370 吨。

二、食盐购销

1998 年，中方没有盐业公司，居民的食用盐由个体经营户从怀化盐业分公司批发进货销售。2005 年 10 月，推行食盐流通体制改革，对食盐经销户进行审核，认定条件合格食盐零售户有 235 家，公司与其签订食盐终端销售特许经营合同，并在全县范围内实行食盐专车配送制度，年销售加碘食盐 1000 吨以上。2013 年，年销售食盐 1102 吨。

三、烟草销售

1998年，全县有烟草经销户1400家。2000年后，围绕国家烟草局提出的“五管理、五突破”的工作目标，在务实网络建设，拓展烟草市场的同时，优化送货路线，扩大送货范围，直送经销户810家。在实行卷烟专卖的同时，不允许私人加工卷烟，一旦发现，作为伪劣假冒产品，予以没收销毁。2000—2013年查获各种违法案件128起，依法没收卷烟3000条，罚款115万元。2013年，在规范经营的前提下，全县实现卷烟销售3215箱，销售收入12231万元。

四、医药经营

1998年前，医药经营由怀化市医药公司经营。建县后，没有医药公司，其医药经营由各乡镇医院和“怀仁大药房”“一杆称”“心连心”“百姓大药房”等民营企业向乡镇延伸药房经营，2008年，有卫生院22个，民营个体药房42家，经营全县的医药业务，总零售额约1260万元。2013年，全县总零售为3012万元。

五、液化气经营

1998年，居民所用液化气，由怀化市燃料公司和怀化铁路燃料公司经营，并在各集市和县城设有液化气供应点，持有特种行业许可证，零售价48元/罐。2008年，全县有24家液化气供应点，年均销售10万罐液化气，以供应城镇和部分乡村居民生活燃料，每罐14~15千克，零售价90元/罐。2013年，县城内液化气经销由中民燃气这家私企所垄断。零售价在100~108元浮动。

六、民用爆炸器材经销

1997年8月，根据湖南省轻科工办关于民用爆破器材经营和安全管理的要求，将原由轻化建材公司经营的民用爆破器材业务分离出来，成立中方县瑞安民用爆破器材烟火制品专营公司。公司经营地点设县农业综合开发办公室。1998年销售工业炸药202.2吨，工业雷管55.3万发，工业管（索）类38.4万米。2006年公司开展配送及延伸服务，将专用物资通过专业渠道运送到工地。2010年销售工业炸药1080.8吨，工业雷管57.4万发，工业索类3.7万米，完成销售额86.4万元。2011年沪昆高铁开工建设，全年销售额达到317.2万元，上缴利税246.1万元。2012年公司提供专业爆破服务，开展爆破与拆除工程施工，提供爆破技术咨询和培训服务。2013年民爆器材使用有所减少，但仍然完成上缴利税241.7万元。

第七节　废旧物资经营及管理

一、废旧物资经营

废旧物资经营由个体私营。2005年9月17日，成立县再生资源回收利用行业协会，并由商务局制定《中方县废旧物资市场管理办法》。对全县42户从事废旧物资收购、加工的个体经营户及企业进行检查和换发新证工作，并建立管理账，加大监管力度，使其逐步走上规范运行轨道。2013年底，全县从事废旧物资收购户78户，回收额为518万元。从事回收加工企业2家，从业人员106人。

中方镇龙井报废汽车回收拆解企业 龙井村报废车摆放区域位于县城南郊的中方镇龙井村，始于20世纪70年代末80年代初。1998年，龙井村报废汽车摆放区域共有经营户66户，拆解车辆137辆，折算废钢共有801吨，占地30余亩，沿马路占地约600米。因没有固定的厂房、现代化配套设备和专业技术人员，安全隐患很大，也一直未得到主管部门批准。

2010年，通过市、县两级的整治，将龙井原有的汽车废旧回收拆解个体户，纳入有资质公司管理，在中方龙井设立汽车回收企业，年回收量突破1000辆。

二、废旧物资市场管理

根据2005年出台的《中方县废旧物资市场管理办法》，规定经营范围即指生产性、非生产性废旧金属、纸品、塑料、玻璃、橡胶和其他可回收再利用的废旧物品，并规定其主管部门是县商务局下设的再生资源回收利用管理办公室。规定凡从事废旧物资和以废旧物资为原料加工生产的国有集体企业，个体工商户，都要经县人民政府再生资源回收利用管理办公室审批，取得“中方县废旧物资收购资格证”或“中方县废旧物资加工许可证”后，经县公安局备案和县工商局登记管理，方可营业。

规定中还指出，所有在本县境内的中央，省、市、县属机关、团体、部队、学校、事业单位产生的生产性废旧物资和闲置、退役的金属器材、设备、报废车辆（摩托车、农用运输车），均由县商务局批准的专业公司收购和拆解，其他单位和个体工商户不准经营，并严禁将报废汽车和明令淘汰的机电设备转移到农村和乡镇使用，严禁将报废汽车解体后的发动机，前后桥、变速器、车架、方向机直接出售，凡违犯以上规定的要予以取缔和罚款。

2007—2013年，每年开展报废汽车专项整治工作，由县商务局牵头，联合公安、工商、监察等部门对中方龙井、泸阳重点清理，打击非法回收、拆解违法活动。

第八节 仓 储

一、食油库

1998年，境内泸阳、中方、铜湾、铁坡和铜鼎、接龙粮站都有食用油库。2003年因粮油市场放开，多渠道经营，使粮食部门收购食油减少，2005年，个体私营取代粮站供应。油库先后被闲置或拆除。

二、粮食仓储

1998年，全县有仓库54栋，仓库容量27396吨。2003年，将国有粮库和地盘进行开发利用，把铜湾、袁家、铜鼎、蒋家、花桥、活水等地进行市场建设，全县保留县级储备粮库容3000吨。2004年3月，湖南金珠米业有限公司成立，建有仓容2万吨的仓储。同年10月，湖南五溪米业有限责任公司成立，在县工业内建有粮仓9栋8000平方米，仓容1.6万吨。2005年，全县只留下新建、细缅垅、聂家村和下坪四个储粮点库，作为储备粮仓库。2006年《中方县县级储备粮管理办法》出台，委托县国有粮油购销有限公司为县级储备粮的承储单位，负责县级储备粮的收购、轮换、和现粮保管工作。储备粮管理费为3元/50公斤，轮换补贴标准为150元/吨包干。县级储备粮贷款利息、管理费用和轮换费用全部列入县财政预算。县国有粮油购销公司实行自主经营、自负盈亏。2011年，启动县级粮食储备库建设，由县国有粮油购销有限公司作为项目建设主体，选址县工业园，2012年9月开工，2013年建成，总仓容量为2.5万吨。

第九节　生猪定点屠宰管理

2003年前，乡镇生猪屠宰由个体屠户完成。生猪定点屠宰起步较晚。2003年，怀化雪山食品有限公司注册成立，其营业范围涉及生猪屠宰及销售。2007年，雪山食品有限公司选址在泸阳镇的生猪定点屠宰厂正式投入使用，年屠宰生猪能力达到10万头，其产品主要销往怀化城区。2008年，中方县益成食品有限公司在中方镇龙井村正式投入使用，年屠宰生猪能力达到5万头，其产品主要销往县城区、中方镇、鸭嘴岩、牌楼镇等地。2011年，该屠宰场被湖南大康牧业有限公司收购，成立大康肉类食品有限公司，选址在县城内的怀化市工业园区，建有生猪屠宰生产线、分割冷却肉加工线、产品加工线及基本配套设施，形成年屠宰加工生猪40万头的生产规模，其产品主要销往怀化城区、县城、中方镇等地。2013年，全县形成城区集中屠宰，乡镇分散屠宰格局。

第五章　对外贸易

第一节　对外经济贸易

1998—2008年，县委、县政府抓住“扩大招商引资、发展商贸流通，规范市场秩序”这条主线。抢抓机遇、开拓创新。全县引进省外项目26个，引进资金16.3亿元，省内项目20个，引进资金25.3亿元，出国务工112人。将电解锰远销国外，实现进出口创汇总额2197万美元。县对外贸易在全怀化市商务系统2005—2007年度考核中分别获一个“一等奖”和两个“二等奖”，被市经济协作办公室评为2005和2006年度内联引资工作目标管理

“先进单位”。

经济技术合作

2003年，利用沅水河丰富的水能资源，同湖南省经济投资公司签订铜湾水电站投资建设合同，总投资18.5亿元，总装机容量18万千瓦，年发电量7.1亿千瓦，年产值2.3亿元。湖南省经济投资公司投资18.5亿元，占全股的90%，中方县控股10%。

第二节　招商引资

一、渠道建设

县委、县政府在对外招商引资中采取“请进来、派出去”的方法。县委、县政府领导带队到江浙、闽、粤考查，参加大型招商引资活动。组团参加“珠洽会”“中博会”“沪洽周”等，发布项目80多个，会见客商500余人，成功签约项目15个，合同引资112亿元。开展全民招商，每年由县政府在年初将招商引资指标落实到各乡镇和县直各部门，年中不定期调度，年底实行考核认定，奖优罚劣，利用亲友和各种关系调动一切积极因素，开展全民招商。同时，还实行网上招商，设立政府信息网站，及时发布招商信息。2006年10月10日，县人民政府下发《中方县招商引资优惠奖励暂行办法》，鼓励县内投资者在全县投资经营。2008年，全县实际利用外境资金3亿元人民币。1998—2008年，共招商引资46项，总引资41.6亿元。在引进来的同时，县委、县政府还注重派出去。全县农村富余劳动力8.5万人，县委、县政府充分利用劳动力资源，免费开展就业培训，学习计算机操作、电工电子、市场营销等业务。2002年起，先后到广东、江浙等地推介劳务，与深圳比亚迪，东莞裕元、江西合隆制衣等多家知名企业洽谈，签订劳务输出协议，为全县农民找到4万多个就业岗位。同时，还将深圳溢兴顺有限公司确定为县农民工技能培训基地。2013年，全县外出务工4万余人，年收入4亿余元。有一批年青人在外务工时学会先进技术，回家创业，促进当地经济发展。

二、重大引资项目

1998—2008年，湖南怀化工业园，引进国内500强企业2家即汇源果汁、泰格林纸。高新技术企业1家，即怀化沂源晶太阳能。外商投资企业3家，即沂源晶，娃哈哈、景达服饰。加工企业1家，即怀化海联集团。2009年，进出口总额达2000多万美元、工业总产值5亿元、财政收9000多万元。2002年8月，县城建设启动，先后引进10余家民营企业注资参与建设。县工业园发展建材、农产品加工、冶金和家具制造等17家企业。其中有湖南金大地股份有限公司，拥有资产总额4亿多元，注册资本8000万元，员工660人，是湖南西部最大的水泥生产企业，“金大地”水泥多次荣获“湖南省名牌产品”和“国家免检”产品。2007年，销售收入3.5亿元，上缴税金5133万元。花桥小康瓷业公司、东方琉璃瓦厂、杰达陶瓷厂，年产中高档地板砖150万平方米，地墙砖120万平米，共投资3100万元，年生产能力已达430万平方米高档瓷砖。怀化金天特种锰业有限公司，年生产5000吨电解锰和12000吨特种锰制品，年生产总值达2亿元以上，税金2000万元。还引进怀化特种耐火材料厂、怀化安成耐用火材料有限公司、活水的石材开采加工和农产品加工企业12家，总投资51.4亿元，全年可完成产值40.3亿元。还引资建成水电站2座，铜湾水电站由省经委投资18.5亿元，装机容量18万千瓦。牌楼水电站投资2000万元，总装机容量1.89万千瓦。引进北京中奥联合投资有限公司投资3000万元，建成怀化中奥新兴化工有限公司。

第六章 服务业

第一节 餐饮业

一、酒店、餐馆

1998年，境内除集镇酒店、饭店外，中方镇至桐木镇G209线公路两旁开设有酒楼、饭店21家，从业人员120人，年营业额达1375万元。炉亭坳乡鸡公界G320线公路两旁开设酒楼、餐馆10家，从业人员60人，年营业额达650余万元。泸阳至花桥S223线公路两旁开设有酒楼、饭店18家，从业人员115人，年营业额达1270余万元。新建镇岩门溪至活水乡S312线公路两旁开设有酒楼、餐馆14家，从业人员80人，年营业额920余万元。在桐木、聂家村等11个乡镇集市开设有桐木宾馆、聂家村酒店、铜湾怀蓉大酒店、铜鼎酒店、接龙大酒店、铁坡酒店、蒿吉坪餐馆等162家，从业人员620人，年营业额达6320余万元。

2007—2009年，县城陆续建成铜锣湾大酒店、卧龙岗食府、百花苑酒店、中方六老板食堂、铜锣宾馆等86家酒店和餐饮门店。2010年，建成太子大酒店。到2013年末，全县注册宾馆、酒店、餐饮店共367家，餐饮服务人员1855人，年营业额达1.92亿元。

二、农家乐

2003年，荆坪古村建成“荆坪第一家”“群香餐馆”等13家农家乐。在康龙、仙人谷景区开办起“兄弟农家乐”“竹园山庄”等农家乐。

2007—2010年，原开设在320国道鸡公界路段的部分路边饭店先后迁至怀黔公路两旁、炉亭坳乡马家溪村、中方镇、牌楼镇等地，陆续开办起“土地主生态农庄”“柳林人家”“水乐山庄”“泉水湾”“家和农庄”“老鸡公界腊味馆”等农家乐。

2013年，全县有农家乐32家，其中能接纳100~200人同时就餐的有22家，能接纳300~500人同时就餐的有10家，从业人员450余人，年营业额2530余万元。

附：境内主要农家乐选介

土地主生态农庄 地处炉亭坳乡马家溪村。占地面积1.5公顷，除土地征用资金外，总投资700余万元，内设床位50个，大小会议室各1个、茶艺室1间、可供200人同时就餐的餐厅1个。外建游泳池、植物观赏园，水果采摘园、蔬菜种植园、畜禽养殖场和停车场。有从业人员32人，年接待游客4万余人次，年营业额300余万元。2012年，获评为“湖南省四星级休闲庄园”。2013年，被评定为“湖南省五星级乡村旅游区（点）”。

华汉山庄 地处桐木镇茶场。占地面积33.4公顷，除种植土地外，总投资1200余万元，内设会议室、茶艺室和可供500人同时就餐的大餐厅。外建鱼塘、水果采摘园、蔬菜种植园、畜禽养殖场和停车场。以名茶和地道的农家菜肴接待游客为特色。有从业人员62人，年接待游客6万人次，年营业额420余万元。2012年，被评定为“湖南省四星级休闲庄园”。2013年，荣获“湖南省五星级乡村旅游区（点）”。

竹园山庄 位于境内下坪乡桥上村，紧靠仙人谷景区，是集种养加工、旅游观光，餐饮接待于一体的新型农村合作社。占地面积10.7公顷。山庄内建有餐饮部、住房部两大主体楼。餐饮楼内设有大、小餐厅、包厢、茶艺室，可接纳500人同时就餐。宾馆楼内设42个床位、瑶浴体验中心和大、小会议室各一个。外建有脆香梨、湘珍珠葡萄、水产养殖三大种养基地和停车场，总投资3000余万元，从业人员223人，年营业额过1000万元。2012年，竹园山庄被评定为“湖南省四星级乡村旅游（区）点”。

第二节 旅 馆 业

中华人民共和国成立前，境内餐饮、旅馆业极不发达。伙铺、饭店多开设在“四路”（中方至黔城，中方至沅陵，中方至龙潭，中方至安江）、“两水”（㵲水，沅水）旁的重镇要地。当时境内伙铺、饭店总共不过20家。中华人民共和国建立后，提倡大办国营、集体酒店、旅馆、招待所，交通要道和乡镇集贸市场都开设国营的或集体的饭店和旅馆。到1998年，境内无星级酒店和宾馆，只有饭店、旅店和招待所35家，商住床位486个，入住率不足60%，从业人员75人，年营业额不足100万元。

2007—2009年，县城中心区相继建成铜锣湾大酒、东方宾、天天商务宾馆、颜庭大酒店和中方大酒店，中方镇在怀化市工业园区建成太子大酒店、华盛宾馆、鸿泰家庭宾馆，2010年，在桐木镇“中国南方葡萄沟”景区建成桐木宾馆。2011年，在铜湾镇建成怀蓉大酒店。到2013年末，全县包括旅游景区在内，共有酒店、宾馆、旅馆、农家乐共91家，商住房1245间，共有床位2415个，从业人员268人，年营业额达920余万元。

第三节　修　理　业

一、机动车维修

1998年，全县汽车修理厂8家，摩托车修理店19家，分布在各乡镇。2005年，在桐木镇建成客运有限公司汽车修理厂，具有汽车二级保养资格，占地面积600余平方米，拥有设备固定资产50余万元，厂内设3个作业车间，从业人员6人，年营业额达260余万元。2006年，在南湖北路建成县公共道路运输有限公司汽车修理厂，具有汽车二级保养资格，占地面积6000余平方米，拥有设备资产180余万元，厂内设有作业车间6个，从业人员21人，年营业额达380余万元。2010年，在南湖北路建成中方佳翊汽车修理服务有限公司，具有汽车二级保养资格，占地面2000余平方米，厂内设作业车间5个，从业人员15人，年营业额达250余万元。到2013年，全县共有机动车维修厂、店66家，从业人员252人，年营业额达4092万元。

二、家电维修

1998年，全县有家电修理店35家，从业人员35人，年营业额175万元。2007年，家用电器已普及境内城乡，不少农村家庭还装上空调和太阳能热水器，家电修理行业迅速繁荣起来。到2013年末，全县共有家电修理店56家，从业人员72人，年营业额420余万元。

三、其他维修

境内有补鞋、修伞、刻章、配钥匙、补铝锅、修钟表等服务业。20世纪60年代以前，多是逢圩赶集时摆摊进行修理，匠人多以邵阳、衡阳人为主。60年代后，当地从事修理职业的匠人逐渐多起来，多为农村男性中老人。进入21世纪后，修伞、刻章、修钟表等行业逐渐萧条，市场上修配拉链开始走俏，补鞋行业也增加修配女式鞋根和擦鞋的内容，有些还以固定的摊、店常年为群众服务。2013年，全县有150余人从事小修理业，年营业额达350余万元。

第四节　其他服务业

一、美容美发

1998年，全县有35家个体美发店，以洗发、理发、烫发为主要业务，有些加以染发和按摩，从业人员62人，年营业额320万元。2000年，从沿海地区引进的美容美发技术得到迅速推广，除传统的洗、理、烫发以外，还增加色染、焗油、洗面、纹眉、拉丝、按摩、掏耳、足浴和新娘化妆等业务，使美容美发行业的从业人员增加到210人。2013年，全县有美容美发店56家，从业人员达150人，年营业额780余万元。

二、毛纺布料洗涤

1998年，全县有干洗店9家，从业人员20人，营业额近50万元。2007年，县单位入驻县城办公，促使洗涤业迅猛发展。县城开设桃花源店和恒协店等7家干洗店，主要承接尼龙、毛纺、丝绸等高档衣料的洗涤、熨烫和皮衣上油等业务。2011年，建成个体联营美涤洗涤厂，包揽县城以及市区的部分医院、酒店、宾馆和乡镇卫生院的被套、床单、工作服等清洗、烘干等业务。2013年，全县有干洗店41家，从业人员78人，年营业额500余万元。

美涤洗涤厂 位于炉亭坳乡柑子园村，厂内拥有固产150余万元，从业人员18人，主要承接县城和鹤城区酒店、宾馆、医院等单位的被套、床单以及工作服的洗涤、烘干、熨烫等业务，年营业额达170余万元。

三、车辆洗涤

2008年，境内只有桐木镇、中方镇、泸阳镇、花桥镇、新建镇、铜湾镇等各设有一家洗车店，从业人员12人，年营业额30余万元。2010年，县城新增5家洗车店，个别店兼顾汽车美容和快速维修等业务。到2013年底，全县共有洗车店32家，从业人员82人，年营业额1200余万元。

四、保洁

2011年9月，成立桃花园家庭保洁公司。负责承接城镇居民住房入住前后的卫生打扫、公益设施和机关单位门、窗、玻璃擦洗等，有从业人员18人，年营业额55万元。

五、摄影照相

1998年，境内仅有照相馆8家，且大多是从原基层供销社租赁或买断过来的，设备陈旧，场所简陋，业务单一，只开展证件照、生活照和集体照等业务，年营业额不足20万元。1999年，县摄影家协会正式成立。2001年，境内不少照相楼、馆除用传统的方式拍摄全家福、婚纱照、生活照外，还有的用数码相机拍摄多种艺术照，有的还上门为婚嫁喜庆摄影录像，制作光盘，作永久留念。2013年，全县有照相楼、馆13家，从业人员35人，年营业额达210万元。

六、打字复印

1998年，除机关单位自行打字复印外，全县共有商务打字、复印店28家，从业人员35人，年营业额150余万元。随着政府机关、企事业单位计算机和打印机的逐渐普及，打字复印行业不断萎缩。2013年，除县城开有4家商务文印室外，乡镇只有商务打印店8家，从业人员8人，营业额不足30万元。

七、广告设计

1998年，境内没有广告公司，也没有广告设计店、室，城乡所有广告宣传都是依靠怀化市内广告公司设计制作。2005年，全县有广告设计店、室8家，从业人员16人，主要接纳城镇户外广告框架、灯具广告设计制作和广告内容编排以及乡村户外广告的涂抹、书写等业务。2013年，全县有广告店、室9家，从业人员32人，年营业额达580余万元。

八、电游网吧

20世纪80年代末，境内出现电子游戏机，多为未成年人娱乐。进入21世纪后，带有赌博色彩的老虎机等游戏机被取缔，电脑网吧多为正当的影视游戏。2013年，全县有电游、网吧共69家，从业人员170人，年营业额550余万元。

九、KTV

2010年前，境内无KTV。2011年，“星光大道”KTV建成，总投资近100万元，年营业额80余万元。2012年，在乡镇建有5家小型卡拉OK。2013年，全县KTV从业员28人，年营业额300余万元。

十、保健

境内保健服务行业多集中在县城及县城近郊。较为著名的有玉兰路的“花旗安然纳米汗蒸馆”，中方老街的“华旗纳米汗蒸馆”、同乐新村“健康养生会所”、同乐新苑“中药养生馆”和桃园路“按摩中心”等。2013年，全县保健行业从业人员52人，年营业额达320余万元。

第十三篇

财税 金融 保险

CAI SHUI JIN RONG BAO XIAN >>>>>>>>>

第十三篇 财税 金融 保险

第一章 财 政

第一节 管理机构

1998 年 4 月，成立县财政局，内设 14 个股室、8 个二级事业机构和 22 个乡镇财政所。主要负责全县财政收支工作。

1999 年 11 月，增设工资统发中心，为股级事业单位。2000 年 6 月，增设政府采购中心，与县控制社会集团购买力领导小组办公室合署办公。2002 年 5 月，政府机构改革，原预算股，分设为预算股（加挂县控制社会集团购买力办公室牌子）和国库股，原文教行政股，分设为行政政法股和教科文股，财政监察股、综合计划股和法规股份别更名为财政监督股、综合规划股和税政法规股，基本建设股和商业股合并为经济建设股，工业交通股份设为企业股和对外经济贸易股，预算外资金管理局更名为非税收入管理局。2002 年 7 月，增设会计核算中心，为股级事业单位。2003 年 4 月，设立农村税费改革办公室，为股级事业单位，设立乡（镇）农业税收征收管理所，与乡（镇）财政所合署办公，实行两块牌子，一套人马。7 月，撤消国有资产管理局，分设产权股和统计评价股，撤消资产评估事务所。2004 年 1 月，政府采购中心更名为政府采购监督管理办公室，工程预决算管理办公室更名为财政投资评审中心。2006 年 8 月，农业税收征收管理局更名为乡镇财政管理局。2006 年 11 月，会计核算中心更名为国库集中支付局。2008 年 7 月，国库集中支付局升格为副科级事业机构。2011 年 9 月，撤消财政监督股和国债服务部，设立财政监督检查局，为副科级事业单位。2013 年 7 月，撤消国库股、产权股，设立资产管理与绩效评价股、金融与债务股。

第二节 财政体制改革

一、县级财政体制改革

1998 年，县财政体制为：“划分收支、核定基数、定额补贴、超收全留、短收自负、自求平衡，一定五年”。一般预算收入基数 1087 万元，上划中央“两税”基数258 万元，税收返还基数158万元，全县一般预算支出基数5200万元，定额补贴3955万元。2010年1月1日起，湖南省实施财政体制改革，中方被纳入改革范围。2013年，县财政执行“省直管县”财政体制。体制改革的基本原则是：“分税分享，统一规范，存量不动，增量调整，利益共享，风险共担，精简高效，注重基层。”改革的核心内容是收入分享与省直管县。收入分享改革是改变按企业行政隶属关系划分收入的办法，主要税种：增值税、营业税、资源税实行省与市、县按统一比例分别分享。省直管县改革后，财政体制、转移支付、资金调度、财政结算、政府债务等由省直接核定、分配、调度、结算到县。

二、乡镇财政体制改革

1998年，乡镇财政实行分税制，即：“划分收支、核定基数、定额补贴、超收全留、短收自负、自求平衡、一定三年”。1999年，按照“适应分税制，完善财政体制，促进财源建设与财务管理，增强乡镇财政职能”的指导思想，对乡镇实行一级事权、一级财权的财政管理体制，有效地调动乡镇抓财政收入的积极性。2002年，调整、修改乡镇财政管理机制，重新核定收支基数，调整结算方式，挤干收入水分。2004年3月，调整乡镇财政的收入级次和县、乡两级体制结算，工商税收、耕地占用税和契税全部调整为县级收入，农业税收属乡级收入。2005年，全面取消乡镇金库。2006年，执行“核定支出基数、定额补贴、超支不补、结余留用、一年一定”的财政体制。并根据县人民政府上年提出的“乡财县管乡用”改革思路，按照“三权”（即资金所有权、使用权、审批权）不变的原则，对乡镇政府及所辖“七站八所”的财务实行“预算共编、核算统一、账户统设、收入统管、支出统拨、工资统发、采购统办、票据统管”，取消乡镇及“七站八所”账户，由乡镇财政所到信用社统一开设“支出专户”，统一进行会计核算。2007年，在中方和泸阳两镇进行乡镇财政财务管理信息化试点。2008年9月1日，全县正式运行“乡财县管乡用”管理模式，实现乡镇财政资金网上申报、网上审批、网上查询。先后制定下发《中方县乡镇财政资金监管工作实施方案》《中方县乡镇财政资金监管实施细则》《中方县乡村基本支出经费管理办法》《中方县财政补助性资金管理办法》《中方县乡村项目建设资金管理办法》以及《乡镇财政资金信息通达、公示、抽查巡查等制度》等6个文件，从制度上规范乡镇财务收支，提高乡镇资金的使用效率，增强乡镇财政管理。2013年，“乡财县管乡用”管理模式运行良好。

三、农村税费改革

1998—2000年，全县以收取代金与实物相结合的方式征收农业税。根据发展社会主义市场经济和推进农村民主法治建设的要求，规范农村收费制度，从根本治理对农民的乱收费、乱摊派、乱集资，切实减轻农民负担，进一步巩固农村基层组织，促进农村经济健康发展和农村社会长期稳定，2001年，在桐木镇进行农村税费改革试点。2002年，农村税费改革在全县全面铺开并逐步深化。

“三取消”政策 取消乡统筹费、农村教育集资等面向农民征收的行政事业性收费和政府性基金、集资。原由乡统筹开支的乡村两级九年义务教育、计划生育、优抚和民兵训练支出以及中小学危房改造资金由财政预算安排，乡级道路建设资金由政府负责安排，村级道路建设资金按村公益事业由村民大会或村民代表大会民主协商解决，不再向农民固定收取，农村卫生医疗事业逐步实行有偿服务，政府适当补助。2002 年 1 月 1 日起，在全县范围取消屠宰税。2005 年，取消劳动积累工和义务工。村内进行农田水利基本建设、修建村级道路、植树造林等集体生产和公益事业所需劳力、资金，实行一事一议，由村民大会或村民代表大会民主讨论决定。乡级以上公路建设、农业综合开发、农田水利等基本建设投资，按照“谁建设、谁拿钱”和量力而行的原则进行，不留资金缺口。在遇到防洪、抢险、抗旱、救灾等紧急任务时，经县人民政府批准，可临时限额动用农村劳动力，除此以外，任何地方和部门均不得无偿动用劳动力。

农业税政策 1998 年，以第二轮承包土地面积为计税面积，以 1994—1998 年 5 年农作物的实际平均产量为计税常年亩产，计算出常年纳税产量，再按照 7%的比例计算农业税正税稻谷数，按 54 元 /50 公斤计税价格计算出应交纳农业税正税的金额。2004 年农业税由 7%降为 4%。2005 年根据中央 1 号文件精神，从 2005 年 1 月 1 日起，取消农业税。因减免农业税而减少的地方财政收入，由中央财政安排专项转移支付给予适当补助。与农村税费改革前的 1999 年相比，农民人均减负 120 元左右。

改革村提留征收和使用办法 2002 年前，由农民上缴村提留开支，采取农业税附加和农业特产税附加方式统一收取。农业税附加和农业特产税附加均按其正税的 20%征收。以农业税附加和农业特产税附加方式收取的村提留属集体资金，附正税一并征收，由乡镇经营管理部门负责监督管理，实行乡管村用、专户储存、专款专用。2005 年，农村税费改革后，对村干部报酬、村级办公经费、五保户供养经费存在的开支缺口，除由乡镇财政对村级进行适当补助外，主要靠深化改革、发展经济和节减村级开支来解决。乡镇由此形成的经费差额，在上级财政转移支付中予以补助。

农业特产税政策 1998 年，按照农业税与农业特产税不重复交叉征收的原则，对在非农业税计税土地上生产的农业特产品，继续征收农业特产税。对在农业税计税土地上生产的农业特产品，一般征收农业税。对农业特产品生产相对集中、相对稳定、以农业特产品收入为主的，征收农业特产税。对符合减免条件的给予农业特产税减免。2004 年，全国取消除烟叶以外的农业特产税，因县域烟叶种植面积锐减，产量少，实际上这项税收等同取消。

“普九”、农业税垫缴债务清理化债及“一事一议”财政奖补 2008 年 11 月，按照湖南省化解教育债务的有关文件精神，开始对全县农村义务教育“普九”债务和其他义务教育债务进行清理，共清理出农村义务教育“普九”债务 2405 万元，其他义务教育债务 2012.48 万元。经有关部门初审、联审，剔除通过多种渠道已化解债务，初步锁定全县“普九”债务余额723万元，农村义务教育其他债务余额1039.48万元。2009年，启动农村公益事业一事一议财政奖补试点工作。奖补工作以推进社会主义新农村建设为目标，以农民自愿出资出劳为基础，以政府奖补资金为引导，以充分发挥基层民主作用为动力，建立筹补结合、多方投入的村级公益事业建设新机制。“一事一议”财政奖补工作按照民主决策，筹补结合，直接受益，注重实效，规范管理，阳光操作的工作原则，建成一批高质量财政奖补项目，使农村面貌有较大改善，受到人民群众的热烈欢迎。是年落实“一事一议”财政奖补285万元。2011年9月，启动清理化解乡、村干部垫交农业两税工作。全县经过审计认定的乡村垫交农业两税任务共297911.58元，其中，乡（镇）政府垫交42825.91元，村级组垫交85572.58元，乡村干部垫交169513.09元。审计认定垫交乡统筹，村提留债务余额78904.29元，其中村级组织垫交73070.62元，乡村干部垫交5833.67元。审计认定乡村垫交农业两税及乡统筹、村提留总计376815.87元。12月，将“普九”债务723万元和其他债务1039.48万元，从国库直接支付到每位债权人手中，澄清债务台账，完成锁定债务销号，全县农村义务教育“普九”化债工作、农村义务教育其他债务的清理化解完毕并通过省市验收。2013年3月，省财政厅拨付县乡村干部垫交农业两税化债资金147万，全面完成乡村干部农业两税债务化解。2013年，落实“一事一议”财政补助资金470.5万元。2009—2013年五年落实“一事一议”财政奖补2612.5万元，通过省级检查验收214个行政村437个“一事一议”财政奖补项目，其中：村内道路硬化及补修项目260个，硬化道路总长382.81公里，水渠硬化项目102个，硬化水渠总长85.73公里，山塘维修项目15个，维修山塘15座，库容达36.5立方米，其他小型水利项目35个。乡村清洁工程项目25个，建成填埋场12座，垃圾池286座，垃圾屋52座，焚烧炉79座。

第三节 财政收入

财政收入由地方财政收入和上划收入组成。1998年，县财政总收入为1645万元，2002年为2430万元，2003—2006年，县委、县政府实施“工业强县”战略，经济发展提速，财政总收入进入增长“快车道”，平均增长保持在30%左右。2003年财政总收入为2712万元，2006年为7412万元。2007年为10824万元，增幅高达51.27%。2011年，财政总收入为38456万元。2013年，财政总收入57811万元。

一、地方财政收入

地方财政收入分税收收入和非税收入两部分，其中税收收入是主要部分，1998年，地方财政收入1383万元，1999年为1639万元，增幅为17.64%。2002年地方财政收入1898万元，比上一年仅增加 68 万元。2003 年经济增速，地方财政收入达到 2712 万元，增长 42.88%。以后 5 年增幅均保持在 30%左右。2009 年，全年完成地方财政收入 15386 万元，比上年增收 2832 万元。2012 年，完成地方财政收入 34883 万元，比上年增收 9601 万元。2013 年，地方财政收入为 39418 万元，增幅收窄，经济发展放缓。

1998—2013 年中方县财政收入

表 13-1-3-1　　单位：万元

年度	1998	1999	2000	2001	2002	2003	2004	2005	2006	2007	2008	2009	2010	2011	2012	2013
财政总收入	1645	1963	2389	2360	2430	3302	4338	5556	7412	10824	16358	23503	27955	38456	51494	57811
地方财政收入	1383	1639	1977	1830	1898	2712	3286	4317	6050	8538	11563	15386	18983	25282	34883	39418

二、税收收入

全县税收零星而分散，主要有增值税、营业税、企业所得税、个人所得税、城市维护建设税和房产税等 10 个税种，虽然烟叶税没有取消，但是依据县里的具体情况，1998 年只有零星烟叶种植，等于没有税收。1998—2013 年，10 个税种中，营业税税收累计收入为 33639 万元，占税收总量的 26.25%，居第一位。其他各项税收收入和各种占用税累计收入分别为 26169 万元、25149 万元，税收总量的占比分别为 20.42%、19.62%，分别居第二、三位。

1998—2013 年中方县税收收入一览表

表 13-1-3-2　　单位：万元

税种＼年份	1998	1999	2000	2001	2002	2003	2004	2005	2006	2007	2008	2009	2010	2011	2012	2013
增值税	87	100	127	120	132	143	263	275	357	660	1337	1627	1024	1588	1800	1927
营业税	275	361	468	582	482	560	707	901	1405	2378	2945	3594	3087	3799	6254	5841
企业所得税	24	16	12	8	3	4	9	87	15	40	145	1094	1053	1365	1925	2597
个人所得税	54	17	31	58	50	42	51	74	98	79	160	164	282	558	635	497
资源税	18	4	8	8	10	16	27	49	82	121	146	102	220	246	429	384

续表

税种＼年份	1998	1999	2000	2001	2002	2003	2004	2005	2006	2007	2008	2009	2010	2011	2012	2013
城市维护建设税	12	27	37	28	51	50	154	187	274	325	491	562	886	1188	1455	1280
耕地占用税	2	5	28	72	41	652	678	243	1360	1009	1447	1972	5312	3170	3725	5433
契税	5	8	6	9	2	1	4	636	49	385	414	707	732	2578	1926	4062
其他各项税收收入	675	648	711	434	658	715	415	122	124	126	266	941	2302	4626	6784	6622

非税收入主要由政府性基金、公共财政预算非税收入、财政专户收入三部分组成，其中政府性基金是主要来源。政府性基金预算收入共12项，包含新型墙体材料专项基金收入、地方教育附加收入、育林基金收入、森林植被恢复费、地方水利建设金金收入、残疾人就业保障金收入、城市公用事业附加收入、国有土地收益基金收入、农业土地开发资金收入、国有土地使用权出让收入、城市基础设施配套费收入、其他政府性基金收入。

1998—2013年中方县非税收入一览表

表13-1-3-3　　单位：万元

项目＼年度	1998	1999	2000	2001	2002	2003	2004	2005	2006	2007	2008	2009	2010	2011	2012	2013
一、政府性基金	—	—	—	—	—	—	1958	898	4102	8979	11676	13293	30704	50022	32070	23912
二、非税	—	—	—	—	—	—	1348	1769	2287	3415	4213	4623	4085	6164	9950	10775
(1)专项	9	26	21	14	6	24	—	218	233	278	568	778	966	1244	1917	1046
(2)行政事业性收费	30	44	60	64	70	80	1348	551	640	1041	1214	1996	1982	3597	5533	5434
(3)罚没	190	379	464	431	390	406	—	768	680	630	973	789	998	942	1650	2145
(4)国有资本经营	—	—	—	—	—	—	—	190	711	197	70	15	0	0	0	0
(5)国有资源(资产)有偿使用	2	4	4	2	2	2	—	26	—	1269	1378	1045	139	339	833	1981
(6)其他	—	—	—	—	1	7	—	16	23	—	10	—	—	42	17	169
三、财政专户	—	—	—	—	—	—	953	2077	2563	3999	4620	4732	4275	5404	4520	4275
(1)行政事业性收费	—	—	—	—	—	—	548	687	782	1591	1458	1440	791	864	878	888
(2)其他	—	—	—	—	—	—	405	1390	1781	2408	3162	3292	3484	4540	3642	3387

上划收入分为上划中央收入和上划省级收入。上划中央收入包括上划增值税、消费税、企业所得税、个人所得税等四个税种，上划比例分别为：75%、100%、60%、60%。上划省级收入包括上划省级增值税、营业税、企业所得税、个人所得税、资源税等五个税种，上划比例分别为6.25%、25%、12%、12%、25%。

1998—2013年中方县上划收入一览表

表13-1-3-4　　单位：万元

年　度	1998	1999	2000	2001	2002	2003	2004	2005	2006	2007	2008	2009	2010	2011	2012	2013
上划省级收入	33	14	18	28	23	20	26	69	48	51	131	539	2015	2701	3925	4048
上划省级增值税	—	—	—	—	—	—	—	—	—	—	—	—	341	529	600	647
上划省级营业税	—	—	—	—	—	—	—	—	—	—	—	—	1029	1266	2085	1947
上划省级企业所得税	10	7	5	3	1	2	4	37	6	17	62	469	451	585	825	1113
上划省级个人所得税	23	7	13	25	21	18	22	32	42	34	69	70	121	239	272	213
上划省级资源税	—	—	—	—	—	—	—	—	—	—	—	—	73	82	143	128
上划中央收入	515	471	600	621	642	671	1181	1445	1670	2895	4665	7578	6957	10469	12686	14345
上划中央增值税	348	400	508	480	528	572	1052	1100	1428	2640	4011	4882	4096	6350	7200	7708
上划中央消费税	—	—	—	—	—	—	—	—	—	—	—	—	—	—	—	7
上划中央企业所得税	51	34	26	17	6	9	19	186	32	86	311	2344	2257	2924	4125	5565
上划中央个人所得税	116	36	66	124	107	90	109	159	210	169	343	351	604	1195	1361	1065
上划两税	262	324	412	360	396	471	900	825	1071	1980	4011	4882	5466	8145	9885	10302
上划所得税				170	136	119	152	414	291	306	784	3235	3433	4943	6583	7956

说明：1998年至2009年，所得税地方部分比例为28%，增值税地方部分比例为25%。2010年1月1日起，财政体制改革，实行“省直管县”，中央、省、地方税收分成，上划中央的税收比例下降。2010年至2013年，所得税地方部分比例调整为28%，增值税地方部分比例调整为18.75%

第四节　财政支出

一、公共财政支出

建县初，县财政可用财力十分有限，财政支出坚持量入为出、优化结构、保证重点、加强管理的原则，从严控制支出，确保财政收支平衡。在坚持保持机构组织运转的基础上，优先安排教育、科技、文化传媒、社保就业、医疗卫生、节能环保、农林水事务、住房保障等民生支出。

公共财政支出包括一般公共财政服务支出、国防支出、公共安全支出等21项。1998—2013年，全县公共财政累计支出62.65亿元，其中教育财政支出比列最大，累计达14.09亿元，占财政总支出的22.49%。其次是一般公共服务财政支出，累计达12.6亿元，占累计财政总支出的20.12%。

1998—2013年中方县公共财政支出一览表

表 13-1-4-1　　单位：万元

项目＼年度	1998	1999	2000	2001	2002	2003	2004	2005	2006	2007	2008	2009	2010	2011	2012	2013
1.一般公共服务	1704	1654	1980	1976	2273	2918	3270	3453	5522	7195	8853	9962	11639	16060	21681	25877
2.国防	15	28	36	15	35	15	89	52	52	286	90	255	156	284	75	398
3.公共安全	287	502	637	517	773	641	762	1197	1309	2135	2781	3468	3918	3898	4450	5371
4.教育	1692	1886	2388	2770	3212	3052	3537	3826	4307	7645	9908	12484	14855	17557	25881	26180
5.科学技术	51	31	31	55	54	20	52	20	104	126	165	401	455	467	825	1467
6.文化体育与传媒	223	254	344	302	483	531	626	756	833	487	540	784	1078	944	1206	1615
7.社会保障和就业	499	611	902	1044	1432	1646	1923	2608	2848	4430	6265	6094	6982	8664	11040	14844
8.医疗卫生	260	306	407	217	221	229	228	387	1232	2256	2874	6017	6346	8717	10118	12861
9.环境保护	1	25	46	28	6	27	70	229	270	273	1193	1972	1858	1640	2534	2829
10.城乡社区事务	111	160	117	81	168	191	220	253	299	817	1059	2016	2258	1392	1355	1771
11.农林水事务	703	913	1218	987	1102	1316	1723	2712	3227	4456	6567	9669	10971	12272	18903	24783
12.交通运输	71	119	163	57	149	136	403	217	644	2069	1987	1001	1309	2022	904	2303
13.工业商业金融等事务	49	55	58	63	61	60	88	206	862	1354	1623	—	—	—	—	—
14.资源勘探电力信息等事务	—	—	—	—	—	—	—	—	—	—	—	1030	813	1090	1835	2112
15.商业服务业等事务	—	—	—	—	—	—	—	—	—	—	—	—	1014	1132	1053	735
16.金融监管等事务	—	—	—	—	—	—	—	—	—	—	—	2	137	71	60	39
17、国土资源气象等事务	—	—	—	—	—	—	—	—	—	—	—	—	495	1838	756	1223
18.住房保障	—	—	—	—	—	—	—	—	—	—	—	—	1880	1660	1568	2664
19.粮油物资储备事务	—	—	—	—	—	—	—	—	—	—	—	1229	198	408	556	357
20.国债还本付息	—	—	—	—	—	—	—	—	—	—	—	—	26	68	—	—
21.其他	277	284	272	318	573	1178	1904	1799	1358	899	205	160	167	—	—	11

二、上解支出

上解支出分为上划中央财政和上划省财政两部分。2001—2013 年上解支出金额累计达 16883 万元，占累计财政总支出的 2.79%。其中上划中央税收共 4 项，分别是增值税、消费税、企业所得税、个人所得税，1998—2009 年，上划比例依次为 75%、100%、72%、72%。2010—2013 年上划比例依次为 75%、100%、60%、60%。期间实行“省直管县”，产生上划省级税收收入共 5 项，分别是增值税、营业税、企业所得税、个人所得税、资源税，上划比例依次为 6.25%、25%、12%、12%、25%。

三、基金支出

纳入基金支出的项目共 11 项：育林基金、森林植被恢复费、地方水利建设基金、残疾人就业保障金、国有土地使用权出让金、国有土地收益基金、农业土地开发资金、城市公用事业附加支出、城市基础设施配套费支出、价格调节基金、地方教育附加。2003 年基金支出 593 万元。2012 年，首次编制政府性基金预算，首次将土地出让金纳入预算管理。是年，基金支出由上年的 5097 万元增至 36698 万元。2013 年，进一步规范土地出让金管理，支出规模回落至 26632 万元，占同期财政支出的 20.17%。

2001—2013 年中方县上解、基金支出

表 13-1-4-2　　　　单位：万元

年度	2001	2002	2003	2004	2005	2006	2007	2008	2009	2010	2011	2012	2013
上解支出	354	298	309	504	419	442	441	1059	1165	3096	4614	2948	1234
基金支出	593	51	220	176	108	247	1680	1931	1992	3717	5097	36698	26632

第五节　财源建设

1998—2001 年，财源建设主要围绕调整农业产业结构，加强农业基础设施建设，创建种植、养殖品牌农业，逐渐形成以中方镇为中心，泸阳、铜湾两镇为辅的“三位一体”财源发展格局，建造茅利溪大棚蔬菜、泸阳水产养殖、铁坡杂交稻、铜湾乌骨鸡、活水金秋梨等生产基地，农业税收稳步增长。2002 年，县委、县政府提出“工业强县”发展战略，大力扶持县域工业企业，重点扶持金大地水泥、铜湾电站等一批重点工业企业，促进经济发展。2009 年，为促进农业产业做大做强，推进现代农业发展进程，县财政设立“现代农业发展引导资金”，并出台《中方县现代农业发展引导资金管理暂行办法》，充分发挥财政资金引导作用。同时，县委、县政府大力实施旺市融城战略，设立“工业发展基金”“新型工业引导资金”“招商引资专项资金”，壮大工业企业，发展旅游服务第三产业。2010 年，县委县政府加大县内消费的引导，三产经营户由 939 家增至 1406 户，县直机关公务接待费消费比例由 8.77%上升为 38.2%，办公用品由 0.4%上升为 60.8%。

2011 年，县财政设立文化旅游产业发展引导资金，鼓励县域经济第三产业发展。与大湘西旅游公司合作，对县内旅游资源进行项目开发利用。并通过激励性措施促进干部县城消费、约束性措施扩大县城公务消费、引导性措施激发社会人群消费。

2013 年，全县形成湘珍珠刺葡萄、油茶、蔬菜、优质稻、水产、生猪、工业原料林等农业主导产业，工业园、湘商产业园两大产业园，引进规模企业 49 家，金融、交通运输、邮政、批发零售、房地产、旅游、教育卫生等商贸服务业快速发展，形成 13 大类，35 小类的第三产业格局。在县城核心区，建材、金融、修理等生产经营商户 200 家，餐饮、美容、医药、百货等生活服务型商户 460 家，财政收入实现高速增长。是年底，全县财政总收入 57811 万元，为 1998 年 1645 万元的 35 倍。

第六节　财政管理

一、预算管理

部门预算采用“二上二下”的程序进行编制。2003 年，实施部门预算改革，确定政协、计生局、国土局等 10 个县直单位为 2004 年部门预算编制试点单位，在对其三年来财务收支情况进行综合调查基础上，着手编制 2004 年部门预算。2006 年，按照省、市预算管理改革有关要求，选择县林业局、县公安局等 10 个有代表性的单位实行部门预算编制试点。2007 年，试点单位扩大到 30 个。2008 年，增加到 60 个。2009 年，部门预算改革在县直单位全面推行。

部门预算改革措施有三：一是细化预算编制内容。按照基本支出和项目支出编制预算，基本支出预算打破过去传统的“基数 + 增长”的编制方法，实行定员定额编制，将部门预算细化到基层预算单位，预算科目细化到类、款、项、目，项目支出细化到具体事项。通过细化预算编制，清晰反映部门收支，特别是人员、公用和项目等支出的详细情况，使预算编制的透明度更高。二是规范预算编制程序。实行“二上二下”编制程序，加强财政与部门之间的沟通，为细化预算编制、提高预算编制的科学性提供充足的时间，使预算编制更加合理、规范、准确。三是实行综合财政预算管理。县本级采取“收入进笼子，支出进盘子，资金进柜子”的办法，把资金管理作为贯彻部门预算改革始终的主线，增强部门预算的完整性。2013年，县直单位的所有收入、所有支出都纳入部门预算管理和财政监督管理。

二、非税收入管理

1998—2004年，非税收入征管采取“单位开票、单位执收、集中汇缴、财政统管”模式。2004年9月，《湖南省非税收入管理条例》颁布实施后，取消单位开设的非税收入过渡账户，设立统一的非税收入汇缴结算户，用于归集、记录、结算非税收入款项。通过加强财政票据管理，加大对执收单位收入上缴情况的检查力度，逐步形成“单位开单、大厅开票、财政统管、政府统筹”的征管模式。通过严格审核执收单位的非税收入项目，以省财政厅统一制定的非税收入项目库和单位经过年检的收费许可证为依据，纠正一些超标收费和乱收费问题。从2009年8月至2013年12月，非税收入管理局在县政府政务中心设立建设项目集中收费窗口，对建设项目应缴的“城市基础设施配套费”等14项费用实行一站式收费服务，县本级建设项目行政事业性收费及基金的征收管理得到规范。期间全面清理规范各项行政审批收费，进一步规范缓减免审批，减少执收单位的自由裁量权。采取行政审批事项实行集中受理，在政务中心开设银行网点，在收费窗口安装POS刷卡机等措施实行集中收费，提高办事效率。将行政审批收费业务与其他业务分开，防止只收费不服务，规范缓减免审批，防止收人情费。财政直接开票，资金及时入库，基本杜绝收费不开票以及截留、挪用等问题。强化财政监管，财政部门将收费审核开票环节置于各单位的业务流程之中，财政监管关口前移，监管力度加大，效果明显。增强政府调控能力，非税收入的高速增长，有效地减轻财政支出压力，确保单位正常运转，增强政府调控能力。

三、国库集中支付管理

2002年9月，会计集中核算中心成立。2004年4月，实现对各单位财政资金的统一核算和全程监管。2006年11月，会计核算中心更名为国库集中支付局，2008年，全县税收一体化工作开始启动。县财政局结合全县实际，制定出一套严谨的报账工作流程。同年10月，县国库集中支付改革工作开始试点。2009年10月，国库集中支付改革工作正式启动。2012年3月，完成硬、软件招标安装调试。4月，将县直单位的核算业务全部退回单位，由单位自行核算。6月，完成代理银行选择及账户开设。9月，启动公务卡结算制度，县政府下发《县直单位推行公务卡制度实施方案的通知》等文件，正式启动公务卡改革工作。12月1日开始，将所有财政拨款单位纳入国库集中支付范围，包括非部门预算单位，如县人武部、消防队、高炮团以及企业等单位拨款。所有资金全部进入支付系统，包括预算内、非税资金、专项资金（含社保资金）、单位往来资金。

2013年，改革单位数占应改革单位数100%，改革资金量9.642亿元，占总资金量的

86.1%，共发放公务卡1185张，累计刷卡消费38.1万元。国库集中支付累计协助征税2219万元，催缴非税收入3120万元。

四、国有资产管理

1998年，成立县国有资产管理局（简称国资局），属县财政局二级机构，负责全县行政事业单位和企业国有资产管理。2003年7月，撤消国资局成立县财政局产权股，为财政局内设股室，监督管理全县国有资产业务。2006年，根据上级财政部门工作布置，开展全县清产核资工作。2010年，开始运行行政事业单位资产管理信息系统，对行政事业单位国有资产进行信息化管理。2013年，全县国有资产总额为5.7亿元，固定资产总额3.8亿元。

五、会计管理

县会计管理着重对会计人才的选拔培养和会计队伍的素质建设、培训。

选拔培养主要通过会计专业技术资格考试和会计从业资格考试两个途径。会计专业技术资格考试，由财政部、人社部两家共同组织，属国家级考试，国家组织命题，每年一次纸质考试。2004年起，会计证考试与电算会计资格证考试合并为会计从业资格考试，属省级考试。考试科目为《财经法规与职业道德》《会计基础》《初级会计电算化》，由省财政厅统一组织，考试包括笔试和上机考试两部分，每年考试一次。2006年开始取消县市笔试考点，实现笔试和电算化考试集中统考。2007年，在试卷保密、场地布置、考场服务等方面加以改进，特别是在舞弊防范方面推行新的举措，第一次使用屏蔽仪。2012年开始实施无纸化考试，网上办理报名一切手续，网上参加考试。

会计队伍素质建设与会计培训主要有会计人员继续教育培训与农村财会人员财政支农政策培训两项内容。会计人员继续教育培训是财政部门为更新会计人员知识，提高会计人员业务素质，促进会计队伍建设的重要措施。办学培训在市里统一进行，主要由中华会计函授学校怀化分校和怀化市财校组成。培训每年一次，主要有集中面授学习和网上授课两种。农村财会人员财政支农政策培训工作是一项顺应社会主义新农村建设时代要求而涌现的新工作，财政部于2008年将此项工作纳入财政管理议事日程，湖南省于2009年全面启动。每年举办农村财会人财政支农政策培训，培训对象主要是行政村报账员、村长，村支书和村帐乡代理机构成员等。培训内容包括：各项财政支农惠农补农政策、财经法规、财务会计基础知识和基本技能等。具体培训采取集中培训和下乡培训两种方式，培训时间两到三天。

到2013年，全县具备“会计从业资格证”的会计从业人员为558人，其中具有高级会计职称的5人，中级会计职称的24人，初级会计职称的67人。全县通过会管部门参与培训人员达800多人。

六、社会资金管理

社会资金管理主要由社会保险基金管理、民政事业费管理与医疗事业费用管理三项组成。

社会保险基金 1998年，全县将企业养老保险、机关养老保险、城乡居民养老保险、失业保险、城镇职工医疗保险、工伤保险、新型农村合作医疗、残疾人保障金、再就业资金、城乡医疗救助补助资金、救灾资金、城乡低保资金、五保资金、公共卫生服务资金等纳入社会保障资金财政专户，实行封闭式管理，收支两条线，财政不能用基金平衡预算。2003年，启用会计网络核算软件，对社保资金进行网络化管理。2013年，全县社保资金积累储备达到15852万元。

民政事业费管理 主要包括最低生活保障资金管理、安置与社会救济资金管理、五保供养与敬老院建设资金管理、临时救助等四个方面。1999年，城乡低保建制、实施，先后经历试点、快速发展、全面走向规范化三个阶段，每年按照法定程序和标准提供现金和实物救助。安置与社会救济资金管理包括优抚资金管理、自然灾害救济金管理、大病医疗救助资金管理等三项资金管理。2005年，基本形成县医疗救助制度。2006年国家对残疾军人、伤残人民警察、伤残国家机关工作人员、伤残民兵、民工、“三属”人员以及其他定补人员等提高抚恤标准，切实保障灾民基本生活，维护灾区社会稳定，及时上报灾情，做好安抚工作。中央和省下拨的救灾资金，全部及时下发灾民。2007年，全县初步建立起以大病救助为主，基本医疗救助和临时医疗救助为补充的医疗救助制度。2008年，全县遭受严重冰灾，提出在全面建立资助救助、门诊医疗救助、住院医疗救助、临时医疗救助、慈善医疗救助“五位一体”医疗救助新模式，进一步拓宽救助范围，提高救助标准。2009年，国家再一次对残疾军人、伤残人民警察、伤残国家机关工作人员、伤残民兵、民工、“三属”人员以及其他定补人员等提高抚恤标准。怀化市加快建立“五位一体”医疗救助步伐，县内出台新的医疗救助政策文件，进一步提高医疗救助普惠度和受益面，使救助对象由原来的低保户、五保户，扩大到其他困难群众，救助方式也由原来医后救助改为医前、医中、医后救助相结合。县内临时救助也从这一年开始实行，按照国家民政部和省政府关于建立临时救助制度的部署和要求，县政府转发市民政局、市财政局的《关于建立临时性生活困难救助制度的意见》，在2009年底出台临时救助实施办法，进一步提升全县临时救助工作的保障。2010年，全县基本建立“五位一体”医疗救助制度，启动运行医疗救助“一站式”结算服务工作，实现医疗救助与城镇居民医保和新农合的有效对接。五保供养与敬老院建设在税费改革后，全县五保供养由集体供养为主转变为财政供养为主、集体供养为辅，供养形式分农村敬老院集中供养和五保户分散供养两种主要形式。2012年10月1日起，残疾军人（含伤残人民警察、伤残国家机关工作人员、伤残民兵民工）残疾抚恤金标准，烈属（含因公牺牲军人遗属、病故军人遗属）定期抚恤金标准，在乡退伍红军老战士、在乡西路军红军老战士、红军失散人员生活补助标准，在现行基础上分别提高15%至20%，在乡老复员军人定期定量补助标准在现行基础上每人每年提高720元，以上提标经费由中央财政承担。同时，国家还将享受待遇的带病回乡退伍军人、参战参试人员的生活补助标准由每人每月 220 元提高至 250 元，中央财政和地方财政按比例承担经费。调整后，一级因战、因公、因病残疾军人抚恤金标准为每人每年 32990 元、31950 元、30900 元，分别比 2010 年提高 4300 元、4170 元、4030 元。居住在城镇的烈属定期抚恤金标准提高到每人每年 10480 元。居住在农村的烈属提高到每人每年 6030 元。在乡退伍红军老战士及在乡西路军红军老战士和红军失散人员生活补助标准，分别提高到每人每年 22870 元、22870 元和 10320 元，这是自改革开放以来，国家第 18 次提高残疾军人残疾抚恤金标准，第 21 次提高烈属定期抚恤金标准和在乡退伍红军老战士生活补助标准。

医疗事业费用管理　医疗事业费用分为城镇职工基本医疗保险基金、城镇居民基本医疗保险基金、新型农村合作医疗保险基金。县社会保险基金由劳动保障部门所属社会保险经办机构负责征收，财政采取专户、专账、收支两条线管理。其主要来源是单位和职工按不同比例（或统一标准）缴纳形成。其中单位缴纳部分在有关成本（费用）中列支，个人缴纳部分从个人工资中扣缴（或自行缴费）。县社会保险基金除各级社会保险经办机构征收外，各级财政还给予一定的补助。主要有企业养老保险、城镇职工基本医疗保险、新型农村合作医疗保险、城镇居民基本医疗保险和新型农村社会养老保险。

七、行政事业单位离退休经费管理

政府用于行政事业单位离退休方面的支出主要有行政单位开支的离退休经费、事业单位开支的离退休经费、各类离退休人员管理机构的支出、其他行政事业单位离退休支出，以上项目以外的其他用于行政事业单位离退休方面的支出。1998—2008 年，全县差额及全额退休人员退休金由县财政统一发放。2009 年后，全额、差额、自收自支退休人员退休金由机关社保局发放。为确保行政事业单位离退休人员工资正常发放，根据财政部《关于行政事业单位离退休经费归口管理有关问题的通知》和《行政事业单位离退休经费管理办法》，县财政对全县行政事业单位离退休经费实行归口管理和经费划转。

八、国外贷款管理

国外贷款是主权贷款，是用政府的信誉做担保的，低利率，长期限的国外贷款。全县外贷项目，分别由林业局、卫生局、水利局等业务主管部门的项目办负责实施，至 2013 年底，全县外贷项目 6 个，其中国家造林、森林资源发展与保护、贫困地区林业发展、林业持续发展等林业项目 4 个，中国结核病控制项目 1 个、湖南城市防洪项目 1 个。外贷本金余额折合人民币 1993.19 万元，每年需归还贷款本金 145.78 万元，除城市防洪项目外，其他项目都已完成。已实施的国外贷款项目都是公益性项目，还款主体是县级财政或政府部门。县财政局代表县人民政府负责全县所有国外贷款本金的报账、发放，筹集偿还贷款本息所需资金，向上级财政偿还贷款本息，与上级财政部门对账等工作。

九、政府控购采购管理

1998年，县控制社会集团购买力领导小组成立，主要负责车辆控购及需要控制商品的审批报批。2000年，设立政府采购中心，推行政府采购制度。2004年1月15日，县政府采购中心更名为县政府采购监督管理办公室。2006年3月31日，政府单独成立县集中采购中心，实行“采、管”分离。同年6月，政府采购中心与县控制社会集团购买力领导小组办公室合署办公，实行两块牌子一套人员。2013年，全县累计办理车辆控购审批563台，累计完成政府采购次数1672次，预算金额59090.11万元，合同采购金额50551.27万元，节约资金8736.8万元，节支率为14.8%。

十、财政信息化建设

2003年，县财政搭建农税征管系统平台，开启财政信息化建设。2009年，着手财政信息网络大平台建设工作，逐步完成建设方案制订与上报、省厅对方案的论证与批复、建设资金的筹措、硬件采购及调试、业务系统接入和上点、大平台试运行等工作。2011年，开展标准机房建设、财政业务专网建设和信息管理制度建设，全县完成涉农补贴发放、乡财县管乡用、非税征管、指标管理、部门预算、资产管理、视频会议、国库集中支付、办公自动化、收入横联、公务卡和县直单位账务核算等16个业务系统建设工作。所有业务系统依托财政业务专网运行，各业务系统运行平稳。2012年3月，落实财政信息化“三年行动计划”建设任务，实现所有预算单位及业务股室的预算编制、指标下达与审核、用款计划申请与审核、资金清算及对账等工作，都通过大平台及相关业务系统进行。并在所有内网终端统一安装准入控制和桌面管理系统，在中心机房各边界布署防火墙、入侵检测、防病毒网关等安全设备，建设统一的数据存储和备份中心，加强安全体系建设。2013年，围绕大平台、各业务系统以及财政业务专网运行中出现的各种问题和难题，进行梳理、解决，财政信息化建设工作得到进一步完善。实现财政资金网络监控，增强资金安全性，节约会议费用，财政效率得到提高。

第七节 惠农助农

退耕还林补助和森林生态效益补助 2001年，全县对土地承包经营权人给予退耕还林补助，一块林地补助16年，补助标准前8年为230元/亩，后8年为125元/亩，补贴为现金发放。2005年，对承担重点防护林及特种用途林保护和管理的单位、集体和个人（包括国有林场、国有苗圃、林业系统的自然保护区、集体林场、其他所有制形式的单位和个人）按森林面积给予财政补助，补助标准为5元/亩，资金为“一卡通”形式发放。2006年退耕还林补助和森林生态效益补助改为“一卡通”信息化发放。2010年森林生态效益补助标准提高至10元/亩。2013年，累计发放退耕还林补助9050万元、森林生态效益补助3061万元。

种植良种补贴 2004年，对生产中使用良种的农户（包括专业大户、家庭农场、农民合作社、农业企业等）执行水稻良种补贴。补贴标准早稻10元/亩、中稻15元/亩、晚稻7元/亩，发放方式为现金补贴。2005年，改为“一卡通”信息化发放。2007年，增加油菜良种补贴，补贴标准为10元/亩，为“一卡通”信息化发放。2008年，晚稻补贴标准增加至15元/亩。2009年，增加玉米和棉花良种补贴，补贴标准分别为10元/亩元和15元/亩。2011年，早、中、晚稻补贴标准统一为15元/亩。2013年，由于棉花种植面积锐减，棉花良种补贴取消。是年，全县累计补贴水稻良种补贴2995万元、油菜良种补贴720万元、玉米良种补贴276万元、棉花良种补贴34万元。

粮食直补 2004年，对直接从事农业生产的个人和农业生产经营组织，由财政给予粮食直接补贴，方式为现金发放，补贴标准为11元/亩，当年发放212万元。2005年，每亩补贴提高2元，全县较上一年多补贴42万元。2007年，每亩补贴再次提高0.5元。到2013年，全县发放补贴2570万元。

农机购置补贴 2006年，根据省市文件政策，全县对直接人事农业生产的个人和农业生产经营组织购置农机具予以补贴。补贴方式为省财政厅直接补助给生产企业，农户到生产企业的经销商差额购机，全年发放50万元。2012年，改为“一卡通”信息化发放。2013年，全县累积发放农机购置补贴959万元。

农资综合直补 2006年，对直接从事种植水稻的种粮农民进行农资综合补贴，补贴标准为14.1元/亩，补贴方式为“一卡通”信息化发放，当年全县共补贴276万元。2007年，补贴标准增至31.8元/亩，全年发放补贴622万元。2008年，再次提高补贴标准至71元/亩，全年共发放补贴1366万元。2009年，补贴标准提高至80.6元/亩，当年发放补贴1577万元。从2010—2013年，全县年均发放农资综合直补为1588万元。

能繁母猪补贴和生猪良种补贴 2007年，对饲养能繁母猪的养殖者（包括规模养殖场、其他所有制形式的单位和个人）给予每年50元/头的补贴，为“一卡通”信息化发放。2008年，能繁母猪补贴标准提高至100元/头。2011年，为提高生猪存栏量，对使用良种猪精液开展生猪人工授精的母猪养殖者（包括散养户和规模养殖户、场）按40元/头给予补贴，补贴采取“一卡通”信息化发放。2013年末，全县累计发放能繁母猪补贴596万元、生猪良种补贴260万元。

家电、汽摩下乡补贴 2009年国家对购买家电、汽摩下乡产品的农民给予补贴，享受补贴的产品为国家确定的下乡产品名单内商品，家电产品每大类每户限购2台（件），汽车每户限购一台，摩托车每户限购2台。补贴标准：家电限价内销售价格的13%，汽车为销售价格的10%，最高不超过5000元，摩托车为销售价格的13%，不超过650元，发放方式为

"一卡通"信息化发放。2013 年，全县共发放家电、汽摩下乡补贴 2686 万元。2014 年，此项补贴终止。

第八节 财政监督

财政监督职责主要由财政监察履职，以财政支出、收入、会计、内审、财政违纪违规等为监督重点工作，严格按照《中华人民共和国会计法》《湖南省财政监督条例》等法律、法规，对县直单位及乡镇的执法人员、会计人员要求执证上岗，按时换发证，对财务管理进行不定期检查。

2002 年，财政监察对县劳动局就业服务处、林业局、建设局等 31 个单位进行检查，查出违纪金额 41 万元，对严重违规违纪问题给予相应的处理。2003 年，对政法系统落实上级补助专项资金的情况及财务收支情况进行检查，发现有截留罚没收入坐支、财务管理制度不规范、账目不清、开支随意性大等问题，针对这些问题，制定《关于进一步加强政法系统财务收支管理工作的规定》。对乡镇的财政预算执行情况、专项资金使用情况和会计基础工作等进行为期一个多月的大检查，查处违纪违规行为 13 起，涉及金额 99.9 万元，处罚金额 6.3 万元。2004 年，将农税稽查、非税稽查并入财政监督，统一安排检查计划，规范监督检查程序。对全县 22 个乡镇计生办财务进行全面清查，将计生办的财务全部纳入财政所统一规范管理。同时，对违法生育社会抚养费实行"收支两条线"管理，由所在的单位或乡镇代征后缴存县非税收入专户，次月上旬再按比例予以返还，保证各单位对违法生育处罚到位和计生经费落实到位。2007 年，制订《银行账户及财务印鉴管理办法》，明确登记经办人员及印鉴预留情况，对印章的托管、交接、银行定期存单的管理作出明确规定。2008—2013 年，对全县 32 个单位的财务收支及津补贴情况进行检查，查出违纪金额近 100 万元，对违纪单位进行处罚并提出整改意见和建议，增强财政监督管理的威慑力，有效地防范财政违纪行为。

1998—2013 年，全县财务收支检查单位 247 个，累计查处违纪违规金额近 1573.6 万元、私设"小金库"6 个，收缴罚没收入 200 余万元。

1998—2013 年中方县财政监督大检查情况统计表

表 13-1-8-1 单位：个、万元

项目＼年度	1998	1999	2000	2001	2002	2003	2004	2005	2006	2007	2008	2009	2010	2011	2012	2013
检查单位	10	10	15	12	15	12	10	12	10	15	20	25	20	20	15	26
违纪金额	80	60	52	40	45	50	40	50	40	90	120	500	150	100	120	38.6

第二章　税　务

第一节　税务机构

1998年，中方实行分税制管理体制，分设县国家税务局和县地方税务局。国家税务局定编74人，在怀化市鹤城区原红星税务所挂牌办公。2010年12月29日，迁至中方新县城。2013年，财务与办公室分离，设财务管理科。对外业务科室有：收入核算科、征收管理科、财务管理科、人事教育科、监察室、纳税服务科、税源管理科、稽查局和信息中心，在册人数68人，其中干部57人，职工11人。地方税务局有在职干部59人，内设7个科室（办公室、财务科、人事科、税政科、征管科、监察室、信息中心），3个直属机构（办税服务中心、稽查局、后勤中心），下辖3个分局。

第二节　国家税务

一、国税征收

县国家税务局征收的税种有七类：增值税、消费税、营业税、企业所得税、储蓄利息存款个人所得税、车辆购置税和燃油税。其中燃油税由生产单位在当地缴纳。1998年，实现国税收入376万元，2004年，实现税收1326万元，2011年，实现税收10085万元，首次过亿元大关。2013年，全县国税收入达到13652万元。

增值税　增值税由国税和地税共同征收。1998年，增值税实行价外税计算的方法，采用一档基本税率17%和一档低税率，对出口商品实行零税率。对从事货物生产或提供应税劳务以及从事货物生产提供应税服务为主，并兼营货物批发或零售的纳税人，年销售额在100万元以下的。从事货物批发或零售的年销售额在180万元以下的企业都为小规模纳税人，税率按6%征收。对从事商业的纳税企业和个体户的增值税征收率由6%调为4%。是年，全县征收增值税368万元。2004年，首次突破千万元，为1200万元。2007年，征收3060万元。2008年，征收5635万元，同比增长超过80%。2009年，小规模纳税人增值税征收税率调整为3%。一般纳税人销售自己使用过的除固定资产以外的物品，开始征收增值税，税率3%。小规模纳税人销售自己使用过的固定资产，减按2%征收率征收增值税。是年，完成增值税征收6609万元。2011年，增值税起征点销售货物的，调整为月销售额5000～20000元。销售应税劳务的，调整为月销售额5000～20000元。按次纳税的，为每次（日）销售额300～

500元。是年，全县征收增值税8479万元，国家开始进行“营业税改增值税”试点改革。2013年，全县完成“营改增”，增值税增加11%、6%两档税率，分别适用于交通运输业和部分现代服务业。是年底，全县征收增值税已达10319万元。

营业税 县国税局只负责企业营业税部分的征收。1998年，交通运输业税率为3%，出售、出租无形资产为5%，销售不动产为5%。是年，征收企业营业税6万元。1998—2000年，农村信用社每年增提1%的中央税。2001年，金融保险每年降1%中央税，2002年取消。是年5月1日，娱乐业统一按20%税率征收。是年，县国税退企业营业税34万元。2003年，征收企业营业税3万元。2004年，国税征收企业营业税部分交地税征收。

企业所得税 1998年，企业所得税税率为33%，全年应纳税所得额3万元~10万元的，税率为27%，应纳税所得额3万元以下的，税率为18%。特区和高新技术开发区的高新技术企业的税率为15%。外资企业所得税税率为30%，另有3%的地方所得税。1999年，全县企业所得税征收10万元。2008年，所有企业所得税税率定为25%，实现企业所得税征收380万元。2011年，企业所得税征收1604万元，突破千万元大关。2013年，征收企业所得税3326万元。

储蓄利息存款个人所得税 1998年，开征储蓄利息存款个人所得税，税率为20%，实现征收2万元。1999—2001年，全县没有税款入库。2003年个人存款有所增加，全年征收利息存款税78万元。以后连续四年增长，到2006年，为157万元，达到历史最高。2007年8月14日，储蓄利息存款个人所得税税率改为5%，同时人民消费观念开始改变，个人储蓄下降，征收额逐年减少。2013年底，全县征收储蓄利息存款个人所得税784万元。

车辆购置附加税 车辆购置附加税原为车辆购置附加费，由交通部门代征。2001年，改为车辆购置附加税，仍由交通部门代征至2004年底。2005年，由国税局成立车购办自行征收，税率为应税车辆计税价格的10%，实现征收59万元。2008年，征收车辆购置附加税159万元，是历史征收最高的一年。2010年起，车辆购置附加税由鹤城区局代征。

消费税 1998—2012年，全县没有消费税征收对象。2013年，桐木酒庄经营投产，征收消费税7万元。

二、国税管理

管理信息化 1998年，根据全县税源分散、点多面广的实际，为确保税收足额入库，县国税局实行“银税一体化，税款预储”，继而又对个体纳税户实行“打单征收，电脑开票，台账管理”，重点乡镇在1.5公里以内的固定纳税户，采取自行申报，按月征收，电脑开票，分户建档，非重点乡镇自行申报，按季或半年征收，手工开票，分户建档。实行税务专管员管户制，“一员进厂，各税统管”。2001年，实行税收网络化、申报纳税、优化服务为基础，以计算机网络为依托，集中征收、重点稽查的征管模式。2003年，启用电子申报系统，纳税人可通过软件进行远程申报。国税局用三年时间完成从局域网到与省局、总局的联网，系统软件由 4.30 版升级到 4.40 版过渡到综合征管软件。2006 年，车辆购置税软件、执法管理信息系统建成上线运行。2008 年，税收正合管理系统、税控机系统建成上线运行。2013 年，会计核算软件备案系统、税收综合办公信息系统、金税三期网络改造工程和营改增系统先后建成上线运行。

征收管理　1998 年，县国税局进行税收预测管理。是年，国税税收仅 376 万元。2011 年，对重点税源进行监控管理，对全县税收 50 万元以上 15 户重点税源企业的税收情况按月动态监控，组织相关人员深入企业就生产、销售、资金和税收等增减变化原因进行解剖分析，加强和改进税源管理，提高税收工作的前瞻性，为完成任务奠定良好的基础。是年，对纳税户采取纳税评估管理，努力挖潜增收。共计评估企业 66 户，入库增值税以及评估补税抵留 1572.67 万元，企业所得税 354.7 万元。其中，协助市局大企业税收管理科评估湖南骏泰浆纸有限责任公司入库增值税 1490 万元、县农村信用合作联社入库企业所得税 349.6 万元。每月对征管质量各项指标加大监控力度，争取征管“六率”各项指标达标，强化漏征漏管户的管理，开展纳税人户籍清理工作，提高税务登记户占工商登记户的比例，防止税源和税款流失。是年，前三季度重点工程项目税收及房地产税收入库达 270 余万元。2013 年，强化社会协税护税管理，扩充征管力量，严格执行“以票管税、先税后证”制度，全年征收建筑材料增值税 227 余万元，重点工程建筑材料增值税 396 万元。是年，国税征收 13652 万元。

2002—2013 年中方县纳税企业及个体户分类统计表

表 13-2-2-1

项目 年度	纳入总局监控(户数)	纳入省局监控(户数)	纳入市局监控(户数)	库税收总额	入占收入总额(%)
2002	—	1	3	363	58.17
2003	—	1	3	347	47.93
2004	—	3	2	675	50.9
2005	—	3	2	626	41.54
2006	—	4	—	925	44.9
2007	1	4	1	1606	42.7
2008	—	8	2	2692	37.51
2009	3	3	4	5076	67.74
2010	2	3	4	3938	62.93
2011	3	6	2	5627	55.8
2012	3	3	3	6287	56.13
2013	3	5	—	8643	63.31

税务稽查 2000年，县国税局成立税务稽查局，把稽查工作由收入型向执法型转变，建立“选案、检查、审理、执行体系的四分离”，全面规范稽查程序，并要求年纳税额50万元以上的纳税人，检查率达100%，年纳税额10万元以上的检查率达60%，年纳税额10万元以下的检查面达50%。1998—2009年，共查补税款1039万元，税务稽查没有一例被投诉和当被告。稽查局因此晋升半格。2012—2013年，稽查出超过80万元税款的2起。其中某一企业以主要负责人为首的3人合伙虚开增值税发票偷税100余万元，移送公安机关立案侦查。2013年，共收到外省、市、县税务协查通知书9起，按规定在一月内给予回复，共协查补税、罚款120余万元。是年，全县稽查税收累计3498万元。

发票管理 2000年，县国税局按照国家税务总局对发票管理要求做到：“事前制约，事中监督、以票控税、验旧供新”。依法对发票的印制、发售、领购、开具、取得、保管、缴销等加强管理，为杜绝经销户以销售清单、信誉卡、保修单代替发票，虚开代开等行为，规范纳税人使用限额发票版本，对双定户起征点以下的实行以票控税，严格控制月发票使用量，严格纳税人发票的领购资格审查。为确保增值税专用发票安全，工作人员下班时用特制铁箱将增值税专用发票送到银行金库，上班时到金库取回。局机关设立专库、铁窗铁门、保险柜、电子监控，实行24小时值班制。2001年，开通信息网络，启动金税工程，实现防伪税控的科学管理。2006年，税收综合管理系统和税收收款机系统开始上线运行，对以前个体户手工操作的普通发票，一律实行税控收款机自开或到税务机关开票点和税务机关批准的受托代征代开单位申请代开。2012年4月1日，停止发放国税通用的手工发票。规定已办理税务登记的小规模纳税人（包括个体经营者），可向税务机关申请代开增值税专用发票。增值税专用发票在运输、领用等环节，实行“双人双岗”模式。库房防潮、防火、防盗、防爆灯、应急照明灯等设施配制齐全。截至2013年底，全县未出现一起发票安全事故。

税务监督 为规范税务人员的行为，县国税局按照上级税务机关对税务干部的要求，制订“五要十不准”和“五公开一监督”制度。定期召开纪检日活动，纪检干部经常下基层明查暗访，检查专管员的票证有无丢失和压票压款现象。走访企业、纳税人及乡（镇）领导。对税务人员的工作情况、廉政勤政情况，发现问题及时整改。对增值税一般纳税人的认定，企业和个体户的减税免税，都要有监察部门参与，全程监督。1998年，对局机关的基建维修，车辆维修的所有财物发票，招待费凡开支上1000元的发票（2005年为3000元），都有监察部门的签字方能报销。县直机关新址办公大楼动工修建，从招标、图纸汇审、承包合同、项目更改、质量检查、最后验收，自始至终都有监察人员的参与和签字。县国税局将监察工作任务分解到相关领导和相关职能部门，层层签订责任书。一般干部与部门负责人签订“廉政从政承诺书”，局领导家属签订“助廉责任书”，上交风险责任保证金，形成一把手负总责，分管领导“一岗两责”，纪检监察部门抓落实的连带责任氛围。

第三节 地方税务

一、地方税收

县地方税务局负责征收营业税、企业所得税、个人所得税、资源税、城镇土地使用税、城市房地产税、房产税、车船使用牌照税、车船使用税、印花税、城市维护建设税、教育费附加等税（费）种。

1998年，全县地税收入仅为531万元。2004年，地税收入首次突破千万元大关。2005年，全年累计入库各项地税收入1942.4万元，完成年计划的163.92%，比上年同期增收902万元，增长86.7%，绝对增长额、完成比例均居全市地税系统榜首。2010年，收入突破亿元大关。2013年，完成地税税收3.32亿元，是1998年的62倍。

营业税 建县初期，营业税个人部分由地税征收，营业税起征点的适用范围限于个人。1998年，地税征收个人营业税342.6万元。1999年，征收470.8万元。2000年，征收557.2万元。2004年，由国税征收的企事业单位营业税交给地税征收。是年，全县营业税征收620.1万元。2005年，征收979.5万元。2006年，首次超过一千万元。2007年，征收3235.6万元，同比增长101.9%。2011年1月1日起，营业税个人起征点按期纳税的，调整为月营业额5000~20000元。按次纳税的，调整为每次（日）营业额300~500元。2012年，征收营业税6946万元。2013年全县征收营业税6770万元。

企业所得税 1998年，地税征收企业所得税28.2万元。1999—2004年，一共征收企业所得税75.4万元。2005年，全县招商引资工作初见成效，工业税收快速增长，全年税收突破百万元，为299.9万元。2009年，全县工业化进程加快，龙头企业金大地水泥厂扩容增产，铜湾水电站建成投产等，进一步刺激税收。是年，征收企业所得税2961.52万元。2012年，征收5292万元。2013年，地税征收达到5948万元。

个人所得税 1998年，对个体工商户经营所得、企业承包经营、承租经营所得按5%~35%六级超额累进税率征收。对劳务报酬、稿酬、特许经营所得，利息股息红利、财产租赁、财产转让、偶然所得及其他所得按20%比例税率征收，起征点为800元，地税全年征收52.4万元。1999年，征收17.1万元。2002年1月1日，个人所得税收入实行中央与地方按比例分享。2006年1月1日，个税起征点调整为1600元，实行5%~45%的9级累进税率。是年，征收个人所得税199.6万元。2008年3月1日，个人所得税免征额由1600元提高到2000元。是年，完成征收个人所得税857.8万元。2009年，取消“双薪制”计税办法。2010年，对个人转让上市公司限售股取得的所得征收个人所得税，是年，地税征收突破千万元。

2011年9月1日，个人所得税免征额提高到3500元，同时，将个人所得税第1级税率由5%修改为3%，9级超额累进税率修改为7级，取消15%和40%两档税率，扩大3%和10%两个低档税率的适用范围，是年，地税征收个人所得税1989万元。2013年，全县个人所得税征收1674万元。

资源税 1998年，全县征收资源税17.5万元。2005年，全县资源税征收达到98.7万元。2006年，为165.7万元。2008年，为292.3万元。2011年，扩大资源税的征收范围，由过去的煤炭、石油，天然气、铁矿石少数几种资源扩大到原油、天然气、煤炭、其他非金属矿原矿、黑色金属矿原矿、有色金属矿原矿和盐等七种。11月1日，石油、天然气在全国范围内“从价征收”，税率定为5%。是年，全县征收资源税328万元。2013年，征收资源税512万元。

城市维护建设税 1998年开征城市维护建设税，税率为县城附加5%，乡镇附加1%。是年，征收11.7万元。2002年，征收51.2万元。2005年，征收191.4万元。2007年，征收559.3万元。2010年12月1日，对外商投资企业、外国企业及外籍个人征收城市维护建设税，是年，全县征收城市维护建设税765.18万元。2013年，征收1172万元。

车船税 1998年，开征车辆、船泊税。其中汽车每吨位45元，载人机动车9座以下120元，9座以上分144元、180元、240元3档，摩托车2轮36元、3轮48元，人力驾驶车12元。船150吨以下每吨1.2元，非机动船100吨以下每吨0.6元。由于中方县区域的特殊性，县地税局征收的车船税只是其中很少的一部分，其余由市、区局代征再划拨。是年全县仅征收车船税3.8万元。2006年，征收0.3万元。2007年，对城市、农村公共交通车船给予定期减税、免税。2010年，征收车船税0.24万元。2011年后，境域车船税完全由市、区局代征。

契税 1998—2009年，契税均由国土部门代征。2010年，契税改由地税局征收。个人首次购房90平米以下契税减按1%的税率征收。90~144平方米的首套住房税率1.5%。非首套按3%的税率征收。是年，全县开征契税11.99万元。2011年，增至2578万元。2013年，全县契税征收4062万元。

耕地占用税 2010年，开征耕地占用税。按每平方米为10~50元税率征收。是年，全县耕地占用税征收855.87万元。2011年，征收3170万元。2013年征收5433万元。

屠宰税 1998年，征收屠宰税。猪每头12元，其中乳猪每头3元。牛每头20元，其中毛重不足150公斤的，每头14元。马、骡、驴每头20元。羊每头10元。是年，全县征收屠宰税40万元。1999年，征收52.8万元。2001年，征收101.1万元。2002年，征收21.7万元。2003—2005年由鹤城区税务局代征。2006年国家取消屠宰税。

投资调节税 1998年，县地税局征收投资调节税，税率有0%、5%、10%、20%、30%

五档。对计划外的项目，除按其适用税率收外，并可处以纳税额5倍以内的罚款。以更新改造为名投资的，按投资项目加倍征税。2001年，全县累计征收投资调节税12.8万元。2002年后，免征此税。

教育费附加　1998年，县地税局征收教育费附加，税率为2%。1999年，征收21.9万元。2004年，征收40.9万元。2005年10月1日，教育费附加税率调整为3%，是年，征收突破100万元。2007年，征收达到244.6万元。2008年，征收541.7万元。2010年12月1日，对国内企业、个人和外商投资企业、外国企业及外籍个人统一征收教育费附加，税率为3%。是年，全县征收教育费附加733.01万元。2011年，征收突破1000万元，2012年，教育费附加征收最高，为1276万元。2013年，征收717万元。

文化事业建设费　1999年，地税局征收文化事业建设费，税率为3%。是年，全县征收2.8万元。2000—2013年累计征收文化事业建设费31.24万元。

社会保障基金　2002年，全县开征社会保障基金税，由县人社局征收，部分由地税局代征。是年，县地税局征收0.7万元。2003年，征收1万元。2013年，全县累计征收社会保障基金56.01万元。

其他罚没收入　1998—2004年，地税其他罚没收入为零。2005年，地税其他罚没收入0.3万元。2006年，其他罚没收入0.2万元。2008年，其他罚没收入0.2万元。2009年后，其他罚没收入项目取消。

残疾人就业保障金　2006年，开征残疾人就业保障金，按企事业单位在职职工总数乘1.5%减已安排残疾职工人数，相差人数乘以当地统计局上年度本地区职工年均收入14554元。是年，征收10.2万元。2007年，征收11.1万元。2012年，征收24.5万元。2013年，征收30万元。

工会经费　2008年，全县开征工会经费。是年，全县征收工会经费39.2万元。2009年，征收34.19万元。2010年，征收28.05万元。2011年，征收45.7万元。2012年，征收141.1万元。2013年，征收135.8万元。

防洪保安基金　2008年，县地税局征收防洪保安基金，是年，征收18.3万元。2009年，征收14.3万元。2010年，征收23.34万元。2011年，征收64.2万元。2012年，征收125万元。2013年，征收140.2万元。

价格调节基金　2012年，开征价格调节基金。是年，征收价格调节基金1.8万元。2013年，征收2.4万元。

二、地税管理

税源建设　县地税局主体税源为金大地水泥厂、铜湾电站、县城建设及房地产税收。重点抓“一户两园三产业四大工程”税收工作，确保收入完成。一户指金大地水泥股份有限公司，“两园”指县工业园和湘商产业园，“三产业”指机械制造业（以恒裕实业、五新高铁、中南桥梁为龙头的）、电力能源业（以铜电公司、宇隆水电、牌楼电站、新能源开发企业为龙头的）、商贸物流业（以中方建材物流园、再生资源市场、中方中心市场、福兴商业广场、果蔬加工处理中心、汽贸一条街为龙头的），“四大工程”指房开企业工程、县城扩容工程、交通先行工程、园区建设工程。“一户两园三产业四大工程”税收占到整个收入的80%以上。

征收管理 县地税局在税收征管上突出税源监控，1998年至2013年，重点税源企业累计缴纳地方各税3000多万元。全县重点工程入库税收2300多万元。通过计算机管理个体“双定”户定税工作，户数达25户，月定税18029元，个体税收入库1810万元。同时建立完善的税收征管质量责任追究制度，16年来对征管基础工作管理缺位的责任人进行责任追究37人次，其中2008年追究12人次，罚款983元。经济处罚6870元。对利用“三废”再生产企业湖南金大地水泥厂减免税收3353.84万元，为2名下岗职工减免税收1.6万元，为2名残疾人办理减免税收手续，开具外出税收优惠证明单5份，全年共对纳税户减免税收3358万元。对企业审批各类政策性减免税4000多万元，审批税前扣除资产损失金额261万元，还为38户下岗失业人员办理再就业减免税46万多元。

发票管理 强化发票管理，促进以票控税。对发票的使用、开具和取得等方面进行监控管理，强化票表比对。同时，对起征点以上的纳税人按原发票管理模式实行“先税后票”和加成征收的动态化管理，大的饮食、住宿业加成30%左右，娱乐业加成20%左右，小的服务业加成60%左右。对未达起征点户实行限量限额（月营业额的60%）供票制度和动态管理，对达到起征点的及时征税，对营业额在1.5万元～2万元的纳税户实行动态跟踪管理，对营业额在1万元～1.5万元的纳税户强化巡查管理，对营业额在1万元以下的纳税户强化监督管理。深入开展发票检查活动，坚持查案必查发票、查账必查发票、征管质量检查必查发票的制度，按月盘点核实，按季对发票领用存情况进行专项检查，通过大集中系统和到实地进行抽查的方式，重点检查发票发放和缴销情况，查日常管理工作是否到位，代开统一发票的开具和征税情况。严格内部发票管理，落实发票审核、发票控税等各项内部管理制度。新旧发票进行换版，对保管到期发票的存根联进行清理、销毁。建立发票认证制度、发票查询制度、电子发票制度。开展发票打假活动，提高广大消费者的索票意识和维权意识。

稽查监督 1998年，县地税务局对重点税源户进行专项清理，摸清全县税源底子。2005年，计划检查12户，结案12户，入库税款66万元，其中重点对农村信用社进行专项清理，入库税款7万余元，对金大地水泥股份有限公司进行税务检查，入库税款42万余元。2007年，联合公安对桐木镇农贸市场项目开发涉嫌偷税进行打击，入库税款20多万元。2008年，实施检查6户，结案6户，入库税款78897.43元，罚款8286.92元。查处各类涉税违法案件16余起，受理查处举报案件1起，查补入库税款、罚款、滞纳金约136.34万元。2013年，例行入户检查8户，辅导企业自查9户，入库税款1200.82万元元，加收滞纳金7.33万元，税收罚款1.54万元。重点检查华团房地产开发集团有限公司（中方县南湖花园项目），入库税款330万元，万隆维也纳项目，入库税款195.5万元，武陵城集团香樟苑项目，入库税款220万元。

第三章　金　融

第一节　金融机构

1998—2006年，县内无独立的商业银行。农村信贷业务由县信用合作联社管理，城区的单位存款、个人储蓄以及各种专项贷款业务分属怀化市区和各家专业银行管理，县财政结算业务主要由怀化市湖天农行代理。2007年1月，怀化市建设银行率先在县城设立分行，营业点设县财政局支付局一楼，承接县财政资金、单位资金的结算和部分存贷业务。居民储蓄存款大部分仍分散在城区各大商业银行。2013年，仍然没有形成自己相对独立的金融市场体系，各银行中方支行的管理全部由市里垂直管理。

一、银行

中国建设银行中方支行　2007年1月29日，中国建设银行入驻中方，中国建设银行股份有限公司中方支行成立，是中方县城第一家国有商业银行。人员编制8人，有总经理1人，大堂经理1人。设有ATM机3台，服务窗口4个。

中国农业发展银行怀化市方园支行　2009年3月，中国农业发展银行怀化市方园支行成立，业务覆盖中方县行政区和怀化市工业园区，员工18人。主要任务是按照国家的法律、法规和方针政策，以国家作为基础，筹集农业政策性信贷资金，承担国家规定的农业政策性金融业务，代理财政性支农资金的拨付，为农业和农村经济服务。2012年9月，迁址怀化市工业园区“和安家园”广场，更名为怀化农业银行工业园支行。是一个全功能的商业银行网点。主要业务有贷款、银行承兑、票据贴现、信用证、保函等信贷资产业务，存款、各种理财新产品等负债业务，汇款、托收等各种结算业务，银行卡、网银等电子银行业务，代理类、担保类、交易类、咨询顾问类等中间业务。2013年末，各项存款为15008万元，各项贷款余额为12445万元。

中国工商银行中方支行　2013年9月成立，人员编制10人。同年底，各类存款327万元，各类贷款余额240万元，企业贷款申请2.5亿元。其中县属企业6500万元。

中国邮政储蓄银行中方县南湖路支行 2012年9月，中国政储蓄银行中方县南湖路支行成立，开通个人业务、公司业务、个人贷款、公司贷款、网上银行、信用卡、托管业务、银团贷款、项目融资9大业务。立足于“服务三家，服务中小企业，关注民生”的市场定位，服务和支持中方县经济建设。再就业小额担保贷款，专为下岗失业人员提供专项由政府补贴的小额贷款。

二、信用合作社联合社

1998年3月，区、县联社与信用社分设，为二级法人单位。县联社行使指导、协调、服务职能。信用社为自主经营、自负盈亏的经营单位，下辖15个独立核算信用社、1个营业部、6个分社、2个储蓄所，内设办公室、人事股、会计股、业务股、稽核股、监察股、保卫股，从业人员154人。2006年5月，县人民政府组建县农村信用合作联社，取消县农村信用合作社联合社的法人资格与辖内15家法人机构农村信用社，组建后的县农村信用合作联社为一级法人机构，县联社为法人单位，信用社为分支机构，县联社对各信用社行使管理职权，是具有独立企业法人资格的地方性金融机构，行使管理、指导、协调和服务职能。内部机构设置综合办公室、党委办公室、人力资源部、财务会计部、业务发展部、信贷管理部、稽核审计部、监察室、技术保障部、风险管理部、安全保卫部、营业部等15个职能部室，同时对网点按照“扁平化”管理原则，在乡镇及城区设置26个信用社，从业人员269人。2013年8月，根据鹤城区、中方县、洪江区三家县级联社组建怀化农村商业银行要求，县联社增设改革办公室。

三、小额贷款公司

中方县建银小额贷款有限公司由湖南建龙房地产开发有限责任公司、湖南康斯维京投资有限责任公司及6名自然人股东共同发起，经湖南省人民政府金融办公室批复，于2012年7月11日正式成立。注册资本金1亿元，办公地址在县生态城杜鹃路房产局办公大楼原交易大厅。经营范围为：发放小额贷款、提供财务咨询。中方县建银小额贷款有限公司是怀化市经营规模较大的小额贷款公司之一，公司拥有员工25名，其中总经理1名、董事1名、监事1名，下设信贷部、风控部、财务部、综合管理部、贷审会。

贷款对象包括：企业（个体）经营贷款（提供经营扩张与周转贷款等）、个人贷款（提供大宗消费、创业贷款等）、特种农业贷款（提供农业项目扶持贷款）。公司积极发挥“草根金融”的灵活性，缩短贷款审批流程、快速发放贷款：承诺客户抵押类贷款（土地、房产、厂房、设备等）、车辆质押贷款三天内放款。

四、邮政储蓄银行

1998年，县邮电局利用有利的网点资源优势，开办邮政储蓄业务。全县有邮政储蓄网点11个。办理的业务主要有活期储蓄、整存整取定期储蓄、存本取息定期储蓄、整存零取定期储蓄、定活两便储蓄、通知存款储蓄等。是年，全县储蓄存款额8000万元。1999年，储蓄存款额1.3亿元。2004年，达到2亿元。2008年，对邮政储蓄网点进行撤并整合，留下泸阳、花桥、中方、牌楼、新建、铜湾、铁坡、接龙8个网点，实行全国联网、通存通兑。2009年，存款额为3亿元。2012年，随着农村开发的全面提升，农民收入增加迅速，全县储蓄存款增至5.6亿元。2013年，全县储蓄存款6.4亿元。

五、担保公司

2011年12月28日，经湖南省人民政府金融工作办公室批准，怀化丰源担保有限公司成立，公司注册资金1亿元，县政府参股1000万元。2013年，获得省农业银行2亿元的授信，并取得全市公积金贷款的担保资格。在省范围内办理贷款担保、票据承兑担保、贸易融资担保、项目融资担保、信用证担保和经监管部门批准的其他融资性担保业务。2013年，公司累计担保67404万元，其中融资性担保2160万元、履约担保3000万元、住房公积金担保62244万元，公司实现担保收入149万元，其中融资性担保业务收入12万元、履约担保收入20万元、住房公积117万元，总支出146.2万元，实现利润2.8万元。

六、怀化市住房公积金管理中心中方县管理部

2003年6月，怀化市住房公积金管理中心中方县管理部成立，办公地址设怀化市人民北路21号鹤城建行一楼，主要负责中方行政域内住房公积金的归集、提取、贷款管理等工作。2013年，全县共有204家单位的9682名职工建立住房公积金制度，建制人员由成立前单纯财政供养人员扩大到各类企业职工等社会群体。由城区延伸到乡镇七站八所。住房公积金归集额度从管理部成立前的853.92万元增长到20033.70万元，住房公积金贷款发放额从成立前568.55万元增长到25370.86万元，累计向2761户职工发放住房公积金贷款，支持职工购建房面积达31万平方米。

第二节　信用社体制改革

2005—2007年，根据湖南省联社电子化建设发展规划要求，各县级信用联社投入网络系统建设费用400万元，完成县辖大、小额支付系统和综合业务系统整合，建成涵盖存款、贷款、结算、同城、联行、银联卡和中间业务等多种业务于一体的综合业务系统，结束农村信用社长期无网络的历史。信贷业务综合系统联网于人民银行征信管理系统，凭身份证可查阅个人信用记录，并提供信息报告。个人储蓄业务参入中国银联公司的通存通取，可跨行跨区支付个人存款。辖内网点安装自动取款机5台，为客户提供全天候金融服务。

第三节 存 款

1998年全县金融机构各项存款余额仅为14360万元，其中企业存款1085万元，储蓄存款13275万元。1999年，全县各储蓄网点为国家税务局代扣代缴存款个人所得税。2000年4月起，各储蓄网点实行“个人存款实名制。同年末，全县存款余额12962万元，其中企业存款925万元，储蓄存款为12037万元。2003年，各金融机构采取积极措施，促进中间业务的发展，代理保险业务、代发工资业务、银证转账业务、银行卡业务得到蓬勃发展，并推出网上银行、电话银行、手机银行、手机支付、短信支付、短信管家、基金理财、股票股资等一系列服务。2006年，全县各项存款余额45471万元，其中企业存款4169万元，储蓄存款41264万元，财政存款25万元，其他存款13万元。至2010年，信用卡业务得到进一步发展，特别是针对单位干部职工的各种信用卡，几乎达到每人都有三四张的程度。全县各项存款余额98348万元，是1998年的6.8倍。其中企业存款7835万元，储蓄存款73205万元，财政存款2276万元，其他存款397万元。2013年，境内存款余额29.99亿元，较上年增长20.3%。

第四节 贷 款

金融贷款主要是农业贷款、其他短期贷款和中长期贷款。

1998年，国家取消对商业银行贷款限额控制，人民银行不再按季下达指令性贷款计划，改为按年下达指导性贷款计划和存贷比例，使商业银行有充分的贷款自主权。中方县由于工业基本为零，是一个纯农业县，所以短期贷款基本上是农业贷款，中长期贷款为6569万元。2000年，农业贷款为3008万元，中长期贷款为6538万元。2005年，农业贷款增至8666万元，中长期贷款为17382万元。2006年，全县农业贷款突破1000万元。中长期贷款突破2000万元。2010年，为农业贷款7675万元，中长期贷款为60468万元。2013年，各项贷款余额为11.41亿元，比分设时增加10.65亿元，发放农户贷款7.84亿元，其中：农户小额信用贷款2.23亿元、农户联保贷款0.65亿、农户助学贷款0.1亿元、农村个体工商户贷款3.25亿元、农村个人住房抵押贷款0.9亿元、其他贷款0.71亿元，发放经济组织贷款0.38亿元，发放企业贷款2.46亿元。

第四章 保 险

第一节 保险企业

一、中国人寿保险股份有限公司中方支公司

中国人寿保险股份有限公司中方支公司（简称国寿中方支公司），前身为1999年1月经保监会批准成立的中国人寿保险有限公司中方营业部，办公地址设于怀化市红星北路85号。2003年6月经中国保监会批准，更名为中国人寿保险股份有限公司中方支公司，公司下设综合科、个险科、银保科，团险科4个科室，农村营销服务部3个，有正式员工8人，有保险代理人52人。2012年迁址至怀化市鹤城区迎丰东路11号国寿股份怀化分公司办公楼8楼办公。

二、中华联合财产保险股份有限公司中方县支公司

中华联合财产保险股份有限公司中方县支公司成立于2007年4月12日，办公地址设怀化市鹤城区红星南路241号。公司有正式员工4人，编外员工4人，营销人员31人。以22个乡I镇1林业站和畜牧站为联系点，聘请协保员45人，实现服务网络全覆盖。2013年，公司从业人员14人，其中，管理人员1人，技术序列人员6人，业务序列人员3人，保险营销员4人。

第二节 承 保

一、财产保险

1998—2006年，全县财产保险业务全部由中华联合财产保险股份有限公司怀化分公司承接。2007年，承保能繁母猪保险为主的农险89.4万元。承保政府采购车辆及学生保险等商业险，保费收入517万元。是年，保费收入合计606.4万元。2008年，能繁母猪险达到126万元，保费收入总计818万元。2010年，公司增加对全县公益林保险，保费收入99万元，能繁母猪保费67.7万元，各项商业险853万元。全年合计保费收入1019.7万元。2013年公司新增育肥猪险种，保费收入248万元。全年合计保费收入达到1795.9万元。

2007—2013 年中方县财产保险保费收入情况表

表 13-4-2-1 单位：万元

年度	商业险	农险	合计保费
2007	517	89.4	606.4
2008	692	126	818
2009	536	95.61	631.61
2010	635	18.98	653.98
2011	853	166.7	1019.7
2012	998.7	195	1193.7
2013	1350	446.9	1795.9

二、人寿保险

中国人寿保险股份有限公司中方支公司人寿保险经营范围涵盖寿险、人身意外险、健康险、年金等基本类型，约 80 多个险种。2008 年，公司开展全县村干部人身意外保险业务，保费收入 1239.41 万元。2009 年，公司承保全县两女结扎户计生家意险业务。2010 年，保费收入降为 773.58 万元。2013 年 12 月，县人民政府与怀化分公司签订《新型农村合作医疗保险》合作协议，委托中方支公司管理全县“新农合”业务。是年，保费收入 682.77 万元。

第三节 理 赔

一、寿险理赔

2008 年，中国人寿保险股份有限公司中方分公司理赔金额 496.71 万元，2009 年，由于业务量的减少，理赔金额下降为 232.01 万元。2013 年，保险赔付金额达到 506.04 万元。

二、财险理赔

1998—2006 年，全县财产保险业务由怀化市中华联合财产保险公司开展。2007 年中华联合保险公司中方分公司，理赔各类案件 95 件，赔款金额 160 万元。2008—2009 年，全县遭受大面积冰灾，县中华联合财产保险公司迅速做出反应，两年决赔案件 1158 件，赔款金额 753 万元。2012 年，森林火灾频发，损失严重，保险公司支付保险赔款 124 万元，石宝乡和聂家村乡 31 户农房火灾支付赔款 14.5 万元，聂家村一辆农村客运班车与货车相撞交通事故支付赔款 63 万元，怀化运输集团汽车南站分公司客车相撞交通事故支付赔款 103 万元。全年决赔案 831 件，赔款金额 669.7 万元。2013 年决赔案 752 件，赔款金额 580.3 万元。

第十四篇

综合经济管理

ZONG HE JING JI GUAN LI >>>>>>>>>>>

第十四篇　综合经济管理

第一章　计　划

第一节　管理机构

1998年4月，成立中方县计划委员会。是年，成立县重点项目建设管理办公室，归口县计委工业经济股管理，负责重点项目的考察论证、筛选、申报立项、资金筹措和建设实施的协调工作。成立大中专毕业生分配工作领导小组，办公室设县计委，主要负责非师范类大、中专毕业生的派遣，协调分配中的矛盾，对分配后毕业生一年见习期跟踪管理和考察。成立县经济建设投资公司，归口县计委。设立县经济信息中心，为股级单位，定编2名，经费自筹，隶属县计委领导。1999年，成立中方县大中专毕业生就业指导中心，“中心”办理和管理尚没有分配学生的户粮关系及档案。2002年6月，计划委员会改称中方县发展计划局。2003年，撤消县经济信息中心，原定编制予以核销。成立县招标投标管理办公室，为县发展计划局下属二级事业机构，核定全额事业编制3名。2005年8月，发展计划局更名为发展和改革局。2010年，内设机构定为：办公室、国民经济综合规划与服务业股、固定资产投资股、工业和农业股、社会发展与财贸外经股、政务服务办公室6个股室，核定行政编制8人。

第二节　计划编制

一、长期计划

中方县武陵山片区区域发展与扶贫攻坚实施规划　《中方县武陵山片区区域发展与扶贫攻坚实施规划（2011—2020年）》规划区域范围为中方县，辖22个乡镇（其中9个建制镇、1个瑶族乡），214个行政村，15个居委会辖区总面积为1479平方公里。

本次规划以转变经济发展方式为主线，以改善民生为根本，以打造“鹤中洪芷”一体化先导区为平台，以改革开放创新为动力，以富民强县为目标，坚持绿色发展、低碳发展、循环发展，大力实施“项目带动、产业升级、可持续发展”战略，强力推进新型工业化、新型城镇化、农业现代化和区域性交通商贸物流中心建设，确保经济发展速度快于全市，发展质量优于全市，发展效益高于全市，推动中方县经济社会又好又快跨越发展。

城镇化加快推进，半核中心城市形成，并与鹤城实现同城化发展。到2020年，全县城镇化率达到50%以上，城镇人口达到20万人。不断提升中方县城的城市功能，提高城市品位，加快创建“全国生态城市、文明城市和卫生城市”步伐，建成生态宜居城市。

教育、科技、人口计生、文化、体育等社会事业不断进步，社会文明程度显著提高。义务教育实现均衡发展、就业更加充分、覆盖城乡的社会保障体系基本形成、医疗保障水平逐步提高。农村新型合作医疗保险参保率达到95%，实现新型农村和城镇居民社会养老保险保险制度全覆盖。社会救助体系更加完善，社会预警应急体系健全，防灾减灾能力增强，安全生产形势进一步好转。

按环境功能分区要求，大气、水质等稳定达到国家相应环境质量标准。万元地区生产总值能耗在2010年基础上降低18%，达到1.0吨标准煤/万元。耕地保有量不少于2.1万公顷。工业固体废物综合利用率80%以上，工业废水排放达标率95%以上，工业用水循环利用率90%以上，二氧化硫排放量3.4万吨，化学需氧量排放量3.4万吨，氨氮排放量1760吨，空气质量达标率95%。城乡环境质量继续改善，城镇污水处理率达60%，城镇垃圾处理率达96%，其中县城核心区处理率达100%，森林覆盖率达63.2%。

按照“区域发展带动扶贫开发，扶贫开发促进区域发展”的基本思路，以“一区，两中心，三基地”战略定位，规划到2020年，基础设施支撑能力全面增强，重点生态区域治理取得积极进展，城乡人民收入增长与经济发展水平基本同步，公共服务能力显著提高，文化更富特色，社会更趋和谐，全面小康社会基本实现。综合实力跻身怀化市前三位、全省前三十位。

主要发展指标为地区生产总值年均增长率在“十二五”期间高于18%，“十三五”期间高于20%。城镇居民人均可支配收入年均增长率在“十二五”期间高于15%，“十三五”期间高于全国平均水平。农村居民人均纯收入年均增长率在“十二五”期间高于18%，“十三五”期间高于全国平均水平。城镇化率在“十二五”期末达到40%以上，“十三五”期末达到50%以上。人均教育、卫生、社保和就业四项支出在“十二五”期末达到全国平均水平的70%以上，“十三五”期末达到90%以上。高中阶段教育毛入学率在“十二五”期末达到90%以上，“十三五”期末达到100%。人口自然增长率在“十二五”期末下降到9‰以内，“十三五”期末下降到8.5‰以内。万元地区生产总值能耗在“十二五”期末下降到1.0吨标准煤以下，“十三五”期末下降到0.8吨标准煤以下。万元工业增加值用水量在“十二五”期末下降到200立方米以下，“十三五”期末下降到160立方米以下。森林覆盖率在“十二五”期末达到63.2%以上，“十三五”期末达到66%以上。

2011—2013年GDP年均增速为13.28%。城镇居民人均可支配收入达18337元，增长

11.6%。农村居民人均纯收入达6830元，增长13.2%，城镇化率达到30%。全县民生支出累计完成8.86亿元，占公共财政支出的69.5%，高于全省平均水平4.5个百分点。高中教育毛入学率达到87%，人口自然增长率为8.14‰，森林覆盖率达到65%。

二、中期计划

2001—2010年，全县共编制“十五”“十一五”及“十二五”三个中期计划。

“十五”规划与执行（2001—2005年） 2000年12月，完成《关于中方县国民经济和社会发展第十个五年计划纲要（草案）》编制，2001年2月由县人大常委会审议通过。这是县制定的第一个五年计划即“十五”规划。

“十五”时期经济社会发展的主要宏观目标：国内生产总值计划（1990年不变价，下同）达到10.82亿元，年均增长10%。三次产业增加值年均增长分别达到4%、13%和12%，到2005年，三次产业的比例关系大致调整到25.2∶41.2∶33.6。农业产业化进程加快，工业主导产业明显。基础设施瓶颈制约得到缓解，“十五”期间，计划固定资产投资总规模5.3亿元，年均增长20%。财政收入增长速度大于国内生产总值增长速度。到2005年，县级地方财政收入达到3484万元，年均增长12%，城市化水平达到19.6%，城镇居民人增可支配收入达7500元。农村居民人均可支配收入达到2551元，年均增长率6.4%。全县社会事业全面发展，人口自然增长率控制在5‰。

“十五”期间发展成就是国民经济快速增长。2005年全县生产总值由2000年年8.96亿元增加到16.64亿元。按可比价格计算，本县生产总值年均增长10.7%，比“十五”计划10%的预期目标高0.7个百分点。人均生产总值由3497元增加到6274元，年均增长12.6%，地方财政收入由1979万元增加到4317万元，年均增长22.4%。经济结构不断优化。2005年三次产业结构比由2000年的42.3∶16.7∶41调整到32.9∶32.5∶34.6，结构更趋合理。完成社会固定资产投资24.7亿元。各项事业全面发展，人民生活水平不断提高，城镇居民人均可支配收入由2000年的4280元增加到2005年的6800元，5年年均增长12%，农民人均纯收入由2000年的1794元增加到2005年的2325元，年均增长4.7%。

“十一五”规划与执行（2006—2010年） 2005年12月制定。本规划确定13个涉及全县经济和社会发展方向、重点的调研课题和11个专项规划，先后召开6个专题座谈会，2006年1月在县二届人大四次会议通过。

“十一五”时期是全县城镇化加速推进和实现经济跨越发展的关键阶段。国家实施促进中部崛起和省委、省政府继续实施湘西地区开发战略，怀化市推进鹤中洪芷一体化，政策支持力度进一步加大，这些都为中方县加快发展创造良好的外部环境。

“十一五”时期经济社会发展的主要宏观目标：在经济发展的方面，力争到2010年经济总量达到28亿元以上，年均增长12%以上，人均GDP达到11000元。第一、二、三产业增加值年均分别增长 4%、21%和 9.5%，分别达到 6.2 亿元、13.8/ 亿元和 8 亿元，其中工业增加值年均增长 25%，达到 8.4 亿元，占生产总值比重达到 30%以上，一、二、三次产业结构比调整为 22.1：49.3：28.6。地方财政收入年均增长 20%，2010 年达到 1.1 亿元，全社会固定资产投资五年累计完成 35 亿元。社会消费品零售总额年均产增长 12%，达到 6.8 亿元。在社会进步方面城镇登记失业率控制在 4%以下。科技进步对经济增长的贡献率达到 40%以上。小学毕业生升学率达到 100%，初中毕业生升学率达到全省平均水平，到 2010 年，基本普及高中教育。全县医疗卫生体系功能配套，新型农村合作医疗覆盖率达 80%以上。城镇从业人员社会保障覆盖率达 100%。在人民生活方面，到 2010 年，城镇居民人均可支配收入年均增长 8%，达到 10000 元，农村居民人均收入年均增长 6%，达到 3050 元，城乡居民恩格尔系数降到 45%左右。到 2010 年平均期望寿命达到 73 周岁。可持续发展：到 2010 年全县总人口控制在27.5 万人左右。森林覆盖率达到 65%，城镇人均公共绿地面积达到 12 平方米，2007 年建成生态示范县。城镇生活污水集中处理率达到 40%，城镇生活垃圾无害化处理率达到 92%，集中式生活饮用水源达标率和村镇饮用水合格率分别达到 98%和 90%。

“十一五”期间发展成就：全县实施“生态立县、旺市融城、兴工促农、科学跨越”的发展战略，大力推进新型城镇化、新型工业化和农业现代化，各项经济指标完成或超额完成“十一五”制定的发展目标。2010 年，全县国内生产总值达到 46.1 亿元，完成“十一五”目标的 164%，五年累计完成 153.7 亿元，年均增长 17.1%，其中一、二、三产业增加值五年年均分别增长 7.3%、32.5%和 11.1%，人均 GDP 达到 2465 美元。地方财政一般预算收入完成 1.9 亿元，完成“十一五”目标的 182%，五年累计完成 6.1 亿元，年均增长 33.1%，连续五年实现财政收支平衡。全社会固定资产投资保持较快增长，五年累计完成投资 105 亿元，完成“十一五”目标的 300%，社会消费品零售总额完成 8.3 亿元，完成“十一五”目标的 119%，年均增长 19.3%。三次产业结构比由 2006 年 19.8：33.1：47.1 调整到 2010 年 13.4：56.4：30.2。2010 年农业总产值 10.5 亿元，年均递增 7.3%，完成“十一五”预期目标的 105%。全县规模工业增加值完成 10.8 亿元，年均递增 25%。“十一五”期间完成市域概念性规划和城镇总体规划修编，规划中心城区控规覆盖率达到 100%，县城规划面积从 17.8 平方公里增加到 60 平方公里，城市规划区建成面积达到 3.5 平方公里，城镇化水平达到 27.4%。城市交通、供水、排水、绿化、卫生、照明等设施逐步配套完善，县城建设五年累计完成投资 25.38 亿元。社会发展实现由温饱型小康向宽裕型小康转变，2010 年农民人均纯收入 4234 元，城镇居民可支配收入 18013 元，年均递增 23.1%。2010 年城乡居民储蓄存款余额 8.86 亿元，农村居民恩格尔系数下降到 45%。大力实施天然林保护工程、水土流失治理、退耕还林等工程，全县森林覆盖率达 61.8%，2008 年生态环境试点县验收获得成功。

“十二五”规划（2011—2015 年）　2010 年 12 月制定。根据《中共中方县委关于制定中方县国民经济和社会发展第十二个五年规划的建议》编制，经中方县第三届人民代表大会第四次会议审议批准，公布实施。主要阐述县委、县政府未来五年全县经济社会发展的战略意图和工作重点，规划分析“十二五”时期中方县的发展环境，提出经济和社会发展的指导思想和发展目标，明确产业发展重点，提出战略措施，是指导中方县“十二五”时期经济和社会发展的纲领性文件和制订相关规划的重要依据，是政府履行职责的重要依据。

“十二五”时期经济社会发展的主要宏观目标：到2015年，全县GDP总量达到116亿元左右，年均增长18%，人均GDP达到5600美元。地方财政总收入达到7.6亿元，年均增长22%，其中财政一般预算收入达到5.8亿元，年均增长25%。全社会固定资产投资“十二五”期末达到97亿元，年均增长25%，五年累计达到328亿元。社会消费品零售总额达到18.9亿元，年均增长18%。实际利用外资1200万美元，年均增长33%。三次产业结构调整到10：50：40。规模工业增加值达到45亿元，年均增长30%以上，工业占GDP的比重达到45%，工业对财政的贡献更加突出，工业的主导地位更加明显，第三产业比重显著提高。高新技术产业增加值占GDP的比重达到20%。科研与开发经费占GDP比重提高到1.5%。培育重点城镇，完善县域城镇体系，到2015年初步形成“一极两点三带”的空间分布格局，按照“一城带三镇”的发展思路，打造一批明星城镇，期末城镇化率达到43%。城镇失业率控制在4%以内，城镇职工基本养老保险覆盖率达到75%，城镇职工基本医疗（生育）保险覆盖率达到90%，城镇居民基本医疗保险覆盖率达到90%，新型农村养老保险覆盖率达到90%，职工工伤保险覆盖率达到90%，失业保险覆盖率达到90%，农村新型合作医疗保险参保率达到95%。农村低保覆盖面达到6.8%，城镇居民人均可支配收入与农民人均纯收入分别达到33100元和9686元，年均增长13%和18%。城乡居民的健康水平进一步提高，人均寿命达到75岁。城乡居民消费恩格尔系数达到40%。基尼系数控制在0.4以下，城市建成区绿化覆盖率达到45%左右。

2013年实现地区生产总值（GDP）81.8亿元，同比增长10.9%，其中一、二、三产业增加值分别达到10.5亿元、48.9亿元和22.4亿元，分别增长2.7%、11.9%和12%，三次产业结构调整为12.8：59.8：27.4。公共财政收入完成5.78亿元，同比增长12.3%，其中地方财政收入完成3.94亿元，同比增长13%。全社会固定资产投资完成76亿元，同比增长36.8%。工业经济快速增长，县属规模工业增加值完成17.86亿元，同比增长12%。现代农业稳步推进，完成农林牧渔业总产值16.98亿元，同比增长2.5%。粮食总产量达到11.7万吨。第三产业稳步推进，完成社会消费品零售总额12.1亿元，同比增长13.9%。全年接待游客67.1万人次，实现旅游收入26840万元，分别增长22%和30%。

三、年度计划

县发改局每年编制一次国民经济和社会发展年度计划，主要是依据国家产业政策、分配政策、经济调控政策以及对外经济政策和上级计划部门的要求，结合本县上年度计划执行情况、各行业的发展现状以及重点行业的调研成果等进行编制。一般在年底调研编制，在次年初举行的县人大常委会会议上审定通过，向全县发布并组织实施。在实施过程中，县计委跟踪调查，对计划执行情况每季或半年向县政府、县人大汇报，根据县人大的意见，中途进行调整，年终向县人大代表报告。1998—2013 年，共编制年度计划 16 个，其内容主要包括上年度国民经济和社会发展执行情况和本年度目标及保障本年度目标完成的措施。

1998—2013 年中方县主要经济指标完成情况表

表 14-1-2-1 单位：亿元

年度	GDP		规模工业增加值	全社会固定资产投资		社会消费品零售总额		地方财税收入	
	绝对值	增速		绝对值	增速	绝对值	增速	绝对值	增速
1998	7.95	—	1.7	0.56	—	1.7	—	0.14	—
1999	8.29	6.6	1.7	0.72	28.6	1.87	10	0.16	14.3
2000	8.96	7.6	1.9	0.75	4.2	2.04	9.1	0.2	25
2001	9.68	6.7	2.1	0.9	29.9	2.21	8.1	0.18	—7.5
2002	10.23	6.6	2.5	0.94	4	2.39	8.3	0.19	3.7
2003	11.29	8.7	3.1	1.33	140.8	3.08	10.9	6.27	42.9
2004	13.66	15	4.8	4.4	130.2	3.48	3.9	0.33	41
2005	16.34	15.3	7.5	16.71	183.2	3.42	13.5	0.43	31.4
2006	18.67	11.8	9.6	18.19	8.9	4	16.1	6.6	40.1
2007	21.92	13	13	12.21	—33	4.8	19.8	0.85	41.4
2008	29.5	18.5	29.8	16.82	37.8	5.7	20.5	1.16	35.4
2009	37.48	22.1	42.6	20.69	23	6.9	20.1	1.54	33
2010	48.85	19.1	26.7	32	54.7	7.8	15	1.9	30
2011	48.85	19.1	26.7	32	54.7	7.8	15	1.9	30
2012	73.32	13.5	30.39	55.9	38.4	10.65	15.4	3.49	38
2013	81.85	10.9	17.86	76.48	36.8	12.13	13.9	3.94	13

四、专项计划

1999 年 2 月，编制《中方县农业产业化经营总体规划（1998—2003 年）》。2003 年，编制《湘西地区开发中方县规划》。该规划提出 28 个涉及交通、能源、水利、城建、农业、卫生、生态、旅游等项目，总投资近 50 亿元。同年，完成《中方县创建生态县建设规划》及

《乡镇卫生院改造规划》《中小学危房改造及寄宿制学校规划》《乡镇文化活动中心规划》《职业教育规划》等专项规划。2005年，编制中方县《整顿市场经济秩序》《加快信息化发展》及《粮食物流发展》3个专项规划。2007年，编制《中方县大中型水库库区和移民安置区基础设施建设和经济发展规划》，规划项目共计85个，总投资6074.1万元。2008年，编制《中方县2008—2015年巩固退耕还林成果规划》《中方县2008年度巩固退耕还林成果项目实施方案》和《中方县村级组织活动场所建设规划》3个专项规划。

第三节 项目管理

一、固定资产投资计划管理

1998年建县伊始，县固定资产投资强度弱、规模小，全年投资总额仅5597万元，为全市平均水平的28.8%。1999—2001年，为提高县居民的生产和生活条件，投资主要指向于基础产业和基础设施建设，尤其是农村农田、电力、水利等基础设施建设。2002—2003年，以“构筑文化旅游高地，建设山水园林新城”为总体指导，全面启动县城建设。在县城建设的强力拉动下，投资规模增长较快，增幅达到140.8%。2004年，根据《国务院关于投资体制改革的决定》精神，企业投资项目由审批制改为核准制和备案制。2005年，“十五”期间(2001—2005年)累计完成全社会固定资产投资24.7亿元，增幅呈大幅跨越前行趋势。2006年，完成固定资产投资18.58亿元，同比增长20.3%。2007年，在投资规模扩大和强度增强的前提下，为加强项目管理工作，县委、县政府研究出台《关于加强项目工作管理的意见》。

2008年，㵲水荆坪大桥、县城防洪堤㵲水段开工建设，新建、续建城区道路4条，县城路网骨架进一步完善。2009年，在原有项目库的基础上建立完善5个项目库，即在建项目库、拟建项目库、招商项目库、已向上申报但尚未落实项目库及中央新增投资项目库。2010年，“十一五”期间全县社会固定资产投资持续保持较快增长，5年累计完成投资105亿元，圆满完成任务。2011—2012年，为规范对政府投资项目，建立健全高效的政府投资项目决策，县政府出台《中方县政府投资项目管理暂行办法》，并修订完善投资工作目标管理考核办法，明确各联系单位责任及任务，进一步加强固定资产投资工作考核。2013年，为缓解县级财政压力，共向上级部门争取资金5797.8万元（发改委），涉及基础设施、农林等多个方面。

1998—2013 年中方县固定资产投资一览表

表 14-1-3-1　单位：亿元

年份	投资额	较上年度增长	年份	投资额	较上年度增长
1998	0.56	28.57%	1999	0.72	4%
2000	0.75	20%	2001	0.90	29.9%
2002	0.94	4%	2003	2.26	140.8%
2004	5.21	130.2%	2005	15.44	196.2%
2006	18.58	20.3%	2007	38.21	105.65%
2008	32.81	–8.9%	2009	23.88	–27.21%
2010	32.05	34.2%	2011	40.4	38.8%
2012	55.9	38.4%	2013	76.5	36.8%

二、重点建设项目管理

1998 年，收集筛选 40 个项目，建立全县第一个重点项目库，并编制《中方县重点项目管理办法实施细则》，完善项目的基础性工作，推进重点项目的全过程管理。1999 年，经重点项目建设管理办审批的项目 26 个，审批可行性研究报告 2 个，核查上报材料 20 个，其中上报市里的 14 个项目被列入 2000 年国家投资计划。通过对上一年度申报的 20 个项目的跟踪，争取省无偿投资 364.2 万元，低息贷款 459.2 万元。同年，协助五龙溪水电站顺利通过全国及全市水利基础设施重点项目的检查。会同县档案局、建设局等相关部门加强基础设施项目档案工作。2000 年，审批项目 15 个，其中纳入省、市计划 10 个。针对项目专项资金管理开展定期检查，全年竣工验收项目 4 个，工程质量及资金使用无一出现问题。2001 年，建立重点项目目标管理责任制，对重点项目建设实行县级领导负责制，成立县重点项目建设矛盾处置班子，确保项目顺利推进。2002 年，申报重大项目 21 个，共争取各类资金 4394.5 万元，其中怀新国防路建设资金 2000 万元，农网改造 2250 万元，退耕还林专项资金 100 万元。成立县重大项目稽查特派员办公室，对国债项目资金使用、项目建设和工程质量实行监督管理，是年，参与和组织重大项目稽查活动 3 次。2003 年，金大地水泥、铜湾电站等 8 个项目被列入全省《湘西地区开发总体规划》，3 家企业列入重点扶持企业。2004 年，是市委、市政府确定的“项目带动年”，也是中方县城启动的关键之年。全县确定 50 个重点项目，总投资规模 29.6 亿元，年度计划完成投资 10.3 亿元。2005 年，确定重点项目 54 个，总投资规模 34.8 亿元，年度计划完成投资 12.7 亿元，全县被列入省湘西地区开发规划项目由 5 个增加到 6 个。2006 年，被列入湘西地区开发产业项目的 8 个项目，相继投产、达产，累计完成投资 10.58 亿元，占项目总投资的 49.9%。累计银行贷款到位资金 5.11 亿元，占申请贷款资金的35%。项目实际完成投资额、分行贷款到位资金列全市首位。落实国家、省、市发改委支持项目共11个，争取上级扶持资金2883万元，重点支持县城道路、供水工程及管网建设、县到乡镇公路改造、退耕还林、“两所一庭”等项目建设。全年共落实国家、省、市发改委支持项目25个，争取上级扶持资金3600万元。同年，德瑞生物和五溪米业顺利进入第二批省湘西开发重点项目规划笼子，金大地水泥循环经济三个项目、德瑞无塔循环、小康煤改气工程列入省CDM备选项目库。出台《中方县重大建设项目稽查办法》和《中方县招标投标管理办法》，进一步完善重大项目稽查特派员制度。全面落实重点项目责任制，健全重点项目和重大项目月报制度，掌握项目实施进度。2007年，争取资金2300万元，向外推介项目26个。共安排重点项目56个，总投资48.7亿元，年度计划投资13亿元。出台《中方县项目工作管理实施办法》和《关于加强项目工作管理的意见》。在珠洽会上成功签约项目6个，总投资6.84亿元。2008年，安排重点建设项目57个，总投资达到36亿元，年度计划投资14亿元。规划总投资7974.58万元，其中国家补助资金3372.12万元，地方政府配套资金4602.46万元。成功引进白云石深加工等19年项目，合同引资16.7亿元。2009年，将五龙溪水库除险加固等8个项目列入国家新增投资计划，争取到国家资金1806万元。在原有项目库的基础上建立完善5个项目库，即在建项目库、拟建项目库、招商项目库、已向上申报但尚未落实项目库及中央新增投资项目库。同年以“旺市融城年”为契机，明确40名县级领导分工抓好72个重点项目，年度投资计划为16亿元。2010年，项目库中已有项目103个。启动第三轮湘西地区开发项目申报工作，重点筛选恒裕实业有限公司铁塔及钢杆塔生产等5个项目上报省湘西地区开发办公室，计划总投资规模4.99亿元。全年组织重大项目调度会2次，会同监察、财政、审计、两办督察室等部门对47个重点项目开展专项联合稽查2次，配合省、市检查组对中兴学校及县人民医院建设项目进行专项稽查各1次。2011年，中方县印刷产业集聚工程、荆坪古村文化旅游休闲度假区、建材加工小区、怀化市职业教育基地等4个项目纳入湖南省“三个一”重点行动项目范畴。同年，出台《县级重点项目目标管理考核办法》，加强对项目推进情况考核。2012年，安排重点项目67个，总投资109.8亿元，年度计划投资28.5亿元。启动首届“中方县重点项目百日竞赛活动”，推动项目建设形成“比、学、赶、超”的良好氛围。2013年，安排重点项目70个，总投资18.9亿元，年度计划投资37亿元。启动第四轮规划产业项目申报和第三轮园区基础设施贴息资料的申报，成功为湖南奥谱隆科技股份有限公司等5家企业及县工业园基础设施争取省规划财政贴息资金共计656.13万元。

三、农转非计划

农转非计划属指令性计划，其管理办法实行计划与“计划指标卡”双控制度，归口县计划委员会管理。农转非计划安排的重点是保证国家重点建设、大中专学生、民办教师转公办、无地农民、居民家属的招工录干等。1998年，按照政策办理科技班干部家属农转非31人，水管站招工农转非19人，民师生农转非130人，县职工家属农转非92人，五大生和委培生农转非38人。1999年，办理大中专毕业生农转非51人。2000年，办理大中专毕业生农转非30人。此后“农转非”不再纳入计划管理。

四、大中专毕业生分配计划

1998年，全县企事业单位建立人才储备制度，安排毕业生89名，选拔22名大中专毕业生下农村村级工作，有效减轻毕业分配压力。1998—2000年，全县接收毕业生（含1997届未分配学生）703人，分配521人，未分配人员除52名国家任务统分生（去向未明，待查）外，其余交县人才交流中心帮助就业，政府不再负责其计划安排。2001年，全县毕业生就业实现由计划分配向自主择业根本转轨，用人单位通过人才交流、考察、考试，招聘所需人员。大中专毕业生“统分”中止。2002年，大中专毕业生分配职能交给县教育局。

五、物资行业管理

20世纪90年代末期，随着社会主义市场经济体制的不断深化，物资分配主要以市场调节为主，纳入计划分配的物资不断减少，物资分配计划职能自然消失，物资流通完全按市场运行机制执行。县计委指导全县物资行业经营管理，负责对国家调控的重要生产资料或专营物资进行管理。

1998年，成立县物资行业管理办公室和中方县民爆器材物资有限公司，隶属县计委管理。1999年，对全县现行民爆器材流通体制进行改革，实行统一供应渠道、统一供应价格。2004年8月，根据《湖南省人民政府关于进一步深化国有企业改革的通知》和《怀化市人民政府关于国有企业产权制度改革有关问题的通知》精神，县人民政府对县民爆公司进行改制，由湘西自治州七〇化工有限公司整体收购。

六、以工代赈

2012年，中方县纳入以全国工代赈县，是年，根据省发改委《关于下达湖南省2012年财政预算内以工代赈计划的通知》文件，下达2012年以工代赈资金总规模110万元，全部为中央预算内资金，项目共涉及18个项目区，主要建设内容为改造村级公路29公里，目标解决24150人出行困难。年底，在18个项目共区完成投资110万元，累计完成改造村级公路29公里，解决24150人出行困难。2013年，下达2013年以工代赈资金总规模110万元，全部为中央预算内资金。项目共涉及28个项目区，完成投资130万元，修筑饮水渠道12.7公里，修复防洪堤一座，改造乡村道路23公里。改善新增灌溉面积4500亩，解决24000人行路困难。工程量超出预期目标，项目效益显著。

第四节 招投标工作

1998 年，县招标投标工作是从市县分家建筑工程招标投标开始的。县经济建设投资公司为全县重点项目筹措资金，并使其保值增值。代表政府以参股和控股方式参与重点项目及外商投资项目的投资，实行企业经营，具有法人资格，独立核算，自负盈亏。1998—2003 年，建设工程领域招投标由县建设部门下设的招投标办负责管理。2006 年，县经济建设投资公司归口县政府城镇工作办公室管理。出台《关于进一步加强和规范全县招标投标工作的通知》，成立中方县招标投标工作领导小组。是年，组建怀化市政府性综合评标专家库中方县分库。2009 年，县专家库纳入湖南省综合评标专家库管理委员会统一管理。历年来专家库成员不断丰富，有房屋建筑、水利、经济类等各方面专家 88 人。

2003—2013 年中方县核准招标情况表

表 14-1-4-1

年 份	核准项目数（个）	总投资（万元）
2003	6	5994
2004	11	3396
2005	20	6619
2006	32	10190
2007	28	21863
2008	27	32123
2009	33	27760
2010	47	43052
2011	58	252749
2012	63	103134
2013	51	62525
合 计	376	569405

第二章　国土资源

第一节　管理机构

1998年4月28日，设置中方县国土管理局与中方县地质矿产局。内设办公室（加挂人事股、计财股牌子）、建设用地股、地政地籍管理股、土地法规监察股、国土规划区划管理股、测绘行业管理股等6个职能股室，设立28个事业单位。9月22日，设立中方县矿业开发服务中心。1999年8月25日，设立中方县土地整理中心。2001年12月20日，将中方县国土管理局与中方县地质矿产局合并组建成中方县国土资源局。2002年，设办公室、计财股、耕地保护与规划股、建设用地股、地籍管理股、地产管理股、矿业开发管理股、地质勘查与储量管理股、地质环境股、测绘行业管理股、法规监察股、人事教育股等12个职能股室，行政编制12名，全额拨款事业编6名。11月21日，增设中方县土地收购储备中心。是年，县地质矿产局与中方县国土局合并，成立县国土资源局，矿产资源管理职能划入中方县国土资源局。2003年6月16日，撤销中方县地产评估事务所。2006年6月20日，中方县国土监察队调整为副科级事业机构。2010年4月中方县地产交易所更名为中方县国土资源交易中心。8月10日，增设政务服务办公室。2013年10月29日，设立中方县国有建设用地批后监管办公室。截至2013年底，该局内设13个职能股室，9个二级事业单位，22个乡镇国土所，在编在岗222人。

第二节　土地资源管理

一、土地规划

1998年，县国土资源局开展第一轮规划修编工作，对全县22个乡镇146654.45公顷土地编制《中方县土地利用总体规划（1997—2010年）》。1999年11月，报省政府批准实施，初步规范全县土地利用秩序。2006年，县第二次土地利用总体规划修编工作正式启动，由湖南省地理研究所作为承担具体修编的技术服务工作，落实规划编制费115万元，编制《中方县土地利用总体规划（2006—2020年）》，对全县22个乡镇进行调查，确定土地面积为146161.46公顷（注：县国土局、统计局、第二次土地调查领导小组办公室2014年6月26日调查土地面积为1502.4593平方公里含黄岩53.825平方公里）。2011年2月，正式完成县级规划修编工作。4月，市政府批复正式完成乡级规划修编工作。2012年9月，县第二次土地利用总体规划修编工作全面完成。

二、建设用地管理

1998年建县，省、市、县三级人民政府在建设用地方面给予大力支持，为县城建设用地打下坚实的用地基础。其中，县人民政府批准农用地转用27宗，面积233.07亩。怀化市人民政府批准县农用地转用59宗，面积1406.07亩。湖南省人民政府批准县农用地转用23宗，面积2704.69亩。1999年，新《中华人民共和国土地管理法》颁布实施，国家实行土地用途管理制度。2002年11月，成立县土地收购储备中心，出台《中方县土地收购储备暂行办法》。12月，举行首次土地公开拍卖活动，共拍卖土地4宗。1999—2003年期间，县没有申报农用地转用。2005年，开展治理国土资源市场秩序执行监管工作，进一步治理整顿土地市场秩序，全县经营性用地100%实现招拍挂方式出让。2010年9月，县政府下发《中方县人民政府关于印发〈中方县城镇国有建设用地使用权出让管理若干规定〉的通知》，对全县城镇国有建设用地使用权出让管理进行规范。同年启动县基准地价编制工作，12月29日，召开县城区基准地价评估成果听证会。2011年7月，县人民政府办公室下发《中方县人民政府办公室关于印发〈中方县城规划区土地资产经营管理若干规定〉的通知》，对县城规划区土地资产进行规范管理。是年10月，省国土资源厅批准县城镇基准地价成果公布实施，结束自1998年建县以来无基准地价的历史，为今后规范土地市场秩序、加强土地市场管理提供更加科学、全面、合理的价格依据。2013年，启动城镇基准地价更新程序，加大对土地一级市场的调控力度，推动土地增值。县城商业用地出让成交均价由2008年底的12万元/亩提升到2013年底的50万元/亩。

表 14-2-2-1

1999—2013 年中方县供地情况表

年　份	出让宗地数	面积（亩）	出让价格（万元）	划拨宗地数	面积（亩）
1999	2 （协议出让）	73.68	0	0	0
2000	1	0.037	1.10	0	0
2001	11	374.77	277.23	6	34.44
2002	24	2270.73	7988.35	2	8.65
2003	33	2749.95	16600.43	31	264.57
2004	31	2214.81	11783.42	6	35.49
2005	38	1142.55	6931.35	11	301.54
2006	64	1149	5477.35	7	124.18
2007	68	910.95	7231.03	9	6387.65
2008	44	1178.55	11528.83	12	2626.04
2009	13	364.05	5772.6	25	11738.52
2010	82	1050.58	18316.54	9	13059.78
2011	42	1809.28	54415.7	21	1424.99
2012	44	1486.08	36899.61	12	1461.6
2013	20	1336.46	44584.49	8	245.63
合　计	517	18111.47	227808.04	159	37713.07

三、基本农田保护

1998 年，第一轮规划修编确定全县划定基本农田保护区 4643 个，全县基本农田面积 24.8 万亩，耕地保有量 29.4 万亩。2009 年 10 月，在新建乡、花桥镇、铜湾镇、桐木镇、聂家村乡、下坪乡等 6 个乡镇新设永久性保护标志牌 6 块。2011 年，为规范农村建设用地整治和城镇建设用地整治，有效增加耕地面积，改善土地生态环境更好协调土地整治和耕地保护的发展，县国土资源局邀请湖南恒炬勘察有限公司为技术单位，编制《中方县土地整治规划》（2011—2020年）。2012年3月，聘请湖南省经济地理研究所作为技术单位，在全县开展基本农田实施永久性划定工作，埋设基本农田界桩133块，签订基本农田保护责任书235份，落实基本农田保护到户到人，进一步强化耕地保护力度。8月，在中方镇等16个乡镇新设永久性保护标志牌16块，至此，全县22个乡镇每个乡镇均设立永久性保护标志牌。9月，县第二次土地利用总体规划修编工作全面完成，确定全县基本农田面积24.3万亩，耕地保有量33.4万亩。12月，全县永久基本农田划定外业工作完成，同年，在全县范围内开展历史遗留损毁土地以及自然灾害损毁土地现状调查工作，清查出因自然灾害和生产建设损毁土地1900多亩，为全县今后复垦打下基础。

1998—2013年，耕地占补平衡工作实施耕地开发项目36个，开发耕地13344.672亩。实施土地综合整治项目9个，其中国家级1个，省级4个，市县级4个，总投资8203.64万元，完成土地综合整治面积34529.4亩。保障全县耕地保有量28.3万亩，基本农田24.3万亩面积不减少，连续15年实现耕地占补平衡。

2000—2013年中方县耕地开发项目情况表

表14-2-2-2

年度	项目名称	所在乡（镇）	验收面积	验收时间	验收单位
2000	中方镇长塘村耕地开发项目	中方镇	0.8	2000.8.4	市验
	铜湾镇思坪村耕地开发项目	铜湾镇	2.8	2000.8.4	市验
2001	花桥镇火马塘村耕地开发项目	花桥镇	0.36	2000.8.2	市验
	新路河乡笙竹村耕地开发项目	新路河	0.5	2001.11.9	市验
2003	中方镇溪房村耕地开发项目	中方镇	20.25	2003.10.20	省验市编
	下坪乡水田村耕地开发项目	下坪乡	14.57	2003.11.25	市验
	牌楼镇罗渔村耕地开发项目	牌楼镇	11.25	2003.11.25	市验
2004	泸阳镇大斗村耕地开发项目	泸阳镇	24.73	2004.1.29	市验
	花桥镇利家坡村耕地开发项目	花桥镇	25.20	2004.1.29	市验
	桐木镇黄家湾村耕地开发项目	桐木镇	18.76	2004.12.22	市验
	花桥镇千丘村耕地开发项目	花桥镇	22	2004.12.22	市验
2005	桐木镇黄家湾村耕地开发项目	桐木镇	26.68	2005.3.14	市验
	桐木镇黄家湾村耕地开发项目	桐木镇	23.34	2005.3.14	市验
	下坪乡桥上村梁红村耕地开发项目	下坪乡	20.09	2005.8.11	市验
	泸阳镇杨桥村耕地开发项目	泸阳镇	14.12	2005.8.11	市验
	桐木镇桐木村耕地开发项目	桐木镇	36	2005.811	市验
2007	泸阳镇牛套冲耕地开发项目	泸阳镇	41.60	2007.2.9	省验
	花桥三冲口村耕地开发项目	花桥镇	13.56	2007.29	省验
	泸阳镇荆塘村（园艺场、烟宝山片）耕地开发项目	泸阳镇	41.58	2007.2.9	省验
2008	大松坡村耕地开发项目	桐木镇	33.75	2008.12	市验
	花桥镇耕地开发项目	花桥镇	74.56	2008.12	市验

续表

年度	项　目　名　称	所在乡(镇)	验收面积(单位：公顷)	验收时间	验收单位
2010	花桥镇千丘田村耕地开发项目	花桥镇	25.35	2010.4.27	市验
	下坪乡桥上村耕地开发项目	下坪乡	28.08	2010.4.27	市验
	良坪村耕地开发项目	下坪乡	12.54	2010.4.27	市验
	泸阳镇黄花树村耕地开发项目	泸阳镇	27.45	2010.4.27	市验
2011	泸阳镇黄花树村（二期）耕地开发项目	泸阳镇	19.84	2011.2.16	市验
	花桥镇三洞溪村琵琶湾耕地开发项目	花桥镇	15.62	2011.2.16	市验
	活水乡宝山村耕地开发项目	活水乡	6.92	2011.12.2	市验
	蒿吉坪乡罗洪村耕地开发项目	蒿吉坪乡	16.97	2011.12.2	市验
	花桥镇三冲口村耕地开发项目	花桥镇	33.27	2011.12.2	市验
	聂家村乡聂家村村耕地开发项目	聂家村乡	19.06	2011.12.2	市验
	下坪乡良坪村耕地开发项目	下坪乡	13.62	2011.12.2	市验
2013	聂家村乡聂家村村、白洋坪村耕地开发项目	聂家村乡	19.21	2013.8.26	省验
	泸阳镇大斗村耕地开发项目	泸阳镇	24.25	2013.8.26	省验
	泸阳镇杨柳坪村耕地开发项目	泸阳镇	17.51	2013.8.26	省验
	中方县聂家村乡等八个乡镇耕地开发项目	聂家村乡	143.43	2013.12.25	省验
合　计			889.64		

四、地籍管理

2007 年 12 月 18 日，县第二次土地调查正式启动。2010 年 12 月，第二次土地调查农村部分验收合格。2011 年 1 月，城镇部分验收合格，第二次土地调查工作全面完成。2012 年 8 月，启动全县农村集体土地确权登记发证工作。2013 年底，县农村集体土地确权登记发证工作主要进行外业调查阶段。1998—2013 年，全县共核发出让国有土地使用权证 4690 本，划拨国有土地使用权证 1067 本，集体土地使用权证 4901 本。

第三节　自然资源管理

一、矿产资源管理

1998—2001 年，全县矿产资源由县地质矿产局管理。2001 年，开展第一轮矿产资源总体规划修编工作，编制《中方县矿产资源总体规划（2002—2010 年）》。2011 年，进行第二轮矿产资源总体规划修编，完成《中方县矿产资源总体规划（2008—2015 年）》。2013 年，在全县开展矿产资源储量动态监管质量建设年活动。

二、地质灾害防治

中方县是湖南省地质灾害比较严重的地区之一，属地质灾害易发区，主要类型有：滑坡、崩塌、泥石流、地面塌陷、采空塌陷等五种。

1998 年，启动每年编制发布年度地质灾害防治预案工作。2002 年，对全县地质灾害隐患点进行普查，查明各类地质灾害隐患点 108 处，其中蒿吉坪瑶族乡镇府驻地为大型山体滑坡隐患。全县设立地质灾害警示牌 48 块，建立防灾避险明白卡 800 余份。同年，以群测群防为主要手段，切实加强县、乡（镇）、村、户四级群防群测网络体系建设，明确 130 名防灾信息责任人员和 216 名隐患监测人。2011 年成立中方县地灾防治领导小组及应急分队，全县设 4 个应急小组，明确人员 28 人，调配车辆 4 台。2012 年与县气象局建立地质气象灾害预警联动机制，全年发预警电话 320 余次，短信 1800 余条，安排值班 610 人次。

2005—2013 年，全县连续 9 年未发生过因地质灾害引起的人员伤亡事故，有效保障人民群众的生命财产安全。

1998—2013 年中方县地质灾害防治项目、资金及成效一览表

表 14-2-3-1 单位：万元

时间	项目名称	所在乡镇、村	资金	资金来源	起始时间	成　　效
2000	临灾户宅基地平整	花桥镇利家坡村	20	县财政	2000.10	临灾搬迁、成功避险
2002	临灾户宅基地平整	花桥镇白沙村	8	县政府	2002.10	临灾搬迁、成功避险
2003	修复公路	蒿吉坪乡洞门口村	8	县政府	2003.11	目前稳固性较好
2004	临灾户宅基地平整	蒋家乡楼溪村	6	县政府	2004.9	转移搬迁、成功避险
2005	滑坡治理	蒿吉坪乡政府驻地	130	中央、省	2005.10	通过治理减缓蠕滑速度，效果很好
2006	修复公路	接龙乡卧龙村境内	40	县政府	2006.5	卸截减负成效明显，基本消除隐患
2011	修复公路	铜湾镇	80	县政府	2011.11	消除隐患，确保道路畅通
2012	滑坡治理	花桥镇卫生院	100	县政府	2012.10	消除隐患，确保临灾人员和财产安全
2012	滑坡治理	活水乡龙星村	285	中央	2012.10	消除隐患，确保临灾人员和财产安全

第四节　测绘管理

1999 年，在全县开展测绘标志点普查工作，全县国家级测绘标志点 29 个，对每个标志点明确 1 名村级监管信息员。2007 年，编制《中方县 2007—2020 年基础测绘规划》，全县域内共设立国家级测绘标志点 29 个。其中，一级水准点 6 个，二、三级点 23 个，分布在 19 个乡镇区域内，所有保护标志点都有专人维护，保护完好率为 100%。结合第二次地籍调查，在各乡镇发展做相关的规划，主要是县控制点，四等 GPS 平差，县城街访图。县地籍调查 1：500 分幅图。县地籍调查技术设计等 17 项测绘规划实施项目，为全县的基础测绘规划的实施奠定坚定的基础。

第五节　监督执法

1998—2000 年，中方县国土监察队负责土地执法监察工作，重点对农村集体土地的违法违规行为进行执法监察，并配合株六铁路复线及怀黔高等级公路的征地强拆执法，三年共查处各类土地违法案件 22 起。

2001 年，地矿工作合并到原县国土管理局，执法监察开始参与全县的非法矿山整治行动。开展全县非农业建设用地清查行动，清理查处并规范一批非农建设用地，共查处违法用地 15 起。2002 年，县国土监察队开始从事土地及矿产两方面执法监察工作。同年，县城建设正式启动，开展土地市场秩序整治活动。主要是对小城镇建设、乡镇村办企业、各类工业园区、集镇周边及公路两侧的用地进行清理，共查违法用地 25 起。2003 年，开展在县城规划区内清查乱搭乱建及在非开垦区开垦耕地的专项行动，查处在规划区内非法占地的建房等违法案件 28 起。2004 年，主要开展对全县小水电站用地进行清理，完善一批电站的用地手续，进一步对花桥陶瓷工业园及活水麻石加工企业用地清查。同时开展对矿产方面违法案件的查处，全年对土地查处案件 14 起，对矿产查处案件 5 起。2006 年，省级以下国土资源部门监察体制改革，将监察队升格为副科级单位。同年，在全县范围内开展整顿和规范矿产资源开发秩序专项行动，开展整治国省两道可视范围内“两场两窑”专项行动及生态创建和环保世纪行活动。关闭泸阳镇 5 家采石场，全年共查处土地违法案件 11 起，矿产违法案件 6 起。在矿产执法方面共炸毁探井 4 个，挂靠井 2 个，非法井 4 个，砌封洞探井 11 个，使全县探矿项目的违法行为得到有效遏制。2007 年，继续开展整顿规范矿产资源开发秩序专项行动，炸毁非法小煤窑及金矿洞 62 个，拆除工棚 24 个，没收及捣毁开采工具 106 件，使非法开采现场做到“无矿洞、无设备、无工棚、无人员”。全年共查处土地违法案件 12 起，矿产违法案件2起。2008—2009年，开展整顿和规范矿产资源开发秩序“回头看”行动，就非法露天采煤开展打击非法露天采煤专项行动，对泸阳区20余处非法开采进行整治打击，起矿产违法案件23起，没收矿产品900余吨，炸毁非法矿洞10个，拆除工棚3处，没收开采设备8台（件），遣散务工人员60余人。开展以查处非法占用耕地，无证非法开采矿产资源为重点的“保增长，保资源”国土资源双保执法专项行动，共查处土地违法案件27起。2010年，紧紧围绕“三边”矿的整治、土地“卫片执法”、打非治违、矿山超深越界“四大”专项行动开展执法工作。期间对花桥、泸阳、中方、新路河6家采石场及砖瓦窑进行关闭。对中方、花桥、泸阳、下坪、新路河非法开采矿洞12个进行炸毁，对花桥的10处露天开采点进行取缔，并对其中6处进行治理。对11家办页岩砖厂的开采，其中7家进行行政处罚。对铜湾、铜鼎沅水两岸的挖沙吊墩及挖砂运输船只进行整治，并对两处河段的采砂权采取招拍挂活动。对存在超深越界的13家矿山，其中的7家进行立案查处。全年查处土地、矿产违法案件共26起。2011—2012年，组织开展矿山超深越界专项行动“回头看”自查自纠活动。13家超深越界矿山整改到位，对隐患点进行永久性密闭，在醒目位置树立矿山固定标志牌，加强社会监督，并建立健全超深越界长效监管机制。对其中12家超深越界矿山进行立案查处，结案率100%。在全年土地矿产执法“春雷行动”专项行动中，对无证开采采取“24小时”全天候定点定人布控，投入恢复治理资金40余万元，栽种樟树苗15500多株，取得良好的恢复成效。2013年，建立中方、泸阳、铜湾三个执法中队，全年强力推进“两违”整治工作。加强县城规划区范围内的巡查执法，摸清“两违”底数。全年开展“两违”巡查215次，下发《责令停止违法行为通知书》288份，专项立案9起，拆除“两违”建筑114栋，面积14397平方米，“两违”防控工作取得较好成效。对违法图斑做到立案查处率、结案率两个100%。全年实现“零约谈、零问责”的目标。全年组制止违法行为312起，全县非煤矿山秩序不断好转。

第三章　物　价

第一节　管理机构

1998年2月，中方县物价局挂牌成立，下设二级机构2个，即中方县价格调节基金征收管理办公室、中方县价格事务所。2002年，县物价局并入县发展计划局，为其二级局。2003年3月，中方县价格事务所更名为中方县价格认证中心。2004年2月，县物价局从县发展计划局分立，成为县政府的价格主管部门。2009年3月，中方县物价监督检查所更名为中方县价格监督检查局，为局属股级单位，行政编制，核编5名。2013年6月，县价格认证中心核编4名，为局二级机构。至2013年底，县物价局下设办公室、价格管理股、行政事业性收费管理股3个股室，二级机构2个，即中方县价格调节基金征收管理办公室，中方县价格事务所。

第二节　价格管理

一、重要商品价格

电价　1999年，县物价局整顿全县电力价格，全县在农网改造之前农村到户电价最高不突破0.85元/千瓦时，取消电力建设资金。2000年，价格工作落实“两改一同价”的电价政策。即农村电力体制改革和电网建设与改造，城市同一电网同一电价。2001年9月，确定已经完成农网改造的农村居民电价为0.65元/千瓦时，未完成的0.83元/千瓦时，并在全县规范明码标价工作。2002年8月，重新核定县农村电价，完成低压电网改造的农村居民照明电价0.65元/千瓦时，尚未完成的农村居民照明电价最高不超过0.85元/千瓦时。2003年11月，调整县内部分电站发电上网价格，12月，实行城乡居民生活用电（已完成户表改造）同价，同价水平为0.548元／千瓦时。未抄表到户的农村用户执行同价前基价，即最高不超过0.65元／千瓦时。2004年9月，统一核定、规范上网电价，实行丰枯季节电价管理，对低保户每月每户免收或补贴6千瓦时电费政策。对6个高耗能行业（电解铝、铁合金、电石、烧碱、水泥、钢铁）区分淘汰类、限制类，试行差别电价，用户基本电费计费方式由用户自行选择，规范电价管理及电费结算。2005年5月，县电网实施煤电价格联动，在保持居民生活用电、农业中小化肥生产用电价格不动的基础上，其他类别适当调整0.039/千瓦时的销售价格。2006年7月，为疏导电价矛盾，筹措水库移民后期扶持资金，对全县上网电价和销售电价等8个方面做适当调整，其中：居民生活电价由0.548元/千瓦时上调至0.588元/千瓦时，城镇低保户免收费量从每月6户提高8千瓦时，自2006年7月抄见电量起执行。2008年10月，为缓解电力企业生产经营的矛盾，保障电力供应，物价部门对居民生活、商业、农业、中小化肥生产等以外8项用电进行上调。2010年4月，县电网销售电价平均提高，每千瓦时2.7元，此次上网电价调整自2009年11月20日起执行。2012年5月，县境内装机容量1000千瓦以下新、老水电站上网电价有原来基础上普调0.02元/千瓦时，自2012年5月抄见电量执行。

水价　2002年，确定居民生活用水1.2元/吨，工业用水1.40元/吨，经营服务性用水1.6元/吨及初装水管勘测设计费。2004年11月，确定县城自来水厂的综合水价为1.7元/吨（不含污水处理费），确定县境内工业、自来水、水力发电、农业用水、其他用水等水利工程水费收取标准。2005年11月，制定中方县自来水价格，居民生活用水（含行政事业单位用水）1.57元/立方米。工业生产用水1.65元/立方米。经营服务用水2.75元/立方米。特种行业用水4.05元/立方米（以上含税价）。对城镇居民中由民政局发给最低生活费的低保户，由中方县供水公司每月每户免收4立方米水费，从2006年11月抄表水量执行，同时核定中方县自来水有限公司8项经营服务性收费标准，进一步规范供水企业经营服务中的收费行为。2009年1月20日，经听证会通过《中方县开征县城污水处理费实施方案》，按照补偿城市输排污水的管网泵站和污水集中处理设施的运行维护成本和保本微利的原则，制定污水处理费在城市污水排放管网及处理设施在建期间，每吨按0.50元/立方米的标准征收，待污水处理设施正式投入运营后再序调整征收标准，城市低保户每月免交4吨水量的污水处理费。自4月抄水表量执行。2011年10月，县污水处理厂通过省市检查验收，开始运行，县城市污水处理费征收标准由0.5元/立方米调整为居民生活用水征收污水处理费0.7元/立方米。非居民生活用水征收污水处理费0.8元/立方米。特种用水征收污水处理费0.9元/立方米，从2011年10月1日起执行。2011年10月21日，召开的中方县调整城区供水价格听证会情况，启动县城供水调价机制，县城区供水价格调整如下：居民生活用水调整为1.65元/立方米，行政事业用水、经营服务用水调整为2.52元/立方米，工业生产用水调整为1.82元/立方米，特种用水调整为5.75元/立方米，上述价格含价格调节基金0.03元/立方米，水资源费、污水处理费按照省规定附加在自来水价格外，随自来水一并征收。对城镇居民中由县民政局发放最低生活费的家庭，继续享受每月每户免收4立方米水费，从2012年1月1日起执行。

票价　2003年6月，开通怀化至聂家村和大斗的县道客运班车，核定聂家村至怀化普通客运票价为3.5元/人次。大斗至怀化普通客车客运票价为3.00元/人次（以上含保险费及过路收费站的通行费）。2007年1月，针对民生关注人客运票价春运期间上涨的问题，中方县物价局、中方县交通局贯彻《湖南省物价局交通厅关于转发〈国家发展改革委、交通部关于2007年春运期间旅客运输票价不再上浮的通知〉的通知》精神，严禁春运客运票价上涨。2010年1月，转发《怀化市物价局、怀化市交通局关于我市部分跨县农村班线价格的批复》，县境内客运班线票价（中级车）进行调整。2011年9月，召开中方县公交票价价格座谈会，在全县范围内按部门、按行业、选聘314名代表参加座谈，11月核实中方县公交车票价，3路空调车票价为2元/人次（起步价），三角坪—中方一中全程4元/人次。三路晚班车按1.50元/人次（起步价），三角坪—中方一中全程3.00元/人次，其他站点相应调整。自同年11月1日起执行，试行一年。2013年4—8月，启动中方县农村客运班车临时价格干预措施。因近几年来，国家重点工程建设等方面原因，造成省道S312中方县境内部分道路、县道柳铜公路损坏严重，原来的农村客运票价偏低，造成企业经营困难。通过市成本调查队调查测算，在沪昆高铁建设特殊时期，对县部分跨县农村班子线价格进行调整。

其他价格　2003 年，为维护“邵怀”高速公路建设期间所需民爆器材的供应价格，支持重点工程建设，要求县民爆专营企业降价让利，确保工程的民爆器材供应。2004 年 4 月，发放《关于对全县农业生产资料加强价格监管的通知》，尿素，钾肥价格实行差率管理，尿素控制在 1650 元 / 吨，最高不突破 1700 元 / 吨。对全县重要商品和服务实行价格监测，建立防范价格异常波动的预警预报及应急处理机制。2005 年 4 月，加强县化肥农资价格监督，销售尿素价格最高不超过 1950 元 / 吨。2011 年 1—6 月，县居民基本生活费价格上涨已连续 3 个月超过 3%，经县人民政府同意，启动社会救助对象价格临时补贴。补贴对象为：城市低保对象、农村低保对象、优抚对象和农村五保户对象。补贴时间及标准：从 4—9 月，连续 6 个月，每人每月补贴 6 元。

二、服务价格

2004—2005 年，核定黄溪旅游景区一费制收费 48 元 / 人次、黄溪旅游门票价 4 元 / 人、荆坪古村旅游景区门票价格 20 元 / 人，以上景区内都不得另行收费。制定花桥、铜湾市场和环境卫生有偿服务收费政策。2009 年，核定有线收视维护费调整为每月每户 15 元，城镇五保户和低保户每月每户收视维护费不得高于 11 元。2010 年，对县别墅、商铺的管理费进行备案。全年核定备案 1 家物业服务有限公司。10 月，制定《中方县物价局关于城市生活垃圾处理费征收标准及有关问题的通知》。标准自 2010 年 11 月 1 日起执行。2011 年，核定备案物业管理公司收费 8 家。7 月，城居用户家庭第一台电视基本收视费，统一按 24 元 / 月的标准向全县有线数字电视用户收取，自行购置数字电视机顶盒的为每月 18 元，并严格执行有线电视收费减免政策。2012—2013 年，核定备案物业管理公司收费 17 家，2013 年对全县 12 家民办幼儿园收费实行备案管理。

第三节　行政事业性收费管理

1998 年，审批行政事业性、经营服务性收费许可证 133 个，清理收费文件 181 件，审核收费项目 1050 项，审核收费标准 2000 个，降低、取消收费项目 103 项。从 1999 年开始，对全县 133 个单位的收费标准，收费许可进行全面验审。2000 年，为改善投资环境，对自给企业悬挂保护牌和负担卡制，减轻企业负担。2002 年，推行医疗服务免收挂号费制度，治疗费减半收取。教育免交义务教育阶段杂费。对下岗失业人员再就业有关服务性收费实行 34 项优惠政策，并对全县各收费单位各类收费（含政府性基金）进行全面清理规范。全年办理“行政事业性收费许可证”125 个，年检年审 125 个，办理“服务价格登记证”58 个，年检 58 个，清理收费项目 1650 项，取消收费项目 29 项。2003 年 7 月，因“非典”疫情影响，对影响比较严重的餐饮，旅店、旅游、公路客运、水路客运等行业实行减免部分行政事业性收费政策。对全县132个“收费许可证”进行换发，并制订“三级审批”制度。2004—2005年，共办理“服务性价格登记证”70个，年检年审70个，办理“行政事业性收费许可证”125个，年检年审325个，规范乱收费项目2481个，取消不合法收费项目15个。2006年至2010年，年检换发新版“收费许可证”287个，清理收费项目1296项，变更收费项目1156项，降低收费标准130个，注销过期收费许可证9本，取消行政事业收费单位4个。2011年至2013年，共核发“收费许可证”222个，“服务价格登记证”74套，涉及收费项目278项，注销许可证31个，涉及收费金额18306.68万元。

第四节　价格监督检查

1998年，成立乡镇物价管理站。对全县各医疗单位严格实施明码标价。重点对粮食、中西药品、农村电价等消费品价格和学校、乡镇计生办收费进行监督和检查。1999年，对县11家产值在500万元以上的企业挂牌进行保护，对涉及农村中小学校收费、计生系统收费、农村医疗收费加强监督检查。2000年，监察重点放在清费治乱、减轻企业和农民负担工作中，开展农民建房、农机、教育、电力、劳动力市场收费检查。2001年4月，要求凡在县境内城乡收购、销售商品和提供服务的企业、事业单位、个体工商户，无论价格形式如何，都必须实行明码标价。9月，全面推行涉农收费公示制度，22个乡镇，212个行政村建立涉农公示栏。全年对医药、群众负担、林业、矿产资源、电力、农民建房等进行专项检查。2002年，继续做好“涉农收费公示制”，全县医疗卫生收费标价率在95%以，荆坪古村旅游点全面实现明码标价，亮证收费。全年共开展粮食、教育、交通、交警、种子、医疗卫生、工商、劳动就业等行业检查。2003年“非典”期间，新增涉农公示牌554个。重点针对全县的医疗机构进行检查。全年开展25个专业性检查，行业性检查4次。2004年，教育收费全面实行公示，发放学生负担明白卡3万多张，共检查中、小学校38所，查处违法金额21万元，收缴财政4.35万元，清退给学生15.60万元。全县118个行政事业性收费和服务价格收费单位对收费项目进行公示。对粮油，煤炭，汽油，农资等老百姓反映强烈的商品价格进行检查，并成立应急价格检查小分队，开展市场巡查。2005年，会同县质量技术监督局，对中方、泸阳、铜湾等乡镇开展“两节”（元旦、春节），农村集贸市场大检查，开展“推进价格诚信、打击价格欺诈”宣传执法月活动。全年重点对建设系统收费项目、农业生产资料价格、民爆器材价格、药品医疗服务价格、交通、电力等进行专项检查。2006年5月，开展价格服务进万家活动。22个乡镇主要街道做到有价费公示牌，发放价格宣传资料2万余份。7月，在全市率先给乡镇物价部门站人员发放“价格监督员证”，212个行政村聘请义务村级价格监督员，依照法定权限对本辖区内的商品价格和收费行为实行监督，使县农村物价管理工作经验在全省推广。全年对涉农价格、国土系统、民爆器材、教育开展专项检查。2007 年底，境内发生 50 年一遇的特大冰冻灾害，县立即对交通运输部门进行检查，查处违法金额 21.50 万元，上缴财政 3.50 万元，清退 18 万元。2008 年，开展“推进价格诚信，打击价格欺诈”专项行动，并认真组织“价格诚信示范单位”评比活动。全年重点对教育、涉农价格、国土、客运票价、医疗价格等进行专项检查。2009 年，开展“价格公共服务”活动，构建覆盖县、乡、村的三级价格服务网络，建立县级“2812358”价格举报平台，价格举报中心受理价格举报、咨询 56 件次。全年重点开展涉农价格、交通运输、教育、城建等方面的价格收费专项检查。2010 年，重点开展全县涉企收费专项检查，联合市检查局国土、教育、电力价格进行专项检查。价格举报中心接受价格咨询 21 件次，受理价格举报 8 件。2011 年 3 月，受日本地震核辐射传闻，全国引发群众抢购食盐现象，少数不法经销商趁机对铁坡镇一超市、新建镇一商店擅自提高食盐市价格，物价部门及时查处食盐价格违法行为，分别作出责令改正、清退违法所得，并处以顶格罚款（是行政机关适用法定罚款幅度上限作出行政处罚，是一种较重的行政处罚措施）的行政处罚。价格举报中心接受群众价格举报咨询 39 起。全年主要开展城建国土、学校、民政等部门价格收费的检查。2012 年，重点组织开展涉农价格、医药卫生服务价格、教育收费、房地产市场收费等专项检查。价格举报中心接受群众价格举报咨询 19 件次。2013 年，全县开展价格诚信示范单位竞赛评选活动，开展“发展环境优化年”收费专项检查，对全县 34 个行政事业和公用事业性收费进行检查。价格举报中心接受群众价格举报咨询 19 件次。全年重点对房产、环保、涉农涉企等部门检查。

1998—2013 年中方县价格监督检查情况统计表

表 14-3-4-1　　单位：万元

年度	查处案件	违法金额	清退	上缴	罚款
1998	58	63	37.8	5.4	—
1999	73	67	21.2	15	—
2000	28	258	246	12	—
2001	7	58	36	5	—
2002	8	126	95	6.8	—
2003	8	96.2	87.3	8.9	—
2004	29	118	104.25	12.7	—
2005	9	305.6	287.2	18.4	—
2006	8	203	203	—	—
2007	25	150	137.9	12.1	3.2
2008	12	148.32	143.11	3.81	1.4

续表

年度	查处案件	违法金额	清退	上缴	罚款
2009	12	176.1	170.5	5.5	—
2010	9	293	230.17	18.6	3
2011	8	249	225.5	23.5	—
2012	25	288	265	23	3.3
2013	9	273	103	21.5	—

第五节　价格事务

一、价格调节基金征收

1998—2010年，县价格调节基金征收范围仅限于事业性收费和林业木材价格调节基金。2011年，根据《中方县价格调节基金征收管理办法》文件，拓宽国土城建、房产价格调节基金征收领域。2012年，开征电力价格调节基金，全县价格基金征收实行财政电脑系统自动代扣方式。2013年，根据《中方县价格调节基金征收管理办法》，实行分类代征，扩征行政性收费价格调节基金。

中方县1998—2013年价格调节基金征收情况表

表14-3-4-2　　单位：万元

年度	征收基金金额
1998	9.2
1999	11.88
2000	8.76
2001	8.92
2002	8.65
2003	8.89
2004	16.45
2005	18.97
2006	42.55
2007	40.27
2008	30.56
2009	34.65
2010	57.26
2011	168.44
2012	189.22
2013	297.77

二、价格认证

价格证中心是政府价格行政主管部门依法设立的二级独立法人，是不以营利为目的的公益性事业机构，主要从事价格鉴定和认证，专司涉案物价格鉴证服务，依法办理价格鉴证业务。2005 年，中方县有价格鉴证员 2 名，注册价格鉴证师 2 名，价格鉴证员 2 名。

1998 年，评估鉴定价格案件 45 起，评估值 30 万元。1999 年，拓宽车损评估，共 2 起，全年评估鉴定价格案件 50 起，评估值 33 万元。2000 年，拓宽房地价格评估，全年评估鉴定价格案件 49 起，评估值 57 万元。2001—2003 年，共评估鉴定价格案件 141 起，评估值 285.63 万元。2004 年，车损评估 47 起，涉案物鉴证 84 起，重点对邵怀高速公路被盗窃的财物进行价格认证，对接龙乡栗山电站被洪水冲垮造成损失进行价格评估。总评估鉴定价格案件 131 起，评估值 238 万元。2005 年，拓宽税务、技术监督部门对扣押、查封、没收物品的价格鉴证，评估鉴定价格案件案件 199 起，评估值 350.51 万元。2006 年，根据《市场法》《重置成本法》《未来收益法》等相关法则对铜湾电站协调指挥部委托的“5·6”沉船事故损失进行评估结论，有效保证县重点工程建设顺利开展。全年评估鉴定价格案件案件 253 起，评估值 230.64 万元。2007 年，重点对中方县花桥镇英山垴、井水湾等八家煤矿探矿权终止投资成本损失进行评估。全年评估鉴定价格案件案件 292 起，评估值 539.64 万元。2008 年，积极为县域企业和社会组织提供价格鉴证服务，先后对欧劲果业公司厂房垮塌损失、泰格林集团松圆木被盗案、取缔“爱心”牌助残四轮车进行价格评估。全年评估鉴定价格案件案件 488 起，评估值 293.85 万元。2009—2010 年，共评估鉴定价格案件案件 573 起，评估值 908.88 万元。

2011 年，受理法院委托对泸阳泰山铜铝公司整体资产进行评估。因该公司停业时间长，没有固定资产台账，价格论证中心对该公司进行全面资产评估，最后得出评估值 561.00 万元的结论，当年在拍卖会上以 510.00 万元成交，评估值与拍卖值差额不到 2%，得到委托方的好评。全年评估鉴定价格案件案件 402 起，评估值 810 万元。2012 年，先后受理洪江市人民法院委托的园艺场苗木评估一案，铜湾、铜鼎在治理河道的河沙成本案，铜湾江鸿公司打砸事件财物损失一案等重大案件，收到委托方及当事人的好评。全年评估鉴定价格案件案件 335 起，评估价值 390 万元。2013 年，全年评估鉴定价格案件案 309 起，评估金额 374.36 万元。其中刑事案件 289 起，评估金额 228.36 万元，国有资产案件 15 起，评估值 32.80 万元，民事及调纠案件 5 起，评估值 113.20 万元。

第四章 质量技术监督

第一节 管理机构

1998年4月29日，成立县技术监督局，为县直事业机构。1999年11月，县技术监督局上收为省技术监督局，实行垂直管理。2000年4月，县技术监督局更名为质量技术监督局。2001年1月，湖南省政府办公厅下文，将“锅炉、压力容器、压力管道、电梯、防爆电器”等特种设备安全监察管理机构的办公设备、交通通信工具及其技术机构的国有资产随建制划到同级质量技术监督部门。涉及到县劳动部门的相关安全监察职能和人员划到县质量技术监督局。县局内设4个职能股（室），即办公室、标准质量股、计量股、监察股。县局加挂稽查队牌子，设直属事业机构质量监督检验及计量检定所。共定编制24人。2004年11月1日起，省、市（州）、县（市）三级质量技术监督局锅炉压力容器与特种设备安全监察处（科、股）统一更名为特种设备安全监察处（科、股）。同年，明确质量技术监督部门负责食品生产加工环节的监管，流通领域的产品质量监管划归工商行政管理部门。

第二节 计　量

一、计量器具检定

1998—2009年，县计量器具检定由省市质监局局监督检查，各种计量器具总检率70%，合格率75%。

2009年，县计量测试所通过省技术监督局考核验收，成为全县唯一法定计量检定机构，全年抽检加油机40次，检定合格率90%。2010年，计量测试技术机构建立长度、力学、商品量3大类5项社会公用计量标准，开展计量器具检定项目10种、商品量检测项目2种。检定各类计量器具6200台（件），合格率88%，其中强检5700台（件），合格率96.3%。开展商品量检测246批次，合格率95%。2011年，增加机动车车速里程表校准及水表检定两项社会公用计量标准，社会公用计量标准达到5大项，并将水表强制检定的项目授权给县自来水公司。全年检定车速里程表200块，合格率80%，水表500块，合格率95%，各类计量器具7020台件，合格率90%，其中强检6100台（件），合格率98%。2012年，检定各类计量器具7200台件，合格率89%，其中强检6500台（件），合格率98%。2013年，开展检定、校准和检测服务项目14种，检定各类计量器具7300台（件），合格率91%，其中强检6700台件，合格率98%。

2013 年中方县开展检定、校准和检测服务项目一览表

表 14-4-2-1

序号	开展项目的名称	量程或测量范围	准确度等级或测量不确定度	全省统一执行规程、规范或标准
1	压力表	(0～10)MPa	1.6 级及以下	JJG52—1999
2	燃油加油机	20 L、50 L	MPE：±0.3%	JJG443—2006
3	水表	DN:(15～50)mm	A 级、B 级	JJG 162—2009
4	砝码	(1～25)kg	M_1 级及以下	JJG 99—2006
5	数字指示秤	(0～2)t	Ⅲ级、Ⅳ级	JJG 539—1997
6	非自行指示秤	(0～2)t	Ⅲ级、Ⅳ级	JJG 14—1997
7	模拟指示秤	(0～2)t	Ⅲ级、Ⅳ级	JJG 13—1997
8	砝码	(1～2000)g	F_2 级及以下	JJG 99—2006
9	架盘天平	(0～5)kg	MPE：±1%	JJG 156—2004
10	机械天平	(0～50)kg	I_3 级及以下	JJG 98—2006
11	电子天平	(0～50)kg	Ⅰ级、Ⅱ级、Ⅲ级	JJG 1036—2008
12	机动车车速里程表	车速:(1～120)km/h。里程:(0—999.9)km	车速 MPE：±3%。里程 MPE：±1%。	JJF（湘）01—2005
13	以质量（重量）单位标注净含量商品的计量检验	0.01g～50kg	MAV：(0.00018—100)g	JJF1070—2005
14	以体积单位标注净含量商品的计量检验	0.01ml～50L	MAV：(0.00018—100)ml	JJF1070—2005

二、计量仲裁

1998—2003 年，县技术监督局工作重点是整顿市场度量衡，利用各乡镇赶集时间，在全县各乡镇进行计量法规宣传，宣传内容主要以《中华人民共和国计量法实施细则》和《计量管理条例（试行）》为主，发放宣传资料。全年查处计量违法案件 170 起，现场处理 170 起，上交罚没款 3200 元，共没收非法杆秤 930 把，秤砣 260 个，直尺 110 把。2004—2005 年，依照国家《冲裁检定和计量调解办法》，受理计量仲裁和计量纠纷调查 20 起。2006 年，卢坪一砖厂的变压器护感器不准，导致电力公司多收电费，提高砖厂的经营成本，经协调，联系上级计量所检定，仲裁检定其变压器、护感器为不合格产品，为其挽回经济损失 10 万余元，对电力公司罚款 4 万元。2008 年，进行计量大检查，共监督检查 10 家工厂、30 家商店、2 个医疗单位、2 个集贸市场，查处计量违法案件 10 起，均作现场处罚，上交罚没收入 500 元，没收非法计量器具 100 多件。2009 年，查处中石油中方县腾飞加油站破坏计量封铅

私自对外进行加油案，为其上级公司挽回经济损失3万多元。2010年，泸阳加油站与当地群众因加油机加油量产生纠纷，受加油站委托对加油机仲裁检定，检定结果合格，双方均接受，双方矛盾得以化解。2011—2013年，加强对定量包装商品的监督检查，查处计量违法案件30起，其中连查处2起，现场处理28起，上交罚没款2000元。

第三节 标准化管理

1998年3月，县质监局重点对烤烟、种子、插头插座、机动车安全、修改后的水泥包装袋新标准等标准、收购稻谷质量标准进行宣传贯彻。抓好双采（采用国际标准和国外先进标准）工作，对县已采标验收合格的企业和产品进行清理，凡是继续生产且到期的产品进行复查验收，已停止生产的不进行复查验收。11月，对辖区内饲料加工企业进行逐一检查，要求企业严格按照标准制作标签。2001年，开展农业标准化工作，以“冬虫夏草”为项目，专门成立农业标准化工作领导小组。确定双丰复混肥厂为标准化联系点，并多次深入该厂开展服务工作。抽调人员54人次宣传《微型计算机标准》地方标准，并对辖区内的所有中、小学使用的计算机进行检查。对水泥、复合肥新标准进行宣传贯彻。2002年，根据市委、市政府打造“一线一圈”高效、生态农业产品的要求，质监局与县农业局选择其他项目制订标准。2003年10月，举办3C（强制性产品认证制度），强制认证宣传贯彻学习培训班。2005年，中方县桐木无公害湘珍珠葡萄标准化示范区被列入第五批全国农业标准示范区。是年，涌现出一批农业标准化示范户，中方县桐木镇下丰坡村农民蒋志辉成为国家、省两级高产优质高效农业示范户，同时也被省人民政府授予“湖南省劳动模范”。2008年，加强县农业标准化工作，争取农业标准化工作专项资金2万元，主动深入示范乡镇指导和督促农业标准体系建设及示范开展工作。2009年7月，联合县劳动就业局，邀请专家、学者在桐木镇大丰坡村举办湘珍珠葡萄林标准化示范区农村劳动力技能培训班，培训班得到示范区100多家种植户及邻近村民的积极响应。2010年，《中华人民共和国食品安全法》实施以后，食品方面的标准划归卫生系统审查备案。质监局重点抓基础性方面的工作，加大对工业企业标准化审查及标准备案、年审的工作力度。帮助企业制修订标准1家，标准备案审查1家。上报中方县油茶林标准化示范区项目。2012年，为湘珍珠葡萄申报国家地理标志产品，12月，通过湖南省质量技术监督局的初审。2013年5月，国家质量监督检，批准湘珍珠葡萄为国家地理标志产品，7月，发放国家地理标志产品的牌匾。同年，桐木油茶种植基地成为湖南省油茶种植标准化示范区。

第四节 特种设备安全监察

2001年，中方县的特种设备安全监管工作职能由劳动部门划转技术监督部门，由怀化市质量技术监督局代管。2002年，对全县在用锅炉、压力容器进行一次全面清查，共下达特种设备安全监察意见书9份，对全县的锅炉进行普查登记，全县属经营性使用的锅炉有13台，另有小型和常压热水锅炉7台。2003年，对全县气瓶使用情况进行一次安全普查，对全县20家瓶装气体销售户下达整改通知书。5月30日，举办中方首期《特种设备安全监察条例》宣贯培训班，23家特种设备使用单位的安全管理人员参加培训。全年共下达特种设备安全监察意见书25份，共办理特种设备行政违法案件6件。2004年4月，对全县重点工矿商贸企业开展安全生产服务活动，对重点工程和企业使用的起重机械、锅炉、压力容器进行一次大检查。5月，召开全县特种设备安全监察暨培训工作会议，共有34家特种设备使用单位参会。同年，开展对㵲水、沅水流域起重机械（吊机）专项整治工作，对37家使用业主下达责令整改意见书。2005年，两节、两会、“五一”“十一”及安全生产月期间开展安全大检查形成制度，并与所有特种设备使用单位签订安全责任书。全年重点开展压力管道普查登记工作，进一步加强对气瓶的后续监管。开展捣毁土制锅炉专项整治行动，对新建乡5家农户使用的的土锅炉进行集中捣毁。5月，举办起重机械操作人员培训班，全年共培训特种作业人员32人，其中为湖南金大地水泥有限责任公司培训起重机械操作人员12名。全年共检查特种设备使用单位30家，下达安全监察指令书24份。

2006年7月，开展市县两局联合执法，对中国葛洲坝集团机械船舶有限公司铜湾电站项目部三台门式起重机未经监督检验合格而擅自投入使用的重大违规行为进行处罚，罚款人民币5万元。9月，召开安全生产工作暨《特种设备安全监察条例》宣传贯彻会议，与50家特种设备使用单位签订特种设备使用安全责任书。全年共检查企业50家，出动执法人员136人次，下达安全监察指令书28份。

2007年，对全县原有和新增特种设备重新进行摸底调查，开始实现特种设备网上动态监管，建立“一图两档三台账”（一图为特种设备分布图。二档为特种设备制造安装使用企业档案、特种设备安全检查活动档案。三台账为特种设备作业人员台账、特种设备隐患台账、特种设备台账），实现特种设备安全管理与全省信息同步。7月，省市县三级局联动执法办案，对湖南省火电建设公司在湖南骏泰浆纸有限公司碱回收车间工地安装门式起重机未经监督检验投入使用的重大违规行为进行处罚，罚款人民币8万元。完成《中方县特种设备应急预案》编制工作，并通过县政府审定。2008年8月，市县两局联合执法，对株电力通达有限公司在湖南金大地股份有限公司发电车间安装桥式起重机未经监督检验交付使用的违规行为进行处罚，罚款人民币5万元对中方县自来水公司、怀化雪山食品有限公司等5家存有安全隐患又不按规定实行整改的特种设备使用单位做出行政处罚，与60家特种设备使用单位签订《特种设备安全使用责任书》。

2007—2009年，全县共出动安全监察人员490人次，检查特种设备使用单位182家，检查普查设备290余台，下达特种设备安全监察指令书67份。2010年9月，深入开展“打非治违”专项行动，与安监局、工业局、工商局、乡镇政府开展联合执法，对活水乡石材加工企业进行专项整治。全年共检查特种设备使用单位80余家，共发出特种设备安全监察指令书29份，办理5起特种设备违法行政案件。

2011年，全县开展电梯、水电站、土特种设备专项整治，狠抓设备安全监管到位率、设备登记率、检验率、持证上岗率。全年共下达特种设备安全监察指令书30份，办理10起特种设备违法行政案件。2012年，深入开展“安全生产年”活动，全年共检查特种设备使用单位81家，下达安全监察指令书26份，查处违法违规单位4家。对湖南金糯咪食品有限公司两台锅炉和17台压力容器存在的安全隐患督促整改到位。2013年，落实特种设备监管巡查制度，开展“进企业、进社区、进校园”宣传活动。对中方县荣昌金属科技有限公司未经许可擅自制造安装起重机械的违法行为进行处罚，罚款人民币2万元。全年共检查特种设备使用单位100余家，下达安全监察指令书28份，查处违法违规单位6家，发放宣传资料160份，与95%以上特种设备使用单位签订安全使用责任书。

第五节　组织机构代码管理

1990—2002年，由于县质监局编制、人员、组织机构代码办理硬件设备不完善等因素影响，县组织机构代码证由怀化市质监局信息所代理颁发。2003年7月，县开始自行办理组织机构代码证书，当年共办理65本。2004年，开始清理组织机构代码沉淀数据，并于当年实行电子信息化管理，配备扫描仪，更新打印机等设备。2005年，实行电子副本制作。根据省人民政府新的组织机构代码管理办法，规范组织机构代码换证、变更、年检等制度。2003—2013年，共颁发组织机构代码证证书1616本，副本1612本。各年度年检换证率均达到95%以上。

第六节　产品质量监督与执法

一、产品质量抽样检查

2002年，县质监局依据《产品质量国家监督抽查管理办法》，将产品质量监督抽查工作作为每年的一项主要工作来抓。截至2013年底，共监督抽查企业606家次，抽查检验产品

816个批次，其中合格680个批次，不合格136个批次，平均合格率为83.3%，对抽查检验不合格产品的生产企业均下达责令整改通知书，督促企业进行整改，对不认真整、复查仍不合格的企业，依据《中华人民共和国产品质量法》进行处罚。

2002—2013年中方县产品质量抽捡统计表

表14-4-6-1

年　度	抽检企业	产品批次	合格批次	不合格批次	合格率（%）
2002	32	53	47	6	88.7
2003	36	56	48	8	85.7
2004	40	65	53	12	81.5
2005	45	67	56	11	83.6
2006	49	70	57	13	81.4
2007	52	83	71	12	85.5
2008	58	75	63	12	84
2009	60	81	68	13	84
2010	66	83	67	16	80.7
2011	55	58	48	10	82.8
2012	50	71	42	12	77.8
2013	63	816	650	11	84.54

二、执法“打假”

1998年，县质监局主抓农用生产资料、建筑材料、烟酒等食品的“打假”工作，加强对白酒市场的整治，共立案案件15起，对制售假冒伪劣商品的黑窝点发现一个端一个。1999年，对农资、建材、烟花爆竹等多种涉及人体健康和生命财产安全的产品进行监督和“打假”检查，共查处违法案件17起，其中大要案件1起，上交罚没款6.4万元。2000年，质监局采取“城乡并举，点面结合，查办同步”的战略开展执法打假活动，共派出执法人员230余人次，检查经销门店16个，生产产企业20家，办理技术监督违法行政案件案21件，涉案货值金额98万元，上交罚没款4.5万元。2001年，组织开展食品、农资、建材纤维制品的专项打假行动，查处各类假冒伪劣产品案件23件，捣毁制假售假窝点4个，涉案货值金额89万元，上缴罚没款5万元。2002年，组织3次联合大检查，共监督检查城乡215家生产经营企业，立案13起，上交罚没款26万元。2003年，加大对农资产品的检查力度，对假冒伪劣农资产品进行严厉打击，共抽查复混肥、磷肥、生物肥等32个批次，立案查处25起农资质量违法案件，结案24起，罚没款103740元，案件查处数比上年同期增长

330%，罚没款金额增长36%，全年共上交罚没款30万元。2004年，共组织专项监督检查6个，开展“打假”行动70次，整顿市场10个，查处违法案件37起，上交罚没收入25万元。处理桐木湘珍珠葡萄农业合作社使用不合格农药投拆事件，为农户挽回经济损失38500元。2005—2007年，组织10余次较大规模的执法捡查，对农资、建材、烟花爆竹等30余种产品开展监督检查，查处违法案件60余起，立案查处90起，现场处理26起，上交罚没款65万元。2008—2010年，重点对农资、食品、建材、烟花爆竹低压电器强制认证产品等专项监督检查，共出动执法人员2000余人次，查出违法案件129起，上交罚没款70万元。2011年，查处市鹤城区骏马汽车贸易有限公司销售未经强制认证汽车案，涉案货值13万元整。查处河南省中原起重机械总厂在怀化市宇隆水电发展有限公司安装通用桥式起重机未经监督检验交付使用案。查处金爱彬销售未经强制认证汽车案，涉案货值12.68万等三起大案。2012年，查处中国电信股份有限公司中方分公司销量未经强制认证通信设备案。2011—2013年，开展执法大检查两次，专项检查20次，重点对汽车强制认证产品进行检查，查处违法案件135起，其中立案查处88起，现场处罚47起，上缴罚没款60万元。

三、食品生产安全监管

2004年以前，县技术监督部门对食品生产加工环节的监管并未单独划分，与其他工业产品的监管一并进行。2004年12月，县质量技术监督部门开始开展食品生产加工环节的安全监管工作。

2005年，建立食品安全监管单位基础台账，建立食品安全责任制、重大食品安全事故查处制度、食品安全监管信息收集与发布制度。开展食品安全集中整治联合执法行动和食品安全保证体系及执行情况调查等工作。完成食品标签延期使用核准工作。开展对肉制品等10类食品无证查处工作和食品生产安全大检查等。对全县食品生产加工企业、小作坊进行全面的清理摸排，搞清底数，为5家企业办理食品生产许可证。对于食品生产加工小作坊，由于达不到申证条件，与县工商行政管理局共同管理，全年监督检查食品生产加工小作坊53家。

2006—2007年，开展食品企业生产秩序整顿工作。对食品生产企业的产品100%进行监督抽查，样品合格率100%。全年为4家企业办理食品生产许可证。2008年，对全县22个乡镇，23家食品生产企业，58家食品生产加工小作坊，150家食品经销点、4个集贸市场进行检查，建立企业质量档案。与77家食品生产加工企业和小作坊签订质量安全承诺书。同年，第一批获证企业的许可证到期，全部督促进行延续换证，同时为5家企业新申请食品生产许可证，对全县23家获证企业、53家小作坊全部进行巡查，下达责令整改通知书67份，对所有获证企业的产品进行监督抽查，合格率100%。

2009年，开展打击违法添加非食用物质和滥用食品添加剂专项整治工作和食品安全整顿工作。加强肉制品原料把关工作。建立生产加工环节食品安全风险信息管理工作制度。6

月 1 日，《中华人民共和国食品安全法》颁布实施，把食品问题从“卫生”提升到“安全”，监管力度大大加强，质监部门印制宣传资料 3000 余份，出动宣传人员 60 余人次对此法规进行宣传。全年共出动 180 余人次对全县食品生产企业、小作坊进行全面监督检查，共计下达 54 份责令整改通知书。

2010 年，为 2 家企业申请食品生产许可证，为 4 家企业进行延续换证，过期吊销 1 家。对 22 家获证企业的产品进行监督抽样检查，共抽样品 63 个批次，有 2 个批次的产品不合格，全部进行立案查处，坚持 100%后处理到位。

2011 年，监督抽查食品样品 47 个批次，有 5 个批次不合格，全部进行立案查处。开展“瘦肉精”“饮用水”“打击食品非法添加和滥用食品添加剂”“领苯二甲酸酯”“肉制品”“食用植物油”等专项监督检查和整治活动。

2012 年，加大对食品生产加工环节违法行为的查处力度。办理湘珍珠葡萄酒无证生产案、“湘珍源”山核桃油未正确使用 QS 标志案、桐木茶厂未按规定进行出厂检验案等，促进企业依法生产。进行速冻食品、肉制品、饮料和饮料瓶、明胶等专项整治工作，有效杜绝食品安全隐患。

2013 年，开展“酒类”“速冻食品”“肉制品”“食用植物油”“饮用水”“大米”食品标签等专项监督检查和整治活动，办理湘怀竹窖无证生产竹筒酒，申太葡萄酒委托加工未备案，飞凤山泉水、仙人谷水厂、盈丰纯净水厂生产销售不合格产品，怡爽饮料厂许可证过期继续无证生产等案件。依法取缔怡爽饮料厂，保证全县食品生产环节的安全。截至 2013 年底，食品生产获证企业为 24 家。

第五章　工商行政管理

第一节　管理机构

1998 年 4 月，成立中方县工商局，为正科级政府工作机构，编制人员 75 名，内设职能股室 7 个，派出机构 5 个，分别是中方工商所、泸阳工商所、铜湾工商所、铁坡工商所、直属工商所。事业服务性组织 3 个，分别是中方县消费者委员会、中方县个体私营企业者协会、中方县市场服务中心。设立中方县消费者委员会，定事业编 2 名。其主要职责是认真贯彻实施《中华人民共和国消费者权益保护法》，维护市场经济秩序，保护消费者合法权益，促进社会安定团结。1999 年 12 月，县工商局上收省垂直管理，隶属于怀化市工商行政管理局。2000 年 1 月，县工商局实行管办脱钩，市场服务中心移交县财办管理。2002 年 1 月，县工商行政管理局改为怀化市工商行政管理局正科级直属机构，内设 6 个股室。直属行政机构 3 个，分别是市场规范管理分局、注册登记分局、公平交易分局。派出机构3个，分别是泸阳工商所、中方工商所、铜湾工商所（铁坡工商所与铜湾工商所合并）。事业单位县工商局信息中心。社团组织2个，分别是中方县个体劳动者、私营企业协会、中方县消费者委员会。编制总人数61名。2002年1月，设立中方县工商局消费者权益保护股（“12315”申诉举报中心）。

第二节　工商注册登记管理

一、企业登记

1998年，中方县建县时，在册登记的企业总数181户，注册资金总额6254万元，截至2013年，在册登记企业总户数660户，注册资本22.3亿元，分别增长3.1倍和34倍。

表14-5-2-1

1998—2013年中方县企业登记表

年度	登记企业	注册资本	变更登记	注销企业	实施年检单位	参加年检单位	年检率
1998	181	2820万	—	19	181	162	90%
1999	32	8200万	—	19	246	225	91%
2000	14	—	37	3	—	—	—
2001	33	1.2亿	43	14	270	256	95.50%
2002	37	1.5亿	43	6	322	316	97%
2003	51	3900万	35	3	316	313	99%
2004	62	4540	37	13	370	357	96.40%
2005	52	—	41	9	419	410	98%
2006	40	5900	55	26	462	436	94%
2007	32	1.1亿	51	20	477	475	96%
2008	37	2.8亿	83	31	487	456	90%
2009	48	1.47亿	—	39	492	453	92%
2010	49	1212.66万	41	31	505	474	94%
2011	83	6.9亿	32	37	537	500	93%
2012	69	2.88亿	55	18	568	550	97%
2013	56	1.32亿	—	11	619	609	98%

二、个体工商户登记

1998 年，个体工商经营户台账数 1214 户，注册资本 1012 万元，经过 15 年的发展，截至 2013 年 11 月，个体工商户总数 5567 户，注册资本 4491.5 万元，均增加 4 倍。

表 14-5-2-2

1998—2013 年中方县工商个体经营户统计表

年度	基数（户）	新增登记数（户）	年检数（户）	注销登记数（户）	年度实数（户）
1998	1214	308	998	216	1306
1999	1306	318	1256	50	1574
2000	1574	295	1532	42	1727
2001	1727	308	1688	39	1996
2002	1996	281	1956	40	2237
2003	2237	289	2220	17	2509
2004	2509	296	2487	22	2783
2005	2783	381	2751	32	3132
2006	3132	315	3111	21	3426
2007	3426	342	3390	36	3732
2008	3732	331	3700	32	4031
2009	4031	378	3900	31	4278
2010	4278	365	4268	28	4633
2011	4633	371	4613	23	4984
2012	4984	346	4960	24	5306
2013	5306	292	5275	31	5567

说明：注册资金 1000 万元以上、500 万元～800 万元、500 万元以下等企业历年数据做成表格

第三节　市场监督管理

1998 年 4 月，中方县工商局设立公平交易股。2000 年，实行省垂直管理，将公平交易股升格为公平交易分局。2012 年 2 月，中方县公平交易分局加挂怀化市工商行政管理局经济检查支队第五大队牌子，主要负责县域经济领域违法违规的监督查处工作。

一、市场监督执法

1998年，中方县有集市场地17个（农村集贸市场），其中原怀化市工商局投资兴建的集市场地8个，乡、镇、村集贸兴建的9个，共有固定门面、摊点4800余个，年贸易成交额8970余万元。5月，县工商局对17个农村集贸市场全面进行“市场登记证”换证工作，将原怀化市工商局颁发的“市场登记证”更换成中方县工商局颁发的“市场登记证”。同年，制定粮食市场管理实施方案，全面清理22个粮食加工企业和121户粮食经营户。建立粮食购销台账，并与工商所签订不擅自收购粮食保证书。取缔无照经营户34户，查处非法收购粮收购案3起，非法收购粮食共计14.3吨。

1999年，对辖区内的17个集贸市场进行检查，共收缴各类假冒伪劣商品172个品种86件（箱），价格60多万元。同年，县工商局建立粮食市场稽查队，配备车辆1台，实行全面的粮食市场巡查制度，全年查处非法收购案11起，没收粮食30.7吨，取缔粮食加工企业3户，个体粮食经营户13户，粮源初步得到控制。

2000年，制定农村集贸市场监管制度，更加有效地维护市场稳定。县政府审查批准核定直接收购退出保护价的粮食企业3家。查处粮食案件3起，没收粮食13.1吨。9月，市县两级联合召开大会，当众烧毁4卡车假冒伪劣食品、文化用品和不健康的录像带、影碟片等商品，受教育者达2万多人。12月，工商体制改革，工商部门与所办市场实行“管办分离”，市场的建设、维修、配套设施及产权和市场的管理职能由工商行政管理部门划转县政府财贸办公室——市场服务中心管理。此后，工商行政管理的主要职能是商品市场的打假治劣、消费维权，集市场地管理职能就此终结。

2001年，组织对中方、泸阳、铜湾、铁坡4个片区的经营主体进行检查，检查经营主体1700户，查处违法违章案件8起，没收假种子500公斤，劣质化肥16吨，过期变质农药48瓶，查处无照经营31户，补办营业执照27户，取缔4户，捣毁制假窝点1处，没收假酒4件64瓶，收缴冒牌酱油283瓶。

2002年，对商品流通比较集中的集镇以及偏远乡村全面进行清查，查处无照经营38个，补办执照30个，查处病害猪肉200公斤，没收不合格计量器具42把，缴获仿冒“脑白金”15盒，劣质和过期失效农药4大类25种，查处未经登记从事成品油零售经营案1起，捣毁非法加工生产烟草专卖品窝点1个，收缴劣质烟叶、烟丝1.4万斤，白包烟200条，切烟机1台。端掉制假酒窝点1个，没收假“五粮液”“酒鬼”等名贵酒150瓶，以及假酒包装40余套。

2003年，对拆解拼装旧车市场开展专项整治。从2001年开始，一些不法人员与当地农民合作，打着“再生资源利用”幌子，在中方县龙井至铜锣湾一带地段，逐渐形成以拆解拼装车辆，擅自处理废旧金属等为目的的旧车拆解拼装旧车市场，严重影响道路交通安全。为彻底消除隐患，以县工商局牵头，公安交警配合，先后 6 次开展集中清剿行动。没收拼装车 4 台，处理汽车“五大总成”247 台（件）。并与当地村镇基层组织建立群防群治的联防巡查制度，成功处理抗拒执法事件 1 起。全年查处假冒劣质商品 13 个品种，共计 356 件（袋），取缔无照经营 7 户，没收不合格化肥 9.8 吨，没收“毒鼠强”等剧毒鼠药 33.5 公斤。

2004 年，年检、补办市场登记证 17 个。开展对毒奶粉和毒白酒专项清理，查获在安徽阜阳附中列入黑名单的劣质奶粉 147 包，收缴不合格散装白酒 138 公斤。开展开展“四节”（元旦、春节、“五一”“十一”）食品市场专项整治。对全县商品零售、批发市场进行拉网式检查，查获假劣过期食品 1200 余公斤，过期啤酒 120 件，假冒白酒 107 瓶。查处注册牛肉 480 公斤，收缴病害死猪肉 376 公斤，没收不合格衡器 26 件，端掉制售冒牌“凤牌酱油”制假窝点 1 个，收缴劣质酱油 296 瓶。

2005 年，开展以节日食品、儿童食品、苏丹红食品、糖精和含糖食品、禽类食品为重点的专项清理行动。分别对全县的集贸市场、12 家大小超市、17 家副食品加工厂（店）、373 户烟酒副食品经营店进行检查，收缴假冒伪劣、过期霉烂变质食品 23 个品种 980 公斤，肉类包装食品 437 袋，没收不合格量具 18 件，查处无照经营 37 户，补办营业执照 21 个。

2006 年，重点对农村城交结合部的商品流通集散地进行清理。收缴假劣饮料 48 箱 128 瓶，假酒 37 件 596 瓶，关闭不具备卫生条件的加工食品作坊 3 家，取缔擅自经营卫星电视接收天线器材 1 家，没收假冒香烟 378 条，捣毁加工制作假白酒、假饮料窝点各 1 个，查处无照经营 27 家，补办营业执照 18 个。

2007—2009 年，加大流通环节食品安全监管力度。2007 年，全县流通环节食品经营主体 516 户得到治理，全县乡镇政府所在地及县城的食杂店和小摊点无照经营问题已得到彻底解决，19 个集贸市场 24 个超市 100%建立进货索证索票制度，473 户乡镇食品经营户 100%建立食品进货台账制度。2008 年完善食品经营户的索证索票与进货台账两项制度。2009 年，在全县共创建“农村食品安全示范店”10 家。是年，清查含三聚氰胺奶制品。检查食品经营主体 478 户，下架各类问题奶粉 4712 盒（袋），其中退市不合格奶粉 2112 盒（袋）。液态奶 2668 瓶，所有问题奶制品被全部召回或依法销毁，做到全面清查到位，全部召回或销毁到位，全程跟踪到位，全天受理到位。

2010 年，重点对家电市场、母婴用品市场、美容美发行业及学校周边经营环境进行全面清理。共检查家电经营主体 68 户，母婴用品经营主体 13 户，美容美发经营主体 27 户，学校周边经济主体 186 户，摊点 57 个，查缴过期食品 187 袋，过期饮料 324 瓶，取缔农村黑网吧 1 家，没收电脑 10 台。

2011 年 3－6 月，集中开展食品安全“百日执法行动”。7—10 月开展地沟油、瘦肉精专项整治，下架问题食品 2187 袋（瓶），查缴销毁各类假冒劣质商品 12 个品种共计 298 件

（瓶）1.5 吨，创建食品安全示范街 1 条（中方县城南湖路），示范店 12 家。

2012 年，县工商局推行五位一体模式，创建食品流通源头管理。落实食品总经销、总代理及其运输车辆、仓储场所“三项备案”，食品运输、仓储场所和包装容器“三项巡查”制度，县局—工商所食品监管“二级建账”，食品品种抽检信用“四级分类”和食品流向月报告，问题食品“双向市场清查”以及食品经营准入考试制度，逐步形成“备案防控、运输巡控、准入管控、信息掌控、信用监控”的流通环节食品安全监管新格局。全县 907 户流通源头主体，12 台送货车，12 处仓储场所备案登记。参加在线考试 900 人，获得食品经营资格 900 人。

2013 年，为巩固 1020 户食品经营者索证索票成果，建立食品经营户的进、销台账和签订食品安全经销承诺书。以粮食、食用油、肉制品、儿童食品、节日性食品等群众密切相关的食品为重点，对学校周边、车站码头及城乡接合部进行拉网式检查，对食品非法添加和滥用食品添加剂的行为进行专项整治，检查酒类经营户 417 户，肉制品水产品经销主体 385 户，食用油经销主体 1276 户，取缔无照经营户 3 户，收缴过期食品和不合格食品 12 公斤，检测食品 12 个品种 72 批次，立案查处违法经营 5 起，罚没款 1.5 万元。

二、“红盾打假护农”行动

1999 年 4 月，县工商局在全县组织开展“红盾打假护农”专项执法行动。整个执法行动得到县农业局及农机、种子、植保、土壤肥料等有关部门积极配合。全年在各主要城镇街道开展宣传咨询活动 15 次，发放宣传资料 2000 余份，并且对农民关心的热点，怎样识别真假种子、农药、化肥以及农业机械，进行现场解说，接受宣传的农民群众达 1 万余人。检查经营销售农药、化肥、种子单位 15 个，农机销售点 20 个。通过对全县农资生产、经销单位的经营资格的清查，取缔无照经营，为农民挽回经济损失 5 万元。较好地规范农资市场的生产经营渠道。

2000 年，发放宣传资料 1500 余份，检查经营农资单位 20 个，取缔无照经营 5 个，查处假种子 130 公斤，假化肥 1.7 吨，假农药 0.5 吨，假劣农机具 15 件，捣毁制假窝点 1 个。立案查处农资案件 4 起，总案值 12 万元，罚没款 1.06 万元，为农民挽回经济损失 5.5 万元，为农业增产、农民增收做出积极的贡献。

2001 年，按照国家工商局和省市局的统一部署，开展“红盾护农，打假维权”的专项整治。

2002 年，发放宣传资料 1200 余份，检查经营农资单位 18 个，取缔无照经营 4 个，查处假种子 90 公斤，假化肥 1.2 吨，假农药 0.3 吨，假劣农机具 18 件，捣毁制假窝点 2 个。立案查处农资案件 5 起，总案值 18 万元，罚没款 1.25 万元，为农民挽回经济损失 6.8 万元

2003 年，以农资为重点，开展“打假护农助春耕”执法行动。对市场中的“飞鹤牌”

等30个品种的复合肥进行抽样检查，查处6个不合格品种，在农资打假工作中，全县共立案查处5起，案值32万元，处罚款1.5万元，查获不合格农资产品0.8万公斤。

2004年，对全县43家农资经营户进行排查，查处无照经营农资4户，超范围经营12户，取缔非法经营2户，查获过期稻种83公斤，农药78瓶，假劣肥料31.8吨，假劣农机具25件，捣毁制假窝点1个。立案查处农资案件6起，总案值22万元。

2005年，对全县农资经营户进行摸底检查，对农资生产、批发、经营监管对象进行登记造册，并督促农资经营户建立健全“一卡一书、两账两票、三制度”。全年共出动查处无照经营户42户，整改35户，取缔7户。受理消费者投诉95起，调解95起，立案查处52起，为农民挽回经济损失18万元。共查获不合格农资产品1.2万公斤。

2006年，开展农资专项整治，共查处无照经营户59户，立案查处19起，为农民挽回经济损失25万元。查扣不合格化肥10余吨，其他假劣农资产品150件（瓶）。

2008年，建立农资经营户台账、联络员花名册和信用等级评定花名册。共立案查处农资违章、违法案件6起，查扣不合格化肥50吨，其他假劣农资产品145件（瓶），为农民挽回经济损失15万元。罚款4.4万元。

2009年，狠抓经营户“两账两票、一区一卡”、种子留样备查、质量承诺和不合格农资下柜退市等各项制度的落实，组织开展化肥、农药、种子的定向抽检送检工作。全县检查农资经营户60户次，取缔无照经营农资户3户，查扣不合格“远洋稻穗王”“加大利”复混肥14吨，其他假冒伪劣农资产品400件（瓶）。立案查处农资违法案件5起，案质15万余元，共处罚款1.46万元，为农民群众挽回经济损失25万余元。

2010年，突击检查农资经营户45户，抽检农资17批次，查扣不合格农资18吨，查办农资案件3件，案值27万元，共为农民挽回经济损失80万元。同时，及时变更“经济户口”和信用档案数据，增加农资商品经销透明度。对坑农、害农、损农的违法经营者，纳入“黑名单”，实施市场禁入，并公之于众，确保农资商品质量和农民利益不受侵害。

2012—2013年，突击检查农资经营户77户，抽检农资24批次，查处农资案件6起，罚款2万元。

三、非法传销

1998年，制订查处非法传销工作方案，成立由县政府统一领导，以工商部门牵头，政府办、政法委、民政局、劳动局、邮电等单位为成员的清理整顿工作领导小组。

1999—2005年，采取“摸清底、抓头目、扣财物、停支付、划存款”的有力措施，进行地毯式清理。有效地遏制非法传销蔓延势头，维护社会稳定。

2006—2007年，确立“四个到位”（培训到位、宣传到位、协调到位、巡查到位）的打传整体思路。确立以辖区公平交易、基层工商所一线办案人员为培训重点，分片区开展业务培训。并请公安机关通报社情、打传“办案能手”进行现场交流，确保培训工作实用性、针对性。联合公安部门、通过发放宣传资料、张贴播放《方案》、公布举报电话、在报刊媒体上刊登《公告》，使打传工作深入人心。对宾馆、居民区、城乡接合部等重点部位进行拉网式排查。采取区域责任人包干制度，切实加大巡查力度，取得明显成效。

2008—2013年，多次开展“打击传销进校园”“打击传销进社区”活动。取缔三0三厂等传销窝点，遣散参与传销人员四百余人，维护辖区社会稳定。2009—2013年获怀化市“无传销示范县”称号。

第四节 经济合同管理

1998—1999年，县工商局检查经济合同169份，合同金额483.3万元，查处违法合同案2件，合同金额34.32万元。办理抵押登记8件，举债权398万元。处理咨询信件16件，发放示范文本6份，登记发放合同“三证”各3份。协助经济合同当事人挽回或避免损失4件，金额27万元。

2000年，实施全面的合同检查，巡访经济实体87家，检查合同178份，指导规范合同文本18份。发放合同示范文本8份，登记发证“三证”8份。

2001年，从合同的监管入手，加强对棉花、粮食、成品油、建筑市场的监督检查，共检查经济合同31件。规范抵押物登记，防止虚假、重复抵押，全年共办理动产抵押登记12起，举债权685万元。开展合同登记备案和合同“三证”发放，全年合同备案登记37起，发放合同“三证”16份。

2002年，县工商局实行经济合同登记备案制度。全年登记备案经济合同33份，发现并纠正不规范合同2份，为企业挽回经济损失5.3万元，发放合同示范文本23份，办理不动产抵押3件，举债权120万元。

2003年，县工商局重点开展各种工程承包合同的监督检查。全年共检查各种工程承包合同21份，立案查处工程承包合同转让案1起，罚款3.8万元，合同登记备案16份，登记发放合同“三证”5份，示范文本3份。

2004年，推行合同示范文本，引导企业依法签约。全年发放合同示范文本30份，办理合同“三证”10份。规范动产抵押登记。对办理动产抵押登记的单位进行全面的回访，监督企业履约行为，全年办理动产抵押3起，合同金额480万元，注销已履行完毕的抵押合同3起。对处于停产状态，不参与年检的怀化益利来生物肥料有限公司作出撤消荣誉称号的处理。

2005年，监管工作重心放在农资等生产要素市场及订单农业生产合同方面。注重合同示范文本的推广，合同“三证”的发放，以及为中小企业融资解困积极开展动产抵押登记和评审“守、重”单位开展工作。全年检查农资合同26份，发放合同示范文本18份，办理登记不动产抵押1起，合同金额18万元。

2006年，县工商局检查农资合同13份，登记发放合同“三证”3份，发放合同示范文本9份，合同“三证”7份，登记不动产抵押2起，合同金额72万元。

2007—2008年，发放示范文本54份，合同“三证”33份，检查农资合同21份，办理不动产抵押登记4起，合同金额137万元，调解涉农合同纠纷1起，参与监证国营资产（花桥粮站国营资产）拍卖1起。

2009—2013年，发放合同示范文本140份，合同“三证”34份，办理不动产抵押61起，合同金额5.82亿元。

第五节　商标广告管理

1998年，县工商局对商标注册和广告经营单位进行排查摸底，走访企业124家，摸底结果无1件注册商标，广告经营单位只有从事商业匾牌、灯箱广告制作等业务的个体工商户11家。

1999年，商标广告管理工作的重点放在宣传商标法的法律法规方面。通过企业走访和“12315”活动日等向社会公众发放宣传册，全年共发放宣传资料680余份，接待商标注册咨询22人次。

2000年，开展商标印制单位的换证工作。重新规范换发新的“印制商标单位证书”22本，清理户外广告168条，发出限期改正通知书9份，清查无效广告127份。

2001年，共清理户外广告83条，清查店堂牌匾广告7块，无效广告137份，发出限期整改通知书11份。

2002年，对药品广告进行清查，重点查审药品广告宣传内容的真实性，收缴夸大疗效的药品广告宣传83张，清查户外广告33条，清理无效广告22份。

2003年，清查户外广告31条，商业门店匾牌75家，取缔与经营项目匾牌门店不符的3家，查处未经登记擅自发布广告案2起，罚款2000元，清理无效广告137份。8月份开展打击生产、销售假冒南孚电池专项执法行动，查处仿冒南孚电池580余节。11月份开展打击假（仿）冒纳爱斯、雕牌系列洗涤用品专项执法行动，查处假（仿）纳爱斯、雕牌系列450余块（袋）。查处粮食市场参杂使假行为，查处陈化粮4005公斤，案值30余万元，罚款6万余元。

2004年，取缔违法涉农广告3起，收缴销毁误导的农资产品宣传单60份，接转“种隆”牌黄姜制品、“荆坪”无公害蔬菜、“龙场”杨梅、“湘珍珠”葡萄产品商标4个。

2005—2007年，县工商局开展以“打虚假，树诚信”的广告专项整治工作。重点以医疗、药品、保健食品、整形美容类广告进行严格管控。共查处虚假广告5起，未经许可擅自发布广告5起，清查户外广告147条，收缴无效广告226份，接转商标注册14件，续展商标6件。

2008年，县工商局建立局机关—工商所—企业的三级联络制度。逐层确立帮扶对象，明确指导企业争创驰名、著名商标，对企业实行重点引导、扶持、上门跟踪服务。全年共接待商标查询、申办和使用等方面的法律、程序咨询33人次，协助申请商标注册12件，成功帮扶“金大地水泥”认定为湖南省著名商标。全年清查户外广告56条，查处未经许可擅自发布案2起，罚款2000元，收缴无效广告73份。

2009年，以加强农资、家用电器、建材、装饰材料、融资、药品与人民群众人身财产紧密关联的广告为重点，开展“打击虚假违法广告，维护广告市场洁净”的专项整治行动。全年共清查药品广告43条，医疗广告13条，保健食品广告14条，其他类广告76条，查处违法广告2条，未经许可发布广告2条，立案查处违法广告4件，罚款金额共计1.2万元，收缴无效广告31份，接转商标注册2件，续展商标8件。

2010年，县工商局清查户外广告83条，店堂广告17家，纠正规范店堂广告3家，收缴张贴广告71份，查处未经许可发布广告3起，罚没款3000元，收缴无效广告26份，帮扶湖南五溪米业有限公司的“五溪”商标成功被认定为湖南著名商标。

2011年，重点整治影响社会稳定的严重虚假违法广告，净化广告市场环境。查处虚假违法广告2起，罚款1.2万元。查处户外广告案3起，罚款3000元。4月，中方县德荣公交传媒广告公司（自然人独资）成立，9月7日，怀化市方平广告传媒有限公司（私营）成立，中方县的广告经营单位实现零的突破，结束中方县在此以前商业性的广告发布主要是借助怀化市的历史。同年，落户中方县的怀化市家源油业“运春”牌商标被湖南省认定为省著名商标。

2012年，先后开展“两会（人代会、党代会）”和“两节（元旦、春节）”广告市场整治，“旅游服务”广告清理，“非法融资”广告清理，“特供专供”商品广告清理，共收缴无效广告47份，虚假广告56份，查处未经许可擅自发布广告3起，罚款3000元。同年，帮扶湖南喜相聚食品公司“湖里美味”商标、怀化华汉茶业公司“千手华汉”商标，中方县农场杨梅专业合作社的“农杨”商标，中方县湘珍珠葡萄专业合作社“湘珍珠”牌商标等获评全省著名商标。

2013年，加强广告监测，建立广告监测点5个，检查广告234条次，监测检查药品、保健食品、医疗广告110条次，全年共查处违法违规广告18条，下达整改通知书7份，完全停止发布4条，立案查处7起，罚没款13188元。

第六节　消费者权益保护

1998年，县消费者权益保护委员会组织开展农村消费教育工作活动。发放宣传小册子5000份，接待农村消费者咨询257人次，受理投诉25件，为消费者挽回经济损失6万余元。

1999年，县消费者委员会分别在中方、泸阳、铜湾、铁坡4个工商所成立4个消费者分会，在全县所有乡镇建立22个基层投诉站，在全县范围内建立健全服务监督网络。各农村农贸市场设立投诉点，并悬挂消费者侵权投诉举报箱，各大市场、主要街道张贴“购物上当请找工商”的告示牌及公布举报电话的宣传牌，制定节假日不休息，逢场到市场蹲点服务的制度。开展“十街百店无假货”等专项活动。全年受理消费者投诉28起，为消费者挽回经济损失6.5万元。

2000年，消费维权主要是“明明白白消费”。是年，共发展消委会员单位260家，发展个体会员1860户。有效地调解消费纠纷255起，受理消费者投诉190起，为消费者挽回经济损失34万余元。

2001年，全县共受理调解消费者投诉350件，已解决350件，解决率100%，接受消费者咨询736人次，发布《消费警示》10条，为消费者挽回经济损失8万余元。

2002年，开展“科学消费”年活动，向广大农村消费者宣传树立科学消费观念，发放宣传单1200份。受理、调处消费者的申诉、举报36件，调节一般消费纠纷22件，办结涉及金额1000元以上的申诉10件，为消费者挽回经济损失65万元。

2003年，以“营造放心消费环境”为主题，组织城乡大型宣传6次，召开消费者座谈会1次，印发宣传资料6000份，编写板报专栏15期，发布消费警示2条。接待群众来访、接受咨询267人次，受理并解决消费者投诉59起，为消费者挽回经济损失5000余元。

2004年，消费维权主要围绕为“诚信·维权”。11月，县委办、县政府办联合下发《关于加强保护农村消费者合法权益网络建设的通知》，部署建站建点工作，并把维权网络建设纳入为民办实事的一项重要内容。推动“一站一点”（乡镇建立消费者投诉站、行政村建立维权联络点）的建设。全年共组织城乡大型宣传7次，印发宣传资料5万余份，编写板报专栏22期，参与对商品和服务的监督检查12次，发布消费警示7条，接受咨询960人次，受理消费者投诉73起，为消费者挽回经济损失1.4万元。

2005年，消委会围绕“健康·维权”年主题开展活动。3月，全县22个乡镇全部建立消费者投诉站。211个行政村建立“12315”维权联络点，建站建点率达100%。在运转功能上实现县工商局（消费者委员会）—工商所（消委分会）—乡镇投诉站—行政村“12315”消费维权联络点的一体化运转。在全省首创“投诉在家门，维权不出村”的消费维权工作新格局。为此，中方县的消费维权网络建设工作被作为全省消委系统基层组织建设经验在全省交流。1月，袁家乡孙某驾驶车辆到袁家加油站加水，因地面湿滑摔倒，导致左手臂骨折、左臀部及身体多处软组织挫伤，花费医疗费3500元。当事人事后与加油站协商赔偿未果，向中方县工商局“121315”申诉举报中心提起申诉。经多次调解双方达成一致协议：由加油站向孙某赔偿医疗费及误工补助共计4500元人民币。7月，中方县花桥镇14岁的中学生腾某在家中开启啤酒时，啤酒瓶突然炸裂，瓶盖当场击伤左眼（经医院鉴定确诊为左眼球挫伤、晶体挫伤），腾某的母亲向中方县“12315”提出申诉。经中方县工商局“12315”工作人员与厂家多次调解，终于达成如下协议：由啤酒公司支付消费者腾某医疗费用6000元并一次性补偿伤残费用1.5万元（以上两案评为2005年度怀化市十大维权典型案例）。全年出动宣传车58台次，人员400余人次，印发宣传资料30000余份，解答消费者咨询4000余人次.接受来信来访85次，受理各类消费申诉、投诉56起，处结率100%。

2006年，以“消费与环境”年主题为内容进行广泛深入宣传。发放宣传资料5000多份，张贴标语24张、横幅19条，出墙报宣传栏3起，发布消费警示30期，受理消费者投诉35起，为消费者挽回经济损失5万余元。6月16日，中方县工商局、中方县消费者委员会，联合下发《关于在全县农村建立乡镇消费者分会、村消费者投诉站和“12315”联络站的实施方案》的文件，在22个乡镇建立乡镇消费者委员会分会22个、全县211个行政村建立村消费者投诉站和“12315”联络站（简称“一会两站”）211个。村“12315”联络站依托工商所设立，和村消费者投诉站合署办公，实行两块牌子一套人马，由消费者分会聘请村委会或党支部负责人兼任站长。村委会成员及村民小组组长为投诉站成员。从此，中方县消费者维权网络一直按此模式运行。

2007年，全县围绕“消费和谐”年主题开展维权活动，共接受消费者咨询3000人次，受理投诉42起，散发假冒农资鉴别、投诉指南、消费警示等宣传资料2000余份，为消费者挽回经济损失7万余元。1月，接龙乡流动商贩曾某，伙同当地3名宰牛户以每公斤0. 2元购进工业盐2400公斤，除加工牛皮用掉100公斤外，将剩余的工业盐拿到集市上，以每公斤2元的价格冒充食用盐销售。中方县工商局和消委当场查扣工业盐300公斤，其余2000公斤已当作食用盐流入农户家中。县工商局和消委立即共查访购买农户501户，收回工业盐1000公斤、工业盐腌腊制品600公斤，责成当事人退还农民盐款2.3万余元，并对当事人处以7000元处罚（该案评为2007年度湖南省十大维权典型案例）。

2008年，全县共检查经营户2736户次，检查食品经营企业39家次，检查各类市场19个。处理商品消费案件10件，罚款金额6.62万元。查获假冒伪劣食品103.5公斤。下架问题奶制品334公斤。受理消费者咨询1921起，受理消费者申诉15起，为消费者挽回经济损失0.98万元。印发宣传资料5000多份。

2009年，全县印发宣传资料8000份，编写板报专栏12期，发布消费警示12条。接受咨询 283 人次，受理 31 起消费者投诉，均成功解决，为消费者挽回经济损失 19000 余元。

2010 年，全县受理消费者投诉 46 起，成功调节 45 起，为消费者挽回经济损失 3.8 万元。

2011 年，通过“送法下乡”“送法进校园”等活动进行广泛的宣传，全年印发宣传资料 5000 份，受理消费者投诉 20 起，成功调节 20 起，为消费者挽回经济损失 7000 余元。

2012 年，县工商局、县消委面向社会重点宣传《中华人民共和国食品安全法》和《中华人民共和国消费者权益保护法》等法律法规，宣传围绕“消费安全”，加强消费维权建设接受咨询 300 人次，发放宣传材料 2000 份，受教育达 3000 余人。全年受理举报投诉共 13 件，为消费者挽回经济损失 11600 余元。立案 1 起，罚没金额 1000 元。开展消费教育和引导活动 2 次，协调解决消费纠纷 21 起，接待来访来电咨询 100 余次。

2013 年，县消委出宣传栏 4 期，电子显示屏打宣传口号 18 条、发放宣传资料 100 份。全年受理消费者申诉举报 163 件，处理率达 100%，为消费者挽回经济损失 50 万元。

第六章　审　计

第一节　管理机构

1998 年，成立中方县审计局，属县政府工作部门，内设办公室、财政经贸审计股、行政事业审计股、基建外资审计股、经济责任审计室。2005 年，湖南省审计厅确定中方县审计局为“审计四分离”改革试点单位。

第二节　国家审计

国家审计包括财税审计、工商企业审计、行政事业审计、专项调查审计、领导干部经济责任审计、固定资产投资项目审计等。

一、财税审计

1998 年，县审计局先后对铜湾镇、牌楼镇、中方镇 3 个乡（镇）1997 年度预算执行情况和决算及预算外资金管理和使用情况进行审计，查出违纪违规金额 32 万元。

1999 年，县审计局依法对中方县 1998 年度本级财政预算收支情况进行审计，查出违纪违金额 46 万元。此后，依法每年对县级财政预算收支情况进行审计。10—11 月，县审计局先后对石宝乡、袁家乡 2 个乡（镇）的财政决算进行审计，发现被审计单位挤占挪用防洪保安资金、农业税差价款、农业税灾情减免款、教育费附加等资金 5.6 万元。

2000年，对县本级财政1999年度预算执行情况和其他财政收支情况进行审计，此次预算执行审计，按照“帐户入手，下审一级”的原则，对县教育局进行延伸审计，扩大审计范围，对县公安局税侦中队进行专项审计，共查出违纪金额153万元。5月和9月，县审计局先后对下坪乡、泸阳镇、龙场乡3个乡（镇）财政决算进行审计，查出违纪违规金额80.50万元。

2001年，县审计局对中方县2000年度本级财政预算执行情况和其他财政收支情况进行审计，此次审计落实到县财政局各股室，同时第一次对县地方税务局的经费实施审计，并延伸审计该局基建投资。共查出违纪违规金额163万元。11月，先后对花桥镇、袁家乡2000年度预算执行情况和决算进行审计，查出违纪违规金额20.26万元。

2002年，县审计局延伸审计县医保局、县国土局等预算单位，重点检查和揭露预算执行中有无不真实、不合法、不规范等问题。同时，对县2000年度本级财政结算真实性进行专项审计调查。共查出违纪违规金额395.79万元。同年，先后对接龙乡、桐木镇、中方镇人民政府2001年度预算执行情况和决算以及预算外资金管理和使用情况进行审计，查出违纪违规金额46.75万元。向县纪检监察部门移送案件线索1起。

2003年，县审计局在审计方法上实行财政收支审计与专项审计调查相结合。县审计局对财政地税部门做大量工作进行评价，并对政府采购和会计集中核算发挥的作用进行认可。10月、11月，县审计局先后对铜湾镇、新建乡、牌楼镇人民政府2002年度预算执行情况和决算以及预算外资金管理和使用情况进行审计，共查出违纪违规金额38.32万元。

2004年9月，县审计局对铁坡镇人民政府2003年度预算执行情况和决算以及预算外资金管理和使用情况进行审计，查出违纪违规金额4.38万元。

2005年11月，县审计局对炉亭坳乡人民政府2004年度预算执行情况和决算外资金管理和使用情况进行审计，查出违纪违规金额17.05万元。

2006年，县审计局就如何进一步规范财政预算的管理、强化专项资金的监管等方面提出审计建议，在政府的大力督导下，劳动、社保、民政、教育等部门连年挪用专项资金的问题基本得到纠正，财政财务收支管理行为进一步规范。7月，县审计局对中方县铜湾镇人民政府2005年度预算执行情况和决算以及其他财政收支情况进行审计。

2007年12月，县审计局对中方县牌楼镇人民政府2006年度预算执行情况和决算及其他财政收支情况进行就地审计。

2008年5月至8月，县审计局对中方县铁坡镇、泸阳镇人民政府2007年度预算执行情况和决算及其他财政收支情况进行就地审计。

2009年7月至11月，县审计局对中方县铁坡镇、泸阳镇人民政府2008年度预算执行情况和决算及其他财政收支情况进行就地审计。

2010年，县审计局延伸审计中方县2009年末主权外债和中方县扩大内需资金管理、使用情况。同年，县审计局对中方镇人民政府2008年至2009年度预算执行情况和决算及其他财政收支情况进行审计，重点审计该镇政府两年的收入和支出及该镇所辖的中方县兴中城镇建设投资有限公司、中方镇城镇建设指挥部两年的收支情况，并对该镇国土所、财政所、计生办、水管站等站所进行延生审计。

2011—2013年，县审计局对中方县2011年度本级财政预算执行及其他财政收支情况进行就地审计。中方县花桥镇人民政府2009年至2010年度预算执行情况和决算以及其他财政收支情况进行审计。

二、工商企业审计

1998年4月，与鹤城区审计局协商，县审计局对怀化市人寿保险公司资产负债损益情况进行审计，查出违纪金额182万元。

2000年9—10月，县审计局对中方县电力公司资产负债及损益进行审计，共查出违纪金额133万元。

2001年8—10月，县审计局对中方镇粮食收储管理站资产负债损益情况进行审计，对漏缴门面税金和未真实反映收取费用项目行为责令单位自行纠正。

2006年中方县审计局对县经济建设投资有限公司在国家开发银行借款和管理和使用情况进行审计。

2012年6—7月，中方县审计局对湖南中方电力有限责任公司2009年至2011年度城市公用事业附加的征收、管理和使用情况进行审计。

三、行政事业审计

每年对部分行政事业单位进行审计，2005—2010年，查出违纪金额高达1000万元以上。

1998—2013年中方县行政事业审计情况表

表14-6-2-1

年度	审计行政事业单位	审计结果
1998	铜湾镇中心卫生院、县教育局、牌楼镇卫生院、中方县一中	共查出违纪金额80万元
1999	中方镇中学、县种子公司、县建筑设计院、县人民法院、县建设局、县民政局、县农业局、县委组织部、县委宣传部	共查出违纪金额106万元
2000	县公路管理站、县机关幼儿园、县工商局、县木材检查总站、县教育局、县人民检察院	共查出违纪金额69万元
2001	科技局、住房公积金管理中心、县医保局、县房产局、县政府招待所、县质量技术监督局	对质量技术监督局的审计是全省行业审计，审计资料全部上交上级审计机关。共查违纪金额91万元
2002	共青团中方县委员会、县爱卫办、县扶贫办、县国土局、县环保局、县卫生局、县水利局、县五龙溪水管站、县移民局、县一中、县机关社保局11个单位	共查出违纪金额192万元

续表

年度	审计行政事业单位	审计结果
2003	县发展计划局、县人防办、县公安局、县残联、县经贸局、县劳动就业服务处、县畜牧水产局、县扶贫办、县农办、县交通局、县劳动和社会保障局、县物价局、县人民法、县建设局、县民政局、县机关事务局、县计划生育局、县蔬菜办、县档案局、县粮食局、县政法委21个单位	查出违纪违规金额348.5万元
2004	县卫生防疫站、县人事局、县农机局、县编办、县房产局、县一中、县机关社保局、县发展计划局	查出违纪金额187万元，向县纪检监察部门移送案件线索1起
2005	国土资源局、劳动和社会保障局、县林业局、县物价局、县五龙溪水管站、县二中、县水利局、县劳动就业局	查出违纪金额1175万元
2006	县移民局、县粮食局、县煤炭局、县供销社、县安监局、县残联、县民政局	共查出违纪金额331.32万元
2007	劳动局、县发改局、县司法局、县农业局、县机关事务局、县计生局、县工业经济局、县残联、县蔬菜力、县能源办、县一中	共查出违纪金额328.9万元
2008	粮食局、县房产局、县水利局、县煤炭局、县职业中专、县机关社保局、县牌楼卫生院、县疾控中心8个单位	县共查出违纪金额402.7万元
2009	县农业局、县国土局、县公安局交警大队、县林业局、县工商行政管理局、县供销合作社联合社、县人民法院7个单位	共查出违纪金额333.6万元
2010	县医疗生育保险管理局、县人口计划生育局、县计划生育技术服务站、县广播电视局、县委政法委员会、县水利局、县民政局、县农业综合开发办公室、县环境保护局9个单位	共查出违纪金额1102.8万元
2011	县教育局、县扶贫开发办公室、县国土资源局、县商务局4个单位	共查出违纪金额637.67万元
2012	县公安局、县水利局、县国土局3个单位	共查出违纪金额236.43万元
2013	县人力资源和社会保障局、县林业局2个单位	共查出违纪金额494.80万元

第三节　专项审计

一、项目资金审计

1998年3月，由中方县审计局对原怀化市农业综合开发办公室1995年1月至1997年12月第三期农业综合开发资金使用情况进行审计。

1999年，县审计局分别对县企业社保局1998年度企业职工基本养老保险基金管理情况，对县农业综合办98年度农业综合开发资金使用情况，县机关社保局1998年至1999年9月养老保险基金进行审计，共查出违纪金额16.6万元。此外，还对县1998年度纳入地方预算收入的城市教育费附加征、管、用进行审计，对县地税局1998年度税收成本和县农税局1998年度农税征管及经费提取使用情况进行专项审计调查。

2000年县审计局先后对县公安局1999年度财务收支及查缴涉税案件收入征收管理，县农业开发办1999年度农业综合开发地治理项目资金使用，县环保局1998—1999年度排污费征收、收缴和环保补助资金、污染源治理专项基金的分配、拨付以及管理、使用、效益情况，对泸阳供销社1994年至1999年度资产、负债、损益情况，对县社会养老统筹保险情况进行专项审计查出违纪金额77万元，审计要求单位自行纠正。

2001年5月，对县教育局2000年普教经费管理、各中小学2000年度预算内外普教经费使用情况和各项收费情况。县财政2000年度普教经费预算执行情况和资金拨付情况两个项目同时进行专项审计调查。

2002年1月，对县财政局1998年度至2001年度农村社会养老保险基金征收、管理、使用情况进行审计，查出违纪金额5.3万元。1月和6月，分别对中方县2000年度财政结算真实性和中方县城维护建设资金进行专项审计调查，查出违纪金额1958万元。

2003年3月，为实现住房公积管理中心顺利上收市里，县审计局对县住房公积金管理中心1998年2月至2003年2月住房公积金归集管理使用情况进行专项审计，查出违规拆借住房公积金542949.49元，违规使用单位住房资金188100元。4月，对中方县2000年至2002年防洪保安资金的征集、管理、使用情况进行审计，审计认定共征收防洪保安资金1291470元，存在问题的有：应列未列收入105076元、多提业务费26769.20元。

2004年，县审计局分别对县农业综合开发资金、计划生育专项经费、县民爆公司资产负债损益、新建乡至活水乡公路改造、教育转移支付资金进行审计，对本级财政赤字及负债情况、水稻良种推广补贴资金、粮食直补资金进行专项审计调查，共查出违纪金额90.4万元。

2005年，县审计局对中方县2004年度城市公用事业附加一电费附加、水稻良种补贴及粮食直补资金、退耕还林工程专项资金、行政事业性收费执行处罚情况、县政府招待所改制资产负债损益进行专项审计和审计调查，共查出违纪金额342万元。

2006年，县审计局对全县2003年至2004年度疾病预防控制建设专项资金、县政府采购办2005年度政府采购情况、全县2006年1—10月救灾款物收支管理分配使用情况进行专项审计。

2007年，县审计局对2006年社会保障资金，2006年农业综合开发资金、2003—2006年全县通乡通村公路建设资金进行专项审计。

2008年，县审计局开展对新型农村合作医疗基金、抗冰救灾捐赠款物、探矿权、采矿权转让及价款、全县普九义务教育债务进行专项审计。

2009年，县审计局开展对中方县农村能源办公室2006年度和2008年农村沼气国债建设项目资金来源、管理和使用情况进行专项审计。

2010 年，县审计局首先对中方县人民政府驻泸阳办事处、中方办事处、铁坡办事处、铜湾办事处的资产、负债情况进行专项审计。并进行中方县 2009 年 1 月至 2010 年 9 月末中小学校舍工程建设专项资金的审计调查。同时对全县农村义务教育其他债务和中方县农村能源办公室 2009 年度新增农村沼气国债资金建设项目竣工决算进行专项审计。

2011 年，县审计局对中方县新农村农民集中住房安置区建设项目资金管理、使用情况进行专项审计。

2012 年，县审计局对县 2011 年中央财政现代农业生产发展资金财务收支、县农村党员干部现代远程教育基础设施建设项目、县乡镇政府、村级组织和乡村干部垫交农业两税及其附加债务、县 2009 年度新增农村沼气醒目大中型沼气工程专项资金管理和使用情况、县基层医疗卫生机构债务、2012 年度中方县新路河合理村“红十字博爱卫生站”建设项目资金来源、管理和使用情况、2011 年度国土专项资金进行专项审计。

2013 年，县审计局对县扶贫开发办公室 2012 年度财务收支及扶贫专项资金、县 2012 年中央财政现代农业生产发展资金财务收支、县 2009 年 9 月至 2012 年 12 月中小学校舍安全工程建设专项资金筹集、分配、管理与使用情况以及工程建设项目实施情况、洪江水库桐木库区移民资金投入、分配、管理和使用情况进行专项审计。

二、外资审计

1998 年，经鹤城区审计局协调，县审计局对原怀化市世行贷款林业项目办公室 1997 年度国家造林项目执行情况和原怀化市世界银行贷款林业项目办公室森林资源发展和保护项目 1997 年度执行情况两个项目同时进行审计。对竣工面积、项目投资、世行贷款到位资金、省市三级配套资金进行认定，并对项目进行评价。

1999 年，对县审计局每年都对县世界银行贷款林业项目办公室森林资源发展与保护项目 1998—2001 年度执行情况进行审计。

2004—2006 年，县审计局连续三年对中方县卫生防疫站世界银行、英国赠款结核病控制项目和县世行办世界银行贷款林业持续发展项目两个外资项目进行审计，分别出具对外审计报告。

2007—2008 年，县审计局对县世行办世界银行贷款林业持续发展项目的外资项目进行审计，并出具对外的审计报告。

2009 年，对香港红十字会援建的中方县龙场乡人民政府组织实施 2008 年度龙场村恢复重建改水工程的资金来源、管理和使用情况进行就地审计，并出具审计报告。

三、领导干部经济责任审计

1998 年，由县委组织部牵头，县审计局为主，同县人大、财政局、监察局联合组成 6

个审计组，对14个乡镇17位乡镇党委书记镇长离任的经济责任进行审计调查，县审计局采取座谈和查账相结合的方式进行，主要内容是17位离任领导干部任职期内的主要政绩和经济责任。

1999年，受县委组织部的委托，县审计局对中方县原农办主任任期经济责任进行审计。这是县审计局开展领导干部任职期内经济责任审计的尝试。

2000年，随着中共中央办公厅、国务院办公厅关于《县级以下党政领导干部任期经济责任审计暂行规定》和《湖南省党政领导干部、国有企业领导干部任期经济责任审计暂行办法》文件的出台，县审计局逐步开展领导干部经济责任审计。3月，对计划发展委员会的二级机构中方县民爆器材物资有限公司原法人的任期经济责任进行审计。5月，对下坪乡原党委书和原乡长的任期经济责任进行审计。核实该乡1998年、1999年度财政收支、财务收支以及主要经济指标完成情况，肯定两位领导干部任职期内做出的成绩。发现的问题有：挪用农业税灾情减免款41929元。乡计生办超范围收取服务费、建档费等8462元。欠交消费调节基金1746.55元。

从2001年起，县审计局开展领导干部经济责任审计严格按《湖南省领导干部经济责任审计操作规程（试行）》来实施。受县人大常委会的委托，县审计局对泸阳镇原党委书记杨盛远任职期间经济责任进行审计。受县委组织部委托，对县公安局原局长、蒿吉坪原乡党委书记、花桥镇原党委书记、袁家乡原党委书记及原乡长进行经济责任审计。受县政府委托，对县政府驻长沙办事处原主任开展任期经济责任审计。共查出违纪违规金额37.40万元。

2002年，受县委、县人大常委会的委托，县审计局对国土局原局长、广播电视局原局长、县妇联原主席、县统计局原局长进行任期经济责任审计，共查出违纪金额118万元。向检察机关和纪检监察部门移送案件线索2起。

2003年受县人大常委会委托，县审计局对县发展计划局原局长任期经济责任进行审计。查出问题有向上级争取的资金单独设账，未纳入单位会计总账核算。预算外收费未交财政专户。个人向单位借款未及时结清。

2004年，受县委组织部委托，对中方县人民政府驻铜湾办事处原书记、县经贸局原局长、县财政局原局长、县建设局原局长、县扶贫开发办公室原主任、县物价局原局长6位领导干部开展任期经济责任审计，共查出违纪金额114万元，向县纪检监察部门移送案件线索1起。

2005年，受县人大常委会的委托，县审计局对县房改办原主任、县政府驻泸阳办事处原党委书记、桐木镇原党委书记、县政府驻铁坡办事处原党委书记4位领导干部的离任审计。对县计划生育局局长、县人民政府办公室主任、县财政局局长、县卫生局局长、县公安局局长、县国土局资源局长、县教育局局长7位领导干部的任中审计。共查处违纪违规金额

282 万元，其中领导干部应负直接责任 57 万元，应负领导责任 225 万元。

2006 年，县审计局共开展经济责任审计项目 13 个，分别是：县粮食局原局长、县农村工作领导小组原主任、县交通局原局长、农业综合开发办原主任、县畜牧水产局原局长、泸阳办事处原工委书记、公路管理站原站长、蒋家乡人民政府原乡长、蒋家乡委员会原党委书记、县文化局原局长，共查出违规金额 80.6 万元。

2007 年，县审计局对县人民检察院原检察长、县人民防空办原主任、县教育局原局长、县劳动和社会保障局原局长、县水库移民管理局原局长、县人民政府驻长办事处原主任进行审计，共查出违纪违规金额 1457.1 万元。

2008 年县审计局对县畜牧水产局原局长、泸阳办事处原党委书记、铜湾办事处原党委书记、县农业综合开发办原主任、县公路管理站原站长进行审计。

2009 年县审计局开展县劳动和社会保障局原局长、县交通局原局长的经济责任审计。

2010 中方县审计局共开展经济责任审计项目 8 个，他们是：中方县机构编制委员会办公室原主任、县物价局原局长、县畜牧水产局原局长、县信访调纠局原局长、县科学技术局原局长、县安全生产监督管理局原局长、县科学技术局原局长、县人口和计划生育局原局长。

2011 年，中方县审计局开展经济对中方县环境保护局原局长、县体育局原局长、中共中方县委农村工作部（中方县政府农村工作办公室）原部长的经济责任审计。

2012 年，中方县审计局开展对铁坡镇原党委书记、桐木镇原党委书记、县国土资源局原局长、县泸阳镇原党委书记的经济责任审计。

2013 年，中方县审计局共开展经济责任审计项目 8 个，他们是：中方镇原党委书记、中方县教育局原局长、中方县发展和改革局原局长、中方县经济和信息化局原局长、中方县人民防空办公室原主任、中方县农业局原局长、中方县住房和城乡建设局原局长。

四、固定资产投资审计

1999 年，县审计局对县公路管理站办公楼和宿舍楼、泸阳粮食收储管理站综合楼 3 个项目进行基建审计，查出违纪金额 18.2 万元。主要问题有：县公路管理站办公楼多计工程价款、欠缴固定资产投资方向调节税等。

2006 年，县审计局分别对县教育局青少年活动中心综合楼建设项目、县残联新综合楼建设项目、县移民局新办公楼建项目、县民政局新办公楼建设项目的预算执行情况和决算进行审计，查出违纪金额 153.2 万元。

2007 年，县审计局分别对劳动局、建设局、牌楼卫生院、国土局、交通局、林业局、水利局、金园路进行预算执行情况和竣工决算审计，查出违纪金额 232 万元。

2009 年，县审计局分别对县水库移民管理局、县水利局进行预算执行情况和竣工决算审计，审计发现未按规定的程序及要求进行招标等问题。

2010年，县审计局分别对县技术监督局办公大楼建设项目、县南湖路建设项目、县公安局办公大楼及附属工程建设项目、县武陵东路建设项目、县民政局“三院合一”综合楼建设项目、县山羊头水库除险加固工程建设项目、县长塘路道路建设项目、县五龙溪水库管理站灌区续建配套一期工程、县人民法院审判综合楼建设项目进行预算执行情况和竣工决算审计，审计发现项目开发建设合同重要内容缺失、工程价款结算中多计工程款等问题。

2011年，审计局分别对县泸阳法庭改建工程、县铁坡法庭工程、县铜湾法庭改建工程、县人民法院办公楼绿化工程项目、中方镇防洪工程建设项目、县黄溪项目区2010年农业综合开发水土保持项目专项资金的管理和使用情况进行预算执行情况和竣工决算审计，审计发现送审造价多计工程款、追加采购超过原合同采购金额等问题。

2012年，审计局分别对县原秀峰路（现丹桂路）建设项目、县兴中大道西侧（同乐路—武陵城路段）道路工程、县狮子岩水库除险加固工程、县白沙水库出险加固工程、县竹元头水库除险加固工程、县城北防洪堤绿化工程、县黄溪项目区2011年农业综合开发水土保持项目、中方县中方大道配套工程（一期）、县房溪水库除险加固工程、县付角溪水库除险加固工程、县第三批五强溪水库外迁移民搬迁安置项目、县泸阳镇五全村等十个农村土地综合整治项目、县山洪灾害防治非工程措施建设施工项目进行预算执行情况和竣工决算审计，审计发现送审造价多计工程款、工程建设项目未进行招标、现场签证欠严谨等问题。

2013年，分别对县太平溪聂家村乡治理工程、县活水乡龙星村滑坡治理工程等项目进行预算执行情况和竣工决算审计，审计发现审造价多计工程款等问题。

第四节　内部审计

自1999年开始，县行政单位逐步建立单位内部审计机构，在县财政局、教育局、林业局、县交通局等局机关建立内部审计机构和内部审计制度。所有内审机构9年来共纠正违纪违规金额62.4万元，查出损失浪费金额82.1万元，促进增收节支31万元，提出合理化建议308条。

第七章　统　计

第一节　统计调查

一、普查

人口普查　2000年，中方县开展第五次人口普查。此次人口普查标准时点为2000年11

月1日零时，普查共涉及人口增长、家庭人口、性别构成、年龄构成、民族构成、受教育程度、城乡人口等七方面内容。此次人口普查采用按现住地登记的原则，每个人必须在现住地进行登记。普查对象不在户口登记地居住的，户口登记地要登记相应信息。全县共有300名普查员参入普查登记，主要采用的是入户登记的方式。

2010年，开展第六次全国人口普查。此次人口普查标准时点为2010年11月1日零时，此次普查主要调查人口和住户的基本情况，内容包括：性别、年龄、民族、受教育程度、行业、职业、迁移流动、社会保障、婚姻生育、死亡、住房情况等。人口普查的对象是在全县境内居住的自然人。全县共有300多名普查员采用入户登记方式参与此次普查。

中方县第五、第六次人口普查一览表

表14-7-1-1 单位：人

项目		第五次	第六次
一、总人口		247889	278993
二、总户数		68682	82293
三、常住人口		236675	236649
四、按性别分人口		110.68	107.57
五、性别比	男	124339	122642
	女	112336	114007
六、民族构成	汉族	232355	233134
	少数名族	4320	3515
七、年龄构成	0—15岁	55973	39428
	15—59岁	151939	158019
	60—99岁	28760	39198
	100岁以上	3	4
八、教育程度（6岁及6岁以上）	未上过学	18974	17189
	扫盲班	5596	—
	小学	102448	75451
	初中	78356	102758
	高中及中专	16030	19201
	大学专科	1416	4356
	大学本科	190	1320
	研究生及以上	2	31

经济普查　2004年5月，中方县进行第一次经济普查。普查时期标准为2004年1月1日至2004年12月31日，普查范围包括在中方县境内从事第二产业、第三产业活动的全部法人单位、产业活动单位和个体经营户。普查的主要内容包括单位标志、从业人员、财务收支、资产状况，以及企业的主要生产经营活动和生产能力，主要原材料和能源消耗及科技开发的投入状况等。全县共有近400名普查员参与此次普查登记工作。

2008年4月，中方县进行第二次经济普查。普查时期标准为2008年1月1日至2008年12月31日，普查内容包括全县法人、产业活动单位以及社会团体进行登记普查，清查各个单位、行业经济情况的系统普查。普查方式采用聘请普查员上门入户登记。全县共有近400名普查员参与普查登记，普查表利用光电录入，电脑储存。

2013年，中方县进行第三次经济普查。普查时期标准为2013年1月1日至2013年12月31日，普查主要内容包括单位基本属性、从业人员、财务状况、生产经营情况、生产能力、原材料和能源及主要资源消耗、科技活动情况等。本次普查以普查员上门登记方式进行，首次采用以PDA数据采集器采集数据，以网络上传数据的方式。

农业普查　2006年，中方县开展第二次农业普查。此次普查时期标准是2006年1月1日至12月31日，普查登记工作于2007年1月1日开始，普查内容包括从事第一产业活动单位和农户的生产经营情况、农村的环境状况、农业土地的利用、农业和农村固定资产投资、农村劳动力就业及流动以及农民生活质量。普查方式采用聘请普查员上门入户登记，全县共有400多名普查员参与普查登记。

基本单位普查　2001年，中方县开展全国第二次基本单位普查。基本单位是指除农户和个体户以外的所有从事社会经济活动的法人单位和产业活动单位。此次普查时期标准是2001年1月1日至2001年12月31日，普查对象是县境内所有法人单位及所附属的产业活动单位，调查范围包括各类企业法人、事业单位法人、机关法人、社会团体法人和其他法人，及其所附属的农业、工业、建筑业、交通运输业、批发零售贸易业、餐饮业、服务业等产业活动单位。普查方式采用普查员上门登记，全县共有近200名普查员参与登记工作。

二、抽样调查

社会经济抽样调查　分农村经济抽样调查和城镇经济抽样调查。1998年，为科学地评估全县农村经济发展状况，加强对农村贫困和小康的监测工作，开展农村经济抽样调查。全县从22个乡镇抽取6个乡镇建立6个村级调查点，每个点抽取10户，采取逐日记账的方式，对每个年度的生产经营、生活消费、生产条件及劳动力结构等情况进行详细记载，通过计算汇总和分析，基本掌握全县农村经济发展水平、农民的生产生活状况以及存在的问题。该调查一直沿用至今。2005年起，开展城镇经济抽样调查，在县城所有居民中抽取有代表性的住户50户，进行家庭收支情况记账，从而掌握全县城镇居民的收入程度、消费水平、生活结构变化等情况。2012年开始，在样本总数不变的情况下，各调查点由县城逐步扩大至各个镇区。该调查一直沿用至今。

1%人口抽样调查 为摸清2000年以来全国人口数量、构成以及居住等方面的变化情况，研究未来人口状况的发展趋势，为制定经济社会发展规划和有关政策提供客观准确的依据，国务院决定于2005年进行全国1%人口抽样调查，这次调查的标准时间为2005年11月1日零时。中方县1%人口抽样调查，主要是对乡镇进行调查，调查对象为被抽中的调查小区内具有中华人民共和国国籍的人。通过调查，摸清全县农村人口数量、构成及居住等方面的变化情况。调查以户为单位进行登记。

三、专项调查

规模以下工业抽样调查规模以下工业是指产品销售收入在500万元以下的非国有工业企业和全部个体私营工业企业单位。中方县规模以下工业抽样调查开始于2000年，主要调查企业的生产、销售、库存等经济状况。调查以工作人员上门询问调查方式进行。

第二节 统计管理与服务

一、管理机构

1998年2月，中方县统计局成立，为主管全县统计和国民经济核算工作的县人民政府工作部门。2010年局内分设六个职能股室：办公室、综合统计与经济研究室、第一产业统计股、第二产业统计股、第三产业统计股、法制股（加挂中方县统计稽查大队牌子）。四个二级机构：中方县人民政府普查中心、中方县社会经济调查队、中方县统计局电子计算站、中方县社情民意调查中心。

二、统计咨询与统计分析

1998年，创建统计报表发布制度。自1998年后每年开展《统计快报》《中方统计》《决策咨询》等服务项目。《统计快报》每月编制（1月除外），提供各专业的主要经济指标数据。《中方统计》：向县委、县政府主要领导呈报，反应经济数据发展动态、分析、问题和意见。《决策咨询》：不定期刊物，对重要问题、事件的专题调研分析，为领导做决策参考。同时，统计局每年利用各专业统计月报、季报、半年报和年报等统计资料，开展各专业统计分析，专题统计分析。一般专业每季度撰写统计分析。部分专业根据经济发展动态随时撰写统计分析。统计专业分析内容涉及综合国民经济、农业、工业、能源（后期加入）、投资、房地产、商业、居民收入调查、劳动工资等。围绕县委、县政府工作，围绕社会产生的热点问题，不定期开展专题统计分析。

1999年3月，《1998年中方县国民经济和社会发展统计公报》发布，往后逐年在次年3月发布《统计公报》。《统计公报》内容涵盖综合、农业、工业和建筑业、固定资产投资、国内贸易、对外经济和旅游业、财政金融和保险业、教育和科学技术、交通、文化卫生和体育、人口和人民生活、社会保障、安全生产等。

1998年—2003年，全局共完成统计分析120余篇，上报信息50多条，为县内外100多个单位提供统计咨询服务700余次。并免费为建筑企业年审、退伍军人、下岗职工和残疾人提供诉讼、民事赔偿、最低生活补助等方面需要的统计评估和咨询工作。

2004年，共撰写统计分析研究文章28篇，调研报告和论文5篇，1篇被编入《湖南省第五届统计科研优秀成果集》、1篇被《湖南统计信息网内网》刊登，上报信息200多条，其中20多条信息被县委《每周要情》和有关新闻媒体采用。提供统计咨询服务300余次，共计7000余项次。

2006年，共完成统计分析23篇，其中《关于县直重点工程投资情况的调查报告》对县域经济影响深远，上报信息50多条，怀化电视台时政频道采用10条，提供统计咨询服务800次，共计9600余项次。

2007—2010年，共完成统计分析76篇，上报信息200多条，提供统计咨询服务2700余次。

2011年，共撰写上报统计分析33篇，含6篇专题分析，其中省统计局内网采用1篇，市统计信息网采用18篇。撰写各类统计信息41篇。提供统计咨询服务110余次。同年，出版《中方统计年鉴》(1998—2010年)。《中方统计年鉴》(1998—2010年)是由中方县人民政府主办，集综合性、权威性、文献性于一体的大型年鉴。记载中方县建县以来国民经济和社会发展等方面的活动情况和突出成就。

2012—2013年，共撰写上报统计分析52篇，含11篇专题分析，其中省统计局内网采用1篇，市统计信息网采用15篇。撰写各类统计信息30篇，提供统计咨询服务1500余次。

三、统计改革

2011年，国家统计局实施统计“四大工程”（单位名录库、企业一套表制度、数据采集管理软件平台、联网直报系统）改革。7月，县“企业一套表”改革暨联网直报工作（以下简称“一套表”工作）全面铺开。8月份全面启动“企业一套表”改革暨联网直报工作，将64家单位纳入直报系统，保质保量地完成第一阶段直报试点工作。

2012年10月，全县22个乡镇全面完成电子台账直报任务。

2013年，全县所有规模以上工业企业、资质内建筑业企业和房地产企业、限额以上批发零售和住宿餐饮企业及重点服务业企业均实现统计数据联网直报。

四、基层统计规范化建设

2012年，根据《湖南省统计局关于开展乡镇（街道）统计站“达标争先”活动的通知》

和《怀化市人民政府关于加强统计基层工作的实施意见》，中方县启动基层乡镇统计规范化建设达标工作。2012 年全县共有中方镇、牌楼镇等 7 个镇完成达标工作。2013 年全县共有接龙镇、铜鼎镇等 6 个乡镇完成达标工作。

第三节 统计监督

1998—2005 年，共执法检查 136 个单位，查处统计违法案件 24 起。2006 年重点检查统计单位 50 个，查处统计违法案件 10 起，立案查处 4 起，通报批评 1 起。组织全县 40 个单位参加统计法培训，20 人参加统计证考试，47 人参加统计继续教育培训。2007 年检查统计单位 40 个，查处统计违法案件 4 起，立案查处 3 起，通报批评 1 起。组织全县 40 个单位参加统计法培训，12 名同志参加统计证考试，2 名同志参加统计继续教育培训。2008 年，共对 17 个单位进行执法检查。2009 年，协调安排对全县统计人员进行统计证考试和继续再教育的工作，共有 20 多人参加脱岗培训，200 人次学习统计法及统计教育的文件精神，先后有 3 人参加省局的教育培训。全年执法检查 20 个单位。2010 年执法检查 17 个单位，查处统计违法行为 4 起。组织 22 人参加统计从业资格认定培训考试，8 人参加统计继续教育培训。2011 年统计执法检查 15 个单位，立案件 5 件，结案 5 件，分别给予责令整改或行政处罚，并对提供不真实统计数据案予以曝光。2012 年，抓好乡镇、园区和县直单位及“四上企业”（名词解释）等统计起报单位统计人员的业务培训。执法检查 15 个单位，立案 2 件。2013 年统计执法检查 10 个单位。组织 7 人参加统计从业资格认定培训考试，6 人参加统计继续教育培训。

第十五篇

文　化

WEN HUA >>>>>>>>>>>>>>>>>>>>>

第十五篇　文　化

中方县文化源远流长，文化古迹众多，文化市场繁荣。境内崖刻、墓碑、牌坊、字画可为历史见证。民间流行的阳戏、霸王鞭颇具地方特色。民间传统的舞龙灯为民众喜闻乐见。山歌、唢呐、丧歌流行广泛。电视、音像普及到各家各户。1999 年，铜湾镇被省文化厅授予“霸王鞭之乡”。2008 年，被文化部授予“中国民间文化艺术之乡”。2011 年，党史读本《中国共产党中方县历史》获省党史优秀科研成果特别奖。2013 年，中方县获全国社会主义新农村建设档案工作示范县荣誉称号。

第一章　文化机构

第一节　管理机构

一、县文广新局

1998 年，成立县文化局。2011 年 12 月，撤消县文化局，设立县文化广电新闻出版局，为县政府直属正科级事业机构，内设办公室、文化艺术股、法规股、广播影视事业股、新闻出版版权股（加挂县“扫黄打非”工作领导小组办公室牌子）、政务服务股（加挂文化产业股、文化市场管理股牌子）6 个股室，辖文化馆、图书馆、文物所（博物馆为文物所二级机构）3 个二级机构和 22 个乡镇文化广播电视站，共有干部职工 100 人。

二、县广播电视台

1998 年，成立县广播电影电视局，属县政府直属的正科级事业单位。2012 年，成立中方县广播电视台，在职工作人员 64 人。内设办公室、总编室、计划财务股、新闻中心、工程技术股、广告文体中心等 6 个职能股室，归口管理中方县网络有限公司。

三、县档案史志局

1998 年 6 月，成立县档案局（馆），为正科级事业单位，有全额拨款事业编制 4 名。下设二级机构县档案馆，内设办公室、档案管理股（加挂法制宣传股牌子）两个职能股室，主要承担全县档案行政管理和档案保管、利用等工作。1999 年，县档案馆由二级事业机构变更为档案局内设机构。2003 年 10 月，县档案馆单设，为县档案局二级事业单位，核定拨款事业编制 5 名。2010 年 3 月，县档案局与县史志办公室合并组建县档案史志局，为正科级事业单位。内设办公室、档案管理股、地方志办公室、党史研究室 4 个股室，核定全额拨款事业编制 12 名。下设二级机构——中方县档案馆，编制 6 名。2011 年 4 月，增设政务股。

四、县文化市场执法局

2011 年 12 月，成立县文化市场综合执法局，着力维护全县文化市场经营秩序。

五、县文物管理所

1998 年 4 月，成立县文物管理所，为股级事业性单位，编制 3 名。2003 年 11 月，升格为副科级事业单位。2006 年，文物所转为参照公务员管理单位。2012 年 6 月，成立县博物馆，为县文物管理所下设的二级机构，有财政全额拨款事业编制 4 名，负责全县文物征集、鉴定、修复、保管、文物相关研究与考古发掘工作。

第二节 业务机构

一、县文化馆

1998 年 3 月，成立县文化馆，股级，编制 15 人。负责组织群众文化活动、繁荣群众文化事业，进行文化宣传、文艺活动组织、业余创作团体管理、业余文艺创作组织、民族民间文化艺术遗产收集整理与保护等工作。2011 年，被文化部评为“三级馆”。

二、县文学艺术界联合会

1998 年，成立县文学艺术界联合会，编制 2 人，归口县委宣传部管理，下设作协、美协、书协、音协、舞协、戏协、摄影家协会 7 个协会。2013 年，会员 800 人。基层协会 7 个，会员 1500 人。

三、县图书馆

2012 年 6 月，成立县图书馆，股级，编制 4 人。负责宣传党的方针、政策，为地区经济建设提供信息资料、书刊，传播科学文化知识，提高群众文化水平及素养。2013 年，被文化部评为“三级馆”。

四、乡镇文化广播电视站

1998 年 7 月，设立乡镇文化站 22 个，编制 36 人。2000 年，文化站配置文化专干 22 名，乡镇建万册图书馆 13 个，配置图书管理员 13 名，属乡镇文化站编制。2013 年，更名为乡镇文化广播电视站，股级，有干部职工 62 名，负责辖区内文化广播电视工作。

第二章 群众文化

第一节 文化团体

1998 年，区县分设后，中方县没有自己的专业剧团。为丰富城乡文化生活，县文化部门着力培植农村业余剧团。是年 6 月，扶持组建桐木镇“晓禾农民业余剧团”、铜湾镇“百花剧团”和“辰河高腔剧团”、中方镇“荆坪剧团”、蒿吉坪乡“吉都堂剧团”、牌楼镇“牌楼剧团”、袁家乡“业余剧团”，演出剧目多为群众喜闻乐见的传统戏和自编当地新人新事的戏曲。2006 年，全县组建职业、半职业剧团 12 个，组建铜管乐队 5 支、腰鼓队 61 支。2009 年，成立中方县业余剧团协会，指导协调各业余剧团发展工作，全县文艺团体蓬勃兴起，群众文化队伍不断扩大。2013 年，全县共有业余剧团 84 支，群众演员 2480 人，年演出近万场次。

文艺轻骑队 2005 年，县文化行政主管部门变“送文化”为“种文化”，组建县文艺轻骑队，成员 20 人，均来自县直机关各单位，由县文化局负责业务指导，县里有演出任务时，集中排练，演出结束后回原单位工作，经常参与全县大型文艺演出，负责全县的各种宣传和文化活动。

南雁歌舞团 泸阳镇群众自发组织的业余文艺团体，演出内容涵盖传统戏曲、现代歌舞等。

杨桥社区文艺队 由杨桥社区群众自发组织的文艺队伍，利用业余时间组织社区群众进行各种文化活动。

丁家汉剧团 以传统的墰戏汉戏剧目为表演形式，传承民族民间文化，其演出的剧目深受广大乡村中老年群众的欢迎。

第二节 文化设施

1998 年，县文化馆有流动舞台车 1 辆。2008 年，新建金大地、行政中心广场舞台 2 个。2012 年，总投资 532 万元，建成高标准乡镇综合文化站 22 个，总建筑面积 6800 平方米。各乡镇综合文化站有办公室、多功能室、书报刊阅览室、文化信息资源共享服务室、文化科技培训室 5 个功能室。新建高标准社区文化室（和安社区）1 个，面积 500 平方米。2013 年，全县建有乡镇农家书屋 214 个，累计投资 383.4 万元，其中，中央、省投入配套资金 319.5 万元，县财政投入资金 63.9 万元。书屋总面积 7120 平方米，有图书 333840 册，电视机 214 台，电脑 214 台，影碟机 214 台，书桌 428 张，座椅 1712 张，书柜 642 个，配备村级管理员 214 人。农家书屋每年可接待看书的群众达 40 余万人。

第三节 文化活动

1998—2013年，中方县组织策划不同形式、不同风格的大小文艺活动200多台，举办美术、书法、摄影作品展5次，大型笔会8次，采风活动12次，大型培训、座谈会2次，举办五届“春芽杯”文学创作竞赛活动，组织文艺创作作品2000余件（个）。

一、文艺演出与竞赛

每逢节日或重大活动，县文化部门均主办或与其他部门联合举办文艺会演或晚会。2001年6月，在县委大会堂举办庆祝建党八十周年大型专场文艺晚会——《红旗颂》。同年11月，湖南省“走进湘西摄制组暨新闻采访团”到中方荆坪村举办篝火晚会，铜湾双狮舞和双唢呐、中方山歌对唱和霸王鞭、荆坪敬酒歌在晚会上演出。2004年，全县先后组建农村业余文艺演出队伍48个，年演出600多场次。组织“相约携手中方，情系美好未来文艺晚会”“荆坪村迎接国家级生态旅游村工作检查文艺演出”“湖南电台走进大湘西文艺演出中方专辑”、庆元旦迎新年“中方的明天更美好”大型歌咏会等文化演出活动20多次。2006年12月，承办县城搬迁庆典文艺活动。2006—2007年，连续两年由湖南省广电局经视台、县委、县政府联合主办，县委宣传部、县教育局、县广电局、县文联承办“爱心改变命运”捐资助学演出活动。期间，20多家企业参加献爱心活动，共募捐资金40多万元，解决高校就读贫困学生入学40人。2008年，举办县春晚文艺演出，以泸阳镇黄花树村的教师李慧为原型创作的音乐剧《妈妈老师》，演出获得极大成功。2008年11月25日，在县城行政中心举办集学术交流、经贸洽谈、文艺演出为一体的首届生态文化节，以实现“节会搭台、经贸唱戏”。中央、省驻怀单位及怀化市直正处级单位有关负责人及沅陵、辰溪、溆浦、芷江等11县市（区）主要负责人、中方籍在外知名人士及中方县干部群众近万人参加开幕式。开幕式结束后，举办《激情广场·生态中方》大型广场文艺演出活动。节会活动期间，在县行政中心主会场布展十年创业成果展。全面展示中方建县十年来的各行各业取得的成就。中央电视台、人民网、《湖南时报》《潇湘晨报》《怀化日报》《边城晚报》、怀化电视台、中方播报等传媒就中方首届生态文化节进行专题系列报道。2009年，组织举办“放歌怀化六十载”中方赛区活动。2011年1月，由县委宣传部牵头举办“2011年春节联欢晚会”。6月，县戏剧协会与市阳戏剧团合作参演《满朝荐》，在全市范围内巡回演出。2012年，组织县中共十八大精神巡回演出团到全县各乡镇进行文艺演出。2013年9月16日，中国·怀化（中方）首届刺葡萄节在桐木镇大松坡村“蒲海”边举行，主题为“中方‘湘珍珠’，浪漫‘蒲海’行—走进中国南方葡萄沟”。中国农学会葡萄分会会长晁无疾和省旅游局党组成员、纪检组长郭固权分别向县委副书记、县长姜耀文颁发“中国刺葡萄之乡”牌匾和大世界基尼斯最大刺葡萄藤认证书。并举行“中国南方葡萄沟”开园仪式、千人游园采摘暨吃葡萄大赛、雪峰月色酒庄项目奠基仪式、“湘西味道”旅游商品购物街开街、荆坪文化游、首届刺葡萄节项目签约和刺葡萄产业发展科技论坛及首届环“蒲海”山地自行车邀请赛等活动。

二、书画摄影活动及展览

1998年，张新程书法作品在全国审计系统首届职工书画展中获优秀奖。张孟平美术作品《武陵春雪》被选入当代书画家邀请展并收入画集。2004年3月，县文联组织县摄影家协会开展“县城建设采风”活动，采风活动纪录县城建设的场面，留下珍贵的图片资料。6月，在怀化市博物馆举办中方县第二届“书法、美术、摄影”作品展，展出作品120多幅，张新程书法作品在全国纪检监察系统书画赛获优秀奖。2005年6月，在荆坪举行“荆坪笔会”，邀请怀化市知名书法家、美术家参加。是年，在全国少儿美术书法摄影艺术教育成果展中获5金6银8铜，文化馆获全国少儿美术书法摄影集体组织奖。2007年，张新程书法作品入全国华菱杯书画、诗词展并获优秀奖。2008年11月，县文联组织编撰完成“绿色明珠，生态中方”画册，画册分“魅力新城、秀美山川、人文古韵、绿色乐章”四部分，较系统地介绍中方生态新城，中方的人文景观及中方人的生态理念。同月，在市博物馆举办中方县第三届“美术、书法、摄影”作品展。2009年，杨苏平摄影作品《大宅门》入选第三届“多彩贵州、中国原生态国际摄影展”，并入选中国橘子洲国际摄影文化摄影展。2010年，张新程书法作品参加湖南省改革开放二十年艺术联展。县委宣传部、县文联牵头举办“中方县第四届书法、美术、摄影作品展”。2011年，张孟平的国画一幅参加湖南省美协展览，四幅作品参加“三地市联展”。杨荣欢、刘跃生的书法作品参加湖南新人新作书法展。2012年，张新程书法作品获全国“文明杯”书法大赛二等奖，入展“盛世丹青、湖湘风采”艺术联展并入围全国第三届齐白石艺术展。刘生跃、杨荣欢书法作品入选湖南省第四届新人新作展。杨林创作的《湘西风采》《画室一角》《湘西老汉》等水墨人物画作入选省展。2013年，县书协组织人员参加全省纪念毛泽东诞辰120周年书法展和摄影展。举办“中方、溆浦、沅陵三县书法展”活动，邀请知名画家李会生、彭洪秋、梁瑞生到中方生态城开葡萄画展，并现场赠画。

三、文化下乡

2004年3月，由县委宣传部主办，县文联、县文化局承办，组织文艺宣传队下到全县各乡镇进行宣传演出，为期十五天。2005年春节前夕，“文化下乡”文艺宣传队到桐木、牌楼，开展为农民群众送戏、送春联活动。从2006年开始，县内每年组织文化、科技、卫生“三下乡”服务活动，深受群众赞誉。2013年，举办“演义惠民、送戏下乡”演出活动，组织大中型公益性演出10场次，协调和指导农民业余剧团中小型演出20场次，协助各乡镇组织中小型演出5场次，策划指导群众自行组织演出10场次。

四、广场文化

2008年10月，由县委宣传部主办、县文联、县文化局承办的庆祝怀化建市10周年广场文化活动，分别在鹤城区天星广场、湖天广场进行演出。2009—2010年，举办以“广场月月乐”为主题的各类广场文化活动，平均每个月一场。2011年起，县委、县政府拟定“幸福中方，百姓舞台”群众文化活动品牌，产生较大影响力。是年4—10月，举办庆祝中国共产党成立九十周年“唱支山歌给党听”广场歌唱大赛。2012年，举办县“舞比幸福”大型广场舞比赛。11月，泸阳金塘村健身队参加杭州“舞动中国·2012年排舞挑战赛”。2013年，举办“幸福怀化·中方大舞台”“幸福中方”广场文化活动。是年，泸阳镇金塘村广场舞队参加湖南省广场舞比赛获亚军奖。

五、地方传统文化活动

（一）民间文艺

中方酒歌　中方酒歌流传于境内22个乡镇及周边乡镇，但以中方镇、牌楼镇、桐木镇流行最盛。婚嫁、寿宴离不开酒歌，逢年过节、丰收、迁居更是少不了酒歌，酒歌有固定的曲调，没有固定的歌词，在演唱时由演唱者即兴创作填词，且形式精简活泼，风格古朴，旋律优美并能充分体现个性特点及地方特点，源远流长，世代相传。中方酒歌传承人较突出的为段有妹，其收集近20多年的酒歌词曲300余首。

阳戏　阳戏源于湘西民间歌舞，是流行境内的一种地方剧种，生、旦、净、丑角色齐全，袍、帽、冠等服饰无所不具，距今有两百余年的历史。阳戏得名有两种说法：一说是种阳春的人演的戏，艺人多系农民，长期活动在农村为农民演出，故名“阳戏”。二说是阳戏长期伴随还愿酬神演出，与傩戏有同班的历史。阳戏的发展经历“二小”（小旦、小丑）、“三小”（小旦、小丑、小生）及多行当戏的演变过程，逐渐形成为旦行、生行、丑行、花脸行四类。旦行在阳戏中为各行之首，素有“旦行半边圈子”之说。阳戏约有大小传统剧目150余出，多为反映乡民的家庭生活、劳动生活及男女恋情、神鬼妖狐之类的内容，多男饰女旦，喜剧味浓，颇受群众欢迎。这些剧目大致来自四个方面。其一，历代唱戏艺人积累的剧目，如《雷交锤》《勾头催粮》《三看亲》《江边洗裙》《双卖纱》《汾水河》《三宝舞龙》《乡楼配》《雪山放羊》《白猿戏晋》等。其二，来自傩戏传统剧目，如《孟姜女》《龙王女》《庞氏女》以及其中散折《百旺送娘》《安安送米》《池塘会》《东江别》《卢林会》《酒净瓶》等。其三，来自花灯的传统剧目，如《捡菌子》《掐菜苔》《双盘花》《打猪草》《扯笋子》等。其四，吸收地方大戏和木偶戏的剧目，如《白蛇传》《蜜蜂头》等。阳戏在中方镇荆坪一带的㵲水流域特别流行，2013年，荆坪潘氏宗祠的古戏楼里面，保留着清光绪二年（1876年）所书写的“太华班”演员名录，其中生旦净末丑共有几十上百人之多。

傩戏 傩戏分布在县各个乡镇，主要集中在中方镇荆坪古村，有专门的傩戏班子，在过年时演出，用于驱邪。傩戏形成距今将近三百年的历史，一般是配合巫师行法事时的一种演唱活动。巫师又称为“老师”，几乎所有的“老师”同时又是傩戏艺人。这些亦巫亦艺的组织称为“堂子”或“坛门”。每个坛门都有掌坛师，由当地有声望的巫师担任。担任者必须拥有行巫的所有法器和演傩戏的行箱。清同治、光绪年间，傩戏已初步脱离傩坛，常年可演，并登上高台，同时还可戴面具演出古代历史故事剧目。嘉庆、道光年间，傩戏与阳戏、花灯戏合班演出。傩戏音乐比较丰富，民间歌曲是傩戏音乐的基础，包括山歌、小调、叙事歌曲、劳动歌曲等。常用的乐器是小锣、中锣、钹、小钗、鼓、师刀、牛角和其他一些特有的地方性特色乐器，这些乐器在傩戏音乐中的地位重要，有“半台锣鼓半台戏”之说。常演剧目有《搬八郎》《搬先锋》《搬开山》《搬算匠》《搬师娘》《梁山土地》《仙姬送子》《搬判官》《孟姜女》《龙王女》《庞氏女》《七仙女》《磨房会》《花关索》《郎君杀猪》《发功曹》《和神》《扛杨公》《扛华山》《划干龙船》《送下洞》《求子》《扛禾得》《扛梅香》《扛勾愿土地》《庆丰收》（又名跳土地）《跳小鬼》《癞子偷牛》《关公教子》《关公捉貂蝉》《古城会》《打瓜精》《造反》等。经过历史发展，傩戏已成为一个颇有特色的地方戏曲剧种，初始时期那种宗教色彩逐渐淡薄，“娱神”成虚，“娱人”为实，但尚未摆脱昔日宗教迷信的阴影，在中方镇荆坪古村仍保留庙堂里酬神还愿的傩戏，如《打求财》和在过年时上门送财送喜的《扛土地》。

汉戏 汉戏起源于明代，又称武陵戏，流行于湘西北、黔东。由高腔、弹腔、昆腔三大声腔和一些民间小调组成。其中以弹腔为主，包括南路、北路、反南路、反北路、南反北、四平调等六种腔调。各有成套板式，汉戏角色分生、旦、净、丑四行，其中按人物年龄段又分小生、青须、杂白、全白四种。旦行分小旦、正旦、老旦、摇旦。净行分大花脸、把把脸（即没有带胡须的花脸如杨七郎）、粉脸（奸臣，如曹操）。丑行又称小花脸，有文丑武丑之分，文丑体现阴险狡诈，如蒋干，武丑灵活干练，如时迁。汉戏很强调演员的基本功训练，在角色分行和人物塑造上形成一套富于表现力的表演程式。有头、眼、口、手、腰、腿、档、步等八种体型表演及喜、怒、悲、愁、惊、疑、呆、癫等八种感情表达。在唱念用嗓上，有本嗓、夹嗓、小嗓等表现方法，其中小生、小旦，以小嗓演唱，尤为悦耳动听，须生正旦则以本嗓夹嗓演唱，净行则以雄浑、粗犷来体现人物性格，汉戏乐器以胡琴为主，配以鼓、课子、云板、大锣、小锣等打击乐器，在汉戏弓马戏中加重打击乐气氛，效果尤佳。

汉戏在旧时多出现在在佛教、道教重大庆典、祭天求雨、庙会祈福之际。在开演前由掌台师供奉梨园祖师神位，焚化香蜡、纸、烛请神，并用雄鸡厌煞，灵官走台以保演职人员及观众平安。汉戏前辈艺人创演很多精忠报国、忠孝节义、追求爱情、教化后人的优秀剧目，如：《长坂坡》《收姜维》《盘河桥》《三气周瑜》《打渔杀家》《木兰从军》《两狼关》

《虹霓关》《金沙滩》《辕门斩子》《大战洪州》《大破天门阵》《夺三关》《秦香莲》《卖画》《拾玉镯》等。

霸王鞭　霸王鞭是铜湾一带最为喜爱的一种传统艺术表演娱乐的形式，又称打连厢、打花棍、浑身响、金钱鞭等。霸王鞭起源于唐代末年，距今已有1100多年历史。相传当年有一对兄妹，千里寻母到铜湾（时称铜安砦），沿途乞讨，后遇高坡堂的山寨主（人称霸王）为兄妹献银圆助其寻母，并请当地民间艺人作词谱曲，写成《千里寻母》《天下唯吾娘亲苦》等词曲，用一对花棍为辅助乐器，一边敲打，一边吟唱。兄妹二人按节拍分别在身体各部位逐一敲打，发出有节奏的声响，悦耳动听，吸人目光。后来兄妹俩寻到母亲，并读书考取功名后，为感谢山寨主，将花棍命名为“霸王鞭”。

铜湾是“霸王鞭”的唯一发祥地，千百年来铜湾民众一直将花棍舞作为主要的娱乐形式。在清代许多著作中对它都有记述，如毛奇龄的《西河词话》中记载：“金作清乐，仿辽时大乐之制，有名连厢词者，带唱带演，以司唱一人，琵琶、笙、笛各一人，列坐唱词，——此人至今谓之连厢，亦曰打连厢。”康熙年间李振声的《百戏竹枝词》中记有：“徐沛伎妇，以竹鞭缀金钱，击之节歌。”这种舞蹈使用的就是霸王鞭。1998年，铜湾镇被省文化厅授予“霸王鞭艺术之乡”称号。2008年，被文化部授予全国“霸王鞭文化艺术之乡”称号。

霸王鞭鞭长约1米，取一节两尺许的空心竹棍，分四方钻方孔，用竹钉将铜钱数枚串入其内，敲打时发出稀里哗啦的响声，很有节奏感，将竹棍的两头系上红缨，棍体上用七彩线缠绕，精致美观。霸王鞭分单鞭、双鞭。舞者以鞭敲击肩、臂、腰、背、腿，打出有节奏的声音，随之跳跃舞蹈。霸王鞭可一人表演，也可集体表演，两人或多人舞时相互对击，可根据自己的情绪、性格和技巧击打，即兴性较强。主要曲目有：《十二生肖霸王鞭》《千家万户财门开》《学增广》《四季歌》《孟姜女》《二十四孝》等。

瑶山锣鼓　瑶山锣鼓是蒿吉坪瑶族特有的民间艺术形式，具有浓厚的民族地域特色，已有500多年历史。初期只是用来传递信息，驱赶野兽，在使用过程中，人们发现难以区分各家发生的不同情况，往往会出现误解信息的现象。于是瑶民们便根据各家的传统，家长的个性等发明出各种不同的击鼓方法，也就形成最初的鼓点。300年前，人们将各种劳动场合中自然产生的山

瑶山锣鼓

歌号子融入瑶山锣鼓组合中，在开垦茶山、修路、迎新等时节，演唱者合着锄头、扁鼓，节奏时急时缓，时高时低，以此增加干劲，提高工效，消除疲劳。瑶山锣鼓在流传的过程中，全部是口传心授，没有固定的文字记录和曲谱，且有传男不传女的禁忌。通过历代瑶民的传承和创造，已发展成一门集传递信息、生产生活、娱乐等内容的民间艺术。

瑶山锣鼓演奏一般由 4－5 人组合，用圆鼓、圆锣组合演奏。击鼓时，瑶山锣鼓可以单独演奏，也可以合奏。每当击鼓之前，瑶民还要请神，看方位，喊瑶族咒语，以示庄重和对神明的尊敬。在念符咒中，依次按顺序在鼓中央虚画一个符咒（即一画成溪，二画成河，三画成海，四画包罗乾坤，以求一帆风顺，平安无事之意）。鼓声激烈，表示有外敌入侵或者示警。鼓声欢快、喜悦，表示庆祝和贺喜。鼓声哀婉、沉重，表示发丧。代表曲目有鼓点牌子：《一二三》《五子》《和头》《红绣鞋》。鼓点：《长二六》《磊磊金》《叶摆枝》《大风浪》。祭祀专用鼓点牌子：《哀子》。

铜湾双唢呐 铜湾双唢呐是沅江流域中上游两岸民间婚、丧、嫁、娶、礼、乐、典、祭中不可或缺的一种重要的乐器。铜湾双唢呐起源于唐代末年，初为柳皮唢呐，以柳树枝和皮及稻草杆为主要材质做成。经过不断演变和域外文化的影响，成为如今的铜管唢呐。它的构造分十三个部分组成。下端套着一个铜制的两个喇叭口称“碗口”。中间是两根木质或铜质的成圆椎形的杆子。上端是两只装有带哨子的铜管叫“笙子”，还有一片“挡风”“哨子”十四“音孔”、“和欢藤”。除杆子和哨子外，其他部分均为铜质。铜湾双唢呐有阴阳公母之分，左为公（阳）右为母（阴）。表现曲调有喜哀两大类。喜乐又称欢乐曲，其主要旋律有：小开门、大开门、满堂红。调门有：大送财、小送财、龙船调、山歌调、龙灯调、花灯调，龙灯调又分路程记和落堂调。在婚礼上一般分三步曲：首先是迎宾曲（落堂红），其次是亲朋好友举杯喝酒时是吹“大开门”，最后是当新娘子揭开红盖头时就吹“小开门”。哀乐也叫悲情曲，共分三种调，即：瓜接锁、浪淘沙、路程记。采用降 B 调四分之二拍。为戏曲配乐一般是用单唢呐，称“鸡辣子”或叫“丹青”。

茶山鼓 茶山鼓是铁坡地区的一种传统劳作习俗，也是一种原始的劳动号子。打茶鼓是一门艺术而不是专门的职业。中华人民共和国成立前，大户人家茶山多，一般在农历六月半间至七月半间挖锄茶山，此时天气炎热，蚊叮虫咬，劳动强度又大，按传统请工挖锄，单调枯闷，工效不高，茶山鼓应运而生。

打茶山鼓只有打鼓师一人，打鼓师胸前挂着脸盆大小的牛皮鼓一个。大清早，打鼓师在村子里擂响特有鼓点的鼓声，众人一听便知是有主家邀工挖锄茶山，愿去者向打鼓师报到。凑到预定的人数后，赶紧回家吃过早饭，扛起鱼尾锄（又称扇锄），随鼓师一起上山。

开挖前，大伙按每人间隔 3—4 尺的距离在山脚下排成一排，有的吸烟，有的席地而坐。然后，打鼓师开始“起水”。“起水”的仪程是：烧香纸，念咒语。烧香纸是敬天地山神，念咒语是封山，封山后能蚊不叮虫不咬，毒蛇、蜈蚣全跑掉。香、纸点燃后，打鼓师口中念念有词："天是盘古王开，地是盘古王开，今日盘古王在此，山上百无禁忌。"等香、纸熄灭，打鼓师开始以"鸭婆洗澡"的鼓点开摧起挖，逐渐转入"高坡瞭羊"的鼓点鼓劲。接着，打鼓师抓住起初开挖体力充沛、气温凉爽的最佳时段，站在挖山队伍前面两三丈远的地方，迅速擂出"行雨过界"的急促鼓点，紧催挖山速度。打鼓师除了边打鼓边唱外，还要不停地走动，观察队形，说唱鼓劲及时到落后的一边，促使大家你追我赶。当大家处于一条淤口时，打鼓师又打起"行雨过界"的鼓点形成万马奔腾的局面。当大家体力疲惫时则打"懒马碎步"鼓点放慢速度，以调节体力基础，一天中要打三至四次"行雨过界"的鼓点。茶山鼓唱的除少数有唱词外，大多数是现编现唱的。当然，除了打鼓师说唱外，其他挖锄茶山者也可说唱。这样，场面就变得更热闹，大家的兴致也越浓，劳动效率也越高。

该习俗在20世纪50年代初比较盛行，尤其是杨柳、双岭村，个别地方延续到20世纪60年代初期。60年代中期后，打茶山鼓的习俗自然消失。

山歌　中方县民间歌谣形式多样，有山歌、田歌、号子、酒歌、孝歌、小调、情歌等，它植根于广大人民生活之中，流传至今，其中最具代表性的是山歌。山歌历史悠久，是当地人在农忙农闲时娱乐休闲、节会相亲走访中进行的一项民俗活动。中方镇荆坪村多在每一年的三月三都会有比较隆重的山歌会，这些习俗主要是受到周边一些少数民族的影响。

（二）民间工艺

中方斗笠　中方民间斗笠工艺是传承了上千年的一种劳动产品，早期仅是一种劳动工具用来遮风挡雨，后来慢慢演化成信物、礼品和工艺品，其价值由原来的单一性转为多重性，具有浓厚的地域文化特色。中方斗笠经历汉代雏形期，明代的成熟期，清代至民国的发展期，新中国成立后的兴盛繁荣期，及至当今的濒危期。汉初，中方人就开始用竹篾制成斗笠用于野外耕作时简易遮风挡雨的工具。明末，斗笠工艺在民间广泛流传，品种逐渐增多，工艺逐步精湛，出现专门制作斗笠的小作坊。清初，在中方镇几乎家家都会制作斗笠，有80%的农户都从事斗笠生产，斗笠品种也发展到10多个。特别是乾隆年间，中方斗笠成为朝廷贡品，名声鹊起。民国时期，中方斗笠远销广西、安徽、贵州、

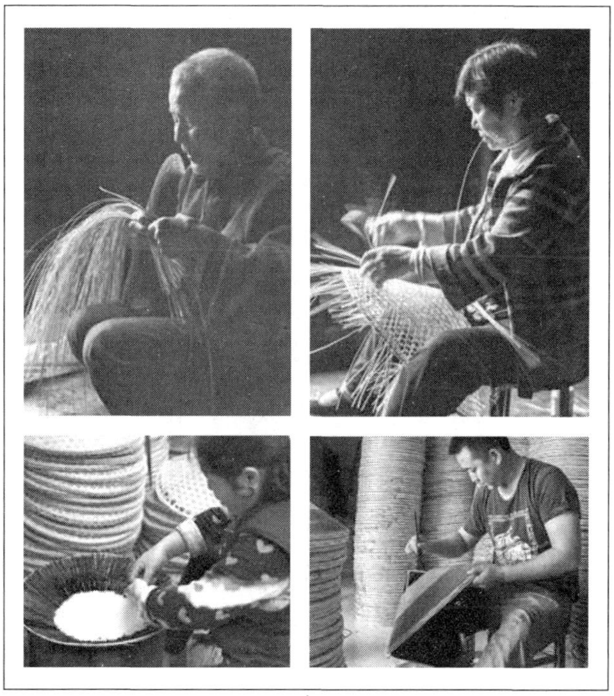

中方斗笠制作流程

四川、湖北、江西等地。中华人民共和国成立后，由人民公社组织，成立7个斗笠生产社，专门从事斗笠生产，有社员348人，年产斗笠达30.7万个。1958年，马尾斗笠在北京农业展览馆展出。20世纪80年代初，远销中国香港地区和日本、荷兰、法国、西班牙、澳大利亚等国家。20世纪90年代，由于雨伞、雨衣等替代品的出现，绝大部分斗笠艺人退出斗笠制作行业，致使斗笠这种民间工艺濒危。为保护这种珍贵的民间手工艺，1998年，成立中方县非物质文化遗产保护中心。2006年，中方斗笠成为省级非物质文化遗产保护项目。2010年，成立中方斗笠专业合作社。组建中方斗笠开发公司和斗笠生产经营协会。2010年12月，中方斗笠获第六届湖南西部农博会优质农产品金奖。中方斗笠工艺在五溪文化中占有重要地位，是中方民间工艺的缩影。

中方斗笠的制作流程包括裁、破、剔、解、撕、匀、刮等工序，它不仅是简单的编织工艺，还含有造型、构图、绘画、上油、染色等多种手工技艺和民俗文化。从竹子到成品，一个斗笠要经过七十多道工序才能完成。最大的斗笠直径可达10米，最小的仅仅20厘米。首先用水竹来编织斗笠的里子和面子，然后用楠竹破成1厘米宽的长篾，用来锁边（上龙骨），再用桃竹制作斗笠的内环圈，用罗纱铺在里子和面子间，也可以用马尾、棕丝、板棕、尼龙、布、麻等材料替代罗纱。将尼龙粉熬成的浆糊，刷在半成品的面子上，等浆干后，用墨打在斗笠的顶部，最后用桐油熬成糊状冷却后涂在斗笠上。

中方斗笠品种丰富，用材讲究，工艺独特。斗笠编织篾为水竹（淹竹），弓篾为楠竹，圈篾为桃竹，其他竹子均不能代替。按照制作工序来分，中方斗笠可分为粗制斗笠、细制斗笠和精制斗笠。粗制斗笠在编织时，用的是粗篾，夹层铺荷叶，笋壳叶，弱竹叶，不上油，这种斗笠笨重难用，携带不方便。细制斗笠，夹层铺纸，纸上刷生桐油，又叫“油纸斗篷”，这种斗笠晴天不散热，风大戴不稳。精制斗笠在编织时里层为粗篾，外层为细篾，夹层铺白花纸（布）、马尾或综丝，刷光油。这种斗笠轻便，精美、光亮、耐用。按用途来分，中方斗笠可分为实用型斗笠和工艺型斗笠，实用型斗笠主要销往农村，直径45—50厘米，用料比较粗糙，价格便宜。工艺型斗笠主要销往城市、旅游区和国外，直径24.6厘米，用料讲究，轻巧美观，价格较贵。按用篾数量分：可以分为12、13、14、15、16、17、18、24、30、32匹篾等十余种。其中用篾数量越多，斗笠就越高档，价格就越贵。按夹层材料分，又可分为罗纱、马尾、综丝、板棕式、尼龙、布式、麻式等十多种，其中罗纱、马尾最贵，板棕式和尼龙式最便宜。

燕尾龙舟 燕尾舟起源于古楚，独特的制造工艺一直沿袭铜鼎镇恫木村学堂院米氏族姓的传承，经代代口耳相 传延续至今。制作过程大致分为伐木、锯料、发墨(开工祭祀)、排底、栽斗、定型、上分水、上腊木、装燕尾、做 船头、整容、舱船、完工、关头(完工祭祀)、下水等共20多个步骤。燕尾龙舟选料讲究，须是生长在每拔800米以上，树龄达20

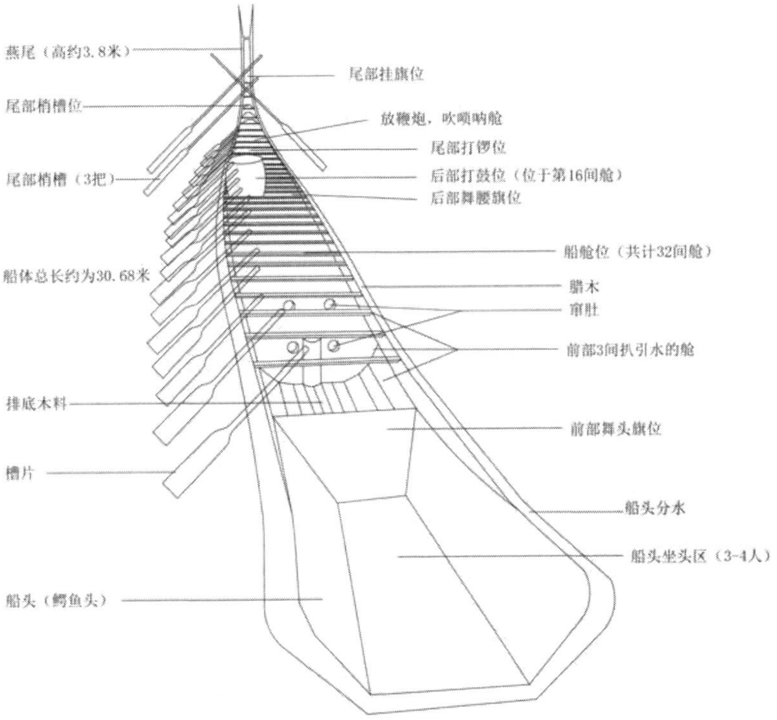

燕尾龙舟

年以上的老杉附，舱船、上油均采用灭然原料。成品成“鳄首、蟒身、飞燕尾”模样，被当地人形象地称为燕尾龙舟。每年农历五月初五至农历五月十五，是一年一度的“扒龙船”盛会。铜鼎镇的居民都会自发组建龙舟队，每条龙舟都代表一族或一支，一村或一院等等。每户人家16到60岁的男子需出份子钱，在外打工的必须要回家，成家的女儿要“上红”，这些份子钱和“上红”，用作购买龙舟和其他活动。“宁荒一垅田，不误扒龙船”是该地百姓对“扒龙船”由衷热爱的真实写照。围绕着龙舟活动每个部位内部都有明确的分工。龙舟上，一般“坐风头”3—4人，桨手48人，舵手2—3人，头旗手1人，腰旗手1人，鼓手1人，锣手1人，唢呐手1人，放炮手1人等，共约60余人。竞赛时，旗手、鼓手通过节奏变换来指挥桨手，整个过程急切的鼓点和桨手们的号子声不绝于耳。“坐风头”则通过压制对方船头或与对手“对掐”来争取胜利。竞渡紧鼓是最激动人心的时刻，打鼓声、号子声、唢呐声、鞭炮声、加油声混在一起，一下子激活一船人的激情，也牵动岸边每个观众的心弦。燕尾龙舟是铜鼎镇一项重要的支柱产业，也是独具特色的地方文化。

剪纸 铜湾乡的剪纸艺人杨兰秀，每逢赶集出售帽檐花，鞋面花、围裙花、围兜花、枕头花等剪纸、绣花作品，其绣花《钱袋》《四季账帘》《鞋面花》等作品选送参加湖南民间工艺美术展览。

六、其他活动

1999年10月，湖南卫视乡村新发现栏目“大力士”擂台赛在石宝乡鱼龙桥举行。2004年10月18日，由省委宣传部组织的大型宣传报道“走进大湘西”栏目走进荆坪，“信马荆坪、魅力怀化”走进千家万户的电视荧屏，展示全县经济建设的成就。2007年，《敌营十八年》剧组将荆坪确定为该电视剧主要外景拍摄基地之一，进行近两个月的外景拍摄。2008年，11月24—25日，县首届生态文化节在县城行政中心举办，出席生态文化节的有省、市领导及沅陵、辰溪等11个县（区）领导，近万名干部群众参加开幕式。开幕式后，举办中央电视台“激情广场大家唱”大型文艺演出，李琼、阿宝、曾格格、李杰等国内知名歌手相继登台献唱，中央电视台三套、《湖南日报》《怀化日报》、怀化电视台等媒体都进行专题报道。2011年4月7日，国家电影协会和湖南省委组织部联合拍摄的影片《大学生村官》摄制组在生态城、工业园、长冲垅水库等景点取景拍摄，中方县是该部电影主要取景点之一。4月28日，应共青团中方县委的邀请，湖南卫视“玫瑰之约”栏目组走进荆坪古村，举办一期“玫瑰之约”节目，现场观众2000多人。7月20日，铜湾镇水落岸村暗山冲组瞿支珧、周梦英夫妇通过互联网向美国好莱坞女士用品公司发送一批最新设计的指甲画图案，备受好莱坞众多明星的欢迎。

第三章　文艺创作

1998—2013年，县文联组织业余剧团骨干培训一千余人次，组织县舞协广场舞、秧歌舞培训6000余人次，组织县戏协、舞协策划不同形式、不同风格的大小文艺节目演出200多台，举办美术、书法、摄影作品展5次，大型笔会8次，采风活动12次，大型培训、座谈会2次，举办五届“春芽杯”文学创作竞赛活动，组织创作文艺作品2000余件，其中获国家级作品89件，省级奖作品312件，市级奖作品663件，42人次获省级以上奖励，65人次获市级奖励。

第一节　文学创作

1998—2002年，文学专干胡焕之编著的《民族之魂》，在中国文联出版社出版。文学专干杨司通的散文《我的父亲》《外婆桥》和中篇小说《油菜花儿开》在《怀化文学》上发表，配乐散文《东北情结》《楚河叔公》在怀化市广播电台播出。2003年6月，张首辉的论文《作为情感符号的摄影》在湖南省第六届群众文化理论评奖活动中获二等奖。2005年10

月，张首辉的论文《体验与表现》在文化部社图司和中国群众文化学会举办的《文化大视野——全国群众文化（图书、博物）论文集》论文评奖活动中获优秀论文奖（最高奖），论文《光与影》获湖南省群文论坛银奖。2007年，陈利会的报告文学《借"三个代表"行骗中方》，获《人民日报》三等奖。2008年，县内创办期刊《中方文艺》，之后每年出版一期。2010年，陈利会短篇小说《意外》《对方》在《中国铁路文艺》上发表。邓玉华的短篇小说《生日礼物》《我家的天气预报》《情书》等10件作品先后在省级刊物发表，长篇小说《遥远的水仙》由远方出版社出版发行，并在怀化广播电视报连载。是年，新建镇"康龙文学社"开版刊物《康龙文学》。2011年，陈利会完成长篇小说《重现的真实》。由曾仁元主编，于10月出版发行纪实文学《铜湾事变》。2012年，陈利会的散文《鬼，我们无法割舍的一中文化符号》与杨周捌的散文《归意如酒》《人到中年》《亦苦亦甜人生路》在《怀化日报》和《边城晚报》发表。杨付英的散文集《蓝草籽》于9月在中国戏剧出版社出版发行。肖守镇的散文《不老的新建老街》在《怀化文学》上发表，获得美文天下全国旅游散文比赛三等奖。杨荣欢的地情资料《史画荆坪》出版发行。2013年，陈利会完成长篇小说《还原》，短篇小说《哎呀呀》在《西部》杂志上发表，并获湖南作家网"潇湘杯"优秀奖。周祖华完成长篇小说《时间似鸟》。

第二节　艺术创作

一、书画

1998年，张首辉摄影作品《龙脊》和《两情相依》，通过省市评审被推荐到文化部作为首选作品参加全国"群星奖"评比。张孟平在中国收藏杂志上发表美术作品9件，在中国书画报发表作品2件，其作品《雪峰上之最》《千峰万壑》《幽谷泉声》在省级刊物上发表，作品《武陵春雪》被选入当代书画家邀请展并收入画集，国画《山水》入选全国美术作家站。2004年，国画作品《南长城之秋》在全省第二届"三湘群星奖"怀化选拔赛上获银奖。2008年，艾培林主编《绿海明珠，生态中方》画册。2010年，付科书法作品参加省厅组织的湖南省第三届艺术节比赛获金奖。2012年，蒋林志个人行书作品《古诗四首》在全国第十八届"中华颂"文学艺术大赛中获一等奖，其书法作品先后参加"炎黄杯"国际诗书画印艺术大赛、全国第三届诗书画家邀请赛，并成为中国当代青年书画家协会理事、中国书画研究会分会会员。张新程书法作品获全国"文明杯"书法大赛二等奖。2013年，蒋林志的行草书法作品《古贤论书》在全国第四届"羲之杯"诗书画家邀请赛中获一等奖，行草书法作品《毛主席诗词选》在湖南省首届公务员书法大赛中获二等奖。由县宣传部主编，摄影家协会协办出版《美丽中方》画册。

二、音乐

2001—2007年，杨通创作歌曲《打糍粑》《一年四季都是春》《金银花开》。翟祖刚创作歌曲《我的家乡铜湾美》《爱在中方》《家的呼唤》。魏建民、翟祖刚、韩雪碧创作《泸阳好地方》。彭郁、翟祖刚创作《农庄步步高》。2004年，由翟祖刚改编《狂欢日会吧》，辅导学生获全国宋庆龄基金会第十届电子琴比赛三等奖、湖南赛区金奖和湖南省金旋律银奖。2006年，由石煌远作词、杨歌作曲创作《青春中方》，作为中方县建县10年县歌。2009年，翟祖刚、韩雪琴创作歌曲《人杰地灵新店坪》，词曲获市三等奖。王辉创作《中方美》，作为县歌传唱。2010年，米小红、翟祖刚、韩雪碧创作《少年中方》。翟祖刚创作《蒲溪美》《醉了，瑶乡》。易铁、晨萌、翟祖刚创作《中方放歌》。宁关林、曾野、杨通创作《人间天堂》。曾野、丁勇军、杨通创作《妹妹屋前一丘田》。曾野、杨通创作《金银花》。杨通、田小明二重唱《送别》选送参加省关心下一代委员会办好比赛获省一等奖、全国对外国际艺术交流赛获二等奖。参加第十三届全国宋庆龄基金会键盘大赛湖南赛区比赛中，选手高诗琪、彭友虹分别获银奖、铜奖。杨通、米小红、翟祖刚、韩雪琴创作《少年中方》。2011年，在全市红歌比赛中，合唱《永远跟党走》获优秀奖。2012年，翟祖刚创作《相约中方》《天下油茶美中方》《斗笠之乡美名扬》，其获怀化市文学艺术界联合会颁发的“德艺双馨文艺家”荣誉称号，评为“湖南省钢琴优秀指导老师”称号。杨司通作曲，著名作词家彭郁作词创作《我的名字叫中华》，被文化部侨联文工团收录演出。同年7月，参加市社区文艺演出，音乐情景剧《用真情托起太阳》获一等奖。2013年，县音协主席杨司通与著名词作家彭郁创作中方县首届刺葡萄节主题歌《葡萄甜了千万家》。杨司通创作《纪检监察之歌》。由县文化馆负责创作、导演、编排，县老年大学演出的《和谐一片》夕阳红音乐剧，在全市“欢乐金秋，相聚怀化”老年大学文艺会演中获银奖、组织奖。

三、舞蹈

1999年，罗江丽编排的舞蹈《珠穆朗玛》获广州赛一等奖，2005年，罗江丽代表湖南省参加全国的秧歌舞大赛（武汉站）获金奖。吴雅芳在第三届全国少儿艺术风采展示大赛中获北京赛区A组声乐一等奖。2007年，罗江丽代表湖南省参加全国的秧歌舞大赛（上海站）获银奖。2009年，在湖南艺术节怀化选拔赛中，文化馆王艳、胡康博编导的舞蹈《斗笠情韵》获市银奖。2011年，县民委参加全市少数民族文化会演，参演音乐剧《金银花开》获二等奖。2012年，泸阳镇金塘广场舞队参加中国2012年排舞挑战赛获国家级银奖。中方一中编排的《花球啦啦操》《街舞啦啦操》均获国家级金奖。在市“乡村音乐”比赛中，音乐舞蹈《最美和谐家园》获一等奖，由中央电视台摄影并在中央电视台音乐频道播出。2013年，中方一中编排的《啦啦操》参加世界级比赛获第六名，是世界比赛中唯一一支进入决赛的中学生队伍。

四、摄影

张首辉摄影艺术作品《丰收舞》

1999年，张首辉摄影作品《丰收舞》获全国第八届“群星奖”优秀奖（该奖为艺术创作中国政府最高奖），并发表在《全国第八届“群星奖”作品集》之中。2002年，张首辉的摄影艺术作品《丰收舞》，分别在文化部举办的“群星奖”、中国摄影家协会举办的第20届全国摄影艺术“国展”中获优秀奖，并发表在《第20届全国摄影艺术展作品集》之中，《边关的怀念》获全国摄影比赛一等奖，该三项奖均实现怀化零的突破。2004年，《云从远方飘来》在全省第二届“三湘群星奖”比赛上获银奖，《瑶寨微波》在全省第二届“三湘群星奖”怀化选拔赛中获银奖。2005年，张首辉摄影作品《耕天耕地》获纪念抗日战争胜利60周年全国摄影比赛金奖。2010年，参加市旅游摄影协会举办的“维也纳人体摄影”比赛中，作品《大自然的女儿》获一等奖。2011年，杨苏平摄影作品《大宅门》入选市文学艺术创作突出贡献奖。2013年，由县委宣传部主编、摄影家协会协办出版《美丽中方》画册。

五、小品

2002年，戏协田小明、杨通、罗江丽等创作的小品《生日》获省“群星奖”银奖、市文艺调演一等奖。2004年，小品《生日》在全省“小戏、小品”文艺调演中获银奖，并在全省第二届“三湘群星奖”比赛中获银奖。2007年，小品《东山下的腊梅》在全省民政系统文艺调演中获银奖。2008年，小品《唱支山歌给党听》获省“残疾人艺术节”二等奖。2012年，小品《五月的阳光》参加市司法系统比赛获二等奖，小品《妈妈老师》参加全国贫困老师研讨会文艺演出。2013年，小品《乡里妹子上舞台》参加市“欢乐潇湘幸福怀化”文艺会演，音乐舞蹈小品《和谐一片夕阳红》参加市老年大学系统文艺会演获银奖及优秀组织奖。

第四章　新闻 广播 电视 电影

第一节　新　闻

一、信息平台

1998年3月，县电视台成立，设新闻中心1个，中心将采访的新闻制作成1/2的磁带送到市台和乡镇小前端播放。2003年，全县光纤大连网，县电视台自办频道，开设《中方播报》《中方人》《经济观察》和《点击中方》等专栏，每天播出18小时以上。其中《中方播报》栏目每周二、四、六在市台时政频道黄金时间播出。2008年7月，《中方播报》视频正式挂上中方县政府网，广大观众每次可点播9期近期节目。11月，县首届生态文化节在生态县城举办，县广电局顺利对接中央电视台信号，对开幕式及《激情广场》大型文艺演出实施首次现场直播。12月25日，《中方播报》调整到市电视台公共频道黄金时段播出。2009年，在《中方播报》上开辟《廉政中方》《平安中方》等专栏。2010年1月，购置现场直播设备1套。2月，首次由中方电视台自行组织采编播全过程的春节联欢晚会进行现场直播。7月1日起，新闻栏目《中方播报》实现新闻日播（除周六、日），并开辟《迈步新征程》专栏。2012年，先后制播《聚焦怀化职教基地建设》《深入推进旺市融城》《代表委员风采》《科学发展·辉煌成就》《我为党旗添光彩》《“三问三解”促发展》等一系列专栏。2013年，制播《政法时空》《人口计生》《安全生产》《游走中方》《感动中方十大人物事迹展播》《健康新概念》等一系列专栏。

二、播报效果

2005年，广播剧《奶奶就是我的天》获怀化广播电视奖一等奖，消息《给我父亲上党课》获市先进性教育活动新闻作品评比一等奖。2007年，《与爱同行》获怀化广播电视奖一等奖。2008年，制作专题片26部，其中《妙手绘就中方美》展示创建全国生态示范县的变化历程，《与平安同行》展示县创建全国平安示范县成果，《向国旗敬礼》获怀化市广播电视一等奖。2009年，共发稿2000余条，创历年之最。制作《少年中方》《生态中方》《希望中方》《少年中方之湘商福地》《建国六十年话变迁》《中方发展看变化》等专题片37部，为建台7年来的总和。对蒿吉坪瑶族乡成立二十周年进行瑶乡发展系列报道14期，制作专题片1部。播出旺市融城系列报道121期。落实县委三届四次全会精神系列报道9期。《宜居中方》系列报道83期。《古村荆坪探秘》获怀化市广播电视奖一等奖。广播作品《你是我最美的新娘》获怀化市广播电视奖一等奖。《怀化环保世纪行》获怀化市第十届“宣传人民代表大会制度”好新闻评比一等奖。2010年，播出《旺市融城奏强音》系列报道106期，《平安中方》《为民办事看绩效》系列报道60多期，系列报道先进基层党组织和优秀党员的先进事迹报道40余期，制作《把法律交给人民》专题片。是年，《中方县：大康牧业A股深圳上市》获怀化广播电视类一等奖。2011年，《瑶乡的早晨》《承诺》《大山深处的妈妈老师》《深山瑶族红烛情》获怀化广播电视类一等奖。2012年，制播专题179期。社教类专题《与爱同行》、广播文艺《三尺讲台红烛情》均获全市新闻优稿一等奖，《大山深处的坚守》获湖南新闻奖三等奖，怀化广播电视奖一等奖。2013年，围绕“中国·怀化（中方）首届刺葡萄节”进行系列报道，在省、市广播电视台上稿共49条，推荐中方县文化旅游品牌。广播文艺《葡萄藤的自述》获怀化市优稿评选一等奖，湖南省创新奖，

《中方绿色出行，杜绝足下浪费，拉近干警关系》获怀化市电视新闻一等奖，湖南省二等奖。

第二节　广　播

1998 年，市县分设后，由于有线电视等音视频高新技术迅速兴起诸多原因，原有的有线专线广播逐步退出历史舞台。湖南省广播电视局批给中方县广播频率，由于经费与人员等条件未成熟，一直未开通使用该频率，未开播中方人民广播电台。因中方县所处地理位置优越，全县都可以收听到怀化广播电台新闻频道、文广 921、交通频道以及中央和局电台播出的多套广播节目，为此，中方县优秀广播稿都通过怀化广播电台进行播报。2003 年，中方县实现有线电视大联网，信号中同步传输有 4 套有线广播节目，全县广播覆盖率 100%。2011 年，中方县实现数字电视整体转换工程，广大用户能够在图像更清晰，内容更丰富，更具专业化、个性化、多样化的有线数字电视综合服务平台收听广播。

第三节　电　视

一、无线电视

中方县由于山地较多，农村山区部分人民群众只能通过接收怀化大中坡电视转播台和雪峰山 6902 台所发射信号方式收看无线模拟信号电视。

二、有线电视

建县前，各乡镇广播电视站均采取独立小前端，建立独立的局域有线电视网，通过隔频和邻频等技术，接收转播中央一套、二套、七套和湖南、四川、山东、浙江、福建、云南、江西、贵州、江苏等 6～12 套无线电视节目。全县有线电视总用户 10000 余户。1998 年 3 月，开办中方电视台，以有线方式传输，实现全县大联网，形成县、乡、村一张网，覆盖全县 22 个乡镇，有线用户 2 万余户，入户率 33%。2001 年，乡镇广播电视站的人、财、物由县广电局垂直管理，对有线电视网络进行统一规划，统一管理。2003 年，在怀化市中国银行贷款 390 万元，架设独立的专用广播电视杆路 180 多公里，连接怀化市有线电视台的信号前端，中方站中心机房安装 1550 型光发射机，向全县 22 个乡镇发射信号。袁家为东半部乡镇的中心机房，安装 1331 光放大器，进行信号二次放大。县至乡网络采用光缆传输，每个乡镇为光缆终端接收再转为电缆传输，实现 22 个乡镇有线电视大联网，均可收看到 43 套高清高质的有线电视节目。2004 年，广电局投入使用可寻址收费系统，实现由上门收费到用户自行交费到乡广电站的大转折，是年，全县有线电视用户达到 15800 多户。2006 年，共架设光缆线路 85 千米，光纤 170 千米，建设光发站 8 个，开设光节点 45 个，完成 23 个自然村“村村通”广播电视工程项目。2007 年 8 月，成立中方县卫星广播电视转星调整工作领导小组，9 月 24 日，原鑫诺 1 号，亚洲 3 号、4 号、6 号、亚太 2 号和中卫 1 号等 6 颗卫星停发广播电视信号，全部转到鑫诺 3 号和中星 6B 两颗卫星上，转星工作涉及村村通天锅用户 18250 户，其中 99.96%的用户分布在农村比较偏远的角落。2008 年，成立县广发广播电视网络有限责任公司，负责全县有线广播电视的发展和管理，为事业管理向企业管理转换奠定基础。2009 年，原广电局与湖南有线集团采用股份制的形式，按照县广电局（国资局）控股 51%，省网络公司控股 49%的方式进行整合成立新的网络公司，实行现代化企业管理制度。同年，以无线卫星直播设备覆盖的形式，在沿沅水以东的新路河、石宝、铁坡、活水、锦溪、接龙、丁家和蒿吉坪瑶族乡等 8 个乡镇安装 1453 套卫星直播设备，解决最偏远山区群众 5—10 年收听收看广播电视的问题。是年，全县广播电视覆盖率 99.99%，有线电视入乡率 100%、入村率 80%、入户率 38%。2010 年 2 月 10 日，湖南有线中方电广网络有限公司正式挂牌成立。2011 年，实现数字电视整体转换工程，广大用户享受多样化的有线数字电视综合服务。2012 年，湖南有线集团中方网络有限公司挂牌成立。

村村通 1998 年，为解决广大农民群众听广播、看电视难的问题，启动广播电视村村通工程，以有线光缆联网和无线直播卫星覆盖两种形式展开。2007 年，全县总投资 79 万元，共架设光缆线路 185 千米，覆盖 79 个自然村，解决 1801 户 7609 人收看高清高质广播电视节目的问题。2008 年，投入 148 万元，联通 5 个乡镇 148 个自然村 2532 户。2009—2013 年，在 20 户以上自然村的“村村通”建设中，共投入 227 万元，架设光缆主线 500 千米，发放直播卫星设备 3042 套，完成 635 个自然村的“村村通”建设任务，修复“返盲”行政村 12 个，惠及 2 万多农户，受益的农村群众达 8 万多人。截至 2013 年底，全县农村广播电视通乡率 100%、通村率 87%，通组率 85%。

视频会议系统 2007 年，在全县光缆联网的基础上，在全市率先开辟连接 22 个乡镇的视频会议系统。系统设 22 个乡镇分会场和 1 个中心会议室主会场共 23 个视频点，乡镇每个点可以直接与中心会议室进行对话，节约会议成本。

第四节 电 影

1998 年，全县无电影院，有电影放映队 9 支，全县巡回放映。电影放映队长期活跃在全县广大农村，免费放映各类科教、故事影片，以满足农村放映电影的需求，落实农村电影放映“2131”工程。2004 年，9 支放映队整合成 4 支专（兼）职放映队，分中方、泸阳、铜湾、铁坡 4 个电影放映片区，保证每个村两个月看一场电影。2004—2005 年，农村电影放映“2131 工程”全面启动，四支放映队全年巡回放映电影 1500 余场，放映科学种植和养殖、国土资源保护、破除迷信、计划生育、安全用电、发展沼气、畜产品加工等专题影片。2005年，设立中方县电影放映管理站，与县文化市场稽查队合署办公。至2013年，放映设备从16毫米胶片放映机逐步更换为数字放映机，在全县22个乡镇每年放映场次达2500余场，放映公益电影100场次，放映广场电影90余场次。在“两会”期间还开展为人大代表、政协委员送电影活动。

第五章　图书　档案

第一节　图　书

一、图书馆

1998年，建有13个乡镇图书馆，共藏书30多万册，办理借书证907个，科技联系户413户，借阅15700人次，其中，中方镇和牌楼镇图书馆评为湖南省“优秀乡镇、街道图书馆”。2005—2008年，县级图书馆、文化馆办公楼动工建设，总建筑面积为3000平方米。因人员编制问题没有落实到位，图书馆没能正式挂牌开放。2012年6月，正式批准开馆。2013年，县级图书馆建综合借阅室、少儿阅览室、电子阅览室。电子阅览室资源与省图书馆实现共享，藏书15000册。阅览座席60个，少儿阅览座席25个，全馆有计算机15台，网络宽带接入5Mbps，存储容量5TB，馆藏图书2万册，被文化部评为“三级馆”。县图书馆向读者免费开放，其中开架借阅图书2万册，采用半自动化管理系统，采编、流通、书目检索、图书借还等使用自动化管理系统。实行凭借书证免费开架借阅，拥有持证读者350人。同年，建县消防大队流动图书室和土地主农庄流动图书室2个，面积40平方米，藏书2000余册。2013年，县图书馆共接待读者2000余人次，图书外借7500人次，流通书刊1500册。

2012年，开展“世界读书日——你读书了吗?”“诗词诵读展演”“读者与作家面对面”“猜谜语”“三湘少儿读书月”“全民阅读启动仪式”等活动宣传，鼓励广大群众走进图书馆、爱上读书，引导全民阅读。2013年，开展“三湘读书月”及“我有一个梦”系列活动。同时，制定比较规范的古籍保护计划。

二、农家书屋

2008年，中方县农家书屋建成20家，书屋面积560平方米，配备图书31200册。2009年建成54家，书屋面积1798平方米，配备图书84240册。2010年建成30家，书屋面积990平方米，配备图书46800册。2011年建成54家，书屋面积1782平方米，配备图书84240册。2012年建成55家，书屋面积1990平方米，配备图书87360册。2012年底，全面完成县域内农家书屋建设，中央、省、县三级共计投入配套资金383.4万元，其中本县财政共投入资金63.9万元。2013年，农家书屋通过验收，全县22个乡镇214个村中，有村级农家书屋214家，实现农家书屋村村全覆盖目标。2013年全县农家书屋总面积7120平方米，共配备图书268784种333840册，电视机214台，电脑214台，影碟机214台，书桌428张，座椅1712张，书柜642个，配备并培训村级管理员214人。全面建成后，每年接待借阅群众达40余万人。

第二节 档 案

一、档案业务指导

1998年，县档案馆有22个全宗档案，22个全宗是从原县级怀化市档案馆划分过来。此后接收的档案在新档案馆投入使用后完成全宗号编设。是年，县档案馆采用“四分四注意”（分年度、级别、问题、保管价值四种方法）的立卷方法整理档案。1999年，县档案局出台《中方县村级档案工作办法》，对村级档案工作的组织领导、成立条件、村级文件材料的归档范围、保管期限、管理制度做出具体要求。从2001年开始，全面推行文书立卷改革，全县各乡镇和县直机关的文书档案按照国家档案局发布的《归档文件整理规范》的要求，以件为单位进行整理。

2003年8月，县政府办下发《关于做好档案管理登记工作的通知》，开始一年一度的档案登记工作。同年，桐木镇采取“统一整理、统一经费、统一保管、统一利用”的方法，全面完成所辖村、居委会近50年来的档案归档整理任务，共建档1157卷（件），创造性地建立起村档镇管模式。2006年4月，县档案局出台《关于做好民营企业档工作的通知》，全县29家规模企业建档7家。8月，县委县政府下发《关于开展“村档乡（镇）管村用”工作的通知》，推广铜湾镇“村档乡管村用”工作方法，采取村级档案交由乡（镇）集中管理，村级组织村民可以无偿利用的档案管理新模式。同年，出台《关于进一步规范文书档案整理的通知》，从文件材料收集、档案整理、案卷装订和排列、档案的保管和利用等方面加以说明，使县档案工作更加规范化。是年，开展全县档案整理规范化竞赛活动。2007年，对馆藏目录5万多条全部进行录入，实现机关档案文件目录中心库的建设，实现机关档案目录统一打印，统一制成光盘。2008年6月，下发《机关文件材料归档范围和文书档案保管期限规定》的通知。9月，对全县76个机关事业单位、3个办事处、22个乡镇进行档案执法大检查，发放11个单位的整改通知书，整理立卷1300余件（卷）。同时，对全县各单位的工作机构、人员和档案室设备、归档档案以及管理的基本情况依法进行登记备案，县95个单位进行档案登记。2009年，购买一套超越2000档案专用软件，完成泰坦软件在全县机关单位(乡镇)

的升级换代。4 月，中方县被确定为全省新农村建设档案工作示范县试点，县档案局首创“村档乡（镇）管村用”农村档案管理模式作为先进经验在全省推广。6 月，制定《档案局法律法规规章宣传学习培训制度》。10 月，完成对中方县原中方、铁坡、泸阳、铜湾办事处 4 个撤并单位的档案接收工作，共接受进馆 1683 卷档案，及时完成撤并机构的档案归属问题。是年，对 2001 年 1 月 1 日至 2008 年 9 月 30 日以前县直机关各单位出台的规范性文件进行全面收集，共收集有效公文 239 件。开展家庭档案试点工作，建立 13 个“家庭建档”示范户。县 13 个社区全部建档，建档率达 100%。收集特色档案《春天的旋律——怀化兰台三十年》《希望的瑶乡——中方县蒿吉坪瑶族乡二十年集锦》《中方县首届文化节资料汇编》。2010 年，县档案局指导 21 个单位建立和完善单位综合档案室，帮助 32 个单位整理档案 1 万余卷（其中林权档案 8000 余卷）。其中，湘投铜电公司档案被省档案局评定为“省优良工程档案”。2011 年 11 月，省社会主义新农村建设档案工作示范县领导小组批复中方县为“全国社会主义新农村建设档案工作示范县”创建单位。2012 年 9 月，在牌楼镇召开全县“全国社会主义新农村建设档案工作示范县”创建工作现场会，于 2013 年通过国家验收并授牌。加强对荆坪大桥、首届刺葡萄节等档案进行跟踪服务，及时做好重点工程、重要活动档案的收集整理。从 2013 年开始，县财政每年安排农村档案工作的考评奖励经费、县档案馆档案保护经费、各乡镇和县直相关单位档案工作经费、“以奖代补”奖励机制经费。制定出台《中方县档案工作队伍建设管理暂行办法》《中方县村级档案管理办法》，完善“村档乡（镇）管村用”管理体制，出台农村土地承包、林改、水利、农业、新农保等档案的管理办法和制度。全县 214 个行政村，除牌楼镇陈家湾村单独建立档案室外，其余 213 个村的档案全部集中到乡（镇）综合档案室集中保管，并对重点档案复制一套保存到村档案室供村民查阅，确保村级档案的规范管理和安全。

二、档案馆库建设

馆库建设 2003 年 10 月，明确中方县档案馆为县档案局二级机构，定编 5 人。2007 年，在县生态城重建县综合档案馆。档案馆建筑占地 4.3 亩，总建筑面积 2238 平方米，总投资 667 万元。2008 年，国税局、林业局、人事局、国土局等单位建设密集架库房共 534.1 平方米。2009 年 5 月，县综合档案馆竣工并开馆。整个馆库有档案库房 747 平方米，可容纳档案 20 万件（卷），对外服务用房 600 平方米，业务和技术用房 600 平方米，馆办公用房 150 平方米，馆附属用房 141 平方米。新档案馆投入使用后，开展档案寄存服务工作，成立档案寄存服务中心，寄存中心有档案库房 100 平方米，对国家、社会和个人具有保存价值或需要保密的档案进行保管寄存服务。指导地税、法院等单位新配密集架 130 立方米。是年，县档案馆申报国家县级档案馆建设项目。2010 年 5 月，花桥镇档案室评为“省一级档案室”。11 月，国家发改委将县综合档案馆建设纳入第一批国家投资计划，批复县综合档案馆建设面积为2346平方米、投资金额667万元。12月，县人民检察院投资40万元创建的“省特级档案室”正式授牌，是全市政法系统第一家“省特技档案室”。是年，22个乡镇全部建立档案室，馆室面积560平方米，213个行政村的档案全部收归乡镇档案室集中管理。2012—2013年，县财政累计投入100余万元用于乡镇和县直单位档案库房、档案保护设施和档案信息化建设。2012年，县综合档案馆新增一间档案库房，共有4间档案库房，库房面积约600平方米，投资33万元添置密集架20列，杀菌消毒机各1台、温湿度测控仪2台、温湿度变速器2台、除湿机2台、防磁柜1台、空调3台、目录柜4个、文件展示柜4个和相应的防火防盗等档案保护保管设施设备。“全国社会主义新农村建设档案工作示范县”创建县直单位38个的档案室达到省二级以上档案室标准。2013年，县综合档案馆新增县级荣誉档案室和声像档案室。11月，全县22个乡（镇）档案室中省一级2个、省二级20个，16个涉农单位档案室中1个获省一级、3个获省二级。

馆藏 1998年怀化撤地设市，原县级怀化市的档案划归鹤城区，其中包括属中方县所有的26个区、乡（镇）文书档案和20世纪50—80年代的土地、房产、山林定权发证档案，将原县级怀化市档案馆内属中方县管辖的22个乡镇、公社档案以及有关资料和检索工具从原怀化市档案馆乡镇、公社档案全宗清出，划归新设立的中方县档案馆保存。2001年9月，鹤城区档案馆移交给中方县档案馆22个乡镇的文书档案共21个全宗，3004卷档案。2003年12月，鹤城区档案馆移交给中方县档案馆中方县所辖19个乡镇（公社）的山林定权档案，共306卷，加上县档案馆从建县初收集的5447卷（件）档案，共有馆藏档案22个全宗，8757卷（件）。2007年，共接受撤消机关档案107卷（件），政府机关档案5340卷（件）。2012年，县综合档案馆档案库存容量达5万卷以上。2013年，馆藏档案共32个全宗，馆藏档案6573卷、70561件，档案资料908册（本），编制目录检索1套，内容包括案卷目录、全引目录、资料分类索引，并存有个人家庭档案、科技、会计、声像、电子、实物等类型的档案。

三、档案开发与利用

县档案馆为利用者提供接待查阅、来函代查、电话代查、档案咨询等多种查阅服务。

中方县成立之初，档案馆（室）以案卷目录进行查阅利用。利用者持有合法证明（介绍信、工作证、身份证等），履行登记、审批手续，即可查阅有关档案。2006年完成机关档案文件目录中心库的建设，建立数字化的档案检索查阅方式。同年，85%以上机关单位都设有专门的阅览室。全年共接待利用者960人次，提供档案、资料1062卷册，复印档案资料600多张，免费为群众提供山林管业证等权属存根450多份，现场协调山林纠纷30余起。2007年，全县推广档案管理系统2套，共有89家县直机关单位的档案目录存入档案馆数据自动化管理系统中。1998—2007年，全县开发利用档案13050人次，查阅档案资料近2万卷次，提供复印件28万页。2008年，共接待公众查阅档案807人次，查阅档案资料650卷次，提供档案复制件400多页。2009年，档案查阅760人次，调卷475余件次，提供档案复印件400多页。2011年，建立中方县档案史志网网站，每年利用网站、国际档案日对县档案工作和档案法律知识进行宣传，使群众增强档案意识。全年共接待档案查阅915人次，查阅档案569卷（件），提供档案复印件312份。2012年，县档案史志网挂靠政府网站。档案利用工作逐步由有偿服务向义务查阅服务转化。全年共接待档案查阅1235人次，查阅档案645卷(件)，提供档案复印件326件。2013年，县档案馆到期开放档案3363件（卷），主要有县委和县政府档案、知青档案、山林权属档案、部分史志资料等，开放率100%。至2013年，县档案馆共接待查阅档案2万余人次，提供资料3万余件（卷、册）。

第六章　党史　地方志

第一节　党　史

1998年2月，设中方县史志办公室，党史办办公室与地方志办公室合署办公，为正科级单位，归口县委办管理。县党史办主要开展党史资料征集和编研。1999年，成立县委党史工作领导小组和县委党史联络组，开始全面地征集、整理、编印中方县党史资料。2002年，编辑《1998—2002年中方县党史大事记》。2003年，为省、市党委工作纪实撰写、整理、搜集大事记、领导执政理论文章等资料近3万余字。2005年11月，启动《中共中方地方史》（简称“党史正本”）编纂的筹备工作。2007—2010年，完成《中共中方地方史》初稿并完成评审。是年，配合市党史部门开展对县境内新民主主义时期革命遗址普查工作。2011年3月，党史正本改名为《中国共产党中方县历史》（1949—2010)，通过省委党史研究室审定。6月，由中共党史出版社出版发行。全册共5篇，约47万字，为中国共产党建党九十周年献礼之作，并作为党史研究成果参与省级评选，获优秀奖。2012年7月，编辑党史读本《红色怀化》。2013年，通过走访调查和“口述”资料整理，收录《中方县委老院子产权调研》《原政协主席蒋才培忆县城建设》，整理完成《鸭嘴岩剿匪记》《1998—2013年中方县委大事记》《中方县“五大家”班子名录》等资料。

第二节 地 方 志

县志编纂 2005年3月，县史志办启动《中方县志》（1998—2008）编修工作。2006年完成篇目制定。2008年10月，市地方志办将《中方县志》（1998—2008）体例定为新修志，县志正式进入组稿阶段。2011年3月，为完整记录十一五规划的执行情况，将《中方县志》（1998—2008）的下限延至2010年，年底征集补充资料10余万字。2012年，因中方县启动撤县设区工作，为体现中方县历史的完整性和连续性，再次将《中方县志》（1998—2010）下限延至2013年。2013年7月，召开《中方县志》编撰工作全县动员大会。年底完成150万字的县志分纂初稿。

专业志和乡镇志 2008年，完成《军事志》《组织志》《交通志》等专业志。2009年，完成《林业志》《水利志》《法院志》等专业志。2010年，《司法志》《环保志》等专业志进入编纂。

2008年，出版《铜湾镇志》《石宝乡志》等乡镇志。2009年，完成《泸阳镇志》《蒋家乡志》《蒿吉坪乡志》等乡镇志。2010年，《花桥镇志》完成评审稿，出版《中方镇志》。2012年，将各乡镇志的编辑任务纳入乡镇绩效考核责任状。至2013年，全县22个乡镇基本完成乡镇志的初稿，村志收集完整，将涉农单位的简志整理成册。

地情资料开发 2008年，出版发行境内首部地情资料《中方十年》。同年，协助县政协文史委编辑出版《中方人》。2009年，编辑出版《中方人大十年历程》《2008年中方县首届生态文化节资料汇编》。2011年10月，出版怀化剿匪史料《铜湾事变》。2012年6月，配合荆坪旅游开发，出版发行地情资料《史画荆坪》。

信息化管理 2011年12月，县财政投入10万余元建成全市第一个高标准方志馆。方志馆馆舍面积80平方米，馆藏资料分地方志、部门志和乡镇（村）志、年鉴、地情资料、党史、回忆录文集、档案管理等13类，藏书2023册、各类报纸杂志1000余份。同年，建立中方县档案史志网页，实现方志信息网络化。

第七章 文化市场

第一节 市场概况

1998年，县文化市场门类单一，经营种类主要有桌球、录像放映、电子游戏等项目。1999年，县委、县委政府提出“文化兴县”发展战略，积极培育和发展文化市场，网吧、电游在全县各乡镇迅速扩展。2003年，中方县出台《关于进一步加强农村文化工作的意见》，推进农村文化设施建设，建立稳定的文化队伍，积极开展丰富多彩的文化活动。2005年，中方新县城落成，文化市场布局从乡镇转向城区，经营项目日臻多样化，出台《中方县农村文化市场管理办法》，各乡镇文化市场得到发展壮大，扶持大户发展，逐步消除各类违法违规经营行为，确保农村文化市场稳定健康发展。至2013年底，全县拥有各类民营文化经营单位和文化团体112家，规模歌舞娱乐场所2家，从业人员1360人，年产值1076万元。成立业余剧团84个，每年演出5000场次以上，总投资1000万元。建有以县文化馆为龙头的少儿艺术培训基地，拥有舞蹈、声乐、美术、书法等十大艺术门类，常年招生，从业人员100多人，年上缴各种税费达100万元。有网吧49家、电游10家、三印（打印、复印、影印）企业5家，从业人员620人，年产值460万元。

第二节　市场管理

1998年建县后，成立县文化市场管理工作领导小组。由县文化部门牵头，协调相关成员单位每月不定期深入乡镇和县城、学校周边区域开展扫黄打非“清源”“净网”“秋风”“剑网”等一系列的文化市场专项整治行动，将政治有害性出版物、侵权盗版音像制品和淫秽色情出版物及网络有害信息作为打击和重点。

1999年，县文化市场稽查队出动167人次，开展文化市场大检查五次，收缴淫秽VCD光盘及其他非法出版物1800本，查处无证经营户8家，新培植经营户18家，办证率达98%。2001年6月，县文化市场稽查队与公安、工商、电信等部门进行为期七天的联合整治行动，对中方县网吧经营场所进行清理整顿，共查处违法经营户3家，取缔不合格经营户1家。2004年，出动执法检查人员200多人次，查处接纳未成年人网吧26家、非法音像制品经营店3家、具有赌博功能机的电游场所1家，取缔无照经营网吧3家、影碟店2家、图书租店1家，查获非法音像制品1500余张（盒）、非法出版物870册。2006年，成立中方县出版物鉴审委员会，编制6人，负责对全县范围出版物的鉴别审查工作。2009年，对学校周边娱乐场所、电子游戏、网吧、音像店、图书出租店集中整治4次、零点行动5次，查处违规网吧8家，取缔游戏厅3家，收缴电路板20余块，现场销毁赌博机20余台，配合“扫黄打非”4次，收缴盗版音像制品2000余张。2011年12月，成立县文化市场综合执法局，维护文化市场经营秩序。每年开展以打击违规接纳未成年人进入网吧为重点的专项治理行动，并推出网吧行政处罚裁量权基准执法管理和网吧巡查专项台账管理，网吧违规现象下降近30%。每年定期举办出版物经营企业、印刷企业等法人代表培以训班。每年组织文化、公安、工商等相关部门，开展以打击盗版侵权和“两非”为主题的专项整治行动。2011年，县文化市场稽查大队获省委宣传部等五部委授予的“全省服务农民基层文化建设先进集体”称号。

2012年8月，下发《中方县关于开展迎接党的十八大文化市场专项保障行动实施方案》。分三个阶段对全县四个片区分别进行专项整治。9月，召开全县文化市场综合执法工作暨文化市场经营业主法律法规培训会，发放宣传资料300多份。开展校园周边环境（校园周边网吧、书报刊、游戏室、教铺材等）专项整治行动、平安文化市场创建活动、网络安全专项整治行动和迎接中共十八大文化市场专项整治行动。全年共开展突击检查20次，累计出动执法人员200多人次，共检查经营单位家120家，发放宣传件资料2000多份，收缴非法音像制品210盘（盒），处罚违规经营网吧15家，批评教育5家，整改到位6家。

2013年2月，召开全县网吧管理提升年座谈会，举办网吧业主法律法规培训。先后组织业主法律法规和文化市场安全管理培训。全年开展校园周边环境整治2次、高考期间文化市场整治1次、“零点行动”6次（互联网上网服务营业场所每日营业时间限于8时至24时，超过时间经营即为违法经营，24点即为零点行动），联合公安、工商、消防等部门开展联合执法行动2次，共检查文化市场经营单位130家次，处罚违规经营网吧13家，检查出版物市场24次，收缴各类非法出版物2000多件。制定并出台《中方县2005—2010年、2010—2015年城区网吧总量布局规划》《关于开展网吧准入试点工作意见》等文件，重点以县城周边区域为主，布局分为五个集中区划定，县城周边区域（含中方镇）网吧总量控制为32家。至2013年，开展文化市场专项整治行动12场次，共投入人数310余人次，收缴多类非法出版物11000余张（册），打击非法经营单位60余家，非法经营者120余人。

第十六篇

教育 科技

JIAO YU KE JI >>>>>>>>>>>>>>>>

第十六篇　教育　科技

1998 年后，中方县教育工作坚持“规范管理、提升质量、稳中求进”的方针，致力巩固“普九”，建立完善区域教育体系，推进农村义务教育均衡发展，培育中心城区优质教育资源，学校布局几经调整，渐趋合理。教育经费投入大幅增长，农村学校办学条件与环境全面改善。师资队伍不断优化，教育结构逐步完善，教育普及程度与教育教学质量稳步提高，先后获湖南省规范教育收费示范县、教育考试工作先进县、教育督导评估考核优秀县、怀化市高中教育质量显著进步县等殊荣。2013 年，全县有学校 82 所，其中高中 3 所、初中 19 所、小学 60 所，共有教职工（含特岗教师）2684 人，在职教师学历合格率为 95.4%。15 年间，累计为高等学校输送大专以上新生 7527 人，其中本科 3030 人。全县人均受教育年限为 8.9 年。

1999 年 6 月，县委、县政府召开科技发展计划项目工作会议，提出“科技兴县”战略目标，加强科学技术普及工作领导，建立科技“三下乡”管理制度，促进科技事业稳步发展。全县先后建成一批科普示范乡（镇）、村，科技网络日趋完善，工农业生产科技含量明显提高。至 2013 年，全县科技项目获省级科技成果奖 2 项、省级以上科技进步奖 8 项、市级奖励 20 项，国家专利申请 16 项，推广应用农业新品种、新技术 185 项，工业新技术 70 项。

第一章　教　育

第一节　教育改革

一、管理体制改革

1998 年建县后，全县教育实行“三级办学、两级管理”体制，即县第一中学、县第二中学、县职业中专学校，实行县办、县管。乡（镇）中学、中心小学，实行乡（镇）办、县管。村级小学，实行村办、乡（镇）中心小学代管。县直属学校校长由县人民政府任免，乡（镇）中学、中心小学校长由县教育局任免。学校全面实行校长负责制。

2001 年，推行学校内部管理改革。是年 6 月，县人民政府出台《中方县中小学核编定岗工作实施方案》和《关于中方县中小学校长、教职工竞聘上岗实施方案》。7 月，县教育局按县编办核定岗位职数、教职工编制数在花桥中心小学进行校长、校级中层负责人、教师选聘试点。

2002年4月，县政府下发《中方县义务教育办学体制改革意见》，调整"三级办学"体制，明确基础教育实施以县为主，乡（镇）、村两级的办学义务和责任相应减轻。12月，县教育局机关按照花桥中心小学的人事改革经验，完成各股室负责人及工作人员的选聘工作。

2003年3月，县政府召开中小学编制分配及教职工分流会议。6月，县教育局、人事局、编办下到各学校，对在岗在编中小学教师实施教师资格认证，对停薪留职人员逐一核实。11月底，全县中小学定岗分流工作结束。通过离岗退养、办理病退、创办实体、脱产学习、取消编制等方式，消化教职工富余人员444人，对28名在编不在岗"吃空饷"的教职工，作出停薪留职处理。

2004年7月，除县第一中学、二中、职中保留行政级别外，其他中小学校长正股级行政级别一律取消。8月，率先在怀化市实施异校对口交流制度，选派骨干教师、中层领导到边远山区学校支教，至2005年底，安排支教老师34人。

2010年8月，实行中小学校长目标管理责任制和"四个一票否决"制度，即对连续两年校长目标管理年终考核倒数第一、连续两年教育教学质量综合评估倒数第一、综合治理工作出现重大责任事故、计生工作出现重大问题的校长，实行"一票否决"。2013年，县第一中学面向全省公开招聘校长1名。

二、办学体制改革

1998年春，县内泸阳镇居民张绍刚创办第一家民办学校——绍刚文武学校，花桥镇居民熊圣淼创办第一家民办幼儿园——博雅幼儿园。此后，县内先后兴办大风车、小童星等民办幼儿园。2001年3月，湖南省教育厅颁布的《关于中小学办学体制改革的意见》指出，在坚持政府办学为主的前提下，努力实现投资多元化。2006年3月，县委、县政府下发《关于经一步加强教育工作的实施意见》，就发展民办教育提出明确规定。2009年秋季，华美外国语学校、县幼儿园正式招生办学。至2013年底，县域内共有民办教育机构25所。其中，22所幼儿园，1所职业学校——怀化市新华职业学校（职校2009年始建原省407勘探队旧址，其业务、人事直属市教育局），2所义务教育阶段学校（绍刚文武学校、华美学校）。

三、教育综合改革

1998年县境内有各类学校229所。其中，乡镇中心小学21所、村小学180所、村教学点3个，乡镇初中22所，县直普通高中、完全中学各1所，县职业中专1所。针对山区人口分散、教育线长面广、教育资源不集中等实际情况，从改善办学条件与提高办学水平出发，县里将丁家、活水乡的中学与中心小学合并成九年一贯制学校。1999年，全省桂东会议后，县政府根据省委、省政府关于农村中小学布局调整的政策要求下发《关于搞好全县中小学布局调整工作的通知》，决定全县只办1所普通高中（县第一中学），1所完全中学（县二中)，保留县职业中专学校，于2003年秋季将锦溪、蒋家、石宝3个乡的中学、中心小学合并为九年一贯制学校，将炉亭坳中心小学并入炉亭坳中学，有11个乡镇的初中、中心小学合并为九年一贯制学校，至2007年底，全县共撤并村小学128所。2008年秋季，依据《中方县2008—2012年教育发展行动计划》，将丁家学校初中部生源就近分流到县第二、接龙中学，将锦溪学校初中部并入铁坡学校，将蒋家、袁家两个学校的初中部生源并入到新建中学。调整后，初中部师资经综合考核就近调配。2009年秋季，市政府区划调整，鹤城区鸭嘴岩镇的长塘等3个行政村划归中方县，原鸭嘴岩中学、鸭嘴岩中心校学分别更名为中方县城北中学、城北小学。2011年春，县职业中专整体从泸阳镇搬迁到县第一中学、中方镇中学过渡办学。2012年9月6日，国务院办公厅下发《关于规范农村义务教育学校布局调整的意见》，要求严格规范学校撤并程序。此后，省内在校学生不足100人的村小学、教学点，按100人核定公用经费，以确保学校正常运转。2013年秋季，县职业中专在中方镇中学集中办学，中方镇中学保留校名，其生源主要并入中兴学校，教师暂时分流到县职业中专、中兴学校、城北中学。年底，县域内有公办教育机构71个，其中普通高中、完全中学、职业中专各1所，九年一贯制学校10所，初中9所，乡镇中心小学13所，村小6所、教学点29个，附设小学班1个。

四、普及九年义务教育

建县前，原怀化市（县级）完成基本普及九年义务教育和基本扫除青壮年文盲的历史性任务，并通过省定评估验收。1998年春，县委、县政府将“普九”巩固提高作为全县教育的重点工作来抓，并出台《中方县关于巩固九年义务教育的决定》，就巩固“普九”作出一系列具体规定。县教育局提出实施“基础教育示范工程”，决定对209省道、320国道以及沿江（沅水）一线的中小学先行充实提高。9月，中方县“扫盲”工作经国家复检合格，全县“普九”巩固工作经省复检合格。上世纪末，湖南省委、省政府提出“由基本普九到全面普九”的工作目标。中方县按照上级部署，一直坚持“普九标准不变、班子不撤、资料不散”，重点加强教师队伍建设，改善办学条件，规范学校内部管理，增加教育经费，全面提高教育教学质量，确保省、市“普九”年检合格，努力实现“全面普九”目标。1999—2004年，中方县连续6年通过省、市“普九”年检，小学、初中升学率达100%，在校初中、小学学生年辍学率分别为1.05%、0.05%。其间，2000年、2001年、2003年，先后三次评为怀化市“普九”巩固提高先进县。中方是二类县，但适龄人口入学率、小学升初中升学率等主要指标均达到省一类县水平。2005年，省、市停止“普九”年检。2008年，湖南省政府正式颁发《关于推进义务教育均衡发展的意见》，提出“以农村义务教育合格学校建设为平台，城乡统筹，分类指导”的工作方针。县政府制定建设规划，明确今后八年全县乡镇中心小学以上的义务教育学校全部建成合格学校。

五、教育督导制度的建立

县委、县政府构建“政府主导，社会参与，随访督查，责权结合，责任追究”的教育督导工作机制，统筹城乡片区教育督导网络，把督政和督学紧密结合。1998 年 5 月，县教育局设立督导室。2002 年 8 月，县教育局督导室升格为县人民政府教育督导室，挂靠在县教育局，行使督政、督学双重职能。2004 年，开始进行中小学办学水平评估工作。2005 年，按照上级要求，启动教育“两项督导评估”，建立乡镇教育工作督导评估制度，两年共评估学校 37 所。2007 年，中方县进入湖南省教育“两项督导评估”考核的优秀等次。2011 年，分别进入湖南省教育督导评估考核、教育强县视导的优秀等次，2012 年 1 月，中方县获湖南省委、省政府授予“教育工作先进单位”称号、并获得怀化市教育工作督导评估优秀等次。

第二节　教育结构

一、学前三年教育

幼儿园　1998 年，县域内无公办幼儿园，有民办幼儿园 5 所、教学班 17 个、在园幼儿 211 名。1999 年秋，中方镇中心小学以本部为依托，在校内修建建筑面积为 370 平方米的园舍，招收幼儿 96 名，创办全县第一所公办幼儿园。2000 年以后，加大幼儿园基础设施建设力度，幼儿园大多配备滑梯、摇摇车、跷跷板、转盘车等室外活动器材，普遍采用电视机、录音机、幻灯机等现代化手段教学。2005 年，中方镇中心小学幼儿园、桐木中心小学幼儿园创建成怀化市三星级幼儿园。2007 年，铜湾镇中心小学在铜湾镇中心（集镇）开办中方县第二幼儿园，后来创建成市级示范性幼儿园。2009 年秋季，中方县幼儿园（民办）开园，解决县城中心区域适龄儿童“无园可入”的问题。2010 年，泸阳中心小学改建杨桥村小学，创建中方县第三幼儿园。当年，成功举办全县首届幼儿园教师五项全能竞赛。2011 年，按照省、市部署，着手实施第一个“学前教育三年行动计划”。县委、县政府制定下发《中方县学前教育发展规划（2011—2013）》，鼓励支持乡镇中心小学利用闲置校舍，改建一批公办幼儿园，三年内幼儿园的园舍条件有较大改善。县内 21 个公办幼儿园都以乡镇中心小学为依托而建立。至 2013 年底，除丁家乡以外，各乡镇均设置幼教机构。全县共有幼儿园 43 个（民办 22 个），在园幼儿 6421 人。在园幼儿 3693 人。持证幼儿教师 337 人，勤杂、保育员 148 人。其中，本科学历 26 人，专科学历 277 人，中师 80 人。

学前班　学前班接受 5—6 岁儿童学习，学制 1 年，每年教学时间 36 周，每周上课 24 节，每天授课不超过 4 小时，每节课 30～35 分钟。学前班开设语言、常识、计算、音乐、美术、活动等课程，课程内容安排灵活、寓教于乐。2002 年以后，各幼儿园纷纷办有美术、舞蹈、电子琴、英语等各类特长班，在开发幼儿智力、潜能上取得较好的效果。2003 年上期，全县有学前班87个，学前幼儿2268人，办班率100%。2003年下期，按《湖南省学前教育架构管理暂行办法》，小学不再单独设学前班，学前班儿童一并归口幼儿园。

二、九年义务教育

学校设置 1998年春季，县内乡镇中心小学、村小学与村教学点共有小学教学班1058个，有普通中学24所（含县第一中学、县第二初中班），共有初中教学班244个。1999年，随着进城务工人员增多，学龄儿童逐年减少，县里适时对一些生源急剧减少的村小或教学点实施“撤、停、并、转”，将生源较少的乡镇初中、中心小学合并为九年一贯制学校。2003—2004年，按新课程改革的课程设置要求，小学三年级以上年级开设英语、计算机等课程，根据上级工作安排以及县外的成功做法，倡导村小三年级以上学生集中到乡镇中心小学就读，以解决专业师资问题。至2013年底，乡镇中心小学、九年一贯制学校、村小学、村教学点共有小学教学班364个，全县完全中学、独立初中、九年一贯制学校共有初中教学班136个。

学制与课程 小学实行六年制。新课程改革之前，主要开设语文、数学、自然常识、音乐、体育、劳动、社会等课程，课程设置上注重学生德、智、体、美、劳的全面发展。2000年春，小学三年级以上年级开展体育达标活动。2002年，对小学毕业生实行体育考试制度。2003年以后，小学进行新课程改革，课程设置由原来单一的国家课程，转变为国家、地方与学校三级课程，即语文、数学、英语（3~6年级）、品德与社会（1~2年级）、美术、科技（3~6年级）、信息技术（5~6年级）、体育、研究性学习（3~6年级）、劳技教育（3~6年级）、地方课程即学校编写的校本教材，如桐木小学的《家乡名片—湘珍珠葡萄》《醉美桐木》，城北小学的《印象中方》，下坪学校的《下坪文化》、泸阳小学的《环保小卫士》等（每周2节）。小学1~2年级每周授课26节，3~6年级每周授课30节。新课改后，小学更注重素质教育。

初中学制三年。新课改前所设课程为政治、语文、数学、英语、物理、化学、生物、地理、历史、音乐、体育、美术。炉亭坳中学已开设农业技术课。进入新课程改革后，课程增加信息技术、体育与健康、研究性学习、劳动技术、科技活动、湖南地方文化常识、很多学校编写乡土教材如：城北中学的《中方文化》《文明礼仪》，泸阳中学的《感恩的心》《书画·诗词·楹联》。中学每周授课34节。2004年秋季，将小学课程、初中课程统称为义务教育课程，将初一、初二、初三年级分别定名为七、八、九年级。

教育教学改革 1998年，学校强调教学质量，夯实“双基”（基础知识与基本技能），提倡精讲多练、启发式等教学方法，注重学生思维能力的培养。2000年，学校使用幻灯机、录音机、电视机和投影屏幕等进行电化教学。2001年，在中方、泸阳、铜湾、铁坡片区设立中、小学中心教研组（共8个），由各片区中心所在的中、小学牵头组织开展教育教学活动。

2003年后，教师大力转变教学方式，运用多媒体等现代化教学手段，倡导学生自主、合作、探究学习，尊重学生，凸显学生的主体地位。2005年起，县教育局连续八年对中学学生进行计算机与物理、化学、生物实验的操作测试，合格率90%以上。2010年，中兴学校、城北小学推行“三三六”教学模式，即课堂自主学习三特点——立体式、大容量、快节奏，自主学习三模块——预习、展示、反馈，课堂展示六环节——预习交流、明确目标、分组合作、展现提升、穿插巩固、达标测评。中方镇中心小学推广“先学后教”的教学模式，培养学生从“学会”到“会学”的自学能力。泸阳中心小学采用“271”教学法，即20%的内容由学生通过自主学习掌握，70%的内容通过学生课上合作交流掌握，剩下10%的内容在教师指导下掌握。以上教学模式，较好地推动小学课堂教学改革，实现教师教学方式与学生学习方式的转变，提高小学课堂教学质量与效益。为适应新课改的实际需要，县教育局每年有计划地组织一线教师与教学管理人员赴外地考察，先后到江苏洋思中学，河北邯郸二中，永州市马坪学校等9所学校参观学习。并建立全县中小学“课改共同体”，以中兴学校、城北小学为现场召开全县课改推进会共同推进课改。2011年、2012年中兴学校、城北小学分别成为怀化市基础教育新课程改革示范校。2013年底，城北中学、中方镇中心小学、泸阳中心小学申创市课改样板校。

初中学考与高中招生改革。2012年秋，怀化市教育局初中学考与高中招生改革意见规定：初中学考语文、数学、英语、物理、化学5科实行分数制，思想品德、历史、地理、生物、体育与物理、化学、生物实验及信息技术操作9科实行等级制，将分数转换成A、B、C、D四个等级。语数外3科各120分，其余11科各100分。当年的高中招生，总分值760分（语文等5科560分加上学年地理、生物200分），不同类别高中对等级制科目的等级要求不同。从2013年开始，高中招生总分值560分，等级制科目由9科增加到11科（含上学年地理、生物）。这一改革，分数得以淡化，理科教学得到加强，促进课程改革。

三、普通高中教育

学校设置　1998年6月12日，由原怀化市七中过渡而来的中方县第一中学正式挂牌。9月，为整合教育资源，集中力量办好高中，县第一中学初中部停止招生，原招生范围内的生源分流到中方镇中学。2000年秋季，县第一中学的初中部全部剥离完毕，成为高级中学。2001年6月，铜湾镇中学并入县第二。至此，中方县高中布局定型。

学制与课程　高中学制为三年。新课改前所设课程为政治、语文、数学、英语、物理、化学、生物、地理、历史、音乐、体育、美术等。高中学生进入高二年级后进行文、理意向性选科，高二年级下学期参加全省高中毕业会考（学考）后再进行文、理分科。2003年，高考时间改为6月份。2007年秋季，高中起始年级进入新课程改革后，实施学分制。课程增加信息技术、体育与健康、研究性学习、劳动技术、科技活动、湖南地方文化常识、生命与健康、社区服务与实践、心理健康教育、乡土教材等。每周课时34节。2007级高中学生正式参加2009年全省第一次高中学考，是年，省教育厅取消高中毕业会考制度，推行高中学业水平考试制度，高中学考统考政治等9门文化课程，另设理化生实验、音体美、信息技术、通用技术（劳动技术）、社会实践等考查科目，每个学生必须修满144学分，方能获得高中毕业证。

教学改革 2002年，建立高中教研联组，2007年，为适应新课改的实际需要，教育局有计划地安排高中教师与教学管理人员进行各类培训，先后领队组织学校外赴山东杜郎口中学、昌乐二中、衡水二中等去参观学习。此后，课堂教学目标从单一的测试逐步向“三维”教学目标（知识与技能、过程与方法、情感态度与价值观）转变，教师努力改变过去那种“填鸭式、满堂灌”的教学方式，努力构建学生“自主、合作、探究”学习的高效课堂，着力培养学生的创新意识与实践能力。

1998—2013年中方县普通高中基本情况统计表

表16-1-2-1 单位：所、人

年度	学校	在校学生	年度	学校	在校学生	年度	学校	在校学生
1998	2	1135	2004	3	4684	2010	3	3124
1999	2	1562	2005	3	4618	2011	3	3765
2000	2	1904	2006	3	4701	2012	3	3594
2001	3	2497	2007	3	4434	2013	3	3832
2002	3	2785	2008	3	3699			
2003	3	4162	2009	3	2981			

注：包括普通高中、职中

1998—2013年中方县初级中学基本情况统计表

表16-1-2-2 单位：所、个、人

年　度	学校	班级数	在校学生	年　度	学校	班级数	在校学生
1998	23	244	13688	2006	21	166	7005
1999	22	269	14458	2007	21	138	5722
2000	22	271	13827	2008	21	130	5138
2001	21	291	14855	2009	22	145	5765
2002	21	263	15411	2010	20	146	6023
2003	22	413	15554	2011	20	134	5073
2004	22	260	13854	2012	20	139	5998
2005	21	221	10259	2013	19	136	5897

注：包括独立中学、一贯制初中部

表 16-1-2-3

1998—2013 年中方县小学基本情况统计表

单位：所、个、人

年　度	学校	班级数	在校学生	年　度	学校	班级数	在校学生
1998	204	1058	37087	2006	87	464	11768
1999	213	1082	32862	2007	95	422	12387
2000	178	939	27461	2008	85	384	12444
2001	110	841	22511	2009	63	367	12873
2002	144	988	17879	2010	55	348	12643
2003	116	849	14343	2011	55	350	12695
2004	98	581	12633	2012	56	357	12709
2005	85	502	11811	2013	60	364	12839

注：含中心小学、一贯制小学部、村小、教学点

1983 年，炉亭坳中学根据山区特点，在初中完成常规教学计划外，每周加设 2 节劳技课，在普教中适当渗透职业教育因素。这一办学模式，得到省教育厅、教育部的充分肯定，随后全国推广。1990 年，国家教委副主任王明达到校考察，并题写校名“炉亭坳中学”。此后，国家教委条件装备司、职教司、成教司、高教司、中央教科所，国务院政研室，中国燎原报社、教育报社，以及省、市领导相继到校考察调研，河南、安徽、江西、青海、宁夏、西藏等 11 个省（自治区）、33 个地市、56 个县共 3400 人次到校参观考察。同时，省勤工俭学现场会、省职业技术教育现场会、中国农村教育改革第五届年会、省教师扶贫工作会议、中国农村教育改革联系点工作会议等 5 个大型会议都先后在怀化召开，炉亭坳中学成为重要的参观现场。1998 年，县职业中专学校试种巴西旱稻成功，9 月 13 日，湖南卫视《乡村发现》栏目对此专题报道。1999 年，县职业中专学校被列为湖南省现代农业科技样板示范工程基地，职业中专实习基地成为怀化市教育系统十大农场之一。2002 年 9 月 10 日，县干部职工培训中心、县农业广播电视学校、县教师培训中心在县职业中专相继挂牌。2003 年 4 月，教育部副部长王湛、省教育厅厅长蒋作斌到炉亭坳中学视察，王湛部长欣然题词“普通教育渗透职业技术教育，因地制宜推进素质教育”。9 月，中共中方县委党校依托县职业中专学校挂牌。县委党校以县职业中专为载体，先后举办科局级干部、中青年干部、妇女干部、村主任等各类培训班 40 期，共培训学员 4000 余人。县委党校还与湖南科技大学、怀化学院、湘潭职业技术学院及党校系统合作办学，以提高在职干部学历。县“四校一体”的大职业教育格局形成，县职业中专学校成为全县成人教育基地。10 月 21 日至 25 日，湖南教育台《新视点》栏目对县职业中专进行专题报道（三集专题片）。2004 年 2 月 19 日，中国教育电视台转播。3 月，中方县被授予全省“职业教育与成人教育工作先进县”。2006 年 3 月 8 日，省政协副主席王汀明、省发改委助理巡视员杨世芳调研中方县职业教育工作，对职教走

"上挂、横联、下沟通"的办学之路给予充分肯定。是年，举办村干部培训班，培训村干部283人。2009年，与县残联联合举办"残疾人技能培训"，191名残疾人学到一技之长。

2010年8月，湖南省发改委批复，怀化职业教育基地为怀化市重点建设项目。基地定址中方镇荆坪、茶园坡、岩头园村境内，规划用地490公顷，计划投资50亿元，引进投资建设5～10所中、高职院校，入院学生5万～6万人。2011年9月，怀化市规划委通过，上海同济大学城市规划设计院，设计的怀化职业教育基地概念性城市规划设计方案。12月26日，举行怀化职业教育基地开工暨芷江师范奠基典礼。2012年，完成投资0.98亿元。2013年3月15日，县政府召开县城、县工业园规划区征地拆迁暨"两违"建筑整治工作会。会后，完成征地213亩，拆迁房屋70栋，职教基地二期工程43.45公顷用地通过省国土资源厅的土地预审。全年累计总投资1.45亿元，完成紫荆西路主干道1300米路基征地整形，管网铺设、碎石垫层。38个高压电铁塔塔基水泥浇筑。17套岩头元村过度安置房交付使用。芷江师范完成2.2万立方米土石回填，教学楼主体封顶，其他教学、生活设施招标，桩基施工。怀化工业中专、怀化财校完成地勘及部分建筑、围栏施工。三校共完成投资5500万元、建筑面积5560平方米。

（一）农村成人教育

1998年，各乡镇均建有农民文化技术培训学校。将布局调整后的村小学统筹转给农校，以增强农校的培训、推广、示范、服务功能。农校配有成教专干，部分学校还配备专职教师，使用县教育局、县职业中专学校与炉亭坳中学合编的教材1～5册。1999—2001年，22所乡镇农校培训学员17768人次。2002—2004年，22个乡镇的农校、农村人才资源开发站，联合举办农村实用技术培训班88期，培训农民2300人次。其中，举办杨梅、葡萄、黄竹草、油茶低改实用技术培训班5期，培训218人，发放科技资料4000余份。2005—2009年，乡镇农校使用县教育局、农业局、科技局合编的1—5册初中劳技教材，并结合当地特点，在学农基地教农户种植板栗、魔芋、金银花、烤烟、湘珍珠葡萄、金秋梨等经济作物，"边学习、边生产、边致富"的方式培训农户4900人次。2012年，乡（镇）农校共举办农村实用技术与初中毕业生"三加一"培训149期，培训28840人次。2013年末，全县有各类科技协会、合作社42个，科技示范户823户。

（二）成人高等教育

1998年3月，成立县招生考试中心，负责县内高等教育自学考试（简称"自考"）、成人高等学校招生考试（简称"成考"）、普通高等学校招生考试（简称"高考"）、全国英语等级考试等国家级考试的组考工作。自学考试设经济管理、医药等17类、77个专业。县招生考试中心每年成功组织两次自学考试，一次成人高考。1999年，高中起点本科报考10人，高中起点专科报考382人，录取181人。为鼓励全县干部、职工、社会青年自学成才，干部职工通过自学获得文凭，所在单位给予数量不等的奖励，学员毕业后与普通全日制学校毕业生享受同等待遇。2006年，报考1961人，其中高中起点专科报考1959人，高中起点本科报考2人，录取1533人。1998—2012年，全县参加自学考试12677人，单科及格8607人，获大专文凭189人，获本科文凭187人。1998—2013年，成考报考人数25050人，录取人数13496人。2007—2012年，县招生考试中心连续六年被省教育考试院评为组考工作先进单位。

第三节　学校选介

中方县第一中学　县第一中学位于怀化市工业园旁（中方镇栗山村木里坪）。学校创办于1971年3月，始称怀化县中方公社中学，占地7.5亩，建筑面积866平方米，6个初中班，2个高中班，在校学生365人，教师30人。1972年2月，学校更名为怀化县中方中学。此后，几易其名。1989年，改为为怀化市第七中学。

1998年6月，学校更名为中方县第一中学，共6个高中班，6个初中班，学生460人，教职工75人，校园占地67.95亩，建筑面积6616平方米。1999年秋季，第一栋800平方米的教工宿舍楼竣工。2004年，扩地135亩。此后，县政府逐年加大投入力度，先后建成4952平方米的科教大楼、学生宿舍楼4栋共9500平方米、6694平方米的教工宿舍楼和4720平方米的教学楼。七年间，总投资2307万元，新建校舍面积27729平方米。

2013年，学校有教职工211人，其中特级教师1人，中学高级教师58人，中学一级教师91人。专任教师197人，191人具有本科学历。市、县骨干教师和学科带头人23人。校园占地面积202.95亩，建筑面积44208平方米，校园绿化面积8万平方米，有标准的400米环形塑胶运动场及理化生实验室、多媒体教室、电脑室等教学配套用房。学校实现双控教学、数字资源“班班通”，有完善的电子监控、校务管理等配套系统，教学仪器、体育器材达省颁一类标准，图书室藏书4.2万册。

全校151名教师参加课题研究，撰写论文131篇，获国家级奖8篇、获省级奖6篇、获市级奖85篇。其中，生物组的课题《网络环境下高中生物教学策略》在中期评估中获省课题一等奖。语文组国家级课题《高中生书册阅读与教育实践研究》获省优秀课题二等奖。《高中语文书册阅读研究》获省优秀课题奖。《网络环境下未成年人思想道德培养对策研究》成为省“十一五”现代技术教育实验与研究课题。

学校教学质量稳步提高。2000年高考实现零的突破，2004年本科上线131人，2005年以后，每年本科录取人数在200人左右。2006年秋，以县第一中学为依托的树人高考文化补习学校，从一中附近迁出，先后在中方镇中学、县职中办学，2007年8月14日，学校停办。2009届文科铜湾籍学子廖刚强，考入武汉大学，后续读研究生，经“公务员考试”考进外交部。2012年9月，县第一中学开办高中“康龙班”，先后选拔初三毕业生72人，就读59人，到位率82%。县“康龙助学基金”资助“康龙班”贫困生59名。2013年高考，一名美术专业学生考入清华大学。年底，全校有45个教学班，共计学生2326名。县第一中学累计为高等院校输送新生5642人，其中本科2371人。

学校注重学生全面发展，多次在省、市音、体、美比赛中获奖。2008年5月，高一学生杨茜独唱《祖国之恋》在怀化市中小学独唱、独舞、独奏比赛中，获高中组一等奖。2013年5月，学校啦啦操队获世界体操锦标赛第六名。11月，在全国啦啦操年赛暨中国啦啦之星争霸赛长沙站比赛中，获中学组花球舞蹈啦啦操规定动作组冠军、街舞舞蹈啦啦操规定动作组冠军。

2003年，县第一中学与长沙市一中、长郡中学签订卫星远程学校教育协议。2006年，省教育厅授牌为创建现代化教育技术试验学校。2010年，一中成功通过怀化市示范性普通高中的评估验收。2012年6月12日，县政府与长沙市一中联谊办学正式签约。长沙市一中对口支持中方一中，采取跟班学习的形式，对中方一中的师资进行轮训。一中先后获“湖南省安全文明校园”“湖南省现代教育技术试验学校”“怀化市高中教学质量显著进步单位”“怀化市高考显著进步奖”“全省县市区教育考试工作先进单位”等称号。

中方县第二中学 县第二坐落铜湾镇，是一所完全中学。学校创办于1957年，始称“怀化县铜湾完小附设初中班”，校址在铜湾镇新屋村，时有1个教学班，50名学生，4名教师。1959年，铜湾完小附设初中班更名为怀化县第二中学，迁往石宝。留在铜湾的2个初中班仍为“铜湾完小附设初中班”。1969年，改名“东方红中学”。1970年上期，增加2个高中班，改称怀化县铜湾中学。1976年，定为怀化县第八中学。1983年，县级怀化市和怀化县合并，学校更名为怀化市第八中学。1995年秋，学校占地57亩，16个教学班，学生623人，教职工80人。

1998年5月，学校正式改为中方县第二中学。10月，省教委、团省委等五家单位授予县二中“湖南省中学实践教育活动先进单位”。2001年，铜湾镇中学撤销，37名教师和21亩校园用地并入县第二。2002年7月，高考一本自然上线14人，实现零的突破。2003年后共为各类高校输送978名新生。

2013年底，校园占地47亩，总建筑面积1.4万平方米，分南、北两个校区。学校党政工团机构、教学等在南校区（原市八中园区），学校实践基地在北校区（原铜湾镇中学园区）。学校有教职工86人，42名高中专任教师中，36人具有本科学历，9个高中教学班，学生379人。40名初中专任教师中，38人具有大专以上学历，7个初中教学班，学生271人。教师中有高级教师13人，中级教师40人，省、市级骨干教师5人。

县第二拥有标准的教学楼、学生公寓、餐厅、运动场及配备齐全的功能室，实现数字资源“班班通”，图书室藏书2万册。先后获得“怀化市模范教工之家”“怀化市高中学业水平考试显著进步奖”“湖南省青少年科技创新大赛二等奖”等荣誉。2013年，参加全国“复兴中华从我做起”专题知识竞赛、演讲赛、征文赛，被教育部授予先进单位。

中方县职业中专学校　学校前身是泸阳农业中学，学校建在原省勘探队114旧址，校园面积6亩，建筑面积510平方米，教职工17人，学生120人。1969年9月，学校从114队迁址到泸阳镇金塘村，时称泸阳“五七”中学。1971年8月，学校改为县直属完全中学，面向泸阳区招收高中新生，时称怀化县第五中学。1975年9月，各个公社办高中，县五中自然消失。此时，怀化县建立“五七”大学，学校成为怀化县“五七”大学附属中学。1977年后，因属地变化先后更名怀化县第二、怀化市六中。1984年，学校转办职业教育，更为怀化市农业中学。1989年，名为怀化市中等农业技术学校。1994年5月，学校由单一的农科类职校发展成为综合性职业学校，改称怀化市第一职业技术学校。时有校院面积82.5亩，设电子电器、农艺、畜牧、水产4个专业，14个教学班，在校学生466人，教职工83人。

1998年5月，过渡为县职业技术学校。8月，学校更名为县职业中等专业学校。12月，被省教委认定为全省第三批省重点职业中专学校、省级示范性职业中专学校与省现代农业科技样板示范工程基地。职业中专学制三年，设计算机应用、电脑文秘、计算机与数码产品维护、电子与信息技术、现代农艺技术、畜牧、畜医、酒店服务与管理等主要专业。2001年秋季，面向泸阳区招收普通高一新生97人，2003年9月，停止普高招生，94名高二学生转入县第一中学。2008年开始，学校注重学生实践操作技能培养，走“校企联合、校校联合”的办学之路。先后与深圳市宝安职业技术学校、浙江金华职校，福建五洲佳豪大酒店、怀化正大饲料有限公司、深圳尚德集团、富士康集团等十多家知名学校与企业建立良好的供需关系。这种课堂进企业，企业进课堂，工厂办在学校里，课堂搬到车间里，校企合一，培训内容与社会需求同步的“订单式”教学模式，克服办学的盲目性。学校毕业生两证合格率为90.1%，就业安置率98%，80%的学生就业于工作环境好、工资年薪较高的沿海一带企业。

2009年3月，学校占地111.9亩，建筑面积2.5万平方米，专业教学班13个，学生497人，教职工106人。2011年秋季，恢复畜牧与兽医、园林技术2个专业。2013年9月，学校有教职工112人，109名专任教师中，83人具有本科学历，中学高级教师24人，中学一级教师53人。20个教学班，学生814人。校园总面积135亩，校舍建筑面积4万平方米，有标准的教学及教学配套用房和完善的后勤供应系统，图书室藏书2.43万册。

中方县中兴学校　学校坐落在在县城内的潕水河边，是一所九年一贯制学校，2006年3月开工建设，2008年秋季竣工，是年招收一年级2个班，七年级4个班，学生共322人（此后，学校连续三年面向全县统招初一新生）。为促成中兴学校尽快地形成办学规模，产生办

学效应，县教育局于2009年面向各乡镇初中统招2个初三集训班。2010年春，学校投资2000万元，完成二期工程。7月，2个初三集训班参加全市初中学考，合格率、优秀率位居全市第一。第一届初中学生于2011年6月，参加怀化市初中学考，合格率、优秀率在全市328所初中学校中位居第一。以后，学校办学规模迅速扩大。2011年秋季，县教育局停止中兴学校面向全县统招。2013年底，学校共有教学班67个，学生3577人。其中，小学部教学班37个，学生1945人。初中部教学班30个，学生1632人。有教职工212人，其中，中学高级教师19人，中级职称131人。专任教师中研究生3人，本科167人，专科56人。市、县骨干教师和学科带头人118人。

学校总投入1.4亿元，校园面积135亩，建筑面积2.34万平方米，校园绿化面积3.7万平方米，分初中、小学两个教学区。教学区有教学楼5栋，科教楼1栋，理化生实验室8间，多媒体教室67间，并入互联网的电脑室2间，实现数字资源“班班通”，建有全覆盖电子监控系统和自动化办公系统，教学仪器和体育器材配备达省颁一类标准，图书馆藏书8.1万册。生活区有学生公寓楼，师生食。活动区有400米环形塑胶运动场1个，篮球场6个。

学校以“至诚、励志、求是、致远”为校训，形成“自信、自律、自重、自强”的学风，以“全县领跑、全市领先、全省一流、全国知名”为办学目标，坚持“生态立校、教研促校、质量强校、特色兴校”学生行为养成教育与课堂教学改革成效显著。“三三六”课堂教学模式与“以案导学五步教学法”在四至九年级全面实施。全校有1200篇课改教研论文获国家、省、市一等奖。26人参加省、市教学活动获奖。学校先后评为全国“光辉的旗帜”读书证文活动示范学校、优秀写作中心，湖南省的语言文字示范学校、优秀少先队基地、生态文明示范学校、文学艺术特色学校、义务教育合格学校，怀化市基础教育课程改革示范学校、怀化60年影响老百姓生活60品牌、文明卫生单位、园林式单位、“五四”红旗团支部与示范性家长学校等。

炉亭坳中学 学校创办于1968年9月，始称怀化县中方公社炉坪初中班，校址在青台山，占地面积0.9亩，建筑面积310平方米，2个初中班，68名学生，3个老师。1972年秋，

中学迁址杨梅田。1975 年春，更名为怀化县中方公社“五七”中学，占地 15.9 亩，建筑面积 850 平方米，设 6 个初中班、2 个高中班，共 388 名学生。1978 年秋季，改名怀化县中方公社中学，撤消高中班，只设 6 个初中班。

1983 年初，学校根据山区特点，将每周 2 节劳动技术课纳入学校教学计划，列入课表，以勤工俭学收入改善办学条件。这种“在普通教育中适当渗透职业教育因素”的做法，充实文化基础课程教学结构。1984 年秋，改称怀化市炉亭坳中学，有 5 个初中教学班，228 名学生，25 名教职工。1988 年下期，学校有劳技专职教师 1 人，果树栽培、水产养殖、农场管理职工 4 人，农业技术兼职教师 3 人，学农基地 301.95 亩。基地种有柑橘、梨子、板栗、杨梅、柚子、葡萄、毛竹等 24 个品种，年产水果 11 万公斤，勤工俭学年均创利 15 万余元。1997 年，《中国教育报》《湖南日报》等媒体推介炉亭坳中学的勤工俭学经验与“在普通教育中适当渗透职业教育因素”的办学模式。

1998 年 5 月，改名为中方县炉亭坳中学。2002 年 11 月，省环保局、教育厅授予炉亭坳中学“湖南省绿色学校”。2003 年 3 月，炉亭坳中心小学并入炉亭坳中学，成为九年一贯制学校。6 月，沪昆高速公路从学农基地中间穿过，剩余勤工俭学基地仅 10.05 亩。学校始终按照“年级有别、目标各异、分层要求、系统连贯”的总体原则，要求学生掌握一定的农技知识与劳动技能的教学模式一直没变。编写的乡土教材有《园艺栽培》《药材与作物栽培》《畜牧养殖》《淡水鱼类与特种养殖》《食品加工》《最新果树品种及栽培》《农村致富信息摘要》等。学校先后获得全国农村教育综合改革先进单位、全国劳动技术教育先进学校、湖南省勤工俭学先进单位、湖南省重点农场等多项荣誉称号。2013 年底，校园面积 56.04 亩，建筑面积 10293 平方米，学农基地 8.25 亩。教职工 65 人，其中，初中教师 31 人、小学教师 32 人，劳技教师 2 人，初中班 5 个、学生 213 人、小学班 12 个、学生 354 人。

蒿吉坪民族学校　学校属于九年一贯制学校，距县城 65 公里。小学部的前身是 1953 年创建的罗洪村小。1979 年，改为怀化县蒿吉坪公社中心小学。1983 年 4 月，改称为怀化市蒿吉坪乡中心小学，1989 年 3 月，定名怀化市蒿吉坪瑶族乡中心小学。1998 年 5 月，更名为中方县蒿吉坪瑶族乡中心小学。

中学部的前身是怀化县蒿吉坪公社农业中学，创建于 1969 年 2 月。学校占地 0.3 亩，1 个初中班，22 名学生。1971 年 3 月，农中迁响水洞，改名为怀化县蒿吉坪中学。1976 年春季，增设 2 个高中班。1978 年春季，高中部撤消，学生并入石宝中学。1989 年 3 月变更为怀化市蒿吉坪瑶族乡中学，1998 年 2 月，更名为中方县蒿吉坪瑶族乡中学。

2000 年 8 月，蒿吉坪瑶族乡中心小学、中学合并，成为中方县蒿吉坪民族学校。2003 年，县里投入 100 万元新建教学楼和学生公寓，成为全县首批农村寄宿制学校。2009 年，政府投入 50 万元，新建 250 米的环形运动场。2013 年，学校占地 60 亩，建筑面积 3200 平方米，绿化面积 21 亩。有教学楼 3 栋、学生公寓 1 栋、实验室 2 间、仪器室、图书室、电脑室各 1 间。初中部 3 个班，小学部 9 个班，学生共 302 人。教职工 40 人，专任教师中本科 11 人、大专 22 人，高级职称 3 人、中级职称 29 人，瑶族教师占 80.5%。

初中毕业学生进入高中后，累计有 650 名考上大中专院校，其中本科 65 名，研究生 5 人。学校教师在市、县各类教学比武中获奖 45 人次，教学论文获省级奖 12 篇，市级奖 86 篇，县级奖 173 篇。

怀化华美学校 学校坐落在县城 209 国道旁，由怀化女子职业学校董事长曾华（办学法人）投资修建，是一所民办义务教育寄宿制学校。2007 年筹建，2009 年秋季竣工，时称怀化华美外国语学校。2013 年 7 月，更名为怀化华美学校，有 13 个教学班，410 名学生，教职工 70 人，专任教师 36 人，教师学历合格率 100%。

学校占地 99 亩，校园绿化率 43.6%。校舍建筑面积 2 万平方米，有完好的教学配套用房、基础设施及完善的供水、供暖、电子监控、污水处理等后勤服务保障系统。小班制教学、封闭式管理与英语特色教学等，得得社会认可。2011—2013 年被怀化市教育局评为年检优秀学校。12 名教师获县以上“优秀教师”称号。

中方县幼儿园 县幼儿园是怀化环龙房地产开发有限公司，于 2009 年创建的民办幼儿园。总投资 3500 万元，占地 15 亩，建筑面积 1.98 万平方米。当初，按开设 42 个班，容纳 1300 名幼儿的规模设计。2013 年，有 24 个教学班，在园幼儿 804 人。园区绿化率 48%，有 2830 平方米的游乐区，2000 平方米塑胶操场，各班配有活动室、午睡室、盥洗室、电脑、钢琴、液晶电视机、DVD、音响、空调等生活设施及教学设备。在园教职工 93 人，其中，专任教师 58 人，学历合格率 100%。该园是湖南第一师范学院教学实习基地、芷江师范教学实习基地、怀化市示范性幼儿园。先后获全国少儿艺术绘画大赛团体金奖、湖南省幼教系统家园共育先进单位、怀化市幼师五项全能比赛二等奖等称号。

第四节 教 师

一、教师队伍

1998 年春季，全县在岗教师 3318 人，其中，公办教师 2096 人，民办教师 696 人，代课教师 526 人，离退休教职工 309 人。初中教师队伍中，代课教师占总数的 13%，小学教师队伍中，民办教师、民办代课教师占总数的 48%。在岗教师中有本科学历 68 人、大专 746 人、中师（中专）1152 人，高中以下 1352 人。高中、初中、小学教师学历合格率分别为 45%、65.23%、85%。

1999—2001 年，清退代课教师、临时工 816 人，先后引进、录用教职工 1106 人，其中，毕业生分配761人，军转安置7人，县外调入13人。满60岁退休的民办教师14人，其生活费用由“中方县中小学教师奖励基金”发放，未到退休年龄的民办教师经考核合格转正或者送师范学校学习，考试合格后转公办教师276人，招工49人。2001年，中小学教职工共2816人，比1998年减少8.4%。

2002年，全县中小学教职工2784人，小学教师学历合格率为98.9%（大专占13.5%），初中教师学历合格率为86.6%（本科占8.4%），高中阶段专任教师学历合格率为53%，2007年7月，遵照《关于企业子弟学校教师移交地方管理的规定》，将怀化磷化工总厂子弟学校及宏源磷矿子弟学校共53名教师，分两次移交县教育局管理。从2007年起始，每年选送优秀初中毕业生到师范院校定向委培，当年选送21名。

2008年底，有高中教师253名，其中，本科224名，学历合格率为88.53%。初中教师900名，其中，本科242名，大专547人，学历合格率为87.66%。小学教师1317名，其中，本科178人，大专669名，中师（中专）436人，学历合格率为97.42%。

2009年7月，省教育厅首次为中方县招聘农村中小学特岗教师26名。是年，核定中小学教职工编制2379人，在职在岗2461人，超编82人。虽有超编，但在岗教师大多数属于民办教师转正，音、体、美、英语、信息技术等专业教师紧缺。全县音、体、美、英语、信息技术专任教师仅147人，占教师总数的0.59%，这严重影响到素质教育的整体推进与教学质量的全面提高。为此，公开招录教师6名，引进教师14名。

2013年12月，省教育厅共为中方县22个乡镇中小学，选拔安排特岗教师184名。中方县7年共选送初中毕业生149人到师范院校定向委培（其中，选送高中起点四年制本科层次42人）。全县2419名教师中，研究生3人，本科943人，大专1059人，中师（中专）405人，高中以下9人。

1998—2013 年中方县教师队伍情况一览表

表 16-1-4-1 单位：人

年度	年龄结构				学历结构					职称结构			
	30 岁以下	30—45 岁	46—59 岁	平均年龄	研究生	本科	大专	中师（专）	高中及以下	中高	中级	初级	未评
1998	1327	1726	265	34	—	68	746	1152	1352	12	624	1258	1424
1999	932	1276	245	36	—	77	829	1284	263	15	694	1270	474
2000	918	1351	281	36	—	94	963	1275	218	18	779	1437	316
2001	909	1418	348	37	—	143	1097	1268	167	22	875	1491	287
2002	854	1415	401	37	—	216	1186	1127	141	25	935	1517	193
2003	787	1391	446	38	—	288	1265	958	113	28	1002	1461	133
2004	696	1372	484	39	—	297	1445	753	96	31	1073	1322	115
2005	583	1395	616	39	—	377	1369	755	93	66	1159	1217	152
2006	504	1463	607	40	—	501	1330	669	74	77	1286	1163	48
2007	466	1491	653	41	—	542	1301	716	51	117	1528	920	45
2008	301	1630	539	42	—	644	1216	576	34	131	1514	773	52
2009	323	1287	836	43	2	718	1171	525	30	147	1532	714	53
2010	294	1382	795	43	2	843	1105	492	25	169	1600	654	47
2011	239	1363	858	43	2	866	1117	462	13	189	1700	543	26
2012	191	1285	987	44	3	904	1101	442	13	200	1660	552	43
2013	180	1217	1022	45	3	943	1059	405	9	209	1605	562	39

二、教师待遇

工资福利待遇 1998—2003 年，除 5 次工资调标之外，教职工凡是当年年终考核为“合格”“优秀”等次的，每两年晋升一个职务工资档次。在职教师及离退休人员按专业技术职称，每月发放相应的适当补贴，即中学高级教师每月 165 元，中级每月 155 元，助理级每月 150 元，员工级每月 145 元，无职退休人员按 1985 年工资改革时的工资级别，发放相应的适当补贴，最低不少于 145 元。2003 年，全县教师人均年工资额为 10850 元。2004 年，县财政统一解决教师医疗保险由单位承担部分的经费，当年安排 64 万元。2006 年 7 月 1 日，进行第四次工资改革。2007 年，教师人均年工资额为 22790 元。县委、县政府按照“先学校、后机关，先教师、后干部”的原则，保证教师工资按月足额到位。教师政策性补贴与党政机关干部一视同仁，且一直享有工资标准提高 10%的待遇，教师的补贴统一纳入县财政发放。2009 年 9 月起，实施义务教育阶段学校绩效工资制度，将原暂行统一补贴和年终一次性奖金纳入绩效工资总额，并设立农村教师补贴。2011 年，建立教师绩效工资制度，提高教师津补贴标准，将全县一、二、三类学校农村教师月津贴，从原有的 70 元、110 元、

150 元，分别提高到 105 元、145 元、185 元，将中、小学班主任津贴从原来的 12 元、10 元，分别提高到 120 元、100 元。2013 年，绩效工资总额中的原暂行统一补贴已提高到 21600 元 / 年。全县落实武陵山片区农村教育人才津贴，29 所农村中小学校（含教学点和村小）的 1625 名教师，按学校所在地的不同（乡镇、村）分别享受 300 元 / 月、500 元 / 月的农村教师津贴，累计核发 630 万元。对未能享受这一政策的县城中小学教师，由县财政按人均 1000 元发放年终绩效考核奖。

政治待遇　1998 年来，县委、县政府贯彻落实知识分子政策，对教育系统历次政治运动中遗留的冤假错案进行复查落实。“文化大革命”中立案审查而予以平反的有 3 人，错划反革命 1 人，全部恢复公职予以退休。县委、县政府吸收教育工作者参政议政，教师的政治地位进一步提高。县人民代表大会第一届至第四届，有教师代表 9 人。县教育局第一任局长蒲宏寿，后任县人大常委会第二届副主任。县政协第一至第四届副主席中教育系统 2 人任职。县政协一届至四届委员中，有教师 28 人（民办学校教师 4 人）。怀化市政协一届至四届委员中，有教师 5 人。县党代会一届至四届，有教师代表 6 人。每年教师节，各级领导届时对贫困教师和优秀教师代表进行走访慰问，对取得优异成绩的授予各种荣誉称号。2009 年，县第一中学一名教师评为中学特级教师，享受国务院特殊津贴。至 2012 年底，全县有怀化市特级教师 1 人，市学科带头人 6 人，市名教师 7 人，省优秀教师 14 人，省优秀教育工作者 4 人，运达乡村教师提名奖、优秀班主任各 1 人，第四届全国中小学外语教师园丁奖、全国“两基”先进个人、全国百名优秀校长各 1 人。获“最美乡村教师”特别关注奖 1 人，全国优秀教师与“全国三八红旗手”1 人。县委、乡镇党委一直重视学校党建工作，关心青年教师进步。2013 年，教师中有中共党员 623 人，其中，女党员 147 人，“80 后”党员 37 人。

三、职称评聘

1998 年 8 月，首次评定中学高级教师 12 人，占教师总数的 0.04%。中级 624 人，占 25.9%。2002 年，第二次职称评定后，教师评聘工作形成制度，每年一次。初级职称按学历、教龄直接评定，中级以上职称（中教一级以上、小教高级）按职数评选。中、高级职数由县职改领导小组下达给县教育局，县教育局按高级职称占教师总数的 5%—25%、中级职称占教师总数的 25%—45% 这两个比例分配给各校，由学校制定具体考评方案。中级以上职称报市教育局评审小组审批，评定后再予聘任。2003 年，晋升高一级职称，首次要求教师系列必须要有教师资格证与计算机等级证。2007 年，全县有中学高级教师 117 人，占教师总数的 4.5%，农村中学均评聘有 1 名以上的中学高级教师。中级 1528 人，占教师总数的 58.5%，任中教二级 6 年以上、小教一级 8 年以上，并在农村任教 20 年以上的教师，基本上解决中级职称的晋升问题。2010 年，教师队伍中高级职称已占 7%，中级职称已占 63%。2011 年 12 月，上级进行职称评审改革，即事业单位必须严格按照岗位设置，有空岗才能申报职评。2013 年，全县教师队伍中有中教高级 209 人，中级（中一、小高）1605 人，初级 566 人，未评职称教师 39 人。

四、师资培训

学历培训 县教师培训中心委托怀化市教师进修学校，以脱产学习或函授的方式，对在职小学教师进行中师学历培训。1998 年，共培训小学教师 864 人。441 人达到合格学历。2000 年 3 月，县教育局下发《关于中小学教师继续教育有关费用报销规定》，鼓励教师参加自学考试或成人高考以达到相应学历。2002 年 7 月，参加各种学历提高教育 580 人（其中本科 67 人），占专任教师总数的 22.5%。2004 年，县职业中专学校设立湘潭师范学院中方县函授站，至 2008 年 9 月，有 321 位教师分别获得到大专、本科学历。至 2013 年 7 月，通过各种在职学历教育，全县中学教师本科毕业 32 人、大专毕业 68 人，小学教师大专毕业 321 人。

技能培训 1998—2002 年，县教师培训中心利用每周末（星期六、日），对全县小学教师普遍进行以"三字一话"（钢笔字、毛笔字、粉笔字与普通话）为主要内容的教师基本功培训。考试不合格者限期合格，不愿意参加培训或培训不合格者，当年不能评优、晋级。1999 年，967 人参加培训，经考核 945 人合格，22 人不合格，合格率 97.72%。2003 年，县教师培训中心委托县职业中专开办计算机初级培训班 30 期，培训中小学教师 1600 人次。经考核获计算机初级证书 1230 人、高级证书 370 人。2004 年后，不再集中进行计算机等级培训。

岗位培训 1998 年，13 位在职乡镇中心小学校长（副校长）、村小校长在市教师进修学校培训 3 个月。5 位中学校长参加市教育局举办的为期 3 个月的校长培训班，培训后获上岗资格证书。1999 年起，每年都安排校长参加不同级别的培训。2002 年下期，中小学校长实行持证上岗。2004 年，为适应新课改的实际需要，县教育局每年有计划地安排一线教师与教学管理人员进行各类培训，县教师培训中心与县教研室围绕义务教育新课改有关学科、新广播操实施，共培训教师 2106 人次，其中，初中 1042 人次，小 1064 人次。2009 年，县政府下发《关于建设教育强县的实施意见》，规定县财政按教师工资总额的 1.5%，学校将年度公用经费预算总额的 5%，用于教师培训。当年，教师培训费用 17.33 万元。2010 年 7 月，1689 人参加中方县第三次教师业务考试，合格率 99.1%。采取校本培训、挂职锻炼、跟班学习等多种方式，培训教师 1800 余人次。2011 年暑期，集中组织教育教学管理、财务管理等 11 个类别的培训。其中，有初中地理、初中政治、语言文字规范教学、信息技术设备维护、多媒体课件制作、小学科学、初中化学实验技能 7 类培训，参训教师 260 人次。至 2013 年 9 月，教师参加县以上各类培训 4100 人次，参与校本培训 5600 人次。

法制培训 各校安排一名副校长负责本校法制培训和思想政治教育工作。1998 年来，组织教师参加县"四五""五五""六五"普法考试 15 次，教师参加率 100%，合格率 100%。2000 年 8 月 17—30 日，按照省教育厅的统一部署，在全县教职工中开展以"三自"

（自尊、自爱、自强），“三心”（事业心、责任心、进取心），“三热爱”（热爱教育事业、热爱学生、热爱学校）为内容的教育思想和作风整顿活动。局机关干部下学校，组织教职工认真查找教书育人过程中存在的不足，剖析问题根源，纠正不良思想行为。活动过程中始终按照“三讲三不讲”（讲问题、不讲成绩，讲内部、不讲外部，讲主观、不讲客观）的原则进行。学习结束时，每人撰写3000字左右的剖析材料，全县参加活动的教职工有2577人，写剖析论文2511篇。2001—2013年，每年暑期组织全县教师进行7天的师德师风教育，县直学校、乡镇中学以校为单位，九年一贯制学校、小学以乡为单位，开展集中学习，全县师德师风明显好转。

第五节　教育设施设备

一、校舍建设

1998年春，全县校舍建筑面积27.36万平方米，其中，不同等级的危房近5万平方米，占总校舍面积的18.2%。为此，县政府将中小学危房改造、校安工程项目、寄宿制学校建设、合格学校创建工程等统筹规划实施。

2003—2005年上学期，县人民政府投资257.06万元，改造危房7810平方米。投资263.35万元，改扩建校舍11556平方米，共涉及10所学校。2005年8月，实施“中西部地区农村寄宿制学校建设”项目，争取中央专项资金50万元，新建桐木中心小学学生寄宿楼1057平方米。至2007年末，全县建成寄宿制学校9所。

2008年6月，中方县成为“新农村卫生新校园建设”试点县，国家投入专项资金178万元，为龙场、活水等9所学校改厕改水、建沼气池。是年，实施农村义务教育合格学校建设，合格学校建设由县财政统筹使用各方面资金，每建成一所省财政以奖代补10万元，年底，首批建成泸阳中心小学、泸阳中学2所省义务教育合格学校，并通过省、市检查验收。

2011年，中央对薄弱学校改造投入专项资金83万元，修建新建中学综合楼。同时，完成中方镇中学等17所学校的校舍维修改造。

2012年末，全县新建校舍177281平方米，危房改造49728平方米，校园占地面积1760.51亩，校舍建筑总面积321421平方米。

2013年底，全县乡镇中心小学以上的33所义务教育学校（公办）中，建成省合格学校26所，农村示范性公办幼儿园3所，农村寄宿制学校24所。

二、教学设备

1998年，仅县职业中专学校有486黑白显计算机32台、586彩显计算机131台，各中学、中心小学共有投影仪（幻灯机）119台、教学录音机193台、教学银幕54幅、录像机

119台、教学用电视机28台、各年级教学录音磁带3.2万盒、VCD（录像带）1.7万盒、DVD光碟0.4万张。

2001年，县第一中学、中方镇中心小学、石宝中学等6所学校“三机一幕一柜”（电视机、录音机、幻灯机、教学银幕、电教柜）配备到班。2002年春季，投资130万元增添教学仪器，其中，装备计算机1341台，较上一年增加861台。2003年7月，县第一中学、县职业中专学校、泸阳中学等6所学校开通ADSL上网，能进行电化教学的学校17所，泸阳中学通过市级现代教育技术学校评估。全县中小学均建有计算机教室，有计算机1482台。

2005—2010年，简易多媒体教学即电视机+DVD、电视机+机顶盒的传统教学方式，被计算机+投影仪+交互式电子白板取代。县人民政府加大对远程教育的投入，2005年，投资475.48万元，完成中方镇中心小学等14所学校的“远程教育”配套建设及多媒体教室座椅安装。2006年，投资259.5万元，完成泸阳中学、泸阳中心小学等10所学校的远程教育配套安装。2007年上期，县教育局建立“中方教育网”。投资107.98万元，完成聂家村中学、中心小学等8所学校的远程教育工程建设，并通过国家、省合格验收。至2010年末，投资618.46万元，建成教学光盘播放点26个，卫星教学收视点29个，11所学校计算机室并入互联网、20间计算机教室实现2兆以上宽带网络，中小学图书总量51.35万册，图书室面积1826平方米。

2011—2013年，建成标准实验室17间、1770平方米，普通实验室52间、13139平方米，仪器装备Ⅰ类标准学校4所，教学仪器总价值13607139元。标准音乐室13间、1170平方米。美术室7间、560平方米。教学仪器配备达省Ⅰ类标准学校24所，达标率61.68%。21所学校多媒体教室进行升级改造，蒋家等9所小学多功能室建成，实现“校校通”，9所学校数字资源“班班通”。27所学校计算机室、1811台计算机进入互联网。全县体育运动场（馆）达标学校23所，其中，县第一中学、县中兴学校建有高标准的塑胶运动场，体育器材达标学校35所。

第六节　教育管理

一、组织机构

1998年5月，中方县教育局正式成立。局机关机关设办公室、人事股、计划财务股、基础教育股、招生考试中心、审计股、成职教股、教研室、教育工会、勤管站、电教站、体卫艺所（从基础教育股析出）、毕业生分配办等13个股室。县政府教育督导室挂靠县教育局基教股。2005年后，教育督导室、教师培训中心分别从基教股、人事股析出，单独组建股室，设立县教育会计核算中心。2007年5月27日，县教育局机关整体从怀化市区鹤州路

178号（原怀化市教育局招待所）迁至中方县城玫瑰路5号。2007年6月—2012年12月，先后成立综治法规股、基建股、学生资助管理中心（从基教股析出）、政务服务股（挂靠在办公室）。2012年撤消县教育会计核算中心。2013年，实施学生营养改善计划工作的职能从体卫艺所析出，设立学生营养办。设立教育信息化推进工作办公室（挂靠电教站）。

县直属学校有县第一中学、县第二中学、县职业中专学校、县中兴学校，其党支部均隶属于县教育局党组，其他中小学党支部由当地乡镇党委管理。

二、教育教学常规管理

全县中小学教育教学常规管理，始终遵循中央、省、市三级教育行政主管部门的一系列教育政策与法律法规结合本县实际情况进行。1998年3月，县教育局结合实际制定《中方县中小学教育教学常规管理办法》，坚持实施全面素质教育，注重学生行为养成教育、德育主题教育与安全卫生、法治、心理健康等方面的常规德育工作。

2000—2002年期间，县教育局安排高考质量奖5万元。2003年3月，为完善全县中小学教育教学常规管理，根据《怀化市普通中小学常规管理》，县教育局实行“一月一查一通报”制度，由基教股、教研室、县教育督导室等股室负责实施督查，学校常规管理更加规范。县教育局坚持每年对高中与义务教育学校进行年度工作综合考核（绩效考核）和学年度教学质量专项评估，评选表彰一批学校年度工作先进单位、教育教学质量综合评估优胜单位。坚持实行高考优质生源培养的追踪考核评价与奖励制度，以各乡镇每年高考本科二批以上上线人数为基本数据，每年评选表彰一批义务教育阶段培优质量突出的优胜单位（初中与小学），并发给奖金。

2003年秋季开始，县教育局坚持每年一届的全县中小学生运动会。每两年一次的全县性学生文艺会。加大对学校英语（小学）、音乐、体育、美术、计算机、科学等课程的设置与教学督查力度。全市最先将英语、科学纳入小学毕业质量检测科目。2005年，中方县以高中教育教学质量评估总分第四名的成绩，获全市优胜单位。2010—2012年，政府每年安排教学质量奖20万元，其中，义务教育5万元。2012年末，80%以上的学校谱写校歌。

2013年初，安排教学质量奖30万元，其中义务教育10万元。是年7月，初中学考集中组考，全县只设县中兴学校、泸阳中学、县第二中学3个考点，这一组考形式得到市教育局充分肯定并在全市推广。年底，省级绿色学校有炉亭坳中学，市级绿色学校有县第一中学、中方镇中学、泸阳中学、牌楼中学、新建中学、桐木中学、下坪学校。县第一中学、县第二中学、中方镇中学、炉亭坳中学、桐木中学、石宝学校、聂家村中学、龙场学校、下坪学校、铁坡学校成为禁毒示范学校。中方镇中心小学、下坪学校成为市家长示范学校。县第一中学、中方镇中学、中方镇中心小学、泸阳中学、泸阳中心小学、聂家村中心小学、炉亭坳中学、下坪学校评为怀化市教育教学常规管理先进学校。

三、教师管理

1998年，县内教师有公、民办之分，公办教师属国家干部管理范围，民办教师业务上由教育局管理，对每位教师要进行年度考核。教师调动以工作需要和保持教育稳定为原则，由教育局人事股负责。2001年，加大教师资格证认定力度，凡小学教师调入初中、初中教师调入高中任教，必须具备相应的学历和教师资格证。2004年，县内实行教师岗位聘任制、校长选聘制。7月，凡当年12月31日前年满55周岁的男教师与年满50周岁的女教师，经本人申请，所在单位同意，县教育局批准，可以提前离岗休息。这一规定于2007年9月终止。2013年9月，县教育局对长期离岗的31名在编教师予以辞退。

四、学生管理

县内学校主要设政教处（德育处）、教导处（教务处）负责学生管理。班主任直接管理班级学生思想、学习与生活，寄宿制学校的男、女生由生活辅导老师管理，坚持实行24小时陪护制度。对父母外出打工后与爷爷、奶奶及亲属生活在一起的学生，即“留守儿童”，班主任、生活辅导老师为他们建立学习和生活档案，开设亲情热线电话，学校与代理监护人、家长互相沟通，共同教育管理孩子的学习生活。非寄宿制学校的“留守儿童”，原则上学校每周家访一次。日常教育教学管理过程中，学科教师与学校共青团、少先队、班委会等组织，共同协助班主任教育管理学生。班主任在期末放假时，将学生综合素质报告手册带（寄）给家长。学校以各种竞赛活动为平台，促进素质教育实施，对德、智、体各方面表现突出的学生，学校报请上一级政府或主管部门，给予各级别奖励，2000—2013年，评出市级以上“三好学生”295名，“优秀学生干部”206名，文明班级166个。

五、学籍管理

1998年，教育局基教股依靠学校提供学籍管理册，以掌握全县中小学生源情况及学生动态，学籍管理形式单一。2003年春季，为加强学籍管理，理顺程序，明确规范学生注册、休学、复学、转学（转入、转出）、学籍号编写等方面的要求。2013年9月起，启动全国中小学生学籍信息管理系统的学籍信息采集录入工作，实现学生学籍“一人一生一号”。

第七节　教育经费

县委、县政府坚持实施教育优先发展战略，教育经费逐年增长。1999年春，建立县人民教育基金，年征收30万元用于教育。积极鼓励社会团体、个人捐资助学，县教育局基教股（捐助中心）负责将每笔善款、物资按捐赠人的意愿落实发放到指定学校或贫困学生。政府对每年高考考入本科二批以上院校的贫困大学新生，给予一次性3000—5000元的奖励。香港信义会自2002年春季起，十二年内累计资助贫困学生2932人，捐赠资金114.27万元，捐赠校舍建设资金41.6万元。2003年开始，县财政每年从农村税费改革转移支付中安排69%用于教育，其中16%用于农村中小学危房改造，每年到位120万元。2004年9月，根据教育部《关于在义务教育阶段学校推行“一费制”收费的意见》精神，全县中小学实施“一费制”（在严格核定杂费、课本和作业本费标准的基础上，开学后学校只向学生收取一次费用）。实施“一费制”后，全县义务教育收费趋向规范，社会对学校收费满意度有所提高。2005年2月，中央和省政府开始对农村义务教育阶段贫困学生实行“两免一补”（免学杂费、免课本费，补生活费）。5月，成立县教育会计核算中心，实行校财局管校用，财务管理进一步规范。9月，县政府第23次常务会议决定，将义务教育阶段学校“普九”期间形成的校舍工程建设债务剥离到政府，由县财政从每年的转移支付资金中偿还，学校负担减轻。2007年，中方县评为全省“规范教育收费示范县”。2008年春，农村中小学除收取寄宿生住宿费外，严禁再向学生收取任何费用。2009年春始起，取消农村中小学全部收费项目。2011年，县建立“康龙助学基金”，当年筹资1000万元。2012年3月19日，启动实施农村义务教育学生营养改善计划，按每生每天3元的标准给予膳食营养补助（全年按200天计算），所需经费全由中央财政拨付，全县55所乡镇中小学、村小、教学点，共15155名学生受惠。当年底，共向家庭困难学生免费提供教科书1133万元，补助贫困住宿生生活费75万元，免杂费资金（公用经费）5953万元。2013年3月，对义务教育学校贫困寄宿生中的独生子女和两女户，在国家贫困寄宿生生活费补助发放标准的基础上提高10%（小学每人多发100元，初中每人多发125元），共发7.25万元，1176人受益。

1998年至2013年，全县教育经费投入由0.35亿元增至3.15亿元，其中财政性教育经费投入由0.23亿元增至2.67亿元。十五年来，教育经费投入总额为18.4亿元，其中财政性教育经费投入总额为13.79亿元。教育投入年均增长14.83%，其中财政性教育经费投入年均增长16.59%。

1998—2013年中方县教育经费投入、校舍及固定资产统计表

表16-1-7-1　　单位：万元　平方米

年度	经费收入						经费支出			校舍面积	固定资产	其中：电教仪器
	财政拨款	教育附加	事业收入	勤工俭学	社会捐赠	其他收入	工资福利	公用经费	基建经费			
1998	1756	530	1057	18	67	85	1993	1457	—	273508	0	0
1999	2135	64	1128	86	51	72	2295	1190	—	278715	0	0
2000	2129	518	1070	84	50	73	2197	1671	—	288332	0	0
2001	3124	540	1109	144	51	119	3018	2018	—	252517	6295.03	386.72

续表

年度	经费收入						经费支出			校舍面积	固定资产	其中：电教仪器
	财政拨款	教育附加	事业收入	勤工俭学	社会捐赠	其他收入	工资福利	公用经费	基建经费			
2002	3406	12	1341	167	46	56	3411	1571	—	260799	7242.77	447.94
2003	3537	12	1580	172	28	87	3522	1866	75	251615	7827.07	569.79
2004	3956	40	1900	159	50	98	3717	2436	—	270965	8358.61	615.91
2005	4396	97	2207	103	37	167	4209	2769	—	263106	8380.33	650.14
2006	5024	174	2385	181	52	172	4874	3062	55	288717	9454.32	717.19
2007	8263	197	1933	—	101	570	7576	3387	—	279122	10347.6	696.44
2008	10069	483	1691	—	36	266	8528	3961	20	279517	10339.1	514.7
2009	10745	608	1859	—	43	328	9588	3452	500	328941	16261.6	742.36
2010	13110	795	2192	—	113	457	10848	6812	180	329753	22324.1	1027.57
2011	15807	1125	2801	—	29	646	—	12127	8102	328872	22450.1	940.88
2012	24535	1352	3171	—	166	782	15456	13897	587	321421	22276.2	1073.59
2013	25751	1410	3567	—	53	529	17555	13527	457	330654	23039.4	1179.87

第二章 科 技

第一节 机构队伍

一、科研管理机构

1998年2月，成立县科学技术局，负责县域内各单位贯彻执行国家有关科技工作方针、政策和法律、法规。研究拟定科技发展和科技促进经济与社会发展的政策措施：工业、农业、卫生、医疗等科技创新项目立项、鉴定、验收奖励。科技信息交流、专利申请、知识产权保护等。属县政府科技职能部门，核定编制17人，下设：办公室、计划成果股（加挂技术市场管理办公室牌子）、科技情报研究所、新技术开发中心、知识产权局5个职能科室。2006年1月，设立地震办公室，为科技局正股级二级事业单位。2010年11月，县科技局与县经济局合并，组建县经济科技信息化局，列入县政府工作部门序列。2012年4月，县新技术开发中心撤消，职能并入县科技情报研究所。2013年，恢复县科技局。

二、科研开发机构

1998年秋，县属科研单位有科技情报研究所、新技术开发中心、蔬菜科学技术研究所等。随着市场经济发展，政府的工作重心改为宏观调控，具体的科技研发工作逐步转化为企业自主承担，民营科研组织逐渐成为科研的主要力量。规模较大的企业有自己的工程技术部、新产品开发小组、科技攻关小组、研发实验室。民营企业科研机构一般只有几个人。2003年春，怀化市茶厂（即桐木茶厂）成立“雪笋茶”科研开发小组，科研人员5人，其中高级职称4人、中级职称1人，每年科研经费9万元。2009年4月，金大地水泥厂成立全国首家石煤综合利用工程技术研究中心，有科研人员10人，其中硕士2人，高级工程师1人，工程师1人，年安排科研经费610万元。2012年，金大地石煤综合利用工程技术研究中心被怀化市人民政府认定为市级重点实验室。截至2013年底，全县共有科研机构26个，各类科技服务机构6家。

三、专业科研人员

1998年，全县2700名专业技术人员中主要是学校教师。随着县域各项事业发展，专业科技人员有所增加。县内各类专业科技人员重要来源于国家统一分配的大中专毕业生，少数则从县外调入。2000年，全县有各类专业技术人员2948人，占全县总人口的1.28%。2003年12月，国家分配394人。采取多种形式自己培养593人。2008年秋，拓宽科技人员来源，从外地引进204人。其中工程、农业、教育等专业技术人才队伍增速较快。2013年末，全县有科技人员4182人，占全县人口总数的1.6%，其中高级技术职称217人，中级技术职称2106人，民营企业科技科研人员312名。

四、群众科研人员及学术团体

1998年2月，成立中方县科学技术协会（简称科协），全县乡镇有科协组织22个，会员1123人。有科学技术学会11个、会员610人、其中农业学会69人、林业学会37人、水电学会20人、畜牧水产学会17人、医学学会172人、护理学会31人、土木建筑学会45人、财会珠算学会96人、农业机械学会14人、青少年学会82人，环保学会27人，这些组织为中方县科技繁荣、发展、普及和推广发挥着不可替代的作用。2003年，业务由科技局管理的学会7个，即药学学会、医学学会、林学会、统计学会、纪检监察学会、环境科学学会、价格学会。2005—2009年，为适应市场需要，成立不同专业的合作社或协会42个，其会员大多是农村的能工巧匠、种田能手和各类经作、畜牧水产土专家，他们带动群众科学种田，农产品加工、畜牧业和种植业，发挥着重要的示范作用。2013年末，全县有各类学会17个、专业技术协会42个，会员2568人，登记在册或授牌的科技示范户823个，其中，省级示范户4家。县工商局登记注册的专业合作社117家。

表 16-2-1-1

业务由科技局管理的各类学会一览表

学会名称	法定代表人	主管部门	学会名称	法定代表人	主管单位
县药学会	周　霖	县药监局	纪检监察学会	陈声聪	县纪委
县医学会	尹秀常	县卫生局	环境科学学会	余彩霞	县环境保护局
县林学会	谢东黎	县林业局	县价格学会	刘枝源	县物价局
县统计学会	伍竞轩	县统计局			

第二节　科研成果及推广

1998 年，县委、县政府提出“科技强县”发展战略，加快产业结构调整，依靠科技提升山区传统产业附加值。1999 年，召开全县科技发展计划项目工作会议，当年实施各类科研计划项目 9 项，实施星火计划项目 5 项，科研成果推广项目 14 项，推广新品种 4 个，获各级科技进步奖 5 项。2000 年，完成县本级星火计划 11 个、科研项目 21 个，推广 34 个。实施项目较好的花桥镇排叶村，全村推广超级稻 500 亩，发展香菇 30 万袋，实行社会总产值 487 万元，农民人均纯收入 2250 元，同比上年增长 48%和 26%，其中，科技进步贡献达 70%。

2001—2005 年，全县实施科技项目 79 项，争取国家、省、市投入 779.5 万元，县级三项费投入 81.35 万元。安排工业科技项目中，已收到效益的 13 项，金大地水泥有限公司产品通过 2002 年 I S 0 09001：2000 质量管理体系认证，获湖南省产品质量奖，“金大地”水泥评为湖南省名牌产品。金天锰业公司“低硅金属电解锰”“三废”无害化处理成功，小康磁瓷砖厂的低温瓷化技术在地板砖生产线上开发应用等，创工业产值 1.8 亿元，获利税 3032 万元。安排农业项目中收到经济效益的有 37 项，新增效益 9517 万元，医疗卫生已收到效益的有 72 项目，其中，县传染病区建设项目落实实施，22 所乡镇医院新添置 500mAX 光机、血气分析仪、空气消毒器、生物安全柜等设备，有效提高乡镇卫生院的诊疗水平。

2006—2010 年，县域内出现一批专业协会、合作社和专业种养大户。铜鼎南家坊辣椒种植协会，组织 1670 户种植户，种植辣椒 3200 亩，年产辣椒 8000 吨，且呈递增势态，成为铜鼎乡一大支柱产业。炉亭坳乡由退伍军人组成中药材协会，种植中药材 2400 亩，带动当地 1300 人从事中药材种植，收购、仓储等相关行业，年创收 1200 万元。桐木镇“湘珍珠”葡萄协会获科技部授予“国家星火计划农村专业技术协会示范单位”。桐木镇 90%种植刺葡萄，种植葡萄 10 亩以上有 210 户，葡萄收入占全镇农业产值 60%。养猪 2000 头以上的养殖大户 283 户，年出栏 13.6 万头，占全县总出栏 42.4%。养乌骨鸡 1 万羽的有 92 户，其中 41 户，利用山地、果园实行生态养殖 60 万羽，怀化市区消费的乌骨鸡 2/3 来自中方县养殖区。专业合作统一技术服务、统一质量要求、统一产品包装、统一市场营销为促进农民增收发挥着积极作用。2010年，全县农民均纯收入2555元，其中，参加农业合作社的农民纯收入3825元，比全县平均水平高1270元。

2013年末，县科技局主持或参入主持鉴定的科技成果79项，推广应用农业新产品、新技术185项，工业新技术70项目，全县建成以杂交水稻、种草养畜、中药材种植、优质水果、工业原料林开发、花卉苗木、无公害蔬菜等7大支柱产业，形成“一乡（镇）一品”或“一乡（镇）多品”的格局。科技进步对国民经济发展贡献率达到52%，先进技术推广、转让、应用覆盖率达95%。农业优良品种覆盖率达98%。

1998—2013年中方县获市级以上科技成果奖一览表

表16-2-2-1

年度	成果名称	获奖级别	研究单位	主要研究人员
1998	助燃水幕烟囱	怀化市科技进步三等奖	中方涂料厂	潘存森、潘铁刚
1998	银毫系列茶	农业部科技创新三等奖	怀化市茶厂	汤朝春
1999	人工种植“冬虫夏草”	省科技成果二等奖	益康科技有限公司	朱平、钱国琛
1999	耐高温阻燃防腐大口径玻璃钢管	省科技市场金桥奖	中方燎原节能产品厂	潘铁刚、潘存森
1999	刺葡萄“选育与推广”	怀化市科技进步一等奖	中方县农业局	彭晓春、金利明
1999	社会林业工程调查与研究	国家林业部科技三等奖	县林业局	袁一菲、袁艺春
2000	调节剂GGR推广应用	林业部科技一等奖	县林业局	袁雪洁
2000	环保型低硅电解锰生产新工艺		金天锰业公司	曾湘波、陈善云、周时贵、罗家顺
2001	社会公益研究典型示范与辐射推广	国家林业部科技三等奖	县林业局	袁一菲、袁艺春
2003	高纯度虫草多糖	怀化市科技进步二等奖	神隆生物工程公司	姚毕华、郑弘、刘家波、张海洋、易运良、曹申伟
2003	虫草素	怀化市科技进步二等	益康科技有限公司	同上
2003	地美孕酮	市科技进步三等奖	神隆生物工程有限公司	王燎原
2003	硅溶胶工艺及QS系列	怀化市科技进步二等奖	燎原节能产品厂	潘铁刚、潘存森
2003	瓜—稻种植模式	省农业科技丰收二等奖	—	—
2003	调节剂GGR推广应用	林业部科技三等奖	县林业局	袁雪洁
2003	油茶早丰栽培技术研究	市林业科技三等奖	县林业局	杨望球
2004	多稀紫松醇	怀化市科技进步二等奖	神隆生物工程有限公司	王燎原
2004	社会林业工程创新体系研究与实施	国家林业部科技三等奖	县林业局	—
2005	青蒿素	怀化市科技进步二等奖	中科合臣有限公司	盛孝帮
2005	亚麻木酚素提取工艺	怀化市科技进步二等奖	瑞得生物有限公司	姚毕华、郑弘、刘家波
2005	湿法磷酸净化提纯工艺	市科技进步三等奖	宏旺磷化工厂	刘志军
2005	林业工程创新体系研究与实施	省科技成优秀奖	县林业局	袁一菲、袁艺春
2005	社会公益研究典型示范与推广	国家林业部特等奖	县林业局	袁一菲、袁艺春

续表

年度	成果名称	获奖级别	研究单位	主要研究人员
2006	金堂黑山羊推广利用	农业部丰收奖三等奖	县畜牧局	唐思跃、陈巧华、刘辉
2006	湘西南冬枣引种筛选	怀化市科技三等奖	县林业局	杨望球
2006	亚麻木酚素提纯工艺	省重大科技成果三等奖	瑞得生物有限公司	张海洋、易运良、曹申伟
2007	湘珍珠葡萄推广	省第二届农博会金奖	桐木镇葡萄协会	彭晓春、潘先文
2009	金堂黑山羊推广利用	省农业科技丰收二等奖	县畜牧局	唐思跃、陈巧华、刘辉
2009	史氏鲟流水养殖技术模式研究与推广	市科技进步三等奖	县畜牧局	唐思跃、杨烨、杨理正
2013	山地养鸡推广应用	省农业科技丰收二等奖	县畜牧局	—

1998年前，中方、牌楼等乡镇已是安江农校水稻杂交制种基地之一。1999年后，县政府根据杂交水稻制种对基地要求，将铁坡、活水、锦溪、龙场、接龙、蒿吉坪、桐木等7个乡镇的21个村、86个组，1466公顷稻田建成杂交水稻制种基地。县农业局每年派农艺师实地对制种人员，进行合理安排父本、母本，在大田适度行比，保证基本苗，预测调节花期、确保授粉质量，加强后期管理、除杂保纯等培训。全县年产优质杂交稻种0.2万吨。2007年，因县域内杂交水稻制种产量高、芽率齐等特点，列入农业部优质良种繁育基地。2010—2013年，“安农种业”在接龙、泸阳、龙场等乡镇，建立两系杂交水稻制种基地667公顷。“亚华种业”在铁坡、活水、锦溪等乡镇建立三系杂交水稻制种基地1334公顷。隆平高科、湖南三湘塞德种业、岳阳农科所等种业集团，都在中方县进行水稻杂交制种，年产杂交水稻种子3000吨。

一、两系杂交稻推广

1998年，全县种植杂交水稻1.37万公顷。2000年，开始引进以P88S—0293、培矮64S—E32为主的两系和三系杂交超级稻品种，在花桥镇车坪村和桐木镇桐木村种植。经省市农业专家组现场测产验收，示范田亩产808.9公斤，大田亩产708. 8公斤。2003年，亩产为808.9公斤。2005年，依托湖南五溪米业、湘怀金珠米业等龙头企业，全县推广优质稻面积9667公顷，平均亩产735.2公斤，最高亩产804.5公斤。2010年10月，中方县获国家杂交水稻工程技术研究中心授予“湖南省超级稻种工程先进单位”。2013年，全县种植水稻1.29万公顷，其中超级稻1.03万公顷. 占水稻总面积的79.84%。

二、刺葡萄种植与推广

1998年，县农业局经作站站长彭晓春，在桐木镇研究刺葡萄的植物学、生物学特征及特异性栽培技术时，发现刺葡萄与其他葡萄相比，具有产量高（2006年9月，经怀化市科技局组织的专家组测产验收平均亩产达2174公斤，高产丘块亩产达3560公斤）、耐贮藏，在常温下可贮藏1个月以上。口感好（该葡萄含糖量达15.38%）、适应性强、抗病性好，高抗黑痘病及灰霉病等优势，适宜于南方多雨山区大面积种植。彭晓春与桐木镇农技站站长潘先文一道攻克 10 多项科技难题，总结出富硒施肥、苗木生根保水、比较完整的栽培、管理技术，并担任刺葡萄的栽培技术培训班主讲教师，办培训班 261 场次，发放资料 2 万多份，培训 1.1 万人次，向种植户推广刺葡萄“四主蔓平行、侧枝等距分布”等多项科技成果。2003 年，当地种植户将刺葡萄命名为“湘珍珠葡萄”并注册商标、获国家地理标志产品保护。2004 年 5 月，湘珍珠葡萄获怀化市名牌产品称号、湖南省第二届西部农博会优质农产品金奖。7 月，刺葡萄取得省级无公害农产品认证和产地认证，域内葡萄种植业迅速发展到 2800 公顷（85%为刺葡萄），年产量达 7700 万公斤，产值突破 1.5 亿元，中方县成为刺葡萄原产地和南方最大的种植基地。2013 年，刺葡萄成为中方县农业特色产业和支柱产业之一，被列入市、县“十一五”农村产业发展规划。

三、“北冬虫夏草”研制

1999 年，县科技情报所从中科院上海生物研究所引进“北冬虫夏草”人工繁殖技术，将该项目交益康生物高科技有限公司研制。公司运用现代生物技术（多孢菌株自由配对），选育出高产优质菌株，保证冬虫夏草子实体形成能力的遗传稳定性，突破培养基质和培养条件的选测，成功实现冬虫夏草子大规模人工培养。该产品具有产量高、优质、低耗可控性强及营养保健医疗等特点。2001 年 1 月，开发出虫草多糖、虫草口服液等高科技产品。2001 年 5 月 26 日，通过省部级成果鉴定，10 月省科技厅批准为省级高科技产品，并投入规模生产。该项目被列入当年省科技厅星火重点计划。2002 年，“人工栽培北冬虫夏草子实体”项目获省科技成果二等奖。实现产值 2000 万元，利润 200 万元。2003 年 1 月，该公司从冬虫夏草成功提出高纯度虫草多糖和虫草素，填补国内空白，产品达到世界领先水平。

四、GGR 推广应用

绿色植物生长调节剂 GGR，主要用于花卉、苗木培育及各类大桩移植。在花卉、苗木培育及各类大桩移植过程中，采取 GGR 浸根、浸种方式，促进根系恢复和活力，提高成活率。2001—2006 年，县内推广面积 2700 公顷，增加经济效益 2617 万元。

五、蔬菜无公害栽培

2000 年 3 月，县委、县政府在中方镇荆坪村、茅利溪，建立水、电、路、沟、渠、池配套的高标准蔬菜基地 66.67 公顷。其中，大棚蔬菜基地 20 公顷，建轻质钢架大棚 930 个。总投资 140 万元。2002 年 1 月，蔬菜基地纳入省、市星火计划项目，投入专项资金 30 万元，完善基础设施。2004 年，投资 200 万元，推广电热温床育苗、大苗越冬、瓜类嫁接等新技术，引进韭黄、春芽等新品种，该基地列入全省十大重要蔬菜基地之一。2008 年，中方镇荆坪村、牌楼镇阳合垅村蔬菜基地面积达 2660 公顷，建成 3 个湖南省放心蔬菜基地。2010 年，县政府投入 932 万元，企业、农户投入 578 万元，建成新建、袁家、铜湾、铜鼎 4 个乡镇万亩蔬菜产业带，其中，功能完善的专业蔬菜基地 360 公顷。技术人员由蔬菜办聘请，工作人员是当地有经验的种植户，在技术人员常年的指导帮助下，广泛应用遮阳网和双层地膜覆盖栽培方式，采用电热温床、营养钵育苗，将放水漫灌改为微型喷灌和滴灌，推广测土配方施肥，采用防虫网、安装频振式杀虫灯等先进设施，严禁使用高毒、高残农药，基地产品全部按照无公害蔬菜标准种植生产。基地生产的空心菜、长豆角、辣椒、西红柿等十个品种，获农业部无公害蔬菜产品认证，荆坪蔬菜示范基地生产的“荆坪牌”蔬菜，成为知名品牌。2011—2013 年，全县蔬菜种植面积稳定在 4500 公顷。每年可向市场提供 9.4 万吨放心菜。

六、“雪笋茶”

怀化市茶厂（原桐木茶厂）生产的雪笋茶、清明毛尖、雪针茶等 6 个茶叶品种具有国内领先技术水平。1992 年，“雪笋茶”获怀化地区优质产品奖。1994 年，“雪笋茶”被湖南省首届“缃茶杯”评为湖南省名茶。1997 年 7 月，在广州茶博会获“国际茶博会银奖”。1998 年，怀化市茶厂有茶园面积 6.67 公顷，年产值 298 万元。为提高茶园产量和茶叶质量，茶厂在茶树种植上采用深沟农家肥打底、双株双行栽培、均衡摆置防虫板、清除茶园杂草、茶园周边广种香樟树、桂花树营造环境引鸟筑巢，形成园内养鸡，园外引鸟，鸡、鸟吃虫，鸡、鸟粪养树的良性生态循环。2004 年，怀化茶厂“雪笋茶”获湖南省无公害茶叶产品产地认证。是年，产茶叶 3 万担，产值 595 万元。2007 年 3 月，“雪笋茶”获国家 QS 认证。10 月，市茶厂与贵州省武陵山茶厂合并，成立华汉茶业有限公司，注册“千年华汉”商标，成为湖南省著名商标。2013 年，茶园面积 140 公顷，年产值 1985.8 万元，产品通过 21 个销售点远销内蒙古、辽宁、山东、河南等省（自治区）。怀化茶厂评为怀化市农业产业化龙头企业，市金鼎学校、怀化三中、桐木中、小学等 13 所学校，将怀化市茶厂定为本校素质教育、学农科普基地。

七、上流试浮罩沼气池综合利用推广

上流试浮罩沼气池综合利用项目源于农业部。2002 年，中方县被农业部列为农村沼气建设项目县和西南部农村再生能源开发示范县。县农村能源办公室和县新技术开发中心组织实施“上流试浮罩沼气池综合利用”科技项目。2003 年末，农业部拨专项资金 140 万元，建设 8 立方米以上上流式浮罩沼气池 2017 座。县能源办在执行国家户用沼气池标准 GB4750—2002 的基础上，进行较大的施工工艺改进，大量应用新材料，使沼气建造技术更科学、高效。该项目以沼气综合利用技术为载体，发展推广“猪—沼—菜（果、药）”“猪—沼—湘珍珠葡萄”“猪—沼—优质稻”“猪—沼—农家乐”及“生态能源小区建设”等三位一体的高效生态农业模式，实现农村家居环境清洁化、农业生产无公害化、庭院经济效益化，全县发展沼气生态农业效益 9050.75 万元。是年 12 月 7 日，通过市科技局组织的推广成果验收，认定在沼气施工工艺和沼气综合利用技术达到国内先进水平。2004 年，“上流试浮罩沼气池综合利用”获怀化市科技进步三等奖。2005 年，此项目技术创直接经济效益 562.8 万元，间接经济效益 1498.2 万元。2008 年，国家投资 240 万元，在 8 个乡镇，15 个行政村，新建农户用沼气池 3000 座。2010—2013 年，怀化汇源果汁厂修建大型沼气池 2 座，总容积 3200 立方米，是湖南省容量最大沼气工程之一。期间，国家拨专项资金 178 万元，在 9 所学校改水改厕建立沼气池。2013 年末，全县共建沼气池 8770 座，形成“养殖—沼气—种植”的现代化农业模式面积 2000 公顷。

八、油茶林低改与推广

油茶林低改，全称为油茶早实丰产栽培及低产林改综合技术，项目源于省林业厅。1998 年初，县林业局在下坪乡长冲垅建油茶早丰栽培示范基地 247 亩。1999 年 10 月，中方县获林业部授予“油茶低改示范县”。2003 年试产，经测定亩产茶油 6.05 公斤，达到早实丰产的目的。2004—2007 年，花桥镇火马塘村建立 100 亩油茶优良无性系采穗圃，引进优良无性系 97 个，逐步形成中方、泸阳、铜湾、铁坡 4 个油茶种植大区和村、组试种的 388 个小区，年栽植苗木 8000 株。2008 年初，在原有基础上新建 100 亩良种采穗圃，年产 400 万 ~500 万株。同年 10 月 22 日，县委、县政府《关于加速推进全国油茶产业示范基地县建设的意见》实行油茶产业补贴制度：在规划区域内集中连片实施油茶低改 30 亩以上，新造 5 亩以上的实行专项补助，低改按每亩 100 元的标准一次性补助，新造按每亩 400 元标准给予补助（第一年 300 元，第二年 100 元）。集中连片实施油茶低改 300 亩以上，新造 100 亩以上的，低改按每亩 150 元的标准给予一次性补助，新造按每亩 500 元的标准给予补助（第一年补助 350 元、第二年补助 150 元）。2009 年 10 月，县委、县政府下发《关于加快油茶产业发展的补充意见》。2012 年 5 月，《中方县发展现代农业奖励办法》和《中方县 2012 年油茶产业建设实施方案》中，县委、县政府以奖代补的激励政策，激发广大农户对油茶低改的积极性，至 2013 年底，全县形成 209 国道沿线中方镇、牌楼镇、桐木镇、炉亭坳乡，共 3 万亩油茶基地，223 省道沿线泸阳镇、花桥镇、下坪乡、聂家村 4 个乡（镇），42 个村，共 10 万亩高产油茶示范基地，龙场乡、铜湾镇、铜鼎镇、袁家乡、新建镇、蒋家乡、新路河镇 7 个乡（镇），65 个行政村共 9 万亩油茶产业群和铁坡镇、接龙镇、石宝乡、锦溪乡、活水乡、蒿吉坪乡、丁家乡 7 个乡（镇）、56 个行政村，共 8 万亩铁坡区油茶产业群。

九、史氏鲟流水养殖技术模式研究与推广

史氏鲟是一种较古老的鱼种之一，它肉质细腻、味道鲜美市场行情一直看涨。2004 年，县畜牧水产局引进名优水产“史氏鲟”，由“史氏鲟科研小组”（以下简称“科研小组”）在牌楼镇陈家湾鲟鱼养殖基地实施。基地面积 4608 平方米（即 128 米 × 36 米流水池），饲料加工及配套设施面积 660 平方米，总投资 350 万元。野生史氏鲟以吸食水底栖生物及小鱼虾为主，在水温超过 26℃，水温低于 10℃饲量减少，停止生长。夏天“科研小组”采用塘面进水，塘底出水调节水温，冬季减少鱼虾适当投放人工饵料，经过近 2 年耐心研究驯化，史

氏鲟渐渐适应自然水温和饲料，2006年，“科研小组”将8万尾史氏鲟鱼苗投入中方县五龙溪水库进行人工养殖。2008年11月，中方县史氏鲟流水养殖技术模式研究与推广成果，通过怀化市科技局成果验收。2010年后，史氏鲟流水养殖技术成功后在全市推广。2013年，全县鲟鱼网箱养殖2万平方米，池塘养殖1500亩，水库养殖1万亩，年生产量7.58万公斤，新增产值3500万元，获纯利1000万元以上。

十、立窑空白焙烧石煤新工艺

2001年1月，湖南金大地材料股份有限公司，创立的“立窑空白焙烧石煤新工艺”，被国家知识产权局确认属于“适用新型”专利技术后，金大地水泥厂石煤综合利用工程技术研究中心，于2003年，创立“空白焙烧碱浸出离子交换法提钒”“石煤提钒同时提取白炭黑”，2005年开发出“石煤提出钒后浸出渣填充水泥”等新工艺均获国家知识产权局，授予发明专利技术。2013年，先后建成年产0.15万吨五氧化二钒和年产3万吨白炭黑生产线，为公司创造经济效益1.5万元。

十一、“三废”处理

湖南金大地水泥有限公司2001年的粉尘排放，平均超过国家标准5倍。二氧化硫、烟尘、工业粉尘分别为3289.72吨、3468.68吨、6246.74吨，化学需氧量为120.65吨，工业固体废物为14.8万吨。2004—2007年，公司投入资金392万元，配置9套收尘设施，将JH型反吹供式收尘器更新为气箱脉冲炭式收尘器，改进立窑二线烟气收尘大布袋收尘器易烧袋、延长收尘器的使用寿命。经采样监测，生料除尘率达99.8%，立窑除尘率达96.6%，水泥磨粉和水泥包装除尘率分别达到99.1%和97.3%。在改造收尘器的同时，加大对工业废水治理，做到处理后废水循环使用，无废水外排。2009年，金大地材料有限公司应用水泥窖余热发电技术，最大程度地利用熟料冷却机废气余热，达到年发电6500万千瓦时，销售收入2500万元。2012—2013年，投资700万元，完成1#、2#水泥生产线脱硝项目建设，两项目都采用选择性非催化还原工艺，设计处理率为60%，产生的氮氧化物实现达标处理后排放。

十二、“地美孕酮”研制

2002年8月，神隆生物工程有限公司开展以著蓣资源为原料，采用半合成法制备地美孕酮（一种妇科治疗激素类药物）的研究。2003年，在中科院上海化工研究所田伟生教授的指导下，神隆生物公司成功开发“地美孕酮”新产品。9月，该公司生产的地美孕铜通过省级科技成果鉴定，填补国内空白，达到国际领先水平，产品远销美国、西欧等地。实现产值2600万元，利润237万元。2004年，公司在美籍华人刘健博士的帮助下，成功开发出“多稀紫杉醇”和以黄姜为起始原料的深加工产品“七一酮基”系列产品。

十三、电解法生产低硅金属锰工艺

1999年9月，粤怀电解锰厂科研小组，成功研发出，电解法生产低硅金属锰工艺。该工艺主要解决三项关键技术：在浸取、净化工艺中减少点解液中的可溶性硅，从而降低产品硅含量，采用无硅或低硅脱板剂取代老型号脱板剂，从而降低产品硅含量，降低产品后处理工艺中带入的硅，生产出来的产品硅含量一般在 15～20PPM 以内，质量标准超过日本，南非水平，达到世界领先地位。2000 年，县科技局帮助该企业开发万吨环保型低硅电解锰生产新工艺，10 月通过湖南省科技厅专家组成果鉴定。2004 年 10 月，金天锰业获湖南省科技厅正式认定为民营科技企业。2005 年，该公司生产规模达 1 万吨，成为全国最大金属锰业生产厂家，年产值过亿元。

十四、柑橘皮渣发酵生产蛋白饲料

2011 年 7 月，怀化市欧劲果业有限公司进行“柑橘皮渣发酵生产蛋白饲料”科学研究。项目由“柑橘皮渣发酵生产蛋白饲料科研小组”承担，研发总投入 1600 万元（公司投资 800 万元、贷款 600 万元、地方配套资金 100 万元、上级投入 100 万元）。项目要解决柑橘皮渣发酵生产蛋白饲料菌种筛选、找菌发酵、最佳菌种晒选、发酵条件优化、生产出蛋白饲料、柑橘皮渣发酵生产蛋白饲料动物喂养试验。2013 年 3 月，70%的生产线投产，生产柑橘皮渣发酵生产蛋白饲料 7525 吨，市场价 0.22 万元／吨（2.2 元／公斤），年销售 1655.5 万元，公司纯利润 1357.8 万元。通过对柑橘皮渣发酵生产蛋白饲料研究，开发适合动物的蛋白饲料，不仅延长柑橘产业链，提高柑橘的附加值，而且为社会提供 400 个工作岗位，间接安排季节性就业近千人。

第三节　科技活动

一、科普宣传

1998 年，围绕县委、县政府“科教兴县”战略决策，县科技局通过广播、电视、报纸杂志等媒介宣传学科学用科学的先进典型，介绍农业、林业、畜牧水产、医药卫生等科技知识，增强各级干部科技服务意识，鼓励县域企业科技兴业，引导群众科技致富。

1999 年，县内出现牲畜口蹄疫、炭疽病疫情，全县组织 2 次疫情卫生队下到乡镇进行防治宣传 19 场次，听众 3600 人次，发放宣传资料 2 万本（份）。2001 年起，将每年 5 月的第三周定位“科技周”。2003 年，县科技局在第三届科技活动周上，举办以“依靠科学，战胜非典、H7N9 禽流感”为主题的大型科普画展 2 次，展出科普挂图 198 副，制作大型横幅 31 条，发放“防非典”，“防 H7N9 禽流感”科普资料 1.7 万（本）份。2004—2005 年，县科技局在县境内组织主办“5 号”病、“非典”、禽流感防治、无公害绿色食品讲座、科技讲座、报告会 386 场，听众 15 万人次。与科协、文化、卫生、农业、计生等部门，在各个乡（镇）电影院放映宣传破除迷信、科学种养、优生优育等科教电影 65 场，观众约 3 万人次。

2006 年 4 月 26 日，县科技局出动知识产权宣传车 1 台，到新建、新路河、铁坡、活水等乡镇开展知识产权保护宣传、咨询，发放各类宣传资料 2 万份，并制作知识产权保护电视专题节目 1 期。2007 年，邀请省农科院陶抵辉教授，录制农业科技创新培训专题节目 8 期，在中方电视台黄金时段播出，收视达 8 万人次。2008 年，组团参加湖南省科技博览会，其中怀化紫金农业开发有限公司展出的“湘珍珠葡萄”深受客商青睐。2010 年底，累计参加活动周的科技人员共 3273 人次。发放各类科技文化资料 40 万份，各类科普资料、图片、宣传标语、电视专题片制作总投入 696 万元，受教育群众 66 万人次。2011 年，怀化市科技活动周在铜湾镇开展，市人大、政协、科技局、县委宣传部相关领导参加。活动时发放科技图书资料 2 万份，赠送农业生产物质 3 万元，接受群众咨询 2000 人次。2013 年底，县电视台根据农时季节、生产需要，播放专题科教片，15 年共 3175 期，观众约 20.8 万人次。先后在《湖南日报》上稿 9 篇，《怀化日报》上稿 115 篇，《怀化科技》等杂志上稿 78 篇，怀化电视台时政频道《中方播报》专题报导科技类系列节目 20 期。

二、科技咨询

1998 年 10 月，县农业局成立农业科技服务中心。服务中心通过电话咨询和实地指导，无偿或低偿为全县农村合作社、经济组织、农业大户、广大农民提供畜牧、养殖、水稻、林业、药材、蔬菜种养技术、农机购销和信息服务。服务中心与农业部电脑联网，配备技术顾问 8 人，技术专家 13 人，值班电话 24 小时开通，并在深圳、长沙设有服务窗口。1999—2006 年，农学会就发展优质高产、高效农业和庭院经济开发等专题，组织技术人员提供科技信息咨询、技术培训、种苗服务，域内 22 所庄稼医院免费接受群众咨询 10 万人次，发布各类虫害预报防治信息 4 千条，接待群众 6000 人次，引进、推广农业新品种、新技术 43 个(项)。期间，科技局组织县农业、畜牧水产、医学会等学会，运用各自行业优势，共完成咨询服务项目 98 个、直接发挥效益项目 79 个，创造经济效益 8145 万元，增加利税 700 万元。医学会、中医学会，在每年科技活动周期间，邀市三人民医院医疗专家参加，并要求乡镇医院对内科、外科、妇科，传染科等合理调整，配合医疗专家义诊、咨询，专家义诊也培训乡镇医务人员。每次活动接待义诊、咨询群众 1000 人次以上，使群众基本掌握儿童保健和妇科病、地方病、常见病防治知识。2008 年 8 月，率先在全市开通“农技 110”三台合一（电视、电脑、电话三台合一）农业服务热线 2812316。

2013 年末，县科技局先后组织 210 名国内各行业知名专家参与县域内重大科研项目立项、开发、咨询论证，先后参入决策论证的有：依托五溪米业、金珠米业实行优质稻订单种植，推广开展公司 + 基地 + 农户经营模式。参入万亩优质稻基地选址、稻种筛选、生产线引进。参入广东温氏集团中方分公司占地 250 亩、总投资 3000 万元，在牌楼、桐木建成年产 5

万吨饲料生产线、饲养种鸡15万羽、优质鸡苗2000万羽的招商引资论证考察。跟踪怀化市50万亩工业原料基地、楠竹苗、马尾松抚育技术研究、造林建设及最佳方案探讨及中药材、油菜、刺葡萄等产业基地选址、良种推广等。

三、科技培训

1998年，县内中学推行绿色证书工程。即每个学生三年初中普通教育合格，还要农业技术教育合格，方能拿到普通初中毕业证书，俗称（3+1），7届初中毕业生有17674人获得绿色工程证书。2001—2002年，农业部、投入40万元，在中方县实施“跨世纪青年农民培训工程”。“跨世纪青年农民培训”开设种植、养殖、加工、法规、市场营销等16个科目，办培训班48期，培训学员3027人，获证2978人。2004—2005年，农业部再次投入30万元，开展农民职业技能引导培训，培训1002人，转移就业991人，培训率100%。

2006—2010年，县科技局邀请县农业局、县畜牧局及涉农单位高级工程师、农艺师、畜牧师，举办植物保护、家禽家畜饲养、疫病防治及水稻、水果、药材种植等各类专业技术培训班31期，2970人通过培训考核合格。2007年，培训投资37万元，实施“阳光培训工程”，培训农村剩余劳动力1500人，实现就业转移1300人以上。为培训人员购“农业部科教司和湖南省农业科技杂志社合编的科技光碟”1103张。2010年12月，各乡（镇）科协举办科技培训班1150期，培训农民达5万人次。2011—2013年，举办知识产权培训班4期，邀请市知识产权局领导讲座，培训人员319人，新技术推广中心进行学习“惠甜玉米2号”“新加坡粉葛”种植技术培训，参训学员300人次，与县人社局就业培训中心开展免费职业培训5500人次，新增城镇就业1252人，失业再就业120人、新增农村劳动力转移就业4003人。

表16-2-3-1

1998—2013年中方县科技培训一览表

主办单位	培训内容	办班期数	培训人次
县林业局	油茶培育、花卉苗木培育、工业原料林建设等	1年5~6次	1次150~180人
县科协	科普惠农	1年5~6次	1次300~500人
县安监局	安全生产	1年1~2次	1次200多人
县卫生局	业务培训	1季度1次	1次30~40人
县畜牧局	家禽养殖技术，养鱼技术等	198期	21000余人次
县水利局	2011—2013年：水利普查培训（上岗前培训）	1年1次	400人次
	2012—2013年：小型水库加固建设培训	1年1次	200人次
	2012—2013年：水库安全动员培训	1年1次	240人次
	2013年：沅水河道采砂业主法律知识培训	1次	30人次
县农业局	阳光工程培训	1年10~13次	年均1200~1600人
县科技局	农业实用技术培训、知识产权业务培训等	1年5~8次	年均1000人次

四、科技信息

1998—2001 年，创办《中方科技》《致富信息》，共计出刊 51 期，8 万余份。被企业采用有价值信息 350 条，创造经济效益 9000 万元，免费为农民提供各类信息 1 万余条。

2002 年，科技信息情报研究所深入企业收集整理企业技术需求，解决企业发展难题，3 次邀请县农行、县信用联社与企业的负责人座谈，增进彼此解信任。帮助金天锰业和益康生物争取省科技发展资金中小型科技企业无息贷款 200 万元和 50 万元。帮助神隆生物工程有限公司获得计内贷款 120 万元。2003 年 3 月，县科技局建立科技情报文库，把传统的情报信息网络转换成动态、开放、有效的形式，将市场机制引入科技情报系统，及时传递科技信息，服务企业，服务“三农”，共引进推广农村适用新技术、新产品、新品种 300 项（个），引进的日本红枫、香花槐、花卉苗木、脆香梨、美人指葡萄、美国斑点叉尾鱼、中华鲟等品种 211 个，为当地群众打开科学致富新门路。各种科技协会、合作社充分利用科技信息“户”联网“12396”服务热线，及时为广大老百姓发布适时市场信息，提供情报信息服务，开展网上营销等。铁坡、石宝等乡镇 333.33 公顷无公害金秋梨，在黄渊基教授的指导下，推广果实套袋、生物病虫害防治等技术，产品通过“96318”远销中国香港、澳门地区及新加坡等国家。2005 年，湖南怀化中科合臣植物化学有限公司重点实施“青蒿良种引进推广与示范”项目，8 月，省政府参事室参事、湖南省农大博士生导师盛孝邦教授等一行，专程到中方县进行青蒿产业进行考察、调研，产品当年通过“户”联网获得欧美国家的准入许可。中方县种植大户通过县科技信息网，将本地特产金秋梨、刺葡萄、优良花卉苗木等远销香港、广州、上海等地，创造利润近千万元。2010—2013 年，开通中方县科技竞争信息服务网。服务网设每日情报、科技动态、情报资讯、刺葡萄产业、情报理论、科技主项等栏目，信息网开通为中方科技产品融入国际国内市场开辟一条便捷、高效通道。

五、科技下乡

2006 年 9 月，中方县成为怀化市科技特派员下乡工作试点县。县委常委、组织部长为组长，县政府副县长为副组长，县委组织部、县科技局、县信用联社等 12 家单位负责同志为成员，组成“特派员领导小组”。其职责是立足省内高等院校、市、县三地科技人才资源，引导科技人员服务“三农”。2008 年初，县内遭受冰冻灾害，“科技特派员”开展“技术服务到农家，科学救灾保增收”为主题的科技下乡活动，赠送农业生产物质价值 2 万元，发放相关技术资料 3.1 万份，请专家传授，“柑橘冻后恢复技术”讲座 30 次，培训农民群众 5000 人次。2009 年，科技特派员下到 22 个乡镇、3 个卫生院和 2 家企业，分别在花卉苗木、水果种植、水产养殖、医疗卫生、工厂企业等多个领域开展科技服务，其中，湖南农大教授杨国顺由省委组织部选派驻桐木镇。7 月 1 日，省委组织部人才工作处处长黄爱华、省科技厅科技处处长刘长君带领省科技特派员调研组深入牌楼、桐木等地实地考察，11 月 2 日，市委组织部、市科技局领导对铜湾库区渔业、五溪米业、牌楼花卉苗木基地进行考察调研。科技特派员下乡使全县7万农民直接或间接受益，为农民增收5100万元。2008—2009年，中方县连续两年评为“湖南省科技特派员工作先进单位”。2010年，科技特派员新建标准化葡萄示范基地200亩，建成50吨葡萄冷藏保鲜库1个和年产10吨葡萄酒酒厂1个，发展铜湾库区网箱654口，招商怀化五丰农业发展有限公司落户中方县，带动相关乡镇发展名优蔬菜2000余亩。2011年，科技特派员帮助当地新成立专业合作社5个，专业合作经济组织从原有的11个增加到17个，升格合作社10个，新培育种养大户67户，安置劳动就业3800人。医卫类特派员依托原单位软、硬件资源优势，协助当地医务人员实施手术82台，捐赠医疗器械价值38万元。截至2013年12月，7年累计选派科技下乡特派员319人次（其中省级9人，市级18人），“科技下乡”人员入驻22个乡镇、12家卫生院、5家企业，为医院、企业、农户推广新技术100多个，为农户种植、养殖、林木花卉引进新品种101个，申报实施76个农业科技项目，建成48个科技示范试验基地，举办各类型的培训班926期，培训农民46260人次，争取科技扶贫项目资金及社会集资4660万元。

第四节　经费管理

科技经费包含科技事业费和科技三项费。科技三项费实行预、决算制度，县科技三项经费安排，需经县长办公（或财经领导小组）会议审批，由县财政局按年度拨付到县科技局。县科技局、财政局联合下达年度科技发展计划项目通知，项目承担单位。项目经费必须专款专用，严禁挪作他用。项目经费的使用情况由科技局、财政局共同监管。1999年，县政府出台《中方县三项经费使用暂行规定》。到2013年末，县政府累计投入科技三项费468.7万元，科技事业费89.11万元，均无违规现象。

第五节　知识产权管理

中方县知识产权局，属中方县科技局二级局，从事组织推动《中华人民共和国专利法》的宣传、普及与培训，研究拟定并组织实施县知识产权事业发展战略，负责专利行政执法和专利代理机构、人员资格审查、认定。负责全县知识产权保护工作，开展知识产权宣传、保护和管理工作。2009年，湖南金大地材料股份有限公司通过省知识产权局验收，进入省知识产权“100强”优势企业行列，并列入全国第4批“知识产权优势培育企业”。到2013年，组织知识产权宣传活动13次，发放各类图书资料1.1万册（份），结合县委党校中青班学习办班9期，培训中青年干部474人，组织社会人员、企业办班6期，培训学员500余人次，先后出台《中方县专利申请资助资金管理办法》《中方县专利实施奖励办法》《中方县人民政府关于加强知识产权工作的意见》等政策措施。截至2013年，全县共向市以上专利管理部门提出专利申请246件，授权137件，其中发明专利40件，实用新型、外观设计97件。

2009—2013年中方县授权专利统计表

表16-2-5-1

专 利 名 称	专利号	专利型	专利人及地址
在石煤碱浸提钒中提取白炭黑的工艺	2009101586279	发 明	湖南金大地材料股份有公司
石煤碱浸提钒的碱浸渣用作水泥填料的处理方法	2009101586264	发 明	湖南金大地材料股份有限公司
降低石煤焙烧碱浸提钒中白炭黑提取成本的方法及所用的热脱碳石煤水冷装置	2009100439770	发 明	湖南金大地材料股份有限公司
多槽拱大面烧制瓦	2009200642861	适用新型	唐克勇 中方县花桥工业园
密封腌泡菜坛盖	2009200642703	适用新型	杨修理 中方县石宝双溪二组
多槽拱大面烧制瓦（3槽拱。4弧形）	2009300908011	外观设计	唐克勇 中方县花桥工业园
多槽拱大面烧制瓦（4槽拱。4直角）	2009300908030	外观设计	唐克勇 中方县花桥工业园
多槽拱大面烧制瓦（3槽拱。4直角）	2009300908007	外观设计	唐克勇 中方县花桥工业园
双槽拱异角烧制瓦	2009200654560	适用新型	滕明喜 中方县花桥工业园
多槽拱大面烧制瓦（3槽拱。4角）	200930090805X	外观设计	唐克勇 中方县花桥工业园
3槽拱8角烧制瓦	2009300916268	外观设计	唐克勇 中方县花桥工业园
多槽拱大面烧制瓦（3槽拱、2弧角）	2009300907979	外观设计	唐克勇 中方县花桥工业园
偏钒厢式暗流洗涤压滤机	2009200653835	适用新型	湖南金大地材料股份有限公司
热脱碳石煤水冷装置	2009200653854	适用新型	湖南金大地材料股份有限公司
具有陪护卧座位的医疗床	2009200632167	适用新型	董洋辉 中方县泸阳镇政府院内
内凹直角烧制瓦	2009200656231	适用新型	刘朝满 中方县花桥工业园
木片厚度分选机	201010232885X	发 明	湖南骏泰浆纸有限责任公司
一种污泥无害化资源化利用的方法	2010105966602	发 明	湖南骏泰浆纸有限责任公司
一种树皮资源化利用的粉碎方法	2010105315086	发 明	湖南骏泰浆纸有限责任公司
吸热式热焙烧石煤中转仓	2010202324750	实用新型	湖南金大地材料股份有限公司
高效偏钒厢式暗流洗涤压滤机	2010202321254	实用新型	湖南金大地材料股份有限公司
高效压力釜	2010202321362	实用新型	湖南金大地材料股份有限公司
节能型压滤机	2010202321381	实用新型	湖南金大地材料股份有限公司
混凝土浇注口安全阀	2010206784664	实用新型	湖南五新机械有限公司
一种坑烤炉	2011204372626	实用新型	杨喜有
一种多功能建筑顶架	2011204372630	实用新型	杨喜有
安全高效蒸汽加热压力装置	201120541151X	实用新型	湖南金大地材料股份有限公司
具有吊臂装置的移动栈桥	2011200104163	实用新型	湖南五新机械有限公司
自行步进式移动栈桥	201120010406X	实用新型	湖南五新机械有限公司
移动支撑装置	2011200103480	实用新型	湖南五新机械有限公司
一种用于凹凸不平地面行走的自动走行装置	2011200104318	实用新型	湖南五新机械有限公司

续表

专　利　名　称	专利号	专利型	专利人及地址
真空镀铝防溅铝装置	2011200313224	实用型	伍作兴
高效活动吊装置	2011200314424	实用新型	伍作兴
高效玻璃装载器	2011200313385	实用新型	伍作兴
两节相连的上桥踏板	2011201161500	实用新型	湖南五新机械有限公司
可自动调节偏心的螺旋传动机构	2011201161939	实用新型	湖南五新机械有限公司
一种用于凹凸不平地面支撑的自动平衡支撑机构	2011200103688	实用新型	湖南五新机械有限公司
蒸汽热水自动转换系统	2012201879328	实用新型	怀化市奇效节能科技有限公司
智能高效环保热能吸收器	2012201935262	实用新型	怀化市奇效节能科技有限公司
烬渣清除器	2012201879915	实用新型	怀化市奇效节能科技有限公司
蒸汽热水转换系统	2012101255278	发　明	市工奇效节能有限公司　怀化市湖天开发区碧海大门口福利彩票店陈美华转
一种用于生产三滤纸的硫酸盐纸浆及其生产方法	2012101223471	发　明	湖南骏泰浆纸有限公司　怀化市怀化工业园
一种高纯度硫酸盐纸浆及生产方法与应用	2012101223741	发　明	湖南骏泰浆纸有限公司　怀化市怀化工业园
一种电解锰渣生产高强加气混凝土砌块及其制备方法	2012103216649	发　明	刘桥兴 中方县工业园永固节能墙材有限公司
生产六边形信陶瓷复合板各种形状规格外观色彩	2012303642416	外观设计	罗巨国　中方县下坪工业园
一种洗浆机表面结垢物清洗装置与清洗方法	2012100730170	发　明	湖南骏泰浆纸有限公司　怀化市怀化工业园
一种绝缘纸浆及其生产方法	2012101221549	发　明	湖南骏泰浆纸有限公司　怀化市怀化工业园
卫浴水箱	2013304384238	外观设计	怀化金箔威卫浴有限公司　中方县花桥镇
智能采暖桌	2013203864891	实用新型	湖南佑天科技有限公司　中方工业园管委会
磁能两用壁挂炉	2013203861855	实用新型	湖南佑天科技有限公司　中方工业园管委会
一种新型魔方形 MP3	2013206066554	实用新型	杨海燕　中方县新路河乡字溪村坳背弄垅组
一种蒸汽预水解法溶解浆预水解液提取装置	2013205167350	实用新型	湖南骏泰浆纸有限公司　怀化市怀化工业园
水管锅炉灰拉板	2013206925168	实用新型	怀化市奇效节能科技有限公司 怀化市鹤城区湖天南路新时代广场南栋1788室
捕鼠笼	2913207093099	实用新型	陈祖群 中方县花桥镇火马塘19组
釉面砌墙砖	2013304489066	实用新型	怀化市小康瓷砖厂　中方县花桥镇
自动循环自动补水热水装置	2013207476325	实用新型	怀化市奇效节能科技有限公司 怀化市新时代广场南栋17—88号
炊事自动热水煲	2013207535200	实用新型	怀化市奇效节能科技有限公司 怀化市新时代广场南栋17—88号
多弯道上下折叠蒸汽发生器	2013207539447	实用新型	怀化市奇效节能科技有限公司 怀化市新时代广场南栋17—88号
高效吸热异形水套烟囱	2013207533510	实用新型	怀化市奇效节能科技有限公司 怀化市新时代广场南栋17—88号
高效节能生物质、燃煤两用水管锅炉	2013208848819	实用新型	怀化市奇效节能科技有限公司 怀化市新时代广场南栋17—88号
双层钢筋井盖	2013207523966	实用新型	怀化市奇效节能科技有限公司 怀化市新时代广场南栋17—88号
错位密布水管锅炉	2013208849050	实用新型	怀化市奇效节能科技有限公司 怀化市新时代广场南栋17—88号
水控压蒸汽发生器余热利用装置	2013207523970	实用新型	怀化市奇效节能科技有限公司 怀化市新时代广场南栋17—88号
折叠式多万管道火焰通道水管锅炉	2013208856656	实用新型	怀化市奇效节能科技有限公司 怀化市新时代广场南栋17—88号

第六节 防震减灾管理

2006年1月，成立中方县地震办公室，负责全县防震减灾的日常管理工作。3月，县科技局联合发改局、建设局、国土局出台《关于将建设工程抗震设防要求管理纳入基本建设管理程序的通知》，要求建设工程在项目立项或设计前，由业主向县地震行政管理部门申报，填写《拟建工程项目抗震设防要求审批意见书》，并按地震行政主管部门确定的抗震设防要求进行设计和施工。2008年，授牌中方镇中学为中方县首所防震减灾示范学校，2009年，大力开展防震减灾宣传，建立2个农村民居防震减灾示范村，3所防震减灾科普示范学校，花桥镇建立怀化市首个"农村民居防震减灾示范乡镇"。6月，县委、县政府制定《中方县防震减灾应急预案》。2011年，在县城北中学成功组织上千人参加的防震减灾应急演练。2012年，组织校园防震减灾知识竞赛47场，达到"教育一个孩子，带动一个家庭，辐射整个社会"的目的。2013年，县城北小学成功申报为省级防震减灾科普示范学校。

第十七篇

文物 旅游

WEN WU LU YOU >>>>>>>>>>>>>

第十七篇　文物　旅游

中方县历史悠久，文物景观甚多，旅游资源丰富。据荆坪新园考古发现，境内在10万年前的旧石器时期就有人类活动。新建镇牛眠口出土的“双伏背向联体陶塑”盘瓠图腾，证实境内是新石器时期“盘瓠文化”的发源地。据“三普”文物考察认定，境内有旧石器时期至商周时期的古遗址17处，东周时期至秦汉时期的古墓群8处，历史文化古村3个，其中，属国家级重点文物保护单位1个，省级文物保护单位2个。境内溶岩地貌和喀斯特地貌造就多处自然景观，东有康龙国家级森林公园，南有五龙溪国家级水利风景区。灿烂辉煌的古代文化与现代文化水乳交融，具有拓展旅游产业广阔前景。

第一章　文　物

第一节　管理机构

1998年3月，成立中方县文物管理所，其前身是原怀化市文物管理所，为股级事业性单位，编制3名。2003年11月单位升格为副科级事业性单位，成立县文物管理委员会。2006年，文物所改为参照公务员管理单位。2012年6月成立中方县博物馆，是中方县文物管理所下设的二级机构，有编制4名。

第二节　文物普查

一、第三次全国不可移动文物普查

2007年12月17日，县政府下发《中方县人民政府关于认真做好第三次全国文物普查工作的通知》，成立第三次全国文物普查领导小组，同时全县22个乡镇均下发成立三普领导小组。2008年4月18日—2009年12月为实地文物调查阶段，为全市启动最快的县之一。2009年12月，怀化市普查办验收组对县第三次全国文物普查实地调查阶段工作进行阶段性验收。2009年12月10日，全面完成三普第二阶段实地调查工作。2010年1月，转入室内

数据资料整理阶段。2011 年 4 月，对普查数据采集、照片、电子图纸、纸质文档和电子文档的录入工作全面完成。县普查队共编撰第三次全国文物普查《简报》30 期，出版《中方县第三次全国文物普查成果集》1 套。

二、全国第三次文物普查

2007 年 9 月—2012 年 9 月，文物所进行为期五年的全国第三次文物普查工作。在此次文物普查工作中，新发现文物点 64 处，复查 47 处，共计登录不可移动文物 111 处，其中古遗址 27 处，古墓葬 18 处，古建筑 43 处，近现代重要史迹 18 处，石窟寺及石刻 5 处。

中方县各级文物保护单位情况统计表

表 17-1-2-1

文物保护单位名称	时代	保护级别	批次（国保）或公布时间	是否设立保护碑	类别	位置	占地面积（平方米）	保护范围建控地带
荆坪村古建筑群	明清	全国重点文物	第七批国发〔2013〕13 号 2013.3.5 编号 1243	是	古建筑	中方县中方镇荆坪村	800000	以古建外墙基四向外延 20 米以潘氏祠为中心，东至㵲水河沿岸，西至 200 米处，北至 500 米处。以伏波宫为中心，东至㵲水河沿岸，西至 250 米处，北至 200 米处，南至 400 米处
罗家坡村孝义坊	清	省级	第七批湘政发〔2002〕11 号 2002.5.23 编号 99	是	古建筑	中方县新路河乡罗家坡村七组	51.12	以古建外墙基四向外延 20 米四向各至保护范围外延 20 米
黄溪村古民居群	清	省级	第八批湘政发〔2006〕17 号 2006.6.1 编号 23	是	古建筑	中方县铜湾镇黄溪村	36000	以古建外墙基四向外延 20 米四向各至保护范围外延 20 米
幽芳草堂（三普新发现）	清	省级	第九批湘政发〔2011〕21 号 2011.1.24 编号 179	是	古建筑	中方县铁坡镇江坪村一组车陇	453.8	以古建外墙基四向外延 10 米四向各至保护范围外延 10 米
江坪村丁氏宗祠（三普新发现）	清	省级	第九批湘政发〔2011〕21 号 2011.1.24 编号 178	是	古建筑	中方县铁坡镇江坪村一组，叠谷山下	1540	以古建外墙基四向外延 20 米四向各至保护范围外延 20 米
龙溪村杨氏宗祠	清	市级	第二批怀政发〔2004〕8 号 2004.9.16 编号 9	是	古建筑	中方县接龙乡龙溪村一组	924	以古建外墙基四向外延 30 米四向各至保护范围外延 30 米
诸葛城城址	宋	县级	第一批中政发〔1998〕56 号 1998.12.3 编号 2	是	古遗址	中方县铜湾镇兴华村一组，东临沅水河左岸，南距铜湾镇人民政府 600 米	8900	以城基四向至 20 米处四向各至保护范围外延 20 米
新屋村周氏祠	清	县级	第二批中政发〔2000〕5 号 2000.5.19 编号 3	是	古建筑	中方县铜湾镇新屋村，镇中心小学内	796.3	以古建外墙基四向外延 20 米四向各至保护范围外延 20 米

表 17-1-2-2

中方县第三次全国文物普查不可移动文物总量统计表

类别＼数量	新发现文物点	复查文物点	消失文物点	合计	实际登录文物点
古遗址	7	20	8	35	27
古墓葬	13	5	1	19	18
古建筑	26	17	12	55	43
石窟寺及石刻	3	2	3	8	5
近现代重要史迹及代表性建筑	15	3	—	18	18

三、第一次全国可移动文物普查

2012年10月开始，县文物所开展第一次全国可移动文物普查。普查标准时间点为2013年12月31日。2013年5月31日，县政府下发《中方县人民政府关于认真做好第一次全国可移动文物普查工作的通知》，成立第一次全国可移动文物普查领导小组。22个乡镇人民政府成立普查领导小组和普查办公室。2013年8月，召开全县“一普”工作动员大会，10月，填报《国有单位文物收藏情况调查登记表》。12月20日，共580个国有单位完成调查登记表。

第三节　代表文物

一、古遗址

老窑遗址　位于桐木镇桐木村老窑组，东距公路60米，南临稻田，北依山丘，西距㵲水100米。遗址东西长约170米，南北宽约60米，占地面积10200平方米。文化堆积层达4米，遗址年代为明清时代。第二次全国文物普查时，采集的器物形制多为硬陶施酱釉。

新园旧石器遗址　位于中方镇荆坪村新园组，㵲水河右岸二级阶地，为荆坪村小学校址所在地。遗址南北长约74米，东西宽约42米，残存面积约3108平方米，文化堆积层2.5米，分上、下两层：下层为旧石器，石器发现于第四纪黄色亚黏土层内，距地表深2~1.2米。第二次全国文物普查时，采集有砍砸器、刮削器、尖状器等。上层采集有打制石镰及新石器时代夹砂红陶釜、罐残片等。1986年9月，北京大学考古学家吕遵谔对中方镇荆坪村新园旧石器遗址进行挖掘考证，认定1万年前就有人类在此繁衍生息，为旧石器遗址。这一遗址的发现，是湖南省考古史上的重大突破，填补省内旧石器记录的空白，并将此命名为“㵲水文化”。

高坎垅遗址　位于新建镇牛眠口村，属新石器时期遗址。1982年发现，面积约12000平方米。1984年10月，省、地、市文物工作者进行科学挖掘，挖掘面积为680平方米，发现墓葬 48 座，出土文物 500 余件。发掘出土玉钺、稻谷等碳化物，其出土的“双犬背向联体陶塑”，是“盘瓠文化”的“盘瓠图腾”在 4000 年前的最早物证，证实境内是“盘瓠文化”的发源地。被湖南省鉴定为屈家岭文化高坎垅类型。

沙角上遗址 位于牌楼镇芭蕉村毛家组沙角上，处于溆水河右岸一级阶地，其年代为商、西周时期。遗址东西长 146 米，南北宽 70 米，面积约 10220 平方米，文化堆积层约 0.80 米。第二次全国文物普查时，出土有石斧、石刀、夹砂红陶等文物。

龙船亭遗址 位于铜鼎镇南家坊村四组。遗址南北长约 220 米，东西宽约 70 米，处于沅水河左岸二级台阶，地表可见文化堆积层约 0.5 米。第二次全国文物普查时，出土大量商周时期的黑陶残片，器形有豆口沿，纹饰有绳纹、弦纹等。该遗址对研究当地商、西周文化有重要作用。

老溪口遗址 位于铜鼎镇青石村六组，沅水河右岸一级台阶上。该遗址为东周时期的文化遗存。遗址东西长约 70 米，南北宽 50 米，残存面积约 3500 平方米，文化堆积层 0.4 米。第二次全国文物普查时，采集有夹砂黑陶、夹砂红陶，器形有陶壶口沿，纹饰有绳纹、方格纹、附加堆纹等。

新塘遗址 位于中方镇荆坪村新塘组，处于溆水河二级阶地，东距溆水河 200 米，属汉代遗址。遗址南北长约 750 米，东西宽 405 米，总面积为 30.4 万平方米。遗址四周残存有夯土城垣，文化堆积层约 1.5 米。全国第二次文物普查时，采集有泥质红陶、灰陶瓦当、豆、罐等，纹饰主要为绳纹。该遗址保存较完好，文化堆积层厚。

诸葛城城址 位于铜湾镇兴华村，建于宋代。城址紧靠铜湾至铜鼎的县级公路，沅水河左岸二级台阶地，东距沅水河 50 米。平面呈“凸”字形，南北残长 152 米，东西残宽 72 米，面积约 8900 平方米。夯土城垣残高 4 米，厚 3—5 米不等。南、北、西三面护城沟宽 9 米，深约 2.5 米。南北有耳城。全国第二次文物普时，在城垣夯土及城内采集有钧窑莲花碗及罐、壶等宋代瓷器、陶器残片。该城遗址保存较好，对研究本地区宋代军政文化有重要价值。

二、古墓葬

高坎垅墓群 位于新建镇牛眠口村四组，东距淇溪右岸 50 米，南临农田，西靠浅山丘，北距农田 50 米。墓群占地面积约 26880 平方米。1984 年，省博物馆与原怀化市文物工作队，在古遗址发掘清理古墓葬 51 座，出土文物有铲、环、珏、璜等玉器，属屈家岭文化，均保存于湖南省文物考古研究所。

新屋村墓群 东周古墓群位于铜湾镇新屋村三组，沅水河左岸二级台阶的山丘上。墓群南北长约 700 米，东西宽 275 米，总面积约 192500 平方米。1986 年，发掘墓葬 3 座，其墓均为土坑竖穴墓，置墓道。出土文物有鼎、敦、壶、豆、盒、合、勺等 8 种器物。该墓群未受到大面积破坏，保存基本完好。

桐林墓群 位于中方镇茶园坡村桐林组。墓群南北长约1600米，东西宽约2800米，分布面积约448万平方米。墓群南至粟溪口，东面为荆坪村西，西至滑背塘张禾冲口。1986年，有一淘金人在粟溪口山上挖洞时，出土一件战国铭文戈，属国家一级文物，藏于怀化市博物馆。之后，有村民在古墓群建房，在挖地基中发现滑石器、豆、罐等文物。

龙井村墓群 位于中方镇龙井村，紧靠县城中心学校。2010年10月22日，怀化市博物馆考古队，对一古代夫妻合葬墓进行挖掘，共出土各类汉代文物63件，其中，青铜器10件，铁器2件，陶器43件，其他文物8件。据考察认定，该遗址属东汉时期的贵族墓葬群，这种独特的汉代墓葬形式和大批的文物出土，在怀化境内尚属首次发现。

杨通辉墓 杨通辉墓位于铜湾镇黄溪村祖山坪3组的祖山山腰。据墓碑记载，墓葬南宋时期，系普通土坑墓。坟墓（巽向）坐东南面西北，占地面积30平方米，墓冢周围杂草丛生，冢顶封土层局部流失，墓前立有内外两通墓碑，内碑系乾隆三十四年（1769）己丑岁六月初七立，碑顶部已局部风化。外碑立于1992年农历三月初五，系四川潼南县双江东镇嗣孙杨尚颜、杨尚廉、杨先正立，碑文：待赠鲁祖杨公讳通辉之墓。原国家主席杨尚昆系杨通辉第八代世孙。

杨元翁墓 杨元翁（1253—1333年），为元代解元，曾娶五位夫人，生有七子，接龙龙溪、铜湾思坪、活水、袁家上炉、洪江市湾溪、溆浦小回龙、武岗杨湾等杨姓均为其后。其墓位于铜湾镇思坪村大木山腰，坐北朝南，占地60平方米，墓葬为圆形封土堆，墓前有碑两通，碑一为清嘉庆二年（1797）立复修碑，碑文为："复修维新元故解元敕授奉大夫杨公讳元翁墓"，碑二为1989年农历十一月立，碑文为："万古流芳故进士诰封大夫杨公讳元翁公老大人墓"。

刘佟氏墓 位于铜湾镇思坪村4组，坐南朝北，方向5度。墓葬为明代古墓，墓有原形封土堆，南北长4.7米，东西宽4.2米，封土堆高1.45米。墓前立有三通墓碑：第一通碑的字迹已风化而无法辨认。第二通碑为清乾隆二十七年（1962）立。第三通碑为清咸丰七年（1857）十二月初六由六房子孙立，碑文为："诰命宜人始祖妣母佟氏宜人之墓"。墓前两侧5米处各立有一根石制华表。1989年8月，被原怀化市人民政府列为市级文物保护单位，并在墓前6米处立有说明碑一通。

刘文质墓 位于铜鼎镇罗家冲村九组，墓葬坐南朝北，为长方形土坑竖穴墓，封土堆长7米，宽5.5米，高3.5米，青石围墓，为明代早期墓葬。墓前立有两根石制华表，一根立在墓前正北方向200米处，另一根立在墓前西北方向150米处，华表上部为八边形，下部0.65米柱体为正方形，华表通高4.5米，柱体上有文字记载刘文质六房子孙名录，华表原有顶盖装饰，但不知何时缺失。墓前立有青石碑一通，碑高2.76米，宽1.6米，厚0.46米。碑文为"元进士任靖州牧刘公文质彬儒之墓"，落款为"咸丰七年（1857）十二月初六六房后裔立"。

1998年8月，原怀化市在墓前5米处立“蜈蚣形刘墓”说明碑一通。

向永俊墓　新建牛眠口人，生于清乾隆四十八年（1783）4月16日，卒于咸丰五年（1855）6月6日，官至清正三品，封武显将军。据《向氏族谱》载：其妻向毛氏（1798—1847）为清咸丰帝诰命淑人，卒后葬新建镇牛眠口天子山腰，但墓前无墓碑，也未立石制华表。向永俊墓，位于新建镇黄金村牛形山腰，坐西朝东，属清代早期墓葬。墓冢为长方竖穴土坑墓，呈圆形。墓前有青石碑一通，高1.3米，宽0.91米，碑文为：“诰封昭武都尉故父向公讳永俊大人墓”，碑文中还记有向永俊生卒年代。墓前南北方9.6米处，各立一根青石材质华表，华表高3.62米，下粗上略小，成八边形，顶端置宝葫芦，表体无文字图案。1989年农历正月初一凌晨三点多，古墓被盗墓贼用炸药炸开，墓中尸体未腐，肌肉仍有弹性。

三、古建筑

荆坪村古建筑群　位于中方镇荆坪村，由潘氏祠、关圣殿、五通庙、节孝坊、古井、洑波宫、古驿道等7处文物点组成。荆坪村古建筑群是较为典型的江南农村民居村落，是集生产、居住、祭祀、议事、教育、娱乐于一体的自然村庄，其布局合理，功能齐全。古村傍水而建，庭院错落有致，自然环境与人文环境俱佳，具有文物保护利用、研究及旅游开发等多重价值。潘氏祠、关圣殿和五通庙位于中方镇荆坪村新园组，是由封火墙围成的建筑组群。建筑面积1647.26平方米。2002年3月，列为“重点文物保护单位”。2013年3月，经国务院批准为“国家重点文物保护单位”。古井位于荆坪村牌坊组，建于宋朝。古井深为19.5米，井台东侧立有乾隆三十六年（1771）维修碑一通。

2002年，县文物管理所在井上增修凉亭一座。2002年5月，获湖南省政府列入“重点文物保护单位”。2013年3月，经国务院批准为“国家重点文物保护单位”。

洑波宫位于荆坪村甩田组，坐南朝北，是祭祀东汉名将洑波将军马援的宫庙，又曰“河神庙”。据现存正殿内《重修洑波殿永远记》碑记载：该正殿系明万历四十五年（1617）重建，占地180平方米。左墙镶有明万历四十五年（1617）《重修洑波宫永远记》汉白玉质碑一通，碑宽0.73米，高1.6米，厚0.17米。1987年3月，列为全怀化地区“重点文物保护单位”，2002年5月，列为全省“重点文物保护单位”。2013年3月，经国务院批准为“国家重点文物保护单位”。

古驿道位于荆坪村南面，长173米，宽1.08米，路面用石灰片石整体铺就。该驿道修筑于明代初期，既是朝廷进入五溪地域的驿道，也是西入川黔、下通衡宝的重要商道。2013年3月，经国务院批准为“国家重点文物保护单位”。

节孝坊位于荆坪村牌坊组，清乾隆五年（1740），黔阳县奉旨，县正堂王作人旌表、王光电题词，为潘士权婶娘李氏立节孝坊。该坊坐北朝南，占地面积20平方米。坊为砖石结构，四柱三门，高6.97米，宽6.52米。门柱为青砖砌筑，坊门上下左右均为红沙长方形岩石砌成，檐下施仿木青砖如意斗栱，顶部檐角均塑有莲花座，中门上方书有“节孝”二字。坊外铬文砖记载有“雍正七年（1729）七月立”等字样。节寺坊是反映儒家“节”“孝”思想的代表性建筑，为研究古代传统文化恩想及建筑艺术提供重要实物资料。2002年5月，列为全省“重点文物保护单位”。2013年3月，经国务院批准为“国家重点文物保护单位”。

黄溪村古建筑群 位于铜湾镇黄溪村，村内有明清时期所建窨子屋160余栋，组成民居小院150余个，每个小院以巷道相连，院内各户又以走廊相通，总建筑面积达36000余平方米，其建筑风格与特点主要集中体现在该村的杨家小院。2006年6月，黄溪村古建筑群被湖南省列为重点文物保护单位。杨家小院，坐北朝南，始建于康熙四年（1665），建筑面积600平方米，是一处三进式、单檐、硬山顶、穿斗结构的厅堂式院落。杨家小院是古代南方传统式建筑，也是黄溪杨家大院建筑形式的典型代表，获湖南省人民政府列为省级文物保护单位。杨氏宗祠位于铜湾镇黄溪村村口，坐北朝南。宗祠四周为青砖砌封火马头墙，门坊为牌楼式，坊中设有双龙盘柱和石柱对开门，祠内中轴线上依次为戏楼、过厅、正殿，过厅两侧建有厢房。2006年6月，获省政府列为省级文物保护单位。

江坪古村 位于铁坡镇东南面5千米处，古村始建于明朝洪武年间，保存完好的古建筑有13处（其中民居院落9处，宗祠2处，庵、庙各1处），建筑面积6100平方米。古村周围竹林掩荫，两条溪流穿村而过，纵横交错的古代石板巷道、横跨溪流的8座古代石拱桥把9个古院落紧紧连在一起。村头可揽四坪春色、三星伴月，村中可观幽芳草堂、四甲祠、万谷仓等明清古院落，领略当地民俗风情、古代建筑以及绘画艺术的内含。2011年，江坪古村列入“湖南省重点文物保护单位。

龙溪村杨氏宗祠 位于接龙镇龙溪村一组，始建于清乾隆四十三年（1778）。宗祠面阔21米，纵深44米。前面为浮雕式牌楼门坊，中有青石柱对开大门，两侧及祠后建有青砖砌封火马头墙，祠内依中轴线分别建有戏楼、过厅和正殿，戏楼前坪两侧为穿斗单坡式木结构厢房，过厅与正殿均为五开间，两者之间有廊相连。厢房两侧立有凭据碑6通，分别记载龙溪杨氏的宗族渊源。龙溪杨氏宗祠整体建筑用料考究，雕刻精美，具有浓郁的地方建筑特色。2004年9月，获怀化市政府列为市级文物保护单位。

新屋村周氏祠 位于铜湾镇中心小学内，始建于清乾隆四十五年（1780）。宗祠面宽20.95米，纵深38.01米，占地796.3平方米。宗祠正面为牌楼式浮雕门坊，中有石柱对开大门，两侧及祠后砌有青砖封火马头墙，祠内按中轴线依次建有戏楼、厢房，过厅和正殿。戏楼为单檐歇山顶，盖小青瓦，厢房为穿斗单坡式木结构，过厅与正殿建筑样式相近，均为五开间、单檐硬山顶式抬梁结构，做月梁，置托脚，饰浮雕，过厅与正殿之间有走廊相连，两侧建有排水天井。2000年5月，被县人民政府列为县级文物保护单位。

幽芳草堂 位于铁坡镇江坪村一组。草堂座东朝西，是一处典型的清代早期南方民居庭院。据《丁氏六修族谱》（同治版）卷十二载：该草堂为乾隆时期太学丁友榜所建。该庭院宽 24.4 米，进深 18.6 米，占地 453.84 平方米。建有院门、门厅、厢房、厅堂、过廊、正堂等，四周外围砌有马头封火墙。整个建筑呈长方形，布局合理适用，小巧精致，做工精良，具有江南民居独自特色，开“八字”大门、门厅后建有宽大的石板天井，天井中建有花坛和暗排水沟，厅堂为抬梁式构架，硬山顶式屋顶，花坛照壁相映，形戍一种宁静幽雅的庭院氛围。2011 年 1 月，列为省级文物保护单位。

丁氏宗祠　位于铁坡镇江坪村，建于清乾隆年间。据《丁氏六修族谱》（同治版）载：“乾隆五十九年甲寅合族起义修建宗祠”。宗祠主体建筑平面为长方形，其面阔 23 米，纵深 44.3 米，建筑面积 781.2 平方米。四甲祠由牌坊、大门、戏楼、厢房、过厅、正殿六个部分组成。祠后、左、右均为马头封火墙，戏楼为扒梁式构架组成的歇山顶式建筑，厢房为依墙而建的单坡式屋顶、穿斗式结构、五开间建筑，过厅、正殿均为硬山顶、抬梁式三开间厅堂，屋面概置小青瓦。江坪丁姓本为同祖同族，但在江坪同一村域内建有样式相同，大小一致的两座宗祠，并且在祠中殿堂供奉有黄姓先祖灵位。这实属少见。2011 年 1 月，列为省级文物保护单位。

孝义坊　位于新路河镇罗家坡村沅江渡口西南，建于清嘉庆二十四年（1819）十二月十四日。牌坊由青石修建而成，三门四柱，高 6.3 米，宽 6.25 米，以红沙山岩围墙圈护，占地 51.12 平方米。牌坊题额为《奉旨旌表孝义坊》，以下附有本体修建记事和罗明也先生传记，横额门楣上有“福寿禄”三星高照“双凤朝阳”“二龙戏珠”“八仙过海”及“二十四孝”等浮雕图案，石狮、鳌鱼护柱，柱上雕饰腾云蛟龙，屋面雕刻有石瓦，坊脊中置葫芦宝瓶，整座牌坊上刻有铭文 2114 字，其中正面 1282 字，背面 832 字，坊上另刻有摇钱树多株，树上刻钱币 39 枚，其中 15 枚标有满汉文字。在坊后围墙中部离地 1.6 米处，设有一座专供过往文人墨客祭祀用的神龛。整座石坊布局合理，建造牢实，保存完好。孝义坊是反映儒家思想的代表性建筑，是研究古代传统文化思想及建筑艺术的实物资料。2002 年 5 月，列为省级文物保护单位。

四、石窟寺及石刻

蛤蟆岩摩崖石刻　位于中方镇竹站村十二组老街头，有一岩石单独凸地 1 米余，形状似蛤蚂，当地村民称之为蛤蚂岩，其侧身刻有“玩易冢”三字。在蛤蚂岩南面数十米处，有一块砂质岩坎罩形壁面，长 1.3 米，宽 1.1 米。壁面上自右往左，阴刻九行记事楷体字，第一、二行为“竹寨铺原系水骒哉去先御史周左迁于此故书”，第三行共四字，但模糊不清，第四行用双边线框写出“玩易冢”三个大字，第五行隐约可见“潘权盛忠××”几个小字，第六行刻有“万古留青”四字，第七行为“万历四十八年二月知县×××垂立”，第八行字迹不清，第九行刻有“万历七年知县牟衡重修”。据康熙年间《黔阳县志》载，此摹崖石刻，始刻于明正德二年（1507）前后，朝廷右佥都御史（正四品）周广被贬谪竹寨驿（今中方镇竹站村）时，在附近修建聚春楼、洗心亭、玩易台。后这三种建筑物毁没。石刻与《黔阳县志》记载的聚春楼、洗心亭、玩易台三种建筑相关联，是境内见到的最早摹崖石刻。

永垂不朽碑 位于桐木镇上丰坡村塘坎组，又称“重修雷家堰碑”。该碑为青石材质，碑身离土高2米，宽0.08米，立于清光绪二十二年（1896）。碑文记载百姓自发捐资兴修水利和轮流看管制约等事宜，碑体字迹清晰，保存完好。

五、近现代重要史迹及代表性建筑

王家村果水小学旧址位于活水乡王家村，距312省道200米。该旧址是一处民国学堂建筑。据杨贵贤（原王家村村长，男，中共党员，1933年出生）口述：该学校是由本村村民杨龙顺（教书先生）捐资为主、部分村民集资为辅，于民国四年（1915）共同修建的一所学校，由杨龙顺担任校长至中华人民共和国成立初。该校教职工最多时达到45人，学生最多时达700多人。70年代为铁坡区中心完小。2007年停止使用，当地学生全部迁到距该校以西四公里的中心学校就读。该建筑为木结构四合院，主体建筑为穿斗式构架结构，置有楼廊，中间有廊相连，分上下两层，一层有教室7间，办公室两间，厨房一间，二楼有教室五间，办公室兼住房三间。面阔23.15米，进深18.7米，建筑占地面积为432.9平方米，坐北朝南，方向287度。学堂正前面有约1400平方米的篮球场。果水小学旧址具有较高的历史、艺术和科学价值，同时有着深刻的文化内涵，具有较高的实用价值和艺术研究价值。

第四节 考古发掘

1984年，新建乡高坎垄发掘出土钺、稻谷等碳化物，为距今4000年前的新石器时代遗物。

1986年，在铜湾镇发掘龙船亭、石家坪遗址，出土大量商周时期的黑陶残片。在牌楼镇芭蕉村毛家组发现上周文化遗存，出土有石斧、石刀及夹砂红陶等文件。

2005年5月，省文物考古研究所为配合铜湾水电站建设，对丁家乡梅树村大浦口旧石器遗址进行抢救性考古发掘，发掘面积300平方米，出土有石锤、尖状器、砍砸器等石器。

2007年8月，怀化市文物处为配合县城建设，受省文物局委托，对中方县新县城的中兴小学、县人民医院等工地进行抢救性考古发掘，共发掘汉代古墓群23座，出土文物有玉璧、滑石璧、滑石猪和陶罐、陶壶及青铜镜等400余件。

2008年6月，怀化市文物处为配合荆坪大桥建设，受省文物局委托，对荆坪大桥工地进行抢救性考古发掘。发掘汉代古墓葬109余座，出土文物有滑石器、陶器等1500余件，其中出土一把完整的滑石剑经省文物考古研究所确认为大陆首次发现，为研究汉代文化、生活、习俗及军事提供重要的实物。

2009年6月，省文物考古研究所为配合清水塘水电站建设，对铜湾镇新屋村岩匠屋新石器时代至西周遗址进行抢救性考古发掘。发掘面积200平方米，文化堆积层厚约0.4—0.8米，文化层中夹有大量红烧土、打击石片、白陶、夹砂红陶、黑陶及夹砂灰陶等陶片，可见纹饰有戳印纹、刻划纹、绳纹和方格纹。该遗址对本地区新石器文化谱系研究及商周文化的研究有着重要意义。

2010年12月，省文物考古研究所为配合溆怀高速公路建设，对泸阳镇杨柳村神家庄明代古墓群进行抢救性考古发掘。发掘明代古墓葬20余座，无随葬品出土。为研究本地区明代葬制习俗提供重要实物资料。

2013年10月，省文物考古研究所为配合怀化职教城建设，先后对紫荆西路、竹子园等建设工地工进行抢救性考古发掘，发掘战国至汉代古墓葬200余座，出土文物有玉环、陶器、青铜器等1800余件，其中凤纹青铜戈和虎纹青铜戈为怀化市首次发现，为国楚文化研究提供重要的实物资料。

第五节　文物保护

一、保护单位

1998年12月，经县县人民政府同意并批准公布洑波宫、荆坪古驿道、孝义坊、诸葛城遗址四处为第一批县级文物保护单位。

2000年5月，县政府公布铜湾周氏宗祠、节孝坊、荆坪古井、潘氏宗祠、五通庙、关圣殿六处为第二批县级文物保护单位。同年12月，省政府授予中方县“文物保护五纳入工作先进县”。

2002年5月，省政府将荆坪村民居群、新路河孝义坊两处公布为第七批省级文物保护单位。2004年9月，怀化市人民政府将接龙镇龙溪村杨氏宗祠公布为第二批市文物保护单位。2005年9月，对本所馆藏文物进行清查与核对，并初步进行建档等一系列工作。同年，县财政首次将文物保护专项经费纳入财政预算，安排资金为0.5万元。2006年1月，省文物鉴定委员会对县文物所馆藏文物395件（套）进行鉴定，共计167件（套）文物上等级。是年12月，对167件（套）上等级文物进行影像摄制工作，并对相关数据进行汇总，建立较为全面的文物档案。6月，省政府将黄溪村古建筑群公布为第八批省级文物保护单位。2011年1月，省政府将铁坡镇江坪村“丁氏宗祠”“幽芳草堂”公布为第九批省级文物保护单位。2013年3月5日，国务院将荆坪村古建筑群公布为第七批全国重点文物保护单位。

二、保护措施

1998年，全县22个乡镇人民政府成立文物保护领导小组，有文物保护单位的乡镇还聘请文物保护监督员，形成县、乡、村、监督员四级文物保护网络。2012年7月，县政府与辖区内有文物保护单位的中方镇、铁坡镇、接龙镇、新路河镇、铜鼎镇共六个乡镇人民政府签订《文物安全责任书》，明确辖区内文物安全的责任、权力、义务和奖励办法。2013年县财政列支10万元，主要用于文物库房设施设备维护、文物保护单位维修和日常管理等开支。

第二章 旅 游

中方县辖区属丘陵山区。境内溪河密布、山峦重叠、沟壑纵横，自然景观丰富多彩。东有铜湾镇黄溪的群龙飞瀑和新建镇康龙的仙湖秘境，南有桐木镇宝寨的岩泉溶洞和下坪乡良坪的仙人峡谷。境域民风淳朴、风情浓郁、历史文化底蕴深厚，有大湘西文化第一村——荆坪文化古迹、中方镇竹站明代摹崖，有铁坡镇江坪、铜湾镇黄溪、新建镇牛眠口等明清时期的古村落，有保存完好的花桥、泸阳、牌楼、铜湾等地的古寺庙，有新建成的中方生态县城、桐木"南方葡萄沟"、牌楼五龙溪人工湖等，这些自然景观和人文景观颇具观赏和开发价值。

第一节 管理机构

1998年，县旅游局为副局级二级机构，同年成立旅游开发中心，为自收自支单位，隶属县旅游局管理。2001年，成立荆坪管理协调机构。2004年，县委、县政府决定撤消县旅游局和外事侨务办公室，组建新的旅游外事侨务局，为政府直管一级机构。设办公室、旅游开发管理股、外事侨务股三个内设机构，有干部职工42人。2007年3月，成立荆坪管理处，级别为副科级，为县旅游外事侨务局的二级机构。2012年11月，县旅游外事侨务局更名为县旅游局，其承担的外事侨务职能划入县委统战部的外事侨务办公室。

第二节 旅游资源

一、自然景观

岩泉洞 位于桐木镇宝寨村，与"中国南方葡海"一山相连。因洞中有泉水相涌，故名"岩泉洞"。其洞先由北向南进，中途拐弯而穿山西出。洞长不足千米，分前厅、中洞、后门3个部分。前厅，顶似穹庐，光滑可鉴，高数丈，可容纳数百人。中洞，高度最低处不少于5米，宽2~3米，中有一深潭，潭深不可测，但可沿石壁挽裤而过，洞内分两层，形成洞中楼，布满形态各异的钟乳石，中段有一数百米高的圆型天窗直通山顶，一缕天光直射洞中，

洞中有一条潺潺小溪，长数十米，由南向北顺洞流淌，游鱼嬉戏其中，但不知小溪发源哪里，流入深潭后，也不知又流向何处。后门，狭窄而微略向上，可容二人并排躬腰出洞。

㵲水、沅水风光带　境内㵲水河中，建有蓄水量达2438万立方米的三角滩电站和蓄水4460万立方米的牌楼电站，两电站连成一线，其下游与洪江电站淹没区相连，上游与鹤城红岩电站相接，使境内北起枫木湾，南至桐木宋兴村的㵲水水域，形成20千米长的人工湖。沿河两岸有生态城、新园旧石器遗址、龙井新石器遗址、龙井商周陶窑遗址、龙井汉代古墓群、岩头园宋代陶窑遗址、荆坪明清古村落、顺福明代官窑、中方明代玉山禅寺遗址、竹田明代摹崖石刻、桐木南方葡萄沟等多处景区和景点。境内沅江中，建有铜湾电站，库容量达2.11亿立方米，其下游与辰溪清水塘电站淹没区相连，上游淹没区延伸到安江大桥下。使境内南起蒋家乡，北至铜鼎镇的沅江水域，形成一条长约30千米，宽300余米的人工湖。沿江两岸有澄渡江解放军剿匪战场、罗家坡孝义坊、新路河古代青石码头与明清时期的古代小镇、黄溪风景区、铜湾事变革命烈士纪念塔、铜湾兴华村商、周古墓群遗址、宋代诸葛城遗址、铜鼎狮子岩、铜鼎城墙岩（1949年3月16日，张玉琳部暂编第二军独立第四、五团起义地）、铜鼎龙船坪、铜鼎谢家祠等多处景区和景点。境内东、西两大人工湖水域，是游客乘坐游艇、游轮去领略历史文化内涵、观赏自然风光、了解民俗风情的的水上乐园。

黄溪景区　位于县城以东40千米处的铜湾镇黄溪村，总面积约2.5平方千米。自然景观主要由十里峡谷、多级瀑布、映山湖、九灌洞以及林荫小道等组成。黄溪瀑布群气势磅礴、多级相连、形态各异，神韵兼备，有“一眼观三瀑”“九龙飞瀑”等瀑布群十多处。映山湖湖水清澈见底，游鱼嬉戏其中，微风轻拂，波光粼粼，蓝天青山倒影炫丽。峡谷中盘山小道逶迤十里，宛如龙蛇，瀑布涛声如雷，林木遮天蔽日。整个景区气候四季分明，春夏山花烂漫，秋天红叶尽染，冬天琼林素裹，是旅游观光、避暑休闲、探险娱乐、欣赏自然风光的胜地之一。

康龙景区　位于县城以东20千米处的新建镇境内，属国家级森林公园，东西长17千米，南北宽9千米，总面积约61公顷。康龙景区处于湘西雪峰山脉的西端，是湖南省已存不多的原始次森林分布区，野生动植物资源十分丰富，属国家重点保护的珍稀植物28种，国家二级以上的重点保护动物27种。景区内有小（Ⅰ）型水库1座，碧波荡漾，倒影多姿，溪流3条，流水叮咚，飞泉挂瀑。景区属溶岩地貌和喀斯特地貌，溶洞星罗棋布，崖壁风光独特，有原始丛林、千年古藤、鸭丽江峡谷、虎跳峡、鸳鸯湖、莲花瀑布等多个景点和小气候形成的雪景、雾凇、山岚、暮霭等奇特景观。景区中心鸭丽江风光如画，乘船畅游，顿生阳朔漓江之情，更有张家界金鞭溪之感，是一个集生态观光、休闲度假、森林探险、科普教育为一体的生态观光旅游区。

仙人谷景区　位于县城以东的下坪乡良坪村境内，紧贴223省道和娄怀高速公路，距县城28千米，总面积约20平方千米。景区内有一道5千米长的峡谷，峡谷两边皆峻岭峭壁，奇峰怪石，人在谷底仰望，天空犹如一条蓝色的飘带，故名“一线天”。谷底有深溪，谷尽头有两处几十米高的瀑布，气势磅礴。谷中流水潺潺，绿树成荫，崖高壁绝，清凉险幽。相传此处为湘西地域雪峰山脉、武陵山脉、凉山山脉的神仙聚会修道场所，“仙人谷”因此而得名。谷内留存有仙人洞、仙人桥、仙人脚印、神仙打坐修道印迹等。景区是体验探寻道教文化、修身养性、漂流探险、领略自然风光的一方洞天福地。

小浦溪温洞 位于锦溪乡政府以西约1000米处的小浦溪。溪流左岸的石崖上建有张昆烈士纪念碑。温洞连续有三级瀑布，瀑布之下有上、中、下三个深潭，每个深潭的右边都有石洞。上潭，水流落差低，潭面宽，石洞较矮。中潭，10余米高的瀑布飞流直下，潭深数丈，其洞高大而深不可测，10余米长的大树木可在洞中回旋自如。下潭，水流落差最大，20余米高的瀑布声如洪钟，其潭水深蓝，洞深莫测。温洞之名有两种传说：因春夏时节瀑布飞浅，水雾缭绕，似蒸汽腾升，故名“温洞”。又因温洞峡谷两岸刀削斧劈，石洞阴深险恶，加之古木掩荫，瀑布声轰鸣，使人毛骨悚然，少有人敢靠近，当地人称之为“瘟洞”。1952年6月16日，张昆烈士遇害，反革命分子将其沉尸于温洞中潭。

古树 2001年，中方县人民政府对全县古树进行普查并挂牌保护，境内共存有300年以上树龄的古树889棵，其中荆坪潘氏宗祠以北约30米处有7棵古风水树。据潘氏族谱记载，其树龄已逾千年。这7棵千年古树中，千年重阳树和千年驼腰树尤为奇观。

千年重阳树生长在荆坪龙凤桥东南的小溪边，当地人称其为“鸳鸯”树，亦称派生树。母体树高21.2米，围径4.5米。从20世纪40年代开始，在离地6米左右的母体树主杆分枝处，陆续长出五种小树，经林业部门鉴定，这些派生树分别为观音、苦票、金腊、刺桐、槐树等五种。这五种小树杆粗如杯口、碗口不等，而且能与母体六种树和谐共存。春秋时节，六树枝叶繁茂，亦有花果飘香。

千年驼腰树生长在荆坪龙凤挢东北的大道旁，当地人称“歪脖子”树，树高23.5米，围径5米。该树长到不足2米高时，躬腰向西斜长，其主杆横跨村道，越过溪流、水塘后，树梢突然反转，向上生长4米有余。整个树杆的下方离地面约2米，无枝无叶，拱背上生长若干碗口粗分枝，高约7米，树蔸盘根错节，枝叶繁茂葱绿。

南方葡萄沟 中方县桐木葡萄沟景区位于雪峰山下的㵲水河畔，县城西南15千米处的桐木镇大松坡村境内，总面积50平方千米。2013年，区内有刺葡萄种植面积2万余亩，规模宏大，极具旅游观赏价值。景区由大松坡“蒲海”观光园、泥水溪休闲度假村、滑板溪核桃谷、茫冬溪山地民居群、丰坡田园风光等五大片区组成。以农家乐、刺葡萄采摘、刺葡萄酒酿造与营销为旅游载体，集休闲观光、体育运动，餐饮娱乐为一体，广泛吸引游客。主要景点有：葡萄沟、百年老井、百年夫妻藤、观光长廊、葡萄酒酒庄、山地自行车骑行道以及多处农家采摘园，是闻名国内外的“中国南方葡萄沟”或“中国南方蒲海”。2013年，桐木葡萄沟获评“中国刺葡萄之乡”，经省体育局确立为山地自行车户外运运基地，区内百年老藤葡萄树获上海世界基尼斯纪录认证，湖南省政协副主席，世界杂交水稻之父袁隆平亲自题词，誉桐木葡萄沟为“中国南方葡萄沟”。

二、人文景观

荆坪古村 位于中方镇的㵲水河西岸，与县城中心区一河之隔，属县城河西组团。据考古发现，古村内有旧石器、新石器时期古文化遗址20多处，有绳痕斑斑的唐代古井，有明朝时期建造的洑 波宫、文昌阁、观音阁、节孝坊、五通庙、龙凤桥，明清时期修建的潘氏宗祠和农家四合院等一大批古代建筑，古老而幽深的石板巷道，连接着四合小院和农家田园。村中小桥流水，鸟语花香，村口千年的鸵腰树和鸳鸯树遮天蔽日。村民演唱的酒歌、傩戏、渔鼓、霸王鞭等，带有浓厚的民俗文化气息。古村的古朴典雅的江南风情，清新秀美的田园风光，让游客驻足，流连忘返。荆坪古村为国家AAA级旅游景区，属“全国农业旅游示范点”“湖南省历史文化名村”“湖南省首批持色旅游名村”。2013年3月5日，经国务院批准为“国家重点文物保护单”。

黄溪古村 位于铜湾镇黄溪村，占地面积65000余平方米，建筑面积3.6万余平方米。古村历史悠久，民俗文化底蕴深厚，是前国家主席杨尚昆祖居地。抗战时期，为防止日本侵略者的破坏，安江纱厂曾将厂内重要机械设备转移此地隐藏。黄溪古村建造独特，工艺精美、建筑模式基本相同，有小院落150多个，保存明清时期的窨子屋160余栋。房屋建造古色古香，大多数以历史典故、传记人物、飞禽走兽、花草虫鱼为模本，或塑或绘，或雕或刻。村内有9条巷道连接每个四合院落，最长巷道380多米，曲径通幽而神秘，若无人带路，外人很难出入大院。古村主要景观有前国家主席杨尚昆祖居宅址及祖坟碑文、农家雕花窨子屋、曲径石板巷道、杨氏宗祠、仿古酒坊和农家习俗等。2006年5月，黄溪古村列入“湖南省重点文物保护单位”。

铜湾古镇 铜湾古镇位于铜湾镇沅水河西岸，距县城40千米。铜湾原名铜安，古代属黔阳县辖制。清代黔阳县志载：“宋乾德年间（963—968）置铜安砦……”，明代置里，清代设铜安驿，民国初改设铜湾乡。铜湾处于河谷平地，土地肥沃，物产丰富，河面宽阔。据新屋村商周新石器遗址和东周、汉代古墓群考古发掘，证明早在5000年前就有大量人口入住于古镇。中华人民共和国成立以前，古镇不仅是沅江上游三大（辰溪潭湾、溆浦桥江、黔阳铜湾）著名商贸集市之一，而且自古以来就是兵家常争之地。古镇东止沅水河边，西靠大岩头，南起沙螺湾，北至新屋村诸葛城，占地面积约1000平方米。古时设有兴隆街、赌场街、中正街（又称中码头街）、上正街（也称上码头街）、沙螺湾街、新街、半边街等7条街道，素有“七街纵横八条路”之称。最长的中正街达800米，最短的半边街100米。古镇有常住人口3000余人，流动人1000余人。镇内居民从事经商占90%，有店铺300余家，饭店、客栈100余家，烟馆12家，昼夜营业茶馆2家。日有上百过往船只，200余挑夫在此夜宿朝离，同时还常有木排停留过夜。中华人民共和国成立前，古镇沿街江边建有码头7个，分老码头和新码头。老码头有上码头、中码头、下码头和牛肉码头共4个。清末年间，铜湾周姓在老码头上游增修2个码头，铜湾杨姓在下游增修1个码头，统称为新码头。所有码头的水下部分均用大块青石加三合泥砌成，水面以上则用青石板加三合泥砌成阶梯，直至与石板街道相连接。古镇沿街建有江西、宝庆、湘乡、长沙、衡阳、辰州、郴州、永州等八大会馆，古时统称“八府馆”。每所会馆均为明清时期木质排扇穿斗、硬山顶式青瓦房，房屋四周砌有二级马头封火墙，大多数封火墙檐下或塑、或绘有动物、花卉图案。宗教活动场所遍及古街道西南面，建有一店（南岳店）、一廓（文昌廓）、两庵（高坡庵、白帝庵）、五座庙（红庙、白马庙、蚂蝗庙、五通庙、四官庙）。古镇街道采用当地青石板铺成，两边房屋均为明清时期两进穿斗、硬山顶式的二层楼房，一般前为店铺，后为厨房，楼上为住房，每个店铺前均设有四尺高的柜台。铜湾古镇是古代沅江上游最大的商贸交易集市之一，与辰溪潭湾、溆浦桥江两大交易市场并驾齐驱。镇内开设牛场2个，猪场2个，油场2个，米场9个，古镇上游两岸及周边农家大米、食油、桐油、罗家坡的枣子、小湾坪的板栗、大浦口的柴炭、龙头庵的小菜、大江口的蒜苔等悉数在此倾销。平时，古镇停靠码头交易商船100余只。逢集日，从芷江、会同、黔阳、麻阳、溆浦、辰溪等六县进入商船达200多只，交易人员达2万余人，日销牛肉20头，猪肉过100头，日交易大米5000余千克，食油2000余千克。铜湾镇下游地势较为平坦且河面宽阔，其上游两岸地势险要且河面狭窄，是古代沅江下游进入湘西及黔东南腹地的咽喉与瓶颈，自古就有军事要塞之称。宋乾德年间（963—968），在此置铜安砦，周围均用上段削尖的木桩围城。南宋时期，在此用土石修筑诸葛城，屯兵不下三千。20世纪40年代初，驻有国军宪兵营，以维持沅江上游一带军队和地方秩序，组织大量军需物质经常德，然后运往重庆。民国33年（1944），国民党在此屯兵上万，并在古镇河面架设宽5米，长500余米的浮桥连通两岸。

新路河古镇 古镇位于新路河镇沅江东岸的合理村，上游距S312线2.5千米，下游距铜湾镇10千米。古镇原名柳树湾，明代曾在此设里，民国时期设乡。从明代开始到20世纪70年代末，古镇一直是新路河地方政治、经济、文化活动中心。“新路河”一词，最早见于古镇响水洞福兴桥头（俗称来三去四桥）清乾隆年间的记事碑。古镇两岸高山耸立，沿江两岸水深数丈，300余米宽的河面水流缓慢，是船泊停靠的天然港湾，是古代沅江下游一带进入湘西地域的咽喉，也是古时湘中、湘南、湘西等三湘边陲物资的集散要地，素有“担不完的龙潭，填不满的新路河”之称。20世纪60年代以前，新路河古镇沿街共建有9个码头，分上、中、下三组，每组均为三个码头，三组码头之间相隔距离不过100米。上码头一般停靠货船，中码头主要停靠渡船和渔船，下码头停靠货船或木排。码头上，每天停靠货船20余只、渔船300余只，4只渡船交叉往返于中码头。每个码头的水下部位，均用150千克以上的大青石加三合泥砌成，水面以上的码头路面用青石板加三合泥砌成的台阶，直至与石板街道相连接。沿码头江岸一线植有近百棵柳树作为船桩。到21世纪初，9个码头仍保存完好，江边2米径围古柳树莣若隐若现。2005年，铜湾电站蓄水后，新路河古码头全部淹没。新路河古街始建于明代，鼎盛于清末，民国初期，这里仍商贾云集，镇貌繁荣，有小南京之称。每日古街有20余只货船往返于常德，从此运出茶油、桐油、大米、斗笠、山货等货物，运进食盐、食糖、布匹、百货等生活物品。街内有常住人口2000余人，日流动人口500余人，店铺400余家，其中开钱庄（楚保银行）1家，米行8家，糟房9家，铁匠铺6家，烟馆2家，整个古街仅有农户3家，经商户占99%，其中70%开客栈和饭店，日销猪、羊、牛肉50余头，日卖大米超过1吨，有“货比衡（阳）宝（庆），财过三江（安江、洪江、芷江）”之谓。古街道沿江岸而筑，路面为青石板，长1000余米。街道临江一线，为一色串枋式木结构吊脚楼，内街为一色两进串枋式木结构楼房，门窗有雕花，户与户之间修有封火马头墙，墙顶檐边以绘画装饰。街道中央每隔一段距离修有砖砌拱门，巷道、住户走廊皆用青石板铺就，素有“七巷、八拱（拱门）、九条街”之称。中华人民共和国成立前，每家店铺前挂有一个木框糊纸灯笼，通宵达旦亮灯，方便商旅住行，灯笼内大多点蜡烛或油香，民国年间开始有人在灯笼内点煤油。上街、下街内建有江西、福建、五宝（宝庆）、核心（溆浦）、寿福（衡阳）、八府（楚南）等会馆6个。街南、街北、街后建有南岳殿、飞山庙、城隍庙、水星庵、雷公庙等庙宇5座，当地曾流传：“上有飞山庙，下有水仙（星）庵，能给百姓保平安。”围绕古街，周边建造碉堡5座。民国9年（1920）和民国15年（1926），古街两次遭土匪放火，烧毁明清古建筑100余栋。1969年和1989年，沅江两次大水，将古街外线的吊脚楼冲毁，所剩无几。2003年，铜湾电站动工，作为淹没区，古街外线吊楼全部拆除，有关居民迁移怀化市内。新路河古镇，是古代三湘边陲的重要商埠，向东、向南、向北有1.2米宽青石板古道3条。东面古道，由下街起步翻山，经铁坡、活水，达溆浦的龙潭、隆回的小沙江、洞口的江口、绥宁、武岗北部、洪江市的洗马、塘湾等地，每天有往返挑夫100余人。南面古道，由上街起步，攀登1000余个石板阶梯，经石宝，达洪江市东部地区，每天经过的挑夫不下百人。北面古道，由下街过福兴桥沿江而下，经丁家、蒿吉坪，进入辰溪西南边区，每天走过的挑夫多达60余人。三条古道紧靠古镇路段保存完好，古道交叉路口的指路碑清晰可见。

竹站古街　位于中方镇南端的溇水河岸。竹站原名竹寨，明初设竹寨铺，明宏治年间设竹寨驿，清代更名为竹田，民国26年（1937），衡（阳）芷（江）公路修通，设“竹田汽车站”，简称“竹站”，沿用至今。竹站古街紧靠溇水河，北起松树坪，经龙凤风雨桥，向西延伸至渡口，全长500余米，街道两边民房，均系串枋式三柱四瓜或五柱四瓜直通的明清木结构建筑，每户临街都置有四尺高的铺台，铺台上以活动木板槽开夜关，户与户之间砌有青砖翘角防火墙。下街有泥湾码头，上街1000米处有牛屎坑码头。街东有白岩山回龙寺，街北有松树坪尼姑庵，据史料记载：明弘治年间，古街附近修建有聚春楼、洗心亭、玩易台三大建筑。街南100米处有明代摹崖石刻。竹站古街是当年沅州、辰州二府边陲宗教文化的活动中心，也是集商贸流通、休闲娱乐于一体的古集市。2003年，因泰格林纸厂的废气影响，古街道居民整体搬迁至市工业园安置区。

仁和坊 位于新建镇牛眠口村七组，座南朝北，为清代中期建筑，材质均为花岗岩。仁和坊坊基宽0.96米，纵深0.90米，高0.86米，实际坊宽0.78米，纵深0.57米，高0.88米，坊通高1.74米。坊顶用花岗岩雕刻成硬山顶式屋顶。坊门为圆拱形，上方阴刻有“仁和坊”三个字，两侧阴刻对联，右为“仁心通位育”，左为“和气降祯祥”。坊内石壁上雕刻男女石像各一幅，坊外正面浮雕均为花卉图案。仁和坊是境内古牌坊中最为小巧的石坊，是晚清时期建筑艺术革新和思想进步的实际物证。

贵鱼村天济桥 位于石宝乡贵鱼村一组小浦溪上游。该桥为青石单孔石孔桥，桥面无亭，桥身长29.4米，宽5.3米，始建于明崇祯七年。石桥南端立有清雍正、康熙年间《亘古不磨》《悠久无疆》《新造天济桥》石碑三通，碑体规格分别为：1.9米×0.87米、2.06米×1.1米和1.7米×0.76米。据碑文记载，天济桥是境内古代桥梁建造过程中历时最久，耗资最多的石孔桥。

卧龙村乐城风雨桥 又称乐城亭，位于接龙镇卧龙村盈台组，南北向350度，桥长22.5米，桥宽5.14米，建于清嘉庆元年（1796）12月。该桥为石直墩、木质抬梁式结构，桥面建有排扇穿斗、直檐、硬山式屋顶的凉亭，桥中砌有一座青石、船形、分水金刚式桥墩，桥两端均为方形坝墩，墩上纵横并排四重巨杉圆木做枕，亭内两侧通设厚枋木凳，亭上8根横梁均画有辰州符，并刻有铭文“皇清嘉庆元年拾贰月谷日”等95字。

双桥溪风雨桥 又称双桥溪亭，位于农场乡龙场村三组，建于清代中期（具体年代无法考究）。双桥溪风雨桥为单孔石拱桥，桥长20.3米，宽5.6米，桥基、桥拱均为青石砌成，桥面用青石板铺就，桥上置木质穿斗结构的翘角凉亭，凉亭中部建有三重檐六角攒尖顶，亭上均施小青瓦，亭内未见绘饰、铭文，但两侧均设木质护栏和枋凳，中间部位设有神龛。该桥是龙场乡四个行政村出入必经要道。

竹站村龙凤风雨桥 位于中方镇竹站村桥头组。该桥为青石单孔石拱桥，南北走向，桥长35米，宽5.3米。石桥两端均有石砌台阶，其南为9级，北为15级，桥上凉亭为木质抬梁式结构，九开间（古时为13间半），门楼为双肩重檐式，凉亭中部为歇山顶木质穿斗结构亭楼，整个亭楼盖小青瓦，亭内两侧均设花格护栏和枋凳。龙凤风雨桥的历史可追溯到明代以前，因当地古时传承下来的茶山号子、酒歌对答中就有“荆坪的吊井有多少嵌？竹站的桥亭有好多间？月门坳的松树有几个尖?”。清光绪以前几经换修，多以栗木、杉木做枕，木质抬梁穿斗为亭。20世纪80年代，按桥亭原样改木质桥枕为一跨式石拱风雨桥。

寺庙教堂 县内有宗教合法活动场所46处，每个景区旅游线路上都有可供观赏的寺庙或教堂。黄溪旅游线路上有蒋家基督教堂和铜湾高坡寺等。仙人谷旅游线路上有泸阳骑龙山寺、下坪太平寺、花桥观音寺、聂家村飞龙寺等寺庙，其中观音寺多次被县政府授予“五好宗教活动场所标兵”。五龙溪、南方葡萄沟旅游线路上有市工业园区的祖师殿、竹站回龙寺、牌楼回龙禅寺、桐木观音阁等寺庙，其中回龙禅寺、观音阁曾多次被县政府授予“五好宗教活动场所标兵”。这些古刹的青瓦红墙篆刻着境内宗教文化的风雨创伤，寺内的清灯古佛又体现出境内宗教文化的渊源流长，是游客进香祈福，领略宗教文化内涵的好场所。

张昆烈士纪念碑 张崑烈士出生于民国5年（1916），男，河南曲阳人，民国29年（1940）参加革命，同年加入中国共产党，1949年随军南下留任怀化，历任二区区长、七区区长。1952年6月16日，在去绵溪乡农会召开抗旱工作会议的途中，被反革命分子残忍杀害，并将其尸投于小浦溪温洞潭，牺牲时年仅36岁。1992年11月26日，锦溪乡人民政府为纪念烈士英灵，在温洞潭石崖上修建张崑烈士纪念碑。纪念碑座东朝西，碑身分三层，碑座为二重长方形，碑身正面为行书刻“张昆烈士纪念碑”七个红色大字，碑身下方嵌有张崑烈士生平简介的青石碑。碑身通高4.6米，宽1.03米，厚0.86米。纪念碑四周设有0.87米的钢筋混凝土护栏。

铜湾烈士纪念塔 位于铜湾镇沅水左岸离江50米处的狮子岩上，坐东朝西，塔身为六棱形，高9米，整体麻石砌成。铜湾烈士纪念塔是为纪念铜湾事变中英勇就义的张英民、刘进宝、叶于平、彭道明和罗泽咸五位死难烈士。1990年3月，原县级中共怀化市委、市人民政府特建此塔。纪念塔的正面和背面分别塑有原怀化市委书记李铭生题字“铜湾事变殉难烈士纪念塔”和“殉难烈士永垂不朽”。塔身正面两侧各立记事碑一通，背面则有中共中方县委、县人民政府于2001年12月所立的“中方县青少年爱国主义教育基地”碑一通，纪念塔的周围及过道两边均设有封闭式磨石栏杆，占地面积156平方米。

车坪无名烈士纪念碑 位于花桥镇车坪村，座东朝西，整体呈三角形，碑正面为麻石砌成，阴刻有“无名烈士纪念碑”七个大字。纪念碑下方墙体上阴刻有序：1949年8月，我军野战军38军113师，在解放怀化的战役中，至花桥与国民党108军某部遭遇，先后有12名解放军官兵流血牺牲。碑基为水泥砌成的三级台阶，现代瓷砖铺就。碑前并列建有规格为2米×12米×1.1米的七座墓椁，象征烈士长眠于地下的七座坟墓。2003年12月30日，由怀化市民政局、县民政局、花桥镇政府、花桥镇车坪村民委员会同立此碑。

仁和坊 位于新建镇牛眠口村七组，坐南朝北，为清代中期建筑，材质均为花岗岩。仁和坊坊基宽 0.96 米，纵深 0.90 米，高 0.86 米，实际坊宽 0.78 米，纵深 0.57 米，高 0.88 米，坊通高 1.74 米。坊顶用花岗岩雕刻成硬山顶式屋顶。坊门为圆拱形，上方阴刻有“仁和坊”三个字，两侧阴刻对联，右为“仁心通位育”，左为“和气降祯祥”。坊内石壁上雕刻男女石像各一幅，坊外正面浮雕均为花卉图案。仁和坊是境内古牌坊中最为小巧的石坊，是晚清时期建筑艺术革新和思想进步的实际物证。

翰墨香塔 位于袁家乡上炉村五组，坐东北朝西南。整体为青砖砌成三重檐攒尖顶六角型塔，塔身通高 20 米。塔基为方型，青石砌成。塔身第一层正面有高 91 厘米，宽 25 厘米的门通塔内，门上嵌有青石碑一块，上书“翰墨香”三个大字及光绪十三年五月（1887）杨才用世模世振敬修，匠师丁万镒杨才公祭泰等文字。

生态城 位于怀化市以南的㵲水河畔，距怀化市区 10 千米，规划区域面积 38 平方千米，分北组团、南组团、河西组团三大板块。区域内有平地、丘陵、河流、湖泊，山清水秀，景物宜人。城区集行政、商贸、教育、文化、科技、餐饮、住宅、休闲、娱乐、旅游于一体，城内每个小区的建筑独具匠心，各有风格，或靠山而建，或依水而筑，布局和谐，错落有致，形成“城在山中，河在城中，楼在园中，园在绿中”的生态格局。中心区建有金大地森林公园、金大地文化广场、文化长廊、防洪堤风光带、九拱桥、荷花池。春天，樱花、杜鹃花点缀整个城区。夏天，荷花满池、牡丹、玉兰绽放。秋天，满城金桂、丹桂、银桂花蕊吐香。冬季，城中不仅有梅花、茶花、菊花傲霜迎雪，而且迎松路的苍翠、五溪路的红叶、银杏路的金黄而令人心旷神怡。整个城区四季花飘香，处处闻啼鸟，人如画中行，是城镇居民休闲、观光的好去处。

五龙溪库区 位于县城以南 18 千米处的牌楼镇白良村境内，属国家级水利风景区。景区面积 17 平方千米，水域面积 65.4 公顷，库容量 1400 万立方米，集防洪、灌溉、发电、养殖、旅游观光为一体。库区气侯温和，山地、水域浑然一体。由于五条溪流汇集于此，所以，民间有五龙汇水之传说。景区内植被丰茂、山清水秀、鸟语花香，土特产品极为丰富。主要景点有库区特种养殖场、水上游乐场、岩溪仙洞、将官寨、猫耳洞、千年古杉、库区吊脚楼和核桃林等，为会务接待、运动休闲、身心疗养、城郊旅游胜地。

市生态工业园 怀化市生态工业园，北起中方镇中方村，南至桐木镇孔木湾村，东以焦柳铁路为界，西止㵲水河东岸，南北长 15 千米，东西宽 2.5 千米，规划建设用地面积约 30 平方千米，涉及境内中方、牌楼、桐木等 3 镇 14 村。是以“一轴三片”为空间布局，以经济和生态工业理念为指导，全面实施环境保护、资源再生和可特续发展的新型工业园。园区有贯穿南北东西大道 6 条，滨江大道长 4 千米，路边有亭台廓榭、名木花卉、造型群雕、卵石曲径点缀，宛如一幅画卷镶嵌在㵲水与滨江大道之间。园区有文化广场 1 个，占地 8 公顷，其中绿化、水域面积占 40%。广场中“一廊两轴七片区”的巧妙设计独具匠心，办公大楼、商业写字区、中心舞台、九曲碧水、流怀诗廊等景观一廊尽揽，苗木造型的“怀化工业园区”六个立体大字醒目地嵌在后山上，雄伟的办公大楼恰似一座无字的丰碑，与后栋办公楼房巧妙地形成一个“工”字结构。广场中的主题雕塑玉兔奔月，象征园区工业产业快速发展。

土地主生态农庄 位于炉亭坳乡马家溪村，距320国道1千米。占地面积20亩，除征用土地外，总投资700余万元。庄院中23棵古枫树遮天蔽日，院后绵延上千亩竹林，并且在竹林中辟有环形石阶小径，以供游客登山观赏“竹海”，院前小桥流水，溪水清澈而游鱼可数，整个农庄山光水色相映，四季鸟语花香。内设50个床位和大小会议室、茶艺室各一个，有可供200余人同时就餐的餐厅和包房，农庄外建有游泳池、植物观赏园，水果采摘园、蔬菜种植园、畜禽养殖场和200个车位的停车场，年接待游客4万余人次。2012年，获评定为“湖南省四星级休闲庄园”。2013年，上升为“湖南省五星级乡村旅游区（点）”。

华汉山庄 位于桐木镇茶场，距省道1公里。占地面积500亩，除土地外，总投资1200万元，内设会议室，茶艺室，以及可供500人同时就餐的大餐厅和小包房。庄院外建有游泳池、水果、茶叶采摘园、疏菜种植园、畜禽养殖场和60个车位的停车场。该山庄以名茶品赏和地道的农家菜肴接待游客，年接待游客6万人次。2012年，获评为“湖南省四星级休闲庄园”。2013年，获“湖南省五星级乡村旅游区（点）”。

竹园山庄 位于境内下坪乡桥上村，紧靠仙人谷景区和娄怀高速公路，是集种养加工、旅游观光，餐饮接待于一体的新型农村合作社，占地面积1600余亩。山庄内建有餐饮部、住房部两大主体楼。餐饮楼内设有大、小餐厅、包厢、茶艺室，可接纳500人同时就餐。宾馆楼内设有42个床位和瑶浴体验中心、大会议室各一个。山庄外建有脆香梨、湘珍珠葡萄、水产养殖三大基地和50个车位的停车场，总投资超过3000万元。2008年，竹园山庄获评予“中方县10家种养大户”“怀化市十大农村经济带头人”和“湖南省十大湘菜原料供应基地”。2011年10月，获农业部授予“农村实用人才带头人”等荣誉称号。2012年，竹园山庄获评为“湖南省四星级乡村旅游（区）点”。

第三节　旅游开发

一、旅游开发规划及政策

2003年，县政府出台《中方县人民政府关于加快旅游产业发展的暂行办法》。2007年，制定《中方县旅游产业发展优惠政策》。同时，到县兴办旅游项目的投资商享受《中共怀化市委、怀化市人民政府关于进一步加快旅游发展意见》的相关优惠政策，并视同工业项目享受县政府2006年出台的《中方县招商引资优惠奖励暂行办法》各项优惠政策。2010年，县政府就加快发展文化旅游产业作出若干规定：凡在2011年底以前，在境内投资建设度假村、星级宾馆、休闲娱乐中心、旅游购物中心、旅游产品开发等旅游项目，投资金额在500万元以上的，可享受供地优惠。投资金额在1亿元以上的重大旅游项目还可以实行“一事一议”，如能定期运营，县本级各项行政事业性收费只按每平方米24元包干。2009—2011年，为有效、有序系统开发旅游资源，县委、县政府制定出台《中方县旅游总体规划》和《荆坪古村控制性规划》，成立荆坪古村旅游开发协调指挥部，与张家界金鑫旅游有限公司正式签订荆坪古村和黄溪景区开发合同。2011—2015年期间，按照《中方县鼓励招商引资扩大投资若干规定》，凡投资在3000万元以上（含3000万元）的文化旅游项目，其营业期间所缴纳税金县本级每年所得部分按50%补贴给开发商，并逐年递增10%。鼓励和支持企业实施品牌带动战略，鼓励各类金融机构加大对县城文化旅游产业发展的信贷支持力度。从2012年起，凡新评为国家AAA、AAAA、AAAAA级旅游景区的，县政府从文化旅游产业发展引导资金中分别一次性给予10万元、30万元、50万元的奖励。铜锣湾三星级大酒店为县城第一家获奖单位。对进入省十强或全国百强的旅行社和文化企业，一次性给予10万元奖励，对获得国家、省级名牌的文化旅游企业，分别一次性给予5万元、3万元的奖励，金融机构在完成县人民政府下达的任务的，同样可按银企合作目标管理责任状兑现奖金。同时，县政府还对三星级以上宾馆（饭店）、省级以上农家乐示范点和省级以上文化旅游品牌企业使用水、电、气价格和稳定从业人员就业等都有优惠和奖励。华汉山庄、土地主生态农庄等为县内第一个获奖并享受水、电、气价格优惠的乡村农家乐。8月26日，在2013年湖南省新获国家地理标志保护产品新闻发布会上，中方县“湘珍珠”葡萄获国家地理标志保护产品。9月，举办“中国怀化首届刺葡萄旅游文化节”，开幕式上颁发“中国刺葡萄之乡”牌匾和大世界基尼斯最大刺葡萄藤认证书。10月，湖南省体育局确定桐木葡萄沟景区为“山地自行车户外运动基地”。

二、旅游景区建设

1998年，成立县旅游开发中心。为使境内旅游产业迅速崛起，县委、县政府采取政府投入、招商引资和群众参入三者并行开发模式，进行境内旅游景区、景点以及旅游服务设施的建设。

2001年2月，投资60余万元启动仙人谷景区宾绾及配套设施建设，在荆坪古村景区内改厨改厕，建设沼气，开办农家乐13家。2003年3月，引进当地民营资金600万元，完成开发黄溪景区的第一期工程（包括景区道路、接待服务等基本设施）。2004年5月1日，正式对外开放，当年接待游客5万余人次。是年，引进市内民营资金50万元，以股份制形式，建成康龙景区9万立方米的蓄水坝和漂流附属设施。9月，五龙溪水库管理站投资30余万元，修建旅游接待中心及配套设施。10月，湖南晨阳千竹山旅游开发有限公司在康龙景区正式挂牌成立。2005年，县政府与开发商共同投资630万元，修建黄溪景区旅游公路12千米。2006年，县政府投资90万元，修建康龙景区公路1.5千米。投资65万元，修复荆坪古村的旅游巷道2千余米。2007年3月，县委、县政府成立荆坪旅游管理处（属二级机构），着手制定旅游安全防范应急措施，防止骗客、宰客现象产生，营造诚实诚信、欢快轻松的旅游环境。是年，水利部门投资450万元，修建五龙溪景区公路5千米。2008年，县委、县政府投资3000余万元，修建通往荆坪古村的㵲水河大挢，结束轮渡过河进村历史。

2012—2013年，按照国家AAAA级景点建设标准，县政府投资600万元，建成南方蒲海环形公路10千米。投入300万元，建成大松坡村部至泥水溪水库的景区公路5千米。投入1100万元，建设游客接待中心、生态停车场、葡萄酒酒庄（葡萄酒吧、葡萄酒窖、葡萄酒深加工产品展示和销售）、自行车骑行道、步行道、公厕、景区标志性牌枋，并对景区内星级农家乐进行改造，在景区内设置各种标志牌。2013年6月，2013年湖南（香港）投资贸易洽谈周在香港成功举办。县重点推介的湘珍珠葡萄项目成功与美国月色美地红酒烈酒国际贸易集团签约引进雪峰月色葡萄酒庄项目，引进资金1940万美元。9月，“中国南方葡萄沟”开园仪式、千人游园采摘暨吃葡萄大赛、雪峰月色酒庄项目奠基仪式、“湘西味道”旅游商品购物街开街、荆坪文化游、首届刺葡萄节项目签约和刺葡萄产业发展科技论坛等活动。首届刺葡萄节项目成功签约怀化机械大市场、葡萄产业化开发建设等12个重点投资项目，合同引资近36.4亿元。10月，县政府投资8000万元，进行黄溪景区专用公路和映山湖大坝建设。

三、旅游商品

中方斗笠　境内独有的传统手工业产品，已有500多年的发展历史，为清乾隆年间朝廷贡品。1972年，美国总统尼克松访华时，中方斗笠作为中国手工业精品与其相赠。中方斗笠主要产于中方、炉亭坳、牌楼、桐木等乡镇。它造型别致，工艺独特，从砍竹、破篾、织模、插顶、摊棕、铺纸、煞边、涂墨、刷浆、抹油到成品，其间共有20多道工序。1998年，中方县把中方斗笠作为重点旅游商品开发。中方生产的精品斗笠，其里篾的一面成半圆型，面篾细如绵纱软如丝，表面晶莹透剃，光泽照人。是深受农民和游客所喜爱的“晴雨两便”最佳日常用品。全县年产斗笠100万个以上，产品远销广东、广西、贵州、四川、湖北、江西、浙江等省（自治区）。1999年，中方斗笠打入国际市场，深受日本、荷兰、西班牙、澳大利亚、新加坡、法国、美国和芬兰客商的青睐。2006年，中方斗笠荣获“湖南省非物质文化遗产”荣誉称号。2013年4月，在第六届湖南省西部博览会上，获“农博会优质农产品金奖”。中方县成为闻名海内外的“中国斗笠之乡”。

湘珍珠葡萄　又名“刺葡萄”，在中方县境内有400多年的种植历史。2002年，县委、县政府推进刺葡萄产业发展。至2013年，全县种植面积4.15万亩，年产量8.2万吨，其中桐木镇就有刺葡萄种植面积2.2万亩。湘珍珠葡萄外形美观、果粒圆型、肉质细腻、浓香多汁，含大量维生素和人体所需的十多种氨基酸，有生津止渴、降压健胃、抗癌润肝、增强记忆功能。酿制的湘珍珠葡萄酒，补益气血、延缓衰老，是天然的营养佳品。

脆香梨 形似葫芦，果实大，平均果重350克，最大果重1.5千克，果肉呈乳白色，果核小，可食率达95%。该果生津润肺，长期食用可预防感冒，对气管炎、支气管炎、结核和肺气肿等引起的咳嗽有良好疗效。脆香梨主要产于境内的仙人谷景区的竹园山庄。

提子 属藤蔓植物，原产于我国北方。2010年，炉亭坳乡从新疆自治区引进提子品种。至2013年，种植提子5.5公顷，年产200余吨。提子果实略带橙黄而少核，吃时有清香、脆甜之感，老少皆宜，是馈赠、招待亲朋贵宾的佳品。

中华鲟 属国家二级保护动物，是我国特有的古老珍稀鱼类，为世界现存鱼类中最原始的种类之一。境内铜湾、铜鼎的沅水水域有此鱼类活动。中华鲟体型大，肉质肥美，而且少刺，其卵可制鱼子酱，属珍贵食品，鳔和脊索可制鱼胶，具有较强的食用价值和经济价值。五龙溪特种养殖观光园，是境内唯一的中华鲟人工养殖场所，前去观赏、品味的游客接踵而至。

鸭嘴鱼 学名匙吻鲟，原产于美国中部和北部的湖泊和海湾沿岸地带，因嘴长得像一个长长的汤匙把而得名，是与中华鲟同属一个家族的“兄弟”。从外观来看，其鱼嘴扁平而酷似鸭嘴，但比鸭嘴长几倍，50多厘米长的身子，却被又扁又长的嘴巴占去一大半，故又名鸭嘴鱼。鸭嘴鱼周身光滑，深灰色的鱼身，多涎而无鳞片，其肉质细嫩、鲜美，且刺少肉多，几乎一根龙骨直连鸭嘴。五龙溪特种养殖观光园，是境内唯一的鸭嘴鱼人工养殖场所，为游客观赏品味。

铜湾河鱼 铜湾、铜鼎、新路河沿河群众以捕捞野生鱼为主要经济来源。主要品种有青鱼、草鱼、鲤鱼、黄刺骨等种类，因沅水水质清澈，无工业污染，鱼质味道鲜美。2005年，铜湾河鱼产量200吨左右。2013年，铜湾养殖户杨小清组织合作社注册“铜湾河鱼”商标，获“湖南省著名商标”称号。县政府鼓励库区渔业综合养殖，发展网箱养鱼、围栏养鱼、库叉养鱼及人工增殖放流，年产量增加至500吨左右。

中方腊味品 在境内历史悠久，远近闻名，其品种主要有腊五花肉、腊猪头、腊膀腿、腊猪脚、腊猪肠、腊香肠、腊猪肚、腊牛肉、腊羊肉、腊狗肉、腊血粑、腊灌粑、腊鸡、腊鸭、腊鱼等。每年立冬之后的腊月，开始熏制腊味。其制作工序：首先将上好的肉类用食盐、五香粉、花椒、白酒腌制一周以上，然后取出挂之于火坑上，用文火熏制四周以上。腊肉在腊味品中尤为突出，吃的时候，放在火上将腊肉皮烧爆，用刀刮洗干净后，或炖，或蒸，或炒，熟后精肉成丝，肥肉发亮，有一种特别的腊香味，可谓“一家炖腊肉，满院闻香味”，是游客喜爱佳肴。

花桥豆腐 花桥豆腐历史悠久，花桥居民自古以来就有制作豆腐的习俗，是花桥的一大传统特色产业，主产境内花桥镇车坪村。该地多石灰岩，出优质泉水。当地村民利用优质泉水和种植的大豆，用传统手法加工而成。加工的水豆腐嫩、滑、实、香、爽口，豆腐煎炸不粘锅、易膨胀，外黄内白，口感糯香，外焦而里嫩，伴以佐料，香气四溢，为市场畅销和游客喜爱的一道名菜。因其以滑、嫩、香、鲜、爽的特色在怀化境内及周边省市地区具有很高的知名度。花桥有豆腐加工作坊41家，相关从业人员600余人，形成较为完备的产业链条，由花桥豆腐加工而成的豆干、豆腐乳等豆制品远销鄂、贵、云、川等地区，市场反响良好。

竹笋　全县有竹林面积10万余亩，年产竹笋5万吨以上。竹笋为多年生常绿草本植物，分水竹笋和毛竹笋两大类，水竹笋类有早竹笋、烟竹笋、包脑壳笋、珠竹笋、紫竹笋、斑竹笋和苦竹笋七种，这类笋既能就鲜爆炒，亦可煮熟后爆炒或凉拚，还可以煮熟后晒（烘）成干笋存放。毛竹笋类有楠竹笋、红毛竹笋和桃竹笋三种，这类竹笋除楠竹笋同水竹笋同样吃法外，其他两种只能煮熟后爆炒或晒（烘）干存放备用。除桃竹笋在农历的六、七月出土之外，其余笋种均在农历的三、四月出土。竹笋无论鲜、干都含有丰富的蛋白质、氨基酸、脂肪、糖类、钙、磷、铁、胡萝卜素、维生素B1、B2、C。竹笋具有低脂肪、低糖、多纤维的特点，食用竹笋不仅能增强血管壁的韧力，同时还能促进肠道蠕动，具有助消化、去积食、除便秘、防肠癌的功效。竹笋属天然低脂肪、低热量食品，是肥胖者减肥的佳品。

核桃油　核桃树属多年生落叶乔木，其果实在每年的8—9月成熟，成熟的果实可晒后榨油食用，也可生吃果仁，是天然的补脑、降脂、降压、润肺、养肾和美容的极佳医疗保健食品。境内核桃主要产于炉亭坳乡、牌楼镇、桐木镇和中方镇。年产核桃300吨以上，榨油可逾30吨，颇受游客青睐。

青钱柳茶叶　青钱柳又称摇钱树，具有天然降血压、降血糖、降血脂的功能，对增强人体免疫力、抗氧化、抗衰老,保肝 脂肪肝具有独特作用，尤其对糖尿病人群,有显著降血糖的功效。中方县有大量的野生青钱柳，青钱柳主要产地蒿吉坪乡因海拔地势较高，基本保持原生态状态，高山云雾绕绕，利于茶叶内含物质积累，富含皂苷、黄酮、多糖等有机物质，生产上不施用农、化肥，是绿色健康的有机食品。蒿吉坪乡罗洪村有一株最大的青钱柳树，胸围达128厘米，树高18米，树龄150余年。2010年，蒿吉坪乡吉都堂村村民杨英永率先人工种植青钱柳200余亩，2013年开始采集茶叶，亩产茶叶100公斤，市场售价800元每公斤，具有很好的经济效益。同年蒿吉坪瑶族乡吉都堂村、助溪村分别成立土地专业合作社，发展青钱柳茶叶集中种植基地300亩，带动220余户发展500亩，种植青钱柳总面积1000余亩。

中方刺葡萄酒　中方刺葡萄酒酒精度在11.3%~12.6%之间，中等酒体，所含单宁为小分子单宁，含量适中，口感柔和，刺葡萄皮含有大量花青素在发酵时溶于酒中，呈现紫罗兰红色，非常靓丽。新鲜刺葡萄酒果香浓郁、突出，具有黑樱桃、蓝梅、草莓、覆盆子和李子的果香以及一丝香草香气，陈年的刺葡萄酒香气更加淡雅，能闻到中国南方大自然特有的泥土气息。中方刺葡萄酒易入口，酒体饱满丰润，回味感较强，典型性突出，最具东方人口感。

2007年中方县成立刺葡萄加工企业湖南桐木酒庄有限公司，研发出多款具有浓郁地方特色的中方刺葡萄酒。主要有白刺葡萄酒、红刺葡萄酒及桃红刺葡萄酒、刺葡萄白兰地等，其中以干红刺葡萄酒和甜红刺葡萄酒为主。经检测，中方刺葡萄酒白藜芦醇含量达0.676mg/L，总酚含量达3627.9mg/l，总花色苷含量达1254.2mg/l，对人体具有抗氧化性、抑制冠心病、降低血脂肪、抗癌、抗衰老等多种保健和疾病预防作用。

湖南桐木酒庄生产的湘珍珠刺葡萄酒作为全球唯一中国葡萄酒品牌录入英国国际食品周刊。

四、旅游接待

2001—2010年，全县有旅游特色餐馆92家。生态城区的铜锣湾大酒店、颜庭大酒店、桃花岛、卧龙岗食府、太子大酒店、交通鹅馆、恒达大酒店等最为出名。其中铜锣湾大酒店达三星级酒店标准。全县有农家乐52家，多分布在乡村景点区。比较有名的农家乐有竹园山庄、绿丰园、群发楼、华汉山庄、土地主生态农庄、兄弟农家乐、柳林人家、水乐山庄、百年老藤休闲农庄、高家庄休闲农家乐等。2010年，荆坪群发楼获“湖南省首批旅游家庭宾馆”称号，水乐山庄、兄弟农家乐、绿丰园等获“湖南省首批二星级乡村旅游（区）点”称号，竹园山庄、华汉山庄、土地主生态农庄获“湖南省四星级乡村旅游（区）点”称号。2013年，全县景点区酒店、宾馆（含乡村旅游家庭宾馆）有商住床位1215个。土地主生态农庄、华汉山庄获“湖南省五星级乡村旅游景（区）点”称号。

第十八篇

卫生 体育

WEI SHENG TI YU >>>>>>>>>>>>

第十八篇　卫生　体育

1998年，中方县无县级医院，农村乡镇卫生院基础设施简陋，专业人员短缺，医疗资源滞后。进入二十一世纪，县委、县政府实施基本公共卫生服务均等化工作，加大对卫技人员培养和基础设施投入。2006年，全面推行新型农村合作医疗制度。2013年末，全县形成以县医院为中心、乡镇医院为骨干、村卫生室为基础、民营医院和个体诊所为补充的卫生网络。中方县获全国残疾人社区康复示范县、中国残联——CBM社区合作项目实施县称号。

1998年，县体育运动委员会和全民健身指导委员会成立。县体育职能部门结合“五·一”“十一”重大节日及县内庆典，因地制宜开展干部职工篮球、拔河、乒乓球、老年门球、自行车等赛事。2005年后，全民健身运动不断普及，各部门加大资金投入兴建、维修一批标准球场，体育设施逐年完善，学校体育器材不断更新。2009年，国家实施农民健身工程，为乡镇、村组添置体育设施，方便居民就近锻炼。新兴广场舞在境内普及，传统舞狮、武术等项目得到发扬光大，铜湾镇获评“全国体育先进乡镇”。2013年末，中方县先后获“湖南省全民健身先进单位”、“湖南省首届大众运动会先进单位”等荣誉称号。

第一章　卫　生

第一节　卫生体制改革

一、经营体制改革

1998年，县乡镇卫生院基本实行个人承包或租赁。2000年，中方镇、牌楼镇、铜湾镇（中心）卫生院试行由医院自办新型合作医疗模式即医疗优惠卡制度。其医疗和药品收费分别低于国家规定标准的20%～35%。经一年运作，节省农民医药费30万元～40万元。但卫生院业务收入较上年都有增加。其中，牌楼镇卫生院增加27%，铜湾镇中心卫生院增加32%。2002—2008年，进一步改革农村卫生管理体制，继续实行个人租赁经营。泸阳镇中心卫生院，以竞争上岗、减员增效为突破口，医院效益止跌回升。乡镇医院多年不同形式的改革还是“谁看病谁出钱”自费医疗。2011年5月，基层医疗卫生机构综合改革全面铺开，乡镇卫生院院长实行公开竞聘、医护人员竞聘上岗制度。实现从身份管理向岗位管理转变，根据各自的岗位职称、技术要求、责任大小，确定工资级别。县妇幼保健院、疾控中心、卫生监督所人员实行聘用和岗位管理制度及绩效工资制。是年，乡镇卫生院医务人员人均月工资达到2016元，比2010年月增加164元。2013年，人均年工资36500元，较2012年，年增加6500元。

二、医疗制度改革

1998年，全县干部职工疾病诊治实行公费医疗，由县卫生局公费医疗办负责管理。2000年6月，撤消县公费医疗办，成立县医疗保险管理局，公费医疗办其业务划入医疗保险管理局，2001年6月，通过《中方县乡镇基本医疗保险定点医疗机构管理细则》《中方县城镇职工大病医疗互助暂行办法》，建立大病互助医疗互助金，由财政一次性从职工工资中每人每年代扣60元。2005年4月，县人民政府《中方县基本医疗保险暂行办法》规定，用人单位的缴费率由上年度用人单位职工个人缴费工资和退休费之和的6%上调至8%。凡属财政全额拨款的行政事业单位，在职职工由财政按6%缴纳，退休人员由财政全部缴纳。在职职工个人部分，按2%由财政代扣代缴。差额拨款、自收自支事业单位、企业单位，在职职工由财政代扣或单位按6%比例缴纳，个人部分按2%代扣代缴，退休人员由单位全部缴纳。2013年4月起，各类在校学生及16周岁以下未成年人，每人每年缴费20元。其他城镇居民，每人每年缴费140元。享受最低生活保障的城镇居民、丧失劳动能力的残疾人，低收入家庭中六十周岁以上老年居民和未成年人个人所需缴费部分，由政府给予补贴。2013年，全县参保单位261个，参保人数13331人。

2000—2013年中方县职工基本医疗保险基金统计表

表18-1-1-1　　单位：个、人、万元

年　度	参保单位	参保人数	收　入	支　出
2000	116	4574	—	—
2001	122	5700	235	124
2002	134	6187	78	175
2003	144	7202	442	229
2004	152	7386	398	298
2005	161	7806	430	490
2006	171	8169	481	475
2007	182	8734	603	422
2008	189	10671	994	705
2009	203	12732	957	899
2010	223	12806	1023	1078
2011	237	11995	1311	1277
2012	247	12303	1376	1121
2013	261	13331	2820	1699

三、建立新型农村合作医疗制度

2005年前，县内农民看病是“谁看病谁出钱”的模式，为缓解农民“看不起病”的状况，县委、县政府逐步建立新型农村合作医疗制度。2005年10月，县委、县政府在泸阳、铁坡镇开展新型农村合作医疗试点。2006年1月，成立县新型农村合作医疗管理委员会办公室，开始实行新型农村合作医疗制度。参合基金筹集标准为人平50元，其中个人缴费10元，县财政补助40元，政策模式以家庭为单位，实施住院补偿+门诊家庭账户制度。乡镇卫生院起付线100元，报销比例60%。市级医院起付线500元~1000元，补偿比例25%~35%。省级医院起付线1500元，补偿比例20%，最高封顶8000元。2009年，开始推行意外伤害限额补偿制度和农村五保对象县乡两级医院全免政策。实行乡镇合管办及市级定点医院合管办代办制，参合农民在乡镇卫生院及市级医院就医，实行就地出院即补的方式。

2010年，取消门诊家庭账户，推行住院统筹加门诊统筹模式。住院统筹包含疾病住院补偿、意外伤害住院补偿、住院分娩定额补偿，对1万元大额费用部分进行分段补偿，封顶金额自3万元提高到6万元。门诊统筹包括普通门诊补偿和慢性病特殊病种门诊补偿。普通门诊补偿不设起付线，补偿比例40%，个人封顶金额200元。大病门诊300元起付线，补偿比例40%。慢性病种门诊1500元封顶，特殊病门诊年度6000元封顶。

2011年7月，出台《关于对中方县新型农村合作医疗有关政策规定进行调整的通知》，将新生婴儿、复转军人作特殊人群有资格参加新农合。调整参合农民住院补偿起付线和补偿比例标准。规定定点乡镇医疗机构起付线100元，补偿比例90%。定点县级医疗机构，起付线300元，补偿比例75%。定点市级一类医疗机构起付线1000元，补偿比例55%，对意外伤害、五保、双保对象住院、农村重大疾病救治保障措施等进行详细说明。8月，县政府颁布《中方县新型农村合作医疗门诊统筹管理办法》对扩宽门诊慢性病种的范围、改变特殊病种付款方式和门诊补偿等进行调整作出规定。2012年1月，全面推行乡镇卫生院住院起付线全报销制度、农村重大疾病救治制度、住院分娩基本医疗费用全免制度。参合农民在乡镇卫生院住院，个人只需缴纳住院起付线现金100元，其余费用全报销，封顶线8万元。县级医院起付线400元，补偿比例85%。市级定点医院起付线800元、1300元，补偿比例70%、75%。省级医院起付线1500元，补偿比例70%，封顶金额8万元。全县参合率90.26%，统筹区域内住院补偿率85.77%。住院总体补偿率55.54%。

2013年，全县参合农民244203人，参合率96.68%。参合基金筹资标准为人平340元。其中，农民每人自筹60元，各级财政配套280元/人，基金总量达到8302.9万元。全年支付各类补偿571721人次，支付补偿9985.92万元。新农合制度推行改变过去自费医疗模式，农民因病致贫的状况得到缓解。

2006—2013年中方县新型农村合作医疗情况一览表

表 18-1-1-2 单位：人、万元

年度	参合人数	参合率（%）	基金征缴标准（元/人）			基金征缴总数	住院补偿		门诊补偿	
			合计	自负	政府补助		人数	金额	人数	金额
2006	181485	72	50	10	40	907.43	11370	598.2	11347	33.14
2007	192693	78.4	50	10	40	963.2	16175	986.28	14434	82.43
2008	214604	84	80	20	60	1716.83	15260	134.68	18773	169.38
2009	219344	84.5	100	20	80	2195.44	1938.1	1947.54	21342	316.44
2010	232952	90.1	140	20	120	3261.33	19564	2308	82699	659.38
2011	241324	91	230	30	200	5550.45	22907	3553.25	343906	1425.58
2012	240737	90.3	290	50	240	6981.37	30613	5912.54	261688	1717.37
2013	244203	96.7	340	60	280	8302.9	35537	7508.74	536184	2477.18

四、推行国家基本药物制度

1998年，县域内无专业制药厂家，县、乡镇卫生院无制药资质，卫生院用药主要从怀化市内国营药材公司或较大的集体药材批发市场购进。是年，系统调入药品价值45万元，自行采购价值23.2万元，共价68.2万元。2006年，县内5个中心医院药库存常用处方药307个品规，价值113万元，因采购药品渠道不同，乡镇医院、村卫生室处方用药价格略有差异。2010年12月，国家对基本药物目录制定生产供应、采购配送、合理使用、价格管理、支付报销、质量监管、监测评价等多个环节实施科学管控，县卫生局对各卫生院基本药物实行“五严”即严格网上集中采购、严格执行采购范围、严格执行价格公示、严格执行采购程序、严格执行结算规定和“五个一”即一本基本药物价格实用手册、一张价格公示表、一本价格台账、一名价格监督员、一名物价员等的管理制度，有效解决基层医疗机构配送乱、药价乱和药价虚高问题。2011年，国家基本药物制度零差率销售运行1年，门诊药品次均费用25.5元，比上年同期降低20元。住院药品次均费用为288.5元，比上年同期降低206.88元。集中采购药品降价总金额达130万元，降幅达25%。2012年6月，191个村卫生室推行基本药物制度。县财补偿资金2451.78万元。2013年末，基本药物制度在基层医疗卫生机构实现全覆盖，累计网上采购药品1987.35万元，采购品规729个，药品配送率95%。

第二节 机构队伍

一、管理机构

县卫生局 1998年2月，县卫生局成立，负责全县医疗卫生行政管理，协调卫生资源开发和配置，督促实施卫生事业发展总体规划及重大疾病的防治规划等。机关设办公室、人事股、计财股、医政股、药政股、中医管理站、红十字会等股室。1999年，设中药材技术推广站，与中医管理站两块牌子一套人马，负责全县中药材管理工作。2002年，药政股撤消，设怀化市食品药品监督管理直属局，负责全县食品药品监督管理工作。12月，县爱国卫生委员会并入县卫生局，设爱卫股。2005年，红十字会划归县政府办，中药材技术推广站划归县农业局。2006年1月，成立中方县新型农村合作医疗管理委员会，增设新型农村合作医疗管理办公室（简称新农合办）。7月，局机关整体从鹤城搬迁至县城南湖中路94号。2010年3月，机关进行股室调整设办公室、人事股、规财股、医政医教股（加挂农村卫生管理股牌子）、政务股（加挂食品安全综合协调与卫生监督股牌子）、预防保健股（加挂妇幼保健与社区卫生股的牌子）、药物政策与基本药物制度股等7个职能股室，辖县疾控中心、县卫生监督所两个二级机构，核定行政编制12人，后勤编制1人。

县食品药品监督管理局 2001年8月，药政股、药品检验所从县卫生局划出，与县医药管理局合并，于2002年3月，成立怀化市药品监督管理局中方县分局，属省垂直管理单位。2005年，增加食品综合协调职能，成立县食品药品监督管理局，加挂县食品安全委员会办公室牌子。2007年10月，怀化市食品药品监督管理局将中方县食品药品管理局上收，纳入市局统一管理，管辖区域为中方县和鹤城区。2010年10月，重新成立中方县食品药品监督管理局，加挂中方县食品安全委员会办公室牌子，列为县政府工作部门，承担全县食品、保健食品、化妆品安全综合协调，对药品、医疗器械研究、生产、流通、使用进行行政监督和技术监督。2012年3月，增加餐饮食品、保健食品、化妆品安全监管的职能，县食品安全委员会办公室转入中方县卫生局。2013年，机关设办公室、食品化妆品监管股、药品监管股、医疗器械监管股、稽查股等职能股室，辖食品化妆品监督所、食品药品检验所2个二级机构。定编18人，其中，行政编制3人，事业编制13人，工勤编制2人。

爱卫办 1998年6月，成立县爱国卫生运动委员会办公室，挂靠县政府办，列编为副科级。2002年12月，爱国卫生运动委员会办公室并入县卫生局，设立爱卫股。2009年9月，爱卫办从县卫生局析出，属县政府办管理，。

县疾控制中心 1998年2月，县卫生防疫站负责全县疾病预防和控制工作。设址怀化市人民南路287号，有工作人员36人，内设计划免疫科、结核科、性艾科、学校卫生科等

7个科室。7月，县防疫站撤消，其职能由县卫生监督所和县疾病预防控制中心取代。8月，成立县疾病预防控制中心，设办公室、免疫规划股、急性传染病防治股、应急办、结核病防治股、检验股、健康教育股、慢性非传染病防治股、性艾股、病媒生物防治股等股室，核编35人。2007年1月，县疾病预防控制中心搬迁至县城五溪路21号。

县卫生监督所 2005年10月28日，成立县卫生监督所，为副科级全额拨款事业单位。内设卫生监督一股、卫生监督二股、医疗执业股、稽查股、办公室（含发证受理股），在编31人。负责对全县医疗卫生机构监管及医疗市场专项整治。行使卫生行政综合执法，并在县政务中心设卫生监督窗口。2011年，争取中央专项资金625万元，修建县卫生监督所和县急救中心，建筑面积1825平方米，2012年7月动工。2013年10月完工。

二、医疗机构

县人民医院 县人民医院（怀化市三医院中方分院、怀化医专附属医院中方分院）位于县城南湖路399号，是一所集医疗、预防、保健、康复等功能与一体的非盈利性二级甲等综合医院。2006年3月兴建，2009年，门诊综合大楼于建成运营，于2010年12月建成住院楼。医院总投资5200万元，占地7.14公顷，总建筑面积2.11万平方米。2011年11月，医院全面投入运营。设内科、外科、妇产科、儿科、妇产科、中医科等专业科室。2012年，医院投资110余万元，先后购置CR、呼吸机、洗胃机、腹腔镜等医疗、检验的设备，能开展剖腹产、腹腔镜等手术。2013年末，院有医务人员52人，其中专业技术人员44人，高级职称2名，中级职称8名。床位200张，门急诊接诊12260人次，住院1465人次、出院1459人次，总收入610万元。

妇幼保健院 1998年2月，妇幼保健工作由县卫生防疫站代管。12月底，成立县妇幼保健所，先后在鹤城区三角坪和怀化火车站租赁门面开展临床业务。2003年，在鹤城芷江路187号租赁房屋400平方米，开展门诊、住院及妇幼保健业务，年门诊医疗1100人次，业务收入30万元。2005年，妇幼保健所升格为妇幼保健院。2011年3月，迁至县城同乐新村。2012年，争取国家西部妇幼保健服务能力建设资金210万元，购置业务楼。2013年8月，整体迁县城玫瑰路潕水家园41栋，有办公及业务用房860平方米，干部职工21人（医卫人员18人）。设妇产科、儿科、影像、检验、婴儿泳疗等科室，配备三维彩超、X光机、全自动生化检测仪，可开展围产期保健、妇女、儿童保健等业务。能进行平产接生、剖宫产、子宫切除、子宫肌瘤剔除、卵巢囊肿摘除、无痛人流、利普刀等较复杂手术。设病床20张，床位受用率30.1%。年收治病人2560人次。

乡镇卫生院 1998年，22个乡镇均有卫生院。2002年，县政府把中方镇、铁坡镇、泸阳镇、铜湾镇卫生院改为中心卫生院。考虑丁家乡、蒿吉坪瑶族乡卫生院条件及百姓就诊方便，将接龙乡卫生院改为中心医院。石宝乡、蒿吉坪瑶族乡、丁家乡、活水乡、锦溪乡、龙场乡、聂家村乡、下坪乡等8个卫生院为防治型卫生院，铜鼎镇、新建镇、新路河镇、袁家乡、蒋家乡、炉亭坳乡、桐木镇、牌楼镇等9个卫生院为防保型卫生院，其指导所辖区域卫生机构医疗业务，预防保健职能不变。同年，牌楼镇卫生院确立为县红十字会医院。2003年3月，县政府将乡镇卫生院退休职工工资和乡镇卫生防疫、妇幼专干的基本工资纳入财政预算。2004年，政府投资130.2万元，建成聂家村乡卫生院细缅垅分院等三所医院门诊综合楼2687.9平方米。2008年，投资536万元，新建牌楼等6个乡镇卫生院住院楼6239平方米。投资73万元，新建镇、袁家乡、铜鼎镇卫生院小户型公有周转房1120平方米。2009年，把防治型卫生院、防保型卫生院统一改称一般性卫生院，中心卫生院维持原有名称。2011年3月，县政府把在编人员养老保险、医疗保险、失业保险、工伤保险，生育保险、住房公积金（即五险一金）纳入县财政预算，从根本上保障医务人员的工资待遇。2013年投资598万元，为乡镇卫生院配备办公电脑259台，并更新及部分医疗设备。利用国家中医服务能力提升项目资金22万元中的一部分，对2所乡镇卫生院中医中药扶持。年底，县域内有乡镇卫生院17所，中心医院5所，共占地7.91公顷，建筑面积44567.88平方米，其中，业务用房面积31206平方米、编制床位946张，固定资产2496万元，其中医疗设备1789万元。

村卫生室 1998年，全县13个社区居民委员会、211个行政村均设有卫生室，负责农村初级卫生保健工作。2003年，实行卫生乡村一体化管理，经考试择优整合后，有卫生室190家。2007年，有村卫生室204家，村卫生员255名。2008年，县卫生局投资9万元，对中方镇乌溪、竹站、花桥镇三冲口三个村卫生室按标准化改造，扩建面积220平方米。2009年3月，遵照县政府《关于加快村卫生室标准化建设的通知》要求，做到一村一室，乡村医生综合考评后确定。2013年，利用国家中医服务能力提升项目资金22万元中的一部分，对20所村卫生室中医中药予以扶持。是年底，县域内15个居民委员会，214个行政村设村卫生室195个，有医生及防疫保健员235人。总投资125万元，建成标准化卫生室32个。

红十字国际医院（中方县中医院） 红十字国际医院位于G209国道旁，属民营股份制医院，是融国际国内中医诊疗、中医培训、养老康复、学术交流为一体的综合性医疗机构，其前身是怀化市红十字医院中医国际部。2007年10月破土动工，2010年8月26日国际康复大楼投入使用，面积6000平方米。2011年6月，与中方县中医院合并，即一所医院两块牌子。2012年8月，征地200亩，修建临街门面及综合楼。2013年底，医院总投资5000万元，建筑面积9500平方米。设肌萎缩侧索硬化症、硬皮病、疑难病等特色专科。有教授2人、副教授2人、医师7人、针灸师6人、护士6人及工勤、翻译80人，床位60张，年门诊量6734人次。

中方康复医院 中方康复医院是一所非盈利性民营精神病治疗康复专科医院。是新农合、医保定点医疗机构，是市、县贫困、流浪三无精神病患者定点救助单位。2011 年 2 月由杨圣文创办，注册资金 20 万元。2012—2013 年，在 G209 国道枫木湾路段，租用民房 1600 平方米开展医疗康复业务。期间，先后投资 500 万元，在鸭嘴岩村 407 勘探队原址征地 40 亩，修建新院。医院设精神疾病科、精神、心理障碍、成瘾物资依赖、戒毒戒酒等专科。有副主任医师 2 名、中级职称医师 4 名、护士 18 名、护工及其他工作人员 17 名，编制床位 60 张，实有床位 110 张，床位使用率 98.6%，年门诊量 820 人次。

泸阳磷化工总厂职工医院　1998—2013 年，县域内只有一家企业医院——怀化市泸阳磷化工总厂职工医院，医院址位于泸阳镇，是综合一级医院。建筑面积 900 平方米，设门诊、住院处等 9 个科室，有床位 20 张，卫生技术人员 14 人。配备 X 光机、B 彩超机等万元以上设备 4 件，固定资产 50 万元。年门诊就诊 3860 人次，住院 400 余人次。

私人诊所（民营医院）　1998 年，乡镇医疗机构单一，只有公有制和集体医疗机构，无行医资质个体诊所 42 家。2002 年，以公立医疗机构为主导，非公立医疗机构共同发展，成立私人诊所 3 家。2005 年，县卫生局实行办证提速等优惠政策，逐步推行多形式、多渠道、多层次办医。2013 年，全县农村集镇有个体诊所 30 家，县城有个体诊所 17 家，医务室 3 家、民营医院 4 家。从业人员 204 人。

三、医疗队伍建设

技术人员　1998 年，全县有医务人员 407 人，其中卫技人员 365 人。卫技人员中本科学历 3 人，占 0.84%。专科学历 37 人，占 10.13%。中专学历 177 人，占 48.49%。未评专业技术学历 148 人，占 40.54%。每千人口拥有卫技人员 1.46 人。

2005 年 12 月，全县卫技人员 445 人，其中，中级职称人员 26 人，占 5.84%。初级职称 298 人，66.96%。未评专业技术职称的 121 人，占 25.39%。2009 年，全县卫生系统医务人员 517 人中有卫技人员 465 人。卫技人员中。医师（士）313 人、护师（士）152 人。全县有村医生 235 人，每千人口有卫生技术人员 1.69 人。

2013 年，全县共有医务人员 476 人，其中卫生技术人员 439 人。卫技人员中本科以上学历 45 人、占 9.4%，专科 231 人，占 52.62%，中专学历 155 人，占 35.31%，无规定学历 8 人，占 0.18%。高级职称 6 人。占 1.3%，中级职称 111 人，占 25%，初级职称 280 人，占 64%，未评职称 42 人。获得执业医师证 99 人，获得执业助理医师证 147 人，获得执业护士证 156 人、药剂检验等人员 37 人。每千人口拥有卫技人员数为 1.6 人。

医务人员培训　1998 年，组织全县 45 岁以下在岗卫技人员进行“基础知识、基本技能、基本理论”考试，参考人员 328 人。1999—2005 年，每年进行 1 次“三基”考试，平均及格率为 98.7%，对于不及格卫技人员暂时调离所在岗位，通过培训、学历进修，限期及格达标。期间，县举办以乡镇医生、村卫生员为主的各类培训 13 期，培训 515 人次。培训内容涉及医疗质量管理、医院管理、产科技能、乡镇多发病急救处理，禽流感防治、病历书写规范等。每期培训 5～8 天。2005 年，选派去县以上医院进修和学历进修 258 人（中医 38 人），参加医学院深造 13 人（中医 4 人）。

2006—2010 年，22 名乡镇卫生院长参加省卫生院长培训，12 人参加省卫生适宜技术推广培训，省卫生厅每年定向为中方县培养医学本科生 5 至 8 名，学归后服务于基层卫生院并签订 5 年的聘用合同，299 名乡镇卫生院业务骨干参加市卫生局业务培训。期间，对村卫生员为期 3 个月，多科目培训 421 人次，合格发证 417 人次（其中，培训乡级妇产科医生、妇幼保健员 280 人次）。

2011—2013 年期间，提高培训乡镇卫生院技术人员 335 人次，乡村医生 222 人次。为乡镇卫生院转岗培训全科医生 32 名，向社会招考选录卫技人员 69 人，招聘农村免费培养医学生 22 名，招聘执业医师 16 名。3 年间，市二级医院以上卫生技术人员培训 67 人次，对 23 所基层医疗卫生机构进行过为期 3 个月对口援助。

第三节　公共卫生

一、基本公共卫生服务

2009 年 6 月，县疾病预防控制中心实施基本公共卫生服务均等化工作，定期为 65 岁以患高血压、糖尿病、精神疾病、艾滋病、结核病等老人提供防治指导服务。各级财政补助基本公共卫生服务经费 334.95 万元，人均经费 15 元。2010—2013 年，基本公共卫生服务经费逐年增加。2013 年，累计投入 1842.23 万元，为 179528 人建立居民健康档案。其中，电子档案 160581 份，占全县常驻人口 72%。21750 名 65 岁以上老年人每年享受一次常规体检，9058 名高血压病人，2812 名糖尿病人，521 名重性精神病患者获得免费健康管理服务，310 名贫困白内障患者免费接受复明手术。期间，疾控中心开展全面健康生活方式行动及健康环境建设，禁止公共场所吸烟，评出卫生局、教育局局、机关事务局 3 个无烟单位，确立中兴学校为健康学校、金大地公园为健康公园，滨江大道为健康大道。

二、爱国卫生运动

1998 年，县爱卫办除号召宣传经常打扫环境卫生外，还以“五一”、国庆期间开展爱卫活动评比先进为日常工作。全县有湖南省文明卫生单位 5 家，怀化市文明卫生单位 11 家。2000 年初，农村集市有集中式供水点 20 个，15 万人饮用上自来水，占全县人口的 61.5%，基本改变农村饮用山塘、溪水的习惯。2001 年 1 月，县实施农村人饮解困工程。3 月，县爱卫办在中方镇荆坪村进行改厕试点，建无害化卫生厕所 100 户。2003 年，农村“改厕改水”作为扶助贫困村的重点项目之一。桐木镇将改厕改水工程、毒鼠专项整治、小城镇脏、乱、差环境卫生治理，防治“非典”有机结合，形成“人畜粪便入池，沼气代替煤柴生火，沼渣沼液种果药蔬”的良性循环，爱卫办组织“大清扫、大清运、大消毒、除四害”活动，共发放除“四害”药品1000余公斤，清运垃圾2190吨，疏通污沟2300米。

2005年春，中方县列入国家补助地方农村改厕项目试点县。县爱卫办和能源办在桐木镇黄松拗村实施标准“沼气式”和“三格式”厕所示范，全村改厕231户，能源办推广桐木经验，全县新增改厕2450户，占全县农户12%。大松坡村因发展推广“猪－沼－湘珍珠葡萄”三位一体的高效生态农业模式，成为全国首批50个“全国生态家园”先进村之一。2005年夏，县卫生局对居民自筹360万元，建成的45个水厂中的5家集中式供水单位，49所学校饮用水进行水质抽样检查，全部合格。7月，农村改水工作划归县水利局，农村改厕仍由爱卫办负责。2001—2005年，人饮解困工程总投资630.27万元，竣工44处，铺设各类管道206.1千米，完成工日4.48万个。受益总人口92754人，用自来水人数58380人，自来水普及率62.9%。2006年，县启动“人饮安全工程”。2009年底，全县共投入农村改厕资金75.5万元。2011年4月，县委、县政府作出创建文明卫生县城的决定。8月，颁布《中方县爱国卫生工作管理暂行办法》，依照属地管理原则，爱卫办定期按“最清洁”“清洁”“不清洁”三个档次进行6次卫生检查评比，最清洁单位占95%，县农业局、县人防办评为省级文明单位。2012年5月，县政府颁布《关于在全县集中开展以实施乡村清洁工程为主要内容的农村精神文明创建活动方案》，简称“农村清洁工程”。农村清洁工程由县委农村工作部负责、县委、县政府督查室、财政局、文明办、爱卫办督办考核，爱卫办将创建省级文明卫生县城与城乡环境卫生整洁行动结合，每月督导检查一次，经92个行政村试点后全县铺开。

2013年底，累计改水受益人口213079人，占全县农村人口74.39%，其中，自来水受益198079人，占69.16%。有4300户农户将简陋厕改成三格式无害化厕所，其中，标准卫生厕所34680户，占全县农户39.1%。“农村清洁工程”总投资963.68万元，花桥、泸阳、铜湾等14个乡镇，建成可供本地填埋15年的垃圾场10座及卫生配套设施，中方县省级文明卫生县城创建工作通过专家组的检查验收。

三、食品卫生监督

1998年，县卫生防疫站对境内食品卫生进行监督监测，对符合卫生条件的生产、经营食品者签发卫生许可证。从1999年起，从事食品生产和经营饮食人员，每年进行一次健康检查，建立个人健康档案，凡患有肺结核、肝炎、痢疾、伤寒、化脓性皮肤病五种慢性病之一者，不得从事食品生产和经营业务。2001年，核发卫生许可证612家，体检各类从业人员310名，查出“五病”阳性6人，责令全部调离原工作岗位。2002年，对827名从业人员健康检查，检查出5种传染病29人，食品经营人员身体健康合格率为96.5%。

2002—2003年，县卫生局对8个重点乡镇57所医疗机构进行检查，依法取缔10家，限期整改15家，自行关闭7家，医疗消毒抽检159个，合格率97.9%，抽检食品采样101件，合格率76%。空气采样14点次、水质采样4个、餐具消毒抽检26个均为合格。

2004年3月，举办食品卫生知识讲座5期，培训35所学校炊事员、食品从业人员826人。6—7月，县卫生防疫站针对奶类制品、餐饮、冷饮、饮用水等群众关心的热点问题进行检查。查37家集体食堂、13家有卫生许可证。查130位从业人员，110人持有效健康证。抽检奶制品12份，合格10份，合格率为83%。查饮用水生产企业6家，均合格，对无证单位、个人限期整改达标，不合格产品下架。配合公安部门摧毁花桥一地下米酒加工厂，收缴黄霉变质大米1750公斤。

2008年，怀化市食品药品监督管理局开展公共场所食品卫生监督检查，妥善处理突发疫情及公共卫生事件40起，立案查处各类违法案件29宗，结案29宗。2011年，依照县政府《中方县2011年食品安全专项整顿工作实施方案》，开展打击非法添加非食用物质和滥用食品添加剂等7个专项整治行动，共出动执法人员1500人次，车辆500台次，检查相关企业2000家次，发放各种资料8500份，重点检查食用油、面粉、水产品、酒类、乳制品、饮料、肉制品、火锅底料等高风险品种，查扣违法添加非食用物质和滥用食品添加剂的食品6.25公斤，没收不合格食品80公斤、不合格动物产品150公斤。抽检蔬菜水果农残295批次、瘦肉精3084批次、饲料20批次，合格率达100%。与47户乳粉经营户签订“乳粉经营户诚信经营承诺书”、52所学校（幼儿园）签订“餐饮安全责任书”。

2013年，县第一届葡萄节期间，对桐木街道、大松坡村等46家餐饮单位食用油抽检13批次，合格率100%。在桐木大松坡、中方荆坪、竹站等26家餐饮单位，现场餐具快速检测中，发现桐木大松坡村高家庄餐具细菌总数超标，立即监督整改，确保葡萄节饮食安全。

四、学校卫生

1998年，全县229所学校（含村小）仅县第一中学、二中有卫生室。卫生室负责本单位教职工、学生看病、卫生保健、疾病预防，学校食堂、小卖部食品卫生、学校卫生督导、检查及群体性预防接种等工作，由县防疫站监管。2000年7月，教育部、卫生部颁布《中、小学卫生暂行规定》，学校教室、食堂、厕所、活动公共场所卫生和饮水、食品卫生由教育局监督管理。2001年3月，县教育局、体委、卫生局联合下发《中方县中、小学生定期进行体质健康检查的通知》。2001—2007年，共体检学生57192人次，发现阳性体征24124人次，阳性率为42.18%。其中营养不良者占阳性率的26.63%，超重肥胖者占阳性率的8.32%，龋齿者占阳性率的33.26%。2009年，对11573名学生健康体检，近视、斜视等视力不良者占19.6%，建议到专业医院检查确诊，进行后续治疗。2011年，对26所学校2560多张课桌、椅进行监督检查，均符合中小学学生标准。抽查38间学生寝室，均符合采光通风等条件。2012年，全县开展中小学生龋齿防治工作，使用“氟化泡沫法”修补在校中小学生龋齿

4000人次。9月，对47所学校食堂（含幼儿园）进行量化分级管理评定，无一达到B级标准，18家达到C级标准，D级34所。学校副食店无一个达到B级标准，达到C级标准的19家，D级13家。检查中，发现30所学校食堂（含幼儿园）关键项目不符合要求，7所学校无卫生许可证，23个食堂工作人员未见有有效健康证明，17所学校食堂规模与就餐学生不相适应，9所学校小卖部销售过期变质食品等，食品监督执法人员提出限期整改意见398条。2012—2013年，对54所学校（含托幼机构）食堂开展集中整治中，立案查处一家托幼机构食堂使用问题水饺案件。县第一中学、中兴学校、片区中学中、高考期间，3名卫监人员进驻学校，对考生学校的食品、环境卫生等全程监管，提出监督意见23条，未出现食源性胃肠道不适症状和集体食物中毒事件。

第四节　疾病防治

一、传染病防治

炭疽病　1999年4月，中方镇毛田村雷家垅组、彭家组、黄土田组发生牛炭疽疫情，死亡耕牛5头。县卫生防疫部门将死亡耕牛就地深埋，对污染区、饮用水进行消毒，与病畜密切接触的人员，采取口服新诺明或四环素三天的预防措施，使疫情迅速得到控制。2000-2013年，境域内未出现炭疽病疑似病例。

结核病　1998年，县财政拨专款3.1万元，免费接诊结核病人1897人，查痰1245人，查出结核病人315例，全部免费正规治疗并获痊愈。2002年12月18日，县内"世行贷款（英国赠款）结核病控制项目"正式启动，成立项目领导小组，举办防疫人员业务知识培训4次，全面督导检查2次，项目覆盖全县22个乡镇约26万人口，2009年底，共计有1155名传染性肺结核病人得到免费治疗，发病率较上年同期下降8.7%。2012年11月，全县发热门诊接诊可疑结核患者312人次，活动性肺结核病人146例，筛查痰涂片阳性病人密切接触者120人次，深入乡镇督导130人次，乡镇卫生院入户诊视结核病人80例并指导用药，对48位重症患者劝其入院治疗。2013年，有结核病患者224人，结核病得到控制。

病毒性肝炎　2002—2005年，对114所学校（含中学、中完、村小），39198名学生进行乙肝普查，其中，表面抗原阳性723人次，占普查数的6.32%。铜鼎、接龙、石宝小学乙肝阳性率达12%，高于普查的平均水平。2003年5月，县第一中学及周边乡镇甲肝流行，发病81例，县疾控部门对14个病例开展流行病学个案调查后，要求住院治疗。2004年，龙场小学乙肝阳性率达9.2%。期间，教师共参加乙肝普查678人，在采用血清学进行乙肝表面抗原携带者的的检测调查中，发现表面抗原阳性104人次，占教师普查数的15.34%。2013年，县内肝类病600例。

非典型肺炎 2003年4月，针对全国爆发“非典型性肺炎”疫情，县委、县政府下发《中方县非典型肺炎防治工作方案》的通知，成立县委书记、县长为首的“非典”防治工作协调领导小组、“非典”防治指挥中心，各乡镇和县直属单位成立相应的工作机构，乡镇均设立发热门诊、隔离区，负责“非典”诊断治疗工作。广播、电视等新闻媒体，普及“非典”防治知识，提高自我保护意识。

县防疫部门组织37家医疗机构，先后对101处公共场所，74台农村客运班车，14.3万平方米农村汽车站进行严格消毒处理。从4月24日起，在泸阳、铁坡镇、县域内四个火车站设置6个留观站点，此外，活水、接龙、蒿吉坪等乡镇在重要路口、路段设立外出返乡人员健康检查登记站，至7月25日，全县累计建立疫情监测点、信息报告点2500个，对3339名返乡人员进行体温测试，排查可疑病例17人，排除14人，待查病人3人。经统计，全县用于防治“非典”防护设备和消毒药品购置经费24万元，工作经费348万元。“非典”防治期间，县委、县政府下发《关于对“非典”防治不力实行责任追究的暂行办法》，编发《县委督查通报》三期，对在“非典”防治时期擅离职守，造成严重影响的5名干部分别给予党内严重警告和行政警告处分。因领导重视，措施得力，群防群治，取得抗击“非典”胜利。中方县被省、市评为“非典”防治先进单位。

细菌性痢疾、伤寒 痢疾、伤寒是县域发病较高的常见病，每年都有病例发生，2003年10月，县第一中学暴发伤寒83例，确诊14例。为提高人群免疫力，县防疫部门在健康人群中注射丙球300余人次。是月，县第一中学、县第二中学、泸阳镇五里村暴发流行细菌性痢疾，疑似发病161例，确诊13例。通过采取对确诊病例住院隔离治疗，粪便无害化，不喝生水等措施，伤寒，痢疾病例减少。

狂犬病 2005年5月，中方镇、铜湾镇、花桥镇、桐木镇、牌楼镇等五个乡镇共报告狂犬病8例，政府组织各乡镇开展捕杀野犬，对圈养犬只进行免疫接种，对犬伤患者积极注射狂犬疫苗，由于措施得当，医治及时，使狂犬病得到遏制。2008年以后，全县未发现狂犬病病例。

禽流感、H1N1流感防治 2005年，针对省禽流感疫情和霍乱流行趋势，县卫生监督部门与动物检疫部门配合组建重大疫情应急机动队2支。随时处理突发事件。2007年春，县疾病预防控制中心对22个乡镇卫生院、怀化磷矿卫生院防疫人员进行传染病报告培训，并为各卫生院配备1台电脑用于网络直报。开展霍乱内外环境监测和疫源检索1300样次，未发现人感染禽流感病例、霍乱病例带菌者。2009年，要求各乡镇卫生院设置标志明显的发热门诊，对发热病人仔细登记，对不明原因肺炎、手足口病、甲型H1N1流感、霍乱等可疑病例进行监测搜索工作，确保及时发现并处置疫情。2010年3月，甲型H1N1流感大面积爆发流行，中方县报告病例320例，县疾控中心对其采取紧急隔离，进行留观确诊后排除甲型 H1N1 流感。在禽流感、甲型 H1N1 流感疫情流行期间，各个部门采取 24 小时值班制和报告制，至疫情结束，未发生二代病例及重症病例。

应急处置　2004 年 7 月，县境内遭受特大洪涝灾害。县卫生系统派出 300 名医务人员，组成的 26 支医疗防疫小分队分，赴中方、牌楼、铜湾、铜鼎等受灾乡镇，为 1.5 万户住房、1700 口被污染水井进行消毒，发放宣传资料 4 万余份、漂白粉 11.5 吨、“84”消毒液 100 件、“414”消毒剂 40 余包、漂白精片 16 万余片，处理水淹食品 260 公斤。因处置及时，灾后未发生疫情。

2009 年 5 月，载有 5 吨左右化学物资（苯）的货车，在洪江市群峰乡发生翻车，大量的苯泄漏流入溪水中，沿途鱼虾死绝。县政府应急处置小组赶往事故发地点，并通知溪水流经的铁坡镇双岭村、石宝乡桃建村，新路河乡澄渡江村村民禁止用溪水做生活、生产用水。经一年监管、监测，县域内未发生人畜苯中毒。

2010 年 7 月，牌楼镇明月山庄酒店发生群体性食物中毒事件，患者达 30 人。县疾病预防控制中心组织人员对发生集体消化道症状的食物进行检测，确诊致病源是奇异变形杆菌，为医疗救治提供准确依据，避免发生重症病例及死亡病例。

二、职业病防治

2004 年初，县政府成立职业病危害企业摸底调查和职业卫生监督工作领导小组。7 月至 11 月，县防疫站对怀化市金大地水泥有限责公司及县属、省市驻县各厂矿、企事业单位劳动卫生情况进行调查督导，共调查工业企业 116 家，接触职业工人 1127 人，下发监督意见文书 116 份，对 2 家存在严重问题的作出停产整顿决定。2008 年，116 家企业对 1121 名员工进行体检，查出职业病患者 5 人，13 人调离原工作岗位。2013 年，对全县 114 个有毒有害因素的生产厂家整档建册，进行卫生监督，监督覆盖率达 100%。

三、地方病防治

麻风病　1998 年，花桥镇排叶村长冲设有麻风病医院 1 所，收治麻风病人 22 人。2000 年，麻风病院收归怀化市疾控中心管理，病人由怀化市皮肤病医院治疗。

甲状腺肿大　县卫生防疫部门每年对地方性甲状腺肿瘤（俗称大脖子病），开展碘盐监测。2004 年，碘盐检测 9 个乡镇、36 个行政村，288 户，采样 296 个，碘盐检测合格率均在 98%以上。2009 年，对下坪乡中心小学 5 年级 80 名在校学生免费进行甲状腺 B 超检查，未查出甲状腺疾病。2012 年，碘盐检测时，报告发现假盐样品 1 份，经当地政府及市盐业部门调查，为乡村医生误报。

第五节 卫生保健

一、妇女保健

孕产妇保健 1998年，部分乡镇妇幼保健工作仅仅是数据上报，村级孕情摸底、高危孕妇筛查、追踪管理、妇科病普查、围生期保健、高危儿筛查等工作相对较薄弱，孕产妇系统管理率30.27%，住院分娩率为60.43%。1999—2000年，国家实施“降低孕产妇死亡率和消除新生儿破伤风”（简称“降消”）项目。提倡住院分娩，取缔家庭接生，加强乡镇卫生院产科建设，完善设施设备，提高产科服务能力。期间，200名村接生员工作重心向产前、产后保健和护送孕产妇住院分娩的方向转变。2001年，投入资金12万元，对20所乡镇卫生院进行产房改造，增加住院分娩床位104张。2002年，为降低孕产妇死亡风险，增设孕产妇生育保险。基层医院成立高危孕产妇抢救小组，健全高危孕产妇抢救机制和贫困危重症孕产妇救助机制。2005年，救助贫困高危孕产妇1200人，投入救助资金30万元。2007年，高危孕产妇住院分娩率100%。2009年，国家推出农村孕产妇住院分娩补助项目，2010年12月，生育保险参保人数达到5700人。2012年9月，“新农合”实行农村孕产妇住院分娩基本服务项目全免费，孕产妇投服叶酸3426人，投服率31.56%。2013年，全县农村孕产妇住院补助和减免1.5万人，孕产妇住院率达到99.87%，住院分娩率99.12%。孕产妇系统管理率74.21%，高危孕产妇系统管理率95.5%，产前5次检查率85.4%，产后访视率77.80%，产褥感染率为0.10%。新生儿破伤风感染为零。

妇科病普查普治 1998年，乡镇计生办每年组织辖区内已婚妇女进行妇科检查。2001—2003年，进行妇科疾病普查11个乡镇共1755人，查出妇科病患者954人，其中，早期宫颈癌患者2人，尿瘘患者15人、子宫脱垂55人。对妇科病患者制定监护治疗措施，经治疗基本痊愈。2008年，中国初级卫生保健基金会、健康扶贫工程组委会在中方开展免费为妇科病普查普治活动，普查妇女近2万名，查出各类妇科病患者9000余人，其中，颈癌4例，乳腺癌1例，免费发放治疗药品价值1.1万人。2010年，组织16家医疗机构开展免费艾滋病筛查工作，检出艾滋病病毒感染孕妇1例，及时实施母婴阻断术。2013年6月，查出妇女病12626列，其中，宫颈癌6例，乳腺癌2例，妇科患病率55.93%，35%的患病妇女经治疗痊愈。县人民医院、22所乡镇卫生院及妇幼保健院投资30万元，为住院孕产妇购买“中国人寿医疗责任保险”，县建立20万元“贫困孕产妇救助基金”。

二、婚前保健

县妇幼保健院开展婚前保健工作。婚检医生对婚检青年男女双方，进行新婚知识、性卫生保健、孕期、哺乳期知识宣传，告知患病者，病愈后才能结婚。从2010年5月，男女婚前检查562人，婚检率14.3%，患病率为6.58%。婚检对象中，查出艾滋病抗体检阳性1人，梅毒感染 3 人，乙肝病毒感染 26 人，对这些对象进行规范卫生宣教或治疗。2013 年，婚检人数 824 人，婚检率 23.3%，较 2010 年增加 9 个百分点。

三、儿童保健

1998 年初，仅有铜湾、铁坡、泸阳、桐木等乡镇卫生院开展集体儿童体检，体检率 13.27%。2000 年，0—7 岁儿童保健覆盖率 30.80%，体弱儿童个案登记 301 人，0～6 岁儿童健康体检调查，身高总达标率 47.30%，体重总达标率 50%。2002 年，全县托幼机构 18 家，入托幼儿体检 100%。22 所乡镇卫生院开展农村散居儿童健康检查，体检儿童 87900 人次。身高总达标率 50%，有贫血指症的 61.40%，患佝偻病和佝偻病疑似达 54.90%。其病因是 1～2 岁时在“围栏”中站坐过多。人工混合喂养不当和缺乏体格锻炼。2003 年，针对 226 例围产儿死亡原因分析，主要是宫内窘迫、窒息及早产 3 个因素所致。对 0～2 岁的 9747 名幼儿健康体检，其中有 1969 人佝偻病可疑，有贫血指症 3122 人，均投以维生素 D、钙剂、铁剂等治疗。

2004 年，“五苗”覆盖率为 87.59%，其中，卡介苗接种率达 91%，百白破接种率为 89.1%，脊灰糖丸为 90.5%，麻苗接种率 91%。乙肝疫苗接种率为 90%，乡镇卫生院组织农村散居儿童体检 11890 人次，查出体弱儿童 2770 人，均对症治疗并建立个人病案。对 2868 名育龄母亲进行破伤风类毒素全程免疫注射，达到 3 年内消除新生儿破伤风的目标。2005—2007 年，有 23 家幼儿园申请卫生保健合格证。

2008 年，手足口病疫情高发时，及时与乡镇、村组妇幼保健员通报疫情，确保无手足口病疫情发生。婴儿死亡率 11‰。

2009 年，“五苗”全程接种率 93.4%以上，县妇保院下到各乡镇托幼机构进行集体体检，体检率 59.17%。2010 年，县妇保院开展 0～36 个月的儿童健康系统管理，对 7 岁以下儿童免费体检儿健康教育。年内 5 岁以下儿童死亡 52 人，死亡率降至 13.5‰。铜湾、中方、花桥、铁坡、接龙等乡镇，创建儿童保健门诊，重点开展乙肝疫苗查漏补种、甲流疫苗接种、麻疹疫苗强化、脊灰疫苗强化等工作，全县“五苗”全程接种率以乡镇为单位，均达 95%以上，较上年增长 2 个百分点。2013 年 4 月，县报告病例麻疹 32 例。卫生局对全县 0～8 岁儿童全面进行摸底调查、查漏补种、治疗，有效的阻止麻疹病例的流行。全县 5 岁以下儿童死亡率控制在 13‰以内，儿童体检率 69.18%，有 17 家托幼机构注册，7 家获得卫生保健许可证。

1998—2013 年中方县妇幼保健情况一览表

表 18-1-5-1

年度	妇科病普查（人）	妇科病普治（人）	治愈率（%）	儿童体检（%）	住院分娩率（%）	产前检查率（%）	新法接生率（%）	产后回诊率（%）	婴儿死亡率（10 万）	孕产妇死亡率（10 万）
1998	0	0	0	23.27	60.43	78.73	98.37	72.32	27.35	68.25
1999	0	0	0	25.43	62.48	76.58	98.46	70.24	26.42	67.53
2000	0	0	0	30.8	61.74	79.46	100	76.45	24.27	64.72
2001	475	259	72.14	42.31	61.24	83.93	99.4	81.08	22.05	61.24
2002	585	316	70.4	46.28	70.96	88.19	99.59	84.31	19.57	34.33
2003	695	375	80.3	53.32	76.49	85.98	100	84.28	19.05	68.05
2004	1875	994	80.48	56.45	89.46	87.47	100	81.28	12.93	129.32
2005	1435	244	78.56	53.32	93.23	75.24	100	71.95	13.07	0
2006	5439	2992	80.01	32.7	93.67	86.21	98.96	77.67	12.44	86.78
2007	19431	9909	79.92	54.8	97.8	89.66	99.61	72.26	14.49	0
2008	18976	10422	82.55	13.9	98.25	98.1	100	66	11	28.16
2009	14182	8245	82.18	59.17	97.89	72.21	99.97	53.73	12.04	26.74
2010	1372	6843	85.64	26.9	98.36	81.27	100	67.67	8.56	52.11
2011	11153	5023	80.88	40.14	99.1	85.4	100	75.6	7.54	75.43
2012	4862	2456	82.67	62.48	99.78	84.57	100	78.26	8.3	24.4
2013	22573	11058	83.46	69.18	99.87	87.89	100	82.06	5.89	76.82

第六节 医 疗

一、中医

1998—2002 年，县内中医药技术人员普遍年龄偏大，中医技术人才断层现象日见凸显。2003 年，22 个乡镇卫生院，中医业务量日渐萎缩，中医诊疗科室逐渐式微，乡镇卫生院中仅有铜湾镇、中方镇、泸阳镇、牌楼镇、花桥镇、聂家村乡等 15 所卫生院设有中医诊断室、中药房，能开展简单的诊疗业务，但民间有少数老中医仍在坚持开展中医诊疗。2004 年，22 所乡镇卫生院中医医生 12 人，占医务人员总数的 2.6%，中医适宜技术应用不足 2 项。2005—2009 年，县委、县政府加大中医技术人员的培养，选派年青人到市医院、医学院深造 42 人。推动医院中医重点科室、特色科室和标准中药房的建设。期间，铁坡镇、铜湾镇、泸阳镇卫生院，利用先进设备和心血管检测仪器对心脏血管疾病诊断识别，对冠心病、高血压、高血脂症、糖尿病、心衰等疾病采用西医辨病，中医调理治疗。对慢性胃炎、上消化道溃疡一般采用纯中药汤剂治疗。对患有肝胆疾病则用中西结合治疗效果较好，县中医院用针灸、拔火罐、按摩、汤剂等纯中医治疗肌萎缩侧索硬化症、硬皮病、疑难病等疗效明显。2012 年 9 月，争取“湖南省基层中医药适宜技术服务能力建设”项目，县卫生局组织中医技术推广培训 4 期，培训卫生院医生及村医 400 人次，并为 22 个卫生院配备牵引床，TDP 等治疗器械 20 余种，为 64 所村卫生室配备 TDP、神灯治疗仪等中医器材设备 10 余种。各医院、卫生室纷纷开展针灸、艾灸、推拿、按摩、牵引、火罐疗法，治疗肩周炎、骨质增生、椎间盘突出、中风后遗症、面瘫、截瘫、小儿脑瘫、风湿关节炎、哮喘、耳聋耳鸣、神经功能症。运用中医药和中西结合方法，治疗痔漏、肛裂、慢性结肠炎和疑难肛肠等病。至 2013 年末，全县 22 所卫生院有中医药技术人员 48 人，占医务人员总数 9.80%，各卫生院均能开展中医适宜技术 10 项以上，195 所卫生室中有 72 所能开展 6 项以上中医适宜技术，中医适宜技术项目 100%覆盖。

二、西医

1998 年前，铜湾镇、铁坡镇、泸阳镇、接龙镇卫生院能对急性中毒、电击、溺水、毒蛇咬伤进行有效处理和救治。同并能开展阑尾切除、疝修补等下腹部手术。1998 年后，5 所中心卫生院及部分防治型卫生院对支气管扩张、糖尿病、溃疡出血、新生儿肺炎、其他常见病及多发病能早期诊断和治疗。1999 年，铜湾镇中心卫生院成功完成第一例前列腺切除术。此后，县境内外科、产科等方面医技水平逐年提高。2000—2003 年，铜湾镇、铁坡镇等卫生院相继成功完成肝破裂修补、肝叶切除、子宫全切、肾盂切开取石等手术。2011 年，铜湾镇、牌楼镇、泸阳镇等医院相继配备彩超、DR、TCD 等高端医疗设备，全县医疗诊断、检测和医疗水平明显提高。2012 年 9 月，县人民医院成功完成一例手术较复杂右肾脏摘除术。2013 年，县人民医院能作各种腹腔镜手术，铜湾镇、铁坡镇、泸阳镇、中方镇、牌楼镇、花桥镇六所卫生院能开展脾切除、胆囊取石及切除等上腹部手术。桐木镇、石宝乡、新路河镇、接龙镇、新建镇卫生院等均能实施下腹部手术和剖宫产手术。

三、民间草医、水师

民间草医、水师利用祖传秘方和一技之长，在集市摆地摊行医，或在家中坐诊。看病时，除给患者草药外，有时还烧纸抄水，病人称之为“水师”。他们行医范围多在农村，治疗伤风感冒、无名肿毒、跌打损伤、毒蛇咬伤、一般儿科、妇科等常见病有一定疗效。县域内，治疗毒蛇咬伤较出名的有中方镇岩头园村的潘荣良、龙场乡十里坪村廖中宝、龙场村周启宗。接骨有：花桥镇刘娃驼子、牌楼镇祁水师、接龙镇中坪村肖氏。中医号脉坐诊有铜鼎镇陈方礼、铜湾镇陈厉光、曾光明。医治妇科有龙场乡半坡村的雷文正。

第七节 医 药

一、中药材种植

境内野生药材资源丰富，有白术、天麻、杜仲、黄柏、黄姜、金银花、厚朴、土茯苓、桔梗、茯苓、鱼腥草等数百个品种。主要分布在炉亭坳乡、中方镇、蒿吉坪乡等地。民间草医用药只采不种，促使境内药材种植产业逐渐发展。1998 年，全县中药材种植面积 220.13 公顷，年收购各种中成药 15.81 万公斤。境内中药材主要依靠药贩下到乡村收购，因无正常的销售渠道，药材积压、变质、降级现象普遍，影响药农生产积极性。1999 年，全县中药材种植品种 45 个，其中从外地引进品种 15 个，中药材面积仍不足 120 公顷。2001 年后，药材种植已是中方县调整农业产业结构的重要举措之一。2003 年，县中药材技术推广站举办各类中药材生产专业技术培训 60 次，培训人员 3000 人次。总投资 230 万元，建成 5 个中药材种植基地，县域内成立乡镇中药材协会 7 个。中药材协会负责辖区内种植户药材种植、管理指导、药材规格、质量监督、市场销售提高药农种植积极性。铁坡镇、活水乡、锦溪乡、蒿吉坪瑶族乡等乡镇金银花，炉亭坳乡、牌楼镇、桐木镇等乡镇白术，新建镇杜仲，炉亭坳乡鱼腥草等中药材种植面积有所增加。2007 年，中药材种植存土面积增至 1333.3 公顷，其中，白术存土面积 213.3 公顷，天麻 3000 余窖。2009—2010 年，全县新增金银花种植面积 1500 公顷，白术 60 公顷。2010 年，炉亭坳乡、中方镇一带除乡中药材协会外，有近百户中药材商贩，是年调出中药材 1200 吨。2013 年，全县中药材种植面积 1950 公顷，仅中药材种植一项，增加农业产值 5000 万元。

二、中药材科研

2005 年 5 月底，中药材技术信息推广站与湖南农业大学生物科学与技术学院、湖南省林化工工程重点实验室联合进行的湘蕾金银花药用性质课题研究，取得重大突破。科学实验表明湘蕾金银花在活性成分种类与含量上与母本“灰毡毛忍冬”相同，且具有很强的抗菌活性，这一研究成果为湘蕾金银花的药用性质首次提供科学论证，填补银花药用性质在国内研究领域的空白。2008 年，县域内药材种植，中药材技术推广站完成白术前茬连作技术、旱半夏野改家种、天麻有性繁殖和旱半夏的良种改育等科研推广项目。

三、药品经销

1998 年，县域内有药品批发单位 2 家，零售药店 17 家，经营药品 1300 多种，随着药品市场逐步放开，个体药店和诊所日益增多，城乡药品市场得到发展，但药品参杂使假，以次充好的现象日渐突出，县药监部门，每年都对药品市场进行专项整治。2005 年，抽检品种 1200 种次，查处假劣药品 21 种次，药品抽查合格率 87%，不合格率 13%。2009 年，随着医药行业的近一步的放开，县内个体药店医疗单位药房有63家，这些药房直接从药厂进货，按批发价销给个体药店，彻底改变改变国营、集体批发企业经营格局，2013年，全县药品年销量超过1000万元。

第八节　医药卫生管理

一、医政管理

1999年，县卫生局对全县已开办的医疗机构逐个审核，符合条件的登记注册，颁发医疗机构执业许可证。2005—2013年，全县校验注册医疗机构256个。其中，县人民医院1所，县中医院1所、全额卫生单位3个（县疾病预防控制中心、县卫生监督所、县妇幼保健院）、乡镇卫生院22所、村卫生室195个。民营医院4所、个体诊所30所。完成401家经营单位的卫生许可证校验工作，其中，生产加工企业（含作坊）16家，生活饮用水5家，公共场所32家，学校食堂49家，集体食堂2家，餐饮单位200余家，批发经营134家，保健类食品23家，按时办结率达100%。卫生局对边远乡镇卫生院医务人员取得高一级学历、职称、执业资质后给予一定的奖励。对其实施交通补贴。晋职、晋级和评优等予以倾斜。对蒿吉坪、锦溪、蒋家、丁家乡卫技人员工资实行全额拨款。龙场、铜鼎等14个乡镇卫技人员经费财政补助由原来的60%提高到70%，优惠措施使基层卫生人才短缺和素质不高的状况有所改观。

2006年9月，全县开展以“以病人为中心”，实施“住院费用一日清单制”“病人选择医生制”等便民、惠民举措，累计减免贫困群众医药费100万余元。2008年3月，乡镇卫生院对出院病人进行回访调查，先后走访群众1231人，召开座谈会52次，印发民情调查问卷470份，解决热点、难点问题45个，与县医患纠纷调解委员会调处医患矛盾5起，为民办实事32件，社会对医院的满意度达95%。在平安医院创建活动中，泸阳等6所卫生院获县委、县政府“2010年度平安医院”称号。2012年，牌楼镇、铜湾镇卫生院获省先进单位，县卫生防疫站获省卫生厅授予“消灭脊髓灰质炎先进单位”。唐晓春获省卫生厅授予“全省卫生系统整顿和规范市场经济秩序工作先进个人”。泸阳卫生院院长丁权昌获评全国优秀乡镇卫生院院长、湖南省劳动模范。陈惠来获省卫生厅、总工会授予“劳动模范”称号。县卫生局先后获“怀化市文明单位”“医改工作先进单位”“为民办实事先进单位”“综合目标管理先进单位”“全国残疾人社区康复示范县”等称号。

二、药政管理

1998年，卫生局设药政股，行使全县药政管理职能。1999年7月，组建医疗市场执监队，对全县22个乡镇卫生院、2个药品批发单位、42家个体诊所、17家零售药店、53个村卫生室进行整治。取缔无证经营药店3家、无证执业行医42家。没收药品869种次，价值2.2万元，罚款0.32余元。20002—2006年，加强对从药人员的管理，对从药人员进行考核，共有236人获得“初级从药人员资格证”。期间，重点理顺完善药品管理体系，规范医药市场，加大对乡镇医疗单位、村级卫生室、个体诊所及药品经营企业（药店）药品质量抽检力度，检查覆盖面100%。

2007年，在中方镇、泸阳镇、铜湾镇、铁坡镇4个片区组建乡镇卫生监督分所，聘请212个行政村，212名乡村医生担任卫生监督信息员。2010年10月，成立中方县食品药品监督管理局，每年在“3·15”消费者权益保护日、食品安全宣传周，利用广播电视、网络、报纸、横幅、标语，向广大群众宣传《中华人民共和国食品安全法》《中华人民共和国药品管理法》、培训药品从业人员、开展药品稽查打假，依法查处假劣药品119批种次。对医用彩色、黑白B超、腹腔镜、X光机等大型器械建立台账。2012年，县卫生监督所辖餐饮服务行业、保健品、化妆品监督职能调整至县食品药品监督管理局。是年，对药品经营质量实行GSP认证55家。实施GSP跟踪检查12家，通过12家，注销7家。评选出药品经营企业A级单位4家，B级单位46家，C级单位15家，医疗机构“规范药房”100家。

2013年，完成省级药品安全示范县创建。全县投入资金30万元，为22个乡镇食品药品安全监管站配备执法办公设备。举办乡镇监管员培训班2期，44人均通过法制考试取得执法证。聘任乡镇食品药品监管员61人，村级食品药品监督信息员228人，基本形成县、乡、村“三位一体”监管体系，是年底，完成药品不良反应监测报告332份，医疗器械不良事件监测104份，化妆品不良反应监测28份。

第九节　红十字会

2005年9月，县红十字会从卫生局析出，设置到县政府办系列。2006年3月，创办县级红十字会救助基金，基金达7.3万元。2010年春，创办县级红十字会网站。2011年7月，县红十字会纳入县政府群团组织序列，有机关工作人员6人，下设备灾中心。建立以县直机关、乡（镇）、卫生院、村委（居委会）为会员单位的基层组织网络77个，发展会员1223人。2013年，县红十字会获湖南省“外援项目先进单位”，钟吉祥获省人社局、省红十字会嘉奖。

一、捐赠救灾

1999年12月，用广东、福建两省红十字会援助资金56万元，修建铜湾镇中心卫生院住院楼等业务用房1912平方米，3200人受益。

2005年12月，接受香港捐赠大米120吨，价值60余万元。2006年8月，收到以色列捐赠棉被3400床，价值20余万元。2008年，为印度洋海啸、南方冰冻灾害、“5·12”汶川地震募集捐款87.1万元。

2010—2012年，县红十字会为青海玉树地震、甘肃舟曲泥石流、四川雅安地震共募集和接受各类善款和物资超过500万元人民币。

至2013年底，累计接受国际、国内社会各界捐赠物资折合人民币370多万元，先后为各个乡镇灾后重建提供粮食、生活用品、药品等物资40余次，价值333.52万元，转运国外和台湾、香港、澳门红十字组织提供的外援物资7次，价值39.73万元，累计救助灾民和特困群众13万多人次。

二、帮困救助

2006年4月，县红十字会争取“香港健康快车”“小天使基金”等项目，救助特困病人127人。10月，县红十字会用人道救助基金，救助县域灾民和特困群众67人。2007—2013年，医院推行特困病人救助活动，先后给国际、国内病人减免35万余元费用。建立荆坪古村每周义诊基地，每年组织义诊20余次，共计义诊病人3500多人，免费赠送药品8万多元。利用国际国内红十字会捐款133.83万元，为中方镇乌溪村修建1座逃生桥，为6家卫生机构修建业务用房、危房维修改建3154，6平方米。5640人受益。

三、造血干细胞捐献与无偿献血

2005年，全县开展捐献造血干细胞工作宣传。2006年9月，中国石油总公司中方县分公司唐三军成功向国内提供临床移植造血干细胞成功，成为全市首例成功捐献造血干细胞志愿者。2012年12月，县委、县政府、怀化市血站、县红十字会联合开展“全县干部职工无偿献血、捐献造血干细胞活动”，96名干部职工成为无偿捐献造血干细胞志愿者。

第二章　体　育

第一节　体育机构

1998年2月，成立中方县体育运动委员会，为县政府直属事业单位，正科级，主要负责贯彻实施国家体育工作的政策法规，拟定全县体育工作计划，指导开展群众性的体育活动，实施国家体育锻炼标准，开展国民体体质检测等，机构职能一直未变。2002年12月，更名为中方县体育局，设办公室。2005年5月，县体育局整体搬至政府楼106、107室办公。2006年3月，成立体育局党组。2011年9月18日，成立中方县体校，编制2人，体校设政府楼102。2013年，体育局核定编制6人。

第二节 体育设施

一、公共体育场（馆）

县城内有公共体育场2个，即金大地体育健身广场和政府灯光球场。金大地体育健身广场位于生态城核心区，建于2006年9月，面积2万平方米，总投资55万元，可容纳1万人。广场内有大型电子显示屏和音乐喷泉，是干部职工业余休闲、娱乐和健身极好出处，县委、县政府的大型集会、烟火晚会也在此举行。

政府灯光球场位于县政府大楼后面，该球场2006年9年修建，篮球场长28米，宽15米，四周各有2米宽的水泥硬化地面和可供200人休息看球的石凳。该球场周边还有15套广场健身器材，可共百人同时健身，球场及配套设施总投资26.5万元。

2009年，国家实施农民健身工程，投资137万元，在县内37个行政村建设室外标准篮球场37个，室外乒乓球场74个、标准乒乓球桌74套。2012年，县体育局争取到国家体育总局“雪炭工程”项目资金，准备建设“中方县体育馆”。预算总投资1000万元，占地0.47公顷，建筑面积4830平方米，选址县城五溪路以南，桃园路以西，因多种原因项目终止。2013年，由省体育局统一配送器材，村级自行修建方式，添置600套（件）器材，在119个村，实施农民健身工程。

二、学校体育场及器材

1998年，全县22个乡镇的中学、中心小学、直属一中、二中、职中共45个学校，有标准硬化篮球场62个，计26040平方米。181个村小（含教学点）有较标准的篮球场45个，其中，136个村小有不规则木架篮球场129个。全县中小学活动场地面积5.7万平方米。

1999年8月31日，教育局尊照《关于搞好全县中小学布局调整工作的通知》从1999年秋季起，中、小学布局几经大幅调整，体育活动场地相应减少。2002年以后，政府加大对教育投入，各校逐步增加篮球架、排球架、单杠、双杠、乒乓球桌、垫子、跳厢、体重计、秒表等体育器材，基本能满足学生体育活动需要。2006年，县第一中学耗资800万元，建成标准足球场、塑胶跑道、标准田径场。2009年中兴学校投资1100万元，建设有塑胶跑道、足球场、看台于一体的田径场地。2013年末，全县有400米环形跑道运动场2个、200米以上的环形跑道运动场16个，沙坑27个、跳高海绵垫27套。单、双杠等共107件（套）、铁架钢化塑胶篮球板球架，篮球场152个，排球场31个，乒乓球台274张，门球场1个，健身操房（室）5个。2013年底，达到省、市体育标准的学校35所。

第三节　群众体育

中方县于 1998 年 5 月成立全民健身指导委员会，有针对性地开展篮球、拔河、乒乓球、老年门球、舞龙、舞狮、棋类、接力赛等活动。县体育局获“2009 年度湖南省全民健身先进单位”和“湖南省首届大众运动会先进单位”称号，2011 年获怀化市全民健身活动先进单位，2013 年 9 月，获省体育局授予“湖南省赛车基地”，全县经常参加体育锻炼的人数比例达 35.7%。

一、传统体育项目

传统项目有舞狮、武术、散步、广场舞、练太极拳、气功、武术等。1998 年 5 月，中方县农民体育运动协会成立，有会员 1198 名。7 月，在中方镇荆坪村举办中方县首届龙舟竞渡活动。10 月，铜湾舞狮队出席湖南省“首届大众体育运动会”，获优秀表演奖。12 月在长沙举办的湖南省首届大众体育运动会上，获最佳舞狮表演奖。1999 年、中方、牌楼、桐木、新路河、铜湾等乡镇开展赛龙舟活动。11 月，铜湾镇舞狮队出席湖南省（湘潭）第二届农民运动会，获全省舞狮第三名，并获“湖南省全民健身体育先进乡镇”，第二届农民体育运动会暨全国体育工作先进单位表彰大会，铜湾镇授予“全国体育先进乡镇”。2009 年，全县共有广场舞健身队、舞龙、舞狮队 111 支。

二、现代体育项目

2008 年春，广场舞在境内群众中自兴起，各乡村自发成立规模不等的广场舞健身队。县体育局培养 45 名社会广场舞体育指导员，其中，国家级体育社会指导员 4 名。广场舞体育指导员不定期下乡指导乡镇、社区广场舞活动。群众性健身普及率 35%以上。1998 年起，不定期举办单位、乡镇干部篮球赛，共 12 次。2001 年，组织 211 位妇女参加怀化市木兰系列国家规定新套路培训学习。体育局在每年度都会举办诸如拔河、乒乓球、象棋、扑克、跳绳、接力等多种活动 1 次以上，参加人员达 1120 人次以上。2009 年 5 月为配合“放歌怀化六十载”大型活动，组织 300 多名县干部职工在金大地广场举办跳绳、接力赛、袋鼠跳等趣味体育活动。12 月 19 日，成立以县直机关干部职工为主的自行车协会。2010 年 8 月县体育局组织“泰格·骏泰杯”象棋、围棋、乒乓球比赛，全县干部职工 300 多人参加。是年，县内桌球运动发展迅速，乡村桌球室有 121 家，有球桌 256 张。2011 年 8 月 8 日，县体育局以“旺市融城，环游中方”为宣传口号，组织自行车协会 152 名会员环绕整个县城数周，举办方达到预期目的。年底，全县职工篮球队 57 个，队员 670 人。乒乓球队 21 支，象棋、围棋队各 10 个，钓鱼协会 1 个，乒乓球协会 1 个。自行车协会 1 个。

第四节 体育彩票

2003年1月，在泸阳首次发行20万中国体育彩票，2006年，又争取到河西体彩管理权。2010年，市局收回体彩管理权。2011年县体育局创新体育彩票发行方式，通过网投等形式，不断提高体彩销售量。2013年，县体育彩票注册发行点18个，发行金额超过300多万，募集体育公益金200万元。

第五节 学校体育

一、幼儿园体育

幼儿园的体育主要根据2001年7月2日教育部颁发《幼儿园教育指导纲要（试行）》，随后教育部制定《3～6岁儿童学习与发展指南》从“具有一定的平衡能力，动作协调，灵敏”“具有一定的力量和耐力”“手的动作灵活”，三个方面详细阐述各个具体年龄段幼儿所有应该具有的动作发展水平。

二、中小学体育

体育课学校小学1～2年级每周4课时体育教学、小学3～6年级及初中每周3课时、高中阶段每周开设2课时。小学阶段教学的主要内容有田径、球类、体操，初中田径项目在小学田径项目基础上增加接力跑、跨栏跑、蹲踞式跳远、背越式或仰卧式跳高。在球类中增加羽毛球等内容。体操增加单、双杆。舞蹈增加集体舞。高中体育教学每周两课时分理论和实践两大部分，增设锻炼计划与运动处方、人体运动时的能量供应等教学内容。同时增加运韵律操、集体舞等民族体育教育。小学和初中阶段的课外体育活动，有踢毽子、跳房子、拍皮球、打纸板、爬山、跳橡皮筋等项目。上、下午课间分别做广播体操和眼保健操，寄宿制学校每天要做早操。学校按《国家体育锻炼标准》积极开展“达标”活动，1999年秋，县第一中学评为湖南省实施《国家体育锻炼标准》先进单位。2000年起，每年对高中学生进行为期30天的军事训练，由县人武部派员组织实施，受训学生统一着装。军训科目有队列、出操、利用地形地物、握枪等。2002年以后，小学、初中升学考试体育成绩纳入计算，满分为30分。

课外活动遵照《中小学体育工作条例》县内中小学普遍开展课外活动。一般以教学班为单位进行，主要有篮球、乒乓球、田径、体育游戏等，学校采取分班级轮换的办法，经常进行班与班、组与组之间的竞赛。各类学校不定期举办春、秋季田径运动会和球类比赛。从2003年后，县第一中学向各中学招收体育特长生，一中每年向高等学校输送10多名体育人才。2004年开始，石宝、泸阳、铜湾、中方中学定位体育人才基地。形式多样的体育教学更加普及体育运动。2008年，实施《国家体育锻炼标准》达标率，连续7年学生体育达率100%。2012年秋季开始，遵照教育部《切实保证中小学生每天一小时校园体育活动的规定》各学校普遍开展“阳光大课间活动”，即每天上午安排25～30分钟大课间体育活动，下午放学前安排25～30分钟的集体体育锻炼，确保学生每天活动锻炼不少于1小时。

三、业余体校

县体育局围绕“体教结合”做文章，与教育局协商，将泸阳、中方、新建、石宝等四所乡镇中学定为青少年的训练基地，对体育特长生的田径、摔跤、跆拳道、举重、武术、乒乓球等项目进行专业训练。培养出像杨兰军、陈林林等一批优秀运动员。2004年10月底泸阳中学被怀化市体校授予“怀化市体校摔跤训练基地”，基地教练员蒲生友获评为“2005年湖南省业余训练先进个人”。2011年9月18日成立中方县体校，编制2人。体校设政府楼102室。每年竞训20人。

第六节　体育赛事

一、体育竞技

2000年8月，中方县体育代表队在怀化市少年儿童田径比赛中夺取铅球第三名，田径300米第四名，1500米第六名的成绩。2001年9月，县代表团参加怀化市第一届运动会。2003年，杨兰军参加省九运会举重比赛获得男子组85公斤级金牌。2000—2002年，县体育局连续三年参加湖南省（沅陵）传统龙舟赛，获得二次道德风尚奖、一次组织奖。2004年，金成获得省赛摔跤比赛第二名。8月，县体育局举办首届围棋赛，参赛运动员32人，张平聪、许勇、付刚友获前三名。2005年，中方县派40名运动员参加怀化市第二届运动会，取得5金2银3铜的好成绩，实现市运会“零”的突破。县第二杨勇在4届市中小学运动会上获男子跳远学组第一块“金牌”。2006年，中方县运动员陈林林在湖南省第十届运动会上，摘取女子46公斤级桂冠。2008年，中方县举办“万隆、维也纳杯”大众运动会。2009年9月，方县组织104名运动员的代表团参加怀化市第三届运动会，夺取24枚金牌、10枚银牌、10枚铜牌，名列全市金牌榜第七名，团体总分第八名，摔跤团体总分第一名。是年，中方县在荆坪村举办龙舟赛，9支参赛队，吸引市区及周边2万多人观赛。毛田、中方、荆坪队获前三名。2011年，中方县获得参加湖南省第十一届运动会贡献奖。同年、县体育局选派3名优秀种子选手在虎门国家级水上运动中心常年培训。5月，中方县组团参加怀化市“英泰国际杯”登山比赛，获全市个人女子第二名，团体二等奖。2012年5月，泸阳镇金塘农民健身队获2012年度“优嘉杯”（浙江杭州）全国排舞挑战大赛原创作项目一等奖，自选和必选项目二等奖。2013 年，中方县获“欢乐潇湘群舞飞扬”全民广场舞大赛亚军（省委宣传部主办），并获“全省百强”队伍称号，被多家媒体誉为“最美村姑”。县老年大学广场舞健身队获 2013 年度怀化市“夕阳红杯”一等奖。是年，中方县组团参加怀化市第四届运动会，在青年男子篮球，青少年摔跤，成年组羽毛球、青少年足球等项目取得较好名次，共获得金牌 24 枚，银牌 17 枚、总分 512.8 分，获得市运会体育道德风尚奖。9 月，为宣传中方葡萄节，县体育局承办的“湖南怀化（中方）环‘蒲海’山地自行车邀请赛（省级）”，赛程起点为金大地广场，终点为桐木镇大松坡“蒲海”全程 24 公里，吸引来自全国各地 224 名优秀选手和 134 名自行车爱好者参加。蔡卫龙、陈贻恩、梁力麒获男子前三名。杨胤超、陈丽云、谭毅获女子前三名。

二、学生运动会

从 2003 年开始，教育局先后在中方镇中学（2003 年）、泸阳中学（2004 年）、石宝学校（2006 年）举办过三届全县中小学生运动会。县第一中学、中兴学校塑胶运动场建成后，全县性运动会由两校交替承办。2009 年 4 月，在县第一中学举办的中方县第五届中小学生运动会，有 36 个代表队，812 名运动员，128 名裁判员参加，决出 748 个奖项，是历届运动会规模最大的一届。至 2013 年，全县共举办过七届中、小学生运动会。

中方县参加省、市（地区）运动会获各单项第一或破省、市、记录统计表。

怀化市第二届运动会中方县代表团成绩表

表 18-2-6-1

姓 名	项 目	性别	名 次	备 注
杨兰军	举 重	男	金牌	85 公斤
金 城	摔 跤	男	金牌	甲 76 公斤
董子夜	摔 跤	女	金牌	甲 63 公斤
唐柏林	摔 跤	男	金牌	乙 54 公斤
陈林林	摔 跤	女	金牌	乙 54 公斤
张 英	田 径	女	银牌	跳高
周盼盼	田 径	男	铜牌	跨栏
杨秀元	田 径	女	铜牌	铁饼
陈合剑	摔 跤	男	铜牌	甲 52 公斤
杨 琴	跆拳道	女	铜牌	43 公斤
杨秀元	田 径	女	四	铅球
杨秀元	田 径	女	四	标枪
胡冬雪	田 径	女	四	跳高
余 娜	跆拳道	女	四	43 公斤
杨 凡	田 径	男	五	5000 米

表 18-2-4-2

怀化市第三届运动会中方县代表团成绩表

姓　名	项　目	性别	名　次	备　注
周文杰	武术（自选拳）	男	第四名	二中
周文杰	武术（自选枪剑）	男	第四名	二中
蒋竺芬	武术（自选刀棍）	女	第四名	二中
周文杰	武术（自选刀棍）	男	第四名	二中
杨　询	武术（自选拳）	男	第五名	二中
蒋竺芬	武术（自选拳）	女	第五名	二中
杨　询	武术（自选枪剑）	男	第五名	二中
杨　询	武术（自选刀棍）	男	第五名	二中
杨升喜	武术（自选拳）	男	第六名	二中
杨升喜	武术（自选刀棍）	男	第七名	二中
郑远康	柔道（-55 公斤）	男	第一名	
陈　明	柔道（-55 公斤）	男	第一名	泸中
刘　丹	柔道（+63 公斤）	女	第一名	
唐　颖	柔道（-44 公斤）	女	第一名	泸中
杨　富	柔道（-52 公斤）	女	第一名	
陈美红	柔道（-52 公斤）	女	第一名	泸中
罗　岚	柔道（-44 公斤）	女	第一名	
杨　海	柔道（-55 公斤）	男	第三名	泸中
曾　轩	羽毛球（双打）	男	第一名	
曾昭朝	羽毛球（单打）	男	第一名	
曾　轩	羽毛球（单打）	男	第三名	

第十九篇

社会风土

SHE HUI FENG TU >>>>>>>>>>>>>

第十九篇 社会风土

第一章 民族 宗教

第一节 民 族

一、民族概况

中方县是一个以汉族为主体的多民族县。2013 年，按户籍人口统计，全县总人口 286422 人，其中汉族 254422 人，占总人口数 88.8%，少数民族 3.2 万人，占总人口数的 11.2%。

汉族在全县 22 个乡镇均有分布，主要集中在河谷平地和丘陵地区。其生活习性相同，多以农耕、养殖、商贸为主，以捕捞、狩猎为辅。日食三餐，以大米、蔬菜，植物油、肉类为主食。语言同属北方方言（也称西南官话），虽然境内东片区和西片区存在语音差异，但无多大语言交流障碍。境内汉族多信仰道教和佛教，东片区建有铜湾高坡寺，铁坡金凤寺，石宝城隍庙，西片区建有花桥飞云寺、观音寺、中方玉屏山禅寺、塔山祖师殿、牌楼回龙禅寺等。境内汉族人礼仪统一，不分东南西北，无论红白喜事、生迁喜庆，习俗相近，礼节相同。

少数民族居民以瑶族为主，其他少数民族多系迁移、婚嫁、工作调动而迁入。1998 年，境内有瑶族、藏族、彝族、侗族、黎族、满族、维吾尔族、蒙古族、白族、朝鲜族、仡佬族等 11 个少数民族。2006 年，因五强溪水电站建设，淹没区内有 651 名苗族、土家族等少数民族，陆续从沅陵县二酉苗族乡、太常乡等地迁入境内聂家村乡、泸阳镇、花桥镇定居。至 2013 年底，全县少数民族增加到 17 个，总人口达 3.2 万人。其中，瑶族 14800 余人，占全县总人口的 5.2%，主要集中居住在蒿吉坪瑶族乡和散住铜鼎、接龙、丁家等乡镇。侗族 4100 人，占全县总人口的 1.4%，主要散住在中方、炉亭坳、牌楼、桐木等乡镇。土家族 5300 人，占全县总人口的 1.8%。苗族 3400 人，占全县总人口的 1.2%。

二、少数民族工作

民族政策落实 为便于民族自治，1989 年 1 月 31 日，怀化市在瑶族聚集的蒿吉坪乡设立瑶族自治乡，辖吉都堂、助溪、洞门口、老田溪、罗洪、三岔溪、干田垅等七个行政村。1998 年，划归中方县管辖。是年，成立中方县民族事务委员会，为县政府办内设机构，编制 2 人，专管民族工作。蒿吉坪瑶族自治乡的乡长，均从该乡瑶族干部中选任。

1998 年起，县政府对蒿吉坪瑶族乡的林业实行自产自销政策。每年为蒿吉坪民族学校安排教育补助费。对蒿吉坪瑶族乡的高考生，实行加分录取优惠政策，即少数民族高考考生加 10 分，民族乡的汉族高考考生加 5 分。民族乡的夫妻均系少数民族，一方是农村居民的，可以要求生育第二个子女。夫妻均系农村居民，双方或者一方是少数民族的，可以要求生育第二个子女。对蒿吉坪瑶族乡财政供养人员工资普调一级。

1999—2006 年，实行农业税和农林特产税先征后返，屠宰税实行免税的政策。2011 年 6 月 17 日，县委、县政府出台《关于进一步落实民族政策促进蒿吉坪瑶族经济社会又好又快发展的意见》。从加大财政支持力度、给予项目扶持政策、努力改善发展条件、着力提高经济发展水平、加快社会事业全面发展、进一步发展新型民族关系、提高民族工作的地位、切实加强少数民族队伍建设、加强民族工作宣传教育、完善民族工作机制十个方面作出具体规定，促进蒿吉坪瑶族乡经济、社会事业快速发展。2013 年，全乡财政收入达 329 万元，农民人均纯收入达 1780 元。累计省、市、县各级共投入教育资金 380 余万元，社会各界向少数民族贫困学生进行爱心捐助 120 余万元，享受优惠政策被高校录取的考生有 53 人。

少数民族干部培养　为便于民族区域自治，县委、县政府重视少数民族干部培养，规定民族乡的乡长在该乡少数民族干部中选任。1998 年，全县有少数民族干部 91 人，其中处级 10 人，科级 22 人，一般干部 59 人。历届县委、县政府通过招工招干、转干、学校分配等渠道，不断扩大少数名族干部队伍。采取集中培训、重点培养和实践锻炼相结合的办法，培养少数名族干部。截至 2013 年底，全县少数民族干部增至 364 人，其中处级 7 人，科级 162 人，一般干部 195 人。向怀化市委党校输送少数民族干部培训 20 人，向中央党校输送少数民族干部攻读硕士学位 1 人。县委、县政府、县人大、县政协等四大家领导班子中，规定少数民族干部人数不少于 2 人。并按照《中华人民共和国人民代表大会和地方各级人民代表大会选举法》规定，少数民族公民在省、市、县各级人大代表和省、市、县各级政协代表选举过程中占一定比例。

第二节　宗　教

中方县境内历来有佛教、道教、基督教等宗教信仰。2013 年，境内有经依法批准开放的各类宗教活动场所 46 处，其中佛教 37 处，道教 6 处，基督教 3 处。有佛教、道教、基督教三大宗教信徒 49718 人，占全县总人口的 19.8%。有专职从教人员并且取得法号的 9 人，其中佛教 8 人，道教 1 人。境内信奉宗教的信徒主要为老龄阶层。

一、佛教

佛教于唐贞观二年（628）传入中方县境内。佛教文化兴于宋朝，盛于明清，衰落于 20 世纪的 50 年代，复兴于 20 纪的 90 年代。境内较有名的寺庵有花桥飞云寺，占地 2 公顷，建筑面积800余平方米。铁坡金凤寺，始建于明洪武三年（1370），占地1公顷，建筑面积为1200余平方米。石宝五云禅寺，始建于明正德九年（1514），占地1公顷，建筑面积2000余平方米。花桥观音寺，始建时间不详。清顺治十三年（1656）扩建，占地1公顷，建筑面积3800余平方米。铜湾高坡寺，始建于宋乾德年间（963—968），占地1公顷，建筑面积1120平方米。牌楼回龙禅寺，始建于清康熙年间，占地2公顷，建筑面积2000余平方米。桐木观音阁，始建于清咸丰八年（1858），占地0.2公顷，建筑面积630余平方米。泸阳骑龙山寺院，始建于唐贞观年间，占地1公顷，建筑面积810余平方米。寺内供奉的神像为弥勒佛、观音大士、十八罗汉、关圣帝君等。

佛事活动有水陆道场、盂兰盆会、放生、斋天、拜忏等。佛教信徒分出家和居家两部分：出家修行的信徒，男的叫和尚，女的称尼姑，均削发，不婚配，常年吃素。居家修行的信徒，不禁忌婚配荤食，一般只在农历每月的初一、十五和二、六、九月的十九吃斋，个别信徒也常年吃斋。2013年，全县有和尚75人，尼姑12人。

二、道教

道教于唐代贞观年间传入境内。元代初期开始兴教建观，明末清初，为境内道教发展鼎盛时期。较有名的道观有：铜湾龙关坡宫观、石宝鱼龙桥城隍庙、铜湾大岩头白洞道观、新路河字溪白云宫观、新路河合理南岳殿、接龙总坡文峰宫观等。

道教以神仙诞辰、祝典、接驾、祭星、展墓和农历每月初一日、十五日祭祀、4月18日娘娘庙会等为主要节日。节日期间举行隆重斋醮活动，供奉花果、罗列法器、唱颂舞蹈、叩拜祈祷，场面热闹宏大。2013年，全县有修持道士96人。

三、基督教

基督教于民国11年（1922）传入中方县境内。民国10年（1921）年境内发生大旱灾。民国11年（1922），芷江县福音堂的德籍牧师鲍格非，以救灾为名到境内散发传单，推介基督教书籍。是年，派郭松林率领布道队到泸阳、竹田两地布道设所，并在泸阳、花桥、鸭咀岩、中方、竹田、桐木、老禾堂、铜湾等地建立教堂。1949年，境内有信教徒200余名。1990年，有信徒300余人。2007年，复修蒋家基督教堂。2011年，复修新建基督教堂。2012年，修复鸭嘴岩基督教堂。基督教的节庆主要有主日、圣诞节、复活节，除此之外，基督教还有纪元、圣灵降临等节庆。2013年，全县有基督教信徒600余人。

第二章　风　俗

从古至今，中方人聪明能干，民风淳朴，吃苦耐劳，热情好客，在长期的共同生活和交往中，逐步形成自己独特而良好的风俗习惯，在衣食住行、婚丧嫁娶等生活礼仪方面，有其独特的庆贺和表情达意方式，并随着历史和社会的发展，又呈现和形成新的风俗习惯。

第一节　衣食住行风俗

一、服饰风俗

衣着　境内忌讳衣服扣子为双数，认为“四六不成材”。旧时男子上穿五扣对襟衣，颜色以青、蓝、白为主，下穿直筒裤，颜色以青、蓝两色为主。女子上穿五布扣大襟衣，下穿直筒裤，颜色以赤、橙、黄、绿、青、蓝、紫七色兼顾，面料以手工土布为主。20 世纪 50 年代后，境内开始流行中山装、列宁装和青年装，妇女的五布扣大襟上衣改成五圆胶扣对襟衣。“文化大革命”期间，城乡流行穿无领章、帽徽草绿色军装，面料以的确良、卡叽布为主。80 年代后，服饰式样不断更新，衣料日趋高档。流行服饰有夹克、西装、裙裤、喇叭裤、牛仔裤。面料有化纤、混纺、毛呢、棉织、丝绸等。从 20 世纪 90 年代起，境内学生由学校统一着装。进入 21 世纪，人们衣着追求个性化，讲求暖和舒适、美观大方。男士流行穿休闲服、西装、皮衣，女士流行健美裤、长裙、短裙、连衣裙、西装裙、吊带背心、吊带裙。冬季，男女棉袄更新为羽绒大衣、呢子大衣。

发式　境内男性自民国初叶长辫被剪除后，多剃光头。女性少时扎一个发辫或两个发把，出嫁后改为发髻，以丝网护髻，并别上一根发簪固牢，称卡簪头、调羹头发式。中华人民共和国成立后，男性多蓄西式分头、平头和运动头。60 年代末，境内女性流行齐耳短发等发型。80 年代后，男性流行青年式、运动式、波涛式、轻便式等发型。女性除老年妇女留有西瓜皮和包菜头发型外，盛行海燕式、风凉式、蝴蝶式、刘海式发型。进入 21 世纪后，境内发型趋向多样化、个性化，有直发类发型、卷发类发型、束发类发型。人们时兴染发焗油，使发式时尚靓丽。

头饰　中华人民共和国建立前，境内 1~3 周岁小孩，不分男女，头上均戴尖顶绸缎绣花帽。帽子前缘，成半月形镶嵌有九个指粗的银质罗汉。颈上戴银质项圈或长命锁，意为长命富贵，易养成人。大户人家女性，发髻上插金钗、金簪，戴金质或银质耳环，颈戴金质或钻石项链，时兴画眉毛、抹水粉、擦胭脂、涂口红。中等家庭女性戴银钗、银簪、银耳环，头包青色丝帕，涂脂株粉的很少。平常人家女性无钱穿金戴银，头上只包一青色丝帕。改革开放后，特别是进入21世纪后，穿耳戴环复在中青年妇女中盛行。

二、饮食风俗

境内居民以大米为主食，辅以荞麦、玉米、红薯等杂粮，一日三餐。农村注重早餐和晚餐，以大米饭为主。下饭菜一般是一荤两素或两荤两素。中餐不讲究，一般吃早上的剩饭、剩菜，或烤个糍粑，下碗面条、粉条，甚至吃几个蒸红薯就算了事。家来亲友，无论哪一餐，以荤菜为主，素菜为辅，加以好酒、好茶款待。城镇居民注重中餐和晚餐，以食大米饭为主。早晨食用包子、馒头、米面、油条及各种粥类、奶品等。因此，城镇有“早晨吃早，中午吃饱，晚上吃好”的说法。境内居民都喜欢吃辣椒，除青、红鲜辣椒、干红辣椒外，多数家中还常备有“剁辣椒”“腌辣椒”“扎辣椒”“包辣椒”“辣椒粉”以及“油炸辣椒”等多种口味的辣椒。无论诚镇还是农村都喜欢熏制腊味品，每年立冬以后，农村家家户户都熏有腊猪肉、腊猪肠、腊牛肉、腊羊肉、腊狗肉、腊鸡、腊鸭、腊鱼以及熏干豆腐、干血粑豆腐等，以备过年过节食用。每年春节，多数农家制作散饭、甜皮、甜酒、糍粑等，有的还特地酿制一缸烧酒过年。平时用餐，多以自制腌菜、酸菜作当家菜下饭，方便、省时，大开胃口。铜湾区一带居民喜欢吃滩螺、田螺，或汤，或炒，味道极鲜。进入21世纪，人们生活观念发生根本变化，由注重吃饱转向注重吃好，从重视食品数量转向重视食品营养。牛奶、糕点成为百姓家中早餐。人们饮食向环保、卫生的绿色食品转化，包谷、粟米、荞麦等五谷杂粮又回到人们的餐桌，山间野生鸭脚板、水芹菜、苦技丫、笋、蕨以及薯藤尖、豌豆苗、南瓜藤、南瓜花成为席上佳肴。饮用瓶装矿泉水、纯净水、营养型饮料成为时尚。

馓饭、碎皮 境内农村逢年过节、办红喜事的必备食品。馓饭形状像伞顶，也称伞饭。制做时，先将糯米在冷水中浸泡数小时，滤干后蒸熟，然后将约二分宽的竹片圈放在平板上，再将糯米饭放入竹片圈内，用筷子平匀扒实，而后旋转数圈，放置太阳下晒干后，再用颜料绘上花草、虫鸟图画或写一个大红“囍”字。制作碎皮，须先将浸泡好的糯米磨成浆，然后分批在米浆中加上白糖和不同颜料，再将米浆放置锅中烫成薄皮，凉干后切成几何形的三寸小块即成。馓饭、碎皮一般是在农历的九月或十月做成。食用时，放入植物油中煎炸。吃起来香脆可口。用开水、甜酒冲泡，别有一番风味。

打糍粑 境内普遍流行过年打糍粑的习俗。每逢春节来临，从腊八节开始打糯米糍粑，少则几十斤，多则上百斤。打糍粑前，先将糯米用冷水浸泡数小时后滤干蒸熟，再倒入涂有食油的石臼或木臼内，由两个大汉拿专用的棒槌一上一下舂捣，将米饭捶成藕断丝连黏糊糊一团，然后快速将糍粑胶体缠绕在棒槌上，移至抹有蜂蜡或者植物油的案板，再由妇女用带油的绳子把糍粑胶体从木槌上套下来，按人数多少分成多块，并趁热用手做成扁圆形糍粑。之后，五个一托叠起来，转移到篾筛里。一个星期后，放置木桶或瓦缸内，用冷水浸泡，可储藏到来年三、四月间食用。打糍粑需要多人才能完成，在其过程中，人们有说有笑，融洽邻里人与人之间的感情，增进团结。

年庚饭　指农历腊月三十日的早餐。与平常比较，年庚饭有几个明显的特点：一是吃得早，一般在天亮前吃，就餐前，燃放炮竹烟花，烧香焚纸以祭祀祖先，感谢神灵保佑在一年里风调雨顺。二是庚饭由男人来做，因“庚”与“根”谐音，说是“男人护庚（根），万物再生”，意即男人的气势大，力量大，吃男人做的庚饭，“地不会陷，天不会塌，田埂与墦边不会塌”。三是庚饭用黏、糯两种大米各半掺和着煮，意即黏合紧密，团团圆圆。年庚饭的菜肴规格不一，多以小炒为主，但有三道菜是必不可少的，爆炒猪肠，因“肠”与“长”谐音，意即长吃长有。煎整鱼，“鱼”与“余”同音，意即年年有余。青菜拌油炸豆腐，常言道“青菜拌豆腐，青青白白”，象征一年里洁身自好。除此之外，境内还有给果树、耕牛喂庚饭，给当年新嫁的女儿送庚饭的习俗，意即扎根久长、生根开花。

团年饭　指农历腊月三十日的晚餐。团年饭是过春节的核心和重点，儿女们不管天南海北，都会尽力赶回家中，与父母一起吃年夜饭，以示全家和和睦睦，团团圆圆。进入21世纪，不少家庭在宾馆、酒店吃年夜饭。团年饭宴席较为丰盛，鸡、鸭、鱼、肉全有，蒸、炖、煮、炸、煎、炒等品种齐全，一般10几道菜，有的甚至20几道菜上桌。餐后的剩菜留着新年吃，意即上年吃到下年，年年有余。团年饭用菜，境内东片区和西片区的习俗略有差异，各有见解：西片区农村的年夜饭不可缺鱼，因“鱼”与“余”谐音，意即年年有余。而东片区农村吃年夜饭时，禁止上鱼，说年夜饭吃鱼，就是吃掉上年的余钱剩米。西片区乡民认为狗是不干净的动物，团年饭禁止狗肉上桌，怕亵渎神灵。东片区乡民却对狗很尊崇，接龙镇金象庵还把狗供奉为神。但爱吃狗肉又是东片区的一大特点，无论过年过节，对狗肉上席均无禁忌。

三、居住风俗

境内人们讲究依山傍水、避风向阳场地建房。农村住房多数为木板平房，正屋一般分中堂、左房、右房、偏厦四间，中堂为客厅，偏厦作厨房，傍边配以粮仓、猪栏、牛栏和厕所。禁忌房前修牛栏，房后修粮仓，有“前怕牛栏，后怕仓”之说。单家独户的宅场，一般修有“八字型”大门，四周有围墙或篱笆，墙外栽果树或竹子，禁忌房后栽桃竹，房前栽棕树，有“前怕棕树千把剑，后怕桃竹钓鱼杆”之说。城镇住房以砖木结构和钢筋混凝土结构为主，多为2—3层楼房。进入21世纪，随着市场经济的发展，不少村民从山坡、山沟搬迁到城镇公路边建房经商，由过去“依山傍水”建房转变为“就路靠城”建房。房屋多为二层以上楼房，内部结构仿效城镇住房建造，客厅、卧室、厨房、卫生间齐全。县城居民迁进生态城住宅小区，面积大都在110—140平方米之间，室内普遍进行装修，水、电、通信、宽带网等设施配套，功能结构合理。

选屋场　境内私人建房，多请地理先生选择屋场。地理先生按照当年所空方向，依照风水龙脉，并以主人夫妇、儿子、儿媳以及孙子的年庚八字推算出“相生”的最佳向头，撇开“相克”不利向头。境内自古就有“阴对尖”（指葬坟），“阳对湾”（指竖屋），“子午向头”只适用府衙、学校选址的传统观念。因此，选屋场时禁忌房屋中堂面对山尖和正压“子午”中轴线。地理先生定好房屋“向头”后，推算出发墨、架地脚和竖屋的良辰吉日屋场才算选定。

发墨 境内新修房屋开工时，先由木匠师傅在房屋中柱上弹一中墨线，定好房屋高度，谓之“发墨”。按照“要想发，不离八”的习俗，建造木质平房，高度一般为一丈五尺八寸或一丈六尺八寸，木质楼房，高度为一丈八尺八寸或一丈九尺八寸。如果修砖房，泥工在屋场头一次划线也叫发墨。发墨时，要请地理先生在场择定房屋“向头”，并用雄鸡血涂以屋基的东、南，西、北、中的五方以“掩煞”，祭祀完毕方能动土挖基脚。无论哪种房屋发墨，房主人须给掌墨师傅一个红包。发墨后，燃放烟花爆竹，以示庆贺新屋开工。晚上，主人茶一席、酒一席招待众匠人。

架地脚 境内建造木房头一天，由帮工人员把木匠做好的地脚枋依次排串好，请地理先生用罗盘校正向头，并用木桩固定地脚。此时，在烟花爆竹声中，木匠师傅开始掩煞，先用雄鸡血涂以中堂的东、西、南、北、中五方，并高唱“日吉时良，天地开张，鲁班弟子，张良锯工，白鹤仙人，地理先生到此是大兴大旺”，用手拍打雄鸡三下后，接唱：“此鸡不是非凡雄，身穿五色绫罗衣，头是凤凰头，尾是金鸡尾，别人拿来无用处，鲁班弟子拿来掩煞气：一掩东方甲乙木，二掩南方丙丁火，三掩西方庚辛金，四掩北方壬葵水，五掩中央戊已土，不掩天，不掩地，恶鬼神煞全掩尽。”之后，帮工人员将排串的屋架依次摆好，待第二天早晨升扇竖屋。晚上，主人设茶、酒两席款待匠人和帮工人员。

择樑、伐樑、做樑 农村修屋重视樑木，一般选用梓木、椿木和杉木为材料。如果自家山上无此树种，主人就派有崽有女帮工 4 人，每人发一个红包，趁晚上或赶早进山偷砍樑木。偷砍后，主人在树兜上放一个红包。山主见了，便知是别人偷作樑木，于是收下红包决不追究。樑木运回家后不能再沾地，也不许人踩踏、跨越或垫坐。木匠师傅做樑时，主人要另送予一红包。屋樑做好后，木匠师傅将铜钱、银圆或硬币嵌入樑木正中，并用红绸包裹扣钉，然后再用七色丝线将筷子、墨块和毛笔捆扎好，这像征着家庭从此家产万贯，文人辈出，家庭生活绚丽多彩。待屋竖好，择良时将披红挂彩的樑木抬至屋上。

竖屋 境内竖屋一般选在吉日的寅时或卯时进行，意即“好事宜早”。竖屋前，主人必须摆茶席，多以油粑、黴饭、碎皮、糖果等款待众人，谓之“过早”，待良辰已到，木匠师傅用斧头将正屋柱敲三下，一声“升起”令下，众人将房屋的中间两扇同时升起，待固定好中间两扇后，然后依次再竖其他两端，待屋架全部竖好固定后，方用早餐。

上樑、锻樑、抬樑 上樑安排在早餐之后，由原伐樑的四人抬上屋架安放。上樑时须进行三次锻樑：上樑前，主人给木匠师傅一个红包和一双新鞋，并排好香案和摆好供品以祭祀天地、地脉龙神，此时木匠师傅进行第一次锻樑。木匠用斧头敲一下樑木并喊一声“升起”，于是抬樑的四人面对面立即将樑木抬上肩膀，此时主家鞭炮齐鸣，烟花齐放，木匠师傅接着进行第二次锻樑。第三次锻樑是由抬樑的四人进行，抬樑一般要挑选两位锯工师傅和两位有儿有女的成年人进行。每次锻樑都会唱吉祥的歌曲。

踩樑，祭樑　樑木抬上屋架安好后，木匠师傅穿上主人给的新鞋要在樑上踩三脚。踩樑后，紧接着祭樑，樑上摆放有四盘菜，谐音“四财”，意即四季发财。由木匠师傅端酒祭樑。祭樑之后，众人在樑木两端伸手划拳饮酒数杯，直到亲朋好友晚宴散席后，竖屋习俗才算结束。

乔迁宴　境内习俗只在竖屋时设宴兴客，主要亲戚披红挂彩、抬猪、牵羊、抬酒、扛对联、送匾额前来道贺，其他人则以礼金相送。进新屋时，不再摆酒，只炸些油粑、馓饭，街坊邻居届时助个热闹，有的管叫“香火炉”。到20世纪90年代后期，实行住房制度改革，城镇居民购置新房，乔迁时，设宴款待前来道贺的亲戚朋友。从此，境内把竖屋贺喜，改成乔迁贺喜，被宴请宾客均以礼金相送。

四、出行风俗

中华人民共和国建立前，境内交通闭塞，出行困难，最怕碰上不测灾祸，人们出行有不少禁忌。正月初一出门，须选择大利方向出行。平时外出，看好良辰吉日，若逢“空亡”“赤口”之日，不能启程。农历每月初七、初八、初九不出行，有“七不出门八不归，九日出门空手回”之说。农历每月初一、十五、二十三不外出收账，俗话说“初一、十五、二十三，放得有钱莫去担（拿）”，意即这三天不宜收账。境内出行，刚出门怕碰上女人，认为碰到女人晦气不利，必须返回，另择日出行。中华人民共和国成立后，移风易俗，出行禁忌大为减少。60年代，外出可搭乘少量客班车。西片区比东片区交通相对便捷。70年代起，少数人出行骑自行车。80年代后，境内每个乡镇开通客班车，中方区、泸阳区开通多路公共汽车，摩托车、电动车成为年轻后生的主要代步工具。进入21世纪，境内行政村实现“村村通”，乡村巴士、客班车、公交车、的士、私家车、摩托车、火车等交通工具剧增，人们出行更加便捷。

第二节　礼仪风俗

一、婚嫁风俗

请媒人　境内信奉“父母之命，媒妁之言”和“天上无云不下雨、地上无媒不成亲”的古训。凡家中有到婚娶年龄的男子，须先请亲朋好友充当媒人四处访问，五方物色。对上门介绍人，常以酒饭相待。常言道：“家有单身汉，酒饭不上算。”对中意对象，男方要请媒人到女方家说亲，表示女方的“金贵”和对女方家族的尊重。请媒人多为双数，两男或两女，有时也请一男一女搭当做媒的。媒人报酬为礼篮2个，开头送的叫“请媒篮”，完婚后送的叫“谢媒篮”。20世纪90年代后，城镇实行媒人报酬包干，礼金1000~2000元不等。在新郎新娘新婚燕尔之时，男方还必须设专席款待媒人，称其为“谢媒宴”。

相亲 也称掉换手巾，就是男女双方互相见面看人。见面后。如果男女双方都认为般配，于是便交换信物。信物多为手巾、钢笔、油纸扇。80年代后，改成红包。相亲时，男方还需在宾馆或饭店设盛宴款待女方一行，表示双方从此保特联系，培养感情。

看人家 就是女方看男方的家当，了解男方家庭的人缘关系，俗称定亲。在相亲之后，男女双方感情有一定基础，由媒人约定良晨吉日看人家。女方由叔伯母、姑、嫂、姨、姐等陪同和媒人带路，到男方家里第一次走访。女方一行在男方家里一般要住两个晚上，第一天男方设宴款待女方一行称“花酒”，第二天设盛宴款待女方一行称“正酒”。宴席中或宴席前，女方要喊叫未来的公婆，公婆则以厚重的红包打发未来的媳妇，这叫“见面礼”。期间、男方还要给女方购置金耳环、全项链、金手镯、金戒子、衣服、皮鞋等定亲物。当女方一行第三天回家时，男方要给随行人每人一个礼篮作为馈赠，并给随行人所带小孩一个红包。至此，一门亲事就算定下来。

过门 俗称“纳彩”。定亲之后，男方由媒人陪同到女方家里第一次行往，也称新郎过门或新客过门。此行，男方必须给女方直系亲属每户送一个礼篮，主户还得另加一方带腿的猪肉，称为“巴子肉”。过门期间，先由主户家带头设宴款待新客，并邀请本家长辈、亲属一同赴宴，俗称吃巴子肉。然后女方直系亲属依次宴请新客。通过这一程序，不仅表明女方父母公开承认这门婚事，而且表明女方整个家族对这门婚事的认可。男方一行回程时，女方要给新郎打发郎衣、郎帽、郎鞋，并给新郎披红桂彩。

讨八字 也称讨红庚、俗称“问名”。具体操作时叫开《鸾书》。讨八字时，首先由男方用八个字概括自已的生辰年、月、日、时，并写在红帖左边的“乾造”栏内，鸾书右边写上“坤造”二字备用女方填写。然后男方带上礼篮、红包、笔、墨和装有鸾书的专用书匣，到女方家里请求女方填写其生辰八字。女方写好红庚，表明女方已发“八字”。

合八字 也叫看日子或课日子，俗称“纳吉”。男方将写有男女双方生辰八字的鸾书交予风水先生或算命先生，以其按“五行”“八卦”推算，选择一个双方都不相冲撞、不犯神煞的吉日进行完婚。

送日子 俗称“请期”。男方把风水先生或算命先生看好的良辰吉日写在“龙凤金帖”上，如。“谨择于某月某日敬备彩轿，恭迎令爱于归”，然后将其送往女方。若女方有“谨遵台命”，并附有“上脑”“出闺”时辰的回帖，说明完婚吉日定好。若无回帖，须另择吉日。

过礼　俗称“纳正”。在新娘出嫁的头双日，男方选派郎夫客，也称黑耳朵，把事先通过媒人商定好的彩礼如数送往女方家。20世纪90年代之后，彩礼全部改为现金代替。过礼时，男方还要另外送去一桌以膀腿、母鸡、鱼肉类、海带、粉条为主菜的“离娘席”，并且将写好的《先祖书》、恭请正客的请帖、压书礼装入专用书匣，加上四个贴有红纸的竹篾蒿把，一并送达女方家。郎夫客在晚宴之后必须赶回男方，反馈女方当天的有关情况、准备第二天迎亲。

上脑　新娘在出嫁的当天早晨化妆称之上脑，上脑一般在天未亮时进行。其中包括盘发髻、修理边幅、涂脂抹粉，戴首饰等。上脑是“闺女”与“媳妇”“夫人”的分界线，也是女人一生中的转折点。因此，上脑开始时鞭炮齐鸣，烟花齐放。20世纪90年代开始，上脑多改到美容美发店化妆盘发。

离娘席　也叫离娘饭，是男方专为女方准备的一桌特殊酒席。女方厨师主厨时，须收到男方一个红包才肯下厨。开设此席，意味女方深闺生活结束、新媳妇生涯的开始。开席之前，由长辈朗读《先祖书》，读毕，将其烧于神龛前。席上有父母、叔伯、兄长、姑嫂等在座。席间，长辈多以教育、开导之类的语气启发新娘，平辈则以祝愿，安慰的话语为主题。

出亲　由新娘兄长将其从闺房背入中堂正坐。期间，母亲不能与女儿照面，不然犯“娘送女”的忌讳。此时，新娘的脚不能沾地，踩在垫有红纸的米筛内或铺有红纸的方斗上，传说女方脚一踩地，会带走娘家的家物、财运。出亲时，新娘亲友在门口拦亲，讨取新郎红包，红包少了不开门，加到满意时，方肯打开中堂门出亲。新娘乘坐花轿，先由家族将花轿抬至中堂内，然后兄长将其从红地毯上扶入花轿，家族四人立即起轿，游三下过门坎，然后送一程，再交给男方轿夫。20世纪90年代后，时兴小车迎娶，由兄长将妹妹从中堂背到车内，出中堂时新娘的脚同样不能挨门坎。出亲时，唢呐齐奏，男女双方燃放爆竹、烟花。

迎亲　迎亲那天，新郎、媒人、娶亲娘，郎夫客等起早，带足喜炮和郎夫肉，赶上女方早晨宴席。迎亲队伍到达女方时，双方喜炮齐鸣，烟花满天，少则燃放十几分钟，多者超过半小时，俗称“比炮”。出亲之前，境内郎夫客时兴“偷扒”女方餐具，若能得手，说是等于偷得了女方的家物、财运，交予男方可讨得喜钱，而女方最怕丢了餐具，往往派人细心看管。

20世纪50年代前，迎亲用两顶轿子，新娘子乘坐的叫花轿或新人轿，正客乘坐的叫陪轿。60年代到80年代，离家近的，新娘子手持遮阳伞走路到男方。离家远的，则搭乘班车去男方。90年代以后，迎亲时兴用小车，车队少则三五辆，多者十多辆，彩车领先，一路浩浩荡荡。

拜堂　境内传统，新郎新娘拜堂，只需双双进堂屋面向祖宗牌位行一大礼，然后进入洞房，就算拜堂仪式结束。20世纪90年代后，城镇在酒店举行婚礼，出现叩拜双方父母的礼仪。农村举行新婚拜堂时，神龛上燃有香火蜡烛，中堂内外铺有红纸、松叶，也有铺红地毯的。拜堂时，新娘跨过火盆、踩着松叶、地毯进入中堂，再与披着彩红的新郎一起叩拜祖宗。拜毕，境内还有新郎、新娘抢进洞房的习俗，传说先入洞房者，今后将主宰整个家庭。

婚宴 男女双方拜堂之后，新娘在新房不再出来。新郎要走出新房接待贺客。如婚宴设在宾馆、酒店，则新郎新娘一起出去向宾客敬酒。婚宴主要宴请外辈人家、姑姨郎舅、兄弟姐妹、亲戚朋友。筵席多为男女双方独自操办，亦有男女双方合办，场面热烈。宴席一般为20—30桌，多的50—60桌。以荤菜为主，每桌上14—16道菜不等。境内还有外辈人家未到场而不开席的规矩。外辈宾客酒席一般设在堂屋上方，宾馆、酒店则用"贵宾席"标明，长者坐上首左边席位，其余按长幼依次入座。婚宴结束后，主人要回送外辈或重要宾客一块猪肉，称为小礼或巴子肉。

闹洞房 境内有"三朝不分大小"之俗，新郎新娘拜堂后的三朝之内，无论长辈、同辈或亲朋好友都可以进入洞房，向新娘讨要喜烟、喜糖。闹洞房时，由一人领头高声唱赞词，后面跟随一行人放炮进入洞房。新娘搬凳安坐，摆放糖果、生姜，递烟倒茶，热情款待。入座者每吃一样东西，便讲"四言八句"奉承、夸奖新郎新娘。吃花生时，便讲"一棵花生两粒圆，生个儿子点状元"。吃生姜时，便讲"这片生姜辣又辣，生个儿子不是进清华，就是上北大"。闹毕，每人在各自的茶杯里放上一个红包，意即新人财宝满贯。

烧三朝火 新娘到婆家第三天，在早晨天亮之前入厨房生火，称之烧早火，意即新娘到来，家庭早早红火。烧三朝火，也是新娘到婆家接任炊事家务时的首次生火，所以要鸣炮竹、放烟花以示庆贺和祝福。同时，公婆还要预先在火钳和火铲之下分别压一个红包，表示从此新娘主事伸手有财。烧三朝火，又是姑、嫂、姐、妹们作弄、戏嬉新娘的一次好时机，往往晚上偷偷把火钳、火铲、吹火筒、抹布等炊事用具涂以墨水或锅底灰，使其用后手上、嘴上、脸上到处漆黑，借以开心取乐。

三朝酒 又叫"启马酒"或"交盘酒"，是新郎家最后一餐设宴款待正客的送行酒。宴席前，新娘先摆一席茶，也叫三朝茶，称茶一席、酒一席，两席相待。茶毕，正客以及所有在席陪客都要在各自的茶杯中放上一个红包，这叫茶水礼，若是新郎新娘敬酒，还得要拿敬酒礼，"两礼"礼金不等，有的拿几元、几十元，也有拿上百上千元的。进入21世纪，"两礼"礼金多达3000—5000元。酒席开始时，新郎父母必须与正客见面，并且男女相应同桌陪客，互相谦逊敬酒，细心听取正客交盘。席间，男正客必须行令猜拳，女正客则以酒歌对答，陪客的想尽办法使正客酒足饭饱，尽兴而归。

三朝回门 新娘离开娘家后第三天，新郎带上一份厚礼陪同新娘第一次回娘家，也有的同正客一同回去，娘家设盛宴款待。境内有一月之内新床不能空位的习俗规定。因比，新郎新娘须当天赶回婆家。

拜客 20世纪50年代以前，境内婚庆有拜客习俗。即在喝正酒那天，新郎新娘穿戴新婚礼服，毕恭毕敬站在中堂礼台之后，在唢呐箫笛的伴奏下，由知客师逐一宣称在场的亲朋好友，并逐一简介在场长辈、宾客的辈份和亲缘关系，新郎新娘逐一施礼称呼。当长辈、宾客往礼箱或礼盘中丢进一个红包时，新郎新娘须深鞠一躬表示答谢。中华人民共和国成立前，拜客是大户人家利用儿女婚事敛财的一种手段。中华人民共和国成立后，在50年代初，一些平常百姓家在婚庆时进行过效仿。20世纪60年代后，这一礼仪已自然消失。

敬酒　境内沿袭婚庆敬酒的礼仪。在婚庆正酒的筵席中，爆竹响起，圆亲娘手托酒盘，高唱着四言八句，带领新郎新娘到每个长辈和客人面前认亲喊叫，并双手敬上一小杯红酒和两支香烟，然后深鞠一躬，并说声“请大家莫怪”或“谢谢大家”，这谓之敬喜酒、敬喜烟。客人接饮之后，须在杯中放上一个红包，少则几元，多则几十元上百元，有的甚至送上千元的，这叫“敬酒礼”。城镇在宾馆、酒店举行婚宴时，新郎新娘须给每席敬酒，并说声“请大家慢饮”。亲朋好友则回以“早生贵子”的祝福，不送敬酒礼。

二、生育风俗

接生　20世纪60年代前，境内孕妇分娩，除少数人请接生娘（俗称稳婆）外，其余均是邻居妇女、姑嫂帮忙打点生下婴儿。婴儿生下后，使用普通剪刀剪断脐带，用多层旧衣裤裁制成的布片将婴儿严实包好睡于床上，然后把皂角、紫首之类药材放于竹篾烘笼中燃烧，用以熏房、熏床。第三天，请草药先生或家人自行采些草药烧水给孕妇、婴儿洗澡，俗称“洗三”或“洗疯药澡”。至此，接生工作方告完成。70年代初，卫生部门为每个村培养配备一名接生员，农村孕妇分娩大都由接生员负责，所用器具采取煮沸消毒或酒精消毒。80年代末，境内孕妇开始进医院或妇育保健站分娩，由稳婆接生逐渐减少。进入21世纪，孕妇进医院生产婴儿达98%以上。

坐月　境内习俗，称产妇“月婆娘”，生下婴儿后需禁忌40天，谓之“坐月子”。期间，产妇日常生活很讲究。产下婴儿30天内须用丝帕或毛巾包头，禁止沾用冷水，不随便开门窗通风，即使是热天也不能用扇子扇风。主食为大米饭，荤菜只限吃鸡肉、瘦肉、猪肚、猪脚煮汤，鸡蛋只能水煮或用红糖、糟酒冲之食用，素菜只能吃青菜、白菜、萝卜、干豆角、干笋等，食油只限菜油和茶油。40天内，禁止男女房事，禁忌婴儿出户见天，若孕妇违背“坐月”禁忌，会犯月子病、婴儿易受风寒或中邪。传说“月婆娘”跨越他人门坎，会有辱他人宅场龙神和祖先，影响他人财气和运程。因此，产妇坐月禁足在家，无外出串门。

打三朝　亦称“满月酒”，在小孩出生30天左右时举办。20世纪80年代前，一般只有外辈人家、姑、姨、姐、妹以及个别朋友参与赴宴祝贺，所有赴宴者只带礼品，不送礼金。外辈所送礼品，除小孩用的衣帽、鞋袜、银首饰、婴儿摇篮之外，还要送几十只鸡和几百个蛋。所送礼品越多，档次越高，就越显得外辈家族有气派。其余亲朋好友只送鸡和蛋，少数送几尺棉布或几套小人衣帽、鞋袜。主人设酒宴答谢。席间，抱出婴儿与宾客见面。客人则祝："易养成人，长命入富贵"，并给婴儿赠予红包作为见面礼。三朝酒散席，客人辞归时，主人给主要客人所带小孩打发红包，并回赠予鸡头、鸡翘、鸡巴子和煮熟的红鸡蛋。20世纪90年代后，打三朝请客面增大，不仅延请乡里乡亲，还延请同事、同学、战友，酒宴20—40桌不等。贺礼多为现金，回礼则为红鸡蛋、香烟礼包。

三、寿诞风俗

境内老年人过生日，一般称寿诞或千秋。中华人民共和国成立前，只有大户人家为老人大摆筵席庆贺生日，有的还唱寿戏、施善粥。普通人家由儿女等晚辈携带荤菜、糖果，新衣服、鞋袜，全家同堂聚餐庆贺生日。改革开放后，由于生活水平的不断提高，境内无论城镇还是农村，儿女们重视父母寿诞，每年在家办几桌生日酒宴，召集子女儿孙相聚一起为老人祝寿。很多家庭为父母祝寿时，还请乐队热闹场面，请剧团唱寿戏增添祝寿气氛。参加祝寿的亲戚、朋友多数是送礼金，农村也有抬猪、牵羊，送寿联、寿匾的。进入21世纪，境内不少年青人年满35周岁时办10~20桌酒席，庆贺进入本命年。

四、丧葬风俗

送终 境内有养老送终习俗，把送终视为子女的重要孝行。在老人病危弥留之际，子女无论职位高低，不管工作繁忙、路程远近，都须丢开身边一切，赶赴家中守候在老人身旁，直到老人咽下最后一口气。老人死后，要为之理发、洗澡、换新衣，生一盆大火，并烧上三斤六两冥线，放炮送其西归。

报丧 老人死后，其子女披麻戴孝，拿着香纸、灯油或蜡烛到土地庙里点灯、烧香纸报丧，意即亡人升天要从此经过，跪请当坊土地、各路庙神一路放行，然后报请家族以及有关人员商议丧事举办事谊。如果是母亲去世，孝子必须披麻戴孝，脚穿草鞋到外辈家族报丧，见到外公、舅舅等长辈时，必须长跪哭诉母亲的逝世过程，直到长辈用手拖拉并说声"起立"时，孝子方可站立起来，尔后恭听其对办理丧事的要求和建议。进入21世纪，境内大多数改为电话报丧。

择坟地 境内传统观念认为坟山庇佑后人兴旺发达，对坟地选择极其讲究。择坟地又称看地，就是人死之后，孝家要请地理先生进行多处采山，找到最佳地方安葬老人。地理先生按当年所空方向、地形来龙去脉和亡人生年属相，依照"震、巽、离、坤、兑、乾、坎、艮"八卦进行对比，尽量选怿前有案台，后有靠山，山水一体，山脉绵延的最佳风水坟地，以佑后人百业昌盛，发达兴旺。

送亡 即超度亡灵。境内多请道士"念经拜忏"，超度死者亡灵以赦却其"切、舌、身、口、色、根、漏、垢、结、缠"等十大罪孽。超度时间一般为3~4天，多的达6~7天，谓之"大绕棺""解灯"或"小道场"。中华人民共和国成立前，境内曾有大户人家作七七四十九天"大道场"的。超度亡灵，首先是"开路"，死者入棺之前平躺在门板上，手中握有一串用桃竹篾穿好的糯米粑，当道士法事开始时，锣鼓鞭炮齐鸣，“引魂旗”一招展，即刻将亡人手中的米粑丢向外边，其意是把镇守南天门的天狗引向一傍，而使亡灵升天畅通无阻，实现“一步登天”。而后道士念经拜忏。念经以《救苦经》为首要。拜忏，男性拜《阎王忏》，女性拜《水忏》和《血盆忏》。超度期间，夹有开祭、散花灯、打鱼鼓和唱《十月怀胎歌》等祭祀活动。从20世纪90年代起，境内超度亡人时，时兴请乐队，奏哀乐、开追悼会，超度的最后程序是“化财”烧灵屋、包封以及死者生前所喜爱的物品等。超度亡灵期间，孝男孝女要披麻戴孝，身着孝袍、脚穿孝鞋，在道士念经拜忏时，跪拜作揖。孝家忌讳穿红戴绿、嬉哈大笑，若是作道场，孝家还必须禁房事，所有参加举办丧事人员一律实行斋戒。

开祭　即奠祭。传说奠祭一次，亡人可在阴间享受三年。奠祭活动一般在亡人下葬的头一天，请专门礼生喊礼。礼生分“主事”“知客”“引见”三种。如果子孙、亲戚、朋友多，也可提前两天开祭。祭品以猪、羊为主，另摆有酒席、茶席六桌，每桌摆六碗或六盘供品。奠祭开始前，由礼生重新布置灵堂。堂内设灵位，门前贴挽联，并书有“今当大事”的横幅，门前两厢设“盥洗”“酒樽”“刚鬣”“柔毛”“书案”等祭位。奠祭首先由主事读瓒，瓒曰：“生侍之以礼，死葬之以礼，祭之以礼，可谓孝矣”“养生者不足当大事，唯送葬可当大事，今当大事，内外肃静，孝眷停哀”。瓒毕，鼓乐、箫笛齐奏，爆竹烟花齐放，长号绕棺三圈，奠祭仪式正式开始。奠祭时，“主事”负责读瓒，“知客”负责喊礼、“引见”带领奠祭者跪拜奠祭。奠祭人分“堂祭”和“客祭”，孝家子孙奠祭称为“堂祭”，外辈人家、姑姨郎舅、亲朋好友等奠祭称为“客祭”。“客祭”时，孝子须陪其跪拜奠祭，谓之“谢孝”。

丧葬宴　境内传统观念认为老人去世，是命归西去，灵魂升天，理应赞美可贺。因此，境内把为老人办丧事称为“白喜事”。白喜事一般在亡人出殡下葬的头天下午设宴。若是做道场，封禁之后以素席相待，所有参入者同时斋戒，在亡人下葬头天才能开禁食荤。丧葬宴开席时，第一道菜为一碗水煮豆腐，因此，“吃豆腐”成为境内吊唁送礼的代名词。境内老人去世，宾客在宴席中可以猜拳划五，这叫喝“黄金归窖”的酒，除此之外则不宜。若有孝子对母亲生前供养不周，甚至不孝，那么，外辈长者可在席间数落批评其过错，直到孝子认识错误，长跪哀求谅解，气氛才得以平息，否则，将导致外辈长者扫碗筷，掀桌子。境内白喜事一般设宴20~30桌，多的50~60桌。

送葬　就是送亡人灵柩上山下葬。从出殡离堂开始，时辰一般定在寅时或卯时。出殡时，堂外四个竹篾火把照明，堂内由一大力士手持毛草火把绕棺三圈，接着一声呐喊，众人手抬灵柩在中堂门坎前游三下，然后跨过门坎、抬出大门，放置大门外条木板凳上，用缆绳捆扎好木杠，等候天亮发丧。灵柩起程时，鞭炮烟花齐放，鼓乐齐鸣，花圈祭帐在前引路，孝子披麻戴孝，手持“哭丧棒”，在灵柩前一路跪拜。灵柩之后，乐队伴行，锣鼓、唢呐、长号、哀乐声齐鸣，爆竹声不断，并且一路洒下“买路钱”，送葬队伍后面是亲朋好友、同事、同学等跟随。进入21世纪，路途较远，交通条件好的地方使用车队送葬，装载花圈的车在前，灵车其后，后面是乐队和送葬人员所乘车辆，最后一辆车负责放炮、撒“买路钱”。送葬车队一般是七八辆，有的甚至十几辆、二十辆的，每辆车头扎一朵白花，一路缓缓行驶。

下葬 境内亡人下葬分凶葬、吉葬两种。人死后第三天，不择时、日下葬谓之“凶葬”，又称“撞三”。。根据孝家子孙出生年、月、日、时推算出良晨吉日后下葬谓之“吉葬”。境内多采用“撞三”下葬。灵柩未到墓地之前，在墓坑中要烧大量冥钱，叫做“耐井”，或“锻井”。耐井之后，将朱砂撒入墓坑中的东、西、南、北、中五方。棺木下坑时爆竹齐鸣，烟花齐放，棺木下坑后，地理先生穿新鞋踏上棺木，用罗盘再次校正向头，然后举行仪式，将罗盘米分次撒给孝家。并高声发问：“孝子孝孙你们愿富还是愿贵”？孝家答日：“富贵都要”！至此，众人动手掩棺、垒坟，插好哭丧棒，并将“引魂旗”放置坟前。

复三 旧俗“复三”在亡人下葬之后第三天晚上进行。20世纪80年代后，改为亡人下葬当天晚上。复三时，孝家预先准备好香纸、供品和一个粗长的草把。草把按亡人的实际年龄一岁扎一圈，一般比实际年龄多扎几圈。家中要准备好洗漱用具、烟茶、坐椅和酒席。孝家众人一路锣鼓、鞭炮到亡人坟前祭奠。祭奠完毕，点燃草把，敲打锣鼓绕坟三圈，孝子在坟头捡上三颗石子，传说亡人魂魄附于石上。回家时，前有锣鼓、鞭炮开道，一人拿“引魂旗”，一人为孝子打伞，孝子双手握石反背，一路呼唤亡人。到大门口时，家中放炮迎接，孝家女眷以哭声相迎。孝子进入中堂，将三粒石子放置神龛老人遗像前。之后，儿孙们喊请坐、请洗漱，散烟、递茶，在神龛前将“引魂旗”烧掉。酒席上，给亡人虚设上坐，众人依次敬酒。

守孝 境内自古就有老人去世之后要守孝三年的习俗。老人去世下葬之后，一百天内孝子不能理发。孝家三年之内禁办红喜事，如果孝家近期内非得要办嫁娶喜事的，那就得提前日子，采取在孝堂拜堂成亲或孝堂出嫁。在各种好事的筵席上，孝家三年禁入上座。春节写对联，孝家三年禁用红纸，即当年用白纸，第二年用绿色纸，第三年黄色纸。除清明常规扫墓外，孝家还须在春社前后连续挂社三年。挂社时，孝子要首先上坟，并要头缠孝帕，在坟上插以白色纸条或白色纸串。女儿以及其他亲友其后上坟祭奠，同样要头缠孝帕，同时女儿还要哭坟。祭扫之后，并在坟上插以红、白、黄、绿等七色纸条或纸串，如此进行三年。

立碑 境内给逝者立碑纪念，除少数富有人家在纪念碑上刻有《墓志》《墓铭》之外，其余对《墓铭》并不那么重视。即使是《墓志》也只简单记载有逝者的姓名以及生卒年、月、日、时，在墓碑两边下方附立碑人姓名、亲缘关系以及立碑年、月、日。境内立碑一般选择在清明的头一天。按境内旧俗，为已故老人立碑由男丁子孙出资，落款只刻写子孙名字。改革开放后，子女共同出资立碑，媳妇、女儿、女婿、外甥和外甥女同时署名于碑。

安家先 境内农村家庭一般都安有家先。家先，也称神龛，就是天地众神、历代先祖的神位和灵位，分上下两坛。上坛正中书有“天地国（君）亲师位”六个大字，两旁书“是吾宗亲，普同供养”，楹联书“敬天地自然富贵，孝祖宗必定荣华”，横联书“祖德流芳”。下坛正中书“长生土地，瑞庆夫人之神位”，楹联书“土地生万物，地可发千祥”。安家先须择取良辰吉日，坛上文字书写严守章法，做到“天要盖地，土要相连，国（君）要封口，亲不闭目，师不带刀，人不离位”。家先写成后，请道士安定神位。

第三节　生产风俗

一、农业风俗

耕田　境内农民用水牛、黄牛耕田，一般稻田三犁三耙，天水田四犁四耙。秋收后翻犁板田，谓之犁老。第二年春分至清明间进行犁耙，谓之炼田。10天后再次犁耙，谓之复道。插秧前四至五天翻犁稻田，谓之操田。立冬后，耕牛不上犁耙，怕损伤骨节。进入21世纪后，农民农业机械化观念增强，使用拖拉机、耕田机耕田的农户逐年增多，耕田改为“一犁两耙”，劳动强度减少，耕作质量提高，产量收入增加。

搭田坎　为防渗水，须搭水稻田坎两次：炼田后搭第一次田坎叫搭小田坎，复道后搭第二次搭田坎叫大田坎，亦称搭满田坎。采用机械耕田的稻田，只搭一次田坎，有的不搭，采用薄膜围田坎，既保水，又省时省工。

育秧　境内传统稻田育秧多采用湿润育秧法。农家选择晴朗天气，把炼好的秧田水放干，施足底肥，划厢、整垄，之后，把摧好芽的谷种均匀撒在整平抹光的厢垄上，用竹扫把或木板轻轻掩好种芽。秧田做好后，晒三至四天，待种芽扎根后，进行白天灌水防晒，晚上放水长苗、发蔸。寒潮时，昼夜灌水保温，下种两周后才可日夜灌水，并开始用化肥、农药进行追肥和病虫害防治。四周后，方扯秧插田。

育苗　境内瓜果、疏菜、薯类等农作物采用温床育苗法。农家先将猪、牛粪堆至空地整平，再将七八寸厚的肥土铺在上面，之后将种籽播插在肥土里，并覆盖上薄膜或稻草。晴天，注意通风散热，其他天气盖膜保温。采用温床育苗，可使农作物提早三至四周出产。

播种　农家按照农历节气播种。清明前，早稻下种。谷雨前，中稻下种，大暑前，晚稻下种。俗话说：“穷人莫听富人哄，桐树开花才下种”“清明下早种，谷雨做迟秧”“立夏前点下棉”“立夏后种上豆”“荞凭露（白露）断”。栽种秧苗讲求合理密植。粟米株距、行距一般为3~4寸，水稻株距一般为7~8寸，包谷株距一般为1~1.5尺，谚语道：“粟过拳头，禾过脚，包谷铺得斗篷落。”

收割　20世纪60年代前，乡民使用镰刀割禾成把，然后用木制扮桶将禾把脱粒。70年代初，部分村组使用打谷机脱粒。进入21世纪，有的乡镇开始使用收割机，割禾脱粒同步进行。收谷时，忌女人坐扮桶歇气，认为会亵渎五谷神，使来年歉收。割稻时，忌用镰刀敲击扮桶，说是惊动五谷神，会割破手指。谷子收到晒场，忌讳别人打听产量和讲“收完了”之类的话。

相牛 境内相牛常以旋毛、角、齿、蹄论定好坏，预测吉祥。称三奶九齿为牛王，养之最吉祥。认为四膀四旋牛、头尾有白毛牛、尾过膝盖牛、尾不过背旋毛牛、眼突牛属好牛，养之较吉利。五爪牛、五旋牛、五奶牛、七齿牛和头长一条破脑白毛、牛背与牛肚旋窝毛相对称的牛，民间认为此类牛属不吉之牛，饲养者多提前宰杀。

买猪 境内乡民购买仔猪，通常以嘴巴短、腰肚大、后脚直、尾巴短而细为好。从集市买回仔猪，在入栏前有过火熏猪习俗。即用茅草在门口烧一堆火，尔后倒提仔猪后脚，围绕火堆行走一圈，边熏边念：“过火八百斤，长大无秤称。”以求驱掉瘟气，饲养顺利。

养狗 境内有养狗看家习俗。乡民从集市买回小狗，在家门外先用三节木片揩三下狗屁股，意愿小狗不乱屙屎。进入宅院，将狗在胯下绕三下，以求不乱跑，看好家门。如家有大狗，须抱小狗向它作揖三下，意为和睦相处。境内乡民有“猫来穷，狗来富”之说，对外来狗，多表喜欢，施饭喂养，尽量挽留。

喂鸡 采用屋旁放养，饲料以稻谷、大米为主，其他杂粮次之。乡民对鸡鸣十分敏感，认为公鸡上半夜打鸣报火警，下半夜啼叫报贼讯。对母鸡作公鸡鸣极为忌讳，认为是报应，第二天捉住杀掉。宰杀时，口念“脱掉毛衣换布衣”，意为被杀后投胎变人。

猎捕 境内打猎、放棚鸭、捕鱼捞虾有信奉梅山教习俗。传说教主为张五郎、梅嫦和白氏仙娘，分上山梅山、中山梅山和下山梅山三个支派，其教旨法术体现在一个“暗”字上，在猎捕活动开展前，由掌教人摆香案、吹梅筒请神祭祀，祈达“暗山”“暗棚”“暗水”之愿。狩猎人信奉上山梅山，有“上山与梅山打猎”之说。打猎、装套由掌山人“暗山”，仅留一条通道让梅山赶野兽入圈套让猎人捕获。如狩猎无获，认为是梅山作怪，掌山人便将脸糊黑，倒挂树杈上等候，使梅山以为是张五郎之兄三丫几到此，于是，会赶来一条跛脚的或断尾的野兽让其猎获。因此，有人谓上山梅山为“倒颠梅山”。放棚鸭人信奉中山梅山，有“中山与梅山搭棚放鸭”之说。掌棚人“暗棚”之后，狐狸、野猫等野兽找不到鸭棚，找到了也不敢咬鸭。捕捞鱼虾的人信奉下山梅山，有“下山与梅山捕鱼捞虾”之说。掌教人施以“暗水”法术，仅留一条通道让梅山赶鱼任其捕捞。捕捞时，须将捕得的第一尾鱼虾咬断尾巴放回水里，再捕捞到那尾断尾鱼虾时，立即收网，停止捕捞。

梅山教教徒内部有严格的忌讳，在各门具体活动开展时，信徒之间禁用常人所用的言词进行对话，须用梅山行话进行交流，也叫“展言子”。

二、林业风俗

封山育林 境内历有封山育林习惯。封山地多在祠堂族地、寺院道观、村庄院落周围，通常称“风水”林。有的在十字路口、山坳上、水井旁栽植和蓄禁树木，为过往行人遮风避雨、乘凉休息。封山林地立有“禁碑”，通告封山地界和禁止乱砍乱伐等事宜，责令村民遵守。对路边树木，乡民自发在树下立将军碑、指路碑或修一座土地庙，借以保护路边树木成长，免遭砍伐。2002 年，县人民政府下文，以财政补贴的方式对各乡镇规划的公益林地以及黄溪、康龙和乌龙溪旅游区实行封山育林，并对境内 300 年以上树龄，计 891 棵古树实行编号挂牌保护。

击鼓挖山　境内有击鼓挖油茶山习俗。农历六、七月间，茶农组织二、三十名精壮汉子挖山。每人头戴斗笠，裸上身，穿短裤，腰系汗巾，手持挖锄，排好阵势，待鼓师上香烧纸、起咒安抚地脉龙神后，随着鼓师的鼓点歌声齐心合力挖山。鼓师击打鼓点有：“鸭婆洗澡”“高坡哈羊”“行雨过界”“懒马碎步”等四种。所唱歌曲，开工时为《请神歌》，收工时为《送神歌》，挖山期间，乡民可即兴而歌。

第四节　节令风俗

春节　农历正月初一到正月十五，俗称“过年”。是境内过节时间最间长、活动面最广，最为隆重的传统节日。农历正月初一早晨，家家户户在神龛前摆上糍粑、馓饭、糖果、清茶、猪肉等供品，点燃蜡烛，焚烧香纸，放十二响大炮预测当年每月运程，然后烟花爆竹齐鸣，全家进入中堂拜祭祖宗。中华人民共和国成立前，长工于农历腊月二十三日歇工回家过小年，至元宵节后上工，历时整整三个星期。为过年，境内乡民从农历腊月初八开始扫堂霉，杀年猪，宰年羊，杀鸡鸭，打糍粑，磨豆腐，炸豆腐、馓饭，做糖果，贴对联，挂灯笼，打扫环境卫生以及置办其他年货起，到农历正月十五“圆灯”“送年”，历时也是三十多天。为感谢神灵、祖先保佑当年风调雨顺和家庭顺昌，并祈求来年平安祥和，均以猪头、雄鸡、香纸、蜡烛等祭品敬祖先、敬土地菩萨以及五方神灵，通常也称“烧年纸”。春节期间，境内还兴唱年戏，舞龙灯，耍狮子、扛土地。进入 20 世纪的 80 年代，打年锣、打年鼓、扛土地等习俗逐渐消失，唱年戏也不是每年都有，城镇舞龙灯、耍狮子也有的改在白天进行。正月初一，人们起早床，赶往井边，烧香纸，敬水神，而后挑水回家，俗称抢头水。说是谁捷足先登，抢到新年井中头一担水，便先得财。80 年代后，农村实行改水，用胶管将山泉水引到家中，乡民从此喝上环保、卫生的自来水，境内新年抢头水习俗随之消失。早餐后，开始拜年活动。无论兄弟姐妹，还是亲朋好友，第一次碰面时，都要喊拜年，相互道贺、祝福。亲戚小孩给长辈拜年，长辈要打发压岁钱，表示希望和寄托。街坊邻居小孩上门拜年，打发礼物多为瓜子、糖果，甘蔗等。成年人串门拜年，则以茶点相待。中方民间拜年是“初一崽，初二郎，初三初四朋友行”，礼物为猪腿、腊肉、糖果、烟酒等。境内有吃年酒习俗，一般从正月初三、四开始，乡里乡亲相互宴请，轮番喝酒，至十五渐停。境内有打年鼓、年锣的习俗，从正月初一起，到正月十五元宵节。往往姓氏与姓氏，院子与院子，或者年老的与青年人，邀约在一起按曲谱轮换打击锣鼓，比打击锣鼓的花样技巧，比掌握曲谱的多少，以及参入者的耐心、耐力程度等。比赛中，有打《鸭婆洗澡》《行雨过界》等急促曲谱的，也有打《闲庭观花》《懒马碎步》等悠闲曲谱的，气氛热烈而又欢快，悠闲而又深沉。境内东片区人喜欢打年鼓，西片区人喜欢打年锣。境内居民喜爱舞龙灯、耍狮子。春节期间，往往是一个村，或者几个村联合组成一支舞龙灯队伍，从正月初一晚上开始，一直舞到正月十五晚上才圆灯。龙灯的龙头、龙身以及狮头一般由老艺人用木块、竹篾扎制而成。龙灯的龙身一般是扎十三节。相传，掌管中国北方雨水的是渭水龙王，称其真龙，掌管南方雨水的是津水龙王，因南方常有洪涝灾害发生而给百姓带来灾难，所以，把津水龙王谓之孽龙。一日，两龙大战，津水龙王被渭水龙王砍成十三节。南方人们认为津水龙王功大于过，于是把十三节龙尸用线连接起来，并用布裹好掩埋，而且每年进行祭祀。这便成为后来十三节龙灯的源由。每节龙灯都设有烛台和木手柄。整个龙身用棉纸糊严后，加以彩绘和喷油，再用绘有龙鳞的彩布杷龙灯首尾连接起来，这便成了一条传说中的龙。龙灯舞动时，龙身翻腾，蜿蜒滚动，活灵活现。狮子灯，从狮头到狮尾都是用彩布连接而成。表演时，由三人组成，一人舞狮头，一人撑狮身，一人拿绣球。拿绣球的指挥“狮子”表演各种动作，使形象尽量逼真。较为正规的舞灯队伍，除有龙灯，狮子灯外，还有花灯和蚌壳灯伴随。入夜时，一路敲锣打鼓舞向村寨各家。龙灯到大门口时，屋主人放炮迎接，并在中堂内摆上满桌糖果。当龙灯进入中堂，领头人高声祝福主人后，主人送礼答谢。20世纪50年代以前，谢礼多为送糍粑。改革开放后，时兴送红包。

元宵节　农历正月十五日，家家户户用糯米粉做汤圆当夜宵。汤圆或伴糟酒，或加以油、盐、辣椒、葱花等调料煮之，味道极佳。“圆”与元月的“元”谐音，故名“元宵”，后人把吃“汤圆”叫吃“元宵”。过元宵节，境内称为“送年”，家家户户吃汤圆，寓意新春佳节圆满结束，新一年的工作从此开始。元宵节还叫“圆灯节”或“会龙日”。按旧俗，春节龙灯只能舞到正月十五，到当日子夜时分必须将龙灯放置溪边、河傍烧掉，意思是送龙归海相会。20世纪60年代以前，境内还有未婚女子在元宵晚上接七姑娘上花台的习俗，“文化大革命”以后逐渐失传。

清明节　农历一年中的第五个节气，是扫墓、祭祖的季节。境内习俗，清明前、后十天，为扫墓祭祖的时候，亦称挂清。境内挂清多集中在清明节，或清明前三四天进行。清明的头天叫“闲事节”，这天只兴垒坟和立墓碑，禁忌扫墓祭祖。清明挂清分“族众清”“房众清”和“私众清”三种。“族众清”是以姓氏宗祠为主体挂清，中华人民共和国成立前，挂众清要抬猪、羊三牲，举族旗，放“三连铳”，旗帜如山，千儿八百人上路祭祖是常事。

祭祖后，所参入的人都在祠堂里喝酒吃饭。餐后按男丁多少分肉带回家。改革开放后，境内不少姓氏恢了挂“族众清”的习俗，但规模较小，族内各房只派些代表参加。挂“房众清”，即族内分支集中挂清，但声势远不及挂“族众清”。“私众清”指的是叔伯、兄弟及以下子孙合伙挂清，但也有因时间、条件所限而单独扫墓挂清的。20世纪90年代起，为加强爱国主义教育，缅怀革命先烈，境内铜湾区、铁坡区一些学校在清明期间，组织青少年到烈士纪念碑前扫墓吊唁。从2012年起，清明节被国家列为法定假日。

过社　社，即春社，立春后的第五个戊日为“春社”。社日前十天或后十天，是守孝人家为新逝者的扫墓时期，俗称“挂社”。社日这天，境内自古就有吃“社饭”和“走社”的习惯。社饭以青蒿菜、糯米伴匀煮成，有的放红枣、腊肉伴煮。社饭味道青香鲜美，油而不腻。西片区人走社，是往亲戚朋友家里走，中午以煎糍粑为中餐，有当天晚餐后归家的，也有第二天回家的。东片区人走社，是往山上走，往往是自家结伴或邀约邻居合伙，带油、盐、菜、米到山上野炊。用餐后，旋即归家。过社这天，家家户户用糍粑糊壁缝、堵墙洞，叫糊“社眼”，意思是以堵蛇、蝎之泛。

端午节　农历五月初五为端午节。“五月五”的“月”字两端都是“五”，再加之“五”与“午”谐音，故名“端午”。从2012年起，端午节被国家列为法定假日。但境内农村仍时兴过五月十五，俗称过“五月半”。有人把五月初五叫“小端午”，把五月十五叫“大端午”，其实二者都包含着深刻的纪念意义，都与伟大的爱国主义诗人屈原有关联。据汨罗《屈子祠简介》记载，屈原是农历五月初五投的汨罗江，一直到五月十五日才在汨罗江下游找到其尸首。过初五的，是为纪念屈原投江，过十五的，是为纪念找到其尸。节日时间不同，纪念含义一样。境内有端午驱虫、避邪习俗，在农历五月初五这天，家家户户在门前、窗旁挂艾叶、菖蒲以驱蚊虫，在房前、屋后撒雄黄水以驱蛇蝎。午餐时，在酒里放点雄磺，大人们轮流喝点，小孩则在额头上搽抹一点，以避妖邪。境内中方区、铜湾区有端午节划龙船竞赛的习俗。参赛龙船为木船，两头安装木雕龙头和龙尾，每只船规定水手16—18人，偶尔用22人。境内方言“二十”与“二世”谐音，最忌讳用20人划龙船比赛。比赛中，每只船头有一名打鼓师号令，船尾有一名舵手把舵，在规定的水域距离范围内，听号令同时开船，谁先到达终点，谁就是赢家。中华人民共和国成立前，龙舟赛为乡民自发组织，人员多是氏族与氏族，乡村与乡村，甚至还有境内氏族与外县氏族邀约比输赢。改革开放后，龙舟赛列为民间传统体育活动，龙舟多从外地购进，把过去划龙船比输赢，为家族争面子的陋习改为端午龙舟竞渡友谊赛。境内时兴端午节吃粽粑。在端午时节，农村家家户户包粽粑，用于自食或市场销售。粽粑也称粽子，先将糯米浸泡数小时，然后滤干，伴以谷草、豆梗、桐壳等烧灰泡出的碱水，用管竹叶把侵泡滤干后的糯米包成三角形或圆柱形，放置锅里用水煮熟。有的粽粑里掺合有红豆、绿豆、肉丁或红枣。品种多样，味美可口，各具特色。

中元节 农历七月十五日为中元节，俗称七月半、鬼节，佛教称为盂兰盆会。传说该日阴曹地府放出全部鬼魂。境内在七月十四日写好纸钱封包，包上写明祖先亡灵、信士子孙姓名。在晚餐天黑后，家家户户携带爆竹、钱纸、香烛，牙盘、酒水，找一块僻静的溪河塘平地，焚烧钱纸封包，进行祭祀祖先活动。并在旁边烧些散钱纸，祭祀孤魂野鬼。此祭奠形式作为祭祖的重要活动沿袭至今。

中秋节 每年农历八月十五日，为传统中秋佳节。相传元末时期，五溪蛮地各里甲，受外族鞑人统治，人们称其为“番鞑子”。他们横征暴敛，荒淫无度，乡民义愤填膺，相约在八月十五这天统一行动，杀掉番鞑子。因“鞑子”与“鸭子”语音相近，为避免走漏风声，于是人们就用“八月十五磨刀杀鸭子”作为联络暗号。后来，这联络暗号演变成八月十五杀鸭子的习俗。在中秋节晚餐，多以鸭子拌广荷、五花肉爆炒为主菜，一家老小欢聚一堂，开怀畅饮。月亮出来后，又以月饼、瓜果及水煮糯米粑等供品祭月。祭毕，全家围桌一起品偿月饼、瓜果，话丰收、拉家常、赏月度佳节。

重阳节 每年农历的九月初九日为重阳节，因“九”属阳数，二九相重，故名“重阳”。境内有“九月九，祈祷土”和“九月重阳杀鸡公”的习俗。重阳节这天，农村每家每户用桐树叶包糯米蒿菜粑，提公鸡、肉鱼和香纸，下田园，上高山去祈祷土地神，感谢土地保佑，使人间当年长出好庄稼，乞求来年有更好收成，并献以公鸡惩治来年的虫灾。后来，人们又把重阳上山祭土，演变成登高望远的活动。境内乡民在重阳佳节，家家户户做叶子粉粑，称重阳粑。制做重阳粑之前，先将糯米浸泡五至六小时，然后磨成粉，将米粉与整理好的水牛花或白蒿菜混合均匀，加少量开水返复揉搓，分成小坨，揉成圆形再拍扁，中间加上糖芝麻粉或糖黄豆粉，再用桐树叶把粉粑包好，上笼蒸熟。重阳粑清香可口，甘甜而柔软。

腊八节 境内称农历十二月为腊月，初八谓之“腊八”。相传腊八这天，所有神煞都不管事，无论做什么事情都不会冲撞神煞。因此，乡民多在腊八日，进行新屋场动土开工、竖屋划墨、乔迁新居、婚嫁喜庆，做豆豉，酿年酒，俗称腊八豆、腊八酒，大搞室内卫生，扫天楼、打堂霉。有些女孩子还选择在腊八日穿耳，说是腊八穿耳，耳洞不会发痰，也不会再复合。有在这天喝用糯米、红枣、红豆加糖熬成的粥，叫腊八粥，说是喝了能强身健体。

小年 境内过小年与过大年习俗基本相仿，杀鸡宰鹅，敬神祭祖。乡民过小年的时间不统一，铁坡区把每年的十月初二定为小年，铜湾区把每年的十月十五定为小年，而中方、泸阳两区则以腊月二十三为小年。相同的是，都有辞旧迎新的愿望，不同的是不拜年，不贴对联、门神，只燃放少量烟花、鞭炮。

送灶、接灶 境内有送灶神和接灶神的习俗。民间称灶神为灶王菩萨，相传灶神是玉皇大帝派遣到人间监管善恶的使者，每年农历的腊月二十三日晚上，要上天向玉皇大帝汇报人间的善恶状况。境内乡民便在这天晚上，用斋粑豆腐供奉，并点亮蜡烛，焚香烧纸，奠酒放炮，欢送灶神上天廷奏本。大年三十晚上，相传灶神仙会结束，人们摆好斋粑豆腐，焚香纸，鸣鞭炮，迎接灶神返回人间执事。至今，农村仍有送灶神、接灶神风俗。

除夕 是每年农历腊月的最后一个晚上，称三十夜。除夕为境内节令中最为隆重的节日。这天，家家户户贴门神、贴春联，贴年画、挂灯笼、挂喜千。晚餐前，须先在堂屋神龛、房屋大门等地方，摆上猪头、鸡鱼供品，焚香烧纸，燃放炮竹，祭拜祖宗、神灵。晚餐称团年饭，一家几代人在一起用餐。晚上，境内有“高高兴兴辞旧岁，欢欢喜喜迎新春”的习俗，并把这一习俗称之为除夕“守岁”。一家老小围着火炉，拉家常，讲故事，坐等子夜新春时刻的到来，为使小孩不打瞌睡，大人们往往利用发压岁钱、讲老鼠嫁女的故事以吸引孩子们坐等。20纪90年代，电视已从城市普及农村，人们吃过年夜饭后，“守岁”多为观看“央视春晚”，待到零点钟声敲响，鞭炮齐鸣，烟花齐放，欢庆新春的到来。

人　物

REN WU >>>>>>>>>>>>>>>>>>>>>>>

人 物

一、人物传

（以卒年排序）

唐朝起

唐朝起（1720—1769），字腾飞，桐木镇丰坡村人。清乾隆六年（1741）中武科举人。乾隆十年（1745）中进士。授三甲蓝翎侍卫，曾3次随驾围猎。一次围猎于铁岭北郊，遇虎，唐执锏击毙，乾隆大喜，称之为降虎将军。乾隆十五年（1750），任陕西建安堡都司佥书员。十九年（1754），任甘肃肃州镇标左营游击。乾隆二十二年（1757）委防巴里坤。二十三年（1758）正月，从巴里坤至托多克用骆驼三运军粮、军械和药品到达伊黎。乾隆二十四年（1759）5月，护羊、马群去乌鲁木齐，行经特那果尔遇贼吗哈沁，追七天七夜至戈壁滩禾能讷落捉获马贼20余名，收复马匹50余匹。乾隆二十五年（1760），正月26日，唐朝起护送马匹2.4万匹，自巴里坤分解各军营，9月起程，11月21日抵各营，因屡有战功，于乾隆三十一年（1766）正月十九日，提升为广西桂林义宁副将。乾隆三十二年（1767）9月4日，过劳瘁死于任所，享年49岁。

潘士权

潘士权（1701—1772），字龙庵，号三英，中方镇荆坪村人。清副贡生，著《学庸一得》，概其修业之道。尤精象数，擅以形象和数字推测宇宙的变化。乾隆六年（1741），考补天文生，呈请纂修占书，受署钦天监博士，执掌观察天象，推算历法节气之职。任职期间，数游京师。旋又被委为太常寺博士。掌礼乐社稷、宗庙礼仪，兼掌选试博士。他治学严谨，如读《洪范九畴》后，对其“人事之吉凶，社稷之兴衰，气候之朗霾，倘欲先知先觉，咸赖龟筮预卜”一说，便抱有异议。他说：“龟壳蓍茎，焉能为圣，神通果其著，灵验果其显，玄乎也，酷谬也。”遂著《洪范注补》，所述见解，虽然仍宣染“天人感应”等神学迷信观念，但主张“据本原而固五行，运基质以析万物”，以金、木、水、火、土“五行”解释自然现象，申述朴素唯物主义哲理。其书入四库存目。

潘士权还通晓音律，著有《大乐元音》，内设琴谱曲谱 7 篇，仪礼乐谱 12 篇，均以十二管乐律校正器确定音的不同高度，据琴定乐，按弦审音，把宫、商、角、徵、羽等 5 音阶增至 7 音。阐律吕新论所见，陈音调类例之最，并附图解。以其精密，因而博得吏部尚书的高度赞赏，遂推许呈递于君主审视裁夺，被钦定为律吕正义，敕命各地据此演奏。

乾隆十一年（1746），因以礼葬亲，奉旨回籍。乾隆三十七年（1772）病卒，终年 72 岁，葬于鸭嘴岩坳背飞云山。

罗昌教

罗昌教（1726—1818），新路河罗家坡人，雍正四年（1726）生，嘉庆二十三年（1818）殁，享年 93 岁，诰封奉政大夫。在世捐田 60 石创修湾溪口云龙桥，捐修十重坡茶亭，捐修河边上坡至流溪垅的岩板路长 7.5 千米。嘉庆二十四年（1819）12 月巡抚赐银 30 两，建“孝义坊”以旌表。

杨玉衡

杨玉衡（1803—1867），石宝乡平坳村人。青少年时期机智勇敢，武艺超群。清道光年间杨在云南做生意，寄居云南东川府，开始任银厂经纪。咸丰年间，云南少数民族人民举行起义，曾一度攻占府州、县。杨玉衡自备军饷，带领银厂工人 800 余人，奋力平叛，收复东川昭通等府，两次解救昆明之围。叛乱平定后咸丰八年（1858），清廷诰授杨玉衡为武显将军，赏花翎，提为二品官，任总理滇南迤东并四川会理州等处，团练防守江外一带。同治六年（1867）病故，享年 64 岁。

其子孙随平叛有功，长子盛宗封建威将军，任昭通总兵，补授云贵督标中军副将，记名提督。次子耀宗，赏花翎四品守备。长孙杨好清，任知府。次孙杨好谋，收复楚雄、新兴、大姚等地有功，官任提督，记名总兵。

陈汉章

陈汉章（1887—1930），小名药娃崽，外号药棍子，泸阳镇和平村人。从小好逸恶劳，长大后赌钱打牌，贩卖鸦片。民国 6 年（1917），他从军队中任营长的本家陈永龙处借到两支长枪，绑架一名财主，勒索到两条步枪和1100吊铜线。尔后又连续几次绑架得逞，便上山为匪，常于芷江、辰溪边境拦路抢劫，奸淫妇女，为非作歹。民国9年（1920），陈率匪部盘踞溆浦龙潭一带，自称师长。民国10年（1921），蔡钜猷率部经过泸阳，陈乘其不备，发起突然袭击，缴获大量枪支弹药。后又袭击新侗匪师长杨玉卿及郑其海两部得逞，缴获甚多，队伍扩大到数千人。1925年，陈被湘军贺耀祖部收编为保安营，任营长。不久扩编为旅，任旅长。随后，赵恒惕又将其部编为湖南陆军暂编第六师，陈任师长。民国16年（1927）5月“马日事变”时，陈汉章在溆浦制造惨案，残杀共产党员和进步人士30多人，受到何键赏识。被委任为湖南第七清乡区司令，司令部设洪江。在其辖区芷江、晃县、麻阳、黔阳、会同、靖州、通道、绥宁等县推行保甲联坐，建立挨户团总局，组织“铲共常备队”。又与会同劣绅何光灏、梁经淦等人密谋，以“配合共产党暴乱”的罪名，逮捕国民党会同县党部蔡刚、黄均德、梁崇文、明泽元，并将黄、梁、明三人杀害。6月，在溆浦搜捕共产党员谢廉臣、贺中华，将谢、贺及原关押的蔡刚等三人杀害，并下令“暴尸三天，以儆效尤”。

陈汉章在统治洪江期间，与洪江烟土巨商李镇湘合伙开设“谦益丰号”钱庄，名司金融，实营鸦片。并建立特税局和保商总队，囊控烟土等一切税收，还在水陆两路险隘要冲设置维护站，武装护运其私营烟土过境，大发横财。曾雇民夫百余人运送银圆、铜币至老家，成为泸阳首富，建庞大庄园1座，娶妻妾11房。

民国19年（1930）3月，陈部受命改编为国民革命军第八独立旅，陈任旅长。23日深夜，陈下属第四团团长李宝臣派人枪伤陈汉章，毙命。

潘年锟

潘年锟（1867—1934），字玉书，号毅夫，中方镇人，清贡生。当时沅州府众称他为“儒林长者”，备受尊崇。沅州知府修柬相请，委其创办沅州中学堂—沅郡中学。潘年锟被荐为校长，任职数年，使沅郡中学成为人才培育之所。如早在马日事变前夕就曾参加革命活动，尔后在芷江、怀化颇为知名的教师杨舫，即系潘之门生。

潘一生勤于教育，曾在中方荆坪潘氏九甲宗祠的戏台上，书撰对联一副：“勤者有功问君为何在座，戏原无益看你怎样下台”，以针砭庸碌之辈。

贺竞臣

贺竞臣（生卒不详），又名贺银廷，新路河乡人，父贺代政，生六子，臣排行第四。当时蒲崽豪在新路河坐局，疑贺家有匪嫌，激起贺氏父子投靠石宝杨清安部。民国5年（1916），又投黔阳铁山庙易午哥处，因内讧杀死贺家三人，臣潜逃，投入新甸杨玉卿部，为连长。杨玉卿被陈汉章所败后，再投靠陈汉章部为保商大队长，驻新路河，辖三个中队，杨镇南、贺风祥、廖队长。民国22年（1933）1月，陈铭枢、蔡廷锴等率第十九路军在上海抗日，同时派俞某从汉口抵洪江贺部，贺竞臣主张抗日。民国23年（1934）3月，贺在靖州召开抗日讨蒋誓师大会，将原来保商大队改为“全民抗日救国军”，挥师直下洪江、安江。亲日派何键命第19师陈子贤部，从沅陵进至安江剿贺。18日战斗打响，贺部先锋连攻进，将陈部毙50余人，后因杨镇南部按兵不动，贺败退。俞某在安江金峰寨张家冲被俘，贺战败逃走，为陈子贤所擒，杀之。

陈　渥

陈渥（1907—1936），字迪生，号贵汉，泸阳人。民国15年（1926），投身陈汉章部，受器重，被擢升为团长。民国16年（1927）5月驻辰溪，24日晚以举行“同乐晚会”名义，诱捕革命进步人士30余人，并将农民革命运动领导人杨长宽、刘支浩等3人杀害。

民国19年（1930），陈汉章被刺，陈渥被编入陶广部31师第2旅任旅长，并被饬令调往长沙黄土坡一带“剿共”。陈渥急于为陈汉章报仇，迟不受命，为何键所忌，调陈去衡阳“受训”。是年夏，在唐生智策应下，陈渥暗中去宜章与唐生智面晤，策划起义，投奔红军。并手书密令其驻衡阳部属代旅长周景生做好起义准备。事泄后被缴械，陈奔汉口隐居于法租界宝华里。

民国21年（1932），陈渥返怀化召集旧部，重整队伍，驻扎芷江。适逢何键女婿李觉夫妇到芷江视察，被陈扣为人质，以迫使何键归还其被缴枪械弹药。不料陈部营长陈昌佑为讨好何键，暗将李觉夫妇放走。何键即派李宝臣部围攻芷江，双方对垒两个多月，陈部因弹尽粮绝，突围去贵州，隐居于原国民党师长关标家，后李宝臣率部突袭，陈渥中弹身亡。

周善昌

周善昌（1898—1938），首饰艺人，生于铜湾镇，祖籍江西金溪县。清同治十年（1871）金溪大旱，其父周茂春逃荒至铜湾定居，以加工首饰维生。周在父母身边学艺，13岁即可加工简单首饰，16 岁便初步掌握基本技艺。后赴洪江，投师于“金九华”铺下进一步学艺。四年出师后回铜湾，承父业，开设“天荣华”首饰店。他运用吹、压、印、整等工艺制成精美首饰。出自其手的《观音坐莲》，临风载露，栩栩如生。《十八罗汉》，神态各异。《八仙图》，众仙踩云踏波，飘然若飞。在经营项目上，既有面向平民百姓的戒指、耳环、项圈、簪子、簪花、帽饰等小品。又有手镯、服饰品、百人环、翻天印章等价值高的工艺上品。在物价交换上，他既收取现金，又可用麦、粟、稻米折实物付售价目，方便顾客，倍受称赞。铜湾一带富有人家，每逢迎亲嫁女，添子添孙，无不上门选购馈赠佳品。因而周善昌的生意越做越好，当时在铜湾一带首饰工艺独占鳌头。

蒲学连　蒲狗保

蒲学连（1878—1939），男，泸阳人，农民。蒲狗保（　—1939），男，泸阳人，农民。

民国 28 年（1939）3 月，国民党宪兵七团团长赵志喜率部至怀化，分兵驻各保训练壮丁。凡 18—45 岁的男子都被集中强迫进行军训。军训中，对壮丁不是辱骂、鞭抽，就是拳打脚踢。还特制一种“南竹剑”劈砍壮丁，不少人被劈得头破血流。宪兵还在农村抓鸡打狗，榨取民财，奸淫妇女，欺压百姓。民众深恶痛绝，敢怒而不敢言。黄岩一农妇刘氏，被驻地宪兵班长戴某强奸后，气得哭天喊地、精神失常。黄岩乡民雷子明见此惨状怒气填膺，与本村尹兴保密议，决心组织村民除掉宪兵。随即与刘氏丈夫彭光兴、蒲学连、蒲狗保等 18 人，焚香拜把，对天盟誓，要“学习梁山英雄，杀掉宪兵强盗，为民除害，替天行道”，组织 200 余乡民成立“平宪安民绿林军”。通过串连发动，“绿林军”很快发展到杨村水龙、趴坡，新建的黄金、干冲、保良、小岩，泸阳的黄花树、菜门溪及下坪等地，队伍扩大到 1000 余人，蒲学连、蒲狗保为泸阳、新建一带的领头人。8 月，雷子明提出起义方案，决定于 8 月 16 日（农历七月初二）凌晨一齐动手，杀掉驻村宪兵，杀入芷江宪兵司令部。通知送出后，蒲学连、蒲狗保与雷子明一道，带领黄岩、黄花村、干冲、黄金等地乡民一口气杀死驻当地宪兵 20 多人。但因各地对“凌晨”理解不一，行动不尽一致，加上缺乏严密组织和正确指挥，起义未能成功。

起义震动了国民党中央政府，蒋介石命令湖南省政府，于 8 月下旬，派陆军独立第一旅刘振世部进驻怀化，援助宪兵“剿匪”。他们采取所谓“杀尽匪徒，斩绝匪根，血洗匪区，烧光匪窝”的血腥残暴政策，烧毁黄岩民房 28 栋，杀死乡民 110 多人，“十八条好汉”除两人逃脱外，16 人被捕，押至芷江，蒲学连一家 15 口、蒲狗保一家 6 口全部死在宪兵屠刀之下。

潘盛圭

潘盛圭（1904—1948），字叔如，中方镇竹站村人，毕业于芷江沅郡中学，之后考取广东中山大学，获农学士学位。在穗时，曾接受毛泽东主办的农民讲习所的革命教育。大革命时期，潘盛圭回到家乡，与龚家胜、潘盛周等策议开展农民运动，民国16年（1927）3月中旬，在黔城成立黔阳县农民协会筹备委员会，潘盛圭被荐为筹委会主任。农民协会成立后，组织会员发传单，贴标语，办墙报，矛头直指贪官污吏和土豪劣绅，还组织百余农民冲进黔阳县衙，要求惩办奸恶。县长刘则愚吓得弃官逃走。县农民协会一度接管县政府。

民国16年（1927）5月，黔城国民党驻军护卫营营长猷禹九、湖南国民党陆军暂编第六师师长陈汉章，纠集安江豪绅杨权衡等，紧步“马日事变”之后尘，残酷镇压农民运动，搜捕农运领袖，农会组织遭到破坏，被迫停止活动。潘盛圭亦因身份暴露，成为缉拿“要犯”，故离乡远隐于衡山等地。民国25年（1936），潘回故里。此后出任三届德仁乡（今中方镇）乡长近六年，民国37年（1948），因病而卒。

张英民

张英民（1924—1949），河北省藁城县人，出生于贫苦农民家庭。民国33年（1944）加入中国共产党，同年参加革命工作，担任村民兵队长，后提任区民兵队长、教导员、大队长等职。1946—1948年带领民兵参与平津战役支前工作。1949年3月，响应党中央的号召南下，10月28日，到达榆树湾。11月12日，进驻铜湾，成立怀化县第三区人民政府，张英民任区长，组织群众剿匪，为民除害。征集军粮，支援前线。收缴地方散藏枪支，安定社会秩序。曾称霸铜湾的土匪头目周麻子对其极不为满。1949年12月11日早上，区委书记张英，代区长张英民去县开会，区委组织委员刘进宅外出查看中断的电话线路。另三名区干部下乡征粮。周麻子即令匪徒冲进区长办公室，包围张英民。张奋力与匪徒搏斗，因寡不敌众，被匪徒绑住。是时，下乡征粮刚出门不远的叶于平、彭道明、罗泽咸忽闻群众大喊“土匪来了”，遂速返区政府，也被匪徒绑架，同张英民一起被强行拖到沅水河边。面对敌人屠刀，张英民高呼“共产党杀不尽！”“中国共产党万岁！”4位革命干部惨遭杀害。同日早上，周麻子策动的另几个匪徒暗中钉梢，将外出查线的刘进宅杀害在铜湾兴隆街北边的小山坡上。张英民遇害时，时年仅25岁。

杨春圃

杨春圃（1898—1950），锦溪乡双丰村人，黄埔军校第二期毕业生。毕业后在湖北沙市任国民革命军师长，抗日战争时在洪江。1949年，先后任湖南绥靖公署高级参谋、湖南绥靖公署直属清剿三纵队副司员。10月，在新路河率特务大队投诚。1950年2月17日，因反革命案，经中国人民解放军湘西军区军法处批准处决。经复查杨属投诚人员，投诚后未发现有新罪，按照既往不咎的政策，对其历史罪恶，不追究刑事责任，故属错杀，经湖南省高级人民法院〔1983〕法刑特通字第42号文件决定对杨春圃予以平反，恢复投诚人员名誉。

杨镇南

杨镇南（1905—1950），字大义，绰号黑麻古，袁家乡上炉人，国民党党员。

民国10年（1921），杨高中毕业后，铜湾匪首杨贵崽将其招入该部，委为排长。之后，杨见新路河另一匪首贺银廷势大，即转投贺部，被任为连长。民国22年（1933），贺部由国民党收编，杨先后被推荐至湖南陆军干部学校和武汉军校深造。结业后在王东原师任营长，旋擢升补充团团长。民国29年（1940），补充团遣散，杨回乡闲居。民国31年（1942），任铜湾乡乡长。翌年，兼任怀化县三民主义青年团干事。民国34年（1945）春，日军进犯湘西，杨曾积极协助湖南第一纺织厂将机器、布疋转移到他家保藏，抗战胜利后归还纱厂。民国35年（1946），王东原出任湖南省主席，杨被任命为第十专署保安副司令，驻洪江。翌年，杨被选为湖南省参议员。民国37年（1948），被擢升为第十专署专员兼保安司令。

1949年9月，中国人民解放军进军湘西。杨镇南慑于解放军的威力，即率部游匿于会同、靖县、通道等县一带。11月，经共产党员石玉湘写信劝降，杨率部在洪江宣布起义。事后，杨被派去沅陵参加“和平解放官员学习大队”学习，因部属叛变受株连，于1950年被镇压。1982年，人民政府给杨昭雪，定为起义人员。

潘壮飞

潘壮飞（1899—1950），字少武，中方镇七房村人。贵州讲武学堂毕业后，在唐生智部任职，由排长迭升为团长。民国33年（1944），解职回乡闲居。

民国35年（1946），加入芷江匪霸杨永清的反动帮会“楚汉宫”为副寨主。翌年，当选为黔阳县“国大代表”。民国37年（1948）3月，赴南京出席“国民代表大会”。

1949年农历三月二十五日，潘壮飞与杨永清勾结，指挥土匪10000余人洗劫黔城（当时的黔阳县城)，抢走布匹、被褥衣物，仅从水路运走的就有20多船，其他金银钱财不计其数，还放火烧毁北街商店20多家。奸淫、抢走妇女数百名，泡制骇人听闻的“三二五”事变。之后，又率匪众攻洪江未克，回到芷江后，杨永清任芷江警备司令，潘为副司令。是年8月，潘壮飞按照白崇禧在芷江召开“军政联席会议”的部署去芷江罗旧一带布防。10月初，解放大军挺进芷江，潘部向中国人民解放军投诚。

1950年，潘壮飞因前罪被处决。中共十一届三中全会后，认定属于错杀，按投诚人员对待。

杨英华

杨英华（1922—1950)，蒿吉坪瑶族自治乡洞门口村人。民国33年（1944）毕业于黔阳乡村简易师范，在接龙中心学校一边教学，一边自修，翌年考入湖南省立第十师范。就读期间，与地下党员刘禹稷老师关系密切。在刘的开导下，杨经常阅读《新观察》等进步杂志。民国37年（1948）师范毕业后，任接龙中心学校校长。

中华人民共和国成立后，杨英华积极配合解放军开展剿匪，收缴地方散藏枪支，组织农民积极分子探测土匪、恶霸的动向，为剿匪作出贡献。1950年春，接龙成立七个农会。杨聘请知心同学向景禄来接龙中心学校代管校长事务，自己则投身农会工作，宣传党的政策，带领群众先后依法镇压土豪劣绅杨才裘、杨春华等10余人。12月4日，被镇压的恶霸“蟾大爷”之子杨春铃，纠集杨春馥、杨楚沅、杨楚黔等7名歹徒，乘杨英华开会途经杨春铃家门时，将其骗入，活活扼死。时年28岁。

杨文光

杨文光（1904—1950)，字美斋，接龙镇人，求学于湖南省立第二师范。民国20年（1931）任黔阳县智字区区长。当时，社会局势动荡，政治腐败，辖区内人民穷困，教育落后。杨文光愤而弃政从教，立志发展山乡教育。1934—1942年，先后创办新路河高等小学（校址水星庵)、铜湾完全小学（校址廖家祠堂右侧）及卧龙龙云小学（接龙中学前身)，并亲任校长，解决智字区各乡入学难的问题。自此，智字区各乡文化日盛，人才辈出。杨文光被当地民众誉为“山乡教育的创始人”。

周全福

周全福（1910—1951），绰号周麻子，铜湾镇大岩头村人。1949年4月，加入芷江杨永清的帮会楚汉宫，并在铜湾自立为匪。10月，怀化解放，周全福率队起义请求整编，被收编为会同军分区独立22团3营9连，周全福任连长。收编后，周全福匪性未改，抗拒调遣，擅驻铜湾，并暗中策划组建湘西反共第8游击区指挥部，自任指挥长。12月11日，周全福密谋发动“铜湾事变”，杀害区干部张英民、叶于平、彭道明、罗泽咸、刘进宅等5人，抢走枪支20支及粮食若干，旋即率队上山为匪。后多次偷袭杀害解放军战士及民兵6人，伤8人。1950年6月，解放军在高坡堂歼灭周全福匪部，周全福逃脱。1951年2月，周全福逃窜至铜鼎黄茅坪布荣溪，公安队及4000余民兵围山搜捕，周全福最终葬身火海。

杨春彬

杨春彬（1909—1952），字则文，男，蒿吉坪瑶族自治乡干田垅村人。民国28年（1939）任卓智乡乡长，后为铁坡、中方乡乡长。1949年春，湖南省政府主席程潜令杨春甫成立“绥靖公署第3纵队”，杨春甫令杨春彬将铜湾、铁坡、接龙一带的地方武装组织起来，成立“湖南省绥靖公署第3纵队第2特务大队”，杨春彬任大队长，下设2个中队6个分队，分别驻扎新路河、接龙、铁坡、铜湾等地，有200多人枪。8月，杨春彬在地下共产党员罗健西的影响下，开始倾向共产党。10月11日，率部200余人枪，在新路河街上宣布投诚。随后改编为怀化县独立大队，杨春彬任大队长，负责铜湾、新路河、接龙、铁坡一带的社会治安工作。12月11日，铜湾匪首周全福制造铜湾事变，杀害区长张英民等5位烈士。杨春彬部杨础录分队驻扎铜湾，杨春彬未指示杨础录加以阻止，而是当日带兵去接龙抗击土匪陈克钧。

1951年冬，在清查“铜湾事变”一案时，杨春彬被逮捕押送回乡。1952年农历二月十九日，在丁家坪乡麻溪垅被枪毙，年42岁。1985年8月平反。

张　崑

张崑（1916—1952），又名张凤翔，河北省曲阳县干河沟人，民国29年（1940）参加革命，同年加入中国共产党。民国32年（1943）赴山西大同县任税务局局长。1949年南下至怀化县，任第二区区长，翌年调任第七区（铁坡）区长。

张崑抵铁坡深入发动广大贫苦农民，开展反霸斗争，镇压民愤极大的恶霸地主杨楚炳，并清除混入铁坡十一农会篡夺领导权的反革命分子杨嗣亮。1952年5月，杨嗣亮窥张崑往往夜黑方归，遂与被镇压的家属杨楚耀、杨楚灿等人，谋杀张崑。6月16日下午5时许，张崑前往六农会（黄土坡）检查旱情，晚10时左右回区，途经十一农会锦溪油坊背后的凉亭时，被杨嗣亮一伙扣押并残忍迫害。面对敌人的残暴，张崑正气凛然，高声怒斥："你们打死一个共产党员，还有千千万万个！还有人民！他们会惩罚你们！你们顽固不化，只有死路一条！"杨嗣亮等暴徒将张崑打昏以后，又用拨油圈的铁钎刺破张崑的喉管。张崑英勇牺牲时，年仅36岁。

案发后，人民政府依靠群众，迅速破案。杨嗣亮、杨楚耀、杨楚灿被枪决，另两名帮凶被判处无期徒刑。为纪念烈士，锦溪人民在温洞潭边的石峰上竖起一块四米高的纪念碑，上书"张昆同志永垂不朽"。

杨茂铎

杨茂铎（1868—1954），字发甲，号振斋，又名玉泉，活水乡王家村人。清末州郡庠生，颇受沅州府主试宗师江标的赏识。后废科举，兴学堂，杨茂铎设立杨氏私塾，教育蒙童，数年不怠。

清光绪三十年（1904），杨茂铎为适应客观情势的需要，改用小学教材，设立国语、算术两科，并易校名为杨氏私立振华小学，开活水乡新学教育之先河。民国17年（1928），校名改为杨氏私立兴华小学，杨茂铎任校长。该校于1951年改为公办县立第十七完全小学，后又改为王家完全小学。

杨茂铎为振兴地方教育事业任劳任怨，于1954年病逝，享年86岁。

蒲和生

蒲和生（1913—1961），又名蒲毛鹊，新建乡黄金村人，幼年父母双亡，依姑亲度日，14岁就给土匪小头目向长娃做勤务。民国22年（1933），向长娃赠枪4支于蒲和生，让其独闯江湖。从此，蒲和生公然为匪。民国23年（1934）秋，在沅水波涟塘拦劫一只开往常德的木船，劫获鸦片25箱，变卖后购置一批枪支弹药。随后，又绑架湾溪一财主勒索，势力日渐扩大。

民国28年（1939），蒲和生配合黄岩农民暴动，亲率人枪，杀死驻扎在黄金村蒲氏宗祠的4名国民党宪兵，缴获步枪3支，短枪2支。事后，宪兵组织围剿反扑，蒲和生率部退避于龙潭、湾溪、大坪一带隐伏。嗣后，潜到辰溪，投靠沅陵专署警察大队长张玉琳部，被委为分队长。尔后调任湖南省保安第13大队中队长。1949年3月5日，蒲随张玉琳攻打辰溪兵工厂，抢得大批枪支弹药，张玉琳由此拼凑“中国国防第1军”，自任军长，委蒲为第3师师长，驻防泸阳。期间，蒲和生收编杨振军、唐贵云等地方武装，队伍扩大到2000余人，成为怀化最大的一支武装力量。同年5月，湖南省政府将蒲和生的武装收编为怀化保安团，蒲和生任团长。6月中旬，中共地下工作人员罗健西到怀化，约见蒲和生，向蒲和生宣传共产党的政策及革命形势，敦促他权衡利弊，靠拢人民，蒲和生表示愿意跟共产党走。随后，蒲和生派副团长陈炯之往辰溪会见中共地下党员陈策，咨请具体指点。接着，蒲和生即开始策划起义事宜。7月下旬，由中共地下党控制的张玉琳部两个团，在龙头庵宣布起义。张玉琳闻讯，急命蒲和生率部火速进剿。蒲和生采取明追暗护的对策，瞒过张玉琳。8月中旬，张玉琳为控制蒲，委他为“川湘鄂边区绥靖公署”独立旅旅长。9月22日，蒲和生遵照陈策指示，在泸阳轿子岩宣布起义，归编为湖南人民解放总队湘西纵队独立第1旅，蒲和生任旅长。11月，受命改编为中国人民解放军会同军分区独立22团，蒲和生任团长。蒲和生起义后，与怀化县1区（泸阳）工作人员密切合作，积极参与筹集粮草、护送伤员、围剿土匪、肃清国民党残余势力等方面的工作。

1950年9月，独立二十二团编入中国人民解放军47军，全团战士参与抗美援朝战斗。蒲和生赴沅陵参加湘西军区教导队学习，后被安排在沅陵航运公司工作，1961年病逝。终年48岁。

刘驼子

刘驼子（1881—1965），字纪章，原籍衡南县，14岁随父学医，潜心钻究，尤以骨科医术为著。

民国28年（1939）刘驼子徙居花桥后，即开刘华堂骨伤科医院，设简易病床6张，专治骨折、外伤，兼医疔疮。其自制的华佗水，疗效神奇，接骨、剖腹、切割疮毒时，术前只以一口华佗水喷于患处，即可立时开刀，患者不觉痛苦，其麻醉镇痛效果，堪称一绝。邻县慕名前来求医者甚多。民国37年（1948），国民党川湘鄂边区绥靖公署暂编第二军副军长张玉琳，闻刘驼子医术超凡，派员将他请至军部，委为军医官，专治枪伤。刘驼子为张部服务年余。

1949年10月1日花桥解放时，中国人民解放军30余人负伤，安置在刘驼子家治疗，全部治愈归队。

1950年，参农村土地改革运动中，根据1942年的经济状况，刘驼子被划为地主，又因其系国民党区分部书记，且在张玉琳部供职，因而被定为镇压对象，解送到榆树湾军管会管制。恰在此时，军管会马连长因膀胱结石痛吟不止。刘驼子闻知，即请求为马连长治疗。批准后，刘驼子进行手术，刀至病除。军管会念刘驼子医术精湛而免刑，嘱他回家全心全意为人民治病。从此，刘驼子以救人济世为宗旨，解民疾苦为己任，工作兢兢业业，精益求精。1965 年病逝，终年 84 岁。

唐超凡

唐超凡（1932—1980），泸阳镇人。1950 年参加农会，积极投身土地改革运动。1952 年任泸阳区财粮干部，后任副区长。1953 年加入中国共产党。1954 年调任怀化县农林水利局第一副局长，1956 年任局长。

上任伊始，便遇上春夏连旱，唐超凡组织水利规划队，顶烈日、冒酷暑，逐乡逐村调查，编制出第一张全县水利建设蓝图。当年冬季，唐超凡依靠党的领导，放手发动群众一举建成潭口、凤坪等 11 座水库，使 8000 多亩旱田实现自流灌溉。翌年冬天在唐超凡的主持下，又建成水库 2 座、骨干山塘 5 口，为改变“铜鼎坪里田大丘，十年九旱喝稀粥”的历史面貌作出贡献。

1959 年，唐超凡提出走蓄、引、提相结合的水利建设道路，与水利干部并肩战斗，一年之间发展抽水机 71 台，引河水上山，使 6000 多亩“雷公田”摆脱干旱威胁。

1960 年，国民经济和人民生活遇上暂时困难，唐超凡率队去板木溪水库管理所开展种瓜种菜、蓄水养鱼、落水种田、流水发电、室内养猪、室外种树等多种经营，改善干部生活，稳定水利工作者队伍，办出全县第一个水库综合利用样板。

1965 年，唐超凡率队深入石门板山办点，通过实践探索，总结出统一领导、统一水源、统一管理、统一维修、统一负担的“五统一”水利管理办法，解决偷水、争水、浪费水等一系列灌溉用水矛盾，为全县水利事业走“修管并重”道路提供宝贵经验。板山大队当年扩大灌溉面积 1100 多亩，增产粮食 20 多万公斤。

1974 年，红岩水电站开工，唐超凡受命兼任工程指挥部指挥长，翌年又被调任该站站长。是时，唐超凡患上严重肝病，但唐超凡仍经常用手按着肝部上工地，进行现场指挥，1980 年 7 月红岩电站竣工投产。然而，唐超凡却不幸与世长辞。

曾召万

曾召万（1913—1981），中方镇龙井村人。家有水田百亩，生活宽裕，上学条件优越。而他偏爱编织竹篾，年方十六，就弃学去会同拜师求艺，学习编织斗笠。

民国27年（1938），曾召万卖掉祖田40亩做本钱，开设家族作坊，专营斗笠生产，钻研编织技艺。不久，曾召万制作的斗笠，在擗篾、编织、铺丝、上油和品种、规格以及美观、耐用等方面，均胜人一筹。当时，他人只能制作15径和18径农用粗料斗笠，而曾召万不但掌握15～32径等多种规格的斗笠加工技艺，而且铺丝由传统的棕丝拓辟到麻丝、罗丝、马尾等。曾召万熬制的光油晶莹透明，光泽照人，专门选择六、七、八月制作24径的上等麻丝晒油笠，在笠面上油以后，置于烈日下暴晒，既不稠，亦不皱，直至晒干到屈指敲击能发出“咚”的脆音为止。

曾召万制作的马尾笠采用凸篾编织，马尾铺垫，绸布衬里，优油涂面，光亮、玲珑、精美、别致，曾为中方、牌楼、桐木、鸭嘴岩一带赠友、定亲、妆嫁、送彩礼之佳品，畅销榆树湾至泸阳一带，供不应求。

曾召万一生授徒20余人，中方镇的潘盛泽、潘存勖、曾百子等人为其门徒，均为斗笠生产技术骨干。但他在“授徒千技，必留一绝”的传统观念影响下，授艺保守，绝技不露，其徒无一得到真传，致使其相当部分技艺失传。

张化书

张化书（1914—1983），泸阳镇岩子园人。中华人民共和国成立前做长工20多年。中华人民共和国成立后，先后任农会主席、乡生产委员。1953年加入中国共产党。至1958年，先后12次评为地、县劳动模范。

1958年，护柱水库开工，张化书任工地民兵营营长，嗣后留任水库管理所所长。1961年正值国家困难时期，别人不愿上水库当管水员，张却带领两个女儿义务管理水库整整4年。汛期，张化书在水库溢洪道下装上鱼帘，所得的鱼按国家牌价分售给农民群众。一次，张化书发现取回家的鱼短称3两，追根究底，得知是其妻炒给小女吃了，当晚即召集群众大会，批评了妻子，并按制度交出4块5角钱的罚款。

护柱水库渠道的8公里干渠，每年输水灌田期间，渠内丝草丛生，且多水蛇，大家都怕下水除草。张化书见渠水受阻，影响灌溉，遂独自包揽下来，保持渠水畅通。1974年正月，为清除水库放水消理井内的淤沙，及时关闭放水孔蓄水，管理所以5个劳动日值请来两个年轻人经办这一工作。这两人下水一试，感到水寒刺骨，便说：“干这个名堂，莫说是五个工钱，五十个工钱也不干，我们还要留着命。”是进年届花甲的张化书听到此话，生气地说：“怕死的你们走，我去干！”张化书一鼓作气在寒水里干了四个多小时，完成了任务。

1975年以后，张化书虽年老体衰，但仍坚持承担后勤工作，为水库管理所砍柴、做饭、种菜、养猪，直至69岁逝世。

罗建安　罗福妹

罗建安（1969—1988）、罗福妹（1972—1988），新路河乡湾溪口村人，同胞姐妹。在村民勤劳厚道本色的熏陶下，从小养成尊敬长辈、关心他人、热爱劳动、助人为乐的品格。为让妈妈多休息，姊妹主动料理家务。为使爸爸少辛劳，她俩积极帮做农活。相邻烈属爷爷家种菜、收稻，她俩总是在场帮忙。隔壁孤身奶奶的用水、洗衣，她俩基本包下。

姐姐罗建安在学校里，尊敬教师，体谅同学。每次开展校务劳动，她总是叮咛离校远的同学不要带或只带些轻便劳动工具，而由她带去锄头、土箕一大堆。并在劳动中争干重活，关照年纪小的同学。她是一名品德好、学习好、身体好的学生，读初二时即加入中国共产主义青年团。初中毕业后，在家参加农业生产劳动，仍不忘学习，决心掌握农业科学技术，参加中央农业广播电视学校函授学习。

1988年8月8日，骄阳似火。罗建安、罗福妹姐妹与邻居罗元爱、罗再花等4名女青年劳动一天后，带着满身汗水，到村闪沅水河边一个浅水石岔里洗澡。游了一会儿，罗元爱嫌岔里水浅，即游向岔外。而她水性欠佳，想踩石休息一下时，不料滑入深潭，沉沉浮浮，极力挣扎。罗建安见了，毅然扑向前去，奋不顾身游到元爱身边，将她拖了一手，又奋力一推，罗元爱便借此游入岔内，脱离险境。而罗建安地因使劲过猛，自身失控而被卷入激流。罗福妹见状，扑向前去抢救。然而恶浪无情，将两个年轻生命双双吞噬。时罗建安年方19岁，罗福妹仅16岁。

为纪念姐妹俩舍己救人的献身精神，当地父老乡亲和党政干部700多人，为罗建安、罗福妹举行了修墓立碑仪式，碑志镌：“黄金土内埋妍骨，玉石碑前掉英灵”。中国共产主义青年团怀化市委员会、怀化市妇女联合会于1988年9月10日作出决定，追认罗建安为优秀共青团员，罗福妹为共青团员。同时追认两姐妹为“三八红旗手”。

舒均和

舒均和（1875—1988），袁家乡人。原籍溆浦，青年时代因家贫流落怀化谋生，在袁家一带为人凿打基石，检盖屋瓦。由于他劳动踏实卖力，讲求质量，一些好心人为其热情牵线，作为上门婿在袁家定居。

舒均和成亲后，务农为业，兼做岩、瓦、木工，起早贪晚，勤劳不息。他不饮酒，不吸咽，身体健壮，力大过人。性格开朗，不知忧愁，其妻没有生育，也毫不介意，夫妻同甘共苦，相敬如宾。1982年，全国开展第二次人口普查时，舒已108岁高龄，身体仍健旺非常，能砍柴，种菜，挑水做饭，自理生活。1988年逝世，享年114岁。

杨楚行

杨楚行（1899—1990），接龙乡桥村人。从小爱劳动，帮父母务农，勤俭度日。

在长期的农业劳动过程中，杨楚行不仅学会了村童牧歌、农夫山歌、油茶垦歌等劳动歌谣，尤擅长莲花落。每年正月参加村办花灯、狮舞队，走村串乡演出。他擅扮丑角，或手持绣球，逗得狮子团团转。或握“济公蒲扇”，赶得狮子摇头扭臀，张牙舞爪。时而卧地打滚，时而跳上桌台，引发出阵阵掌声。狮舞歇息之时，杨楚行便敲响竹板，唱起莲花落来。演练之中，杨楚行极富即兴编唱才能，见人唱人，见物唱物。且吐词清晰，声音铿锵。

杨楚行 30 岁后，每年正月，带上竹板，引着贫困伙伴挨户挨村地拜年演唱莲花落。平时谁家操办喜事，亦登门贺唱。如贺新春、贺新婚、贺贵子、贺千金、贺龙孙、贺功名、贺寿星、贺华堂等，贺得东道主喜笑颜开。从而获得礼钱、糍粑、白米等物品，为贫苦兄弟缓解燃眉之急。

中国人民共和国成立后，杨楚行被人民政府誉为民间艺人。他演唱莲花落的热情空前高涨，并一改歌唱乡风习俗为宣传共产党的方针政策，哪里开会、赶集，他的莲花落就响在哪里。1950 年，毛泽东主席发出“抗美援朝”号召后，当时的农村老人一想起国民党抓壮丁就毛骨悚然，害怕送子参军。杨楚行用莲花落唱曲鼓励老百姓抗美援朝。

杨楚行唱得有声有色，入情入理，他率先把两个儿子送上朝鲜战场，带动全乡圆满完成征兵任务。

随后，杨楚行始终围绕党的政治任务和中心工作，坚持演唱，四处宣传。不但跑遍铁坡区六乡，还跨区跨县远抵蒋家、袁家及辰溪县的上蒲溪等乡进行演唱宣传，几十年如一日，成为党和政府的义务宣传员，多次受到市文化部门表彰和奖励。

1990 年 6 月，杨楚行 91 岁高龄，仍冒着酷暑烈日，长途跋涉到 60 多里远的新建、铜湾等乡镇演唱“两个文明”建设。市广播电台将杨楚行的莲花落演唱录成磁带，向全市广播。

1990 年 11 月病逝。

潘荣前

潘荣前（1961—2007）中方镇人，男，汉族，中共党员，大学文化。1981 年 8 月至 1986 年在中方小学任教。1986 年，调入原怀化市七中（中方县第一中学前身），2000 年起开始担任中方县第一中学校长兼党支部书记。在担任县第一中学校长期间，他创新管理模式，深化教学改革，探索“办规范加特色学校，培养全新型学生”办学之路，开展形式多样的教育教学研讨活动，中方一中办学品位得到提升。县第一中学办学规模扩大到原来的四倍，逐渐成为全市较有影响力的一所普通高级中学。2006 年中方县第一中学通过市级示范性普通高级中学评估验收，2007 年又成功通过省级现代教育技术实验学校评估验收。

1992 年，潘荣前获湖南省优秀教师称号，2004 年当选为怀化市第二届人大代表，2005 年获“怀化市先进教育工作者”称号，2006 年获“中方县十佳校长”称号。2007 年，潘荣前罹患癌症，病倒在其钟爱的教育岗位上，不治逝世。是年，县委、县政府在全县发出“向潘荣前同志学习”的号召。

曾庆国

曾庆国（1937—2009）男，汉族，中方镇龙井村台上组人，民国 26 年（1937）年 8 月出生。“湖南省首批省级非物质文化遗产项目中方斗笠竹编技艺传承人”。中方竹编斗笠具有悠久的历史，与人们生产、生活相关。在长期的生产制作中，不断改进，形成完善的技艺体系。中方斗笠造型别致，工艺独特，最大的斗笠直径可达 10 米，最小的仅 20 厘米，品种齐全、形式丰富。从竹子到成为一个斗笠要经过 70 多道工序。它早期的功能仅是一种用来防晒、遮风挡雨的生产、生活用具，后来慢慢演化成信物、礼品和装饰艺术品，具有浓厚的地域文化特色。曾庆国所编织的精制 24 经斗笠曾赠送国际友人。2009 年病逝。

王学宽

王学宽（1960—2014）聂家村乡人，男，汉族，1960 年 1 月出生，中共党员，大学文化。中国人民解放军总参谋部某部训练大队政治委员，党委书记，上校军衔。2014 年 3 月，病逝，享年 54 岁。

1979 年 11 月入伍。1981 年 9 月进入长沙工程兵学院学习，1983 年 7 月毕业。1983 年 7 月，在某部队二营五连任排长。1985—1986 年，任某连副政治指导员，配属 67 军参加南疆保卫战。1986 年 6 月至 1988 年 9 月，任某部队二营五连政治指导员。1988 年 9 月至 1990 年 7 月，在总政西安政治学院学习。1990 年 7 月至 1997 年 9 月，先后任某部队政治处干事、某部队一处二科政治委员、某部队政治部保卫科科长。1997 年 9 月至 1999 年 7 月，在中央党校学习。1999 年 7 月至 2003 年 12 月，任某部队后勤部政治协理员。2003 年 12 月至 2014 年 3 月，任中国人民解放军总参谋部某部训练大队政治委员、党委书记。

入伍后，王学宽所带领的连队荣立集体三等功，个人三等功。参加过天安门阅兵庆典，参加过支援地方经济建设，曾评为北京精神文明先进个人。参加过总参大案要案的侦破，被评为总参优秀保卫科长，荣立个人三等功。王学宽极为关心家乡建设，帮助家乡引资上千万元，用于公路建设及人畜饮水安全工程建设。

罗健西

罗健西（1918—2014）原名罗运桂，新路河乡人，男，汉族，民国7年（1918）出生，中共党员，早年就读常德中学高师班。参加过抗日战争和解放战争，曾任东干队分队长、八路军359旅717团3营总支书记、718团政治部副主任、怀化县副县长，省煤炭工业学校党委书记。

民国26年（1937）11月，罗运桂会同申洛文、李明松等8位同学辗转到达延安，凭李记今先生写给毛泽东的亲笔信，受到毛泽东的接见并被推荐进入陕北公学院学习。民国27年（1938）2月毕业。旋即进入“抗日军事政治大学”学习，为第四批一大队学员。时任大队长苏振华、政治委员胡耀邦。毕业后，留任“抗大”总校区队长训练班任分队长，曾被授予全校“模范干部”光荣称号。民国28年（1939），调任东干队分队长，北上抗日，后在绥德359旅任717团3营总支书。北上抗日前，毛泽东在其笔记本上赠言：“健西同志：你去前线很好，没有畅谈，歉意。坚持不懈，会有成绩的。毛泽东”。自此，罗运桂改名“罗健西”。民国29年（1940）8月，罗健西随团参加“百团大战”。翌年3月，随团参加南泥湾大生产运动。民国34年（1945）3月，359旅改编，罗健西任718团政治部副主任。民国36年（1947）底，罗健西参加解放战争，突围时身受重伤，脱离大部队。1949年4月罗健西才重新找到党组织。6月，受中共湘西工委派遣，罗健西潜回怀化，策动国民党怀化保安团团长蒲和生起义。9月，蒲和生带领保安团在泸阳轿子岩起义。10月1日，怀化顺利解放。中华人民共和国成立后罗健西历任怀化县副县长、湖南省煤炭工业学校校长等职，2014年病逝。

二、人物名表

（一）1998—2013 年中方县境内获省（部）级以上先进荣誉者名录

表 20-2-1

姓 名	性别	工作单位或住址	职业职务	荣誉称号	授予单位	授予时间
舒　扬	男	县统计局	副局长	第一次全国农业普查先进个人	第一次全国农业普查办公室	1998.12
杨茂兰	男	县第二中学	校长	省优秀教师	省人民政府	1998
陈善良	男	县教育局	办公室副主任	省优秀教师，记二等功	省人民政府	1998
杨英喜	男	县计生局	副局长	中华人民共和国“国家计划生育”委员会贡献奖	“国家计划生育”委员会	1999.12
潘先文	男	桐木镇农技站	站长	全国农技推广先进工作者	农业部	1999.12
杜世奎	男	县政府	县副调研员	全国审计机关廉政勤政工作先进个人，并记一等功	国家审计署	2001
赵　忠	女	县妇联	主席	全国妇幼工作先进个人	中华全国妇女联合会	2001
蒲宏寿	男	县教育局	局长	全国“两基”工作先进个人	国务院	2001.06
周小靖	女	牌楼镇中心小学	校长	省优秀教师，记二等功	省人民政府	2001.09
舒　扬	男	县统计局	副局长	第二次全国基本单位普查先进个人	国务院第二次全国基本单位普查领导小组	2003.01
丁卫兵	男	县计生局	干部	全国人口和计划生育法制建设先进个人	国家人口计生委	2003
赵　忠	女	县人民政府	副县长	二等功	省人民政府	2003
刘恩慧	女	县计生局	纪检组长	中华人民共和国“国家计划生育”委员会贡献奖	“国家计划生育”委员会	2004.12
欧小松	男	县职中	副校长	省优秀教师	省人民政府	2004.9
潘先文	男	桐木镇党委	副书记	湖南省人民满意公仆	省委、省政府	2004.12
田万晔	男	桐木中学	教师	全省优秀班主任	省人民政府	2005.09
彭安娜	女	县民委		湖南民族团结进步模范个人	省人民政府	2005.10
郭　健	男	县第一中学	副校长	第四届全国中小学外语教师园丁奖	教育部基础教育司	2005
杨　卫	女	共青团中方县委	副书记	全国服务农村青年增收成才先进个人	共青团中央、农业部	2006
王一生	男	县广播电视局	副局长	全国“村村通”工作先进个人	国家广电总局、国家发改委、财政部	2006
潘先文	男	桐木镇人民政府	人大主席	星火科技二传手	科技部	2006.10
杨爱英	女	蒿吉坪洞门口教学点	老师	全省乡村优秀教师	省人民政府	2006.03
郭　建	男	县畜牧水产局	副局长	2005 年度防治高致病性禽流感先进个人	省人民政府	2006
朱竹清	女	桐木中学	教师	省优秀教师	省人民政府	2006
袁　海	男	县安全生产监督管理局	局长	国家安全生产监管先进个人	国家安全生产监督管理总局	2007.01
李　慧	女	泸阳镇黄花树教学点	教师	全国模范教师	教育部、人事部	2007.09
				全国巾帼建功标兵	教育部、全国妇联	2007.09
				全国中小学优秀班主任	教育部	2007.09
杨贤照	男	蒋家乡坳头村	村支书	全国计划生育协会先进工作者	中国计划生育协会	2007
杨爱英	女	蒿吉坪洞门口教学点	老师	省优秀教师	省人民政府	2007.08

续表

姓 名	性别	工作单位或住址	职业职务	荣誉称号	授予单位	授予时间
陈长元	男	县工业经济局	局长	省“勤政廉政、富民强省优秀领导干部”并记一等功	省委、省政府	2008.02
廖华武	男	县供电公司	经理	抗冰抢险一等功臣	省委、省政府	2008
刘贤宏	男	县人武部	部长	抗冰救灾先进个人	省人民政府	2008
殷南蛟	男	中共县委政法委	书记	嘉奖	中央综治委、中央组织部	2009.05
罗明望	男	中共县委办	副主任	嘉奖	中央综治委、中央组织部	2009.05
舒　扬	男	县统计局	副局长	第二次全国经济普查先进个人	国务院第二次全国经济普查领导小组	2009.12
杨文高	男	中方中学	校长	全省百名代表优秀校长	中国教育学会	2009.12
谢永忠	男	牌楼镇陈家湾村	村支书	省劳动模范	省人民政府	2010.05
高昌斌	男	桐木镇中心小学	教师	全省优秀教师	省人民政府	2010.09
李　慧	女	泸阳镇中心小学	教师	湖南省先进工作者	省人民政府	2010.12
杨　丽	女	县森林公安局	干警	三等功	国家森林公安局	2011.02
蒲　娟	女	县统计局	副局长	第六次全国人口普查先进个人	国家统计局、第六次全国人口普查办公室	2011.07
张梅秀	女	县林业局森保站	站长	全国林业有害生物防控工作先进个人	全国绿化委员会、国家林业局	2011.07
潘建湘	女	县残联	理事长	全国残疾康复工作先进个人	中国残疾人联合会	2011
				湖南省残联系统先进个人、记一等功	湖南省人民政府	2011.10
李　慧	女	泸阳镇中心小学	教师	全国三八红旗手	中华全国妇女联合会	2012.02
杨小辉	女	新建镇司法所	所长	全国人民调解能手	司法部	2012.08
杨贤生	男	蒿吉坪学校	校长	全国最美乡村教师特别关注奖	中央电视台、光明日报社	2012.09
张　霞	女	县委	书记	全国平安建设先进县嘉奖	中央综治委、中共中央组织部	2013.05
龙　敏	男	县委政法委	副书记	全国平安建设先进县嘉奖	中央综治委、中共中央组织部	2013.05

注：1.省（部）以上先进人物收录省委、省政府和国家各部委及以上表彰

2.以获奖先后年度为序排列，由于受资料搜集渠道影响，个别先进模范人物也许有所遗漏

（二）中方县副高级以上职称人员名录（排名不分先后）

表 20-2-2

单　位	姓　名	性别	职　称	评定时间	专　业	备　注
县畜牧水产局	郭　建	男	高级畜牧师	2005.12	畜牧	
	陈巧华	女	高级畜牧师	2013.09	畜牧	
县水利局	何本祥	男	高级工程师	1988.10	水利工程	
	刘榕丽	女	高级工程师	2007	水利工程	
	欧阳梦群	男	高级工程师	2008	水利工程	
县住建局	袁秋华	女	副馆研究员	2012.12	档案管理	
县统计局	舒　扬	男	高级统计师	2002.08	统计	
县农业局	钱如浩	男	高级农艺师	2005.11	农技推广	
	张浩英	女	高级农艺师	2004.09	农技推广	
	王大故	男	高级农艺师	2004.09	农技推广	
	周兴荣	男	高级农艺师	2008.03	农技推广	
	潘玉美	女	高级农艺师	2012.12	农技推广	

续表

单　　位	姓　名	性别	职　　称	评定时间	专　业	备　注
县农业局	潘仁全	男	高级农艺师	2013.12	农技推广	
	周桂珍	女	高级农艺师	2014.12	农技推广	
县林业局	王宗仁	男	林业高级工程师	1998.10	森林经营	
	袁一菲	女	林业高级工程师	2006.09	森林经营	
	田建军	男	林业高级工程师	2008.11	园林	
	夏占金	男	林业高级工程师	2008.11	森林经营	
	朱德安	男	林业高级工程师	2008.11	森林经营	
	杨美寅	女	林业高级工程师	2008.11	森林经营	
	杨华卿	男	林业高级工程师	2010.12	森林经营	
	张梅秀	女	林业高级工程师	2012.12	森林保护	
	伍艳华	女	林业高级工程师	2013.12	森林经营	
	蒲宏春	男	林业高级工程师	2014	森林保护	
县卫计局	袁艺春	女	高级政工师	2010.11	政工	
	李筱华	男	副主任医师	2011.12	计生临床	
	钱文清	女	副主任医师	2010.12	计生临床	
	丁吉昌	男	副主任医师	2014.09	临床	
	杨龙书	男	副主任医师	2013.09	临床	
	米贤伟	男	副主任医师	2013.09	临床	
	唐光斌	男	副主任检验师	2007.09	检验	
	樊久云	女	副主任医师	2008.12	护师	
	蒲秀君	女	副主任医师	2012.12	检验	
	向　远	男	副主任技师	2012.12	检验	
教育局	米允友	男	中学高级教师	2000.09	数学	
	方仁忠	男	中学高级教师	2011.12	中文	
	曹宏溪	女	中学高级教师	2008.11	信息技术	
	肖守怀	男	中学高级教师	1999.09	中文	
	彭宏恢	男	中学高级教师	2007.11	物理	

续表

单位	姓名	性别	职称	评定时间	专业	备注
教育局	孙桂香	女	中学高级教师	2009.12	化学	
	陈八妹	女	中学高级教师	2002.09	中文	
	冯学忠	男	中学高级教师	1998.09	数学	
	陈　健	女	中学高级教师	2012.12	英语	
	熊银桂	女	中学高级教师	2007.08	中文	
	杨司富	男	中学高级教师	2012.12	中文	
	廖志平	男	中学高级教师	2006.08	信息技术	
	唐召进	男	中学高级教师	2009.09	勤工俭学	
	周小靖	女	中学高级教师	2004.09	小学管理	
	陈全雁	男	中学高级教师	2011.12	生物	退休
	杨金莲	女	中学高级教师	2010.09	中文	
	韩青菊	女	中学高级教师	1999.09	数学	
	田复强	男	中学高级教师	1999.09	物理	
	周远国	男	中学高级教师	1995.09	中文	
	舒孝轩	男	中学高级教师	2000.09	英语	
	龙战虎	男	中学高级教师	2009.09	中文	
	姚祖刚	男	中学高级教师	2010.10	数学	
县第一中学	刘子松	男	中学高级教师	2005.08	物理	
	蒲声源	男	中学高级教师	2000.08	政治	
	戴焕孝	男	中学高级教师	2004.08	化学	
	曾令辉	男	中学高级教师	2004.08	中文	
	曾永勤	男	中学高级教师	2007.11	数学	
	丁绍东	男	中学高级教师	2008.11	数学	
	郭　健	男	中学高级教师	2001.08	英语	
	陈　慧	女	中学高级教师	2006.09	历史	
	陈声凌	男	中学高级教师	2008.11	化学	
	陈卫娟	女	中学高级教师	2009.12	政治	
	黄　莉	女	中学高级教师	2006.09	物理	
	黄露梅	女	中学高级教师	2003.08	物理	
	黄小华	男	中学高级教师	2005.09	中文	
	黄友玲	女	中学高级教师	2002.08	政治	
	蒋松桃	女	中学高级教师	2007.11	历史	
	瞿爱军	男	中学高级教师	2004.08	化学	

续表

单　位	姓　名	性别	职　称	评定时间	专　业	备　注
县第一中学	李玉树	男	中学高级教师	2005.09	中文	
	梁玉梅	女	中学高级教师	2003.08	生物	
	刘自有	男	中学高级教师	2004.09	化学	
	娄宏要	男	中学高级教师	2002.08	政治	
	毛超明	男	中学高级教师	2005.09	体育	
	梅丽婵	女	中学高级教师	2005.09	中文	
	米理达	男	中学高级教师	2002.08	中文	
	潘仁文	男	中学高级教师	2001.08	数学	
	潘英福	男	中学高级教师	2007.11	政治	
	彭数云	男	中学高级教师	2010.12	数学	
	彭云征	男	中学高级教师	2006.09	物理	
	彭佐秀	女	中学高级教师	2009.12	数学	
	蒲桂荷	女	中学高级教师	2006.09	历史	
	阮淑娥	女	中学高级教师	2003.08	生物	
	粟　晓	男	中学高级教师	2008.11	体育	
	孙　琳	女	中学高级教师	2004.09	化学	
	唐承华	男	中学高级教师	2006.09	数学	
	王凤兰	女	中学高级教师	2007.08	数学	
	吴爱林	女	中学高级教师	2007.11	数学	
	吴炳信	男	中学高级教师	2003.08	生物	
	向海君	女	中学高级教师	2002.08	英语	
	向其荣	男	中学高级教师	2000.08	体育	
	向小玲	女	中学高级教师	2009.12	英语	
	向子贵	男	中学高级教师	2005.09	政治	
	肖崇英	女	中学高级教师	2007.11	数学	
	谢景芳	男	中学高级教师	2006.09	数学	
	晏启荣	男	中学高级教师	2004.08	园艺	
	杨　柳	女	中学高级教师	2010.12	英语	
	杨长久	男	中学高级教师	2009.12	数学	
	杨长明	男	中学高级教师	2008.12	物理	
	杨长盛	男	中学高级教师	2007.11	中文	
	杨嫦碧	女	中学高级教师	2009.12	中文	
	杨付英	女	中学高级教师	2008.11	生物	

续表

单　　位	姓　名	性别	职　　称	评定时间	专　业	备　注
县第一中学	杨美花	女	中学高级教师	2009.12	历史	
	杨美瑛	女	中学高级教师	2009.12	中文	
	杨妹香	女	中学高级教师	2005.09	生物	
	杨圣喜	男	中学高级教师	2006.09	生物	
	杨圣银	男	中学高级教师	2003.08	历史	
	钟　琴	女	中学高级教师	2003.08	中文	
	周汝科	男	中学高级教师	2005.09	中文	
	周喜妹	女	中学高级教师	2005.09	地理	
	向其荣	男	中学高级教师	2004.09	体育	退休
	杨兴学	男	中学高级教师	2002.09	中文	
	向德钊	男	中学高级教师	2000.09	物理	
	丁玉华	女	中学高级教师	2000.09	英语	
县第二中学	杨　鸿	男	中学高级教师	2002.09	历史	
	罗正前	男	中学高级教师	2008.09	英语	
	杨乔贵	男	中学高级教师	2009.12	地理	
	周于富	男	中学高级教师	2012.11	数学	
	陈承富	男	中学高级教师	2011.11	数学	
	廖圣辉	女	中学高级教师	2012.11	历史	
	向　达	男	中学高级教师	2010.12	数学	
	杨元妹	女	中学高级教师	2007.08	中文	
	瞿忠良	男	中学高级教师	2012.11	中文	
	杨隆军	男	中学高级教师	2011.11	中文	
	杨贤要	男	中学高级教师	2004.08	化学	
	杨　诚	男	中学高级教师	1998.09	数学	退休
	杨曲锋	男	中学高级教师	1998.08	物理	
	谌佩钦	男	中学高级教师	1998.09	中文	
	杨绍堂	男	中学高级教师	2002.09	中文	
	丁贤妹	男	中学高级教师	2001.09	英语	
县职业中专学校	贺吉早	男	中学高级教师	2002.08	物理	
	曾　革	男	中学高级教师	2007.11	中文	
	姚本先	男	中学高级教师	2007.09	数学	
	杨绍发	男	中学高级教师	2005.08	中文	
	董春连	女	中学高级教师	2010.09	种植	

续表

单 位	姓 名	性别	职 称	评定时间	专 业	备 注
县职业中专学校	陈双凤	女	中学高级教师	2007.09	中文	
	丁启樟	男	中学高级教师	2012.11	中文	
	丁幼英	女	中学高级教师	2012.11	中文	
	贺小花	女	中学高级教师	2006.09	数学	
	金荷妹	女	中学高级教师	2010.12	中文	
	梁开珠	男	中学高级教师	2003.08	畜牧兽医	
	欧小松	男	中学高级教师	2002.09	园艺	
	彭开平	男	中学高级教师	2007.09	中文	
	谢景海	男	中学高级教师	2009.09	中文	
	谢开永	男	中学高级教师	2009.09	数学	
	杨 燚	男	中学高级教师	2009.09	数学	
	杨承龙	男	中学高级教师	2005.08	数学	
	杨好喜	男	中学高级教师	2008.09	中文	
	杨卫国	男	中学高级教师	2010.12	教育管理	
	杨英根	男	中学高级教师	2005.09	中文	
	杨远霞	女	中学高级教师	2010.09	中文	
	张汉云	女	中学高级教师	2010.09	生物	
	张晓红	女	中学高级教师	2010.09	园艺	
	张中菊	女	中学高级教师	2006.09	信息技术	
	雷容国	男	中学高级教师	2005.09	数学	退休
	杨长盛	男	中学高级教师	2007.11	数学	
县中兴学校	周启荣	男	中学高级教师	2004.09	行政管理	
	陈海燕	女	中学高级教师	2009.11	体育	
	杨龙彪	男	中学高级教师	2006.09	中文	
	李元和	男	中学高级教师	2005.09	英语	
	陈俣恺	男	中学高级教师	2011.08	政治	
	丁克鸿	男	中学高级教师	2006.01	数学	
	黄 红	女	中学高级教师	2009.11	英语	
	瞿秋香	女	中学高级教师	2009.11	数学	
	罗跃辉	男	中学高级教师	2007.09	化学	
	倪余美	女	中学高级教师	2008.08	中文	
	王宏钦	男	中学高级教师	2006.08	数学	
	王久香	女	中学高级教师	2013.07	中文	

续表

单　　位	姓　名	性别	职　　称	评定时间	专　业	备　注
县中兴学校	向泽军	男	中学高级教师	2008.09	数学	
	杨承财	男	中学高级教师	2008.08	中文	
	杨华金	男	中学高级教师	2010.12	体育	
	杨立花	女	中学高级教师	2009.11	生物	
	杨琼湘	女	中学高级教师	2008.08	英语	
	杨文高	男	中学高级教师	2001.08	中文	
	杨中华	男	中学高级教师	2006.08	中文	
城北中学	向启才	男	中学高级教师	2007.08	中文	
	丁勇昌	男	中学高级教师	2006.08	政治	
	黄大平	男	中学高级教师	2006.08	音乐	
	向勇刚	男	中学高级教师	2007.08	政治	
	朱丽群	女	中学高级教师	2009.12	音乐	
	邓立人	男	中学高级教师	2009.12	生物	
	黄叶红	女	中学高级教师	2009.12	英语	
	滕建军	男	中学高级教师	2004.08	数学	
	谢开英	女	中学高级教师	2006.08	数学	
	杨春早	男	中学高级教师	2010.12	信息技术	
	杨秋平	女	中学高级教师	2010.12	中文	
	杨尚安	男	中学高级教师	2012.12	中文	
炉亭坳中学	陈宗寿	男	中学高级教师	2006.08	中文	
	袁　航	男	中学高级教师	2009.08	中文	
	袁章林	男	中学高级教师	2010.12	汉语言文学	
牌楼中学	蒲裕庆	男	中学高级教师	2005.08	数学	
	欧佳银	男	中学高级教师	2008.11	中文	
	汤永生	男	中学高级教师	2009.12	数学	
	米久全	男	中学高级教师	2001.08	物理	
	潘义成	男	中学高级教师	2007.11	政治	
	王泽武	男	中学高级教师	2006.08	英语	
	曾祥军	男	中学高级教师	2006.07	物理	
桐木中学	邓先雪	男	中学高级教师	2009.12	政治	
	段纯怀	男	中学高级教师	2009.12	政治	
	潘先禄	男	中学高级教师	2008.12	化学	
	向兰英	女	中学高级教师	2013.08	数学	

续表

单　位	姓　名	性别	职　称	评定时间	专　业	备　注
桐木中学	曾广军	男	中学高级教师	2012.01	数学	
泸阳中学	张海云	女	中学高级教师	2004.08	英语	
	陈生刚	男	中学高级教师	2005.08	生物	
	徐　刚	男	中学高级教师	2008.08	英语	
	李江青	男	中学高级教师	2003.08	政治	
	陈代财	男	中学高级教师	2009.11	英语	
	陈晓琴	女	中学高级教师	2009.11	数学	
	李菊红	女	中学高级教师	2008.11	英语	
	林希兰	女	中学高级教师	2009.11	英语	
	莫文玉	女	中学高级教师	2002.08	生物	
	谢乐和	男	中学高级教师	2013.08	地理	
	阳建梅	女	中学高级教师	2008.11	英语	
	周靖宜	女	中学高级教师	2006.08	地理	
花桥中学	向清怀	男	中学高级教师	2006.08	数学	
	胡远世	男	中学高级教师	2009.08	物理	
	王桂珍	女	中学高级教师	2008.08	数学	
	董洋忠	男	中学高级教师	2004.08	中文	
	冯泽浩	男	中学高级教师	2009.09	物理	退休
	张再满	男	中学高级教师	2003.09	数学	
下坪学校	米兰生	男	中学高级教师	2006.08	生物	
	丁平立	男	中学高级教师	2010.12	政治	
	阳　华	男	中学高级教师	2007.08	中文	
	杨修德	男	中学高级教师	2007.08	数学	
龙场学校	周亮喜	男	中学高级教师	2007.09	中文	
	谢开礼	男	中学高级教师	2008.12	校学教育	
	周於国	男	中学高级教师	2005.08	数学	退休
聂家村中学	黄克难	男	中学高级教师	2006.08	化学	
	梁先贵	男	中学高级教师	2012.12	数学	
	覃圣军	男	中学高级教师	2009.12	中文	
	杨春华	女	中学高级教师	2012.05	历史	
新建中学	周于光	男	中学高级教师	2003.01	政治	
新路河学校	刘满喜	男	中学高级教师	2012.12	中文	
	蒲裕宏	男	中学高级教师	2007.08	数学	

续表

单　　位	姓　名	性别	职　　称	评定时间	专　业	备　注
铜鼎学校	陈声刚	男	中学高级教师	2009.08	中文	
	蒋宏志	男	中学高级教师	2007.08	中文	
	聂太方	男	中学高级教师	2010.08	中文	
活水学校	杨小明	男	中学高级教师	2007.08	中文	
	吴　振	男	中学高级教师	2009.09	物理	
	杨英群	男	中学高级教师	2005.08	英语	
石宝学校	杨英宋	男	中学高级教师	2010.12	教育管理	
	杨英友	男	中学高级教师	1996.08	中文	
铁坡学校	蒲宏学	男	中学高级教师	2012.12	教育管理	
	杨和平	男	中学高级教师	2010.12	数学	
接龙学校	杨理万	男	中学高级教师	2011.12	中文	
蒿吉坪学校	杨贤生	男	中学高级教师	2007.08	中文	
	杨春田	男	中学高级教师	2009.09	中文	
	米久华	男	中学高级教师	2008.08	中文	
城北小学	杨再成	男	中学高级教师	2003.08	中文	
	覃　茜	女	中学高级教师	2008.08	音乐	
	杨司友	男	中学高级教师	2005.08	政治	
	李昌寿	男	中学高级教师	2007.09	教育管理	
	杨司炳	男	中学高级教师	2008.11	中文	
	吴玉兰	男	中学高级教师	2012.11	中文	
	杨隆勤	男	中学高级教师	2008.08	中文	
泸阳小学	陈方良	男	中学高级教师	2008.08	数学	
	杨理林	男	中学高级教师	2007.08	数学	
蒋家小学	陈生良	男	中学高级教师	2008.08	中文	
袁家小学	陈德良	男	中学高级教师	2008.08	数学	
	陈生泽	男	中学高级教师	2005.08	中文	
锦溪小学	杨晓杰	男	中学高级教师	2008.01	中文	

（三）县外中方籍知名人士名表

表 20-2-3

1.政界

收录标准为任党政副处级实职以上人员。

姓　名	性别	籍　　贯	工 作 单 位	职务职级
肖怀跃	男	中方镇中方村	韶关市委组织部	部长
肖怀高	男	中方镇中方村	中山市经建投	副总经理
夏龙军	男	中方镇栗山村	广东中山市人社局	局长
曾岩生	男	中方镇龙井村	广东省国安厅	副厅长（退休）
李小明	男	中方镇	市城管局	副处
潘仁升	男	中方镇竹站村	鹤城区政府	调研员（正处）
潘仁占	男	中方镇毛田村	洪江市政府	调研员（副处）
龙宗荣	男	中方镇中方村	鹤城区农村改革试验区办公室	原党组书记（副处）
杜先文	男	牌楼镇冯家湾村	怀化市公安局	副处
张举富	男	牌楼镇冯家湾村	衡阳军区代表室	副团长
张举仁	男	牌楼镇	怀化市财政局	总会计师
唐　波	男	桐木镇	怀化市政协	党组副书记、常务副主席（退休）
向胜科	男	桐木镇黄家湾村	通道县	县委常委、组织部长
潘宝良	男	炉亭坳乡塔灯田村	西藏自治区党政办	副主任
尹　华	男	炉亭坳乡马家溪村	国家卫计委	司长、高级工程师
黄明泽	男	炉亭坳乡桥亭村	麻阳县委	副书记
唐　舰	男	泸阳镇五里村	怀化市党校	副校长
梁高动	男	泸阳镇新店坪村	怀化市蔬菜办	主任
杨茂云	男	泸阳镇岩子元村	怀化市国税局	副局长
陈铁福	男	泸阳镇五全村	怀化市交通局	副局长（副处）
陈先文	男	泸阳镇五全村	芷江县	县长助理（副处）
陈方海	男	泸阳镇五里村	怀化市公安局治安支队	政委
谭明舒	男	泸阳镇五里村	怀化市工商局	主任科员
蒲士良	男	泸阳镇菜坪溪村	怀化市国土局	纪检组组长
陈昌杰	男	泸阳镇和平村	怀化市开发办	常务副主任
刘安金	男	泸阳镇新店坪村	怀化市鹤城区人大常委会	副主任
张秀云	男	泸阳镇	怀化市纪委案件审理室	主任
欧阳军	男	泸阳镇	怀化市工伤保险管理处	主任
夏　伟	男	泸阳镇	怀化市直属机关工委	委员
冯学培	男	泸阳镇	怀化市国家粮食储备库	工会主席（副处）
夏永良	男	泸阳镇	永州市司法局	局长（正处）

续表

姓　名	性别	籍　　贯	工 作 单 位	职务职级
雷厚贵	男	花桥镇洗沙村	湖南省轻工业厅	处长
陈代龙	男	花桥镇车坪村	湖南省政法委执法监督室	处长
王连聪	男	花桥镇	鹤城区政法委	副书记
李振坤	男	花桥镇	广州军区接待处	处长
周可元	男	下坪乡梁宏村	鹤城区人大常委会	副主任
冯贵友	男	下坪乡桥上村	鹤城区	副区长
周　茜	女	下坪乡	怀化市建设局	副主任
欧阳宏景	男	下坪乡	怀化市质量技术监督局	副局长
梁孝常	男	聂家村乡中村村	洪江市法院	院长
刘明武	男	聂家村乡堵家村	怀化市人大财经委	主任
李传贵	男	聂家村乡堵家村	鹤城区政协	副主席
张化忠	男	聂家村乡白洋坪村	怀化市森林公安局	政委
李传湘	男	聂家村乡白洋坪村	怀化市公路局	副局长
张小成	男	聂家村乡白洋坪村	怀化市经开区	主任
陈红利	男	聂家村乡中村村	靖州县委组织部	部长
张忠喜	男	聂家村乡溪口村	鹤城区司法局	局长
陈善美	男	聂家村乡白洋坪村	怀化市委	市委常委、政法委书记
陈才明	男	聂家村乡	市物价局	局长
张化乌	男	聂家村乡	市市政局	正处
周汝谦	男	龙场乡龙场村	会同县委	副书记
米成解	男	龙场乡	怀化市财校调研员	正处级调研员（退休）
周　华	男	铜湾镇麻溪江村	怀化市洪江区工委	工委副书记、区管委主任
周　礼	男	铜湾镇新屋村	怀化市农办	副主任（上校军衔）
周南根	男	铜湾镇	怀化市公用事业管理局	调研员
王光华	男	铜湾镇	广东省阳春市人武部	政委
周启瑞	男	铜湾镇水落岸村	怀化市工业园	副主任
杨春银	男	铜湾镇渡江坡村	云南省地质局	局长（曾任）
瞿运生	男	铜湾镇和村	岳阳市水电局	党委书记
杨晓荣	男	铜湾镇街上	辰溪县人民政府	县长
陈云青	男	铜湾镇街上	原怀化地区商业局	党组书记、局长
杨隆海	男	铜湾镇思坪村	鹤城区统战部	部长兼政协副主席
刘锡平	男	铜鼎镇青市村	怀化市人大内司委	主任（正处）
米庆发	男	铜鼎镇蛮田村	怀化市农业产业化局	纪检书记
陈声松	男	铜鼎镇	怀化市农业局	党组书记

续表

姓　名	性别	籍　贯	工作单位	职务职级
杨　玲	男	新建镇干冲村	怀化市河西经开区管委会	副主任
杨少华	男	新建镇	怀化市人大内司委	副主任委员
蒲宏忠	男	新建镇	怀化市纪委优化办	主任、上校军衔
杨英前	男	新建镇	湖南省人民广播电台	纪委书记
杨　忠	男	袁家乡上炉村	贵州省平坝县	常委、常务副县长
谢召连	男	袁家乡	鹤城区	正处级干部
熊　平	男	蒋家乡蒋家村	鹤城区	纪委书记
谢和友	男	蒋家乡水仙村	怀化市国税局	副局长、经济师
陈同炳	男	蒋家乡大沙村	怀化市规划局	党组书记
陈宗镜	男	蒋家乡	怀化市计划发改局	副处
袁宏孝	男	蒋家乡	株洲市物质局	正处
杨健桃	女	新路河镇岩坳村	共青团怀化市委	团市委书记
蒲宏良	男	新路河镇旺溪村	湖南省劳动厅就业处	处长
廖先家	男	新路河镇字溪村	怀化市工业园管委会	副调研员
杨　卫	女	新路河镇合理村	怀化市妇联	党组成员、副主席
杨　立	男	新路河镇	麻阳县人民法院	院长
杨宗锡	男	新路河镇	怀化市台办	副主任、工程师
罗绍明	男	新路河镇	湖南省商务厅	处长
杨宏高	男	铁坡镇双岭村	怀化市人民政府	副秘书长
丁克来	男	铁坡镇团一村	怀化市粮食局	党组书记、局长
杨英靠	男	铁坡镇培丰村	怀化市拆迁办	纪检组长
杨英华	男	铁坡镇培丰村	怀化市河西经济开发区	副主任
杨好念	男	铁坡镇	会同县人大常委会	副处
杨长青	男	石宝乡里垄村	通道县人民政府	副县长
杨书生	男	接龙镇龙溪村	岳阳市民政局	副局长（上校军衔）
杨晓荣	男	接龙镇总坡村	怀化市人社局	局长
杨　军	男	接龙镇老屋村	通道县委	县委常委、纪委书记
杨光华	男	接龙镇办田村	麻阳县建设银行	行长
杨　渊	男	接龙镇办田村	怀化市工业园征拆安置、综治办	主任
杨理顺	男	接龙镇	怀化市水库移民管理局	调研员
杨理文	男	接龙镇龙溪村	海南省三沙市人民政府补改办	副调研员兼船务局局长
杨理华	男	接龙镇	广西省桂林市科协办公室	副主任（正处）
杨春良	男	接龙镇	山东省供销总社	主任
杨宗仁	男	锦溪乡锦溪村	原怀化市住建局	局长

续表

姓　名	性别	籍　　贯	工作单位	职务职级
丁茂昌	男	锦溪乡	怀化市工业招商引资办公室	主任（副处）
杨修风	男	锦溪乡	邵阳市新邵县	正处
杨盛建	男	活水乡宝山村	怀化市纪委办公室	主任
杨春再	男	活水乡龙星村	怀化市河西管理委员会	主任
杨连贤	男	活水乡王家村	湖南省中医药研究院	机关党委书记（正处）

2.军界

收录标准为中华人民共和国成立之后，在军界任少校以上军衔人员。

姓　名	性别	籍　　贯	工作单位	职　务
李素军	男	泸阳镇	空军某部飞行团	团长
晏宏应	男	花桥镇火马塘村	广东省深圳警备司令部	政治部主任（正师级退休）
晏嘉辉	男	花桥镇火马塘村	广州军区作战部	参谋
毛克华	男	花桥镇利家坡村	山西省太原部队	正团级
滕明兴	男	花桥镇梅树冲村	四川省成都军区	副团级
唐贤宽	男	聂家村乡聂家村村	广州军区政治部艺星宾馆	党委书记
米庆满	男	龙场乡老树寨村	江西省上饶某部队	副团级
陈　浩	男	蒋家乡坳头村	湘潭市军分区	副团级
周南银	男	新路河镇	数底军分区	大校（退休）
唐　杰	男	新路河镇湾溪口村	陕西省渭南市二炮部队团	政委
罗运喜	男	新路河镇湾溪口村	潮州军分区医院	副政委
杨晓光	男	石宝乡鱼龙桥村	青海格尔木某部队	大校（正师级）
丁相定	男	铁坡镇	广州远洋公司	团政委
陈传富	男	聂家村乡	原洪江市武装部	政委

3.文化界

收录标准为科技、教育、文化、卫生等知识界副教授以上职称人员。

姓　名	性别	籍　　贯	工作单位	职　务
肖　福	男	中方镇中方村	羊城晚报	副总编
张举忠	男	牌楼镇	怀化市财校	校长
杨代忠	男	泸阳镇	怀化学院商学系	党总支书记
彭林雪	男	花桥镇千丘田村	广东省湛江四二二医院	高级会计师
张秋萍	女	花桥镇	国家女子射击队	教练、国际级运动健将
谢　军	男	聂家村乡白洋坪村	长沙警官学校	副校长

续表

姓 名	性别	籍 贯	工 作 单 位	职 务
陈才明	男	聂家村乡聂家村村	湖南省杂交水稻研究中心	副主任
张天甫	男	铜湾镇兴隆街	中国国家交响乐团	国家一级演员
李太树	男	铜湾镇街上	原怀化市工业局	工程师
赵光荣	男	铜湾镇街上	湘潭江岳机械厂	总工程师
周 伟	男	铜湾镇新屋村	美国加州大学	博士
杨小勇	男	锦溪乡中心村	厦门大学	教授、博士
杨安华	男	锦溪乡	江苏师范大学	教授、博士
杨丽华	女	蒿吉坪乡洞门口村	湖南农大教导处	主任
杨自爱	女	新路河镇	湖南省红十字会	理事、救护部部长
曾令斌	男	新路河镇合理村	中国航天科技集团上海宇航系统工程研究所	博士
张学成	男	聂家村乡	怀化学院政治系	副教授
杨圣良	男	接龙乡	中国国防科大	教授（正团）
杨承虎	男	石宝乡里垄村	广西军区医院	博士
姜双东	男	下坪乡	广东省东莞市太平人民医院	院长
周绍恒	男	下坪乡	怀化学院	副教授

4.企业界

收录标准为中方籍在县外有一定知名度企业家。

姓 名	性别	籍 贯	工 作 单 位
吴建明	男	牌楼镇陈家湾村	怀化房地产投资海富地产股东总经理
席 宁	男	牌楼镇冯家湾村	桂林市力天人力资源有限公司总经理
杨祖荣	男	桐木镇楠木铺村	长沙市家荣工业产品设计有限公司总经理
邓 宇	男	桐木镇桐坪村	怀化市金鹿市食品有限公司董事长
刘良松	男	桐木镇半界村	印林家具有限公司总经理
向其权	男	桐木镇芒冬溪村	地克电子有限公司技术总监
高昌严	男	桐木镇上丰坡村	国荣有限公司总经理
姜 铃	男	桐木镇大松坡村	怀化市杰怡商贸有限责任公司总经理
向贵生	男	桐木镇大松坡村	深圳市畅翔机电公司总经理
苏玉良	男	桐木镇宋信村	中山市老公电器有限公司董事长
何 标	男	桐木镇	深圳贝思特商务服务有限公司总经理
汤朝春	男	桐木镇宋信村	怀化华汉茶业有限公司总经理
黄小福	男	炉亭坳乡桥亭村	步步高商业连锁股份有限公司总经理
潘建华	男	炉亭坳乡柑子园村	深圳福田区铝合厂厂长
潘伯谦	男	炉亭坳乡柑子园村	洪江市锦江脱硫机厂厂长

续表

姓 名	性别	籍 贯	工 作 单 位
陈昌宣	男	泸阳镇和平村	怀化市第三建设公司
陈 淼	男	泸阳镇和平村	怀化和谐医院董事长
陈先红	男	泸阳镇五全村	芷江县建筑公司
梁迎钢	男	泸阳岩子元村	广州中人建筑有限公司
梁辉军	男	泸阳镇杨柳坪村	一汽维修总经理
刘 昼	男	泸阳镇金塘村	深圳达晨创投总裁
张成良	男	泸阳镇金塘村	星珍电子有限公司董事长
熊小宏	男	花桥镇三洞溪村	桂林市五州旅游公司总经理
张青山	男	花桥镇	亚信发展有限公司董事长
董维铁	男	花桥镇	施信嘉盛工艺制品厂
周时贵	男	下坪乡桥上村	怀化金澳科技有限公司（电解锰生产品）
唐贤东	男	下坪乡桥上村	株洲市国际旅行社
周 勇	男	下坪乡桥上村	怀化化工厂总经理
唐黎明	男	下坪乡葛庄村	珠海格力电器厂总经理
陈昌和	男	聂家村中村村	深圳鞋某厂总经理
廖华荣	男	龙场乡十里坪村	怀化华丰汽车贸易有限公司总经理
廖明德	男	龙场乡十里坪村	怀化市爱晚亭餐饮总经理
廖元来	男	龙场乡十里坪村	怀化璟塬电力开发有限公司总经理
向乃望	男	龙场乡老树寨村	湘怀钢板加工厂厂长
杨世贤	男	龙场乡半坡村	东莞宝庭家具有限公司总经理
廖老八	男	龙场乡十里坪村	电力工程公司总经理
邹发喜	男	龙场乡老树寨村	市运输集团公司总经理
周长岩	男	铜湾镇麻溪江	湖南金珠米业有限公司董事长
周 荣	男	铜湾镇麻溪江	怀化市金珠米业总经理
杨隆理	男	铜湾镇思坪	怀化市鸿业宾馆总经理
米庆佐	男	铜鼎镇蛮田村	中国轻工业长沙工程有限公司高级工程师
谢永健	男	铜鼎镇南家坊村	湖南东星集团董事长
谢永红	男	铜鼎镇南家坊村	深圳市德诺新材料科技有限公司总经理
米允钧	男	铜鼎镇重义溪村	株洲奇奇商贸有限公司董事长
杨书华	男	新建镇四卧龙村	洪江市硅厂厂长
向长明	男	新建镇牛眠口村	怀化市恒大彩印包装有限公司经理
刘书和	男	新建镇黄金村	深圳某厂厂长
杨贤松	男	新建镇黄立坪村	怀化湖天桥火箱厂厂长
杨少锋	男	新建镇黄立坪村	怀化安丽物流公司总经理
杨英和	男	新建镇保良村	怀化太平桥木材加工厂厂长
杨友春	男	新建镇干冲村	怀化房地产开发总经理
杨英春	男	新建镇大塘村	贵州钢铁厂厂长

续表

姓 名	性别	籍 贯	工 作 单 位
陈金明	男	蒋家乡蒋家村 2 组	白云制药厂经理
蒲玉弟	男	新路河镇黄土坡村	贵州省贵阳市家佳福连锁超市董事长
杨绍坤	男	新路河镇字溪村	广东省珠海市昆洪公司总经理
杨圣付	男	丁家乡梅树村	广东惠州市石湾镇李波水管理区盛辉五金厂总经理
丁玉权	男	锦溪乡桃江村	苗家大院董事长
丁昌兰	男	锦溪乡金坪村	世鈊五金有限公司董事长
杨修恒	男	锦溪乡	怀化恒达酒楼总经理
杨小东	男	活水乡苏村	怀化市优果超市连锁店总经理

（四）英 名 录

表 20-2-4

怀化剿匪牺牲烈士名录

姓 名	性别	部队番号或工作单位	职 别	籍 贯	牺牲时间、地点及经过
梁振芳	男	四十七军一四0师四一九团一营三连		松江省城山县	在怀化剿匪战斗中牺牲
叶文斌	男	四十七军一四0师四一九团		四川省乐山县	在怀化剿匪战斗中牺牲
张文生	男	四十七军一四0师四二0团		吉林省榆树	在怀化剿匪战斗中牺牲
王显臣	男	二野二支队六大队		吉林省榆树	在怀化剿匪战斗中牺牲
程发才	男	四十七军一四0师四一九团		河南省上蔡县	在怀化剿匪战斗中牺牲
樊开有	男	四十七军一四0师炮兵营		山东省康州县	在怀化剿匪战斗中牺牲
刘心前	男	四十七军一四0师四一八团		湖北省樟口县	在怀化剿匪战斗中牺牲
张安洲	男	四十七军一四0师四一九团		河北省卫东县	在怀化剿匪战斗中牺牲
王 兰	男	四十七军一四0师四二0团		山东省曹县	在怀化剿匪战斗中牺牲
刘洪奎	男	四十七军一四0师四二0团		山东省惠民县	在怀化剿匪战斗中牺牲
蒋金生	男	四十七军一四0师四一八团二营		河南省蛟县	1950 年 11 月在怀化剿匪时牺牲
童广荣	男	四十七军一四0师四一八团		安徽省亳州县	在怀化剿匪战斗中牺牲
贾振林	男	四十七军一四0师四二0团	战士	松江省	1950 年 5 月 1 日在长远与匪作战时牺牲
杨司喜	男	四十七军一四0师四二0团	战士	丁家乡	1950 年 4 月在黔阳沙湾剿匪时牺牲
周 清	男	四十七军一四0师四二0团	班长		1950 年 5 月 1 日在长远与匪作战时牺牲
陈克森	男	四十七军一四0师警卫营	战士	泸阳镇	1950 年 9 月在芷江麻阳坡作战牺牲
张化宝	男	四十七军一四0师四二0团三营九连	战士	聂家村乡	1950 年 6 月在黔阳小江剿匪时牺牲
孟床林	男	四十七军一四0师四二0团	战士	辽东省通化县	在怀化剿匪中牺牲
李殿奎	男	四十七军一四0师四二0团	战士	松江省富锦县	在怀化剿匪中牺牲
李德义	男	四十七军一四0师四一九团	战士	云南省乔家	在怀化剿匪中牺牲
陈富财	男	四十七军一四0师四一九团	战士	河南省唐河县	在怀化剿匪战斗中牺牲

续表

姓 名	性别	部队番号或工作单位	职 别	籍 贯	牺牲时间、地点及经过
黄 剑	男	四十七军一四0师四二0团	战士	广东省台山县	在怀化剿匪战斗中牺牲
庆佟光	男	二野西南服务团	战士	安徽省金山县	在怀化剿匪战斗中牺牲
郑殿祥	男	四十七军一四0师四二0团	战士	吉林省榆树	在怀化剿匪中牺牲
曹忠义	男	四十七军一四0师四二0团	战士	松江富锦县	在怀化剿匪中牺牲
赵提芳	男	四十七军一四0师四二0团	战士	松江富锦县	在怀化剿匪战斗中牺牲
左殿义	男	四十七军一四0师四二0团	战士		在怀化剿匪中牺牲
郑国辉	男	四十七军一四0师四一九团	排长		在石门剿匪战斗中牺牲
杨振春	男	会同军分区	战士	石宝乡坪坳村	在铜湾剿匪时牺牲
贺方贵	男	会同军分区	战士	泸阳镇	1949年12月在花桥山冲口侦察时被匪杀害
康景禄	男	怀化县公安中队	中队长	河北省南河县	1950年8月2日在追捕李东升时牺牲

抗美援朝英烈录

姓名	性别	出生地	政治面貌及职别	牺牲时间、地点及葬地
米太喜	男	龙场乡老村寨村风向坪组	战士	1953年6月12日,在朝鲜江原道作战牺牲。30岁
杨来友	男	龙场乡半坡村板栗冲组	战士	1951年8月16日。26岁
廖方杰	男	龙场乡石里坪村中毛田组	战士	1951年10月26日,正洞西山战役中牺牲。20岁
丁万友	男	锦溪乡桃江村人	战士	1953年3月16日,高旺里以北作战牺牲,三等功1次。28岁
谢赫赫	男	铜鼎乡罗家冲村江坎上组	战士	1951年3月中旬,送粮食途中牺牲。32岁
聂太清	男	铜鼎乡罗家冲村聂家人	战士	1951年6月,临津江阻击战牺牲。33岁
杨绍根	男	锦溪乡双丰村杨柳畔人	战士	1951年10月25日,高峰山值岗时牺牲。18岁
杨理文	男	桐木镇桐木村老瑶组	战士	1951年12月,临津江反击战牺牲。21岁
田定富	男	桐木镇宝寨村土塘组	战士	1951年10月,金山市附近战斗牺牲。21岁
杨洪朝	男	桐木镇下丰坡村高家湾组	战士	1953年6月26日,侦察敌情掩护战友牺牲。23岁
梁国宜	男	聂家村乡聂家村村兰冲组	战士	1951年8月16日,临津江东岩作战牺牲。24岁
李先香	男	聂家村乡堵家村李家湾组	战士	1951年12月,阵地争夺战牺牲。19岁
谭明振	男	聂家村乡堵家村山岔溪组	战士	1951年9月19日,一次战斗中牺牲。21岁
夏鱼哇	男	聂家村乡细面垅村夏家井人	战士	1951年10月16日，临津江东岸渡江战役中牺牲,安葬临津江。27岁
张元忠	男	聂家村乡堵家村堵家院子人	战士	1951年10月16日,正洞阵地争夺战牺牲。25岁
谢玉和	男	聂家村乡白洋坪村蛇坳组	战士	1951年10月,临津江战斗中牺牲。19岁
张学汉	男	聂家村白洋坪村白洋坪院子人	战士	1953年3月16日,高旺里以北作战牺牲。30岁
韩万青	男	聂家村乡聂家村小冲组人	战士	1952年5月,一次阵地争夺战牺牲。26岁
张华年	男	聂家村乡溪口村溪口院子人	战士	1951年11月8日,幕岱洞阵地争夺战牺牲。24岁

续表

姓名	性别	出生地	政治面貌及职别	牺牲时间、地点及葬地
张化明	男	聂家村乡白洋坪村 3 组人	战士	1954 年 2 月 1 日,兰江战役中牺牲。33 岁
张清才	男	聂家村乡白洋坪村 7 组人	战士	1951 年 12 月,一次阵地争夺战牺牲。24 岁
陈克玉	男	聂家村乡中村村兰屋组人	战士	1951 年 8 月 17 日,一次战斗中牺牲。22 岁
张清黑	男	聂家村乡白洋坪村白洋坪院子人	战士	1951 年 2 月 2 日,临津江战役牺牲。24 岁
张茂学	男	聂家村乡中村村毛坪组人	战士	1951 年 8 月 12 日,394.8 高地战斗中牺牲。19 岁
易延胜	男	洪江市雪峰镇兰七村五冲组人	战士	1953 年 4 月，江源道平康县一次战斗中牺牲,葬于朝鲜平康县宗铁洞村,三等功 1 次。32 岁
蒲仕友	男	新路河乡隘口村木七垅组	战士	1953 年 5 月 13 日，科湖里战斗牺牲，三等功 1 次。30 岁
杨桂林	男	新路河乡字溪村半田冲人	战士	1951 年 10 月,临津江东岸战斗中牺牲。22 岁
杨大云	男	新路河乡字溪村双云脚人	战士	1951 年 10 月,临津江东岸战斗中牺牲。19 岁
蒲学礼	男	新路河乡黄土坡村葫芦田组人	战士	1951 年 8 月,平壤机场被敌机轰炸牺牲,葬于平壤机场附近,三等功 1 次。23 岁
杨司求	男	丁家乡独田村人	战士	1953 争 5 月 16 日,江原道行军作战中牺牲。20 岁
杨司球	男	丁家乡杨柳坪村杨柳坪组人	通讯电话员	1953 年 5 月 16 日,江原道行军作战中牺牲。20 岁
向黑子	男	袁家乡野星村野流溪人	战士	1951 年 10 月 10 日,安州郡龙村里牺牲。26 岁
袁兆贤	男	袁家乡桂花村五口田组人	战士	1953 年 4 月 12 日,黄海道战斗牺牲。17 岁
杨麻姑	男	袁家乡上炉村对门油坊人	战士	1951 年 10 月 25 日,高峰山战斗中牺牲。25 岁
杨大兴	男	袁家乡上炉村二房头人	战士	1953 年 4 月,一次作战中牺牲。17 岁
刘满兴	男	袁家乡袁家村田蛮冲人	战士	1951 年 10 月，江原道平康郡龙飞岩里战斗中牺牲。26 岁
唐昌学	男	袁家乡袁家村田蛮冲人	战士	1953 年 2 月 20 日,新比郡垅作战牺牲。25 岁
杨秀楚	男	泸阳镇金家冲村杨家组人	战士	1952 年 10 月,临津江岸运输途中牺牲。24 岁
陈克甲	男	泸阳镇五全冲油麻冲组人	中共党员战士	1953 年元月,涟川郡战斗中牺牲。27 岁
张应富	男	泸阳镇杨柳坪村保应冲组人	战士	1951 年 11 月,临津江战斗中牺牲。25 岁
彭均布	男	泸阳镇菜门溪村大水边组人	战士	1951 年 10 月 27 日,西南高地战斗牺牲,葬西南高地。27 岁
刘锡清	男	泸阳镇和平村孟冲组人	战士	1951 年 11 月,临津江东岸战斗中牺牲。20 岁
张应明	男	泸阳镇新店坪村拖船溪组人	战士	1952 年月 11 月,一次战斗中牺牲,荣立三等功 1 次。31 岁
张学贵	男	泸阳镇重家冲村红禾冲组人	战士	1953 年 2 月 7 日,一次战斗中牺牲,葬在朝鲜。26 岁
张化清	男	泸阳镇五里村各家湾组人	战士	1953 年,南山战斗中牺牲。葬在田远郡。30 岁
周才忠	男	泸阳镇杨桥村下街组人	战士	1953 年 1 月,一次战斗牺牲。29 岁
陈克珍	男	泸阳镇菜门溪村玉松组人	战士	1951 年,一次战斗中牺牲,27 岁
李正毛	男	泸阳镇黄松树村尖坡组人	战士	1951 年 2 月,平新里战斗中牺牲,葬平新里。26 岁

续表

姓名	性别	出生地	政治面貌及职别	牺牲时间、地点及葬地
蒲代其	男	泸阳镇黄花树村高岩组人	战士	1953年2月,高旺里战斗中牺牲,葬高旺里。21岁
丁绍铁	男	泸阳镇子里村布界洞组人	战士	1951年12月月17日,江源道铁原郡高山西南高地战斗中牺牲。20岁
董正国	男	泸阳镇金塘村电厂组人	战士	1951年10月,西南高地战斗中牺牲。29岁
蒲正坤	男	泸阳镇黄花树村塘坎组人	战士	1952年11月,幕岱洞北山作战牺牲,葬于北山。26岁
田清济	男	泸阳镇杨桥村杨桥铺组人	战士	1952年11月,伊川郡桂花洞作战牺牲,三等功1次,葬野野山。23岁
戴明宏	男	泸阳镇和平村印虎铺组人	战士	1951年8月,临津江东岸阻击战牺牲,三等功1次。25岁
丁绍康	男	泸阳镇五里村茶坨组人	战士	1951年12月,临津江东岸阻击战牺牲。23岁
蒲裕源	男	泸阳镇黄花树村黄花树组人	战士	1951年10月26日,临津江东岸阻击战牺牲。23岁
杨代兴	男	泸阳镇各平村印虎铺组人	战士	1951年10月11日,朝鲜南山战斗牺牲。21岁
蒲仕勇	男	泸阳镇黄花树村杨柳树组人	战士	1951年10月, 朝鲜伊川郡作战中牺牲, 葬伊川郡。20岁
蒲仕顺	男	泸阳镇菜门溪村菜门溪组人	副班长	1953年3月22日,马良山圳坎上牺牲。23岁,荣立三等功1次,葬朝鲜涟川郡西南面佳以里
陈方坤	男	泸阳镇五全村塘现组人	班长	1953年2月,上甘岭战斗中牺牲。27岁
刘希清	男	泸阳镇和平村孟冲组人	战士	1951年9月,临津江战斗中牺牲,葬朝鲜366高地山坡。20岁
李先学	男	泸阳镇小坪村碾子组人	战士	1951年2月,一次战斗中牺牲。36岁
张善炳	男	下坪乡下坪村麦塘坡组人	战士	1951年8月16日,临津江东岸战斗中牺牲。29岁
杨　焱	男	下坪乡桥上村波浪组人	战士	1951年12月,朝鲜咸境南道下执行任务中牺牲,荣立四等功2次。25岁
田春山	男	下坪乡桥上村付角溪组人	战士	1951年7月25日, 朝鲜江源铁路原郡执行侦察任务中牺牲。27岁
周时正	男	下坪乡桥上村高家组人	战士	1953年11月,一次战斗中牺牲,葬朝鲜涟川郡西南面佳川里。25岁
周时顺	男	下坪乡桥上村干溪组人	中共党员 副班长	1951年10月19日。临津江东岸阻击战牺牲,葬朝鲜涟川郡鱼詹198.6高地。21岁
周时成	男	下坪乡桥上村岩落村组	战士	1951年10月17日, 临津江东岸黑山阻击战牺牲。18岁
周明云	男	下坪乡桥上村高家组人	战士	1951年,在一次战斗中牺牲。32岁
周明才	男	下坪乡桥上村	战士	1951年10月26日,朝鲜洞西山战斗中牺牲。21岁
陈克用	男	下坪乡清水村人	中共党员 战士	1953年1月,朝鲜一次战斗中牺牲。27岁
周三荣	男	铜湾镇新屋村岩匠屋组人	战士	1953年3月7日,一次战斗中牺牲,荣立三、四等功各1次,二等作战勋章1枚,三等功勋章1枚。24岁
刘朝银	男	铜湾镇新屋村刘家垅组人	战士	1951年10月,朝鲜阻川地战斗中牺牲。28岁
奠香高	男	铜湾镇思坪村湾里组人	战士	1953年2月26日,朝鲜幕岱洞北山阻击战牺牲,荣立三等功2次。25岁

续表

姓名	性别	出生地	政治面貌及职别	牺牲时间、地点及葬地
杨德兴	男	铜湾镇黄溪村新屋场组人	战士	1951年10月26日,朝鲜正洞战牺牲,三等功2次。23岁
杨宣清	男	铜湾镇黄溪村黄溪园组人	战士	1951年6月28日,灵洞山战斗中牺牲,葬江源道铁原郡安峡西灵洞,三等功2次。25岁
杨先堂	男	铜湾镇竹元头村	战士	1951年10月,灵洞战斗中牺牲,获嘉奖3次。19岁
杨尚清	男	铜湾镇黄溪村人	战士	1951年6月,朝鲜西多洞战斗中牺牲。25岁
奉昌宝	男	铜湾镇黄溪村人	战士	1953年3月22日，一次战斗中牺牲，三等功1次。26岁
张长有	男	花桥镇三冲口村人	战士	1951年,一次战斗中牺牲。26岁
金禾尚	男	花桥镇三冲口村人	战士	1951年8月,临津江东岸作战中牺牲。26岁
张传发	男	花桥镇汤家村人	战士	1951年6月,朝鲜陵洞战役中负重伤,抢救无效牺牲。22岁
周福全	男	花桥镇火马塘村人	战士	1951年10月26日,临津江东岸阻击战牺牲。24岁
董绍桥	男	花桥镇火马塘村	战士	1953年3月,临津江东岸牺牲。29岁
颜加明	男	中方镇中方村	战士	1952年8月16日,一次战斗中炸碉堡牺牲。32岁
贺昌金	男	花桥镇火马塘村	战士	1951年7月,朝鲜江原铁道郡检寺洞阻击战中牺牲。27岁
周时有	男	花桥镇火马塘村	战士	1952年12月,临津江西岸作战时牺牲。26岁
董泽元	男	花桥镇火马塘村	战士	1953年1月,临津江东岸作战时牺牲。29岁
杨德贵	男	花桥镇白沙村	战士	1951年6月. 朝鲜陵洞战斗时牺牲。18岁
罗亮凯	男	新路河乡合理村	战士	1951年8月30日,临津江东岸作战时牺牲。24岁
滕久和	男	花桥镇洞竹山村	战士	1952年12月11日，朝鲜高旺里以北战斗时牺牲。24岁
彭泽来	男	花桥镇洗沙村	战士	1951年9月18日,津江东岸阻击战牺牲。23岁
彭开贵	男	花桥镇排叶村	战士	1953年2月,攻打等一高地时牺牲。20岁
曾庆发	男	中方镇龙井村	战士	1951年10月13日，临津江东岸阻击战时牺牲。24岁
周清龙	男	中方镇栗山村	战士	1953年7月,朝鲜战场上牺牲。25岁
杨学哇	男	铜湾镇铜湾居委会	战士	1953年3月22日,一次战斗中牺牲。24岁
杨春绿	男	新路河乡合理居委会	战士	1951年10月,临津江东岸战斗时牺牲。19岁
杨楚桃	男	铜湾镇渡家坡村	战士	1951年9月1日，朝鲜黑云吐岭阻击战等功2次。28岁
朱学明	男	中方县桐木镇上丰坡村	战士	1952年4月,朝鲜鱼龙里为前线,运输物质时牺牲。28岁
周代安	男	新建乡黑禾田村	战士	1951年9月,临津江东岸作战时牺牲。25岁
蒲学珍	男	新建乡岩门溪村	战士	1952年10月6日,朝鲜伊川郡作战时牺牲。32岁
杨兴兰	男	新建乡四卧龙村	战士	1951年10月19日,临津江阻击战时牺牲。33岁
蒲毛龙	男	新建乡黄金村人	战士	1953年2月26日,马良山二八零阵地牺牲。31岁

续表

姓名	性别	出生地	政治面貌及职别	牺牲时间、地点及葬地
冯昌保	男	新建乡八家村	战士	1952年2月20日。马良山战斗中牺牲。24岁
周自强	男	新路河乡小湾坪村	战士	1953年2月,马良山丘幕岱洞战斗中牺牲。24岁
杨宗洪	男	新路河乡岩坳村	战士	1952年11月7日，水都市北山作战牺牲葬黄海道涟川郡水龙洞。23岁
赵丙寅	男	铜湾镇兴隆街居委会	战士	1951年8月,临津江东岸作战中牺牲。25岁
潘存昌	男	中方镇七房村	战士	1952年12月,高旺里作战中牺牲。25岁
陈以交	男	铜湾镇铜湾居委会	战士	1951年8月15日. 朝鲜上西柱作战中牺牲。19岁
李学贵	男	铜湾镇铜湾居委会	战士	1953年7月3日,一次作战中牺牲。26岁
周胖子	男	铜湾镇大岩头村	战士	1951年8月26日,在朝鲜风松洞战斗中牺牲。25岁
杨万生	男	聂家村乡中村村	战士	1952年12月11日,高旺里经北作战中牺牲。27岁
谢伯云	男	聂家村乡聂家村	战士	1952年11月7日,高旺里北山战斗中牺牲。25岁
田育发	男	接龙乡桥头村	战士	1951年10月7日,临津江东岸守备战牺牲。22岁
丁米松	男	铁坡乡江坪村	战士	1951年1月. 临津江东岸战中牺牲。30岁
张荣富	男	铁坡镇团一村	战士	1951年10月16日,临津江东岸作战中牺牲。18岁
易松德	男	铁坡镇甲石村	战士	1952年10月,一次战斗中牺牲。18岁
杨长云	男	锦溪乡中心村	战士	1951年11月1日,一次战斗中牺牲。24岁
杨绍清	男	石宝乡鱼龙桥村	战士	1951年10月16日,临津江东岸战斗中牺牲。30岁
杨德明	男	泸阳镇菜门溪村	战士	1953年,在运输物质途中牺牲。25岁
唐延吉	男	桐木镇上丰坡村	战士	1951年10月16日。临津江东岸作战中牺牲。21岁
唐延辉	男	桐木镇上丰坡村	战士	1951年10月16日,临津江东岸作战中牺牲。23岁
杨文秀	男	接龙乡桥头村	战士	1952年12月. 一次战斗中牺牲。39岁
杨春已	男	铁坡镇团一村	战士	1952年2月,朝鲜兔山郡九石洞作战中牺牲。26岁
杨春煌	男	铁坡镇黄星村	战士	1953年7月,在一次战斗中牺牲。31岁
廖兴杰	男	铜湾镇松坡村	战士	1951年10月26日,洞西山战斗中牺牲。20岁
袁　贵	男	袁家乡袁家村	战士	1953年4月,一次战斗中牺牲,三等功2次,四等功1次。27岁
杨来有	男	中方县袁家乡人	战士	1951年8月,朝鲜鱼阳里受空袭牺牲。26岁
李英贵	男	泸阳镇五里村	战士	1951年2月,在一次战斗中牺牲。26岁
张应福	男	聂家村乡聂家村人	战士	1951年11月8日,在一次战斗中牺牲。23岁
张善有	男	中方县袁家乡人	战士	1951年在朝鲜801高地作战牺牲。31岁
杨尚清	男	铜湾镇黄溪村	战士	1951年10月26日,临津江岸阻击战牺牲。28岁
杨英弟	男	新建乡八家村	战士	1951年12月6日,在朝鲜伊川郡作战中牺牲。17岁
夏世贵	男	中方县袁家乡	战士	在朝鲜战场上牺牲。三等功1次,四等功2次。

具体统计抗美援朝中还有几十名无名英雄没有在名单内。

附 录

FU LU

- 一、重要文献辑存
- 二、艺文选萃
- 三、后记

附 录

一、重要文献辑存

国务院关于同意湖南省撤消怀化地区设立地级怀化市及洪江市与黔城县合并设立新的县级洪江市的批复

国函〔1997〕105号

湖南省人民政府：

你省《关于撤消怀化地区设立地级怀化市的请示》(湘政〔1997〕4号)和《关于撤消洪江市和黔阳县合并设立洪江市并定市人民政府驻地于黔城镇的请示》(湘政〔1997〕5号)收悉。现批复如下：

一、同意撤消怀化地区和县级怀化市，设立地级怀化市，市人民政府驻新设立的鹤城区迎丰中路。

二、怀化市新设鹤城区和中方县。

鹤城区：辖原县级怀化市的迎丰、城中、城北、红星、坨院5个街道和盈口、杨村、鸭嘴岩、石门、黄金坳、芦坪、贺家田、凉亭坳8个乡。区人民政府驻府星路。

中方县：辖原县级怀化市的泸阳、花桥、中方、牌楼、铜湾5个镇和炉亭坳、桐木、下坪、聂家村、龙场、铜鼎、丁家、新路河、袁家、新建、蒋家、石宝、接龙、铁坡、活水、锦溪16个乡及蒿吉坪瑶族乡。县人民政府驻中方镇。

三、同意撤消洪江市和黔阳县，合并设立新的洪江市（县级），以原洪江市和黔阳县的行政区域为新的洪江市的行政区域。洪江市人民政府驻黔城镇。

四、怀化市辖原怀化地区的沅陵县、辰溪县、溆浦县、会同县、麻阳苗族自治县、新晃侗族自治县、芷江侗族自治县、靖州苗族侗族自治县、通道侗族自治县和新设立的中方县、鹤城区。新设立的洪江市由省直辖。

怀化市、洪江市的各类机构均应按照“精简、效能”的原则设置，所需经费和人员编制，由你省自行解决。

一九九七年十一月二十九日

关于印发中方县加快旅游业发展暂行办法的通知

中政发〔2003〕17 号

各办事处、乡（镇）人民政府，县直机关各单位：

《中方县加快旅游业发展暂行办法》已经县人民政府同意，现印发给你们，请认真遵照执行。

二00五年十二月四日

中方县加快旅游业发展暂行办法

第一条　为了优化发展环境，鼓励投资者来全县投资兴办旅游业，促进全县旅游产业的跨越式发展，根据《湖南省旅游管理条例》和有关法规政策，结合全县实际，制定本办法。

第二条　凡在全县境内各旅游景区（点）（不含县城内的景区）规划区域内投资开发，利用旅游资源和设施专门或者主要从事招徕、接待旅游者，为旅游者提供游览、交通、住宿、餐饮、购物、文化娱乐等服务项目的，适用本办法。

第三条　各旅游景区（点）的自然资源和人文资源，必须坚持科学规划、合理利用、严格保护的原则。景区（点）内的各项规划、建设和经营，必须与景观协调，不得因建设和经营破坏景观，污染环境，损坏生态。

第四条　任何单位和个人都有义务保护旅游资源和实施。未经县人民政府批准，不得在旅游景区（点）采石、取土、采矿、挖沙、开荒、狩猎、捕鱼、采伐林木及擅自采集野生药材和其他林副产品等。违者，由县旅游局会同有关部门依法处理。

第五条　县旅游开发工作领导小组是全县旅游产业发展的领导、协调机构。县旅游局负责全县旅游的统筹规划、行业管理、综合协调和监督检查工作。

第六条　各旅游景区（点）的项目开发应在县旅游开发工作领导小组的领导下，严格按旅游总体规划进行，景区投资商须严格按景区详细规划要求设计景点，依法开展经营活动。不按规划要求进行建设的，由县旅游局和有关部门责令限期改正，逾期未改正的，将依法强制拆除。

第七条　凡在县域内开发旅游项目，由县旅游局根据投资者的书面委托办理报批手续及相关事宜，在资料齐全的前提下，三天内限期办结。

第八条　鼓励多种经济成分参与旅游业发展，以承包、租赁、股份合作、购买经营权等多种形式投资旅游开发和服务。

第九条　投资旅游开发所需用地，可以通过出让、租赁、联营等多种方式取得土地使用权。景区游道用地，按照乡（镇）、村公共设施、公益事业建设用地对待，路面宽度在2.5米以上（含2.5米）的由投资商给予适当补偿；路面宽度在2.5米以下的原则上不予补偿（菜地、经济果木林的青苗补偿费除外）。被占农户的土地由村组自行调济解决。景区（点）建设需要改变土地用途的应按国家有关规定办理手续。

租赁土地进行景点建设的补偿标准为：荒山荒地每年5－8元/亩；稻田每年100－300元/亩；旱地每年100元/亩；用材林每年20—30元/亩；经济林每年40—80元/亩，由租赁者一次性补偿给农户。土地租赁年限为30－50年。土地入股按上述补偿标准和使用年限计算股金。

第十条　在县域各旅游景区（点）投资开发旅游项目的，除享受国家、省、市各项优惠政策外，投资在10万以上的可在税费方面享受以下优惠：

（一）在企业据实照章纳税的前提下，企业建设期间和正式运营之日起1－3年内入库税收县所得部分，由财政全额奖励，4－8年内按50%比例予以奖励；

（二）在旅游区进行开发经营，实行收费卡制度。收费卡由县人民政府制度。新办企业审批过程中的行政事业性收费除上缴省、市部分外，一律只收取工本费，服务性收费按国家政策规定收费标准的20%~30%收取。

第十一条　加大对旅游项目投资者的保护和支持力度。对投资规模在10万元以上，有效益、贡献大、信誉好的投资者，经县旅游开发工作领导小组审查后予以挂牌保护。除办理刑事和重大治安案件、处置安全事故等突发性事件、开展流动人口突击检查外，凡进入企业收费及开展执法检查和非执法性检查、工作调查，应与县旅游开发工作领导小组办公室（设县旅游局）联系，经县旅游开发工作领导小组批准同意后统一调动安排。严厉打击侵害投资者合法权益的违法犯罪行为，依法保护投资者的人身和财产安全。

第十二条　实行投资者投诉案件交办督办制度。县旅游局设立投诉点，公开投诉电话，投诉案件由县旅游开发工作领导小组交办，承办单位必须在规定期限内办结并答复投诉者。

第十三条　本办法由县旅游局负责解释。

第十四条　本办法自2004年1月1日起施行。

2003年12月4日

中共中方县委　中方县人民政府
关于推进社会主义新农村建设实施意见

中方发〔2006〕7号

为贯彻落实十六届五中精神，统筹城乡经济发展，扎实推进社会主义新农村建设，根据《中共中央国务院关于社会主义新农村建设的若干意见》(中发〔2006〕1号和《中共湖南省委、湖南省人民政府关于推进社会主义新农村建设的意见》(湘发〔2006〕1号)的精神，结合全县实际，特制定本方案。

一、总体要求

1.指导思想。以邓小平理论和“三个代表”重要思想为指导，全面贯彻落实科学发展观，统筹城乡经济社会发展，按照“生产发展、生活宽裕、乡风文明、村容整洁、管理民主”的要求，切实加强农村经济建设，政治建设、文化建设、社会建设和党的建设，推进农村全面进步。

2.基本原则。一是坚持经济社会协调发展的原则。以经济建设为中心，三个文明一起抓，做到生产与生活条件同步改善，建设与管理同步推进，人与自然和谐发展。二是坚持突出群众主体地位的原则。坚持政府积极引导，社会广泛参与，依靠农民群众艰苦奋斗，充分调动各方面建设社会主义新农村的积极性。三是坚持以人为本，制度创新的原则。在坚持农村基本经营制度的前提下，不断创新体制和机制，着力解决农民生产生活中最迫切的实际问题。四是坚持因地制宜，科学规划的原则。以全县城镇建设整体规划和土地利用总体规划为指导，按照适度超前、各具特色的要求，认真衔接农田保护规划、产业发展规划、工业园区规划及水利交通等专项规划。编制好乡村总体规划，并严格规划管理。五是坚持分类指导，稳步推进的原则。要认真做好试点，摸索和总结经验，逐步推广实施，指导各村搞好全县社会主义新农村建设。

3.目标任务。通过推进社会主义新农村建设，逐步把传统农业改造成为具有市场竞争力和实现农民持续增收的现代农业；逐步把传统农村村落改造建设成为具有现代文明的农村新社区；逐步把传统农民培养成为有道德、有文化、懂技术、会经营的新型农民，形成城乡互助、协调发展的新格局。具体目标是：到2010年，力争全县农民人均纯收入由2005年的2325元增加到3050元以上；全县城镇化率由2005年的15%提高到25%以上；农村有条件的行政村实现村村通水泥（沥青）路；森林覆盖率稳定在65%以上；用上清洁再生能源的农户由2005年的5.3%提高到20%以上；新型农村合作医疗的参合率达到95%以上；农村九年制义务教育取得新的进展；广播电视实现村村通；农业综合生产能力明显增强，农民居住环境明显改善，农村的文明程度和农民的文化生活质量明显提高，农村经济社会和环境面貌有较大改观。

二、工作重点

1.**加快发展现代农业**。按照“高产、优质、高效、生态、安全”的要求调整优化农业产业结构，大力推广特色农业，抓好反季节蔬菜和经济林果种植为主的特色农业，着力在扩大基地规模，提升品质上下功夫。搞好区域布局，促进平衡发展，加快发展农产品加工，拉长全县农业产业链条，对雪山食品、大康牧业等农产品加工企业加大扶持力度，促进农业企业和农民的互利双赢。依托独特的山水资源和丰厚的历史文化资源，大力推广生态旅游和文化旅游，重点抓好康龙自然保护区和荆坪古村为主的旅游产业。

2.**加强农村基础设施**。加大整治病险水库力度，增强水利设施的御洪抗旱能力，抓好小（二）型以上水库主干渠的和山塘清淤防渗，提高水资源的利用率，加大农业综合开发力度，确保大旱之年农业也能丰收。狠抓小城镇市场建设，充分发挥市场对农产品的聚集和辐射功能，产业对小城镇的支撑功能。加速全县公路建设和改造，在做好道路硬化的同时要逐步硬化好有条件的村庄道路，并做好村庄农田林网化、农户庭院园林化和田边、河边、路边、宅边全方位绿化；实现生活区与工业区、畜禽养殖区分离，引导群众建设安全节能型住宅，积极发展沼气，引导农民使用清洁能源。

3.**加速发展农村社会事业**。大力开展农民技术培训，不断提高农民素质，抓住全县“劳务经济”的特色，提高农民群众增收，同时用优惠的政策鼓励和引导外出务工人员回家创业，帮助家乡发展经济。认真落实“两免一补”政策，加速教育事业发展，加强农村合作医疗建设，确保群众参合率达到95%，狠抓计划生育工作，2006年全县人口出生率稳定在13‰，计划生育率达到95%以上，加快农村文化设施建设和社会保障体系建设，广泛推行农村养老保险和最低生活保险，促进农村全面快速稳定协调发展。

4.**抓紧抓好村庄规划建设和环境治理**。组织专门力量，做好县域村庄布点规划和建制村庄规划的编制。规划要突出经济发展，贯穿生态理念，体现文化内涵，反映区域特色，并与乡镇总体规划及土地利用、基本农田保护、交通、水利、环境、古文物保护等专业规划相衔接。以告别“脏、乱、差”村容为突破口，紧紧围绕村容整洁做文章，利用3—5年时间彻底完成全县农村“三清”（清垃圾、清污泥、清路障）、“三改”（改栏、改厕、改厨）工作。制定村规民约，引导村民养成讲卫生、爱清洁的良好习惯。

5.**加强民主管理，促进乡风文明**。大力推行村账乡管，村务公开和“一事一议”为主的村民自治制度，强化民主管理。开展爱国主义、集体主义、社会主义和社会公德、职业道德、家庭美德为主要内容的“三义”“三德”教育，特别是要加强对农民群众“八荣八耻”（以热爱祖国为荣，以危害祖国为耻；以服务人民为荣，以背离人民为耻；以崇尚科学为荣，以愚昧无知为耻；以辛勤劳动为荣，以好逸恶劳为耻；以团结互助为荣，以损人利己为耻；以诚实守信为荣，以见利忘义为耻；以遵纪守法为荣，以违法乱纪为耻；以艰苦奋斗为荣，以骄奢淫逸为耻）的社会主义荣辱观教育。结合全县乡村实际，深入开展“文明村镇”创建活动，同时加强农民群众法制教育，结合全县“十星级”农户评选活动，引导大家争优创优，促进乡风村风民风不断好转。

三、工作措施

1.**加强领导**。为加强对全县社会主义新农村建设工作的领导，成立县建设社会主义新农村工作领导小组，由县委书记谌贻章任组长，县委副书记、县长黄黔元，县委副书记杨宗仁，县委常委殷南蛟，县委常委、宣传部长宋峥嵘，县政府副县长张显米任副组长，县委办、政府办、组织部、宣传部、农办、发改局、财政局、交通局、建设局、国土局、工业局、林业局、水电局、民政局、畜牧局、农机局、经管局、农业局、农业综合开发办、扶贫办、能源办、联席办、司法局、劳动局、环保局、旅游局、科技局、文化局、广电局、教育局、卫生局、计生局、体育局、团县委、妇联、蔬菜办、爱卫办、信用联社等单位主要领导为成员，领导小组下设办公室（办公室设县农办），由县农办主任杨有生同志任办公室主任，县委办副主任胡思禄、县政府办副主任杨中华、县农办副主任杨荣利任办公室副主任，负责全县建设社会主义新农村工作的组织指导及协调。

2.**搞好试点**。要采取试点引路、稳步推进的方法推动社会主义新农村的建设。当前要重点抓好典型示范村建设，其中确实县级社会主义新农村建设试点村8个，各乡（镇）原则上确定一个村作为乡（镇）新农村建设试点村。试点村选择由下而上申报制，优先在群众积极性高、班子力量强、发展基础好的村布点。各联系乡（镇）的县级领导都要切实抓好试点工作，形成管理工作机制，试点责任要落实到乡，工作任务要落实到村到户。同时，要及时总结试点经验，以点带面，指导全县，防止一窝蜂、盲目攀比、不切实际的搞形象工程、政绩工程。

3.**深入发动，密切配合，形成合力**。建设社会主义新农村要始终坚持农民在新农村中的主体地位，各乡（镇）要充分调动村民参与社会主义新农村建设的积极性和主动性，要利用会议、广播、电视、板报、报纸、标语等多种形式广泛宣传新农村建设的内容和意义，确保农民群众通过社会主义新农村建设可以得到的实惠，激发大家踊跃参与社会主义新农村建设。各行各业、各部门要紧密配合，形成参与社会主义新农村建设的合力，特别是要在政策和资金上对试点村进行倾斜。

2006年4月10日

中共中方县委　中方县人民政府
关于进一步加快工业发展的决定

中方发〔2006〕18号

为了实施“工业强县”战略，加快推进全县新型工业化工程，促进全县工业积极又快又好发展，在贯彻落实中央、省、市政策的基础上，结合全县实际，特作如下决定：

一、指导思想

围绕“一个目标、二个跨越、三个加速推进”总体要求，实施“工业强县”战略，落实科学发展观。以发展民营工业为主导，以打造工业园区为平台，大力发展循环经济，着力扩张规模，努力提高效益，走资源消耗少、环境污染小、科技含量高、市场竞争力强、经济效益好的新型工业化道路。

二、发展目标

（一）调整工艺布局。按照“一园三区”的总体思路，建好中方县工业园，带动花桥泸阳、中方桐木（含县城加工工业区）、铁坡铜湾三个小区集聚发展。

（二）优化产业结构。巩固提高建材工业、生物医药工业、农副产品加工工业、电力及电化学工业。积极发展高新技术产业，推动产业升级，不断增强县域工业整体实力和竞争力。

（三）推动规模发展。坚持扶优扶强，实施“1234”工程，实现工业经济在数量和质量上的双增长。即到2010年培育1家产值过10亿元、税收过8000万元，2家产值过3亿元、税收过2000万元，3家产值过亿元、税收过500万元，4家产值过5000万元的龙头企业；涌现一批产值1000万元至5000万元的企业群体，实现县域工业规模集约发展。

（四）培育精品名牌。支持重点骨干企业采用国内外先进标准组织生产，做好质量标准认证，大力实施精品名牌战略，推动企业走品牌兴企发展路子，到2010年努力培育3家科技创新型企业，每年推广新科技新工艺3项以上，培育全国名牌产品1个，湖南省著名商标、名牌产品3个。

（五）实现快速增长。通过5年努力，力争全县完成工业总投入20亿元，年均增长30%；实现全部工业产值突破27亿元，年均增长25%以上，其中规模工业总产值突破20亿元，年均增长30%；三次产业结构比调整为22.1∶49.3∶28.6，工业对财政贡献率达到50%以上。

三、战略重点

（六）实施园区兴工战略。坚持“园区兴工，产业集群”的发展路子，按照“总体规划，分步实施，滚动发展，形成特色”原则，全面加快工业园区建设，尽快形成特色突出、资源要素集聚的工业发展平台。

（七）**实施开放带动战略**。突出项目带动，坚持内外开放，强化招商引资，加速技改扩产，激活民间资本，形成大中小并举，内外资齐上的全民发展工业热潮。

（八）**实施可持续发展战略**。以建设资源节约型和环境友好型社会为目标，以节能、节水、节材、节地为重点，发展环保产业，推进清洁生产，狠抓节能降耗，规范资源开采，加强污染治理，推广利用新工艺、新技术、新设备，发展循环经济，形成低投入、低消耗、低排放、高效益的节约型增长机制，实现工业经济良性健康发展。

四、政策扶持

（九）**实行收费优惠**。1、高新技术产业项目、园区工业项目以及投资额在500万元以上的工业项目，各项目合同签订之日起三个月内开工的，建设期间生产设施县本级建设规费全免，生活配套设施建设规费按15元/平方米包干，其他县本级行政事业规费按最低费用标准的20%收取，服务性收费按最低费用标准的30%协商收取。投资额在5000万元以上的大型工业项目，实行“无费”管理，即取消项目投产前的县本级各项行政事业性规费。2、对已投产的规模工业企业实行“一卡式收费”制，真正使企业得到优惠、办事便捷、少受干扰。3、对投资规模大、带动力强、财税效益特别明显的特大项目还可按“一事一议”协商优惠办理。

（十）**加大财政扶持**。1.实行用地优惠政策，实行一事一议。高新技术产业项目及投资额在500万元、年税收在50万元以上的规模企业、技改项目，按国家最低标准价出让取得土地使用权。项目投产后，前五个经营年内产生的税金县本级财政所得部分，县政府每年按20%比例予以奖励项目业主。2.壮大中小企业发展基金。2007年安排100万元以上中小企业发展基金，以后每年以100万元为基数按工业对县本级财政贡献新增部分的10%逐年增加，专项用于重点工业项目贴息、技改补贴和工业招商引资、项目协调等。3.建立工业发展奖励机制。固定资产投资1000万元以上的工业项目，其投产后增值税地方留存部分（即增值税的25%），前三年按50%、40%、30%由财政专项安排，用于改善企业发展条件。鼓励企业多创效益，企业当年实交税金县本级所得比上年净增达到30万元以上，按县所得净增部分的10%由县政府给予奖励（其中法人代表享受50%）；对全县前5名纳税大户给予特别贡献奖。对新获得国家级免检产品给予5五万元一次性奖励；对新获得省级循环经济示范企业、环保示范企业给予5万元一次性奖励；对新获得省级以上名牌产品、著名商标和技术中心给予企业法人代表3万元一次性奖励。4.加大争取上级专项资金支持的力度。专项资金的投入与所扶持企业对地方财政的贡献挂钩，注重效益，滚动使用。

（十一）**加大信贷支持**。1.各商业银行对各类企业的信贷支持，扶持额度达到200万元以上的比照招商引资相关政策，按谁受益谁出资原则以县政府名义实行适当奖励。2.条件成熟时，成立由政府资金引导、各种资本参与、担保能力较强、社会信用度高的中小企业信用担保公司，为中小企业融资提供服务。

五、优化环境

（十二）园区建设。1.加强县工业园区管委会队伍建设，赋予工业园区管委会部分政府管理职能，按照“委托授权，备案监督”的原则，县直有关部门对管委会放权或委托授权。2.实行封闭式管理。除公安侦办刑事、重大治安案件和消防救火等特殊紧急情况外，任何部门未经县政府批准不得随意进入园区检查（环保、安监、质监等部门可根据实际情况申请确定专门人员驻园管理服务）。园区管委会要积极指导企业严格遵守市场规则，做到依法经营，规范管理。3.维护企业（项目）合法权益，坚决打击破坏、干扰企业生产和建设的违法犯罪活动，努力为工业发展营造良好的社会治安环境。4.按照政府引导、市场运作的方式，建立基础设施多元化投入机制，加快园区建设步伐。成立“中方县工业园投资开发有限责任公司”，在工业园区管委会领导下负责县工业园基础设施开发建设、资产经营和工业项目融资服务。5.工业园区在抓好基础设施建设的同时，着力完善信息、市场、交通、政策、融资、中介、人才、技术等方面生产性配套服务体系，抓好子女就学等后勤服务工作，真正形成吸纳各种投资的“洼地”。

（十三）规范审批。1.切实推行“一站式承诺审批”和“全程代办制度”。新办企业的各种手续由投资者按程序申报，经工业园管委会审批，推行“一门受理、抄告相关、同步审批、限时办结”制，审批权限在本县范围的三个工作日办结审批手续；必须报市以上部门履行报批手续的，采取“直通车”方式，由责任部门确定专人上报办理，根据上级部门规程对投资者承诺办结。2.对年销售收入500万元以上的规模企业（项目）成立专门的项目协调班子，实行全程跟踪服务。

六、强化责任

（十四）加强领导。成立中方县推进新型工业化领导小组，由县委书记任顾问，县长任组长，分管领导任副组长，县直部门主要负责同志为成员。办公室设县工业经济局，负责制订落实有关政策措施，组织协调重大项目实施。各乡镇成立相应机构。各级要把推进新型工业化发展摆在十分突出的位置，各部门要加强协作，密切配合，形成推进新型工业化的强大合力。

（十五）完善相关制度。继续完善定期议工制度、县领导及相关部门联系产业和重点工业项目制度，配套建立考核机制，对县级领导和部门按照项目进度和产业发展情况设立“企业（项目）满意奖”。

（十六）建立健全全民招商机制。1.将乡镇和县直部门招商引资完成情况与评先评优直接挂钩，连续两年未完成任务的，实行“末位淘汰”，同计生、维稳一样实行一票否决。2.重奖引资功臣。引进总投资300万元项目的，按引进项目投产后第一个经营年度实交税金县所得部分的20%，由县政府对引资单位或个人连续奖励2年。

（十七）**实行工业发展目标管理责任制**。1.将重点企业（项目）的环境问题同所在乡(镇)、相关部门经济利益、政绩考核直接挂钩，对因环境问题或服务不到位造成直接经济损失的，按一定比例扣减责任单位经费，并追究主要领导及当事人责任。2.在加大工业经济在目标管理中的份额的同时，按规模企业实交税金、招商引资额、项目发展等指标考核乡镇工业发展工作，设立“发展进步奖”。

（十八）**加强工业管理人才的培养与使用**。对熟悉工业经济、富有开拓创新精神、业绩突出的干部要大胆使用，充实到各级领导岗位。鼓励企业经营者加强素质建设，提高经营管理水平；引导和帮助企业加强企业科技和管理人才的引进与培养（可比照各级加快科技进步文件中对人才引进规定办法实行）；加强职工技能培训，提高职工队伍整体素质。

中央中方县委
中方县人民政府
2006年8月10日

中共中方县委　中方县人民政府
关于加速推进新型工业化的若干意见

中方发〔2009〕13号

（2009年4月24日中国共产党中方县第三届委员会第三次全体会议审议通过）

经过建县十年来特别是近几年的艰苦创业，全县工业从小到大，从弱到强，逐步成为县域经济的主导力量。现已进入由传统工业向新型工业转变的关键时期。为进一步深入贯彻落实省委、省政府和市委、市政府关于加速推进新型工业化的一系列决策部署，把全县新型工业化提高到一个新水平，实现科学跨越，加快富民强县，现提出以下意见。

一、战略思路与发展目标

1.**战略思路**。围绕省委、省政府“一化三基”战略和市委、市政府“兴工活商”战略，深入贯彻落实科学发展观，把发展工业经济作为第一推动力，把重点项目建设作为第一支撑力，把落实责任体系作为第一保障力，以新型工业化的理念整合提升资源加工，培育发展产业集群，以县工业园区为核心，以省级怀化工业园区为依托，以开发项目和开放招商为抓手，把区位、交通、资源、生态优势转化为产业优势，主动融入怀化中部工业板块和洪江至沅陵工业经济走廊，走区域特色新型工业化强县之路，把全县建设成为全市新型工业化战略高地。

2.发展目标。工业经济总量上一个大的台阶。全县工业增加值（不含怀化工业园）2010年达到14亿元，2015年达到35亿元，其中规模工业增长值2010年达到10.8亿元，2015年达到27亿元，年均增长速度在30%左右；工业占GDP的比重2010年达到35%，2015年达到45%以上，主导地位更加突出，带动作用显著增强。工业发展质量效益有一个大的提升。工业结构明显优化，资源精深加工水平大幅提高；规模以上工业企业实现税收2010年达到1.4亿元，2015年达到3.5亿元以上；工业对财政收入的贡献率2010年达到60%，2015年达到65%以上。工业发展后劲有一个大的增强。投融资渠道不断拓宽，技术改造投入逐年加大，组织实施一批投资规模大、产业关联度高、带动作用强、市场前景广的大项目、好项目，2009—2015年累计完成工业投资40亿元，年均增长20%。工业发展方式有一个大的转变。到2010年，万元工业增加值能耗下降10%以上，二氧化硫排放量、化学需氧量消减达到上级规定的目标要求，工业固体废弃物综合利用率达到60%左右；到2015年，节能减排主要指标达到市里目标要求，接近国家规定标准，建成一批符合循环经济要求，实现节约、清洁、安全发展的示范企业。自主创新能力明显增强，工业研发经费支出占销售收入比重和高新技术产品增加值占工业增加值比重力争接近当年全省平均水平；新建省级技术研发中心1家以上，创国家驰名商标、省级著名商标和名优产品5个以上。

二、工作重点与主攻方向

3.突出培育优势产业集群。立足现有基础，发展壮大建筑材料、食品加工、电力能源、冶金化工四大优势产业，倾力扶持一批核心旗舰企业，提高产业集群化程度。围绕建设五省（市、区）周边区域重要的建材生产基地，做优做强金大地材料、兴龙玻璃、耐火材料、花桥陶瓷、活水石材等骨干企业；围绕建设全省重要的绿色食品基地。扶大扶强五溪米业、欧劲果业、大康牧业、新康牧业、怀化正大、喜湘聚食品和油茶系列加工等农业产业化龙头企业；围绕建设全市重要的电力能源和冶金化工基地，优化提升水电开发及金天锰业、恒宇炉料、恒大电极、鑫都硅业、中奥化工等资源依托型企业。大力培育生物医药、新材料、电子信息等新兴产业，逐步形成以资源加工和传统产业为基础、新兴产业竞相发展的产业格局。加快发展物流配送、现代金融、信息咨询、品牌策划、产权交易等生产性现代服务业。全面实施“双十”工程和“小巨人”计划，加大骨干企业和中小企业扶持力度。对全县纳税额排名前5名且当年纳税额增幅10%以上的企业给予特别贡献奖；对上年度纳税达到100万元，本年增幅达到30%以上企业，给予发展提速奖。到2015年，全县实现年主营业务收入过亿元、税收过800万的企业达到10户以上，其中：主营业务收入过5亿、税收过4000万的企业3户，主营业务收入过10亿、税收过亿元的企业1户。

4.突出打造园区平台。按照“科学规划、功能分区、产业集聚、服务集成”的原则，着力抓好四大重点园区建设。集中提升县工业园规划建设层次，加大申报省级工业园的争取力度，致力打造县域工业核心增长极。编制和完善县工业园中长期发展规划和园区建设总体规划，统筹谋划3平方公里核心区、10平方公里控制区的产业布局，科学确定产业定位，重点培育建材、食品、冶金三大主导产业。尽快完善园区基础设施。按照精干、务实、高效的原则，健全园区管理机构，在县工业园设立党的工作委员会和行政管理委员会，作为县委、县政府的派出机构，党工委与管委会合署办公。县工业园管委会在省级工业园批准之后可按副处级机构配置，批准之前实行高配，参照省级工业园管理职能。县直有关职能部门在县工业园内所行使的职能，能委托授权的直接授权给园区管委会，不能委托授权的则通过其在园区的派出机构行使。四大重点园区内企业须由政府有关职能部门核发年审的各种证书，由各职能部门在证书上加盖法定公章、登记证号后，委托园区管委会相关管理机构或部门派出机构责任办理注册、登记、发证、年审等事宜。严格控制对园区及企业的各类检查行为，除消防、公安侦办刑事及重大治安案件等特殊紧急情况外，各职能部门需要进行例行检查的，必须提前将本年度的检查计划抄送园区管委会、县优化环境办公室备案，平时不得随意进入园区检查。科学规划和扎实推进牌楼工业小区和活水石材小区建设，精心策划和加快实施承接产业转移园区建设。

5.突出项目招商引资。坚持盘活存量和引进增量相结合，加强工业项目招商工作，健全工业招商项目库和客商资料库，建立工业招商项目开发、包装、发布、更新机制。县发改局、工业局、商务局、工业园管委会等相关单位要抓住中方列入全省10个承接产业转移发展加工贸易重点县之一的机遇，精心策划、包装推介、培育扶植一批重大工业项目，大力引进战略投资者。强化工业招商引资激励机制和招商项目落地运行机制。凡新引进的规模工业项目，按建成投产后第一个经营年度上缴税金地方财政所得部分的10%奖励给引进人。坚持引资与引智并重，创造条件大力引进各类专业人才和高新技术。

6.突出加强自主创新。鼓励企业及时创新，引导和支持企业与高等院校、科研单位建立产学研技术合作联盟，建设具有国际或国内先进水平的研发中心，形成支撑全县产业升级的自主创新平台，提高企业核心竞争力。对具有自主知识产权的重大技术研发、关键技术开发和产业化项目，除优先申报国家、省相关经费外，县科技经费、新型工业化引导资金等专项资金给予倾斜支持。加强品牌建设，鼓励企业积极申创品牌，对新获得国家级驰名商标、免检产品的企业给予5万元的奖励；对新获得省级以上名牌产品、著名商标和技术中心给予企业3万元的奖励；对开发或采用国家专利技术且产生一定效益的企业实行一定奖励。

7.突出推进节能减排。支持企业发展循环经济，着力实施一批重点行业和企业的循环经济试点项目，并优先列入利用国家和省、市、县政府专项资金范围。新上、技改项目坚决坚持环保“四不批”“八不准”和“三同时”制度。抓紧淘汰落后产能，对能耗高、污染大的企业和项目坚决按政策关停；企业按国家产业政策提前淘汰落后生产能力，对符合国家规定的，优先列入财政补贴范围。加快推进企业清洁生产，对重点企业实施强制清洁生产审核，鼓励企业使用清洁能源和无毒、无害原料，建成一批省市级以上示范型清洁生产企业。

三、扶持政策与保障措施

8.**加大财政支持力度**。从2009年起，将原“中小企业发展基金”更名为“中方县推进新型工业化引导资金”，本级财政预算以160万元为基数，每年按工业新增税收地方财政所得部分的20%递增，通过园区基础设施建设、项目贷款贴息、投融资担保、专项奖励等方式，有针对性地投入重点产业、重点企业和重点项目；建立新型工业化考核奖励制度，从引导资金中单列专项奖励资金，用于奖励企业技术创新、上市融资、纳税大户及招商引资功臣、推进新型工业化先进典型等。新型工业化引导资金管理办法和新型工业化考核奖励办法由县财政局、县工业经济局另行制定。县管各类专项资金，重点支持财源建设型的新型工业化企业（项目）的发展壮大。

9.**加大土地保障力度**。按照企业向园区集中、用地向工业倾斜的原则，适度控制建设新增用地和四类经营性用地规模，优先保证工业项目用地。国土、规划部门要根据产业发展需要，及时搞好现有园区的扩规修编工作。积极推进土地置换和土地整治，盘活存量土地，改善土地经营与管理，不断提高土地利用率，控制用地成本。进一步提高土地投资强度，省级工业园每亩投资不低于120万元，县内其他区域用地每亩投资不低于80万元，项目生产性用地不得低于规划面积的60%。对起点高、规模大、落地快、效益好的重大项目实行重点倾斜：凡固定资产投资2000万元以上（含2000万元）的、国内500强或拥有全国驰名商标企业投资的，省级以上科技型企业投资的，在建成投产后3年对地方财政贡献额累计达到企业用地所缴纳的土地出让金的，由县财政给予其所缴土地出让金的等额奖励；对固定资产投资1亿元以上（含1亿元）或对地方经济具有明显带动作用的，在用地方面可实行“一企一策”的特扶政策。

10.**加大工业人才队伍建设力度**。加强企业家队伍建设，每两年在全县组织开展一次“优秀社会主义建设者”、“优秀企业家”、“优秀经营者”和“技术创新能手”等评选活动，并由县委、县政府通报表彰和奖励。对引进的博士后、博士生、硕士生和携带技术成果专利、项目来中方创业的高层次且业绩突出的高素质人才，按照有关政策规定从优落实政治、经济待遇。切实抓好企业家和员工职业培训，通过多种形式和渠道，培养一批具有现代经济视野和能力的企业家，造就一大批具有一定技能的产业工人，特别是高级技术工人。推动全民创业，鼓励机关事业单位干部职工、大中专毕业生、复转军人、下岗职工、科技人员、务工返乡农民创办工业企业。

11.**加大金融和工商服务力度**。加快引进国有商业银行等金融机构在县城设立分支机构，对所设机构给予优惠政策。县政府主动搭建融资平台，建立银企合作长效机制。拓宽直接融资渠道，支持企业创造条件上市融资、发行企业债券和企业短期融资债券。凡在证券交易所主板上市的，县政府给予企业法人代表一次性奖励20万元；在中小企业板或创业板上市的，县政府给予企业法人代表一次奖励10万元。按照“政府引导、多元融资、企业化管理、市场化运作”的方式，鼓励以吸引社会资本为主发展中小企业信用担保机构，积极为中小型企业提供担保贷款。认真落实省工商局关于促进经济平稳较快发展的二十条措施，放宽投资主体资格、经营范围、注册资本（金）条件和经营场所登记条件，对分期出资设立的公司，全体股东首期出资合计达到20%即可。

12.*加大加工贸易扶持力度*。对来全县投资开发承接产业转移的加工贸易项目，除享受省、市、县的优惠政策外，还享受如下特别优惠：①坚持优先供地。实行用地指标、选地、供地手续“三优先”，出让价格原则上按土地成本价给予优惠。②鼓励投资商购地新建标准厂房。凡投资兴建标准厂房的，除省、市以上的收费和办证工本费以外，县级行政事业性收费给予全免，服务性收费按最低费用标准的30%协商收费；对2000平方米以上的标准厂房，2009年12月底以前建成的每平方米县政府奖励80元，2010年12月底前建成的每平方米奖励50元。③吸引外地政府、行业协会、产业园区、骨干企业等战略投资者来全县投资创办专业园区或兴办工业企业，组织方与县政府按专业园区上缴税收县所得部分受益4：6比例分成，时限以项目生产经营期为准，最高不超过10年。④对引进加工贸易项目的单位和个人，除享受工业招商引资奖励政策外，还额外给予以下奖励：引进固定资产投资在1000万元、年税金100万元以上的加工贸易企业项目，在项目建成投产财政受益一年后，一次性奖励10万元；引进固定资产投资在2000万元、年税金200万元以上的加工贸易企业项目，在项目建成投产财政受益一年后，一次性奖励20万元，以此类推。

四、组织领导与服务环境

13.*加强组织协调*。调整充实县加速推进新型工业化工作领导小组，负责全县工业发展整体规划、项目调整、政策落实和组织协调工作。建立县级领导联系骨干工业企业和重点工业项目制度、定期研究工业制度，每年召开一次县委、县政府主要领导参加的全县加速推进新型工业化工作会议，每季度召开一次领导小组全体会议，每半年召开一次县委常委会议或县政府常务会议，专题研究解决推进新型工业化进程中的重大问题。工业园区所在地、办事处、乡（镇）党政主要领导要亲自抓，并配备专门领导具体抓。县直各职能部门要研究制定加速推进新型工业化的配套政策和措施。

14.*优化发展环境*。进一步减少和规范行政审批事项，推行即时办结制和重大项目审批代理制。除复杂难办项目外，各项审批项目的承诺办理时限应在法定时限的基础上缩短三分之一以上，一般办理时限为3－5天；对固定资产投资在1000万元以上的重大招商引资或技术改造项目审批，实行“一个项目进入、一名领导挂帅、一个部门负责、一名干部承办、一个班子跟踪”的全程代理制。加强县政务服务中心建设与管理，将部门的行政审批职能向政务中心服务集中，实现行政审批事项集中办理、并联审批、限时办结，确保高效运行。规范行政处罚和行政收费，进一步规范执法行为，加强执法监督，严厉打击各类扰乱市场经济秩序、阻碍企业生产经营、破坏经济发展环境等违法犯罪行为，依法保护投资者、经营者的合法权益和人身财产安全，为推进新型工业化营造良好环境。

2009 年 5 月 8 日

中共中方县委　中方县人民政府
关于建设教育强县的实施意见

中方发〔2009〕22 号

为深入实施科教兴县战略，确保教育优先发展地位，实现建设教育强县目标，根据湘发〔2007〕18 号和怀发〔2007〕2 号文件精神，结合全县实际，特提出如下实施意见。

一、全面统筹，协调发展各类教育

1. 高水平、高质量普及九年义务教育。全面落实乡（镇）、村两级在普及九年义务教育中的职责，认真落实义务教育惠民政策，保障经济困难家庭儿童和农村留守儿童特别是女童平等就学、完成学业。到 2010 年，义务教育完成率达到 95%，2015 年达到 98%。其中，有学习能力的残疾少年儿童义务教育入学率到 2015 年达到 85%。加大农村初中布局调整力度，整合优化教育资源，促进区域教育均衡发展和小学、初中师资的数量平衡。加快建设合格学校，到 2015 年，全县所有义务教育学校达到合格学校标准。继续加强寄宿制学校建设，到 2012 年，各乡（镇）建成 1 所基本完备的寄宿制初中或寄宿制完小。不断加强校园文化、校园绿化和配套设施建设，促使全县义务教育学校的办学条件得到全面改善。

2. 加快普及学前三年教育。以各乡（镇）利用中心小学为依托，高标准兴办公办幼儿园。各乡（镇）利用中小学布局调整后闲置的教育资源，大力发展学前三年教育，鼓励社会力量按标准办学。到 2015 年，各乡（镇）建成 1 所示范性幼儿园，在人口集中的行政村创办村级幼儿园，全县学前三年教育毛入学率达到 80%。

3. 基本普及高中阶段教育。全县高中阶段毛入学率到 2010 年达到 85%，到 2015 年达到 90%。其中，接受中等职业教育学生人数与接受普通高中教育学生人数比例大体相当。

4. 大力发展中等职业教育。由县政府牵头，积极探索县职中迁建问题和办学模式。县职业中专学校要坚持以服务学生为宗旨，以就业为导向，大力推行校企、工学结合和“订单式”人才培养模式，加大技能型人才培养和农村劳动力转移培训力度，为全县经济建设培养实用型人才。

5. 努力发展民办教育。采取“民办公助”“公办民助”等多种形式，广泛吸收社会力量和民间资本，重点发展职业教育和学前教育。将民办教育纳入教育发展总体规划，不断探索和完善民办教育发展模式，努力构建民办教育与公办教育共同发展的新格局。切实加强对民办学校的规范管理和督导评估，建立健全民办教育的激励机制和风险防范机制，不断提高民办教育的教学质量和办学水平。

6. 突出抓好示范性学校建设。到2015年，将县第一中学、县职中、中兴学校、县城中心幼儿园、华美外国语学校分别建设成为全县普通高中教育、中等职业教育、九年义务教育、学前三年教育和民办教育的示范性学校，初步凸显品牌效应。其中，县第一中学到2012申创成为省级示范性高级中学；县职中尽快整体搬迁至县城规划区，形成品牌效应；中兴学校到2011年申创成为省合格学校；县城中心幼儿园到2012年申创成为省级示范性幼儿园。

二、保障投入，努力改善办学条件

7. 实现法定增长目标。预算内教育经费支出占财政一般预算支出的比例每年同口径提高1–2个百分点，教育财政拨款的增长高于财政经常性收入的增长，生均预算内教育事业费逐年增长，生均预算内公用经费逐年增长。

8. 确保人员经费足额预算

（1）教师工资（含离退休教师）按国家、省定项目和标准全额纳入财政预算，并按时足额发放。

（2）教师政策性津补贴、绩效工资等福利待遇由财政全额预算，医疗保险金、养老保险金、住房公积金、生育保险金、工伤保险金等社会保障待遇，单位负担部分纳入财政预算。

（3）困难家庭学生扶贫助学资金、少数民族学生助学金及中等职业学校学生助学金等配套资金由财政全额预算。

9. 保障政策性办学经费投入

（1）财政按规定分担比例足额预算并及时拨付农村义务教育新机制配套经费。

（2）农村税费改革转移支付资金按69%的比例用于教育，不得顶抵本级财政的教师工资预算，并确保15%用于中小学校舍维修。

（3）城市教育费附加按“三税”总额的3%足额征收，并全额用于教育，不得因教育费附加纳入一般预算管理而顶抵教育事业费拨款。

（4）地方教育附加按“三税”总额的1.5%足额征收，专项用于城市义务教育基础设施建设。

(5) 城市建设维护税收入按15%—20%的比例用于中小学、幼儿园校舍修建。

(6) 财政预算执行中的超收部分按年初预算内教育经费占财政支出的比例安排教育经费。

(7) 财政预算单独安排中小学专项基建经费，并做到专款专用。

(8) 城市基础设施配套费在原标准基础上提高2个百分点，用于城市教育设施建设。

(9) 制定和落实教育债务化解决办法，在完成化解“普九”债务的基础上，做好其他债务的化解工作，严格控制新增债务。

(10) 教师继续教育培训经费，由财政每年按教师工资总额的1.5%安排到位，列入预算，专款专用。

(11) 设立教育督导专项经费、职业教育专项经费、民办教育专项经费和教育行政工作经费。从2010年起，县财政预算每年安排2.5万元教育督导工作经费，并分别按每个乡(镇) 0.3万元、0.2万元的标准安排乡(镇)教育督导工作经费和奖励经费。县财政每年安排职业教育专项经费3万元。为鼓励民办教育发展，县财政每年安排3万元专项经费，用于扶持资助民办学校项目建设和表彰奖励有突出贡献的民办教育集体和个人。县财政每年安排教育行政工作经费10万元。

(12) 上级下拨的教育专款及时足额拨付，专款专用。

(13) 教育部门的非税收入原则上用于弥补公用经费的不足和硬件建设，任何部门不能随意平调和挪用。

(14) 国家和省里规定的其他教育经费投入政策得到落实。

10. 建立合格学校投入保障机制，确保今后5至8年完成义务教育阶段合格学校建设的经费投入。

11. 严格执行对教育基本建设的优惠政策，教育基础设施建设等项目，在有关费用的收取上，属行政性收费项目，除按最低限额收取上缴省里的费用外，参照县委、县政府相关优惠政策执行。

三、深化改革，切实加强教师队伍建设

12. 进一步规范教育人事管理体制。县教育主管部门根据有关规定，负责全县教师队伍的管理，根据中小学类别、规模和任务，严格控制学校领导职数、机构设置、编制总量和非教学人员比例，依法履行中小学教师的资格认定、档案管理、招聘录用、职务评聘、培养培训、调配交流、考核奖惩等管理职能。每年由教育主管部门根据人员退休情况公开招聘增补师范类优秀大学生，着重解决中小学紧缺学科的师资配备问题。

13. 深化教师人事制度改革。严格实行教师资格制度，全面推行教职工全员聘用制度、岗位管理制度和新进人员公开招聘制度。推行绩效工资改革，适当拉开教职员工收入差距，形成重能力、重实绩、重贡献的激励机制，调动教师教书育人的积极性。全面推行中小学校长持证上岗制度，聘任制和任期制。改革、精简、理顺学校管理组织机构。在学校布局调整过程中，通过业务考试和综合考核，对现有师资重新进行优化组合，按实际需要对教师重新定岗定编。将中学富余教师分流到小学工作。师资调整实配实行全县性的大面积流动，以促进师资的区域、学科结构不断优化，从根本上促进全县教育的均衡发展。

14. 加强教师培养培训。根据全县农村中小学师资队伍年龄、学科结构，每年公开招录一定数量急需的全日制本科毕业生，及时充实义务教育阶段师资队伍，主要安排到东部乡镇任教。继续定向选送适量优秀初中毕业生到省内高校培养，重点为东部边远乡（镇）储备小学师资，毕业生原则上要在东部乡镇工作 5 年以上方可调动。建立适应各级各类教师专业发展需要的教师继续教育制度，每五年对中小学教师进行一次全员培训。每两年对教师进行一次业务知识考试，将考试不合格者调配到非教学岗位工作。到 2012 年，全县小学教师 80%以上具有专科以上学历，初中教师 80%以上具有本科以上学历，高中教师学历合格率达 95%以上，并有 10%的教师具有研究生学历，幼儿教师达到中等幼师以上学历，职业教育“双师型”教师比例达到 50%左右。

15. 创新用人选才机制。按照政治坚定、求真务实、开拓创新、勤政廉政、团结协调的要求，配好配强各级各类学校领导班子。坚持把公开选拔、平等竞争、择优聘任作为选拔任用校长的主要方式，全面推行中小学校长持证上岗制、聘任制和任期制。建立学校中层干部流动管理制度，真正形成“能者上、庸者下”的用人机制。鼓励本县公办学校教师到本县民办学校任教。凡经组织同意到民办学校工作的公办学校教师，保持原有身份，工龄连续计算，财政发放基本工资，津补贴由所任教的民办学校承担。适当引进省、市级学科带头人。建立骨干教师政府特殊津贴制度。

16. 保障教师合法权益。依法落实教师的工作待遇，保障教师的平均工资水平不低于当地公务员的平均工资水平。按怀发[2009]2 号文件要求落实农村边远地区教师津贴制度和特殊教育教师津贴制度。

四、以人为本，切实推进素质教育

17. 切实加强和改进学校德育工作。坚持育人为本、德育为先，积极拓展新形势下中小学德育工作的有效途径。进一步加强学生行为养成教育、心理健康教育和思想品德教育，关注留守儿童少年的学习生活。坚持开展文明学校、文明班级、文明寝室等各种创建评比活动和爱国主义教育、集体主义教育等各种专题教育，着力培育学生的健康人格和崇高信念。充分发挥关工委的作用，积极办好各级各类家长学校。社会各方面都要为青少年的健康成长提供良好的校外活动场所和社会实践活动基地。

18. 认真实施基础教育新课程改革。认真落实课程教学计划和学科教学要求，全面规范音乐、美术、体育、信息技术、综合实践等学科的教学工作，努力改善体育与艺术教育的办学条件，逐步使场地、器材、设备达到国家标准。加强教研教改，全面提高教育教学质量，确保全县高中、初中教学质量综合评估高于全市13县（市、区）平均水平。充分发挥计算机、多媒体、仪器设备和图书资料的作用，努力推进教学手段的现代化。积极开展科技创新、体育运动会、书画竞赛和文艺会等各种教学活动，提高学生的综合素质。全面实施初中毕业生学业成绩与综合素质评价相结合的高中招生制度。

19. 加强教育教学常规管理。完善《中方县中小学教育教学常规管理办法》，全面加强学校教育教学过程管理、全面落实校级领导轮流值周制度、教师集体办公制度、教师集体备课制度和学校教育教学常规检查月报制度，对教师教育教学工作进行量化管理。建立健全学校各项管理制度，坚持以制度管人，以制度管事，使学校各项工作制度化、规范化。加强教育教学质量管理及评价结果的综合运用，改革寄宿制学校的教学管理模式。

五、加强领导，不断优化教育环境

20. 坚持教育工作领导责任制。成立建设教育强县工作领导小组，坚持党政一把手负总责，分管领导负专责，各部门承担相应的具体责任。各单位也要成立相应机构。坚持定期议教制度和责任单位定点联系学校等制度，积极为教育发展排忧解难。

21. 继续落实教育两项督导评估制度。加强对教育督导评估的领导，依法履行教育工作职责，落实乡（镇）教育工作督导评估制度，坚持依法行政、依法治教，落实教育优先发展的战略地位，将督导评估结果列为乡（镇）党政主要领导实绩考核的重要内容，作为表彰和责任追究的重要依据。

22. 严格执行对教育基本建设的优惠政策。对属规划内的学校建设用地，一律由政府提供划拨用地。学校建设项目享受重点工程建设项目和公益设施建设项目的优惠政策。学校布局调整后的闲置校产、学校资产处置收益（含土地出让金）和学校勤工俭学基地全部归教育主管部门和学校所有，任何单位或个人不得侵占。

23. 不断优化教育发展环境。贯彻落实中方发〔2003〕12号、中方发〔2006〕5号等文件精神，严格执行涉教检查准入制度。当地党委、政府必须切实加强学校周边环境整治，维护学校正常教学秩序。公安、工商、文化等部门要加强对营业性歌舞厅、电子游艺厅和网吧等社会公共场所的管理，对学校周边店铺经营的行业进行限制，加强舆论引导，营造有利于青少年健康成长的社会环境。大力宣传《中华人民共和国义务教育法》《中华人民共和国教师法》和《中华人民共和国民办教育促进法》等法律法规，营造党政重教、全民兴教、社会支教的良好局面。严格规范各级各类学校的办学行为，重点规范教育收费行为。减少对教育主管部门不必要的行政干预，赋予教育主管部门的师资配备、资金使用等方面更多的自主权。建立教育奖励机制，定期对成绩突出的单位和个人给予表彰和奖励。

2009年9月7日

中共中方县委　中方县人民政府
关于深入推进“强农富民”工程的实施意见

中方发〔2012〕1号

为贯彻落实中央、省委一号文件和上级农村工作会议及县委经济工作会议精神，结合全县实际，现就深入推进“强农富民”工程提出如下实施意见。

一、指导思想

深入贯彻落实科学发展观，坚持“优化结构、因地制宜、政府引导、社会参与、城乡统筹、东部优先”原则，按照“强科技促发展、强生产促供给、强民生促稳定”的要求，深入推进“强农富民”工程，夯实农业发展基础，强化农业科技支撑，加快农业结构调整，转变农业发展方式，推进农业现代化，全面实现农村经济社会又好又快发展。

二、工作重点

（一）发展现代农业，做大做强主导产业

1.优化产业布局。科学制定全县农业产业发展规划，把发展油茶、优质果蔬、优质超级稻、优质畜禽、水产养殖、中药材、工业原料林、休闲观光农业作为农业现代化建设的关键，作为农业增效、农民增收的根本。一是以209国道、223省道为轴心和东部14个乡镇为重点，精心打造11万亩油茶产业带和19万亩油茶产业群。二是以桐木、牌楼、泸阳、下坪、龙场、活水、炉亭坳、新建、袁家、铜湾、铜鼎为重点，建好10万亩优质果蔬基地，其中水果基地7万亩，蔬菜基地3万亩；三是以牌楼、花桥、铜湾、铁坡、蒋家、新建为重点，建好生猪养殖小区和家禽养殖小区；四是以铜湾库区为重点，建好3万亩水产养殖基地；五是以花桥、聂家村、桐木、新建、袁家、铜湾、石宝、接龙为重点，建好10万亩优质超级稻基地；六是以丁家、嵩吉坪、锦溪、龙场、蒋家、新路河、牌楼为重点，建好20万亩工业原料林基地；七是以中方、桐木、炉亭坳、下坪、新建、铜湾为重点，发展休闲观光农业。

2.加快土地流转。建立健全县乡村三级土地流转服务机构，搭建农村土地流转服务平台，为土地流转提供信息沟通、法规咨询、价格评估、合同签订等服务，依法保障流转双方的合法权益。，积极鼓励和支持龙头企业和专业合作组织参与土地流转，推进规模经营。力争到2015年，全县耕地流转达到12万亩，林地流转达到50万亩，流转率分别达到40%和37%。

3.创新经营模式。建立生产、加工、流通、融资一体化的合作机制，推行“公司＋基地＋农户”、“专业合作组织＋基地＋农户”和“公司＋专业合作组织＋基地＋农户”等合作发展模式，走城乡统筹、以工补农、工农互动的良性发展之路。允许机关干部职工带头领办农业龙头企业、农业公司、农民专业合作社和农业产业化示范基地。

4.实施标准生产。围绕主导产业，建立和完善农产品标准化生产体系，加强农产品标准化示范基地建设，推行生产档案、产地编码、农产品质量可追溯等制度，提高农业标准应用面。鼓励和支持农业龙头企业和专业合作组织实施标准生产。力争到2015年，全县农产品标准化生产基地达到28万亩。

5.实施品牌战略。以湘珍珠葡萄、优质蔬菜、优质柑橘、优质畜禽、花桥豆腐、中方斗笠、铜湾河鱼等地方特色农产品为重点，以标准化生产为抓手，鼓励支持农业产业化龙头企业加大自主创新力度，着力创建一批名、精、优、新农产品品牌。力争到2015年，地理标志产品保护1个以上，地理标志认证2个以上，绿色食品达到28个，有机食品1个，创“中国驰名商标”1个、“湖南著名商标”1—2个。

（二）完善基础设施，夯实农业发展基础

6.加强农田水利建设。抢抓国家加大水利基础设施投入机遇，争取全县列入全国小型农田水利重点建设县，积极申报对接一批项目，创新水利建设投融资机制。力争到2015年，完成病险水库除险加固103座、骨干山塘清淤扩容251座、主干渠道防渗1000千米、农村人口安全饮水10.8万人，建设旱涝保收高标准农田8.8万亩，增加和改善灌溉面积10万亩，增加节水灌溉面积8万亩。

7.完善农村交通网络。加快推进国省干道、县乡公路、断头公路、城乡客运网络化建设，完善农村路网结构。重点抓好312省道及丁家至铜湾、蒋家至洪江岔头、蒿吉坪至溆浦小横垅等跨县连乡断头公路建设。深入推进农村通畅工程，确保到2015年通畅率达到100%。加大农村公路养护力度，完善养护机制，增加养护投入。从2012年开始，将农村公路（县、乡、村道）养护资金按省市要求纳入县财政预算。

8.加强农村电网改造。抢抓国家实施新一轮农村电网改造升级机遇，加大农村电网改造升级工程项目争取和实施力度，解决农村生产生活供电能力不足、供电可靠性低等问题。力争十二五期间完成投资1亿元以上，新建110千伏变电所2座，新扩建35千伏变电站各1座，新建及改造10千伏线路300千米。

9.改善农村能源环境。抓好以沼气为主的农村可再生能源建设，大力推广“养殖—沼气—种植”三位一体生态农业发展模式，配套实施高效省柴节煤和余热利用项目，带动农村“三改”（改厨、改栏、改厕）建设，改善农村居家环境。到2015年，全县农村户用沼气池力争达到9500户，农村太阳能热水器达到700台，“三位一体”生态农业达到1万亩，高效省柴节煤灶入户率达到70%。

10.加速农业机械推广。大力开展农机化示范推广，加速水稻机插秧技术推广应用，落实农机购置补贴政策，完善资金管理办法，积极发展农机大户，全面加强农机安全生产监管，年均新增农机具0.4万台，到2015年农业机械保有量达到4万台，农机装备总值达到3亿元，实现机械作业面积达到16万亩，耕种收农业机械化作业综合水平达到60%。

（三）发展社会事业，着力改善农村民生

11.实施教育强县战略。坚持教育资源向农村、贫困地区、东部倾斜，加快缩小城乡、东西部教育发展差距；合理调整学校布局，改善办学条件，提高办学水平，统筹教育协调发展；加强校园及周边环境整治，确保学校师生安全。到2015年，所有义务教育学校达到合格学校标准，有条件的乡镇建成1所基本完备的寄宿制初中或完小，实现农村义务教育学生营养午餐计划全覆盖。提升泸阳片区办学水平，优化办学环境，用五年时间高起点、高规格、高质量组建中方县第三中学。继续提升县第一中学、中兴学校办学质量，积极引进长沙市一中等省内外名校来中方联合办学，努力打造怀化乃至周边地区教育高地。

12.推广文化惠民工程。以文化体制改革为契机，加快乡镇综合文化站、村级文化活动中心等公共文化服务体系建设，扶持发展农民剧团、农村电影放映队等群众性文化团体，广泛开展文化下乡和群众性文化活动，扎实推进广播电视“村村通”工程，加大县图书馆、县博物馆建设力度，不断丰富人民群众的精神文化生活。到2015年，完成85个农家书屋建设和100个点1500户广播电视“村村通”。

13.发展农村卫生事业。深入推进医药卫生体制改革，加快乡镇、区域性中心卫生院和标准化村卫生室建设步伐，改善医疗服务条件，充实医疗卫生队伍，提高整体服务水平，推动优质卫生资源向农村覆盖；进一步完善新型农村合作医疗制度和医药报销管理制度。力争到2015年，全面完成乡镇和区域性中心卫生院建设，三分之二的村卫生室达到标准化村卫生室，从2012年起实现国家基本药物制度覆盖到村，新农合农民参合率达到95%以上。

14.完善社会保障体系。加大农村困难家庭救助力度，逐步提高救助标准，对符合孤儿、农村低保、农村五保供养条件的做到应保尽保，应救尽救，保障困难群众的基本生活。改善乡镇敬老院和村级“五保之家”条件，解决五保老人、困难老人老有所养的问题。加大农村危房改造和灾民建房力度。落实农业保险政策，扩大农业保险覆盖面，不断提高农业抗风险能力。按照“保基本、广覆盖、有弹性、可持续”的基本原则，实行农村社会养老保险政策，基本解决农村居民老有所养的问题。

15.拓展农民增收渠道。引导农民调整优化种养结构，扩大规模经营，开发农业多种功能，提高农业综合效益，增加农民生产性收入；鼓励农民就业创业，增加农民工资性收入；做好粮食、农机具购置、能繁母猪及油菜、玉米等涉农补贴资金发放工作，落实各项强农惠农富农政策，增加农民政策性收入。力争到2015年，农民人均纯收入达到8397元，年均增长13%以上。

（四）健全服务体系，助推现代农业发展

16.健全农业科技推广服务体系。充实基层公益性农技推广服务机构，改善服务条件，提高服务质量，打造农民信得过、用得上的农技推广队伍；积极引导社会力量参与农技推广服务，逐步形成一主多元、有机结合、互为补充的农技推广服务体系。加强农科教示范基地建设，加快农业新品种培育、示范和推广应用步伐，不断扩大优质、高产品种推广应用面积。通过实施农村党员干部远程教育工程、农村职业技能培训工程、实用人才创业培训工程、农村劳动力“阳光工程”和农村信息化骨干队伍培训工程，大力培养新型农民，提高农民学科技、用科技的能力。

17.健全动物疫病防控服务体系。强化政府监管和技术支撑能力，加强乡镇畜牧站和村级动物防疫员队伍建设，探索动物防疫工作社会化服务模式。以动物疫病统防统治为重点，形成以县、乡、社会防疫组织、龙头企业和个人多级联动的防控运行机制，严格疫情报告和疫情防控应急，确保无重大动物疫情发生。

18.健全农村商贸物流服务体系。坚持市场运作、政策扶持，逐步完善农村现代商贸物流服务体系。以农业生产资料销售、农副产品购销、日用消费品经营、再生资源回收利用、仓储运输等五大网络平台建设为重点，积极推进农村现代物流体系建设。重点抓好县级农资配送服务中心、乡镇农资配送中心、村级综合服务站建设。

19.健全农村现代金融服务体系。加强农村金融服务中心建设，培育新的信贷主体，支持和鼓励农村金融机构拓展农村金融业务，探索大型农用生产设备、林权、土地承包经营权等抵押贷款管理办法，确保县内金融机构涉农贷款增速高于全部贷款平均增速。2012年，县内金融机构投放的支农贷款不少于2亿元，并逐年增加。逐步办好乡镇金融服务站，切实解决农村融贷资难问题。加大就业小额担保贷款贴息工作力度，力争到2015年，申请财政贴息户累计达到2000户，贷款额度累计达到1亿元，贴息资金累计达到800万元。

20.健全农村信息化服务体系。完善农村信息化基础建设，建立县、乡、村、户四级信息服务网络体系。推进广电网、电信网、互联网“三网合一”，建立农业信息采集、审核和信息定期发布制度；继续实施农村通讯网络全覆盖工程和农民上网工程；办好“中方农业农村网”网站。

（五）拓宽资金渠道，增加三农有效投入

21.加大财政投入力度。按照中央关于“三农”投入三个“持续加大”的要求，设立现代农业发展引导资金，并按10%的比例逐年增长。

22.加大资金整合力度。按照“统筹规划、突出重点、科学整合、注重实效”的原则，制定涉农项目资金整合管理办法，加大涉农项目资金整合力度，最大限度地发挥涉农项目资金的使用效益，集中建设一批重点项目，扶持一批龙头企业，壮大一批特色产业。

23.加大项目申报力度。以中央重视“三农”工作和全县列入国家“武陵山片区区域发展与扶贫攻坚试点县”为契机，深入研究宏观经济政策和强农惠农政策，及时捕捉项目信息和投资动态，搞好项目的有效对接，打造和包装一批农业项目进入国家、省市项目笼子。

（六）加大扶贫力度，缩小区域发展差距

24.资金优先安排。县财政每年安排东部片区连片扶贫开发专项资金不少于1000万元，用于东部14个乡镇（含龙场乡，下同）农田水利建设、农村道路建设、农业产业发展和改善乡村办公条件等，其中用于油茶、蔬菜、养殖三大产业发展的扶持资金额度不少于30%。

25.项目优先建设。每年安排在东部乡镇的强农惠农项目资金不少于全县总额的60%。优先安排病险水库除险加固、农村安全饮水、渠系防渗、骨干山塘清淤等水利工程建设项目，逐步改变东部水利基础设施落后和人畜饮水困难的问题，优先安排国省干道、跨县连乡连村断头公路和农村道路安保工程建设项目，力争两年内实现行政村通畅率100%。优先安排产业建设项目，不断夯实产业发展基础。优先安排集镇建设项目，突出城镇建设特色，提供和完善公共配套设施，增强铜湾、铁坡、新建、接龙集镇的辐射带动能力。

26.产业优先发展。以农业产业化为抓手，以经济效益为中心，以科技进步为支撑，坚持因地制宜和开放带动，加快东部产业发展。重点抓好油茶、蔬菜等特色农产品基地和优质畜禽水产养殖基地建设，不断延伸产业链条，形成以市场牵龙头、龙头带基地、基地连农户的农业产业化发展格局。

27.人员优先保障。按照“三定”方案，调整充实东部乡镇站所力量，加大人才引进力度，按照“按需引进、专业对口、讲求实效”的方针，每年有计划地从大专院校和外地引进一批专业技术人才优先安排到东部乡镇工作，每年有计划地从县直机关、西部乡镇抽调10%的专业技术人员到东部乡镇轮岗（原则上不少于两年），解决东西部乡镇站所有人员分布不均衡的问题。完善人才激励机制，把在东部乡镇工作经历（原则上为两年以上）作为干部提拔重用和优先评定职称的重要依据；对在东部乡镇（不含学校、医疗卫生机构）工作的财政全额拨款在岗的干部职工，按照乡镇边远程度（一类：嵩吉坪瑶族乡、丁家乡、活水乡、锦溪乡、铁坡镇、接龙镇、铜鼎乡、石宝乡、龙场乡；二类：铜湾镇、新路河乡、蒋家乡、袁家乡、新建镇），分别给予每人60元、40元的艰苦边远地区交通补助，并纳入县财政预算。

（七）强化保障措施，确保工作落实到位

28.加强基层组织建设。以“基层组织建设年”活动为契机，按照“五个好”乡镇党委和“五个好”村党支部的要求，配齐配强乡村领导班子，着力推进基层党委组织分类定级、整改提高、晋位升级。加强农村党员干部队伍建设和思想作风建设，完善班子议事、决策程序，积极推行“四议两公开”工作法（四议：党支部会提议、两委会商议、党员大会审议、村民代表会议和村民会议决议；两公开：决议公开、实施结果公开），推动村级组织民主科学决策，不断增强班子整体合力。深入推进大学生“村官”计划和科技副乡镇长计划，继续加大从大学生村官和村干部中招考乡镇干部力度，不断增强乡村干部活力。加大农村党员干部培训（培养）力度，落实好培训经费，按照“缺什么，补什么”的原则，着力把干部培训成能人，把能人培养成干部”。加强农村党员队伍建设，把责任心强、有开拓奉献精神，有知识、有能力的农村青年团结在党组织周围，不断吸收其中的优秀分子入党，巩固党在农村的群众基础和政权基础。加强基层廉政建设，全面实行政务公开、村务公开、党务公开。健全乡村干部实绩考核机制，开展“五强乡镇”、“五优机关”、五个“十佳村”创建活动。落实村级奖励政策，提高乡村运转经费，逐步提高村干部及符合条件的离任村干部待遇，扎实推进乡镇机关危房改造和“五小”设施建设，改善乡村办公条件，2012年实现村级组织活动场所全覆盖。从2012年开始，每乡镇平均安排的运转经费不低于40万元、村级运转经费不低于5万元、五个“十佳村”奖励资金总额不少于50万元。每个乡镇确定一个贫困村(原则上扶贫两年)，按照“部门合作，整合资源，科学规划，集中投入”的原则，加大扶持力度，确保扶持一个村，脱贫一个村，致富一个村。深入开展“创先争优”和“走访群众听民声、深入基层解难题”活动，积极推行“夜访农家”工作法，听民声、察民情、解民忧、化民怨。加强农村社会治安综合治理，及时化解矛盾纠纷，维护农村和谐稳定。建立健全基层党建工作考评考核机制，实行乡村两级党建工作“联述、联评、联考”制度，就抓基层党建工作情况分别向上级党委进行专项述职。

29.建立议农联席制度。由县委、县政府主要领导组织相关部门及乡镇定期召开农业农村工作联席会议，切实解决农业农村发展中的实际问题。强化县级领导联乡责任制和干部联村制度，发挥联乡联村干部在加强农村基础组织建设中的作用。力争通过联席、联乡、联村制度，使农村基层党组织的凝聚力和战斗力有新的提高，农民收入有新的增长，农村社会事业有新的进步。

30.健全监督考核机制。由县委农村工作部牵头，县综合绩效考核办协助，制定考核方案，量化考核内容，会同相关部门定期或不定期对各责任单位推进“强农富民”工程情况进行督促考核，并将考核结果作为单位领导干部执政能力、干部提拔重用的重要依据，作为单位年终综合绩效考评和“五强乡镇”“五优机关”、五个“十佳村”评选的重要内容。

2012年4月13日

二、艺文选萃

一、中方歌曲

（一）中方酒歌

陪客师敬王客酒

银壶筛酒清又清，王客发驾喜盈门。为王备下接风酒，席上愧无海味珍。
淡酒素菜莫嫌弃，招待不周莫见怪。一杯薄酒各位敬，传好莫传丑名声。

王客答唱

银壶筛酒清又清，今天来到贵府门。多蒙贵府仁义厚，打扰贵府不安宁。
杀猪宰羊办酒席，八仙桌子摆中心。八大八小桌上摆，千年米酒好醉人。
佳肴美味般般有，又有龙胆和凤心。吃了府上富贵酒，贺喜贵府福满门。

新郎新娘敬外公、舅父酒

银壶筛酒清又清，外孙今把外公敬。万丈高楼平地起，莫忘前辈老瓜藤。
外公饮了杯中酒，心想事成万年春。银壶筛酒圆又圆，淡酒一杯敬舅爷。
招待不周请原谅，侍候不到要海涵。外甥席上少见识，多请舅爷来指点。

敬媒人

银壶筛酒清又清，把你介绍费了心。走了几多烂泥路，行了几多滑田埂。
六月炎热太阳晒，腊月北风受寒冷。两家讲得都称心，能说会道胜苏秦。
求得鸳鸯成双对，求得洞房花烛明。今日奉敬辛苦酒，一杯淡水谢媒恩。

回新郎新娘酒歌

银壶筛酒情义在，我给新郎送家来。一送恩爱皆百岁，二送双双贵子来。
三送三元得早中，四送四季都有财。五送五子早登科，六送六畜早安排。
七送七株摇钱树，八送八台上金阶。九送九把如意伞，十送十张长生牌。
新郎饮干这杯酒，子子孙孙坐龙台。

王客交盘

婚喜第二天早上，所有宾客辞归，王客也要辞行，主人摆酒饯行，酒筵前，王客唱交盘辞行酒歌：

一杯酒来清又清，初次来到贵府门。只有贵府仁义厚，桌桌盛席待客人。
壶中美酒筛不尽，筛茶倒水很殷勤。贵府才子结穷亲，我家蠢女嫁高门。
没有知识和本领，望你带成聪明人。二杯酒来黄又黄，把女送到贵府上。
女儿人长智不长，人情礼义不在行。样样都得从头报，糠萝跳进米萝筐。
三杯酒来清又清，主东要我来送亲。好比杨柳插花园，生根发芽早成荫。
把亲送到贵府上，早生贵子跳龙门。四杯酒来清又清，主东要我来送亲。
妆嫁简陋少礼信，给你送得净身人。送来一个铜菩萨，望你贵府镀金身。
五杯酒来蓝又蓝，我在这里来交盘。娘家生活本贫寒，嫁妆行头不周全。
儿子媳妇同劳动，发家致富在眼前。六杯酒来蓝又蓝，婆家家私有万贯。
这次用了好几万，添人进口得团圆。添人就是添活宝，家发人兴万万年。
七杯酒来红又红，厚起脸皮把亲送。多谢亲戚礼义重，烟茶冇离我手中。
阳雀记得千年树，贵府贤良万人颂。八杯酒来敬团圆，我今就要往回转。
敬你老人添福寿，敬你儿子点状元。敬你女儿戴凤冠，敬你幸福百万年。

主家回敬王客酒歌

这杯酒来花又花，请你回去报亲家。皇帝公主招驸马，官家小姐要出嫁。
嫁了更孝爹和妈，爹妈不必挂念她。这杯酒来圆又圆，家家养女又养男。
我把媳妇当女看，有盐无盐同咸淡。报她爹娘莫挂念，决不把她放一边。

洞房赞词

一莫急，二莫忙，三步四步进洞房。来到洞房打一望，洞房摆起好嫁妆。
左边箱笼十八个，右边笼箱八九双。左边箱笼装金银，右边绫罗装满箱。
高柜矮柜样样有，梳妆台上放豪光。新娘梳起盘发髻，好似南海观音娘。
胭脂水粉脸上擦，眉毛好像弯月亮。新郎见了心欢喜，夫妻恩爱共久长。
转过头来用眼望，洞房摆着象牙床。红罗帐边挂金钩，帐帘龙凤来呈祥。
两头摆着鸳鸯耽，床上缎被摆中央。夫妻同饮合欢酒，明年坐月糟酒香。
看了一行又一行，看了一样又一样。书箱摆着笔一支，生个儿子写文章。

十七八岁去赶考，名字登在金皇榜。金榜题名把名扬，子子孙孙状元郎。恭贺薪郎和新娘，夫妻恩爱，天长地久，地久天长。

交盘酒歌

一杯酒来清又清，初次来到贵府门。只有贵府仁义深，桌桌盛席待客人。壶中美酒筛不尽，筛茶倒水很殷勤。贵府才子接平亲，我家蠢女嫁高门。没有知识和本领，望你带成聪明人。二杯酒来黄又黄，把女送到贵府上。女儿人长智不长，人情礼义不在行。样样都是从头报，糠箩跳进米箩筐。三杯酒来清又清，主家要我来送亲。嫁女简陋少礼信，给你送的是净人。送来一个铜菩萨，望你贵府镀金身。四杯酒来清又清，主家要我来送亲。好比柳树插花园，生根发芽早成荫。把亲送到贵府上，早生贵子跳龙门。五杯酒来蓝又蓝，我在咯里来交盘。娘家生活本贫寒，嫁妆行头冒周全。儿子媳妇同劳动，发财致富在眼前。六杯酒来蓝又蓝，婆家收入超百万。这次用了几十万，添人进口好团圆。添人就是添活宝，家发人兴万万年。七杯酒来红又红，厚起脸皮把亲送。多谢亲戚礼义重，烟茶不离我手中。阳雀记得千年树，贵府好客万人颂。八杯酒来敬圆满，我今就要往回转。敬你老人添福寿，敬你子孙点状元。敬你女儿戴凤冠，敬你幸福万万年。

主人回敬歌

这杯酒来花又花，请你回去报亲家。皇帝公主招驸马，官家小姐要出嫁。嫁了更孝爹和妈，爹妈不必挂念她。这杯酒来圆又圆，家家养女又养男。我把媳妇当女看，有盐无盐同咸淡。决不把她放一边，报她爹妈莫挂念。

击鼓挖油茶山请神歌

出门喊一声，惊动天上雷公神，莫说雷公无神道，雷声轰轰鬼神惊。

出门喊两声，惊动云端太白星，莫说太白无神道，上界大仙显威灵。

出门喊三声，惊动各方土地神，莫说土地无神道，土地也是一方神。

上山要把士地请，各方土地请安神，请了土地安了位，再把五方神灵请。

一请东方甲乙木，二请南方丙丁火，三请西方庚辛金，四请北方壬癸水。五请中央戊已土。

五方神灵都请到，还请歌爷歌娘神，今日请你无别事，旺气歌堂保众人。

满堂神灵都请到，还请今日唱歌人，快请歌手把歌唱，挖起茶山才得劲。

送神歌

好歌好语是好音，眼观红日往西沉。红日西沉天色暗，神仙均保转回程。

一送东方甲乙木，二送南方丙丁火，三送西方庚辛金，四送北方壬癸水。

五送中央戊已土。

各位来神且莫怪，今日把你久留停。送行送行且送行，各归原位正乾坤。

明日再杷各位请、望你陪伴到山林。若有何神送不到，切勿见怪小人心。

(二) 霸王鞭曲

霸王鞭引子

唱:

一打蛤蟆来跳井，二打鲤鱼跳龙门，三打桃园三结义，四打童子拜观音，

五打五子登科早，六打仙女射日准，七打天上七姐妹，八打神仙吕洞宾，

九打九牛耕阳春，十打太子坐龙廷，十一打个桃花店，十二打个行花运。

桃花店里出美酒，行花运里出少年。正月好唱正月正，李逵下山闹东京，

人人只讲东京好，话不虚传果是真。二月好唱是新年，唐僧取经往西天，

唐僧带起猪八戒，老少和尚带沙僧。三月好唱三月三，昭君娘娘过北蕃，

身背琵琶三琴指，轻轻弹过雁门关。四月好唱四月八，隋朝有个李元霸，

玉帝将军来比武，手拿铜锤八百八。五月好唱是端阳，三国有个关云长，

破五关斩六将，擂鼓三声斩蔡阳。六月好唱六月八，唐朝有个樊梨花，

斩将破关无人挡，保住唐朝大天下。七月好唱似火烧，岳飞挂帅去抗辽，

不管兀术多骁勇，最后兵败宋牛皋。八月好唱桂花香，三国孔明诸葛亮，

上阵一把羽毛扇，杀退曹营兵百万。九月好唱是重阳，汉朝有个楚霸王，

大喊三声天地动，后来自刎在乌江。十月好唱小阳春，三国有位老将军，

八十三岁战关公，美名流传老黄忠。十一月好唱是仲冬，三国英雄赵子龙，

截江夺下刘阿斗，反手一箭射风篷。十二月好唱年关到，仁贵奉旨征东辽，

狼主错听盖苏文，年年进贡大唐朝。中华古人唱不完，英雄业绩代代传，

继承先人宏伟志，保家卫国锦江山。

霸王鞭——十月花

正月里开什么花？正月开的是兰花。我把兰花送给你，仙女下凡到你家。

二月里开什么花？二月开的是李花。我把李花送给你，贵子双双到你家。

三月里开什么花？三月开的是桃花。我把桃花送给你，儿孙满堂到你家。

四月里开什么花？四月开的是金花。我把金花送给你，四季发财到你家。

五月里开什么花？五月开的是银花。我把银花送给你，五子登科到你家。

六月里开什么花？六月开的是禾花。我把禾花送给你，陈谷满仓到你家。

七月里开什么花？七月开的是荷花。我把荷花送给你，目莲行孝到你家。

八月里开什么花？八月开的是桂花。我把桂花送给你，八通神仙到你家。

九月里开什么花？九月开的是菊花。我把菊花送给你，荣华富贵到你家。

十月里开什么花？十月开的是茶花。我把茶花送给你，家发人兴到你家。

霸王鞭——十根花棍十枝花

一根花棍一枝花，我把福字送主家。福如东海水长流，人也发来家也发。

二根花棍两枝花，我把禄字送主家。福禄兴旺一齐来，养起儿子戴乌纱。

三根花棍三枝花，我把寿字送你家。彭祖寿高八百岁，主家能坐八百八。

四根花棍四枝花，我把喜字送主家。喜雀报喜叫喳喳，叫得主家笑哈哈。

五根花棍五枝花，我把财字送主家。寿喜财旺一齐到，春夏秋冬把财发。

六根花棍六枝花，我把金字送主家。金光闪闪照华堂，金柱银梁盖铜瓦。

七根花棍七枝花，我把银字送主家。银桥架到主家门，四方通达路路发。

八根花棍八枝花，我把珠字送主家。珠宝连合一线串，满屋珍珠放彩霞。

九根花棍九枝花，我把宝字送主家。人发千口粮万担，千秋万代享荣华。

十根花棍十枝花，我把来字送你家。福禄寿喜一起来，金银财富进主家。

（三）情歌山歌

山歌——采茶歌

正月采茶是新年，姐姐迈步进茶园。点得茶园三十亩，要让收成胜去年。

二月采茶茶冒尖，姐姐采茶好细心。左手摘茶有四两，右手摘茶得半斤。

三月采茶茶叶青，姐姐园中绣手巾。两头绣着龙和凤，中间绣起采茶神。

四月采茶茶叶黄，手择茶叶心想郎。我爱郎来郎爱我，只想早日配成双。

五月采茶茶叶酸，茶树脚下老龙盘。多打钱财来敬它，龙神土地保平安。
六月采茶热洋洋，上有杨柳下有桑。黄桑等着姐来采，杨柳树下好歇凉。
七月采茶七月七，织机面前姐织衣。织得绫罗心欢喜，给郎做件合身衣。
八月采茶桂花香，姐进茶园盼月亮。十五十六月团圆，嫦娥吴刚叙家常。
九月采茶是重阳，重阳烧酒缸缸香。金杯银杯杯杯满，双手端给郎来尝。
十月采茶立了冬，十担茶箩九担空。再等来年三月春，茶树脚下来相逢。
寒月采茶过大江，船装茶叶向前方。只盼船儿快快走，交了茶叶好见郎。
腊月采茶满一年，来到店里收茶钱。老板把钱交给我，约好明年再相见。

妹比黄金贵三分

女：手拿扇子折打折，
我看你是个大嫖客。
嫖了几多黄花女，
嫖到我才算角色。
男：手拿扇子两面扇，
要嫖小妹冇打难。
我把银子冇着算，
你是仙女也下凡。
女：手拿扇子轻又轻，
想嫖小妹莫起心。
世上只有黄金贵，
妹比黄金贵三分。
男：杉树杉来杉树杉，杉树落叶满地花。
别人讲我和妹好，我冇得妹半根纱。
只要得妹半根纱，打扮妹妹像朵花。
女：松树松来松树松（穷音），松树落叶满地红。
别人讲我和哥好，我冇得哥半两铜。
只要得哥半两铜，打扮哥哥像条龙。

十二月逢季好唱花

正月逢春好唱花，文武百官转回家。围在一起来饮酒，十盘果子九盘花。
二月逢春好唱花，装架新犁配旧耙。新犁犁起千重浪，旧耙耙起万朵花。
三月逢春好唱花，后山阳雀叫喳喳。一是催你兴阳春，二是催开满山花。
四月逢夏好唱花，后园金竹笋报芽。十八满姑去扯笋，围裙兜笋手拿花。

五月逢夏好唱花，河中龙船水里划。船头船尾两头翘，中间扎起十样花。
六月逢夏好唱花，天上日头火辣辣。小姐打起油纸伞，伞挡太阳手摘花。
七月逢秋好唱花，阴间祖宗转回家。自古有个七月半，家家祭祖烧纸花。
八月逢秋好唱花，八十公公捡棉花。上垅捡到下垅时，头不昏来眼不花。
九月逢秋好唱花，九旬老太纺棉纱。两头纺起麻雀尾，中间纺起牡丹花。
十月逢冬好唱花，十八满姑去浣纱。脚踩河边茅叶岩，手攀岸上野菊花。
十一月逢冬好唱花，请个绣师进我家。白天绣龙夜绣凤，手艺超群盖天下。
十二月逢冬好唱花，挑担花布下长沙，长沙讲我花布好，我爱长沙妹崽家。

（四）竖屋唱曲

第一次锻樑唱曲：“日吉时良，天地开张，恭贺主家，新造华堂。栋樑栋樑，生在何方，栋樑栋樑，生在昆仑山上。鲁班仙人下凡来，看见这根紫金樑，张良砍倒栋樑树，鲁班就把尺子量，头节用做金屋柱，二节拿来做栋樑，三节四节有用处，主家拿做瓜子枋。栋樑栋樑，升上屋樑，招财进宝，代代兴旺，家发人兴，世代吉祥”。

第二次锻樑唱曲：“日吉时良，天地开张，恭贺主家，新造华堂。东边一朵紫云开，西边一朵紫云来，两朵紫云齐汇合，鲁班仙人下凡来，鲁班仙人打一望，主家坐得好屋场，坐在龙头生贵子，坐在龙腰状元郎。前面走，后面跟，进了主家头层门，粉壁墙上画麒麟，进了主家二层门，鸡鸭鹅群闹阵阵，进了主家三层门，金银财宝滚进门”。

第三次锻樑唱曲：“今日来到华堂上，要与主家来锻樑，我对鲁班行一礼，主家富贵今日起。转过头来背转身，辞别鲁班上云梯。脚踩云梯一步登，贺喜主家代代兴。脚踩云梯二步登，贺喜主家跳龙门。脚踩云梯三步登，贺喜主家人发家兴。脚踩云梯四步登，贺喜主家满金银。脚踩云梯五步上，贺喜主家状元郎。脚踩云梯六步上，贺喜主家六畜旺。脚踩云梯七步上，出个文官包丞相。脚踩云梯八步上，生个武官杨六郎。脚踩云梯九步走，贺喜主家样样有。脚踩云梯十步全，荣华富贵万万年”。

踩樑唱曲：“一脚踩樑头，子孙出公侯。二脚踩樑中，子孙座朝中。三脚踩樑尾，一出富来二出贵”。

祭樑唱曲：“一杯酒敬上天，又敬张良和鲁班。二杯酒敬下地，敬过地上众神仙。三杯酒敬栋樑，敬得栋樑发豪光。你一杯，我一杯，金成团来银成堆。你一盏，我一盏，子子孙孙点状元”。“一存金，二存银，三存田地，四存粮，五存德，六存福，七存文章，八存禄，九存财，十存富，存仓满库，长发其祥”。“糖果散得多，十个儿女九登科，糖果撒得高，招财又进宝，糖果撒得远，子子孙孙点状元，糖果撒得近，人发家也兴，天官赐福，世代兴隆”。

（五）放排歌

行船号子——路途记

哦嗨——哦——哦——哦——嗬——

哦嗨哦——哟罗嗬——哦——

收缆起锚（哈），要开头（哈）；众家兄弟（哈），摇起橹（嗨）；

今日老板（嗨），要开船（嗨）；众家兄弟（哈），把劲攒（哈）；

常德上来（哈），有三湾（嗨）；草鞋脚踏（嗨），娘娘滩（嗨）；

常德桃源（哈），一大站（哈）；穿石界石（哈），青浪滩（嗨）；

北溶辰州（嗨），泸溪县（嗨）；浦市江口（哈），到铜湾（哈）；

安江洪江（哈），黔阳县（嗨）；竹站公坪（嗨），芷江山（嗨）；

沅水晃州（哈），玉屏县（哈）；清溪焦溪（哈），拢镇远（嗨）；

水路只到（嗨），黄平转（嗨）；四十八站（哈），到云南（哈）。

常德开船（哈），有三湾（哈）；脚踏草鞋（哈），娘娘滩（嗨）；

前面有个（嗨），河洑山（嗨）；河洑山上（哈），射一箭（哈）；

一箭射到（哈），跑马滩（嗨）；跑马滩上（嗨），放一纤（嗨）；

纤缆过河（哈），白马坡（哈）；孔明用计（哈），云盘洲（嗨）；

桃源过去（嗨），蛤蟆岩（嗨）；脚板岩到（哈），木马口（哈）；

姊妹山过（哈），孟公滩（嗨）；仙鹅抱蛋（嗨），渔网滩（嗨）；

前面就是（哈），奶子山（哈）；奶子山过（哈），十八滩（嗨）；

十八滩过（嗨），夹九洞（嗨）；沅陵一过（哈），泸溪县（哈）；

泸溪上面（嗨），到浦市（哈）；浦市一篙（嗨），进江口（哈）；

江口一纤（哈），上铜湾（嗨）。铜湾上坡（嗨），打一望（哈）；

下面看到（哈），诸葛城（嗨）；岩龙过江（嗨），在上头（哈）；

前有仙鹅（哈），在抱蛋（哈）；后有靠背（嗨），是南山（嗨）。

南山脚下（哈），歇一（呀）夜（嗨）；来年街上（哈），接娃娃（哈）。

注：路途记：指的是从常德到云南水路航行经过四十八站的地名记载，大站八十里，小站六十里。常德到玉屏为二十四大站，玉屏到云南为二十四小站。

摇橹号子

哎呜——哟啰嗨呜！
梁山伯与祝英台呜——
呜哟啰嗨！
爱我妻子哎呜——
黔城下去哎呜——
哎呜——哟啰嗨呜——
各自量哎呜！
齐着力呀呜！
燕子归窝哎呜——
喜鹊紧飞哎呜——
哎呜“——哟啰嗨呜——
抖力量呀呜！
一起上呀哈！
赛上梁呀呜！
哎呜——哟啰嗨呜——
在前方呀呜！
一大站哎呜！
清浪滩啰呜！
北溶辰溪哎呜——
横石九级哎呜——
哎呜——哟罗嗨呜——
挂榜山啰呜！
姊妹山啰呜！
九洞下去哎呜——
横石有个哎呜——
哎呜——哟罗嗨呜——
茶盘岩哎呜！
莲子口哎呜！
老母洞脚哎呜——
百叶滩头哎呜——

有谁向啰嘿，对着来呀哈！
好夫妻呜！
哎呜呀哈！
想死郎哎呜！
滩陡水急哈！
朋友兄弟哎呜——
冲出险滩哎呜——
哎呜——哟啰嗨呜——
要上梁呀呜！
老鸦快跟哈！
各显神通哎呜——
各位朋友呀呜——
脚打筋头哎呜——

四十八滩哎呜——
常德桃源哎呜——
穿石界石哎呜——
哎呜——哟罗嗨呜——
背石滩啰呜——
仙人湾哎呜——
地名有个哎呜——
这里冇扯哎呜——
哎呜——哟啰嗨呜——
十八滩啰呜——
镜子岩呀呜！
九级有个哎呜——
喝杯开水哎呜——
哎呜——哟啰嗨呜—
打个岩呀呜！
大家来呀呜！

哎呜——哟啰嗨呜——
和尚岩呀呜！
倒转来呀呜！
沅陵是个哎呜——
结交朋友哎呜——
哎呜——哟啰嗨呜——
泸溪县呀呜！
到铜湾啦哈！
隔壁有个哎呜——
乌泡蓬蓬哎呜——
哎呜——哟啰嗨呜——
大家干呀呜！
到云南啦哈！
哎呀呜哈！

四个师傅哎呜——
楼起姑娘哎呜——
哎呜——哟啰嗨呜——
要关口哎呜！
这里来呀哈！
北溶辰溪哎呜——
浦市江口哎呜——
哎呜——哟啰嗨呜——
有（mǒo）相见呀呜！
安江镇啦哈！
黔城转来哎呜——
四十八滩哎呜——
哎呜？——哟啰嗨——

摇　橹　歌

黔阳狮子岩把头关，百丈、喷水、紫罗滩。
狗爬岩鸬鹚吓破胆，连洲滚滚密岩尖。
两水夹溶犁头嘴，鹭鸶脚踩富水湾。
岩门有个岩升子，倒挂金钩是沙湾。
石修上面牛皮渡，牛屁股、安江、卢家滩。
武松打店黄狮洞，茅渡下面碗盏滩。
新路河塘里歇下气，乌龟颈以下到铜湾。
槽内无食猪岩湾，无头无尾龙头庵。
神仙偷盐仙岩湾，凤凰脚踩辰洲滩。
小鸬鹚，辰洲滩，大江口内把水掺。
阉猪岩前小心点，西风潭内好行船。
爱讲小话王婆湾，辰溪对河是风流山。
美女脸上铜铁陀，浦市对面江东关。
求坳有个鹿耳洞，白龙塘主要升天。
油坊分的上下寨，再行五里泸溪县。
“好个泸溪县，男闲女不闲，

男子家中坐，女子去耕田”。
慢慢摇来慢慢扳，泸溪有个秤砣山。
过个小小椿木溜，就到沅陵柯槽湾。
鲤鱼塘，沙井滩，过了沅陵得一半。
高丽洞，是险滩，指东扒西心胆寒。
九棋硬有九绞水，横石是个湾漏滩。
羊家塘前夜关门，北溶对面是灶门关。
水獭坳，骂娘滩，十八齐角滩搭滩。
猪红溪前死人滩，蚂蝗缠起瞿家滩。
对角棋是接滩，鸭脚鱼塘心不宽。
老鸦嘴，弹口边，集中精力要漂滩。
自生桥前看水位，烧纸铺第一关。
画眉祠，歇一气，杨公庙前要出汗。
鳜鱼洞，高起滩，心有成竹走一边。
且莫三心二意行，一命呜呼丧黄泉。
洞庭溪，三角滩，鱼梁溶就是夹洞滩。
杨五逢庙脱了险，有几个回水湾。
密菀鱼内回水大，下水要走它右边。
平岩有个瓮子洞，也是沅水一大关。
界石脚下指家溜，王家河前九龙山。
木马口，妹公滩，两边又有姊妹山。
张家小姐赖婚约，逼死癞子成了滩。
挂边山，陵井滩，穿石奇迹筷子庵。
孔明观灯也在此，夜退曹兵保江南。
毛瓮祠，到成滩，剪家溪出的好笼罐。
水溪口，到甘滩，对面有个桃花源。
昔日“王子去求仙，丹成八九天，
洞中方七日，世上几千年”。
至今有个烂船洲，自古流传到今天。
摇河边，水连天，牛角弯弯是桃源县。
桃源它有三只阁，并排屹立在江边。
铜方垴，盐井店，鲰市、河府娘娘滩。

船工们，加把劲，来到常德把船弯。

船到码头客到店，叫花子进了孤老院。

手里拿起油纸扇，身上穿的白衣衫。

大街小巷来打转，好似书童进学院。

沅水号子喊到此，哪位朋友来接一篇。

二、谚语、歇后语

农事类

清明下早种，谷雨作迟秧。

蛤蟆叽叽呱，不是清明就是社（sia）。

夏至自短，冬至自长。

亡种前好点棉，亡种后好秧豆。

亡种前三棵圆，亡种后两棵豆。

七葱、八蒜、九油、十麦。

茄子栽根，辣子栽深。

六月三次雨，遍地是黄金。

浅水发蔸，深水灌浆，干干湿湿壮籽。

麦倒一包糠，禾倒无仓装，荞倒令打光。

粟过拳头禾过脚，包谷铺得斗蓬落。

女好娘边起，禾好秧边来。

插秧如同赶考，打禾如同抢宝。

宁肯禾桶上出浆，不愿禾田里生秧。

禾嫩米放光，禾老一包糠。

人误地一时，地误人一年。

春天不下种，五荒六月喝南风。

长工望节气，庄稼望铁器。

气象类

立冬晴（qiáng），饿死皮匠娘。

立冬落，钉鞋穿个破。

重阳无雨望十三，十三无雨一冬干。

不怕重阳十三雨，只要立冬一时晴。

三月南风不过夜，四月南风路开拆，五月南风涨大水，六月南风扫禾花。

社（sa）里晴（qiang），桃木梨果半年粮。

清明要明，谷雨要淋。

立夏要下，小满要满；立夏不下，犁耙高挂。

春无三日晴，夏无三日落。

朝戴长江水，夜戴草头枯。

落棵雨起个泡，后面还有大雨到。

朝霞（hā）夜雨，晚霞（hā）火起。

清朝落雨砍担柴，早饭后落雨打草鞋。

先响雷，后落雨，落下来没有瓜勺水（xiu）。

云朝上，打烂田波塘，云朝下（ha），干死老哈蚂。

五月初一落，打破铜锣吹破角（go）。

吃（qi）不吃（qi）单看五月二十一。

收不收单看五月二十六。

茅屋烟晴，瓦屋烟落。

东闪日头西闪雨，闪到南方下大雨。

有雨天边亮，无雨顶上光。

星子稀，干断溪。

雷打冬，十间牛栏九间空。

雷打雪，正月雨不歇。

十月无霜，碓款（kuan）无糠。

吃了羊角棕，就把棉絮送，吃了中秋糖，棉絮就上床。

八月十五月不明，来年正月雨淋淋。

劝世类

穷得硬气，饿得硬棒。

便宜不要，浪荡不收。

亲、亲、亲，钱米要分明。

退一步天宽地厚；让一着海阔天空。

朝夜待客不穷，夜夜做贼不富。

有理走遍天下，无理寸步难行。

鼓不打不响，话不讲不明。

人情是把锯，我拉来，你拉去。

好女不要娘嫁妆，好崽不要爷田地。

害人之心不可有，防人之心不可无。
钱财如粪土，仁义值千金。
堂前不教子，客来咬牙齿。
秀才不出门，能知天下事。
平时不烧香，临死抱佛脚。
穷在街头无人问，富在深山有远亲。
茄子不开虚花，小孩子不讲假话。
人是铁，饭是钢，一餐冇呷饿得慌。
穿不穷，呷不穷，不会打算一世穷。
吃饱饭莫来撒，记住辛酉年呷岩粑。
前头乌龟爬坏路，后头乌龟跟着行。
花无百日红，人无一世穷。
穿烂才是衣，到老才算妻。
溪边的田，路边的店，十年有九变。
起家好比针挑土，败家如同水推沙。
竖屋造船，昼夜不眠。
人不出门身不贵，火不烧山地不肥。
人害人害不倒，天害人不生草。
禾怕胎里坏，人怕老来穷。
人怕伤心，树怕剥皮。
宁肯世上挨，不愿土里埋。
子不嫌母丑，狗不嫌家贫。
轻重是个礼，长短是根棍。
出门看天色，进屋看颜色。
草鞋无样，边打边像。
晴带雨伞，饱防饥，晴天朗朗不丢衣。

歇后语

外甥打灯笼——照舅（旧）。
两娘崽认继娘——找话讲。
三十夜喝稀粥——冇有过年的气派。
叫化子讨糯米——哪里得。
打烂亲家的鼓——陪他坐。

叫化子讲老娘——香口。

坛子里捉乌龟——稳拿。

麻雀子生鹅蛋——不怕壮烂屁眼（ā n）。

聋子的耳朵——配料。

脱掉裤子放屁——多余的手续。

茅厕板上捡手巾——不好开口。

鸡蛋里面挑骨头——无中生有。

狗捉老鼠——多管闲事。

下雨天背稻草——越背越重。

牛栏里关猫——牢牢松。

瞎子打老婆——碰撞。

老猪娘屙屎——头截硬。

扁担吹火——一窍不通。

竹筒倒豆子——一干二净。

大姑娘坐花轿——头一回。

三个手指捡田螺——稳拿。

屁股上吊禾穗——讨鸡啄。

猫哭老鼠——假慈悲。

泥菩萨过河——自身难保。

老鼠子偷浆——糊口。

叫化子唱戏——穷快活。

八十岁学吹鼓手——难成气。

癞蛤蟆鼓气——好大的威风。

脱毛的刷子——有板有眼。

盘子里的水——底子浅。

蜗牛爬墙——慢慢来。

看戏流眼泪——替古人担忧。

黄连煮苦胆——苦上加苦。

端着金碗讨饭——装穷叫苦。

弟头匠带徒弟——从头学起。

六月的苋菜——正在红中。

布袋里的钉子——个个想出头。

三、民间传说

老鸦洞的传说

三百多年前，有个村庄住着一个叫杨再显的人。据传，此人曾经得过太上老君的指点，能腾云驾雾，捉拿妖魔鬼怪，常常为民除害。因此，深受人们尊敬。有一天，一个身材端正，眉清目秀的青年找上门来，死活要拜杨再显为师。杨再显对此人的突然造访有些疑惑，便借故推辞。青年人左讲右讲，杨再显就是不接受。青年人只好退出门外，跪在坪里。一连三天，丝纹不动。杨再显看他心诚，便接受为徒了。从此师徒二人徒敬师，师爱徒，相处得像父子一般。

转眼三年徒期就要满了，青年人想：师父的法力也该教得差不多了。有一天，青年人对杨再显说："师父，我来学徒快三年了，家父要我请师父到我家去看一下。家里穷，呷餐便饭，喝杯淡酒，以感谢师父带徒之恩。"杨再显在徒弟的再三恳求下，终于答应了。师徒俩走呀走，走了半天还没到家。徒弟说："师父莫急，快到了。"杨再显一看，眼前一栋房子若是金殿一般，只是好像无人居住，地上都长草了。杨再显也没细想，跟着徒弟往屋里走。每进一层门，徒弟就把门关了。越往里走就越冷，屋里好像还带有一股腥味。到了第八层门时，杨再显感到不对头，地面越来越潮湿，腥味越来越重，周围还伴有水响。等他回过神来，徒弟不见了，满屋都是烟雾。片刻功夫，烟雾散去，一条大蟒蛇在对面张着血红的大嘴，舌头伸出尺多长，满嘴露出锋利的獠牙，金殿也变成了岩洞。"杨再显，你没想到吧，我等这一天已经几年了。告诉你，你除掉的那些妖怪都是我的弟子。今天，我要为他们报仇。你快受死吧！"说罢，就要来吞噬杨再显。杨再显说："且慢，你要为他们报仇，我认了。只是我在临死之前，想见一下天。"蟒蛇精心想，你的法力我学到手了，如今你已成盘中餐，你也逃不出去，就说："好吧！"洞顶立刻现了一个仅能看见几颗星星的小洞。蟒蛇精做梦也没有想到杨再显还有一个法力没有传授他。说时迟，那时快，杨再显祭起五雷法，"轰隆"一声，洞门被打开了。杨再显一下变成一只老乌鸦飞了出来，落在溪边。溪边有人在犁田。杨再显问犁田人："犁田的师傅，你看我是老鸦还是人?"本来杨再显有"别人说他是什么就能变什么"的道法，哪晓得犁田人说他是"老鸦"。于是，杨再显从此就成了老鸦。

这里的人们为了纪念他，管这条小溪叫老鸦溪，那条九间洞叫做老鸦洞，村庄也跟着叫老鸦洞村了。

石雕成精的传说

在新路河镇罗家坡村渡江口有一座清朝嘉庆年间修建的青石牌坊，名为孝义坊，是为褒扬孝子监生罗昌教为人乐善好施所建，每日早晚都有专人敬香、打扫。牌坊石柱上雕有石鳌鱼、石狮子护柱。天长日久不知何年何月，这些鳌鱼、狮子因为常年累月的享受人间香火，竟然得了道行成了精了。白天，它们是一动也不动的石雕，到了晚上，它们就活了，能动还能变化。每到谷子熟了的时候，它们趁着天黑冒有人的时候，就跑到田里偷吃谷子，天麻麻亮时又赶回来变成石头。因为鳌鱼、狮子的偷吃，每年村民的收成都不好，又找不出是什么东西祸害的，大家毫无办法，只好在谷子一熟就抢收，能多收一点是一点。又一年谷子熟了时，石鳌鱼、石狮子夜里又出去偷吃谷子了，有一头狮子太贪吃了，一直低头吃谷子没注意天色，当天亮时，它嘴里正嚼着一把谷子就变回石雕了。清早，来敬香的人看到了很稀奇就跑回到院子里讲给大家听。于是，很多人赶来看，真的看到石柱上的一头狮子嘴角含着半把还来不及吞咽的谷子，大家终于弄明白了，原来每年偷吃谷子的就是这些石鳌鱼、石狮子。看着自己辛辛苦苦种的稻谷又被吃了不少，气愤的村民从屋里拿来锄头把石雕的牙齿一顿乱敲。后来，田里的谷子再也没被偷吃过，我们现在看到的护柱石鳌鱼、石狮子也就都是断了牙齿的了。

响水洞猴子精的传说

位于新路河老街学校50米处的地方有一座小石桥，桥两头分别有四级、三级石阶，名曰来三去四桥，溪水从十几米高的岩石上飞流直下，似一条白练直飘桥前。在桥头边的灌木丛中有一个很深的洞，老人们传说这个洞在很早很早以前，也不知在什么年代就有了而且还有洞主的，还是一个能幻化的猴子精。这个猴子精平时就在洞里修炼，渴了就喝溪水，饿了就吃些野果，倒也不害人，就是喜欢和村民们打交道，经常变化成背着小娃儿的大嫂到村民家中去串串门，有时还向主人借做粑粑用的箩筛，过几天还回来的时候就在箩筛里回送几个热腾腾的粑粑。可是，当她走后，筛子里的粑粑就变成了一坨一坨的丝草，就这样陆陆续续借了十几户人家后，大家觉得她的来路不对，就一起商量对付她的方法。后来，当她再来借箩筛的时候，主人就把一个纸做的箩筛借给了她，猴子精拿回去用水一洗箩筛就烂了，她就明白自己被村民识破了，从此以后，猴子精再也没到村民家中借箩筛了。

响水洞的猴子精自从被人戏弄后，白天就不再现身了，而是改到晚上到村民家中去。到夜深人静村民熟睡后，她就现出原形，来到床前久看，有时还会伸出毛茸茸的前爪这里摸一下那里抓一下。要是熟睡的人醒来时，她就一闪不见了。可是有一次，当她来到街尾一户姓杨的人家中看着床上熟睡的人，刚伸手摸了一下，床上的人就醒了，睁开眼看到，面前站着一个长着一张人脸，浑身毛茸茸的，还拖着一条尾巴的怪物，惊叫了一声就吓晕了。后来人变得疯疯癫癫的神志不清，家里人给他请了好几个大夫吃了好多药才治好了。病好后，他慢慢的把自己看到的讲给家里人听，大家认为是响水洞的猴子精出来作怪，怕她再晚上出来吓人，就出钱请来法力高强的法师开坛做法，用九口施了法术的大铁锅把洞口封住了，猴子精就再也没有出来过了。

“石磨”的传说

在聂家村乡溪口村有这么一块神奇的石磨，乍一看，它其貌不扬，普普通通，与其他的石磨没有什么区别，不知道的人不清楚它有什么奇妙之处。

这块石磨最开始也是“养在深闺人未识”，直到有一天，一对夫妇因家庭琐事吵架。女子一气之下离家出走，走到那块石磨边，想想自己看错了人，嫁错了郎，心中万分委屈，不禁嚎啕大哭起来。女子越哭越伤心，越哭越觉得不值，越哭越觉得前路迷茫。一下子有了轻生的念头。人一旦钻进了死胡同，便是九头牛也拉不回来的。女子来到水库边，纵身一跳，结果神奇的事情发生了，女子竟然没有沉下去。但此时女子死意已决，毫不犹豫跳了第二次，仍是没有沉下去。这时女子也清醒过来了，想到家里还有孩子，母亲的天性，让她打消了轻生的念头。这件事很快在村子里传播开来，大家都百思不得其解，对石磨的神奇也是半信半疑。

转年到处大旱，田里的禾苗都干枯得可以点火了。大家是抓头挠耳、无计可施。后来有人提议拿石磨去试一试。大家都抱着“死马当活马医”的心态，便一起把石磨抬上，摆上供品进行求雨。结果到晚上真的下了一场大雨。“久旱遇甘霖”，这场雨不仅救活了庄稼，也让村民欣喜若狂，原来石磨是“神石”。从此大家对这块石头另眼相看，崇拜有加。

从此以后，人们有什么疑难困苦，便提上酒肉香纸，祭拜“神石”。更为神奇的是人们祭拜完后，大多会时来运转、否极泰来。就这样，一传十，十传百，众口烁金，石磨终成

"神石"。为了感谢"神石"的恩惠，人们还专门为其修建了一座庵堂，取名叫"海螺庵"。大家都认为石磨是海中龙宫宝石所化。逢年过节、红白喜事，人们都不忘前去庵里烧纸、上香、许愿，寄希望于"神石"能永远保佑自己。

潘士权"三百箩"巧整贪官的传说

潘士权回到荆坪老家后，从此过起了隐居自乐的田园生活。但因潘士权的才学高深，在音律、道学、儒学上更是名声在外，加上他的宅院地处"京昆"古驿道的旁边，前来拜见的文人学士、大小官员等络绎不绝。为此，潘士权在荆坪专门修建一处会客厅，名为"正经坊"，专为接见四方客人。目前会客厅大门两边还完整地保留有他所撰写的一副对联："随处体认天理，出门如见大宾。"

在这个会客厅里关于潘士权的故事太多太多，但其中一则"巧整贪官"的故事在老百姓当中一代又一代地流传至今。

故事发生在乾隆后期，在经过康乾盛世后，当时清朝经济文化空前繁荣，但同时朝政也开始腐败。历史上的大贪官"和绅"就是在这一时期。荆坪因为有"京昆"古驿道贯穿而过，所以当时路过潘士权会客厅的官员特别多，因潘士权有乾隆所赐"见官高三级"的圣谕，故都要亲自拜见潘士权。潘士权为人正大光明，两袖清风，所以对他接见的人通常也有讲究，贪官不见，所以很多为官不清廉的官员都很怕路过荆坪。

话说是在一年的寒冬腊月天，听说京城有一位很大的官员被派遣到云南上任，而且有人传言说这是一位为官清廉的官。一些老百姓还准备到河边码头欢迎，此时的潘士权默不作声，只是掐算了几下，向天长叹了一口气。那位官员路过荆坪时，一些老百姓早已在码头夹道欢迎。可潘士权却早已叫下人，将其抬到皇上赐的一丘名为"三百箩"的冬水田里，"三百箩"在驿道旁边，是路过官员们的必经之地。再说那位官员也早有听说潘士权的威名，心里也有点虚，只想一早来到潘士权的"正经坊"拜访完后早点上路。谁知一来到"正经坊"门口，下人就告诉他潘老先生早已在前面不远处的"三百箩"等候多时了，请官老爷前去拜见。这下可把这位官员弄糊涂了，不知这位潘太师玩的是什么把戏。等他来到三百箩后，发现潘士权被下人用椅子抬到水田中央的稻草垫子上，无论从哪个方向拜见都要脱鞋袜下田。没有办法，只得脱去鞋袜下田，一步一叩首地前去拜见，此时正值寒冬季节，天气异常寒冷，等到他拜到潘士权跟前时，早已冻得脸色发青，浑身直打颤。这时的潘士权才慢慢睁开双目对他说："我早已算出你是一个贪念很重的一个官，只觉得你还有一丝挽救的希望，特奉劝你为官一任，要造福一方，这样百姓才能真正记住你是一位好官。"

这位官员回去以后牢记潘老先生的这一句话，果真做了一名真正的清官。

潘士权渡口设关巧除文盲的传说

话说潘士权回到老家荆坪后，正值乾隆太平盛世时期，荆坪一时也文风盛行，人才辈出。不过潘士权发现，能读书的大多都是一些富家子弟，虽然当时荆坪已经有了几处学馆，但也只是有钱人家所特享的。大部分普通老百姓还是处在荒蛮无知的状态中，这也大大降低了荆坪的整体文化水平，特别是有时在东正街发现一些百姓卖鸡蛋，只会一个一个地卖，如果谁一次想买多点就不会算了。潘士权想到这里，夜不能寐，一心思量着用什么法子可以让老百姓们都认识字，都有点文化呢。

就在这么一天早上，潘士权起了一大早来到河边码头，看到河边渡口处分外热闹，这时正值老百姓进出的时候，且大都是一些平民百姓，大户人家都还没那么早起来。想到这里，潘士权突然茅塞顿开，有了主意。第二天，潘士权在天刚亮时就起身，命下人抬一书桌到荆坪 溌水河边渡口处，下人都不知这次潘老先生又要玩什么花样了。潘士权把书桌往渡口一摆，贴了一张告示，上书："凡过荆坪渡口的老百姓，必需认一字或算一题方能过河，违者送官府刑杖二十。"告示张贴出去，老百姓都不理解，说我们这些种田的人还要认什么字呀。所以在开始的好长一些时间，百姓都是舍近求远，绕道过河。但随着潘士权的悉心教导，一些经常过河的老百姓慢慢认识一些字会算一些账了，当然这些人也很高兴，慢慢传开后，有些人不但不回避，还特意来选择从荆坪渡口过河。因为曾经贵为皇帝老师的潘士权教大家文化，这么好的机会怎能错过呢。就这样，不管天晴下雨，潘士权都坚持守在渡口。这一守下来就是三年，在这三年里受过潘士权教育的百姓不下万人，所以被世人称为五溪蛮夷的荆坪，从此就很少有文盲了。

时至今日，潘士权这则"渡口设关，巧除文盲"的故事一直被争相传诵着，潘老先生不愧为中华民族扫盲的先驱啊！

后 记

2005年3月，《中方县志》编修工作启动。为顺利推进县志编纂，县委、县政府扎实做好基础工作。一是组建领导机构。成立中方县第一轮修志的领导机构地方志编纂委员会，由县委、县人大、县政府、县政协领导和有关部门、单位领导组成，县委书记任顾问，县长任主任。县档案史志局为修志的办事机构，并成立编辑部，由主编、副主编和编辑人员组成，负责县志的总体设计、业务培训、工作安排等。

2005—2012年，对县志的整体框架进行反复推敲和科学设计。一是县志的上限时间定为建县时间1998年，其中各乡（镇）的上限时间接《怀化市志》的下限时间，从1991开始记叙。县志的下限几经商榷修改，最初《中方县志》下限为2008年，后为完整记录“十一五”规划的执行情况，将《中方县志》的下限延至2010年。2012年，因中方县启动撤县设区工作，为体现历史的完整性，经省地方志编纂委员会同意，最终将《中方县志》下限延至2013年。二是明确县志体例。中方县1998年成立，之前没有进行第一轮修志，不属于国家的第二轮修志范畴。2008年，市地方志办将《中方县志》体例定为新修志。三是制定县志编目。2006年，开始进行县志的编目制定工作。由于县志的下限几次变动，编目制定也随之几经修改。直到2012年，才形成较为完善的县志初稿编目。《中方县志》篇目设置采用中篇结构体式，以志为主，述、记、志、传、图、表、录并用。志首除安排图照、序言、目录外，设有总述和大事记，分别从横向和纵向记述本县总情；志中按事物性质设编分章，共设19编91章373节，篇首设无题小序，扼要综述，提挈下文，以圆浑全志。

2013年7月，县政府召开修志动员会，县志编纂工作全面展开。县志采用的是众手成志的办法，将《中方县志》的十九编分编到人。聘请专家就县志写作知识和技巧进行授课，对承编单位培训指导面达100%。2013年底，秉承“宁多勿少，宁宽勿窄”的资料收集原则，完成150万字的县志分纂初稿。

2014年，主要是进行县志分纂稿的修改工作。县志稿件进行两轮内部审稿，采取全体编辑人员交叉改稿的形式加强编辑人员的信息交流。期间，评审与修改工作同步进行，分纂稿质量得到很大提升。

2015年开始县志总纂工作。8月，怀化市志办副主任肖艳君，《怀化市志》副总纂、原怀化市史志办主任黄清泉，《怀化市志》副总纂杨文基及怀化市方志界几位老同志进驻中方进行为期半个月的县志审稿工作。市级审稿完成后，县志编辑人员针对审稿意见进行修改。2016 年 8 月，完成怀化市《中方县志》评审稿，11 月，顺利召开《中方县志》评审会。2017 年，针对《中方县志》评审会收集到的修改意见对志稿进行修改和完善。2018 年，《中方县志》送审稿经过了复审和终审验收，并送方志出版社审核。根据方志出版社对《中方县志》的修改意见进行最后校稿工作，于 2018 年 11 月印刷出版，正式对外出版发行。

《中方县志》编辑部

2018 年 7 月